NUEVO DICCIONARIO CONTEMPORÁNEO

ESPANHOL • PORTUGUÊS
PORTUGUÊS • ESPANHOL

Manoel Dias Martins
M. Cristina G. Pacheco
Víctor Barrionuevo

Companhia
Editora Nacional

© Companhia Editora Nacional, 2009

Direção editorial	Antonio Nicolau Youssef
Gerência editorial	Célia de Assis
Edição	Víctor Barrionuevo
Revisão	Octacílio Palareti
Produção editorial	José Antonio Ferraz
Assistente de produção editorial	Antonio Tadeu Damiani
Coordenadora de iconografia	Maria do Céu Pires Passuello

Série Librería Espanhola e Hispanoamericana – Casa del Lector

Edição	M. Cristina G. Pacheco
Assistência editorial e revisão de língua espanhola	Equipe Casa del Lector
Projeto gráfico	Equipe Casa del Lector
Edição iconográfica	Equipe Casa del Lector
Editoração eletrônica	Renata Meira Santos

Dados Internacionais de Catalogação na Publicação (CIP)
(Câmara Brasileira do Livro, SP, Brasil)

Pacheco, Maria Cristina Gonçalves
   Nuevo diccionario contemporáneo : espanhol-português/ português-espanhol/ Maria Cristina Gonçalves Pacheco e Víctor Samuel Barrionuevo. - 2. ed. -- São Paulo : Companhia Editora Nacional, 2009.

ISBN 978-85-04-01621-5

1. Espanhol - Dicionários - Português
2. Português - Dicionários - Espanhol
I. Barrionuevo, Víctor Samuel. II. Título.

CDD-463.69
-469.36

Índices para catálogo sistemático:
1. Espanhol : Espanhol : Dicionários 463.69
2. Português : Espanhol: Dicionários 469.36

2ª. edição – São Paulo - 2009
Todos os direitos reservados
2ª. reimpressão - 2014

COM A NOVA
ORTOGRAFIA
DA LÍNGUA
PORTUGUESA

Companhia
Editora Nacional
Av. Alexandre Mackenzie, 619 – Jaguaré
São Paulo – SP – 05322-000 – Brasil – Tel.: (11) 2799-7799
www.editoranacional.com.br

CTP, Impressão e Acabamento - IBEP Gráfica
44694

AL PROFESOR DE ESPAÑOL

Brasil, junto a España y los EEUU, es uno de los territorios en que la enseñanza/ aprendizaje del idioma español, y el interés por las culturas hispánicas más se han desarrollado; se ha generado como consecuencia un destacado plantel de hispanistas y de especialistas en el idioma; al mismo tiempo crece la demanda de cursos universitarios que habiliten a la docencia, y aumentan las experiencias de intercambio y la búsqueda de cursos de perfeccionamiento.

La vecindad de Brasil con la lengua española no es una anécdota geográfica y sí una consecuencia histórica que ha moldado rasgos culturales afines entre el Brasil lusoamericano y los otros pueblos ibéricos e hispanoamericanos; y todo ello representa un conjunto de elementos de reflexión que la docencia nos obliga a repensar permanentemente.

El diccionario bilíngüe, como herramienta esencial en las clases de idiomas extranjeros, además de dar instrumentos léxicos y de dominio de la estructura y su norma, debe ayudar a reflexionar sobre la propia cultura a la vez que reconoce la nueva cultura que el alumno va adquiriendo, sobre la unidad y las variantes del idioma español, dando opción a la diversidad, explicando los usos y valores regionales, y los contrastes lingüísticos y culturales entre el idioma portugués y el español.

EL ALFABETO ESPAÑOL

Como las otras lenguas románicas, el español usó básicamente desde sus orígenes el alfabeto latino, adaptado y completado a lo largo de los siglos. El abecedario español formado por las veintinueve letras siguientes: a, b, c, ch, d, e, f, g, h, i, j, k, l, ll, m, n, ñ, o, p, q, r, s, t, u, v, w, x, y, z, fue utilizado por la Academia desde 1803 en todas sus listas alfabéticas. Desde entonces, la ch y la ll, que en verdad son dígrafos, (signos gráficos compuestos de dos letras) pasaron a considerarse letras del abecedario por representar, cada una de ellas, un solo sonido. Sin embargo, el X Congreso de la Asociación de Academias de la Lengua Española, (1994), acordó adoptar, a pedido de varios organismos internacionales, el orden alfabético latino universal, que no considera a la ch y la ll letras independientes. Por lo tanto, las palabras que comienzan por estas dos letras, o que las contienen, pasan a alfabetizarse en los lugares que les corresponden dentro de la c y dentro de la l, respectivamente.

El alfabeto está formado estrictamente por veintisiete letras (a, b, c, d, e, f, g, h, i, j, k, l, m, n, ñ, o, p, q, r, s, t, u, v, w, x, y, z) que se combinan en dígrafos (ch, ll, rr, qu y gu).

(información extraida del Alfabeto de la R.A.E – Real Academia Española)

O *NUEVO DICCIONARIO CONTEMPORÁNEO*

ESPANHOL-PORTUGUÊS/PORTUGUÊS-ESPANHOL

O *NUEVO DICCIONARIO CONTEMPORÁNEO* (ESPAÑOL-PORTUGUÊS/ PORTUGUÊS-ESPAÑOL) da Editora Nacional foi pensado para acompanhar os cursos de ensino de espanhol que hoje se espalham por todo o país, tanto nas escolas públicas quanto nas particulares. Destina-se especialmente ao Ensino Fundamental e Médio brasileiro, projetando-se como um instrumento útil para as diversas etapas de estudo do adolescente, bem como dos adultos profissionais.

A equipe de apoio e os autores – grupo composto tanto por professores nativos da língua espanhola, profundos conhecedores do idioma português, como por brasileiros bilíngues, professores de idiomas e hispanistas especializados no livro didático espanhol – criaram um instrumento que apresenta algumas características detalhadas a seguir.

É um dicionário bilíngue, ferramenta essencial nos primeiros passos do aprendizado da língua estrangeira, que poderá ser complementado pelo dicionário monolíngue nos níveis intermediário e avançado. Um dicionário da língua pode "decodificar" ou decifrar cada palavra (de um universo de 35 mil verbetes e entradas Espanhol-Português, 21 mil, Português-Espanhol, mais de 120 mil locuções e milhares de exemplos), explicando o significado de cada objeto, ação ou expressão idiomática. Nesse dicionário bilíngue, há explicações e difinições mais detalhadas, "decodificando" a palavra; mas sobretudo ele vai "transcodificar", ou adaptar para um novo código, do espanhol para o português, e vice-versa, através da conversão de padrões.

O *NUEVO DICCIONARIO CONTEMPORÁNEO* explica em detalhe muitas das entradas léxicas – ou palavras de entrada na busca – decodificando-as, pois também tem como objetivo ajudar à interdisciplinariedade, contribuindo para que as principais matérias de estudo e os "temas transversais" sejam abordados sempre que possível. Deste modo, as palavras mais "transparentes" e que apresentam menor dificuldade de tradução e de entendimento são simplesmente "transcodificadas" com o seu significado, acrescentando no máximo um sinônimo e nada mais. Por exemplo: **a.gua** (esp.) s.f. água (port.). Quando a palavra entrada representa um problema possível de engano por semelhança como, por exemplo, **ca.cho.rro** (esp.) s.m. filhote (port.) ou **cachorro** (port.) s.m. perro (esp.), serão acrescentados sinônimos, expressões ou locuções idiomáticas e exemplos. E mais, quando um objeto, matéria científica, profissão, tecnologia etc. tiver que ser definido, do espanhol para o português, por exemplo, mesmo que a mera tradução baste – **psi.co.lo.gí.a** (esp.) s.f. **psicologia** (port.) – sempre se procurará que um exemplo ajude a ampliar a tarefa principal de um dicionário pedagógico, que é colaborar para que o aprendiz avance na formação de um discurso, um âmbito mental especial, reservado à nova língua, a língua que se propõe aprender.

Colaboração especial:

Francisco Navarro de Diego - Licenciado em Filosofía e Letras (Filologia Românica) pela Universidad de Madrid. Cursos de Doutorado e Professor Adjunto da Cátedra de Linguística Geral da Universidade de Paris (Sorbonne). Catedrático e Diretor do Departamento de Formação do Professorado. Instituto de Ciencias de la Educación de la Universidad de Bilbao (España). Diretor e Professor de diversos cursos de Formação do Professorado em universidades espanholas e francesas. Adido de Educação da España em Nova York. Patrono e Diretor Pedagógico da Fundación para la Investigación y Desarrollo de la Cultura Española (F.I.D.E.S.C.U.). Autor de diversos livros didáticos e paradidáticos em espanhol e francês.

Manoel Dias Martins - Pesquisador em Língua Espanhola. Licenciado em Línguas Neolatinas na Universidade de São Paulo. Professor de Filologia Hispano-Americana pelo Instituto de Cultura Hispânica de Madrid (Espanha). Doutor em Letras pela Universidade de São Paulo. Livre-Docente e Professor Titular (apos.) em Filologia Românica da Universidade Estadual Paulista "Júlio de Mesquita Filho" (UNESP-Campus de Assis). Foi docente na área de Espanhol em diversas instituições: Universidade de São Paulo (USP), Universidade Estadual Paulista "Júlio de Mesquita Filho" (UNESP), University of Wisconsin (EUA) e Centro Universitário Ibero-Americano (UNIBERO). Lecionou Língua Espanhola e Fonética e Fonologia do Espanhol em nível de pós-graduação. Foi Assessor Linguístico, Pró-Reitor de Pós-Graduação e Pesquisa e Pró-Reitor de Extensão Cultural junto à Reitoria do Centro Universitário Ibero-Americano (UNIBERO).

Andrea Lepratti - Tradutora-Intérprete Alemão-Português, Licenciatura plena e especialização em espanhol; examinadora do DELE (Inst.Cervantes). Docente de Espanhol no Colég. Nsa. Sra. de Sion, SP, e no Cogeae PUC-SP. Lecionou no Yázigi Internexus e no Centro de Idiomas do Senac-SP.

Gabriel Reyes Canas - Licenciatura em Filosofia e Letras. Bacharel em Teologia. Docente de Língua Espanhola nas Faculdades Anhembi-Morumbi-SP. Examinador do DELE (Inst. Cervantes). Lecionou e foi membro da Equipe Pedagógica do Centro de Idiomas do SENAC-SP, trabalhou na capacitação, treinamento e desenvolvimento de docentes.

Maria Angela Amorim De Paschoal - Licenciatura Plena em Letras e Especialista em Linguística e Semântica pelo Sedes Sapientiae – PUC-SP. Editora Assistente de Livros Didáticos de Língua Estrangeira. Foi docente e coordenadora da equipe pedagógica do Centro de Idiomas do Senac-SP. Responsável pela seleção de material didático e desenvolvimento dos cursos de Espanhol e de Inglês do Senac-SP de 2000 a 2003. Responsável pela capacitação, treinamento e desenvolvimento de docentes de 1997 a 2003. Fez parte da Coordenadoria de Ensino e Normas Pedagógicas da Secretaria Estadual de Educação do Estado de SP- CENP de 1987 a 1992.

Autores e diretores da obra:

Maria Cristina Gonçales Pacheco - Pesquisadora, Licenciada em Artes Plásticas, pedagoga, docente de Língua Espanhola e Inglesa; autora de livros didáticos para o ensino de Línguas Estrangeiras. Diretora fundadora da Enterprise Idiomas.

Víctor Samuel Barrionuevo - Docente de Língua Inglesa e Espanhola, editor e autor de paradidáticos em Língua Inglesa e Espanhola. Diretor fundador da Enterprise Idiomas.

Como usar o
NUEVO DICCIONARIO CONTEMPORÁNEO

1 – Cada verbete inicia-se com uma palavra entrada separada silabicamente por pontos. Por quê? Porque a divisão silábica em espanhol é diferente da do português. Exemplo:

ca.cho.rro [katʃóro] *s.m.* filhote, filho de mamífero. (em português, ca.chor.ro).

2 – Os substantivos aparecem classificados pelo gênero: *s.m.* masculino, *s.f.* feminino ou simplesmente *s.* quando a palavra está definida na entrada com as duas terminações. Exemplo:

co.ne.jo/a [konéxo] *s.* coelho.

3 – Quando a palavra entrada for adjetivo e substantivo, poderá aparecer num verbete só. Exemplo:

gi.gan.te [xiɣánte] *adj. e s.* pessoa muito grande, gigante.

4 – Quando a função gramatical for claramente diferente adj., s.m., s.f., adv. etc., aparecerão tantas entradas e verbetes que sejam necessários.

5 – Quando um adjetivo, substantivo, verbo, preposição ou advérbio puder significar mais de uma tradução ou interpretação, serão abertas sucessivas acepções numeradas. Exemplo:

des.mon.tar [desmontár] *v.t. e i.* **1** descer do cavalo, da moto ou da bicicleta. **2** desmatar, derrubar mato ou monte vegetal. **3** desarmar ou desmanchar.

6 – Um apêndice, abordando:

 a) pronúncia,
 b) acentuação,
 c) resumo gramatical contrastivo,
 d) falsos cognatos,
 e) regime de verbos,
 f) verbos regulares e irregulares, completa o dicionário.

ABREVIATURAS USADAS NESTE NUEVO DICCIONARIO CONTEMPORÁNEO

adj.	adjetivo		(bot.)	botânica
s.m.	substantivo masculino		(Bras.)	Brasil
s.f.	substantivo feminino		(Chile)	Chile
s.	substantivo masculino e feminino		(col.)	coloquial
adv.	advérbio		(com.)	comercial
interj.	interjeição		(desp.)	desportivo
v.lig.	verbo de ligação		(Esp.)	Espanha
v.t.	verbo transitivo		(fisiol.)	fisiologia
v.i.	verbo intransitivo		(for.)	forense
v. impess.	verbo impessoal		(geo.)	geografia
v.p.	verbo pronominal		(geom.)	geometria
v.r.	verbo reflexivo		(hist.)	história
pl.	plural		(inf.)	informática
prep.	preposição		(ing.)	Inglês
pron.pess.	pronome pessoal		(Ital.)	Itália
pron.impess.	pronome impessoal		(lat.)	latim
pron.indef.	pronome indefinido		(mar.)	mar
pron.rel.	pronome relativo		(mec.)	mecânica
pron.inter.	pronome interrogativo		(Méx.)	México
loc.	locução		(min.)	mineralogia
loc.adv.	locução adverbial		(mús.)	música
com.	comercial		(pat.)	patologia
fam.	familiar		(poes.)	poesia
lit.	literatura		(polit.)	política
num.	numeral		(pop.)	popular
edit.	editorial		(prefix.)	prefixo
(Amér.)	América		(quím.)	química
(anat.)	anatomia		(relig.)	religião
(ast.)	astrologia		(tea.)	teatro
(Arg.)	Argentina		(Urug.)	Uruguai
(bio.)	biologia		(vulg.)	vulgar
(bioquím.)	bioquímica		(zoo.)	zoologia
(Bol.)	Bolívia			

SÍMBOLOS DO ALFABETO FONÉTICO INTERNACIONAL

Vogais	
i	port. aqui; esp. así
e	port. mesa; esp. tela
a	port., esp. casa
ɔ	port. nota
u	port. lua; esp. luna

Semivogais / Semiconsoantes	
i̯	port. pai; esp. oigo, rey
u̯	port., esp. aut o
j	port. gíria; esp. pie, viuda
w	port. tênue, quatro; esp. cuota

Consoantes				
p	/p/ pan	x	/x/ caja, viaje
b	/b/ boca	m	/m/ mano
β	/b/ tubo, tuvo	ɱ	/n/ confuso
f	/f/ fuera	n	/n/ nada
θ	/θ/ zorra, hacer	n̪	/n/ once
z̟	/θ/ cabizbajo	n̪	/n/ diente
t	/t/ té	ɲ	/n/ niño
d	/d/ data	ŋ	/n/ cinco, sangre
ð	/d/ cada	l	/l/ lado, sol, plato
s̟	/s/ este	l̪	/l/ alzar
z̟	/s/ desde	l̪	/l/ alto
s	/s/ casa, pasar	ɫ	/l/ algo, talco
z	/z/ isla, esbelto	ʎ	/ʎ/ calle
t͡ʃ	/c/ leche	r	/r/ cara
d͡ʒ	/ɟ/ cónyuge, #yo, un yunque	r̄	/r̄/ carro, rosa
ɟ	= d͡ʒ	ǰ	/ǰ/ yacer, hielo, ayer
k	/k/ cosa, quedar	w̥	/w̥/ huerto, huevo
g	/g/ gallo, guerra	h	aspiración sorda
ɣ	/g/ agua, pegar	ɦ	aspiración sonora

ACENTUAÇÃO GRÁFICA

Em espanhol **só existe um acento ortográfico**, de forma igual ao **acento agudo (´)**. **Não se usa o acento grave nem o circunflexo.**

As regras gerais de acentuação gráfica em espanhol se resumem ao seguinte:

1. Os **monossílabos**, em geral, não recebem acento gráfico:

   fe, ya, pie, fue, fui, dio, vi, vio, paz, Dios, tal, son, bar, gas, ay, hoy, buey, haz etc.

2. As palavras **paroxítonas** terminadas em vogal e nas consoantes -n, -s recebem acento gráfico. Exemplos:

   sofá, café, aquí, cantó, tisú, andén, ciprés etc.

3. As palavras **paroxítonas** terminadas em consoante que não seja -n nem -s levam acento ortográfico. Exemplos:

   árbol, álbum, cráter, ámbar, tórax, Narváez, Pérez, Rodríguez etc.

4. Todas as palavras **proparoxítonas**, sem exceção, têm que levar acento gráfico. Exemplos:

   médico, trópico, cínico, alérgico, queriéndonos, diciéndoselo, apegándosenos etc.

Observações:

1ª) Usa-se o acento diacrítico em uma série de monossílabos e outras **palavras para diferenciá-las de outras palavras de igual grafia, porém de diferente significado**:

él	pronome pessoal
sí	pronome pessoal ou advérbio de afirmação
sé	presente do indicativo de saber ou imperativo de ser
té	bebida
dé	presente do subjuntivo de dar
más	advérbio de intensidade
aún	advérbio de tempo (='ainda')
sólo	advérbio (= somente)
mí	pronome pessoal
tú	pronome pessoal

el	artigo
si	conjunção condicional ou nome de nota musical
se	pronome pessoal
te	pronome pessoal
de	preposição
mas	conjunção adversativa
aun	advérbio de modo (='inclusive')
solo	adjetivo e substantivo (= só)
mi	pronome possessivo com função adjetiva
tu	Pronome possesivo com Função adjetiva

A conjunção disjuntiva o não leva normalmente acento gráfico, a não ser quando estiver escrita entre algarismos, para não confundir-se com o zero.

Por exemplo: **1 ó 2, 3 ó 4, 6 ó 7, 30 ó 40.**

2ª) Acentuam-se graficamente os **demonstrativos** com função substantiva para diferenciá-los dos demonstrativos com função adjetiva:

a) demonstrativos com função substantiva:

éste, ésta, éstos, éstas, ése, ésa, ésos, ésas, aquél, aquélla, aquéllos, aquéllas.

b) demonstrativos com função adjetiva:

este, esta, estos, estas, ese, esa, esos, esas, aquel, aquella, aquellos, aquellas.

3ª) Acentuam-se graficamente os pronomes e os advérbios **interrogativos e exclamativos** para distingui-los dos pronomes e advérbios relativos:

a) pronomes interrogativos e exclamativos:

qué, quién, cuál, cuánto.

b) pronomes relativos:

que, quien, cual, cuanto.

c) advérbios interrogativos e exclamativos:

dónde, cuándo, cómo.

d) advérbios relativos:

donde, cuando, como.

4ª) As palavras em que aparecem **duas vogais juntas que não formam ditongos** levam acento gráfico sobre a vogal fechada:

sería, tenía, caída.

5ª) Nas **palavras compostas** de duas ou mais simples, o acento recai sobre o primeiro elemento componente:

fácilmente, décimosexto.

MODOS VERBAIS

Em espanhol consideram-se três **modos verbais**: **indicativo**, **subjuntivo** e **imperativo**. Dentro de cada modo há **tempos**, que se referem ao **presente**, ao **passado** (com nomes diferentes) e ao **futuro**, e que podem ser **formas simples** ou **compostas**.

Modos	Tempos simples	Tempos compostos
indicativo	presente pretérito imperfeito ou co-pretérito pretérito indefinido futuro imperfeito condicional simples	pretérito perfeito pretérito mais-que-perfeito futuro perfeito condicional composto
subjuntivo	presente pretérito imperfeito futuro imperfeito	pretérito perfeito pretérito mais-que-perfeito futuro perfeito
imperativo	presente	

Modos	Indicativo		Subjuntivo		Imperativo
Tiempos	Imperfectos	Perfectos	Imperfectos	Perfectos	Único
absolutos	presente	pretérito perfeito			presente
	futuro imperfeito	pretérito indefinido			
relativos		pretérito mais-que-perfeito	presente	pretérito perfeito	
	pretérito imperfeito	pretérito anterior	pretérito imperfeito	pretérito mais-que-perfeito	
		futuro perfeito	futuro imperfeito	futuro perfecto	
	condicional simples	condicional composto			

Indicativo		
1 presente		canto
5 pretéritos	imperfeito perfeito indefinido mais-que-perfeito anterior	cantaba he cantado canté había cantado hube cantado
4 futuros	imperfeito perfeito condicional simples condicional composto	cantaré habré cantado cantaría habría cantado

SUBJUNTIVO		
1 presente		cante
3 pretéritos	imperfeito	cantara/cantase
	perfeito	haya cantado
	mais-que-perfeito	habiera/hubiese cantado
2 futuros	imperfeito	cantare
	perfeito	habiere cantado

IMPERATIVO		
1 presente	1 pessoa	canta (2ª de singular)
		cantad (2ª de plural)

FORMAS NÃO PESSOAIS DO VERBO

As **formas não pessoais do verbo**, também conhecidas como **formas nominais do verbo** ou *verboides*, são as que o verbo toma quando deixa de ser um verdadeiro verbo e se transfere para funções distintas da sua, isto é, a funções de substantivos, de advérbios e de adjetivos. Trata-se do **infinitivo** (substantivo verbal), do **gerúndio** (advérbio verbal) e do **particípio** (adjetivo verbal).

FORMAS NÃO PESSOAIS DO VERBO		
INFINITIVO	GERÚNDIO	PARTICÍPIO
cantar	cantando	cantado

Voseo

Vos é um plural que se emprega modernamente com valor de singular (vos sabés), modificando a forma original do verbo. Esta substituição de tú por vos chama-se **voseo**, fenômeno que ocorre em países hispano-americanos. A Argentina, o Uruguai, o Paraguai, a Bolívia, o Equador, a Nicarágua, El Salvador e partes do Peru, do Chile, da Colômbia, da Venezuela e do Panamá preferem o uso de vos. Em contrapartida, emprega-se **tú** no México, em Cuba, em Santo Domingo, em Puerto Rico e em partes da Venezuela, do Panamá, da Colômbia, do Peru e do Chile. Muitas vezes, a repetição do mesmo pronome como complemento se faz com a forma correspondente de tú: Vos te acordarás de mí. Vosotros, vosotras são as formas correspondentes à segunda pessoa do plural e são de uso corrente na Espanha; na América emprega-se ustedes indistintamente para a segunda e a terceira pessoas do plural.

O **voseo** é alternativo ao **tuteo** e se usa em relações informais ou de confiança. O **tuteo** fica limitado quase exclusivamente aos registros mais cultos. As formas verbais que acompanham vos na Argentina, no Uruguai e no Paraguai, no presente do indicativo são parecidas com as de tú, mas têm sempre o acento tônico na terminação, levam acento gráfico e não sofrem alterações vocálicas.

Por exemplo:

TÚ	VOS
cantas	cantás
comes	comés
dices	decís
duermes	dormís
juegas	jugás
pides	pedís
piensas	pensás
puedes	podés
quieres	querés
sientas	sentás
subes	subís
tienes	tenés
vienes	venís

No imperativo são quase iguais, mas não têm o –s final que têm no presente. Não há as formas irregulares que ocorrem na conjugação do imperativo na forma afirmativa para **tú**.

Por exemplo:

TÚ	VOS
canta	cantá
come	comé
di	decí
duerme	dormí
juega	jugá
pide	pedí
piensa	pensá
puede	podé
quiere	queré
siéntate	sentate
sube	subí
ten	tené
ven	vení

Nos demais tempos e modos, a conjugação é semelhante à de **tú**.

MODOS E TEMPOS VERBAIS

Observações:

1ª) Os futuros do subjuntivo são tempos desusados no espanhol atual. O futuro imperfeito é substituído pelo presente do indicativo ou pelo presente do subjuntivo. O futuro perfeito é substituído pelo pretérito perfeito do indicativo. Exemplos:

Si **dudares** de esto, te convenceré de tu error. = Si **dudas**...

Si no **hubiéremos vuelto** hasta diciembre, no nos esperéis. = Si **no hemos vuelto**...

2ª) Os tempos compostos se formam com o verbo auxiliar **haber**.

CONJUGAÇÃO

Verbos auxiliares

1. HABER

Presente do indicativo	Imperativo	Presente do subjuntivo
he		haya
has		hayas
ha		haya
hemos desusado		hayamos
habéis		hayáis
han		hayan

Pretérito imperfeito do indicativo	Futuro	Condicional
había	habré	habría
habías	habrás	habrías
había	habrá	habría
habíamos	habremos	habríamos
habíais	habréis	habríais
habían	habrán	habrían

Pretérito perfeito simples do indicativo	Pretérito imperfeito do subjuntivo
hube	hubiera / hubiese
hubiste	hubieras / hubieses
hubo	hubiera / hubiese
hubimos	hubiéram / hubiésemos
hubisteis	hubierais / hubieseis
hubieron	hubieran / hubiesen

Infinitivo: haber	*Participio:* habido	*Gerúndio:* habiendo

2. SER

Presente do indicativo	Imperativo	Presente do subjuntivo
soy		sea
eres	sé	seas
es	sea	sea
somos	seamos	seamos
sois	sed	seáis
son	sean	sean

Pretérito imperfeito do indicativo	Futuro	Condicional
era	**seré**	**sería**
eras	**serás**	**serías**
era	**será**	**sería**
éramos	**seremos**	**seríamos**
erais	**seréis**	**seríais**
eran	**serán**	**sería**

Pretérito perfeito simples do indicativo	Pretérito imperfeito do subjuntivo
fui	fuera / fuese
fuiste	fueras / fueses
fue	fuera / fuese
fuimos	fuéramos / fuésemos
fuisteis	fuerais / fueseis
fueron	fueran / fuesen

Infinitivo: ser	*Participio:* sido	*Gerundio:* siendo

VERBOS REGULARES

3. HABLAR (primeira conjugação -AR)

Presente do indicativo	Imperativo	Presente do subjuntivo
hablo		hable
hablas	habla	hables
habla	hable	hable
hablamos	hablemos	hablemos
habláis	hablad	habléis
hablan	hablen	hablen

Pretérito imperfeito do indicativo	Futuro	Condicional
hablaba	hablaré	hablaría
hablabas	hablarás	hablarías
hablaba	hablará	hablaría
hablábamos	hablaremos	hablaríamos
hablabais	hablaréis	hablaríais
hablaban	hablarán	hablarían

Pretérito perfeito simples do indicativo	Pretérito imperfeito do subjuntivo
hablé	hablara, hablase
hablaste	hablaras, hablases
habló	hablara, hablase
hablamos	habláramos, hablásemos
hablasteis	hablarais, hablaseis
hablaron	hablaran, hablasen

Infinitivo: hablar	Participio: hablado	Gerundio: hablando

4. COMER (segunda conjugação -ER)

Presente do indicativo	Imperativo	Presente do subjuntivo
como	coma	
comes	come	comas
come	coma	coma
comemos	comamos	comamos
coméis	comed	comáis
comen	coman	coma

Pretérito imperfeito do indicativo	Futuro	Condicional
comía	comeré	comería
comías	comerás	comerías
comía	comerá	comería
comíamos	comeremos	comeríamos
comíais	comeréis	comeríais
comían	comerán	comerían

Pretérito perfeito simples do indicativo	Pretérito imperfeito do subjuntivo
comí	comiera, comiese
comiste	comieras, comieses
comió	comiera, comiese
comimos	comiéramos, comiésemos
comisteis	comierais, comieseis
comieron	comieran, comiesen

Infinitivo: comer	Particípio: comido	Gerundio: comiendo

5. VIVIR (terceira conjugação -IR)

Presente do indicativo	Imperativo	Presente do subjuntivo
vivo	viva	
vives	vive	vivas
vive	viva	viva
vivimos	vivamos	vivamos
vivís	vivid	viváis
viven	vivan	vivan

Pretérito imperfeito	Futuro	Condicional do indicativo
vivía	viviré	viviría
vivías	vivirás	vivirías
vivía	vivirá	viviría
vivíamos	viviremos	viviríais
vivíais	viviréis	viviríais
vivían	vivirán	vivirían

Pretérito perfeito simples do indicativo	Pretérito imperfeito do subjuntivo
viví	viviera / viviese
viviste	vivieras / vivieses
vivió	viviera / viviese
vivimos	viviéram / viviésemos
vivisteis	vivierais / vivieseis
vivieron	vivieran / viviesen

Infinitivo: vivir	Participio: vivido	Gerundio: viviendo

VERBOS PRONOMINAIS

6. LEVANTARSE

Presente do indicativo	Imperativo	Presente do subjuntivo
me levanto		me levante
te levantas	levántate	te levantes
se levanta	levántese	se levante
nos levantamos	levantémonos	nos levantemos
os levantáis	levantaos	os levantéis
se levantan	levántense	se levanten

Pretérito imperfeito do indicativo	Futuro	Condicional
me levantaba	me levantaré	me levantaría
te levantabas	te levantarás	te levantarías
se levantaba	se levantará	se levantaría
nos levantábamos	nos levantaremos	nos levantaríamos
os levantabais	os levantaréis	os levantaríais
se levantaban	se levantarán	se levantarían

PRETÉRITO PERFEITO SIMPLES DO INDICATIVO	PRETÉRITO IMPERFEITO DO SUBJUNTIVO
me levanté	me levantara / me levantase
te levantaste	te levantaras / te levantases
se levantó	se levantara / se levantase
nos levantamos	nos levantáramos / nos levantásemos
os levantasteis	os levantarais / os levantaseis
se levantaron	se levantaran / se levantasen

INFINITIVO: levantarse	*PARTICIPIO:* levantado	*GERUNDIO:* levantándose

Observações:

1ª) Na conjugação dos verbos pronominais, as formas simples e as compostas do verbo são precedidas dos pronomes reflexivos **me**, **te**, **se**, **nos**, **os** e **se**. Estes pronomes, contudo, colocam-se depois do verbo, ligados a ele, no infinitivo, no imperativo e no gerúndio.

2ª) No imperativo, ao ligar-se o pronome reflexivo à forma verbal, ocorre uma perda das consoantes **s** e **d**: **levantémonos** e **levantaos**.

ALGUMAS VARIANTES HISPANO-AMERICANAS NA CONJUGAÇÃO DOS VERBOS

1. Em quase toda a América Latina não se utiliza a segunda pessoa do plural vosotros que foi substituída por ustedes.

Assim, **ustedes** é o plural de tú e de usted.

Isto ocorre na língua falada e inclusive na escrita, mas normalmente se mantém na língua literária, sobretudo na poesia.

2. Devido à utilização do vos em vários países hispano-americanos, a conjugação sofre nestas zonas algumas transformações, na segunda pessoa do singular:

ESPANHOL GERAL	ESPANHOL EM ZONAS DE VOSEO
PRESENTE DO INDICATIVO	
tú cantas	vos cantás
tú sabes	vos sabés
tú tienes	vos tenés
tú vienes	vos venís
tú traes	vos traés
tú eres	vos sos

ESPANHOL GERAL	ESPANHOL EM ZONAS DE VOSEO
IMPERATIVO	
canta	cantá
ten	tené
ven	vení
di	decí
PRESENTE DO SUBJUNTIVO	
tú cantes	vos cantés
tú tengas	vos tengás
tú vengas	vos vengás
tú traigas	vos traigás

3. Observa-se uma série de tendências, não generalizadas, em alguns países hispano-americanos.

3.1. Maior frequência do uso do pretérito perfeito simples que do pretérito perfeito composto.

3.2. Uso preferencial da forma em –ra do pretérito imperfeito do subjuntivo e quase desaparecimento da forma em –se.

3.3. Uso frequente do pretérito imperfeito do subjuntivo no lugar do pretérito pluscuamperfecto de indicativo.

hablara por *había hablado*

3.4. Uso frequente de alguns verbos utilizados como pronominais.

enfermarse - tardarse

3.5. Uso de alguns verbos impessoais conjugados.

Hacen muchos días que no hablo con mis padres.
Habían muchos niños en el parque.

3.6. Uso muito frequente de algumas formas perifrásticas (embora isto também ocorra no espanhol da Espanha).

Ir a + infinitivo   no lugar do futuro.
Estar + gerundio   no lugar do presente.

VERBOS COM MODIFICAÇÕES ORTOGRÁFICAS

Quanto à pronúncia, é preciso respeitar o quadro de correspondências gráficas abaixo indicado:

fonemas	letras	exemplos
/ k /	c -qu	sacar, saque, delinqüir, delinco
/ z / z	c	cazar, cace, zurcir, zurzo
/ g / g	gu	pagar, pague, distinguir, distingo
/ j /	j / j - g	protejo, proteger, protegido

- Estas modificações ortográficas têm uma grande importância na conjugação de alguns verbos.

- Igualmente, na conjugação dos verbos, a vogal **i** átona entre duas vogais se converte na consoante y.

 leer: le**y**ó; le**y**era, le**y**ese; le**y**endo.
 huir: hu**y**ó; hu**y**era, hu**y**ese; hu**y**endo.

SACAR

Presente do indicativo	Imperativo	Presente do subjuntivo
saco		saque
sacas	saca	saques
saca	saque	saque
sacamos	saquemos	saquemos
sacáis	saquéis	saquéis
sacan	saquen	saquen

Pretérito perfeito simples do indicativo
saqué
sacaste
sacó
sacamos
sacasteis
sacaron

CAZAR

Presente do indicativo	Imperativo	Presente do subjuntivo
cazo		cace
cazas	caza	caces
caza	cace	cace
cazamos	cacemos	cacemos
cazáis	cazad	cacéis
cazan	cacen	cacen

Pretérito perfeito simples do indicativo
cacé
cazaste
cazó
cazamos
cazasteis
cazaron

PAGAR

Presente do indicativo	Imperativo	Presente do subjuntivo
pago		pague
pagas	paga	pagues
paga	pague	pague
pagamos	paguemos	paguemos
pagáis	pagad	paguéis
pagan	paguen	paguen

Pretérito perfeito simples do indicativo
pagué
pagaste
pagó
pagamos
pagasteis
pagaron

PROTEGER

Presente do indicativo	Imperativo	Presente do subjuntivo
protejo		proteja
proteges	protege	protejas
protege	proteja	proteja
protegemos	protejamos	protejamos
protegéis	proteged	protejáis
protegen	protejan	protejan

LEER

Pretérito perfeito simples do indicativo	Pretérito imperfeito de subjuntivo
leí	leyera, leyese
leíste	leyeras, leyeses
leyó	leyera, leyese
leímos	leyéramos, leyésemos
leísteis	leyerais, leyeseis
leyeron	leyeran, leyesen

Gerúndio: leyendo

- A vogal i átona de certas terminações (**-ió**, **-iera...**) desaparece quando precedida das consoantes **ll**, **ñ** e da vogal **i**.

    bullir: bulló; bullera, bullese, bullendo.
    reñir: riñó; riñera, riñese; riñendo.
    reír: rió; riera, riese; riendo.

Observação:

Os verbos **reñir** e **reír** além da modificação ortográfica indicada, são verbos irregulares da terceira classe (Ver 20. PEDIR).

BULLIR

Pretérito perfeito simples do indicativo	Pretérito imperfeito de subjuntivo
bullí	bullera, bullese
bulliste	bulleras, bulleses
bulló	bullera, bullese

Pretérito perfeito simples do indicativo	Pretérito imperfeito de subjuntivo
bullimos	bulléramos, bullésemos
bullisteis	bullerais, bulleseis
bulleron	bulleran, bullesen

Gerúndio: bullendo

REÑIR

Pretérito perfeito simples do indicativo	Pretérito imperfeito de subjuntivo
reñí	riñera, riñese
reñiste	riñeras, riñeses
riñó	riñera, riñese
reñimos	riñéramos, riñésemos
reñisteis	riñerais, riñeseis
riñeron	riñeran, riñesen

Gerúndio: riñendo

REÍR

Pretérito perfeito simples do indicativo	Pretérito imperfeito de subjuntivo
reí	riera, riese
reíste	rieras, rieses
rió	riera, riese
reímos	riéramos, riésemos
reísteis	rierais, rieseis
rieron	rieran, riesen

Gerúndio: riendo

- Muito frequentemente o i e o u da raiz levam acento ortográfico quando estas vogais são tônicas.

GUIAR

Presente do indicativo	Imperativo	Presente do subjuntivo
guío		guíe
guías	guía	guíes
guía	guíe	guíe
guiamos	guiemos	guiemos
guiáis	guiad	guiéis
guían	guíen	guíen

Alguns verbos que se conjugam como GUIAR

amnistiar	ampliar	arriar	ataviar	averiar	biografiar
cablegrafiar	calcografiar	caligrafiar	cartografiar	cinematografiar	confiar
contrariar	criar	chirriar	desafiar	desataviar	descarriar
desconfiar	desliar	desvariar	desviar	enfriar	enviar
espiar	esquiar	estriar	expiar	extasiarse	extraviar
fiar	otografiar	fotolitografiar	hastiar	inventariar	liar
litografiar	malcriar	mecanografiar	ortografiar	piar	porfiar
radiografiar	recriar	resfriar	rociar	serigrafiar	taquigrafiar
telegrafiar	tipografiar	variar	vigiar	xerografiar	

ACTUAR

Presente do indicativo	Imperativo	Presente do subjuntivo
actúo		actúe
actúas	actúa	actúes
actúa	actúe	actúe
actuamos	actuemos	actuemos
actuáis	actuad	actuéis
actúan	actúen	actúen

Alguns verbos que se conjugam como ACTUAR

acentuar	atenuar	continuar	deshabituar	desvirtuar	devaluar
discontinuar	efectuar	evaluar	extenuar	fluctuar	graduar
habituar	insinuar	menstruar	perpetuar	puntuar	revaluar
situar	tatuar	usufructuar	valuar		

- Entretanto, alguns verbos terminados em iar e todos os terminados em **cuar** y **guar** conservam o ditongo em todas as pessoas e não se acentuam nunca, conjugando-se como um verbo regular da primeira conjugação. 3. HABLAR).

    auxiliar: auxilio, auxilias, auxilia, auxilian;

                                   auxilie, auxilies, auxilie, auxilien.

    atestiguar: atestiguo, atestiguas, atestigua, atestiguan;

                                     atestigüe, atestigües, atestigüe, atestigüen.

PRINCIPAIS VERBOS QUE CONSERVAM O DITONGO IA

abreviar	acariciar	agobiar	agraviar	aliviar
angustiar	anunciar	apropiar	arreciar	asediar
atrofiar	auspiciar	beneficiar	calumniar	cambiar
codiciar	comerciar	compendiar	contagiar	copiar
denunciar	desahuciar	desperdiciar	desquiciar	elogiar
enjuiciar	ensuciar	enturbiar	envidiar	escanciar
evidenciar	expoliar	fastidiar	incendiar	iniciar
injuriar	licenciar	lidiar	limpiar	maliciar
mediar	negociar	odiar	oficiar	parodiar
plagiar	potenciar	premiar	presenciar	promediar
pronunciar	rabiar	radiar	refugiar	remediar
renunciar	reverenciar	saciar	sentenciar	sitiar
tapiar	terciar	testimoniar	vanagloriar	vendimiar

VERBOS IRREGULARES

Para ordenar os verbos irregulares espanhois, seguimos a classificação de Andrés BELLO

Primeira classe de verbos irregulares

Verbos terminados em -ACER, -ECER, -OCER y -UCIR:

Estes verbos tomam um **z** antes do **c** radical, sempre que este tiver som [k], ou estiver na primeira pessoa do singular do presente do indicativo, em todo o presente do subjuntivo e na primeira pessoa do singular e primeira e terceira pessoas do plural do imperativo, que são as únicas formas nas quais o c radical vai seguido de **o** ou de **a**.

CONOCER

Presente do indicativo	Imperativo	Presente do subjuntivo
conozco		conozca
conoces	conoce	conozcas
conoce	conozca	conozca
conocemos	conozcamos	conozcamos
conocéis	conoced	conozcáis
conocen	conozcan	conozcan

Observações:

1ª) Constituem exceções os verbos **COCER**, **HACER** e **MECER**, que têm outros tipos de irregularidade.

2ª) Os verbos terminados em **DUCIR**, além desta irregularidade, formam o pretérito perfeito simples do indicativo e o imperfeito do subjuntivo em **DUJE**.

Segunda classe de verbos irregulares

Verbos que ditongam

A irregularidade consiste em transformar a vogal acentuada do radical **e** (ou **i**) em **ie** e o (ou **u**) em **ue**. Isto ocorre em todas as pessoas do singular e na terceira do plural dos presentes (indicativo, subjuntivo e imperativo).

PERDER

Presente do indicativo	Imperativo	Presente do subjuntivo
pierdo		pierda
pierdes	pierde	pierdas
pierdes	pierda	pierda
perdemos	perdamos	perdamos
perdéis	perded	perdáis
pierden	pierdan	pierdan

Observação:

Os verbos **adquirir** e **inquirir** transformam o i radical acentuado em ie.

Alguns verbos que se conjugam como PERDER

acertar	acrecentar	alentar	apacentar	apretar
arrendar	ascender	atravesar	aventar	calentar
cegar (m.o.)	cerner (cernir)	cerrar	cimentar	comenzar (m.o.)
concertar	confesar	defender	dentar	descender
desmembrar	despertar	enmendar	empedrar	empezar (m.o.)
encender	encomendar	ensangrentar	escarmentar	fregar (m.o.)
gobernar	helar	herrar	incensar	invernar
manifestar	merendar	nevar	pensar	quebrar
recomendar	regar (m.o.)	remendar	reventar	segar
sembrar	serrar	temblar	trascender	tropezar (m.o.)

CONTAR

PRESENTE DO INDICATIVO	IMPERATIVO	PRESENTE DO SUBJUNTIVO
cuento		cuente
cuentas	cuenta	cuentes
cuenta	cuente	cuente
contamos	contemos	contemos
contáis	contad	contéis
cuentan	cuenten	cuenten

Observações:

1ª) Alguns verbos também apresentam particípio irregular, como é o caso de **volver** (**vuelto**).

2ª) **Oler** e **desosar**, verbos irregulares desta classe, tomam por regra ortográfica um **h** antes do ditongo **ue**.

3ª) Jugar transforma o **u** do radical acentuado em **ue**, mas não assim seus compostos aparentes **conjugar** e **enjugar**.

Alguns verbos que se conjugam como CONTAR

almorzar (m.o.)	avergonzar (m.o.)	cocer (m.o.)	colgar (m.o.)	concordar
costar	degollar	denostar	descollar	descornar
desvergonzarse (m.o.)	doler	emporcar (m.o)	encontrar	encorarencordar

entortar	forzar (m.o.)	holgar (m.o.)	llover	moler
morder	mostrar	mover	poblar	probar
recordar	renovar	rodar	soldar	soler
soltar	soñar	torcer (m.o.)	tostar	trocar (m.o.)
volar	volcar (m.o.)	volver		

Terceira clase de verbos irregulares

Verbos que trocam o E da última sílaba da raiz por I:

Isto ocorre nos seguintes casos:

1. Quando sobre ela recai o acento tônico (em todas as pessoas do singular e na terceira do plural dos presentes (indicativo, subjuntivo e imperativo).

2. Quando a desinência começa por a ou tem ditongo (primeira e segunda pessoa do plural do presente do subjuntivo, terceiras pessoas do pretérito perfeito simples do indicativo, em todas as pessoas do pretérito imperfeito do subjuntivo e no gerúndio).

PEDIR

PRESENTE DO INDICATIVO	IMPERATIVO	PRESENTE DO SUBJUNTIVO
pido		pida
pides	pide	pidas
pida	pida	pida
pedimos	pidamos	pidamos
pedís	pedid	pidáis
piden	pidan	pidan

PRETÉRITO PERFEITO SIMPLES DO INDICATIVO	PRETÉRITO IMPERFEITO DO SUBJUNTIVO
pedí	pidiera, pidiese
pediste	pidieras, pidieses
pidió	pidiera, pidiese
pedimos	pidiéramos, pidiésemos
pedisteis	pidierais, pidieseis
pidieron	pidieran, pidiesen

GERÚNDIO: pidiendo

Observação:

Além de **pedir**, apresentam esta irregularidade os verbos **servir** e os terminados em:

-ebir:	concebir	-egir:	colegir
-eguir:	seguir	-emir:	gemir
-enchir:	henchir	-endir:	rendir
-estir:	vestir	-etir:	repetir

Também se incluem nesta classe os verbos terminados em:

-eír:	reír	-eñir:	reñir

Estes últimos perdem o i da desinência dos tempos: pretérito perfeito simples do indicativo, imperfeito do subjuntivo e gerúndio.

Alguns verbos que se conjugam como 20. PEDIR

ceñir	colegir (m.o.)	competir	concebir	constreñir
derretir	elegir (m.o.)	embestir	estreñir	gemir
medir	regir (m.o.)	rendir	reñir	repetir
seguir (m.o.)	servir	teñir	vestir	

Quarta classe de verbos irregulares

Verbos terminados em -UIR:

A anomalia desta classe consiste em acrescentar à raiz (que termina em vogal) a consoante y, o que ocorre antes das vogais a, e, o, das desinências dos presentes (indicativo, subjuntivo e imperativo).

CONCLUIR

PRESENTE DO INDICATIVO	IMPERATIVO	PRESENTE DO SUBJUNTIVO
concluyo		concluya
concluyes	concluye	concluyas
concluye	concluya	concluya
concluimos	concluyamos	concluyamos
concluís	concluid	concluyáis
concluyen	concluyan	concluyan

Pretérito perfeito simples do indicativo	Pretérito imperfeito do subjuntivo
concluí	concluyera, concluyese
concluiste	concluyeras, concluyeses
concluyó	concluyera, concluyese
concluimos	concluyéramos, concluyésemos
concluisteis	concluyerais, concluyeseis
concluyeron	concluyeran, concluyesen

Gerúndio: concluyendo

Observação:

Não devem considerar-se como formas irregulares (mesmo que as tenhamos incluído no quadro anterior) aquelas nas quais os ditongos **io**, **ie** da terminação se transformam em **yo**, **ye**, devido à regra geral de converter-se em **y**, o **i** não acentuado que se encontra entre duas vogais (**concluyó**, **concluyera**, **concluyendo**).

Quinta classe de verbos irregulares

Verbo ANDAR:

A irregularidade compreende todas as pessoas do pretérito perfeito simples do indicativo e do pretérito imperfeito do subjuntivo, cuja raiz irregular é **anduv-**, no lugar de **and-**.

Somente pertencem a esta classe o verbo **andar** e seus compostos.

ANDAR

Pretérito perfeito simples do indicativo	Pretérito imperfeito do subjuntivo
anduve	**anduv**iera, **anduv**iese
anduviste	**anduv**ieras, **anduv**ieses
anduvo	**anduv**iera, **anduv**iese
anduvimos	**anduv**iéramos, **anduv**iésemos
anduvisteis	**anduv**ierais, **anduv**ieseis
anduvieron	**anduv**ieran, **anduv**iesen

Sexta classe de verbos irregulares

Verbo OÍR.

A esta sexta classe de verbos irregulares pertencem somente o verbo **oír** e seus compostos.

Apresenta dois tipos de irregularidade:

1. Na primeira pessoa do singular do presente do indicativo e em todas as pessoas do presente do subjuntivo, encontramos a raiz irregular **oig-**.

2. Na segunda e terceira pessoas do singular e na terceira do plural do presente do indicativo e na segunda pessoa do singular do imperativo, encontramos a raiz irregular **oy-**.

OÍR

Presente do indicativo	Imperativo	Presente do subjuntivo
oigo		oiga
oyes	oye	oigas
oye	oiga	oiga
oímos	oigamos	oigamos
oís	oíd	oigáis
oyen	oigan	oigan

Observação:

Não incluímos, por não considerá-las irregulares, as formas **oyó, oyeron, oyese, oyendo**..., já que sua raiz é a forma regular **o**: o **i** dos ditongos **io, ie**, que pertencem à terminação, transforma-se em **y** por carecer de acento tônico y encontrar-se entre duas vogais.

Sétima classe de verbos irregulares

A esta classe pertencem verbos da segunda e terceira conjugações. Compreendem dois tipos de irregularidade:

1. Na primeira pessoa do singular do presente do indicativo, em todas as pessoas do presente do subjuntivo e na terceira pessoa do singular e primeira e terceira pessoas do plural do imperativo, transformam a raiz, ora acrescentando um **z** antes do **c** radical quando vai seguida de **o** ou de **a**, ora acrescentando **ig** à raiz, também antes de **o** ou de **a**.

2. No pretérito perfeito simples do indicativo e no pretérito imperfeito do subjuntivo, mudam o **c** da raiz em **j** (ou tomam esta consoante), perdendo o **i** das terminações regulares. Além disso, têm as terminações **e, o**, não acentuadas, em lugar das desinências regulares **í, ió**, oxítonas, na primeira e na terceira pessoas do singular do pretérito perfeito simples do indicativo.

Os verbos **conducir** e **traer** nos servirão de paradigma para os verbos que sofrem essas transformações.

Todos os verbos terminados em **-ducir** fazem parte desta classe.

Também pode considerar-se como pertencente a esta classe o verbo **placer**, mesmo quando este verbo tenha sofrido mudanças notáveis em sua conjugação ao longo do tempo.

24. CONDUCIR

PRESENTE DO INDICATIVO	IMPERATIVO	PRESENTE DO SUBJUNTIVO
conduzco		conduzca
conduces	conduce	conduzcas
conduce	conduzca	conduzca
conducimos	conduzcamos	conduzcamos
conducís	conducid	conduzcáis
conducen	conduzcan	conduzcan

PRETÉRITO PERFEITO SIMPLES DO INDICATIVO	PRETÉRITO IMPERFEITO DO SUBJUNTIVO
conduje	condujera, condujese
condujiste	condujeras, condujeses
condujo	condujera, condujese
condujimos	condujéramos, condujésemos
condujisteis	condujerais, condujeseis
condujeron	condujeran, condujesen

25. TRAER

PRESENTE DO INDICATIVO	IMPERATIVO	PRESENTE DO SUBJUNTIVO
traigo		traiga
traes	trae	traigas
trae	traiga	traiga
traemos	traigamos	traigamos
traéis	traed	traigáis
traen	traigan	traigan

Pretérito perfeito simples do indicativo	Pretérito imperfeito do subjuntivo
traje	trajera, trajese
trajiste	trajeras, trajeses
trajo	trajera, trajese
trajimos	trajéramos, trajésemos
trajisteis	trajerais, trajeseis
trajeron	trajeran, trajesen

Oitava classe de verbos irregulares

Verbos SALIR y VALER

Estes verbos são os únicos verbos simples que formam esta oitava classe. Tomam, nos três presentes (indicativo, subjuntivo e imperativo) um **g** depois do **l** radical diante das vogais **a**, **o** das desinências, e perdem o **e** desinencial na segunda pessoa do singular do imperativo. No indicativo (no futuro e no condicional) tomam um **d** em vez do **e** ou do **i** do infinitivo radical.

A conjugação destes verbos é totalmente semelhante, salvo que a segunda pessoa do singular do imperativo de **valer** utiliza correntemente a forma regular **vale**.

26. SALIR

Presente do indicativo	Imperativo	Presente do subjuntivo
salgo		salga
sales	sal	salgas
sale	salga	salga
salimos	salgamos	salgamos
salís	salid	salgáis
salen	salgan	salgan

Futuro	Condicional
saldré	saldría
saldrás	saldrías
saldrá	saldría
saldremos	saldríamos
saldréis	saldríais
saldrán	saldrían

Nona classe de verbos irregulares

Pertencem a esta nona classe:

Aqueles verbos que formam o ditongo **ie**, o **e** da penúltima sílaba, sempre que for tônica; e a transformam em **i**, sempre que for átona e a desinência começar por **a** ou **ditongo**.

Têm estas irregularidades os verbos **arrepentirse**, **herir**, **hervir**, **mentir**, **seguir**, **sentir** e seus respectivos compostos, bem como aqueles cujo infinitivo termina em:

      -ferir: preferir   -gerir: ingerir   -vertir: advertir.

Também pode incluir-se nesta classe o verbo **erguir**, embora tenha ele uma série de peculiaridades próprias.

Verbos que transformam E em IE ou em I.

27. SENTIR

Presente do indicativo	Imperativo	Presente do subjuntivo
siento		sienta
sientes	siente	sientas
siente	sienta	sienta
sentimos	sintamos	sintamos
sentís	sentid	sintáis
sienten	sientan	sientan

Pretérito perfeito simples do indicativo	Pretérito imperfeito do subjuntivo
sentí	sintiera, sintiese
sentiste	sintieras, sintieses
sintió	sintieras, sintiese
sentimos	sintiéramos, sintiésemos
sentisteis	sintierais, sintieseis
sintieron	sintieran, sintiesen

Gerúndio: sintiendo

- Aqueles verbos que formam o ditongo em **ue** o **o** da penúltima sílaba, sempre que for tônica; e a transformam em **u**, sempre que for átona e a desinência começar por **a** ou **ditongo**.

Unicamente os verbos **dormir** e **morir** com seus respectivos compostos sofrem estas alterações.

O particípio do verbo **morir** também é irregular: **muerto**.

Verbos que transformam o O em UE ou em U:

28. DORMIR

Presente do indicativo	Imperativo	Presente do subjuntivo
duermo		duerma
duermes	duerme	duermas
duerme	duerma	duerma
dormimos	durmamos	durmamos
dormís	durmáis	durmáis
duermen	duerman	duerman

Pretérito perfeito simples do indicativo	Pretérito imperfeito do subjuntivo
dormí	durmiera, durmiese
dormiste	durmieras, durmieses
durmió	durmiera, durmiese
dormimos	durmiéramos, durmiésemos
dormisteis	durmierais, durmieseis
durmieron	durmieran, durmiesen

Gerúndio: durmiendo

Décima classe de verbos irregulares

Compõem esta décima classe de verbos irregulares os que combinam uma série de anomalias:

1. A primeira pessoa do singular do presente do indicativo e todas as pessoas do presente do subjuntivo.

2. Todas as pessoas do pretérito perfeito simples do indicativo e do pretérito imperfeito e do futuro do subjuntivo.

3. Todas as pessoas do futuro e do condicional do indicativo.

Assim, pois, esta classe de verbos possui três raízes irregulares para cada uma das formas que indicamos e uma quarta regular para as restantes.

Pertencem a esta décima classe:

CABER e SABER

1. As quatro raízes de **caber** são **quep-**, **cup-**, **cabr-** e a regular é **cab-**.

2. As quatro raízes de **saber** são **sep-**, **sup-**, **sabr-** e a regular é **sab-**; este verbo tem, contudo, outra irregularidade peculiar na primeira pessoa do singular do presente do indicativo: **sé**.

29. CABER

Presente do indicativo	Imperativo	Presente do subjuntivo
quepo		**quep**a
cabes	cabe	**quep**as
cabe	**quep**a	**quep**a
cabemos	**quep**amos	**quep**amos
cabéis	cabed	**quep**áis
caben	**quep**an	**quep**an

Futuro	Condicional
cabré	**cabr**ía
cabrás	**cabr**ías
cabrá	**cabr**ía
cabremos	**cabr**íamos
cabréis	**cabr**íais
cabrán	**cabr**ían

Pretérito perfeito simples do indicativo	Pretérito imperfeito do subjuntivo
cupe	**cup**iera, **cup**iese
cupiste	**cup**ieras, **cup**ieses
cupo	**cup**iera, **cup**iese
cupimos	**cup**iéramos, **cup**iésemos
cupisteis	**cup**ierais, **cup**ieseis
cupieron	**cup**ieran,

30. SABER

Presente do indicativo	Imperativo	Presente do subjuntivo
sé		sepa
sabes	sabe	sepas
sabe	sepa	sepa
sabemos	sepamos	sepamos
sabéis	sabed	sepáis
saben	sepan	sepan

Futuro	Condicional
sabré	sabría
sabrás	sabrías
sabrá	sabría
sabremos	sabríamos
sabréis	sabríais
sabrán	sabrían

Pretérito perfeito simples do indicativo	Pretérito imperfeito do subjuntivo
supe	supiera, supiese
supiste	supieras, supieses
supo	supiera, supiese
supimos	supiéramos, supiésemos
supisteis	supierais, supieseis
supieron	supieran, supiesen

HACER e seus compostos têm as quatro raízes: **hag-**, **hic-**, **har**, e **hac-**:

A segunda pessoa do singular do imperativo é **haz**.

Satisfacer segue as irregularidades de **hacer**, mas na segunda pessoa do singular do imperativo diz-se **satisfaz** ou **satisface**, e no pretérito imperfeito e no futuro do subjuntivo a raiz é **satisfac-** ou **satisfic**.

31. HACER

Presente do indicativo	Imperativo	Presente do subjuntivo
hago		**hag**a
haces	**haz**	**hag**as
hace	**hag**a	**hag**a
hacemos	**hag**amos	**hag**amos
hacéis	haced	**hag**áis
hacen	**hag**an	**hag**an

Futuro	Condicional
haré	**har**ía
harás	**har**ías
hará	**har**ía
haremos	**har**íamos
haréis	**har**íais
harán	**har**ían

Pretérito perfeito simples do indicativo	Pretérito imperfeito do subjuntivo
hice	**hic**iera, **hic**iese
hiciste	**hic**ieras, **hic**ieses
hizo	**hic**iera, **hic**iese
hicimos	**hic**iéramos, **hic**iésemos
hicisteis	**hic**ierais, **hic**ieseis
hicieron	**hic**ieran, **hic**iesen

Particípio: hecho

PONER e seus compostos têm as quatro raízes: **pong-**, **pus-**, **pondr-** e **pon-**.

A segunda pessoa do singular do imperativo diz-se: **pon, compón, depón, supón**...

32. PONER

Presente do indicativo	Imperativo	Presente do subjuntivo
pongo		ponga
pones	pon	pongas
pone	ponga	ponga
ponemos	pongamos	pongamos
ponéis	poned	pongáis
ponen	pongan	pongan

Futuro	Condicional
pondré	pondría
pondrás	pondrías
pondrá	pondría
pondremos	pondríamos
pondréis	pondríais
pondrán	pondrían

Pretérito perfeito simples do indicativo	Pretérito imperfeito do subjuntivo
puse	pusiera, pusiese
pusiste	pusieras, pusieses
puso	pusiera, pusiese
pusimos	pusiéramos, pusiésemos
pusisteis	pusierais, pusieseis
pusieron	pusieran, pusiesen

Particípio:	puesto

Décima primeira classe de verbos irregulares

Compõem esta classe de verbos irregulares os que combinam uma série de anomalias:

1. Convertem a vogal acentuada da raiz em ditongo: o **e** em **ie** e o **o** em **ue**. Isto ocorre em todas as pessoas do singular e na terceira do plural dos presentes (indicativo, subjuntivo e imperativo).

2. Todas as pessoas do pretérito perfeito simples do indicativo e do pretérito imperfeito do subjuntivo.

• Todas as pessoas do futuro e do condicional do indicativo.

Assim, pois, esta classe de verbos possui três raízes irregulares para cada uma das formas que indicamos e uma quarta regular para as restantes.

Pertencem a esta décima primeira classe:

QUERER, cujas raízes são: **quier-**, **quis-**, **querr-** e a regular **quer-**.

33. QUERER

Presente do indicativo	Imperativo	Presente do subjuntivo
quiero		**quier**a
quieres	**quier**e	**quier**as
quiere	**quier**a	**quier**a
queremos	queramos	queramos
queréis	quered	queráis
quieren	**quier**an	**quier**an

Futuro	Condicional
querré	**querr**ía
querrás	**querr**ías
querrá	**querr**ía
querremos	**querr**íamos
querréis	**querr**íais
querrán	**querr**ían

Pretérito perfeito simples do indicativo	Pretérito imperfeito do subjuntivo
quise	**quis**iera, **quis**iese
quisiste	**quis**ieras, **quis**ieses
quiso	**quis**iera, **quis**iese
quisimos	**quis**iéramos, **quis**iésemos
quisisteis	**quis**ierais, **quis**ieseis
quisieron	**quis**ieran, **quis**iesen

PODER, cujas raízes são: **pued-**, **pud-**, **podr-** e a regular **pod-**.

Este verbo tem ainda no gerúndio outra irregularidade peculiar: **pudiendo**.

34. PODER

Presente do indicativo	Imperativo	Presente do subjuntivo
puedo		pueda
puedes	puede	puedas
puedes	pueda	pueda
podemos	podamos	podamos
podéis	poded	podáis
pueden	puedan	puedan

Futuro	Condicional
podré	podría
podrás	podrías
podrá	podría
podremos	podríamos
podréis	podríais
podrán	podrían

Pretérito perfeito simples do indicativo	Pretérito imperfeito do subjuntivo
pude	pudiera, pudiese
pudiste	pudieras, pudieses
pudo	pudiera, pudiese
pudimos	pudiéramos, pudiésemos
pudisteis	pudierais, pudieseis
pudieron	pudieran, pudiesen

Gerúndio: pudiendo

Décima segunda classe de verbos irregulares

Os verbos **tener** e **venir** com seus respectivos compostos formam esta classe de verbos irregulares. Tem cinco raízes, uma vez que combinam uma série de anomalias:

1. A primeira pessoa do singular do presente do indicativo e todas as pessoas do presente do subjuntivo. Suas raízes são: **teng-** e **veng-**.

2. Na segunda e na terceira pessoas do singular e na terceira pessoa do plural do presente do indicativo ditonga o **e** da raiz em **ie**. Suas raízes são **tien-** e **vien-**.

3. Todas as pessoas do pretérito perfeito simples do indicativo e do pretérito imperfeito do subjuntivo. Suas raízes são **tuv-** e **vin**.

4. Todas as pessoas do futuro e do condicional do indicativo. Suas raízes são **tendr-** e **vendr-**.

5. Suas raízes regulares são **ten-** e **ven-**.

Estes verbos têm ainda outras irregularidades peculiares. Suas segundas pessoas do singular do imperativo são: **ten** e **ven**. O gerúndio de **venir** é **viniendo**.

35. TENER

Presente do indicativo	Imperativo	Presente do subjuntivo
tengo		**teng**a
tienes	**ten**	**teng**as
tiene	**teng**a	**teng**a
tenemos	**teng**amos	**teng**amos
tenéis	tened	**teng**áis
tienen	**teng**an	**teng**an

Futuro	Condicional
tendré	**tendr**ía
tendrás	**tendr**ías
tendrá	**tendr**ía
tendremos	**tendr**íamos
tendréis	**tendr**íais
tendrán	**tendr**ían

Pretérito perfeito simples do indicativo	Pretérito imperfeito do subjuntivo
tuve	**tuv**iera, **tuv**iese
tuviste	**tuv**ieras, **tuv**ieses
tuvo	**tuv**iera, **tuv**iese
tuvimos	**tuv**iéramos, **tuv**iésemos
tuvisteis	**tuv**ierais, **tuv**ieseis
tuvieron	**tuv**ieran, **tuv**iesen

36. VENIR

Presente do indicativo	Imperativo	Presente do subjuntivo
vengo		venga
vienes	ven	vengas
viene	venga	venga
venimos	vengamos	vengamos
venís	venid	vengáis
vienen	vengan	vengan

Futuro	Condicional
vendré	vendría
vendrás	vendrías
vendrá	vendría
vendremos	vendríamos
vendréis	vendríais
vendrán	vendrían

Pretérito perfeito simples do indicativo	Pretérito imperfeito do subjuntivo
vine	viniera, viniese
viniste	vinieras, vinieses
vino	viniera, viniese
vinimos	viniéramos, viniésemos
vinisteis	vinierais, vinieseis
vinieron	vinieran, viniesen

Gerúndio: viniendo

Décima terceira classe de verbos irregulares

Pertencem a esta décima terceira classe de verbos irregulares somente o verbo **decir** e alguns de seus compostos. O verbo **decir** tem cinco raízes, uma vez que combina uma série de anomalias:

1. A primeira pessoa do singular do presente do indicativo e todas as pessoas do presente do subjuntivo. Sua raiz é **dig-**.
2. Na segunda e na terceira pessoas do singular e na terceira pessoa do plural do presente do indicativo e no gerúndio, transforma o **e** da raiz em **i**. Sua raiz é **dic-**.
3. Todas as pessoas do pretérito perfeito simples do indicativo e do pretérito imperfeito do subjuntivo. Sua raiz é **dij-**.

4. Todas as pessoas do futuro e do condicional do indicativo. Sua raíz é **dir-**.

5. Sua raiz regular é **dec-**.

Este verbo tem ainda outras irregularidades peculiares. Sua segunda pessoa do singular do imperativo é **di** e seu particípio é **dicho**.

Os compostos **contradecir** e **desdecir** formam a segunda pessoa do singular do imperativo: **contradice** e **desdice** e nas demais formas seguem a conjugação de **decir**. **Bendecir**, **maldecir** e **predecir** formam a segunda pessoa do singular do imperativo: **bendice**, **maldice** e **predice** e, além disso, são regulares nas formas do futuro e do condicional do indicativo.

37. DECIR

Presente do indicativo	Imperativo	Presente do subjuntivo
digo		**dig**a
dices	**di**	**dig**as
dice	**dig**a	**dig**a
dec**imos**	**dig**amos	**dig**amos
dec**ís**	dec**id**	**dig**áis
dicen	**dig**an	**dig**an

Futuro	Condicional
diré	**dir**ía
dirás	**dir**ías
dirá	**dir**ía
diremos	**dir**íamos
diréis	**dir**íais
dirán	**dir**íais

Pretérito perfeito simples do indicativo	Pretérito imperfeito do subjuntivo
dije	**dij**era, **dij**ese
dijiste	**dij**eras, **dij**eses
dijo	**dij**era, **dij**ese
dijimos	**dij**éramos, **dij**ésemos
dijisteis	**dij**erais, **dij**eseis
dijeron **dij**eran, **dij**esen	

Particípio: dicho	Gerúndio: **dic**iendo

VERBOS IRREGULARES AVULSOS

Verbo DAR

38. DAR

Presente do indicativo	Imperativo	Presente do subjuntivo
doy		**dé**
das	da	des
da	**dé**	**dé**
damos	demos	demos
dais	dad	deis
dan	den	den

Pretérito perfeito simples do indicativo	Pretérito imperfeito do subjuntivo
di	diera, diese
diste	dieras, dieses
dio	diera, diese
dimos	diéramos, diésemos
disteis	dierais, dieseis
dieron	dieran, diesen

Verbo CAER

39. CAER

Presente do indicativo	Imperativo	Presente do subjuntivo
caigo		**caiga**
caes	cae	caigas
cae	**caiga**	**caiga**
caemos	**caigamos**	**caigamos**
caéis	caed	**caigáis**
caen	**caigan**	**caigan**

Verbo ESTAR

40. ESTAR

Presente do indicativo	Imperativo	Presente do subjuntivo
estoy		esté
estás	está	estés
está	esté	esté

Presente do indicativo	Imperativo	Presente do subjuntivo
estamos	estemos	estemos
estáis	estad	estéis
están	estén	estén

Pretérito perfeito simples do indicativo	Pretérito imperfeito do subjuntivo
estuve	estuviera, estuviese
estuviste	estuvieras, estuvieses
estuvo	estuviera, estuviese
estuvimos	estuviéramos, estuviésemos
estuvisteis	estuvierais, estuvieseis
estuvieron	estuvieran, estuviesen

Verbo VER

41. VER

Presente do indicativo	Imperativo	Presente do subjuntivo	Pretérito imperfeito do indicativo
veo		vea	veía
ves	ve	**veas**	veías
ve	**vea**	vea	veía
vemos	**veamos**	**veamos**	veíamos
veis	ved	**veáis**	veíais
ven	**vean**	vean	**veían**

Particípio: visto

Verbo IR

42. IR

Presente do indicativo	Imperativo	Presente do subjuntivo	Pretérito imperfeito do indicativo
voy		vaya	iba
vas	ve	vayas	ibas
va	vaya	vaya	iba
vamos	**vamos / vayamos**	**vayamos**	íbamos
vais	id	**vayáis**	ibais
van	vayan	vayan	**iban**

Pretérito perfeito simples do indicativo	Pretérito imperfeito do subjuntivo
fui	fuera, fuese
fuiste	fueras, fueses
fue	fuera, fuese
fuimos	fuéramos, fuésemos
fuisteis	fuerais, fueseis
fueron	fueran, fuesen

Gerúndio: yendo

PARTICÍPIOS IRREGULARES

Alguns verbos que não figuram nos quadros anteriores têm particípio irregular.

abrir → abierto

cubrir → cubierto y sus compuestos

escribir → escrito

verbos terminados em **-olver** →**-uelto**

morir → muerto

romper → roto

Observação:

Em alguns países hispano-americanos conserva-se ainda o *p* arcaico de determinados particípios.

adscripto, prescripto, suscripto...

Também é preciso assinalar que a irregularidade de alguns verbos vê-se igualmente refletida em seus particípios.

absolver	—>	absuelto
decir	—>	dicho
disolver	—>	disuelto
hacer	—>	hecho
licuefacer	—>	licuefacto
morir	—>	muerto
poner	—>	puesto

pudrir	—>	podrido
rarefacer	—>	rarefacto
resolver	—>	resuelto
satisfacer	—>	satisfecho
tumefacer	—>	tumefacto
ver	—>	visto
volver	—>	vuelto

Ocorre a mesma coisa com os verbos que derivam deles, salvo com bendecir e maldecir, que têm dois particípios como indicamos a seguir.

Alguns verbos possuem dois particípios, um regular e outro irregular. A forma regular serve para formar os tempos compostos e a irregular utiliza-se como adjetivo.

Os verbos mais frequentes com dois particípios são os seguintes:

absorber	—>	absorbido	absorto	imprimir *	—>	imprimido	impreso
abstraer	—>	abstraído	abstracto	incluir	—>	incluido	incluso
atender	—>	atendido	atento	incurrir	—>	incurrido	incurso
bendecir	—>	bendecido	bendito	infundir	—>	infundido	infuso
circuncidar	—>	cincuncidado	circunciso	injertar	—>	injertado	injerto
comprimir	—>	comprimido	compreso	insertar	—>	insertado	inserto
concluir	—>	concluido	concluso	invertir	—>	invertido	inverso
confesar	—>	confesado	confeso	juntar	—>	juntado	junto
confundir	—>	confundido	confuso	maldecir	—>	maldecido	maldito
convencer	—>	convencido	convicto	manifestar	—>	manifestado	manifiesto
convertir	—>	convertido	converso	nacer	—>	nacido	nato
corregir	—>	corregido	correcto	oprimir	—>	oprimido	opreso
corromper	—>	corrompido	corrupto	poseer	—>	poseído	poseso
despertar	—>	despertado	despierto	prender	—>	prendido	preso
desproveer*	—>	desproveído	desprovisto	presumir	—>	presumido	presunto
difundir	—>	difundido	difuso	proveer *	—>	proveído	provisto
elegir	—>	elegido	electo	recluir	—>	recluido	recluso
enjugar	—>	enjugado	enjuto	retorcer	—>	retorcido	retuerto
excluir	—>	excluido	excluso	sofreír *	—>	sofreído	sofrito
eximir	—>	eximido	exento	soltar	—>	soltado	suelto
expresar	—>	expresado	expreso	sujetar	—>	sujetado	sujeto
extender	—>	extendido	extenso	suspender	—>	suspendido	suspenso
extinguir	—>	extinguido	extinto	sustituir	—>	sustituido	sustituto
fijar	—>	fijado	fijo	teñir	—>	teñido	tinto
freír *	—>	freído	frito	torcer	—>	torcido	tuerto
hartar	—>	hartado	harto	torrefactar	—>	torrefactado	torrefacto

Nota:
  * Estes verbos admitem as duas formas do particípio nos tempos compostos, embora as formas regulares de **freír**, **desproveer**, **proveer** e **sofreír** (**freído**, **desproveído**, **proveído** e **sofreído**) praticamente não sejam utilizadas no espanhol atual.

DIVERGÊNCIAS LÉXICAS

O espanhol e o português se asemelham em muitos aspectos, mas é preciso prestar atenção às diferenças e às falsas semelhanças. Algumas palavras apresentam divergências na grafia, na morfologia, no significado ou na construção sintática. Estas palavras são chamadas "falsos amigos". Oferecemos uma lista delas e seu correto valor em espanhol e em português.

ESPANHOL- PORTUGUÊS

a mí me hace mucha ilusión = eu tenho muita vontade de
a pesar de = apesar de
a través de = através de
abonar = adubar / fertilizar
absorber = absorver
aceite, el o azeite
acordar = despertar
acordar = lembrar
acreditada, formación = formação comprovada
acreedor, el o credor
acudir = comparecer
adecuado = adequado
adherir = aderir
adobar = temperar / condimentar
adobe, el = o tijolo
adquisición, la = a aquisição
afeitar = barbear
agarrar (H) / coger (E) / pegar = pegar / bater
agua fría / helada, el = a água gelada
ahí = aí
aire acondicionado, el = o ar condicionado
ajeno = alheio
al contado = à vista
alcohol, el = o álcool
alguien = alguém
aliñar = condimentar / temperar
almacén, el = a loja
almeja, la = o marisco
alumno, el = o aluno
análisis de sangre, el = o exame de sangue
análisis, el = a análise
analizar = analisar
ancho = largo
anécdota, la = a anedota
antiguo = antigo
aparte = além de
apellido, el = o sobrenome
apenas = quase não
apodo, el = o apelido
aprehender = apreender
aprehensión, la = a apreensão
aprender = aprender
apresar = apresar / prender
apresurar = apressar
apropiado = apropriado
apropiar = apropriar
apuntar = apontar
árbol, el = a árvore
archipiélago, el = o arquipélago
arena, la = a areia

aristócrata = aristocrata
arpa, el (fem.) = a harpa
armonía, la harmonia
arquetipo, el = o arquétipo
arruga, la = a ruga
arte, el = a arte
artículo, el = o artigo
asignatura, la = a disciplina (matéria escolar)
aspiradora, la = o aspirador
aterrizaje, el = a aterrissagem
atmósfera, la = a atmosfera
atrofia, la = a atrofia
aula, el (fem.) = a sala de aula
aún / todavía = ainda
autóctono = autóctone
autosuficiente = auto-suficiente
averiguar = verificar
ayudar = ajudar
ayuntamiento, el = a prefeitura
azogue, el = o azougue / o mercúrio
balance, el = o balanço
balcón, el = a sacada
baldosa, la / mosaico, el = o ladrilho
ballena, la = a baleia
baño, el = o banheiro
bar, el = o botequim / o bar
basar = basear
basura, la = o lixo
beca, la = a bolsa de estudos
becario, el = o bolsista
berro, el = o agrião
bohemio = boêmio
bolsa, la = a sacola
bolsillo, el = o bolso
bolso, el = a bolsa
bombilla, la = a lâmpada
borde, el = a borda
borracha = bêbada
borrachera, la = a embriaguez
borracho = bêbado
borrar = apagar
botiquín, el = o estojo de primeiros socorros
brincar = saltar
burócrata = burocrata
cachorro, el = o filhote
cajón, el = a gaveta
calzoncillos, los = a cueca
camarero, el = o garçom
campamento, el = o acampamento
campanilla, la = o sininho

50
cincuenta

caña, la = o chope (cerveja)
canasta, la = a canastra
cansancio, el = o cansaço
capa, la = a camada
cárcel, la = o cárcere / a cadeia
carnicería, la = o açougue
carro, el = o carrinho do supermercado
cartón, el = o papelão
cartulina, la = a cartolina
casco, el = o capacete
caserío, el = o casario
casi = quase
catar = provar / degustar
cena, la = o jantar, a ceia
cenar = jantar
cepillo, el = a escova
cerebro, el = o cérebro
chalé, el = o sobrado
charlatán = tagarela
chiste, el = a piada
chocar = dar trombada
chorizo, el = a linguiça
chuleta, la = a cola (na escola)
chupete, el = a chupeta
cigüeña, la = a cegonha
cine, el = o cinema
cinta, la = a fita
ciruela, la = a ameixa
cirujano, el = o cirurgião
cita, la = o encontro
clase, la = a aula
cobrar = receber
coche, el / automóvil, el = o carro / o automóvel
cochera, la = a garagem
cocodrilo, el = o crocodilo
coger (E), agarrar (H) / pegar = pegar / bater
coger / pegar = pegar / bater
coherente = coerente
cohete, el = a bombinha
color, el = a cor
columna, la = a coluna
combatir = combater
comer = almoçar
comida, la = o almoço
competencia, la = a competição
complementario = complementar
comprender = compreender
comprensión, la = a compreensão
comprobar = verificar
computadora, la (H) = o computador
conciencia, la = a consciência
concretar = concretizar
concurrido, local = local onde há afluência de muita gente
conejo, el = o coelho
confiado = confiante
confundida / desconcertada = embaraçada
contestar = responder
contradecir = contestar
control, el = o controle
convertible = conversível
copa, la = a taça
copiar en un examen = colar
coral, la (masa coral) = o coral (conjunto de canto)
costo, el = o custo
costumbre, la = o costume
cráter, el = a cratera
crear / criar = criar
crecer = crescer
crema, la = o creme
crianza, la = a criação
cualquiera = qualquer um
cueca, la = a dança folclórica do Chile
cuello, el = o pescoço
cuesta, la / pendiente, la = a encosta
culero, el = o cueiro
culo, el = a bunda
cumbre, la = o cume
cumplir años = fazer aniversário
curso, el primer = o primeiro ano
cutis, el = a cútis
dar plantón = dar o cano
dato, el = o dado
de cuero / de piel = de couro
de piel / de cuero = de couro
de pieles = de pele
de veras = deveras
deber = dever
dejar = emprestar
delgado = magro
demócrata = democrata
demostrar = demonstrar
dentífrico, el = o dentifrício
deportes, los = os esportes
derecho = direito
descifrar = decifrar
desconcertada / confundida = embaraçada
desde luego = com certeza
deshacer / destruir = desmanchar
desmanchar = desmacular / tirar manchas
desorden, el = a desordem
despacho, el / oficina, la = o escritório
despistado = distraído
desproveer = desprover
desprovisto = desprovido
desván, el = o sótão
diapositiva, la = o diapositivo
diario, el (H) = o jornal
diccionario, el = o dicionário
dificilísimo = dificílimo
difunto = defunto
diplomático, el = o diplomata
dirección, la = o endereço
diseño, el = o desenho
dislocar = deslocar
disminuir = diminuir
distinguido = distinto
distinto = diferente
dolor, el = a dor
dorado = dourado
dosis, la = a dose
duelo, el– = pena / aflição, luto
edén, el = o éden
editorial, la = a editora
elegir = eleger
elegir = escolher / eleger
elemental = elementar
elogio, el = o elogio
embarazada / encinta = grávida

emborracharse = ficar bêbado
en cuanto = quando, assim que, tão logo que
encima = em cima
encinta / embarazada = grávida
encuesta, la = a pesquisa / a enquete
enderezar = endireitar
énfasis, el = a ênfase
engalanar / adornar = enfeitar
engranaje, el = a engrenagem
engrasado = engraxado
engrasar / untar con grasa = engraxar
enseguida = em seguida
ensenada, la = a enseada
entrenamiento, el = o treinamento
epígrafe, el = a epígrafe
equipo, el = a equipe
es cierto = é verdade
escafandra, la = o escafandro
escena, la = a cena
escenario, el = o cenário
escenario, el = o palco
escéptico = cético
escoba, la = a vassoura
escribir = escrever
escritorio, el = a escrivaninha
escritura, la = a escrita
espalda, la = as costas
esperanzador = esperançoso
espíritu, el = o espírito
establo, el = a cocheira / o estábulo
estafador = charlatão
estirar = esticar / estirar
estratagema, la = o estratagema
estreno, el = a estreia
estrés, el = o estresse
estrofa, la = a estrofe
europea = europeia
europeo = europeu
exageración, la = o exagero
examen, el = a prova
experto = perito
explorar / explotar = explorar
explotar / explorar = explorar
exquisito = excelente, delicioso, saboroso
extender = estender
extrañar (H) / echar de menos (E) = sentir saudade
extranjero = estrangeiro
extraño = esquisito, estranho
extremadamente = extremamente
facilísimo = facílimo
fallo, el = a falha
fatiga, la = a fadiga
feria, la = a feira / a exposição
financiero = financeiro
finca, la = o sítio / a chácara
fino, delgado, estrecho = delgado, fino, estreito
firma, la = a assinatura
fiscal, el = o promotor
fiscalía, la = a promotoria
flaco = magro
flujo, el = o fluxo
franja, la = a faixa / a listra
fraude, el = a fraude
frenar = frear / brecar

freno, el = o freio / o breque
frente de batalla, el = o front de batalha
frente frío, el = a frente fria
frente, la = a testa
fuente, la = a travessa (prato)
fútbol, el = o futebol
ganancias, las = o lucro
garaje, el = a garagem
garantizar = garantir
gastritis, la = a gastrite
gaucho = gaúcho
gente, la / uno, nosotros = as pessoas / a gente
gentuza, la = a gentalha
gimnasia, la = a ginástica
gobernar = governar
gobierno, el = o governo
goma, la = a borracha
gracia, la = a graça
grasa, la = a graxa / a gordura
gratificación, la = o abono
grifo, el = a torneira
guardia, el = o guarda
gubernamental = governamental
guía, la = a lista telefônica
guitarra eléctrica, la = a guitarra
guitarra, la = o violão
harina, la = a farinha
harto = farto
hechicero = feiticeiro
hechizo, el = o feitiço
helado, el = o sorvete
hiel, la = o fel
hierba, la = a erva
hijo, el = o filho
hombre, el = o homem
hombro, el = o ombro
hormona , la = o hormônio, o –
hueco = oco
huella digital, la = a impressão digital
huevo, el = o ovo
imán, el = o ímã
imbécil = imbecil
impar = ímpar
infame = torpe
ingeniero, el = o engenheiro
inhumano = desumano
inmersión, la = a imersão
inmunológico = imunológico
innumerable = inumerável
insomnio, el = a insônia
intentar = tentar
inversión, la = o investimento
investigación, la = a pesquisa
izquierdo = esquerdo
jamón, el = o presunto
jaqueca, la = a enxaqueca
jeroglífico, jeroglífico, el = o hieroglifo
jirafa, la = a girafa
jueves, el = a quinta-feira
juez, el = o juiz
jugar = brincar / jogar
ladrar = latir
ladrillo = tijolo
lámpara, la = o abajur

langosta, la = o gafanhoto (p.us.: a lagosta)
langostino, el (p.us.: la lagosta)– = a lagosta
largo = comprido, longo, extenso
latir = latejar
leche, la = o leite
lectura, la = a leitura
legumbre, la = o legume
letras: la *a*, la *b*, la *c*... = letras: o *a*, o *b*, o *c*...
libertad, la = a liberdade
libre = livre
liderazgo, el = a liderança
lienzo, el = a tela
ligar = paquerar
lila = lilás
límite, el = o limite
lingüiça, a = el chorizo
llevar gafas = usar óculos
llevar pantalones = usar calças
lograr / lograrse = conseguir
logros, los = as conquistas
luego = depois
luna, la = a lua
lunes, el = a segunda-feira
maestro, el = o mestre
malo (perverso) = ruim
manicura, la = a manicure
manteca, la = a banha
mantequilla, la = a manteiga
manzana, la = a maçã
manzano, el = a macieira
marcar el número = discar o número
margen, el = a margem
martes, el = a terça-feira
mascota, la = o mascote
matemáticas, las = a matemática
mayor, persona = mais velho
medicina, la = o remédio
menor, persona = mais novo
mensaje, el = a mensagem
mensual = mensal
metro, el = o metrô
metrópoli, la = a metrópole
miel, la = o mel
miércoles, el = a quarta-feira
milagro, el = o milagre
millaje, el = a milhagem
mirar = ver, olhar
monje, el = o monge
morado = roxo
morcilla, la = o chouriço
moro = mouro
mostrador, el = o balcão
mote, el / sobrenombre, el = o cognome / a alcunha
muelle, el = a mola
mujer, la = a mulher
multimedia, la = a multimídia
musulmán = muçulmano
nacer = nascer
naranja, la = a laranja
naranjo, el = a laranjeira
narina, la = a venta
nariz, la = o nariz
naturaleza, la = a natureza
nervioso = nervoso

neumático, el = o pneumático
neurólogo, el = o neurologista
niño, el = a criança
nitrógeno, el = o nitrogênio
nivel, el = o nível
nivelar = alinhar
no obstante / sin embargo = todavia / entretanto
noble = nobre
nobleza = nobreza
nostalgia, la = a nostalgia
novela, la = o romance
novelista, el = o romancista
novio, el = o namorado
obligación = obrigação
obligar = obrigar
obligatorio = obrigatório
obra maestra, la (literaria) = a obra prima (literária)
obra prima, la (de zapatería) = a obra nova (de sapataria)
océano, el = o oceano
ocio, el = o lazer
oficina, la / despacho, el = o escritório
ofrecer = oferecer
ombligo, el = o umbigo
ómnibus, el = o ônibus
omóplato, el (omoplato) = a omoplata
operativo, sistema = sistema operacional
orden, el (la) = a ordem
órgano, el = o órgão
origen, el = a origem
oro, el = o ouro
orquesta, la = a orquestra
oso, el = o urso
oxígeno, el = o oxigênio
padrastro, el = o padrasto
página web, la / sitio web, el = o site
paisaje, el = a paisagem
pájaro, el = o pássaro
palabrota, la / taco, el = o palavrão
palco, el = o camarote
pañuelo, el = o lenço
parálisis, a = a paralisia
paralizar = paralisar
pareja, la = o casal / o cônjuge
parlamentario = parlamentar
pasaje, el = a passagem
pasar = entrar / acontecer / transcorrer
pasarse = passar do ponto
pasillo, el = o corredor
pastel, el = o doce
patata, la = a batata
pegar / agarrar (H) / coger (E) = pegar / bater
pegar = colar, grudar, bater
pelado = careca
pelirrojo = ruivo
pelo, el = o(s) cabelo(s)
pendiente, la / cuesta, la = a encosta
pene, el = o pênis
periódico, el (E) = o jornal
perjuicio, el = o prejuízo
perro, el = o cachorro / o cão
persona mayor = mais velho
persona menor = mais novo
personaje, el = a personagem
pesadilla, la = o pesadelo

pesebre, el = o presépio
pétalo, el = a pétala
piel, la = a pele
píldora, la = a pílula
pilotaje, el = a pilotagem
piso, el = o andar (pavimento) / o apartamento
pizarra, la = o quadro-negro
plan, el = o plano
planificación, la = o planejamento
plata, la = a prata
plateado = prateado
policía, la = a polícia
políglota = poliglota
polvo, el = o pó, a poeira
ponerse al teléfono = atender ao telefone
por cierto = a propósito
por supuesto = sem dúvida / é claro / é óbvio
preciosa = bonita
preferentemente = preferencialmente
prejuicio, el = o preconceito
presencia, la / aspecto, el = a aparência
presentar = apresentar
presunto = suposto, suspeito
primaveral = primaveril
probar = provar
profesional = profissional
prójimo, el = o próximo
prometido, el = o noivo
pronosticar = prognosticar
pronto = logo / rapidamente
propietario, el = o proprietário
propio = próprio
prospecto, el = a bula
protesta, la = o protesto
prototipo, el = o protótipo
prueba, la = a prova
psiquis, la = a psique
pueblo, el = o povo / o povoado / a aldeia
puente, el = a ponte
pulpo, el = o polvo
punta, la = a ponta
quedar = sobrar
quirúrgico = cirúrgico
raro = esquisito
rasgo, el = o traço / a característica
rato, un = um instante
ratón de biblioteca, el = a traça de biblioteca
ratón, el = o rato / o mouse do computador
rebaja, la = o desconto
reclutamiento, el = o recrutamento
recoger = catar
recorrer / socorrer = acudir
recorrido, el = o percurso
recurrir = recorrer
redondear = arredondar
reflejo, el = o reflexo
régimen, el = o regime
regímenes, los = os regimes
regla, la = a regra / a régua
remolcar = rebocar
remolque, el = o reboque
renta, la = a renda / o rendimento
reportaje, el = a reportagem
restringido = restrito

resucitar = ressuscitar
reto, el = o desafio
retrasado = atrasado
retribución, la = a retribuição
rezo, el = a reza
rienda, la = a rédea
riguroso = rigoroso
risa, la = o riso
ristra, la = a réstia
rojo = vermelho
ronda, la = a rodada
rosal, el = a roseira
rubio = loiro
rudo = rude
ruin = vil / desprezível
sal, la = o sal
sangre, la = o sangue
secreto, el = o segredo
sello, el = o timbre
señal, la = o sinal
señas, las = o endereço
serrín, el = a serragem
siglo, el = o século
síncope, el = a síncope
síndrome, el = a síndrome
síntoma, el = o sintoma
sirena, la = a sereia
sitio, el = o lugar / o local
sobrenombre, el / mote, el = o cognome / a alcunha
socorrer / recorrer = acudir
sonar = tocar
sonrisa, la = o sorriso
sordo = surdo
sordomudo = surdo-mudo
sorprendente = surpreendente
sorprender = surpreender
sorpresa, la = a surpresa
sótano, el = o porão
súbdito, el = o súdito
subrayado, el = o grifo
sucia = suja
suero, el = o soro
sujetar = segurar / pregar / sujeitar
sumergir = submergir
suspender = reprovar, ser reprovado na escola
sustancia, la = a substância
tabla, la = a tábua / a tabela
taco, el / palabrota, la = o palavrão
taller, el = a oficina
tampoco = tampouco
tapas, las = os petiscos
tarjeta, la = o cartão
taza, la = a xícara
teléfono, el = o telefone
tener buen carácter = ter gênio bom
tener mal carácter = ter mau gênio (pessoa geniosa)
tesis, la = a tese
tesón, el = a garra, a energia, o entusiasmo
tienda, la = a loja
tijeras, las = a tesoura
timbre, el = a campainha
tocarle a alguien la lotería = ganhar na loteria
todavía / aún = ainda
tornillo, el = o parafuso

torpe = burro
torrente, el = a torrente
tortuga, la = a tartaruga
tráfico, el = o trânsito
tras = após, depois de
trastorno, el = o transtorno
travesía, la = a travessa
trayectoria, la = a trajetória
traza, la = o vestígio
vacante = vaga
vaga = vagabunda / folgada
vaso, el = o copo

venda, la = a venda (tira de pano)
venta, la = a venda
vértigo, el = a vertigem
viaje, el = a viagem
vientre, el = o ventre
viernes, el = a sexta-feira
violón, el = o contrabaixo
víspera, la = a véspera
volumen, el = o volume
yoga, el = a ioga
zigzag, el = o zigue-zague
zurdo / zocato = canhoto

PORTUGUÊS–ESPANHOL

a propósito = por cierto
à vista = al contado
abajur, o = la lámpara
abono, o = la gratificación
absorver = absorber
acampamento, o = el campamento
açougue, o = la carnicería
acrobata = acróbata
acudir = socorrer / recorrer
adequado = adecuado
aderir = adherir
adesão = adhesión
adubar = abonar
adubo, o = el abono
advogado, o = el abogado
água gelada, a = el agua fría / helada
aí = ahí
ainda = todavía / aún
ajudar = ayudar
ajuntamaento, o = la aglomeración
álcool, o = el alcohol
alcunha, a / cognome, o = el sobrenombre / el mote
além de = aparte
alguém = alguien
alheio = ajeno
alinhar = nivelar
almoçar = comer
aluno, o = el alumno
ameixa, a = la ciruela
amplo = amplio
analisar = analizar
análise, a = el análisis
andar, o (pavimento) = el piso
anedota, a = la anécdota
anemia, a = la anemia
antigo = antiguo
apagar = borrar
aparência, a = la presencia, el aspecto
apartamento, o = el piso
apelido, o = el apodo
apenas / somente = solamente
apesar de = a pesar de
após / depois de = tras
apóstolo, o = el apóstol
apreender = aprehender
apreensão, a = la aprehensión
aprender = aprender

apresar / prender = apresar
apresentar = presentar
apressar = apresurar
apropriado = apropiado
aquisição, a = la adquisición
ar condicionado, o = el aire acondicionado
ar, o = el aire
areia, a = la arena
aristocrata = aristócrata
arquétipo, o = el arquetipo
arquipélago, o = el archipiélago
arredondar = redondear
arte, a = el arte
artigo, o = el artículo
artrite, a = la artritis
árvore, a = el árbol
aspirador, o = la aspiradora
assinatura, a = la firma
atender ao telefone = ponerse al teléfono
aterrissagem, a = el aterrizaje
aterrissar = aterrizar
atmosfera, a = la atmósfera
atrasado = atrasado / retrasado
através de = a través de
aula, a = la clase
autóctone = autóctono
azeite, o = el aceite
azougue, o / mercúrio, o = el azogue
bacharel, o = el licenciado
balanço, o = el balance
balcão, o = el mostrador
baleia, a = la ballena
banha, a = la manteca
banheiro, o = el baño
barbear = afeitar
baseada = basada
basear = basar
batata, a = la patata
bater / colar / grudar = pegar
bater / pegar = pegar / coger (E), agarrar (H)
bêbada = borracha
beca, a = la toga
berro, o = el grito
boêmio = bohemio
bolsa de estudos, a = la beca
bolsa, a = el bolso
bolsista, o = el becario

bolso, o = el bolsillo
bombinha, a = el cohete
bonita = preciosa
borda, a = el borde
borracha, a = la goma
borracharia, a = el taller donde se reparan neumáticos
borracheiro, o = el reparador de neumáticos
borrar = manchar / ensuciar
botequim, o = el bar
brecar / frear = frenar
brincar / jugar = jugar
Bruxelas = Bruselas
bula, a = el prospecto
bunda, a = el culo
burocrata = burócrata
burro = torpe
cabelo(s), o(s) = el pelo
cachorro, o / cão, o = el perro
camada, a = la capa
camarote, o = el palco
campainha, a = el timbre
campina, a = la campiña
canastra, a = la canasta
canhoto = zurdo / zocato
cansaço, o = el cansancio
cão, o / cachorro, o = el perro
capacete, o = el casco
cárcere, o / cadeia, a = la cárcel
careca = pelado
carrinho do supermercado, o = el carro
cartão, o = la tarjeta
casal, o = la pareja
casario, o = el caserío
catar = recoger
cegonha, a = la cigüeña
ceia, a / jantar, o = la cena
cena, a = la escena
cenário, o = el escenario
cérebro, o = el cerebro
ceroula(s), a(s) los calzones
cético = escéptico
charlatão = estafador
chouriço, o = la morcilla
chupeta, a = el chupete
cinema, o = el cine
cirurgia, a = la cirugía
cirurgião, o = el cirujano
cirúrgico = quirúrgico
cocheira, a = el establo
coelho, o = el conejo
coerente = coherente
cognome, o / alcunha, a = el mote / el sobrenombre
cola, a (na escola) = la chuleta
colar / grudar / bater = pegar
colar = copiar en un examen
coleção, a = la colección
coluna, a = la columna
com certeza = desde luego
com desconto = rebajado de precio
combater = combatir
começo, o = el comienzo
comemorativo = conmemorativo
complementar = complementario
compreender = comprender
comprido / longo / extenso = largo
computador, o = la computadora (H), el ordenador (E)
concretizar = concretar
condimentar / temperar = adobar / aliñar
confiado = atrevido / arrogante
confiante = confiado
cônjuge, o = la pareja
conquistas, as = los logros
consciência, a = la conciencia
conseguir = lograr / lograrse
contestar = contradecir
contrabaixo, o = el violón
controle, o = el control
conversível = convertible
copo, o = el vaso
cor, a = el color
coral, o (conjunto de canto) = la coral (masa coral)
corredor, o = el pasillo
costa, a / encosta, a / vertente, a = la cuesta
costume, o = la costumbre
cratera, a = el cráter
credor, o = el acreedor
creme, o = la crema
crescer = crecer
criação, a = la creación
criação, a = la crianza
criança, a = el niño
criar = crear / criar
crocodilo, o = el cocodrilo
cueca, a = los calzoncillos
cueiro, o = el culero
cume, o = la cumbre
cúmplice, o = el cómplice
cumplicidade, a = la complicidad
custo, o = el costo
cútis, a = el cutis
dado, o = el dato
dar o cano = dar plantón
dar trombada = chocar
de couro = de piel / de cuero
de pele = de pieles
decifrar = descifrar
defunto = difunto
degustar / provar = catar
delgado / fino / estreito = fino, delgado, estrecho
democrata = demócrata
demonstrar = demostrar
dentifrício, o = el dentífrico
depois = después, luego
depois de / após = tras
desafio, o = el reto
desconto, o = la rebaja
desenho, o = el diseño
deslocar = dislocar
desmacular / tirar manchas = desmanchar
desmanchar = deshacer / destruir
desordem, a = el desorden
despertar = acordar
desprovido = desprovisto
desumano = inhumano
dever = deber
deveras = de veras
diapositivo, o = la diapositiva
dicionário, o = el diccionario

diferente = distinto
dificílimo = dificilísimo
diminuir = disminuir
diplomata, o = el diplomático
direito = derecho
distinto = distinguido
distraído = despistado
dolo, o– = el fraude
dor, a = el dolor
dose, a = la dosis
dourado = dorado
é claro / é óbvio / sem dúvida = por supuesto
é óbvio / é claro / sem dúvida = por supuesto
é verdade = es cierto
editora, a = la editorial
eleger = elegir
elementar = elemental
em cima = encima
em seguida = enseguida
embaraçada = desconcertada / confundida
embriaguez, a = la borrachera / la embriaguez
emprestar = dejar
encontro, o = la cita
encosta, a = la cuesta / la pendiente
endereçar = dirigir / orientar
endereço, o = la dirección, las señas
endireitar = enderezar
energia, a– / entusiasmo, o– = el tesón
ênfase, a = el énfasis
enfeitar = adornar / engalanar
engenheiro, o = el ingeniero
engraçado = gracioso o simpático
engraçar = hacerse gracioso o simpático
engraxar = engrasar / untar con grasa
engrenagem, a = el engranaje
enseada, a = la ensenada
entretanto / todavia = sin embargo / no obstante
enxaqueca, a = la jaqueca
epígrafe, a = el epígrafe
equipe, a = el equipo
erva, a = la hierba
escafandro, o = la escafandra
escolher / eleger = elegir
escova, a = el cepillo
escrever = escribir
escrita, a = la escritura
escritório, o = la oficina / el despacho
escrivaninha, a = el escritorio
esperançoso = esperanzador
espírito, o = el espíritu
esportes, os = los deportes
esquerdo = izquierdo
esquisito / estranho = extraño, raro
estar de guarda = estar de plantão
estender = extender
esticar / estirar = estirar
estojo de primeiros socorros, o = el botiquín
estrangeiro = extranjero
estratagema, la = o estratagema
estroi, a = el estreno

estresse, o = el estrés
estrofe, a = la estrofa
exagero, o = la exageración
exame de sangue, o = el análisis de sangre
extremamente = extremadamente
facílimo = facilísimo
fadiga, a = la fatiga
faixa, a / listra, a = la franja
falha, a = el fallo
farinha, a = la harina
farto = harto
fazer aniversário = cumplir años
feira, a / exposição, a = feria
feiticeiro = hechicero
feitiço, o = el hechizo
fel, o = la hiel
fetilizar / adubar = abonar
ficar bêbado = emborracharse
filho, o = el hijo
filhote, o = el cachorro
financeiro = financiero
fita, a = la cinta
fluxo, o = el flujo
fraude, a = el fraude
frear / brecar = frenar
frente fria, a = el frente frío
freqüente = frecuente
futebol, o = el fútbol
gafanhoto, o = la langosta, el saltamontes
garagem, a = la cochera / el garaje
garantir = garantizar
garçom, o = el camarero
garra, a– = el tesón
gaúcho = gaucho
gaveta, a = el cajón
gentalha, a = la gentuza
gente, a = la gente / uno, nosotros
ginástica, a = la gimnasia
girafa, a = la jirafa
gordura, a / graxa, a = la grasa
governamental = gubernamental
governo, o = el gobierno
graça, a = la gracia
grávida = embarazada / encinta
graxa, a / gordura, a = la grasa
grifo, o = el subrayado
grudar / colar / bater = pegar
guarda, o = el guardia
guardameta, el = o goleiro
guardia, la = o plantão
guitarra, a = la guitarra eléctrica
harmonia, a = la armonía
harpa, a = el arpa (fem.)
hieroglifo, o = el jeroglífico
homem, o = el hombre
hormônio, o = la hormona
ímã, o = el imán
imbecil = imbécil
imediato = inmediato
imersão, a = la inmersión

ímpar = impar
imunológico = inmunológico
insônia, a = el insomnio
instante, um = un rato
inumerável = innumerable
investimento, o = la inversión
ioga, a = el yoga
jantar / cear = cenar
jantar, o / ceia, a = la cena
jogar / brincar = jugar
jornal, o = el diario (H), el periódico (E)
ladrilho, o = la baldosa / el mosaico
lagosta, a = el langostino; p.us.: la langosta
lâmpada, a = la bombilla
laranja, a = la naranja
laranjeira, a = el naranjo
largo = ancho
latejar = latir
latir = ladrar
lazer, o = el ocio
legume, o = la legumbre
leite, o = la leche
leitura, a = la lectura
lembrar = acordar
lenço, o = el pañuelo
letras: o *a*, o *b*, o *c*... = letras: la *a*, la *b*, la *c*...
liderança, a = el liderazgo
lilás = lila
limite, o = el límite
lista telefônica, a = la guía
listra, a / faixa, a = la franja
livrar = librar
livre = libre
lixo, o = la basura
logo = pronto
loiro = rubio
loja, a = el almacén, la tienda
lua, a = la luna
lucro, o = las ganancias
maçã, a = la manzana
macieira, a = el manzano
magro = delgado / flaco
mais novo = persona menor
mais velho = persona mayor
manicure, a = la manicura
manteiga, a = la mantequilla
margem, a = el margen
marisco, o = la almeja
mascote, o = la mascota
matemática, a = las matemáticas
mel, o = la miel
mensagem, a = el mensaje
mensal = mensual
mestre, o = el maestro
metrô, o = el metro
milagre, o = el milagro
milhagem, a = el millaje
mola, a = el muelle
momento, um / minuto, um = un rato / un ratito
monge, o = el monje

mouro, o = el moro
mouse do computador, o / rato, o = el ratón
móvel = móvil
muçulmano = musulmán
mueble, el = o móvel
mulher, a = la mujer
multimídia, a = la multimedia
namorado, o = el novio
nariz, o = la nariz
nascer = nacer
natureza, a = la naturaleza
nervoso = nervioso
neurologista, o = el neurólogo
nitrogênio, o = el nitrógeno
nível, o = el nivel
nobre = noble
noivo, o = el prometido
nostalgia, a = la nostalgia
obra prima, a (literária) = la obra maestra (literaria)
obrigar = obligar
obrigatório = obligatorio
oceano, o = el océano
oco = hueco
oferecer = ofrecer
oficina, a = el taller
ombro, o = el hombro
omoplata, a [ant.= o omoplata] = el omóplato
ônibus, o = el ómnibus
operacional, sistema = sistema operativo
ordem, a = el (la) orden
órgão, o = el órgano
origem, a = el origen
orquestra, a = la orquesta
ouro, o = el oro
ovo, o = el huevo
oxigênio, o = el oxígeno
padrasto, o = el padrastro
paisagem, a = el paisaje
palavrão, o = el taco / la palabrota
palco, o = el escenario
paquerar = ligar
parafuso, o = el tornillo
paralisar = paralizar
paralisia, a = la parálisis
parlamentar = parlamentario
passagem, a = el pasaje
passar do ponto = pasarse
pássaro, o = el pájaro
pé, o = el pie
pegar / bater = coger (E), agarrar (H) / pegar
pelado = desnudo
pele, a = la piel
pênis, o = el pene
percorrer = recorrer
percurso, o = el recorrido
perene = perenne
perito, o = el experto
personagem, a = el personaje
pesadelo, o = la pesadilla
pescoço, o = el cuello

pesquisa, a / enquete, a = la encuesta
pesquisa, a = la investigación
pessoas, as / gente, a = la gente / uno, nosotros
pétala, a = el pétalo
petiscos, os = las tapas
piada, a = el chiste
pilotagem, a = el pilotaje
pílula, a = la píldora
planejamento, o = la planificación
plano, o = el plan
pneumático, o = el neumático
pó, o / poeira, a = el polvo
polícia, a = la policía
poliglota = políglota
polvo, o = el pulpo
ponta, a = la punta
ponte, a = el puente
porão, o = el sótano
povo, o / povoado, o / aldeia, a = el pueblo
prata, a = la plata
preconceito, o = el prejuicio
prefeitura, a = el ayuntamiento
preferencialmente = preferentemente
pregar / segurar / sujeitar = sujetar
prejuízo, o = el perjuicio
presépio, o = el pesebre
presunto, o = el jamón
primaveril = primaveral
profissão, a = la profesión
prognóstico, o = el pronóstico
proprietário, o = el propietario
próprio = propio
protesto, o = la protesta
protótipo, o = el prototipo
prova, a = el examen, la prueba
provar = probar
próximo, o = el prójimo
quadro-negro, o = la pizarra
qualquer um = cualquiera
quando / assim que / tão logo que = en cuanto
quarta-feira, a = el miércoles
quase = casi
quase não = apenas
quinta-feira, a = el jueves
rapidamente = pronto
rato, o / mouse do computador, o = el ratón
rebocar = remolcar
reboque, o = el remolque
receber = cobrar
recorrer = recurrir
recrutamento, o = el reclutamiento
rédea, a = la rienda
reflexo, o = el reflejo
regime, o = el régimen
regimes, os = los regímenes
regra, a / régua, a = la regla
régua, a / regra, a = la regla
remédio, o = la medicina
reportagem, a = el reportaje
reprovar / ser reprovado na escola = suspender

responder = contestar
ressuscitar = resucitar
réstia, a = la ristra
restrito = restringido
reza, a = el rezo
rigoroso = riguroso
riso, o = la risa
rodada, a = la ronda
romance, o = la novela
rosal, o / roseiral, o = la rosaleda
roseira, a = el rosal
roxo = morado
rude = rudo
ruga, a = la arruga
ruim = malo / perverso
ruivo = pelirrojo
sacada, a = el balcón
sacola, a = la bolsa
sal, o = la sal
sala de aula, a = el aula (fem.)
saltar = brincar
sangue, o = la sangre
século, o = el siglo
segredo, o = el secreto
segunda-feira, a = el lunes
segurar / pregar / sujeitar = sujetar
selvagem = salvaje
sem dúvida / é claro / é óbvio = por supuesto
sentir saudade = extrañar (H) / echar de menos (E)
sereia, a = la sirena
serragem, a = el serrín
sexta-feira, a = el viernes
sinal, o = la señal
síncope, a = el síncope
síndrome, a = el síndrome
sininho, o = la campanilla
sintoma, o = el síntoma
sítio, o / chácara, a = la finca
sobrado, o = el chalé
sobrenome, o = el apellido
soro, o = el suero
sorriso, o = la sonrisa
sorvete, o = el helado
sótão, o = el desván
substância, a = la sustancia
súdito, o = el súbdito
suja = sucia
sujeitar / segurar / pregar = sujetar
suposto / suspeito = presunto
surdo = sordo
surdo-mudo = sordomudo
surpreendente = sorprendente
tabela, a / tábua, a = la tabla
taça, a = la copa
tagarela = charlatán
talvez = tal vez
tampouco = tampoco
tela, a = el lienzo
telefone, o = el teléfono
temperar / condimentar = adobar / aliñar

tentar = intentar
ter gênio bom = tener buen carácter
ter mau gênio (pessoa geniosa) = tener mal carácter
terça-feira, a = el martes
tese, a = la tesis
tesoura, a = las tijeras
testa, a = la frente
tijolo, o = el ladrillo / el adobe
timbre, o- = el sello
tocar = sonar
todavia / entretanto = sin embargo / no obstante
torneira, a = el grifo
torpe = infame
torrente, a = el torrente
traço, o / característica, a = el rasgo
tráfico de heroína, o = el alijo de heroína
trajetória, a = la trayectoria
trânsito, o = el tráfico
transplante, o = el trasplante
transtorno, o = el trastorno
travessa, a = la travesía
travessa, a = la fuente (plato)

treinamento, o = el entrenamiento
umbigo, o = el ombligo
urso, o = el oso
usar calças = llevar pantalones
usar óculos = llevar gafas
vaga = vacante
vagabunda / folgada = vaga
vassoura, a = la escoba
venda, a = la venta / la venda
venta, a = la narina
ventre, o = el vientre
ver / olhar = mirar
vermelho = rojo
vertigem, a = el vértigo
vestígio, o = la traza
viagem, a = el viaje
vil / desprezível = ruin
violão, o = la guitarra
volume, o = el volumen
xícara, a = la taza
zigue-zague, o = el zigzag

BILÉXICOS

Às vezes, uma das línguas se serve de duas palavras de significados diferentes que correspondem, na outra língua, a uma única palavra que significa as duas coisas.

ESPANHOL

atrasado / retrasado = atrasado
búsqueda, la / busca, la = a busca
calidad, la / cualidad, la = a qualidade
clavel, el / clavo, el = o cravo / o prego
contento / contenta = contente
coral, el / coral, la = o coral
crear / criar = criar
dato, el / dado, el = o dado
diente, el / muela, la = o dente
distinto / distinguido = distinto
embelesar / embellecer = embelezar
ensueño, el / sueño, el = o sonho / o sono
filo, el / hilo, el = o fio
fondo / hondo = fundo
guarda, la / guardia, el = a guarda / o guarda

hilo, el / filo, el = o fio
hipérbola, la / hipérbole, la = a hipérbole
imprenta, la / prensa, la = a imprensa
muela, la / diente, el = o dente
ola, la / onda, la = a onda
orden, el / orden, la = a ordem
perjuicio, el / prejuicio, el = o prejuízo
plan, el / plano, el = o plano
próximo / próximo = próximo
recorrer / recurrir = recorrer
recurrir / recorrer = recorrer
sequía, la / seca , la = a seca
síncope, el / síncopa, la = a síncope
sueño, el / ensueño, el = o sono / o sonho
sugerencia, la / sugestión, la = a sugestão

PORTUGUÊS

acreditar / creditar = acreditar
canivete, o / navalha, a = navaja
cavaleiro, o / cavalheiro, o = el caballero
competência, a / competição, a = la competencia
educativo / educacional = educativo
equipe, a / equipamento, o = el equipo
estirar / esticar = estirar
mestre, o / maestro, o = el maestro

obscuro / escuro = oscuro
porteiro, o / goleiro, o = el portero
prometer / asseverar = prometer
régua, a / regra, a = la regla
sabonete, o / sabão, o = el jabón
sarar / sanar = sanar
sonho, o / sono, o = el ensueño / el sueño
tenor, o / teor, o = el tenor

ESPAÑOL - PORTUGUÊS

A a

a, A [á] *s.f.* 1 primeira letra do alfabeto espanhol; seu nome é *a*. É uma vogal média aberta, nem palatal nem velar. 2 abreviatura de área, 100m². *Estudió el problema de la a a la z*, Estudou o problema de *a* a z.

a *abrev.* de área.

a *prep.* antes do infinitivo, para uma ordem. *¡A dormir!, ¡A estudiar!*

a *prep.* diante do complemento indireto. *Les mostré la casa a todos.* Mostrei a casa para todos.

a *prep.* diante do objeto direto de pessoa. *Hemos saludado a tu hermana hoy.* Cumprimentamos sua irmã hoje.

a *prep.* frase adverbial. *¡A que sí! ¡A que no!; a no ser que; a lo mejor. ¿Dónde está Ramón? A lo mejor está en su casa.* Onde está Ramón? Talvez esteja em sua casa.

a *prep.* meio, instrumento. *Fue escrito a máquina; pintado a lápiz; lo hicieron a mano.*

a *prep.* modo, maneira. *Salió a la francesa.* Saiu à francesa.

a *prep.* para estabelecer distância. *Córdoba está a 700 km de Buenos Aires.* Córdoba está a 700 km de Buenos Aires.

a *prep.* para estabelecer posição. *Nos sentamos a la mesa.* Sentamo-nos à mesa.

a *prep.* tempo em que algo acontece. *Los negocios cierran a las 6.* Os negócios fecham às 6h.

a *prep.* verbo + *a* + infinitivo. *Empezó a trabajar ayer.* Começou a trabalhar ontem.

a *prep.* verbo *ir* + *a* + infinitivo. *Vamos a viajar.*

á.ba.co [áβako] *s.m.* ábaco.

a.bad, a.ba.de.sa [aβáð] [aβaðēsa] *s.* religioso(a) superior de um monastério, abade, abadessa.

a.ba.de.jo [aβaðéxo] *s.m.* badejo.

a.ba.día [aβaðía] *s.f.* abadia de baixo.

a.ba.jo [aβáxo] *adv.* 1 de baixo, posição. *Voy a alquilar el piso de abajo.* Vou alugar o apartamento de baixo. 2 abaixo, direção. *Se fueron calle abajo.* Foram rua abaixo.

a.ba.jo [aβáxo] *excl.* reprovação. *¡Abajo la dictadura!* Abaixo a ditadura!

a.ba.lan.zar.se [aβalanθárse] *v.pr.* lançar-se, jogar-se.

a.ban.do.nar [aβandonár] *v.t.* abandonar, renunciar, desistir.

a.ban.do.nar.se [aβandonárse] *v.p.* abandonar-se, entregar-se, deixar-se levar. *Después de la muerte de sus padres, Juan se abandonó a su propia suerte.* Depois da morte de seus pais, Juan entregou-se à sua própria sorte.

a.ban.do.no [aβandóno] *s.m.* 1 abandono. 2 desleixo, descuido. *Jorge vive en el mayor abandono.* Jorge vive no maior abandono.

a.ba.ni.car [aβanikár] *v.t.* abanar.

a.ba.ni.car.se [aβanikárse] *v.p.* abanar (-se).

a.ba.ni.co [aβaníko] *s.m.* leque.

a.ba.ra.ta.mien.to [aβaratamjénto] *s.m.* barateamento.

a.bar.car [aβarkár] *v.t.* 1 abraçar, rodear. 2 compreender, conter, abranger, incluir. *El libro de ciencias abarca el contenido de un año.* O livro de ciências compreende o conteúdo

de um ano. 3 acaparar. *Quien mucho abarca poco aprieta.* Quem muito quer nada tem.
a.ba.rro.tar [aβarotár] *v.t.* lotar, encher.
a.bas.te.ce.dor [aβasteθeðór] *s.m.* fornecedor, provedor.
a.bas.te.cer [aβasteθér] *v.t.* fornecer, prover.
a.bas.te.ci.mien.to [aβasteθimjénto] *s.m.* fornecimento.
a.bas.to [aβásto] *s.m.* 1 víveres. 2 (não) dar conta de algo. *Carmen no da abasto en su trabajo.* Carmen não dá conta de seu trabalho.
a.ba.ti.mien.to [aβatimjénto] *s.m.* desânimo. Nunca se refere a um desconto de preços.
a.ba.tir [aβatír] *v.t.* derrubar, jogar ao chão.
ab.do.men [aβðómen] *s.m.* abdômen.
a.be.ce.da.rio [aβeθeðárjo] *s.m.* abecedário, bê-á-bá.
a.be.ja [aβéxa] *s.f.* abelha.
a.be.jo.rro [aβexóro] *s.m.* besouro.
a.be.rra.ción [aβeraθjón] *s.f.* aberração.
a.ber.tu.ra [aβertúra] *s.f.* 1 abertura, fenda, vão. 2 franqueza, jogo aberto.
a.bier.to/a [aβjérto] *adj.* 1 aberto. 2 extrovertido, comunicativo. *con los brazos abiertos,* de braços abertos. *quedarse con la boca abierta,* ficar de boca aberta.
a.bis.mal [aβizmál] *adj.* abissal, abismal.
a.bis.mo [aβízmo] *s.m.* abismo. *estar al borde del abismo,* estar à beira do abismo.
a.blan.dar [aβlandár] *v.t.* amolecer, suavizar.
ab.ne.ga.ción [aβneɣaθjón] *s.f.* abnegação.
ab.ne.gar [aβneɣár] *v.t.* abnegar, renunciar.
a.bo.fe.te.ar [aβofeteár] *v.t.* esmurrar, esbofetear.
a.bo.ga.cía [aβoɣaθía] *s.f.* advocacia.
a.bo.ga.do/a [aβoɣáðo] *s.m.* advogado.

a.bo.li.ción [aβoliθjón] *s.f.* abolição.
a.bo.lir [aβolír] *v.t.* suprimir, anular, abolir.
a.bo.mi.na.ble [aβomináβle] *adj.* abominável, condenável.
a.bo.na.do [aβonáðo] *adj.* assinante. *Juan José es abonado del periódico El País.* Juan José é assinante do jornal *El País.*
a.bo.nar [aβonár] *v.t.* 1 adubar a terra. *Echar abono a las plantas.* Adubar as plantas. 2 pagar para receber revistas ou jornais. *María abonó la revista 'Isto é'.* Maria assinou a revista *'Isto é'.*
a.bo.no [aβóno] *s.m.* 1 adubo, esterco, fertilizante. 2 fiança, anticipo. 3 bilhete. *Me han regalado unos abonos para un espectáculo.* Ganhei uns ingressos para um espetáculo.
a.bor.da.je [aβorðáxe] *s.m.* abordagem.
a.bor.dar [aβorðár] *v.t.* abordar.
a.bo.rre.cer [aβoreθér] *v.t.* odiar, detestar. *Mis niños aborrecen la sopa.* As minhas crianças detestam a sopa. Não confundir com ficar entediado, chateado ou triste.
a.bo.rre.ci.mien.to [aβoreθimjénto] *s.m.* ódio.
a.bor.tar [aβortár] *v.t. e i.* abortar.
a.bor.to [aβórto] *s.m.* aborto.
a.bo.to.nar.se [aβotonárse] *v.p.* abotoar.
a.bra.sa.dor [aβrasaðór] *adj.* candente.
a.bra.si.le.ña.do [aβrasileɲáðo] *adj.* abrasileirado.
a.bra.si.vo [aβrasíβo] *adj.* abrasivo.
a.bra.za.de.ra [aβraθaðéra] *s.f* abraçadeira.
a.bra.zar [aβraθár] *v.t.* abraçar.
a.bra.zo [aβráθo] *s.m.* abraço.
a.bre.bo.te.llas [aβreβoteʎas] *s.m.* sacarolhas.
a.bre.la.tas [aβrelátas] *s.m.* abridor.
a.bre.via.do [aβreβjáðo] *adj.* abreviado, sintético, resumido.
a.bre.viar [aβreβjár] *v.t.* abreviar.

abreviatura

a.bre.via.tu.ra [aβreβjatúra] *s.f.* abreviatura.

a.bri.ga.do [aβriɣáðo] *adj.* coberto, agasalhado.

a.bri.gar [aβriɣár] *v.t. e i.* agasalhar. *Luis debe abrigarse mejor, porque está enfermo.* Luís deve agasalhar-se melhor porque está doente.

a.bri.go [aβríɣo] *s.m.* sobretudo, agasalho.

a.bril [aβríl] *s.m.* abril.

a.brir [aβrír] *v.t. e i.* 1 abrir. 2 esbugalhar. *Abrir mucho los ojos,* esbugalhar os olhos. 3 desabrochar. *Las rosas del jardín están abriendo.* As rosas do jardim estão desabrochando. *abrir los ojos,* ficar de olho aberto. *abrir un paréntesis,* fazer um parêntese. *abrirse camino,* progredir na vida.

a.bro.char.se [aβrotʃárse] *v.p.* abotoar, fechar, afivelar. *Abrocharse la camisa,* abotoar a camisa. *Los viajeros en el avión deben abrocharse el cinturón.* Os passageiros no avião devem apertar o cinto de segurança.

a.brup.to [aβrúpto] *adj.* abrupto.

abs.ce.so [aβsθéso] *s.m.* abcesso. Acumulação de líquido que provoca o aparecimento de erupções na pele.

ab.so.lu.ción [aβsoluθjón] *s.f.* absolvição.

ab.so.lu.ta.men.te [aβsolutaménte] *adv.* completamente, absolutamente.

ab.so.lu.to [aβsolúto] *adj.* absoluto.

ab.sol.ver [aβsolβér] *v.t.* absolver, perdoar.

ab.sor.ben.cia [aβsorβénθja] *s.f.* absorvência.

ab.sor.ben.te [aβsorβénte] *adj.* absorvente, secante.

ab.sor.ben.te [aβsorβénte] *s.m.* absorvente feminino.

ab.sor.ber [aβsorβér] *v.t.* absorver.

ab.sor.ción [aβsorθjón] *s.f.* sucção, absorção.

abs.ten.ción [aβstenθjón] *s.f.* abstenção.

abs.te.ner.se [aβstenérse] *v.p.* abster-se.

abs.ti.nen.cia [aβstinénθja] *s.f.* abstinência.

abs.trac.ción [aβstrakθjón] *s.f.* abstração.

abs.trac.to/a [aβstrákto] *adj.* abstrato/a.

abs.tra.er [aβstraér] *v.* abstrair.

ab.suel.to [aβswélto] *adj.* absolvido, perdoado.

ab.sur.do/a [aβsúrðo] *adj.* absurdo.

a.bu.che.o [aβutʃéo] *s.m.* vaia, gritaria.

a.bue.li.to/a [aβwelíto] *s.* vovô, vovó.

a.bun.dan.cia [aβundánθja] *s.f.* abundância, fartura.

a.bun.dan.te [aβundánte] *adj.* copioso, farto.

a.bu.rri.do/a [aβuříðo] *adj.* 1 farto, entediado. *Mi madre está aburrida.* A minha mãe está entediada. 2 chato, sem graça. *Ese programa de televisión es muy aburrido.* Esse programa de TV é muito chato. Não confundir com aborrecido, chateado ou triste.

a.bu.rri.mien.to [aβuřimjénto] *s.m.* chateação, tédio.

a.bu.rrir [aβuřír] *v.t.* entediar, chatear, cansar, amolar. *El gerente aburre a los empleados con sus discursos.* O gerente cansa os empregados com seus discursos.

a.bu.rrir.se [aβuřírse] *v.p.* entediar-se, cansar-se, chatear-se. *No me aburras con tus problemas.* Não me chateie com seus problemas.

a.bu.sar [aβusár] *v.t.* 1 abusar, aproveitar-se. 2 violentar, violar sexualmente.

a.bu.so [aβúso] *s.m.* abuso.

ab.yec.ción [aβjekθjón] *s.f.* abjeção.

ab.yec.to [aβjékto] *adj.* abjeto.

a.cá [aká] *adv.* cá, neste lugar. *más acá,* mais para cá.

a.ca.bar [akaβár] *v.t.* 1 terminar. *Ya he acabado la tarea.* Já terminei o dever de casa. 2 destruir, matar.

a.ca.de.mia [akaðémja] *s.f.* 1 centro de ensino. *Academia de música.* 2 sociedade ou instituição artística, literária ou científica. *La Real Academia de la Lengua Española.* Nunca se refere a ginásio (lugar onde se praticam esportes).

a.ca.e.cer [akaeθér] *v.t. e i.* acontecer, ocorrer.

a.ca.llar [akaʎár] *v.i.* silenciar, calar.

a.cam.par [akampár] *v.t.* acampar.

a.ca.pa.rar [akaparár] *v.t.* monopolizar, centralizar. *El nuevo jefe acapara muchas funciones.* O novo chefe centraliza muitas funções.

a.ca.ra.me.lar [akaramelár] *v.t.* caramelar.

a.ca.re.ar [akareár] *v.t.* acarear, defrontar.

a.ca.ri.ciar [akariθjár] *v.t.* acariciar.

a.ca.rre.ar [akařeár] *v.t.* 1 transportar. 2 ocasionar, causar. *Sus actitudes acarrearon reacciones negativas.* Suas atitudes causaram reações negativas.

a.ca.rre.o [akařéo] *s.m.* carreto, frete.

a.ca.so [akáso] *adv.* talvez, possivelmente. *Acaso llueva. por si acaso,* por via das dúvidas. *Compraré más comida por si acaso.* Comprarei mais comida caso precise.

a.ca.so [akáso] *s.m.* sorte, coincidência, acaso.

a.ca.ta.mien.to [akatamjénto] *s.m.* respeito.

a.ca.tar [akatár] *v.t.* respeitar, obedecer, aceitar.

a.ca.ta.rra.do/a [akatařáðo] *adj.* resfriado/a. *Estoy muy acatarrado.* Estou com um resfriado muito forte.

a.ca.ta.rrar.se [akatařárse] *v.p.* resfriar-se.

ac.ce.der [akθeðér] *v.i.* 1 conceder, aceitar, ceder. 2 ter passagem ou entrada, acesar.

ac.ce.si.ble [akθesíβle] *adj.* 1 acessível, de fácil entrada. 2 de trato fácil.

ac.ce.so [akθéso] *s.m.* acesso.

ac.ce.so.rio [akθesórjo] *s.m.* acessório.

ac.ce.so.rio/a [akθesórjo] *adj.* secundário/a.

ac.ci.den.tal [akθiðentál] *adj.* eventual, acidental.

ac.ci.den.te [akθiðénte] *s.m.* acidente, imprevisto. *accidente de trabajo,* acidente de trabalho. *por accidente,* por acaso.

ac.ción [akθjón] *s.f.* ação. *acción de gracias,* ação de graças. *poner en acción,* pôr em ação.

ac.cio.nar [akθjonár] *v.t.* acionar, ativar.

ac.cio.nis.ta [akθjonísta] *s.m.* acionista.

a.ce.char [aθetʃár] *v.t.* espionar, espreitar.

a.ce.cho [aθétʃo] *s.m.* 1 espreita. *loc. al acecho,* à espreita.

a.cei.te [aθéi̯te] *s.m.* 1 óleo de cozinha. 2 azeite. 3 óleo lubrificante para máquinas.

a.cei.tu.na [aθéi̯túna] *s.f.* azeitona.

a.ce.le.ra.dor [aθeleraðór] *s.m.* acelerador.

a.cel.ga [aθélɣa] *s.f.* acelga.

a.cen.to [aθénto] *s.m.* 1 acento. 2 sotaque. *José habla inglés con acento británico.* José fala inglês com sotaque britânico.

a.cen.tua.ción [aθéntwaθjón] *s.f.* acentuação.

a.cen.tu.ar [aθentuár] *v.t.* acentuar. 1 realçar. 2 recalcar. 3 sublinhar, acentuar, remarcar.

a.cep.ción [aθepθjón] *s.f.* acepção, significação.

a.cep.ta.ble [aθeptáβle] *adj.* aceitável.

a.cep.ta.ción [aθeptaθjón] *s.f.* aprovação, aceitação.

a.cep.tar [aθeptár] *v.t.* admitir, receber, aceitar.

a.ce.ra [aθéra] *s.f.* calçada, passeio.

a.cer.car [aθerkár] *v.t.* abeirar, aproximar.

a.ce.ro [aθéro] *s.m.* aço. *acero inoxidable,* aço inoxidável.

acervo

a.cer.vo [aθérβo] *s.m.* acervo.
a.ce.to.na [aθetóna] *s.f.* acetona.
a.cha.car [atʃakár] *v.t.* atribuir, acusar. *La policía le achacó la culpa al portero.* A polícia atribuiu a culpa ao porteiro.
a.cha.que [atʃáke] *s.m.* doença, mal-estar.
a.cha.ta.do [atʃatáðo] *adj.* chato.
a.chi.car [atʃikár] *v.t.* diminuir, reduzir o tamanho. *v.p.* achicarse (fam.) acovardar-se. *Después de la crisis el grupo se achicó.*
a.chi.co.ria [atʃikórja] *s.f.* escarola.
a.ci.dez [aθiðéθ] *s.f.* acidez.
á.ci.do [áθiðo] *adj.* acre, ácido.
a.cier.to [aθjérto] *s.m.* acerto.
a.cla.mar [aklamár] *v.t.* aclamar, proclamar.
a.cla.ra.ción [aklaraθjón] *s.f.* esclarecimento.
a.cla.rar [aklarár] *v.t e i.* esclarecer, elucidar.
a.cli.ma.tar [aklimatár] *v.t. e i.* climatizar. aclimatar-se, habituar-se.
a.co.bar.dar [akoβarðár] *v.t.* atemorizar, acovardar. acobardarse, intimidar-se, acovardar-se.
a.co.ge.dor/.ra [akoxeðór] *adj.* 1 acolhedor. 2 aconchegante. *La chimenea encendida crea un clima acogedor en el invierno.* A lareira acesa cria um clima acolhedor no inverno.
a.co.ger [akoxér] *v.t.* acolher, receber bem, aceitar.
a.co.gi.da [akoxíða] *s.f.* acolhida, aceitação.
a.co.gi.mien.to [akoximjénto] *s.m.* acolhimento.
a.col.cha.do/a [akoltʃáðo] *adj.* 1 acolchoado. 2 estofado.
a.col.char [akoltʃár] *v.t.* acolchoar.
a.co.mo.da.ción [akomoðaθjón] *s.f.* acomodação, arrumação. Não tem sentido de "alojamento".

a.co.mo.da.do /a [akomoðáðo] *adj.* arrumado, acomodado. Não tem sentido de "conformista".
a.co.mo.dar [akomoðár] *v.* ajeitar, acondicionar.
a.com.pa.ña.mien.to [akompaɲamjiénto] *s.m.* acompanhamento.
a.com.pa.ñar [akompaɲár] *v.t.* 1 escoltar, acompanhar. 2 acompanhar, executar o acompanhamento musical. *te acompaño en la pena*, meus sentimentos, meus pêsames.
a.com.ple.ja.do/a [akomplexáðo] *adj.* complexado/a.
a.con.di.cio.nar [akondiθjionár] *v.t.* condicionar, acomodar. *aire acondicionado*, ar condicionado.
a.con.go.ja.do [akoŋgoxáðo] *adj.* agoniado.
a.con.go.jar [akoŋgoxár] *v.t.* afligir, atormentar.
a.con.se.ja.ble [akonsexáβle] *adj.* aconselhável.
a.con.se.jar [akonsexár] *v.t.* aconselhar, recomendar.
a.co.pio [akópjo] *s.m.* ação de reunir uma grande quantidade de alguma coisa. *Hicieron acopio de alimentos para ayudar a los damnificados del terremoto.* Fizeram coleta de uma grande quantidade de alimentos para ajudar os flagelados do terremoto.
a.co.pla.mien.to [akoplamjénto] *s.m.* junção, acoplamento.
a.co.plar [akoplár] *v.t.* acoplar, encaixar.
a.cor.dar [akorðár] *v.t.* 1 decidir, resolver. *La empresa ha acordado un aumento de sueldo.* A empresa decidiu um aumento de salário.
a.cor.dar.se [akorðárse] *v.p.* lembrar-se, recordar-se. *No me acuerdo del acidente.* Não me lembro do acidente. *si mal no me acuerdo*, se não me engano.
a.cor.de [akórðe] *adj.* 1 de acordo, conforme. *La pareja está acorde en la decisión.*

O casal está de acordo na decisão. 2 acorde musical.

a.cor.de.ón [akorðeón] *s.m.* sanfona.

a.co.rra.lar [akor̄alár] *v.t.* encurralar, acuar.

a.cor.tar [akortár] *v.t.* encurtar, reduzir.

a.co.sar [akosár] *v.t.* acossar, assediar.

a.cos.tar.se [akostárse] *v.p.* deitar, deitar-se, ir dormir. *Marina siempre se acuesta temprano.* Marina sempre deita cedo. *acostarse con las gallinas,* deitar com as galinhas (cedo).

a.cos.tum.brar [akostumβrár] *v.t. e i.* acostumar.

a.cre.cen.ta.mien.to [akreθentamjénto] *s.m.* adenda.

a.cre.di.tar [akreðitár] *v.t.* habilitar, credenciar. *El carné de conducir la acredita a manejar autobús.* A carteira de habilitação habilita-a a conduzir ônibus. Não tem sentido de "acreditar".

a.cre.e.dor [akreeðór] *s.m.* credor.

a.cri.bi.llar [akriβiʎár] *v.t.* crivar.

a.crí.li.co/a [akríliko] *adj.* acrílico/a.

a.cro.ba.cia [akroβáθja] *s.f.* acrobacia.

a.cró.ba.ta [akróβata] *s.m.* acrobata.

ac.ta [ákta] *s.f.* ata.

ac.ti.tud [aktitúð] *s.f.* postura, atitude.

actividad [aktiβiðáð] *s.f.* atividade.

ac.ti.vo/a [aktíβo] *adj.* ativo/a.

ac.to [ákto] *s.m.* ato. *acto seguido,* imediatamente depois, em continuação. *en el acto,* no ato. *acto seguido,* imediatamente depois. *en el acto,* no ato. *Le contestó mal al director y fue expulsado en el acto.* Respondeu mal ao diretor e foi expulso no ato.

ac.tor [aktór] *s.m.* ator.

ac.tu.al [aktuál] *adj.* atual.

ac.tua.li.dad [aktwaliðáð] *s.f.* atualidade. *en la actualidad,* no momento.

ac.tua.li.zar [aktwaliθár] *v.t.* atualizar.

ac.tu.ar [aktuár] *v.i.* 1 agir. *Los médicos actuaron con rapidez.* Os médicos agiram com rapidez. 2 desempenhar um papel. *Antonio Banderas actúa muy bien en la película.* Antonio Banderas atua muito bem no filme.

a.cua.rio [akwárjo] *s.m.* aquário.

a.cu.chi.llar [akutʃiʎár] *v.t.* esfaquear.

a.cu.dir [akuðír] *v.* 1 acudir, ajudar, socorrer 2 comparecer. *Los padres de familia acudieron a la reunión de la escuela.* Os pais de família compareceram à reunião da escola.

a.cue.duc.to [akweðúkto] *s.m.* aqueduto.

a.cuer.do [akwérðo] *s.m.* concordata, acordo. *de acuerdo,* de acordo. *ponerse de acuerdo,* combinar.

a.cu.mu.la.ción [akumulaθjón] *s.f.* acumulação.

a.cu.mu.lar [akumulár] *v.t.* acumular, amontoar.

a.cu.rru.car.se [akur̄ukárse] *v.p.* 1 encolher todo o corpo. *Se acurrucó en la cama para protegerse del frío.* Se encolheu todo na cama para se proteger do frio. 2 agachar-se, ficar de cócoras.

a.cu.sa.ción [akusaθjón] *s.f.* acusação.

a.cu.sar [akusár] *v.t.* acusar, denunciar.

a.cús.ti.ca [akústika] *s.f.* acústica.

a.cús.ti.co/a [akústiko] *adj.* acústico.

a.da.gio [aðáxjo] *s.m.* adágio.

a.dap.ta.ción [aðaptaθjón] *s.f.* 1 adaptação. 2 entrosamento.

a.dap.tar [aðaptár] *v.t.* ajustar, adaptar, adequar.

adecuado/a [aðekwáðo] *adj.* adequado.

a.de.cuar [aðekwár] *v.t.* adequar.

a.de.lan.ta.do [aðelantáðo] *adj.* adiantado.

a.de.lan.ta.mien.to [aðelantamjénto] *s.m.* adiantamento.

a.de.lan.tar [aðelantár] *v.t.* 1 adiantar. *En verano adelantamos el reloj una hora.* No

adelante

verão adiantamos o relógio em uma hora. 2 antecipar. *La empresa adelantó el sueldo del mes.* A empresa adiantou o salário do mês. 3 ultrapassar (adelantarse). *Prohibido adelantarse.* Proibido ultrapassar.

a.de.lan.te [aðelánte] *adv.* 1 adiante. *Brasil está adelante de los EEUU en las competiciones.* O Brasil está adiante dos EUA nas competições. 2 *¡Avante! en adelante,* doravante. *más adelante,* mais adiante. *pasar adelante,* entrar. *sacar a adelante,* tocar em frente. *seguir adelante,* seguir em frente.

a.de.lan.te [aðelánte] *interj.* adiante. *¡Adelante!, ¡puede pasar!* Entre!

a.de.lan.to [aðelánto] *s.m.* 1 progresso, avanço. *El médico habló de los adelantos de la medicina.* O médico falou dos avanços da medicina. 2 adiantamento. *La empresa pagará un adelanto el día 5.* A empresa pagará um adiantamento no dia 5.

a.del.ga.za.mien.to [aðelɣaθamjénto] *s.m.* emagrecimento.

a.del.ga.zar [aðelɣaθár] *v.t e i.* emagrecer.

a.de.mán [aðemán] *s.m.* trejeito. *hacer ademanes,* acenar, fazer sinais.

a.de.más [aðemás] *adv.* 1 além de, também. *Además de estudiar medicina, canta en el coro.* Além de estudar medicina, canta no coral. 2 além disso.

a.den.tro [aðéntro] *adv.* internamente, dentro.

a.dep.to/a [aðépto] *s.* adepto, partidário.

a.de.re.zar [aðereθár] *v.t.* condimentar.

a.de.re.zo [aðeréθo] *s.m.* condimento.

a.deu.dar [aðeu̯ðár] *v.t.* endividar.

a.dhe.ren.cia [aðerénθja] *s.f.* aderência.

a.dhe.ren.te [aðerénte] *adj.* aderente.

a.dhe.rir.se [aðerírse] *v.p.* aderir.

a.dhe.si.vo [aðesíβo] *adj. e s.m.* adesivo.

a.di.ción [aðiθjón] *s.f.* adição, acréscimo.

a.di.cio.nal [aðiθjonál] *adj.* 1 extra. 2 cumulativo.

a.di.cio.nar [aðiθjonár] *v.t.* 1 adicionar, acrescentar. 2 somar.

a.dies.tra.do [aðjestráðo] *adj.* adestrado, treinado. *Los perros fueron bien adiestrados para hacer guardia.* Os cães foram bem adestrados para fazer guarda.

a.dies.tra.mien.to [aðjestramjénto] *s.m.* adestramento, treinamento.

a.dies.trar [aðjestrár] *v.t. e i.* adestrar.

a.di.ne.ra.do/a [aðineráðo] *adj.* abastado, endinheirado.

a.diós [aðjós] *interj. e s.m.* adeus.

a.di.vi.nar [aðiβinár] *v.t e i.* adivinhar, chutar.

a.di.vi.no/a [aðiβíno] *s.* adivinho.

ad.je.ti.vo [aðxetíβo] *s.m.* adjetivo.

ad.jun.tar [aðxuntár] *v.t.* anexar.

ad.jun.to [aðxúnto] *adj.* adjunto. *en adjunto,* em anexo. *Te envio un correo electrónico con un archivo adjunto.* Envio-lhe um e-mail com um arquivo em anexo.

ad.mi.nis.tra.ción [aðministraθjón] *s.f.* administração.

ad.mi.nis.tra.dor [aðministraðór] *s.m.* administrador.

ad.mi.nis.trar [aðministrár] *v.t.* administrar.

ad.mi.ra.ción [aðmiraθjón] *s.f.* admiração.

ad.mi.ra.dor [aðmiraðór] *s.* admirador, fã, admirador.

ad.mi.rar [aðmirár] *v.t.* contemplar, admirar.

ad.mi.sión [aðmisjón] *s.f.* admissão.

ad.mi.tir [aðmitír] *v.t.* admitir, aceitar. *Fue difícil hacer que el ladrón admitiera su culpa, pero al final se entregó.* Foi difícil fazer o ladrão admitir sua culpa, mas no final se entregou.

a.do.bar [aðoβár] *v.t.* adubar.
a.do.be [aðóβe] *s.m.* pau a pique.
a.do.les.cen.cia [aðolesθénθja] *s.f.* adolescência.
a.do.les.cen.te [aðolesθénte] *s.* adolescente.
a.don.de [aðónde] *adv.* aonde.
a.don.de.quie.ra [aðondekjéra] *adv.* aonde quer que. *Iré contigo adondequiera que vayas.* Irei com você aonde quer que você vá.
a.dop.ción [aðopθjón] *s.f.* adoção. *El proceso de adopción fue largo y engorroso, pero valió la pena.* O processo de adoção foi longo e enfadonho.
a.dop.tar [aðoptár] *v.t.* adotar.
a.do.ra.ble [aðoráβle] *adj.* adorável, estimável.
a.do.rar [aðorár] *v.t.* adorar.
a.dor.me.cer [aðormeθér] *v.t. adormecer.*
a.dor.me.ci.mien.to [aðormeθimjénto] *s.m.* sono.
a.dor.na.do [aðorníðo] *adj.* enfeitado.
a.dor.nar [aðornár] *v.t.* enfeitar.
a.dor.no [aðórno] *s.m.* enfeite.
ad.qui.rir [aðkirír] *v.t.* 1 comprar. 2 adquirir, conseguir.
ad.qui.si.ción [aðkisiθjón] *s.f.* compra, aquisição.
a.dre.de [aðréðe] *adv.* adrede, de propósito, intencionalmente. *Marta rompió el vaso adrede.* Marta quebrou o copo de propósito.
a.dua.na [aðwána] *s.f.* alfândega.
a.dua.ne.ro/a [aðwanéro] *adj.* alfandegário. *tarifa aduanera*, tarifa alfandegária.
a.du.cir [aðuθír] *v.t.* aduzir, alegar.
a.du.la.ción [aðulaθjón] *s.f.* adulação, bajulação.
a.dul.te.ra.ción [aðulteraθjón] *s.f.* adulteração.
a.dul.te.ra.do [aðulteráðo] *adj.* adulterado, fasificado, (pop.) fajuto.

a.dul.te.rio [aðultérjo] *s.m.* adultério.
a.dul.to [aðúlto] *s.m.* adulto.
ad.ve.ni.mien.to [aðβenimjénto] *s.m.* advento, chegada, vinda.
ad.ver.bio [aðβérβjo] *s.m.* advérbio.
ad.ver.sa.rio/a [aðβersárjo] *s.* adversário, rival.
ad.ver.si.dad [aðβersiðáð] *s.f.* adversidade, azar.
ad.ver.so [aðβérso] *adj.* desfavorável, adverso.
ad.ver.ten.cia [aðβerténθja] *s.f.* aviso, advertência.
ad.ver.tir [aðβertír] *v.t.* advertir, avisar, informar.
ad.vien.to [aðβjénto] *s.m.* advento.
ad.ya.cen.cia [aðjaθénθja] *s.f.* adjacência.
a.é.re.o/a [aéreo] *adj.* aéreo.
a.e.ro.náu.ti.ca [aeronáutika] *s.f.* aeronáutica.
a.e.ro.pu.er.to [aeropwérto] *s.m.* aeroporto.
a.e.ro.sol [aerosól] *s.m.* aerosol.
a.fa.ble [afáβle] *adj.* afável, expansivo.
a.fa.ma.do [afamáðo] *adj.* conceituado, famoso.
a.fán [afán] *s.m.* afã, ânsia.
a.fe.ar [afeár] *v.t e v.p.* enfear.
a.fec.ción [afekθjón] *s.f.* enfermidade.
a.fec.tar [afektár] *v.t.* 1 aparentar, fingir. 2 afetar, atingir. *El tsunami afectó el continente asiático.* O tsunami atingiu o continente asiático.
a.fec.ti.vi.dad [afektiβiðáð] *s.f.* afetividade.
a.fec.to [afékto] *s.m.* afeto, afeição, carinho.
a.fec.tuo.so [afektwóso] *adj.* afetuoso, carinhoso, cordial.
a.fei.tar [afeitár] *v.t.* raspar a barba, o bigode. *afeitarse*, barbear-se, fazer a barba. *hoja de afeitar*, lâmina de barbear.

afeminado

a.fe.mi.na.do [afemináðo] *adj.* efeminado.
a.fian.za.do [afjáṉθáðo] *adj.* afiançado.
a.fian.zar [afjáṉθár] *v.t e v.p.* 1 abonar, abonar. 2 tornar firme, firmar.
a.fi.cio.na.do [afiθjionáðo] *adj.* 1 adepto, aficionado, amante, chegado. *Mi novia es aficionada al baile.* A minha namorada é amante da dança. 2 amador. *Rosa es una pianisa aficionada, aún no es profesional.* Rosa é uma pianista amadora, ainda não é profissional.
a.fi.la.do [afiláðo] *adj.* afiado, amolado. *¡Cuidado con la tijera que está muy afilada!* Cuidado com a tesoura que está muito afiada!
a.fi.lar [afilár] *v.t.* afiar, amolar.
a.fín [afín] *adj.* afim.
a.fi.nar [afinár] *v.t. e v.p.* afinar.
a.fi.ni.dad [afiniðáđ] *s.f.* afinidade.
a.fir.ma.ción [afirmaθjón] *s.f.* afirmação.
a.fir.mar [afirmár] *v.t.* 1 tornar firme. *Necesitamos afirmar las patas del ropero.* Precisamos firmar os pés do armário. 2 afirmar, proclamar. *El Presidente afirmó que no aumentará el sueldo mínimo.* O presidente afirmou que não aumentará o salário mínimo.
a.flic.ción [aflikθjón] *s.f.* tribulação, tristeza.
a.fli.gir [aflixír] *v.t e v.p.* afligir.
a.flo.jar [afloxár] *v.t.* relaxar, afrouxar.
a.flu.en.te [afluénte] *adj.* afluente.
a.for.tu.na.da.men.te [afortunaðaménte] *adv.* felizmente.
a.for.tu.na.do [afortunáðo] *adj.* sortudo, felizardo.
a.fren.ta [afrénta] *s.f.* afronta.
a.fri.ca.no [afrikáno] *adj.* afro, africano.
a.fron.tar [afrontár] *v.t.* enfrentar.
a.fue.ra [afwéra] *adv.* afora, fora. *las afueras,* os arredores, as imediações. *Ha habido muchas inundaciones en las afueras de la ciudad.* Houve muitos alagamentos nos arredores da cidade.
a.ga.cha.do [aɣatʃáðo] *adj.* agachado, inclinado.
a.ga.char.se [aɣatʃárse] *v.p.* agachar-se.
a.ga.rra.do [aɣar̄áðo] *adj.* 1 aferrado, preso. 2 pão-duro.
a.ga.rrar [aɣar̄ár] *v.t.* 1 agarrar, pegar. *La policía agarró a los secuestradores.* A polícia pegou os sequestradores. 2 pegar um caminho numa direção. *Agarre la primera a la derecha.* Pegue a primeira à direita. 3 *agarrarse,* brigar. *Los chicos se agarraron durante el recreo.* Os rapazes brigaram durante o recreio.
a.ga.sa.jar [aɣasaxár] *v.t.* recepcionar, festejar.
a.ga.sa.jo [aɣasáxo] *s.m.* festejo, recepção. *El agasajo al nuevo alcalde será en el club militar.* A recepção ao novo prefeito será no clube militar.
a.gen.cia [axéṉθja] *s.f.* agência.
a.gen.da [axéṉda] *s.f.* agenda.
a.gen.te [axénte] *s.m.* agente.
á.gil [áxil] *adj.* ágil.
a.gi.li.dad [axiliðáđ] *s.f.* agilidade, presteza.
a.gi.li.zar [axiliθár] *v.t e v.p.* agilizar.
a.gio [áxjo] *s.m.* ágio, sobrepreço.
a.gi.ta.ción [axitaθjón] *s.f.* turbulência, efervescência, excitação, agitação.
a.gi.tar [axitár] *v.t e v.p.* turbar, remexer, sacudir, agitar, vibrar.
a.glo.me.ra.ción [aɣlomeraθjón] *s.f.* aglomeração, acúmulo. *Hay una enorme aglomeración de turistas en Río.* Há uma enorme aglomeração de turistas no Rio.
a.glo.me.rar [aɣlomerár] *v.t. e i.* conglomerar, amontoar.
a.go.bia.do/a [aɣoβjáðo] *adj.* estafado, cansado, angustiado.
a.go.nía [aɣonía] *s.f.* agonia.

a.go.ni.zar [aɣoniθár] *v.i.* agonizar.
a.gos.to [aɣósto] *s.m.* agosto. *hacer su agosto*, ganhar, lucrar, fazer a festa.
a.go.ta.do/a [aɣotáðo] *adj.* esgotado/a, exausto/a.
a.go.ta.mien.to [aɣotamjénto] *s.m.* esgotamento, estafa, cansaço.
a.go.tan.te [aɣotánte] *adj.* esgotante, exaustivo, cansativo.
a.go.tar [aɣotár] *v.t* e *v.p.* 1 extenuar, cansar. *Este tipo de trabajo me agota.* Este tipo de trabalho me cansa. 2 esgotar, acabar. *Se han agotado los ejemplares del último número del periódico.* Esgotaram-se os exemplares do último número do jornal.
a.gra.da.ble [aɣraðáβle] *adj.* suave, agradável.
a.gra.dar [aɣraðár] *v.i.* agradar.
a.gra.de.cer [aɣraðeθér] *v.t.* agradecer.
a.gra.de.ci.mien.to [aɣraðeθimjénto] *s.m.* agradecimento.
a.gra.do [aɣráðo] *s.m.* agrado.
a.gran.dar [aɣrandár] *v.t.* engrandecer, aumentar. *Sara debe agrandar la blusa que compró.* Sara deve aumentar a blusa que comprou.
a.gra.rio/a [aɣrárjo] *adj.* agrário.
a.gra.var [aɣraβár] *v.t.* piorar, agravar.
a.gra.viar [aɣraβjár] *v.t.* xingar, ofender.
a.gra.vio [aɣráβjo] *s.m.* insulto, ofensa.
a.gre.dir [aɣreðír] *v.t.* agredir.
a.gre.ga.do [aɣreɣáðo] *adj.* acrescentado, agregado.
a.gre.ga.do [aɣreɣáðo] *s.m.* 1 adido. *Jaime es agregado cultural.* Jaime é adido cultural. 2 aditivo (quím.).
a.gre.gar [aɣreɣár] *v.t.* acrescentar, adicionar, agregar.
a.gre.mia.ción [aɣremjaθjón] *s.f.* agremiação.
a.gre.sión [aɣresjón] *s.f.* agressão.

a.gre.si.vo/a [aɣresíβo] *adj.* agressivo/a.
a.gre.sor [aɣresór] *s.m.* agressor.
a.grí.co.la [aɣríkola] *adj.* rural.
a.gri.cul.tor [aɣrikultór] *s.m.* agricultor.
a.gri.cul.tu.ra [aɣrikultúra] *s.f.* agricultura.
a.gri.dul.ce [aɣriðúlθe] *adj.* agridoce.
a.grie.ta.do [aɣrjetáðo] *adj.* rachado.
a.grio [áɣrjo] *adj.* azedo.
a.gro.no.mía [aɣronomía] *s.f.* agronomia.
a.gro.pe.cua.ria [aɣropekwárja] *s.f.* agropecuária.
a.gru.pa.ción [aɣrupaθjón] *s.f.* agrupamento.
a.gru.par [aɣrupár] *v.t.* agrupar.
a.gua [áɣwa] *s.f.* água. No singular escreve-se com artigo masculino. *El agua del lago es cristalina.* a água do lago é cristalina. *agua dulce*, água doce. *agua salada*, água salgada. *agua mineral*, água mineral. *aguas termales*, águas termais. *agua de colonia*, água-de-colônia. *agua de limón*, água com limão. *agua de seltz*, soda. *agua oxigenada*, água oxigenada. *claro como el agua*, evidente. *como agua de mayo*, em boa hora. *como pez en el agua*, bem à vontade. *hacérsele agua la boca*, dar água na boca. *estar con el agua al cuello*, estar com a corda no pescoço. *romper aguas*, estourar a bolsa.
a.gua.ca.te [aɣwakáte] *s.m.* abacate.
a.gua.ce.ro [aɣwaθéro] *s.m.* aguaceiro, chuva muito forte.
a.gua.fies.tas [aɣwafjéstas] *adj.* desmancha-prazeres.
a.guan.tar [aɣwantár] *v.t.* tolerar, resistir, aguentar.
a.guan.te [aɣwánte] *s.m.* tolerância, resistência.
a.guar.dar [aɣwarðár] *v.* esperar, aguardar.
a.guar.dien.te [aɣwarðjénte] *s.m.* aguardente, cachaça, pinga.

agudizar

a.gu.di.zar [aɣuðiθár] *v.t.* aguçar, piorar.
a.gu.do [aɣúðo] *adj.* 1 agudo. 2 aguçado. 3 *palabra aguda.* palavra oxítona.
a.güe.ro [aɣwéro] *s.m.* presságio, agouro. *Es un pájaro de de mal agüero, sólo nos da malos presagios.* É um pássaro de mau agouro, só nos dá maus presságios.
a.gui.jón [aɣixón] *s.m.* espinho, ferrão.
a.gui.jo.ne.ar [aɣixoneár] *v.t.* esporear, ferrar.
á.gui.la [áɣila] *s.f.* águia.
a.gui.nal.do [aɣináldo] *s.m.* décimo terceiro salário.
a.gu.ja [aɣúxa] *s.f.* 1 agulha. 2 ponteiro do relógio. *buscar una aguja en un pajar,* procurar uma agulha num palheiro.
a.gu.je.re.ar [aɣuxereár] *v.t.* esburacar, furar.
a.gu.je.ro [aɣuxéro] *s.m.* furo, buraco.
a.gu.zar [aɣuθár] *v.t.* aguçar.
ahí [aí] *adv.* aí.
a.hi.ja.do/a [aixáðo] *s.* afilhado.
a.hín.co [aíŋko] *s.m.* empenho, afinco.
a.ho.ga.do [aoɣáðo] *adj.* afogado.
a.ho.gar [aoɣár] *v.t.* afogar, sufocar.
a.ho.go [aóɣo] *s.m.* sufoco, aperto.
a.hon.dar [aondár] *v.t.* afundar, aprofundar.
a.ho.ra [aóra] *adv.* agora. *ahora bien,* no entanto. *ahora mismo,* já. *por ahora,* por enquanto.
a.hor.ca.do [aorkáðo] *adj.* enforcado.
a.hor.ca.mien.to [aorkamjénto] *s.m.* enforcamento.
a.hor.car [aorkár] *v.t.* enforcar, estrangular.
a.ho.rrar [aor̄ár] *v.t.* poupar, economizar. *Estoy ahorrando para comprar una finca.* Estou poupando para comprar um sítio.
a.ho.rro [aór̄o] *s.m.* poupança. *Caja de Ahorros.* Caixa Econômica. *libreta de ahorros,* caderneta de poupança.

a.hue.car [awekár] *v.t.* escavar, esvaziar, deixar oco.
a.hu.ma.do [aumáðo] *adj.* defumado.
a.hu.mar [aumár] *v.t.* defumar.
a.hu.yen.tar [auɟentár] *v.t.* enxotar, afugentar. *Los precios altos ahunyentan a los turistas.*
ai.re [aire] *s.m. ar. aire acondicionado,* ar-condicionado. *al aire libre,* ao ar livre. *hacer castillos en el aire,* fazer castelos de areia. *estar en el aire,* estar no ar (emissora). *tomar el aire,* dar uma volta, arejar a cabeça. *Me voy a dar un paseo y a tomar aire.* Vou dar um passeio e arejar a cabeça.
a.is.la.do [aizláðo] *adj.* separado, isolado, só.
a.is.la.mien.to [aizlamjénto] *s.m.* isolamento, afastamento.
a.is.lan.te [aizlánte] *adj.* isolante.
a.is.lar [aizlár] *v.t.* afastar, isolar.
¡a.já! [axá] *interj.* tudo bem, certo (aprovação).
a.je.drez [axeðréθ] *s.m.* xadrez.
a.je.no/a [axetréo] *adj.* alheio.
a.je.tre.o [axetréo] *s.m.* correria. *Últimamente he tenido mucho ajetreo.* Ultimamente tive muita correria.
a.jí [axí] *s.m.* pimenta, chile. *Las empanadas están ricas, pero tienen mucho ají.* As tortas estão deliciosas, mas têm muita pimenta.
a.jo [áxo] *s.m.* alho.
a.jon.jo.lí [axoŋxolí] *s.m.* gergelim.
a.juar [axwaɾ] *s.m.* enxoval.
a.jui.cia.do [axwiθjáðo] *adj.* sensato.
a.jus.ta.do [axustáðo] *adj.* estipulado, combinado.
a.jus.tar [axustár] *v.t e v.p.* ajustar, estipular, convencionar, acertar. *ajustar las cuentas,* acertar as contas.
a.jus.te [axúste] *s.m.* ajuste.

al [al] *contração de a + el. Vamos al cine.* Vamos ao cinema.

a.la [ála] *s.f.* 1 asa. 2 aba. 3. ala. *dar alas a alguien,* dar corda a alguém. *dar alas a la imaginación,* dar asas à imaginação. *volar con sus propias alas,* guiar-se por si mesmo.

a.la.ban.za [alaβánθa] *s.f.* louvor, elogio.

a.la.bar [alaβár] *v.t.* louvar, elogiar.

a.la.crán [alakrán] *s.m.* escorpião.

a.lam.bra.do [alambráðo] *adj.* cercado com arame.

a.lam.bre [alámbre] *s.m.* arame. *alambre de púa,* arame farpado.

a.lar.de [alárðe] *s.m.* alarde. *hacer alarde de,* fazer alarde de, gabar-se.

a.lar.gar [alarɣár] *v.t.* prolongar, alongar, esticar.

a.la.ri.do [alaríðo] *s.m.* alarido.

a.lar.ma [alárma] *s.f.* alarme. *falsa alarma,* alarme falso.

al.ba.ha.ca [alβaáka] *s.f.* manjericão.

al.ba.ñil [alβaɲíl] *s.m.* pedreiro.

al.ba.ñi.le.ría [alβaɲilería] *s.f.* alvenaría.

al.ba.ri.co.que [alβarikóke] *s.m.* damasco, abricó.

al.be.drí.o [alβeðrío] *s.m.* arbítrio. *libre albedrío,* livre-arbítrio.

al.ber.gue [alβérɣe] *s.m.* albergue.

al.bón.di.ga [alβóndiɣa] *s.f.* almôndega.

al.bo.ro.tar [alβorotár] *v.t.* tumultuar.

al.bo.ro.to [alβoróto] *s.m.* barulho, tumulto.

ál.bum [álβun] *s.m.* álbum.

al.ca.cho.fa [alkatʃófa] *s.f.* alcachofra.

al.ca.hue.te/a [alkaɣwēte] *adj.* alcoviteiro.

al.cal.de, al.cal.de.sa [alkálde] [alkaldésa] *s.* prefeito.

al.cal.dí.a [alkaldía] *s.f.* prefeitura.

al.can.ce [alkánθe] *s.m.* alcance. *al alcance de todos,* ao alcance de todos. *fuera de alcance,* fora de alcance. *noticias de último alcance,* notícias de última hora.

al.can.for [alkaɱfór] *s.m.* cânfora.

al.can.ta.ri.lla [alkantaríʎa] *s.f.* esgoto. *Las llaves se cayeron a la alcantarilla.* As chaves caíram no esgoto.

al.can.ta.ri.lla.do [alkantaríʎáðo] *s.m.* sistema de esgoto.

al.can.zar [alkanθár] *v.t.* atingir, alcançar.

al.ca.pa.rra [alkapáɾa] *s.f.* alcaparra.

al.co.hol [alkoól] *s.m.* álcool.

al.co.hó.li.co/a [alkoóliko] *adj.* alcólatra.

al.cuz.cuz [alkuθkúθ] *s.m.* cuscuz.

al.de.a [aldéa] *s.f.* vila, aldeia.

a.le.a.ción [aleaθjón] *s.f.* liga (metais).

a.le.a.to.rio/ria [aleatórjo] *adj.* aleatório, fortuito.

a.le.da.ño [aleðaɲo] *adj.* contíguo, adjacente.

a.le.gar [aleɣár] *v.t.* alegar.

a.le.gó.ri.co [aleɣóriko] *adj.* simbólico, alegórico.

a.le.grar [aleɣrár] *v.t.* alegrar, regozijar.

a.le.gre [aléɣre] *adj.* festivo, alegre, contente. *vida alegre,* vida fácil.

a.le.grí.a [aleɣría] *s.f.* alegria.

a.le.ja.do/a [alexáðo] *adj.* distante, afastado.

a.le.ja.mien.to [alexamjénto] *s.m.* afastamento, separação.

a.le.jar [alexár] *v.t e v.p.* afastar, distanciar.

a.len.tar [alentár] *v.i.* animar, alentar, respirar. *El director nos alentó diciéndonos que la prueba era muy fácil.* O diretor nos animou dizendo que a prova era muito fácil.

a.ler.gia [alérxja] *s.f.* alergia.

a.ler.ta [alérta] *adv.* alerta.

al.fa.be.ti.zar [alfaβetiθár] *v.t.* alfabetizar.

al.fa.be.to [alfaβéto] *s.m.* alfabeto.

al.fa.re.rí.a [alfarería] *s.f.* olaria.

al.fa.re.ro [alfaréro] *s.m.* oleiro.

al.fi.ler [alfilér] *s.m.* alfinete.

al.fom.bra [alfómbra] *s.f.* carpete, tapete.
al.fom.brar [alfombrár] *v.t.* acarpetar.
ál.ge.bra [álxeβra] *s.f.* álgebra. No singular escreve-se com artigo masculino. *el álgebra*, a algebra.
al.go [ályo] *pron.ind. e adv.* algo.
al.go.dón [alyoðón] *s.m.* algodão.
al.gua.cil [alywaθíl] *s.m.* oficial de justiça.
al.guien [álywien] *pron.ind.* alguém. *ser alguien*, ser alguém.
al.gún [alyún] *adj.* algum. Vai sempre acompanhado de substantivo masculino. *¿Tienes algún disco de Elis Regina?* Você tem algum disco de Elis Regina?
al.gu.no/a [alyúno] *adj.* algum. *Voy a comprar alguno de esos libros.* Vou comprar algum desses livros. *alguno de nosotros*, um de nós.
a.lha.ja [aláxa] *s.f.* joia. *ser una alhaja*, ser uma dor de cabeça.
a.li.an.za [aliánθa] *s.f.* 1 aliança, coalizão. 2 parceria. *Nuestras empresas han hecho una alianza.* As nossas empresas fizeram uma parceria. 3 anel, aliança.
a.li.ca.í.do [alikaíðo] *adj.* triste.
a.li.ca.te [alikáte] *s.m* alicate.
a.li.cien.te [aliθjénte] *s.m.* incentivo, estímulo. *Su empresa le ha dado un aliciente.* Sua empresa lhe deu um incentivo.
a.lie.na.ción [aljenaθjón] *s.f.* alienação.
a.lie.nar [aljenár] *v.t.* alienar.
a.lien.to [aljénto] *s.m.* 1 hálito. *Si no te cepillas los dientes, tendrás mal aliento.* Se você não escovar os dentes, ficará com mau hálito. 2 fôlego. *No tengo aliento para subir esa montaña.* Estou sem fôlego para subir essa montanha. *cobrar aliento*, recuperar o fôlego. *quedarse sin aliento*, ficar sem fôlego.
a.li.men.ta.ción [alimentaθjón] *s.f.* alimentação.
a.li.men.tar [alimentár] *v.t.* alimentar, nutrir, sustentar.
a.li.men.ta.rio [alimentário] *adj.* alimentar.
a.li.men.to [aliménto] *s.m.* alimento.
a.li.ne.ar [alineár] *v.t.* alinhar.
a.lis.tar [alistár] *v.t.* 1 pôr em lista. 2 recrutar. *Esteban fue alistado por la Marina.* Esteban foi recrutado pela Marinha.
a.li.viar [aliβjár] *v.t.* aliviar.
a.li.vio [alíβjo] *s.m.* alívio.
a.llá [aʎá] *adv.* lá, acolá. *el más allá*, o além.
a.lla.nar [aʎanár] *v.t.* 1 aplanar, nivelar. 2 invadir. *La policía allanó la casa de los secuestradores.* A polícia invadiu a casa dos sequestradores.
a.lle.ga.do [aʎeyáðo] *adj.* chegado, incorporado. *Paco es muy allegado a mi familia.* Paco é muito chegado à minha família.
a.llí [aʎí] *adv.* ali.
al.ma [álma] *s.f.* alma. No singular escreve-se sempre com artigo masculino. *Los niños tienen el alma pura.* As crianças têm a alma pura. *ser un alma de Dios*, ser uma pessoa muito bondosa. *entregar el alma*, morrer. *no tener alma*, não ter compaixão. *sentir en el alma*, sentir muito. *Lo siento em el alma pero no podré ayudarte.* Sinto muito mas não poderei ajudá-lo.
al.ma.cén [almaθén] *s.m.* armazém, depósito, loja.
al.ma.ce.na.mien.to [almaθenamjénto] *s.m.* armazenagem.
al.ma.ce.nar [almaθenár] *v.t.* estocar.
al.ma.na.que [almanáke] *s.m.* calendário.
al.me.ja [alméxa] *s.f.* marisco.
al.men.dra [aléndra] *s.f.* amêndoa.
al.mí.bar [almíβar] *s.m.* calda. *peras en almíbar*, peras em calda.
al.mi.dón [almiðón] *s.m.* amido.

al.mi.do.nar [almiðonár] *v.t. e i.* engomar.
al.mo.ha.da [almoáða] *s.f.* travesseiro.
al.mor.zar [almorθár] *v.t.* almoçar.
al.muer.zo [almwérθo] *s.m.* almoço.
a.lo.ja.do [aloxáðo] *adj.* acomodado, hospedado.
a.lo.ja.mien.to [aloxamjénto] *s.m.* acomodação, hospedagem.
a.lo.jar [aloxár] *v.t.* hospedar, acomodar.
al.par.ga.ta [alparɣáta] *s.f.* alpargata.
al.qui.lar [alkilár] *v.t.* alugar.
al.qui.ler [alkilér] *s.m.* aluguel.
al.re.de.dor [alr̃eðeðór] *adv.* em torno de, em redor. *los alrededores*, as imediações. *Ruy vive en los alrededores de la sierra de la Cantareira.* Ruy mora nas imediações da serra da Cantareira.
al.ta [álta] *s.f.* alta. *dar de alta,* dar alta.
al.ta.ne.rí.a [altanería] *s.f.* arrogância, orgulho.
al.ta.ne.ro/a [altanéro] *adj.* altivo, arrogante, pedante.
al.tar [altár] *s.m.* altar.
al.ta.voz [altaβóθ] *s.m.* alto-falante.
al.te.ra.ción [alteraθjón] *s.f.* variação, alteração.
al.te.rar [alterár] *v.t.* transformar, variar. *alterarse,* encolerizar-se.
al.ter.na.ti.va [alternatíβa] *s.f.* alternativa.
al.ter.na.ti.vo/a [alternatíβo] *adj.* alternativo.
al.ti.llo [altíʎo] *s.m.* sótão.
al.ti.pla.no [altipláno] *s.m.* planalto. *En el altiplano la respiración se hace pesada.* No planalto a respiração fica pesada.
al.ti.tud [altitúð] *s.f.* altitude.
al.to [álto] *adj.* elevado, eminente, superior, alto. *pasar por alto,* não dar importância, ignorar algo. *por lo alto,* com muito luxo.

al.to.rre.lie.ve [altor̃eljéβe] *s.m.* alto-relevo.
al.tu.ra [altúra] *s.f.* altura. *a estas alturas,* neste instante. *estar a la altura de,* estar à altura de.
a.lu.ci.na.ción [aluθinaθjón] *s.f.* alucinação.
a.lu.dir [aluðír] *v.i.* aludir.
a.lum.brar [alumbrár] *v.t.* 1 iluminar. 2 dar à luz.
a.lu.mi.nio [alumínjo] *s.m.* alumínio.
a.lum.no/a [alúmno] *s.* aluno.
a.lu.sión [alusjón] *s.f.* alusão.
al.za [álθa] *s.f.* alta, subida de preço. No singular escreve-se com artigo masculino. *El alza de la canasta familiar.* A alta da cesta básica.
al.zar [al̯θár] *v.t e v.p.* 1 elevar, levantar. *Izar la mano. Levantar a mão.* 2 carregar. *El padre alza a su niño.* O pai carrega seu menino. *alzarse,* sublevar-se. *alzarse en armas,* começar uma rebelião.
a.ma [áma] *s.f.* criada, aia. No singular escrevese com artigo masculino. *el ama,* a criada. *ama de leche,* ama-de-leite. *ama de llaves,* governanta. *ama-seca,* babá.
a.ma.ble [amáβle] *adj.* cortês, amável, atencioso. *Es uma señora muy amable y atenta.* É uma senhora muito amável e atenciosa.
a.ma.es.tra.do [amaestráðo] *adj.* amestrado, domesticado.
a.ma.go [amáɣo] *s.m.* ameaça. *Ayer en el banco hubo un amago de asalto.* Ontem no banco houve uma ameaça de assalto.
a.ma.man.tar [amamantár] *v.t.* amamentar.
a.ma.ne.cer [amaneθér] *s.m.* 1 raiar, amanhecer. 2 acordar. *Hoy he amanecido con dolor de cabeça.* Hoje amanheci com dor de cabeça. *¿Cómo amaneciste?.* Você dormiu bem?
a.man.te [amánte] *adj.* amante.

a.man.te [amánte] *s.* amante.
a.ma.po.la [amapóla] *s.f.* papoula.
a.mar [amár] *v.t.* estimar, amar.
a.mar.ga.do/a [amarɣáðo] *adj.* rabugento/a. *Mi tía es una mujer amargada.* Minha tia é uma mulher rabugenta.
a.mar.gar [amarɣár] *v.i.* amargar, amargurar.
a.mar.go/a [amárɣo] *adj.* amargo.
a.ma.ri.llen.to [amariʎénto] *adj.* amarelado.
a.ma.ri.llo [amaríʎo] *s.m.* amarelo (cor).
a.ma.ri.llo/a [amaríʎo] *adj.* amarelo.
a.ma.rrar [amar̄ár] *v.t.* amarrar.
a.ma.sar [amasár] *v.t.* amassar. Nunca tem o sentido de esmagar.
am.bi.ción [ambiθjón] *s.f.* ambição.
am.bi.cio.nar [ambiθjonár] *v.t.* pretender.
am.bi.cio.so/a [ambiθjóso] *adj.* ambicioso.
am.bien.tar [ambjentár] *v.t.* ambientar, ambientar-se, entrosar-se.
am.bien.te [ambjénte] *adj.* ambiente, ambiental. *Música ambiental*, música ambiente.
am.bien.te [ambjénte] *s.m.* ambiente. *medio ambiente*, meio ambiente.
am.bi.güe.dad [ambiɣweðáð] *s.f.* ambiguidade.
am.bi.guo [ambíɣwo] *adj.* vago, ambíguo.
am.bos/as [ámbos] *adj.(pl.)* ambos/as. *Alce ambas manos.* Levante ambas as mãos.
a.me.na.za [amenáθa] *s.f.* ameaça.
a.me.na.zar [amenaθár] *v.t.* ameaçar.
a.me.ni.zar [ameniθár] *v.t.* animar, divertir. *La fiesta fue amenizada por un grupo de payasos.* A festa esteve animada por um grupo de palhaços.
a.me.no [améno] *adj.* divertido, entretido, agradável. *La película está amena.* O filme está divertido.

a.me.tra.lla.do.ra [ametraʎaðóra] *s.f.* metralhadora.
a.mi.ga.ble [amiɣáβle] *adj.* amigável.
a.mig.da.li.tis [amiɣðalítis] *s.f.* amigdalite.
a.mi.go/a [amíɣo] *adj.* amigo. *ser amigo de lo ajeno*, ser ladrão. *Los amigos de lo ajeno le llevaron todo lo que tenía en el auto.* Os ladrões levaram tudo o que ele tinha no carro.
a.mi.go/a [amíɣo] *s.* amigo.
a.mis.tad [amistáð] *s.f.* amizade.
am.ne.sia [amnésja] *s.f.* amnésia.
am.nis.tí.a [amnistía] *s.f.* anistia.
a.mo/a [ámo] *s.* amo, senhor. *ama de casa*, dona de casa.
a.mo.lar [amolár] *v.t.* afiar.
a.mol.dar [amoldár] *v.t.* moldar.
a.mol.dar.se [amoldárse] *v.p.* adaptar-se.
a.mo.nes.ta.ción [amonestaθjón] *s.f.* advertência, admoestação.
a.mo.nes.tar [amonestár] *v.t.* admoestar, advertir.
a.mon.to.na.mien.to [amontonamjénto] *s.m.* acúmulo.
a.mon.to.nar [amontonár] *v.t e v.p.* acumular, empilhar.
a.mor [amór] *s.m.* amor. *hacer el amor*, fazer amor. *por amor al arte*, desinteressadamente. *¡Por amor de Dios!* Pelo amor de Deus!
a.mo.ral [amorál] *adj.* cínico, amoral.
a.mo.ro.so/a [amoróso] *adj.* carinhoso, amoroso.
a.mor.ti.gua.dor [amortiɣwaðór] *s.m.* amortecedor.
a.mor.ti.guar [amortiɣwár] *v.t.* amortecer.
a.mor.ti.zar [amortiθár] *v.t.* amortizar.
a.mo.ti.nar [amotinár] *v.t e v.p.* sublevar, amotinar.
am.pa.rar [amparár] *v.t.* proteger, amparar.

am.pli.a.ción [ampliaθjón] *s.f.* extensão, ampliação. *La línea este del metro va a tener una ampliación.* A linha leste do metrô vai ter uma ampliação.

am.pli.ar [ampliár] *v.t.* ampliar, expandir.

am.pli.fi.ca.dor [amplifikaðór] *s.m.* amplificador.

am.plio/a [ámpljo] *adj.* espaçoso, amplo, extenso.

am.pli.tud [amplitúð] *s.f.* abrangência, amplidão.

am.po.lla [ampóʎa] *s.f.* 1 bolha. 2 ampola.

am.pu.tar [amputár] *v.t.* amputar, mutilar.

a.mue.blar [amweβlár] *v.t.* mobiliar.

a.mu.le.to [amuléto] *s.m.* talismã, amuleto.

a.nal [anál] *adj.* anal.

a.na.les [análes] *s.m.*(pl.) anais. *Los anales de la justicia.* Os anais da justiça.

a.nal.fa.be.tis.mo [analfaβetízmo] *s.m.* analfabetismo.

a.nal.fa.be.to/a [analfaβéto] *adj. e s.* analfabeto.

a.nal.gé.si.co/a [analxésiko] *adj. e s.* analgésico.

a.ná.li.sis [análisis] *s.m.* 1 análise. *el análisis financiero*, a análise financeira. 2 exame. *análisis de sangre*, exame de sangue. *Los análisis de diabetes de Julio van a estar listos mañana.* Os exames de diabetes do Júlio vão ficar prontos amanhã.

a.na.lis.ta [analísta] *s.* analista.

a.na.li.zar [analiθár] *v.t.* analisar.

a.na.lo.gí.a [analoxía] *s.f.* similaridade, analogia.

a.na.ran.ja.do/a [anaraŋxáðo] *adj.* alaranjado/a.

a.nar.quí.a [anarkía] *s.f.* anarquia.

a.na.to.mí.a [anatomía] *s.f.* anatomia.

an.ca [áŋka] *s.f.* quadril, anca.

an.cho [átʃo] *adj.* folgado, largo. *a lo ancho*, em toda a largura. *a sus anchas*, à vontade.

an.cho.a [atʃóa] *s.f.* anchova.

an.cia.no/a [anθjáno] *s.f.* ancião, velho, idoso.

an.cla [áŋkla] *s.f.* âncora. No singular escreve-se com artigo masculino. *el ancla*, a âncora. *El barco levantó el ancla y partió.* O navio levantou âncora e partiu.

an.da.mio [andámjo] *s.m.* andaime.

an.dar [andár] *v.i.* 1 andar, caminhar. 2 funcionar. *Este coche no está andando bien.* Este carro não está funcionando bem. 3 agir. *Ande con atención.* Aja com atenção. *Andarse por las ramas*, desviar-se do assunto. *¡Anda!*, exclamação de surpresa.

an.dén [andén] *s.m.* plataforma (metrô, trem).

an.dra.jo.so/a [andraxóso] *adj.* esfarrapado.

a.ne.mia [anémja] *s.f.* enfraquecimento, anemia.

a.nes.te.sia [anestésja] *s.f.* anestesia.

a.nes.te.sió.lo.go/a [anestesjóloɣo] *s.* anestesista.

a.ne.xar [aneksár] *v.t.* anexar.

a.ne.xo [anékso] *s.m. e adj.* anexo.

an.fi.trión/a [aɱfitrjón] *s.* antifitrião.

án.gel [áŋxel] *s.m.* anjo. *ángel de la guarda*, anjo da guarda.

an.gos.to [aŋgóstol] *adj.* apertado, estreito. *El terreno era angosto y el camión muy ancho no pudo pasar.* O terreno era estreito e o caminhão muito largo não pôde passar.

án.gu.lo [áŋgulo] *s.m.* 1 ângulo. 2 ponto de vista. *Eso depende del ángulo.* Isso depende do ponto de vista.

an.gus.tia [aŋgústja] *s.f.* angústia, aflição.

a.nhe.lar [anelár] *v.t.* ansiar, desejar, anelar. *Anhelo conocer China un día.* Anseio conhecer a China um dia.

a.nhe.lo [anélo] *s.m.* anseio, desejo, vontade, anelo. *Tengo anhelos de ver a mi madre en las vacaciones.* Tenho vontade de ver minha mãe nas férias.

a.ni.llo [aníʎo] *s.m.* anel. *anillo de boda*, aliança de casamento. *venir como anillo al dedo*, cair como uma luva.

a.ni.ma.ción [animaθjón] *s.f.* entusiasmo, animação.

a.ni.ma.do/a [animáðo] *adj.* entusiasmado animado.

a.ni.ma.dor/do.ra [animaðór] *adj.* animador/a.

a.ni.ma.dor/do.ra [animaðór] *s.* apresentador (de TV).

a.ni.mal [animál] *s.m.* animal.

a.ni.mar [animár] *v.t.* entusiasmar, reconfortar, vivificar, animar.

a.ni.mar.se [animárse] *v.p.* atrever-se, ter coragem.

á.ni.mo [ánimo] *s.m.* 1 ânimo. 2 coragem. 3 *interj.* ânimo!

a.ni.mo.so/a [animóso] *adj.* corajoso, animoso.

a.ni.qui.lar [anikilár] *v.t.* aniquilar.

a.ni.ver.sa.rio [aniβersárjo] *s.m.* aniversário. *El aniversario de la ciudad*. O aniversário da cidade. Nunca se refere ao aniversário de vida de uma pessoa.

a.no [áno] *s.m.* ânus.

a.no.che [anótʃe] *s.m.* a noite do dia anterior.

a.no.che.cer [anotʃeθér] *v.i.* anoitecer, escurecer.

a.no.che.cer [anotʃeθér] *s.m.* anoitecer, ocaso.

a.no.ma.lí.a [anomalía] *s.f.* anomalia.

a.nó.ni.mo/a [anónimo] *adj.* anônimo. *sociedad anónima*, sociedade anônima.

a.nor.mal [anormál] *adj.* anormal.

a.no.tar [anotár] *v.t.* 1 anotar. 2 nos esportes, marcar pontos, fazer gol.

an.sia [ánsja] *s.f.* ânsia. No singular escreve-se com artigo masculino. *el ansia*, a ânsia.

an.sie.dad [ansjeðáð] *s.f.* ansiedade.

an.sio.so/a [ansjóso] *adj.* ansioso.

an.ta.ño [antáɲo] *adv.* outrora, antigamente.

an.te [ánte] *prep.* 1 perante, diante de. *Ante Dios todos somos iguales*. Perante Deus todos somos iguais. 2 junto a. *Debes protestar ante el "Procom"*. Você deve reclamar junto ao Procom. *ante todo*, antes de mais nada.

an.te.a.no.che [anteanotʃe] *adv.* anteontem à noite.

an.te.a.yer [anteajér] *adv.* anteontem.

an.te.ce.den.te [anteθeðénte] *s.m.* antecedente. *antecedentes penales*, antecedentes criminais.

an.te.ce.sor/so.ra [anteθesór] *s.* 1 pessoa que precedeu alguém num cargo ou função. 2 antepassado, ancestral.

an.te.ce.sor/so.ra [anteθesór] *adj.* antecessor.

an.te.la.ción [antelaθjón] *s.f.* antecipação. *Me preparé para el examen con una antelación de diez meses*. Preparei-me para o exame com uma antecipação de dez meses.

an.te.ma.no (de) [antemáno] *loc.* de antemão.

an.te.na [anténa] *s.f.* antena.

an.te.no.che [antenotʃe] *adv.* anteontem à noite.

an.te.o.jos [anteóxos] *s.m.* (pl.) óculos. *Me compré un par de anteojos oscuros para el sol*. Comprei um par de óculos de sol.

an.te.pa.sa.do/a [antepasáðo] *adj.* retrasado. *El viernes antepasado estuvimos en la playa*. Na sexta-feira retrasada estivemos na praia.

an.te.pa.sa.do [antepasáðo] *s.m.* antepassado. *Nuestros antepasados nos han dejado una gran herencia*. Os nossos antepassados deixaram-nos uma grande herança.

an.te.rior [anterjór] *adj.* prévio, anterior.

an.tes [ántes] *adv.* antes, antigamente. *antes de nada*, antes de mais nada. *antes hoy que mañana*, quanto antes melhor. *de antes*, de antigamente.
an.te.sa.la [antesála] *s.f.* vestíbulo.
an.ti.ci.par [antiθipár] *v.t.* adiantar, antecipar.
an.ti.ci.po [antiθípo] *s.m.* adiantamento.
an.ti.con.cep.ti.vo/a [antikonθeptíβo] *adj.* anticoncepcional. *Existen muchos métodos anticonceptivos*. Existem muitos métodos anticoncepcionais.
an.ti.con.cep.ti.vo [antikonθeptíβo] *s.m.* anticoncepcional.
an.ti.cuer.po [antikwérpo] *s.m.* anticorpo.
an.ti.faz [antifáθ] *s.m.* véu, máscara.
an.ti.güe.dad [antiɣweðáð] *s.f.* antiguidade.
an.ti.guo [antíɣwo] *adj.* veterano, antigo. *chapado a la antigua*, de formação antiquada.
an.ti.pa.tí.a [antipatía] *s.f.* antipatia.
an.ti.pá.ti.co/a [antipátiko] *adj.* antipático.
an.tí.te.sis [antítesis] *s.f.* antítese.
an.to.jar.se [antoxárse] *adj.* 1 desejar de forma súbita. *Se me antojó comer pollo asado a las 3 de la mañana*. Fiquei com muita vontade de comer frango assado às 3 horas da manhã. 2 dar na telha. *Mi hermano sólo hace lo que se le antoja*. O meu irmão só faz o que lhe dá na telha.
an.to.jo [antóxo] *s.m.* capricho, desejo súbito injustificado. *Mi mujer está embarazada y vive con antojos*. A minha mulher está grávida e vive com desejos. *vivir a su antojo*, viver ao seu bel-prazer.
an.to.lo.gí.a. [antoloxía] *s.f.* antologia.
an.tó.ni.mo [antónimo] *s.m. e adj.* antônimo.
an.tor.cha [antórtʃa] *s.f.* tocha.

an.tro [ántro] *s.m.* antro, caverna, esconderijo. *antro de perdición*, antro de perdição.
an.tro.po.fa.gia [antropofáxja] *s.f.* canibalismo, antropofagia.
an.tro.pó.fa.go [antropófaɣo] *adj.* canibal.
an.tro.pó.fa.go [antropófaɣo] *s.m.* canibal.
an.tro.po.lo.gí.a [antropoloxía] *s.f.* antropologia.
a.nu.al [anuál] *adj.* anual.
a.nua.li.dad [anwaliðáð] *s.f.* anuidade.
a.nu.lar [anulár] *s.m.* anular (dedo).
a.nu.lar [anulár] *v.t.* anular, cassar, invalidar.
a.nun.cian.te [anunθjánte] *s.m. e adj.* anunciante, patrocinador. *A los anunciantes no les gustó la presentación de la película*. Os patrocinadores não gostaram da apresentação do filme.
a.nun.ciar [anunθjár] *v.t.* promulgar, anunciar.
a.nun.cio [anúnθjo] *s.m.* 1 proclamação, anúncio. 2 cartaz. *cartelera de anuncios*, quadro de avisos.
an.zue.lo [anθwélo] *s.m.* anzol.
a.ña.di.du.ra [aɲaðiðúra] *s.f.* acréscimo, complemento. *por añadidura*, por acréscimo. *Llegó tarde, y por añadidura se olvidó el trabajo en casa*. Chegou tarde, e por acréscimo esqueceu o trabalho em casa.
a.ña.dir [aɲaðír] *v.t.* acrescentar, complementar. *Después de verter la leche, añádale azúcar*. Depois de colocar o leite, acrescente açúcar.
a.ñe.jo [aɲéxo] *adj.* envelhecido (bebidas).
a.ñi.cos [aɲíkos] *s.m.(pl.)* cacos. *hacerse añicos*, quebrar-se em pedacinhos.
a.ño [áɲo] *s.m.* ano. *año sabático*, tempo de descanso e recuperação. *cumplir años*, fazer

aniversário. *el año entrante,* o próximo ano. *entrado en años,* de idade avançada. *¡Feliz Año Nuevo!,* Feliz Ano Novo!.

a.ño.ran.za [aɲoráɳθa] *s.f.* saudade.

a.ño.rar [aɲorár] *v.t.* ter saudades. *Añoro la comida de mi madre.* Tenho saudades da comida da minha mãe.

a.pa.ci.guar [apaθiɣwár] *v.t.* acalmar.

a.pa.gar [apaɣár] *v.t.* 1 desligar (luz, TV). 2 apagar (fogo).

a.pa.gón [apaɣón] *s.m.* blecaute, apagão.

a.pa.le.a.mien.to [apaleamjénto] *s.m.* espancamento.

a.pa.ra.dor [aparaðór] *s.m.* aparador.

a.pa.rar [aparár] *v.t.* receber algo com as mãos ou recolher na saia, apanhar. *Te voy a tirar una manzana, apárala.* Vou lhe jogar uma maçã, apanhe-a.

a.pa.ra.to [aparáto] *s.m.* 1 aparelho, máquina, *aparato de TV,* aparelho de TV. 2 conjunto de órgãos. *aparato digestivo,* aparelho digestivo.

a.par.ca.mien.to [aparkamjénto] *s.m.* estacionamento.

a.par.car [aparkár] *v.t.* estacionar. *Prohibido aparcar a 45 grados.* Proibido estacionar a 45 graus.

a.pa.re.ar [apareár] *v.t.* acasalar.

a.pa.re.cer [apareθér] *v.t.* aparecer, encontrar.

a.pa.ren.tar [aparentár] *v.t.* 1 aparentar, simular. 2 ter aspecto de. *Aparenta unos 30 años.* Aparenta uns 30 anos. 3 ostentar, aparecer. *A mí no me gusta aparentar.* Eu não gosto de aparecer.

a.pa.ren.te [aparénte] *adj.* aparente, falso.

a.pa.rien.cia [aparjénθja] *s.f.* aparência. *las apariencias engañan,* as aparências enganan.

a.par.ta.do [apartáðo] *adj.* 1 longínquo, afastado. 2 caixa postal. *Mi empresa recibe las correspondencias por el apartado de correos.* A minha empresa recebe as correspondências pela caixa postal. 3 item. *Preparo un inventario con más de trescientos apartados.* Preparo um inventário com mais de trezentos itens.

a.par.tar [apartár] *v.t.* 1 separar, selecionar. *Voy a apartar unas ropas para donarlas.* Vou separar umas roupas para doá-las. 2 afastar, distanciar. *Mi madre apartó los cachorritos de la perra.* A minha mãe afastou os filhotes da cadela.

a.par.te [apárte] *adv.* 1 separado, à parte. *El profesor me llamó aparte para charlar conmigo.* O professor chamou-me à parte para bater um papo comigo. 2 além, além do mais. *No come ni duerme bien, aparte no se alimenta.* Não come nem dorme bem, além do mais, não se alimenta. *punto y aparte,* ponto e parágrafo. *ser algo aparte,* ser algo fora do comum. *ser un capítulo aparte,* ser outro assunto.

a.pa.sio.na.do [apasjonáðo] *adj.* enamorado, apaixonado, fanático.

a.pa.sio.nar [apasjonár] *v.t.* enamorar, apaixonar.

a.pa.tí.a [apatía] *s.f.* apatia.

a.pe.ar.se [apeárse] *v.p.* descer, desmontar, apear. *Manuel se apeó del caballo.* Manuel desceu do cavalo.

a.pe.dre.ar [apeðreár] *v.t.* apredejar.

a.pe.gar.se [apeɣárse] *v.t e v.p.* afeiçoar-se, apegar-se.

a.pe.la.ción [apelaθjón] *s.f.* apelação, apelo. *no tener apelación,* ser irrevogável. *presentar apelación,* apresentar recurso. *recurso de apelación,* recurso de alçada. *tribunal de apelación,* tribunal de apelação.

a.pe.lar [apelár] *v.i.* apelar, recorrer. *apelar a la justicia,* recorrer aos tribunais.

a.pe.lli.dar.se [apeʎiðárse] *v.p.* ter um nome ou sobrenome. *Se apellida Martínez.* Leva o sobrenome Martínez.

a.pe.lli.do [apeʎíðo] *s.m.* sobrenome. *Mi apellido es Rodríguez.* Meu sobrenome é Rodríguez.

a.pe.nas [apénas] *adv.* 1 somente, apenas. 2 assim que. *Apenas salió, sonó el teléfono.* Assim que saiu, o telefone tocou. 3 mal. *Apenas gana para comer.* Mal ganha para comer. 4 quase não. *Por la ventana apenas entraba el sol.* Pela janela quase não entrava o sol. *apenas si*, quase não. *Apenas si sale de casa.* Quase não sai de casa.

a.pen.di.ci.tis [apendiθítis] *s.f.* apendicite.

a.pe.ri.ti.vo [aperitíβo] *s.m.* aperitivo.

a.per.tu.ra [apertúra] *s.f.* 1 inauguração, abertura. *Mañana será la apertura de la Copa Libertadores.* Amanhã será a abertura da Copa Libertadores. 2 abertura. *apertura política*, abertura política. Nunca tem o sentido de "orifício" ou "buraco".

a.pes.tar [apestár] *v.i.* feder.

a.pes.to.so [apestóso] *adj.* fedido.

a.pe.te.cer [apeteθér] *v.i.* apetecer.

a.pe.ti.to [apetíto] *s.m.* apetite. *abrir el apetito*, abrir o apetite.

a.pi.lar [apilár] *v.t.* empilhar. *Por favor, apile los libros sobre esta mesa.* Por favor, empilhe os livros sobre esta mesa.

a.pio [ápjo] *s.m.* aipo.

a.pla.car [aplakár] *v.t.* aclamar.

a.pla.nar [aplanár] *v.t.* aplanar, nivelar.

a.pla.na.do.ra [aplanaðóra] *s.f.* niveladora.

a.plas.ta.mien.to [aplastamjénto] *s.m.* esmagamento.

a.plas.tar [aplastár] *v.t.* esmagar, amassar, achatar. *Para preparar el arroz hay que aplastar el ajo.* Para preparar o arroz é preciso amassar o alho.

a.plau.dir [aplau̯ðír] *v.t.* elogiar, aplaudir, alabar.

a.plau.so [apláu̯so] *s.m.* aplauso.

a.pla.za.do [aplaθáðo] *adj.* adiado.

a.pla.za.mien.to [aplaθamjénto] *s.m.* adiamento.

a.pla.zar [aplaθár] *v.t.* prorrogar, adiar. *Aplazaron la reunión para mañana.* Adiaram a reunião para amanhã.

a.pli.ca.ción [aplikaθjón] *s.f.* aplicação. Nunca se usa como sinônimo de "investimento".

a.pli.ca.do [aplikáðo] *adj.* aplicado, estudioso.

a.pli.car [aplikár] *v.t.* aplicar.

a.pli.car.se [aplikárse] *v.p.* aplicar-se, dedicar-se.

a.po.ca.lip.sis [apokalípsis] *s.m.* apocalipse.

a.po.de.ra.do/a [apoðeráðo] *adj. e s.* procurador, representante legal.

a.po.de.rar [apoðerár] *v.t.* dar procuração.

a.po.de.rar.se [apoðerárse] *v.p.* apoderar-se, dominar.

a.po.do [apóðo] *s.m.* apelido.

a.po.ge.o [apoxéo] *s.m.* apogeu.

a.po.ple.jí.a [apoplexía] *s.f.* apoplexia.

a.por.tar [aportár] *v.t.* 1 contribuir. *Australia aportó 500 millones de dólares para ayudar a las víctimas del tsunami.* A Austrália contribuiu com 500 milhões de dólares para ajudar às vítimas do tsunami. 2 trazer, proporcionar. *Ella me aportó buenas ideas.* Ela proporcionou-me boas ideias.

a.por.te [apórte] *s.m.* contribuição, aporte.

a.po.sen.tar [aposentár] *v.t.* hospedar, acomodar. Não tem nenhuma relação com "aposentadoria".

a.po.sen.to [aposénto] *s.m.* quarto, cômodo. *Esta casa antigua tiene más de doce aposentos.* Esta casa antiga tem mais de doze cômodos.

a.pos.tar [apostár] *v.t.* 1 apostar. 2 situar. *En la puerta del palacio siempre hay soldados apostados.* Na porta do palácio sempre há soldados plantados. *¿Apostamos a que no viene?* Quer apostar que não vem?

a.pós.tol [apóstol] *s.m.* apóstolo.

a.pós.tro.fe [apóstrofe] *s.* apóstrofe.

a.pós.tro.fo [apóstrofo] *s.m.* apóstrofo.

a.po.te.o.sis [aposteósis] *s.f.* apoteose.

a.po.yar [apojár] *v.t.* colaborar, apoiar.

a.po.yo [apójo] *s.m.* apoio, base, suporte.

a.pre.ciar [apreθjár] *v.t.* 1 apreciar, avaliar. 2 estimar.

a.pre.cio [apréθjo] *s.m.* apreço, estima consideração.

a.pre.hen.der [apreendér] *v.t.* 1 apreender, capturar, prender. 2 entender, compreender algo profundamente, captar un conceito e conhecê-lo.

a.pre.hen.sión [apreeṇsjón] *s.f.* 1 apreensão, captura. Não tem sentido de "receio". 2 compreensão intelectual.

a.pre.mian.te [apremjánte] *adj.* urgente.

a.pre.miar [apremjár] *v.t.* urgir. *El tiempo apremia.* O tempo urge.

a.pre.mio [aprémjo] *s.m.* urgência.

a.pren.der [aprendér] *v.t.* aprender. *aprender de memoria,* aprender de cor, decorar.

a.pren.diz [aprendíθ] *s.m.* aprendiz, estagiário.

a.pren.di.za.je [aprendiθáxe] *s.m.* estudo, aprendizagem, aprendizado.

a.pre.sar [apresár] *v.t.* capturar, prender, agarrar.

a.pren.sión [aprensjón] *s.f.* apreensão, receio.

a.pre.su.ra.do [apresuráðo] *adj.* apressado, com pressa.

a.pre.su.rar [apresurár] *v.t.* apressar-se. *Me apresuré para no perder el tren.* Apressei-me para não perder o trem.

a.pre.su.ra.mien.to [apresuramjénto] *s.m.* pressa.

a.pre.ta.do [apretáðo] *adj.* comprimido, apertado.

a.pre.tar [apretár] *v.t.* 1 apertar, comprimir. 2 pressionar. *La madre lo apretó para que dijera la verdad.* A mãe o pressionou para que dissesse a verdade. 3 ajustar (roupa). *Necesito apretar la camisa, me queda ancha.* Preciso ajustar a camisa, fica larga em mim.

a.pre.tón [apretón] *s.m.* apertão, aperto. *dar un apretón de manos,* apertar as mãos com força.

a.prie.to [aprjéto] *s.m.* aperto, pressão. *verse/estar en aprietos,* estar em apuros. *poner a alguien en aprietos,* pôr alguém em dificuldades.

a.pri.sa [aprísa] *adv.* depressa.

a.pro.ba.ción [aproβaθjón] *s.f.* 1 sanção, aprovação. 2 aceitação. *El proyeto tuvo tanta aprobación en la población que la Cámara lo aprobó de inmediato.* O projeto teve tanta aprovação na população que a Câmara o aprovou de imediato.

a.pro.bar [aproβár] *v.t.* aclamar, aprovar, ratificar. *aprobar por mayoría/unanimidad,* aprovar por maioria/unanimidade. *estar aprobado,* estar aprovado mediante exame.

a.pro.piar [apropjár] *v.t.* apropriar, adequar.

a.pro.piar.se [apropjárse] *v.p.* apoderar-se.

a.pro.ve.cha.do/a [aproβetʃáðo] *adj.* 1 aplicado. 2 aproveitador, abusado.

a.pro.ve.char [aproβetʃár] *v.t.* aproveitar. *aprovechar la ocasión,* aproveitar a oportunidade.

a.pro.ve.char.se [aproβetʃárse] *v.p.* aproveitar-se, tirar proveito. *¡Que le aproveche!,* Bom proveito!

a.pro.vi.sio.nar [aproβisjonár] *v.t.* aprovisionar, prover, fornecer, abastecer. *Se aprovisionaron de alimentos y combustible antes que llegara la tormenta*. Abasteceram-se de alimentos e combustível antes que chegasse a tempestade.

a.pro.xi.ma.ción [aproksimaθjón] *s.f.* aproximação.

a.pro.xi.mar [aproksimár] *v.* acercar.

ap.ti.tud [aptitúð] *s.f.* aptidão.

ap.to [ápto] *adj.* capaz, competente, apto.

a.pues.ta [apwésta] *s.f.* aposta.

a.pues.to/a [apwésto] *adj.* de boa aparência.

a.pun.tar [apuntár] *v.t.* 1 anotar. *Voy a apuntar la dirección de Jorge*. Vou anotar o endereço do Jorge. 2 afiar. 3 assinalar, mostrar. *Los niños apuntan con el dedo*. As crianças assinalam com o dedo.

a.pun.tar.se [apuntárse] *v.t.* inscrever-se. *Los chicos se apuntaron en la lista de espera*. Os rapazes se inscreveram na lista de espera.

a.pun.te [apúnte] *s.m.* anotação. *libreta de apuntes*, bloco de anotações. *tomar apuntes*, fazer anotações.

a.pu.ña.lar [apuɲalár] *v.t.* apunhalar, esfaquear. *Se sintió traicionado, apuñalado por la espalda*. Sentiu-se traído, apunhalado pelas costas.

a.pu.ra.do [apuráðo] *adj.* afobado, apressado. *Llegó apurado y salió corriendo*. Chegou apressao e saiu correndo.

a.pu.rar [apurár] *v.t.* apressar. Não tem sentido de "verificar resultados".

a.pu.ro [apúro] *s.m.* aperto, afobação. *estar/poner en un apuro*, estar/pôr em apuros. *pasar apuros*, passar apertos. *sacar de un apuro*, tirar do aperto. *sin apuro*, com calma.

a.quel/a.que.lla [akél] [akéʎa] *adj. e pron.* aquele/aquela.

a.que.llo [akéʎo] *pron.dem.* aquilo.

a.quí [akí] *adv.* cá, aquí. *he aquí*, aqui está.

a.rá.bi.go/a [aráβiɣo] *adj.* arábico, árabe.

a.ran.cel [araṉθél] *s.m.* imposto, taxa de alfândega.

a.ra.ña [aráɲa] *s.f.* 1 aranha. 2 lustre. *Hombre Araña*, Homem-Aranha.

a.ra.ñar [araɲár] *v.t.* arranhar, riscar.

a.ra.ña.zo [araɲáθo] *s.m.* arranhão.

a.rar [arár] *v.t.* arar.

ar.bi.tra.je [arβitráxe] *s.m.* arbitragem, julgamento.

ar.bi.tra.rio/a [arβitrárjo] *adj.* arbitrário/a.

ar.bi.trio [arβítrjo] *s.m.* arbítrio.

ár.bi.tro [árβitro] *s.m.* árbitro, juiz.

ár.bol [árβol] *s.m.* árvore. *Árbol de Navidad*, Árvore de Natal. *árbol genealógico*, árvore genealógica. *El árbol típico de las pampas es el ombú*. A árvore típica dos pampas é o ombú.

ar.bo.le.da [árβoléða] *s.f.* arvoredo.

ar.bus.to [arβústo] *s.m.* arbusto.

ar.ca [árka] *s.f.* arca, cofre. No singular escreve-se com artigo masculino. *el arca, a arca. el arca de Noé*, a arca de Noé. *las arcas fiscales*, os cofres públicos.

ar.cai.co/a [árkaiko] *adj.* arcaico, antigo.

archidiócesis/ar.qui.dió.ce.sis [artʃiðióθesis]/[arkiðióθesis] *s.f.* arquidiocese.

ar.chi.pié.la.go [artʃipjélaɣo] *s.m.* arquipélago.

ar.chi.var [artʃiβár] *v.t.* arquivar, classificar.

ar.chi.vo [artʃíβo] *s.m.* arquivo.

ar.ci.lla [arθíʎa] *s.f.* argila.

ar.co [árko] *s.m.* arco. *arco iris*, arco-íris.

ar.der [árðér] *v.i.* arder, queimar (fogo). *estar que arde*, estar ardendo.

ar.dien.te [arðjénte] *adj.* aceso.

ar.di.lla [arðíʎa] *s.f.* esquilo.

ar.do.ro.so/a [arðoróso] *adj.* ardoroso, fervoroso, fogoso.

ar.duo [árðwo] *adj.* árduo.

á.re.a [área] *s.f.* área. No singular escreve-se com artigo masculino. *El área financiera.* A área financeira.

á.re.a [área] *s.f.* zona, área.

a.re.na [aréna] *s.f.* areia. *arenas movedizas*, areia movediça. *edificar sobre arena*, construir castelos de areia.

a.re.te [aréte] *s.m.* brinco.

ar.go.lla [arɣóʎa] *s.f.* 1 argola. 2 aliança.

ar.got [arɣót] *s.m.* 1 gíria. 2 jargão.

ar.gu.men.tar [arɣumentár] *v.* argumentar, deduzir, demonstrar.

ar.gu.men.tar [arɣumentár] *v.t.* argumentar.

ar.gu.men.to [arɣuménto] *s.m.* 1 argumento, raciocínio. 2 assunto, enredo (de uma obra).

á.ri.do/a [áriðo] *adj.* árido.

a.ries [árjes] *s.m.* áries.

a.rie.te [arjéte] *s.m.* aríete.

a.ris.co/a [arísko] *adj.* esquivo, arisco.

a.ris.to.cra.cia [aristokráθja] *s.f.* aristocracia.

a.ris.tó.cra.ta [aristókrata] *adj.* aristocrata.

a.rit.mé.ti.ca [aritmétika] *s.f.* aritmética.

ar.ma [árma] *s.f.* arma. No singular escreve-se com artigo masculino. *El arma blanca.* A arma branca. *de armas tomar*, decidido, corajoso.

ar.ma.di.llo [armaðíʎo] *s.m.* tatu.

ar.ma.du.ra [armaðúra] *s.f.* armadura, armação.

ar.mar [armár] *v.t.* 1 armar. *Los soldados se arman para la guerra.* Os soldados armam-se para a guerra. 2 montar. *Vamos a armar la tienda.* Vamos montar a barraca. *armar una trampa*, preparar uma armadilha. *armar-se la gorda/la de San Quintín*, produzir-se uma confusão. *armado hasta los dientes*, armado até os dentes. *a mano armada*, à mão armada. *Fuerzas Armadas*, Forças Armadas.

ar.ma.rio [armárjo] *s.m.* armário. *armario empotrado*, armário embutido.

ar.ma.zón [armaθón] *s.f.* armação, estrutura, esqueleto.

ar.mo.ní.a [armonía] *s.f.* harmonia.

ar.mó.ni.ca [armónika] *s.f.* acordeão.

ar.mó.ni.co/a [armóniko] *adj.* harmônico, proporcional, simétrico.

ar.mo.ni.zar [armoniθár] *v.t.* harmonizar.

a.ro [áro] *s.m.* 1 aro. 2 brinco.

a.ro.ma [aróma] *s.m.* fragrância, aroma.

a.ro.má.ti.co/a [aromátiko] *adj.* cheiroso, aromático.

ar.pa [árpa] *s.f.* harpa. No singular escreve-se com artigo masculino. *En Paraguay se toca el arpa.* No Paraguai toca-se harpa.

ar.que.ar [arkeár] *v.t.* curvar.

ar.que.o.lo.gí.a [arkeoloxía] *s.f.* arqueologia.

ar.qui.dió.ce.sis/archidiócesis [arkiðióθesis] [artʃiðióθesis] *s.f.* arquidiocese.

ar.qui.tec.to/a [arkitékto] *s.* arquiteto/a.

ar.qui.tec.tu.ra [arkitektúra] *s.f.* arquitetura.

a.rra.bal [araβál] *s.m.* arrabalde, subúrbio, periferia.

a.rrai.gar [ara̯iɣár] *v.t e v.p.* enraizar, arraigar.

a.rran.car [araŋkár] *v.t.* arrancar. *arrancar de raíz*, cortar o mal pela raiz.

a.rran.que [aráŋke] *s.m.* 1 arranque. 2 partida. *El coche tiene un problema en el arranque.* O carro está com um problema na partida. *arranque de cólera*, acesso de cólera.

a.rra.sar [arasár] *v.t.* arrasar, derrubar.

a.rras.tra.do [arastráðo] *adj.* 1 pobre. 2 desastrado. *hablar arrastrado*, falar mole, cantado.

a.rras.trar [aɾastɾár] *v.t.* arrastar.

a.rre.ar [aɾeár] *v.t.* arrear, por arreios, aparelhar, arrebanhar.

a.rre.ba.tar [aɾeβatár] *v.t.* tirar algo com violência, arrancar, arrebatar, cassar. *Le arrebataron todos sus derechos civiles y lo encarcelaron*. Cassaram-lhe todos os direitos civis e o encarceraram.

a.rre.ba.to [aɾeβáto] *s.m.* rapto, arrebatamento, arranque, ataque. *arrebato de ira*, acesso de raiva. *Em un arrebato de cólera rompió todos los papeles*. Num ataque de ira rasgou todos os papéis.

a.rre.ciar [aɾeθjár] *v.t. e i.* fortalecer, ficar mais vigoroso e violento.

a.rre.ci.fe [aɾeθífe] *s.m.* recife.

a.rre.drar [aɾeðrár] *v.t. e v.p.* 1 arredar, afastar, separar-se. 2 retrair, retroceder. 3 amendrontar, assustar.

a.rre.glar [aɾeɣlár] *v.t. e v.p.* 1 arrumar. *Rocío arregló la casa*. Rocío arrumou a casa. 2 consertar. *El mecánico arregló mi coche*. O mecânico consertou meu carro. 3 marcar, combinar. *Nuestra cita está arreglada para mañana*. Nosso encontro está marcado para amanhã.

a.rre.glar.se [aɾeɣlárse] *v.p.* arrumar-se. *Voy a arreglarme para ir a la fiesta*. Vou me arrumar para ir à festa. *arreglar por las buenas/ por las malas*, resolver por bem/por mal. *arreglárselas*, virar-se. *Lucas tendrá que arreglárselas durante el viaje de su padre*. Lucas terá que virar-se durante a viagem de seu pai.

a.rre.glo [aɾéɣlo] *s.m.* 1 conserto. *La tele se ha averiado, no tiene arreglo*. A TV quebrou, não tem conserto. 2 acordo. *El Concejo Municipal ha llegado a un arreglo*. A câmara municipal chegou a um acordo. 3 arranjo. *Ricardo le envió un arreglo de rosas a su novia el día de su cumpleaños*. Ricardo enviou um arranjo de rosas para sua namorada no dia de seu aniversário.

a.rre.man.gar [aɾemaŋgár] *v.t.* arregaçar.

a.rren.dar [aɾendár] *v.t.* alugar, tomar em arrendamento.

a.rren.da.ta.rio [aɾendatárjo] *s.m.* inquilino, arrendatário, que toma em arrendamento.

a.rre.pen.ti.mien.to [aɾepentimjénto] *s.m.* arrependimento.

a.rre.pen.tir.se [aɾepentírse] *v.p.* arrepender-se.

a.rres.ta.do [aɾestáðo] *adj. e s.* detido.

a.rres.tar [aɾestár] *v.t.* prender, deter.

a.rres.to [aɾésto] *s.m.* detenção. *arresto domiciliario*, prisão domiciliar.

a.rri.ba [aríβa] *adv.* cima. *El mono está arriba del árbol*. O macaco está no topo da árvore. *allá arriba*, lá no alto. *calle/cuesta arriba*, rua/ladeira acima. *de arriba abajo*, de cabo a rabo. *manos arriba*, mãos para cima. *más arriba*, mais para cima. *mirar de arriba abajo*, olhar de cima a baixo. *patas arriba*, de pernas para o ar.

a.rri.ba [aríβa] *interj.* ânimo!

a.rrien.do [arjéndo] *s.m.* aluguel, arrendamento.

a.rries.gar [arjezɣár] *v.t.* arriscar. *arriesgar el pellejo*, arriscar a pele/vida. *quien no arriesga un huevo no tiene un pollo*, quem não arrisca não petisca.

a.rri.mar [arimár] *v.t.* aproximar, encostar, apoiar. *Arrima la computadora a la pared*. Aproxima o computador da parede.

a.rri.mar.se [arimárse] *v.p.* apoiar-se. *Después de la separación, Luis se arrimó a su madre*. Depois da separação, Luís se apoiou na mãe. *arrimar el hombro*, ajudar.

a.rrin.co.nar [ariŋkonár] *v.t.* 1 por no canto. 2 encurralar. *Mi novia me arrinconó para que le dijera la verdad!*. Minha namorada encurralou-me para que lhe dissesse a verdade. 3 deixar de lado, encostar. *María Luisa arrinconó su equipo de música.* Maria Luísa não usa mais seu aparelho de som.

a.rro.di.llar [ar̄oðiʎár] *v.t.* ajoelhar.

a.rro.di.llar.se [ar̄oðiʎárse] *v.p.* ajoelhar-se.

a.rro.gan.cia [ar̄oɣáŋθja] *s.f.* 1 arrogância. 2 soberba. 3 insolência.

a.rro.jar [ar̄oxár] *v.t.* lançar, jogar, arremessar. *Prohibido arrojar basura a la calle.* Proibido jogar lixo na rua. 2 expulsar. 3 vomitar.

a.rro.jar.se [ar̄oxárse] *v.p.* atirar-se, lançar-se. *El chico arrojó los globos con los juguetes por la ventana.* O rapaz atirou as bexigas com os brinquedos pela janela. *arrojar a alguien a los leones*, pôr alguém em apuros, dificuldades, pôr "numa fria". *arrojarse a los pies de alguien*, atirar-se aos pés de alguém, humilhar-se, diminuir-se.

a.rro.llar [ar̄oʎár] *v.t.* 1 envolver, enrolar. 2 devastar, atropelar. 3 desbaratar, derrotar. *El río arrolló el cafetal.* O rio devastou o cafezal.

a.rro.yo [ar̄ójo] *s.m.* riacho, córrego.

a.rroz [ar̄óθ] *s.m.* arroz. *arroz con leche*, arroz-doce. *arrozal*, plantação de arroz.

a.rru.ga [ar̄úɣa] *s.f.* ruga, prega, dobra.

a.rru.gar [ar̄uɣár] *v.t. e v.p.* 1 franzir, enrugar. *Cuando José María está enfadado, arruga la frente.* Quando José Maria está bravo, franze a testa. 2 amassar. *Rosario lleva siempre la ropa arrugada.* Rosário está sempre com a roupa amassada. *Arrugar el ceño o el entrecejo es señal de enojo.* Enrugar as sobrancelhas é sinal de aborrecimento.

a.rrui.nar [ar̄winár] *v.t.* arruinar, destruir.

ar.se.nal [arsenál] *s.m.* arsenal.

ar.te [árte] *s.m. no sing. e s.f. no* (pl.) arte. *El arte moderno*, a arte moderna. *El arte español*, a arte espanhola. *Las Bellas Artes*, as belas-artes. *Arte concreto*, arte concreta. *Artes plásticas*, artes plásticas. *con arte*, com manha e habilidade. *no tener arte ni parte*, não ter nada que ver. *por amor al arte*, grátis, sem interesse.

ar.te.fac.to [artefákto] *s.m.* artefato.

ar.te.ria [artérja] *s.f.* 1 artéria. 2 rua importante.

ar.te.rios.cle.ro.sis [arterjosklerósis] *s.f.* arteriosclerose.

ar.te.sa.ní.a [artesanía] *s.f.* artesanato.

ar.te.sa.no/a [artesáno] *s.* artesão.

ar.ti.cu.la.ción [artikulaθjón] *s.f.* 1 articulação. 2 junta (entre dois ossos). 3 forma de pronunciar os sons.

ar.ti.cu.lar [artikulár] *v.t.* 1 articular, relacionar. 2 pronunciar.

ar.tí.cu.lo [artíkulo] *s.m.* 1 artigo (texto). 2 artigo (produto). 3 artigo (lei). 4 artigo (gram.). *artículos de consumo*, mercadorias, artigos de consumo. *artículos com precios de ocasión*, produtos em promoção. *artículos de primera necesidad*, artigos de primeira necessidade. *artículos de tocador*, artigos de higiene pessoal. *artículos de la ley*, cláusulas ou regulamentações em itens separados.

ar.ti.fi.cial [artifiθjál] *adj.* artificial.

ar.ti.lle.ro [artiʎéro] *s.m.* artilheiro, soldado de artilharia. Nunca se refere ao jogador de futebol que faz muitos mais gols.

ar.ti.ma.ña [artimáɲa] *s.f.* artimanha, trapaça, artifício.

ar.tis.ta [artísta] *s.* artista.

ar.tri.tis [artrítis] *s.f.* artrite.

ar.ve.ja [arβéxa] *s.f.* ervilha.

ar.zo.bis.po [arθoβíspo] *s.m.* arcebispo.

as [ás] *s.m.* 1 ás (carta do baralho) de un só ponto. 2 craque, pessoa exímia em uma atividade. *Ronaldo es un as (de fútbol)*, Ronaldo é um craque.

a.sa [ása] *s.f.* asa (de xícara). No singular escreve-se com artigo masculino. *El asa de*

asiento

la taza, a asa da xícara. Não tem sentido de "asa de avião ou de ave".
a.sa.do [asáðo] *s.m.* 1 assado. 2 churrasco. 3 carne assada.
a.sa.la.ria.do/a [asalarjáðo] *adj.* assalariado/a.
a.sal.tan.te [asaltánte] *s. e adj.* assaltante.
a.sal.tar [asaltár] *v.t.* 1 assaltar, roubar. 2 lembrar de repente. *De pronto me asaltó una pregunta y una idea.* De repente me ocorreu uma pergunta e uma ideia.
a.sal.to [asálto] *s.m.* assalto, roubo.
a.sam.ble.a [asambléa] *s.f.* assembleia.
a.sar [asár] *v.t.* assar.
a.sar.se [asárse] *v.p.* sentir muito calor.
as.cen.den.cia [asθendénθja] *s.f.* 1 ascendência, linhagem familiar. 2 predomínio ou influência moral.
as.cen.der [asθendér] *v.i.* 1 subir, ascender, elevar-se. 2 promover. *Lo promovieron a gerente de personal.* Foi promovido a gerente de pessoal. 3 somar. *Los costos totales ascienden a ocho mil reales.* Os custos totais sobem a oito mil reais.
as.cen.sor [asθensór] *s.m.* elevador.
as.cen.so.ris.ta [asθensorísta] *adj. e s.* ascensorista.
as.co [ásko] *s.m.* nojo, enjoo, repugnância. *dar asco*, causar nojo. *estar hecho un asco*, estar imundo. *hacer cara de asco*, fazer cara de nojo. *¡Qué asco!* Que nojo!
as.cua [áskwa] *s.f.* brasa, matéria incandescente. *estar em ascuas*, estar boiando, sem notícias, sem informação.
a.se.ar [aseár] *v.t.* limpar, assear, higienizar.
a.se.char [asetʃár] *v.t.* espreitar, preparar engano ou truque para prejudicar alguém.
a.se.diar [aseðjár] *v.t.* 1 assediar, sitiar. 2 importunar com perguntas, preposições, insinuações, acossar, perseguir.

a.se.dio [aséðjo] *s.m.* 1 cerco, assédio. 2 acosso, perseguição.
a.se.gu.ra.dor [aseɣuradór] *s.m.* segurador.
a.se.gu.ra.do.ra [aseɣuradóra] *s.f.* companhia de seguros.
a.se.gu.rar [aseɣurár] *v.t.* 1 garantir, prometer. 2 afirmar. 3 certificar. 4 fazer um seguro de vida, de carro, de saúde etc.
a.se.gu.rar.se [aseɣurárse] *v.p.* certificar-se, ter certeza.
a.sen.tar [asentár] *v.t.* assentar, firmar. *asentar cabeza*, amadurecer, assentar a cabeça, criar juízo.
a.se.o [aséo] *s.m.* 1 asseio, higiene. 2 banheiro. *aseo personal*, higiene pessoal. *los aseos*, o banheiro. *productos de aseo*, productos de higiene pessoal.
a.se.si.nar [asesinár] *v.t.* chacinar, assassinar.
a.se.si.na.to [asesináto] *s.m.* assassinato.
a.se.si.no/a [asesíno] *adj. e s.* assassino/a.
a.se.sor/a [asesór] *adj. e s.* assessor/a.
a.se.so.rar [asesorár] *v.t.* assessorar.
a.se.so.rar.se [asesorárse] *v.p.* assessorar-se, aconselhar-se.
a.se.so.rí.a [asesoría] *s.f.* assessoria, consultoria.
as.fal.tar [asfaltár] *v.t.* asfaltar.
as.fal.to [asfálto] *s.m.* asfalto.
as.fi.xia [asfíksja] *s.f.* asfixia.
as.fi.xiar [asfiksjár] *v.t.* asfixiar.
as.fi.xiar.se [asfiksjárse] *v.p.* asfixiar-se.
a.sí [así] *adv.* 1 assim. 2 então. *¿Así que no quieres comer?* Então não quer comer? *Así como así*, sem mais nem menos. *así no más*, assim mesmo. *así o asá*, assim ou assado. *Así pues*, por conseguinte. *Así y todo*, mesmo assim.
a.si.en.to [asjénto] *s.m.* 1 cadeira, poltrona, banco. 2 assento. *calentar el asiento*, não fazer nada. *tomar asiento*, sentar-se.

a.sig.na.ción [asiɣnaθjón] *s.f.* 1 designação. 2 destinação, alocação.

a.sig.nar [asiɣnár] *v.t.* 1 fixar (verba, salário). 2 designar, nomear. 3 destinar.

a.sig.na.tu.ra [asiɣnatúra] *s.f.* matéria de estudo. *Entre las asignaturas que tendré este año está el francés.* Entre as matérias que estudarei este ano está o francês.

a.si.lar.se [asilárse] *v.t. e v.p.* refugiar-se.

a.si.lo [asílo] *s.m.* 1 asilo, refúgio para perseguidos políticos. 2 estabelecimento beneficente para idosos, órfãos, etc. 3 amparo, proteção.

a.si.mi.la.ción [asimilaθjón] *s.f.* 1 ação de assemelhar, ficar parecido, assimilar. 2 comparação. 3 equiparação.

a.si.mi.lar [asimilár] *v.t.* assimilar, equiparar. *Los jubilados de la Marina fueron asimilados a los del Ejército.* Os aposentados da Marinha foram equiparados aos do Exército.

a.si.mi.lar.se [asimilárse] *v.p.* parecer-se, assemelhar-se.

a.si.mis.mo [asimízmo] *adv.* também, outrossim. *Es necesario asimismo solicitar el visado.* é preciso também solicitar o visto.

a.sir [asír] *v.t.* pegar, tomar, prender. *Debes asir la taza de té por el asa.* Você deve pegar a xícara pela asa.

a.sis.ten.cia [asisténθja] *s.f.* 1 assistência, presença. 2 ajuda. *asistencia hospitalaria*, assistência hospitalar.

a.sis.tir [asistír] *v.t.* 1 comparecer, assistir. *Álvaro no está asistiendo a clase.* Álvaro não está comparecendo à aula. 2 ajudar, cuidar, auxiliar, assistir. *La enfermera asiste a los enfermos.* A enfermeira auxilia os doentes. 3 acompanhar, dar apoio profissional, jurídico, assistir. *El gerente es asistido por su auxiliar.* O gerente é acompanhado pelo seu auxiliar. Não não se aplica para ver (um filme, uma peça).

as.ma [ázma] *s.f.* asma. No singular escrever -se sempre com artigo masculino. *El asma*, a asma.

as.no [ázno] *s.m.* 1 asno, jegue. 2 bobo, burro, ignorante.

a.so.cia.do [asoθjáðo] *adj. e s.* agregado, associado, sócio.

a.so.ciar [asoθjár] *v.t.* 1 coligar, associar. 2 relacionar.

a.so.ciar.se [asoθjárse] *v.p.* aliar-se, associar-se.

a.so.lar [asolár] *v.t.* arrasar destruir.

a.so.la.dor [asolaðór] *adj.* arrasador, que põe tudo no chão com violência.

a.so.le.ar [asoleár] *v.t.* pôr ao sol, tomar sol.

a.so.mar.se [asomárse] *v.p.* aparecer ou mostrar-se. *Cuando llegó la serenata, la novia se asomó a la ventana.* Quando chegou a serenata, a noiva apareceu na janela.

a.som.bro [asómbro] *s.m.* assombro, surpresa.

a.som.bra.do [asombráðo] *adj.* espantado.

as.pec.to [aspékto] *s.m.* aspecto. *buen aspecto,* aparência boa, *mal aspecto,* má aparência.

ás.pe.ro/a [áspero] *adj.* 1 áspero. 2 rude, ríspido.

as.pi.ra.do.ra [aspiraðóra] *s.f.* aspirador de pó.

as.pi.rar [aspirár] *v.t.* 1 aspirar. 2 desejar, almejar. *Marisol aspira al cargo de secretaria.* Marisol almeja o cargo de secretária.

as.que.ar [askeár] *v.t. e i.* causar nojo, repugnância.

as.que.ro.so/a [askeróso] *adj.* nojento, repulsivo.

as.ta [ásta] *s.f.* haste. *a media asta,* bandeira a meio mastro em luto.

as.te.ris.co [asterísko] *s.m.* asterisco.
as.ti.lla [astíʎa] *s.m.* lasca, estilhaço, fragmento de madeira. *de tal palo tal astilla,* tal pai, tal filho, puxoua ao pai.
as.ti.lle.ro [astiʎéro] *s.m.* estaleiro.
as.tro [ástro] *s.m.* astro. *astro de la pantalla grande,* artista do cinema.
as.tro.lo.gí.a [astroloxía] *s.f.* astrologia.
as.tro.nau.ta [astronáṷta] *s.* astronauta.
as.tro.no.mí.a [astronomía] *s.f.* astronomia.
as.tu.to/a [astúto] *adj.* espertalhão, astuto.
a.su.mir [asumír] *v.t.* assumir.
a.sun.to [asúnto] *s.m.* tema, assunto.
a.sus.tar [asustár] *v.t. e v.p.* espantar, assustar.
a.ta.can.te [atakánte] *s.m.* 1 atacante. 2 centroavante.
a.ta.car [atakár] *v.t.* 1 atacar, agredir. 2 censurar, criticar.
a.ta.do [atádo] *s.m.* feixe, fardo.
a.ta.do/a [atádo] *adj.* amarrado.
a.ta.du.ra [ataðúra] *s.f.* atadura. *romper las ataduras,* romper as amarras. *sin ataduras,* sem impedimentos.
a.ta.que [atáke] *s.m.* 1 ataque, agressão. 2 arroubo.
a.tar [atár] *v.t.* atar, prender. *atar cabos,* tirar conclusões. *atar y desatar,* fazer e desfazer.
a.tar.de.cer [atarðeθér] *s.m.* entardecer.
a.tas.car [ataskár] *v.t.* 1 entupir, entalar, congestionar. 2 engarrafar (no trânsito).
a.tas.car.se [ataskárse] *v.p.* encalhar, atolar. *Cuando ando por la playa, la bici siempre se atasca.* Quanto ando pela praia, a bicicleta sempre atola.
a.tas.co [atásko] *s.m.* engarrafamento, encalhe.
a.ta.úd [ataúð] *s.m.* ataúde, féretro, caixão.
a.te.mo.ri.zar [atemoriθár] *v.t.* atemorizar.

a.te.mo.ri.zar.se [atemoriθárse] *v.p.* assustar-se.
a.ten.ción [atenθjón] *s.f.* atenção. *a la atención de,* aos cuidados de. *en atención a,* levando em conta. *horario de atención,* horário de expediente. *prestar/poner atención,* prestar atenção.
a.ten.der [atendér] *v.t.* 1 prestar atenção, prestar ouvido, atender. 2 acolher, assistir, cuidar. 3 aceitar, acolher um pedido.
a.te.ner.se [atenérse] *v.p.* ater-se, restringir-se, ajustar-se a.
a.ten.ta.do [atentado] *s.m.* atentado.
a.ten.ta.men.te [atentamente] *adv.* 1 atenciosamente. 2 com atenção. *Los alumnos escuchan a su profesor atentamente.* Os alunos escutam seu professor atentamente.
a.ten.to/a [aténto] *adj.* 1 que presta atenção. *Mónica siempre está muy atenta a lo que le manda su madre.* Mônica sempre está muito atenta ao que lhe manda a mãe. 2 atencioso, amável. *Mi novio es muy atento.* Meu namorado é muito atencioso.
a.te.nuar [atenuár] *v.t.* atenuar.
a.te.o/a [atéo] *adj.* ateu.
a.ter.cio.pe.la.do [aterθjopeládo] *adj.* felpudo, aveludado.
a.te.rrar [ater̄ár] *v.t.* estarrecer, aterrorizar.
a.te.rrar.se [ateŕárse] *v.p.* estarrecerse, aterrorizar-se. *Ante los atentados terroristas, las personas se aterraron.* Perante os atentados terroristas, as pessoas aterrorizaram-se.
a.te.rri.za.je [ater̄iθáxe] *s.m.* pouso, aterrissagem. *tren de aterrizaje,* trem de aterrissagem/pouso.
a.te.rri.zar [ater̄iθár] *v.i.* pousar, aterrissar.
a.tes.ti.guar [atestiɣwár] *v.t.* testemunhar, atestar.
a.ti.bo.rra.do [atiβor̄ádo] *adj.* empanturrado, cheio, repleto, completo.

atinar

a.ti.nar [atinár] *v.t.* 1 atinar. 2 acertar.
a.tis.bar [atizβár] *v.t.* vislumbrar.
a.ti.zar [atiθár] *v.t.* 1 atiçar, atear (fogo). 2 instigar.
a.tlas [átlas] *s.m.* atlas.
a.tle.ta [atléta] *s.* atleta.
a.tle.tis.mo [atletízmo] *s.m.* atletismo.
at.mós.fe.ra [atmósfera] *s.f.* atmosfera.
a.to.lla.de.ro [atoʎadéro] *s.m.* lugar de saída difícil, impasse, atoleiro. *estar en un atolladero*, estar em um impasse. *sacar de un atolladero*, ajudar a sair de uma dificuldade.
a.to.llar.se [atoʎárse] *v.* entalar, encalhar.
a.to.lon.dra.do/a [atolondráðo] *adj.* atrapalhado/a, atordoado.
á.to.mo [átomo] *s.m.* átomo.
a.ton.ta.do [atontáðo] *adj.* abobado, abobalhado.
a.to.rar [atorár] *v.t.* 1 obstruir, entupir. 2 engasgar.
a.to.rar.se [atorárse] *v.p.* engasgar. *Me atoré mientras almorzaba*. Engasguei enquanto almoçava.
a.tor.men.tar [atormentár] *v.t.* torturar, atormentar.
a.tor.men.tar.se [atormentárse] *v.p.* preocupar-se excessivamente.
a.tor.ni.llar [atorniʎár] *v.* parafusar.
a.tra.ca.de.ro [atrakaðéro] *s.m.* atracadouro, ancoradouro.
a.tra.car [atrakár] *v.t.* 1 atracar. *Los barcos atracan en el puerto de Santos*. Os navios atracam no porto de Santos. 2 assaltar, atacar alguém para roubar. *Atracaron a Luciana el lunes por la noche*. Luciana foi assaltada segunda-feira à noite.
a.trac.ción [atrakθjón] *s.f.* 1 atração. 2 encanto, atrativo. *atracciones*, diversões. *El circo ofrece muchas atracciones*. O circo oferece muitas diversões.
a.tra.co [atráko] *s.m.* assalto. *Ese hombre participó en el atraco*. Esse homem participou do assalto.
a.trac.ti.vo [atraktíβo] *s.m.* encanto, charme. *Ese viaje ofrece muchos atractivos*. Essa viagem oferece muitos encantos.
a.trac.ti.vo/a [atraktíβo] *adj.* atraente. *Todo el mundo dice que Regina es muy atractiva*. Todo mundo diz que Regina é muito atraente.
a.tra.er [atraér] *v.t.* 1 atrair. 2 seduzir, cativar.
a.tra.gan.tar.se [atraɣantárse] *v.p.* engasgar.
a.tra.par [atrapár] *v.t.* pegar, surpreender.
a.trás [atrás] *adv.* atrás. *cuenta hacia atrás*, contagem regressiva. *echar-se atrás*, desistir. *echado para atrás*, nariz empinado. *marcha atrás*, marcha a ré. *quedarse atrás*, ficar para trás. *volverse atrás*, voltar atrás, arrepender-se.
a.tra.sa.do/a [atrasáðo] *adj.* atrasado. *atrasado mental*, deficiente mental. *país atrasado*, país subdesenvolvido.
a.tra.sar [atrasár] *v.t.* 1 atrasar. 2 adiar. *Atrasaron la apertura del congreso*. Adiaram a inauguração do congresso.
a.tra.sar.se [atrasárse] *v.p.* chegar tarde. *El profesor siempre se atrasa*. O professor sempre chega tarde.
a.tra.ve.sar [atraβesár] *v.t. e v.p.* varar, atravessar, cruzar.
a.tra.ve.sar.se [[atraβesárse] *v.p.* atravessar-se. *atravesársele a uno (algo o alguien)*, ter (algo ou alguém) atravessado na garganta, não simpatizar com.
a.tra.yen.te [atrajénte] *adj.* simpático, atrativo.
a.tre.ver.se [atreβérse] *v.p.* atrever-se, ousar.

a.tre.vi.do/a [atreβíðo] *adj.* 1 atrevido, ousado. 2 abusado, folgado.

a.tri.bu.ción [atriβuθjón] *s.f.* atribuição.

a.tri.buir [atriβwír] *v.t.* atribuir.

a.trio [átrjo] *s.m.* átrio.

a.tro.ci.dad [atroθiðáð] *s.f.* atrocidade. atrocidades, barbaridades.

a.tro.fia [atrófja] *s.f.* atrofia.

a.tro.na.dor [atronaðór] *adj.* ensurdecedor.

a.tro.pe.llar [atropeʎár] *v.t.* 1 atropelar. 2 passar por cima de coisas estabelecidas. *atropellar las leyes*, violar as leis.

a.tro.pe.llar.se [atropeʎárse] *v.p.* precipitar-se, falar de modo atropelado. Não tem o sentido de "confundir-se".

a.tro.pe.llo [atropéʎo] *s.m.* 1 atropelo, atropelamento. 2 violação do estabelecido (leis, princípios).

a.troz [atróθ] *adj.* cruel, atroz.

a.tún [atún] *s.m.* atum.

a.tur.dir.se [aturðírse] *v.p.* aturdir-se, atordoar-se.

au.da.cia [auðáθja] *s.f.* audácia, ousadia.

au.di.ción [auðiθjón] *s.f.* audição.

au.dien.cia [auðjénθja] *s.f.* 1 audiência, encontro. 2 sessão de tribunal.

au.dio.vi.sual [auðioβiswál] *adj.* audiovisual.

au.di.to.ri.a [auðitoría] *s.f.* auditoria.

au.di.to.rio [auðitórjo] *s.m.* auditório.

au.ge [áuxe] *s.m.* auge.

au.gu.rio [auɣúrjo] *s.m.* profecia, augúrio, presságio.

au.la [áula] *s.f.* sala de aula. O singular escreve-se com artigo masculino. *El aula*, a sala de aula. *El profesor está esperando a los alumnos en el aula.* O professor está esperando os alunos na sala de aula. Não tem sentido de "aula".

a.u.llar [auʎár] *v.i.* uivar, berrar.

au.lli.do [auʎíðo] *s.m.* uivo, berro.

au.men.tar [aumentár] *v.t.* aumentar, acrescentar.

au.men.ta.tivo/a [aumentatíβo] *adj.* aumentativo.

au.men.to [auménto] *s.m.* 1 acréscimo, aumento. 2 potência. *Mi madre usa lentes de aumento.* A minha mãe usa lentes de aumento.

a.ún [aún] *adv.* ainda. *Ya he desayunado, pero aún no he empezado a trabajar.* Já tomei o café da manhã, mas ainda não comecei a trabalhar. *aún así*, mesmo assim. *aún más cuando,* ainda mais que.

aun [aun] *adv.* inclusive, até. *Mi padre viaja en todas las vacaciones, aun cuando no tiene plata.* Meu pai viaja em todas as férias, inclusive quando não tem dinheiro.

aun.que [aunke] *conj.* 1 embora, no entanto. *Aunque no tengo ganas, iré contigo.* Embora não esteja com vontade, irei com você. 2 mesmo que. *Aunque no quiera, tendrá que ir al médico.* Mesmo que não queira, terá que ir ao médico.

au.re.o.la [aureóla] *s.f.* auréola.

au.ri.cu.lar [aurikulár] *adj.* auricular.

au.ri.cu.lar [aurikulár] *s.m.* parte do telefone por onde escutamos. *auriculares*, fone de ouvido.

au.sen.cia [auséŋθja] *s.f.* ausência, falta.

au.sen.tar.se [ausentárse] *v.p.* ausentar-se.

au.sen.te [ausénte] *adj.* ausente.

aus.pi.cio [auspíθjo] *s.m.* 1 auspício, presságio. 2 patrocínio. *El campeonato cuenta con el auspicio de la alcaldía.* O campeonato conta com o patrocínio da prefeitura.

aus.te.ri.dad [austeriðáð] *s.f.* simplicidade, austeridade.

aus.te.ro [austéro] *adj.* simples, que não gosta de luxos.

auténtico/a

au.tén.ti.co/a [au̯téntiko] *adj.* verdadeiro, legítimo, autêntico.

au.ten.ti.fi.car [au̯tentifikár] *v.t.* autenticar, dar validade, certificar.

au.to [áu̯to] *s.m.* 1 auto, resolução. 2 carro. 3 composição alegórica.

au.to.bús [au̯toβús] *s.m.* ônibus. *autobús climatizado*, ônibus com ar-condicionado. *autobús de línea*, ônibus de linha. *autobús fletado*, ônibus fretado.

au.to.car [au̯tokár] *s.m.* ônibus interurbano ou para excursões.

au.tóc.to.no/a [au̯tóktono] *adj.* nativo, autóctone.

au.to.gra.far [au̯toɣrafár] *v.t.* quirografar, autografar.

au.tó.gra.fo [au̯tóɣrafo] *s.m.* autógrafo.

au.to.ma.ción [au̯tomaθjón] *s.f.* automação.

au.tó.ma.ta [au̯tómata] *s.m.* autômato, androide.

au.to.ma.ti.za.ción [au̯tomatiθaθjón] *s.f.* automatização.

au.to.ma.ti.zar [au̯tomatiθár] *v.t.* automatizar.

au.to.mo.triz [au̯tomotríθ] *adj.* automotor. *Industria automotriz*, indústria automotora.

au.to.mó.vil [au̯tomóβil] *s.m.* automóvel.

au.to.mo.vi.lis.mo [au̯tomoβilízmo] *s.m.* automobilismo.

au.to.no.mí.a [au̯tonomía] *s.f.* autonomia.

au.to.pis.ta [au̯topísta] *s.f.* autoestrada, rodovia ampla.

au.top.sia [au̯tópsja] *s.f.* autópsia.

au.tor/to.ra [au̯tór][au̯tóra] *s.* compositor, autor.

au.to.ri.dad [au̯toriðáð] *s.f.* 1 autoridade. 2 pessoas que representam o poder. *Las autoridades civiles y eclesiásticas*. As autoridades civis e eclesiásticas. 3 pessoa que possui conhecimento. *Freud es una autoridad en sicología*. Freud é uma autoridade em psicologia.

au.to.ri.ta.rio/a [au̯toritárjo] *adj.* autoritário.

au.to.ri.za.ción [au̯toriθaθjón] *s.f.* autorização.

au.to.ri.zar [au̯toriθár] *v.t.* autorizar.

au.to.ser.vi.cio [au̯toserβíθjo] *s.m.* autoserviço, *self-service*.

au.to.stop [au̯tostóp] *s.m.* carona.

au.xi.liar [auksiljár] *v.t.* auxiliar, ajudar, socorrer.

au.xi.liar [auksiljár] *adj.* auxiliar, de reserva.

au.xi.liar [auksiljár] *s.* assistente, ajudante.

au.xi.lio [auksíljo] *s.m.* subvenção, auxílio, ajuda.

a.val [aβál] *s.m.* aval, garantia, fiança. *con el aval de*, com a garantia de. *sin aval*, sem garantia.

a.va.lan.cha [aβalátʃa] *s.f.* avalanche.

a.va.lar [aβalár] *v.t.* dar aval, avalizar.

a.va.lis.ta [aβalísta] *s.* avalista, fiador.

a.van.ce [aβánθe] *s.m.* avanço, progresso.

a.van.zar [aβaŋθár] *v.t.* adiantar, avançar, ir para adiante, progredir, melhorar. Não tem sentido de 'atirar-se' nem de "apropriar-se".

a.va.ri.cia [aβaríθja] *s.f.* usura, avareza.

a.va.ro/ra [aβáro] *adj.* avarento.

a.ve [áβe] *s.f.* No singular escreve-se com artigo masculino. *El ave de rapiña*, a ave de rapina. *ave de corral*, ave doméstica.

a.ve.lla.na [aβeʎána] *s.f.* avelã.

a.ve.na [aβéna] *s.f.* aveia.

a.ve.ni.da [aβeníða] *s.f.* avenida.

a.ven.tu.ra [aβentúra] *s.f.* aventura. *embarcarse en una aventura*, começar algo incerto.

a.ven.tu.re.ro/a [aβenturéro] *s.* aventureiro.

a.ver.gon.za.do [aβerɣoṇθáðo] *adj.* encabulado, envergonhado.

a.ver.gon.zar.se [aβerɣoṇθárse] *v.p.* envergonhar-se, inibir-se.

a.ve.ría [aβería] *s.f.* dano, estrago, avaria.

a.ve.ri.guar [aβeriɣwár] *v.t.* apurar, investigar, averiguar.

a.ver.sión [aβersjón] *s.f.* aversão.

a.ves.truz [aβestrúθ] *s.m.* avestruz.

a.via.ción [aβjaθjón] *s.f.* aviação.

a.via.dor [aβjaðór] *s.m.* aeronauta, aviador.

a.vi.dez [aβiðéθ] *s.f.* voracidade.

á.vi.do [áβiðo] *adj.* cobiçoso, voraz.

a.vión [aβjón] *s.m.* avião. *avión sin motor,* planador.

a.vio.ne.ta [aβjonéta] *s.f.* avião bimotor.

a.vi.sar [aβisár] *v.t.* 1 avisar. 2 prevenir.

a.vi.so [aβíso] *s.m.* 1 aviso, informação, recado, sinal. 2 advertência. *aviso anticipado,* aviso-prévio. *estar sobre aviso,* estar de prontidão, na expectativa. *hasta nuevo aviso,* até nova ordem. *sin previo aviso,* sem avisar.

a.vis.pa [aβíspa] *s.f.* vespa, marimbondo.

a.vis.pe.ro [aβispéro] *s.m.* vespeiro, ninho de marimbondos.

a.vi.var [aβiβár] *v.t.* reacender, reavivar, atiçar.

a.xi.la [aksíla] *s.f.* axila, sovaco.

a.xio.ma [aksjóma] *s.m.* aforismo.

¡ay! [ái̯] *interj.* ai! *¡Ay de mí!* Pobre de mim!

a.ya [ája] *s.f.* aia, mucama.

a.yer [ajér] *adv.* ontem.

a.yu.da [ajúða] *s.f.* ajuda, auxílio. *centro de ayuda,* casa de beneficência.

a.yu.da.nte/a [ajuðánte] *s.* ajudante, assistente.

a.yu.dar [ajuðár] *v.t.* subsidiar, ajudar, auxiliar. *a quien madruga Dios le ayuda,* Deus ajuda quem cedo madruga.

a.yu.nar [ajunár] *v.t.* jejuar.

a.yu.no [ajúno] *s.m.* abstinência, jejum. *en ayunas,* em jejum.

a.yun.ta.mien.to [ajuntamjénto] *s.m.* prefeitura.

a.za.da [aθáða] *s.m.* enxada.

a.za.dón [aθaðón] *s.m.* enxadão.

a.za.fa.ta [aθafáta] *s.f.* aeromoça.

a.za.frán [aθafrán] *s.m.* açafrão.

a.za.har [aθaár] *s.m.* flor de laranjeira.

a.zar [aθár] *s.m.* acaso, casualidade, sina, sorte (boa ou má). Não tem sentido de 'má sorte'. *al azar,* sem destino, sem previsão. *por azar,* por acaso, por coincidência.

a.zo.te [aθóte] *s.m.* flagelo, chicote, açoite.

a.zo.te.a [aθotéa] *s.f.* terraço.

a.zú.car [aθúkar] *s.m.* açúcar. *azúcar blanco,* açúcar refinado. *azúcar moreno,* açúcar mascavo. *caña de azúcar,* cana-de-açúcar.

a.zu.ca.re.ro/ra [aθukaréro] *adj.* açucareiro, de açúcar. *La industria azucarera.* A indústria açucareira.

a.zu.ca.re.ro [aθukaréro] *s.m.* açucareiro.

a.zud [aθúð] *s.m.* açude, poço.

a.zu.fre [aθúfre] *s.m.* enxofre.

a.zul [aθúl] *adj.* azul. *sangre azul,* sangue azul.

a.zul [aθúl] *s.m.* azul (cor). *A mí me gusta el blanco; mi madre prefiere el azul,* eu gosto da cor branca; a minha mãe prefere a cor azul.

a.zu.la.do/a [aθuláðo] *adj.* azulado.

a.zu.le.jo [aθuléxo] *s.m.* azulejo.

B b

b, B [bé] *s.f.* segunda letra do alfabeto espanhol e primeira de suas consoantes; seu nome é *be, be alta* ou *be larga*. Sua articulação é bilabial sonora, oclusiva quando está em posição inicial absoluta ou precedida de nasal, e fricativa em qualquer outra posição.

ba.ba [báβa] *s.f.* baba. *caérsele a uno la baba,* ficar de queixo caído.

ba.be.ar [baβeár] *v.t.* babar.

ba.bel [baβél] *s.f.* confusão, bagunça.

ba.be.ro [baβéro] *s.m.* babador.

ba.bo.sa.da [baβosáða] *s.f.* besteira, bobagem.

ba.ca.la.o [bakaláo] *s.m.* bacalhau.

ba.ca.nal [bakanál] *s.m.* orgia.

ba.che [bátʃe] *s.m.* 1 buraco no asfalto. 2 queda de uma atividade. *Últimamente la economía estadounidense ha sufrido un bache.* Ultimamente a economia americana sofreu uma baixa.

ba.chi.ller [batʃiʎér] *s.m.* pessoa que termina o segundo grau.

ba.chi.lle.ra.to [batʃiʎeráto] *s.m.* segundo grau.

ba.cí.a [baθía] *s.f.* bacia.

ba.ci.lo [baθílo] *s.m.* bacilo.

bac.te.ria [baktérja] *s.f.* bactéria.

bac.te.rio.lo.gí.a [bakterjoloxía] *s.f.* bacteriologia.

bac.te.rió.lo.go [bakterjóloɣo] *s.m.* bacteriologista.

ba.ga.te.la [baɣatéla] *s.f.* bagatela.

ba.ga.zo [baɣáθo] *s.m.* bagaço.

ba.gre [báɣre] *s.m.* bagre.

¡bah! [bá] *interj.* esclamação de incredulidade. *¡Que bah!,* imagina!

ba.hí.a [baía] *s.f.* baía.

bai.la.or/a [bailaór][bailaóra] *s.* bailarino de flamenco.

bai.lar [bailár] *v.t.* dançar. *bailar al son que tocan,* agir segundo convenha.

bai.la.rín/a [bailarín] *s.* bailarino.

bai.le [báile] *s.m.* 1 baile, dança. *Festival de bailes regionales.* Festival de danças regionais. 2 festa. *Lola hizo un baile de disfraces.* Lola fez uma festa à fantasia.

ba.ja [báxa] *s.f.* 1 baixa, queda. 2 diminuição do preço. *La baja del petróleo.* A baixa do petróleo. 3 dar baixa. *Roberto fue dado de baja en el ejército.* Roberto deu baixa no exército. 4 decadência. *Actualmente el fútbol está en baja.* Atualmente o futebol está em baixa. *baixa médica,* atestado médico.

ba.ja.da [baxáða] *s.f.* descida, baixada. *bajada de bandera,* bandeirada (táxi).

ba.jar [baxár] *v.t.* abaixar, baixar.

ba.jar.se [baxárse] *v.p.* descer, apear. *Debes bajarte en la tercera parada.* Você deve descer no terceiro ponto de ônibus. *bajar los humos,* abaixar a crista.

ba.je.za [baxéθa] *s.f.* baixeza, baixaria.

ba.jo/a [báxo] *adj.* 1 baixo. *Mi madre es bajita.* Minha mãe é baixinha. 2 perto do chão. *Las golondrinas vuelan bajo.* As andorinhas voam baixo. 3 inferior. *Rosa ocupa un cargo bajo.* Rosa ocupa um cargo inferior. *planta baja,* andar térreo (de um prédio).

ba.jo [báxo] *loc.adv. por lo bajo,* por baixo.

ba.jo [báxo] *prep.* 1 sob, submetido. *Bajo el régimen de Getulio.* Sob o regime de Getúlio. 2 segundo. *Bajo el punto de vista de mi jefe.* Do ponto de vista do meu chefe. 3 abaixo de. *Quince grados bajo cero.* Quinze graus abaixo de zero. 4 baixo. *Habla más bajo.* Fale mais baixo. *bajo llave,* trancado a chave.
ba.jo [báxo] *s.m.* baixo (instrumento musical).
ba.jón [baxón] *s.m.* baixa rápida, depressão. *Marta ha sufrido un bajón en su salud.* Marta sofreu uma baixa de saúde.
ba.jo.rre.lie.ve [baxor̄eljéβe] *s.m.* baixo-relevo.
ba.la [bála] *s.f.* bala, projétil. Não tem o sentido de "guloseima". *como una bala,* como um raio, rapidamente.
ba.la.ce.ra [balaθéra] *s.f.* tiroteio.
ba.lan.ce [balánθe] *s.m.* balanço.
ba.lan.ce.ar [balan̪θeár] *v.i.* 1 fazer balanço. 2 pôr em equilíbrio. *Hay que balancear bien la comida.* É preciso balançar bem a comida.
ba.lan.za [balánθa] *s.f.* balança. *balanza comercial,* balança comercial. *balanza de pagos,* balança de pagamentos. *inclinar la balanza,* puxar a sardinha.
ba.lar [balár] *v.i.* balir, *Siempre que el lobo aparece las ovejas empiezan a balar.* Sempre que o lobo aparece as ovelhas começam a balir.
ba.la.zo [baláθo] *s.m.* 1 disparo de bala. 2 ferimento causado pela bala.
bal.bu.ce.ar [balβuθeár] *v.t.* balbuciar.
bal.bu.ce.o [balβuθéo] *s.m.* ação de balbuciar.
bal.cón [balkón] *s.m.* sacada, terraço. Não tem sentido de "lugar para atender o público".
bal.de [bálde] *s.m.* balde. *de balde,* gratuitamente, *Rosario ha hecho el trabajo de balde.* Rosário fez o trabalho gratuitamente. *en balde,* em vão. *El debate ha sido hecho en balde.* O debate foi feito em vão.

bal.dí.o/a [baldío] *adj.* baldio.
bal.do.sa [baldósa] *s.f.* cerâmica de asoalho, ladrilho.
bal.do.sa.dor/a [baldosaðór] *s.m.* azulejista.
ba.li.do [balíðo] *s.m.* balido. *El pastor siempre escucha el balido de sus ovejas.* O pastor sempre ouve o balido de suas ovelhas.
ba.lle.na [baʎéna] *s.f.* baleia.
ba.llet [balét] *s.m.* balé.
bal.ne.a.rio [balneárjo] *s.m.* 1 balneário. 2 spa.
ba.lom.pié [balompjé] *s.m.* futebol.
ba.lón [balón] *s.m.* bola.
ba.lo.na.zo [balonáθo] *s.m.* pancada dada com a bola.
ba.lon.ces.to [balon̪θésto] *s.m.* bola-ao-cesto, basquetebol.
ba.lon.ma.no [balonmáno] *s.m.* handebol.
ba.lon.vo.le.a [balomboléa] *s.m.* voleibol.
bal.sa [bál̪sa] *s.f.* balsa.
bál.sa.mo [bál̪samo] *s.m.* bálsamo.
ba.nal [banál] *adj.* banal.
ba.na.li.dad [banaliðáð] *s.f.* trivialidade.
ba.na.na [banána] *s.f.* banana, plátano.
ban.ca [báŋka] *s.f.* conjunto de instituições bancárias. *La banca ha decidido aumentar la tasa de intereses.* O sistema bancário decidiu aumentar a taxa de juros. Não tem sentido de "banca examinadora".
ban.ca.rio [baŋkárjo] *s.m.* bancário.
ban.ca.rro.ta [baŋkar̄óta] *s.f.* falência, bancarrota.
ban.co [báŋko] *s.m.* 1 assento. 2 banco. *El Banco de Brasil.* O Banco do Brasil. 3 posto de compilação. *banco de datos,* banco de dados; *banco de sangre,* banco de sangue.
ban.da [bánda] *s.f.* 1 faixa. *La banda presidencial.* A faixa presidencial. 2 de rádio, *Compré una radio de cinco bandas.* Comprei um rádio com cinco faixas. 3 atadura. *Carlos*

debe usar una banda en el pie. Carlos deve usar uma faixa no pé. **4** conjunto de pessoas que tocam. **5** bando, quadrilha. *La policía ha arrestado a la banda de atracadores.* A polícia prendeu a quadrilha de assaltantes. *banda sonora,* trilha sonora. *cerrarse uno en banda,* recusar-se.

ban.de.ja [bandéxa] *s.f.* bandeja. *servir algo en bandeja de plata,* dar algo de bandeja. *Pasar la bandeja,* passar o chapéu.

ban.de.ra [bandéra] *s.f.* bandeira. *bandera a media asta,* bandeira a meio pau. *izar la bandera,* hastear a bandeira. *jurar bandera,* jurar bandeira.

ban.di.do/a [bandíðo] *s.m.* bandido.

ban.do [bándo] *s.m.* bando.

ban.do.le.ro [bandoléro] *s.m.* bandido, bandoleiro.

ban.que.ro [baŋkéro] *s.m.* banqueiro.

ban.que.ta [baŋkéta] *s.f.* banco, assento.

ban.que.te [baŋkéte] *s.m.* banquete.

ban.qui.llo [baŋkíʎo] *s.m.* banco dos réus.

ban.qui.na [baŋkína] *s.f.* acostamento. *Los coches no pueden circular por la banquina.* Os carros não podem circular pelo acostamento.

ba.ña.dor [baɲaðór] *s.m.* sunga, maiô.

ba.ñar [baɲár] *v.t.* **1** banhar, dar banho. *Yo suelo bañar al perro una vez a la semana.* Eu costumo dar banho no cachorro uma vez por semana. **2** cobrir, folhear. *Tengo un anillo bañado en oro.* Tenho um anel banhado a ouro.

ba.ñar.se [baɲárse] *v.p.* tomar banho, banhar-se. *bañado en sudor,* empapado de suor.

ba.ñe.ra [baɲéra] *s.f.* banheira.

ba.ño [báɲo] *s.m.* **1** banheiro. **2** ducha. **3** revestimento. *baño María,* banho Maria. *baño de vapor,* sauna. *cuarto de baño,* banheiro. *traje de baño,* maiô.

ba.ñis.ta [baɲísta] *s.* banhista.

bar [bár] *s.m.* bar, botequim.

ba.ra.ja [baráxa] *s.f.* baralho.

ba.ra.jar [baraxár] *v.t.* baralhar, embaralhar. *barajarla más despacio,* explicar melhor.

ba.ran.da [baránda] *s.f.* corrimão.

ba.ra.ti.ja [baratíxa] *s.f.* quinquilharia, bagatela.

ba.ra.to [baráto] *adj.* barato. *lo barato sale caro,* o barato sai caro.

bar.ba [bárβa] *s.f.* barba.

bar.ba.do/a [barβáðo] *adj.* barbudo.

bar.ba.ri.dad [barβariðáð] *s.f.* barbaridade. *¡Qué barbaridad!,* Que horror!

bar.ba.rie [barβárje] *s.f.* vandalismo.

bár.ba.ro [bárβaro] *s.m.* bárbaro, invasor.

bár.ba.ro [bárβaro] *adj.* **1** cruel, feroz. **2** bacana, legal. *Ese disco está bárbaro.* Esse disco está legal.

bar.be.rí.a [barβería] *s.f.* barbearia.

bar.be.ro [barβéro] *s.m.* barbeiro.

bar.bi.lla [barβíʎa] *s.f.* **1** queixo. **2** cavanhaque.

bar.co [bárko] *s.m.* barco, embarcação. *barco de vapor/vela,* navio a vapor/vela.

ba.rí.to.no [barítono] *s.m.* barítono.

bar.niz [barníθ] *s.m.* verniz.

bar.ni.zar [barniθár] *v.t.* envernizar, esmaltar.

ba.rón [barón] *s.m.* barão.

bar.que.ro/a [barkéro] *s.* barqueiro.

ba.rra [bára] *s.f.* **1** barra. *Oro en barras,* ouro em lingotes. **2** balcão. *Cuando voy al bar me gusta sentarme en la barra.* Quando vou ao bar gosto de sentar no balcão. **3** torcida. *Mi equipo de fútbol tiene una gran barra.* Meu time de futebol tem uma grande torcida. *barra libre,* bebida grátis.

ba.rran.co [baráŋko] *s.m.* barranco.

ba.rren.de.ro/a [barendéro] *s.* varredor.

ba.rrer [barér] *v.t.* varrer. *barrer hacia adentro,* puxar a sardinha para sua brasa.

ba.rre.ra [baréra] *s.f.* barreira, barreiras alfandegárias. *formar barrera*, fazer uma barreira.

ba.rria.da [barjáða] *s.f.* bairro, parte de um bairro.

ba.rri.ca.da [barikáða] *s.f.* trincheira, barricada.

ba.rri.ga [baríɣa] *s.f.* barriga. *echar barriga*, engordar. *rascarse la barriga*, ficar de papo para o ar.

ba.rri.gón/go.na [bariɣón] *adj.* barrigudo.

ba.rril [baríl] *s.m.* 1 barril, tonel, barrica. 2 medida de petróleo. *Brasil exporta 5.000 barriles de petróleo al mes.* O Brasil exporta 5.000 barris de petróleo por mês. *cerveza del barril*, chope.

ba.rrio [bárjo] *s.m.* bairro. *barrio chino*, zona de prostituição ou de jogo.

ba.rri.zal [bariθál] *s.m.* lamaçal.

ba.rro [báro] *s.m.* 1 barro, argila. *Me gustan los floreros de barro.* Gosto dos vasos de argila. 2 lodo, lama. *Cuando llueve se amontona mucho barro en el patio.* Quando chove, junta muita lama no quintal. 3 cravo, acne. *Ramón tiene la cara llena de barros.* Ramón tem o rosto cheio de cravos. *barro blanco*, argila.

ba.rro.co [baróko] *adj.* barroco.

ba.rro.te [baróte] *s.m.* barrote.

ba.ru.llo [barúʎo] *s.m.* bagunça, barulho.

ba.sar [basár] *v.t.* basear. *Esta ley está basada en la constitución.* Esta lei está baseada na constituição.

ba.sar.se [basárse] *v.p.* basear-se, fundamentar-se. *El conferenciante se basó en los principios institucionales.* O palestrante baseou-se nos princípios institucionais.

bás.cu.la [báskula] *s.f.* balança.

ba.se [báse] *s.f.* 1 base, suporte. 2 alicerce. *Este edificio tiene buenas bases.* Este prédio tem bons alicerces. 3 centro de operações. *Base militar.* Centro de operações militares. 4 substância química. *La base de esta pintura es el aceite.* A base desta tinta é o óleo. *a base de*, à base de. *base de lanzamiento*, base de lançamento. *base de datos*, base de dados, arquivos informáticos.

bá.si.co [básiko] *adj.* básico.

ba.sí.li.ca [basílika] *s.f.* basílica.

bas.tan.te [bastánte] *adj.* bastante, suficiente. *Ellos tienen bastante comida para la semana.* Eles têm comida suficiente para a semana.

bas.tan.te [bastánte] *adv.* bastante, muito. *Mis padres trabajan bastante.* Meus pais trabalham muito.

bas.tar [bastár] *v.i.* bastar, ter suficiente. *El médico me dijo que bastaba con dormir un poco;* O médico me disse que bastava dormir um pouco. *¡Basta ya!*, Chega!

bas.tar.se [bastárse] *v.p.* bastar-se, não precisar de ajuda.

bas.tar.do/a [bastárðo] *adj.* bastardo, vira-lata. *Tengo un perro bastardo.* Tenho um cachorro vira-lata.

bas.tar.do/a [bastárðo] *s.m.* bastardo.

bas.ti.dor [bastiðór] *s.m.* bastidor. *entre bastidores*, atrás dos bastidores.

bas.tón [bastón] *s.m.* bengala, cajado. *bastón de mando*, cetro.

bas.to.na.zo [bastonáθo] *s.m.* cacetada, bastonada.

bas.tos [bástos] *s.m.pl.* paus. *Me salió un as de bastos.* Tirei um ás de paus.

ba.su.ra [basúra] *s.f.* 1 lixo. *Prohibido tirar basura en la calle.* Proibido jogar lixo na rua. 2 escória. *Esas películas son una basura.* Esses filmes são um lixo. 3 que não presta, uma droga. *contratos basura*, contratos que não prestam. *cesto de basura*, lata de lixo. *hablar basura*, falar abobrinhas.

ba.su.re.ro/a [basuréro] *s.* 1 lixeiro. *Renato trabaja como basurero.* Renato trabalha como lixeiro. 2 depósito de lixo.

bata

ba.ta [báta] *s.f.* 1 bata, guarda-pó. 2 robe.
ba.ta.lla [bataʎa] *s.f.* batalha, combate, luta. *ropa de batalla*, roupa de briga. *batalla campal*, batalha campal. *dar la batalla*, resistir às dificuldades.
ba.ta.llar [bataʎár] *v.t.* lutar.
ba.ta.llón [bataʎón] *s.m.* batalhão.
ba.ta.ta [batáta] *s.f.* batata-doce.
ba.te.rí.a [batería] *s.f.* 1 bateria. 2 instrumento musical. 3 pilha. *en batería*, estacionar os carros paralelamente uns aos outros.
ba.ti.do [batíðo] *s.m.* vitamina. *Batido de plátano*. Vitamina de banana. Não tem sentido de "usado, gasto".
ba.ti.do.ra [batiðóra] *s.f.* batedeira.
ba.tien.te [batjénte] *s.m.* batente.
ba.tir [batír] *v.t.* 1 bater. 2 agitar. *El colibrí bate las alas con fuerza*. O beija-flor agita as asas com força. 3 golpear. *La lluvia batía con fuerza en la ventana*. A chuva golpeava com força a janela. *batir un récord*, bater um recorde.
ba.tra.cio [batráθjo] *s.m.* batráquio, anfíbio.
ba.tu.ta [batúta] *s.f.* batuta. *llevar la batuta*, comandar, mandar, dirigir.
ba.úl [baúl] *s.m.* 1 baú. 2 porta-malas. *Mi coche tiene un baúl amplio*. Meu carro tem um porta-malas amplo.
bau.tis.mo [bautízmo] *s.m.* batismo.
bau.tis.ta [bautísta] *adj.* (rel.) batista.
bau.ti.zo [bautíθo] *s.m.* batizado.
ba.ye.ta [bajéta] *s.f.* 1 pano de chão. 2 pano de limpeza.
ba.yo.ne.ta [bajonéta] *s.f.* baioneta.
ba.zar [baθár] *s.m.* bazar.
ba.zo [báθo] *s.m.* baço.
be.a.to/a [beáto] *adj.* beato, santarrão.
be.a.to/a [beáto] *s.* beato.
be.bé [beβé] *s.m.* bebê.
be.be.de.ro [beβeðéro] *s.m.* bebedouro.
be.be.dor [beβeðór] *adj.* pinguço, cachaceiro.

be.ber [beβér] *v.t.* 1 beber. 2 ingerir bebidas alcoólicas. 3 brindar. *beber como una cuba*, chupar como uma esponja.
be.bi.da [beβíða] *s.f.* bebida.
be.ca [béka] *s.f.* 1 bolsa de estudos. *Me han dado una beca para estudiar en Alemania*. Ganhei uma bolsa de estudos na Alemanha. 2 beca.
be.ca.rio/a [bekárjo] *adj. e s.* bolsista.
be.ce.rro/a [beθéro] *s.* bezerro.
be.go.nia [beɣónja] *s.f.* begônia.
bei.ge [béis] *s.m. e adj.* bege. *Mis calcetines son de color beige*. As minhas meias são de cor bege.
béis.bol [béisβol] *s.m.* beisebol.
be.ju.co [bexúko] *s.m.* cipó.
bel.dad [beldáð] *s.f.* beldade.
be.lén [belén] *s.m.* presépio.
bel.ga [bélɣa] *adj. e s.* belga.
bé.li.co/a [béliko] *adj.* bélico, referente à guerra.
be.li.co.so [belikóso] *adj.* agressivo.
be.lla.co [beʎáko] *adj. e s.* cafajeste, safado, velhaco.
be.lla.que.rí.a [beʎakería] *s.f.* velhacaria.
be.lle.za [beʎéθa] *s.f.* beleza. *produtos de belleza*, produtos de beleza.
be.llo/a [béʎo] *adj.* 1 belo, bonito. 2 ótima, excelente pessoa. *Eduardo es una bellísima persona*. Eduardo é uma ótima pessoa.
ben.de.cir [bendeθír] *v.t.* 1 louvar. *Bendigo el momento en que empecé a trabajar*. Bendito o momento em que comecei a trabalhar. 2 abençoar. *Que Dios te bendiga*. Deus te abençoe.
ben.di.ción [bendiθjón] *s.f.* 1 bênção. *Eres una bendición para nuestro hogar*. Você é uma bênção para o nosso lar. 2 dar a bênção. *Antiguamente los padres le daban la bendición a sus hijos al salir de casa*. Antigamente os pais abençoavam seus filhos ao saírem de casa.

3 consentimento. *Se casaron con la bendición de sus padres.* Casaram com o consentimento de seus pais.

ben.di.to/a [bendíto] *adj.* bento, abençoado. *bendito sea Dios*, louvado seja Deus. *como un bendito*, como um anjo.

be.ne.fi.ciar [benefiθjár] *v.t.* beneficiar, favorecer.

be.ne.fi.ciar.se [benefiθjárse] *v.p.* favorecer-se, beneficiar-se, tirar proveito.

be.ne.fi.cio [benefíθjo] *s.m.* 1 benefício, lucro, ganho. *La empresa ha tenido grandes beneficios.* A empresa teve ganhos significativos. 2 vantagem, proveito. *Lo hace todo en beneficio propio.* Faz tudo para proveito pessoal. *a beneficio de*, em prol de. *a beneficio de inventario*, por via das dúvidas. *beneficio neto*, lucro líquido. *en beneficio de*, em proveito de. *no tener oficio ni beneficio*, não ter nada a ver com o peixe.

be.ne.vo.len.cia [beneβoléṇθja] *s.f.* benevolência.

be.nig.no/a [beníɣno] *adj.* 1 benigno. 2 inofensivo.

ben.ga.la [beŋgála] *s.f.* tipo de fogo de artifício (estrelinha). Não tem sentido de "bengala, como bastão de apoio".

ben.ja.mín [beŋxamín] *s.f.* caçula. *Yo soy el benjamín de mi familia.* Eu sou o caçula da minha família. Não tem sentido de "plugue para tomadas elétricas".

be.ren.je.na [bereŋxéna] *s.f.* berinjela.

ber.mu.das [bermúðas] *s.f.* (pl.) bermuda.

be.rri.do [beříðo] *s.m.* berro. *dar berridos*, ser desafinado.

be.rrin.che [beřítʃe] *s.m.* 1 birra. *El niño tiene berrinche.* O menino está de birra. *agarrar/coger un berrinche*, ficar puto.

be.rro [béřo] *s.m.* agrião. Não tem sentido de "berro, como grito".

be.sar [besár] *v.t.* beijar. *La madre besa a su bebé.* A mãe beija seu bebê.

be.sar.se [besárse] *v.p.* beijar um ao outro. *Después del matrimonio, la pareja se besó durante algunos segundos.* Depois do casamento, o casal se beijou durante alguns segundos.

be.so [béso] *s.m.* beijo. *beso de Judas*, beijo de Judas. *comerse a alguien a besos*, beijar muito.

bes.tia [béstja] *s.f.* 1 besta, animal. 2 bruto. *Me trata muy mal, es un bestia.* Trata-me muito mal, é um bruto. 3 burro, tonto, ignorante. *No entiende nada, es un bestia.* Não entende nada, é um burro. *a lo bestia*, de qualquer jeito. *Lo hace todo a lo bestia.* Faz tudo de qualquer jeito.

bes.tial [bestjál] *adj.* enorme, bárbaro, brutal.

be.su.cón/a [besukón] *s.* beijoqueiro.

be.su.que.ar [besukeár] *v.t.* beijocar.

be.tún [betún] *s.m.* graxa de sapatos. *El betún protege los zapatos.* A graxa protege os sapatos. *betún de Judea*, asfalto. *dar betún*, puxar o saco. *Mis empleados me dan betún todo el día.* Meus funcionários puxam o meu saco o dia todo.

bi.be.rón [biβerón] *s.m.* mamadeira.

bi.blia [bíβlja] *s.f.* bíblia.

bi.blio.gra.fí.a [biβljoɣrafía] *s.f.* bibliografia.

bi.blio.te.ca [biβljotéka] *s.f.* 1 biblioteca. 2 estante. *Tengo varios libros en la biblioteca.* Tenho vários livros na estante. *biblioteca circulante*, ônibus-biblioteca. *ser ratón de biblioteca*, ser uma pessoa que lê muito, ser traça de biblioteca.

bi.blio.te.ca.rio/a [biβljotekárjo] *s.* bibliotecário.

bi.car.bo.na.to [bikarβonáto] *s.m.* bicarbonato.

bicho

bi.cho [bítʃo] *s.m.* 1 bicho, animal. 2 pessoa astuta. *Ese chico es un bicho.* Esse rapaz é um bicho. *Ser un bicho raro*, ser um bicho esquisito. *mal bicho*, mau elemento, tipo suspeito. *¿Qué bicho te ha picado?* Que bicho te mordeu?

bi.ci.cle.ta [biθikléta] *s.f.* bicicleta. Usa-se frequentemente *bici*.

bi.dé [biðé] *s.m.* bidê.

bien [bjén] *adv.* bem. *Mis empleados trabajan muy bien.* Meus funcionários trabalham muito bem.

bien [bjén] *s.m.* 1 bem. *Le dio consejos para su bien.* Deu-lhe conselhos para seu bem. 2 posses. *Su familia tiene muchos bienes.* Sua família tem muitas posses. *bienes de cambio*, capital circulante. *bienes de consumo*, bens de consumo. *bienes de uso*, ativo imobilizado. *bienes gananciales*, comunhão de bens. *bienes inmuebles/raíces*, bens imóveis. *bienes muebles*, bens móveis. **ser de** *bien*, ser de boa índole. *más bien*, mais precisamente. *no bien*, apenas. *pasárlo bien*, passar bem. *¡Qué bien!* Que bom! *si bien*, embora. *tener a bien*, dignar-se. *¿Y bien?* Então?

bie.nes.tar [bjenestár] *s.m.* 1 bem-estar. *Brindemos por su bienestar.* Brindemos pelo seu bem-estar. 2 conforto. *Mis abuelos disfrutan de bienestar.* Meus avós gozam de bem-estar.

bien.he.chor/a [bjenetʃór] *adj. e s.* benfeitor.

bien.ve.ni.da [bjenbeníða] *s.f.* boas-vindas. *Vamos a darles la bienvenida a nuestros nuevos compañeros de trabajo.* Vamos dar as boas-vindas aos nossos novos colegas.

bien.ve.ni.do/a [bjenbeníðo] *adj.* bem-vindo. *Sea bienvenido.* Seja bem-vindo.

bi.fe [bífe] *s.m.* filé.

bi.fur.ca.ción [bifurkaθjón] *s.f.* ramificação, bifurcação.

bi.ga.mia [biɣámja] *s.f.* bigamia.

bi.go.te [biɣóte] *s.m.* bigode.

bi.go.tu.do/a [biɣotúðo] *adj.* bigodudo.

bi.ki.ni [bikíni] *s.m.* biquíni.

bi.lin.gue [bilíŋgwe] *adj.* bilíngue.

bi.lis [bílis] *s.f.* bílis.

bi.llar [biʎár] *s.m.* bilhar.

bi.lle.te [biʎéte] *s.m.* 1 nota, cédula. *Mi madre me dio un billete de R$ 50.* Minha mãe deu-me uma nota de R$ 50. 2 entrada, ingresso. *Voy a comprar dos billetes para el espectáculo.* Vou comprar dois ingressos para o espetáculo. 3 bilhete de loteria. *billete de ida y vuelta*, passagem de ida e volta.

bi.lle.te.ra [biʎetéra] *s.f.* carteira para guardar dinheiro.

bi.llón [biʎón] *s.m.* trilhão.

bi.men.sual [bimenswál] *adj.* bimensal.

bi.mes.tral [bimestrál] *adj.* bimestral.

bi.mes.tre [biméstre] *s.m.* bimestre.

bi.nó.cu.lo [binókulo] *s.m.* binóculo.

bio.de.gra.da.ble [bioðeɣraðráβle] *adj.* biodegradável.

bio.gra.fí.a [bioɣrafía] *s.f.* biografia.

bio.lo.gí.a [biolokía] *s.f.* biologia.

bió.lo.go/a [biólovo] *s.* biólogo.

biom.bo [bjómbo] *s.m.* biombo.

biop.sia [bjópsja] *s.f.* biópsia.

bí.pe.do/a [bípeðo] *adj.* bípede.

bi.rria [bírja] *s.f.* 1 porcaria. *Esa obra es una birria.* Essa obra é uma porcaria. 2 maltrapilho. *Con esa ropa está hecho una birria.* Com essa roupa está feito um maltrapilho.

bi.sa.bue.lo/a [bisaβwélo] *s.* bisavô.

bi.sa.gra [bisáɣra] *s.f.* dobradiça.

bi.sies.to [bisjésto] *adj.* bissexto.

bis.nie.to/a [bisnjéto] *s.* bisneto.

bis.tu.rí [bisturí] *s.m.* bisturi.

bi.su.te.rí.a [bisntería] *s.f.* 1 bijuteria. *Mi hermana hace bisuterías.* Minha irmã faz bijuterias. 2 loja de bijuterias. *Mi prima trabaja*

biz.co/a [bíθko] *adj.* vesgo, estrábico. *quedarse bizco*, ficar de queixo caído.

biz.co.cho [biθkótʃo] *s.m.* 1 bolacha. 2 bolo.

blan.co [blánko] *s.m.* 1 branco (cor). *Me gusta mucho el blanco.* Gosto muito da cor branca. 2 alvo. *Nunca doy en el blanco.* Nunca acerto o alvo. 3 em branco. *Dejé la hoja en blanco.* Deixei a folha em branco. 4 raça. *Los blancos en EE.UU. representan el 50% de la población.* A raça branca nos Estados Unidos representa 50% da população. *dar carta blanca*, dar carta branca. *dar en el blanco*, acertar na mosca. *firmar en blanco*, assinar em branco. *quedarse en blanco*, dar um branco. *tiro al blanco*, tiro ao alvo.

blan.co/a [blánko] *adj.* branco. *Necesito comprar unos zapatos blancos.* Preciso comprar sapatos brancos.

blan.cu.ra [blaŋkúra] *s.f.* brancura.

blan.do/a [blándo] *adj.* 1 macio. *La carne que he comprado está blanda.* A carne que comprei está macia. 2 mole, fraco. *La gelatina que preparé aún está blanda.* A gelatina que preparei ainda está mole.

blan.que.ar [blaŋkeár] *v.t.* 1 embranquecer. 2 alvejar. 3 caiar. *Los albañiles blanquearon el muro.* Os pedreiros caiaram o muro.

blas.fe.mar [blasfemár] *v.i.* blasfemar.

blas.fe.mia [blasfémja] *s.f.* blasfêmia.

bla.són [blasón] *s.m.* brasão.

ble.do [bléðo] *s.m.* acelga. *me importa un bledo*, não dou a mínima, não estou nem aí. *Me importa un bledo que ella no venga a mi fiesta de cumpleaños.* Não estou nem aí se ela não vier à minha festa de aniversário.

blin.da.do/a [blindáðo] *adj.* blindado.

bloc [blók] *s.m.* bloco (de papel).

blo.que [blóke] *s.m.* 1 bloco (pedra). 2 conjunto. *Mariana vive en el bloque A.* Mariana mora no bloco A. 3 grupo. *El bloque de izquierda.* O bloco de esquerda. *bloque de viviendas*, conjunto residencial. *en bloque*, em massa. *Los empleados protestaron en bloque.* Os funcionários protestaram em massa.

blo.que.ar [blokeár] *v.t.* travar, bloquear.

blo.que.o [blokéo] *s.m.* bloqueio. *bloqueo salarial*, arrocho salarial.

blu.sa [blúsa] *s.f.* blusa (sempre de uso feminino).

blu.són [blusón] *s.m.* bata. *Cuando estaba embarazada usaba blusones anchos.* Quando estava grávida usava batas largas.

bo.a.to [boáto] *s.m.* pompa, luxo. *Organizaron el agasajo con mucho boato.* Organizaram a festa de recepção com muita pompa. Não tem sentido de "boato, como fofoca".

bo.ba.da [boβáða] *s.f.* bobagem, besteira, *Sólo dice bobadas.* Só fala besteiras.

bo.bi.na [boβína] *s.f.* 1 bobina. 2 carretel.

bo.bo/a [bóβo] *adj.* bobo, tonto, tolo. *a lo bobo*, dando uma de bobo.

bo.ca [bóka] *s.f.* 1 boca. *Ramiro tiene la boca roja.* Ramiro tem a boca vermelha. 2 entrada. *La boca del túnel.* A entrada do túnel. 3 número de pessoas para sustentar. *En mi casa somos tres bocas.* Na minha casa somos três bocas. *a bocajarro*, a queima-roupa. *abrir boca*, tomar um aperitivo. *ir/andar de boca en boca*, estar na boca do povo. *a pedir de boca*, cair como uma luva. *boca a boca*, boca a boca. *boca abajo*, de bruços, de barriga para baixo, de ponta-cabeça. *boca arriba*, de barriga para cima. **como** *boca de lobo*, um breu. *con la boca abierta*, boquiaberto. *en boca cerrada no entran moscas*, em boca fechada não entra mosca. *no tener nada que llevarse a la boca*, não ter nada para comer. *por la boca muere el pez*, o peixe morre pela boca. *hacer boca*, lanchar. *hacérsele la boca agua*, dar água na boca. *meterse en la boca del león*, entrar na toca do leão. *no abrir la boca*, ficar calado. *quitarle a uno algo de la boca*, tirar as palavras da boca de alguém. *tapar a uno la boca*, calar a boca de alguém.

bo.ca.ca.lle [bokakáʎe] *s.f.* esquina, cruzamento.

bo.ca.di.llo [bokaðíʎo] *s.m.* sanduíche, lanche.

bo.ca.do [bokáðo] *s.m.* bocado, pedaço. *no probar bocado*, não tocar na comida. *bocado de Adán*, gogó, pomo de adão. *ser buen bocado*, ser mão na roda, ser sopa no mel. *comer de un/dos bocados*, comer de uma vez, engolir. *con el bocado en la boca*, com a comida na boca.

bo.ce.to [boθéto] *s.m.* esboço, projeto.

bo.ce.tis.ta [boθetísta] *s.* projetista, layoutista.

bo.chin.che [botʃítʃe] *s.m.* tumulto, desordem. *Siempre que hay partidos de fútbol se forman bochinches.* Sempre que há jogos de futebol formam-se tumultos.

bo.chor.no [botʃórno] *s.m.* 1 mormaço, calor abafado. *No me gusta cuando hace mucho bochorno.* Não gosto quando está abafado. 2 vexame. *Pasamos bochorno por tu culpa.* Passamos vexame por sua culpa.

bo.ci.na [boθína] *s.f.* buzina.

bo.da [bóða] *s.f.* 1 casamento. *Mañana será la boda de Ricardo y Clara.* Amanhã será o casamento de Ricardo e Clara. *bodas de plata*, bodas de prata. *bodas de oro*, bodas de ouro. *bodas de diamante*, bodas de diamante.

bo.de.ga [boðéɣa] *s.f.* 1 adega. *Los vinos se añejan en la bodega.* Os vinhos envelhecem na adega. 2 porão. *Vamos a guardar estos muebles viejos en la bodega.* Vamos guardar estes móveis velhos na adega. 3 porão (de navio, avião). *Las maletas van en la bodega.* As malas vão no compartimento de carga.

bofetada [bofetáða] *s.f.* tapa. *darse de bofetadas*, sair no tapa, brigar.

bo.he.mio/a [boémjo] *adj.* boêmio.

boi.cot [boikót] *s.m.* boicote.

bo.la [bóla] *s.f.* bola. *las bolas*, os testículos. *a su bola*, como lhe dá na telha, à sua maneira. *correr la bola*, correr um boato. *en bolas*, pelado, nu. *pasar la bola*, passar a bola. *no dar pie con bola*, não dar uma dentro.

bo.le.ro/a [boléro] *adj.* 1 mentiroso. 2 ritmo musical latino-americano.

bo.le.ta [boléta] *s.f.* 1 cédula (de votação). 2 bilhete. *Compré cinco boletas para tener más probabilidades de ganar.* Comprei cinco bilhetes para ter mais probabilidades de ganhar. *hacer la boleta*, dar uma multa.

bo.le.te.rí.a [boletería] *s.f.* bilheteria.

bo.le.tín [boletín] *s.m.* 1 cupom de assinatura. *Ya he leído el boletín de la empresa de teléfonos.* Já li o cupom da empresa telefônica. 2 informativo, *Todas las semanas recibo el boletín del club.* Todas as semanas recebo o informativo do clube.

bo.le.to [boléto] *s.m.* 1 bilhete, ingresso. *Voy a comprar dos boletos para la pieza de teatro.* Vou comprar dois ingressos para a peça de teatro. 2 bilhete de loteria. *Marisol compró dos boletos más para el sorteo de hoy.* Marisol comprou mais dois bilhetes para o sorteio de hoje. 3 passagem. *Los turistas ya han recibido el boleto para el Caribe.* Os turistas já receberam o bilhete para o Caribe.

bo.li.che [bolítʃe] *s.m.* 1 discoteca. *Mis amigos pasaron la noche en el boliche.* Meus amigos passaram a noite na discoteca. 2 bolim.

bo.lí.gra.fo [bolíɣrafo] *s.m.* caneta esferográfica.

bo.llo [bóʎo] *s.m.* 1 pão doce. *Han servido muchos bollos para el desayuno.* Serviram muitos

pães doces no café da manhã. 2 confusão. *Al final de la reunión se armó un bollo.* No final da reunião armou-se a maior confusão.
bo.lo [bólo] *s.m.* 1 pino de boliche. 2 boliche. *A mi padre le encanta jugar a los bolos.* Meu pai gosta muito de jogar boliche.
bol.sa [bólsa] *s.f.* 1 sacola (de plástico ou de papel). 2 mercado de valores. *La Bolsa de São Paulo cerró en baja.* A Bolsa de São Paulo fechou em baixa. *bolsa de trabajo*, mercado de trabalho. *mercado bursátil*, a bolsa de valores.
bol.si.llo [bolsíʎo] *s.m.* 1 bolso. *de bolsillo*, de bolso. *He comprado un diccionario de bolsillo.* Comprei um dicionário de bolso. *echar mano al bolsillo*, pôr a mão no bolso para pagar algo. *tener un agujero en el bolsillo*, ser esbanjador.
bol.so [bólso] *s.m.* 1 mala de viagem. 2 bolsa feminina. *Le regalé un bolso a mi novia por su cumpleaños.* Dei de presente uma bolsa à minha namorada no seu aniversário.
bo.lu.do [bolúðo] *adj.* (vulg.) (Arg. e Urug.) tonto, idiota, besta.
bom.ba [bómba] *s.f.* 1 bomba. 2 aparelho para bombear. *caer como una bomba*, cair como uma bomba. *coche bomba*, carro-bomba.
bom.ba.cha [bombátʃa] *s.f.* (Arg. e Urug.) calcinha.
bom.bar.de.ar [bombarðeár] *v.t.* bombardear. *bombardear a preguntas*, bombardear com perguntas.
bom.bar.de.o [bombarðéo] *s.m.* bombardeio.
bom.be.ar [bombeár] *v.t.* bombear, elevar água com bomba.
bom.be.ro [bombéro] *s.m.* bombeiro.
bom.bi.lla [bombíʎa] *s.f.* lâmpada. *Se quemó una bombilla en la sala.* Queimou uma lâmpada na sala.
bom.bo [bómbo] *s.m.* zabumba. *con bombos y platillos*, com estardalhaço. *Anunció la llegada de su hijo con bombos y platillos.* Anunciou a chegada de seu filho com estardalhaço.
bom.bón [bombón] *s.m.* 1 bombom. 2 pessoa bonita, atraente. *Mi vecina es un bombón.* A minha vizinha é uma gata.
bom.bo.na [bombóna] *s.f.* botijão, bujão. *bombona de gas*, bujão de gás.
bom.bo.ne.ra [bombonéra] *s.f.* bomboneira.
bo.na.chón/a [bonatʃón] *adj.* bonachão, ingênuo.
bon.dad [bondáð] *s.f.* bondade. *bondades*, gentilezas, atenções. *tener la bondad de*, ter a gentileza de.
bon.da.do.so/a [bondaðóso] *adj.* clemente, bondoso.
bo.ni.fi.ca.ción [bonifikaθjón] *s.f.* 1 benfeitoria, benefício. *Le haré algunas bonificaciones a mi piso.* Farei algumas benfeitorias no meu apartamento. 2 desconto, abatimento. *Al comprar la nevera me dieron una bonificación de 15%.* Ao comprar a geladeira deram-me um desconto de 15%.
bo.ni.to/a [boníto] *adj.* bonito, belo.
bo.no [bóno] *s.m.* 1 bônus. 2 bilhete múltiplo. *Voy a comprarme un bono de transporte para toda la semana.* Vou comprar um bilhete múltiplo para a semana toda. 3 título do Estado. *Mi empresa suele comprar bonos del Estado.* A minha empresa costuma comprar títulos do Estado.
bo.ñi.ga [boníɣa] *s.f.* esterco, estrume. *La cancha está llena de boñigas de caballo.* A quadra está cheia de estrume de cavalo.
bo.qui.a.bier.to/a [bokjaβjérto] *adj.* boquiaberto.
bo.qui.lla [bokíʎa] *s.f.* 1 boquilha. 2 piteira, filtro.
bor.bo.tón [borβotón] *s.m.* borbulha. *Al hervir el agua forma borbotones.* Ao ferver a água forma borbulhas.
bor.da.do [borðáðo] *s.m.* bordado.

bor.dar [borðár] *v.t.* bordar.

bor.de [bórðe] *s.m.* beira, borda. *Estoy al borde de un ataque de nervios.* Estou à beira de um ataque de nervos.

bor.de.ar [borðeár] *v.t.* beirar. *Nuestro crucero bordeará la costa brasileña.* O nosso navio vai beirar o litoral brasileiro.

bor.di.llo [borðíʎo] *s.m.* meio-fio.

bor.do [bórðo] *s.m.* bordo, costado. *a bordo*, a bordo. *subir a bordo*, embarcar.

bo.rra.che.ra [boratʃéra] *s.f.* bebedeira, pileque, fogo, porre. *pillar una borrachera*, tomar um porre.

bo.rra.cho/a [borátʃo] *adj.* bêbado, embriagado. *Hoy su esposo ha llegado borracho.* Hoje o marido dela chegou bêbado. *borracho como una cuba*, bêbado feito um gambá.

bo.rra.cho/a [borátʃo] *s.* bêbado, ébrio. *Peleé con los borrachos que estaban en el bar.* Briguei com os bêbados que estavam no bar.

bo.rra.dor [boraðór] *s.m.* 1 rascunho. *La secretaria ha hecho ya el borrador de la carta.* A secretária já fez o rascunho da carta. 2 borracha. *¿Puedes prestarme tu borrador?* Pode me emprestar a borracha? 3 apagador de lousa.

bo.rrar [borár] *v.t. e i.* 1 apagar. *Rubén, por favor, borra la pizarra.* Rubén, por favor, apague a lousa. 2 retirar, suprimir. *Me borraron de la lista del paseo.* Retiraram o meu nome da lista do passeio.

bo.rrar.se [borárse] *v.p.* esquecer. *Después de tanto tiempo no se le ha borrado la tristeza.* Depois de tanto tempo ainda não esqueceu o que a deixou triste. *Se borró.* Deu um sumiço, desapareceu.

bo.rras.ca [boráska] *s.f.* tempestade, vendaval, borrasca.

bo.rrón [borón] *s.m.* borrão, rasura. *Su texto no tiene ningún borrón.* Seu texto não tem nenhuma rasura. *borrón y cuenta nueva*, virar a página, passar uma borracha.

bo.rro.so/a [boróso] *adj.* confuso, embaçado. *Cuando no uso mis gafas lo veo borroso.* Quando não uso meus óculos vejo tudo embaçado.

bos.que [bósje] *s.m.* 1 floresta, bosque. 2 mata.

bos.que.jo [boskéxo] *s.m.* esboço, esquema.

bos.te.zar [bosteθár] *v.i.* bocejar. *Después del almuerzo siempre empieza a bostezar.* Depois do almoço sempre começa a bocejar.

bos.te.zo [bostéθo] *s.m.* bocejo.

bo.ta [bóta] *s.f.* 1 bota. 2 chuteira. *Voy a comprarme unas botas de fútbol.* Vou comprar chuteiras. 3 recipiente de couro para colocar vinho.

bo.tá.ni.ca [botánika] *s.f.* botânica.

bo.tar [botár] *v.t.* 1 atirar, jogar fora. *La empleada salió a botar la basura.* A empregada foi jogar o lixo fora. 2 expulsar. *Se emborrachó y lo botaron de la fiesta.* Ficou bêbado e foi expulso da festa. Não tem sentido de "botar ovo", "vestir algo" nem de "colocar, pôr".

bo.te [bóte] *s.m.* 1 salto. 2 pote. *Necesito comprar un bote de mermelada.* Preciso comprar um pote de geleia. 3 tipo de embarcação. *obte salvavidas*, barco de salvamento. *chupar del bote*, aproveitar-se de algo. *dar botes de alegría*, pular de alegria. *darse el bote*, pular fora. *Siempre que la situación está color de hormiga, me doy el bote.* Sempre que a situação está difícil, pulo fora. *de bote en bote*, lotado.

bo.te.lla [botéʎa] *s.f.* garrafa, *Le regalaré una botella de vino.* Vou dár-lhe de presente uma garrafa de vinho.

bo.ti.ca [botíka] *s.f.* farmácia.

bo.ti.ca.rio/a [botikárjo] *s.* farmacêutico.

brillar

bo.tín [botín] *s.m.* 1 saque. *Después del asalto los ladrones se repartieron el botín.* Depois do assalto os ladrões repartiram o saque. 2 botinha. *Los botines son buenos para el invierno.* As botinhas são boas para o inverno.

bo.ti.quín [botikín] *s.m.* estojo de primeiros socorros. *Los coches deben llevar un botiquín para casos de emergencia.* Os carros devem levar um estojo de primeiros socorros para casos de emergência.

bo.tón [botón] *s.m.* 1 botão (de roupa ou aparelhos elétricos). 2 broto. 3 (fam.) polícia, tira.

bo.to.nes [botónes] *s.m.pl.* mensageiro, boi, *office boy*.

bó.ve.da [bóβeða] *s.f.* 1 cúpula, abóbada. 2 túmulo.

bo.xe.o [bokséo] *s.m.* boxe.

bo.zal [boθál] *s.m.* focinheira.

bra.gas [bráɣas] *s.f.pl.* calcinha.

bra.gue.ta [braɣéta] *s.f.* braguilha.

bra.mar [bramár] *v.i.* urrar.

bra.mi.do [bramíðo] *s.m.* urro.

bra.sa [brása] *s.f.* brasa. *a la brasa*, na brasa. *Me fascina el pollo a la brasa.* Gosto muito de frango na brasa.

bra.si.le.ño/a [brasileño] *adj.* brasileiro.

bra.vo/a [bráβo] *adj.* 1 bravo, agressivo. *Esa res es muy brava.* Esse boi é muito agressivo. 2 agitado. *En esta época el mar está muy bravo.* Nesta época o mar está muito agitado. 3 valente. *¡Bravo!* Muito bem!

bra.za.le.te [braθaléte] *s.m.* bracelete, pulseira.

bra.zo [bráθo] *s.m.* 1 braço. 2 manga. *Los brazos de la camisa.* As mangas da camisa. 3 ramificação. *El río Amazonas tiene varios brazos.* O rio Amazonas tem vários braços. 4 apoio lateral das poltronas. 5 mecanismo com movimento. *El brazo de la palanca.* O braço da alavanca. 6 galho. 7 ala, setor. *El brazo armado.* A ala armada. *a brazo partido*, com empenho. *brazo derecho*, pessoa de confiança. *brazo de gitano*, rocambole. *con los brazos abiertos*, de braços abertos. *dar el brazo a torcer*, dar o braço a torcer. *de brazos cruzados*, de braços cruzados. *del brazo*, de braço dado. *niño de brazos*, criança de colo. *tener en brazos*, pegar no colo.

bre.cha [brétʃa] *s.f.* 1 brecha, rachadura. 2 divisão, facção. *estar en la brecha*, estar na luta/na ativa.

bre.ga [bréɣa] *s.f.* luta, rinha. Não tem sentido de "cafona".

bre.gar [breɣár] *v.i.* lutar, batalhar, dar um duro no trabalho.

bre.va [bréβa] *s.f.* figo verde. *ponerse más blando que una breva*, ficar manso como um cordeirinho. *suceder de higos a brevas*, não acontecer como se esperava, que acontece raramente, de vez em quando.

bre.ve [bréβe] *adj.* breve, curto. *en breve*, em breve.

bre.ve.dad [breβeðáð] *s.f.* brevidade, rapidez. *Lo haremos con la mayor brevedad posible.* Faremos isso o más rápido possível.

bri.bón/a [briβón] *adj. e s.* sacana, patife. *Ese hombre nos engañó, es un bribón.* Esse homem nos enganou, é um patife.

bri.llan.te [briʎánte] *adj.* 1 brilhante, que brilha. *Esa pintura es muy brillante.* Essa tinta é muito brilhante. 2 admirável, que se destaca. *Juan José siempre ha sido un alumno brillante.* Juan José sempre foi um aluno brilhante.

bri.llan.te [briʎánte] *s.m.* brilhante (pedra preciosa).

bri.llan.ti.na [briʎantína] *s.f.* gel, brilhantina.

bri.llar [briʎár] *v.i.* 1 brilhar. *Las estrellas brillan.* As estrelas brilham. 2 destacar-se. *Inés brilló en la conferencia.* Inés brilhou na palestra. *brillar por su ausencia*, primar pela ausência.

brillo

bri.llo [bríʎo] *s.m.* brilho. *El betún que he comprado proporciona buen brillo a mis zapatos.* A graxa que comprei dá bom brilho aos meus sapatos. *sacar/dar brillo,* lustrar.

brin.car [briŋkár] *v.i.* saltar, pular. *Cuando mi perro me ve brinca de alegría.* Quando o meu cachorro me vê pula de alegria.

brin.co [bríŋko] *s.m.* salto, pulo. *dar/pegar un brinco,* dar um salto. Não tem sentido de "brinco, como adorno para a orelha".

brin.dar [brindár] *v.i.* 1 brindar. *Vamos a brindar con champán.* Vamos brindar com champanhe. 2 proporcionar, oferecer. *Mi novia me brindó la oportunidad de conocer a sus padres.* Minha namorada proporcionou-me a oportunidade de conhecer seus pais.

brin.dar.se [brindárse] *v.p.* oferecer-se voluntariamente.

brin.dis [bríndis] *s.m.* 1 brinde. 2 palavras pronunciadas ao brindar. *hacer un brindis,* fazer um brinde. Não tem sentido de "presente, como lembrança presenteada por empresas".

bri.sa [brísa] *s.f.* brisa.

briz.na [bríẓna] *s.f.* garoa.

bro.ca [bróka] *s.f.* broca para perfurar.

bro.cha [brótʃa] *s.f.* 1 pincel. *Necesitamos una brocha fina para pintar las ventanas.* Precisamos de um pincel fino para pintar as janelas. 2 pincel de barba.

bro.che [brótʃe] *s.m.* 1 fecho. *Compré un bolso con un broche muy seguro.* Comprei uma bolsa com um fecho muito seguro. 2 broche, alfinete. *Silvia siempre lleva un broche en el pecho.* Sílvia sempre usa um broche no peito. *cerrar con broche de oro,* fechar com chave de ouro.

bro.ma [bróma] *s.f.* zombaria, brincadeira. *broma pesada/de mal gusto,* brincadeira de mau gosto. *de broma/en broma,* de brincadeira. *dejarse de bromas,* parar com/deixar de brincadeira. *fuera de broma,* falando sério. *hacer una broma,* fazer uma brincadeira. *tomar en broma,* levar na brincadeira.

bro.me.ar [bromeár] *v.i.* brincar, zombar. *A mi jefe le gusta bromear en las reuniones.* O meu chefe gosta de brincar nas reuniões.

bro.mis.ta [bromísta] *adj.* brincalhão, gozador. *No seas bromista, habla en serio.* Não seja brincalhão, fale sério.

bron.ca [bróŋka] *s.f.* 1 bronca, repreensão. *Mi profesor me echó una bronca porque no hice la tarea.* O meu professor me deu uma bronca porque não fiz o dever de casa. 2 briga. *Tuve una bronca muy seria con mi secretaria.* Tive uma briga muito séria com minha secretária.

bron.ce [brónθe] *s.m.* bronze. *edad de bronce,* idade do bronze. *medalla de bronce,* medalha de bronze.

bron.ce.a.dor [bronθeaðór] *s.m.* bronzeador.

bron.ce.ar [bronθeár] *v.t.* bronzear.

bron.ce.ar.se [bronθeárse] *v.p.* bronzear-se.

bron.quio [bróŋkjo] *s.m.* brônquio.

bron.qui.tis [broŋkítis] *s.f.* bronquite.

bro.tar [brotár] *v.i.* 1 brotar, desabrochar. *Las flores están empezando a brotar.* As flores estão começando a desabrochar. 2 aparecer, nascer. *Le están brotando los dientes al niño.* Os dentes da criança estão aparecendo. 3 sair. *Está brotando agua de la fuente.* Está saindo água da fonte. 4 surgir. *Cuando la veo me brotan buenos sentimientos.* Quando a vejo surgem em mim bons sentimentos.

bro.te [bróte] *s.m.* 1 broto. *El árbol está lleno de brotes.* A árvore está repleta de brotos. 2 surto. *Ha habido un brote de fiebre amarilla.* Houve um surto de febre amarela.

bru.ces [brúθes] *s.f.* bruços. *de bruces,* de bruços.

bru.ja [brúxa] *s.f.* 1 bruxa. 2 pessoa maligna. *No creo en brujas, pero que las hay, las hay.* Não acredito em bruxas, mas que tem, tem.
bru.je.rí.a [bruxería] *s.f.* feitiçaria.
brú.ju.la [brúxula] *s.f.* bússola.
bru.ma [brúna] *s.f.* nevoeiro, cerração, neblina.
brus.co/a [brúsko] *adj.* 1 bruto, rude. *Ese hombre es muy brusco, siempre trata a sus hijos a gritos.* Esse homem é muito bruto, sempre trata seus filhos aos gritos. 2 brusco. *Últimamente ha habido cambios bruscos de temperatura.* Ultimamente houve mudanças bruscas de temperatura.
bru.ta.li.dad [brutaliðáð] *s.f.* brutalidade, estupidez, ignorância.
bru.to/a [brúto] *adj.* 1 bruto, grosseiro. 2 sem acabamento. 3 que não sofreu redução. *peso bruto*, peso bruto.
bu.ce.ar [buθeár] *v.i.* mergulhar. *Manuel siempre bucea en Fernando de Noronha.* Manuel sempre mergulha em Fernando de Noronha.
bu.ce.o [buθéo] *s.m.* mergulho.
bu.che [bútʃe] *s.m.* 1 bucho. *La gallina tiene el buche lleno de maíz.* A galinha tem o bucho cheio de milho. 2 gole. *¿Quieres un buche de agua?* Quer um gole de água? 3 bochecho. *hacer buches*, fazer bochechos. *llenar el buche*, encher o bucho.
bu.cle [búkle] *s.m.* cachos. *Después del baño, mi madre le hacía bucles a mi hermanita.* Depois do banho, a minha mãe fazia cachinhos na minha irmãzinha.
bu.dín [buðín] *s.m.* pudim.
buen [bwén] *adj.* bom, apócope de *bueno*. Usa-se sempre antes do substantivo masculino. *Pedro es un buen alumno.* Pedro é um bom aluno. *Ése es un buen libro.* Esse é um bom livro.
bue.no/a [bwéno] *adj.* 1 bom, bacana. *Esta película es muy buena.* Este filme é bacana. 2 bondoso. *Él es un hombre muy bueno.* Ele é um homem bondoso. 3 saudável. *Luis está bueno.* Luís está bem de saúde. *¡Buenas!*, Olá! *buenas tardes/noches*, boa tarde/boa noite. *buenos días*, bom dia. *a la buena de Dios*, ao Deus dará. *de buenas a primeras*, logo de cara, bruscamente.
bue.no [bwéno] *adv.* bom, está bom, está bem. *¿Vamos al cine? Bueno, vamos.* Vamos ao cinema? Está bem, vamos. *¡Eso sí que está bueno!*, essa é boa! *librarse de una buena*, livrar-se de um perigo. *muy bueno*, muito bom. *por las buenas*, por bem.
buey [bwéi̯] *s.m.* boi. *trabajar como un buey*, trabalhar como um louco.
bu.fan.da [bufánda] *s.f.* cachecol.
bu.fé [bufé] *s.m.* 1 bufê. 2 self-service.
bu.fe.te [buféte] *s.m.* 1 escritório de advocacia. 2 escrivaninha. 3 aparador.
bu.har.di.lla [buarðíʎa] *s.f.* sótão.
bú.ho [búo] *s.m.* coruja.
bu.ho.ne.ro [buonéro] *s.m.* camelô.
bui.tre [bwítre] *s.m.* 1 abutre, urubu. 2 pessoa ambiciosa. *Ese vendedor es un buitre.* Esse vendedor é um abutre.
bu.jí.a [buxía] *s.f.* vela de motor.
bu.la [búla] *s.f.* bula (documento papal). *tener bula*, usufruir de privilégios. Não tem sentido de 'bula de remédio'.
bu.lla [búʎa] *s.f.* gritaria, barulho. *Al salir del estadio había mucha bulla.* Ao sair do estádio havia muita gritaria.
bu.lli.cio [buʎíθjo] *s.m.* tumulto. *No me gustan los sitios en donde hay mucho bullicio.* Não gosto dos lugares onde há muito tumulto.
bul.to [búlto] *s.m.* 1 volume. *Un bulto de papel.* Uma quantidade de papel. 2 vulto. *Anoche vi un bulto en el jardín.* Ontem à noite vi um vulto no jardim. 3 inchação. *Le apareció un bulto en las espaldas.* Apareceu-lhe um inchaço nas

buñuelo

costas. *a bulto*, a olho, aproximadamente. *de bulto*, muito importante. *escurrir el bulto*, tirar o corpo fora. *hacer bulto*, ocupar espaço.

bu.ñue.lo [buɲwélo] *s.m.* bolinho frito.

bu.que [búke] *s.m.* navio. *buque de guerra*, navio de guerra. *buque escuela*, navio-escola. *buque mercante*, navio cargueiro.

bur.bu.ja [burβúxa] *s.f.* bolha, borbulha. *El agua con gas tiene muchas burbujas*. A água com gás tem muitas bolhas.

bur.del [burðél] *s.m.* bordel, prostíbulo.

bur.gués/a [burɣés] *adj. e s.* burguês.

bur.gue.sí.a [burɣesía] *s.f.* burguesia.

bur.la [búrla] *s.f.* chacota, zombaria, brincadeira. *Lo que le dijeron ayer fue una burla*. O que lhe disseram ontem foi uma brincadeira.

bur.lar [burlár] *v.t.* 1 enganar, trapacear. *Los atracadores burlaron la vigilancia*. Os assaltantes enganaram a vigilância. 2 esquivar, driblar. *El torero burla al toro*. O toureiro esquiva o touro.

bur.lar.se [burlárse] *v.p.* caçoar, tirar um sarro. *Sus compañeros se burlan de él porque es tímido*. Seus colegas tiram sarro dele porque ele é tímido.

bu.ro.cra.cia [burokráθja] *s.f.* burocracia.

bu.ró.cra.ta [burókrata] *s.* burocrata.

bu.rro/a [búr̃o] *s.m.* 1 burro, jumento. 2 cavalete. *bajarse/caer del burro*, reconhecer um erro, convencer-se de algo. *trabajar como un burro*, trabalhar exageradamente. *no ver tres en un burro*, não ver um palmo diante do nariz.

bu.rro/a [búr̃o] *adj.* 1 besta, ignorante. 2 obstinado, bruto. *ser un burro de carga*, ser um burro de carga.

bus [bús] *s.m.* ônibus.

bus.car [buskár] *v.t.* procurar. *Rosa está buscando su reloj*. Rosa está procurando seu relógio. *buscarle cinco pies al gato*, procurar pelo em ovo.

bús.que.da [búskeða] *s.f.* 1 busca, procura. *He hecho una búsqueda intensa en la biblioteca*. Fiz uma procura intensa na biblioteca. 2 pesquisa (policial, científica). *Los médicos trabajan intensamente en la búsqueda de una vacuna contra el sida*. Os médicos trabalham intensamente na pesquisa de uma vacina contra a AIDS.

bus.to [místo] *s.m.* 1 tronco humano. 2 estátua. 3 peito.

bu.ta.ca [own*s.f.* 1 poltrona. *Voy a comprar una butaca para mi habitación*. Vou comprar uma poltrona para o meu quarto. 2 assento, lugar (cinema, teatro). *Mi novio ha comprado dos butacas en el teatro*. Meu namorado comprou dois lugares no teatro.

bu.zo [búθo] *s.m.* 1 mergulhador. *Los buzos están limpiando el fondo del mar*. Os mergulhadores estão limpando o fundo do mar. 2 moletom. *Pienso comprar un buzo para mis clases de gimnasia*. Penso em comprar um moletom para as minhas aulas de ginástica.

bu.zón [buθón] *s.m.* 1 caixa de correio. 2 seção de cartas. *Las cartas enviadas por los suscriptores son publicadas en el buzón del periódico*. As cartas enviadas pelos assinantes são publicadas na seção cartas do leitor do jornal.

C c

c, C [θé] *s.f.* 1 terceira letra do alfabeto espanhol e segunda das suas consoantes. Seu nome é ce. Sua articulação, antes das vogais e, *i*, é interdental como a de *z*, com as mesmas variedades de articulação e igual extensão geográfica e social do *seseo*; em qualquer outra posição, sua articulação é velar oclusiva surda; em posição final de sílaba, a articulação se sonoriza e fricativiza. 2 representação do número 100 em números romanos.

ca.bal [kaβál] *adj.* justo, cabal, perfeito, completo, bem-acabado. 2 pessoa honrada, que cumpre com as obrigações. *Es un hombre honrado, que cumple cabalmente lo que promete.* É um homem honrado, que cumpre cabalmente o que promete. *no estar en sus cabales*, estar fora de órbita.

cá.ba.la [káβala] *s.f.* 1 interpretação das Sagradas Escrituras e sistemas de ideias dos antigos cristãos e judeus para explicar o Antigo Testamento. 2 presságios, superstições, cabala.

ca.bal.gar [kaβalɣár] *v.i.* cavalgar, montar a cavalo. *Montaron sus cabalgaduras y cabalgaron durante horas.* Montaram seus cavalos e cavalgaram durante horas.

ca.ba.lle.rí.a [kaβaʎería] *s.f.* 1 cavalgadura, cavalaria, montaria. 2 cavalaria, parte do exército que vai a cavalo. 3 profissão do cavaleiro andante medieval, que vaga pelo mundo atrás de aventuras e em defesa dos mais fracos. *Don Quijote de la Mancha, caballero de la triste figura habia leído textos de caballería hasta perder sus cabales.* Dom Quixote de la Mancha, cavaleiro de triste figura tinha lido textos de cavalaria até perder o juízo.

ca.ba.lle.ro [kaβaʎéro] *s.m.* 1 cavaleiro. 2 cavalheiro, gentil.

ca.ba.lle.te [kaβaʎéte] *s.m.* 1 cavalete, armação ou suporte para pintura, trabalhos mecânicos, etc. 2 cumeeira, cume do telhado.

ca.ba.llo [kaβáʎo] *s.m.* 1 cavalo, montaria. 2 peça de xadrez. 3 cavalete para saltos olímpicos. 4 *adj.* (col.) grosso, cavalgadura, mal-educado.

ca.ba.ña [kaβáɲa] *s.f.* cabana, choupana.

ca.be.ce.ra [kaβeθéra] *s.f.* cabeceira.

ca.be.lle.ra [kaβeʎéra] *s.f.* cabeleira, peruca.

ca.be.llo [kaβéʎo] *s.m.* cabelo, cada um ou o conjunto de todos os fios.

ca.be.llu.do/a [kaβeʎúðo] *adj.* cabeludo, que tem muito cabelo.

ca.ber [kaβér] *v.i.* caber, ter capacidade de conter.

ca.be.za [kaβéθa] *s.f.* 1 cabeça. 2 (fig.) chefe de um grupo.

ca.be.zal [kaβeθál] *s.m.* 1 travesseiro comprido. 2 encosto.

ca.be.za.zo [kaβeθáθo] *s.m.* cabeçada.

ca.be.zón/a [kaβeθón] *adj. e s.* (col.) cabeçudo, teimoso.

ca.bi.na [kaβína] *s.f.* cabina ou cabine, camarote. *El piloto y las azafatas están en la cabina.* O piloto e as aeromoças estão na cabina.

ca.biz.ba.jo/a [kaβiẓβáxo] *adj.* cabisbaixo, tristonho.

cable

ca.ble [káβle] *s.m.* 1 cabo. 2 fio condutor.
ca.ble.gra.ma [kaβleɣráma] *s.m.* telegrama.
ca.bo [káβo] *s.m.* 1 cabo, ponta. 2 terra que entra no mar. 3 patente militar acima do recruta. 4 cabo, parte por onde se segura uma faca, panela. *Agarra el cuchillo por el cabo para no cortarte.* Pegue a faca pelo cabo para não se cortar.
ca.bra [káβra] *s.f.* cabra.
ca.ca [káka] *s.f.* (col.) excremento, cocô.
ca.ca.hue.te [kakaɣwéte] *s.m.* (bot.) amendoim.
ca.cao [kakáo] *s.m.* (bot.) cacau.
ca.ca.re.ar [kakareár] *v.i.* 1 cacarejar. 2 (fig.) fazer alarde.
ca.ce.rí.a [kaθería] *s.f.* caçada.
ca.ce.ro.la [kaθeróla] *s.f.* caçarola, panela com cabo e tampa.
ca.cha [kátʃa] *s.f.* cabo (de faca, navalha).
ca.cha.rro [katʃáro] *s.m.* vasilha tosca, cacareco. *En vez de cacerolas y ollas tiene un montón de cacharros.* Em vez de caçarolas e panelas tem um monte de cacarecos.
ca.che.ta.da [katʃetáða] *s.f.* bofetada.
ca.che.te [katʃéte] *s.m.* 1 soco, tapa. 2 bochecha.
ca.chi.po.rra [katʃipóra] *s.f.* cassetete.
ca.chi.va.che [katʃiβátʃe] *s.m.* (col.) traste, bugiganga. *¡No juntes tantos cachivaches en tu pieza!* Não junte tantas bugigangas em seu quarto!
ca.cho [kátʃo] *s.m.* pedaço ou parte de algo.
ca.cho.rro/a [katʃóro] *s.* filhote (de qualquer animal mamífero).
ca.ci.que [kaθíke] *s.m.* cacique, chefe de uma tribo.
ca.da [káða] *pron.* cada, indicador de quantidade.
ca.dá.ver [kaðáβer] *s.m.* cadáver, corpo sem vida.

ca.de.na [kaðéna] *s.f.* 1 corrente, elos metálicos unidos. 2 conjunto, grupo ou rede de coisas várias. *La cadena de supermercados La Estrellita cerró sus puertas.* A rede de supermercados La Estrellita fechou as portas.
ca.den.cia [kaðéṉθja] *s.f.* (mús.) cadência, ritmo. 2 harmonia em versos.
ca.de.ra [kaðéra] *s.f.* quadril, cadeira. *A Anita van a operarle de la cadera.* Anita vai ser operada do quadril.
ca.de.te [kaðéte] *s.m.* (mil.) cadete, aspirante a militar. *Los cadetes de la escuela militar desfilaron el 9 de julio.* Os cadetes da escola militar desfilaram no dia 9 de julho.
ca.du.car [kaðukár] *v.i.* terminar o prazo de validade, caducar.
ca.er [kaér] *v.i.* cair.
ca.fé [kafé] *s.m.* 1 café, grão do cafeeiro. 2 bebida feita com tal grão.
ca.fe.tal [kafetál] *s.m.* (bot.) cafezal, plantação de cafeeiros.
ca.fe.te.ra [kafetéra] *s.f.* 1 bule. 2 máquina de preparar café.
ca.fe.te.rí.a [kafetería] *s.f.* bar, lanchonete. *Quedamos de vernos en la cafetería a las 9.* Combinamos um encontro na lachonete às 9 horas.
ca.gar [kaɣár] *v.i.* (vulg.) cagar, defecar.
ca.í.da [kaíða] *s.f.* 1 queda. 2 declive de uma superfície. *La caída del dólar asusta a los exportadores.* A queda do dólar assusta os exportadores.
cai.mán [kai̯mán] *s.m.* jacaré.
ca.ja [káxa] *s.f.* 1 caixa. 2 caixa forte, cofre. *Los asaltantes explotaron a la caja fuerte.* Os assaltantes explodiram o cofre.
ca.je.ro/a [kaxéro] *s.* caixa, cajero automático, caixa eletrônico.
ca.jón [kaxón] *s.m.* 1 gaveta. 2 caixote rústico. 3 caixão, féretro.

calmante

ca.la.ba.cín [kalaβaθín] *s.m.* (bot.) abobrinha.
ca.la.ba.za [kalaβáθa] *s.f.* (bot.) abóbora.
ca.la.bo.zo [kalaβóθo] *s.m.* calabouço, xadrez, xilindró. *El preso estaba solo en un calabozo frío.* O preso estava sozinho num calabouço frio.
ca.la.mar [kalamár] *s.m.* lula, fruto do mar.
ca.lam.bre [kalámbre] *s.m.* (med.) câimbra.
ca.la.mi.dad [kalamiðáð] *s.f.* calamidade, desgraça coletiva.
ca.lan.dria [kalándrja] *s.f.* cotovia.
ca.lar [kalár] *v.t.* penetrar, transpor, atravessar. *El frío me calaba los huesos.* O frio penetrava meus ossos.
ca.la.ve.ra [kalaβéra] *s.f.* 1 caveira. 2 (fig.) arruaceiro.
cal.ca.ñal [kalkaɲál] *s.m.* calcanhar.
cal.ca.ñar [kalkaɲár] *s.m.* calcanhar.
cal.car [kalkár] *v.t.* calcar, decalcar, reproduzir um desenho, com base em um original, apertando um contra o outro.
cal.ce [kálθe] *s.m.* calota.
cal.ce.tín [kalθetín] *s.m.* meia. *El calcetín cubre el pie y una parte de la pierna.* A meia cobre o pé e uma parte da perna.
cal.cio [kálθjio] *s.m.* (quím.) cálcio.
cal.cu.la.dor/a [kalkulaðór] *adj.* 1 calculador, que faz cálculos. 2 calculista, interesseiro.
cal.cu.la.do.ra [kalkulaðóra] *s.f.* máquina eletrônica ou mecânica que faz cálculos.
cal.cu.lar [kalkulár] *v.t.* (mat.) calcular.
cál.cu.lo [kálkulo] *s.m.* (mat.) cálculo, cômputo.
cal.de.ra [kaldéra] *s.f.* caldeira.
cal.do [káldo] *s.m.* caldo.
ca.le.fac.ción [kalefakθjón] *s.f.* calefação, aquecimento. *Es invierno y todavía no prendieron la calefacción.* Estamos no inverno e ainda não ligaram a calefação.
ca.len.da.rio [kalendárjo] *s.m.* calendário.

ca.len.ta.dor [kalentaðór] *s.m.* aquecedor. *Los calentadores a gas o eléctricos, suelen producir muchos accidentes.* Os aquecedores a gás ou elétricos costumam produzir muitos acidentes.
ca.len.ta.mien.to [kalentamjénto] *s.m.* aquecimento, ato ou efeito de aquecer.
ca.len.tar [kalentár] *v.t.* esquentar.
ca.len.tu.ra [kalentúra] *s.f.* (med.) febre, altas temperaturas do corpo.
ca.li.bre [kalíβre] *s.m.* calibre, diâmetro de um projétil.
ca.li.dad [kaliðáð] *s.f* qualidade. *La calidad de los vinos de Jerez está garantizada por un consejo.* A qualidade dos vinhos de Jerez é garantida por um conselho.
ca.lien.te [kaljénte] *adj.* quente.
ca.li.fi.ca.ción [kalifikaθjón] *s.f.* qualificação, apreciação, avaliação da qualidade, nota.
ca.li.fi.car [kalifikár] *v.t.* qualificar, avaliar. *A Pedro lo calificaron muy mal en las pruebas.* Pedro foi muito mal avaliado nas provas.
ca.li.gra.fí.a [kaliɣrafía] *s.f.* caligrafia.
ca.llar [kaʎár] *v.i.* calar
ca.llar.se [kaʎárse] *v.p.* calar-se. *Tuvo que callarse y guardarse el mal humor.* Teve que calar-se e guardar o mau humor.
ca.lle [káʎe] *s.f.* rua.
ca.lle.je.ar [kaʎexeár] *v.i.* perambular.
ca.lle.jón [kaʎexón] *s.m.* beco.
ca.llo [káʎo] *s.m.* 1 calo, endurecimento da pele. 2. no pl. prato preparado com pedaços de estômago de boi; dobradinha. *Los callos a la madrileña son un plato típico de Madrid.* A dobradinha madrilena é um prato típico de Madri.
cal.ma [kálma] *s.f.* calma, calmaria, sossego, paz, tranquilidade. *El mar está en calma.* O mar está em calma.
cal.man.te [kalmánte] *adj.* calmante.

calmar

cal.mar [kalmár] *v.t.* acalmar, apaziguar. *El intendente habló por la TV para calmar los ánimos.* O prefeito falou na TV para acalmar os ânimos.
ca.ló [kaló] *s.m.* língua falada pelos ciganos espanhois.
ca.lor [kalór] *s.m.* 1 calor, temperatura alta. 2 sensação produzida pela alta temperatura.
ca.lo.rí.a [kaloría] *s.f.* (fís.) caloria, unidade de medida de energia térmica.
ca.lum.nia [kalúmnja] *s.f.* calúnia, acusação falsa, mentirosa.
ca.lu.ro.so/a [kaluróso] *adj.* calorento, que tem muito calor.
cal.vo/a [kálβo] *adj. e s.* calvo, careca, que não tem cabelo ou tem pouco cabelo. *José se está quedando calvo, sólo tiene un poco de pelo ralo arriba de las orejas.* José está ficando careca, só tem um pouco de cabelo ralo acima das orelhas.
cal.za.da [kalθáða] *s.f.* estrada, pista.
cal.za.do [kalθáðo] *s.m.* calçado, sapato, bota, sandália.
cal.zar [kalθár] *v.t.* calçar, vestir calçado.
cal.zón [kalθón] *s.m.* (Amér.) calcinha.
cal.zon.ci.llos [kalθonθíʎos] *s.m.* (pl.) cueca.
cal.zones [kalθónes] *s.m.* (pl.) calça
ca.ma [káma] *s.f.* cama, leito. *Hay muy pocas camas disponibles en el hospital.* Há muito poucas camas disponíveis no hospital.
cá.ma.ra [kámara] *s.f.* 1 câmara. 2 quarto, habilitação. 3 corpo legislativo. 4 lugar para guardar cereais, depósito. 5 lugar em que se coloca a bala ou cartucho da arma. 6 anel tubular de borracha no pneu do veículo. 7 aparato que capta imagens, foto ou TV. 8 pessoa que mexe a câmera de TV. *cámara lenta*, imagens de cinema ou TV de movimentos lentos. *cámara frigorífica*, freezer industrial. *cámara mortuaria*, capela, velório. *cámara oscura*, quarto de revelação de fotos. *Las cámaras de gas de los nazis son un triste recuerdo de la humanidad.*
ca.ma.ra.da [kamaráða] *s.* camarada.
ca.ma.ra.de.rí.a [kamaraðería] *s.f.* camaradagem.
ca.ma.re.ra [kamaréra] *s.f.* governanta, criada ou empregada.
ca.ma.re.ro/a [kamaréro] *s.* garçom. *¡Camarero, por favor, traiga un café y la cuenta!* Garçom, por favor, traga um café e a conta.
ca.ma.rón [kamarón] *s.m.* camarão.
cam.ba.la.che [kambaláʧe] *s.m.* cambalacho, escambo.
cam.biar [kambjár] *v.t.* trocar, mudar.
cam.bio [kámbjo] *s.m.* 1 mudança. 2 câmbio. 3 troca. 4 troco, dinheiro miúdo. 5 trocado. 6 valor de uma moeda estrangeira. 7 peça mecânica que muda a marcha nos carros.
ca.me.lia [kamélja] *s.f.* (bot.) camélia.
ca.me.llo/a [kaméʎo] *s.* 1 camelo, animal da família dos dromedários, lhamas, etc. 2 traficante de drogas.
ca.me.lo [kamélo] *s.m.* notícia falsa, embuste, piada. *¡No me digas que suspendieron la prueba. Es camelo!* Não me diga que suspenderam a prova. É piada!
ca.mi.lla [kamíʎa] *s.f.* maca, cama portátil. *La camilla sirve para transportar enfermos o heridos.* A maca serve para transportar doentes ou feridos.
ca.mi.nar [kaminár] *v.i.* caminhar.
ca.mi.na.ta [kamináta] *s.f.* caminhada, passeio longo. *La caminata fue fatigosa.* A caminhada foi cansativa.
ca.mi.no [kamíno] *s.m.* 1 caminho. 2 meio, via. *La educación es el mejor camino para el progreso.* A educação é o melhor caminho para o progresso.
ca.mión [kamjón] *s.m.* caminhão.
ca.mio.ne.ro/a [kamjonéro] *s.* caminhoneiro, que dirige caminhões.

ca.mio.ne.ta [kamjonéta] *s.f.* caminhonete, caminhão pequeno.
ca.mi.sa [kamísa] *s.f.* camisa. *camisa de fuerza*, peça de roupa para segurar alguém violento e fora do controle.
ca.mi.són [kamisón] *s.m.* camisola.
ca.mo.te [kamóte] *s.m.* (bot.) (Méx. e Amér.) Cent.) batata doce. *El dulce de camote es riquísimo.* O doce de batata-doce é delicioso.
cam.pa.men.to [kampaménto] *s.m.* acampamento, instalação provisória ao ar livre.
cam.pa.na [kampána] *s.f.* 1 sino. *Las campanas de la iglesia suenan alto.* Os sinos da igreja soam alto.
cam.pa.ni.lla [kampaniʎa] *s.f.* campainha. *Alguien tocó la campanilla de la entrada.* Alguém tocou a campainha da entrada.
cam.pa.ña [kampaɲa] *s.f.* 1 campo, planície. 2 período de uma atividade intensa. *La campaña por las elecciones libres y directas fue en 1983 y 84.* A campanha pelas eleições livres e diretas foi em 1983 e 84.
cam.pe.ón/a [kampeón] *s.* campeão.
cam.pe.o.na.to [kampeonáto] *s.m.* campeonato, disputa com prêmio para os vencedores.
cam.pe.ra [kampéra] *s.f.* jaqueta.
cam.pe.si.no/a [kampesíno] *adj. e s.* camponês.
cam.pi.ña [kampíɲa] *s.f.* espaço de terreno para agricultura, campo.
cam.po [kámpo] *s.m.* 1 campo, região não urbana. 2 área de atividade. *El campo de la informática sigue creciendo.* A área da informática continua crescendo.
cam.pus [kámpus] *s.m.* campus, edifícios e terrenos de uma universidade.
ca.mu.flar [kamuflár] *v.t.* camuflar, disfarçar.

ca.nal [kanál] *s.m.* 1 canal, leito para conduzir água. 2 canal, faixa de frequência para transmissão e recepção de ondas de rádio e TV. *El canal cultural pasa unas películas muy buenas este mes.* O canal cultural passa filmes muito bons este mês.
ca.na.li.zar [kanaliθár] *v.t.* canalizar.
ca.na.lla [kanáʎa] *s.* canalha, infame.
ca.na.lón [kanalón] *s.m.* calha.
ca.na.pé [kanapé] *s.m.* canapé.
ca.na.rio [kanárjo] *s.m.* canário, pássaro sonoro.
ca.nas.ta [kanásta] *s.f.* 1 canastra, cesto. 2 sequência de cartas de naipes iguais em jogo de baralho.
can.cel [kanθél] *s.f.* portinhola que fecha um hall ou vestíbulo.
can.ce.la.ción [kanθelaθjón] *s.f.* (com.) liquidação de um pagamento.
can.ce.lar [kanθelár] *v.t.* cancelar, tornar sem efeito. *cancelar un pago*, pagar, anular uma dívida.
cán.cer [kánθer] *s.m.* (med.) câncer.
can.cha [kátʃa] *s.f.* (desp.) quadra de esportes. *La cancha de tenis está muy estropeada.* A quadra de tênis está bem estragada.
can.che.ro/a [katʃéro] *adj.* que sabe, experiente, experto, que conhece o terreno, o jogo.
can.ci.lla [kanθíʎa] *s.f.* cancela, tranqueira para fechar a passagem de animais.
can.ci.ller [kanθiʎér] *s.m.* chanceler, funcionário de consulados e embaixadas.
can.ción [kanθjón] *s.f.* (mús.) canção, versos cantados.
can.da.do [kanðáðo] *s.m.* cadeado.
can.de.la [kanðéla] *s.f.* vela.
can.de.le.ro [kanðeléro] *s.m.* castiçal, conjunto de velas.
can.di.da.to/a [kanðiðáto] *s.* candidato.
ca.ne.la [kanéla] *s.f.* (bot.) canela.

can.gre.jo [kaŋgréxo] *s.m.* caranguejo.
ca.ní.bal [kaníβal] *adj. e s.* canibal, que come carne humana.
ca.ni.ca [kanika] *s.f.* (Esp.) bolinha de gude.
ca.ni.lla [kaníʎa] *s.f.* (med.) 1 canela, osso da perna, panturrilha. 2 torneira. *La canilla del agua fría está abierta*. A torneira da água fria está aberta.
can.je [káɲxe] *s.m* troca, intercâmbio. *El canje de rehenes y prisioneros siguió mucho tiempo después que acabó la guerra*. A troca de reféns e prisioneiros continuou por muito tempo depois que a guerra acabou.
ca.no/a [káno] *adj.* grisalho, que tem cabelos brancos misturados com os coloridos.
ca.no.a [kanóa] *s.f.* canoa.
ca.non [kánon] *s.m.* norma.
ca.no.so/a [kanóso] *adj.* grisalho, de cabelos brancos.
can.san.cio [kansánθjo] *s.m.* cansaço, fadiga. *El cansancio me vence, me voy a la cama*. O cansaço me vence, vou para a cama.
can.sar [kansár] *v.t.* 1 cansar, ter fadiga. 2 aborrecer, entediar.
can.tan.te [kantánte] *s.* cantor.
can.tar [kantár] *s.m.* 1 canto. 2 *v.i.* cantar, emitir sons melodiosos. *cantos de sirena*, adulação.
can.tau.tor/a [kantáu̯tór] *s.* cantor e compositor.
can.te.ra [kantéra] *s.f.* pedreira. *La cantera produce unos ruídos terribles con la dinamita*. A pedreira produz ruídos terríveis com a dinamite.
can.ti.dad [kantiðáð] *s.f.* quantidade, certo número.
can.ti.le.na [kantiléna] *s.f.* (mús.) 1 cantilena. 2 sermão. *El diretor nos dio una cantilena muy merecida*. O diretor nos deu um sermão muito merecido.
can.tim.plo.ra [kantimplóra] *s.f.* cantil.
can.ti.na [kantína] *s.f.* cantina.
can.to [kánto] *s.m.* 1 (mús.) canto. 2 ponta, extremidade.
can.tón [kantón] *s.m.* cantão.
ca.ña [káɲa] *s.f.* (bot.) 1 cana de açúcar. 2 *caña de pescar*, vara de pesca. 3 aguardente de cana de açúcar.
ca.ña.ve.ral [kaɲaβerál] *s.m.* (bot.) canavial. *La ciudad de Cabo Cañaveral en Florida, EEUU, es pionera en la carrera espacial*. A cidade de Cabo Canaveral na Flórida, EUA, é pioneira na corrida espacial.
ca.ñe.rí.a [kaɲería] *s.f.* tubulação.
ca.ño [káɲo] *s.m.* cano, tubo, tubulação, encanamento.
ca.ñón [kaɲón] *s.m.* (mil.) canhão, peça de artilharia que dispara projéteis de grosso calibre.
cao.ba [kaóβa] *s.f.* (bot.) mogno, madeira para marcenaria.
ca.os [káos] *s.m.* caos, desordem extrema. *La ciudad era un caos después de la tsunami*. A didade ficou um caos depois do tsunami.
ca.pa [kápa] *s.f.* 1 capa, camaa. *La pintaron con una camada de pintura negra*. Pintaram-na com uma camada de tinta preta. 2 cobertor, coberta.
ca.pa.ci.dad [kapaθiðáð] *s.f.* capacidade.
ca.pa.ci.ta.ción [kapaθitaθjón] *s.f.* capacitação.
ca.pa.ci.tar [kapaθitár] *v.t.* capacitar, dar treinamento.
ca.pa.ra.zón [kaparaθón] *s.m.* carapaça, defesa.
ca.pa.taz [kapatáθ] *s.m.* capataz, encarregado de peões.
ca.paz [kapáθ] *adj.* capaz, apto a fazer algo, habilidoso. *Juan no es capaz de desempeñar su cargo*. Juan não é capaz de desempenhar

o seu cargo.
ca.pe.ru.za [kaperúθa] *s.f.* carapuça, capuz.
ca.pi.lla [kapíʎa] *s.f.* capela, igreja pequena. *La capilla del aeropuerto está vacía.* A capela do aeroporto está vazia.
ca.pi.tal [kapitál] *adj.* capital, principal.
ca.pi.ta.lis.mo [kapitalízmo] *s.m.* capitalismo, sistema econômico centrado no capital.
ca.pi.tán [kapitán] *s.m.* (mil. e mar.) capitão.
ca.pí.tu.lo [kapítulo] *s.m.* (liter. e for.) capítulo, divisão de um livro, texto, novela.
ca.pó [kapó] *s.m.* capô, tampa de motor de automóvel.
ca.po.ta [kapóta] *s.f.* capota.
ca.pri.cor.nio [kaprikórnjo] *s.m.* capricórnio, décimo signo do zodíaco.
ca.pri.cho [kaprítʃo] *s.m.* capricho.
cap.su.la [kápsula] *s.f.* cápsula.
cap.tar [kaptár] *v.t.* captar.
cap.tu.rar [kapturár] *v.t.* capturar.
ca.pu.cha [kapútʃa] *s.f.* capuz, capucha.
ca.pu.llo [kapúʎo] *s.m.* 1 casulo (de bicho-da-seda). 2 botão (de flores).
ca.qui [káki] *s.m.* caqui, fruta comestível; brim de cor cáqui.
ca.qui [káki] *adj.* cor de barro, entre o amarelo ocre e o verde-cinzento.
ca.ra [kára] *s.f.* 1 cara, rosto, face. 2 expressão, aspecto, semblante. *¡Julio está con una cara de pocos amigos, deve estar enojado!* Júlio está com cara de poucos amigos, deve estar irritado!
ca.ra.bi.na [karaβína] *s.f.* (mil.) carabina, arma de fogo.
ca.ra.col [karakól] *s.m.* caracol, molusco que vive em concha.
ca.ra.co.les [karakóles] *interj.* caramba, indica surpresa ou espanto.
ca.rác.ter [karákter] *s.m.* caráter, temperamento. Não se refere à moral ou integridade das pessoas.
ca.rac.te.rís.ti.co/a [karakterístiko] *adj.* característico.
ca.rac.te.ri.zar [karakteriθár] *v.t.* caracterizar, definir.
ca.ra.jo [karáxo] *s.m.* (vulg.) 1 caralho, órgão sexual masculino. 2 indicação de raiva.
ca.ram.ba [karámba] *interj.* caramba, indica surpresa.
ca.ra.me.lo [karamélo] *s.m.* 1 bala. 2 calda açucarada. *El almibar está a punto de caramelo.* A calda está em ponto de bala.
ca.rá.tu.la [karátula] *s.f.* 1 capa, coberta. 2 página inicial.
ca.ra.va.na [karaβána] *s.f.* caravana.
car.bo.hi.dra.to [karβoidráto] *s.m.* (quím.) carboidrato. *Los carbohidratos se transforman en azúcar.* Os carboidratos se transformam em açúcar.
car.bón [karβón] *s.m.* carvão.
car.bu.ra.dor [karβuraðór] *s.m.* (mec.) carburador.
car.bu.ro [karβúro] *s.m.* (quím.) carbureto.
car.ca.ja.da [karkaxáða] *s.f.* gargalhada. *Se reía como loco, a las carcajadas.* Ele ria como louco, às gargalhadas.
cár.cel [kárθel] *s.f.* prisão, cadeia, cárcere.
car.ci.nó.ge.no/a [karθinóxeno] *adj.* (med.) cancerígeno, relativo ao câncer.
car.de.nal [karðenál] *s.m.* cardeal.
car.día.co/a [karðíako] *adj. e s.* (med.) cardíaco, do coração. *Tuvo un paro cardíaco.* Teve uma parada cardíaca.
car.di.nal [karðinál] *adj.* 1 cardeal, cada um dos quatro pontos que divide o horizonte. 2 *adj.* numeral cardinal.
car.dió.lo.go/a [karðjóloɣo] *adj. e s.* (med.) cardiologista, médico que trata do coração.
car.du.men [karðúmen] *s.m.* cardume, conjunto de peixes. *Había cardúmenes de cientos de colores.* Havia cardumes de

centenas de cores.

ca.re.cer [kareθér] *s.v.* carecer, ter falta de algo.

ca.ren.cia [karéṇθja] *s.f.* carência, falta, provação.

ca.re.ta [karéta] *s.f.* máscara. *El baile de carnaval era una fiesta de gente con caretas.* O baile de carnaval era uma festa de gente com máscaras.

ca.rey [karéi̯] *s.m.* espécie de tartaruga comestível.

car.ga [kárɣa] *s.f.* 1 carga, aquilo que se transporta. 2 quantidade de explosivo de uma arma.

car.ga.men.to [karɣaménto] *s.m.* carga.

car.gar [karɣár] *v.t.* 1 carregar, levar, transportar. 2 encher um compartimento para fazer algo funcionar, tinta para canetas, pólvora para armas, energia para baterias etc.

car.go [kárɣo] *s.m.* cargo, posto.

car.gue.ro [karɣéro] *s.m.* (mar) cargueiro.

ca.ri.ca.tu.ra [karikatúra] *s.f.* caricatura, desenho com os traços deformados das pessoas ou animais.

ca.ri.cia [karíθja] *s.f.* carícia, demonstração de afeto.

ca.ri.dad [kariðáð] *s.f.* caridade, socorro a necessitados.

ca.ries [kárjes] *s.f.* (med.) cárie, lesão dentária.

ca.ri.lla [karíʎa] *s.f.* máscara.

ca.ri.ño [karíɲo] *s.m.* carinho, afeto. *El cariño y la atención ayudan a los niños enfermos a sanar.* O carinho e a atenção ajudam a curar os meninos doentes.

ca.ri.ta.ti.vo/a [karitatíβo] *adj.* caridoso.

car.mín [karmín] *adj.* carmim, vermelho vivo.

car.na.da [karnáða] *s.f.* isca. *Le puso una carnada grande a la cana y se fue a pescar.* Pôs uma isca grande na vara e foi pescar.

car.ne [kárne] *s.f.* carne.

car.né [karné] *s.m.* carteira, documento de identificação, com ou sem foto. *El carné de conductor está vencido.* A carteira de motorista está vencida.

car.ne.ro [karnéro] *s.m.* carneiro.

car.ni.ce.rí.a [karniθería] *s.f.* açougue, casa de venda de carnes.

car.ní.vo.ro/a [karníβoro] *adj.* e *s.m.* carnívoro. *La onza, el puma y el jaguar son los carnívoros de América.* A onça, o puma e o jaguar são os carnívoros da América.

ca.ro/a [káro] *adj.* caro, de preço ou estima elevada.

car.pa [kárpa] *s.f.* 1 carpa, tipo de peixe. 2 barraca de lona para acampamento ou de circo.

car.pe.ta [karpéta] *s.f.* pasta. *La carpeta con los ejercicios está encima de la mesa.* A pasta com os exercícios está sobre a mesa.

car.pin.te.rí.a [karpintería] *s.f.* carpintaria.

car.pin.te.ro/a [karpintéro] *s.* carpinteiro ou marceneiro.

ca.rras.pe.ra [kar̄aspéra] *s.f.* pigarro.

ca.rre.ra [kar̄éra] *s.f.* 1 (desp.) corrida. 2 curso. *Siguió la carrera de abogado.* Fez o curso de direito.

ca.rre.te [kar̄éte] *s.m.* carretel.

ca.rre.te.ra [kar̄etéra] *s.f.* estrada. *La Panamericana es una carretera larguísima.* A Pan-Americana é uma estrada muito longa.

ca.rre.ti.lla [kar̄etíʎa] *s.f.* carrinho de mão.

ca.rril [kar̄íl] *s.m.* trilho, linha férrea.

ca.rri.llo [kar̄íʎo] *s.m.* 1 bochecha. 2 polia.

ca.rro [kár̄o] *s.m.* carroça.

ca.rro.ce.rí.a [kar̄oθería] *s.f.* carroceria.

ca.rrua.je [kar̄wáxe] *s.m.* carruagem.

car.ta [kárta] *s.f.* carta.

car.ta.bón [kartaβón] *s.m.* (geo.) esquadro.

car.ta.pa.cio [kartapáθjo] *s.m.* fichário,

pasta com divisões identificadas.
car.te.ar.se [karteárse] *v.p.* corresponder-se. *Nos carteamos durante años.* Correspondemo-nos durante anos.
car.tel [kartél] *s.m.* cartaz.
car.te.le.ra [karteléra] *s.f.* mural.
cár.ter [kárter] *s.m.* cárter, compartimento de lubrificante nos carros. *El coche se fundió porque nos olvidamos de poner aceite en el cárter.* O carro fundiu porque esquecemos de pôr óleo no cárter.
car.te.ra [kartéra] *s.f.* 1 carteira, bolsa de mulher. 2 bolsa pequena, dobrável, masculina ou feminina.
car.te.ro/a [kartéro] *s.* carteiro, que entrega correspondências. *El Cartero y el Poeta cuenta la amistad entre Neruda y su cartero.* O Carteiro e o Poeta conta a amizade entre Neruda e seu carteiro.
car.tí.la.go [kartílaɣo] *s.m.* (med.) cartilagem.
car.ti.lla [kartíʎa] *s.f.* cartilha, livreta. *Siguiendo la cartilla no tendrás dificultades en instalar tu computadora.* Seguindo a livreta não terá dificuldade para instalar seu computador.
car.to.gra.fí.a [kartoɣrafía] *s.f.* cartografia, confecção, leitura de mapas.
car.to.man.cia [kartomáɲθia] *s.f.* cartomancia. *Las barajas de taró son las más conocidas de la cartomancia.* As cartas de tarô são as mais conhecidas da cartomancia.
car.tón [kartón] *s.m.* cartão (tipo de papel), papelão.
car.tu.cho [kartútʃo] *s.m.* 1 cartucho para tinta. 2 de carga de pólvora para armas. 3 oportunidade, chance. *Gastó sus últimos cartuchos tratando de convencerme a visitarlo.* Gastou seus últimos cartuchos tentando me convencer a visitá-lo.
car.tu.li.na [kartulína] *s.f.* cartolina.

ca.sa [kása] *s.f.* casa, habitação, lar.
ca.sa.do/a [kásaðo] *adj. e s.* casado.
ca.sal [kasál] *s.m.* 1 casa de campo. 2 par (macho e fêmea) de animais.
ca.sa.mien.to [kasamjénto] *s.m.* união, casamento.
ca.sar [kasár] *v.t.* 1 casar, contrair matrimônio. 2 combinar coisas diferentes.
cas.ca [káska] *s.f.* casca de uva.
cas.ca.bel [kaskaβél] *s.m.* 1 guizo. 2 cobra venenosa que tem guizo na ponta do rabo. *¿Quién le pone el cascabel al gato?* Quem vai encarar? Quem vai descascar o abacaxi? Quem vai topar resolver o problema?
cas.ca.da [kaskáða] *s.f.* cascata, queda de água.
cas.ca.nue.ces [kaskanwéθes] *s.m.* quebra-nozes.
cás.ca.ra [káskara] *s.f.* casca.
cas.ca.rón [kaskarón] *s.m.* casca de ovo.
cas.ca.rra.bias [kaskar̄áβjas] *s.* (col.) ranzinza, rabugento. *Si sigues así vas a volverte un viejo cascarrabias.* Se você continuar assim, vai ficar um velho rabugento.
cas.co [kásko] *s.m.* 1 capacete. 2 casco, unha dos mamíferos pesados. *Los cascos del caballo hacían mucho ruido.* Os cascos do cavalo faziam muito barulho.
ca.se.rí.o [kaserío] *s.m.* casario, conjunto de casas.
ca.se.ro/a [kaséro] *adj.* 1 caseiro, que cuida de uma casa. 2 que gosta de ficar em casa, sem sair muito.
ca.se.ta [kaséta] *s.f.* barraca, casa pequena.
ca.se.te [kaséte] *s.f.* fita cassete.
ca.si [kási] *adv.* quase.
ca.si.lla [kasíʎa] *s.f.* 1 barraca, casebre. 2 espaço de jogo de tabuleiro.
ca.si.no [kasíno] *s.m.* cassino, casa de jogos.
ca.so [káso] *s.m.* caso, fato, acontecimento. *Fue un caso memorable, que hizo historia.* Foi

um caso memorável, que fez história.
cas.pa [káspa] *s.f.* (med.) caspa, escamas do couro cabeludo.
cas.ta [kásta] *s.f.* casta, linhagem de família.
cas.ta.ña [kastáɲa] *s.f.* castanha, fruto da castanheira.
cas.ta.ña [kastáɲa] *s.f.* (fig. e col.) pancada, cascudo. *Se portaba tan mal cuando era niño, que le vivían dando castañas.* Comportava-se tão mal quando era criança, que vivia levando cascudos.
cas.ta.ño [kastáɲo] *adj.* castanho, marrom-claro. *Tiene los ojos y el pelo castaños.* Tem os olhos e o cabelo castanhos.
cas.ta.ñue.la [kastaɲwéla] *s.f.* (mús.) castanhola.
cas.te.lla.no/a [kasteʎáno] *adj. e s.* 1 castelhano, pertencente ou relativo à região de Castela, na Espanha. 2 idioma espanhol, nascido em Castilha (Castela).
cas.ti.dad [kastiðáð] *s.f.* castidade, pureza, virgindade.
cas.ti.gar [kastiɣár] *v.t.* 1 castigar, punir causar dano. 2 *v.p.* castigar-se. *Lo castigaron con una suspensión de tres días.* Foi castigado com uma suspensão de três dias.
cas.ti.go [kastíɣo] *s.m.* castigo, punição, pena.
cas.ti.llo [kastíʎo] *s.m.* castelo, lar da nobreza.
cas.tor [kastór] *s.m.* castor, mamífero roedor.
cas.trar [kastrár] *v.t.* 1 castrar, emascular o macho, estirpar os órgãos de reprodução, capar. 2 inibir, impedir. *Tuvo una infancia tan inhibida, fue tan castrado, que resultó un tímido y miedoso.* Teve uma infância tão inibida, foi tão castrado, que ficou tímido e medroso.
ca.sual [kaswál] *adj.* casual.
ca.sua.li.dad [kaswaliðáð] *s.f.* acaso, casualidade. *No es una casualidad que haya ocurrido tantos problemas.* Não é por acaso que tenha havido tantos problemas.
ca.ta.cum.bas [katakúmbas] *s.f.* (med.) catacumbas.
ca.ta.dor [kataðór] *s.m.* provador, degustador.
ca.ta.lep.sia [katalépsja] *s.f.* (med.) catalepsia.
ca.ta.li.za.dor/ [kataliθaðór] *adj. e s.* 1 catalisador, agente químico que acelera uma reação. 2 estímulo, incentivo.
ca.ta.lo.gar [kataloɣár] *v.t.* catalogar, registrar em determinada ordem.
ca.tá.lo.go [katáloɣo] *s.m.* catálago, registro ordenado.
ca.tar [katár] *v.t.* provar o sabor.
ca.ta.ra.ta [kataráta] *s.f.* catarata, doença ocular.
ca.ta.rro [katáro] *s.m.* 1 (med.) resfriado. 2 secreção resultante dessa doença.
ca.tas.tro [katástro] *s.m.* 1 censo rural. 2 censo ou cadastro da propriedade territorial urbana. *Mi casa está mal registrada en el catastro de obras civiles.* Minha casa está mal registrada no cadastro de obras civis.
ca.tás.tro.fe [katástrofe] *s.f.* catástrofe.
ca.te.ar [kateár] *v.t.* vasculhar, esquadrinhar, garimpar.
cá.te.dra [káteðra] *s.f.* cátedra, cadeira de professor.
ca.te.dral [kateðrál] *s.f.* catedral, igreja matriz ou principal. *La catedral de Catamarca guarda la imagen de la Virgen del Valle.* A catedral de Catamarca guarda a imagem da Virgen del Valle.
ca.te.drá.ti.co/a [kateðrátiko] *s.* catedrático, professor titular de uma cátedra.
ca.te.go.rí.a [kateɣoría] *s.f.* categoria, classe, grupo.
ca.te.gó.ri.co/a [kateɣóriko] *adj.* categórico, definitivo, indiscutível. *Fue categórico, no viene.* Ele foi categórico, não virá.
ca.te.que.sis [katekésis] *s.f.* catequese,

doutrinação religiosa.

ca.te.qui.zar [katekiθár] *v.t.* catequizar, instruir sobre determinada religião.

ca.té.ter [katéter] *s.m.* (med.) cateter, sonda.

ca.to.li.cis.mo [katoliθízmo] *s.m.* catolicismo, religião dos cristãos que reconhecem o Papa como sua autoridade máxima.

ca.tó.li.co/a [katóliko] *adj. e s.* católico, que segue a religião católica.

ca.tre [kátre] *s.m.* catre, cama pequena, de campanha. *Bolivar dormía en un catre de lona en la campaña.* Bolívar dormia num catre de lona na campanha.

cau.ce [káuθe] *s.m.* canal, leito do rio. *El río São Francisco va a sufrir algunos cambios en su cauce.* O rio São Francisco vai sofrer algumas mudanças em seu leito.

cau.cho [káutʃo] *s.m.* látex, substância produzida pela seringueira.

cau.ción [kauθjón] *s.f.* caução.

cau.dal [kaudál] *adj.* caudaloso, caudal.

cau.di.llo [kaudíʎo] *s.m.* 1 caudilho, chefe militar. 2 líder político de massas. *En Latinoamerica, como en Espana, ha habido caudillos.* Na América Latina, como na Espanha, houve caudilhos.

cau.sa [káusa] *s.f.* causa, motivo, razão.

cau.san.te [kausánte] *adj.* causador.

cau.sar [kausár] *v.t.* causar.

cáus.ti.co/a [káustiko] *adj* 1 cáustico, corrosivo. 2 mordaz, irônico, sarcástico.

cau.te.la [kautéla] *s.f.* cautela, cuidado, logro.

cau.te.ri.za.ción [kauteriθaθjón] *s.f.* cauterização.

cau.ti.va.dor/a [kautiβadór] *adj.* cativante, sedutor, envolvente. *Ella tiene una conversación muy cautivadora, sabe atraer con las palabras y los gestos.* Ela tem uma conversa muito cativante, sabe atrair com as palavras e os gestos.

cau.ti.var [kautiβár] *v.t.* cativar.

cau.ti.vé.rio [kautiβérjo] *s.m.* 1 cativeiro, esconderijo, prisão. 2 servidão. *La Princesa Isabel libertó a los esclavos de su cautiverio.* A Princesa Isabel libertou os escravos do cativeiro.

ca.var [kaβár] *v.t.* cavar, fazer buracos na terra ou areia.

ca.ver.na [kaβérna] *s.f.* caverna.

ca.viar [kaβjár] *s.m.* caviar, alimentos feito das ovas do esturjão. *El caviar, hecho de las huevas del esturión, es un manjar exquisito y caro.* O caviar, feito com as ovas do esturjão, é um manjar delicioso.

ca.vi.dad [kaβiðáð] *s.f.* cavidade.

ca.yo [kájo] *s.m.* ilhota. *Cayo Largo es una hermosa isla de Cuba.* Cayo Largo é uma bela ilha de Cuba.

ca.za [káθa] *s.f.* 1 caça, ato de caçar. 2 produto da caça, conjunto dos animais caçados.

ca.za.dor/a [kaθaðór] *adj. e s.* caçador.

ca.zar [kaθár] *v.t.* caçar.

ca.zue.la [kaθwéla] *s.f.* cozido feito em caçarola.

ce.ba.da [θeβáða] *s.f.* cevada.

ce.ba.dor [θeβaðór] *s.m.* afogador para acelerar o carro. *Si pones el cebador el coche no va a arrancar, hace mucho frío hoy.* Se você usar o afogador o carro não vai pegar.

ce.bi.che [θeβítʃe] *s.m.* prato típico andino à base de peixe cru.

ce.bo.lla [θeβóʎa] *s.f.* cebola.

ce.bra [θéβra] *s.f.* zebra.

ce.bú [θeβú] *s.m.* zebu, variedade de boi.

ce.da.zo [θeðáθo] *s.m.* peneira.

ce.der [θeðér] *v.t.* 1 ceder, dar, doar. 2 conceder. *No es bueno ceder si tienes razón, aunque es conveniente saber conceder.* Não é bom ceder se tiver razão, embora seja conveniente saber conceder. 3 doar em herança. 4 não resistir.

Cedió a la presión de su padre. Cedeu à pressão de seu pai. 5 afrouxar, abrandar. *El dolor y la fiebre empezaron a ceder.* A dor e a febre começará a ceder. 6 mover-se. *El muro no resistió a las lluvias y cedió.* O muro não resistiu às chuvas e cedeu.

ce.dro [θéðro] *s.m.* cedro, tipo de árvore de madeira resistente.

ce.du.la [θéðula] *s.f.* cédula.

ce.gar [θeɣár] 1 cegar, tornar cego. 2 não ver o óbvio, perder a razão. *Se enamoró y se cegó por completo.* Apaixonou-se e ficou completamente cego.

ce.gar.se [θeɣárse] *v.p.* cegar-se.

ce.ja [θéxa] *s.f.* sobrancelha.

ce.lar [θelár] *v.t.* vigiar, sentir ciúme.

cel.da [θélda] *s.f.* 1 cela, xadrez. 2 quarto de uma freira ou padre.

ce.le.bra.ción [θeleβraθjón] *s.f.* celebração, festejo, comemoração.

ce.le.brar [θeleβrár] *v.t.* exaltar, comemorar, celebrar, louvar. *Celebraron las bodas de oro.* Comemoraram as bodas de ouro.

ce.le.brar.se [θeleβrárse] *v.p.* celebrar.

ce.le.bre [θéleβre] *adj.* célebre, famoso.

ce.le.bri.dad [θeleβriðáð] *s.f.* celebridade, notoriedade, vulto. *García Márquez era toda una celebridad antes de los cincuenta.* García Márquez era toda uma celebridade antes dos cinqüenta.

ce.les.te [θeléste] *adj.* celeste, pertencente ou relativo ao céu.

ce.les.ti.na [θelestína] *s.f.* alcoviteira.

ce.li.ba.ta.rio/a [θeliβatárjo] *adj. e s.* celibatário, solteiro.

ce.li.ba.to [θeliβáto] *s.m.* celibato, estado de pessoa solteira.

ce.lo [θélo] *s.m.* 1 cuidado. 2 ciúme. 3 zelo. 4 cio nos animais.

ce.lo [θélo] *s.m.* celofane autoadesivo, durex, fita adesiva.

ce.lo.fán [θelofán] *s.m.* celofane.

ce.lo.so/a [θelóso] *adj.* 1 que tem ciúmes, ciumento. 2 cioso, cuidadoso ao extremo. 3 zeloso. *Es muy celoso, con su mujer y sus hijos, y con sus cosas y su trabajo.* É muito zeloso, com sua mulher e seus filhos, e com suas coisas e seu trabalho.

cé.lu.la [θélula] *s.f.* (biol.) célula, unidade estrutural dos seres vivos.

ce.lu.li.tis [θelulítis] *s.f.* (med.) celulite, inflamação da pele ou tecido subcutâneo.

ce.men.te.rio [θementérjo] *s.m.* 1 cemitério, lugar para sepultamento. *Hay muchísimos cementerios indios en Bolivia, Perú y Argentina.* Há muitíssimos cemitérios índios na Bolívia, no Peru e na Argentina. 2 lugar vazio. *El feriado dejó a la ciudad vacía y silenciosa como un cementerio.* O feriado deixou a cidade vazia e silenciosa como um cemitério.

ce.men.to [θeménto] *s.m.* argamassa, cimento.

ce.na [θéna] *s.f.* jantar, última refeição do dia.

ce.nar [θenár] *v.i.* e *t.* jantar.

ce.ni.ce.ro [θeniθéro] *s.m.* cinzeiro, recipiente para cinzas e pontas de cigarro.

ce.nit [θenít] *s.m.* zênite, ponto mais alto da esfera celeste. *El sol estaba sobre el cenit y los rayos quemaban sin piedad.* O sol estava sobre o zênite e os raios queimavam sem piedade.

ce.ni.za [θeníθa] *s.f.* cinza.

cen.so [θénso] *s.m.* censo.

cen.sor [θensór] *s.m.* censor, aquele que censura.

cen.su.ra [θensúra] *s.f.* censura, reprovação. *Cuando falta la libertad, la censura cae sobre los libros, el cine, los diarios y la televisión.* Quando falta a liberdade, a censura cai sobre os livros, o cinema, os jornais e a televisão.

cen.su.rar [θensurár] *v.t.* censurar, reprovar.

cereal

cen.ta.vo [θentáβo] *s.m.* centavo.
cen.te.lla [θentéʎa] *s.f.* centelha, faísca, fagulha.
cen.te.nar [θentenár] *s.m.* centena, cem. *Había más de un centenar de invitados famosos.* Havia mais de uma centena de convidados famosos.
cen.te.na.rio/a [θentenárjo] *adj.* e *s.m.* 1 centenário, que tem cem anos. 2 período de cem anos. *El cuarto centenário del Quijote será festejado por un largo tiempo.* O quarto centenário do Quixote será festejado por um longo tempo.
cen.te.no/a [θenténo] *adj.* centésimo
cen.te.no [θenténo] *s.m.* (bot.) centeio, planta gramínea com cujos grãos se faz pão.
cen.tí.gra.do/a [θentíɣraðo] *adj.* centígrado.
cen.tí.me.tro [θentímetro] *s.m.* centímetro
cén.ti.mo [θéntimo] *s.* centavo, cêntimo. *No quiero ver ni un céntimo de su dinero.* Não quero ver nem um centavo de seu dinheiro.
cen.ti.ne.la [θentinéla] *s.m.* sentinela, pessoa que guarda um posto.
cen.tral [θentrál] *adj.* central, cêntrico.
cen.tra.li.zar [θentraliθár] *v.t.* centralizar, colocar no centro.
cen.trar [θentrár] *v.t.* centrar, determinar o centro.
cen.tri.fu.ga.do.ra [θentrifuɣaðóra] *s.f.* (mec.) centrífuga. *La empleada puso la ropa en la centrifugadora.* A empregada pôs a roupa na centrífuga.
cen.tro [θéntro] *s.m.* 1 centro, ponto convergente. 2 instituição, prédio ou equipe humana que encabeça. 3 (polít.) partidos que não são nem conservadores da direita, nem progressistas de esquerda. *El congreso y la presidencia están en el centro de las decisiones.* O congresso e a presidência estão no centro das decisões.

ce.ñir [θeɲír] *v.t.* cingir, apertar, ajustar.
ce.ño [θeño] *s.m.* cenho.
ce.pi.llar [θepiʎár] *v.t.* escovar.
ce.pi.llar.se [θepiʎárse] *v.p.* escovar-se.
ce.pi.llo [θepíʎo] *s.m.* escova.
ce.ra [θéra] *s.f.* cera.
ce.rá.mi.ca [θerámika] *s.f.* cerâmica.
cer.ca [θérka] *s.f.* cerca, estrutura que circunda e defende uma casa ou terreno.
cer.ca [θérka] *adv.* perto, em área próxima. *Dejó el auto muy cerca de la vereda y estropeó el neumático.* Deixou o carro muito perto da calçada e estragou o pneu. *cerca de*, aproximadamente, sem exatidão. *Un mes atrás custó cerca de 600 mil reales.* Um mês atrás custou em torno de 600 mil reais. *de cerca*, de perto, *No veo bien de cerca cuando leo.* Não vejo bem de perto quando leio.
cer.ca.do/a [θerkáðo] *adj.* cercado, rodeado, circundado.
cer.ca.ní.a [θerkanía] *s.f.* proximidade, vizinhança. *Vivíamos en las cercanias de una pequena ciudad.* Morávamos nas vizinhanças de uma pequena cidade.
cer.ca.no/a [θerkáno] *adj.* próximo, vizinho. *El cine más cercano estaba a una hora.* O cinema mais próximo ficava a uma hora.
cer.car [θerkár] *v.t.* 1 cercar, rodear, proteger. 2 contornar, por cerco. *Los republicanos cercaron el Alcázar de Toledo y lo sitiaron por un largo tiempo.* Os republicanos cercaram o Alcázar de Toledo e o sitiaram durante muito tempo.
cer.cio.rar [θerθjorár] *v.t.* constatar, certificar, verificar.
cer.do/a [θérðo] *s.* porco. *Al cerdo se lo llama de muchas maneras. chancho, puerco, cochino, marrano etc.* O porco é chamado de muitos modos. *chancho, puerco, cochino, marrano etc.*
ce.re.al [θereál] *s.m.* (bot.) cereal.

ce.re.bro [θeréβro] *s.m.* 1 cérebro. 2 chefe, quem planeja e dirige. *La policía detuvo al jefe y cérebro de asalto al banco.* A polícia deteve o chefe e cérebro do assalto ao banco.

ce.re.mo.nia [θeremónja] *s.f.* 1 cerimônia. 2 reunião formal, solenidade. 3 rito, ritual, liturgia.

ce.re.mo.nial [θeremonjál] *adj.* cerimonial, regras, liturgia. *El ceremonial de la misa en latín era muy complicado.* O cerimonial da missa em latim era muito complicado.

ce.re.za [θeréθa] *s.f.* (bot.) cereja.

ce.re.zo [θeréθo] *s.m.* (bot.) cerejeira, árvore da cereja.

ce.ri.lla [θeríʎa] *s.f.* palito de fósforo.

cer.ne [θérne] *s.m.* 1 cerne, âmago, parte interna e principal, coração. 2 ponto principal, essência da questão. *Hemos llegado al quid de la cuestión, como si fuera el cerne de un árbol duro y resistente.* Chegamos ao quid da questão, como se fosse o cerne de uma árvore dura e resistente.

ce.ro [θéro] *num.* zero, quantidade nula. *Ese jefe es un cero a la izquierda.* Esse chefe é um zero à esquerda.

ce.rra.du.ra [θer̄aðúra] *s.f.* fechadura.

ce.rra.je.rí.a [θer̄axería] *s.f.* oficina de chaveiro.

ce.rra.je.ro [θer̄axéro] *s.m.* chaveiro, especialista em fechaduras. *Llama al cerrajero, me he olvidado las llaves dentro del coche.* Chame o chaveiro, esqueci as chaves dentro do carro.

ce.rrar [θer̄ár] *v.t.* 1 fechar, trancar, pôr chave. 2 pôr tampa. 3 impedir a passagem. 4 assinar um contrato. 5 acabar o prazo. 6 fechar a torneira. *noche cerrada,* noite fechada, escura.

ce.rrar.se [θer̄árse] *v.p.* fechar-se. *Cerrarse una curva.* Fazer uma curva fechada.

ce.rro [θér̄o] *s.m.* morro, colina, serra.

ce.rro.jo [θer̄óxo] *s.m.* ferrolho, tranca de ferro.

cer.ta.men [θer̄támen] *s.m.* 1 certame, concurso. 2 duelo, desafio.

cer.te.ro/a [θer̄téro] *adj.* certeiro, certo, destro.

cer.ti.dum.bre [θer̄tiðúmbre] *s.f.* certeza, seguridade, segurança.

cer.ti.fi.ca.ción [θer̄tifikaθjón] *s.f.* certificação, certidão, garantia.

cer.ti.fi.ca.do/a [θer̄tifikáðo] *adj.* certificado, registrado, reconhecido.

cer.ti.fi.car [θer̄tifikár] *v.t.* certificar, afirmar, assegurar.

cer.ti.fi.car.se [θer̄tifikárse] *v.p.* certificar-se, assegurar-se.

cer.ve.ce.rí.a [θer̄βeθería] *s.f.* cervejaría.

cer.ve.za [θer̄βéθa] *s.f.* cerveja.

ce.san.tí.a [θesantía] *s.f.* desemprego. *La cesantía y la desocupación o paro forzoso son los males de este siglo.* O desemprego e a falta de ocupação ou paralização forçosa são os males deste século.

ce.sá.re.a [θesárea] *adj.* cesariana.

ce.se [θése] *s.m.* 1 demissão. 2 suspensão.

ce.sión [θesjón] *s.f.* 1 cessão, concessão. 2 renúncia. *Cesión de bienes es una dejación del debedor a sus acreedores.* Cessão de bens é um legado do devedor a seus credores.

cés.ped [θéspeð] *s.m.* grama, gramado, relva.

ces.to/a [θésto] *s.* cesto.

ch [tʃé] *s.f.* letra do alfabeto espanhol que, por sugestão da RAE, foi incluída na letra C; seu nome é *che*. Sua articulação é palatal, fricativa, surda. (som de tch, como em Che Guevara).

cha.bo.la [tʃaβóla] *s.f.* favela. *Las villas de emergencia, las chabolas, son la verguenza de la sociedad moderna.* As vilas de emergência, as favelas, são a vergonha da sociedade moderna.

cha.ci.na [tʃaθína] *s.f.* carne salgada, charque, carne de sol. Não confundir com assassinato em massa, matança.

chá.cha.ra [tʃákara] *s.f.* conversa fiada, papo sem direção.

cha.cra [tʃákra] *s.f.* granja, chácara.

cha.flán [tʃaflán] *s.m.* chanfro, recorte em ângulo.

chal [tʃál] *s.m.* xale, manta.

cha.lé [tʃalé] *s.m.* chalé, casa térrea, com jardim e quintal. *Era un lindo chalet de piedra, madera y ladrillos en Mar del Plata.* Era um lindo chalé de pedra, madeira e tijolos em Mar del Plata.

cha.le.co [tʃaléko] *s.m.* colete.

cha.li.na [tʃalína] *s.f.* cachecol, manta.

cha.ma.rra [tʃamára] *s.f.* jaqueta. *Le regalaron una hermosa chamarra de cuero negro.* Ganhou de presente uma bela jaqueta de couro preto.

cham.bón/a [tʃambón] *adj. e s.* (col.) pessoa pouco habilidosa, inútil, desastrado. *¡Dale chambón!* Ô mané!

cham.pán/cham.pa.ña [tʃampán]/[tʃampáɲa] *s.m.* champanhe.

cham.pi.ñon [tʃampiɲón] *s.m.* (bot.) tipo de cogumelo.

cham.pú [tʃampú] *s.m.* xampu, sabonete líquido para o cabelo. *Tiene que ser champú verde para cabellos grasos.* Tem que ser xampu verde para cabelos gordurosos.

cha.mus.car [tʃamuskár] *v.t.* chamuscar.

chan.ce [tʃánθe] *s.f.* chance.

chan.cho/a [tʃátʃo] *s.* porco. *No les tires margaritas a los chanchos.* Não jogue pérolas aos porcos.

chan.chu.llo [tʃatʃúʎo] *s.m.* (col.) tramoia, trambique. *Son chanchullos y negociatas ilegales.* São trambiques e negociatas ilegais.

chan.cle.ta [tʃakléta] *s.f.* chinelo, sandália.

chan.ta.je [tʃántáxe] *s.m.* chantagem, extorsão. *El chantaje es una extorción de dinero u otros beneficios bajo amenazas de relevaciones escandalosas.* A chantagem é uma extorsão de dinheiro ou outros benefícios sob ameaças de relevâncias escandalosas.

chan.ta.jis.ta [tʃantaxísta] *s.* chantagista.

cha.pa [tʃápa] *s.f.* 1 chapa, lataria de carro. 2 folha ou lâmina de metal, madeira etc.

cha.pa.rro/a [tʃapáro] *s.* tipo de arbusto e mata, vegetação cerrada.

cha.pa.rrón [tʃaparón] *s.m.* temporal, tempestade, chuva muito forte. *Fue un chaparrón con vientos fuertes.* Foi um temporal com ventos fortes.

cha.pis.ta [tʃapísta] *s.m.* funileiro. *Llevé el coche al chapista para hacer chapa y pintura.* Levei o carro ao funileiro para fazer lataria e pintura.

cha.po.te.ar [tʃapoteár] *v.i.* chapinhar, fazer barulho na água batendo os pés e as mãos.

cha.pu.ce.ro/a [tʃapuθéro] *adj.* malfeito, serviço picareta.

cha.pu.lín [tʃapulín] *s.m.* (Méx.) gafanhoto. *En México se le llama chapulín a la langosta.* No México, chama-se de chapulín o gafanhoto.

cha.pu.za [tʃapúθa] *s.f.* trabalho malfeito e às pressas. *Los carpinteros hicieron un pésimo trabajo, una chapuza.* Os carpinteiros fizeram um péssimo trabalho, uma droga.

cha.pu.zar [tʃapuθár] *v.t.* mergulhar.

cha.pu.zar.se [tʃapuθárse] *v.p.* 1 tomar um banho rápido. 2 mergulhar de cabeça.

cha.pu.zón [tʃapuθón] *s.m.* mergulho. *Me dí un chapuzón rápido en la piscina.* Dei um mergulho rápido na piscina.

cha.que.ta [tʃakéta] *s.f.* paletó, peça curta de vestuário para homens ou mulheres.

cha.que.te.ar [tʃaketeár] *v.i.* mudar de ideia, virar a casaca.

charada

cha.ra.da [tʃaráða] *s.f.* charada, enigma ou jogo de palavras que propõe uma sílaba como dica.

cha.ran.ga [tʃaráŋga] *s.f.* (mús.) 1 música e banda de instrumentos de percussão e sopro. 2 banda popular, desafinada.

cha.ran.go [tʃaráŋgo] *s.m.* (mús.) viola pequena de cinco cordas e sons agudos, dos índios da Bolívia, Peru e Norte da Argentina e do Chile.

char.co [tʃárko] *s.m.* poça de água, água mais parada na curva do rio.

char.la [tʃárla] *s.f.* 1 conversa informal, bate-papo. 2 palestra, apresentação. *Los profesores dieron una charla sobre los temas transversales.* Os professores fizeram uma palestra sobre os temas transversais.

char.lar [tʃarlár] *v.i.* conversar, papear.

char.la.tán/a [tʃarlatán] *adj. e s.* conversador, enrolador.

char.ne.la [tʃarnéla] *s.f.* dobradiça.

cha.rol [tʃaról] *s.m.* verniz para couro. *Se compró unos zapatos rojos de charol.* Comprou sapatos vermelhos de verniz.

cha.rro/a [tʃáro] *adj.* muito enfeitado ou de cores berrantes.

chas.co [tʃásko] *s.m.* decepção, desilusão. *¡Qué chazco! Esperaba una promoción en mi empleo y me dimitieron.* Que decepção! Eu esperava uma promoção em meu emprego e fui demitido.

cha.sis [tʃásis] *s.m.* chassi.

chas.qui.do [tʃaskíðo] *s.m.* 1 estalo com a boca. 2 barulho de coisa quebrando. 3 crepitação do fogo.

cha.ta [tʃáta] *s.f.* comadre, penico usado por doentes que não podem sair da cama.

cha.ta.rra [tʃatářa] *s.f.* sucata, ferro velho, objetos metálicos inúteis.

cha.to/a [tʃáto] *adj. e s.* 1 pessoa de nariz achatado. 2 nariz achatado. 3 carro picape ou caminhonete velhas.

chau.cha [tʃáu̯tʃa] *s.f.* (bot.) vagem.

chau.vi.nis.mo [tʃau̯βinízmo] *s.m.* chauvinismo. *La palabra chauvinismo es un galicismo que significa patriotismo, nacionalismo irracional.* A palavra chauvinismo é um galicismo que significa patriotismo, nacionalismo irracional.

cha.vo [tʃáβo] *s.m.* (gal.) dinheiro.

¡che! [tʃé] *s.m.* forma amigável de chamamento comum em Valencia e atualmente na Argentina e no Uruguai. *Los cubanos llaman che a los argentinos.* Os cubanos chamam os argentinos de che.

che.li [tʃéli] *adj. e s.* (Esp.) hippie, bicho-grilo.

che.que [tʃéke] *s.m.* (com.) cheque.

che.que.o [tʃekéo] *s.m.* check-up. *Voy a hacerme un chequeo esta semana en la clínica.* Vou fazer um check-up esta semana na clínica.

ché.ve.re [tʃéβere] *adj.* bonito, excelente. *Los colombianos dicen ¡chévere! cuando algo les gusta mucho.* Os colombianos dizem ¡chévere! quando gostam muito de alguma coisa.

chic [tʃík] *adj.* (gal.) chique.

chi.ca [tʃíka] *s.f.* 1 menina, garota. 2 empregada doméstica. *La chica va a salir de vacaciones, voy a llevar a mis hijos a la casa de mi hermana.* A empregada vai entrar em férias, vou levar meus filhos para a casa de minha irmã.

chi.cha [tʃítʃa] *s.f.* 1 carne comestível. 2 (Bol. e Peru) bebida alcoólica de milho fermentado. 3 (Chile) bebida de maça ou uva fermentada.

chi.cha.rra [tʃitʃářa] *s.f.* cigarra, inseto que canta à noite.

chi.cha.rrón [tʃitʃařón] *s.m.* 1 torresmo. 2 árvore de grande porte de Cuba. 3 pessoa muito queimada do sol.

chi.che [tʃítʃe] *s.m.* (Amér.) peito da mulher.

chi.chón [tʃitʃón] *s.m.* (col.) hematoma, galo, calombo. *Me caí de la bici y me hice un chichón en la cabeza.* Caí da bicicleta e fiz um galo na cabeça.

chi.cle [tʃíkle] *s.m.* chiclete.

chi.co/a [tʃíko] 1 *adj.* pequeno(a). 2 *s.* menino(a), rapaz, rapariga, moço(a) jovem.

chi.fla.do/a [tʃifláðo] *adj. e s.* louco, maluco.

chi.flar [tʃiflár] *v.i.* assobiar.

chi.flar.se [tʃiflárse] *v.p. gamar*, gostar muito, ficar louco por algo. *Julio se chifló por Teresita.* Júlio gamou por Teresita.

chi.la.ca.yo.te [tʃilakajóte] *s.m.* abobrinha.

chi.le [tʃíle] *s.m.* (bot.) chile, pimenta. *El chile o pimiento también se llama ají en América del Sur.* O chile ou pimentão também se chama *ají* na América do Sul.

chi.llar [tʃiʎar] *v.i.* gritar, chiar. *No chilles así, estás asustanto a tu hermanito.* Não grite assim, você está assustando o seu irmãozinho.

chi.lli.do [tʃiʎíðo] *s.m.* grito agudo.

chi.llón/a [tʃiʎón] *adj. e s.* pessoa que grita ou fala muito alto.

chil.mole [tʃilmóle] *s.m.* (Méx.) molho picante. *En México hacen una salsa picante de chile y tomate, el chilimole.* No México fazem um molho picante de chile e tomate, o *chilmole*.

chil.te.pe [tʃiltépe] *s.m.* (bot.) pimenta muito ardida.

chi.me.nea [tʃimenéa] *s.f.* chaminé, conduto que dá saída à fumaça, lareira.

chim.pan.cé [tʃimpaɳθé] *s.m.* chimpanzé, grande macaco antropoide. *El chimpanzé es el mono más parecido al ser humano.* O chimpanzé é o macaco mais parecido com o ser humano.

chi.na [tʃína] *s.f.* pedra pequena e arredondada.

chin.che [tʃítʃe] *s.f.* 1 percevejo, inseto parasita que chupa o sangue. 2 preguinho para segurar papéis.

chin.chi.lla [tʃitʃíʎa] *s.f.* chinchila.

chin.gar [tʃiŋgár] *v.t.* 1 beber muito. 2 insultar 3 (Arg.) errar, pifar. Esta palavra tem muitos significados na América espanhola. Em Porto Rico, por exemplo, *chingar* é cortar o rabo do animal.

chin.gar.se [tʃiŋgárse] *v.p.* embriagar-se.

chi.no/a [tʃíno] *adj.* 1 chinês, habitante ou originário da China. 2 língua falada na China.

chi.pa [tʃípa] *s.m.* rosca típica paraguaia, torta de milho. *En la región rioplatense, se come el chipá, comida hecha de maíz o de mandioca.* Na região rio-platense, come-se o chipá, comida feita de milho ou mandioca.

chi.que.ro [tʃikéro] *s.m.* 1 chiqueiro, curral ou pocilga para guardar os porcos. Não é chiqueirinho para crianças pequenas. 2 compartimento onde ficam os touros antes da tourada.

chi.qui.llo/a [tʃikíʎo] *adj. e s.* criança.

chi.qui.to/a [tʃikíto] *adj. e s.* muito pequeno.

chi.ri.mí.a [tʃirimía] *s.f.* (mús.) charamela, espécie de clarinete.

chi.ri.mo.ya [tʃirimóʝa] *s.f.* (bot.) fruta-do-conde.

chi.ri.pa [tʃirípa] *s.f.* sorte, acaso. *Hizo un gol de chiripa, pura suerte.* Fez um gol por acaso, pura sorte.

chi.ri.pá [tʃiripá] *s.m.* peça de roupa que segura a fralda do bebê. *El chiripá sostiene el pañal del bebé.* O chiripá segura a fralda do bebê.

chi.rri.ar [tʃiriár] *v.i.* chiar, ranger.

chi.rri.do [tʃiríðo] *s.m.* chiado, rangido. *Se escuchaban unos chirridos horribles, como si fueran ratas chillando y mordiendo madera.* Ouviam-se rangidos horríveis, como se fossem ratazanas chiando e mordendo madeira.

chis [tʃís] *interj.* psiu, quieto.
chis.me [tʃísme] *s.m.* 1 fofoca, mexerico, boato. 2 traste velho, treco.
chis.mo.rre.o [tʃismoréo] *s.m.* fofoca, boato.
chis.mo.so/a [tʃismóso] *adj. e s.* fofoqueiro. *Al chismoso y al cuentero se los anula con la indiferencia.* O fofoqueiro e o piadista são anulados pela indiferença.
chip [tʃíp] *s.m.* (inf.) pequeno circuito. *Los chips son circuitos integrados minúsculos de la memoria de las computadoras.* Os chips são circuitos integrados minúsculos da memória dos computadores.
chis.pa [tʃíspa] *s.f.* faísca, chispa.
chis.pa.zo [tʃispáθo] *s.m.* faísca, centella.
chis.po.rro.te.ar [tʃispor̄oteár] *v.i.* crepitar, estalar. *La carne chisporroteaba en el fuego.* A carne crepitava no fogo.
chis.tar [tʃistár] *v.i.* abrir a boca, fazer pio, sem se atrever a falar. *¡Quédense aqui, calladitos, sin chistas, hasta que yo vuelva!* Fiquem aqui, caladinhos, sem um pio, até eu voltar!
chis.te [tʃíste] *s.m.* piada, anedota, gracejos.
chis.to.so/a [tʃistóso] *adj.* engraçado, divertido, piadista.
chi.vo/a [tʃíβo] *s.* 1 bode, cabrito. 2 (Amér. Centr.) contrabando, muamba.
cho.car [tʃokár] *v.i.* colidir, chocar, bater. *Los ómnibus chocaron a poca velocidad. No hubo heridos.* Os ônibus colidiram a pouca velocidade. Não houve feridos.
cho.che.ar [tʃotʃeár] *v.i.* ficar gagá, caducar. *Se puso viejo y chocheaba.* Ficou velho e estava caducando.
cho.cho/a [tʃótʃo] *adj.* caduco. (col.) 1 bobo. 2 mãe ou pai coruja. 3 trabalho pesado, problema, abacaxi ou pepino. 4 *s.m. vulg.* vulva.

cho.clo [tʃóklo] *s.m.* 1 espiga de milho verde. *Comimos empanadas de choclo y tomamos gaseosas en la fiesta.* Comemos tortas de milho verde e tomamos refrescos na festa. 2 tamanco de madeira.
cho.co [tʃóko] *s.m.* (Bol. e Arg.) cachorro, cão.
cho.co.la.te [tʃokoláte] *s.m.* chocolate.
cho.fer/chófer [tʃoférr]/[tʃófer] *s.m.* chofer, motorista.
cho.lo/a [tʃólo] *s.* mestiço de branco e índio, pessoa do campo boliviano ou do norte da Argentina.
chom.ba [tʃómba] *s.f.* (Arg.) camiseta polo, (Chile) colete de lã.
chom.pa [tʃómpa] *s.f.* jaqueta.
cho.que [tʃóke] *s.m.* colisão, batida. *Hubo un choque de trenes en Bogotá.* Houve uma colisão de trens em Bogotá.
cho.ri.zo [tʃoríθo] *s.m.* linguiça.
cho.rre.ar [tʃor̄eár] *v.i.* 1 jorrar, espirrar. 2 gotejar.
cho.rro [tʃór̄o] *s.m.* jorro, jato, esguicho.
cho.za [tʃóθa] *s.f.* choza, palhoça. *Los indios vivian en chozas de ramas o de pieles y de cueros, en el sur de Argentina.* Os índios moravam em choças de galhos ou de peles e de couros, no sul da Argentina.
chu.cha [tʃútʃa] *s.f.* (Chile) prostituta.
chu.che.rí.a [tʃutʃería] *s.f.* coisa de pouca importância, bagatela, bugiganga.
chu.cho/a [tʃútʃo] *s.* 1 cão pequeno, cachorrinho. 2 (Arg. e Urug.) calafrio, tremedeira.
chue.co/a [tʃwéko] *adj.* de pernas tortas, coisa torta. *Garrincha fue el chueco más famoso del fútbol brasileño.* Garrincha foi o perna torta mais famoso do futebol brasileiro.
chu.le.ta [tʃuléta] *s.f.* costela, costeleta (de carneiro, porco, boi etc).

chu.lo/a [tʃúlo] *adj.* 1 valentão, malandro. 2 bonitão, metido. 3 de baixo calão, suburbano.
chum.pi.pe [tʃumpíke] *s.m.* ave galinácea.
chu.par [tʃupár] *v.t.* chupar.
chu.par.se [tʃupárse] *v.p.* (vulg.) chupar, mamar, embebedar-se.
chu.pe.te [tʃupéte] *s.m.* chupeta, bico.
chu.rras.co [tʃur̄ásko] *s.m.* churrasco, assado na brasa.
chu.rro [tʃúr̄o] 1 *s.m.* churro, massa de farinha frita. 2 *adj.* (Arg. e Urug.) bonitão, homem ou mulher muito atraente.
chus.ma [tʃúzma] *s.f.* 1 gentalha, corja. 2 (Arg.) nome dado pelas autoridades, gaúchos e soldados aos índios e seus acampamentos no séc. XIX.
cia.nu.ro [θjanúro] *s.m.* cianureto, veneno.
ciá.ti.co/a [θjátiko] *adj.* (med.) ciático, nervo do quadril. *Le atacaba la ciática y no podia moverse.*
ci.ber.né.ti.co/a [θiβernétiko] *adj.* cibernético, relativo ao controle dos processos biológicos de comunicação e informática.
ci.ca.triz [θikatríθ] *s.f.* cicatriz, marca de lesão.
ci.ca.tri.zar [θikatriθár] *v.t.* cicatrizar, fechar uma ferida.
ci.clis.mo [θiklízmo] *s.m.* ciclismo.
ci.clis.ta [θiklísta] *adj.* ciclista.
ci.clo [θíklo] *s.m.* ciclo, período.
ci.clón [θiklón] *s.m.* 1 ciclone, furacão. 2 pessoa hiperativa. *Ricardo y Manuel son dos ciclones trabajando.* Ricardo e Manuel são dois ciclones, trabalhando.
ci.dro/a [θíðro] *s.m.* cidreira.
cie.go/a [θjéɣo] *adj.* 1 cego, que tem dificuldade visual. 2 que não quer ver. *No hay peor ciego que el que no quiere ver.* Não há pior cego do que aquele que não quer ver.
cie.lo [θjélo] *s.m.* 1 céu, firmamento. 2 paraíso.

ciem.piés [θjempjés] *s.m.* centopeia, inseto com muitos pés, lacraia.
cien [θjén] *num.* cem, apócope de ciento. *Cien por ciento puro.* Cem por cento puro.
cien.cia [θjénθja] *s.f.* ciência, área de conhecimento metodicamente organizada.
cien.tí.fi.co [θjentífiko] *adj.* 1 científico, referente à ciência. 2 pessoa dedicada à investigação, cientista. *Los científicos no descubrieron todavía una cura para el cáncer.* Os cientistas ainda não descobriram uma cura para o câncer.
cien.to [θjénto] *num.* cem, cento, noventa e nove mais um.
cie.rre [θjér̄e] *s.m.* fechamento, fecho, zíper.
cier.to/a [θjérto] *adj.* 1 certo. 2 verdadeiro, seguro, indubitável. *La muerte es lo único cierto en la vida.* A morte é a única coisa certa na vida. 2 *un cierto*, como em português, esta expressão acrescenta dúvida. *Un cierto doctor me dió un remedio que me dejó más enfermo.* Não tem sentido de correto. *¡Por cierto, no te olvides de pagar!* Ah, não se esqueça de pagar! *Cierto día vi a Cristina en la calle.* Um dia desses vi Cristina na rua.
cier.vo/a [θjérβo] *s.* cervo.
ci.fra [θífra] *s.f.* cifra, número, valor, quantidade.
ci.ga.rre.ra [θiɣar̄éra] *s.f.* 1 companhia de cigarros. 2 carteira para guardar cigarros.
ci.ga.rri.llo [θiɣar̄íʎo] *s.m.* cigarro.
ci.ga.rro [θiɣár̄o] *s.m.* cigarro de palha, charuto
ci.gue.ña [θiɣwéɲa] *s.f.* cegonha.
ci.gue.ñal [θiɣweɲál] *s.m.* virabrequim.
ci.lin.dra.da [θilindráða] *s.f.* cilindrada, força ou potência de um motor.
ci.lin.dro [θilíndro] *s.m.* cilindro, unidade de potência.
ci.ma [θíma] *s.f.* cume.

ci.ma.rrón [θimař ón] *s.m.* 1 chimarrão, infusão com erva-mate, naturalmente amarga à qual se agrega açúcar. 2 gado ou cachorro chucro. 3 (Amér.) escravo prófugo, quilombola, que fugia para o mato buscando a liberdade.

ci.men.tar [θimentár] *v.t.* fazer ou pôr o embasamento de uma casa. Não é pôr cimento.

ci.mien.to [θimjénto] *s.m.* fundamento, fundação, basamento de um prédio, alicerce.

cinc [θíŋk] *s.m.* (quím.) zinco.

cin.cel [θiṇθél] *s.m.* cinzel, ferramenta pontiaguda para gravar ou talhar.

cin.cuen.tón/ona [θiŋkwentón] *adj. e s.* cinquentão, que tem cinquenta e tantos anos.

ci.ne [θíne] *s.m.* 1 cinema, arte e produção cinematográfica. 2 local onde se veem filmes.

ci.ne.as.ta [θineásta] *s.* cineasta, que produz filmes para o cinema.

cí.ni.co/a [θíniko] *adj. e s.* cínico.

cin.ta [θínta] *s.f.* 1 fita, pano longo e estreito. 2 filme, película, rolo de filme fotográfico de cinema, de vídeoteipe. *cinta o caset*, cinta de vídeo ou de áudio.

cin.tu.ra [θintúra] *s.f.* cintura.

cin.tu.rón [θinturpn] *s.m.* cinto. *cinturón de seguridad*, cinto de segurança.

cir.co [θírko] *s.m.* circo, local de exibição de espetáculos variados.

cir.cui.to [θirkwíto] *s.m.* circuito, perímetro.

cir.cu.la.ción [θirkulaθjón] *s.f.* circulação, locomoção, deslocamento.

cir.cu.lar [θirkulár] 1 *v.t.* mover-se em círculos. 2 *adj.* circular, com forma de círculos. 3 mover-se, em geral. 4 *s.f.* carta oficial com instruções. *La circular del directorio es clara. no habrá despidos.* A circular da diretoria é clara. não haverá demissões.

cír.cu.lo [θírkulo] *s.m.* círculo, com forma contida numa circunferência. 2 clube, associação, centro político, social ou desportivo.

cir.cun.ci.sión [θirkuṇθiθjón] *s.f.* (med.) circuncisão, operação feita no pênis.

cir.cun.dar [θirkundár] *v.t.* circundar, cercar, rodear. *Los navegantes portugueses circundaron la tierra por todos los mares.* Os navegadores portugueses circundaram a terra por todos os mares.

cir.cun.fe.ren.cia [θirkuɱferéṇθja] *s.f.* (geo.) circunferência.

cir.cuns.pec.to/a [θirkunspékto] *adj.* circunspecto, grave, sério. *El director entró a la clase serio y circunspecto.* O diretor entrou na classe sério e curcunspecto.

cir.cuns.tan.cia [θirkunstáṇθja] *s.f.* circunstância, situação, estado, condição. *La policía investigaba las circunstancias del crimen.* A polícia investigava as circunstâncias do crime.

ci.rio [θírjo] *s.m.* círio, vela de cera de tamanho grande.

ci.rro.sis [θiřósis] *s.f.* (med.) cirrose, lesão no fígado ou em alguma outra víscera.

ci.rue.la [θirwéla] *s.f.* (bot.) ameixa.

ci.ru.gí.a [θiruxía] *s.f.* (med.) cirurgia, intervenção praticada por médicos especialistas no corpo. *La cirugía estética le corrigió la desviación en la nariz.* A cirurgia estética corrigiu-lhe o desvio no nariz.

ci.ru.ja.no/a [θiruxáno] *s.* (med.) cirurgião, médico especialista que pratica intervenções no corpo humano.

ci.sión [θisjón] *s.f.* fenda, incisão, corte.

cis.ma [θízma] *s.f.* separação, dissidência, dissenção entre religiosos, políticos, artistas. *El gran cisma de la iglesia se debió a la discórdia y desavenencia de muchos obispos reformistas con la autoridad del Papa.* O grande cisma da igreja deveu-se à discórdia e desavença de muitos bispos reformistas com a autoridade do Papa.

cis.ne [θízne] *s.m.* cisne.

cis.ter.na [θistérna] *s.f.* cisterna, caixa de água, depósito de água de chuva.

cis.ti.tis [θitítis] *s.f.* (med.) cistite. *Tuvo cististis, una enorme inflamación en la bejiga.* Teve cistite, uma enorme inflamação na bexiga.

ci.ta [θíta] *s.f.* 1 convocação. 2 encontro. *Tenía una cita con María Regina pero tuve que faltar.* Tinha um encontro com Maria Regina mas tive que faltar. 3 menção em nota ou texto referente a obra ou frase textual de terceiros.

ci.ta.ción [θitaθjón] *s.f.* (for.) intimação, marcação de encontro com a justiça.

ci.tar [θitár] *v.t.* 1 citar, mencionar. 2 convocar, intimar, marcar um encontro.

cí.tri.co/a [θítriko] *adj.* cítrico, da família da laranja, limão, mexerica. *jugo cítrico*, suco ácido dos cítricos.

ciu.dad [θjuðáð] *s.f.* cidade, urbe, povoação central, sede de um município. *La ciudad de Ushuaia es la más austral del mundo.* A cidade de Ushuaia é a mais austral do mundo.

ciu.da.da.ní.a [θjuðaðanía] *s.f.* cidadania.

ciu.da.da.no/a [θjuðaðáno] *adj.* cidadão, pessoa que goza plenamente seus direitos cívicos e políticos.

cí.vi.co/a [θíβiko] *adj.* cívico, referente aos cidadãos.

ci.vil [θiβíl] *adj.* 1 civil, referente à cidade e seus cidadãos. 2 que não é militar nem religioso. *Era capellán militar, pero estaba de civil, sin sotana y sin insígnias militares, a la paisana.* Era capelão militar, mas estava de civil, sem batina e sem insígnias militares, à paisana.

ci.vi.li.za.ción [θiβiliθaθjón] *s.* civilização, valores éticos culturais e materiais que identificam uma época determinada, num país ou região definidos e com uma sociedade determinada.

ci.vi.li.zar [θiβiliθár] *v.t.* civilizar, evoluir num estágio socio cultural e econômico. *Los dirigentes de la Argentina del siglo XIX querían civilizar al país según el patrón europeo.* Os dirigentes da Argentina do século XIX queriam civilizar o país segundo o padrão europeu.

ci.vis.mo [θiβízmo] *s.m.* civismo.

ci.za.ña [θiθaɲa] *s.f.* cizânia, desarmonia.

cla.mar [klamár] *v.t.* e *i.* clamar.

cla.mor [klamór] *s.m.* clamor.

clan [klán] *s.m.* clã, grupo familiar.

clan.des.ti.no [klandestíno] *adj.* clandestino, que se faz secretamente.

cla.ra [klára] *s.f.* clara, parte transparente do ovo.

cla.re.ar [klareár] *v.t.* e *i.* 1 clarear, fazer mais claro. 2 amanhecer.

cla.ri.dad [klariðáð] *s.f.* 1 luminosidade, claridade. *Las ventanas grandes aumentaron la claridad de la habitación.* 2 clareza, facilidade de entendimento. *Habla con seguridad y con gran claridad de ideas.* Fala com segurança e com grande clareza de ideias.

cla.ri.fi.car [klarifikár] *v.t.* clarificar, esclarecer, pôr o preto no branco, deixar claro.

cla.ri.ne.te [klarinéte] *s.m.* (mús.) clarinete.

cla.ri.vi.den.cia [klariβiðénθja] *s.f.* clarividência, penetração, perspicácia. *Luisa lo ve todo con claridad. Sabe discernir y comprender con clarividencia los problemas.* Luísa vê tudo com clareza. Sabe discernir e compreender com clarividência os problemas.

cla.ri.vi.den.te [klariβiðénte] *adj.* e *s.* clarividente.

cla.ro/a [kláro] *adj.* 1 claro, iluminado. *El día está claro y despejado. El cielo está claro y sin nubes.* 2 lógico, certo, evidente. 3 cor de tom baixo. 4 clareira, espaço vazio, vão. *Han*

clase

dejado un claro en la selva. Deixaram uma clareira na mata. **5** *interj.* claro, sem dúvida, evidentemente. *¿Te dijo que vendría? ¡Claro! No creo que falte.* Claro que ele virá, acho que não vai faltar!

cla.se [kláse] *s.f.* aula, classe, grupo, categoria.

clá.si.co/a [klásiko] *adj. e s.* 1 clássico, tradicional, antigo. *El Renascimiento rescató el arte clásico.* O Renascimento resgatou a arte clássica. 2 jogo de futebol. *Boca vs. River es un clásico, como Corinthians vs. Palmeiras.* Boca vs. River é um clássico, como Corinthians vs. Palmeiras.

cla.si.fi.ca.ción [klasifikaθjón] *s.f.* classificação.

cla.si.fi.car [klasifikár] *v.t.* classificar, catalogar segundo determinado padrão.

cla.si.fi.car.se [klasifikárse] *v.p.* classificar-se. *Mi club se clasificó campeón.* Meu time se classificou como campeão.

claus.tro.fo.bia [klaustrofóβja] *s.f.* (med.) claustrofobia, medo de permanecer em ambientes fechados.

cláu.su.la [kláusula] *s.f.* cláusula, item, artigo ou inciso de um contrato ou testamento.

clau.su.ra [klausúra] *s.f.* 1 clausura, fechamento. 2 recinto fechado nos conventos. *Las monjas del Pilar eran hermanas con votos de clausura.* As freiras do Pilar eram irmãs com votos de clausura. 3 ato solene para terminar ou encerrar uma atividade. *El congreso fue clausurado con una presentación de danza folklórica chilena.* O congresso foi encerrado com uma apresentação de dança folclórica chilena.

clau.su.rar [klausurár] *v.t.* encerrar, clausurar, fechar.

cla.var [klaβár] *v.t.* 1 cravar, espetar. 2 enganar, fraudar. 3 resposta ou solução a perguntas.

cla.ve [kláβe] *s.m.* 1 chave para decifrar algo. 2 algo importante. *Federico es un hombre clave en el negocio de su padre.* 3 resposta. 4 (mús.) sinal que abre a pauta do pentagrama. *La clave de sol determina la entonación de las notas de la pauta.* A clave de sol determina a entonação das notas da pauta. 5 (mús.) cravo, instrumento de cordas.

cla.ve.cín [klaβeθín] *s.m.* (mús.) cravo, instrumento de cordas.

cla.vel [klaβél] *s.m.* (bot.) cravo.

cla.ví.cu.la [klaβíkula] *s.f.* (med.) clavícula.

cla.vi.ja [klaβíxa] *s.f.* pino, cravelha.

cla.vo [kláβo] *s.m.* prego.

cle.men.cia [kleméṇθja] *s.f.* clemência, piedade.

clep.tó.ma.no/a [kleptómano] *adj.* cleptomaníaco, que tem mania de roubar.

cle.ro [kléro] *s.m.* clero.

cli.ché [klitʃé] *s.m.* 1 clichê, frase feita. 2 matriz usada em gráfica.

clien.te [kljénte] *s.* cliente, freguês.

clien.te.la [kljentéla] *s.f.* clientela, conjunto de fregueses, freguesia.

cli.ma [klíma] *s.m.* clima.

clí.ni.co/a [klíniko] *adj. e s.* médico clínico, médico que cura todas as áreas, sem especialidade.

clip [klíp] *s.m.* (angl.) clipe, grampo.

cloa.ca [kloáka] *s.f.* 1 cloaca, esgoto. 2 bueiro. 2 orifício urogenital das aves.

clo.ro [klóro] *s.m.* (quím.) cloro.

clo.ro.fi.la [klorofíla] *s.f.* (bot.) clorofila.

clo.ru.ro [klorúro] *s.m.* (quím.) cloreto.

club [klúβ] *s.m.* clube, associação.

clue.co/a [klwéko] *adj.* choco. *La gallina clueca está empollando los huevos.* A galinha choca está chocando os ovos.

co.ac.ción [koakθjón] *s.f.* coação, imposição.

co.ac.cio.nar [koakθjonár] *v.t.* coagir, impor.

co.a.dyu.van.te [koaðjuβánte] *adj.* coadjuvante, que atua junto ao principal personagem.

co.a.gu.lar [koaɣulár] *v.t.* coagular.

co.a.gu.lar.se [koaɣulárse] *v.p.* coagular-se.

co.á.gu.lo [koáɣulo] *s.m.* (med.) coágulo.

co.ar.ta.da [koartáða] *s.f.* álibi, justificativa. *El sospechoso tenía una coartada que lo libró de la cárcel.* O suspeito tinha um álibi que o livrou da cadeia.

co.ar.tar [koartár] *v.t.* restringir, limitar, coibir, restringir. *La censura coarta la libertad de expresión.* A censura restinge a liberdade de expressão.

co.bar.de [koβárðe] *adj.* e *s.* covarde, que não tem coragem.

co.bar.dí.a [koβarðía] *s.f.* covardia.

co.ber.ti.zo [koβertíθo] *s.m.* cobertura, marquise. *Se protegió de la lluvia debajo del cobertijo del edifício.* Protegeu-se da chuva debaixo da marquise do edifício.

co.ber.tu.ra [koβertúra] *s.f.* 1 coberta, cobertor. 2 cobertura, garantia (de seguros). *La economía tiene una cobertura fuerte ahora.* A economia tem uma cobertura forte agora.

co.bi.ja [koβíxa] *s.f.* 1 cobertura, manta. 2 abrigo.

co.bra.dor/a [koβraðór] *s.* cobrador, quem cobra. *El cobrador de impuestos vuelve mañana.* O cobrador de impostos volta amanhã.

co.bran.za [koβránθa] *s.f.* (com.) cobrança.

co.brar [koβrár] *v.t.* 1 cobrar, receber. *El niño cobró afecto de sus padres adoptivos.* O menino recebeu afeto de seus pais adotivos. 2 levar, receber (surra). *Se portó tan mal que cobró y lo pusieron en penitencia.* Comportou-se tão mal que levou uma surra e o puseram de castigo. 3 apegar-se.

co.brar.se [koβrárse] *v.p.* recobrar-se.

co.bre [kóβre] *s.m.* (quím.) cobre. *El cobre es una de las riquezas de Chile.* O cobre é uma das riquezas do Chile.

co.bro [kóβro] *s.m.* (com.) cobrança, pagamento.

co.ca.í.na [kokaína] *s.f.* cocaína.

coc.ción [kokθjón] *s.f.* cozimento.

co.cer [koθér] *v.p.* e *i.* cozer, cozinhar.

co.cer.se [koθérse] *v.p.* cozinhar-se.

co.che [kótʃe] *s.m.* carro.

co.che.ro/a [kotʃéro] *s.m.* cocheiro.

co.chi.ni.llo/a [kotʃiníʎo] *s.* leitão. *El lechón o cochinillo es un cerdo pequeño, alimentado sólo con leche.* O bácoro ou leitão é um porco pequeno, alimentado só com leite.

co.chi.no/a [kotʃíno] *s.* 1 porco, cerdo. *El cochino o cerdo bien condimentado es un plato muy exquisito.* O porco ou cerdo bem temperado é um prato delicioso. 2 pessoa suja, sem asseio. *Es un cochino, ¡no se baña hace días!* É um porco, faz dias que não toma banho.

co.ci.do/a [koθíðo] *adj.* cozido.

co.ci.ente [koθjénte] *s.m.* (mat.) quociente.

co.ci.na [koθína] *s.f.* 1 cozinha, área onde se prepara a comida. 2 fogão. *La cocina a gas ya está muy vieja, las hornallas no funcionan bien.* O fogão a gás já está muito velho, os fornos não funcionam bem.

co.ci.nar [koθinár] *v.t.* cozinhar.

co.ci.ne.ro/a [koθinéro] *s.* cozinheiro.

co.co [kóko] *s.m.* 1 coco, fruto do coqueiro. 2 cabeça. 3 cuca. *El coco o coco es un fantasma que asusta a los niños.* A cuca é um fantasma que assusta as crianças.

co.co.dri.lo [kokoðrílo] *s.m.* crocodilo. *El cocodrilo es un réptil anfíbio, carnívoro, pariente del yacaré y el caimán.* O crocodilo é um réptil anfíbio, carnívoro, parente do jacaré e do caimão.

cóctel

cóc.tel [kóktel] *s.m.* (angl.) coquetel, bebida que mistura vários ingredientes.
co.da.zo [koðáθo] *s.m.* cotovelada.
co.di.cia [koðíθja] *s.f.* cobiça.
co.di.ciar [koðiθjár] *v.t.* cobiçar, desejar fortemente.
co.di.fi.ca.ción [koðifikaθjón] *s.f.* codificação, catalogação. *El gobierno de Perón, como el de Getúlio Vargas, hizo la codificación de las leyes sociales y laborales.* O governo de Perón, como o de Getúlio Vargas, fez a codificação das leis sociais e trabalhistas.
co.di.fi.car [koðifikár] *v.t.* codificar, colocar código.
có.di.go [kóðiɣo] *s.m.* código, regulamento.
co.do [kóðo] *s.m.* cotovelo.
co.dor.niz [koðorníθ] *s.f.* codorna.
co.er.ción [koerθjón] *s.f.* repressão, sujeição.
co.fia [kófja] 1 coifa, rede ou touca para prender os cabelos. 2 (bot.) coberta ou capuz que protege as sementes ou as raízes das plantas.
co.fra.dí.a [kofraðía] *s.f.* confraria, irmandade.
co.fre [kófre] *s.m.* cofre, baú, caixa com segredo para a abertura.
co.ger [koxér] *v.t.* 1 pegar, tomar. 2 colher. 3 contrair (doença). 4 (Arg. e vulg.) trepar, transar. 5 entender. *No he cogido la gracia del chiste.* Não entendi a graça da piada. 6 pegar com força. *El toro lo ha cogido con los cuernos en la pierna.* O touro o pegou com os chifres na perna.
co.ger.se [koxérse] *v.p.* prensar, prender. *Se cogió los dedos con la puerta.* Prendeu os dedos na porta.
co.go.llo [koɣóʎo] *s.m.* 1 miolo, núcleo. 2 (fig.) o melhor, a nata. *El cogollo es lo mejor, el interior más apretado de la lechuga.* O miolo é o melhor, o interior mais apertado da alface.

co.go.te [koɣóte] *s.m.* cangote, nuca.
co.he.ren.te [koerénte] *adj.* coerente, que tem sentido.
co.he.sión [koesjón] *s.f.* coesão, união, junção, nexo. *Les faltaba cohesión de equipo, no eran unidos.* Faltava-lhes coesão de equipe, não eram unidos.
co.he.te [koéte] *s.m.* foguete.
co.hi.bir [koiβír] *v.t.* coibir, proibir, não permitir, intimidar.
co.hi.bir.se [koiβírse] *v.p.* coibir-se, reprimir-se.
coin.ci.den.cia [koinθiðénθja] *s.f.* coincidência, acaso. *Nos encontramos por coincidencia en una esquina de Barcelona.* Encontramo-nos por coincidência numa esquina de Barcelona.
coin.ci.dir [koinθiðír] *v.i.* 1 coincidir, ocorrer ao mesmo tempo. 2 ajustar-se. *Mis opiniones coinciden con tu punto de vista.* Minhas opiniões coincidem com o seu ponto de vista. 3 estar de acordo, combinar. *Nuestras prácticas coinciden con nuestras ideas, son coherentes.* Nossas práticas coincidem com nossas ideias, são coerentes.
coi.to [kóito] *s.m.* coito, ato sexual.
co.je.ar [koxeár] *v.i.* mancar.
co.jín [koxín] *s.m.* almofada, pufe.
co.ji.ne.te [koxinéte] *s.m.* (mec.) mancal.
co.jo/a [kóxo] *adj. e s.* manco.
co.jón [koxón] *s.m.* testículo.
col [kól] *s.f.* (bot.) couve.
co.la [kóla] *s.f.* 1 rabo, cauda, bunda. 2 fila. *La cola para comprar las entradas del cine llegaba hasta la esquina.* A fila para comprar as entradas do cinema chegava até a esquina.
co.la.bo.ra.ción [kolaβoraθjón] *s.f.* colaboração.
co.la.bo.rar [kolaβorár] *v.i.* colaborar, ajudar.
co.la.dor [kolaðór] *s.m.* coador.

colonia

co.lap.so [kolápso] *s.m.* colapso, ruína. *El corte brusco de energía eléctrica provocó un colapso de dos horas en el tráfico de la ciudad.* O corte brusco de energia elétrica provocou um colapso de duas horas no trânsito da cidade.

co.lar [kolár] *v.t.* 1 coar, passar líquido por um coador. 2 penetrar sem convite num lugar ou furar fila. *Se coló en la fila del cine y después en una fiesta del barrio.* Furou a fila do cinema e depois penetrou numa festa do bairro.

co.lar.se [kolárse] *v.p.* introduzir-se.

col.cha [kótʃa] *s.f.* colcha.

col.chón [kotʃón] *s.m.* colchão.

co.lec.ción [kolekθjón] *s.f.* coleção.

co.lec.cio.nar [kolekθjonár] *v.t.* colecionar.

co.lec.ti.vo/a [kolektíβo] *adj.* 1 coletivo, que pertence a um grupo ou conjunto. 2 ônibus, veículo de transporte.

co.lec.tor [kolektór] *s.m.* 1 coletor, cobrador. 2 galeria para a água de chuva.

co.le.gial/a [kolexiál] *adj. e s.* colegial.

co.le.gio [koléxjo] *s.m.* colégio, escola.

có.le.ra [kólera] *s.f.* 1 ira, cólera, raiva. *Montó en cólera y se retiró muy enfadado.* Entrou em cólera e se retirou muito zangado. 2 doença infecto-contagiosa grave. *La cólera atacó a los peruanos en los años 90.* A cólera atacou os peruanos nos anos 90.

col.gan.te [kolɣánte] *adj. e s.* suspenso, pingente, que se pendura.

col.gar [kolɣár] *v.t.* pendurar, deixar suspenso. 2 desligar telefone. *No cuelgues el telefono sin despedirte.* Não desligue o telefone sem se despedir. 3 enforcar.

col.gar.se [kolɣárse] *v.p.* pendurar-se.

co.li.brí [koliβrí] *s.m.* beija-flor, colibri. *El colibrí o picaflor también lleva el nombre de pájaro mosca.* O colibri ou beija-flor também se chama cuitelo.

có.li.co [kóliko] *s.m.* (med.) cólica.

co.li.flor [koliflór] *s.f.* (bot.) couve-flor.

co.li.ga.ción [koliɣaθjón] *s.f.* coligação, coalisão. *El gobierno se formó con una coligación de partidos de centro y de izquierda democrática.* O governo se formou com uma coligação de partidos de centro e de esquerda.

co.li.lla [kolíʎa] *s.f.* toco de cigarro, bituca.

co.li.na [kolína] *s.f.* colina, morro.

co.lin.dar [kolindár] *v.i.* confinar, limitar. *Brasil tiene municípios en el sur que colindan con terrenos y campos de Uruguay, de Argentina y de Paraguay.* O Brasil tem municípios no sul que limitam com terrenos e campos do Uruguai, da Argentina e do Paraguai.

co.li.sión [kolisjón] *s.f.* colisão, choque.

co.li.tis [kolítis] *s.f.* (med.) colite, inflamação do cólon que produz diarreia.

co.llar [koʎár] *s.m.* 1 colar. 2 coleira para sujeitar o cachorro, correia para amarrar animais.

col.mar [kolmár] *v.t.* colmar, transbordar.

col.me.na [kolména] *s.f.* colmeia. *Las abejas ocuparon la colmena y armaron un enorme panal de miel.* As abelhas ocuparam a colmeia e armaram um enorme cortiço de mel.

col.mi.llo [kolmíʎo] *s.m.* dente canino, presa.

col.mo [kólmo] *s.m.* cúmulo, máximo. *Es el colmo que no puedas ayudarme cuando estoy enfermo.* É o cúmulo que você não possa me ajudar quando estou doente.

co.lo.ca.ción [kolokaθjón] *s.f.* colocação, localização. 2 emprego ou destino. *Se recibió de médico y tuvo una colocación rápida en la clínica.* Formou-se médico e teve uma colocação rápida na clínica.

co.lo.car [kolokár] *v.t.* colocar, pôr.

co.lo.car.se [kolokárse] *v.p.* colocar-se.

co.lo.nia [kolónja] *s.f.* 1 colônia, conjunto de colonos, grupo que muda de país e forma

colonizar

uma sociedade distinta. *Las colonias italianas y españolas de Buenos Aires son las más grandes del mundo.* As colônias italianas e espanholas de Buenos Aires são as maiores do mundo. 2 território que um país mais poderoso toma de outro e subordina. *China, África y América tuvieron enormes colonias de varias metrópolis entre los siglos XVI y XX.* A China, a África e a América tiveram enormes colônias de várias metrópoles entre os séculos XVI e XX.

co.lo.ni.zar [koloniθár] *v.t.* colonizar.

co.lo.no/a [kolóno] *s.* colono, participante ou habitante de colônia.

co.lo.quial [kolokjál] *adj.* coloquial, linguagem popular e informal

co.lor [kolór] *s.m.* cor, tonalidade.

co.lo.ra.ción [koloraθjón] *s.f.* coloração.

co.lo.ra.do/a [koloráðo] *adj.* colorido.

co.lo.ran.te [kolorán te] *adj.* corante.

co.lo.re.ar [koloreár] *v.t.* colorir.

co.lo.ri.do/a [koloríðo] *s.* colorido.

co.lum.na [kolúmna] *s.f.* 1 coluna, pilar. 2 formação militar. *La columna Prestes penetró en Bolívia y Paraguay.* A coluna Prestes penetrou na Bolívia e no Paraguai. 3 seção especializada de jornal ou revista. *Es un periodista que escribe columnas en un diario local.* É um jornalista que escreve colunas em um jornal local.

co.lum.nis.ta [kolumnísta] *s.* colunista, que escreve colunas para a imprensa escrita.

co.lum.pio [kolúmpjo] *s.m.* balanço.

co.ma [kóma] *s.f.* 1 (gram.) vírgula. 2 (med.) coma, estado vegetativo. *El coma es la pérdida de la conciencia y la sensibilidad. Se conserva la respiración y la diuresis.* O coma é a perda de consciência e sensibilidade. Conserva-se a respiração e a diurese.

co.ma.dre [komáðre] *s.f.* 1 parteira. 2 comadre, madrinha do filho.

co.mal [komál] *s.m.* (Méx. e Amér.) prato de barro usado para assar.

co.man.dar [komandár] *v.t.* (mil.) comandar.

co.man.do [komándo] *s.m.* (mil.) comando.

com.ba [kómba] *s.f.* curvatura, empenamento.

com.ba.te [kombáte] *s.m.* combate, batalha. *Brasil y Argentina, como otros países de América Latina trabaron un largo combate contra la inflación.* O Brasil e a Argentina, como outros países da América Latina travaram um longo combate contra a inflação.

com.ba.tien.te [kombatjénte] *s.m.* (mil.) combatente.

com.batir [kombatír] *v.t.* combater, lutar.

com.bés [kombés] *s.m.* (mar.) convés, parte do navio.

com.bi.na.ción [kombinaθjón] *s.f.* 1 combinação, composição, arranjo. 2 roupa íntima como uma camisola, usada por baixo dos vestidos para tapar a possível transparência.

com.bi.nar [kombinár] *v.t.* 1 combinar, definir regras. 2 harmonizar. *Hernando sabe combinar muy bien sus ropas.* Hernando sabe combinar muito bem as suas roupas. 3 (quím.) unir elementos químicos e criar terceiros. 4 coincidir.

com.bi.nar.se [kombinárse] *v.p.* combinar-se.

com.bus.ti.ble [kombustíβle] *adj.* e *s.m.* combustível.

com.bus.tión [kombustjón] *s.f.* combustão.

co.me.dia [koméðja] *s.f.* comédia, fato cômico.

co.me.dian.te/a [komeðjánte] *adj.* e *s.* comediante.

co.me.di.mien.to [komeðimjénto] *s.m.* moderação, comedimento.

co.me.dir.se [komeðírse] *v.p.* oferecer-se para ajudar, estar disponível.

co.me.dor/a [komeðór] *adj.* e *s.* 1 comedor, comilão. 2 sala de jantar. 3 copa, móveis da sala. 4 restaurante. *Fuimos al comedor* *universitario y nos hartamos de comer a muy bajo precio.* Fomos ao restaurante universitário e nos fartamos de comer a muito baixo preço.

co.me.jén [komexén] *s.m.* cupim, broca.

co.men.tar [komentár] *v.t.* comentar, analisar, declarar, explanar. *El profesor comentó el texto con detalles.* O professor comentou o texto com detalhes.

co.men.ta.rio [komentárjo] *s.m.* comentário, análise.

co.men.zar [komenθár] *v.t. e i.* começar, iniciar, principiar.

co.mer [komér] *v.t. e i.* 1 comer, ingerir alimentos. 2 almoçar. 3 (vulg.) gastar esbanjando ou mal gastando. 4 (col.) comer-se, pular uma frase ou letra ao falar ou escrever.

co.mer.cial [komerθjál] *adj.* comercial, mercantil.

co.mer.cia.li.za.ción [komerθjaliθaθjón] *s.f.* comercialização.

co.mer.cian.te [komerθjánte] *adj. e s.* comerciante, negociante.

co.mer.ciar [komerθjár] *v.i.* comerciar, negociar.

co.mer.cio [komérθjo] *s.m.* 1 comércio, negócio. 2 estabelecimento de negócios.

co.me.ta [kométa] *s.m.* cometa.

co.me.ter [kometér] *v.t.* cometer, praticar, fazer, *cometer un error grave,* cometer uma falha, produzir um desatino ou falha séria.

co.me.ti.do/a [kometíðo] *adj.* cometido.

co.me.zón [komeθón] *s.f.* coceira, comichão.

co.mic [kómik] *s.m.* gibi, revista em quadrinhos. *Las historietas o comics son un arte antiguo en Italia, Argentina y Francia.* As historietas ou gibis são uma arte antiga na Itália, na Argentina e na França.

có.mi.co/a [kómiko] *adj.* cômico, que é engraçado.

co.mi.da [komíða] *s.f.* 1 comida, alimento. 2 refeição.

co.mien.zo [komjénθo] *s.m.* começo, início, princípio.

co.mi.llas [komíʎas] *s.f.* (pl.) (gram.) aspas. *Los textos de otros autores deben ir entre comillas.* Os textos de outros autores deve ir entre aspas.

co.mi.lón/a [komilón] *adj. e s.* comilão.

co.mi.no [komíno] *s.m.* cominho, tempero. *me importa un comino,* não estou nem aí.

co.mi.sa.rí.a [komisaría] *s.f.* delegacia de polícia.

co.mi.sa.rio [komisárjo] *s.m.* delegado.

co.mi.sión [komisjón] *s.f.* 1 comissão, gratificação. *El sueldo fijo es bajo, pero la comisión por las ventas es alta.* O salário é baixo, mas a comissão pelas vendas é alta. 2 delegação.

co.mi.té [komité] *s.m.* junta ou escritório de um grupo com objetivo determinado ou de um partido político, comitê. *El comité de seguridad no acepta civiles ni militares retirados.* O comitê de segurança não aceita civis nem militares aposentados.

co.mi.ti.va [komitíβa] *s.f.* comitiva, delegação. *La comitiva china visitó varias industrias en Brasil.* A comitiva chinesa visitou várias indústrias no Brasil.

co.mo [kómo] *adv.* como, do mesmo modo.

có.mo.da [kómoða] *s.f.* cômoda, móvel com gavetas.

co.mo.di.dad [komoðiðáð] *s.f.* comodidade, bem-estar.

co.mo.dín [komoðín] *s.m.* 1 curinga, carta de baralho que serve em qualquer lugar. 2 pessoa multiuso, homem-orquestra, de mil utilidades.

có.mo.do/a [kómoðo] *adj.* 1 cômodo, confortável, fácil. 2 acomodado, desleixado. *Eres un cómodo, yo limpio y tú ensucias.* Você é um desleixado, eu limpo e você suja.

com.pa.de.cer [kompaðeθér] *v.t.* compadecer, lamentar, lastimar. *Te compadezco, vas a hacer un año de práctica médica sin sueldo.* Tenho pena de você, vai fazer um ano de residência médica sem salário.

com.pa.de.cer.se [kompaðeθérse] *v.p.* compadecer-se.

com.pa.dre [kompáðre] *s.m.* 1 compadre, padrinho do filho. 2 amigo, camarada.

com.pa.ñe.ro [kompaɲéro] *s.* companheiro, que pertence ao mesmo time, agremiação.

com.pa.ñía [kompaɲía] *s.f.* 1 companhia, pessoa que acompanha, presença. 2 sociedade ou firma comercial. 3 (mil.) unidade do exército, de engenharia ou infantaria. *La compañía de infantería es la más sacrificada del batallón.* A companhia de infantaria é a mais sacrificada do batalhão.

com.pa.rar [komparár] *v.t.* 1 comparar. 2 igualar, equiparar.

com.pa.rar.se [komparárse] *v.p.* 1 comparar-se. 2 equiparar-se. *Su comportamiento se compara al de un caballero andante.* Seu comportamento se compara ao de um cavaleiro andante.

com.par.tir [kompartír] *v.t.* compartilhar, dividir.

com.pás [kompás] *s.m.* 1 compasso, instrumento da geometria. 2 no mesmo passo, ritmo. 3 (mús.) espaço do pentagrama onde se fixa as notas de um compasso.

com.pa.sión [kompasjón] *s.f.* compaixão, dó, pena.

com.pa.ti.ble [kompatíβle] *adj.* que tem aptidão e pode unir-se e coincidir ou combinar.

com.pa.trio.ta [kompatrjóta] *s.* compatriota, da mesma pátria.

com.pen.dio [kompéndjo] *s.m.* compêndio, exposição escrita ou oral feita com precisão e de forma breve sobre algum tema.

com.pe.ne.trar.se [kompenetrárse] *v.p.* compenetrar-se, concentrar-se.

com.pen.sa.ción [kompensaθjón] *s.f.* 1 compensação, prêmio, indenização por dano causado. *Tenemos que compensar las pérdidas habidas con nuevos esfuerzos.* Temos que compensar as perdas havidas com novos esforços. 2 equilibrar, colocar algo que está desequilibrado em situação melhorada.

com.pen.sar [kompensár] *v.t.* compensar, dar algo por um dano causado, indenizar.

com.pe.ten.cia [kompeténθja] *s.f.* 1 competição. 2 concorrência. 3 habilidade, capacidade. *Gabriel tiene competencia y actitud suficientes para la función.* Gabriel tem competência e atitude suficientes para a função.

com.pe.ter [kompetér] *v.i.* competir, rivalizar.

com.pe.ti.ción [kompetiθjón] *s.f.* (desp.) competição.

com.pe.ti.dor/a [kompetiðór] *adj. e s.* competidor, rival.

com.pe.tir [kompetír] *v.i.* concorrer, competir.

com.pin.che [kompítʃe] *s.* cupincha, comparsa, companheiro em tratos escusos.

com.pla.cen.cia [komplaθénθja] *s.f.* complacência, prazer em conceder ou aceitar o que outro deseja.

com.pla.cer [komplaθér] *v.t.* comprazer, ficar satisfeito em conceder o que outro quer ou almeja.

com.pla.cer.se [komplaθérse] *v.p.* comprazer-se, ter satisfação. *Me complazco en accederle los datos de esta biblioteca.* Tenho a satisfação de ceder-lhe os dados desta biblioteca.

com.ple.jo/a [kompléxo] *adj.* complexo, complicado, difícil. 2 conjunto de fábricas ou estabelecimentos, grupo financeiro ou

comprender

empresarial. *Es un complejo editorial que controla decenas de empresas.* É um complexo editorial que controla dezenas de empresas.

com.ple.men.tar [komplementár] *v.t.* complementar, acrescentar, agregar.

com.ple.men.tar.se [komplementárse] *v.p.* complementar-se, completar-se.

com.ple.men.ta.rio/a [komplementárjo] *adj.* complementar, que acrescenta, que completa ou agrega.

com.ple.tar [kompletár] *v.t.* completar, terminar com perfeição, integrar.

com.ple.tar.se [kompletárse] *v.p.* completar-se.

com.ple.to/a [kompléto] *adj.* completo, integral. *Es un proyecto completo que abarca todo, desde el inicio hasta el fin.* É um projeto completo que abrange tudo, do princípio ao fim.

com.ple.xión [kompleksjón] *s.f.* compleição, constituição física.

com.pli.ca.ción [komplikaθjón] *s.f.* 1 complicação, complexidade. 2 ocorrência de dificuldades. *Ocurrieron diversos problemas y complicaciones que atrasaron la obra.* Ocorreram diversos problemas e complicações que atrasaram a obra.

com.pli.car [komplikár] *v.t.* complicar, dificultar.

com.pli.car.se [komplikárse] *v.p.* complicar-se.

cóm.pli.ce [kómpliθe] *adj. e s.* cúmplice, coautor, colaborador.

com.plot [komplót] *s.m.* complô, conspiração, boicote. *Hubo casi una confabulación, un complot para boicotear los resultados.* Houve quase uma confabulação, um complô para boicotar os resultados.

com.po.ner [komponér] *v.t.* compor, juntar, reparar, ordenar. 2 adornar, embelezar. 3 produzir uma música ou poesia. *Milton Nascimento compuso Travesía y otras letras y músicas famosas.* Milton Nascimento compôs Travessia e outras letras e músicas famosas.

com.po.ner.se [komponérse] *v.p.* compor-se.

com.por.ta.mien.to [komportamjénto] *s.m.* comportamento, maneira de portar-se.

com.por.tar [komportár] *v.t.* conter em si.

com.por.tar.se [komportárse] *v.p.* comportarse.

com.po.si.tor/a [kompositór] *s.* (mús.) compositor, que escreve composições musicais.

com.pos.tu.ra [kompostúra] *s.f.* 1 feitio ou construção, estrutura de um todo composto por partes harmônicas. 2 conserto, ajuste, acerto. 3 compostura, seriedade de maneiras e boa educação, bom comportamento.

com.po.ta [kompóta] *s.f.* compota, doce de frutas cozidas. *La compota de manzanas con canela está muy rica.* A compota de maçãs com canela está deliciosa.

com.pra [kómpra] *s.f.* 1 compra, conjunto de coisas trocadas por dinheiro. 2 ato de comprar.

com.pra.dor/a [kompraðór] *adj. e s.* comprador, quem compra.

com.prar [komprár] *v.t. e i.* 1 comprar, adquirir. 2 subornar. *Los jugadores fueron comprados por el equipo rival.* Os jogadores foram subornados pelo time rival.

com.prar.se [komprárse] *v.p.* comprar (para si mesmo).

com.pra.ven.ta [kompraβénta] *s.f.* compra e venda. *El documento de compraventa de la casa debe estar listo antes de la escritura.* O documento de compra e venda da casa deve estar pronto antes da escritura.

com.pren.der [komprendér] *v.t. e i.* entender, compreender.

compreenderse

com.pren.der.se [komprendérse] *v.p.* compreender-se.

com.pren.sión [komprensjón] *s.f.* compreensão, entendimento.

com.pre.sa [komprésa] *s.f.* compressa, pano embebido em líquido para ser aplicado em partes do corpo com fins medicinais ou estéticos.

com.pro.ba.ción [komproβaθjón] *s.f.* verificação, comprovação.

com.pro.ban.te [komproβánte] *s.m.* (com.) comprovante, recibo. *Quiero que pidas un recibo como comprobante.* Quero que você peça um recibo como comprovante.

com.pro.bar [komproβár] *v.t.* verificar, comprovar.

com.pro.me.ter [komprometér] *v.t.* comprometer, obrigar, pela palavra dada. *Empeñaron su palabra y se comprometieron a estudiar en serio.* Empenharam sua palavra e se comprometeram a estudar sério.

com.pro.me.ter.se [komprometérse] *v.p.* comprometer-se.

com.pro.mi.so [kompromíso] *s.m.* 1 compromisso, obrigação. 2 documento, contrato.

com.puer.ta [kompwérta] *s.f.* comporta, construção que suporta as águas de uma represa. *Las compuertas de la represa dejaron salir millones de litros de agua anoche.* As comportas da represa deixaram sair milhões de litros de água ontem à noite.

com.pues.to [kompwésto] *s.m.* (quím.) composto, que é formado por partes.

com.pu.ta.ción [komputaθjón] *s.f.* 1 computação, ato de contar ou calcular. 2 informática.

com.pu.ta.dor/a [komputaðóra] *s.* (inf.) computador. *Los ordenadores o computadoras ayudan en el trabajo.* Os computadores ou micros ajudam no trabalho.

com.pu.ta.do.ri.zar [komputaðoriθár] *v.t.* (inf.) computadorizar

co.mul.gar [komulɣár] *v.t. e i.* 1 comungar, tomar o pão que representa o corpo de Cristo. 2 coincidir em ideias. *No comulgo con las ideas sectarias de esa iglesia.* Não comungo com as ideias sectarias dessa igreja.

co.mún [komún] *adj. e s.m.* comum, que pertence a todos.

co.mu.ni.ca.ción [komunikaθjón] *s.f.* comunicação.

co.mu.ni.ca.do [komunikáðo] *s.m.* comunicado, aviso.

co.mu.ni.car [komunikár] *v.t.* comunicar, compartilhar, divulgar.

co.mu.ni.car.se [komunikárse] *v.p.* comunicar-se.

co.mu.ni.dad [komuniðáð] *s.f.* comunidade, conjunto de pessoas com interesses comuns.

co.mu.nión [komunjón] *s.f.* comunhão, ato em conjunto com pessoas que tenham os mesmos interesses.

co.mu.nis.mo [komunízmo] *s.m.* comunismo. *El comunismo fracasó, pero al competir con el capitalismo, ayudó a humanizarlo o a reformarlo un poco.* O comunismo fracassou, mas ao competir com o capitalismo, ajudou a humanizá-lo ou a reformá-lo um pouco.

co.mu.nis.ta [komuni̥sta] *adj. e s.* comunista, que segue o comunismo.

co.mún.men.te [komunménte] *adv.* comumente.

con.ce.bir [konθeβír] *v.i. e t.* 1 conceber, formar ideias ou conceitos. *No puedo concebir que haya ocurrido tremendo desastre.* Não posso conceber que tenha ocorrido tremendo desastre. 2 procriar, gerar uma nova ideia.

con.ce.der [konθeðér] *v.t.* conceder, dar razão, aceder, outorgar.

con.ce.jal/a [konθexál] *s.* vereador.

con.ce.jo [koɳθéxo] *s.m.* câmara de vereadores, conselho.

con.cen.tra.ción [koɳθentraθjón] *s.f.* concentração.

con.cen.trar [koɳθentrár] *v.t.* 1 concentrar, tornar mais denso. 2 centralizar.

con.cen.trar.se [koɳθentrárse] *v.p.* 1 concentrar-se, reunir num ponto. 2 compenetrar-se, abstrair-se de qualquer distração.

con.cep.ción [koɳθepθjón] *s.f.* 1 concepção, ação e efeito de imaginar, criar, conceber uma ideia. 2 geração. *Bruno y Luciano tuvieron su concepción al mismo tiempo, por eso son gemelos.* Bruno e Luciano tiveram sua concepção ao mesmo tempo, por isso são gêmeos. 3 dogma católico da Conceição da Virgem sem pecado, que é celebrado no dia 8 de dezembro.

con.cep.to [koɳθépto] *s.m.* conceito, ideia.

con.cer.nir [koɳθernír] *v.i.* concernir.

con.cer.tar [koɳθertár] *v.t.* ajustar. 2 tratar um preço. 3 afinar (instrumentos).

con.ce.sión [koɳθesjón] *s.f.* concessão, doação.

con.ce.sionario/a [koɳθesjonárjo] *adj. e s.* 1 concessionário, que recebe doação, que é favorecido por quem recebe uma concessão do cessionário. 2 agência cessionária, revendedora da fábrica de automóveis. *La concesionaria tuvo que cerrar las puertas ante la enorme concurrencia de compradores durante la liquidación.* A concessionária teve que fechar as portas diante da enorme concorrência de compradores durante a liquidação.

con.cha [kótʃa] *s.f. 1* concha. 2 (vulg.) (Arg., Chile, Peru e Urug.) órgão genital feminino c

cien.cia [koɳθjéɳθja] *s.f.* consciência.

con.cier.to [koɳθjérto] *s.m.* 1 acordo, acerto ou convênio. 2 sessão de música. *El concierto fue una función de gala en el Teatro Colón.* O concerto foi uma função de gala no Teatro Colón.

con.ci.liar [koɳθiljár] *adj.* conciliar, pôr de acordo.

con.ci.liar.se [koɳθiljárse] *v.p.* conciliar-se, pôr-se de acordo.

con.cluir [koɳklwír] *v.t.* concluir, terminar. 2 deduzir.

con.clu.sión [koɳklusjón] *s.f.* conclusão, término.

con.cor.dan.cia [koɳkorðáɳθja] *s.f.* concordância.

con.cor.dar [koɳkorðár] *v.t.* conciliar.

con.cor.da.to [koɳkorðáto] *s.m.* (com.) concordata.

con.cor.dia [koɳkórðja] *s.f.* concórdia, acordo.

con.cre.tar [koɳkretár] *v.t.* concretizar, fazer virar realidade.

con.cre.tar.se [koɳkretárse] *v.p.* limitar-se.

con.cre.to/a [koɳkréto] *adj.* concreto, que é real.

con.cu.bi.na [koɳkuβína] *s.f.* concubina.

con.cu.rren.cia [koɳkur̃éɳθja] *s.f.* concorrência, comparecimento.

con.cu.rrir [koɳkur̃ír] *v.i.* comparecer.

con.cur.so [koɳkúrso] *s.m.* concurso.

con.de/as [kónde] *s.* conde.

con.de.co.ra.ción [kondekoraθjón] *s.f.* condecoração, distinção com título.

con.de.na [kondéna] *s.f.* (for.) condenação, pena, castigo.

con.de.na.ción [kondenaθjón] *s.f.* condenação

con.de.nar [kondenár] *v.t.* 1 condenar, declarar culpado. 2 reprovar.

con.den.sa.dor [kondensaðór] *s.m.* (fís.) condensador.

con.den.sar [kondensár] *v.t.* condensar, converter um vapor em líquido ou sólido.

con.des.cen.der [kondesθendér] *v.i.* condescender.

con.des.cen.dien.te [kondesθendjénte] *adj.* condescendente, complacente.

con.di.ción [kondiθjón] *s.f.* condição, estado de uma pessoa.

con.di.cio.nal [kondiθjonál] *adj.* condicional.

con.di.men.tar [kondimentár] *v.t.* temperar.

con.di.men.to [kondiménto] *s.m.* tempero.

con.do.len.cia [kondoléṇθja] *s.f.* condolência.

con.dón [kondón] *s.m.* (col.) preservativo, camisinha.

cón.dor [kóndor] *s.m.* condor, ave de rapina.

con.duc.ción [kondukθjón] *s.f.* condução, maneira de conduzir. *La conducción del municipio parece no existir.* A condução do município parece não existir.

con.du.cir [konduθír] *v.i.* 1 dirigir veículo. 2 transportar de um lugar a outro.

con.du.cir.se [konduθírse] *v.p.* comportar-se.

con.duc.ta [kondúkta] *s.f.* conduta, forma de agir, comportamento.

con.duc.to [kondúkto] *s.m.* conduto, duto.

con.duc.tor/a [konduktór] *adj. e s.* motorista, chofer.

co.nec.tar [konektár] *v.t.* ligar, conectar, acessar a Internet. *No logro conectar mi computadora a la red del colegio.* Não consigo conectar meu computador à rede do colégio.

co.ne.jo/a [konéxo] *s.* coelho. *Come verduras como un conejo.* Come verduras como um coelho.

co.ne.xión [koneksjón] *s.f.* conexão, ligação.

con.fec.ción [koɱfekθjón] *s.f.* confecção.

con.fe.de.ra.ción [koɱfeðeraθjón] *s.f.* confederação, aliança de estados federados. *La confederación de estados del sur defendía el mantenimiento de la esclavitud.* A confederação de estados do sul defendia a manutenção da escravidão.

con.fe.ren.cia [koɱferéṇθja] *s.f.* conferência, exposição oral de um tema.

con.fe.ren.cian.te [koɱfereṇθjánte] *s.* conferencista, que expõe oralmente um tema.

con.fe.rir [koɱferír] *v.t.* 1 conceder, dar. 2 verificar.

con.fe.sar [koɱfesár] *v.t.* confessar, expressar ideias e pensamentos.

con.fe.sar.se [koɱfesárse] *v.p.* confessar-se.

con.fe.sión [koɱfesjón] *s.f.* confissão, declaração.

con.fian.za [koɱfjáṇθa] *s.f.* confiança, crédito. *Tengo confianza plena en su trabajo.* Tenho plena confiança em seu trabalho.

con.fiar [koɱfjár] *v.t.* confiar, acreditar.

con.fiar.se [koɱfjárse] *v.p.* esperar demais.

con.fi.den.cia [koɱfiðéṇθja] *s.f.* confidência, revelação.

con.fi.gu.ra.ción [koɱfiɣuraθjón] *s.f.* configuração.

con.fín [koɱfín] *adv.* limítrofe, fronteira. *En los confines de las salinas hay una gasolinera que vende refrescos.* Nos confins das salinas há um posto de gasolina que vende refrescos.

con.fi.nar [koɱfinár] *v.i.* 1 confinar, limitar, encerrar. *Confinaron a los presos políticos en la isla Martín García.* Confinaram os presos políticos na ilha Martín García. 2 desterrar, exilar. *El juez Únzaga fue confinado a la campaña de Santiago del Estero y murió desterrado.* O juiz Únzaga foi confinado à campanha de Santiago del Estero e morreu desterrado.

con.fi.nar.se [koɱfinárse] *v.p.* confinar-se, autoexilar-se.

con.fir.ma.ción [koɱfirmaθjón] *s.f.* 1 confirmação, corroboração. 2 sacramento da igreja.

con.fir.mar [koɱfirmár] *v.t.* confirmar, corroborar com alguma verdade.

con.fis.ca.ción [koɱfiskaθjón] *s.f.* confisco, privação dos bens e propriedades de outros.

con.fis.car [koɱfiskár] *v.t.* confiscar, apreender em proveito do fisco.

con.fi.te [koɱfíte] *s.m.* guloseima, pasta de açúcar.

con.fi.te.rí.a [koɱfitería] *s.f.* confeitaria, casa de produção de doces, confeite.

con.fla.gra.ción [koɱflaɣraθjón] *s.f.* 1 conflagração, incêndio. 2 perturbação repentina. 3 guerra.

con.flic.ti.vo/a [koɱfliktíβo] *adj.* conflitante, que tem ou causa conflitos.

con.flic.to [koɱflíkto] *s.m.* conflito, enfrentamento, combate, confronto.

con.for.ma.ción [koɱformaθjón] *s.f.* conformação, estrutura. *La conformación del curso es extensa y detallada.* A estrutura do curso é extensa e detalhada.

con.for.me [koɱfórme] *adj.* 1 conforme, conformista. 2 *adv.* de acordo.

con.for.mi.dad [koɱformiðáð] *s.f.* aceitação.

con.fort [koɱfórt] *s.m.* (gal.) conforto, comodidade proporcionada por algo ou alguém.

con.for.ta.ble [koɱfortáβle] *adj.* confortável, que oferece conforto, comodidade.

con.fra.ter.ni.dad [koɱfraterniðáð] *s.f.* confraternidade, convívio fraternal.

con.fron.tar [koɱfrontár] *v.t.* 1 confrontar, comparar. 2 acarear duas pessoas.

con.fron.tar.se [koɱfrontárse] *v.p.* enfrentar-se.

con.fun.dir [koɱfundír] *v.t.* confundir, misturar para que não se possa distinguir.

con.fun.dir.se [koɱfundírse] *v.p.* confundir-se. *Me confundí y fui a la entrevista el viernes, pero en realidad debía haber ido el jueves.* Eu me confundi e fui à entrevista na sexta-feira, mas na verdade devia ter ido na quinta-feira.

con.fu.sión [koɱfusjón] *s.f.* confusão, estado sem ordem ou clareza.

con.ge.la.ción [koŋxelaθjón] *s.f.* congelamento. *La congelación de precios no resolvía el problema de la inflación.* O congelamento de preços não resolvia o problema da inflação.

con.ge.la.dor [koŋxelaðór] *s.m.* congelador, freezer.

con.ge.lar [koŋxelár] *v.t.* congelar, passar um líquido para o estado sólido pela ação do frio.

con.ge.lar.se [koŋxelárse] *v.p.* congelar-se. *¡Cierra la puerta! ¡Estoy congelándome!* Feche a porta! Estou congelando-me!

con.gé.ni.to/a [koŋxénito] *adj.* congênito, que faz parte de alguém desde o seu nascimento.

con.ges.tión [koŋxestjón] *s.f.* 1 congestão, engarrafamento. 2 (med.) acumulação de sangue.

con.go.ja [koŋgóxa] *s.f.* angústia, aflição extrema. *Julio está sumido en una congoja profunda por la muerte de su tío.* Júlio está sumido em uma aflição profunda pela morte de seu tio.

con.gra.tu.la.ción [koŋgratulaθjón] *s.f.* congratulação, parabenização

con.gra.tu.lar [koŋgratulár] *v.t.* congratular, parabenizar.

con.gra.tu.lar.se [koŋgratulárse] *v.p.* congratular-se, parabenizar-se. *Me congratulo por haberlo contratado.* Congratulo-me por tê-lo contratado.

congregación

con.gre.ga.ción [koŋgreɣaθjón] *s.f.* 1 congregação, grupo reunido em um congresso. 2 ordem religiosa.

con.gre.so [koŋgréso] *s.m.* 1 congresso, reunir para deliberar sobre um assunto em comum. 2 poder legislativo de um Estado.

con.gruen.cia [koŋgrwéṇθja] *s.f.* congruência.

con.je.tu.ra [koɲxetúra] *s.f.* conjetura.

con.ju.ga.ción [koɲxuɣaθjón] *s.f.* (gram.) conjugação.

con.ju.gar [koɲxuɣár] *v.t.* 1 (gram.) conjugar, inflexionar os verbos. 2 comparar, combinar.

con.jun.ción [koɲxuṇtjón] *s.f.* conjunção, união, ponto de junção.

con.jun.ti.vi.tis [koɲxuṇtiβítis] *s.f.* (med.) conjuntivite, inflamação nos olhos.

con.jun.to/a [koɲxúṇto] *adj. e s.* 1 conjunto, unido. 2 grupo de pessoas parecidas ou com um fim em comum.

con.ju.ro [koɲxúro] *s.m.* trama, conspiração.

con.lle.var [koʎeβár] *v.t.* suportar, aturar.

con.me.mo.rar [kommemorár] *v.t.* comemorar, lembrar, recordar em cerimônia.

con.mi.go [kommíɣo] *pron. pess.* 1ª pess. sing. comigo.

con.mo.ción [kommoθjón] *s.f.* 1 comoção, perturbação. 2 revolta. *La muerte de los rehenes provocó una gran conmoción.* A norte dos reféns provocou uma grande perturbação.

con.mo.ver [kommoβér] *v.t.* comover, alterar, transtornar.

con.mo.ver.se [kommoβérse] *v.p.* comover-se, emocionar-se. *Se conmovió hasta las lágrimas.* Comoveu-se até as lágrimas.

con.mu.ta.dor [kommutaðór] *s.m.* 1 (elet.) interruptor. 2 central telefônica. *Los conmutadores tuvieron un desperfecto y se cortaron todas las líneas telefonicas.* A central telefônica teve um defeito e foram cortadas todas as linhas telefônicas.

con.ni.ven.cia [konniβéṇθja] *s.f.* conivência, tolerância.

con.no.ta.ción [konnotaθjón] *s.f.* conotação, implicância, significado.

co.no [kóno] *s.m.* (geo.) cone. *El Cono Sur incluye a Chile, Argentina, Uruguay y Paraguay.* O Cone Sul inclui o Chile, a Argentina, o Uruguai e o Paraguai.

co.no.cer [konoθér] *v.t.* conhecer.

co.no.cer.se [konoθérse] *v.p.* conhecer-se.

co.no.ci.do/a [konoθíðo] *adj.* conhecido, famoso.

co.no.ci.mien.to [konoθimjéṇto] *s.m.* conhecimento.

con.que [kóŋke] *conj.* então, portanto. *El trabajo está listo, ¡conque no me digas que te falta mucho!* O trabalho está pronto, portanto não me diga que falta muito!

con.quis.ta.dor/a [koŋkistaðór] *adj. e s.* 1 conquistador, sedutor, convincente. 2 invasor, ocupante de país ou território mediante guerra.

con.quis.tar [koŋkistár] *v.t.* conquistar, conseguir usando esforço. *La conquista del Nuevo Mundo trajo el idioma español y el portugués para lo que hoy es América.* A conquista do Novo Mundo trouxe o idioma espanhol e o português para o que hoje é a América.

con.sa.bi.do/a [konsaβíðo] *adj.* sabido, conhecido.

con.sa.grar [konsaɣrár] *v.t.* consagrar, entregar, dedicar uma ação.

con.sa.grar.se [konsaɣrárse] *v.p.* consagrarse, dedicar-se, entregar-se.

cons.cien.te [konsθjénte] *adj.* 1 consciente, ciente. 2 sensato.

con.se.cuen.cia [konsekwéṇθja] *s.f.* fato resultante de outro, consequência.

con.se.guir [konseɣír] *v.t.* conseguir, alcançar, atingir.

constelación

con.se.je.ro/a [konsexéro] *s.* conselheiro.
con.se.jo [konséxo] *s.m.* 1 conselho, parecer, opinião. 2 corpo consultivo. *Los consejos pueden ayudar, pero no reemplazar la experiencia.* Os conselhos consultivos podem ajudar, mas não substituir a experiência.
con.sen.so [konsénso] *s.m.* consenso, acordo.
con.sen.ti.mien.to [konsentimjénto] *s.m.* consentimento, licença, permissão. *Se casaron sin el consentimiento de sus padres.* Casaram-se sem o consentimento de seus pais.
con.sen.tir [konsentír] *v.i.* 1 consentir, permitir. 2 tolerar.
con.ser.je [konsérxe] *s.m.* 1 zelador. 2 porteiro.
con.ser.je.rí.a [konserxería] *s.f.* portaria, zeladoria.
con.ser.va [konsérβa] *s.f.* conserva.
con.ser.va.ción [konserβaθjón] *s.f.* conservação, preservação.
con.ser.va.do/a [konserβádo] *adj.* conservado.
con.ser.va.dor/a [konserβadór] *adj. e s.* conservador.
con.ser.var [konserβár] *v.t.* 1 conservar, manter. 2 guardar.
con.ser.var.se [konserβárse] *v.p.* conservarse, manter-se.
con.ser.va.to.rio [konserβatórjo] *s.m.* (mús.) conservatório musical. *Mis tíos y mi abuelo fundaron un conservatorio en Catamarca.* Meus tios e meu avô fundaram um conservatório em Catamarca.
con.si.de.ra.ción [konsiðeraθjón] *s.f.* consideração, respeito, apreço.
con.si.de.rar [konsiðerár] *v.t.* considerar, tratar com atenção, respeito.
con.si.de.rar.se [konsiðerárse] *v.p.* considerar-se.

con.sig.nar [konsiɣnár] *v.t.* alocar, consignar, deixar em depósito, em consignação. *Dejaron la mercancía consignada por dos meses.* Deixaram a mercadoria em consignação por dois meses.
con.si.go [konsíɣo] *p. pess.* 3ª pess. sing. consigo.
con.si.guien.te [konsiɣjénte] *adj.* conseguinte, consequente.
con.sis.ten.cia [konsisténθja] *s.f.* consistência, resistência.
con.sis.tir [konsistír] *v.i.* consistir, basear em.
con.so.lar [konsolár] *v.t.* consolar, confortar, amparar. *Vino mucha gente a consolar a la viuda.* Muita gente veio consolar a viúva.
con.so.lar.se [konsolárse] *v.p.* consolar-se.
con.so.li.dar [konsoliðár] *v.t.* consolidar, fortalecer.
con.so.li.dar.se [konsoliðárse] *v.p.* consolidarse.
con.so.nan.te [konsonánte] *adj.* 1 consonante. 2 (gram.) consoante.
con.sor.cio [konsórθjo] *s.m.* 1 consórcio. 2 condomínio. *Las empresas formaron un consorcio para construir la represa.* As empresas formaram um condomínio para construir a represa.
cons.pi.ra.ción [konspiraθjón] *s.f.* conspiração, trama.
cons.pi.rar [konspirár] *v.i.* conspirar, tramar.
cons.tan.cia [konstánθja] *s.f.* constância, perseverança.
cons.tar [konstár] *v.i.* constar, figurar.
cons.ta.tar [konstatár] *v.t.* constatar, comprovar.
cons.te.la.ción [konstelaθjón] *s.f.* constelação, grupo de estrelas.

constitución

cons.ti.tu.ción [konstituθjón] *s.f.* 1 formação, constituição. 2 lei fundamental que rege a organização de um Estado.

cons.ti.tuir [konstitwír] *v.t.* constituir, formar parte de um todo.

cons.ti.tuir.se [konstitwírse] *v.p.* constituir-se. *Se constituyeron en fiadores y garantía de los inquilinos.* Constituíram-se em fiadores e garantia dos inquilinos.

cons.truc.ción [konstrukθjón] *s.f.* construção, edificação.

cons.truc.tor/a [konstruktór] *adj. e s.* construtor.

cons.truir [konstrwír] *v.t.* construir, edificar.

con.sue.lo [konswélo] *s.m.* consolo, alívio de uma pena. *Los amigos fueron a darle consuelo por la triste noticia.* Os amigos foram dar-lhe consolo pela triste notícia.

cón.sul [kónsul] *s.m.* cônsul, representante oficial de um país.

con.su.la.do [konsuláðo] *s.m.* consulado.

con.sul.ta [konsúlta] *s.f.* consulta, entrevista com profissional para discussão e resolução de um tema.

con.sul.tar [konsultár] *v.t.* consultar, pedir opinião.

con.sul.to.rio [konsultórjo] *s.m.* consultório, despacho, local onde o médico atende. *El consultorio estaba abarrotado de pacientes.* O consultório estava abarrotado de pacientes.

con.su.ma.ción [konsumaθjón] *s.f.* consumação, término.

con.su.mar [konsumár] *v.t.* consumar, terminar, completar.

con.su.mar.se [konsumárse] *v.p.* consumar-se.

con.su.mi.ción [konsumiθjón] *s.f.* consumo, o que se toma e se bebe em bares e restaurantes.

con.su.mi.dor/a [konsumiðór] *adj. e s.* consumidor, quem compra para uso próprio.

con.su.mir [konsumír] *v.t.* 1 consumir, usar. 2 desgastar.

con.su.mir.se [konsumírse] *v.p.* extinguir-se, apagar-se. *La vida del Papa se consumía lentamente.* A vida do Papa consumia-se lentamente.

con.su.mis.mo [konsumízmo] *s.m.* consumismo.

con.su.mo [konsúmo] *s.m.* consumo, gasto. *El consumo de gas ha aumentado.* O consumo de gás aumentou.

con.ta.bi.li.dad [kontaβiliðáð] *s.f.* (com.) contabilidade.

con.tac.to [kontákto] *s.m.* contato, ligação.

con.ta.do [kontáðo] (loc. com.) à vista, sem prazo. *Pagamos al contado, con un descuento bueno.* Pagamos à vista, com um bom desconto.

con.ta.dor/a [kontaðór] *s.* contador, medidor.

con.ta.giar [kontaxjár] *v.t.* contagiar, transmitir.

con.ta.giar.se [kontaxjárse] *v.p.* contagiar-se.

con.ta.gio.so/a [kontaxjóso] *adj.* contagioso, transmissível.

con.ta.mi.na.ción [kontaminaθjón] *s.f.* contaminação, poluição. *La contaminación del aire es muy alta en Méjico y en São Paulo.* A poluição do ar é muito alta no México e em São Paulo.

con.ta.mi.nar [kontaminár] *v.t.* contaminar.

con.ta.mi.nar.se [kontaminárse] *v.p.* contaminar-se.

con.tar [kontár] *v.t.* 1 contar, determinar a quantidade. 2 narrar.

con.tar.se [kontárse] *v.p.* estar entre.

con.tem.plar [kontemplár] *v.t.* 1 considerar, contemplar. 2 conceder, agradar. 3 observar com detenção.

contrasentido

con.tem.po.rá.ne.o/a [kontemporáneo] *adj. e s.* contemporâneo, que é do mesmo tempo que alguém ou alguma coisa.

con.te.ner [konténer] *v.t.* conter, parar um impulso.

con.te.ner.se [konténerse] *v.p.* conter-se.

con.te.ni.do/a [konteníðo] *adj.* 1 conteúdo. 2 *s.* contido.

con.ten.to/a [konténto] *adj.* contente, feliz, satisfeito.

con.tes.ta.ción [kontestaθjón] *s.f.* 1 resposta. 2 polêmica.

con.tes.tar [kontestár] *v.t.* 1 responder. 2 debater. 3 atender à uma chamada telefônica.

con.tex.to [kontéksto] *s.m.* contexto. *No es bueno leer las citas fuera de contexto.* Não é bom ler as citações fora de contexto.

con.ti.go [kontíɣo] *pron. pess 2ª pes. sing.* contigo.

con.ti.nen.te [kontinénte] *s.* e *adj.* 1 continente, grande extensão de terra entre oceanos. 2 que contém.

con.ti.nua.ción [kontinwaθjón] *s.f.* continuação, prosseguimento. *a continuación*, a seguir. *A continuación, les presentaremos un show de tango.* A seguir, lhes apresentaremos um show de tango.

con.ti.nua.men.te [kontinwaménte] *adv.* continuamente.

con.ti.nuar [kontinwár] *v.t.* 1 continuar, seguir, prosseguir. *Vamos a continuar trabajando sin desmayo.* Vamos continuar trabalhando sem descanso. 2 durar.

con.ti.nuo/a [kontínwo] *adj.* contínuo, ininterrupto.

con.tor.ción [kontorθjón] *s.f.* contorção.

con.tra [kóntra] *prep.* contra, oposto.

con.tra.ba.jo [kontraβáxo] *s.m.* (mús.) contrabaixo.

con.tra.ba.lan.ce.ar [kontraβalanθeár] *v.t.* contrabalançar.

con.tra.ban.dis.ta [kontraβandísta] *adj.* e *s.* contrabandista, que comercializa bens de forma ilegal.

con.tra.ban.do [kontraβándo] *s.m.* contrabando, comércio feito de forma ilegal. *El contrabando en la frontera no es tan controlado ahora como lo era antes.* O contrabando na fronteira não é tão controlado agora como era antes.

con.trac.ción [kontrakθjón] *s.f.* contração, retraimento.

con.tra.cep.ti.vo/a [kontraθeptíβo] *adj.* e *s.m.* anticoncepcional.

con.tra.de.cir [kontraðeθír] *v.t.* contradizer, contrariar. *Al profesor no le gusta que lo contradigan.* O professor não gosta que o contradigam.

con.tra.de.cir.se [kontraðeθírse] *v.p.* contradizer-se.

con.tra.dic.ción [kontraðikθjón] *s.f.* contradição.

con.tra.er [kontraér] *v.t.* contrair, reduzir de tamanho.

con.tra.er.se [kontraérse] *v.p.* 1 contrair-se, diminuir. 2 encolher. 3 assumir.

con.tra.ma.no [kontramáno] *s.f.* contramão. *Esa propuesta pedagógica está a contramano de la historia.* Essa proposta pedagógica está na contramão da história.

con.tra.par.ti.da [kontrapartíða] *s.f.* contrapartida.

con.tra.pe.so [kontrapéso] *s.m.* contrapeso.

con.tra.riar [kontrarjár] *v.t.* contrariar.

con.tra.rio/a [kontrárjo] *adj.* contrário, oposto.

con.tra.rres.tar [kontrarˉestár] *v.t.* compensar, contrabalançar.

con.tra.sen.ti.do [kontrasentíðo] *s.m.* contrassenso, absurdo. *Es un disparate, un despropóstio y un contrasentido.* É um disparate, um despropósito e um contrassenso.

contraseña

con.tra.se.ña [kontraséɲa] *s.f.* senha.

con.tras.tar [kontrastár] *v.t.* 1. contrastar, comparar, aferir. 2 opor.

con.tras.te [kontráste] *s.m.* contraste, oposição.

con.tra.ta [kontráta] *s.f.* empreitada.

con.tra.tar [kontratár] *v.t.* contratar, firmar acordo, ajustar serviço.

con.tra.tis.ta [kontratísta] *s.* empreiteiro. *Los contratistas firmaron los contratos de cada etapa de las obras.* Os empreiteiros assinaram os contratos de cada etapa das obras.

con.tra.to [kontráto] *s.m.* contrato, acordo escrito.

con.tra.ven.ción [kontraβeṇθjón] *s.f.* contravenção, atuação em contra da lei.

con.tri.bu.ción [kontriβuθjón] *s.f.* contribuição, cooperação.

con.tri.buir [kontriβwír] *v.t.* contribuir, cooperar.

con.tri.bu.yen.te [kontriβujénte] *s.* contribuinte.

con.trin.can.te [kontriŋkánte] *s.* adversário, concorrente, competidor. *Los equipos contrincantes se enfrentaron en un partido de fútbol memorable.* Os times adversários se enfrentaram numa partida de futebol memorável.

con.trol [kontról] *s.m.* controle, vistoria, inspeção.

con.tro.lar [kontrolár] *v.t.* controlar, dominar, vistoriar.

con.tro.lar.se [kontrolárse] *v.p.* controlar-se.

con.tun.den.te [kontundénte] *adj.* contundente. *Fue una propuesta clara y contundente.* Foi uma proposta clara e contundente.

con.tu.sión [kontusjón] *s.f.* (med.) contusão.

con.va.le.cen.cia [kombaleθéṇθja] *s.f.* (med.) convalescença, recuperação.

con.va.li.da.ción [kombaliðaθjón] *s.f.* convalidação, revalidação.

con.ven.cer [kombeṇθér] *v.t. e i.* convencer, persuadir.

con.ven.cer.se [kombeṇθérse] *v.p.* convencer-se. *Le costó mucho convencerse de que había perdido.* Custou-lhe convencer-se de que tinha perdido.

con.ven.ci.do/a [kombeṇθíðo] *adj.* convencido, convicto.

con.ven.ción [kombeṇθjón] *s.f.* 1 convenção. 2 reunião de grupo homogêneo.

con.ve.nien.cia [kombenjéṇθja] *s.f.* conveniência.

con.ve.nio [kombénjo] *s.m.* convênio, acordo, ajuste. *Hicimos un convenio con la universidad.* Fizemos um convênio com a universidade.

con.ve.nir [kombenír] *v.i.* 1 convir. 2 combinar, concordar.

con.ve.nir.se [kombenírse] *v.p.* concordar.

con.ver.sa.ción [kombersaθjón] *s.f.* conversa, conversação. *Fue una conversación sobre asuntos amenos pero sin importancia.* Foi uma conversa sobre assuntos amenos mas sem importância.

con.ver.sar [kombersár] *v.i.* conversar, dialogar.

con.ver.ti.ble [kombertíβle] *adj.* conversível, que se pode converter.

con.ver.tir [kombertír] *v.t.* converter, transformar.

con.ver.tir.se [kombertírse] *v.p.* converter-se, transformar-se.

con.vic.ción [kombikθjón] *s.f.* 1 convicção, certeza. 2 crença.

con.vi.dar [kombiðár] *v.t.* oferecer, convidar.

con.vi.ven.cia [kombiβéṇθja] *s.f.* convivência, convívio.

146
ciento cuarenta y seis

con.vi.vir [kombiβír] *v.i.* conviver, viver junto.
con.vo.car [kombokár] *v.t.* 1 convocar, chamar. *Lo convocaron para el servicio militar.* Foi convocado para o serviço militar. 2 citar.
con.vo.ca.to.ria [kombokatórja] *s.f.* convocação, citação.
con.voy [kombói̯] *s.m.* comboio, conjunto de navios, carros, etc.
con.vul.sión [kombulsjón] *s.f.* convulsão, tremores.
cón.yu.ge [kóy̌uxe] *s.* cônjuge.
co.ñac [koɲák] *s.m.* conhaque, bebida alcoólica.
co.ño [kóɲo] *s.m.* (vulg.) órgão sexual feminino, buceta.
co.o.pe.rar [kooperár] *v.i.* cooperar, colaborar.
co.o.pe.ra.ti.va [kooperatíβa] *s.f.* 1 cooperativa. 2 *adj.* pessoa que coopera, que ajuda.
co.or.di.na.dor/a [koorðinaðor] *adj. e s.* coordenador. *El coordinador pedagógico lo llamó para mostrarle la prueba.* O coordenador pedagógico o chamou para mostrar-lhe a prova.
co.or.di.nar [koorðinár] *v.t.* coordenar.
co.pa [kópa] *s.f.* 1 taça. 2 troféu.
co.pe.ca o **ko.pek** [kopék][kopéka] *s.m.* moeda russa.
co.pia [kópja] *s.f.* 1 cópia. 2 imitação.
co.piar [kopjár] *v.t.* 1 copiar, reproduzir. 2 imitar.
co.po [kópo] *s.m.* floco de neve, de milho, chumaço de algodão. *Los copos de nieve caían sobre los árboles.* Os flocos de neve caíam sobre as árvores.
có.pu.la [kópula] *s.f.* cópula, coito.
co.que.te.ar [koketeár] *v.i.* paquerar, flertar.
co.que.to/a [kokéto] *adj.* sedutor, bem-arrumado, atraente, vaidoso.

co.ra.je [koráxe] *s.m.* 1 coragem, falta de medo. 2 energia.
co.ral [korál] *s.m. e adj.* (zool.) coral, animal marinho. 2 *s.f. e adj.* (mús.) orfeão; relativo a coro.
co.ra.za [koráθa] *s.f.* couraça, revestimento duro, carapaça.
co.ra.zón [koraθón] *s.m.* coração.
co.ra.zo.na.da [koraθonáða] *s.f.* palpite, pressentimento, intuição. *Tuve una corazonada y jugué diez reales a la lotería deportiva y ¡gané mil!* Tive um pressentimento e joguei dez reais na loteria esportiva e ganhei mil!
cor.ba.ta [korβáta] *s.f.* gravata.
cor.che.te [kortʃéte] *s.m.* colchete.
cor.cho [kórtʃo] *s.m.* 1 cortiça. 2 rolha.
cor.co.va [korkóβa] *s.f.* corcunda.
cor.dal [korðál] *adj. e s.f.* (med.) dente do siso. *La muela cordal o muela del juicio es el último molar que nace.* O dente do siso é o último molar que nasce.
cor.del [korðél] *s.m.* cordel, barbante.
cor.de.ro/a [korðéro] *s.* cordeiro, filhote de ovelha.
cor.dia.li.dad [korðjaliðáð] *s.f.* cordialidade, afetividade.
cor.di.lle.ra [korðiʎéra] *s.f.* cordilheira, série de montanhas. *Teníamos una finca con huerta y granja al pie de la cordillera de los Andes.* Tínhamos uma chácara com horta e granja ao pé da cordilheira dos Andes.
cor.dón [korðón] *s.m.* 1 corda forte, cordão. 2 cadarço.
co.reo.gra.fí.a [koreoɣrafía] *s.f.* (tea.) coreografia.
cor.ne.ta [kornéta] *s.f.* (mús.) corneta, instrumento de sopro.
cor.nu.do/a [kornúðo] *adj.* 1 chifrudo, que tem chifres, cornudo. 2 (pop.) que foi traído.
co.ro [kóro] *s.m.* (mús. e tea.) coro, conjunto de cantores.

co.ro.na [koróna] *s.f.* coroa, diadema, ornamento para a cabeça.

co.ro.na.mien.to [koronamjénto] *s.m.* coroação.

co.ro.nel [koronél] *s.m.* (mil.) coronel. *"El coronel no tiene quien le escriba" es una obra de Gabriel García Márquez.* "O coronel não tem quem lhe escreva" é uma obra de Gabriel García Márquez.

cor.po.ra.ción [korporaθjón] *s.f.* corporação, comunidade homogênea de pessoas que têm um fim comum.

co.rral [korrál] *s.m.* cercado ao ar livre para animais.

co.rre.a [korréa] *s.f.* correia, cinto.

co.rrec.ción [korrektjón] *s.f.* 1 correção. 2 castigo.

co.rrec.to/a [korrékto] *adj.* 1 correto, sem erros. 2 pessoa de boa conduta.

co.rre.dor/a [korreðór] *adj. e s.* 1 corredor, passagem. 2 pessoa que tem a corrida como esporte.

co.rre.gir [korrexír] *v.t.* corrigir, revisar, consertar o errado.

co.rre.gir.se [korrexírse] *v.p.* corrigir-se. *Tuvo que corregirse un par de veces porque estaba muy nervioso.* Teve que corrigir-se duas vezes porque estava muito nervoso.

co.rreo [korréo] *s.m.* correio, serviço de entrega de correspondências.

co.rrer [korrér] *v.i.* correr, andar rapidamente.

co.rrer.se [korrérse] *v.p.* 1 afastar-se, dar passagem. 2 (vulg.) atingir o orgasmo, gozar. *Por favor, córrete que me quiero sentar.* Por favor, goze que eu quero sentar.

co.rres.pon.den.cia [korrespondénθja] *s.f.* correspondência.

co.rres.pon.der [korrespondér] *v.i.* 1 corresponder, retribuir proporcionalmente. 2 caber, pertencer.

co.rres.pon.der.se [korrespondérse] *v.p.* corresponder-se, comunicar-se por escrito.

co.rres.pon.dien.te [korrespondjénte] *adj.* 1 correspondente. 2 oportuno, conveniente.

co.rres.pon.sal [korresponsál] *adj. e s.* correspondente, representante. *Ernest Hemingway fue corresponsal de guerra en España.* Ernest Hemingway foi correspondente de guerra na Espanha.

co.rri.do/a [korríðo] *adj.* corrido, contínuo.

co.rrien.te [korrjénte] *adj. e s.* 1 corrente, habitual, comum. 2 curso de água.

co.rrom.per [korrompér] *v.t.* 1 corromper, subornar. 2 estragar, desvirtuar.

co.rrom.per.se [korrompérse] *v.p.* corromper-se.

co.rro.si.vo/a [korrosíβo] *adj.* 1 corrosivo, ácido. 2 mordaz, irônico. *No me gusta su humor, es muy corrosivo e irónico.* Eu não gosto de seu humor, é muito corrosivo e irônico.

co.rrup.ción [korrupθjón] *s.f.* corrupção.

co.rrup.to/a [korrúpto] *adj.* corrupto.

cor.ta.plu.mas [kortaplúmas] *s.m.* canivete, pequena navalha de bolso.

cor.tar [kortár] *v.t.* 1 cortar, dividir. 2 atravessar. 3 coalhar. 4 parar uma ligação telefônica.

cor.tar.se [kortárse] *v.p.* cortar-se, machucar-se.

cor.te [kórte] *s.m.* corte, talho.

cor.tés [kortés] *adj.* cortês, atencioso, respeituoso. *Lo cortés no quita lo valiente.* Ser cortês não impede ser firme e determinado.

cor.te.sí.a [kortesía] *s.f.* cortesia, atenção, polidez.

cor.te.za [kortéθa] *s.f.* casca.

cor.ti.na [kortína] *s.f.* cortina. *La Cortina de Hierro, como la llamaban los norteamericanos, era el conjunto de naciones del bloque comunista que terminó en 1989.* A Cortina de Ferro, como a chamavam os norte-americanos, era o conjunto de nações do bloco comunista.

cor.to/a [kórto] *adj.* 1 curto. 2 breve.
cor.to.cir.cui.to [kortoθirkwíto] *s.m.* curto-circuito.
co.sa [kósa] *s.f.* 1 coisa, objeto. 2 situação, fato, ideia.
co.se.cha [kosétʃa] *s.f.* colheita.
co.se.char [kosetʃár] *v.t.* e *i.* colher, fazer a colheita. *El que siembra vientos cosecha tempestades.* Quem semeia ventos colhe tempestades.
co.ser [kosér] *v.t.* e *i.* costurar, coser.
cos.mé.ti.co/a [kosmétiko] *adj.* e *s.* cosmético, produtos para a estética.
cos.mos [kósmos] *s.m.* cosmo, universo.
cos.qui.llas [koskíʎas] *s.f.* (pl.) cócegas. *No le haga cosquillas al bebé que se pone muy nervioso.* Não faça cócegas no bebê que ele fica muito nervoso.
cos.ta [kósta] *s.f.* costa marítima, litoral, orla.
cos.ta.do [kostáðo] *s.m.* lado, lateral.
cos.tar [kostár] *v.t.* e *i.* custar, valer.
cos.te [kóste] *s.m.* custo, despesa. *Los costes (costos) de producción fueron altísimos.* Os custos de produção foram altíssimos.
cos.te.ar [kosteár] *v.t.* e *i.* pagar a despesa, custear.
cos.te.ar.se [kosteárse] *v.p.* custear-se.
cos.ti.lla [kostíʎa] *s.f.* costela. *Según la Biblia, Dios creó a Eva con la costilla de Adán.* Segundo a Bíblia, Deus criou Eva com a costela de Adão.
cos.to [kósto] *s.m.* custo, preço.
cos.to.so/a [kostóso] *adj.* oneroso, custoso, que tem preço alto.
cos.tra [kóstra] *s.f.* crosta, casa.
cos.tum.bre [kostúmbre] *s.f.* costume, prática habitual. *No tengo la costumbre de comer dulces antes del almuerzo.* Não tenho o costume de comer doces antes do almoço.
cos.tu.ra [kostúra] *s.f.* costura.

cos.tu.re.ro [kosturéro] *s.m.* cesto de costura.
co.ta [kóta] *s.f.* cota, pedaço, parte.
co.te.jo [kotéxo] *s.m.* conferência, aferição, confronto.
co.ti.dia.no/a [kotiðjáno] *adj.* cotidiano.
co.ti.za.ción [kotiθaθjón] *s.f.* (com.) cotação. *La cotización del petróleo está altísima.* A cotação do petróleo está altíssima.
co.ti.zar [kotiθár] *v.t.* (com.) avaliar.
co.to.rra [kotóřa] *s.f.* maritaca; papagaio pequeno.
co.yun.tu.ra [koȷ̌untúra] *s.f.* conjuntura.
coz [kóθ] *s.f.* coice. *El caballo dió una coz tan fuerte contra el suelo que nos asustó a todos.* O cavalo deu um coice tão forte contra o chão que assustou a todos nós.
crá.ne.o [kráneo] *s.m.* (med.) crâneo.
crá.ter [kráter] *s.m.* cratera.
cre.a.ción [kreaθjón] *s.f.* criação, invento, imaginação. *La novela latinoamericana es un jardín de la creación literária de centenas de autores.* O romance hispano-americano é um jardim da criação de centenas de autores.
cre.a.dor/a [kreaðór] *adj.* e *s.* criador.
cre.ar [kreár] *v.t.* 1 criar. 2 inventar.
cre.a.ti.vi.dad [kreatiβiðáð] *s.f.* criatividade.
cre.a.ti.vo/a [kreatíβo] *adj.* e *s.* criativo.
cre.cer [kreθér] *v.i.* 1 crescer, desenvolver. 2 aumentar de altura.
cre.ci.mien.to [kreθimjénto] *s.m.* crescimento.
cre.den.cial [kreðenθjál] *s.f.* credencial, crachá. *Muestren sus credenciales a la entrada.* Mostrem seus crachás na entrada.
cre.di.tar [kreðitár] *v.t.* credenciar.
cré.di.to [kréðito] *s.m.* crédito.
cre.en.cia [kreénθja] *s.f.* crença, fé.
cre.er [kreér] *v.t.* e *i.* crer, acreditar.
cre.í.do [kreíðo] *adj.* presunçoso.

cre.ma [kréma] *s.f.* 1 nata. 2 creme, produto pastoso. *La crema de la leche contiene mucha grasa.* O creme de leite contém muita gordura.
cre.ma.lle.ra [kremaʎéra] *s.f.* zíper.
cre.pús.cu.lo [krepúskulo] *s.m.* crepúsculo.
cres.ta [krésta] *s.f.* 1 crista, carnosidade que os galos tem na cabeça. 2 parte mais alta de algo.
crí.a [kría] *s.f.* criação de animais.
cri.a.de.ro [kriaðéro] *s.m.* viveiro, estufa.
cri.a.di.lla [kriaðíʎa] *s.f.* testículo bovino.
cri.a.do/a [kriáðo] *adj.* criado.
cri.a.dor/a [kriaðór] *adj. e s.* criador.
cri.an.za [kriánθa] *s.f.* criação, alimentação, cuidado e educação das crianças desde seu nascimento.
cri.ar [kriár] *v.t.* criar, cultivar, produzir, acompanhar o crescimento.
cri.a.tu.ra [kriatúra] *s.f.* criança pequena, de pouca idade.
cri.men [krímen] *s.m.* crime, delito.
cri.mi.nal [kriminál] *adj.* (for.) criminoso.
cri.o.llo/a [krióʎo] *adj. e s.* crioulo, descente de espanhois nascidos na América.
cri.san.te.mo [krisantémo] *s.m.* (bot.) crisântemo.
cri.sis [krísis] *s.f.* crise, situação ou momento grave.
cris.tal [kristál] *s.m.* cristal.
cris.ta.le.ra [kristaléra] *s.f.* cristaleira, móvel com porta de vidro onde originalmente se guardavam peças de cristal.
cris.tian.dad [kristjanðáð] *s.f.* crintandade.
cris.tia.no/a [kristjáno] *adj. e s.* cristão.
cri.te.rio [kritérjo] *s.m.* 1 critério, norma, princípio. 2 discernimento.
crí.ti.ca [krítika] *s.f.* crítica, julgamento.
cri.ti.car [kritikár] *v.t.* criticar, julgar, apreciar, censurar.

crí.ti.co/a [krítiko] *adj. e s.* 1 crítico, relativo à crítica. 2 profissional que faz críticas. *El crítico de artes es un hombre con cultura general.* O crítico de artes é um homem com cultura geral.
cro.ché [krotʃé] *s.m.* crochê.
cro.mo.so.ma [kromosóma] *s.m.* (biol.) cromossomo.
cró.ni.ca [krónika] *s.f.* (lit.) crônica. *Las crónicas de Fernando Sabino son fantásticas.* As crônicas de Fernando Sabino são fantásticas.
cró.ni.co/a [króniko] *adj.* crônico, persistente, de longa duração, inveterado.
cro.no.lo.gí.a [kronoloxía] *s.f.* cronologia.
cro.nó.me.tro [kronómetro] *s.m.* cronômetro.
cro.quis [krókis] *s.m.* esboço, croqui.
cru.ce [krúθe] *s.m.* 1 cruzamento, encruzilhada. 2 faixa de pedestres.
cru.ce.ro [kruθéro] *s.m.* cruzeiro, viagem de navio.
cru.ci.fi.jo [kruθifíxo] *s.m.* crucifixo, imagem da cruz com Cristo.
cru.ci.gra.ma [kruθiɣráma] *s.m.* palavras cruzadas.
cru.do/a [krúðo] *adj.* cru, alimento não cozido.
cruel.dad [krwelðáð] *s.f.* crueldade, maldade, dureza.
cru.ji.do [kruxíðo] *s.m.* rangido, estalo.
cru.jien.te [kruxjénte] *adj.* crocante. *Era un chocolate con nueces muy crocante.* Era um chocolate com nozes muito crocante.
crus.tá.ce.o/a [krustáθeo] *adj. e s.* crustáceo.
cruz [krúθ] *s.f.* 1 cruz. 2 calvário. 3 constelação. *La Cruz del Sur se puede ver desde Colombia hasta la Patagonia.* O Cruzeiro do Sul pode ser visto desde a Colômbia até a Patagônia.
cru.za.da [kruθáða] *s.f.* expedição.
cru.za.do/a [kruθáðo] *s.f.* cruzado, disposto em cruz.

cru.zar [kruθár] *v.t. e i.* 1 cruzar, passar de um lado a outro. 2 acasalar.

cua.der.no [kwaðérno] *s.m.* caderno. *Los Cuadernos del Futuro fueron una gran idea de la editorial.* Os Cadernos do Futuro foram uma grande ideia da editora.

cua.dra [kwáðra] *s.f.* 1 cocheira. 2 quarteirão.

cua.dra.do/a [kwaðráðo] *adj.* quadrado.

cua.drar [kwaðrár] *v.t. e adj.* 1 esquadrar. 2 de forma quadrada.

cua.drar.se [kwaðrárse] *v.p.* 1 bater continência. 2 enquadrar, coincidir. 3 fechar os números. 4 quadrar-se. *Estos números no se cuadran, los gastos son altos y las cuentas no cierran.* Estes números não se quadram, os gastos são altos e as contas não fecham.

cua.dril [kwaðríl] *s.m.* quadril.

cua.dri.lla [kwaðríʎa] *s.f.* quadrilha, equipe, turma.

cua.dro [kwáðro] *s.m.* 1 quadro, pintura. 2 conjunto de informações sobre um tema.

cua.drú.pe.do/a [kwaðrúpeðo] *adj. e s.* quadrúpede, que tem quatro patas.

cuá.dru.ple [kwáðruple] *adj.* quádruplo, múltiplo de quatro.

cua.jar [kwaxár] *v.t.* 1 coalhar, talhar. 2 resultar, dar certo, vingar. *Era un proyecto muy extenso, muy costoso y complicado, y por fín no cuajó.* Era um projeto muito extenso, muito custoso e complicado, e afinal não vingou.

cua.jar.se [kwaxárse] *v.p.* coagular-se.

cual [kwal] *pron.rel.* qual.

cuál [kwál] *pron.inter.* qual. *Cuál de los dos va a ayudarme?* Qual dos dois vai ajudar-me?

cua.li.dad [kwalidáð] *s.f.* 1 qualidade. 2 jeito, caráter. 3 característica.

cual.quier [kwalkjér] *adj.indef.* antes de *s.* qualquer.

cual.quiera [kwalkjéra] *pron.indef.* qualquer.

cuan [kwán] *adv.* quão.

cuan.do [kwándo] *conj.* quando. *Ven a buscarme cuando sean las diez.* Venha me buscar quando forem dez horas.

cuán.do [kwándo] *adv.inter.* quando. *¿Cuándo vas a visitar a tu padre? No sé cuándo.* Quando você vai visitar seu pai. Não sei quando.

cuan.ti.ta.ti.vo/a [kwantitatíβo] *adj.* quantitativo.

cuan.to/a [kwánto] *pron.rel. e adv.* quanto.

cuán.to/a [kwánto] *pron.inter. e adv.* quanto. *¿Cuántos años tienes? ¿Cuántas manzanas has comido? ¡Cuánto lo siento!* Quantos anos você tem? Quantas maçãs comeu? Sinto muito!

cua.ren.tón/a [kwarentón] *adj. e s.* quarentão. *Luciana es jovencita, su hermano ya es cuarentón.*

cuar.tel [kwartél] *s.m.* quartel, construção onde vivem ou trabalham os participantes de uma tropa.

cuar.te.to [kwartéto] *s.m.* (mús.) quarteto, conjunto com quatro cantores.

cuar.ti.lla [kwartíʎa] *s.f.* folha de papel tamanho carta.

cuar.to/a [kwárto] 1 *adj.* quarto. *Es su cuarto hijo. Se llama Hernando.* É seu quarto filho. Chama-se Hernando. 2 *s.m.* quarto, aposento para dormir.

cua.te/a [kwáte] *adj. e s.* 1 (Méx.) irmão gêmeo. 2 (Guat., Hond., Méx.) amigo íntimo.

cu.be.ta [kuβéta] *s.f.* bacia, tina pequena.

cu.bier.to/a [kuβjérto] *adj.* coberto, tampado, protegido.

cu.bier.tos [kuβjértos] *s.m.* (pl.) talheres.

cu.bo/a [kúβo] *s.m.* 1 cubo. 2 (mat.) a terceira potência.

cu.bre.ca.ma [kuβrekáma] *s.f.* colcha.

cu.brir [kuβrír] *v.t.* 1 cobrir, tampar. 2 ocultar. 3 satisfazer. *El resultado cubrió todas las expectativas.* O resultado satisfez todas as expectativas.

cu.brir.se [kuβrírse] *v.p.* cobrir-se, tampar-se.

cu.ca.ra.cha [kukarátʃa] *s.f.* 1 barata. 2 *s.m.* forma ofensiva de referir-se ao latino-americano nos Estados Unidos.

cu.cha.ra [kutʃára] *s.f.* colher.

cu.cha.ra.da [kutʃaráða] *s.f.* colherada.

cu.cha.rón [kutʃarón] *s.m.* concha.

cu.chi.che.o [kutʃitʃéo] *s.m.* cochicho.

cu.chi.lla.da [kutʃiʎáða] *s.f.* facada.

cu.chi.llo/a [kutʃíʎo] *s.m.* faca.

cue.ca [kwéka] *s.f.* dança popular chilena. *El grupo folklórico chileno se lució con el baile de la cueca.* O grupo folclórico chileno exibiu-se com o bailado da *cueca*.

cue.llo [kwéʎo] *s.m.* 1 pescoço. 2 colo.

cuen.co [kwéŋko] *s.m.* 1 vasilha, terrina. 2 concavidade.

cuen.ta [kwénta] *s.f.* 1 conta, soma de ítens. 2 fatura. 3 miçanga.

cuen.ta.go.tas [kwentaɣótas] *s.m.* contagotas.

cuen.to [kwénto] *s.m.* 1 conto. 2 caso. 3 mentira.

cuer.da [kwérða] *s.f.* corda.

cuer.do/a [kwérðo] *adj. e s.* sensato, ajuizado, prudente. *No me parece una idea muy cuerda, es más, me parece una locura.* Não acho que seja uma ideia muito sensata, é mais, parece uma loucura.

cuer.no [kwérno] *s.m.* corno, chifre.

cue.ro [kwéro] *s.m.* 1 couro. 2 pele.

cuer.po [kwérpo] *s.m.* 1 corpo. 2 cadáver. 3 corporação.

cuer.vo [kwérβo] *s.m.* 1 corvo, pássaro preto. 2 (pop.) advogado de porta de cadeia.

cues.ta [kwésta] *s.f.* 1 ladeira. 2 encosta.

cues.tión [kwestjón] *s.f.* 1 questão, pergunta. 2 matéria discutível.

cues.tio.nar [kwestjonár] *v.t.* 1 questionar, perguntar. 2 pôr em discussão.

cues.tio.nar.se [kwestjonárse] *v.p.* questionar-se, rever conceitos.

cues.tio.na.rio [kwestjonárjo] *s.m.* questionário, conjunto de perguntas sobre determinado tema.

cue.va [kwéβa] *s.f.* cova, caverna, gruta. *Los vampiros salen de la cueva a la noche.* Os vampiros saem da cova de noite.

cui.da.do/a [kwiðáðo] *adj.* cuidado, arrumado.

cui.dar [kwiðár] *v.t.* 1 cuidar, fazer com atenção. 2 tomar conta de algo ou alguém.

cui.dar.se [kwiðárse] *v.p.* cuidar-se.

cui.ta [kwíta] *s.f.* aflição, dor, pena, mágoa. *Ven acá y cuéntame tus cuitas.* Venha aqui e conte-me suas mágoas.

cu.la.ta [kuláta] *s.f.* (mil.) culatra, parte posterior da arma de fogo.

cu.le.bra [kuléβra] *s.f.* cobra.

cu.lo [kúlo] *s.m.* 1 ânus, cu. 2 traseiro, bunda. 3 (vulg.) sorte.

cul.pa [kúlpa] *s.f.* culpa, responsabilidade, falta.

cul.pa.ble [kulpáβle] *adj.* culpado, responsável. *No me siento culpable por lo que le pasó.* Não me sinto culpado pelo que lhe aconteceu.

cul.par [kulpár] *v.t.* culpar, acusar.

cul.ti.var [kultiβár] *v.t.* 1 cultivar, plantar. 2 fazer crescer.

cul.ti.vo [kultíβo] *s.m.* (bot. e bio.) cultivo.

cul.to/a [kúlto] 1 *adj.* culto, instruído. 2 *s.m.* culto, ritual.

cul.tu.ra [kultúra] *s.f.* cultura.

cum.bre [kúmbre] *s.f.* 1 cume. 2 cúpula, reunião de máxima importância.

cum.ple.a.ños [kumpleáɲos] *s.m.* aniversário.

cum.pli.mien.to [kumplimjénto] *s.m.* 1 cumprimento, felicitação. 2 atendimento à pedido, obediência. *En cumplimiento de lo que* *fue dispuesto*, vamos a trabajar uma hora a mais este mês. Cumprindo o que foi disposto, vamos trabalhar uma hora a mais este mês.

cum.plir [kumplír] *v.t.* 1 cumprir, executar. 2 completar anos de vida.

cum.plir.se [kumplírse] *v.p.* cumprir, realizar.

cú.mu.lo [kúmulo] *s.m.* acúmulo, cúmulo.

cu.na [kúna] *s.f.* 1 berço. 2 origem.

cu.ne.ta [kunéta] *s.f.* valeta, sarjeta. *El coche derrapó en el barro y se fue a la cuneta.* O carro derrapou no barro e foi para a valeta.

cu.ña.do/a [kuɲáðo] *s.* cunhado.

cuo.ta [kwóta] *s.f.* 1 cota, prestação. 2 porção.

cu.pé [kupé] *s.m.* cupê, carro esporte, geralmente conversível. *Luciano compró un cupé convertible modelo 58.* Luciano comprou um cupê conversível modelo 58.

cu.po [kúpo] *s.m.* quota, cota, parte proporcional de algo.

cu.pón [kupón] *s.m.* cupon, parte destacável de um carnê.

cú.pu.la [kúpula] *s.f.* 1 cúpula, parte alta de edificações. 2 reunião de chefes.

cu.ra [kúra] *s.m.* sacerdote, padre.

cu.ran.de.ro/a [kurandéro] *s.* curandeiro.

cu.rar [kurár] *v.t.* curar, sarar.

cu.rar.se [kurárse] *v.p.* curar–se.

cur.do/a o **kur.do/a** [kúrðo] *s. e adj.* curdo, natural do Curdistão.

cu.rio.se.ar [kurjoseár] *v.i.* (col.) xeretar, bisbilhotar. *No te quedes curioseando en las cosas de los otros, es muy feo.* Não fique bisbilhotando nas coisas dos outros, é muito feio.

cu.rio.so/a [kurjóso] *adj.* curioso, xereta bisbilhoteiro.

cur.sar [kursár] *v.t.* 1 encaminhar. 2 cursar.

cur.si [kúrsi] *adj. e s.* brega, cafona. *Me pareció una frase cursi, repetida y sin gracia.* Pareceu-me uma frase brega, repetida e sem graça.

cur.so [kúrso] *s.m.* 1 curso. estudo. 2 carreira.

cur.tir [kurtír] *v.t.* curtir. 1 bronzear. *El aire y el sol de la playa le curtieron la piel.* O ar e o sol da praia lhe bronzearam a pele. 2 acostumar-se aos sofrimentos. *Las durezas de la vida curten los temperamentos más delicados.* As durezas da vida curtem os temperamentos mais delicados.

cur.var [kurβár] *v.t.* curvar, dobrar, dar forma de curva.

cur.var.se [kurβárse] *v.p.* curvar-se.

cur.va.tu.ra [kurβatúra] *s.f.* curvatura.

cur.vo/a [kúrβo] *adj.* curvo, com forma de arco.

cus.cús [kuskús] *s.m.* cuscuz.

cus.to.dia [kustóðja] *s.f.* custódia, guarda.

cu.tí.cu.la [kutíkula] *s.f.* cutícula.

cu.tis [kútis] *s.m.* cútis, pele.

cu.yo/a [kújo] *p.rel.* cujo.

cuz.co/a [kúθko] *s.* cãozinho, cachorro pequeno que late muito.

cuz.cuz [kuθkúθ] 1 *s.m.* cuscuz. 2 *interj.* voz para chamar os cachorros.

c.v. [θéúβe] 1 abreviatura de *curriculum vitae*. 2 abreviatura de *caballos de vapor,* unidade de medida de força. *El caballo de vapor es la fuerza necesaria para levantar a 1 m de altura, em 1 segundo, 75 kg. de peso.* O cavalo-vapor é a força necessária para levantar a 1 m de altura, em 1 segundo, 75 kg de peso.

D d

D, d [dé] 1 quarta letra do alfabeto espanhol e quarta de suas consoantes; seu nome é *de*. Sua articulação é dental, sonora, oclusiva em posição inicial absoluta ou precedida de *n* ou *l*, e fricativa nos demais casos. Em posição final de palavra, sua articulação é reduzida. 2 D representa 500 em números romanos.

dac.ti.lar [daktilár] *adj.* 1 digital, pertencente aos dedos. *El cadáver sólo fue reconocido por sus huellas dactilares.* O cadáver só foi reconhecido por suas impressões digitais. 2 referente à digitação. 3 pertencente ou referente a dígitos ou números.

da.do [dáðo] *s.m.* dado, cubo empregado em jogos com faces marcadas com pontos. *Se jugó la suerte a los dados.* Jogou a sorte nos dados.

da.dor/a [dáðo] *adj. e s.* doador, que dá, que doa.

da.ma [dáma] *s.f.* dama, senhora. *Demostró su caballerosidad al ofrecerle el asiento a aquella dama.* Demonstrou seu cavalheirismo ao oferecer o assento àquela dama.

da.mas.co [damásko] *s.m.* damasco. *El damasco constituye su fruta predilecta.* O damasco constitui sua fruta predileta.

dam.ni.fi.car [damnifikár] *v.t.* danificar, quebrar, estragar.

dan.za [dánθa] *s.f.* dança, baile. *El instituto de danzas recién abierto anda a las mil maravillas.* A academia de dança recém-aberta vai às mil maravilhas.

dan.zar [danθár] *v.t. e i.* dançar.

danzarín/a [danθarín] *s.m.* dançarino. *En el tango y otras danzas típicas es un danzarín experimentado.* É um dançarino experimentado em tango e outras danças típicas.

da.ñar [danár] *v.t. e i.* danificar. *El temblor de tierra dañó varios rascacielos.* O tremor de terra danificou vários arranha-céus.

da.ñar.se [danárse] *v.p.* ferir-se, machucar-se.

da.ño [daño] *s.m.* dano.

dar [dár] *v.t.* dar, doar.

dar.se [dárse] *v.p.* entregar-se, doar-se.

da.tar [datár] *v.t.* datar, estabelecer uma data determinada. *Este edificio data de la época colonial.* Este edifício data da época colonial.

dá.til [dátil] *s.m.* bot. tâmara.

da.to [dáto] *s.m.* dado, documento, informação, detalhe. *Juan estudia Procesamientos de Datos en la Escuela de Informática.* João estuda Processamento de Dados na Escola de Informática.

de [dé] *prep.* de.

de.ba.jo [deβáxo] *adv.* embaixo.

de.ba.tir [deβatír] *v.t. e i.* 1 debater, discutir, querelar. 2 forcejar, lutar contra.

de.ba.tir.se [deβatírse] *v.p.* debater-se. *El enfermo se debatía entre la vida y la muerte.* O enfermo se debatia entre a vida e a morte.

de.ber [deβér] *s.m.* dever, obrigação. *Lo importante es el cumplimiento del deber.* O importante é o cumprimento do dever.

de.bi.do/a [deβíðo] *adj.* devido.

dé.bil [déβil] *adj. e s.* débil, fraco. *María estaba muy débil y no pudo levantarse ayer.*

Maria estava muito fraca e não pôde levantar-se ontem.

de.bi.li.dad [deβiliðáð] *s.f.* debilidade, fraqueza.

de.bi.li.tar [deβilitár] *v.t.* debilitar, enfraquecer.

de.bi.li.tar.se [deβilitárse] *v.p.* debilitar-se. *Después de dos semanas de huelga, el movimiento se debilitó.* Depois de duas semanas de greve, o movimento se debilitou.

de.bu.tar [deβutár] *v.i.* debutar, estrear. *Ronaldo debutó en el Real Madrid.* Ronaldo debutou no Real Madrid.

dé.ca.da [dékaða] *s.f.* década, período de dez anos. *El secuestrador fue condenado a dos décadas en la prisión.* O seqüestrador foi condenado a duas décadas na prisão.

de.ca.er [dekaér] *v.i.* decair, ir para baixo. *Los romanos empezaron a decaer ante el avance de los pueblos que ellos llamaban bárbaros.* Os romanos começaram a decair ante o avanço dos povos que eles chamavam bárbaros.

de.cai.mien.to [dekaimjénto] *s.m.* queda, decadência.

de.can.tar [dekantár] *v.t.* decantar, deixar assentar.

de.can.tar.se [dekantárse] *v.p.* desviar-se, afastar-se ou inclinar-se.

de.ce.na [deθéna] *s.f.* dezena. *Son diez las unidades que componen la decena.* São dez as unidades que compõem a dezena.

de.cen.te [deθénte] *adj.* decente, decoroso, honesto, recatado.

de.cep.ción [deθepθjón] *s.f.* decepção, desilução, desengano. *Se apartó de los amigos después de una decepción de amor.* Afastou-se dos amigos depois de uma decepção de amor.

de.ci.bel [deθiβél] *s.m.* decibel. *El barullo infernal sobrepasaba enormemente el máximo nivel de decibeles permitidos.* O barulho infernal ultrapassava enormemente o nível máximo de decibéis permitidos.

de.ci.be.lio [deθiβéljo] *s.m.* decibel.

de.ci.di.do/a [deθiðíðo] *adj.* decidido, enérgico, resolvido, firme, convicto. *Estaba él plenamente decidido a llevar adelante su proyecto.* Estava ele plenamente decidido a levar adiante seu projeto.

de.ci.dir [deθiðír] *v.t. e i.* decidir, resolver, determinar.

de.ci.dir.se [deθiðírse] *v.p.* decidir-se, resolverse. *Los González finalmente se dicidieron y viajaron a Méjico.* Os González finalmente se decidiram e viajaram para o México.

dé.ci.mo/a [déθimo] *adj.* décimo.

de.cir [deθír] 1 *v.t.* dizer. 2 *s.m.* dito, fala. *En el decir popular, no hay mal que dure cien años.* No dizer popular, não há mal que dure cem anos.

de.ci.sión [deθisjón] *s.f.* determinação, decisão.

de.ci.si.vo/a [deθisíβo] *adj.* decisivo, determinante, convincente. *Su apoyo fue decisivo en el logro de la victoria.* Seu apoio foi decisivo na conquista da vitória.

de.cla.ra.ción [deklaraθjón] *s.f.* declaração, manifesto, afirmação. *La declaración de la Independencia creó una conciencia patriótica.* A declaração da Independência criou uma consciência patriótica.

de.cla.rar [deklarár] *v.t.* declarar, afirmar, manifestar.

de.cla.rar.se [deklarár] *v.p.* declarar-se, proclamarar-se. *Jorge y Susana se declararon su amor.* Jorge e Susana declararam seu amor.

de.cli.na.ción [deklinaθjón] *s.f.* 1 declinação. 2 decadência, inclinação. 3 renúncia, recusa.

declinar

de.cli.nar [deklinár] *v.i.* 1 declinar. 2 decair. 3 renunciar, rejeitar, recusar-se. 4 *gram.* flexão de adjetivos, substantivos e pronomes.

de.co.di.fi.ca.ción [dekoðifikaθjón] *s.f.* ver *descodificación*.

de.co.di.fi.car [dekoðifikár] *v.t.* ver *descodificar*.

de.co.ra.do/a [dekoráðo] *adj.* decorado, enfeitado, guarnecido. *Toda la habitación está decorada en tonos claros*. Todo o dormitório está decorado em tons claros.

de.co.ra.ti.vo/a [dekoratíβo] *adj.* decorativo.

de.co.ro [dekóro] *s.m.* decoro, decência. *A pesar del daño sufrido, Juan ha sabido guardar un considerable decoro*. Apesar do prejuízo sofrido, João soube guardar considerável decoro.

de.co.ro.so/a [dekoróso] *adj.* decente, decoroso. *Hizo un decoroso papel en su debut*. Fez um decoroso papel em sua estreia.

de.cre.cien.te [dekreθjénte] *adj.* decrescente, que diminui.

de.cre.tar [dekretár] *v.t.* decretar

de.cre.to [dekréto] *s.m.* decreto, determinação, ordem de autoridade pública. *A través de un decreto, el presidente ordenó un aumento salarial para los empleados públicos*. Através de um decreto, o presidente ordenou um aumento salarial para os funcionários públicos.

de.dal [deðál] *s.m.* dedal.

de.di.ca.ción [deðikaθjón] *s.f.* dedicação, abnegação, devoção. *Los grandes triunfos no acontecen por azar, sino por la dedicación exclusiva para lograrlos*. Os grandes triunfos não acontecem por acaso, mas sim pela dedicação exclusiva para alcançá-los.

de.di.car [deðikár] *v.t.* dedicar, abnegar, devotar.

de.di.car.se [deðikárse] *v.p.* dedicar-se, abnegar-se, devotar-se. *Comprendió a tiempo que nada conseguiría sin dedicarse por completo a la tarea*. Compreendeu a tempo que nada conseguiria sem dedicar-se por completo à tarefa.

de.do [déðo] *s.m.* dedo.

de.du.cción [deðukθjón] *s.f.* dedução, conclusão.

de.du.cir [deðuθír] *v.t.* deduzir, concluir. *Por lo que veo, puedo deducir que tu deseo es abandonarlo todo*. Pelo que vejo, posso deduzir que o seu desejo é abandonar tudo.

de.du.cir.se [deðuθírse] *v.p.* deduzir-se.

de.fec.to [defékto] *s.m.* falta, falha. *Cometer errores y tener defectos es totalmente humano y comprensible*. Cometer erros e ter defeitos é totalmente humano e compreensível.

de.fen.der [defendér] *v.t.* 1 defender. 2 proteger, prestar socorro. 3 interceder a favor.

de.fen.der.se [defendérse] *v.p.* 1 defender-se. 2 resistir a um ataque ou agressão. 3 justificar-se. *Al crecer, el niño aprende a defenderse*. À medida que vai crescendo, a criança aprende a defender-se.

de.fen.sa [defénsa] *s.f.* defesa, proteção. *Los diques son una defensa y una reserva contra las crecientes de las aguas*. Os diques são uma defesa e uma reserva contra as enchentes das águas.

de.fen.si.vo/a [defensíβo] *adj.* defensivo. *El equipo permaneció en un tedioso y ofuscante esquema defensivo*. O time permaneceu em um tedioso e ofuscante esquema defensivo.

de.fe.rir [deferír] *v.i.* deferir, conceder, dar um despacho favorável.

de.fi.cien.te [defiθjénte] *adj.* deficiente, falho, carente.

de.fi.ni.ción [definiθjón] *s.f.* 1 definição. 2 resolução. 3 explicação clara e precisa.

de.fi.ni.do/a [definíðo] *adj.* definido, determinado. *Las novedades surgirán luego de definido el rumbo económico*. As novidades surgirão após ser definido o rumo econômico.

de.fi.nir [definír] *v.t.* definir, decidir.

de.fi.nir.se [definírse] *v.p.* definir-se, decidir-se, tomar partido. *Mucho demoró en definirse sobre la carrera universitaria que debía seguir.* Demorou muito para definir qual carreira universitária deveria fazer.

de.fi.ni.ti.vo/a [definitíβo] *adj.* definitivo, terminante, conclusivo.

de.fla.ción [deflaθjón] *s.f.* deflação, queda dos preços, contrário à inflação. *La deflación causó enorme sorpresa por ser ése un país de larga tradición inflacionaria.* A deflação causou enorme surpresa por ser esse um país de longa tradição inflacionária.

de.for.mar [deformár] *v.t.* deformar, deturpar, modificar.

de.for.mar.se [deformárse] *v.p.* deformar-se, deturpar-se.

de.frau.dar [defrauðár] *v.t.* 1 defraudar, fraudar, lesar. 2 desapontar, decepcionar. 3 sonegar impostos ou informações ao fisco.

de.fun.ción [defunθjón] *s.f.* morte, falecimento, defunção. *Produjo gran conmoción en la ciudad, la defunción de tan honorable vecino.* Produziu grande comoção na cidade a morte de tão honorável cidadão.

de.ge.ne.ra.ción [dexeneraθjón] *s.f.* degeneração, deturpação.

de.ge.ne.ra.do/a [dexeneráðo] *adj.* degenerado, desnaturado, deturpado. *Los ataques impúdicos por parte del degenerado causaban terror en la población.* Os ataques impudicos por parte do degenerado causavam terror na população.

de.gra.da.ción [deɣraðaθjón] *s.f.* degradação, diminuição, destituição, aviltamento.

de.gra.dar [deɣraðár] *v.t.* degradar, destituir ignominiosamente.

de.gra.dar.se [deɣraðárse] *v.p.* degradar-se, humilhar-se, envilecer-se. *Con total impotencia vió degradarse todo el patrimonio logrado en su vida.* Com total impotência, viu degradar-se todo o patrimônio adquirido em sua vida.

de.he.sa [deésa] *s.f.* campo cultivado.

de.ja.dez [dexaðéθ] *s.f.* negligência, abandono, preguiça. *Impresionaba a todos la dejadez que se observaba en el lugar.* Impressionava a todos o abandono que se observava no lugar.

de.ja.do/a [dexáðo] *adj.* largado, negligente.

de.jar [dexár] *v.t.* 1 deixar, permitir, autorizar. 2 deixar, largar, abandonar. *La directora no me dejó salir antes de la hora.* A diretora não me deixou sair antes da hora.

de.jar.se [dexárse] *v.p.* descuidar-se.

de.jo [déxo] *s.m.* 1 gosto. 2 sotaque, entoação.

del [del] *contr. prep. de* + *art. m. el,* do. *Sebastián salió del médico hace una hora.* Sebastião saiu do médico há uma hora.

de.lan.tal [delantál] *s.m.* avental.

de.lan.te [delánte] *adv.* 1 em frente. 2 diante de, perante. *No tuvo inconveniente en repetir la travesura delante de la profesora.* Não teve inconveniente em repetir a travessura diante da professora.

de.lan.te.ro [delantéro] *adj.* parte frontal, dianteiro.

de.le.ga.ción [deleɣaθjón] *s.f.* delegação, representação. *La delegación olímpica china ganó muchas medallas de oro.* A delegação olímpica chinesa ganhou muitas medalhas de ouro.

de.le.ga.do/a [deleɣáðo] *adj. e s.* preposto, delegado, representante.

de.le.gar [deleɣár] *v.t.* delegar, representar, encarregar. *Encontrar a la persona indicada para delegar la ejecución de determinada tarea.* Encontrar a pessoa indicada para delegar a execução de determinada tarefa.

deletrear

de.le.tre.ar [deletreár] *v.t.* soletrar.
del.ga.do/a [delɣáðo] *adj.* magro. *De tan delgado no movía la aguja de la balanza.* De tão magro não movia a agulha da balança.
de.li.be.ra.ción [deliβeraθjón] *s.f.* deliberação, análise, discussão.
de.li.be.rar [deliβerár] *v.t. e i.* deliberar, resolver após examinar e discutir. *Deliberar sobre el cambio en la conducción de la empresa.* Deliberar sobre a mudança na condução da empresa.
de.li.ca.de.za [delikaðéθa] *s.f.* delicadeza.
de.li.ca.do/a [delikáðo] *adj.* delicado.
de.li.mi.tar [delimitár] *v.t.* marcar os limites, as fronteiras, delimitar. *La cordillera de los Andes delimita la frontera entre Chile y Argentina.* A cordilheira dos Andes delimita a fronteira entre o Chile e a Argentina.
de.lin.cuen.cia [deliŋkwénθja] *s.f.* delinquência. *La delincuencia aumentó debido a la pobreza.* A delinquência aumentou devido à pobreza.
de.lin.cuen.te [deliŋkwénte] *adj. e s.* delinquente, quem comete falta, crime ou delito.
de.li.ne.a.ción [delineaθjón] *s.f.* esboço, desenho dos traços mais gerais, delineamento. *El futuro del proyecto depende de una clara delineación de objetivos.* O futuro do projeto depende de um claro delineamento de objetivos.
de.li.ne.ar [delineár] *v.t.* esboçar, delinear, traçar, perfilar.
de.li.rar [delirár] *v.i.* delirar.
de.li.rio [delírjo] *s.m.* delírio. *Su adicción al alcohol le producía frecuentes delirios agudos.* Sua inclinação ao álcool lhe produzia frequentes delírios agudos.
de.li.to [delíto] *s.m.* (for.) delito.
de.ma.go.gia [demaɣóxja] *s.f.* demagogia. *El largo discurso del presidente se caracterizó por su alto contenido demagógico.* O longo discurso do presidente se caracterizou por seu alto conteúdo demagógico.
de.man.da [demánda] *s.f.* 1 (econ.) demanda, procura de um produto. 2 processo judicial, litígio. 3 súplica, solicitação. *La gran demanda de sus productos obligó a nuevas inversiones en la empresa.* A grande demanda de seus produtos obrigou a novos investimentos na empresa.
de.man.da.do/a [demandáðo] *adj. e s.* (for.), demandado, réu.
de.man.dan.te [demandánte] *adj. e s.* (for.), demandante, autor de uma queixa ou denúncia. *El demandante tiene muy buenas chances de ganar el juicio.* O demandante tem muito boas chances de ganhar o julgamento.
de.man.dar [demandár] *v.t.* 1 demandar solicitar, rogar. 2 processar. 3 perguntar, questionar
de.mar.ca.ción [demarkaθjón] *s.f.* demarcação. *La demarcación de las tierras de los indios es una reivindicación antigua.* A demarcação das terras dos índios é uma reivindicação antiga.
de.mar.car [demarkár] *v.t.* demarcar, limitar.
de.más [demás] *adj.* demais.
de.ma.sia.do/a [demasjáðo] *adj.* demais. *El mes de febrero está demasiado caluroso.* O mês de fevereiro está caloroso demais.
de.men.te [deménte] *adj. e s.* demente, louco, insano.
de.mo.cra.cia [demokráθja] *s.f.* democracia. *Felices los pueblos que viven una real democracia.* Felizes os povos que vivem uma real democracia!
de.mó.cra.ta [demókrata] *adj. e s.* democrata.
de.mo.grá.fi.co/a [demoɣráfiko] *adj.* demográfico. *País con alto índice demográfico.* País com alto índice demográfico.

de.mo.le.dor [demoleðór] *adj. e s.* demolidor.

de.mo.ler [demolér] *v.t.* demolir. *Demoler lo viejo para construir lo nuevo.* Demolir o velho para construir o novo.

de.mo.li.ción [demoliθjón] *s.f.* demolição.

de.mo.nio/a [demónjo] *s.* demônio, diabo.

de.mo.ra [demóra] *s.f.* demora.

de.mo.rar [demorár] *v.t.* demorar, tardar.

de.mo.rar.se [demorárse] *v.p.* demorar-se.

de.mos.tra.ción [demostraθjón] *s.f.* demonstração.

de.mos.trar [demostrár] *v.t.* demonstrar.

de.no.mi.nar [denominár] *v.t.* denominar, nomear, dar nome.

de.no.mi.nar.se [denominárse] *v.p.* denominar-se, chamar-se.

de.no.tar [denotár] *v.t.* denotar. *Con su actitud denotó claramente el interés en el proyecto.* Com sua atitude denotou claramente o interesse pelo projeto.

den.si.dad [densiðáð] *s.f.* densidade.

den.so/a [dénso] *adj.* 1 denso, apertado, de contextura compacta, sem espaços. 2 *fig.* confuso/a. 3 *adj.* (pop.) chato, pesado.

den.ta.do [dentáðo] *adj.* dentado.

den.ta.du.ra [dentaðúra] *s.f.* dentadura.

den.te.lla.da [denteʎáða] *s.f.* dentada.

den.tí.fri.co [dentífriko] *adj. e s.m.* dentifrício, creme dental.

den.tis.ta [dentísta] *s.m e f.* dentista, odontólogo.

den.tro [dentro] *adv.* dentro.

de.nun.ciar [denuṇθjár] *v.t.* denunciar.

de.pa.rar [deparár] *v.t.* deparar.

de.par.ta.men.to [departaménto] *s.m.* 1 departamento, setor, seção. 2 apartamento.

de.pen.den.cia [dependéṇθja] *s.f.* dependência.

de.pen.dien.te [dependjénte] *adj.* dependente. *A pesar de su mayoría todavía es dependiente de sus padres.* Apesar de sua maioridade ainda é dependente de seus pais.

de.plo.ra.ble [deploráβle] *adj.* deplorável.

de.po.ner [deponér] *v.t.* 1 depor, declarar. *El testigo se presentó a deponer a su favor.* A testemunha se apresentou para depor a seu favor. 2 derrocar, destituir. *Las manifestaciones se proponían deponer al presidente.* As manifestações se propunham depor o presidente.

de.por.tar [deportár] *v.t.* deportar, expatriar, exilar.

de.por.te [depórte] *s.m.* esporte.

de.por.tis.ta [deportísta] *adj. e s.* desportista.

de.por.ti.vo/a [deportíβo] *adj.* esportivo.

de.po.si.tar [depositár] *v.t.* depositar. *Lo bueno es tener alguien en quien depositar la confianza.* É bom ter alguém em quem depositar confiança.

de.po.si.tar.se [depositárse] *v.p.* depositar-se.

de.pó.si.to [depósito] *s.m.* depósito. *Su casa se transformó en un depósito de inutilidades.* Sua casa se transformou em um depósito de inutilidades.

de.pra.var [depraβár] *v.t.* depravar.

de.pra.var.se [depraβárse] *v.p.* depravar-se.

de.pre.cia.ción [depreθjaθjón] *s.f.* depreciação. *La inseguridad está provocando alarmante depreciación en las viviendas del sector.* A insegurança está provocando alarmante depreciação nas moradias do setor.

de.pre.ciar [depreθjár] *v.t.* depreciar.

de.pre.ciar.se [depreθjárse] *v.p.* depreciar-se.

de.pre.da.ción [depreðaθjón] *s.f.* depredação.

de.pre.dar [depreðár] *v.t.* depredar, saquear com violência e destruição. *Los manifestantes* *depredaron varios edificios públicos.* Os manifestantes depredaram vários edifícios públicos.

de.pre.sión [depresjón] *s.f.* 1 depressão. 2 (econ.) recessão ou recuo prolongado da atividade econômica.

de.pre.si.vo/a [depresíβo] *adj.* depressivo.

de.pri.mir [deprimír] *v.t.* deprimir.

de.pri.mir.se [deprimírse] *v.p.* deprimir-se.

de.pri.sa [deprísa] *adv.* depressa.

de.pu.rar [depurár] *v.t.* depurar.

de.re.cho/a [derétʃo] *adj.* direito, correto.

de.re.cho [derétʃo] *s.m.* direito, referente à lei e à justiça.

de.ri.var [deriβár] *v.t. e i.* derivar.

de.ri.var.se [deriβárse] *v.p.* derivar-se.

der.ma.tó.lo.go/a [dermatóloɣo] *s.* (med.) dermatologista.

de.rra.ma.mien.to [deramamjénto] *s.m.* derramamento.

de.rra.mar [deramár] *v.t.* derramar.

de.rra.mar.se [deramárse] *v.p.* derramar-se.

de.rra.me [deráme] *s.m.* derrame. *Falleció de un repentino y lamentable derrame cerebral.* Faleceu de un repentino e lamentável derrame cerebral.

de.rra.par [derapár] *v.i.* derrapar.

de.rre.dor [dereðór] *s.m.* derredor, em volta de.

de.rre.tir [deretír] *v.t.* derreter.

de.rre.tir.se [deretírse] *v.p.* derreter-se.

de.rri.bar [deriβár] *v.t.* derrubar.

de.rro.car [derokár] *v.t.* derrocar. *Cansado de tanta opresión, el pueblo no cejó hasta derrocar al tirano.* Cansado de tanta opressão, o povo não descansou até derrocar o tirano.

de.rro.car.se [derokárse] *v.p.* desabar.

de.rro.char [derotʃár] *v.t.* esbanjar.

de.rro.che [derótʃe] *s.m.* desperdício. *El derroche desmedido de agua es una amenaza a la naturaleza.* O desperdício desmedido de água é uma ameaça à natureza.

de.rro.tar [derotár] *v.t.* derrotar.

de.rro.tar.se [derotárse] *v.p.* derrotar.

de.rrum.ba.mien.to [derumbamjénto] *s.m.* desmoronamento.

de.rrum.bar [derumbár] *v.t.* derrubar.

de.rrum.bar.se [derumbárse] *v.p.* derrubarse.

de.rrum.be [derúmbe] *s.m.* desmoronamento.

de.sa.bo.to.nar [desaβotonár] *v.t.* desabotoar.

de.sa.bo.to.nar.se [desaβotonárse] *v.p.* desabotoar-se.

de.sa.bro.char [desaβrotʃár] *v.t.* desabotoar.

de.sa.bro.char.se [desaβrotʃárse] *v.p.* desabotoar-se.

de.sa.ca.to [desakáto] *s.m.* (for.) desacato, desrespeito, afronta. *La detuvieron por desacato a un empleado público.*

de.sa.cier.to [desaθjérto] *s.m.* desacerto. *Su tosudez lo lleva a cometer reiterados desaciertos.* Sua teimosia o leva a cometer reiterados desacertos.

de.sa.co.plar [desakoplár] *v.t.* desencaixar, desunir, desligar (um mecanismo), desajustar.

de.sa.cre.di.tar [desakreðitár] *v.t.* desacreditar, sujar a reputação, fazer perder o crédito, desmerecer, desabonar.

de.sa.cre.di.tar.se [desakreðitárse] *v.p.* desacreditar-se, perder o crédito ou a estima.

de.sac.ti.var [desaktiβár] *v.t.* desativar.

de.sa.cuer.do [desakwérðo] *s.m.* desacordo.

de.sa.fi.na.do/a [desafináðo] *adj.* desafinado.

de.sa.fío [desafío] *s.m.* desafio.

de.sa.fo.rar [desaforár] *v.t.* desaforar. 1 tirar os foros e/ou privilégios de alguém. 2 desaforar-se, perder as estribeiras, afrontar de palavra, ser inconveniente, insolente.

de.sa.for.tu.na.da.men.te [desafortunaménte] adv. infelizmentemente. *Desafortunadamente para él, su automóvil lo dejó en la mitad del camino.* Infelizmente para ele, seu automóvel o deixou na metade do caminho.

de.sa.for.tu.na.do/a [desafortunáðo] adj. desafortunado.

de.sa.fue.ro [desafwéro] s.m. 1 transgressão, ato violento contra a lei. 2 insolência, atrevimento. 3 ação que retira "poder" ou privilégios de alguém.

de.sa.gra.de.ci.do/a [desaɣraðeθíðo] adj. mal-agradecido. *Sara fue muy desagradecida con quien hizo tanto por ella.* Sara foi muito mal-agradecida com quem tanto fez por ela.

de.sa.gra.do [desaɣráðo] s.m. desagrado.

de.sa.gra.vio [desaɣráβjo] s.m. desagravo. *Por tal ofensa merece aquel ciudadano una acción de desagravio.* Por tal ofensa aquele cidadão merece uma ação de desagravo.

de.sa.gua.de.ro [desaɣwaðéro] s.m. conduto, condutor de águas, conduto ou canal para desaguar. *Los desaguaderos llevan el agua servida hasta llegar a las cloacas.* Os condutos levam a água servida até chegar aos coletores de esgoto.

de.sa.guar [desaɣwár] v.t. e i. desaguar, despejar águas, confluir, desembocar.

de.sa.güe [desáɣwe] s.m. desaguamento. *Los desagües del agua servida son llevados por muchos desaguaderos subterráneos hasta llegar a las cloacas.* Os desaguamentos da água servida são levados por muitos condutos subterrâneos até chegarem aos coletores de esgoto.

de.sa.ho.ga.do/a [desaoɣáðo] adj. amplo, desafogado.

de.sa.ho.gar [desaoɣár] v.t. desafogar, livrar do que oprime.

de.sa.ho.gar.se [desaoɣárse] v.p. 1 desafogar-se. 2 desabafar, botar para fora.

de.sa.ho.go [desaóɣo] s.m. desabafo.

de.sa.hu.ciar [desauθjár] v.t. desenganar, desiludir sobre as possibilidades de salvação. *El médico le dijo que, desgraciadamente, estaba deshauciado y con pocos meses de vida.* O médico lhe disse que, infelizmente, estava desenganado e com poucos meses de vida.

de.sa.hu.cio [desauθjo] s.m. ação de despejo de um inquilino.

de.sai.re [desaɨre] s.m. desprezo.

de.sa.jus.tar [desaxustár] v.t. desajustar. *La ruta estaba tan deteriorada que llegó a desajustar cada tornillo del viejo Jeep.* A estrada estava tão deteriorada que chegou a desajustar todos os parafusos do velho jipe.

de.sa.jus.tar.se [desaxustárse] v.p. desajustar-se.

de.sa.jus.te [desaxúste] s.m. desajuste.

de.sa.lien.to [desaljénto] s.m. desalento.

de.sa.li.ñar [desaliɲár] v.t. desarrumar. *Se presentó a la entrevista todo desaliñado y por supuesto que no lo contrataron.* Apresentou-se à entrevista todo desarrumado e é claro que não foi contratado.

de.sa.li.ñar.se [desaliɲárse] v.p. desarrumar-se.

de.sa.lo.jar [desaloxár] v.t. despejar.

de.sa.ma.rrar [desamařár] v.t. desamarrar.

de.sam.bien.ta.do/a [desambjentáðo] adj. desambientado, que não se adapta.

de.sam.pa.ra.do/a [desamparáðo] adj. desamparado, abandonado.

de.sá.ni.mo [desánimo] s.m. desânimo.

de.sa.pa.ci.ble [desapaθíβle] adj. desagradável.

de.sa.pa.ri.ción [desapariθjón] s.f. desaparecimento, sumiço.

de.sa.per.ci.bi.do/a [desaperθiβíðo] adj. desapercebido, inadvertido, desapercibido.

de.sa.pre.tar [desapretár] v.t. desapertar. *La médica le desapretó el nudo de la corbata y le dijo que se relajara.* A médica desapertou-lhe o nó da gravata dizendo-lhe que relaxasse.

desapretarse

de.sa.pre.tar.se [desapretárse] *v.p.* desapertar-se.

de.sa.pro.bar [desaproβár] *v.t.* desaprovar.

de.sa.rre.glo [desar̄éɣlo] *s.m.* desordem. *La habitación estaba en un estado de desarreglo y de abandono total.* O quarto estava em estado de desordem e abandono total.

de.sar.mar [desarmár] *v.t.* desarmar.

de.sar.mar.se [desarmárse] *v.p.* desarmar-se. *Las nuevas autoridades instaron a la población a desarmarse.* As novas autoridades instaram a população a desarmar-se.

de.sar.me [desárme] *s.m.* desarmamento.

de.sa.rrai.gar [desar̄ai̯ɣár] *v.t.* desarraigar, arrancar da raiz, desenraizar. *Los vecinos nuevos se sentían muy desarraigados de su medio, de su familia y amigos.* Os novos vizinhos se sentiam muito desarraigados de seu meio, de sua família e dos amigos.

de.sa.rrai.gar.se [desar̄ai̯ɣárse] *v.p.* desarraigar.

de.sa.rra.pa.do/a [desar̄apáðo] *adj.* esfarrapado. *Apareció desarrapado luego de permanecer por meses en la selva.* Apareceu esfarrapado depois de permanecer durante meses na selva.

de.sa.rre.glar [desar̄eɣlár] *v.t.* desarrumar.

de.sa.rre.glar.se [desar̄eɣlárse] *v.p.* desarrumar-se.

de.sa.rri.mar [desar̄imár] *v.t.* desencostar. *Le costó mucho volverse independiente y desarrimarse de los padres.* Custou-lhe muito tornar-se independente e desencostar dos pais.

de.sa.rro.llar [desar̄oʎár] *v.t.* 1 desenvolver, crescer. 2 desenrolar, desfazer um rolo ou novelo.

de.sa.rro.llar.se [desar̄oʎárse] *v.p.* crescer, progredir. *La situación económica favorable le permitió desarrollarse.* A situação econômica favorável lhe permitiu progredir.

de.sa.rro.llo [desar̄óʎo] *s.m.* desenvolvimento, etapas do crescimento de uma pessoa, de um país, da economia etc.

de.sa.rru.gar [desar̄uɣár] *v.t.* desenrugar, desamassar. *Mucho le costó desarrugar el vestido olvidado en el baúl.* Custou-lhe muito desamassar o vestido esquecido no baú.

de.sa.so.sie.go [desasosjéɣo] *s.m.* desassossego, inquietação.

de.sas.tra.do/a [desastráðo] *adj.* desastrado, estabanado, desajeitado.

de.sas.tre [desástre] *s.m.* desastre.

de.sas.tro.so/a [desastróso] *adj.* desastroso.

de.sa.tar [desatár] *v.t.* soltar, desamarrar.

de.sa.tar.se [desatárse] *v.p.* soltar-se.

de.sa.tas.car [desataskár] *v.t.* desobstruir, desengarrafar (o trânsito). *Después de horas de embotellamiento, la guardia municipal desatascó las principales avenidas del centro.* Depois de horas de engarrafamento, a guarda municipal desobstruiu as principais avenidas do centro.

de.sa.tas.car.se [desataskárse] *v.p.* desobstruir-se.

de.sa.ten.to/a [desaténto] *adj.* desatento.

de.sa.to.llar [desatoʎár] *v.t.* 1 desatolar, tirar do atoleiro, sair do terreno com lodo ou lama. 2 sair das dificuldades, sobretudo econômicas.

de.sa.to.llar.se [desatoʎárse] *v.p.* desatolar-se.

de.sa.tor.ni.llar [desatorniʎár] *v.t.* desparafusar. *Con la llave adecuada consiguió el mecánico desatornillar la pieza descompuesta.* Com a chave adequada o mecânico conseguiu desparafusar a peça defeituosa.

de.sa.tran.car [destraŋkár] *v.t.* destrancar.

de.sa.ve.nen.cia [desaβenénθja] *s.f.* desavença.

de.sa.yu.nar [desaʝunár] *v.t.* e *v.i.* tomar o café da manhã. *Vamos a desayunar y salir de viaje.* Vamos tomar o café da manhã e sair de viagem. *desayunarse de algo*, ter a primeira notícia, ficar sabendo. *Me desayuné de todo el problema hace un rato.* Fiquei sabendo de tudo há pouco.

de.sa.yu.no [desaʝúno] *s.m.* café da manhã.

de.sa.zón [desaθón] *s.f.* dissabor.

des.ban.car [desβaŋkár] *v.t.* 1 desbancar, tirar os bancos. *El proyecto de reforma incluye la necesidad de desbancar la plaza.* O projeto de reforma inclui a necessidade de desbancar a praça. 2 despejar. 3 tirar de alguém o apreço ou afeto de outro. Ficar no lugar de alguém.

des.ban.dar.se [desβandárse] *v.p.* debandar. *La llegada de las autoridades obligó a los delincuentes a desbandarse en rápida huída.* A chegada das autoridades obrigou os delinquentes a debandar em rápida fuga.

des.ba.ra.jus.te [desβaraxúste] *s.m.* caos.

des.ba.ra.tar [desβaratár] *v.t.* desordenar, desfazer, frustrar. *La policía logró desbaratar los planes de los malhechores y detenerlos a todos.* A polícia conseguiu frustrar os planos dos bandidos e deter todos eles.

des.ba.ra.tar.se [desβaratárse] *v.p.* desordenar-se, frustrar-se, desfazer-se.

des.bas.tar [desβastár] *v.t.* desbastar, tirar rebarba.

des.bas.te [desβáste] *s.m.* desbaste. *Con arte y esfuerzo en el desbaste de la roca, el escultor logró una bellísima obra.* Com arte e esforço no desbaste da rocha, o escultor conseguiu realizar uma belíssima obra.

des.blo.que.o [desβlokéo] *s.m.* desbloqueio.

des.bo.car [desβokár] *v.t.* quebrar ou deformar a boca de um objeto.

des.bo.car.se [desβokárse] *v.p.* proferir insultos e injúrias, falar demais.

des.bor.da.mien.to [desβorðamjénto] *s.m.* extravazamento, desborde.

des.bor.dar [desβorðár] *v.i.* e *t.* 1 transbordar. *Las fuertes lluvias de los últimos días hicieron desbordar el río.* As fortes chuvas dos últimos dias fizeram transbordar o rio. 2 superar as forças da polícia. *Los rebeldes del cordobazo desbordaron a la policía montada.* Os rebeldes do cordobazo superaram as forças da polícia montada.

des.bor.dar.se [desβorðárse] *v.p.* transbordar-se.

des.bro.zar [desβroθár] *v.t.* desmatar.

des.ca.be.lla.do/a [deskaβeʎáðo] *adj.* descabelado, sem pés nem cabeça.

des.cal.ci.fi.ca.ción [deskalθifikaθjón] *s.f.* descalcificação.

des.ca.li.fi.car [deskalθifikár] *v.t.* desqualificar.

des.ca.li.fi.car.se [deskalθifikárse] *v.p.* desclassificar-se.

des.ca.mi.nar [deskaminár] *v.t.* desencaminhar.

des.cam.pa.do/a [deskampáðo] *adj.* e *s.* descampado.

des.can.sar [deskansár] *v.t.* e *i.* descansar.

des.can.so [deskánso] *s.m.* descanso.

des.ca.po.ta.ble [deskapotáβle] *adj.* e *s.m.* conversível.

des.car.gar [deskarɣár] *v.t.* 1 descarregar, tirar uma carga. 2 atirar com uma arma de fogo.

des.car.gar.se [deskarɣárse] *v.p.* desincumbir-se, demitir-se e passar as obrigações para outra pessoa. *Sintió la gran necesidad de descargarse de algunas obligaciones.* Sentiu a grande necessidade de desincumbir-se de algumas obrigações.

descargo

des.car.go [deskáɾɣo] *s.m.* descarga, alívio.

des.ca.ro [deskáro] *s.m.* descaramento, desvergonha, atrevimento, falta de respeito.

des.car.tar [deskartár] *v.t.* descartar, jogar fora, deixar de lado.

des.car.tar.se [deskartárse] *v.p.* descartar-se.

des.cen.den.te [desθendénte] *adj.* que desce, que cai, que está em declive, descendente. *La ruta descendente de la montaña ofrecía sus riesgos.* A rota descendente da montanha oferecia riscos.

des.cen.der [desθendér] *v.i.* descender, descer. *El ascensor dañado le obligó a descender por la escalera.* O elevador avariado obrigou-o a descer pela escada.

des.cen.dien.te [desθendjénte] *adj. e s.* descendente, que provém de uma determinada ascendência. *Hiroshi es descendiente de japoneses, y Hernando de argentinos y españoles.* Hiroshi é descendente de japoneses e Hernando de argentinos e espanhois.

des.cen.so [desθénso] *s.m.* baixa.

des.cen.tra.li.zar [desθentraliθár] *v.t.* descentralizar.

des.cen.trar [desθentrár] *v.t.* descentralizar.

des.cen.trar.se [desθentrárse] *v.p.* descentralizar-se.

des.ci.frar [desθifrár] *v.t.* decifrar. *Al farmacéutico le costó descifrar la receta del médico.* O farmacêutico custou a decifrar a receita do médico.

des.cla.var [desklaβár] *v.t.* despregar.

des.co.di.fi.ca.ción [deskodifikaθjón] *s.f.* decodificação, ato e efeito de decodificar. *La descodificación del genoma humano es un gran avance científico.* A decodificação do genoma humano é um grande avanço científico.

des.co.di.fi.car [deskodifikár] *v.t.* decodificar, fazer a operação inversa à de codificar.

des.col.gar [deskolɣár] *v.t.* desprender, descer algo que está pendurado.

des.col.gar.se [deskolɣárse] *v.p.* deixar-se cair.

des.co.lo.rar [deskolorár] *v.t.* descolorir, perder as cores originais.

des.co.lo.rir [deskolorír] *v.t.* descolorir.

des.co.lo.rir.se [deskolorírse] *v.p.* descolorir-se.

des.com.po.ner [deskomponér] *v.t.* decompor, desorganizar, desarrumar.

des.com.po.ner.se [deskomponérse] *v.p.* decompor-se, perder a compostura, alterar o comportamento.

des.com.pos.tu.ra [deskompostúra] *s.f.* falta de compostura, falta de decoro ou asseio, alinho, etc.

des.com.pues.to/a [deskompwésto] *adj.* 1 descomposto, sem compostura, desalinhado. 2 com o estômago embrulhado. *Jorge está descompuesto del estómago, comió mucho.* Jorge está com o estômago embrulhado, comeu muito.

des.con.cer.tar [deskoŋθertár] *v.t.* desorganizar, surpreender, desnortear.

des.con.cer.tar.se [deskoŋθertárse] *v.p.* desnortear-se.

des.con.char [deskotʃár] *v.t.* descascar.

des.con.char.se [deskotʃárse] *v.p.* descascar.

des.co.nec.tar [deskonektár] *v.t.* desligar.

des.co.nec.tar.se [deskonektárse] *v.p.* desligar-se.

des.con.fian.za [deskoɱfjánθa] *s.f.* desconfiança.

des.con.ge.lar [deskoŋxelár] *v.t.* descongelar.

des.con.ge.lar.se [deskoŋxelárse] *v.p.* descongelar-se.

des.con.ges.tio.nar [deskoŋxestjonár] *v.t.* descongestionar.
des.con.ges.tio.nar.se [deskoŋxestjonárse] *v.p.* descongestionar-se.
des.co.no.ci.do/a [deskonoθíðo] *adj.* desconhecido.
des.co.no.ci.mien.to [deskonoθimjénto] *s.m.* desconhecimento.
des.con.so.la.do/a [deskonsoláðo] *adj.* desconsolado.
des.con.sue.lo [deskonswélo] *s.m.* desconsolo.
des.con.tar [deskontár] *v.t.* descontar.
des.con.ten.to/a [deskonténto] *adj.* descontente.
des.con.tro.lar.se [deskontrolárse] *v.p.* descontrolar-se.
des.cor.cha.dor [deskortʃaðór] *s.m.* saca-rolhas.
des.co.ser [deskosér] *v.t.* descosturar.
des.co.ser.se [deskosérse] *v.p.* descosturar-se.
des.co.si.do/a [deskosíðo] *adj.* descosturado.
des.co.te [deskóte] *s.m.* decote.
des.co.yun.tar [deskoǰuntár] *v.t.* desconjuntar, desestruturar, abalar.
des.co.yun.tar.se [deskoǰuntárse] *v.p.* desconjuntar-se.
des.cré.di.to [deskréðito] *s.m.* descrédito.
des.creer [deskreér] *v.t.* desacreditar, não acreditar, perder a fé. *Descreyó completamente de todo lo que escuchaba.* Não acreditou completamente em tudo o que escutava.
des.cri.bir [deskriβír] *v.t.* descrever.
des.crip.ción [deskrioθjón] *s.f.* descrição.
des.cuar.ti.zar [deskwartiθár] *v.t.* esquartejar.
des.cu.bier.to/a [deskuβjérto] *adj.* descoberto.
des.cu.bri.mien.to [deskuβrimjénto] *s.m.* descoberta, chegada, achado. El descubrimiento de América el 12 de octubre de 1492 por Cristóbal Colón cambió la historia del mundo. A descoberta da América em 12 de outubro de 1492 por Cristóvão Colombo mudou a história do mundo.
des.cu.brir [deskuβrír] *v.t.* descobrir.
des.cu.brir.se [deskuβrírse] *v.p.* descobrir-se.
des.cuen.to [deskwénto] *s.m.* desconto, abatimento.
des.cui.da.do/a [deskwiðáðo] *adj.* descuidado.
des.cui.dar [deskwiðár] *v.t.* descuidar.
des.cui.dar.se [deskwiðárse] *v.p.* descuidar-se.
des.cui.do [deskwíðo] *s.m.* descuido.
des.de [dézðe] *prep.* de; denota ponto de partida no tempo e no espaço. *Emilio me llamó desde Madrid.* Emílio me ligou de Madri.
des.de.ñar [dezðeɲár] *v.t.* desdenhar.
des.de.ñar.se [dezðeɲárse] *v.p.* negar-se.
des.di.cha [dezðítʃa] *s.f.* infelicidade.
des.do.blar [dezðoβlár] *v.t.* desdobrar.
des.do.blar.se [dezðoβlárse] *v.p.* desdobrar-se.
de.sea.ble [deseáβle] *adj.* desejável.
de.se.ar [deseár] *v.t.* desejar.
de.se.cha.ble [desetʃáβle] *adj.* descartável.
de.se.char [desetʃár] *v.t.* descartar.
de.se.cho [desétʃo] *s.m.* resíduo, sobra. basura. *Es de buena educación urbana no arrojar desechos a la calle.* É de boa educação urbana não jogar lixo na rua.
de.sem.ba.lar [desembalár] *v.t.* desembalar.
de.sem.ba.ra.zo [desembaráθo] *s.m.* desembaraço, liberação.
de.sem.bo.car [desembokár] *v.i.* desembocar, desaguar.
de.sem.bol.sar [desembolsár] *v.t.* desembolsar, pagar, gastar.

de.sem.bo.zar [desemboθár] *v.t.*
desmascarar, tirar a máscara, demonstrar-se tal como é.

de.sem.bo.zar.se [desemboθárse] *v.p.*
desmascarar-se.

de.sem.bra.gar [desembraɣár] *v.t.*
desembrear.

de.sem.bra.gue [desembráɣe] *s.m.* (mec.)
embreagem.

de.sem.pa.que.tar [desempaketár] *v.t.*
desempacotar, tirar da embalagem.

de.sem.pa.tar [desempatár] *v.t. e i.*
desempatar.

de.sem.pe.ñar [desempeɲár] *v.t.*
desempenhar.

de.sem.pe.ñar.se [desempeɲárse] *v.p.*
desempenhar-se.

de.sem.ple.o [desempléo] *s.m.* desemprego. *El desempleo es la piedra en el zapato de las autoridades.* O desemprego é a pedra no sapato das autoridades.

de.sen.ca.de.nar [deseŋkaðeár] *v.t.*
desencadear.

de.sen.ca.de.nar.se [deseŋkaðeárse] *v.p.*
desencadear-se.

de.sen.ca.jar [deseŋkaxár] *v.t.*
desencaixar.

de.sen.ca.jar.se [deseŋkaxárse] *v.p.*
desencaixar-se.

de.sen.ca.mi.nar [deseŋkaminár] *v.t.*
desencaminhar.

de.sen.can.to [deseŋkánto] *s.m.* desencanto, decepção, desilusão.

de.sen.ce.rrar [deseŋθer̄ár] *v.t.* 1 destrancar, deixar livre. 2 destapar, deixar que haja liberdade de expressão.

de.sen.chu.far [desetʃufár] *v.t.* tirar da tomada, desligar. *La fuerte oscilación eléctrica me obligó a desenchufar el ordenador.* A forte oscilação elétrica me obrigou a tirar o computador da tomada.

de.sen.fo.car [desemfokár] *v.t. e i.*
desfocalizar, tirar de foco.

de.sen.fo.car.se [desemfokárse] *v.p.* sair de foco.

de.sen.fre.na.do/a [desemfrenáðo] *adj.*
desenfreado, descontrolado.

de.sen.gan.char [deseŋgatʃár] *v.t.*
desenganchar.

de.sen.gan.char.se [deseŋgatʃárse] *v.p.* desenganchar-se, desconectar-se dos conhecidos, amigos, etc.

de.sen.ga.ñar [deseŋgaɲár] *v.t.* desenganar, amargurar, deixar alguém sem esperança nem ilusões.

de.sen.ga.ñar.se [deseŋgaɲárse] *v.p.* desenganar-se. *Julio se ha desengañado en relación a la honestidad de su socio.* Júlio se desenganou em relação à honestidade de seu sócio.

de.sen.ga.ño [deseŋgáɲo] *s.m.* desengano.

de.sen.gra.sar [deseŋgrasár] *v.t.*
desengordurar.

de.sen.la.ce [desenláθe] *s.m.* desenlace.

de.sen.re.dar [desenr̄eðár] *v.t.* desenrolar.

de.sen.re.dar.se [desenr̄eðárse] *v.p.* desenrolar-se. *Ya sobre el final comienza a desenredarse la trama de la novela.* Perto do final começa a desenrolar-se a trama da novela.

de.sen.ro.llar [desenr̄oʎár] *v.t.* desenrolar. *Desenrollar la manguera para regar el jardín.* Desenrolar a mangueira para regar o jardim.

de.sen.ro.llar.se [desenr̄oʎárse] *v.p.*
desenrolar-se.

de.sen.ros.car [desenr̄oskár] *v.t.*
desenroscar.

de.sen.ros.car.se [desenr̄oskárse] *v.p.*
desenroscar-se.

de.sen.ten.der.se [desentendérse] *v.p.* não fazer parte do problema, cair fora, desinteressar-se. *Lo que él quiere es* *desentenderse de los problemas de la empresa. O que ele quer é desinteressar-se pelos problemas da empresa.*

de.sen.to.nar [desentonár] *v.i.* destoar, não combinar.

de.sen.to.nar.se [desentonárse] *v.p.* descompor-se.

de.sen.vol.ver [desembolβér] *v.t.* desempacotar.

de.sen.vol.ver.se [desembolβérse] *v.p.* estender-se.

de.sen.vol.vi.mien.to [desembolβimjénto] *s.m.* desenvolvimento.

de.sen.vuel.to/a [desembwélto] *adj.* desenvolto.

de.se.o [deséo] *s.m.* desejo.

de.se.qui.li.brar [desekiliβrár] *v.t.* desequilibrar.

de.se.qui.li.brar.se [desekiliβrárse] *v.p.* desequilibrar-se.

de.ses.pe.ra.ción [desesperaθjón] *s.f.* desesperação.

de.ses.pe.rar [desesperár] *v.t. e i.* desesperar. *En lo posible es menester mantener la calma y no desesperar. Na medida do possível é preciso manter a calma e não desesperar.*

de.ses.pe.rar.se [desesperárse] *v.p.* desesperar-se.

des.fa.cha.tez [desfatʃatéθ] *s.f.* cinismo.

des.fal.co [desfálko] *s.m.* desfalque.

des.fa.sa.je [desfasáxe] *s.m.* falta de ajuste.

des.fa.sar [desfasár] *v.t.* defasar.

des.fa.sar.se [desfasár] *v.p.* defasar.

des.fa.se [desfáse] *s.m.* defasagem, falta de ajuste ou correspondência.

des.fa.vo.ra.ble [desfaβoráβle] *adj.* desfavorável.

des.fi.le [desfíle] *s.m.* desfile.

des.flo.rar [desflorár] *v.t.* 1 deflorar. *El fuerte viento desfloró los rosales y las hortensias.* O forte vento deflorou as roseiras e as hortênsias. 2 desvirginar.

des.ga.na [desɣána] *s.f.* inapetência, falta de vontade.

des.ga.rrar [desɣaṝár] *v.t.* rasgar.

des.ga.rrar.se [desɣaṝárse] *v.p.* separar-se.

des.glo.sar [desɣlosár] *v.t.* desmembrar.

des.glo.se [desɣlóse] *s.m.* desmembramento.

des.gra.cia [desɣráθja] *s.f* desgraça.

des.gra.cia.do/a [desɣraθjáðo] *adj. e s.* desgraçado, sem sorte.

des.ha.bi.ta.do/a [desaβitáðo] *adj.* desabitado.

des.ha.cer [desaθér] *v.t.* desfazer.

des.ha.cer.se [desaθérse] *v.p.* desfazer-se.

des.ha.rra.pa.do/a [desaṝapáðo] *adj.* esfarrapado.

des.he.cho/a [desétʃo] *adj.* desfeito.

des.he.re.dar [desereðár] *v.t.* deserdar.

des.hi.dra.ta.ción [desidrataθjón] *s.f.* desidratação.

des.hie.lo [desjélo] *s.m.* degelo. *A partir del deshielo de la nieve en la montaña, bajan ríos de aguas heladas.* A partir do degelo da neve na montanha, descem rios de águas geladas.

des.hi.la.char [desilatʃár] *v.t.* desfiar.

des.hi.la.char.se [desilatʃárse] *v.p.* desfiar-se.

des.hin.char [desitʃár] *v.t.* (med.) desinchar.

des.hon.rar [desonṝár] *v.t.* desonrar.

des.ho.ra [desóra] *s.f.* fora de hora. *Abusa de la mala costumbre de llegar a deshora a sus compromisos.* Abusa do mau costume de chegar fora de hora a seus compromissos.

de.sier.to/a [desjérto] *adj.* deserto.

de.sig.nar [desiɣnár] *v.t.* 1 designar, chamar, denominar. 2 designar, nomear, indicar para uma função ou cargo.

de.si.gual.dad [desiɣwalðáð] *s.f.* desigualdade. *La desigualdad entre las* *clases sociales es cada vez más evidente.* A desigualdade entre as classes sociais é cada vez mais evidente.

de.si.lu.sio.nar [desilusjonár] *v.t.* desiludir.

de.si.lu.sio.nar.se [desilusjonárse] *v.p.* desiludir-se.

de.si.nen.cia [desinénθja] *s.f.* (gram.) desinência.

de.sin.fec.tan.te [desiɱfektánte] *adj.* e *s.m.* desinfetante.

de.sin.flar [desiɱflár] *v.t.* desinflar.

de.sin.flar.se [desiɱflárse] *v.p.* desinflar-se.

de.sin.te.rés [desinterés] *s.m.* desinteresse.

de.sis.tir [desistír] *v.i.* desistir. *Su enfermedad le hizo desistir de tan anhelado viaje.* Sua doença o fez desistir de tão esperada viagem.

des.li.gar [desliɣár] *v.t.* 1 desligar, desamarrar. 2 desobrigar. Não tem o sentido de "cortar a energia".

des.li.gar.se [desliɣárse] *v.p.* desligar-se.

des.lin.dar [deslindár] *v.t.* delimitar. *En situaciones confusas vale a cada parte deslindar responsabilidades.* Em situações confusas cabe a cada parte delimitar responsabilidades.

des.liz [deslíθ] *s.m.* deslize.

des.li.za.mien.to [desliθamjénto] *s.m.* deslizamento. *La carretera quedó obstruida por el deslizamiento del cerro.* A estrada ficou obstruída pelo deslizamento do morro.

des.lum.brar [deslumbrár] *v.t.* e *i.* deslumbrar.

des.ma.dre [desmáðre] *s.m.* (col.) caos. *La explosión produjo un desmadre en el vecindario.* A explosão produziu um caos na vizinhança.

des.ma.yar [desmajár] *v.t.* e *i.* desmaiar.

des.ma.yar.se [desmajárse] *v.p.* desmaiar.

des.ma.yo [desmájo] *s.m.* 1 desmaio, perda do sentido. 2 (fig.) perda do ânimo, falta de coragem. *Trabajaron días seguidos, sin desmayo.* Trabalharam dias seguidos, com coragem.

des.me.di.do/a [desmeðíðo] *adj.* desmedido.

des.mem.brar [desmembrár] *v.t.* desmembrar.

des.mem.brar.se [desmembrárse] *v.p.* desmembrar-se. *Las disputas internas llevaron la asociación a desmembrarse.* As disputas internas levaram a associação a desmembrar-se.

des.men.tir [desmentír] *v.t.* desmentir.

des.me.nu.zar [desmenuθár] *v.t.* esmiuçar. *Poner especial énfasis en desmenuzar el asunto para aclararlo.* Pôr especial ênfase em esmiuçar o assunto para esclarecê-lo.

des.me.nu.zar.se [desmenuθárse] *v.p.* esmiuçar-se.

des.me.re.cer [desmereθér] *v.i.* desmerecer. 1 ser indigno de prêmio, favor ou elogio. 2 tirar o mérito ou perder o valor. *Sin querer desmerecer a nadie, creo que Agustín es más hábil.* Sem querer desmerecer ninguém, acho que o Agustín é o mais hábil.

des.mi.rria.do/a [desmirjáðo] *adj.* mirrado. *Muy desmirriado quedó el niño luego de la operación.* O menino ficou muito mirrado depois da operação.

des.mon.tar [desmontár] *v.t.* desmontar. 1 desmatar, desflorestar. 2 desarmar. 3 descer do cavalo, da moto ou da bicicleta. *Desmontó del caballo y entró al rancho.* Desceu do cavalo e entrou no rancho.

des.mon.tar.se [desmontárse] *v.p.* desmontar-se.

des.mon.te [desmónte] *s.m.* desmatamento. *El desmonte desenfrenado produce graves daños al ecosistema.* O desmatamento desenfreado produz graves danos ao ecossistema.

des.mo.ra.li.zar [desmoraliθár] *v.t.* desmoralizar.

des.mo.ra.li.zar.se [desmoraliθárse] *v.p.* desmoralizar-se.

des.mo.ro.na.mien.to [desmoronamjénto] *s.m.* desmoronamento. *Después del terremoto quedaron varios edificios en peligro de desmoronamiento.* Depois do terremoto vários edifícios ficaram em perigo de desmoronamento.

des.ni.vel [desniβél] desnível. *El desnivel social del Tercer Mundo es una herencia de la colonización.* O desnível social do Terceiro Mundo é uma herança da colonização.

des.nu.dar [desnuðár] *v.t.* despir.

des.nu.dar.se [desnuðárse] *v.p.* despir-se. *Su papel en el segundo acto de la obra era desnudarse mientras cantaba.* Seu papel no segundo ato da obra era despir-se enquanto cantava.

des.nu.dez [desnuðéθ] *s.f.* nudez.

des.nu.do/a [desnúðo] *adj.* nu. *El depravado apareció totalmente desnudo por el parque.* O depravado apareceu totalmente nu pelo parque.

des.nu.tri.ción [desnutriθjón] *s.f.* desnutrição.

de.so.be.de.cer [desoβeðeθér] *v.t. e i.* desobedecer.

de.so.be.dien.te [desoβeðjénte] *adj. e s.* desobediente.

de.so.bs.truir [desoβstruír] *v.t.* desobstruir.

de.so.cu.pa.do/a [desokupáðo] *adj. e s.* desocupado.

de.so.cu.par [desokupár] *v.t.* desocupar.

de.so.cu.par.se [desokupárse] *v.p.* desocupar-se.

de.so.do.ran.te [desoðoránte] *adj. e s.m.* desodorante.

de.so.lar [desolár] *v.t.* desolar. *Las tardes lánguidas de invierno consiguen desolar su espíritu.* As tardes lânguidas de inverno conseguem desolar seu espírito.

de.so.lar.se [desolárse] *v.p.* desolar-se.

de.so.nes.to/a [desonésto] *adj.* desonesto.

de.sor.den [desórðen] *s.m.* desordem.

de.sor.ga.ni.za.ción [desorɣaniθaθjón] *s.f.* desorganização.

de.so.rien.tar [desorjentár] *v.t.* desorientar.

de.so.rien.tar.se [desorjentárse] *v.p.* desorientar-se. *Luciano anda por lugares extraños sin desorientarse.* Luciano anda por lugares estranhos sem desorientar-se.

des.pa.bi.lar [despaβilár] *v.t.* atiçar.

des.pa.bi.lar.se [despaβilárse] *v.p.* avivar-se.

des.pa.char [despatʃár] *v.t.* despachar, resolver. *Le intimaron a despachar la carga inmediatamente.* Foi intimado a despachar a carga imediatamente.

des.pa.char.se [despatʃárse] *v.p.* resolver.

des.pa.cho [despátʃo] *s.m.* 1 resolução. 2 escritório.

des.pa.cio [despáθjo] *adv.* devagar.

des.par.pa.jo [desparpáxo] *s.m.* desembaraço.

des.pa.rra.mar [desparamár] *v.t.* esparramar.

des.pa.rra.mar.se [desparamárse] *v.p.* esparramar-se.

des.pa.rra.mo [desparámo] *s.m.* derramamento.

des.pa.ta.rrar [despatarár] *v.t.* abrir muito as pernas.

des.pa.ta.rrar.se [despatarárse] *v.p.* ficar com as pernas muito abertas.

des.pe.cho [despétʃo] *s.m.* rancor.

des.pec.ti.vo/a [despektíβo] *adj.* depreciativo.

des.pe.da.zar [despeðaθár] *v.t.* despedaçar.

des.pe.da.zar.se [despeðaθárse] *v.p.* despedaçar-se.

despedir

des.pe.dir [despeðír] *v.t.* lançar, despedir.
des.pe.dir.se [despeðírse] *v.p.* despedir-se.
des.pe.gar [despeɣár] *v.t.* 1 descolar. *La humedad hizo despegar el empapelado de la pared.* A umidade fez despegar o papel de parede. 2 decolar. *Nuestro avión despegó con poco retraso.* Nosso avião decolou com pouco atraso.
des.pe.gar.se [despeɣárse] *v.p.* desenganchar-se, descolar-se, soltar-se.
des.pe.gue [despéɣe] *s.m.* decolagem. *Después del despegue empezaron a servir la cena en el avión.* Depois da decolagem começaram a servir o jantar no avião.
des.pei.nar [despei̯nár] *v.t.* despentear.
des.pei.nar.se [despei̯nárse] *v.p.* despentear-se.
des.pe.ja.do/a [despexáðo] *adj.* desembaraçado.
des.pe.jar [despexár] *v.t.* desobstruir, desembaraçar, clarear, aclarar, desocupar.
des.pe.jar.se [despexárse] *v.p.* divertir-se, espairecer, melhorar de humor. *Dejó el trabajo y salió a despejarse un poco.* Deixou o trabalho e saiu para espairecer um pouco.
des.pe.ñar [despeɲár] *v.t.* despencar.
des.pe.ñar.se [despeɲárse] *v.p.* despencar-se, cair do alto de uma rocha, prédio etc.
des.per.di.cio [desperðíθjo] *s.m.* desperdício.
des.pe.re.zar.se [despereθárse] *v.p.* espreguiçar-se.
des.per.fec.to [desperfékto] *s.m.* pane, imperfeição, defeito.
des.per.ta.dor [despertaðór] *s.m.* despertador.
des.per.tar [despertár] *v.t.* acordar, despertar.
des.per.tar.se [despertárse] *v.p.* acordar.
des.pi.do [despíðo] *s.m.* demissão.

des.pier.to/a [despjérto] *adj.* desperto, acordado.
des.pil.fa.rrar [despilfar̄ár] *v.t. e i.* esbanjar. *Con una irresponsabilidad sin límite despilfarró los ahorros familiares.* Com uma irresponsabilidade sem limite esbanjou as economias familiares.
des.pis.ta.do/a [despistáðo] *adj. e s.* distraído.
des.pis.tar [despistár] *v.t.* despistar.
des.pis.tar.se [despistárse] *v.p.* perder-se, despistar.
des.pis.te [despíste] *s.m.* desorientação.
des.pla.za.mien.to [desplaθamjénto] *s.m.* deslocamento.
des.pla.zar [desplaθár] *v.t.* deslocar. *Los indios Quilmes fueron desplazados del norte de Argentina hasta Buenos Aires porque eran muy belicosos.* Os índios Quilmes foram deslocados do norte da Argentina até Buenos Aires porque eram muito belicosos.
des.pla.zar.se [desplaθárse] *v.p.* deslocar-se.
des.ple.gar [despleɣár] *v.t.* desdobrar.
des.ple.gar.se [despleɣárse] *v.p.* desdobrar-se.
des.plo.mar.se [desplomárse] *v.p.* perder o prumo, cair, inclinar-se, desmoronar. *El edificio se desplomó después del terremoto.* O prédio desmoronou depois do terremoto.
des.po.bla.do/a [despoβláðo] *adj.* despovoado.
des.po.jar [despoxár] *v.t.* despojar. *Quisieron despojarlo de sus pertenencias.* Quiseram despojá-lo de seus pertences.
des.po.jar.se [despoxárse] *v.p.* despojar-se.
des.pre.cia.ble [despreθjáβle] *adj.* desprezível.
des.pre.ciar [despreθjár] *v.t.* desprezar.
des.pre.cio [despréθjo] *s.m.* desprezo.

desviación

des.pren.der [desprendér] *v.t.* desprender.
des.pren.der.se [desprendérse] *v.p.* desprender-se.
des.pre.o.cu.par.se [despreokupárse] *v.p.* despreocupar-se.
des.pro.por.ción [desproporθjón] *s.f.* desproporção.
des.pro.vis.to/a [desproβísto] *adj.* desprovido.
des.pués [despwés] *adv.* depois.
des.pun.tar [despuntár] *v.t. e i.* despontar.
des.qui.tar [deskitár] *v.t.* vingar.
des.qui.tar.se [deskitárse] *v.p.* vingar-se. *El equipo visitante quería desquitarse de la derrota sufrida en el campo del equipo rival.* O time visitante queria vingar-se da derrota sofrida no campo do time adversário.
des.ta.car [destakár] *v.t.* destacar.
des.ta.car.se [destakárse] *v.p.* destacar-se.
des.ta.jo [destáxo] *s.m.* empreitada.
des.ta.par [destapár] *v.t.* destampar.
des.ta.par.se [destapárse] *v.p.* destampar-se, desamarrar-se, soltar-se.
des.ta.pe [destápe] *s.m.* libreralização de costumes, relaxamento das normas mais rígidas.
des.tar.ta.la.do/a [destartaláðo] *adj.* desarrumado, caindo aos pedaços.
des.te.llo [destéʎo] *s.m.* brilho.
des.tem.plar [destemplár] *v.t.* destemperar.
des.tem.plar.se [destemplárse] *v.p.* destemperar-se.
des.te.ñir [desteɲír] *v.t. e i.* desbotar.
des.te.ñir.se [desteɲírse] *v.p.* desbotar-se.
des.tiem.po [destjémpo] *loc.* fora de hora. *La entrega del pedido solicitado se produjo a destiempo.* A entrega do pedido deu-se fora de hora.
des.tie.rro [destjéřo] *s.m.* desterro.

des.ti.le.rí.a [destilería] *s.f.* destilaria.
des.ti.nar [destinár] *v.t.* destinar. *Destinar adecuadamente los fondos públicos.* Destinar adequadamente os fundos públicos.
des.ti.no [destíno] *s.m.* destino.
des.ti.tuir [destitwír] *v.t.* destituir.
des.tor.ni.lla.dor [destorniʎaðór] *s.m.* chave de fenda. *Arregló todos los muebles con un destornillador y una pinza.* Consertou todos os móveis com uma chave de fenda e uma pinça.
des.tor.ni.llar [destorniʎár] *v.t.* desparafusar.
des.tra.bar [destraβár] *v.t.* destravar.
des.tre.za [destréθa] *s.f.* destreza.
des.tro.zar [destroθár] *v.t.* destroçar.
des.tro.zo [destróθo] *s.m.* destroço.
des.truc.ción [destrukθjón] *s.f.* destruição.
des.truir [destrwír] *v.t.* destruir.
des.truir.se [destrwírse] *v.p.* destruir-se.
de.su.nión [desunjón] *s.f.* desunião.
de.su.so [desúso] *s.m.* desuso.
des.vaí.do/a [desβaíðo] *adj.* desbotado.
des.va.li.do/a [desβalíðo] *adj.* desvalido.
des.ván [desβán] *s.m.* desvão, sótão.
des.va.ne.cer [desβaneθér] *v.t.* desvanecer.
des.va.ne.cer.se [desβaneθérse] *v.p.* desvanecer-se.
des.va.rí.o [desβarío] *s.m.* desvario.
des.ve.lar [desβelár] *v.t. e i.* acordar.
des.ve.lar.se [desβelárse] *v.p.* acordar. *Las preocupaciones lo mantuvieron desvelado toda la noche.* As preocupações o mantiveram acordado toda a noite.
des.ven.ta.ja [desβentáxa] *s.f.* desvantagem. *Inició la competencia en total desventaja.* Iniciou a concorrência em total desvantagem.
des.ver.gon.za.do/a [desβerɡoṉθáðo] *adj.* desavergonhado.
des.via.ción [desβjaθjón] *s.f.* desvio.

des.vin.cu.lar [desβiŋkulár] v.t. desvincular.
des.vin.cu.lar.se [desβiŋkulárse] v.p. desvincular-se.
des.ví.o [desβío] s.m. desvío.
des.vi.vir.se [desβiβírse] v.p. esforçar-se.
de.ta.lle [detáʎe] s.m. detalhe.
de.ta.llis.ta [detaʎísta] adj. detalhista.
de.tec.tar [detektár] v.t. detectar.
de.tec.ti.ve [detektíβe] s. detetive.
de.ten.ción [deteṇθjón] s.f. detenção.
de.te.ner [detenér] v.t. deter.
de.te.ner.se [detenérse] v.p. deter-se.
de.ter.gen.te [deterxénte] adj. e s.m. detergente.
de.te.rio.ro [deterjóro] s.m. deterioração.
de.ter.mi.nar [determinár] v.t. determinar.
de.ter.mi.nar.se [determinárse] v.p. determinar-se.
de.tes.tar [detestár] v.t. detestar.
de.trás [detrás] adv. atrás.
de.tri.men.to [detriménto] s.m. detrimento.
deu.da [déu̯ða] s.f. dívida.
deu.dor/a [deu̯ðór] adj. e s. devedor. *Nadie le da crédito por su fama de deudor moroso. Ninguém lhe dá crédito porque ele tem fama de devedor inadimplente.*
de.va.lua.ción [deβalwaθjón] s.f. desvalorização.
de.va.luar [deβalwár] v.t. desvalorizar. *Parece que el gobierno no encuentra otra salida a la crisis que no sea devaluar la moneda. Parece que o governo não encontra outra saída para a crise que não seja desvalorizar a moeda.*
de.va.na.de.ra [deβanaðéra] s.f. bobinador.
de.va.na.do [deβanáðo] s.m. bobina.
de.vas.ta.ción [deβastaθjón] s.f. devastação.
de.ven.gar [deβeŋgár] v.t. obter.
de.vo.ción [deβoθjón] s.f. devoção.
de.vo.lu.ción [deβoluθjón] s.f. devolução.
de.vol.ver [deβolβér] v.t. devolver.

de.vo.rar [deβorár] v.t. e i. devorar.
dí.a [día] s.m. dia.
dia.be.tes [djaβétes] s.f. (med.) diabetes.
dia.blo [djáβlo] s.m. diabo.
dia.blu.ra [djáβlúra] s.f. travessura.
dia.cri.ti.co/a [djakrítiko] adj. (gram.) diacrítico.
dia.de.ma [djaðéma] s.f. diadema.
di.á.fa.no/a [diáfano] adj. diáfano.
dia.frag.ma [djafráɣma] s.m. diafragma.
diag.no.sis [djaɣnósis] s.f. diagnose, diagnóstico.
diag.nos.ti.car [djaɣnostikár] v.t. dignosticar.
diag.nós.ti.co [djaɣnóstiko] adj. e s.m. 1 diagnóstico. 2 análise.
dia.go.nal [djaɣonál] adj. e s.f. diagonal
dia.gra.ma [djaɣráma] s.m. diagrama, esquema.
dia.léc.ti.co [djaléktiko] adj. dialético.
dia.lec.to [djalékto] s.m. dialeto.
dia.lo.go [djáloɣo] s.m. diálogo.
dia.man.te [djamánte] s.m. (geol.) diamante.
dia.man.ti.no [djamantíne] s.m. diamantino.
dia.me.tral [djametrál] adj. diametral.
diá.me.tro [djámetro] s.m. (geom.) diâmetro.
dia.pa.són [djapasón] s.m. diapasão.
dia.po.si.ti.va [djapositíβa] s.f. diapositivo.
dia.rio/a [djárjo] adj. diário.
dia.rrea [djaréa] s.f. (med.) diarreia.
di.bu.jan.te [diβuxánte] adj. e s. desenhista.
di.bu.jar [diβuxár] v.t. e i. desenhar.
di.bu.jar.se [diβuxárse] v.p. desenhar-se.
di.bu.jo [diβúxo] s.m. desenho.
dic.ción [dikθjón] s.f. dicção.
dic.cio.na.rio [dikθjonárjo] s.m. dicionário.
dic.cio.na.ris.ta [dikθjonarísta] s. dicionarista. *La formación en lexicografía*

es esencial para su labor de diccionarista. A formação em lexicografia é essencial para seu labor de dicionarista.

di.cha [dítʃa] *s.f.* sorte.
di.cho/a [dítʃo] *adj.* dito.
di.cho.so/a [ditʃóso] *adj.* feliz.
di.ciem.bre [diθjémbre] *s.m.* dezembro.
di.co.to.mi.a [dikotomía] *s.f.* dicotomia.
dic.ta.do [diktáðo] *s.m.* ditado.
dic.ta.dor/a [diktaðór] *s.* ditador.
dic.ta.du.ra [diktaðúra] *s.f.* ditadura.
dic.ta.men [diktámen] *s.m.* ditame. *Todos esperan que el dictamen sea favorable a la causa.* Todos esperam que o ditame seja favorável à causa.
dic.tar [diktár] *v.t.* ditar.
di.dác.ti.co/a [diðáktiko] *adj.* didático.
die.ci.nue.ve [djeθinwéβe] *num.* dezenove.
die.cio.cho [djeθjótʃo] *num.* dezoito.
die.ci.seis [djeθiséis] *num.* dezesseis.
die.ci.sie.te [djeθisjéte] *num.* dezessete.
dien.te [djénte] *s.m* dente.
di.é.re.sis [diéresis] *s.f.* trema. *La diéresis (o crema) se pone sobre la u en güe, güi, vergüenza, argüir.* A diérese (ou trema) coloca-se sobre o u em güe, güi, vergüenza, argüir.
die.sel [djésel] *s.m.* diesel.
dies.tro/a [djestro] *adj.* destro.
die.ta [djéta] *s.f.* dieta.
die.té.ti.co/a [djetéktiko] *adj.* dietético.
diez [djéθ] *num.* dez.
diez.mar [djeθmár] *v.t.* dizimar.
di.ez.mo [djéθmo] *s.m.* dízimo.
di.fa.ma.ción [difamaθjón] *s.m.* difamação.
di.fa.mar [difamár] *v.t.* difamar.
di.fe.ren.cia [diferénθja] *s.f.* diferença.
di.fe.ren.cia.ción [diferenθjaθjón] *s.f.* diferenciação.
di.fe.ren.cial [diferenθjál] *s.m.* (mat.) e (mec.) diferencial.

di.fe.ren.ci.ar [diferenθjár] *v.t.* diferenciar.
di.fe.ren.ciar.se [diferenθjárse] *v.p.* diferenciar-se.
di.fe.ren.te [diferénte] *adj.* diferente, desigual.
di.fe.rir [diferír] *v.t.* 1 dilatar, retardar ou suspender a execução de algo. 2 discrepar, diferir. *Las propuestas de los dos candidatos no difieren en casi nada.* As propostas dos dois candidatos não diferem em quase nada.
di.fí.cil [difíθil] *adj.* difícil.
di.fí.cil.men.te [difiθilménte] *adv.* dificilmente.
di.fi.cul.tad [difikultáð] *s.f.* dificuldade.
di.fi.cul.tar [difikultár] *v.t.* dificultar, complicar.
di.fi.cul.to.so/a [difikultóso] *adj.* dificultoso.
di.fi.den.cia [difiðénθja] *s.f.* desconfiança.
dif.te.ria [diftérja] *s.f.* difteria.
di.fun.dir [difudír] *v.t.* difundir.
di.fun.dir.se [difundírse] *v.p.* difundir-se.
di.fun.to/a [difúnto] *adj.* e *s.* defunto.
di.fu.sión [difusjón] *s.f.* difusão.
di.fu.so [difúso] *adj.* difuso.
di.fu.sor [difusór] *adj.* difusor.
di.ge.rir [dixerír] *v.t.* e *i.* 1 digerir. 2 engolir, suportar.
di.ges.tión [dixestjón] *s.f.* digestão.
di.gi.ta.li.zar [dixitaliθár] *v.t.* digitalizar.
dí.gi.to [díxito] *s.m.* dígito.
dig.nar.se [diɣnárse] *v.p.* dignar-se.
dig.na.ta.rio [diɣnatárjo] *s.m.* dignatário.
dig.ni.dad [diɣniðáð] *s.f.* dignidade.
dig.no/a [díɣno] *adj.* digno.
di.gre.sión [diɣresjón] *s.f.* digressão.
di.la.ce.rar [dikaθerár] *v.t.* dilacerar.
di.la.ce.rar.se [dikaθerárse] *v.p.* dilacerar-se.
di.la.ción [dilaθjón] *s.f.* adiamento.

di.la.pi.dar [dilapiðár] *v.t.* dilapidar. *En un corto lapso dilapidó los recursos de la empresa.* Em curto lapso dilapidou os recursos da empresa.

di.la.ta.ción [dilataθjón] *s.f.* dilatação.

di.la.tar [dilatár] *v.t.* dilatar.

di.la.tar.se [dilatárse] *v.p.* dilatar-se.

di.lec.to/a [dilékto] *adj.* dileto, preferido.

di.le.ma [diléna] *s.m.* dilema. *Raúl enfrenta el dilema más difícil de su vida.* Raul enfrenta o dilema mais difícil de sua vida.

di.li.gen.cia [dilixéṇθja] *s.f.* diligência.

di.li.gen.ciar [dilixeṇθjár] *v.t.* diligenciar, esforçar-se.

di.li.gen.te [dilixénte] *adj.* diligente, cuidadoso.

di.lu.ci.da.ción [diluθiðaθjón] *s.f.* dilucidação.

di.lu.ci.dar [diluθiðár] *v.t.* dilucidar, elucidar.

di.luir [dilwír] *v.t.* diluir.

di.luir.se [dilwírse] *v.p.* diluir-se.

di.lu.vi.ar [diluβjár] *v.i.* diluviar.

di.lu.vio [dilúβjo] *s.m.* dilúvio.

di.men.si.ón [dimensjón] *s.f.* dimensão.

di.mi.nu.ción [diminuθjón] *s.f.* (desusado) diminuição. *Ver* disminución.

di.mi.nuir [diminwír] *v.t.* (desusado) diminuir. Ver *disminuir.*

di.mi.nu.ti.vo/a [diminutíβo] *adj.* e *s.m.* (gram.) diminutivo.

di.mi.nu.to/a [diminúto] *adj.* diminuto, minúsculo, muito pequeno.

di.mi.si.ón [dimisjón] *s.f.* demissão.

di.mi.ten.te [dimiténte] *adj.* demissionário.

di.mi.tir [dimitír] *v.t.* e *i.* demitir-se.

di.ná.mi.co/a [dinámiko] *adj.* dinâmico.

di.na.mis.mo [dinamizmo] *s.m.* dinamismo.

di.na.mi.ta [dinamíta] *s.f.* dinamite.

di.na.mi.tar [dinamitár] *v.t.* dinamitar.

dí.na.mo [dínamo] *s.m.* dínamo.

di.nas.tí.a [dinastía] *s.f.* dinastia.

di.ne.ra.da [dineráða] *s.f.* dinheirada, dinheirama, dinheirão.

di.ne.ral [dinerál] *s.m.* dinheirada, dinheirama, dinheirão. *En la reforma de su casa se le fue un dineral.* Gastou um dinheirão na reforma de sua casa.

di.ne.ro [dinéro] *s.m.* dinheiro.

di.no.sau.rio/a [dinosáu̯rjo] *s.* dinossauro.

Dios [djós] *s.m.* Deus. *¡Dios mío, qué terrible!.* Meu Deus, que terrível!

dios [djós] *s.m.* deus.

dio.sa [djósa] *s.f.* deusa.

di.plo.ma [diplóma] *s.m.* diploma.

di.plo.ma.cia [diplomáθja] *s.f.* diplomacia.

di.plo.ma.do/a [diplomáðo] *adj.* diplomado, que tem diploma.

di.plo.mar [diplomár] *v.t.* diplomar.

di.plo.má.ti.co/a [diplomátiko] *adj.* diplomático.

di.plo.má.ti.co [diplomátiko] *s.f.* diplomata.

dip.so.ma.ní.a [dipsomanía] *s.f.* dipsomania.

dip.só.ma.no [dipsómano] *adj.* dipsômano, dipsomaníaco.

dip.ton.go [diptoŋgo] *s.m.* (gram.) ditongo.

di.pu.ta.do/a [diputáðo] *s.* deputado.

di.que [díke] *s.m.* dique.

di.rec.ción [direkθjón] *s.f.* direção, endereço. *La correspondencia deberá ser enviada a la nueva dirección.* A correspondência deverá ser enviada ao novo endereço.

di.rec.ti.vo/a [direktíβo] *adj.* diretivo.

di.rec.to/a [dirékto] *adj.* direto. *Vuelo directo, sin escalas.* Voo direto, sem escalas.

di.rec.tor/a [direktór] *adj.* diretor.

di.rec.to.rio/a [direktórjo] *adj.* diretório.

di.rec.triz [direktríθ] *s.f.* diretriz, norma, padrão. *Las normas y directrices del ministerio de educación son muy claras.* As normas e diretrizes do ministério da educação são muito claras.

di.ri.gen.te [dirixénte] *adj.* dirigente.

di.ri.gir [dirixír] *v.t.* dirigir.

di.ri.gir.se [dirixírse] *v.p.* dirigir-se.

dis.cer.ni.mien.to [disθernimjénto] *s.m.* discernimento.

dis.cer.nir [disθernír] *v.t.* e *i.* discernir.

dis.ci.pli.na [disθiplína] *s.f.* disciplina. *Nada se consigue sin esfuerzo y disciplina.* Nada se consegue sem esforço e disciplina.

dis.ci.pli.nar [disθiplinár] *v.t.* disciplinar, orientar.

dis.cí.pu.lo/a [disθípulo] *s.* discípulo. *Platón tuvo por maestro a Sócrates, que, a su vez, fue discípulo de Heráclito.* Platão teve por mestre Sócrates, que, por sua vez, foi discípulo de Heráclito.

dis.co [dísko] *s.m.* disco. 1 (inform.) *disco flexível,* disquete do computador. *disco magnético,* o CD. *disco duro,* (HD) *disco rígido,* onde o computador armazena arquivos e programas.

dís.co.lo [dískolo] *adj.* díscolo.

dis.con.for.me [diskoɱfórme] *adj.* desconforme. *El resultado judicial dejó disconformes a ambas partes.* O resultado judicial deixou ambas as partes desconformes.

dis.con.for.mi.dad [diskoɱformidáð] *s.f.* desconformidade, divergência.

dis.con.ti.nuar [diskontinwár] *v.t.* descontinuar.

dis.con.ti.nui.dad [diskontinwiðáð] *s.f.* descontinuidade.

dis.cor.dan.cia [diskorðánθja] *s.f.* discordância, divergência.

dis.cor.dar [diskorðár] *v.i.* discordar.

dis.cor.dia [diskórðja] *s.f.* discórdia, desacordo.

dis.co.te.ca [diskotéka] *s.f.* discoteca.

dis.cre.ción [diskreθjón] *s.f.* discrição.

dis.cre.pan.cia [diskrepánθja] *s.f.* discrepância.

dis.cre.par [diskrepár] *v.i.* discrepar.

dis.cre.to/a [diskréto] *adj.* discreto, reservado.

dis.cri.mi.na.ción [diskriminaθjón] *s.f.* discriminação.

dis.cri.mi.nar [diskriminár] *v.t.* e *i.* discriminar

dis.cul.pa [diskúlpa] *s.f.* desculpa.

dis.cul.par [diskulpár] *v.t.* desculpar, perdoar.

dis.cu.rrir [diskuřír] *v.i.* discorrer.

dis.cur.se.ar [diskurseár] *v.i.* discursar.

dis.cur.so [diskúrso] *s.m.* discurso.

dis.cu.sión [diskusjón] *s.f.* discussão.

dis.cu.ti.ble [diskutíβle] *adj.* discutível.

dis.cu.tir [diskutír] *v.t.* discutir.

di.se.car [disekár] *v.t.* dissecar.

di.se.cción [disekθjón] *s.f.* dissecação, dissecção.

di.se.mi.na.ción [diseminaθjón] *s.f.* disseminação.

di.se.mi.nar [diseminár] *v.t.* disseminar.

di.se.mi.nar.se [diseminárse] *v.p.* disseminar-se.

di.sen.sión [disensjón] *s.f.* dissensão, discórdia.

di.sen.te.rí.a [disentería] *s.f.* disenteria.

di.sen.tir [disentír] *v.t.* dissentir, divertir.

di.se.ñar [diseɲár] *v.t.* e *i.* projetar.

di.se.ño [diséɲo] *s.m.* desenho; projeto, plano.

di.ser.ta.ción [disertaθjón] *s.f.* dissertação.

di.ser.tar [disertár] *v.i.* dissertar, expor, discursar.

dis.fraz [disfráθ] *s.m.* fantasia, disfarce.

dis.fra.zar [disfraθár] *v.t.* 1 fantasiar. 2 disfarçar, ocultar.

dis.fru.tar [disfrutár] *v.t.* desfrutar, curtir.
dis.fru.te [disfrúte] *s.m.* desfrute, desfruto, gozo, benefício.
dis.gus.ta.do/a [disɣustáðo] *adj.* desgostado.
dis.gus.tar [disɣustár] *v.t.* contrariar.
dis.gus.tar.se [disɣustárse] *v.p.* contrariarse.
dis.gus.to [disɣústo] *s.m.* desgosto.
di.si.den.cia [disiðén̪θja] *s.f.* dissidência.
di.si.den.te [disiðénte] *adj.* dissidente.
di.si.dir [disiðír] *v.i.* dissidiar, criar uma dissidência ou cisão. *Los diputados disidentes optaron por disidir y se separaron del partido.* Os deputados dissidentes optaram por dissidir e se separaram do partido.
di.sí.mil [disímil] *adj.* dessemelhante, dissímil.
di.si.mu.la.ción [disimulaθjón] *s.f.* dissimulação, fingimento.
di.si.mu.la.do/a [disimuláðo] *adj.* dissimulado, fingido. *Se hizo el disimulado y consiguió pasar sin ser reconocido.* Fez-se de dissimulado e conseguiu passar sem ser reconhecido.
di.si.mu.lar [disimulár] *v.t.* dissimular.
di.si.mu.lo [disimúlo] *s.m.* fingimento.
di.si.pa.ción [disipaθjón] *s.f.* 1 dissipação. 2 desperdiçar, malgastar. 3 conduta de vida leviana, sem compromissos.
di.si.pa.do/a [disipáðo] *adj.* dissipado.
di.si.par [disipár] *v.t.* dissipar. *El viento consiguió disipar las nubes.* O vento conseguiu dissipar as nuvens.
di.si.par.se [disipárse] *v.p.* dissipar-se.
dis.lo.ca.ción [dislokaθjón] *s.f.* deslocamento, deslocação.
dis.lo.car [dislokár] *v.t.* deslocar, desarticular.
dis.mi.nu.ción [disminuθjón] *s.f.* diminuição, redução.

dis.mi.nui.do/a [disminwíðo] *adj.* diminuído.
dis.mi.nuir [disminwír] *v.t.* diminuir.
di.so.cia.ción [disoθjaθjón] *s.f.* dissociação.
di.so.ciar [disoθjár] *v.t.* dissociar.
di.so.lu.ción [disolujón] *s.f.* dissolução, desmantelamento.
di.so.lu.to [disolúto] *adj.* dissoluto, licencioso, viciado.
di.sol.ver [disolβér] *v.t.* dissolver.
di.sol.ver.se [disolβérse] *v.p.* dissolver-se.
di.so.nan.cia [disonán̪θja] *s.f.* dissonância.
dis.par [dispár] *adj.* díspar, desigual, diferente.
dis.pa.ra.dor/a [disparaðór] *adj.* disparador.
dis.pa.rar [disparár] *v.t. e i.* disparar.
dis.pa.rar.se [disparárse] *v.p.* disparar.
dis.pa.ra.ta.do/a [disparatáðo] *adj.* disparatado.
dis.pa.ra.tar [disparatár] *v.i.* desatinar, falar absurdos.
dis.pa.ra.te [disparáte] *s.m.* disparate.
dis.pa.ri.dad [dispariðáð] *s.f.* disparidade.
dis.pa.ro [dispáro] *s.m.* disparo.
dis.pen.dio.so/a [dispendjóso] *adj.* dispendioso.
dis.pen.sar [dispensár] *v.t.* dispensar.
dis.pen.sa.rio [dispensárjo] *s.m.* (med.) dispensário, ambulatório.
dis.pep.sia [dispépsja] *s.f.* dispepsia, má disgestão.
dis.per.sar [dispersár] *v.t.* dispersar.
dis.per.sar.se [dispersár] *v.p.* dispersar-se.
dis.per.sión [dispersjón] *s.f.* dispersão.
dis.pli.cen.cia [displiθén̪θja] *s.f.* displicência, indiferença, negligência. *Recibió la buena nueva con la mayor displicencia.* Recebeu a boa nova com a maior displicência.

dis.pli.cen.te [displiθénte] *adj.* displicente.

dis.po.ner [disponér] *v.t.* dispor.

dis.po.ner.se [disponérse] *v.p.* dispor-se. *Manuel se dispuso a trabajar de inmediato.* Manuel dispôs-se a trabalhar imediatamente.

dis.po.ni.bi.li.dad [disponiβiliðáð] *s.f.* disponibilidade.

dis.po.ni.ble [disponíβle] *adj.* disponível.

dis.po.si.ción [disposiθjón] *s.f.* disposição.

dis.po.si.ti.vo [dispositíβo] *s.m.* dispositivo.

dis.pues.to/a [dispwésto] *adj.* disposto. *Luciano está siempre bien dispuesto para el estudio.* Luciano está sempre bem disposto para o estudo.

dis.pu.ta [dispúta] *s.f.* disputa.

dis.pu.ta.ble [disputáβle] *adj.* disputável.

dis.pu.tar [disputár] *v.t.* disputar.

dis.qui.si.ción [diskisiθjón] *s.f.* disquisição, investigação.

dis.tan.cia [distáṇθja] *s.f.* distância.

dis.tan.ciar [distaṇθjár] *v.t.* distanciar, afastar.

dis.tan.te [distánte] *adj.* distante, afastado.

dis.tar [distár] distar. distanciar

dis.ten.der [distendér] *v.t.* distender.

dis.tin.ción [distiṇθjón] *s.f.* distinção.

dis.tin.gui.do/a [distiŋgíðo] *adj.* distinto. *Era un hombre distinguido.* Era um homem distinto.

dis.tin.guir [distiŋgír] *v.t.* distinguir.

dis.tin.guir.se [distiŋgíraw] *v.p.* distinguir-se.

dis.tin.ti.vo/a [distintíβo] 1 *adj.* distintivo. 2 *s.m.* insígnia, emblema, marca, distintivo.

dis.tin.to/a [distínto] *adj.* diferente. *La recepción fue muy distinta a la que todos esperaban.* A recepção foi bem diferente da que todos esperavam.

dis.tor.sión [distorsjón] *s.f.* distorção.

dis.tor.sio.nar [distorsjonár] *v.t.* distorcer.

dis.trac.ción [distrakθjón] *s.f.* distração.

dis.tra.er [distraér] *v.t.* .distrair.

dis.tra.er.se [distraérse] *v.p.* distrair-se.

dis.tra.í.do/a [distraíðo] *adj.* distraído.

dis.trai.mien.to [distrai̯mjénto] *s.m.* distração.

dis.tri.bu.ción [distriβuθjón] *s.f.* distribuição.

dis.tri.bui.dor/a [distriβwiðór] *adj.* distribuidor.

dis.tri.bu.r [distriβwír] *v.t.* distribuir.

dis.tri.buir.se [distriβwírse] *v.p.* distribuir-se.

dis.tri.to [distríto] *s.m.* distrito.

dis.tur.bio [distúrβjo] *s.m.* perturbação, distúrbio.

di.sua.dir [diswaðír] *v.t.* dissuadir, convencer.

di.sua.sión [diswasjón] *s.f.* dissuasão, persuasão.

di.suel.to [diswélto] *adj.* dissolvido.

dis.yun.ti.vo/a [disjuntíβo] *adj.* disjuntivo.

dis.yun.tor [disjuntór] *s.m.* disjuntor.

diu.ré.ti.co/a [djurétiko] *adj.* diurético.

diur.no/a [djúrno] *adj.* diurno.

di.va.ga.ción [diβaɣaθjón] *s.f.* divagação.

di.va.gar [diβaɣár] *v.i.* divagar.

di.ván [diβán] *s.m.* divã, sofá.

di.ver.gen.cia [diβerxéṇθja] *s.f.* divergência.

di.ver.gir [diβerxír] *v.i.* divergir, discordar.

di.ver.si.dad [diβersiðáð] *s.f.* diversidade.

di.ver.si.fi.ca.ción [diβersifikaθjón] *s.f.* diversificação, diversidade.

di.ver.si.fi.car [diβersifikár] *v.t.* diversificar, variar.

di.ver.sión [diβersjón] *s.f.* diversão.

di.ver.so/a [diβérso] *adj.* diverso.

di.ver.ti.do/a [diβertíðo] *adj.* divertido.

di.ver.ti.mien.to [diβertimjénto] *s.m.* divertimento.

divertir

di.ver.tir [diβertír] *v.t.* divertir.
di.ver.tir.se [diβertírse] *v.p.* divertir-se.
di.vi.den.do [diβiðéndo] *s.m.* dividendo, lucro.
di.vi.dir [diβiðír] *v.t.* dividir.
di.vi.dir.se [diβiðírse] *v.p.* dividir-se.
di.vi.ni.dad [diβiniðáð] *s.f.* divindade. *La orquesta sinfónica dejó un halo de divinidad en el espíritu del público.* A orquestra sinfônica deixou um halo de divindade no espírito do público.
di.vi.no/a [diβíno] *adj.* divino, maravilhoso.
di.vi.sa [diβísa] *s.f.* divisa, lema.
di.vi.sar [diβisár] *v.t.* divisar. *Desde el cerro pudo divisar todo el bello y amplio panorama.* Do monte pôde divisar todo o belo e amplo panorama.
di.vi.sión [diβisjón] *s.f.* divisão, separação, repartição.
di.vi.sor/a [diβisór] *adj. e s.* divisor.
di.vi.so.rio/a [diβisórjo] *adj.* divisório.
di.vo/a [díβo] *adj. e s.* divo, divino.
di.vor.ci.a.do/a [diβorθjáðo] *adj.* divorciado.
di.vor.ci.ar [diβorθjár] *v.t.* divorciar, separar.
di.vor.cio [diβórθjo] *s.m.* divórcio.
di.vul.ga.ción [diβulɣaθjón] *s.f.* divulgação.
di.vul.gar [diβulɣár] *v.t.* divulgar.
di.vul.gar.se [diβulɣárse] *v.p.* divulgar-se.
do [dó] *s.m.* dó. *Emitió el tenor un do de pecho que conmovió el anfiteatro.* O tenor emitiu um dó de peito que comoveu o anfiteatro.
do.bla.di.llo [doβlaðíʎo] *s.m.* barra.
do.bla.du.ra [doβlaðúra] *s.f.* dobradura.
do.bla.je [doβláxe] *s.m.* dublagem. *El doblaje mal hecho puede arruinar un buen film.* A dublagem mal feita pode arruinar um bom filme.
do.blar [doβlár] *v.t.* 1 dobrar. 2 dublar, fazer dublagem.
do.blar.se [doβlárse] *v.p.* 1 dobrar-se. 2 (fig.) ceder.
do.ble [dóβle] *adj.* 1 duplo. 2 dissimulado.
do.ble.gar [doβleɣár] *v.t.* dobrar, curvar.
do.ble.gar.se [doβleɣárse] *v.p.* dobrar-se, curvar-se, ceder.
do.ble.men.te [doβleménte] *adv.* duplamente.
do.blez [doβléθ] *s.m.* 1 dobra. 2 astúcia.
do.ce [dóθe] *num.* doze.
do.ce.na [doθéna] *s.f.* dúzia.
do.cen.te [doθénte] *adj. e s.* docente, professor.
dó.cil [dóθil] *adj.* dócil, maleável.
doc.tor/a [doktór] *s.* doutor.
doc.to.ra.do [doktoráðo] *s.m.* doutorado, doutoramento. *Cuando logró el doctorado le dieron una fiesta.* Quando conseguiu o doutoramento deram-lhe uma festa.
doc.to.rar [doktorár] *v.t. e v.p.* doutorar(-se).
doc.tri.na [doktrína] *s.f.* doutrina.
doc.tri.na.rio/a [doktrinárjo] *adj.* doutrinário.
do.cu.men.ta.ción [dokumentaθjón] *s.f.* documentação.
do.cu.men.ta.do [dokumentáðo] *adj.* documentado, documental.
do.cu.men.tal [dokumentál] *adj.* documentário. *Asistimos a un conmovente documental.* Assistimos a um comovente documentário.
do.cu.men.tar [dokumentár] *v.t.* documentar.
do.cu.men.ta.rio [dokumentárjo] *adj. e s.m.* documentário.
do.cu.men.tar.se [dokumentárse] *v.p.* informar-se, documentar-se.
do.cu.men.to [dokuménto] *s.m.* documento.
dog.ma [dóɣma] *s.m.* dogma, regra.
dog.má.ti.co/a [doɣmátiko] *adj.* dogmático. *Es tan dogmático que sólo cree en su verdad y en sus reglas.* É tão dogmático que só acredita em sua verdade.

dó.lar [dólar] *s.m.* dólar.
do.len.cia [doléṉθja] *s.f.* doença, enfermidade.
do.ler [dolér] *v.i.* 1 doer, padecer. 2 pesar.
do.ler.se [dolérse] *v.p.* doer-se, sentir pena.
do.lo [dólo] *s.m.* dolo, fraude.
do.lor [dolór] *s.m.* 1 dor, moléstia. 2 dor, pena.
do.lo.ri.do/a [doloríðo] *adj.* 1 dolorido. 2 triste.
do.lo.ro.so/a [doloróso] *adj.* doloroso.
do.ma [dóma] *s.f.* doma, ação e efeito de domar.
do.ma.dor/a [domaðór] *adj.* domador.
do.mar [domár] *v.t.* domar, domesticar.
do.mes.ti.car [domestikár] *v.t.* domesticar.
do.més.ti.co/a [doméstiko] *adj.* doméstico.
do.mi.ci.liar [domiθiljár] *v.t.* domiciliar.
do.mi.ci.liar.se [domiθiljárse] *v.p.* domiciliar-se.
do.mi.ci.lio [domiθíljo] *s.m.* domicílio.
do.mi.na.ción [dominaθjón] *s.f.* dominação.
do.mi.na.dor/a [dominaðór] *adj.* dominador. *Nuestra selección fue la clara dominadora del juego.* Nossa seleção foi a dominadora evidente do jogo.
do.mi.nan.te [dominánte] *adj.* dominante.
do.mi.nar [dominár] *v.t.* e *i.* dominar, vencer.
do.mi.nar.se [dominárse] *v.p.* dominar-se.
do.min.go [domíŋgo] *s.m.* domingo.
do.min.gue.ro/a [domiŋgéro] *adj.* domingueiro.
do.mi.nio [domínjo] *s.m.* domínio.
do.mi.nó [dominó] *s.m.* dominó.
don [dón] *s.m.* dom, dádiva, graça, presente. *Mirta posee el don de la solidariedad para con los que más sufren.* Mirta possui o dom da solidariedade para com os que mais sofrem.
don/doña [dón][dóɲa] *s.* dom, dona, forma de tratamento. *Doña Francisca de Castro escribió tres libros muy exitosos.* Dona Francisca de Castro escreveu três livros de muito sucesso.
do.na.ción [donaθjón] *s.f.* doação.
do.nar [donár] *v.t.* doar.
do.na.ti.vo [donatíβo] *s.m.* donativo, dádiva.
don.cel [donθél] *s.m.* donzel.
don.ce.lla [donθéʎa] *s.f.* donzela, virgem.
dón.de [dónde] *adv.interr.* onde. *¿Dónde está mi libro?* Onde está meu livro? *¿Adónde va Vicente? Adonde va la gente.* Maria vai com as outras.
don.de [dónde] *adv.* onde. *El libro está donde lo dejaste.* O livro está onde você o deixou.
don.de.quie.ra [dondekjéra] *adv.* onde quer que. *Me encontrarás dondequiera que tú vayas.* Você me encontrará onde quer que vá.
do.no.so [donóso] *adj.* donoso, donairoso, galante, gracioso.
do.no.su.ra [donosúra] *s.f.* donaire, elegância.
do.par [dopár] *v.t.* dopar.
do.par.se [dopárse] *v.p.* dopar-se.
do.quier [dokjér] *adv.* em qualquer lugar, por toda parte. *Esparcir su personal y delicado perfume por doquier.* Espargir seu pessoal e delicado perfume por toda parte.
do.ra.do [doráðo] *s.m.* dourado, peixe comestível.
do.ra.do/a [doráðo] *adj.* dourado.
do.ra.dor [doraðór] *adj.* e *s.m.* dourador.
do.rar [dorár] *v.t.* dourar.
dor.mi.lón/a [dormilón] *adj.* dorminhoco.
dor.mir [dormír] *v.i.* 1 dormir. 2 pernoitar. 3 *dormir con alguén*, (col.) fazer sexo, transar com.
dor.mir.se [dormírse] *v.p.* 1 adormecer. 2 descuidar-se, dormir no ponto.
dor.mi.tar [dormitár] *v.i.* dormitar.
dor.mi.to.rio [dormitórjo] *s.m.* dormitório.

dor.so [dórso] *s.m.* dorso, verso. *Colocó sus datos completos en el dorso de la nota.* Colocou seus dados completos no verso da nota.
dos [dós] *adj.* e *num.* dois, um mais um; segundo.
dos.cien.tos/as [dosθjéntos] *adj.* e *num.* duzentos, duas vezes cem.
do.si.fi.ca.ción [dosifikaθjón] *s.f.* dosagem.
do.si.fi.car [dosifikár] *v.t.* dosar
do.sis [dósis] *s.f.* dose.
do.ta.ción [dotaθjón] *s.f.* dotação.
do.tar [dotár] *v.t.* dotar.
do.te [dóte] *s.m.* dote, aportação em bens ou dinheiro da mulher ao seu casamento.
dra.ga [dráɣa] *s.f.* draga.
dra.gar [draɣár] *v.t.* dragar.
dra.gón [draɣón] *s.m.* dragão.
dra.ma [dráma] *s.m.* drama.
dra.má.ti.co/a [dramátiko] *adj.* dramático.
dra.ma.ti.zar [dramatiθár] *v.t.* e *i.* dramatizar.
dra.ma.tur.gia [dramatúrxja] *s.f.* dramaturgia. 1 criação de peças de teatro. 2 representação teatral.
dra.ma.tur.go [dramatúrɣo] *adj.* dramaturgo.
drás.ti.co/a [drástiko] *adj.* drástico.
dre.na.je [drenáxe] *s.m.* drenagem.
dre.nar [drenár] *v.t.* drenar.
dro.ga [dróɣa] *s.f.* droga.
dro.ga.dic.ción [droɣaðikθjón] *s.f.* o vício em drogas.
dro.ga.dic.to/a [droɣaðíkto] *adj.* e *s.* drogado.
dro.ga.do [droɣáðo] *adj.* drogado.
dro.gar [droɣár] *v.t.* drogar.
dro.gue.rí.a [droɣería] *s.f.* drogaria.
dro.me.da.rio [dromeðárjo] *s.m.* dromedário.
dua.li.dad [dwaliðáð] *s.f.* dualidade, dualismo.
du.bi.ta.ti.vo/a [duβitatíβo] *adj.* dubitativo.

du.ca.do [dukáðo] *s.m.* ducado, dignidade de duque, território do duque.
du.cha [dútʃa] *s.f.* ducha, chuveiro.
du.char [dutʃár] *v.t.* dar banho, dar uma ducha.
du.char.se [dutʃárse] *v.p.* tomar banho, tomar uma ducha.
du.cho [dútʃo] *adj.* experiente, especialista, conhecedor.
dúc.til [dúktil] *adj.* dúctil, maleável, flexível, condescendente.
du.da [dúða] *s.f.* dúvida. *Se procedió con corrección, no hay margen posible para dudas.* Procedeu com correção, não há margem possível para dúvidas.
du.da.ble [duðáβle] *adj.* duvidável.
du.dar [duðár] *v.i.* duvidar. *Él es así. suele dudar hasta de su sombra.* Ele é assim. costuma duvidar até de sua sombra.
du.do.so [duðóso] *adj.* duvidoso.
due.lo [dwélo] *s.m.* combate, briga, desafio.
due.ña [dwéɲa] *s.f.* dona, proprietária.
duen.de [dwénde] *s.m.* duende, gnomo.
due.ño/a [dwéɲo] *s.* dono. *En poco tiempo se transformó en el dueño del negocio.* Em pouco tempo se transformou no dono do negócio.
dul.ce [dúlθe] *adj.* 1 doce, açucarado. 2 amável, suave, delicado.
dul.ce.rí.a [dulθería] *s.f.* doceria, confeitaria.
dul.ci.fi.car [dulθifikár] *v.t.* adoçar.
dul.zón/a [dulθón] *adj.* melado, adocicado.
dul.zu.ra [dulθúra] *s.f.* 1 doçura. 2 de sabor doce. 3 ternura, meiguice.
dum.ping [dúmpin] *s.m.* (angl.) (com.) dumping, venda abaixo do custo.
du.na [dúna] *s.f.* duna, morro de areia movediça. *Paseamos en un jeep en las dunas de Natal.* Passeamos de jipe nas dunas de Natal.
dú.o [dúo] *s.m.* dupla, duo, dueto, conjunto de duas vozes para canto.

duo.dé.ci.mo [dwoðéθimo] *adj. e num.* décimo segundo.

dú.plex [dúpleks] *s.m.* dúplex, apartamento com dois níveis internos.

du.pli.ca.ción [duplikaθjón] *s.f.* duplicação, ação e efeito de dobrar ou duplicar.

du.pli.ca.do/a [duplikáðo] *adj.* duplicado.

du.pli.ca.do [duplikáðo] *loc.adv.* em dobro, em duplicata, em dois exemplares. *Exigió todos los comprobantes de pago por duplicado.* Exigiu todos os comprovantes de pagamento em dobro.

du.pli.ca.dor [duplikaðór] *adj.* duplicador.

du.pli.car [duplikár] *v.t.* duplicar, dobrar.

du.plo [dúplo] *s.m.* duplo, dobro, que contém um número duas vezes, exatamente.

du.que [dúke] *s.m.* duque, título honorífico da nobreza europeia. *Al recibir la herencia, Joaquín pasó a vivir como un duque.* Ao receber a herança, Joaquim passou a viver como um duque.

du.que.sa [dukésa] *s.f.* mulher do duque.

du.ra.ción [duraθjón] *s.f.* duração.

du.ra.de.ro/a [duraðéro] *adj.* duradouro.

du.ran.te [duránte] *prep.* durante. *El hecho ocurrió durante sus vacaciones en Europa.* O fato se deu durante suas férias na Europa.

du.rar [durár] *v.i.* durar.

du.raz.ne.ro [duraznéro] *s.m.* (bot.) pessegueiro, árvore frutífera que dá o pêssego.

du.raz.no [durázno] *s.m.* (bot.) pêssego. *Mucho le apetece el durazno en almíbar con crema.* Gosta muito de pêssego em calda com creme.

du.re.za [duréθa] *s.f.* dureza.

dur.mien.te [durmjénte] *adj. e s.m.* dormente.

du.ro/a [dúro] *adj.* duro.

E e

e, E [é] *s.f.* quinta letra do alfabeto espanhol e a segunda das vogais; seu nome é e. É uma vogal palatal anterior média. 2 conjunção, substitui *y* quando a palavra seguinte começa com *i* ou *hi*. *Estudias español o inglés? Habló a los padres e hijos reunidos en el patio del colegio*.
e.ba.nis.ta [eβanísta] *s.m.* marceneiro.
e.ba.nis.te.rí.a [eβanistería] *s.f.* marcenaria.
é.ba.no [éβano] *s.m.* ébano, madeira de cor escura.
e.brie.dad [eβrjeðáð] *s.f.* embriaguez, bebedeira.
e.brio/a [éβrjo] *adj.* ébrio, embriagado.
e.bu.lli.ción [eβuʎiθjón] *s.f.* ebulição.
e.char [etʃár] *v.t.* 1 jogar fora. 2 demitir, expulsar. 3 lançar. 4 contar. 5 declamar, recitar. 6 iniciar, começar repentinamente. *echar a correr / andar / llorar*, começar a correr/andar/chorar. *echar de menos*, sentir falta. *echar un polvo*, ter relações sexuais.
e.char.pe [etʃárpe] *s.m.* echarpe, cachecol fino.
e.char.se [etʃárse] *v.p.* deitar-se.
e.clé.cti.co/a [ekléktiko] *adj.* eclético, versátil.
e.cle.siás.ti.co/a [eklesjástiko] *adj.* eclesiástico.
e.clip.sar [eklipsár] *v.t.* 1 eclipsar. 2 (fig.) obscurecer, esconder.
e.clip.se [eklípse] *s.m.* eclipse.
e.co [éko] *s.m.* eco.
e.co.lo.gí.a [ekoloxía] *s.f.* ecologia.

e.co.no.ma.to [ekonomáto] *s.m.* varejão.
e.co.no.mí.a [ekononía] *s.f.* 1 economia, moderação nos gastos. 2 poupança.
e.co.nó.mi.co/a [ekonóniko] *adj.* 1 econômico, relativo à economia. 2 econômico, barato. 3 quem gasta pouco, quem poupa. 4 miserável, mesquinho.
e.co.no.mis.ta [ekononísta] *s.* economista.
e.co.no.mi.zar [ekononiθár] *v.t.* economizar, poupar.
e.co.sis.te.ma [ekosistéma] *s.m.* ecosistema.
e.cua.ción [ekwaθjón] *s.f.* (mat.) equação.
e.cuá.ni.me [ekwánime] *adj.* equânime, equilibrado, sereno.
e.cua.ni.mi.dad [ekwanimiðáð] *s.f.* equanimidade, imparcialidade, retidão.
e.cua.to.rial [ekwatorjál] *adj.* equatorial.
e.cues.tre [ekwéstre] *adj.* equestre, referente aos cavalos.
e.cu.mé.ni.co [ekuméniko] *adj.* ecumênico, universal.
e.cu.me.nis.mo [ekumenízmo] *s.m.* ecumenismo.
ec.ze.ma [ekθéma] *s.m.* (med.) eczema.
e.dad [eðáð] *s.f.* 1 idade. 2 período, época.
e.de.ma [eðéma] *s.m.* (med.) edema, inchaço.
e.dén [eðén] *s.m.* éden, paraíso.
e.di.ción [eðiθjón] *s.f.* edição.
e.dic.to [eðíkto] *s.m.* edito, decreto, ordem, determinação.
e.di.fi.car [eðifikár] *v.t.* 1 edificar, construir. 2 infundir em alguém bons sentimentos.

e.di.fi.cio [eðifíθjo] *s.m.* edifício, prédio.
e.di.tar [eðitár] *v.t.* editar, publicar.
e.di.tor [eðitór] *s.m.* editor, quem edita.
e.di.to.rial [eðitorjál] *adj.* editorial.
e.du.ca.ción [eðukaθjón] *s.f.* educação.
e.du.ca.do [eðukáðo] *adj.* educado, que tem educação.
e.du.car [eðukár] *v.t.* educar, ensinar.
e.fec.ti.va.men.te [efektiβaménte] *adv.* efetivamente.
e.fec.ti.vi.dad [efektiβiðáð] *s.f.* efetividade.
e.fec.ti.vo [efektíβo] *adj.* efetivo.
e.fec.to [efékto] *s.m.* efeito.
e.fec.tuar [efektwár] *v.t.* efetuar.
e.fec.tuar.se [efektwárse] *v.p.* realizar-se, acontecer.
e.fer.ves.cen.cia [eferβes̹θén̹θja] *s.f.* efervescência.
e.fi.ca.cia [efikáθja] *s.f.* eficácia.
e.fi.caz [efikáθ] *adj.* eficaz, ativo, capaz.
e.fi.cien.cia [efiθjén̹θja] *s.f.* eficiência, aptidão.
e.fi.cien.te [efiθjénte] *adj.* eficiente.
e.fi.gie [efíxje] *s.f.* efígie, figura.
e.fí.me.ro/a [efímero] *adj.* efêmero, passageiro.
e.flu.vio [eflúβjo] *s.m.* emanação, irradiação.
e.fu.sión [efusjón] *s.f.* efusão.
e.fu.si.vo/a [efusíβo] *adj.* efusivo, extrovertido.
e.go [éɣo] *s.m.* ego, eu.
e.go.cén.tri.co/a [eɣoθéntriko] *adj.* egocêntrico.
e.go.ís.mo [eɣoízmo] *s.m.* egoísmo.
e.go.ís.ta [eɣoísta] *adj. e s.* egoísta.
e.go.la.trí.a [eɣolatría] *s.f.* egolatria, culto de si próprio.
e.go.tis.ta [eɣotísta] *adj.* que fala excessivamente de si mesmo.
e.gre.sa.do [eɣresáðo] *adj.* recém-formado.

e.gre.sar [eɣresár] *v.t.* 1 sair de um lugar. 2 formar-se num colégio ou faculdade.
e.gre.so [eɣréso] *s.m.* 1 saída, retirada. 2 formatura.
eh [é] *interj.* ei!
e.je [éxe] *s.m.* 1 eixo. 2 (fig.) eixo, ideia fundamental.
e.je.cu.ción [exekuθjón] *s.f.* execução, realização.
e.je.cu.tar [exekutár] *v.t.* executar, pôr em prática, realizar.
e.je.cu.ti.vo/a [exekutíβo] *adj.* executivo.
e.je.cu.tor/a [exekutór] *s.m.* executor, algoz.
e.jem.plar [exemplár] *adj. e s.m.* exemplar, protótipo, modelo.
e.jem.pli.fi.car [exemplifikár] *v.t.* exemplificar, demonstrar, ilustrar.
e.jem.plo [exémplo] *s.m.* exemplo, modelo.
e.jer.cer [exerθér] *v.t.* exercer, praticar, realizar.
e.jer.ci.cio [exerθíθjo] *s.m.* 1 exercício, treino. 2 função.
e.jer.ci.tar [exerθitár] *v.t.* exercitar, treinar.
e.jer.ci.tar.se [exerθitárse] *v.p.* exercitar-se.
e.jér.ci.to [exérθito] *s.m.* exército.
el [el] *art. def. m.* o.
él [él] *pron. pess.* 3ª pess.sing.m. ele.
e.la.bo.rar [elaβorár] *v.t.* 1 elaborar, preparar. 2 idealizar.
e.las.ti.ci.dad [elastiθiðáð] *s.f.* elasticidade.
e.lás.ti.co/a [elástiko] *adj.* elástico, flexível.
e.lec.ción [elekθjón] *s.f.* eleição, escolha.
e.lec.to/a [elékto] *adj.* eleito, escolhido, nomeado.
e.lec.tor/a [elektór] *adj. e s.* eleitor.
e.lec.to.ra.do/a [elektoráðo] *s.m.* eleitorado.

electricidad

e.lec.tri.ci.dad [elektriθiðáð] *s.f.* eletricidade, força.
e.lec.tri.cis.ta [elektriθista] *adj. e s.* eletricista.
e.léc.tri.co/a [eléktriko] *adj.* elétrico.
e.lec.tri.fi.car [elektrifikár] *v.t.* eletrificar, por eletricidade.
e.lec.tri.zan.te [elektriθánte] *adj.* eletrizante.
e.lec.tri.zar [elektriθár] *v.t.* eletrizar.
e.lec.tro.car.dio.gra.ma [elektrokarðjoɣráma] *s.m.* (med.) eletrocardiograma.
e.lec.tro.cu.ción [elektrokuθjón] *s.m.* eletrocução.
e.lec.tro.cu.tar [elektrokutár] *v.t.* eletrocutar.
e.lec.tro.do.més.ti.co [elektroðoméstiko] *adj. e s.m.* eletrodoméstico.
e.lec.tro.en.ce.fa.lo.gra.ma [elektroen̦θefaloɣráma] *s.m.* eletroencefalograma.
e.lec.tro.i.mán [elektroimán] *s.m.* eletroímã.
e.lec.tro.mag.ne.tis.mo [elektromaɣnetízmo] *s.m.* eletromagnetismo.
e.lec.tro.mo.tor/a [elektromotór] *adj.* eletromotor, movido a eletricidade.
e.lec.trón [elektrón] *s.m.* (fís.) elétron.
e.lec.tró.ni.co [elektróniko] *adj.* eletrônico.
e.lec.tro.quí.mi.co [elektrokímiko] *adj.* (fís.) eletroquímico.
e.lec.tro.tec.nia [elektrotéknja] *s.f.* eletrotecnia.
e.le.fan.te [elefánte] *s.m.* elefante.
e.le.gan.cia [eleɣán̦θja] *s.f.* elegância.
e.le.gan.te [eleɣánte] *adj.* elegante, fino, distinto.
e.le.gi.do/a [elexíðo] *adj.* eleito, escolhido.
e.le.gir [elexír] *v.t.* eleger, escolher.
e.le.men.tal [elementál] *adj.* elementar, evidente.

e.le.men.to [eleménto] *s.m.* 1 elemento, princípio físico. 2 componente. 3 indivíduo.
e.len.co [elén̦ko] *s.m.* elenco.
e.le.va.ción [eleβaθjón] *s.f.* elevação.
e.le.va.do/a [eleβáðo] *adj.* elevado, sublime.
e.le.va.dor [eleβaðór] *s.m.* elevador.
e.le.va.mien.to [eleβamjénto] *s.m.* elevação, alta, aumento.
e.le.var [eleβár] *v.t.* elevar, erguer.
e.le.var.se [eleβárse] *v.p.* envaidecer-se.
e.li.mi.nar [eliminár] *v.t.* 1 eliminar, excluir. 2 (fig.) e (fam.) eliminar, matar. 3 eliminar, expelir, expulsar.
e.li.mi.na.to.rio/a [eliminatórjo] *adj.* excluente, eliminatório, .
e.lip.se [elípse] *s.f.* (geom.) elipse.
e.líp.ti.co/a [elíptiko] *adj.* elíptico.
é.li.te/e.li.te [élite]/[elíte] *s.f.* elite.
e.li.tis.ta [elitísta] *adj.* elitista.
e.li.xir/e.lí.xir [eliksír]/[elíksir] *s.m.* 1 pedra filosofal. 2 remédio, poção milagrosa.
e.lla [éʎa] *p. pess.* 3ª pess., f. ela.
e.llo [éʎo] *p. pess.* 3ª pess. neutro isso, isto, aquilo.
e.lo.cuen.cia [elokwén̦θja] *s.f.* eloquência.
e.lo.cuen.te [elokwénte] *adj.* eloquente.
e.lo.giar [eloxjár] *v.t.* elogiar.
e.lo.gio [elóxjo] *s.m.* elogio.
e.lu.ci.dar [eluθiðár] *v.t.* elucidar.
e.lu.dir [eluðír] *v.t.* 1 evitar, esquivar, fugir. 2 enganar, trapacear, iludir.
e.ma.na.ción [emanaθjón] *s.f.* emanação, exalação.
e.ma.nar [emanár] *v.i.* emanar, exalar.
e.man.ci.pa.ción [eman̦θipaθjón] *s.f.* emancipação, independência.
e.man.ci.par [eman̦θipár] *v.t.* emancipar, independizar.
e.man.ci.par.se [eman̦θipárse] *v.p.* emancipar-se, independizar-se.

em.ba.dur.nar [embaðurnár] *v.t.* besuntar, manchar.
em.ba.ja.da [embaxáða] *s.f.* embaixada.
em.ba.ja.dor/a [embaxaðór] *s.* embaixador.
em.ba.la.dor/a [embaxaðór] *adj.* embalador, empacotador.
em.ba.la.je [embaláxe] *s.f.* embalagem.
em.ba.lar [embalár] *v.t.* embalar, empacotar.
em.ba.lar.se [embalárse] *v.p.* acelerar, embalar.
em.bal.do.sa.do/a [embaldosáðo] *adj.* azulejado.
em.bal.do.sar [embaldosár] *v.t.* azulejar.
em.bal.sa.mar [embalsamár] *v.t.* embalsamar.
em.bal.se [embálse] *s.m.* represa.
em.ban.de.rar [embanderár] *v.t.* embanderar.
em.ba.ra.za.da [embaraθáða] *adj. e s.f.* grávida.
em.ba.ra.zar [embaraθár] *v.t.* 1 engravidar. 2 embaraçar, impedir, estorvar.
em.ba.ra.zar.se [embaraθárse] *v.p.* estar impedido.
em.ba.ra.zo [embaráθo] *s.m.* 1 gravidez. 2 embaraço, impedimento, dificuldade, obstáculo.
em.ba.ra.zo.so/a [embaraθóso] *adj.* embaraçoso, constrangedor.
em.bar.ca.ción [embarkaθjón] *s.f.* embarcação.
em.bar.ca.de.ro [embarkaðéro] *s.m.* embarcadouro.
em.bar.car [embarkár] *v.t.* embarcar.
em.bar.gar [embarɣár] *v.t.* embargar, reter.
em.bar.go [embárɣo] *s.m.* embargo, retenção.
em.bar.ni.zar [embarniθár] *v.t.* envernizar.
em.bar.que [embárke] *s.m.* embarque.
em.ba.rrar [embar̄ár] *v.t.* enlamear, sujar-se de lama.
em.ba.te [embáte] *s.m.* embate, encontro, choque.
em.bau.ca.dor [embau̯kaðór] *adj.* enganador.
em.bau.car [embau̯kár] *v.t.* enganar.
em.be.ber [embeβér] *v.t.* embeber, molhar, ensopar.
em.be.ber.se [embeβérse] *v.p.* encharcar-se.
em.be.le.sar [embelesár] *v.t.* cativar, maravilhar.
em.be.le.sar.se [embelesárse] *v.p.* maravilhar-se.
em.be.lle.ce.dor [embeʎeθeðór] *adj.* embelezador.
em.be.lle.cer [embeʎeθér] *v.t.* tornar belo.
em.be.rren.chi.nar.se [emberˉetʃinárse] *v.p.* chatear-se, ficar de saco cheio.
em.bes.ti.da [embestíða] *s.f.* investida, ataque.
em.bes.tir [embestír] *v.t. e i.* investir, atacar.
em.be.tu.nar [embetunár] *v.t.* engraxar.
em.blan.que.cer [emblaŋkeθér] *v.t.* branquear, alvejar.
em.ble.ma [embléma] *s.m.* emblema.
em.bo.bar [emboβár] *v.t.* embasbacar, ficar boquiaberto.
em.bo.lia [embólja] *s.f.* (med.) embolia.
em.bol.sar [embolsár] *v.t.* ensacar.
em.bo.rra.char [embor̄atʃár] *v.t.* deixar tonto, perturbar.
em.bo.rra.char.se [embor̄atʃárse] *v.p.* embriagar-se, ficar bêbado.
em.bo.rras.car [embor̄askár] *v.t.* irritar.
em.bo.rro.nar [embor̄onár] *v.t.* rabiscar.
em.bos.ca.da [emboskáða] *s.f.* emboscada, cilada, tocaia.
em.bos.car [emboskár] *v.t.* emboscar.
em.bos.car.se [emboskárse] *v.p.* esconder-se.
em.bo.te.lla.do [emboteʎáðo] *adj.* engarrafado.

em.bo.te.lla.mien.to [emboteʎamjénto] *adj.* 1 engarrafamento, ação de pôr na garrafa. 2 engarrafamento, congestionamento do trânsito.
em.bo.te.llar [emboteʎár] *v.t.* 1 engarrafar, pôr na garrafa. 2 engarrafar, congestionar.
em.bra.gar [embraɣár] *v.t.* embrear.
em.bra.gue [embráɣe] *s.m.* (mec.) embreagem.
em.bra.ve.cer [embraβeθér] *v.t.* esbravejar.
em.bria.ga.dor [embrjaɣaðór] *adj.* embriagador.
em.bria.gar [embrjaɣár] *v.t.* embriagar, embebedar.
em.bria.gar.se [embrjaɣár] *v.p.* embebedar-se.
em.bria.guez [embrjaɣéθ] *s.f.* embriaguez.
em.brión [embrjón] *s.m.* embrião.
em.bro.lla.dor [embroʎaðór] *adj.* enrolador.
em.bro.llar [embroʎár] *v.t.* enrolar, confundir.
em.bro.llo [embróʎo] *s.m.* enredo, confusão, emaranhado.
em.bro.llón [embroʎón] *adj.* enrolador.
em.bro.mar [embromár] *v.t.* 1 brincar, fazer brincadeiras. 2 enganar, trapacear. 3 fazer perder o tempo.
em.bru.jar [embruxár] *v.t.* 1 enfeitiçar. 2 fascinar, atrair.
em.bru.jo [embrúxo] *s.m.* feitiço.
em.bru.te.cer [embruteθér] *v.t.* embrutecer.
em.bu.char [embutʃár] *v.t.* engolir.
em.bu.do [embúðo] *s.m.* funil.
em.bus.te [embúste] *s.m.* embuste, mentira, logro, ardil.
em.bus.te.ro/a [embustéro] *adj.* embusteiro, mentiroso.
em.bu.ti.do/a [embutíðo] *adj.* embutido.
em.bu.tir [embutír] *v.t.* embutir, rechear.

e.mer.gen.cia [emerxénθja] *s.f.* emergência.
e.mer.ger [emerxér] *v.i.* emergir, sair, brotar.
e.mi.gra.do/a [emiɣráðo] *adj.* emigrado.
e.mi.gran.te [emiɣránte] *adj. e s.* emigrante.
e.mi.grar [emiɣrár] *v.i.* emigrar, migrar.
e.mi.nen.cia [eminénθja] *s.f.* 1 eminência, altura, elevação. 2 (fig.) eminência, excelência.
e.mi.nen.te [eminénte] *adj.* 1 eminente, alto, elevado. 2 eminente, avantajado, sobressainte.
e.mi.ra.to [emiráto] *s.m.* emirado.
e.mi.sa.rio/a [emisárjo] *adj.* emissário.
e.mi.sión [emisjón] *s.f.* emissão.
e.mi.sor/a [emisór] *adj. e s.* emissor.
e.mi.so.ra [emisóra] *s.f.* emissora, estação de rádio ou TV.
e.mi.tir [emitír] *v.t.* emitir.
e.mo.ción [emoθjón] *s.f.* emoção.
e.mo.cio.na.do [emoθjonáðo] *adj.* emocionado.
e.mo.cio.nan.te [emoθjonánte] *adj.* emocionante.
e.mo.cio.nar [emoθjonár] *v.t.* emocionar.
e.mo.cio.nar.se [emoθjonárse] *v.p.* emocionarse, comover-se.
e.mo.lu.men.to [emoluménto] *s.m.* emolumento, gratificação.
e.mo.ti.vo [emotíβo] *adj.* emotivo, sensível.
em.pa.car [empakár] *v.t.* empacotar, embalar.
em.pa.car.se [empakárse] *v.p.* 1 obstinar-se. 2 envergonhar-se.
em.pa.char [empatʃár] *v.t.* encher-se muito, sobrecarregar-se.
em.pa.char.se [empatʃárse] *v.p.* encher-se.
em.pa.cho [empátʃo] *s.m.* enchimento, sobrecarga.

em.pa.dro.na.mien.to [empaðronamjénto] *s.m.* censo, recenseamento.
em.pa.dro.nar [empaðronár] *v.t.* recensear, fazer censo.
em.pa.dro.nar.se [empaðronárse] *v.p.* registrar-se, cadastrar-se.
em.pa.jar [empaxár] *v.t.* empalhar, tecer com palha.
em.pa.la.gar [empalaɣár] *v.t.* enjoar.
em.pa.la.gar.se [empalaɣárse] *v.p.* enjoar-se.
em.pa.la.go [empaláɣo] *s.m.* enjoo.
em.pa.la.go.so/a [empalaɣóso] *adj.* enjoativo.
em.pa.li.za.da [empaliθáða] *s.f.* cerca, cercado, cerco.
em.pa.li.zar [empaliθár] *v.t.* cercar.
em.pal.mar [empalmár] *v.t.* convergir, confluir, conectar, fazer baldeação.
em.pal.me [empálme] *s.m.* empalme, confluência, baldeação.
em.pa.na.da [empanáða] *s.f.* empada, pastel.
em.pa.na.do/a [empanáðo] *adj.* embaçado; empanado.
em.pa.nar [empanár] *v.t.* empanar.
em.pa.ñar [empaɲár] *v.t.* 1 embaçar. 2 ofuscar.
em.pa.par [empapár] *v.t. e i.* empapar, embeber, ensopar, molhar.
em.pa.par.se [empapárse] *v.p.* empapar-se, embeber-se, ensopar-se.
em.pa.pe.la.do/a [empapeláðo] *adj.* empapelado.
em.pa.pe.lar [empapelár] *v.t.* 1 empapelar. 2 embrulhar com papel.
em.pa.pu.zar [empapuθár] *v.t.* empurrar a comida.
em.pa.que [empáke] *s.m.* embalagem, envoltório.
em.pa.que.tar [empaketár] *v.t. e i.* ensacar, empaquetar.

em.pa.re.da.do [empareðáðo] *s.m.* sanduíche.
em.pa.re.jar [emparexár] *v.t. e i.* emparelhar, casar, igualar.
em.pa.re.jar.se [emparexárse] *v.p.* equiparar-se.
em.pa.ren.tar [emparentár] *v.i.* aparentar.
em.pas.tar [empastár] *v.t.* empastar.
em.pas.te [empáste] *s.m.* empastamento.
em.pa.tar [empatár] *v.i.* empatar, igualar.
em.pa.te [empáte] *s.m.* empate.
em.pe.ci.na.do/a [empeθináðo] *adj.* obstinado, teimoso.
em.pe.ci.na.mien.to [empeθinamjénto] *s.m.* obstinação, teimosia.
em.pe.ci.nar [empeθinár] *v.t.* obstinar, teimar.
em.pe.der.ni.do/a [empeðerníðo] *adj.* inveterado.
em.pe.dra.do/a [empeðráðo] *adj.* empedrado.
em.pe.drar [empeðrár] *v.t.* empedrar.
em.pei.ne [empéine] *s.m.* peito do pé.
em.pe.llar [empeʎár] *v.t.* empurrar.
em.pe.llón [empeʎón] *s.m.* empurrão.
em.pe.lo.tar [empelotár] *v.t.* 1 (fam.) enrolar, embrulhar. 2 ficar nu.
em.pe.ñar [empeɲár] *v.t.* 1 penhorar. 2 obrigar. 3 *v.r.* endividar-se.
em.pe.ñar.se [empeɲárse] *v.p.* endividar-se.
em.pe.ño [empéɲo] *s.m.* 1 penhor. 2 empenho, desejo. 3 empenho, confiança.
em.pe.o.rar [empeorár] *v.i.* piorar.
em.pe.o.rar.se [empeorárse] *v.p.* ficar pior.
em.pe.que.ñe.cer [empekeɲeθér] *v.t. e i.* diminuir, minimizar, apoucar, rebaixar.
em.pe.que.ñe.cer.se [empekeɲeθérse] *v.p.* rebaixar-se, apoucar-se.
em.pe.ra.dor [emperaðór] *s.m.* imperador.

em.pe.ra.triz [emperatríθ] *s.f.* imperatriz.
em.pe.re.ji.lar [emperexilár] *v.t. e v.p.* enfeitar-se, arrumar-se com exagero.
em.pe.ro [empéro] *conj. advers.* mas, porém, no entanto.
em.pe.rrar.se [emperárse] *v.p.* 1 (fam.) obstinar-se, empenhar-se. 2 (fam.) chatear-se, irritar-se.
em.pe.zar [empeθár] *v.t. e i.* começar, iniciar.
em.pie.zo [empjéθo] *s.m.* começo, início.
em.pi.na.do/a [empináðo] *adj.* 1 empinado, alto. 2 (fig.) orgulhoso.
em.pi.nar [empinár] *v.t.* 1 pôr direito. 2 (fam.) beber muito. *empinar el codo,* ter afeição à bebida.
em.pi.nar.se [empinárse] *v.p.* ficar na ponta dos pés.
em.pí.ri.co/a [empíriko] *adj.* empírico.
em.pi.za.rrar [empiθarár] *v.t.* cobrir o telhado com telhas de ardosia.
em.plas.tar [emplastár] *v.t.* emplastrar.
em.plas.to [emplásto] *s.m.* (med.) emplastro.
em.pla.zar [emplaθár] *v.t.* 1 convocar. 2 colocar, pôr.
em.ple.a.do/a [empleáðo] *adj. e s.* empregado.
em.ple.a.dor/a [empleaðór] *adj. e s.* empregador.
em.ple.ar [empleár] *v.t.* 1 empregar, dar emprego. 2 empregar, usar, utilizar. 3 empregar, gastar, consumir.
em.ple.ar.se [empleárse] *v.p.* arrumar emprego.
em.ple.o [empléo] *s.m.* 1 emprego, trabalho, função, cargo. 2 emprego, uso, utilização.
em.plo.mar [emplomár] *v.t.* cobrir com chumbo.
em.plu.mar [emplumár] *v.t.* emplumar.
em.po.bre.cer [empoβreθér] *v.t.* 1 empobrecer. 2 empobrecer, decair, diminuir.

em.po.bre.ci.do [empoβreθíðo] *adj.* empobrecido, decaído.
em.po.bre.ci.mien.to [empoβreθimjénto] *s.m.* empobrecimento.
em.po.llar [empoʎár] *v.t. e i.* 1 chocar (os ovos). 2 (fig. e fam.) meditar, estudar.
em.po.llón [empoʎón] *s.* estudioso.
em.pol.var [empolβár] *v.t.* empoar.
em.pol.var.se [empolβárse] *v.p.* empoar-se, passar pó (no rosto).
em.pon.zo.ñar [empoṉθoɲár] *v.t.* 1 envenenar. 2 infecionar, corromper.
em.por.car [emporkár] *v.t.* sujar.
em.por.car.se [emporkárse] *v.p.* sujar-se.
em.po.rio [empórjo] *s.m.* empório.
em.po.trar [empotrár] *v.t.* embutir.
em.pren.de.dor/a [emprendeðór] *adj.* empreendedor.
em.pren.der [emprendér] *v.t.* empreender, começar, iniciar.
em.pre.sa [emprésa] *s.f.* 1 empresa, empreendimento. 2 empresa, organización, sociedade.
em.pre.sa.rial [empresarjál] *adj.* empresarial.
em.pre.sa.rio/a [empresárjo] *adj.* empresário.
em.pu.jar [empuxár] *v.t.* empurrar.
em.pu.je [empúxe] *s.m.* 1 empurrão. 2 vigor, eficácia.
em.pu.jón [empuxón] *s.m.* empurrão.
em.pu.ña.du.ra [empuɲaðúra] *s.f.* cabo, empunhadura (de guarda-chuva, espada etc.).
em.pu.ñar [empuɲár] *v.t.* empunhar, pegar, segurar.
e.mu.la.ción [emulaθjón] *s.f.* emulação.
e.mu.lar [emulár] *v.t.* emular, competir.
e.mul.sión [emulsjón] *s.f.* emulsão.
en [en] *prep.* em.
e.na.gua [enáɣwa] *s.f.* anágua.

e.na.je.na.ble [enaxenáβle] *adj.* alienável.
e.na.je.na.ción [enaxenaθjón] *s.f.* alienação.
e.na.je.nar [enaxenár] *v.t.* alienar, transferir.
e.na.je.nar.se [enaxenárse] *v.p.* privar-se.
e.nal.te.ce.dor [enalteθeðór] *adj.* engrandecedor, que exalta, que eleva.
e.nal.te.cer [enalteθér] *v.t.* enaltecer, engrandecer, exaltar.
e.na.mo.ra.di.zo/a [enamoraðíθo] *adj.* que se apaixona com facilidade.
e.na.mo.ra.do/a [enamoráðo] *adj.* apaixonado.
e.na.mo.ra.mien.to [enamoramjénto] *s.m.* namoro, paixão.
e.na.mo.rar [enamorár] *v.t.* namorar, seduzir.
e.na.mo.rar.se [enamorárse] *v.p.* apaixonar-se.
e.na.no/a [enáno] *adj. e s.* anão.
e.nar.bo.lar [enarβolár] *v.t.* levantar, elevar.
e.nar.car [enarkár] *v.t.* arquear.
e.nar.de.ce.dor [enarðeθeðór] *adj.* arrebatador.
e.nar.de.cer [enarðeθér] *v.t.* arrebatar, extasiar.
e.na.re.nar [enarenár] *v.t.* cobrir com areia.
en.ca.bes.trar [eŋkaβestrár] *v.t.* 1 encabrestar. 2 (fig.) atrair, seduzir.
en.ca.be.za.mien.to [eŋkaβeθamjénto] *s.m.* encabeçamento, cabeçalho.
en.ca.be.zar [eŋkaβeθár] *v.t.* 1 registrar, cadastrar. 2 pôr encabeçamento. 3 começar, iniciar uma lista. 4 encabeçar, ser o cabeça. 5 mandar, ordenar.
en.ca.bri.tar.se [eŋkaβritárse] *v.r.* 1 empinar. 2 chatear-se, ficar bravo.
en.ca.de.nar [eŋkaðenár] *v.t.* encadear, ligar, coordenar.
en.ca.jar [eŋkaxár] *v.t.* 1 encaixar. 2 encaixar, intercalar, inserir. 3 (fam.) golpear, bater. 4 estar bem/mal num lugar.

en.ca.jar.se [eŋkaxárse] *v.p.* introduzir-se, atolar-se.
en.ca.je [eŋkáxe] *s.m.* 1 renda. 2 encaixe, cavidade, juntura.
en.ca.jo.nar [eŋkaxonár] *v.t.* 1 encaixotar. 2 estreitar.
en.ca.lar [eŋkalár] *v.t.* caiar.
en.ca.lla.de.ro [eŋkaʎaðéro] *s.m.* encalho.
en.ca.llar [eŋkaʎár] *v.i.* 1 encalhar. 2 (fig.) entrar numa fria.
en.ca.lle.cer [eŋkaʎeθér] *v.i.* 1 calejar. 2 costumar com os trabalhos.
en.ca.lle.ci.do/a [eŋkaʎeθíðo] *adj.* costumado, endurecido.
en.ca.mar [eŋkamár] *v.t.* deitar na cama ou no chão.
en.ca.mar.se [eŋkamárse] *v.p.* ficar de cama.
en.ca.mi.nar [eŋkaminár] *v.t.* 1 encaminhar, ensinar ou caminho. 2 dirigir, orientar.
en.ca.mi.nar.se [eŋkaminárse] *v.p.* dirigir-se, orientar-se.
en.ca.mi.sar [eŋkamisár] *v.t.* 1 pôr a camisa. 2 embrulhar.
en.ca.mo.ta.do/a [eŋkamotáðo] *adj.* apaixonado.
en.ca.mo.tar.se [eŋkamotárse] *v.r.* apaixonar-se.
en.ca.na.lar [eŋkanalár] *v.t.* encanar.
en.ca.na.li.zar [eŋkanaliθár] *v.t.* encanar.
en.ca.nar.se [eŋkanárse] *v.p.* ficar paralizado por causa do riso ou do pranto.
en.can.di.la.do/a [eŋkandiláðo] *adj.* alto, erguido.
en.can.di.lar [eŋkandilár] *v.t.* ofuscar.
en.ca.ne.cer [eŋkaneθér] *v.i.* 1 encanecer, embranquecer. 2 (fig.) envelhecer.
en.can.ta.ción [eŋkantaθjón] *s.f.* encantamento, encanto.
en.can.ta.do/a [eŋkantáðo] *adj.* encantado, contente.

en.can.ta.dor/a [eŋkantaðór] *adj.* encantador.
en.can.ta.mien.to [eŋkantamjénto] *s.m.* encantamento.
en.can.tar [eŋkantár] *v.t.* 1 encantar, cativar. 2 deleitar, embevecer.
en.can.to [eŋkánto] *s.m.* encanto, sedução, fascínio.
en.ca.ño.nar [eŋkaɲonár] *v.t.* 1 encanar. 2 apontar, assestar. 3 *v.i.* nascer as penas, empenar.
en.ca.po.ta.do/a [eŋkapotáðo] *adj.* triste, abatido, deprimido.
en.ca.po.tar [eŋkapotár] *v.t.* 1 encapotar, disfarçar, encobrir. 2 (fig.) franzir a testa. 3 fechar, cobrir (o céu).
en.ca.pri.char.se [eŋkapritʃárse] *v.p.* 1 obstinar-se. 2 apaixonar-se.
en.ca.pu.char [eŋkaputʃár] *v.t.* encapuzar.
en.ca.ra.mar [eŋkaramár] *v.t.* subir.
en.ca.rar [eŋkarár] *v.i.* 1 encarar, enfrentar. 2 *v.p.* apontar, assinalar. 3 (fig.) enfrentar uma dificuldade.
en.car.ce.lar [eŋkarθelár] *v.t.* encarcerar, prender.
en.ca.re.cer [eŋkareθér] *v.t. e i.* 1 encarecer, subir o preço. 2 (fig.) ponderar, recomendar.
en.ca.re.ci.da.men.te [eŋkareθiðaménte] *adv.* encarecidamente.
en.ca.re.ci.mien.to [eŋkareθimjénto] *s.m.* encarecimento.
en.car.ga.do/a [eŋkarɣáðo] *adj.* encarregado.
en.car.gar [eŋkarɣár] *v.t.* encarregar.
en.car.gar.se [eŋkarɣárse] *v.p.* encarregar-se, tomar conta.
en.car.go [eŋkárɣo] *s.m.* encargo, encomenda.
en.ca.ri.ñar [eŋkariɲár] *v.t.* afeiçoar.
en.ca.ri.ñar.se [eŋkariɲárse] *v.p.* afeiçoar-se, apaixonar-se.

en.car.na.ción [eŋkarnaθjón] *s.f.* 1 encarnação. 2 personificação, representação.
en.car.na.do/a [eŋkarnáðo] *adj.* encarnado.
en.car.nar [eŋkarnár] *v.t.* 1 encarnar. 2 (fig.) personificar, representar.
en.car.nar.se [eŋkarnárse] *v.p.* introduzir-se.
en.car.ni.za.do [eŋkarniθáðo] *adj.* 1 ensanguentado. 2 sangrento.
en.car.ni.za.mien.to [eŋkarniθamjʍnto] *s.m.* 1 fogosidade. 2 crueldade, furor.
en.car.ni.zar [eŋkarniθár] *v.t.* 1 incitar, açular. 2 enraivecer-se.
en.ca.rri.lar [eŋkar̃ilár] *v.t.* 1 encarrilhar. 2 encaminhar, dirigir. 3 seguir o caminho indicado.
en.ca.rri.lar.se [eŋkar̃ilárse] *v.p.* encarrilhar, entrar nos eixos.
en.car.tar [eŋkartár] *v.t.* 1 encartar, incluir. 2 chamar a julgamento. 3 encartar, jogar carta.
en.ca.si.llar [eŋkasiʎár] *v.t.* 1 enquadrar. 2 rotular.
en.cas.que.tar [eŋkasketár] *v.t.* encasquetar, encaixar na cabeça.
en.cas.que.tar.se [eŋkasketárse] *v.p.* obstinarse, empenhar-se.
en.cau.zar [eŋkauθár] *v.t.* dirigir, encaminhar.
en.cau.zar.se [eŋkauθárse] *v.i.* orientar-se.
en.ce.bo.lla.do [enθeβoʎáðo] *adj.* acebolado.
en.ce.fa.li.tis [enθefalítis] *s.f.* (med.) encefalite.
en.ce.fa.lo.gra.ma [enθefaloɣráma] *s.m.* (med.) encefalograma.
en.cel.dar [enθeldár] *v.t.* fechar em uma cela, prender.
en.cel.dar.se [enθeldárse] *v.p.* fechar-se numa cela.
en.cen.de.dor [enθendeðór] *s.m.* isqueiro.
en.cen.der [enθendér] *v.t.* 1 acender. 2 (elet.) ligar, conectar. 3 (fig.) incitar, inflamar. 4 (fig.) suscitar, ocasionar. 5 castigar.

en.cen.der.se [eɲθendérse] *v.p.* ruborizar-se.
en.cen.di.do/a [eɲθendíðo] *adj.* 1 ligado, conectado. 2 irritado, inflamado. 3 inflamado.
en.ce.ra.do [eɲθeráðo] *s.m.* 1 encerado. 2 quadro-negro.
en.ce.ra.do/a [eɲθeráðo] *adj.* encerado.
en.ce.ra.dor/a [eɲθeraðór] *s.* pessoa que passa cera no chão.
en.ce.ra.do.ra [eɲθeraðóra] *s.f.* enceradeira.
en.ce.rar [eɲθerár] *v.t.* encerar.
en.ce.rrar [eɲθeřár] *v.t.* 1 encerrar, guardar em lugar que se fecha. 2 enclausurar. 3 encerrar, ter em si, conter, incluir.
en.ce.rrar.se [eɲθeřárse] *v.p.* enclausurar-se.
en.cha.pa.do/a [etʃapáðo] *s.* chapado.
en.cha.par [etʃapár] *v.t.* chapar.
en.char.car [etʃarkár] *v.t.* encharcar, ensopar.
en.char.car.se [etʃarkárse] *v.p.* encharcar-se, ensopar-se.
en.chi.la.da [etʃiláða] *s.f.* torta de milho com dieferentes recheios e temperada com pimenta.
en.chu.far [etʃufár] *v.t.* 1 ligar na tomada. 2 (fam.) colocar alguém num emprego ou cargo utilizando influências. 3 encaixar.
en.chu.far.se [etʃufárse] *v.p.* ligar dois negócios, combinando.
en.chu.fe [etʃúfe] *s.m.* 1 (elet.) tomada. 2 junta do canos. 3 (fig. e fam.) cargo ou emprego obtido utilizando influências.
en.cí.a [eɲθía] *s.f.* gengiva.
en.cí.cli.ca [eɲθíklika] *s.f.* encíclica, carta.
en.ci.clo.pe.dia [eɲθíklopéðja] *s.f.* enciclopédia. *ser una enciclopedia*, ter muitos conhecimentos.
en.cie.rro [eɲθjéřo] *s.m.* 1 lugar fechado. 2 clausura. 3 ato de conduzir os touros ao curral, para a tourada.

en.ci.ma [eɲθíma] *adv.* 1 em cima, em lugar superior. 2 em cima, sobre. 3 (fig.) além de, ainda por cima. 4 (fig.) acima, em posição superior.
en.cin.ta [eɲθínta] *adj. e s.f.* grávida.
en.cin.ta.do [eɲθintáðo] *s.m.* guia da calçada.
en.cin.tar [eɲθintár] *v.t.* enfeitar com fitas.
en.claus.trar [eŋklaustrár] *v.t.* 1 enclausurar. 2 (fig.) esconder, ocultar.
en.cla.va.do [eŋklaβáðo] *adj.* 1 lugar que está dentro de outro. 2 encaixado.
en.cla.var [eŋklaβár] *v.t.* 1 pregar, com pregos. 2 (fig.) traspassar, atravessar. 3 (fig.) enganar alguém.
en.clen.que [eŋkléŋke] *adj.* doentio, fraco.
en.co.bar [eŋkoβár] *v.i.* incubar, chocar (ovos).
en.co.co.rar [eŋkokorár] *v.t.* (fam.) incomodar, encher o saco.
en.co.ger [eŋkoxér] *v.t.* 1 encolher, reduzir o tamanho. 2 encolher, contrair. 3 (fig.) encolher, acanhar, reprimir. 4 *v.p.* encolher-se, reduzir-se, contrair-se.
en.co.gi.mien.to [eŋkoximjénto] *s.m.* encolhimento, redução, contração.
en.co.lar [eŋkolár] *v.t.* 1 colar. 2 jogar uma coisa num lugar inacessível.
en.co.le.ri.zar [eŋkoleriθár] *v.t.* enraivecer.
en.co.men.dar [eŋkomendár] *v.t.* 1 encomendar, mandar fazer. 2 encomendar, encarregar.
en.co.men.dar.se [eŋkomendárse] *v.p.* encomendar-se, entregar-se, confiar-se.
en.co.miar [eŋkomjár] *v.t.* encomiar, elogiar, louvar.
en.co.mien.da [eŋkomjénda] *s.f.* 1 encomenda, solicitação. 2 encomenda, coisa encomendada. 3 recomendação, elogio. 4 encomenda, pacote que se envia pelo correio.

encomio

en.co.mio [eŋkómjo] *s.m.* encômio, elogio, louvor, aplauso.
en.co.nar [eŋkonár] *v.t.* 1 inflamar, um ferimento. 2 (fig.) irritar, exasperar, encher o saco.
en.co.no [eŋkóno] *s.m.* inimizada, rancor.
en.con.tra.do/a [eŋkontráðo] *adj.* 1 encontrado, achado. 2 oposto, contrário.
en.con.trar [eŋkontrár] *v.t.* 1 encontrar, achar, descobrir. 2 encontrar, ver casualmente. 3 encontrar, topar com, defrontar-se com. 4 achegar. 5 *v.p.* chocar-se, criar inimizade. 6 *v.p.* estar duas pessoas ou coisas no mesmo lugar.
en.con.trón [eŋkontrón] *s.m.* encontrão, choque, embate.
en.co.pe.tar [eŋkopetár] *v.t.* 1 elevar, levantar. 2 *v.p.* gabar-se, vangloriar-se, jactar-se, dar uma de.
en.cor.do.nar [eŋkorðonár] *v.t.* encordoar, pôr cadarço em alguma coisa para sujeitar ou enfeitar.
en.co.rra.lar [eŋkor̄alár] *v.t.* encurralar.
en.cor.ti.nar [eŋkortinár] *v.t.* encortinar.
en.cor.var [eŋkorβár] *v.t.* curvar, arquear.
en.cor.var.se [eŋkorβárse] *v.p.* curvar-se, arquear-se.
en.cos.trar [eŋkostrár] *v.t.* encrostar, criar crosta.
en.cres.par [eŋkrespár] *v.t.* 1 encaracolar. 2 *v.p.* deixar o cabelo ou as penas espetados. 3 *v.p.* embravecer, agitar. 4 *v.p.* emaranhar-se ou dificultar-se um assunto ou negócio.
en.cres.par.se [eŋkrespárse] *v.p.* 1 deixar o cabelo espetado. 2 enfurecer-se, irritar-se. 3 revoltar e agitar as ondas do mar.
en.cru.ci.ja.da [eŋkruθixáða] *s.f.* encruzilhada.
en.cua.der.na.ción [eŋkwaðernaθjón] *s.f.* encadernação.
en.cua.der.na.dor [eŋkwaðernaðór] *adj.* encadernador.
en.cua.der.nar [eŋkwaðernár] *v.t.* encadernar.
en.cua.drar [eŋkwaðrár] *v.t.* 1 enquadrar, emoldurar. 2 encaixar uma coisa dentro de outra. 3 enquadrar, incluir, ajustar.
en.cua.drar.se [eŋkwaðrárse] *v.p.* enquadrar-se, encaixar-se, ajustar-se.
en.cu.bier.to [eŋkuβjérto] *adj.* encoberto.
en.cu.brir [eŋkuβrír] *v.t.* encobrir, esconder, ocultar.
en.cuen.tro [eŋkwéntro] *s.m.* 1 encontro, choque, embate, encontrão. 2 confluência, junção. 3 jogo, partida. 4 (mil.) enfrentamento não previsto de tropas inimigas.
en.cues.ta [eŋkwésta] *s.f.* pesquisa, enquete.
en.cum.bra.do/a [eŋkumbráðo] *adj.* elevado, alto.
en.cum.brar [eŋkumbrár] *v.t.* 1 elevar, levantar. 2 exaltar. 3 subir e passar o cume.
en.cur.ti.do [eŋkurtíðo] *s.m.* fruta ou legume em conserva.
en.cur.tir [eŋkurtír] *v.t.* conservar frutas ou legumes no vinagre.
en.de.ble [endéβle] *adj.* fraco, pouco consistente.
en.de.mia [endémja] *s.f.* (med.) endemia.
en.dé.mi.co [endémiko] *adj.* endêmico.
en.de.mo.nia.do/a [endemonjáðo] *adj. e s.* endemoninhado, possesso, endiabrado.
en.den.tar [endentár] *v.t.* (mec.) encaixar.
en.den.te.cer [endenteθér] *v.i.* começar a brotar os dentes.
en.de.re.zar [endereθár] *v.t.* 1 endireitar, desentortar. 2 *v.p.* dirigir, dedicar. 3 emendar, corrigir, castigar. 4 *v.i.* dirigir-se, encaminhar-se.
en.deu.dar.se [endeu̯ðárse] *v.p.* 1 endividar-se, contrair dívidas. 2 ter gratidão.
en.dia.bla.do/a [endjaβláðo] *adj.* endiabrado, endemoninhado, possesso.

en.dil.gar [endilɣár] *v.t.* encaminhar, dirigir, facilitar.

en.dio.sar [endjosár] *v.t.* 1 endeusar, divinizar. 2 exaltar, bajular, lisonjear, adular. 3 *v.p.* (fig.) envaidecer-se.

en.dio.sar.se [endjosárse] *v.t.* envaidecer-se.

en.do.cri.nó.lo.go/a [endokrinóloɣo] *s.* (med.) endocrinologista.

en.do.min.gar.se [endomiŋgárse] *v.p.* vestir-se com roupa de festa.

en.do.sa.ble [endosáβle] *adj.* endossável.

en.do.san.te [endosánte] *adj.* e *s.* endossante, endossador, responsável.

en.do.sar [endosár] *v.t.* endossar.

en.do.so [endóso] *s.m.* (com.) endosso, declaração.

en.do.ve.no.so/a [endoβenóso] *adj.* intravenoso, endovenoso.

en.dul.zar [endul̪θár] *v.t.* 1 adocicar. 2 (fig.) abrandar, suavizar.

en.dul.zar.se [endul̪θárse] *v.p.* abrandar-se, suavizar-se.

en.du.re.cer [endureθér] *v.t.* endurecer, ficar duro.

en.du.re.cer.se [endureθérse] *v.p.* endurecer, tornar-se insensível, desumano, cruel.

e.ne.mi.go/a [enemíɣo] *adj.* e *s.* inimigo, contrário, oposto, adverso, hostil.

e.ne.mis.tad [enemistád] *s.f.* inimizade, hostilidade, malquerença.

e.ne.mis.tar [enemistár] *v.t.* inimizar, desavir-se, indispor-se.

e.ner.gí.a [enerxía] *s.f.* 1 energia, capacidade para realizar um trabalho. 2 energia, força, vigor. 3 energia, força moral, força de vontade. 4 energia, firmeza nos atos.

e.nér.gi.co/a [enérxiko] *adj.* enérgico.

e.ner.gi.zar [enerxiθár] *v.t.* energizar.

e.ne.ro [enéro] *s.m.* janeiro.

e.ner.var [enerβár] *v.t.* 1 enervar, enfraquecer, debilitar. 2 enervar, irritar. 3 *v.p.* exacerbar-se, irritar-se.

e.né.si.mo/a [enésimo] *adj.* enésimo.

en.fa.dar [eɱfaðár] *v.t.* chatear, aborrecer, importunar.

en.fa.dar.se [eɱfaðárse] *v.p.* aborrecer-se, chatear-se.

en.fa.do [eɱfáðo] *s.m.* aborrecimento, chateação.

en.far.dar [eɱfarðár] *v.t.* enfardar, entrouxar, empacotar.

én.fa.sis [éɱfasis] *s.m.* ênfase.

en.fá.ti.co/a [eɱfátiko] *adj.* enfático.

en.fer.mar [eɱfermár] *v.i* e *t.* 1 adoecer, ficar doente. 2 enfraquecer, debilitar.

en.fer.me.dad [eɱfermeðáð] *s.f.* doença, enfermidade, moléstia.

en.fer.me.rí.a [eɱfermería] *s.f.* (med.) 1 enfermaria, local. 2 enfermagem.

en.fer.me.ro/a [eɱferméro] *adj.* e *s.* enfermeiro.

en.fer.mi.zo/a [eɱfermíθo] *adj.* doentio.

en.fer.mo/a [eɱférmo] *adj.* e *s.* doente, enfermo.

en.fer.vo.ri.zar [eɱferβoriθár] *v.t.* 1 infundir fervor. 2 animar, entusiasmar.

en.fi.lar [eɱfilár] *v.t.* enfileirar, alinhar-se.

en.fi.se.ma [eɱfiséma] *s.m.* enfisema.

en.fla.que.cer [eɱflakeθér] *v.t.* e *i.* 1 emagrecer. 2 (fig.) debilitar. 3 (fig.) desmaiar.

en.fla.que.cer.se [eɱflakeθérse] *v.p.* desmaiar-se.

en.fla.que.ci.mien.to [eɱflakeθimjénto] *s.m.* 1 emagrecimento. 2 (fig.) desmaio.

en.fo.car [eɱfokár] *v.t.* focalizar.

en.fo.que [eɱfóke] *s.m.* enfoque, ponto de vista.

en.fras.car [eɱfraskár] *v.t.* enfrascar.

en.fras.car.se [eɱfraskárse] *v.p.* manchar-se de tinta, barro etc.

en.fren.tar [eɱfrentár] *v.t.* 1 enfrentar, encarar. 2 *v.p.* defrontar-se.
en.fren.tar.se [eɱfrentárse] *v.p.* defrontar-se.
en.fren.te [eɱfrénte] *adv.* 1 em frente, diante. 2 de fronte.
en.fria.mien.to [eɱfrjamjénto] *s.m.* 1 esfriamento. 2 (med.) resfriado.
en.friar [eɱfrjár] *v.t.* esfriar.
en.friar.se [eɱfrjárse] *v.p.* (fig.) 1 desanimar-se, esmorecer-se. 2 tornar-se insensível ou indiferente.
en.fun.dar [eɱfundár] *v.t.* colocar na bainha, estojo ou capa protetora.
en.fu.re.cer [eɱfureθér] *v.t.* enfurecer, enraivecer.
en.fu.re.cer.se [eɱfureθérse] *v.p.* ficar furioso.
en.fu.re.ci.mien.to [eɱfureθimjénto] *s.m.* enfurecimento.
en.fu.rru.ñar.se [eɱfuruɲárse] *v.p.* (fam.) 1 ficar furioso. 2 (fam.) cobrir o céu.
en.ga.la.nar [eŋgalanár] *v.t.* engalanar, enfeitar, embelezar.
en.ga.llar.se [eŋgaʎárse] *v.p.* 1 erguer-se, esticar-se. 2 ficar erguido e arrogante.
en.gan.char [eŋgatʃár] *v.t.* enganchar.
en.gan.char.se [eŋgatʃárse] *v.p.* viciar-se.
en.gan.che [eŋgátʃe] *s.m.* 1 peça para enganchar. 2 (mil.) alistamento, recrutamento.
en.ga.ña.bo.bos [eŋgaɲaβóβos] *s.* pessoa que pretende enganar ou deslumbrar.
en.ga.ña.dor/a [eŋgaɲaðór] *adj. e s.* enganador.
en.ga.ñar [eŋgaɲár] *v.t.* 1 enganar, levar a erro. 2 enganar, iludir. 3 enganar, burlar, lograr. 4 enganar, disfarçar, fingir. 5 ser infiel num relacionamento.
en.ga.ñar.se [eŋgaɲárse] *v.p.* equivocar-se.
en.ga.ñi.fa [eŋgaɲífa] *s.f.* engano, artifício, logro.

en.ga.ño [eŋgaɲo] *s.m.* engano, logro.
en.ga.ño.so/a [eŋgaɲóso] *adj.* enganoso.
en.gar.ce [eŋgárθe] *s.m.* trava, travão.
en.gar.zar [eŋgarθár] *v.t.* 1 travar. 2 (fig.) encaracolar o cabelo.
en.gas.tar [eŋgastár] *v.t.* 1 engastar, encravar. 2 engastar, encaixar, embutir.
en.gas.te [eŋgáste] *s.m.* engaste.
en.ga.tu.sa.dor/a [eŋgatusaðór] *adj.* que convence com elogios.
en.ga.tu.sar [eŋgatusár] *v.t.* convencer com elogios.
en.gen.drar [eŋxendrár] *v.t.* 1 engendrar, gerar, produzir. 2 causar, inventar, arquitetar.
en.gen.dro [eŋxéndro] *s.m.* 1 feto. 2 criatura disforme. 3 (fig.) plano ou objetivos mal concebidos.
en.glo.bar [eŋgloβár] *v.t.* incluir, juntar.
en.go.la.do/a [eŋgoláðo] *adj.* enfático, petulante, metido a besta.
en.go.lle.ta.do/a [eŋgoʎetáðo] *adj.* (fam.) envaidecido.
en.go.lle.tar.se [eŋgoʎetárse] *v.p.* (fam.) envaidecer-se.
en.go.lo.si.nar [eŋgolosinár] *v.t.* estimular alguém com algum atrativo.
en.go.ma.do/a [eŋgomáðo] *adj.* encolado.
en.go.mar [eŋgomár] *v.t.* colar.
en.go.mi.nar.se [eŋgominárse] *v.p.* passar gel no cabelo.
en.gor.dar [eŋgorðár] *v.i. e t.* 1 engordar. 2 (fig. e fam.) ficar rico.
en.gor.de [eŋgórðe] *s.m.* engorda.
en.go.rro [eŋgóro] *s.m.* moléstia, incômodo.
en.go.rro.so/a [eŋgoróso] *adj.* dificultoso, incômodo, embaraçoso.
en.goz.nar [eŋgoθnár] *v.t.* engonçar, pôr ou fixar dobradiças.
en.gra.na.je [eŋgranáxe] *s.m.* (mec.) engrenagem.
en.gra.nar [eŋgranár] *v.t.* 1 engrenar. 2 (fig.) unir, travar.

en.gran.de.cer [eŋgrandeθér] *v.t.* 1 engrandecer, aumentar. 2 engrandecer, exaltar, enaltecer.
en.gran.de.cer.se [eŋgrandeθérse] *v.p.* engrandecer-se, elevar-se, fazer-se presunçoso.
en.gra.pa.do.ra [eŋgrapaðóra] *s.f.* grampeador.
en.gra.par [eŋgrapár] *v.t.* grampear.
en.gra.sa.do [eŋgrasáðo] *adj.* engordurado, engraxado.
en.gra.sa.dor [eŋgrasaðór] *adj.* que engraxa, lubrifica.
en.gra.sar [eŋgrasár] *v.t.* 1 engordurar. 2 engraxar, lubrificar.
en.gra.sar.se [eŋgrasárse] *v.p.* manchar-se, sujar-se, untar-se com graxa ou gordura.
en.gra.se [eŋgráse] *s.m.* lubrificante.
en.gre.í.do/a [eŋgreíðo] *adj.* metido, presunçoso, vaidoso, arrogante.
en.gre.i.mien.to [eŋgreimjénto] *s.m.* presunção, arrogância, vaidade.
en.greír [eŋgreír] *v.t.* envaidecer-se, presumir.
en.gri.llar [eŋgriʎár] *v.t.* prender.
en.gro.sar [eŋgrosár] *v.t. e i.* 1 engrossar, espessar. 2 aumentar, tornar mais numeroso.
en.gru.do [eŋgrúðo] *s.m.* grude.
en.guir.nal.dar [eŋgirnaldár] *v.t.* enfeitar com grinalda.
en.gu.llir [eŋguʎír] *v.t.* engolir, devorar.
en.ha.ri.nar [enarinár] *v.t.* empanar.
en.he.bi.llar [eneβiʎár] *v.t.* afivelar.
en.he.brar [eneβrár] *v.t.* passar a linha pelo olho da agulha.
en.ho.ra.bue.na [enoraβwéna] *s.f.* parabéns.
e.nig.ma [eníɣma] *s.m.* enigma, mistério, incógnita.
e.nig.má.ti.co/a [eniɣmátiko] *adj.* enigmático, misterioso.

e.ni.mis.tar.se [enemistárse] *v.p.* inimizar-se, brigar.
en.ja.bo.nar [eŋxaβonár] *v.t.* 1 ensaboar. 2 (fig.) adular, elogiar. 3 (fig.) repreender.
en.ja.bo.nar.se [eŋxaβonárse] *v.p.* ensaboar-se, lavar-se.
en.jam.bre [eŋxámbre] *s.m.* 1 enxame. 2 multidão.
en.jau.lar [eŋxaul̯ár] *v.t.* enjaular, prender, engaiolar.
en.jo.yar [eŋxojár] *v.t.* enfeitar com joias.
en.jua.ga.dien.tes [eŋxwaɣaðjéntes] *s.m.* enxágue bucal.
en.jua.gar [eŋxwaɣár] *v.t.* enxaguar.
en.jua.gue [eŋxwáɣe] *s.m.* enxágue.
en.ju.gar [eŋxuɣár] *v.t.* 1 enxugar, secar. 2 quitar uma dívida. 3 emagrecer, perder gordura.
en.jui.cia.mien.to [eŋxwiθjamiénto] *s.m.* (for.) julgamento.
en.jui.ciar [eŋxwiθjár] *v.t.* discutir, julgar, sentenciar.
en.jun.dia [eŋxúndja] *s.f.* gordura do oveiro das aves.
en.ju.to/a [eŋxúto] *adj.* seco, magro.
en.la.ce [enláθe] *s.m.* 1 enlace, link. 2 enlace, casamento. 3 parentesco. 4 contato, pessoa que serve de conexão.
en.la.dri.lla.do/a [enlaðriʎáðo] *adj.* ladrilhado, pavimentado, revestido com tijolos.
en.la.dri.llar [enlaðriʎár] *v.t.* ladrilhar, pavimentar, revestir com tijolos.
en.la.tar [enlatár] *v.t.* enlatar, meter em lata.
en.la.za.dor/a [enlaθaðór] *adj. e s.* que enlaça.
en.la.zar [enlaθár] *v.t.* 1 enlaçar, prender com laço. 2 enlaçar, unir, conectar. 3 *v.p.* enlaçar-se, unir-se em casamento.
en.le.jiar [enlexjár] *v.t.* deixar de molho em água sanitária.

en.llan.tar [eʎantár] *v.t.* pôr pneumáticos nas rodas do carro.

en.lo.dar [enloðár] *v.t.* e *v.p.* enlamar-se.

en.lo.que.ce.dor/a [enlokeθeðór] *adj.* que enlouquece.

en.lo.que.cer [enlokeθér] *v.t.* e *i.* enlouquecer, ficar louco.

en.lo.que.ci.mien.to [enlokeθimjénto] *s.m.* enlouquecimento.

en.lo.sa.do/a [enlosáðo] *s.m.* empedrado, pavimento, revestimento.

en.lo.sar [enlosár] *v.t.* empedrar, pavimentar ou revestir com pedras.

en.lo.zar [enloθár] *v.t.* esmaltar.

en.lu.cir [enluθír] *v.t.* 1 passar massa corrida nas paredes. 2 lustrar os metais.

en.lu.tar [enlutár] *v.t.* 1 cobrir de luto. 2 (fig.) obscurecer. 3 (fig.) entristecer, afligir.

en.ma.de.ra.do [enmaðeráðo] *s.m.* 1 tablado, estrado, palanque. 2 revestimento de madeira.

en.ma.de.rar [enmaðerár] *v.t.* revestir ou cobrir com madeira (forro, paredes etc.).

en.man.gar [enmaŋgár] *v.t.* pôr cabo em um instrumento.

en.man.tar [enmantár] *v.t.* 1 acobertar. 2 *v.p.* (fig.) estar triste e melancólico.

en.ma.ra.ña.mien.to [enmaraɲamjénto] *s.m.* emaranhado.

en.ma.ra.ñar [enmaraɲár] *v.t.* emaranhar, enrolar.

en.ma.ra.ñar.se [enmaraɲárse] *v.p.* emaranhar-se, enrolar-se.

en.mar.car [enmarkár] *v.t.* emoldurar, enquadrar.

en.ma.ri.lle.cer.se [enmariʎeθérse] *v.p.* amarelar-se, desbotar-se.

en.mas.ca.ra.do/a [enmaskaráðo] *adj.* e *s.* mascarado, disfarçado, dissimulado.

en.mas.ca.rar [enmaskarár] *v.t.* 1 mascarar. 2 (fig.) disfarçar, dissimular, encobrir.

en.mas.ca.rar.se [enmaskarárse] *v.p.* mascarar-se.

en.ma.si.llar [enmasiʎár] *v.t.* passar massa corrida.

en.men.da.ble [enmendáβle] *adj.* emendável.

en.men.da.ción [enmendaθjón] *s.f.* emenda, correção.

en.men.dar [enmendár] *v.t.* 1 emendar, corrigir, reparar. 2 resarcir. 3 (jur.) retificar.

en.men.dar.se [enmendárse] *v.p.* corrigir-se, regenerar-se.

en.mien.da [enmjénda] *s.f.* 1 emenda, correção, regeneração. 2 reparo, conserto. 3 satisfação e pago do dano causado. 4 emenda, proposta de modificação de um projeto.

en.mo.he.cer [enmoeθér] *v.t.* mofar.

en.mu.de.cer [enmuðeθér] *v.t.* e *i.* emudecer, calar.

en.ne.gre.cer [enneɣreθér] *v.t.* enegrecer, escurecer.

en.ne.gre.cer.se [enneɣreθérse] *v.p.* escurecer-se, nublar-se.

en.ne.gre.ci.mien.to [enneɣreθimjénto] *s.m.* enegrecimento, escurecimento.

en.no.ble.cer [ennoβleθér] *v.t.* 1 tornar nobre. 2 (fig.) enfeitar um lugar.

e.no.jar.se [enoxárse] *v.p.* chatear-se, indispor-se, aborrecer-se.

e.no.jo [enóxo] *s.m.* chateação, aborrecimento.

e.no.jo.so/a [enoxóso] *adj.* aborrecedor, chato.

e.nor.gu.lle.cer [enorɣuʎeθér] *v.t.* orgulhar, orgulhar-se.

e.nor.me [enórme] *adj.* enorme.

e.nor.me.men.te [enormeménte] *adv.* enormemente.

e.nor.mi.dad [enormiðáð] *s.f.* enormidade.

en.rai.zar [enr̄ai̯θár] *v.t.* e *i.* arraigar, lançar raízes.

en.ran.ciar [enr̄anθjár] *v.t.* enrançar, azedar.

en.re.da.de.ra [enr̄eðaðéra] *s.f.* (bot.) enredadeira, trepadeira.
en.re.dar [enr̄eðár] *v.t.* 1 enredar, enrolar, emaranhar. 2 intrigar, tramar. 3 prender.
en.re.dar.se [enr̄eðárse] *v.p.* enredar-se, emaranhar-se.
en.re.do [enr̄éðo] *s.m.* 1 emaranhado. 2 engano, mentira que causa brigas. 3 (fam.) amancebamento. 3 travessura, traquinice.
en.re.ja.do/a [enr̄exáðo] *adj.* engradado.
en.re.jar [enr̄exár] *v.t.* 1 engradar. 2 amarrar o bezerro no pé da vaca enquanto se tira o leite.
en.ri.que.cer [enr̄ikeθér] *v.t.* 1 enriquecer, tornar rico, enricar. 2 (fig.) ornar, abrilhantar. 3 prosperar, enobrecer.
en.ri.que.ci.mien.to [enr̄ikeθimjénto] *s.m.* enriquecimento.
en.ro.je.cer [enr̄oxeθér] *v.t. e i.* avermelhar.
en.ro.je.cer.se [enr̄oxeθérse] *v.p.* avermelhar-se, ficar vermelho.
en.ro.je.ci.mien.to [enr̄oxeθimjénto] *s.m.* avermelhamento.
en.ro.lar [enr̄olár] *v.t.* (mil.) inscrever, alistar-se no exército.
en.ro.llar [enr̄oʎár] *v.t.* 1 enrolar, emaranhar-se. 2 *v.i.* (fam.) agradar. 3 *v.p.* enrolar, falar abobrinhas. 4 (fig. e fam.) estender-se muito em uma explicação. 5 entreter-se fazendo algo.
en.ron.que.cer [enr̄oŋkeθér] *v.t.* enrouquecer.
en.ros.ca.du.ra [enr̄oŋkaðúra] *s.f.* enrosco.
en.ros.car [enr̄oskár] *v.t.* enroscar, enrolar em forma de rosca.
en.ros.car.se [enr̄oskárse] *v.p.* enroscar-se, entalar-se.
en.ru.lar [enr̄ulár] *v.t.* pôr bobes.
en,sa.la.da [ensaláða] *s.f.* 1 salada. 2 (fig.) mistura confusa de coisas diversas. 3 (fig.) mistura pouco harmônica de cores.

en.sa.la.de.ra [ensalaðéra] *s.f.* saladeira.
en.sal.za.mien.to [ensal̪θamjénto] *s.m.* engrandecimento, exaltação, louvor, elogio.
en.sal.zar [ensal̪θár] *v.t.* engrandecer, exaltar, louvar, elogiar.
en.sam.bla.dor/a [ensambladór] *adj. e s.* (inform.) programa que traduz a linguagem simbólica para a linguagem de máquina.
en.sam.bla.du.ra [ensambladúra] *s.f.* entalhe.
en.sam.blar [ensamblár] *v.t.* ensamblar, embutir, entalhar.
en.san.cha.mien.to [ensatʃamjénto] *s.m.* dilatação, alargamento.
en.san.char [ensatʃár] *v.t.* alargar, dilatar, ampliar.
en.san.char.se [ensatʃárse] *v.p.* envaidecer-se.
en.san.che [ensátʃe] *s.m.* ensancha, sobra.
en.san.gren.tar [ensaŋgrentár] *v.t.* ensanguentar, cobrir-se ou manchar-se de sangue.
en.san.gren.tar.se [ensaŋgrentárse] *v.p.* irritar-se, enraivecer-se em uma discussão ou briga, ao ponto de machucar-se muito.
en.sa.ñar [ensaɲár] *v.t.* irritar, enraivecer.
en.sar.tar [ensartár] *v.t.* enfileirar.
en.sa.yar [ensaǰár] *v.t.* 1 ensaiar, experimentar, tentar. 2 ensaiar, praticar, treinar.
en.sa.yis.ta [ensaǰísta] *s.* ensaísta.
en.sa.yo [ensáǰo] *s.m.* 1 ensaio, experimento, tentativa. 2 ensaio, prática, treino. 3 (lit.) ensaio, gênero literário.
en.se.gui.da [enseɣíða] *adv.* em seguida, imediatamente, já.
en.se.ñan.za [enseɲáɲθa] *s.f.* 1 ensino, ensinamento, doutrina. 2 ensino, transmissão de conhecimento. 3 ensino, docência. 4 ensino, educação. *enseñanza primaria*, ensino fundamental. *enseñanza secundaria*

enseñar

ou *bachillerato*, ensino médio. *enseñanza superior*, ensino superior.

en.se.ñar [enseɲár] *v.t. e i.* 1 ensinar, instruir, educar, transmitir conhecimentos. 2 mostrar, expor à vista. 3 repreender, admoestar. 4 *v.p.* acostumar-se.

en.se.ño.re.ar.se [enseɲoreárse] *v.p.* apropriar-se, apossar-se, apoderar-se.

en.se.res [enséres] *s.m.*(pl.) utensílios e móveis necessários em uma casa ou para o exercício de uma profissão.

en.si.llar [ensiʎár] *v.t.* selar.

en.si.mis.ma.do/a [ensimizmáðo] *adj.* ensimesmado, introvertido, fechado.

en.si.mis.mar.se [ensimizmárse] *v.p.* ensimesmar-se, absorver-se, concentrar-se.

en.so.ber.be.cer [ensoβerβeθér] *v.t.* ensoberbecer, tornar-se soberbo.

en.som.bre.cer [ensonbreθér] *v.t.* ensombrar.

en.som.bre.cer.se [ensonbreθérse] *v.p.* entristecer-se.

en.so.par [ensopár] *v.t.* ensopar, empapar, embeber.

en.sor.de.ce.dor/a [ensorðeθeðór] *adj.* ensurdecedor.

en.sor.de.cer [ensorðeθér] *v.t. e i.* 1 tornar surdo, ensurdecer. 2 ensurdecer, abafar. 3 ensurdecer, tornar-se surdo.

en.sor.de.cer.se [ensorðeθérse] *v.p.* tornar-se surdo.

en.sor.de.ci.mien.to [ensorðeθimjénto] *s.m.* ensurdecimento.

en.sor.ti.jar [ensortixár] *v.t.* encaracolar, enrolar, anelar, encrespar.

en.su.ciar [ensuθjár] *v.t.* 1 sujar. 2 *v.p.* manchar a própria honra. 3 *v.p.* fazer cocô na cama ou na roupa. 4 (fig.) e (fam.) obter um benefício ilícito. 5 (fig.) misturar-se em negócios ilícitos.

en.sue.ño [ensweɲo] *s.m.* sonho, ilusão, fantasia.

en.ta.bla.do [entaβláðo] *s.m.* tablado.

en.ta.blar [entaβlár] *v.t.* 1 revestir com tábuas. 2 pôr tipoia. 3 iniciar, começar. 4 *v.p.* iniciar-se.

en.ta.blar.se [entaβlárse] *v.p.* iniciar-se, entabular-se.

en.ta.bli.llar [entaβliʎár] *v.t.* entalar.

en.ta.llar [entaʎár] *v.t.* entalhar, gravar, esculpir.

en.ta.pi.zar [entapiθár] *v.t.* tapeçar, atapetar.

en.ta.ri.ma.do [entarimáðo] *s.m.* 1 soalho. 2 suporte de tábuas.

en.ta.ri.mar [entarimár] *v.t.* revestir o piso com tábuas.

en.te [énte] *s.m.* 1 ente, ser. 2 entidade, organismo, corporação.

en.ten.de.de.ras [entendeðéras] *s.f.* (pl.) entendimento.

en.ten.de.dor/a [entendeðór] *adj. e s.* entendedor.

en.ten.der [entendér] *s.m.* 1 entender, compreender. 2 entender, concluir, julgar, achar.

en.ten.der.se [entendérse] *v.p.* entender-se, estar de acordo duas pessoas.

en.ten.di.do/a [entendíðo] *adj.* sábio, perito, conhecedor. Não confundir com "homosexual, maricón". *no darse por entendido*, fingir, dar uma de surdo.

en.ten.di.mien.to [entendimjénto] *s.m.* entendimento, inteligência, razão, juízo.

en.te.ra.do/a [enteráðo] *adj.* 1 entendido, que entendeu. 2 (fam.) despect. aquele que dá uma de esperto ou de sabe-tudo.

en.te.ra.men.te [enteraménte] *adv.* totalmente.

en.te.rar [enterár] *v.t.* inteirar, informar.

en.te.rar.se [enterárse] *v.p.* inteirar-se, informar-se, ficar sabendo.

en.te.re.za [enteréθa] *s.f.* inteireza, integridade, retidão.

en.te.ri.zo [enteríθo] *adj.* inteiriço.
en.ter.ne.ce.dor [enterneθeðór] *adj.* enternecedor.
en.ter.ne.cer [enterneθér] *v.t.* enternecer, comover, sensibilizar.
en.ter.ne.cer.se [enterneθérse] *v.p.* comoverse, sensibilizar-se.
en.te.ro/a [entéro] *adj.* inteiro, íntegro, completo.
en.te.rrar [enterár] *v.t.* 1 enterrar, sepultar. 2 (fig.) enterrar, esconder, ocultar. 3 (fig.) jogar no esquecimento. 4 pregar.
en.te.rrar.se [enterárse] *v.p.* afastar-se do relacionamento com as outras pessoas, como se tivesse morrido.
en.ti.biar [entiβjár] *v.t.* 1 amornar, entibiar. 2 *v.p.* esfriar-se um afeto ou uma paixão.
en.ti.dad [entiðáð] *s.f.* 1 entidade, ente, ser. 2 entidade, agremiação. 3 entidade, coletividade.
en.tie.rro [entjéro] *s.m.* 1 enterro, sepultamento. 2 enterro, funeral.
en.tin.tar [entintár] *v.t.* manchar com tinta.
en.to.na.ción [entonaθjón] *s.f.* 1 entoação. 2 entonação. 3 (fig.) arrogância, presunção.
en.to.nar [entonár] *v.t.* 1 entoar, começar um canto. 2 entoar, dar um tom, afinar. 3 combinar, harmonizar (sons, cores). 4 (fam.) deixar quase bêbado.
en.ton.ces [entónȩes] *adv.* 1 então, naquele momento. 2 então, nesse caso. *desde entonces*, desde então. *en aquel entonces*, naquele tempo.
en.tor.no [entórno] *s.m.* entorno, ambiente.
en.tor.pe.cer [entorpeθér] *v.t.* 1 entorpecer. 2 (fig.) obscurecer o entendimento ou a inteligência. 3 *v.p.* retardar, dificultar.
en.tra.da [entráða] *s.f.* 1 entrada, acesso. 2 entrada, porta, portão. 3 entrada, receita, renda. 4 entrada, admissão. 5 entrada, primeiro prato de uma refeição. 6 entrada, reentrância na cabeça por calvície. 7 entrada, começo, início (ano, obra). 8 (pl.) ingressos (para teatro, cinema etc.). *de entrada*, primeiramente.
en.tran.te [entránte] *adj.* entrante, próximo, seguinte.
en.trar [entrár] *v.i. e t.* 1 entrar, introduzir-se. 2 entrar, filiar-se, ser admitido. 3 entrar, encaixar. 4 (fig.) entrar, começar, iniciar. 5 (fig.) dedicar-se a uma carreira. 6 (fig.) começar uma estação. 7 fazer parte de uma listagem. 8 (fig.) fazer parte de uma composição.
en.tra.ña [entraɲa] *s.f.* 1 entranha, vísceras. 2 entranha, ventre materno. 3 (fig.) entranha, profundeza. 4 (fig.) entranha, sentimento, afeto. *no tener entrañas*, ser cruel.
en.tra.ña.ble [entraɲáβle] *adj.* entranhável, íntimo, bem quisto.
en.tra.ñar [entraɲár] *v.t.* 1 entranhar, introduzir nas entranhas. 2 entranhar, arraigar-se. 3 *v.p.* dedicar-se a fundo, absorver-se.
en.tra.ñar.se [entraɲár]se *v.p.* dedicar-se a fundo, absorver-se.
en.tre [éntre] *prep.* entre.
en.tre.a.bier.to [entreaβjérto] *adj.* entreaberto, meio aberto.
en.tre.a.brir [entreaβrír] *v.t.* entreabrir.
en.tre.cor.tar [entrekortár] *v.t.* entrecortar, interromper.
en.tre.cru.za.do [entrekruθáðo] *adj.* entrecruzado.
en.tre.cru.zar [entrekruθár] *v.t.* 1 entrecruzar. 2 entrecruzar-se, cruzar-se, encontrar-se.
en.tre.di.cho [entreðítʃo] *s.m.* 1 censura. 2 proibição.
en.tre.ga [entréɣa] *s.f.* 1 entrega, doação de si. 2 entrega, coisa. 3 entrega, cessão. 4 livro ou revista de coleção. 5 dedicação. 6 entrega, traição.
en.tre.gar [entreɣár] *v.t.* 1 entregar, dar. 2 entregar, ceder. 3 entregar, confiar. 4 entregar, trair, denunciar.

entregarse

en.tre.gar.se [entreɣárse] *v.p.* dedicar-se, absorver-se.
en.tre.la.za.mien.to [entrelaθamjénto] *s.m.* entrelaçamento.
en.tre.la.zar [entrelaθár] *v.t.* entrelaçar, enlaçar-se, entretecer-se.
en.tre.més [entremés] *s.m.* 1 entrada (em uma refeição). 2 (lit.) obra dramática engraçada.
en.tre.na.dor/a [entrenaðór] *s.* treinador.
en.tre.na.mien.to [entrenamjénto] *s.m.* treino, treinamento.
en.tre.nar [entrenár] *v.t.* treinar, preparar.
en.tre.nar.se [entrenárse] *v.p.* preparar-se.
en.tre.sue.lo [entreswélo] *s.m.* mezanino.
en.tre.tan.to [entretánto] *adv.* enquanto isso.
en.tre.te.jer [entretexér] *v.t.* entretecer, entrelaçar.
en.tre.te.la [entretéla] *s.f.* entretela.
en.tre.te.ner [entretenér] *v.t.* 1 entreter, distrair, reter, enrolar. 2 entreter, divertir, recriar.
en.tre.te.ner.se [entretenérse] *v.p.* divertir-se, recriar-se.
en.tre.te.ni.do/a [entreteníðo] *adj.* divertido, engraçado, alegre.
en.tre.te.ni.mien.to [entretenimjénto] *s.m.* entretenimento, distração, divertimento, passatempo.
en.tre.ver [entreβér] *v.t.* 1 entrever, divisar, prever. 2 suspeitar, adivinhar, conjeturar.
en.tre.vis.ta [entreβísta] *s.f.* entrevista.
en.tre.vis.ta.dor/a [entreβistaðór] *s.* entrevistador.
en.tre.vis.tar [entreβistár] *v.t.* entrevistar.
en.tris.te.cer [entristeθér] *v.t.* entristecer.
en.tris.te.cer.se [entristeθérse] *v.p.* entristecer-se, ficar triste.
en.tro.me.ter [entrometér] *v.t.* intrometer.

en.tro.me.ter.se [entrometérse] *v.p.* intrometer-se, introduzir-se em assuntos alheios.
en.tro.me.ti.do/a [entrometíðo] *adj. e s.* intrometido.
en.tron.ca.mien.to [entroŋkamjénto] *s.m.* parentesco.
en.tron.car [entroŋkár] *v.t.* 1 aparentar, estabelecer o parentesco. 2 *v.i.* ter parentesco.
en.tro.ni.zar [entroniθár] *v.t.* entronizar, exaltar.
en.tu.bar [entuβár] *v.t.* entubar.
en.tuer.to [entwérto] *s.m.* ofensa, injúria, agravo, prejuízo.
en.tu.me.cer [entumeθér] *v.t.* paralizar.
en.tu.me.ci.mien.to [entumeθimjénto] *s.m.* paralização.
en.tur.biar [enturβjár] *v.t.* tornar turvo.
en.tu.sias.mar [entusjazmár] *v.t.* entusiasmar, animar.
en.tu.sias.mar.se [entusjazmárse] *v.p.* entusiasmar-se, animar-se.
en.tu.sias.mo [entusjázmo] *s.m.* entusiasmo, animação, exaltação.
en.tu.sias.ta [entusjásta] *adj.* entusiasta.
e.nu.me.ra.ción [enumeraθjón] *s.f.* enumeração, conta, contagem, relação, lista.
e.nu.me.rar [enumerár] *v.t.* enumerar.
e.nun.cia.ción [enuṇθjaθjón] *s.f.* enunciado.
e.nun.cia.do/a [enuṇθjáðo] *s.* enunciado.
e.nun.ciar [enuṇθjár] *v.t.* enunciar.
en.va.len.to.nar [embalentonár] *v.t.* 1 infundir coragem ou arrogância. 2 *v.p.* dar uma de valente diante de alguém fraco.
en.va.ne.cer [embaneθér] *v.t.* envaidecer.
en.va.sa.dor/a [embaneθeðór] *adj. e s.* que engarrafa.
en.va.sar [embasár] *v.t.* engarrafar.
en.va.se [embáse] *s.m.* 1 vasilhame. 2 engarrafento.
en.ve.je.cer [embexeθér] *v.t.* envelhecer.

en.ve.je.cer.se [embexeθérse] *v.p.* tornar-se velho.

en.ve.je.ci.mien.to [embexeθimjénto] *s.m.* envelhecimento.

en.ve.ne.na.mien.to [embenenamjénto] *s.m.* envenenamento.

en.ve.ne.nar [embenenár] *v.t.* 1 envenenar, dar veneno. 2 envenenar, causar a morte com veneno. 3 (fig.) deturpar. 4 (fig.) perverter, corromper.

en.ve.ne.nar.se [embenenárse] *v.p.* envenenar-se, ingerir veneno.

en.ver.ga.du.ra [emberɣaðúra] *s.f.* 1 envergadura, distância de uma asa à outra. 2 (fig.) importância, alcance.

en.vés [embés] *s.m.* 1 avesso. 2 (fam.) costas.

en.via.do/a [embjáðo] *s.* enviado.

en.viar [embjár] *v.t.* enviar, dirigir, mandar.

en.vi.ciar [embiθjár] *v.t.* viciar, corromper.

en.vi.ciar.se [embiθjárse] *v.p.* viciar-se.

en.vi.dar [embiðár] *v.i.* aumentar a parada.

en.vi.dia [embíðja] *s.f.* inveja, rivalidade.

en.vi.diar [embiðjár] *v.t.* invejar, desejar, cobiçar.

en.vi.dio.so/a [embiðjóso] *adj.* invejoso, ciumento, cobiçoso, ávido.

en.vi.le.cer [embileθér] *v.t.* envilecer, tornar-se vil, aviltar-se, degradar.

en.vío [embío] *s.m.* envio, remessa, entrega.

en.vi.te [embíte] *s.m.* envide, aposta.

en.viu.dar [embjuðár] *v.i.* enviuvar.

en.vol.tó.rio [emboltórjo] *s.m.* envoltório, embrulho, pacote.

en.vol.tu.ra [emboltúra] *s.f.* invólucro, embalagem.

en.vol.ven.te [embolβénte] *adj.* envolvente, rodeante.

en.vol.ver [embolβér] *v.t.* 1 embrulhar, envolver, cercar. 2 (fig.) rodear alguém, em uma discussão, com argumentos e sofismas.

en.vuel.to [embwélto] *adj.* embrulhado, envolvido.

en.ye.sar [eǰesár] *v.t.* engessar, cobrir de gesso.

en.zar.zar [enθarθár] *v.t.* 1 (fig.) semear a intriga e a discórdia entre as pessoas. 2 (fig.) envolver-se em situações difíceis e de difícil saída.

en.zar.zar.se [enθarθárse] *v.p.* enredar-se, embrenhar-se.

en.zi.ma [enθíma] *s.f.* enzima.

e.ó.li.co/a [eóliko] *adj.* eólico.

e.pi.cen.tro [epiθéntro] *s.m.* epicentro.

é.pi.co/a [épiko] *adj.* 1 épico. 2 heroico. 3 (fig.) legendário, grandioso, memorável.

e.pi.cú.re.o/a [epikúreo] *adj.* epicurista, epicureu.

e.pi.de.mia [epiðémja] *s.f.* epidemia, doença.

e.pi.dé.mi.co/a [epiðémiko] *adj.* epidêmico.

e.pi.dér.mi.co/a [epiðérmiko] *adj.* epidérmico.

e.pi.der.mis [epiðérmis] *s.f.* epiderme, pele.

e.pi.glo.tis [epiɣlótis] *s.f.* epiglote.

e.pí.gra.fe [epíɣrafe] *s.m.* título, epígrafe.

e.pi.lep.sia [epilépsja] *s.f.* epilepsia.

e.pi.lép.ti.co/a [epiléptiko] *adj.* epilético.

e.pí.lo.go [epíloɣo] *s.m.* epílogo, conclusão, final, recopilação, compêndio.

e.pis.co.pa.do [episkopáðo] *s.m.* 1 episcopado, dignidade do bispo. 2 episcopado, conjunto dos bispos.

e.pi.so.dio [episóðjo] *s.m.* episódio, incidente, fato, acontecimento, passagem.

e.pís.to.la [epístola] *s.f.* epístola, carta.

e.pi.ta.fio [epitáfjo] *s.m.* epitáfio, inscrição tumular.

e.pí.te.to [epíteto] *s.m.* epíteto, apelido, alcunha.

e.pí.to.me [epítome] *s.m.* epítome, obra condensada.

é.po.ca [épokaa] *s.f.* 1 época, período de tempo. 2 época, temporada. *hacer época*, marcar época.

e.po.pe.ya [epopéja] *s.f.* 1 epopeia, poema. 2 epopeia, aventura.

e.qui.dad [ekiðáð] *s.f.* equidade, imparcialidade.

e.qui.dis. [ekiðistár] *v.i.* equidistar.

e.qui.lá.te.ro/a [ekilátero] *adj.* equilátero.

e.qui.li.brar [ekiliβrár] equilibrar, igualar, contrabalançar, compensar.

e.qui.li.brio [ekilíβrjo] *s.m.* equilíbrio, igualdade, ponderação, autocontrole, autodomínio.

e.qui.li.brios [ekilíβrjos] *s.m.* (pl.) malabarismos.

e.qui.li.bris.mo [ekiliβrízmo] *s.m.* equilibrismo.

e.qui.li.bris.ta [ekiliβrísta] *adj.* equilibrista.

e.qui.no/a [ekíno] *adj.* equino, cavalar.

e.qui.no.ccio [ekinóθjo] *s.m.* equinócio.

e.qui.pa.je [ekipáxe] *s.m.* bagagem, equipagem.

e.qui.par [ekipár] *v.t.* equipar, prover.

e.qui.pa.rar [ekiparár] *v.t.* equiparar, compararse.

e.qui.po [ekípo] *s.m.* 1 equipe, time. 2 equipamento. 3 equipe, conjunto de pessoas organizado para uma atividade. *caerse com todo el equipo*, fracassar totalmente.

e.qui.ta.ción [ekitaθjón] *s.f.* equitação, hípica.

e.qui.ta.ti.vo [ekitatíβo] *adj.* equitativo, justo, imparcial.

e.qui.va.len.cia [ekiβaléṇθja] *s.f.* equivalência, correspondência.

e.qui.va.len.te [ekiβalénte] *adj.* equivalente, correspondente.

e.qui.va.ler [ekiβalér] *v.i.* equivaler, corresponder.

e.qui.vo.ca.ción [ekiβokaθjón] *s.f.* equívoco, engano, erro.

e.qui.vo.car [ekiβokár] *v.t.* equivocar-se, enganar-se, errar.

e.qui.vo.car.se [ekiβokár] *v.p.* 1 equivocar-se, enganar-se, errar, confundir-se. 2 dito de duas coisas, ser muito semelhantes e parecerem uma mesma. *Ese muro se equivoca con la fachada*. Esse muro se confunde com a fachada.

e.quí.vo.co/a [ekíβoko] *adj.* equívoco, ambíguo, mal-entendido.

e.ra [éra] *s.f.* 1 era, período. 2 eira. 3 canteiro.

e.ra.rio [erárjo] *s.m.* erário, tesouro público.

e.rec.ción [erekθjón] *s.f.* ereção.

e.rec.to [erékto] *adj.* ereto, rígido, erguido, erigido.

er.guir [erɣír] *v.t.* 1 erguer, levantar, endireitar, elevar, erigir. 2 (fig.) envaidecer-se.

e.rial [erjál] *s.m.* 1 terreno baldio. 2 (fig.) inculto.

e.ri.gir [erixír] *v.t.* erigir, erguer, fundar, instituir.

e.ri.gir.se [erixírse] *v.p.* erigir-se, outorgar-se.

e.ri.zar [eriθár] *v.t.* eriçar, arrepiar.

e.ri.zar.se [eriθárse] *v.p.* encrencar-se.

e.ri.zo [eríθo] *s.m.* 1 ouriço. 2 (fig. e fam.) bicho do mato.

er.mi.ta [ermíta] *s.f.* ermida, santuário, capela.

er.mi.ta.ño/a [ermitańo] *s.* ermitão, eremita, anacoreta.

er.mi.ta.ño [ermitáno] *adj.* solitário.

e.ro.sión [erosjón] *s.f.* 1 erosão, desgaste. 2 (fig.) desgaste do prestígio e da influência de uma pessoa.

e.ro.sio.nar [erosjonár] *v.t.* 1 erodir. 2 (fig.) desgastar o prestígio e a influência de uma pessoa.

e.ró.ti.co/a [erótiko] *adj.* erótico, sensual, lascivo.
e.ro.tis.mo [erotízmo] *s.m.* erotismo, sensualidade, lubricidade.
e.rra.bun.do/a [eraβúndo] *adj.* erradio, errante, vagabundo.
e.rra.di.car [eraðikár] *v.t.* erradicar, arrancar, extirpar.
e.rran.te [eraánte] *adj.* errante, nômade, vagabundo.
e.rrar [erár] *v.t.* errar, equivocar-se.
e.rrar [erár] *v.i.* 1 perambular, vaguear. 2 divagar (o pensamento, a imaginação).
e.rra.ta [eráta] *s.f.* errata, correções.
e.rró.ne.o/a [eróneo] *adj.* errôneo, equivocado, falso.
e.rror [erór] *s.m.* erro, engano, equívoco, falha. *estar en un error*, estar enganado.
eructar [eruktár] *v.i.* 1 arrotar. 2 (fig. e fam.) jactar-se, envaidecer-se, dar uma de.
e.ruc.to [erúkto] *s.m.* arroto.
e.ru.di.ción [eruðiθjón] *s.f.* erudição, sabedoria.
e.ru.di.to [eruðíto] *adj.* erudito, sábio.
e.rup.ción [erupθjón] *s.f.* 1 erupção cutânea. 2 erupção, explosão (de um vulcão).
es.bel.tez [ezβeltéθ] *s.f.* esbeltez, elegância
es.bel.to/a [ezβélto] *adj.* esbelto, elegante, airoso.
es.bo.zar [ezβoθár] *v.t.* esboçar, delinear.
es.bo.zo [ezβóθo] *s.m.* esboço, rascunho.
es.ca.be.char [eskaβetʃár] *v.t.* 1 preparar escabeche, marinar. 2 (fig.) pintar o cabelo branco. 3 esfaquear. 4 reprovar (em uma prova).
es.ca.be.che [eskaβétʃe] *s.m.* escabeche, marinada.
es.ca.be.chi.na [eskaβetʃína] *s.f.* devastação, arraso.
es.ca.bro.so/a [eskaβróso] *adj.* 1 escabroso, áspero, pedregoso, difícil. 2 (fig. e fam.) complicado.
es.ca.bu.llir.se [eskaβuʎírse] *v.p.* escapulir, escapar, safar-se.
es.ca.cha.rrar [eskatʃarár] *v.t.* quebrar, espatifar.
es.ca.fan.dra [eskafándra] *s.f.* escafandro.
es.ca.la [eskála] *s.f.* 1 escala. 2 escada de mão.
es.ca.la.brar [eskalaβrár] *v.t.* 1 ferir, machucar a cabeça. 2 arruinar.
es.ca.la.fón [eskalafón] *s.m.* hierarquia, escalão.
es.ca.lar [eskalár] *v.t.* 1 escalar, subir. 2 (fig.) subir de categoria no emprego.
es.cal.dar [eskaldár] *v.t.* escaldar, queimar-se com água quente.
es.cal.dar.se [eskaldárse] *v.p.* queimar-se.
es.ca.le.ra [eskaléra] *s.f.* 1 escada. *escalera eléctrica*, escada rolante. *escalera de caracol*, escada em caracol. 2 *p. ext.* degrau.
es.ca.le.ri.lla [eskaleríʎa] *s.f.* escada, escadinha.
es.ca.li.na.ta [eskalináta] *s.f.* escadaria externa.
es.ca.lo.fri.an.te [eskalofriánte] *adj.* 1 arrepiante, terrível. 2 assombroso, surpreendente.
es.ca.lo.fri.ar [eskalofriár] *s.m.* sentir calafrio, arrepiar.
es.ca.lo.frí.o [eskalofrío] *s.m.* calafrio, arrepio.
es.ca.lón [eskalón] *s.m.* 1 degrau. 2 desnível. 3 categoria.
es.ca.lo.nar [eskalonár] *v.t.* escalonar, escalar, distribuir.
es.ca.lo.pe [eskalópe] *s.m.* escalope.
es.ca.ma [eskáma] *s.f.* 1 escama. 2 camada. 3 (fig.) desconfiança, receio.

escamar

es.ca.mar [eskamár] *v.t.* 1 escamar, descamar. 2 (fig. e fam.) deixar desconfiado e receoso.
es.ca.mo.te.ar [eskamoteár] *v.t.* 1 escamotear, fazer desaparecer. 2 (fig.) escamotear, roubar, passar a perna. 3 tirar o corpo fora.
es.cam.par [eskampár] *v.t.* 1 descampar, desabitar. 2 estiar, parar de chover. 3 (fig.) largar um empenho.
es.can.ciar [eskaṇθjár] *v.t.* servir a bebida.
es.can.da.li.zar [eskandaliθár] *v.t.* escandalizar, indignar.
es.can.da.li.zar [eskandaliθár] *v.i.* fazer barulho.
es.can.da.li.zar.se [eskandaliθárse] *v.p.* escandalizar-se, indignar-se.
es.cán.da.lo [eskándalo] *s.m.* barulho, escândalo, tumulto.
es.cá.ner [eskáner] *s.m.* tomógrafo, *scanner*.
es.ca.ño [eskáɲo] *s.m.* 1 cadeira, banco. 2 assento dos parlamentários na câmara. 3 cargo de deputado ou senador.
es.ca.pa.da [eskapáða] *s.f.* 1 escapada, abandono. 2 (fig. e fam.) viagem curta e secreta.
es.ca.par [eskapár] *v.i.* 1 escapar, fugir. 2 escapar, sobreviver. 3 vazar. 4 soltar-se. 5 escapar, ficar fora da compreensão.
es.ca.pa.ra.te [eskaparáte] *s.m.* cristaleira, vitrine.
es.ca.par.se [eskapárse] *v.p.* 1 escapar, fugir. 2 vazar.
es.ca.pa.to.ria [eskapatórja] *s.f.* escapatória, subterfúgio, desculpa, pretexto.
es.ca.pe [eskápe] *s.m.* 1 vazamento. 2 fuga. 3 escapamento. *a escape*, às pressas.
es.ca.pu.la.rio [eskapulárjo] *s.m.* escapulário.
es.ca.ra.ba.jo [eskaraβáxo] *s.m.* 1 escaravelho. 2 fusca.

es.ca.ra.mu.za [eskaramúθa] *s.f.* escaramuça, briga, contenda.
es.ca.ra.pe.la [eskarapéla] *s.f.* roseta.
es.car.ba.dien.tes [eskarβaðjéntes] *s.m.* (pl.) palito de dentes.
es.car.bar [eskarβár] *v.t.* cutucar, escavar.
es.car.ce.o [eskarθéo] *s.m.* 1 experiência, tentativa. 2 caso amoroso.
es.car.cha [eskártʃa] *s.f.* geada, orvalho congelado.
es.car.char [eskartʃár] *v. impess.* gear.
es.car.char [eskartʃár] *v.t.* cristalizar (açúcar).
es.car.dar [eskarðár] *v.t.* 1 roçar, carpir. 2 selecionar, separar.
es.car.la.ta [eskarláta] *adj.* escarlate.
es.car.la.ti.na [eskarlatína] *s.f.* 1 escarlatina. 2 escarlatim.
es.car.men.tar [eskarmentár] *v.t.* 1 escarmentar, repreender. 2 escarmentar, aprender a lição, castigar.
es.car.mien.to [eskarmjénto] *s.m.* escarmento, repreensão, lição, castigo, punição.
es.car.ne.cer [eskarneθér] *v.t.* escarnecer, zombar, troçar, mofar.
es.ca.ro.la [eskaróla] *s.f.* (bot.) escarola.
es.car.pa.do [eskarpáðo] *adj.* escarpado, íngreme, alcantilado, abrupto.
es.car.pe.lo [eskarpélo] *s.m.* 1 escalpelo. 2 lima.
es.car.pia [eskárpja] *s.f.* prego, gancho.
es.car.pín [eskarpín] *s.m.* sapatinho de bebê.
es.ca.se.ar [eskaseár] *v.t.* 1 dar pouco e de mal jeito. 2 poupar.
es.ca.se.ar [eskaseár] *v.i.* escassear, minguar.
es.ca.sez [eskaséθ] *s.f.* escassez, falta, míngua.
es.ca.so/a [eskáso] *adj.* 1 escasso, curto, pouco, limitado. 2 mesquinho, mão de vaca. 3 cerca de.

es.ca.ti.mar [eskatimár] *v.t.* regatear, reduzir, controlar.
es.ca.to.lo.gí.a [eskatoloxía] *s.f.* escatologia.
es.ca.to.ló.gi.co/a [eskatolóxiko] *adj.* escatológico.
es.ca.yo.la [eskajóla] *s.f.* gesso, estuque.
es.ca.yo.lar [eskajolár] *v.t.* engessar.
es.ce.na [esθéna] *s.f.* 1 palco, cenário. 2 cena. 3 interpretação. 4 (fig.) cena, exagero.
es.ce.na.rio [esθenárjo] *s.m.* 1 palco. 2 contexto.
es.ce.ni.fi.car [esθenifikár] *v.t.* encenar, dramatizar.
es.ce.no.gra.fí.a [esθenoɣrafía] *s.f.* cenografia.
es.ce.nó.gra.fo/a [esθenóɣrafo] *s.* cenógrafo.
es.cép.ti.co/a [esθéptiko] *adj.* cético, incrédulo.
es.cin.dir [esθindír] *v.t.* cindir, cortar, dividir, separar.
es.ci.sión [esθisjón] *s.f.* cisão, rompimento, divisão, separação.
es.cla.re.cer [esklareθér] *v.t.* 1 esclarecer, alumiar. 2 (fig.) tornar famoso.
es.cla.re.cer [esklareθér] *v. impess.* clarear, iluminar.
es.cla.re.ci.mien.to [esklareθimjénto] *s.m.* explicação.
es.cla.va [eskláβa] *s.f.* pulseira, bracelete.
es.cla.vis.ta [esklaβísta] *adj.* escravagista.
es.cla.vi.tud [esklaβitúð] *s.f.* escravidão, servidão.
es.cla.vi.zar [esklaβiθár] *v.t.* 1 escravizar. 2 (fig.) sujeitar.
es.cla.vo/a [eskláβo] *adj. e s.* 1 escravo, cativo. 2 (fig.) obediente, submisso.
es.co.ba [eskóβa] *s.f.* vassoura. *sin vender una escoba,* a ver navios.
es.co.bi.lla [eskoβíʎa] *s.f.* 1 escovinha, vassourinha, rodinho. 2 escova.
es.co.cer [eskoθér] *v.i.* 1 arder, queimar. 2 assar por causa do calor. 3 coçar.
es.co.cer.se [eskoθérse] *v.p.* 1 irritar-se. 2. sentir coceira.
es.co.fi.na [eskofína] *s.f.* lima grossa.
es.co.ger [eskoxér] *v.t.* escolher, eleger, selecionar.
es.co.lar [eskolár] *adj.* escolar.
es.co.lar [eskolár] *s.m. e f.* aluno, estudante do ensino fundamental.
es.co.la.ri.dad [eskolariðáð] *s.f.* escolaridade.
es.co.lás.ti.co/a [eskolástiko] *adj.* escolástico.
es.co.llo [eskóʎo] *s.m.* 1 recife. 2 (fig.) perigo, risco. 3 (fig.) dificuldade, obstáculo.
es.col.ta [eskólta] *s.f.* escolta, segurança, guarda, tropa.
es.col.tar [eskoltár] *v.t.* escoltar, acompanhar, vigiar.
es.com.brar [eskombrár] *v.t.* desentulhar.
es.com.bro [eskómbro] *s.m.* escombro, destroço, entulho.
es.con.der [eskondér] *v.t.* esconder, encobrir, ocultar.
es.con.di.te [eskondíte] *s.m.* 1 esconderijo. 2 esconde-esconde (brincadeira).
es.con.dri.jo [eskondríxo] *s.m.* esconderijo.
es.co.pe.ta [eskopéta] *s.f.* escopeta, espingarda.
es.co.pe.ta.zo [eskopetáθo] *s.m.* tiro/ferida de escopeta.
es.co.rar [eskorár] *v.t.* escorar, inclinar-se.
es.co.ria [eskórja] *s.f.* 1 escória, borra. 2 (fig.) gentalha, ralé.
es.cor.pión [eskorpjón] *s.m.* 1 (zool.) escorpião. 2 (astron.) escorpião, constelação.
es.co.tar [eskotár] *v.t.* 1 decotar. 2 parcelar.

es.co.te [eskóte] *s.m.* 1 decote. 2 cota.
es.co.ti.lla [eskotíʎa] *s.f.* escotilha.
es.co.zor [eskoθór] *s.m.* 1 ardência, coceira. 2 desgosto.
es.cri.ba [eskríβa] *s.m.* copista, escriba.
es.cri.ba.no/a [eskriβáno] *s.* escrivão, tabelião.
es.cri.bien.te [eskriβjénte] *s.* escrevente, escriturário.
es.cri.bir [eskriβír] *v.t.* 1 escrever, redigir. 2 escrever, compor livros.
es.cri.to [eskríto] *s.m.* 1 escrito, carta, documento. 2 escrito, obra. *estar algo escrito,* estar predestinado. *no haber nada escrito sobre algo,* frase usada para rejeitar ou negar algo dado por certo ou confirmado.
es.cri.tor [eskritór] *s.* escritor, autor.
es.cri.to.rio [eskritórjo] *s.m.* escrivaninha.
es.cri.tu.ra [eskritúra] *s.f.* 1 escrita, letra. 2 escritura, documento.
es.cri.tu.rar [eskriturár] *v.t.* escriturar, registrar.
es.crú.pu.lo [eskrúpulo] *s.m.* escrúpulo, dúvida, receio, apreensão.
es.cru.pu.lo.so/a [eskrupulóso] *adj.* 1 escrupuloso, cuidadoso. 2 (fig.) exato.
es.cru.tar [eskrutár] *v.t.* 1 escrutar, investigar, indagar. 2 escrutinar.
es.cru.ti.nio [eskrutínjo] *s.m.* 1 escrutínio, exame, investigação. 2 escrutínio, votação. 3 escrutínio, verificação dos votos.
es.cua.dra [eskwáðra] *s.f.* 1 esquadro. 2 grupo. 3 mão-francesa.
es.cua.dri.lla [eskwaðríʎa] *s.f.* esquadrilha.
es.cua.drón [eskwaðrón] *s.m.* esquadrão.
es.cuá.li.do/a [eskwáliðo] *adj.* esquálido, magro.
es.cua.lo [eskwálo] *s.m.* esqualo.
es.cu.cha [eskútʃa] *s.f.* escuta, espreita. *estar a la escucha,* permanecer atento.
es.cu.cha [eskútʃa] *s.m.* sentinela.

es.cu.char [eskutʃár] *v.t.* escutar, ouvir.
es.cu.de.rí.a [eskuðería] *s.f.* escuderia.
es.cu.de.ro [eskuðéro] *s.m.* escudeiro.
es.cu.do [eskúðo] *s.m.* 1 escudo. 2 (fig.) amparo, proteção.
es.cu.dri.ñar [eskuðriɲár] *v.t.* esquadrinhar, pesquisar.
es.cue.la [eskwéla] *s.f.* 1 escola, estabelecimento. 2 escola, ensino. 3 escola, método.
es.cue.to [eskwéto] *adj.* conciso, direto.
es.cul.pir [eskulpír] *v.t.* 1 esculpir. 2 gravar.
es.cul.tor [eskultór] *s.* escultor.
es.cul.tu.ra [eskultúra] *s.f.* escultura, estatuária.
es.cu.pi.de.ra [eskupiðéra] *s.f.* 1 escarradeira. 2 mictório.
es.cu.pir [eskupír] *v.i.* 1 cuspir. 2 soltar, confessar.
es.cu.pi.ta.jo [eskupitáxo] *s.m.* cusparada, escarrada.
es.cu.rre.pla.tos [eskur̃eplátos] *s.m.* escorredor de louça.
es.cu.rri.di.zo/a [eskur̃iðíθo] *adj.* escorregadio, deslizante.
es.cu.rrir [eskur̃ír] *v.t.* deixar escorrer. *escurrir el bulto,* tirar o corpo fora.
es.cu.rrir.se [eskur̃írse] *v.p.* escapar-se, escorregar.
es.drú.ju.lo/a [esdrúxulo] *adj.* 1 proparoxítona. 2 (gram.) proparoxítona.
e.se [ése] *pron. dem.* esse. *hacer eses,* ziguezaguear. *ni por esas,* nem assim.
e.sen.cia [eséṇθja] *s.f.* essência, perfume.
e.sen.cial [eseṇθjál] *adj.* essencial, fundamental.
es.fe.ra [esféra] *s.f.* 1 esfera, círculo. 2 esfera, classe. 3 esfera, âmbito.
es.fé.ri.co [esfériko] *adj.* esférico, redondo.

es.fin.ge [esfíŋxe] *s.f.* esfinge.
es.fín.ter [esfínter] *s.m.* esfíncter.
es.for.zar [esforθár] *v.t.* esforçar, encorajar.
es.for.zar.se [esforθárse] *v.p.* esforçar-se, tentar, encorajar-se.
es.fuer.zo [esfwérθo] *s.m.* esforço, energia.
es.fu.mar [esfumár] *v.t.* esfumar, atenuar a cor.
es.fu.mar.se [esfumárse] *v.p.* sumir, desaparecer.
es.gri.ma [esɣríma] *s.f.* esgrima.
es.gri.mir [esɣrimír] *v.t.* esgrimir.
es.guin.ce [esɣíŋθe] *s.m.* 1 torção. 2 finta.
es.la.bón [eslaβón] *s.m.* elo.
es.lo.ra [eslóra] *s.f.* comprimento.
es.mal.te [esmálte] *s.m.* 1 esmalte. 2 brilho, esplendor.
es.me.ral.da [esmerálda] *s.f.* esmeralda.
es.me.rar.se [esmerárse] *v.p.* esmerar-se, aplicar-se, esforçar-se.
es.me.ro [esméro] *s.m.* esmero, cuidado.
es.mi.rria.do [esmir̃jáðo] *adj.* mirrado, débil.
es.mo.quin [esmókin] *s.m.* smoking, blacktie.
es.nob [esnóβ] *adj.* esnobe, afetado.
e.so [éso] *pron.dem.* isso.
e.só.fa.go [esófaɣo] *s.m.* esôfago.
e.so.té.ri.co/a [esotériko] *adj.* esotérico.
e.so.te.ris.mo [esoterízmo] *s.m.* esoterismo.
es.pa.bi.lar [espaβilár] *v.t.* 1 atiçar o fogo. 2 (fig.) provocar insônia. 3 (fig.) ensinar a ser esperto.
es.pa.bi.lar.se [espaβilárse] *v.p.* 1 acordar, despertar, perder o sono. 2 ficar esperto.
es.pa.cial [espaθjál] *adj.* espacial.
es.pa.ciar [espaθjár] *v.t.* espaçar, escalonar.
es.pa.ciar.se [espaθjárse] *v.p.* espairecer.

es.pa.cio [espáθjo] *s.m.* 1 espaço, extensão do universo. 2 espaço, lugar. 3 espaço, distância ou separação. 4 programa de TV ou rádio.
es.pa.cio.so/a [espaθjóso] *adj.* 1 espaçoso, amplo. 2 lento, pausado.
es.pa.da [espáða] *s.f.* 1 espada, arma. 2 espada, carta do baralho. *entre la espada y la pared*, entre a cruz e a espada.
es.pa.da.chín [espaðatʃín] *s.m.* espadachim.
es.pa.gue.ti [espaɣéti] *s.m.* espaguete.
es.pal.da [espálda] *s.f.* 1 (anat.) costas. 2 costas do vestido. 3 (pl.) (desp.) costas, estilo de natação. 4 fundos, atrás de. *a espaldas de*, pelas costas. *caerse de espaldas*, cair para trás. *echar sobre las espaldas*, responsabilizar, jogar a responsabilidade. *guardar las espaldas*, ter costas quentes. *por la espalda*, pelas costas.
es.pal.da.ra.zo [espaldaráθo] *s.m.* 1 tapa nas costas. 2 empurrão. 3 reconhecimento.
es.pan.ta.pá.ja.ros [espantapáxaros] *s.m.* espantalho.
es.pan.tar [espantár] *v.t.* espantar, assustar.
es.pan.tar.se [espantárse] *v.p.* espantar-se, admirar-se.
es.pan.to [espánto] *s.m.* espanto, pavor, horror, medo. *estar curado de espanto*, não se espantar mais.
es.pan.to.so/a [espantóso] *adj.* espantoso, assustador, extraordinário.
es.pa.ra.dra.po [esparaðrápo] *s.m.* esparadrapo.
es.par.cir [esparθír] *v.t.* espalhar, pulverizar.
es.par.cir.se [esparθírse] *v.p.* espairecer, divulgar.
es.pá.rra.go [espárraɣo] *s.m.* 1 aspargo. 2 parafuso. *ir a freír espárragos*, ir plantar batatas, ir se catar, ir plantar coquinho.

esparto

es.par.to [espárto] *s.m.* (bot.) esparto.
es.pas.mo [espázmo] *s.m.* espasmo.
es.pá.tu.la [espátula] *s.f.* 1 espátula. 2 colhereiro.
es.pe.cia [espéθja] *s.f.* especiaria.
es.pe.cial [espeθjál] *adj.* especial, singular.
es.pe.cia.li.dad [espeθjaliðáð] *s.f.* especialidade, particularidade.
es.pe.cia.lis.ta [espeθjalísta] *adj.* especialista.
es.pe.cia.lis.ta [espeθjalísta] *s.m. e f.* dublê.
es.pe.cia.li.za.ción [espeθjaliθaθjón] *s.f.* especialização.
es.pe.cia.li.zar [espeθjaliθár] *v.t.* especializar.
es.pe.cie [espéθje] *s.f.* 1 espécie. 2 condimento.
es.pe.ci.fi.car [espeθifikár] *v.t.* especificar, explicar.
es.pe.cí.fi.co/a [espeθífiko] *adj.* específico, característico, típico.
es.pé.ci.men [espéθimen] *s.m.* espécime, modelo.
es.pec.ta.cu.lar [espektakulár] *adj.* espectacular.
es.pec.tá.cu.lo [espektákulo] *s.m.* espetáculo.
es.pec.ta.dor/a [espektaðór] *adj.* espectador.
es.pec.tro [espéktro] *s.m.* espectro, sombra.
es.pe.cu.la.ción [espekulaθjón] *s.f.* especulação, comercialização.
es.pe.cu.la.dor [espekulaðór] *adj.* especulador.
es.pe.cu.lar [espekulár] *v.t.* especular, comercializar.
es.pe.cu.la.ti.vo/a [espekulatíβo] *adj.* especulativo.
es.pe.jis.mo [espexízmo] *s.m.* miragem.
es.pe.jo [espéxo] *s.m.* 1 espelho. 2 modelo.
es.pe.luz.nan.te [espeluznánte] *adj.* aterrorizante, pavoroso.
es.pe.ra [espéra] *s.f.* espera, demora, paciência. *a la espera de*, no aguardo.
es.pe.ran.za [esperánθa] *s.f.* esperança, confiança.
es.pe.ran.zar [esperanθár] *v.t.* dar esperança, animar.
es.pe.rar [esperár] *v.t.* 1 esperar, aguardar. 2 esperar, acreditar. 3 esperar, desejar. 4 esperar, estar grávida.
es.per.ma [espérma] *s.m.* esperma, sêmen.
es.per.ma.to.zoi.de [espermatoθoiðe] *s.m.* espermatozoide.
es.per.pen.to [esperpénto] *s.m.* 1 espantalho. 2 absurdo, grotesco.
es.pe.sar [espesár] *v.t.* espessar, engrossar.
es.pe.so [espéso] *adj.* espesso, grosso.
es.pe.sor [espesór] *s.m.* espessura, grossura.
es.pe.tar [espetár] *v.t.* espetar, atravessar.
es.pí.a [espía] *s.* espião.
es.pi.ar [espiár] *v.t.* espionar, espiar, espreitar.
es.pi.ga [espíɣa] *s.f.* 1 espiga (de trigo, cevada). 2 prego.
es.pi.gar [espiɣár] *v.t.* 1 respigar. 2 compilar.
es.pi.gui.lla [espiɣíʎa] *s.f.* 1 espinha de peixe. 2 relva-dos-caminhos.
es.pi.na [espína] *s.f.* 1 espinho. 2 espinha. 3 receio, suspeita. *dar mala espina*, dar um frio na espinha.
es.pi.na.ca [espináka] *s.f.* espinafre.
es.pi.nal [espinál] *adj.* espinhal.
es.pi.na.zo [espináθo] *s.m.* coluna dorsal.
es.pi.ni.lla [espiníʎa] *s.f.* espinha, cravo (da pele).
es.pi.no [espíno] *s.m.* espinho.

estabilidad

es.pi.no.so [espinóso] *adj.* espinhoso.
es.pio.na.je [espjonáxe] *s.m.* espionagem.
es.pi.ra.ción [espiraθjón] *s.f.* espiração, alento.
es.pi.ral [espirál] *s.f.* espiral.
es.pi.rar [espirár] *v.i.* espirar.
es.pi.rar [espirár] *v.t.* exalar.
es.pi.ri.tis.ta [espiritísta] *adj.* espírita.
es.pí.ri.tu [espíritu] *s.m.* 1 espírito, alma. 2 espírito, ânimo, força. 3 demônio. 4 vivacidade, ingênio. 5 vapor do vinho e dos licores. 6 princípio. *Espíritu Santo*, Espírito Santo.
es.pi.ri.tual [espiritwál] *adj.* espiritual.
es.pi.ri.tua.li.dad [espiritwaliðáð] *s.f.* espiritualidade.
es.plen.di.dez [esplendiðéθ] *s.f.* esplendor, generosidade.
es.plén.di.do [espléndiðo] *adj.* 1 esplêndido. 2 generoso.
es.plen.dor [esplendór] *s.m.* esplendor, brilho.
es.plen.do.ro.soa/a [esplendoróso] *adj.* esplendoroso, esplêndido.
es.po.le.ar [espoleár] *v.t.* 1 esporear. 2 incitar.
es.po.le.ta [espoléta] *s.f.* espoleta.
es.po.lón [espolón] *s.m.* esporão.
es.pol.vo.re.ar [espolβoreár] *v.t.* polvilhar.
es.pon.ja [espóŋxa] *s.f.* esponja.
es.pon.jo.so/a [espoŋxóso] *adj.* esponjoso.
es.pon.ta.nei.dad [espontaneiðáð] *s.f.* espontaneidade.
es.pon.tá.ne.o/a [espontáneo] *adj.* espontâneo, natural.
es.po.ra [espóra] *s.f.* esporo.
es.po.rá.di.co/a [esporáðiko] *adj.* esporádico, ocasional.
es.po.sar [esposár] *v.t.* algemar.
es.po.sas [espósas] *s.f.* (pl.) algemas.
es.po.so/a [espóso] *s.m.* esposo, cônjuge.

es.pue.la [espwéla] *s.f.* 1 espora. 2 estímulo.
es.pul.gar [espulɣár] *v.t.* catar pulgas.
es.pu.ma [espúma] *s.f.* espuma.
es.pu.ma.de.ra [espumaðéra] *s.f.* espumadeira, escumadeira.
es.pu.mo.so/a [espumóso] *adj.* 1 espumoso. 2 espumante.
es.pu.rio [espúrjo] *adj.* espúrio, ilegítimo, bastardo.
es.pu.to [espúto] *s.m.* escarro, cuspo.
es.que.la [eskéla] *s.f.* 1 carta de participação. 2 comunicado de óbito.
es.que.lé.ti.co/a [eskelétiko] *adj.* esquelético.
es.que.le.to [eskeléto] *s.m.* esqueleto.
es.que.ma [eskéma] *s.m.* 1 esquema, representação gráfica. 2 esquema, resumo. 3 esquema, estrutura.
es.que.má.ti.co [eskemátiko] *adj.* esquemático.
es.que.ma.ti.zar [eskematiθár] *v.t.* esquematizar.
es.quí [eskí] *s.m.* esqui.
es.quia.dor [eskjaðór] *s.m.* esquiador.
es.qui.ar [eskiár] *v.i.* esquiar.
es.qui.lar [eskilár] *v.t.* tosquiar, tosar.
es.quil.mar [eskilmár] *v.t.* 1 explorar. 2 esgotar.
es.qui.mal [eskimál] *adj.* esquimó.
es.qui.na [eskína] *s.f.* esquina, virada.
es.qui.na.zo [eskináθo] *s.m.* esquina. *dar esquinazo*, evitar.
es.qui.ne.ra [eskinéra] *s.f.* cantoneira.
es.qui.var [eskiβár] *v.t.* esquivar, evitar.
es.qui.vo [eskíβo] *adj.* esquivo, arredio.
es.qui.zo.fre.nia [eskiθofrénja] *s.f.* esquizofrenia.
es.ta.bi.li.dad [estaβiliðáð] *s.f.* estabilidade, equilíbrio.

estabilizador

es.ta.bi.li.za.dor [estaβiliθaðór] *s.m.* estabilizador.

es.ta.bi.li.zar [estaβiliθár] *v.t.* estabilizar, equilibrar.

es.ta.ble [estáβle] *adj.* estável, firme.

es.ta.ble.cer [estaβleθér] *v.t.* 1 estabelecer, fundar, instituir. 2 estabelecer, mandar, decretar. 3 estabelecer, sentar um princípio. 4 estabelecer, definir a residência. 5 começar um negócio.

es.ta.ble.cer.se [estaβleθérse] *v.p.* estabelecer-se.

es.ta.ble.ci.mien.to [estaβleθimjénto] *s.m.* 1 estabelecimento, instituição. 2 estabelecimento, lugar.

es.ta.blo [estáβlo] *s.m.* 1 estábulo. 2 chiqueiro.

es.ta.ca [estáka] *s.f.* 1 estaca. 2 porrete. 3 prego. 4 chifre.

es.ta.ca.da [estakáða] *s.f.* estacada. *dejar en la estacada,* deixar na mão.

es.ta.ción [estaθjón] *s.f.* 1 estação, lugar de parada. *estación de servicio,* posto de gasolina. 2 temporada. 3 estação, parte do ano. 4 estação, emissora. 5 estação, da via sacra. 6 escala.

es.ta.cio.na.mien.to [estaθjonamjénto] *s.m.* estacionamento.

es.ta.cio.nar [estaθjonár] *v.t.* estacionar.

es.ta.cio.na.rio/a [estaθjonárjo] *adj.* estacionário.

es.ta.cio.nar.se [estaθjonárse] *v.p.* parar.

es.ta.dí.a [estaðía] *s.f.* 1 estada. 2 pose.

es.ta.dio [estáðjo] *s.m.* 1 estádio, lugar. 2 etapa, fase.

es.ta.dis.ta [estaðísta] *s.* 1 estatístico. 2 estadista, chefe de um estado. 3 especialista em assuntos políticos.

es.ta.dís.ti.co [estaðístiko] *adj.* estatístico.

es.ta.do [estáðo] *s.m.* 1 estado, situação em que está uma pessoa ou coisa. 2 estado, classe ou condição. 3 estado, unidade política, território. *estar en estado,* estar grávida. *en estado de merecer,* em idade de casar.

es.ta.fa [estáfa] *s.f.* trapaça, fraude.

es.ta.fa.dor [estafaðór] *s.m.* trapaceiro, estelionatário.

es.ta.far [estafár] *v.t.* trapacear, fraudar.

es.ta.fe.ta [estaféta] *s.f.* agência de correios.

es.ta.lac.ti.ta [estalaktíta] *s.f.* estalactite.

es.ta.lag.mi.ta [estalaɣmíta] *s.f.* estalagmite.

es.ta.llar [estaʎár] *v.i.* estourar, estalar.

es.ta.lli.do [estaʎíðo] *s.m.* estouro, estalido explosão.

es.tam.bre [estámbre] *s.m.* fio de lã, estame.

es.ta.men.to [estaménto] *s.m.* estamento, classe.

es.tam.pa [estámpa] *s.f.* 1 estampa, imagem, gravura, efígie. 2 santinho. 3 cena imagem típica. 4 aparência.

es.tam.pa.do [estampáðo] *s.m.* padrão.

es.tam.pa.do [estampáðo] *adj.* estampado, impresso.

es.tam.par [estampár] *v.t.* 1 estampar, imprimir. 2 arremessar. 3 assinar.

es.tam.pi.da [estampíða] *s.f.* estouro. *de estampida,* às pressas.

es.tam.pi.do [estampíðo] *s.m.* estampido, explosão.

es.tam.pi.lla [estampíʎa] *s.f.* selo.

es.tan.car [estaŋkár] *v.t.* estancar, deter.

es.tan.cia [estaŋθja] *s.f.* 1 cômodo. 2 estada. 3 fazenda.

es.tan.co [estáŋko] *adj.* estanque.

es.tan.co [estáŋko] *s.m.* 1 tabacaria. 2 proibição.

es.tán.dar [estándar] *s.m.* padrão.

es.tan.da.ri.zar [estandariθár] *v.t.* padronizar, unificar.

210
doscientos diez

es.tan.dar.te [estandárte] *s.m.* estandarte, bandeira.
es.tan.que [estáŋke] *s.m.* tanque.
es.tan.te [estánte] *s.m.* 1 prateleira. 2 estante.
es.tan.te.rí.a [estantería] *s.f.* estante.
es.ta.ño [estáɲo] *s.m.* estanho.
es.tar [estár] *v.i.* 1 estar, existir. 2 estar, ficar. 3 estar, permanecer. 4 combinar (uma roupa). 5 estar, encontrar-se, sentir-se. 6 ser tal dia. 7 estar, ter algo um preço. 8 estar, distar. 9 estar, padecer uma doença. 10 estar de acordo. 11 estar, consistir. *está visto*, está claro. *estar en todo*, cuidar de tudo. *¡ya está bien!*, Já chega. *estar de la gorra*, estar doidão.
es.ta.tal [estatál] *adj.* estatal, estadual.
es.tá.ti.co/a [estátiko] *adj.* estático, imóvel.
es.ta.tua [estátwa] *s.f.* 1 estátua. 2 pessoa fria, inexpressiva.
es.ta.tua.rio/a [estatwárjo] *adj.* 1 estatuário. 2 escultura.
es.ta.tu.ra [estatúra] *s.f.* estatura, altura.
es.ta.tu.to [estatúto] *s.m.* estatuto, regulamento, norma, lei.
es.te [éste] *adj.* este.
es.te [éste] *pron. dem.* este.
es.te [éste] *s.m.* este, leste.
es.te.la [estéla] *s.f.* rastro, sulco.
es.te.lar [estelár] *adj.* 1 estelar. 2 excepcional.
es.te.pa [estépa] *s.f.* estepe.
es.te.ra [estéra] *s.f.* esteira, capacho.
es.ter.co.le.ro [esterkoléro] *s.m.* 1 esterqueira, chiqueiro. 2 lixeiro.
es.té.re.o/a [estéreo] *adj.* estéreo.
es.te.re.o.fó.ni.co/a [estereofóniko] *adj.* estereofônico.
es.te.re.o.ti.po [estereotípo] *s.m.* estereótipo.
es.té.ril [estéril] *adj.* estéril.
es.te.ri.li.dad [esteriliðáð] *s.f.* 1 esterilidade. 2 aridez.
es.te.ri.li.zar [esteriliθár] *v.t.* 1 esterilizar, tornar estéril. 2 esterilizar, destruir os germes.
es.te.ri.lla [esteríʎa] *s.f.* capacho, palhinha.
es.ter.nón [esternón] *s.m.* esterno.
es.ter.tor [estertór] *s.m.* estertor, agonia.
es.té.ti.ca [estétika] *adj.* estética.
es.te.tos.co.pio [estetoskópjo] *s.m.* estetoscópio.
es.ti.a.je [estiáxe] *s.m.* estiagem, seca.
es.ti.ba.dor/a [estiβaðór] *s.m.* estivador, carregador.
es.ti.bar [estiβár] *v.t.* arrumar, movimentar carga.
es.tiér.col [estjérkól] *s.m.* esterco, estrume.
es.tig.ma [estíɣma] *s.m.* estigma, marca.
es.ti.le.te [estiléte] *s.m.* estilete.
es.ti.lis.ta [estilísta] *s.m.e f.* estilista.
es.ti.lís.ti.ca [estilístika] *s.f.* estilística.
es.ti.li.zar [estiliθár] *v.t.* 1 estilizar. 2 adelgaçar.
es.ti.lo [estílo] *s.m.* estilo. *por el estilo*, do gênero.
es.ti.lo.grá.fi.ca [estiloɣráfika] *s.f.* caneta--tinteiro.
es.ti.ma [estíma] *s.f.* estima, consideração, apreço.
es.ti.mar [estimár] *v.t.* estimar, apreciar, avaliar.
es.ti.mu.lan.te [estimulánte] *adj.* estimulante, impulsivo.
es.ti.mu.lar [estimulár] *v.t.* estimular, incitar, incentivar.
es.tí.mu.lo [estímulo] *s.m.* estímulo, incentivo.
es.tí.o [estío] *s.m.* estio, verão.
es.ti.pen.dio [estipéndjo] *s.m.* estipêndio, remuneração.

es.ti.pu.lar [estipulár] *v.t.* estipular, ajustar.
es.ti.rar [estirár] *v.t.* 1 esticar. 2 alisar. 3 espichar. *estirar la pata*, morrer.
es.ti.rar.se [estirárse] *v.p.* estirar-se, crescer.
es.ti.rón [estirón] *s.m.* 1 puxão. 2 crescimento rápido.
es.tir.pe [estírpe] *s.f.* estirpe, linhagem.
es.ti.val [estiβál] *adj.* estival, de verão.
es.to [ésto] *pron. dem.* isto. *a todo esto*, por falar nisso.
es.to.ca.da [estokáða] *s.f.* estocada.
es.to.fa.do [estofáðo] *s.m.* guisado.
es.toi.cis.mo [estoi̯θízmo] *s.m.* 1 estoicismo. 2 coragem.
es.toi.co/a [estói̯ko] *adj.e s.* 1 estoico. 2. austero, rígido.
es.to.la [estóla] *s.f.* estola.
es.tó.ma.go [estómaɣo] *s.m.* 1 estômago. 2 barriga. 3 capacidade para aguentar. *revolver el estómago*, revirar o estômago.
es.to.pa [estópa] *s.f.* estopa.
es.to.que [estóke] *s.m.* estoque, espada estreita. Não confundir com "existências".
es.tor.bar [estorβár] *v.t.* atrapalhar, estorvar, dificultar.
es.tor.bo [estórβo] *s.m.* estorvo, embaraço.
es.tor.nu.dar [estornuðár] *v.i.* espirrar.
es.tor.nu.do [estornúðo] *s.m.* espirro.
es.tra.bis.mo [estrnβízmo] *s.m.* estrabismo.
es.tra.do [estrńðo] *s.m.* estrado, palanque.
es.tra.fa.la.rio [estrafalńrjo] *adj.* extravagante.
es.tra.go [estrńɣo] *s.m.* estrago, dano.
es.tram.bó.ti.co/a [estrnmbótiko] *adj.* estrambótico, extravagante.
es.tran.gu.lar [estraŋgulńr] *v.t.* 1 estrangular. 2 sufocar.
es.tra.ta.ge.ma [estrntaxéma] *s.f.* estratagema.

es.tra.te.ga [estrntéɣa] *s.* estrategista.
es.tra.te.gia [estrntéxja] *s.f.* estratégia.
es.tra.té.gi.co/a [estrntéxiko] *adj.* estratégico.
es.tra.to [estrńto] *s.m.* estrato, camada, sedimento.
es.tra.tos.fe.ra [estrntosféra] *s.f.* estratosfera.
es.tre.cha.mien.to [estretʃamjénto] *s.m.* 1 estreitamento, redução. 2 aperto. 3 fortalecimento.
es.tre.char [estretʃár] *v.t.* 1 estreitar. 2 apertar. 3 fortalecer.
es.tre.char.se [estretʃárse] *v.p.* estreitar-se, limitar-se, reduzir as despesas.
es.tre.chez [estretʃéθ] *s.f.* 1 estreiteza. 2 aperto.
es.tre.cho [estrétʃo] *adj.* 1 estreito. 2 apertado.
es.tre.lla [estréʎa] *s.f.* estrela. *unos nacen con estrellas y otros estrellados*, uns têm sorte, outros azar.
es.tre.llar [estreʎár] *v.t.* espatifar, despedaçar.
es.tre.llar.se [estreʎárse] *v.p.* estilhaçar-se, espatifar-se.
es.tre.me.ce.dor [estremeθeðór] *adj.* impressionante.
es.tre.me.cer [estremeθér] *v.t.* 1 estremecer. 2 impressionar.
es.tre.nar [estrenár] *v.t.* 1 estrear, inaugurar. 2 estrear, usar uma coisa pela primeira vez. 3 começar a exercer um cargo.
es.tre.nar.se [estrenárse] *v.p.* iniciar-se, estrear.
es.tre.no [estréno] *s.m.* 1 estreia, inauguração. 2 uso de algo por primeira vez.
es.tre.ñi.do/a [estreɲíðo] *adj.* constipado, com prisão de ventre.
es.tre.ñi.mien.to [estreɲimjénto] *s.m.* constipação, prisão de ventre.

es.tre.ñir [estreɲír] *v.t.* constipar, causar prisão de ventre.

es.tré.pi.to [estrépito] *s.m.* estrépito, estrondo.

es.trés [estrés] *s.m.* estresse.

es.trí.a [estría] *s.f.* 1 estria. 2 sulco.

es.tri.ar [estriár] *v.t.* 1 estriar. 2 sulcar.

es.tri.bar [estriβár] *v.i.* estribar, apoiar-se.

es.tri.bi.llo [estriβíʎo] *s.m.* refrão, estribilho.

es.tri.bo [estríβo] *s.m.* 1 estribo. 2 contraforte. *perder los estribos*, perder as estribeiras.

es.tri.bor [estriβór] *s.m.* estibordo.

es.tric.to/a [estríkto] *adj.* estrito, restrito.

es.tri.den.te [estriðénte] *adj.* exagerado, estridente.

es.tro.fa [estrófa] *s.f.* estrofe.

es.tro.pa.jo [estropáxo] *s.m.* bucha, esfregão.

es.tro.pe.ar [estropeár] *v.t.* quebrar, estragar.

es.tro.pi.cio [estropíθjo] *s.m.* estrago, desastre.

es.truc.tu.ra [estruktúra] *s.f.* estrutura, composição.

es.truc.tu.ral [estrukturál] *adj.* estrutural.

es.truc.tu.rar [estrukturár] *v.t.* estruturar, organizar.

es.truen.do [estrwéndo] *s.m.* estrondo, estrépito.

es.truen.do.so/a [estrwendóso] *adj.* estrondoso, ruidoso.

es.tru.jar [estruxár] *v.t.* espremer, esmagar, apertar.

es.tua.rio [estwárjo] *s.m.* estuário, delta.

es.tu.che [estútʃe] *s.m.* estojo, caixa.

es.tu.co [estúko] *s.m.* reboco, estuque.

es.tu.dian.te [estuðjánte] *s.* estudante, aluno.

es.tu.dian.til [estuðjantíl] *adj.* estudantil.

es.tu.diar [estuðjár] *v.t.* estudar, aprender, examinar.

es.tu.dio [estúðjo] *s.m.* 1 estudo. 2 escritório. 3 estúdio. 4 *kitchnette*.

es.tu.dio.so/a [estuðjóso] *adj.* 1 estudioso, aplicado. 2 *s.m.* especialista.

es.tu.fa [estúfa] *s.f.* estufa, aquecedor. Não confundir com "invernadero".

es.tu.pe.fac.ción [estupefakθjón] *s.f.* estupefação, espanto.

es.tu.pe.fa.cien.te [estupefaθjénte] *adj.* estupefaciente, narcótico.

es.tu.pe.fac.to/a [estupefákto] *adj.* estupefato, espantado.

es.tu.pen.do/a [estupéndo] *adj.* maravilhoso, admirável, extraordinário, legal.

es.tu.pi.dez [estupiðéθ] *s.f.* estupidez, burrice.

es.tú.pi.do/a [estúpiðo] *adj.* 1 estúpido, burro. 2 convencido.

es.tu.por [estupór] *s.m.* 1 estupor. 2 espanto.

es.tu.pro [estúpro] *s.m.* estupro, violação.

es.tu.rión [esturjón] *s.m.* esturjão, espécie de peixe.

e.ta.pa [etápa] *s.f.* etapa, período, fase.

et.cé.te.ra [etθétera] *s.m.* etcétera.

é.ter [éter] *s.m.* éter.

e.té.re.o/a [etéreo] *adj.* etéreo, sublime, sutil.

e.ter.ni.dad [eterniðáð] *s.f.* eternidade.

e.ter.ni.zar [eterniθár] *v.t.* eternizar, prolongar, perpetuar.

e.ter.ni.zar.se [eterniθárse] *v.p.* eternizar-se, perpetuar-se.

e.ter.no/a [etérno] *adj.* eterno, infinito, indestrutível.

é.ti.co/a [étiko] *adj.* ético, moral.

e.ti.mo.lo.gí.a [etimoloxía] *s.f.* etimologia.

e.ti.mo.ló.gi.co/a [etimolóxiko] *adj.* etimológico.

e.ti.mó.lo.go/a [etimóloɣo] *s.* etimólogo.

e.ti.que.ta [etikéta] *s.f.* 1 etiqueta. 2 apelido de etiqueta de gala.

etiquetar

e.ti.que.tar [etiketár] *v.t.* etiquetar, rotular.
et.nia [étnja] *s.f.* etnia, raça.
ét.ni.co/a [étniko] *adj.* étnico.
eu.ca.lip.to [eu̯kalípto] *s.m.* eucalipto.
eu.ca.ris.tí.a [eu̯karistía] *s.f.* eucaristia.
eu.ca.rís.ti.co/a [eu̯karístiko] *adj.* eucarístico.
eu.fe.mis.mo [eu̯femízmo] *s.m.* eufemismo.
eu.fo.ria [eu̯fórja] *s.f.* euforia, bem-estar, alegria.
eu.fó.ri.co/a [eu̯fóriko] *adj.* eufórico, irradiante.
eus.ke.ra/eus.que.ra [eu̯skéra] *adj.* vasco.
eu.ta.na.sia [eu̯tanásja] *s.f.* eutanásia.
e.va.cua.ción [eβakwaθjón] *s.f.* evacuação, retirada, esvaziamento.
e.va.cuar [eβakwár] *v.t.* 1 evacuar, desocupar. 2 evacuar, expelir.
e.va.dir [eβaðír] *v.t.* 1 evadir-se. 2 remeter ilegalmente.
e.va.dir.se [eβaðírse] *v.p.* evadir-se.
e.va.lua.ción [eβalwaθjón] *s.f.* 1 avaliação, prova. 2 estimativa, cálculo, valoração.
e.va.lu.ar [eβaluár] *v.t.* 1 avaliar. 2 estimar, calcular, valorizar.
e.van.ge.lio [eβaŋxélio] *s.m.* evangelho.
e.van.ge.li.sta [eβaŋxelísta] *s.* evangelista.
e.van.ge.li.zar [eβaŋxeliθár] *v.t.* evangelizar, catequizar.
e.va.po.ra.ción [eβaporaθjón] *s.f.* evaporação.
e.va.po.rar [eβaporár] *v.t.* evaporar.
e.va.po.rar.se [eβaporárse] *v.p.* evaporar-se, desaparecer.
e.va.sión [eβasjón] *s.f.* evasão, fuga.
e.va.si.va [eβasíβa] *adj.* evasiva, subterfúgio, desculpa.
e.va.sor/a [eβasór] *s.* evasor, fugitivo.
e.ven.to [eβénto] *s.m.* 1 evento, acontecimento. 2 imprevisto, episódio, eventualidade.

e.ven.tual [eβentwál] *adj.* 1 eventual. 2 temporário.
e.ven.tua.li.dad [eβentwaliðáð] *s.f.* eventualidade, possibilidade.
e.vi.den.cia [eβiðénθja] *s.f.* 1 evidência, certeza, clareza. 2 destaque.
e.vi.den.ciar [eβiðenθjár] *v.t.* 1 evidenciar, provar. 2 destacar.
e.vi.den.te [eβiðénte] *adj.* evidente, claro.
e.vi.tar [eβitár] *v.t.* 1 evitar, impedir. 2 evitar, evadir-se.
e.vo.ca.dor/a [eβokaðór] *adj.* evocador.
e.vo.car [eβokár] *v.t.* evocar, lembrar, recordar.
e.vo.lu.ción [eβoluθjón] *s.f.* evolução, mudança.
e.vo.lu.cio.nar [eβoluθjonár] *v.i.* 1 evoluir. 2 avançar.
e.xa.cer.bar [eksaθerβár] *v.t.* exacerbar, agravar, irritar.
e.xac.ti.tud [eksaktitúð] *s.f.* exatidão, precisão.
e.xac.to [eksákto] *adj.* exato, certo, perfeito.
e.xa.ge.ra.ción [eksaxeraθjón] *s.f.* exagero, aumento.
e.xa.ge.ra.do/a [eksaxeráðo] *adj.* exagerado, escessivo.
e.xa.ge.rar [eksaxerár] *v.t.* exagerar, ampliar, aumentar.
e.xal.ta.ción [eksaltaθjón] *s.f.* exaltação, glorificação.
e.xal.tar [eksaltár] *v.t.* exaltar, engrandecer, glorificar.
e.xal.tar.se [eksaltárse] *v.p.* exaltar-se, alterar-se.
e.xa.men [eksámen] *s.m.* 1 exame, prova. 2 exame, análise.
e.xa.mi.nar [eksaminár] *v.t.* examinar, observar.
e.xas.pe.rar [eksasperár] *v.t.* exasperar, irritar.

ex.ca.va.ción [ekskaβaθjón] *s.f.* escavação.
ex.ca.va.do.ra [ekskaβaðóra] *s.f.* escavadeira.
ex.ca.var [ekskaβár] *v.t.* escavar, cavar.
ex.ce.den.te [eksθeðénte] *adj.* excedente, que sobra.
ex.ce.der [eksθeðér] *v.t.* exceder, ultrapassar.
ex.ce.der.se [eksθeðérse] *v.p.* exceder-se, sair do sério.
ex.ce.len.cia [eksθeléṇθja] *s.f.* excelência, superioridade.
ex.ce.len.te [eksθelénte] *adj.* excelente, ótimo.
ex.cel.so/a [eksθélso] *adj.* excelso, ilustre, magnífico.
ex.cén.tri.co/a [eksθéntriko] *adj.* 1 excêntrico, extravagante, esquisito. 2 excêntrico, que está fora do centro.
ex.cep.ción [eksθepθjón] *s.f.* exceção. *de excepción*, excepcional.
ex.cep.cio.nal [eksθepθjonál] *adj.* excepcional, extraordinário.
ex.cep.to [eksθépto] *prep.* exceto, com exceção de.
ex.cep.tu.ar [eksθeptuár] *v.t.* excetuar, excluir.
ex.ce.si.vo/a [eksθesíβo] *adj.* excessivo, demasiado.
ex.ce.so [eksθéso] *s.m.* excesso, abuso.
ex.ci.ta.ción [eksθitaθjón] *s.f.* excitação, provocação.
ex.ci.tan.te [eksθitánte] *adj.* excitante, estimulante.
ex.ci.tar [eksθitár] *v.t.* excitar, estimular, provocar.
ex.cla.ma.ción [eksklamaθjón] *s.f.* exclamação.
ex.cla.mar [eksklamŕ] *v.t.* exclamar, clamar.
ex.cla.ma.ti.vo/a [eksklamatíβo] *adj.* exclamativo.
ex.cluir [eksklwír] *v.t.* excluir, eliminar, retirar, pôr fora.
ex.clu.sión [eksklusjón] *s.f.* exclusão.
ex.clu.si.va [eksklusíβa] *s.f.* exclusividade, exclusiva.
ex.clu.si.ve [eksklusíβe] *adv.* exclusive, exclusivamente.
ex.clu.si.vo [eksklusíβo] *adj.* exclusivo, restrito.
ex.co.mul.gar [ekskomulɣár] *v.t.* excomungar.
ex.co.mu.nión [ekskomunjón] *s.f.* excomunhão.
ex.co.ria.ción [ekskorjaθjón] *s.f.* escoriação, arranhão.
ex.cre.men.to [ekskreménto] *s.m.* excremento, fezes.
ex.cre.tor [ekskretór] *adj.* excretor.
ex.cul.par [ekskulpár] *v.t.* desculpar, perdoar.
ex.cur.sión [ekskursjón] *s.f.* excursão, passeio.
ex.cur.sio.nis.ta [ekskursjonísta] *s.m. e f.* excursionista.
ex.cu.sa [ekskúsa] *s.f.* escusa, desculpa, justificativa.
ex.cu.sa.do/a [ekskusáðo] *adj.* escusado, desculpado.
ex.cu.sa.do [ekskusáðo] *s.m.* 1 privada. 2 banheiro.
ex.cu.sar [ekskusár] *v.t.* escusar, eximir, desculpar, justificar.
e.xe.crar [eksekrár] *v.t.* 1 execrar, condenar, amaldiçoar. 2 odiar.
e.xen.ción [ekseṇθjón] *s.f.* isenção, franquia.
e.xen.tar [eksentár] *v.t.* isentar.
e.xen.to [eksénto] *adj.* 1 isento. 2 isolado.
e.xe.quias [eksékjas] *s.f.* exéquias, funerais.

ex.ha.la.ción [eksalaθjón] *s.f.* exalação. *como una exhalación*, como um raio.

ex.ha.lar [eksalár] *v.t.* exalar, emanar, espelir.

ex.haus.ti.vo/a [eksau̯stíβo] *adj.* exaustivo, cansativo.

ex.haus.to [eksáu̯sto] *adj.* exausto, cansado.

ex.hi.bi.ción [eksiβiθjón] *s.f.* exibição, apresentação.

ex.hi.bi.cio.nis.ta [eksiβiθjonísta] *s.* exibicionista.

ex.hi.bir [eksiβír] *v.t.* exibir, expor.

ex.hi.bir.se [eksiβírse] *v.p.* exibir-se, mostrar-se.

ex.hor.tar [eksortár] *v.t.* exortar, aconselhar.

ex.hu.mar [eksumár] *v.t.* exumar, desenterrar.

e.xi.gen.cia [eksixén̯θja] *s.f.* exigência, reclamação.

e.xi.gen.te [eksixénte] *adj.* exigente, rigoroso.

e.xi.gir [eksixír] *v.t.* 1 exigir. 2 requerer.

e.xi.guo/a [eksíɣwo] *adj.* exíguo, escasso, insuficiente.

e.xi.lia.do/a [eksiljáðo] *adj.* exilado.

e.xi.liar [eksiljár] *v.t.* exilar, desterrar, banir.

e.xi.liar.se [eksiljárse] *v.p.* exilar-se.

e.xi.lio [eksíljo] *s.m.* exílio, desterro.

e.xi.mio/a [eksímjo] *adj.* exímio, excelente.

e.xi.mir [eksimír] *v.t.* eximir, isentar.

e.xis.ten.cia [eksistén̯θja] *s.f.* existência, estoque. *existencias en el depósito*, estoque no almoxarifado.

e.xis.ten.cial [eksisten̯θjál] *adj.* 1 existencial. 2 existencialista.

e.xis.ten.cia.lis.ta [eksisten̯θjalísta] *adj.* existencialista.

e.xis.tir [eksistír] *v.i.* 1 existir, estar. 2 existir, haver. 3 existir, estar vivo.

é.xi.to [éksito] *s.m.* sucesso, êxito.

e.xi.to.so/a [eksitóso] *adj.* bem-sucedido, felizardo.

é.xo.do [éksoðo] *s.m.* êxodo, saída.

e.xo.ne.rar [eksonerár] *v.t.* demitir, exonerar.

e.xor.bi.tan.te [eksorβitánte] *adj.* exorbitante, excessivo.

e.xor.cis.ta [eksorθísta] *s.m.* exorcista.

e.xor.ci.zar [eksorθiθár] *v.t.* exorcizar.

e.xó.ti.co [eksótiko] *adj.* 1 exótico, estrangeiro. 2 estranho, estravagante.

e.xo.tis.mo [eksotízmo] *s.m.* exotismo.

ex.pan.dir [ekspandír] *v.t.* 1 expandir, dilatar. 2 espalhar, divulgar.

ex.pan.sión [ekspansjón] *s.f.* 1 expansão. 2 distração, alegria.

ex.pan.sio.nis.ta [ekspansjonísta] *adj.* expansionista.

ex.pan.si.vo [ekspansíβo] *adj.* 1 expansivo. 2 comunicativo, extrovertido, efusivo.

ex.pa.tria.ción [ekspatrjaθjón] *s.f.* expatriação.

ex.pa.triar [ekspatrjár] *v.t.* expatriar.

ex.pec.ta.ción [ekspectaθjón] *s.f.* espera, curiosidade, interesse, expectativa.

ex.pec.ta.ti.va [ekspectíβa] *s.f.* expectativa. *estar a la expectativa*, estar na expectativa.

ex.pec.to.ra.ción [ekspectoraθjón] *s.f.* expectoração.

ex.pec.to.ran.te [ekspectoránte] *adj.* expectorante.

ex.pec.to.rar [ekspectorár] *v.t.* expectorar, escarrar.

ex.pe.di.ción [ekspeðiθjón] *s.f.* 1 expedição. 2 remessa, despacho.

ex.pe.di.cio.na.rio/a [ekspeðiθjonárjo] *adj.* expedicionário.

ex.pe.di.dor/a [ekspeðiðór] *adj.* expedidor, remetente.

ex.pe.dien.te [ekspeðjénte] *s.m.* inquérito, recurso. *abrir un expediente*, abrir um inquérito.

2 sindicância. Não confundir com "horario de atención al público".

ex.pe.dir [ekspeðír] v.t. expedir, despachar, enviar.

ex.pe.di.to [ekspeðíto] adj. despojado, desimpedido.

ex.pe.ler [ekspelér] v.t. expelir, expulsar.

ex.pen.de.dor [ekspendeðór] adj. 1 vendedor a varejo. 2 bilheteiro (de teatro ou cinema).

ex.pen.de.du.ría [ekspendeðúra] s.f. tabacaria, charutaria.

ex.pen.der [ekspendér] v.t. vender no varejo.

ex.pen.dio [ekspéndjo] s.m. vendas no varejo.

ex.pen.sas [ekspénsas] s.f. (pl.) expensas, gastos, despesas.

ex.pe.rien.cia [eksperjénθja] s.f. 1 experiência, experimento. 2 experiência, lição que se aprende com a prática.

ex.pe.ri.men.ta.ción [eksperimentaθjón] s.f. experimentação.

ex.pe.ri.men.tal [eksperimentál] adj. experimental.

ex.pe.ri.men.tar [eksperimentár] v.t. 1 experimentar, ensaiar. 2 experimentar, sentir. 3 conhecer algo pela prática. Não confundir com "provar, sentir o sabor".

ex.pe.ri.men.to [eksperiménto] s.m. experimento, ensaio.

ex.per.to [ekspérto] adj. especialista, perito.

ex.pi.a.ción [ekspiaθjón] s.f. expiação, reparação, penitência.

ex.pi.ar [ekspiár] v.t. expiar, reparar, remir.

ex.pi.a.to.rio/a [ekspiatórjo] adj. expiatório.

ex.pi.ra.ción [ekspiraθjón] s.f. expiração, término.

ex.pi.rar [ekspirár] v.i. morrer, expirar, terminar.

ex.pla.na.da [eksplanáða] s.f. esplanada.

ex.pla.nar [eksplanár] v.t. 1 aplainar, nivelar. 2 explicar, esclarecer.

ex.pla.yar [eksplaʝár] v.t. espraiar, estender.

ex.pla.yar.se [eksplaʝárse] v.p. estender-se, abrir-se, desabafar.

ex.pli.ca.ción [eksplikaθjón] s.f. explicação, justificativa, esclarecimento.

ex.pli.car [eksplikár] v.t. explicar, esclarecer, justificar.

ex.pli.car.se [eksplikárse] v.p. 1 entender. 2 explicar-se.

ex.pli.ca.ti.vo/a [eksplikatíβo] adj. explicativo.

ex.plí.ci.to/a [eksplíθito] adj. explícito, claro, evidente.

ex.plo.ra.ción [eksploraθjón] s.f. 1 exploração, pesquisa, investigação. 2 levantamento.

ex.plo.ra.dor [eksploraðór] adj. explorador.

ex.plo.rar [eksplorár] v.t. explorar, investigar, analisar, examinar. Não confundir com "explorar, abusar, tirar proveito".

ex.plo.sión [eksplosjón] s.f. explosão, denotação.

ex.plo.sio.nar [eksplosjonár] v.t. explodir, detonar.

ex.plo.si.vo/a [eksplosíβo] adj. explosivo.

ex.plo.ta.ción [eksplotaθjón] s.f. exploração.

ex.plo.tar [eksplotár] v.i. 1 explodir, detonar. 2 (fig.) explodir, manifestar sentimentos.

ex.plo.tar [eksplotár] v.t. 1 explorar, extrair, descubrir. 2 explorar, abusar, tirar proveito.

ex.po.nen.cial [eksponenθjál] adj. exponencial.

ex.po.nen.te [eksponénte] s.m. expoente.

ex.po.ner [eksponér] v.t. 1 expor, explicar. 2 arriscar.

exportación

ex.por.ta.ción [eksportaθjón] *s.f.* exportação.

ex.por.tar [eksportár] *v.t.* exportar.

ex.po.si.ción [eksposiθjón] *s.f.* exposição, feira, exibição.

ex.pó.si.to [ekspósito] *adj.* menor abandonado.

ex.po.si.tor/a [ekspositór] *adj.* expositor.

ex.prés [eksprés] *adj.* expresso, rápido (trem).

ex.pre.sa.men.te [ekspresaménte] *adv.* expressamente, exclusivamente.

ex.pre.sar [ekspresár] *v.t.* expressar, exprimir, manifestar.

ex.pre.sar.se [ekspresárse] *v.p.* expresar-se, falar.

ex.pre.sión [ekspresjón] *s.f.* 1 expressão. 2 fisionomia, gesto.

ex.pre.sio.nis.mo [ekspresjonízmo] *s.m.* expressionismo.

ex.pre.si.vo/a [ekspresíβo] *adj.* expressivo, eloquente, sincero.

ex.pre.so [ekspréso] *adj.* 1 expresso, dito, explícito. 2 rápido, expresso.

ex.pri.mi.dor [eksprimiðór] *s.m.* espremedor.

ex.pri.mir [eksprimír] *v.t.* 1 espremer. 2 explorar. 3 oprimir, extorquir.

ex.pro.pia.ción [ekspropjaθjón] *s.f.* expropriação, desapropriação.

ex.pro.piar [ekspropjár] *v.t.* expropiar, desapropriar.

ex.pues.to [ekspwésto] *adj.* arriscado, descoberto, exposto.

ex.pug.nar [ekspuɣnár] *v.t.* expugnar, tomar de assalto.

ex.pul.sar [ekspulsár] *v.t.* expulsar.

ex.pul.sión [ekspulsjón] v*s.f.* expulsão, eliminação.

ex.pur.gar [ekspurɣár] *v.t.* expurgar, purificar.

ex.qui.si.tez [ekskisitéθ] *s.f.* 1 aprimoramento, melhoria. 2 delícia. Não confundir com "rareza".

ex.qui.si.to/a [ekskisíto] *adj.* 1 refinado, educado, fino, elegante. 2 delicioso, saboroso, gostoso.

ex.ta.siar.se [ekstasjárse] *v.p.* enlevar-se, extasiar-se.

éx.ta.sis [ékstasis] *s.m.* êxtase, enlevo, admiração.

ex.tá.ti.co/a [ekstátiko] *adj.* extático, enlevado.

ex.tem.po.ra.nei.dad [ekstemporaneiðáð] *s.f.* 1 extemporaneidade. 2 inconveniência.

ex.tem.po.rá.ne.o/a [ekstemporáneo] *adj.* 1 extemporâneo. 2 intempestivo, inadequado, inoportuno.

ex.ten.der [ekstendér] *v.t.* 1 estender, espalhar, dilatar. 2 redigir/preencher um documento.

ex.ten.der.se [ekstendérse] *v.p.* 1 estender-se, abrir-se. 2 demorar-se.

ex.ten.si.ble [ekstensíβle] *adj.* extensível, aumentável, desdobrável.

ex.ten.sión [ekstensjón] *s.f.* 1 extensão, ampliação. 2 superfície.

ex.ten.si.vo/a [ekstensíβo] *adj.* extensivo.

ex.ten.so/a [eksténso] *adj.* extenso, esticado, amplo.

ex.te.nu.a.ción [ekstenuaθjón] *s.f.* extenuação, cansaço.

ex.te.nu.ar [ekstenuár] *v.t.* extenuar, esgotar, enfraquecer.

ex.te.rior [eksterjór] *adj.* exterior, externo.

ex.te.rior [eksterjór] *s.m.* exterior, parte externa.

ex.te.rio.ri.dad [eksterjoriðáð] *s.f.* exterioridade, fachada.

ex.te.rio.ri.zar [eksterjoriθár] *v.t.* exteriorizar, expor, manifestar.

ex.ter.mi.na.ción [eksterminaθjón] *s.f.* extermínio, destruição.

ex.ter.mi.na.dor [eksterminaðór] *s.m.* exterminador, destruidor.

ex.ter.mi.nar [eksterminár] *v.t.* exterminar, eliminar, destruir.

ex.ter.mi.nio [eksterminjo] *s.m.* extermínio, destruição.

ex.ter.no/a [ekstérno] *adj.* externo, aparente.

ex.tin.ción [ekstiŋθjón] *s.f.* extinção, extermínio.

ex.tin.gui.dor [ekstiŋgiðór] *s.m.* extintor.

ex.tin.guir [ekstiŋgír] *v.t.* extinguir, apagar.

ex.tin.guir.se [ekstiŋgírse] *v.p.* desaparecer, morrer.

ex.tin.to/a [ekstínto] *adj.* extinto, acabado.

ex.tin.tor [ekstintór] *s.m.* extintor.

ex.tir.pa.ción [ekstirpaθjón] *s.f.* extirpação, amputação.

ex.tir.par [ekstirpár] *v.t.* 1 extirpar, arrancar, extrair. 2 erradicar.

ex.tor.sión [ekstorsjón] *s.f.* extorsão, prejuízo.

ex.tor.sio.nar [ekstorsjonár] *v.t.* extorquir, usurpar, prejudicar.

ex.tra [ékstra] *adj.* 1 extra, fora de. 2 extra, extraordinário.

ex.trac.ción [ekstrakθjón] *s.f.* 1 extração. 2 linhagem, origem.

ex.trac.tar [ekstraktár] *v.t.* resumir, compendiar.

ex.trac.to [ekstrákto] *s.m.* extrato, resumo.

ex.trac.tor [ekstraktór] *s.m.* purificador de ar, coifa.

ex.tra.di.ción [ekstraðiθjón] *s.f.* extradição.

ex.tra.er [ekstraér] *v.t.* extrair, arrancar, espremer.

ex.tra.li.mi.tar.se [ekstralimitárse] *v.p.* exceder-se, exagerar, passar dos limites.

ex.tran.je.rí.a [ekstraŋxería] *s.f.* imigração.

ex.tran.je.ris.mo [ekstraŋxerízmo] *s.m.* estrangeirismo.

ex.tran.je.ro/a [ekstraŋxéro] *adj.* estrangeiro.

ex.tran.je.ro [ekstraŋxéro] *s.m.* estrangeiro, exterior.

ex.tra.ña.mien.to [ekstraɲamjénto] *s.m.* desterro, estranheza.

ex.tra.ñar [ekstraɲár] *v.t.* 1 desterrar, deportar. 2 ter saudades.

ex.tra.ñe.za [ekstraɲéθa] *s.f.* estranheza, espanto.

ex.tra.ño [ekstráɲo] *adj.* 1 estranho, diferente, esquisito. 2 alheio.

ex.tra.o.fi.cial [ekstraofiθjál] *adj.* extraoficial.

ex.tra.or.di.na.rio [ekstraorðinárjo] *adj.* 1 extraordinário, inacreditável, fantástico, fabuloso. 2 adicional.

ex.tra.po.lar [ekstrapolár] *v.t.* extrapolar.

ex.tra.te.rres.tre [ekstrateréstre] *adj.* extraterrestre.

ex.tra.va.gan.cia [ekstraβaɣánθja] *s.f.* extravagância, excentricidade.

ex.tra.va.gan.te [ekstraβaɣánte] *adj.* extravagante, excêntrico.

ex.tra.va.sar.se [ekstraβasárse] *v.p.* extravasar, transbordar.

ex.tra.ver.ti.do/a [ekstraβertíðo] *adj.* expansivo, extrovertido.

ex.tra.via.do/a [ekstraβjáðo] *adj.* extraviado, perdido.

ex.tra.viar [ekstraβjár] *v.t.* 1 extraviar, perder. 2 perverter, desencaminhar.

ex.tra.ví.o [ekstraβío] *s.m.* 1 extravio, perda. 2 perversão.

extremado/a

ex.tre.ma.do/a [ekstremáðo] *adj.* extremado, exagerado.

ex.tre.mar [ekstremár] *v.t.* extremar, reforçar, exagerar.

ex.tre.mar.se [ekstremárse] *v.p.* esmerar-se.

ex.tre.ma.un.ción [ekstremauṇθjóm] *s.f.* extrema-unção.

ex.tre.me.ño [ekstreméɲo] *adj.* estremenho.

ex.tre.mi.dad [ekstremiðáð] *s.f.* extremidade, extremo, ponta.

ex.tre.mis.ta [ekstremísta] *adj.* extremista.

ex.tre.mo [ekstrémo] *adj.* 1 extremo, último. *en último extremo*, em último caso. 2 excessivo.

ex.trín.se.co [ekstrínseko] *adj.* extrínseco.

ex.tro.ver.sión [ekstroβersjón] *s.f.* extroversão, expansão.

ex.tro.ver.ti.do/a [ekstroβertíðo] *adj.* expansivo, extrovertido.

e.xu.be.ran.cia [eksuβeráṇθja] *s.f.* exuberância, abundância, fartura, vigor.

e.xu.be.ran.te [eksuβeránte] *adj.* exuberante, vigoroso, abundante.

e.xu.dar [eksuðár] *v.t.* exsudar, transpirar.

e.xul.tar [eksultár] *v.i.* exultar, jubilar-se.

e.ya.cu.la.ción [eĵakulaθjón] *s.f.* ejaculação.

e.ya.cu.lar [eĵakulár] *v.t.* ejacular.

e.yec.tor [eĵektór] *s.m.* ejetor.

F f

f, F [éfe] *s.f.* sexta letra do alfabeto espanhol e quinta de suas consoantes; seu nome é *efe*. Sua articulação é labiodental fricativa surda.

fa [fá] *s.m.* (mús.) fá, quarta nota musical.

fá.bri.ca [fáβrika] *s.f.* fábrica.

fa.bri.ca.ción [faβrikaθjón] *s.f.* fabricação, elaboração.

fa.bri.can.te [faβrikánte] *s.* fabricante, produtor.

fa.bri.car [faβrikár] *v.t.* fabricar, produzir.

fa.bril [faβríl] *adj.* fabril.

fá.bu.la [fáβula] *s.f.* (lit.) fábula, narrativa alegórica ou mitológica.

fa.bu.lo.sa.men.te [faβulosaménte] *adv.* fabulosamente, de forma fabulosa.

fa.bu.lo.so/a [faβulóso] *adj.* 1 fabuloso, excelente. 2 (fig.) enorme.

fac.ción [fakθjón] *s.f.* 1 facção, partido. 2 bando, grupo.

fa.ce.ta [faθéta] *s.f.* 1 faceta. 2 (fig.) lado, cara.

fa.cha.da [fatʃáða] *adj. e s.* (col.) fachada, frente de uma construção. *Es una fachada clásica.* É uma fachada clássica.

facho [fátʃo] *adj. e s.* (col.) reacionário, fascista.

fá.cil [fáθil] *adj.* 1 fácil, simples. 2 leviana.

fa.ci.li.dad [faθiliðáð] *s.f.* facilidade.

fa.ci.li.tar [faθilitár] *v.t.* 1 facilitar. 2 proporcionar.

fa.ci.ne.ro.so/a [faθineróso] *adj.* fascínora, delinquente.

fac.sí.mi.le [faksímile] *s.m.* fac-símile, fax, reprodução exata de uma assinatura.

fac.ti.bi.li.dad [faktiβiliðáð] *s.f.* viabilidade.

fac.ti.ble [faktíβle] *adj.* viável, factível.

fac.tor [faktór] *s.m.* fator. *La electricidad es un factor del progreso.* A eletricidade é um fator do progresso.

fac.to.rí.a [faktoría] *s.f.* 1 estabelecimento. 2 fábrica.

fac.tu.ra [faktúra] *s.f.* 1 fatura, forma. 2 (Arg.) pães doces.

fac.tu.ra.ción [fakturaθjón] *s.f.* 1 faturamento. *La facturación de la empresa no fue muy alta.* O faturamento da empresa não foi muito alto. 2 despacho de bagagem ou mercadoria por avião, trem etc.

fac.tu.rar [fakturár] *v.t.* 1 faturar, agendar a cobrança. 2 despachar a bagagem ou mercadoria por avião, trem, etc.. *Voy a comprar los pasajes y facturar las maletas.* Vou comprar as passagens e despachar a bagagem.

fa.cul.tad [fakultáð] *s.f.* 1 faculdade, capacidade, habilidade. 2 escola.

fa.cul.tar [fakultár] *s.f.* facultar, permitir. *Este permiso te faculta para viajar durante un mes.* Esta licença lhe permite viajar durante um mês.

fa.cul.ta.ti.vo/a [fakultatíβo] *adj.* facultativo, opcional.

fa.e.na [faéna] *s.f.* serviço, faina, trabalho.

fai.sán [fai̯sán] *s.m.* faisão.

fa.ja [fáxa] *s.f.* 1 faixa, tira. 2 porção de terra. *La Faja Gaza es un territorio de conflictos agudos.* A Faixa de Gaza é um território de conflitos agudos.

fa.ja.du.ra [faxaðúra] *s.f.* faixa, curativo.
fa.jar [faxár] *v.t. e v.p.* enfaixar.
fa.ji.na [faxína] *s.f.* faxina, trabalho de limpeza profunda.
fa.jo [fáxo] *s.m.* feixe, monte, punhado, quantia. *Nos dejó un fajo de dinero para pasar dos meses de vacaciones.* Emprestou-nos uma quantia de dinheiro para passar dois meses de férias.
fa.la.cia [faláθja] *s.f.* falácia, engano.
fa.lan.ge [faláɲxe] *s.f.* 1 falange, parte de um dedo. 2 (fig.) grupo.
fa.lan.gis.ta [falaɲxísta] *adj.* falangista, pertencente a uma falange.
fa.laz [faláθ] *adj.* falacioso, mentiroso.
fal.da [fálda] *s.f.* 1 saia. 2 sopé de montanha. *Viven en la falda de un cerro en los Andes.*
fal.de.ar [faldeár] *v.i.* andar pelas bordas, bordejar. *Viajamos cuatro horas faldeando la cordillera.* Viajamos durante quatro horas bordejando a cordilheira.
fal.de.ro/a [faldéro] *adj.* de colo. *Es un perrito faldero.* É um cachorrinho de colo.
fal.dón [faldón] *s.m.* parte inferior de uma roupa.
fa.len.cia [faléɲθja] *s.f.* afirmação errônea.
fa.li.ble [falíβle] *adj.* falível, que pode falhar. *Todo ser humano es falible y puede cometer los peores errores.* Todo ser humano é falível e pode cometer os piores erros.
fá.li.co/a [fáliko] *adj.* fálico, referente ao pênis.
fa.lla [fáʎa] *s.f.* falha, imperfeição.
fa.lla [fáʎa] *s.f.* (pl.) festa popular valenciana. *En las fallas valencianas se queman unos muñecos enormes de cartón.* Nas "fallas" valencianas queimam-se enormes bonecos de papelão.
fa.llar [faʎár] *v.t.* 1 dar a sentença. 2 errar, falhar.
fa.lle.cer [faʎeθér] *v.i.* falecer, morrer.

fa.lle.ci.mien.to [faʎeθimjénto] *s.m.* falecimento.
fa.lli.do/a [faʎíðo] *adj.* falido, quebrado.
fa.llir [faʎír] *v.i.* falir, quebrar.
fa.llo/a [fáʎo] *s.* falha.
fa.lo [fálo] *s.m.* pênis, órgão sexual masculino.
fal.se.ar [falseár] *v.t.* falsear, falsificar, adulterar.
fal.se.dad [falseðáð] *s.f.* falsidade, mentira.
fal.se.te [falséte] *s.m.* (mús.) falsete. *Cantaba feliz, haciendo falsetes con la garganta.* Cantava feliz, fazendo falsetes com a garganta.
fal.si.fi.ca.ción [falsifikaθjón] *s.f.* falsificação.
fal.si.fi.car [falsifikár] *v.t.* falsificar, adulterar.
fal.so/a [fálso] *adj.* falso, mentiroso.
fal.ta [fálta] *s.f.* 1 falta, erro. 2 escassez.
fal.tar [faltár] *v.i.* 1 faltar, deixar de cumprir. 2 necessitar.
fal.to/a [fálto] *adj.* carente, necessitado. *Ése es un pueblo muy falto de recursos.* Esse povoado é muito carente de recursos.
fa.ma [fáma] *s.f.* fama, sucesso.
fa.mé.li.co/a [faméliko] *adj.* faminto, famélico.
fa.mi.lia [famílja] *s.f.* família.
fa.mi.liar [familjár] *adj.* 1 familiar, que pertence à mesma família. 2 conhecido. *Me resulta familiar pero no lo conozco.* Parece-me familiar mas não o conheço.
fa.mi.lia.ri.zar [familjariθár] *v.t.* familiarizar.
fa.mi.lia.ri.zar.se [familjariθárse] *v.p.* familiarizar-se.
fa.mo.so/a [famóso] *adj.* famoso, célebre.
fá.mu.la [fámula] *s.f.* criada, empregada doméstica.
fa.ná.ti.co/a [fanátiko] *adj. e s.* fanático,

entusiasta. *Un fanático puede ser peligroso, e incluso puede matar a su ídolo.* Um fanático pode ser perigoso, e inclusive pode matar seu ídolo.

fa.na.tis.mo [fanatízmo] *s.m.* fanatismo, entusiasmo exagerado.

fa.na.ti.zar [fanatiθár] *v.t.* tornar fanático, fanatizar. *Es una secta que fanatiza a millares de seguidores.* É uma seita que fanatiza milhares de seguidores.

fan.dan.go [fandáŋgo] *s.m.* fandango, tipo de dança.

fan.fa.rre.ar [fanfar̄eár] *v.i.* 1 tocar numa banda de música (fanfarra). 2 bagunçar.

fan.fa.rria [fanfár̄ja] *s.f.* fanfarra, música de instrumentos de percussão.

fan.fa.rrón/a [fanfar̄ón] *adj.* e *s.* fanfarrão, que alardeia ou conta vantagens.

fan.fa.rro.na.da [fanfar̄onáða] *s.f.* fanfarrice. *No te impresiones con sus fanfarronadas, es puro teatro.* Não se impressione com suas fanfarrices, é puro teatro.

fan.fa.rro.ne.ar [fanfar̄oneár] *v.i.* contar vantagens, fazer tipo.

fan.fa.rro.ne.rí.a [fanfar̄onería] *s.f.* fanfarrice.

fan.gal [faŋgál] *s.f.* terreno enlameado.

fan.go [fáŋgo] *s.m.* lama, lodo.

fan.go.si.dad [faŋgosiðád] *s.f.* natureza lamacenta.

fan.go.so/a [faŋgóso] *adj.* lamacento, enlameado.

fan.ta.se.ar [fantaseár] *v.t.* e *i.* fantasiar, imaginar exageradamente, sonhar.

fan.ta.sí.a [fantasía] *s.f.* 1 fantasia, ilusão, sonho. 2 bijuteria.

fan.ta.sio.so/a [fantasjóso] *adj.* fantasioso, imaginativo.

fan.tas.ma [fantázma] *s.m.* 1 fantasma, alma penada. 2 coisa assustadora, apavorante. 3 algo falso, fictício. *Los empleados fantasma fueron separados de sus cargos.* Os empregados fantasmas foram afastados de seus cargos.

fan.tas.ma.gó.ri.co/a [fantazmaɣóriko] *adj.* fantasmagórico, sobrenatural, fantástico.

fan.tás.ti.co/a [fantástiko] *adj.* fantástico, extraordinário, sobrenatural.

fan.to.cha.da [fantotʃáða] *s.f.* mentira, farsa, teatro, palhaçada.

fan.to.che [fantótʃe] *s.* fantoche, boneco, marionete.

fa.rán.du.la [faránðula] *s.f.* teatro de comédias.

fa.ran.du.le.ar [faranðuleár] *v.i.* 1 divertir-se, farrear, cair na gandaia. 2 contar vantagens.

fa.ran.du.le.ro/a [faranðuléro] *adj.* mentiroso, fanfarrão.

fa.ra.ón [faraón] *s.m.* faraó, rei do antigo Egito. *Los faraones de Egipto levantaron monumentos fantásticos.* Os faraós do Egito levantaram monumentos fantásticos.

far.do [fárðo] *s.m.* 1 fardo, embrulho ou pacote. 2 carga ou peso moral ou material. *Era una mujer pobre y encima cargaba el fardo de mantener a toda la familia.* Era uma mulher pobre e ainda carregava o fardo de manter toda a família.

far.fu.lla [farfúʎa] *adj.* e *s.* fala atropelada.

far.fu.llar [farfuʎár] *v.t.* e *i.* falar rápida e atropeladamente.

fa.ri.ná.ce.o/a [farináθeo] *adj.* farináceo, com farinha.

fa.rin.ge [faríŋxe] *s.f.* faringe.

fa.rin.gi.tis [fariŋxítis] *s.f.* (med.) faringite.

fa.ri.se.o/a [fariséo] *adj.* fariseu.

far.ma.céu.ti.co/a [farmaθéu̯tiko] *adj.* e *s.* farmacêutico, boticário.

far.má.cia [farmáθja] *s.f.* farmácia.

farmacología

far.ma.co.lo.gí.a [farmakoloxía] *s.f.* farmacologia, ciência da terapêutica das drogas e remédios.
far.ma.co.pe.a [farmakopéa] *s.f.* conjunto ou catálogo de fórmulas medicamentosas.
fa.ro [fáro] *s.f.* 1 farol, luz de carro. 2 farol em cima de torre à beira-mar. *El faro de Alejandría prevenia de los peligros a los navegantes.* O farol de Alexandria prevenia dos perigos os navegantes.
fa.rol [faról] *s.m.* 1 poste de luz, lanterna.
fa.ro.la [faróla] *s.f.* poste de luz.
fa.ro.le.ar [faroleár] *v.i.* gabar-se, fanfarronear, contar vantagens.
fa.ro.le.ro/a [faroléro] *adj. e s.* (col.) presunçoso.
fa.rra [fářa] *s.f.* (col.) farra
fa.rre.ar [fařeár] *v.i.* sair de farra, cair na gandaia.
fa.rre.ro/a [fařéro] *adj.* brincalhão, festeiro.
far.sa [fársa] *s.f.* farsa, burla, trapaça.
far.san.te [farsánte] *adj. e s.* farsante, impostor, mentiroso.
fas.cí.cu.lo [fasθíkulo] *s.m.* fascículo, folheto publicado em série ou coleção. *Los fascículos de la Biblia son coleccionados en unas grandes tapas rojas y doradas.* Os fascículos da Bíblia são colecionados em grandes capas vermelhas e douradas.
fas.ci.na.dor/a [fasθinaðór] *adj.* fascinante.
fas.ci.nan.te [fasθinánte] *adj.* fascinante.
fas.ci.nar [fasθinár] *v.t.* fascinar, seduzir.
fas.cis.ta [fasθísta] *adj.* 1 autoritário, ultraconservador racista. 2 política direitista, conservadora, ultranacionalista, autoritária e discriminatória.
fa.se [fáse] *s.f.* fase, etapa, período.
fas.ti.diar [fastiðjár] *v.t.* aborrecer.
fas.ti.diar.se [fastiðjárse] *v.p.* aborrecer-se, ficar chateado.
fas.ti.dio [fastiðjóso] *s.m.* aborrecimento.
fas.ti.dio.so/a [fastiðjóso] *adj.* fastidioso.
fas.to [fásto] *adj.* dia em que se podia, na Roma antiga, administrar justiça e negócios. Por oposição. nefasto.
fas.tuo.si.dad [fastwosiðáð] *s.f.* luxo.
fas.tuo.so/a [fastwóso] *adj.* feliz, venturoso, oposto a nefasto.
fa.tal [fatál] *adj.* 1 fatal, mortal. 2 inevitável. 3 muito sedutor. *El cine trajo la moda de las mujeres fatales, muy seductoras e insensibles.* O cinema trouxe a moda das mulheres fatais, muito sedutoras e insensíveis.
fa.ta.li.dad [fataliðáð] *s.f.* fatalidade, marcado pelo destino de modo trágico. *La guerra, el hambre y la miseria son fatalidades que no debemos aceptar y que tenemos la obligación de combatir.* A guerra, a fome e a miséria são fatalidades que não devemos aceitar e que temos a obrigação de combater.
fa.ta.lis.ta [fatalísta] *adj.* fatalista, derrotista, pessimista.
fa.tal.men.te [fatalménte] *adv.* fatalmente, inevitavelmente.
fa.tí.di.co/a [fatíðiko] *adj.* fatídico, fatal e trágico.
fa.ti.ga [fatíɣa] *s.f.* fadiga.
fa.ti.gar [fatiɣár] *v.t.* fatigar, cansar.
fa.ti.gar.se [fatiɣárse] *v.p.* fatigar-se.
fa.ti.go.so/a [fatiɣóso] *adv.* cansativo, aborrecer.
fa.tuo/a [fátwo] *adj.* fátuo, fantasioso.
fau.ces [fáu̯θes] *s.f.(pl.)* mandíbula das feras. *Las fauces de la onza son fortísimas.* As mandíbulas da onça são fortíssimas.
fau.na [fáu̯na] *s.f.* fauna, reino animal.
faus.to [fáu̯sto] *adj.* fausto, feliz, próspero.
fa.vor [faβór] *s.m.* favor, ajuda.
fa.vo.ra.ble [faβoráβle] *adj.* favorável, propício.

fa.vo.re.cer [faβoreθér] *v.t.* favorecer, ajudar.
fa.vo.re.cer.se [faβoreθérse] *v.p.* favorecer-se.
fa.vo.ri.tis.mo [faβoritízmo] *s.m.* favoritismo, preferência.
fa.vo.ri.to/a [faβoríto] *adj. e s.* 1 favorito, que tem mais chances numa disputa. 2 preferido.
faz [fáθ] *s.f.* face, rosto, cara.
fe [fé] *s.f.* fé, confiança.
fe.al.dad [fealdáð] *s.f.* feiúra
fe.bre.ro [feβréro] *s.m.* fevereiro
fe.cal [fekál] *adj.* fecal, referente às fezes ou excrementos.
fe.cha [fétʃa] *s.f.* data. *La fecha final de los trabajos es el primero de abril.* A data final dos trabalhos é o dia primeiro de abril.
fe.cha.dor [fetʃaðór] *s.m.* carimbo com data.
fe.char [fetʃár] *v.t.* datar, por a data. *¡Llegó ayer una carta fechada el 5 de mayo de 99!* Chegou ontem uma carta datada de 5 de maio de 99!
fe.cho.ría [fetʃoría] *s.f.* maldade, ruindade.
fé.cu.la [fékula] *s.f.* fécula.
fe.cun.dar [fekundár] *v.t.* fecundar, gerar, fertilizar.
fe.cun.di.dad [fekundiðáð] *s.f.* fecundidade, fertilidade.
fe.cun.di.zar [fekundiθár] *v.t.* fecundar.
fe.cun.do/a [fekúndo] *adj.* fecundo, fértil, produtivo. *Es una escritora fecunda que publicó más de doscientas obras.* É uma escritora fecunda que publicou mais de duzentas obras.
fe.de.ra.ción [feðeraθjón] *s.f.* federação, associação política, gremial ou desportiva.
fe.de.ral [feðerál] *adj.* federal, que pertence ou é favorável a uma federação. *En Argentina y Uruguay, los federales lucharon durante décadas a favor de un país con provincias más autónomas y menos centralizadoras.* Na Argentina e no Uruguai, os federais lutaram durante décadas a favor de um país com províncias mais autônomas e menos centralizadoras.
fe.de.ra.lis.ta [feðeralísta] *adj.* federalista.
fe.de.rar [feðerár] *v.t.* agrupar em federação.
fe.ha.cien.te [feaθjénte] *adj.* fidedigno, que é digno de fé.
fe.li.ci.dad [feliθiðáð] *s.f.* felicidade.
fe.li.ci.ta.ción [feliθitaθjón] *s.f.* felicitação, cumprimento.
fe.li.ci.tar [feliθitár] *v.t.* parabenizar, felicitar, cumprimentar.
fe.li.grés/a [feliɣrés] *adj. e s.* paroquiano.
fe.li.gre.sí.a [feliɣresía] *s.f.* freguesia, paróquia.
fe.li.no/a [felíno] *adj.* felino. *La onza es el felino más grande de Brasil.* A onça é o maior felino do Brasil.
fe.liz [felíθ] *adj.* feliz, contente, satisfeito.
fe.lo.ní.a [felonía] *s.f.* felonia, trapaça, perfídia. *Nunca me imaginé la felonía de Sara.* Nunca imaginei a felonia de Sara.
fel.pa [félpa] *s.f.* pelúcia, penugem, lanugem.
fel.pa.do/a [felpáðo] *adj.* suave, com penugem.
fel.po.so/a [felpóso] *adj.* suave, aveludado.
fel.pu.do [felpúðo] *s.m.* capacho.
fe.me.ni.no/a [femeníno] *adj.* feminino, do sexo das fêmeas.
fe.mi.ni.dad [femeniðáð] *s.f.* feminilidade, qualidades ou características próprias da mulher.
fe.mi.nis.ta [feminísta] *adj.* feminista, a favor dos direitos da mulher.

fémur

fé.mur [fémur] *s.f.* fêmur, osso da perna.
fe.ne.cer [feneθér] *v.i.* fenecer, falecer, morrer.
fé.nix [féniks] *s.m.* fênix, ave mitológica que queimava e ressurgia eternamente. *Ciertos políticos renacen de sus propias cenizas, como el ave fénix.* Certos políticos renascem de suas próprias cinzas, como a ave fênix.
fe.no.me.nal [fenomenál] *adj.* fenomenal, fantástico.
fe.nó.me.no [fenómeno] *s.m.* fenômeno, acontecimento notável, extraordinário. *El Niño es un fenómeno climático que preocupa a los meteorólogos.* "El Niño" é um fenômeno climático que preocupa os meteorologistas.
fe.o/a [féo] *adj.* 1 feio. 2 (fig.)ruim.
fé.re.tro [féretro] *s.m.* féretro.
fe.ria [férja] *s.f.* feira, venda ou exibição pública de produtos.
fe.ria.do [ferjáðo] *s.m.* feriado, dia não laborável, dia de descanso.
fe.rian.te [ferjánte] *s.m.* que compra ou vende na feira.
fe.ri.no/a [feríno] *adj.* ferino, perigoso como uma fera, mordaz, irônico.
fer.men.ta.ción [fermentaθjón] *s.f.* fermentação.
fer.men.tar [fermentár] *v.t. e i.* fermentar.
fer.men.to [ferménto] *s.m.* fermento, levedura que efervesce e levanta a massa.
fe.ro.ci.dad [feroθiðáð] *s.f.* ferocidade, crueldade, valentia ou força de uma fera.
fe.roz [feróθ] *adj.* feroz.
fe.rrar [feřár] *v.t.* cobrir de ferro, colocar ferro.
fé.rre.o/a [féřeo] *adj.* férreo, duro ou resistente como o ferro.
fe.rre.te.rí.a [feřetería] *s.f.* casa de ferragens, venda de parafusos, pregos, porcas e até máquinas de uso doméstico.

fe.rre.te.ro [feřetéro] *s.m.* vendedor ou proprietário de casa de ferragens.
fe.rro.ca.rril [feřokaříl] *s.m.* estrada de ferro, ferrovia, trem.
fe.rro.via.rio/a [feřoβjárjo] *adj.* ferroviário. *Los ferroviarios fueron un gremio fuerte y decisivo en la época de oro del tren.* Os ferroviários foram um grêmio forte e decisivo na época de ouro do trem.
fér.til [fértil] *adj.* fértil, fecundo.
fer.ti.li.dad [fertiliðáð] *s.f.* fertilidade.
fer.ti.li.zan.te [fertiliθánte] *s.m.* fertilizante, adubo.
fer.ti.li.zar [fertiliθár] *v.t.* fertilizar, adubar.
fer.vien.te [ferβjénte] *adj.* fervoroso. *Es un religioso ferviente.*
fer.vor [ferβór] *s.m.* fervor, ardor.
fer.vo.ro.so/a [ferβoróso] *adj.* fervoroso, ardoroso.
fes.te.jar [festexár] *v.t.* festejar, comemorar.
fes.te.jo [festéxo] *s.m.* comemoração, festejo.
fes.tín [festín] *s.m.* festim, festa ou banquete privado.
fes.ti.val [festiβál] *s.m.* festival, espetáculo artístico periódico, com prêmios e concursos.
fes.ti.vi.dad [festiβiðáð] *s.f.* festividade.
fes.ti.vo/a [festíβo] *adj.* festivo, alegre.
fes.tón [festón] *s.m.* guirlanda.
fes.to.ne.ar [festoneár] *v.t.* enfeitar com guirlandas.
fe.tal [fetál] *adj.* fetal.
fe.ti.che [fetítʃe] *s.m.* fetiche, fantasia.
fe.ti.chis.ta [fetitʃísta] *adj.* fetichista.
fe.ti.dez [fetiðéθ] *s.f.* mau cheiro, fedor.
fé.ti.do/a [fétiðo] *adj.* fétido, que tem mau cheiro, fedorento.
fe.to [féto] *s.m.* (med.) feto
fe.ú.cho/a [feútʃo] *adj.* feinho.

feu.dal [feu̯ðál] *adj.* feudal, referente ao feudo ou à Idade Media.

feu.do [féu̯ðo] *s.m.* feudo, concessão de terras em usufruto aos camponeses por parte dos senhores da terra.

fez [féθ] *s.m.* gorro ou chapéu usado pelos árabes e turcos.

fi.a.ble [fiáβle] *adj.* confiável, de fiança.

fi.a.do/a [fiáðo] *adj.* fiado.

fi.a.dor/a [fiaðór] *s.* fiador, que dá aval, garantia.

fi.am.bre [fiámbre] *s.m.* frios em geral, presunto, mortadela, etc.

fi.am.bre.ra [fiambréra] *s.f.* marmita, lugar arejado para pendurar os frios.

fi.am.bre.rí.a [fiambrería] *s.f.* casa de frios.

fi.an.za [fiáɳθa] *s.f.* (com.) fiança, aval, abono.

fi.ar [fiár] *v.t.* fiar, vender a crédito, financiar.

fi.ar.se [fiárse] *v.p.* confiar, acreditar.

fi.as.co [fiásko] *s.m.* fiasco.

fi.bra [fíβra] *s.f.* 1 fibra. 2 (fig.) energia.

fi.bro.ce.men.to [fiβroθeménto] *s.m.* fibrocimento, asbesto. *El fibrocemento, muy usado en la construcción de tejados, es perjudicial para la salud.* O fibrocimento, muito usado na construção de telhados, é prejudicial à saúde.

fi.bro.ma [fiβróma] *s.m.* (med.) fibroma.

fi.bro.so/a [fiβróso] *adj.* fibroso, que tem fibras.

fic.ción [fikθjón] *s.f.* ficção.

fi.cha [fítʃa] *s.f.* ficha, cadastro.

fi.char [fitʃár] *v.t.* fichar, cadastrar.

fi.che.ro [fitʃéro] *s.m.* fichário, arquivo. *El fichero con los nombres de los alumnos está desactualizado.* O arquivo com os nomes dos alunos está desatualizado.

fic.ti.cio/a [fiktíθjo] *adj.* fictício, falso.

fi.de.dig.no/a [fiðeðíɣno] *adj.* fidedigno, confiável.

fi.de.li.dad [fiðeliðáð] *s.f.* fidelidade, lealdade.

fi.de.o [fiðéo] *s.m.* macarrão.

fi.du.cia.rio [fiðuθjárjo] *adj.* dependente da confiança.

fie.bre [fjéβre] *s.f.* febre.

fi.el [fiél] *adj.* 1 fiel, leal. 2 exato.

fiel.tro [fjéltro] *s.m.* feltro.

fie.re.za [fjeréθa] *s.f.* ferocidade, bravura.

fie.ro/a [fjéro] *adj.* 1 feroz, próprio das feras. 2 feio.

fie.rro [fjéro] *s.m.* ferro.

fies.ta [fjésta] *s.f.* festa.

fi.gu.ra [fiɣúra] *s.f.* figura, imagem, forma externa.

fi.gu.ra.ble [fiɣuráβle] *adj.* figurável.

fi.gu.ra.ción [fiɣuraθjón] *s.f.* figuração.

fi.gu.ra.do/a [fiɣuráðo] *adj.* figurado

fi.gu.ran.te [fiɣuránte] *adj.* papel extra em filme ou peça teatral.

fi.gu.rar [fiɣurár] *v.t.* 1 figurar, aparecer, aparentar. 2 fazer parte, estar incluído. *Ud. no figura em estas listas.* O senhor não figura nestas listas.

fi.gu.rar.se [fiɣurárse] *v.p.* supor. *Jorge se figura que soy su esclavo ¡Cómo se equivoca!* Jorge supõe que sou seu escravo. Como se engana!

fi.gu.ra.ti.vo/a [fiɣuratíβo] *adj.* (arte) figurativo, representação de figuras.

fi.gu.rín [fiɣurín] *s.m.* figurino.

fi.ja.ción [fixaθjón] *s.f.* fixação.

fi.ja.dor/a [fixaðór] *adj.* e *s.* fixador

fi.ja.men.te [fixaménte] *adv.* fixamente. *El profesor lo miró fijamente y le pidió que leyera.* O professor olhou-o fixamente e pediu-lhe que lesse.

fi.jar [fixár] *v.t.* fixar.

fi.jar.se [fixárse] *v.p.* reparar, prestar atenção.
fi.je.za [fixéθa] *s.f.* fixidez, segurança.
fi.jo/a [fíxo] *adj.* fixo. *Tiene um sueldo fijo, bajo, pero las comisiones son altas.* Tem um salário fixo, baixo, mas as comissões são altas.
fi.la [fíla] *s.f.* fileira.
fi.la.men.to [filaménto] *s.m.* filamento.
fi.lan.tro.pí.a [filantropía] *s.f.* filantropia, amor ao semelhante, ação de dar a quem necessita.
fi.lán.tro.po [filántropo] *s.m.* filantropo, caridoso, assistencialista.
fi.lar.mó.ni.co/a [filarmóniko] *adj.* es filarmônico.
fi.la.te.lia [filatélja] *s.f.* filatelia, coleção de selos postais.
fi.la.te.lis.ta [filatelísta] *adj. e s.* filatelista, que coleciona selos postais.
fi.le.te [filéte] *s.m.* bife, filé.
fi.le.te.ar [fileteár] *v.t. e i.* cortar em bifes.
fi.lia.ción [filjaθjón] *s.f.* filiação.
fi.lial [filjál] *adj.* filial, de filho. *Los hijos devuelven el amor filial, que es un reconocimiento de la dedicación de los padres.* Os filhos devolvem o amor filial, que é um reconhecimento da dedicação dos pais.
fi.liar [filjár] *v.t.* fichar.
fi.liar.se [filjárse] *v.p.* afiliar-se.
fi.li.bus.te.ro/a [filibustéro] *s. e adj.* pirata, mercenário do mar que lutava nas Antilhas e cooperou com a emancipação das colônias da Espanha.
fi.li.gra.na [filiɣrána] *s.f.* trabalho gráfico ou de pintura em forma de renda fina.
fi.lí.pi.ca [filípika] *s.f.* censura, crítica ácida de oposição.
fi.lis.te.o [filistéo] *adj.* filisteu, pessoa interesseira, vulgar.
fil.mar [filmár] *v.t. e i.* filmar
fil.me [fílme] *s.m.* filme.

fi.lo [fílo] *s.m.* gume. *La mentira es un arma de dos filos.* A mentira é uma arma de dois gumes.
fi.lo.lo.gí.a [filoloxía] *s.f.* filologia, estudo científico de uma língua.
fi.ló.lo.go/a [filóloɣo] *s.* filólogo, que estuda ou é especialista em filologia.
fi.lón [filón] *s.m.* veio, fonte, filão. *Descubrieron un filón de oro en el Aconquija, en Catamarca.* Descubriram um filão de ouro no Aconquija, em Catamarca.
fi.lo.so/a [filóso] *adj.* filoso, que tem filos.
fi.lo.so.fal [filosofál] *adj.* filosofal.
fi.lo.so.fí.a [filosofía] *s.f.* filosofia, universo de conhecimento sobre a natureza, o homem, relações, valores, conceitos, sentido e princípios da vida.
fi.ló.so.fo [filósofo] *s.* filósofo.
fil.tra.ción [filtraθjón] *s.f.* filtração.
fil.tran.te [filtránte] *adj.* filtrante, que filtra.
fil.trar [filtrár] *v.t.* fitrar, purificar.
fil.trar.se [filtrárse] *v.p.* infiltrar-se.
fil.tro [fíltro] *s.m.* filtro. *Necesitas cambiarle el filtro de aire a tu auto.* Você precisa trocar o filtro de ar de seu carro.
fi.mo.sis [fimósis] *s.f.* (med.) fimose.
fin [fín] *s.m.* fim, término.
fi.na.do/a [findáðo] *adj.* finado, morto.
fi.nal [finál] *adj.* final, fim.
fi.na.li.dad [finaliðáð] *s.f.* finalidade, objetivo, meta.
fi.na.lis.ta [finalísta] *s.* finalista, que está na parte final.
fi.na.li.za.ción [finaliθaθjón] *s.f.* finalização.
fi.na.li.zar [finaliθár] *v.t. e i.* finalizar.
fi.nan.cia.ción [finanθjaθjón] *s.f.* (com.) financimento. *Julieta necesita una financiación para comprar un coche.* Julieta precisa de um financiamento para comprar um carro.

fi.nan.ciar [finaɲθjár] *v.t.* financiar.
fi.nan.cie.ro/a [finaɲθjéro] *adj.* (com.) financeiro.
fi.nan.cista [finaɲθísta] *s.* financiador.
fi.nan.zas [fináɲθas] *s.f.* (pl.) finanças.
fin.ca [fíŋka] *s.f.* propriedade campestre, chácara. *La finca de mi abuelo en San Antonio está bien conservada.* A chácara de meu avô em San Antonio está bem conservada.
fin.car [fiŋkár] *v.t. e i.* espetar.
fi.ne.za [fiɲéθa] *s.f.* fineza.
fin.gi.mien.to [fiŋximjénto] *s.m.* fingimento.
fin.gir [fiŋxír] *v.t. e i.* fingir.
fi.ni.qui.tar [finikitár] *v.t.* findar, quitar.
fi.ni.qui.to [finikíto] *s.m.* (com.) documento de quitação.
fi.no/a [fíno] *adj.* fino.
fi.nu.ra [finúra] *s.f.* finura.
fir.ma [fírma] *s.f.* assinatura. *La firma de los documentos no fue reconocida por el escribano.* A assinatura dos documentos não foi reconhecida pelo escrivão.
fir.ma.men.to [firmaménto] *s.m.* firmamento, céu.
fir.man.te [firmánte] *adj. e s.* pessoa que assina ou subscreve.
firmar [firmár] *v.t. e i.* assinar.
fir.me [fírme] *adj.* firme, seguro.
fir.me.za [firméθa] *s.f.* firmeza, segurança.
fis.cal [fiskál] *adj.* fiscal.
fis.cal [fiskál] *s.* promotor público.
fis.ca.li.za.ción [fiskaliθaθjón] *s.f.* fiscalização.
fis.ca.li.zar [fiskaliθár] *v.t.* fiscalizar.
fis.co [físko] *s.m.* fisco, a receita federal, a fazenda, a fiscalização. *El fisco le puso una multa por atrasar la entrega del informe de rentas.* O fisco aplicou-lhe uma multa por ter atrasado a entrega da declaração de renda.
fis.gar [fizɣár] *v.t.* fisgar, pegar.

fis.gón/a [fizɣón] *adj. e s.* curioso, bisbilhoteiro, xereta.
fis.go.ne.ar [fizɣoneár] *v.t. e i.* bisbilhotar, curiosear, xeretar.
fí.si.co/a [físiko] *adj.* 1 físico, material. 2 profissional da física.
fi.sio.lo.gí.a [fisjoloxía] *s.f.* fisiologia.
fi.sió.lo.go/a [fisjóloɣo] *adj.* fisiólogo.
fi.sio.te.ra.pia [fisjoterápja] *s.f.* (med.) fisioterapia.
fi.so.no.mí.a [fisonomía] *s.f.* fisionomia.
fi.so.no.mis.ta [fisonomísta] *s.* fisionomista.
fís.tu.la [fístula] *s.f.* (med.) fístula.
fi.su.ra [fisúra] *s.f.* fissura, fenda, rachadura. *Vimos unas fisuras en la pared y llamamos al ingeniero para opinar.* Vimos algumas rachaduras na parede e chamamos o engenheiro para verificar.
fla.ci.dez [flaθiðéθ] *s.f.* flacidez.
flá.ci.do/a [fláθiðo] *adj.* flácido, mole.
fla.co/a [fláko] *adj.* magro.
fla.ge.la.ción [flaxelaθjón] *s.f.* flagelação.
fla.ge.la.do/a [flaxeláðo] *adj.* flagelado.
fla.ge.lar [flaxelár] *v.t.* flagelar, açoitar.
fla.ge.lo [flaxélo] *s.m.* flagelo, açoite. *El hambre es un flagelo que avergüenza.* A fome é um flagelo que envergonha.
fla.gran.te [flaɣránte] *adj.* flagrante.
fla.man.te [flamánte] *adj.* flamejante.
fla.me.ar [flameár] *v.i.* flamejar.
fla.men.co/a [flaméŋko] *adj.* 1 flamengo, natural de Flandres.
fla.men.co [flaméŋko] *s.m.* 1 dança ou música cigana típicas de Andaluzia. 2 flamingo.
flan [flán] *s.m.* flã.
flan.co [fláŋko] *s.m.* flanco, lado.
flan.que.ar [flaŋkeár] *v.t.* flanquear, estar do lado.

fla.quear [flakeár] *v.i.* fraquejar. *Luego de tres semanas la huelga empezó a flaquear.* Depois de três semanas a greve começou a fraquejar.
fla.que.za [flakéθa] *s.f.* magreza.
flash [flás] *s.m.* (angl.) flash.
fla.to [fláto] *s.m.* gás intestinal, peido.
fla.tu.len.cia [flatulénθja] *s.f.* flatulência.
flau.ta [fláu̯ta] *s.f.* flauta.
flau.tis.ta [flau̯tísta] *adj.* flautista, quem toca flauta.
fle.bi.tis [fleβítis] *s.f.* (med.) flebite.
fle.cha [flétʃa] *s.f.* 1 flecha, arma ou esporte. 2 seta. *La flecha indicaba muy claro que la dirección es a la derecha.* A seta indicava bem claro que a direção é à direita.
fle.char [fletʃár] *v.t.* flechar.
fle.cha.zo [fletʃáθo] *s.m.* flechada.
fle.co [fléko] *s.m.* franja de tecido.
fle.ma [fléma] *s.f.* escarro.
fle.má.ti.co/a [flemátiko] *adj.* fleumático, impassível.
fle.qui.llo/a [flekíʎo] *v.t.* franja de cabelo.
fle.tar [fletár] *v.t.* fretar, embarcar.
fle.te [fléte] *adj.* frete.
fle.xi.bi.li.dad [fleksiβiliðáð] *s.f.* flexibilidade.
fle.xi.ble [fleksíβle] *s.f.* flexível.
fle.xión [fleksjón] *s.f.* flexão.
fle.xio.nar [fleksjonár] *v.t.* flexionar.
fle.xio.nar.se [fleksjonárse] *v.p.* flexionar-se.
flir.te.ar [flirteár] *v.t.* paquerar, ficar, flertar.
flir.te.o [flirtéo] *s.m.* flerte.
flo.je.ar [floxeár] *v.i.* fraquejar.
flo.je.dad [floxeðáð] *s.f.* moleza. *Sintió una flojedad en todo el cuerpo y luego se desmayó.* Sentiu uma moleza em todo o corpo e depois desmaiou.
flo.je.ra [floxéra] *s.f.* moleza, frouxidão.
flo.jo/a [flóxo] *adj.* frouxo.

flor [flór] *s.f.* flor.
flo.ra [flóra] *s.f.* (bot.) flora.
flo.re.ar [floreár] *v.t.* florear, ornar com flores.
flo.re.cer [floreθér] *v.i.* florescer.
flo.re.cer.se [floreθérse] *v.p.* mofar.
flo.re.ci.do/a [floreθíðo] *adj.* florecido.
flo.re.ci.mien.to [floreθimjénto] *s.m.* florecimento.
flo.re.o [floréo] *s.m.* floreio.
flo.re.rí.a [florería] *s.f.* floricultura.
flo.re.ro [floréro] *s.m.* jarra ou vaso para flores. *Pusieron cuatro floreros con orquídeas a la entrada de la iglesia.* Puseram quatro vasos com orquídeas na entrada da igreja.
flo.res.ta [florésta] *s.f.* (bot.) floresta.
flo.ri.cul.tor/a [florikultór] *s.* floricultor.
flo.ri.cul.tu.ra [florikultúra] *s.f.* floricultura.
flo.ri.do/a [floríðo] *adj.* florido.
flo.ris.ta [florísta] *s.* florista.
flo.ris.te.rí.a [floristería] *s.f.* floricultura.
flo.ta [flóta] *s.f.* (mar. e mil.) 1 frota. 2 veículos de transporte. *La flota de camiones ya está vieja y sin mantenimiento.* A frota de caminhões já está velha e sem manutenção.
flo.ta.ción [flotaθjón] *s.f.* flutuação.
flo.ta.dor/a [flotaðór] *adj.* flutuador.
flo.tan.te [flotánte] *adj.* flutuante.
flo.tar [flotár] *v.i.* flutuar.
flo.te [flóte] *loc.* **a flote**, boiando.
flo.ti.lla [flotíʎa] *s.f.* frota pequena.
fluc.tu.a.ción [fluktuaθjón] *s.f.* flutuação.
fluc.tuan.te [fluktuánte] *adj.* flutuante.
fluc.tu.ar [fluktuár] *v.i.* flutuar.
flu.en.cia [fluénθja] *s.f.* fluência, coerência, espontaneidade.
flui.dez [fluiðéθ] *s.f.* fluidez. *Hablaba inglés con mucha fluidez y casi sin acento.* Falava inglês com muita fluidez e quase sem sotaque.

flui.do/a [flwíðo] *adj.* fluido.
fluir [flwír] *v.i.* fluir.
flu.jo [flúxo] *s.m.* fluxo.
flú.or [flúor] *s.m.* flúor.
flu.o.res.cen.te [fluoresθénte] *adj.* fluorescente.
flu.o.ri.za.ción [fluoriθaθjón] *s.f.* fluorização.
flu.o.ru.ro [fluorúro] *s.m.* (quím.) fluoreto.
flu.vial [fluβjál] *adj.* fluvial, de rio. *El transporte fluvial es muy importante en la Amazonia.* O transporte fluvial é muito importante na Amazônia.
fo.bia [fóβja] *s.f.* 1 fobia, medo mórbido. 2 aversão. *Sentia fobia por los cambios y la seguridad de una mudanza de casa o del barrio.* Sentia fobia pelas mudanças e pela certeza de uma mudança de casa ou do bairro.
fo.ca [fóka] *s.f.* (zoo.) foca.
fo.cal [fokál] *adj.* focal, que tem foco.
fo.co [fóko] *s.m.* foco.
fo.fo/a [fófo] *adj.* fofo.
fo.ga.ta [foɣáta] *s.f.* fogueira.
fo.gón [foɣón] *s.m.* boca de fogão.
fo.go.na.zo [foɣonáθo] *s.m.* labareda.
fo.go.ne.ro/a [foɣonéro] *s.* foguista.
fo.go.si.dad [foɣosiðáð] *s.f.* fogosidade, ardor, impetuosidade. *Escribió dos libros con la misma fogosidad con que cabalgaba o cruzaba el río a nado.* Escreveu dois livros com a mesma fogosidade com que cavalgava ou atravessava o rio a nado.
fo.go.so/a [foɣóso] *adj.* fogoso, ardente, exaltado.
fo.ja/a [fóxa] *adj.* frouxa.
fo.lí.cu.lo [folíkulo] *s.f.* folículo.
fo.lio [fóljo] *s.m.* fólio, folha de livro.
fol.klo.re [folklóre] *s.m.* (angl.) folclore.
fol.kló.ri.co/a [folklóriko] *adj.* folclórico.
fo.lla.je [foʎáxe] *s.m.* folhagem. *El follaje denso y húmedo le impedía el paso.* A folhagem densa e úmida impedia-lhe a passagem.

follar [foʎár] *v.i.* copular, fornicar, transar; (vulg.) trepar.
fo.lle.tín [foʎetín] *s.m.* folhetim.
fo.lle.ti.nes.co/a [foʎetinésko] *adj.* novelesco.
fo.lle.to [foʎéto] *s.m.* folheto.
fo.llón/a [foʎón] *adj. e s.* preguiçoso, bagunça.
fo.llo.ne.ro/a [foʎonéro] *adj. e s.* bagunceiro.
fo.men.tar [fomentár] *v.t.* 1 aquecer. 2 estimular.
fo.men.to [foménto] *s.m.* 1 calor. 2 estímulo.
fon.da [fonda] *s.f.* 1 hospedagem e refeitório. 2 (Chile) taberna ou cantina.
fon.de.a.de.ro/a [fondeaðéro] *s.m.* ancoradouro.
fon.de.a.do/a [fondeáðo] *adj.* sondado, ancorado. *Habían fondeado el barco en un río angosto, a cien metros de la costa.* Tinham ancorado o barco em um rio estreito, a cem metros da costa.
fon.de.ar [fondeár] *v.t.* 1 sondar. 2 *v.i.* fundear, ancorar.
fon.di.llos [fondíʎos] *s.m.*(pl.) fundilhos.
fon.do [fóndo] *s.m.* fundo.
fo.ne.ma [fonéma] *s.m.* fonema.
fo.né.ti.ca [fonétika] *s.m.* fonética.
fo.né.ti.co/a [fonétiko] *adj.* (gram.) fonético.
fó.ni.co/a [fóniko] *adj.* fônico.
fo.no.grá.fi.co/a [fonoɣráfiko] *adj.* fonográfico.
fo.nó.gra.fo [fonóɣrafo] *s.m.* fonógrafo.
fo.no.lo.gí.a [fonoloxía] *s.f.* (gram.) fonologia.
fon.ta.ne.rí.a [fontanería] *s.f.* tubulação para adução de água.
fon.ta.ne.ro [fontanéro] *s.m.* encanador, bombeiro (Rio de Janeiro). *El fontanero arregló los grifos que estaban sin água.* O encanador

forajido/a

consertou as torneiras que estavam sem água.
fo.ra.ji.do/a [forajíðo] *adj. e s.* foragido.
fo.ras.te.ro/a [forastéro] *adj. e s.* forasteiro.
for.ce.je.ar [forθexeár] *v.i.* forcejar
for.ce.je.o [forθexéo] *s.m.* esforço.
fór.ceps [fórθeps] *s.m.* fórceps.
fo.ren.se [forénse] *adj.* forense.
fo.res.ta.ción [foresta θjón] *s.f.* reflorestamento.
fo.res.tal [forestál] *adj.* floresta.
for.ja [fórxa] *s.f.* forja.
for.jar [forxár] *v.t.* forjar.
for.ma [fórma] *s.f.* forma.
for.ma.ción [formaθjón] *s.f.* formação.
for.ma.do/a [formáðo] *adj.* formado.
for.mal [formál] *adj.* 1 formal, convencional. 2 cerimonioso. 3 segundo as normas ou leis. *Es un contrato formal, común y corriente.*
for.ma.li.dad [formaliðáð] *s.f.* formalidade.
for.ma.lis.mo [formalízmo] *s.m.* formalismo.
for.ma.li.zar [formaliθár] *v.t.* 1 formalizar, oficializar. 2 fazer cerimonioso. 3 seguir regras e fórmulas.
for.ma.li.zar.se [formaliθárse] *v.p.* criar juízo.
for.mar [formár] *v.t.* formar.
for.mar.se [formárse] *v.p.* formar-se.
for.ma.te.ar [formateár] *v.t.* (inf.) formatar (disquetes).
for.ma.ti.vo/a [formatíβo] *adj.* formativo.
for.ma.to [formáto] *s.m.* formato.
for.mi.da.ble [formiðáβle] *adj.* formidável.
for.mol [formól] *s.m.* (quím.) formol.
for.món [formón] *s.m.* formão.
fór.mu.la [fórmula] *s.f.* fórmula.
for.mu.lar [formulár] *v.t.* formular.
for.mu.la.rio/a [formulárjo] *s. e adj.* 1 modelo ou padrão impresso para preencher,
formulário. 2 conjunto de fórmulas. 3 de fórmula, de rotina.
for.ni.ca.ción [fornikaθjón] *s.f.* fornicação.
for.ni.car [fornikár] *v.i.* fornicar.
for.ni.do/a [forníðo] *adj.* fornido.
fo.ro [fóro] *s.m.* fórum.
fo.rra.je [fořáxe] *s.m.* forragem.
fo.rra.je.ar [fořaxeár] *v.t.* forrar.
fo.rrar [fořár] *v.t.* forrar.
fo.rrar.se [fořár] *v.p.* 1 forrar o estômago. 2 enriquecer.
fo.rro [fóřo] *s.m.* 1 forro. 2 (vulg. Argentina e Uruguai) preservativo.
for.ta.le.ce.dor/a [fortaleθeðór] *adj.* fortalecedor.
for.ta.le.cer [fortaleθér] *v.t.* fortalecer.
for.ta.le.cer.se [fortaleθérse] *v.p.* fortalecer-se.
for.ta.le.ci.mien.to [fortaleθimjénto] *s.m.* fortalecimento, robustecimento. *Brasil aspira al fortalecimiento del Mercosur.* O Brasil aspira ao fortalecimento do Mercosul.
for.ta.le.za [fortaléθa] *s.f.* fortaleza.
for.ti.fi.ca.ción [fortifikaθjón] *s.f.* fortificação.
for.ti.fi.can.te [fortifikánte] *adj.* fortificante.
for.ti.fi.car [fortifikár] *v.t.* fortificar.
for.ti.fi.car.se [fortifikárse] *v.p.* fortificar-se.
for.tui.to [fortwíto] *adj.* fortuito, casual, acidental. *Fue un encuentro fortuito que terminó en noviazgo y casamiento.* Foi um encontro fortuito que terminou em namoro e casamento.
for.tu.na [fortúna] *s.f.* fortuna, sorte. *La gitana le leyó las manos y le dijo la buena fortuna.* A cigana leu a sorte nas mãos dele.
fo.rún.cu.lo [forúŋkulo] *s.m.* (med.) furúnculo.

for.za.da.men.te [forθaðaménte] *adv.* forçadamente.
for.za.do/a [forθáðo] *adj.* forçado.
for.zar [forθár] *v.t.* forçar.
for.zo.sa.men.te [forθosaménte] *adv.* forçosamente.
for.zo.so/a [forθóso] *adj.* obrigatório, forçoso.
for.zu.do/a [forθúðo] *adj.* muito forte.
fo.sa [fósa] *s.f.* fossa, cavidade.
fos.fa.to [fosfáto] *s.m.* (quím.) fosfato.
fos.fo.res.cen.cia [fosforesθénçθja] *s.f.* fosforecência.
fos.fo.res.cen.te [fosforesθénte] *adj.* fosforescente, que brilha no escuro. *Pintó el coche con una pintura verde fosforescente, ¡quedó horrible!* Pintou o carro com tinta verde fosforescente, ficou horrível!
fós.fo.ro [fósforo] *s.m.* fósforo.
fó.sil [fósil] *adj.* e *s.m.* fóssil.
fo.si.li.za.ción [fosiliθaθjón] *s.f.* fossilização.
fo.si.li.zar.se [fosiliθárse] *v.p.* fossilizar-se.
fo.so [fóso] *s.m.* fosso, buraco.
fo.to [fóto] *s.f.* foto, fotografia.
fo.to.com.po.si.ción [fotokomposiθjón] *s.f.* fotocomposição.
fo.to.co.pia [fotokópja] *s.f.* fotocópia, cópia xerox.
fo.to.co.pia.do.ra [fotokopjaðóra] *s.f.* máquina para tirar fotocópias.
fo.to.co.piar [fotokopjár] *v.t.* xerocar.
fo.to.gé.ni.co/a [fotoxéniko] *adj.* fotogênico, que fotografa bem. *Es muy fotogénica, nunca sale mal en las fotos.* É muito fotogênica, nunca sai mal nas fotos.
fo.to.gra.ba.do [fotoɣraβáðo] *s.m.* fotogravura, fotos impressas em chapas de zinco ou cobre.
fo.to.gra.bar [fotoɣraβár] *v.t.* fotogravar.

fo.to.gra.fí.a [fotoɣrafía] *s.f.* fotografia.
fo.to.gra.fiar [fotoɣrafjár] *v.t.* fotografar.
fo.to.grá.fi.co/a [fotoɣráfiko] *adj.* fotográfico.
fo.tó.gra.fo/a [fotóɣrafo] *s.* fotógrafo.
fo.to.me.trí.a [fotometría] *s.f.* fotometria.
fo.tó.me.tro [fotómetro] *s.m.* fotômetro.
fo.to.sen.si.ble [fotosensíβle] *adj.* fotosensível.
fo.to.sín.te.sis [fotosíntesis] *s.f.* (biol.) fotossíntese.
frac [frák] *s.m.* fraque. *Llegó de frac, sombrero largo y bastón.* Chegou de fraque, cartola e bengala.
fra.ca.sa.do/a [frakasáðo] *adj.* fracassado.
fra.ca.sar [frakasár] *v.i.* fracassar, falhar, malograr.
fra.ca.so [frakáso] *s.m.* fracasso. *La fiesta fue un fracaso por causa de la música muy estridente.* A festa foi um fracasso por causa da música muito estridente.
frac.ci.ón [frakθjón] *s.f.* fração.
frac.cio.nar [frakθjonár] *v.t.* fracionar.
frac.tu.ra [fraktúra] *s.f.* fratura, quebra, ruptura. *Los veinte años de dictadura fueron una fractura en los hábitos democráticos y de la educación.* Os vinte anos de ditadura foram uma fratura nos hábitos democráticos e da educação.
frac.tu.rar [frakturár] *v.t.* fraturar, romper.
frac.tu.rar.se [frakturárse] *v.p.* fraturar, quebrar-se.
fra.gan.cia [fraɣánçθja] *s.f.* fragância.
fra.gan.te [fraɣánte] *adj.* fragante, que tem fragância.
frá.gil [fráxil] *adj.* frágil.
frag.men.tar [fraɣmentár] *v.t.* fragmentar.
frag.men.ta.rio/a [fraɣmentárjo] *adj.* fragmentário.
frag.men.tar.se [fraɣmentárse] *v.p.* fragmentar-se.

fragmento

frag.men.to [fraɣménto] *s.m.* fragmento.
fra.gor [fraɣór] *s.m.* fragor, estrondo. *En el fragor de la discusión, se echó a llorar.* No fragor da discussão, pôs-se a chorar.
fra.go.ro.so/a [fraɣoróso] *adj.* fragoroso.
fra.guar [fraɣwár] *v.t.* fraguar, forjar.
frai.le [fráile] *s.m.* freire (frei).
fram.bue.sa [frambwésa] *s.f.* (bot.) framboesa.
fram.bue.so [frambwéso] *s.m.* (bot.) pé de framboesa.
fran.ca.che.la [fraŋkatʃéla] *s.f.* brincadeira.
fran.cis.ca.no/a [franθiskáno] *adj.* franciscano.
fran.co/a [fráŋko] *adj.* franco, sincero. *Soy franco, no creo que te contraten.* Sou franco, acho que não o contratam.
fra.ne.la [franéla] *s.f.* flanela.
fran.ja [fráŋxa] *s.f.* franja, faixa.
fran.que.ar [fraŋkeár] *v.t.* franquear.
fran.que.ar.se [fraŋkeárse] *v.p.* abrir-se com alguém.
fran.que.za [fraŋkéθa] *s.f.* franqueza, sinceridade.
fran.qui.cia [fraŋkíθja] *s.f.* franquia, licença de uso de marca. *La franquicia les da el derecho de usar la marca y el conocimiento acumulado por el franquiciador.* A franquia lhes dá o direito de usar a marca e o conhecimento acumulado pelo franqueador.
fras.co [frásko] *s.m.* frasco.
fra.se [fráse] *s.f.* frase.
fra.se.ar [fraseár] *v.t.* frasear, citar frases.
fra.ter.nal [fraternál] *adj.* fraternal.
fra.ter.nal.men.te [fraternalménte] *adv.* fraternalmente, de modo fraternal.
fra.ter.ni.dad [fraterniðáð] *s.f.* fraternidade.
fra.ter.ni.zar [fraterniθár] *v.i.* fraternizar.
fra.ter.no/a [fratérno] *adj.* fraterno.

fra.tri.ci.da [fratriθíða] *s.f.* fratricida, que mata o irmão.
fra.tri.ci.dio [fratriθíðjo] *s.m.* fratricídio, assassinato de um irmão.
frau.de [fráu̯ðe] *s.m.* fraude. *Las elecciones fueron anuladas por haber sospechas de fraude.* As eleições foram anuladas por haver suspeitas de fraude.
frau.du.len.to/a [frau̯ðulénto] *adj.* fraudulento.
fray [frái̯] *s.m.* frei. *Fray* é apócope de *fraile*, usa-se antes de nome próprio. *Fray Luis de León.*
fra.za.da [fraθáða] *s.f.* cobertor, manta.
fre.cuen.cia [frekwénθja] *s.f.* frequência.
fre.cuen.ta.ción [frekwéntaθjón] *s.f.* frequência.
fre.cuen.tar [frekwentár] *v.t.* frequentar.
fre.cuen.te [frekwénte] *adj.* frequente.
fre.ga.de.ro [freɣaðéro] *s.m.* pia de cozinha. *Estuvo lavando platos y vajillas en el fregadero durante horas.* Ficou lavando pratos e vasilhas na pia durante horas.
fre.ga.do/a [freɣáðo] *adj.* esfregado.
fre.ga.du.ra [freɣaðúra] *s.f.* esfregada.
fre.gar [freɣár] *v.t.* esfregar.
fre.go.na [freɣóna] *s.f.* (col.) esfregão.
frei.la [fréila] *s.f.* freira.
fre.ír [freír] *v.t.* e *i.* fritar. *Se puso a freír las milanesas y a preparar la ensalada.* Pôs-se a fritar os bifes à milanesa e a preparar a salada.
fre.ír.se [freírse] *v.p.* assar-se.
frejol/fréjol [frexól]/[fréxol] *s.m.* feijão.
fre.nar [frenár] *v.t.* brecar.
fre.nar.se [frenárse] *v.p.* reprimir-se.
fre.na.zo [frenáθo] *s.m.* freada.
fre.ne.sí [frenesí] *s.m.* frenesi, agitação. *El frenesí de la noche de Acapulco ha aparecido en docenas de películas.* O frenesi da noite de Acapulco apareceu em dúzias de filmes.

fre.né.ti.co/a [frenétiko] *adj.* frenético, agitado.
fre.ni.llo [freníʎo] *s.m.* (med.) freio da língua.
fre.no [fréno] *s.m.* breque, freio.
fren.te [frénte] *s.f.* testa.
fre.sa [frésa] *s.f.* morango.
fre.sa.do.ra [fresaðóra] *s.f.* (mec.) fresa, máquina de fresar.
fres.co/a [frésko] *adj.* fresco.
fres.cor [freskór] *s.m.* frescor.
fres.cu.ra [freskúra] *s.f.* frescura.
freu.dia.no/a [freuðjáno] *adj.* freudiano.
fre.za [fréθa] *s.f.* desova.
fri.al.dad [frialdáð] *s.f.* frieza.
fri.a.men.te [friaménte] *adv.* friamente.
fric.ción [frikθjón] *s.f.* fricção
fric.cio.nar [frikθjonár] *v.t.* friccionar
frie.ga [frjéɣa] *s.f.* esfrega, fricção.
fri.gi.dez [frixiðéθ] *s.f.* frigidez.
frí.gi.do/a [fríxiðo] *adj.* frígido.
fri.go.rí.fi.co/a [friɣorífiko] *adj.* frigorífico.
frijol/fríjol [frixól]/[fríxol] *s.m.* feijão.
frí.o/a [frío] *adj.* frio.
fri.o.len.to/a [friolénto] *adj.* friorento. *Es un niño tan friolento que duerme con tres mantas.* É um menino tão friorento que dorme com três mantas.
fri.o.le.ra [frioléra] *s.f.* quinquilharia.
fri.o.le.ro/a [friolero] *adj. e s.* friorento.
fri.sar [frisár] *v.t.* frisar.
fri.so [fríso] *s.m.* friso.
fri.ta.da [fritáða] *s.f.* fritada.
fri.to [fríto] *adj.* frito
fri.tu.ra [fritúra] *s.f.* fritura.
fri.vo.li.dad [friβoliðáð] *s.f.* frivolidade.
frí.vo.lo [fríβolo] *adj.* frívolo, fútil.
fron.do.so/a [frondóso] *adj.* frondoso.
fron.tal [frontál] *adj.* frontal.

fron.te.ra [frontéra] *s.f.* fronteira. *Los gauchos de la frontera norte de Argentina con Bolivia impidieron el avance de las tropas españolas.* Os gaúchos da fronteira norte da Argentina com a Bolívia impediram o avanço das tropas espanholas.
fron.te.ri.zo/a [fronteríθo] *adj.* fronteiriço.
fron.te.ro/a [frontéro] *adj.* fronteiriço, que faz fronteira.
fro.ta.mien.to [frotamjénto] *s.m.* atrito.
fro.tar [frotár] *v.t. e i.* esfregar.
fro.tar.se [frotárse] *v.p.* esfregar-se.
fruc.tí.fe.ro/a [fruktífero] *adj.* frutífero.
fruc.ti.fi.car [fruktifikár] *v.i.* frutificar.
fru.gal [fruɣál] *v.i.* frugal.
fru.ga.li.dad [fruɣaliðáð] *s.f.* frugalidade.
frui.ción [fruiθjón] *adj.* fruição.
frun.ce [frunθe] *s.m.* franzido.
frun.cir [frunθír] *v.t.* franzir. *El padre fruncía la frente en señal de desaprobación.* O pai franzia a testa em sinal de desaprovação.
frun.cir.se [frunθírse] *v.p.* (pop.) franzir-se sentir medo, acovardar-se.
frus.le.rí.a [fruslería] *s.f.* ninharia.
frus.tra.ción [frustraθjón] *s.f.* frustração.
frus.tra.do/a [frustráðo] *adj.* frustrado.
frus.trar [frustrár] *v.t.* frustrar.
frus.trar.se [frustrárse] *v.p.* frustrar-se.
fru.ta [frúta] *s.m.* (bot.) fruta.
fru.tal [frutál] *adj.* (bot.) frutífero.
fru.te.rí.a [frutería] *s.f.* estabelecimento de venda de frutas.
fru.te.ro/a [frutéro] *adj. e s.* fruteiro.
fru.ti.lla [frutíʎa] *s.f.* (bot.) morango.
fru.to [frúto] *s.m.* fruto.
fu.ci.lar [fuθilár] *v.t. e i.* fuzilar.
fuc.sia [fúksja] *s.m.* (cor) magenta, sulferino.
fue.go [fwéɣo] *s.m.* fogo.
fue.lle [fwéʎe] *s.m.* fole. *El fuelle del bandoneón representa la música porteña*

más clásica. O fole do bandônion representa a música portenha mais clássica.
fuen.te [fwénte] *s.f.* fonte.
fue.ra [fwéra] *adv.* fora.
fue.ro [fwéro] *s.m.* foro, estatuto.
fuer.te [fwérte] *adj.* forte.
fuer.te.men.te [fwerteménte] *adv.* fortemente.
fu.er.za [fwérθa] *s.f.* força.
fu.ga [fúɣa] *s.f.* fuga.
fu.ga.ci.dad [fuɣaθiðáð] *s.f.* fugacidade, rapidez. *La fugacidad de la juventud no deja marcas en los recuerdos de los viejos.* A fugacidade da juventude não deixa marcas nas lembranças dos velhos.
fu.gar.se [fuɣárse] *v.p.* fugir, escapar.
fu.gaz [fuɣáθ] *adj.* fugaz, fugidio.
fu.gi.ti.vo/a [fuxitíβo] *adj.* fugitivo
fu.la.na [fulána] *s.f.* (col.) prostituta.
fu.la.no/a [fuláno] *s.* fulano.
ful.gor [fulɣór] *s.m.* fulgor, esplendor. *El fulgor del éxito no le impidió disfrutar de las cosas simples de la vida.* O esplendor do sucesso não o impediu de desfrutar as coisas simples da vida.
ful.gu.ran.te [fulɣuránte] *adj.* fulgurante
ful.gu.rar [fulɣurár] *v.i.* fulgurar, resplandecer.
fu.lle.rí.a [fuʎería] *s.f.* logro.
fu.lle.ro/a [fuʎéro] *adj.* trapaceiro.
ful.mi.nar [fulminár] *v.t.* fulminar.
fu.ma.da [fumáða] *s.f.* fumada.
fu.ma.dor/a [fumaðór] *adj. e s.* fumante.
fu.mar [fumár] *v.t. e i.* fumar.
fu.ma.ra.da [fumaráða] *s.f.* baforada.
fu.mar.se [fumárse] *v.p.* esbanjar.
fu.mi.ga.dor/a [fumiɣaðór] *adj.* defumadora, dedetizadora. *El avión fumigador soltó dedeté encima de los campos.* O avião dedetizador soltou DDT sobre os campos.
fu.mi.gar [fumiɣár] *v.t.* defumar.

fun.ción [funθjón] *s.f.* função.
fun.cio.nal [funθjonál] *adj.* funcional.
fun.cio.na.li.dad [funθjonaliðáð] *s.f.* funcionalidade.
fun.cio.na.mien.to [funθjonamjénto] *s.m.* funcionamento.
fun.cio.nar [funθjonár] *v.i.* funcionar.
fun.cio.na.rio/a [funθjonárjo] *s.* funcionário.
fun.da [fúnda] *s.f.* estojo.
fun.da.ción [fundaθjón] *s.f.* fundação.
fun.da.dor/a [fundaðór] *s.* fundador.
fun.da.men.tal [fundamentál] *adj.* fundamental.
fun.da.men.tar [fundamentár] *v.t.* fundamentar.
fun.da.men.to [fundaménto] *s.m.* fundamento.
fun.da.men.tos [fundaméntos] *s.m.* (pl.) conhecimentos básicos, bases. *Los fundamentos de su formación son el latín y el griego.* Os fundamentos de sua formação são o latim e o grego.
fun.dar [fundár] *v.t.* fundar.
fun.dar.se [fundárse] *v.p.* fundar-se.
fun.di.ción [fundiθjón] *s.f.* fundição.
fun.dir [fundír] *v.t.* fundir.
fun.dir.se [fundírse] *v.p.* fundir-se.
fú.ne.bre [fúneβre] *adj.* fúnebre.
fu.ne.ral [funerál] *s.m.* funeral, enterro.
fu.ne.ra.rio/a [funerárjo] *adj.* funerário.
fu.né.re.o [funéreo] *adj.* fúnebre.
fu.nes.to [funésto] *adj.* funesto, nefasto.
fun.gi.ci.da [funxiθíða] *s.m.* fungicida.
fu.ni.cu.lar [funikulár] *adj.* funicular.
fur.cia [fúrθja] *s.f.* prostituta.
fur.gón [furɣón] *s.m.* furgão.
fur.go.ne.ta [furɣonéta] *s.f.* pequeno furgão.
fu.ria [fúrja] *s.f.* fúria.

fu.rio.sa.men.te [furjosaménte] *adv.* furiosamente.
fu.rio.so/a [furjóso] *adj.* furioso.
fu.ror [furór] *s.f.* furor.
fur.ti.vo/a [furtíβo] *adv.* furtivo.
fu.rún.cu.lo [furúŋkulo] *s.m.* furúnculo.
fu.se.la.je [fuseláxe] *s.f.* fuselagem.
fu.si.ble [fusíβle] *adj.* que pode fundir-se.
fu.sil [fusíl] *s.m.* fuzil.
fú.sil [fúsil] *s.m.* fúsil, fundível.
fu.si.la.mien.to [fusilamjénto] *s.m.* fuzilamento.
fu.si.lar [fusilár] *v.t.* fuzilar.
fu.sión [fusjón] *s.f.* fusão, junção.
fu.sio.nar [fusjonár] *v.t.* fusionar, juntar.
fu.sio.nar.se [fusjonárse] *v.p.* fusionar.
fus.tán [fustán] *s.m.* fustão, pano forte, sarjado, de algodão, linho, seda ou lã.
fus.te [fúste] *s.m.* fuste, haste.
fus.ti.ga.dor/a [fustiɣaðór] *adj.* fustigador, castigador.
fus.ti.gar [fustiɣár] *v.t.* fustigar, açoitar, castigar.
fút.bol [fútβol] *s.m.* futebol.
fut.bo.lis.ta [futβolísta] *s.* jogador de futebol.
fú.til [fútil] *adj.* fútil, frívolo.
fu.ti.li.dad [futiliðáð] *s.f.* futilidade, frivolidade.
fu.tu.ris.ta [futurísta] *adj.* futurista, que pensa no futuro.
fu.tu.ro/a [futúro] *adj.* e *s.m.* futuro.

G g

g, G [xé] *s.f.* 1 sétima letra do alfabeto espanhol e sexta de suas consoantes; seu nome é *ge*. Sua articulação, antes das vogais *e*, *i*, é velar fricativa surda, como a de *j*; em qualquer outra posição, sua articulação é velar sonora, oclusiva em posição inicial absoluta ou precedida de nasal, e fricativa em qualquer outra posição. Quando este som velar sonoro precede *e* ou *i*, transcreve-se intercalando *u* que não se pronuncia (guerra, guinda); nos casos em que o *u* se pronuncia em alguma destas combinações, deve levar trema (vergüenza, argüir). 2 abreviatura de grama. *Traéme 180 g. de jamón crudo.* Traz 180 g de presunto.

ga.ba.cho [gaβátʃo] *s.m.* linguagem dos espanhois que incorpora muitos galicismos.

ga.bán [gaβán] *s.m.* gabão, capote, sobretudo.

ga.bar.di.na [gaβarðína] *s.f.* 1 gabardina, capa impermeável. 2 sobretudo leve, impermeabilizado. 3 pano de sarja, lã ou algodão.

ga.bi.ne.te [gaβinéte] *s.m.* 1 escritório. 2 conselho de ministros. *El gabinete de emergência se reunió con el presidente de la nación.* O gabinete de emergência se reuniu com o presidente da nação. 3 consultório.

ga.ce.la [gaθéla] *s.f.* gazela, antílope.

ga.ce.ta [gaθéta] *s.f.* gazeta, folha de notícias especializadas, p.ex. literatura, economia etc.

ga.ce.ti.lla [gaθetíʎa] *s.f.* 1 notícia curta em um jornal. 2 pessoa que leva e traz notícias.

ga.chí [gatʃí] *s.f.* (fam.) mulher, moça.

ga.cho/a [gátʃo] *s.* gacho, encurvado, inclinado, corpo dobrado para baixo.

ga.di.ta.no/a [gaðitáno] *adj.* gaditano, natural de Cádiz (sul da Espanha).

ga.é.li.co/a [gaéliko] *adj.* gaélico, referente às línguas celtas da Irlanda, da Escócia e da Ilha de Man.

ga.fa [gáfa] *s.f.* 1 gancho, grampo. 2 óculos com ganchos para segurar nas orelhas

ga.fas [gáfas] *s.f.* óculos.

ga.fe [gáfe] *adj. e s.* azarado, pé-frio, desmancha prazeres.

gai.ta [gái̯ta] *s.f.* (mús.) gaita, saco de couro com tubos como flautas.

gai.te.ro/a [gái̯téro] *adj.* gaiteiro. 1 bobo alegre, que faz piadas impróprias. 2 músico que executa a gaita galega ou escocesa.

ga.je [gáxe] *s.m.* 1 salário. 2 bico, trabalho extra. 3 bens em garantia do oficio. *gajes del oficio*, ossos do ofício.

ga.jo [gáxo] *s.m.* gomo, galho, ramo. *Un gajo del naranjo estaba florido.* Um galho da laranjeira estava florido.

ga.la [gála] *s.f.* gala, ornamento, festa.

ga.lác.ti.co/a [galáktiko] *adj.* galático, das galáxias.

ga.lai.co/ [galái̯ko] *adj.* galaico, galego pertencente ou relativo à Galícia. *cordillera galaica*, cordilheira galaica.

ga.lai.co.por.tu.gués [galai̯koportuɣés] *s.m.* galego-português.

ga.lán [galán] *adj.* galã, ator principal.

ga.la.na.men.te [galanaménte] *adv.* de forma galante.

ga.lan.ce.te [galanθéte] *s.m.* ator que representa galãs jovens.

ga.la.ní.a [galanía] *s.f.* graça, gentileza, atenção.

ga.la.no/a [galáno] *adj.* adornado.

ga.lan.te [galánte] *adj.* galante, gentil, elegante, atencioso.

ga.lan.te.a.dor [galanteaðór] *adj.* cortejador, paquerador, namorador.

ga.lan.te.ar [galanteár] *v.t.* galantear, cortejar.

ga.lan.te.o [galantéo] *s.m.* galanteio, corte, sedução.

ga.lan.te.rí.a [galantería] *s.f.* graça e elegância, sedução, especialmente do homem com a mulher.

ga.la.nu.ra [galanúra] *s.f.* graça, gentileza, elegância, sedução.

ga.lá.pa.go [galápaɣo] *s.m.* réptil aquático parecido com a tartaruga.

ga.lar.dón [galarðón] *s.m.* galardão, prêmio, glória, recompensa por mérito.

ga.lar.do.nar [galarðonár] *v.t.* galardoar, premiar, recompensar. *Fue galardonado con el premio Nobel de literatura.* Foi galardoado com o prêmio Nobel de literatura.

ga.la.xia [galáksja] *s.f.* galáxia, sistema, sistema estelar. *La Via Láctea es una galaxia visible sin necesidad de aparatos.* A Via Látea é uma galáxia visível a olho nu.

ga.le.no [galéno] *s.m.* médico, doutor, qualquer médico.

ga.le.ón [galeón] *s.m.* galeão, galera, embarcação antiga.

ga.le.o.te [galeóte] *s.* escravo ou servo que remava forçado nas galeras.

ga.le.ra [galéra] *s.f.* 1 galera, cadeia de mulheres. 2 chapéu de gala masculino. 3 barco de vela e remo.

ga.le.rí.a [galería] *s.f.* galeria, local para exposições, corredor.

ga.lés [galés] *adj. e s.* galês, natural da região do País de Gales (Grã-Bretanha). 2 língua céltica do País de Gales.

gal.go/a [gálɣo] *adj.* (zool.) galgo, raça de cães magros e velozes.

gal.gue.ar [galɣeár] *v.i.* correr, andar velozmente.

gá.li.bo [gáliβo] *s.m.* gabarito, matriz para construir em série.

ga.li.ma.tí.as [galimatías] *s.m.* galimatias. 1 linguagem incompreensível. *Hablaba en un galimatías misterioso y oscuro.* Falava em um galimatias misterioso e obscuro. 2 confusão.

ga.lio [gáljo] *s.m.* gálio, metal da família do alumínio.

ga.llar.de.ar [gaʎarðeár] *v.i.* galhardear, ostentar elegância e desembaraço.

ga.llar.de.te [gaʎarðéte] *s.m.* galhardete, adorno, guirlanda, bandeirola, enfeite de rua.

ga.llar.dí.a [gaʎarðía] *s.f.* galhardia, elegância e desenvoltura de movimentos.

ga.llar.do/a [gaʎárðo] *adj.* galhardo, gentil, elegante.

ga.lle.ar [gaʎeár] *v.i.* galar, cobrir o galo agalinha; (fam.) cantar de galo.

ga.lle.go/a [gaɣéɣo] *adj. e s.* galego, pertencente ou relativo à Galícia; habitante ou natural dessa Comunidade Autônoma da Espanha.

ga.lle.go [gaɣéɣo] *s.m.* galego, língua românica falada na Galícia.

ga.lle.go.por.tu.gués [gaɣeɣoportugés] *s.m.* galego-português, língua românica falada na Galícia e em Portugal na Idade Média, origem do galego e do português.

ga.lle.ta [gaʎéta] *s.f.* bolacha, biscoito. *¡No comas galletitas dulces antes del almuerzo porque te quitan el apetito!* Não coma bolachinhas doces antes do almoço porque tiram o apetite!

ga.lli.na [gaʎína] *s.f.* galinha; (fam.) covarde, medroso.

ga.lli.ná.ce.o/a [gaʎináθeo] *adj.* galináceo.
ga.lli.ne.ro [gaʎinéro] *s.m.* galinheiro.
ga.lli.to [gaʎíto] *s.m.* 1 galo de briga. 2 pessoa metida a valente, presunçosa.
ga.llo [gáʎo] *s.m.* galo, macho da galinha.
ga.lo.cha [galótʃa] *s.f.* 1 tamanco de madeira. 2 capa de borracha para cobrir os sapatos na chuva.
ga.lón [galón] *s.m.* 1 galão, enfeite, distintivo de grau militar nos uniformes dos militares. 2 medida inglesa equivalente a 4,5 litros. 3 recipiente para transporte de combustíveis, pinturas, líquidos em geral.
ga.lo.ne.ar [galoneár] *v.t.* adornar, enfeitar, agaloar.
ga.lo.pan.te [galopánte] *adj.* galopante.
ga.lo.par [galopár] *v.i.* galopar, andar ou correr a cavalo.
ga.lo.pe [galópe] *s.m.* galope, corrida do cavalo.
gal.pón [galpón] *s.m.* galpão, depósito, espaço para armazenagem.
gal.vá.ni.co/a [galβániko] *adj.* galvânico.
gal.va.ni.za.ción [galβaniθaθjón] *s.f.* 1 galvanização. 2 reanimação com novas forças a alguém que está desanimado ou deprimido.
gal.va.ni.za.do/a [galβaniθáðo] *adj.* galvanizado.
gal.va.ni.zar [galβaniθár] *v.t.* galvanizar, aplicar um metal líquido sobre outro.
gal.va.no.plas.tia [galβanoplástja] *s.f.* aplicação elétrica de um metal líquido sobre outro, galvanoplastia.
gal.va.no.plás.ti.co/a [galβanoplástiko] *adj.* gavanoplástico.
ga.ma [gáma] *s.f.* gama, sucessão de sons, escala de cores.
ga.ma.da [gamáða] *adj.* cruz gamada, cruz suástica, símbolo do nazismo.

gam.ba [gámba] *s.f.* lagostim, espécie de camarão, menor que a lagosta. *Las gambas gallegas son unos mariscos más grandes que el camarón brasileño.* Os lagostins galegos são mariscos maiores que o camarão brasileiro.
gam.be.rro/a [gambéro] *adj. e s.* bagunceiro, libertino.
gam.be.ta [gambéta] *s.f.* jogo de pernas ao dançar ou jogar futebol, drible.
gam.be.te.ar [gambeteár] *v.t.* driblar, (Arg.) fugir de um compromisso.
ga.me.to [gaméto] *s.m.* (biol.) gameta, célula que unida a outra gera o ovo, um novo indivíduo.
ga.mma [gáma] *s.f.* terceira letra do alfabeto grego, gama.
ga.mu.za [gamúθa] *s.f.* camurça.
ga.na [gána] *s.f.* vontade, desejo, apetite. *No tengo gana de ir al cine hoy.* Estou sem vontade de ir ao cinema hoje.
ga.na.de.rí.a [ganaðería] *s.f.* criação de gado, ganadaria.
ga.na.de.ro/a [ganaðéro] *adj. e s.m.* ganadeiro, pecuarista, criador de gado.
ga.na.do [ganáðo] *s.m.* gado. *El ganado vacuno del Uruguay es uno de los mejores del mundo.* O gado vacum do Uruguai é um dos melhores do mundo.
ga.na.dor/a [ganaðór] *adj. e s.* ganhador.
ga.nan.cia [gananθja] *s.f.* ganho, lucro, ganância.
ga.nan.cial [gananθjál] *adj.* referente aos lucros do comércio ou da indústria.
ga.nar [ganár] *v.t. e i.* 1 ganhar, vencer. 2 ganhar dinheiro. Obs.. não se usa para "ganhar presentes". *Ganamos todos los partidos de fútbol de la temporada.* Ganhamos todos os jogos de futebol da temporada.
ga.nar.se [ganárse] *v.p.* ganhar.
gan.chi.llo [gatʃíʎo] *s.m.* agulha de crochê.
gan.cho [gátʃo] *s.m.* gancho.

gargajo

gandul [gandúl] *adj. e s.* 1 folgado, preguiçoso. 2 nome que os espanhois davam aos índios guerreiros na época da conquista.
gan.du.le.ar [ganduleár] *v.t.* vadiar, levar vida de folgazão.
gan.du.le.rí.a [gandulería] *s.f.* vadiagem, qualidade de vagabundo, preguiça.
gan.ga [gáŋga] *s.f.* ganga, algo valioso que se obtém por preço baixo, pechincha.
gan.glio [gáŋgljo] *s.m.* (med.) gânglio.
gan.go.so/a [gaŋgóso] *adj.* fanhoso, som muito nasal, por defeito físico ou vício na fala.
gan.gre.na [gaŋgréna] *s.f.* (med.) gangrena.
gan.gre.nar.se [gaŋgrenárse] *v.p.* gangrenar.
gan.gue.ar [gaŋgeár] *v.p.* falar de forma fanhosa.
gan.gue.o [gaŋgéo] *s.m.* fala fanhosa.
gan.sa.da [gansáða] *s.f.* asneira, besteira.
gan.se.ar [ganseár] *v.i.* fazer papel de ganso, de bobo.
gan.so/a [gánso] *s.* ganso.
gan.zú.a [ganθúa] *s.f.* gazua, arame ou gancho para abrir fechaduras.
ga.ño.te [gaɲóte] *s.m.* pomo-de-adão, saliência no pescoço.
ga.ra.ba.te.ar [garaβateár] *v.t.* 1 fazer garranchos, escrever com rabiscos. 2 (Chile) xingar.
ga.ra.ba.to [garaβáto] *s.m.* 1 gancho. 2 garrancho, rabisco. 3 (Chile) palavrão.
ga.ra.je [garáxe] *s.m.* garagem, estacionamento para carros.
ga.ran.te [garánte] *adj. e s.* aval, fiador. *No alquilan si el garante no posee dos propiedades en el municipio.* Não alugam se o fiador não possuir duas propriedades no município.
ga.ran.tí.a [garantía] *s.f.* garantia, fiança, documento que assegura autenticidade ou obrigação.
ga.ran.tir [garantír] *v.t.* garantir.
ga.ran.ti.zar [garantiθár] *v.t.* garantir, dar certeza ou garantias.
ga.ra.pi.ña [garapiɲa] *s.f.* (Méx.) bebida refrescante de pinha ou abacate.
ga.ra.pi.ña.da [garapiɲáða] *s.f.* guloseima crocante banhada em calda de caramelo.
ga.ra.pi.ñar [garapiɲar] *v.t.* confeitar, banhar frutos secos em grossa calda de açúcar.
ga.ra.tu.sa [garatúsa] *s.f.* 1 jogo de baralhos. 2 afago, adulação. 3 (desp.) lance de esgrima.
gar.ban.zo [garβánθo] *s.m.* (bot.) grão-de-bico.
gar.be.ar [garβeár] *v.i.* fingir garbo, elegância. 2 fazer trapaça. 3 roubar.
gar.bi.llar [garβiʎár] *v.t.* peneirar.
gar.bi.llo [garβíʎo] *s.m.* peneira para coar grãos, metais.
gar.bo [gárβo] *s.m.* garbo, elegância, graça.
gar.bo.so/a [garβóso] *adj.* garboso, elegância.
gar.de.nia [garðénja] *s.f.* (bot.) gardênia.
gar.du.ño/a [garðúɲo] *s.* 1 rato. 2 ladrão, rateiro.
ga.re.te [garéte] (loc.) *irse al garete*, perder o rumo, ficar à deriva, sem destino. *La compañía perdió mucho dinero y se fue al garete.* A companhia perdeu muito dinheiro e perdeu o rumo.
gar.fa [gárfa] *s.f.* 1 garra dos animais de rapina. 2 gancho para usos mecânicos.
gar.fe.ar [garfeár] *v.t.* jogar ganchos para prender alguma coisa.
gar.fio [gárfjo] *s.m.* forquilha, gancho de ferro. *Los mecánicos prendían los garfios en los cables del tren.* Os mecânicos prendiam os ganchos nos cabos do trem.
gar.ga.je.ar [garɣaxeár] *v.i.* escarrar, expectorar.
gar.ga.jo [garɣáxo] *s.m.* escarro.

garganta

gar.gan.ta [garɣánta] *s.f.* 1 garganta, interior do pescoço entre o palato e a laringe. 2 estreitamento entre montanhas.
gar.gan.te.ar [garɣanteár] *v.i.* cantar fazendo falsetes com a garganta.
gar.gan.ti.lla [garɣantíʎa] *s.f.* gargantilha, colar justo ao pescoço.
gár.ga.ra [gárɣara] *s.f.* gargarejo, ação de pôr um líquido na garganta sem engolir.
gar.ga.ris.mo [garɣarízmo] *s.m.* líquido para gargarejo.
gar.ga.rizar [garɣariθár] *v.i.* fazer gargarejos.
gár.go.la [gárɣola] *s.f.* gárgula, parte final de um cano por onde se escoa a água dos telhados.
gar.gue.ro [garɣéro] *s.m.* parte superior da traqueia.
ga.ri.ta [garíta] *s.f.* guarita, casa para vigias.
ga.ri.te.ro [garitéro] *s.m.* dono de uma casa de jogos de má fama.
ga.ri.to [garíto] *s.m.* casa de jogos, casa de má reputação.
gar.lar [garlár] *v.t.* falar muito, sem discrição.
gar.li.to [garlíto] *s.m.* trapaça, arapuca para enganar alguém.
gar.lo.pa [garlópa] *s.f.* ferramenta para alisar madeiras, plaina.
gar.na.cha [garnátʃa] *s.f.* 1 uva e vinho de Aragão e Catalunha. 2 toga de juiz, beca de formando.
ga.rra [gáŕa] *s.f.* 1 garra, unha forte e curva. 2 tenacidade, perseverança, espírito de luta. *Es un trabajador serio y de garra.* É um trabalhador sério e de garra.
ga.rra.fa [gaŕáfa] *s.f.* 1 bujão de gás. 2 garrafa grande de vidro.
ga.rra.fal [gaŕafál] *adj.* 1 (col.) garrafal. 2 (fig.). monumental.

ga.rra.fón [gaŕafón] *s.m.* garrafão, geralmente utilizado para vinhos.
ga.rra.pa.ta [gaŕapáta] *s.f.* carrapato, aracnídeo parasita.
ga.rra.pa.te.ar [gaŕapateár] *v.t.* rabiscar, riscar.
ga.rra.pa.to [gaŕapáto] *s.m.* garrancho, rabisco.
ga.rra.pi.ñar [gaŕapiɲár] *v.t.* fazer guloseimas crocantes em calda.
ga.rro.cha [gaŕótʃa] *s.f.* vara ou lança para cutucar os touros nas touradas.
ga.rrón [gaŕón] *s.m.* esporão das aves, garra dos galos e aves de rapina.
ga.rro.ta.zo [gaŕotáθo] *s.m.* paulada, cacetada, golpe de cacetete.
ga.rro.te [gaŕóte] *s.m.* estaca, cajado, pau usado como bastão, cacetete.
ga.rro.te.ar [gaŕoteáe] *v.t.* bater com um cacetete ou bastão.
ga.rro.ti.llo [gaŕotíʎo] *s.m.* 1 (med.) difteria. 2 (Arg.) garoa, chuva fina.
ga.rru.cha [gaŕútʃa] *s.f.* (mec.) polia, roldana, roda ou gancho para passar uma corda e levantar pesos.
ga.rru.lar [gaŕulár] *v.i.* falar, tagarelar demais.
ga.rru.le.rí.a [gaŕulería] *s.f.* falação, tagarelice.
gá.rru.lo/a [gáŕulo] *adj.* falador, tagarela.
ga.rú.a [garúa] *s.f.* garoa, chuvisca.
ga.ru.ar [garuár] *v.impes.* garoar, cair chuva fina.
ga.ru.fa [garúfa] *s.f.* (pop.) farra, diversão.
ga.ru.fe.ar [garufeár] *v.i.* sair de farra.
gar.za [gárθa] *s.f.* garça, ave aquática.
gar.zo [gárθo] *adj.* cor azul, olhos de cor azul.
gas [gás] *s.m.* gás. *El gas natural es uno de los principales productos de Bolívia.*
ga.sa [gása] *s.f.* 1 gaze, pano fino de algodão ou seda. 2 curativo.

ga.se.o.sa [gaseósa] *s.f.* refrigerante sem álcool. *Camarero, tráigame una gaseosa y un sándwich, por favor.* Garçom, traga-me um refrigerante e um sanduíche, por favor.

ga.se.o.so/a [gaseóso] *adj.* gasoso, com gás.

ga.si.fi.ca.ción [gasifikaθjón] *s.f.* gaseificação

ga.si.fi.car [gasifikár] *v.t.* gaseificar, pôr gás.

ga.so.duc.to [gasoðúkto] *s.m.* gasoduto.

gas.oil [gasóil] *s.m.* (quím.) óleo diesel, combustível especialmente para caminhões e ônibus.

ga.so.li.na [gasolína] *s.f.* gasolina, combustível para carros e aviões.

ga.so.li.ne.ra [gasolinéra] *s.f.* posto de gasolina. *Voy a parar en la gasolinera y llenar el tanque.* Vou parar no posto de gasolina e encher o tanque.

gas.ta.do/a [gastáðo] *adj.* gasto, usado em excesso.

gas.ta.dor/a [gastaðór] *adj.* 1 gastador, esbanjador. 2 soldado que cava trincheiras.

gas.tar [gastár] *v.t.* e *i.* gastar, consumir.

gas.tar.se [gastárse] *v.p.* consumir-se esgotar-se, cansar-se.

gas.to [gásto] *s.m.* gasto, consumido.

gás.tri.co/a [gástriko] *adj.* gástrico.

gas.tri.tis [gastrítis] *s.f.* (med.) gastrite.

gas.tro.en.te.ri.tis [gastroenterítis] *s.f.* (med.) gastroenterite, inflamação gástrica e intestinal.

gas.tro.in.tes.ti.nal [gastrointestinál] *s.f.* gastrointestinal.

gas.tro.no.mí.a [gastronomía] *s.f.* gastronomia, referente à arte da cozinha, da boa mesa.

gas.tro.nó.mi.co/a [gastronómiko] *adj.* gastronômico, relativo à arte de cozinhar.

gas.tró.no.mo/a [gastrónomo] *adj.* gastrônomo, especialista em cozinha de boa qualidade.

ga.te.ar [gateár] *v.i.* engatinhar. *El bebé empezó a gatear por toda la casa.* O bebê começou a engatinhar por toda a casa.

ga.ti.llo [gatíʎo] *s.m.* 1 gatilho de uma arma de fogo, disparador. 2 alicate de dentista.

ga.to/a [gáto] *s.* gato, felino doméstico.

ga.to [gáto] *s.* macaco de carro, instrumento para a troca de pneus.

ga.tu.no/a [gatúno] *s.* ladrão, rateiro.

gau.cha.da [gaut̮ʃáða] *s.f.* (col.) favor. *acer uma gauchada*, fazer um favor, dar uma mão.

gau.ches.co/a [gaut̮ʃésko] *adj.* gauchesco, referente aos hábitos dos gaúchos.

gau.cho/a [gáut̮ʃo] *adj.* e *s.* gaúcho, habitante dos pampas da Argentina, do Uruguai e do sul do Brasil.

ga.ve.ta [gaβéta] *s.f.* gaveta de mesa.

ga.vi.lán [gaβilán] *s.m.* gavião, ave de rapina.

ga.vi.lla [gaβíʎa] *s.f.* gangue, grupo de pessoas de más intenções, grupos de assaltantes ou pícaros.

ga.vi.lle.ro [gaβiʎéro] *s.m.* 1 lugar para juntar canas, ervas, galhos de videira etc. 2 (Chile) trabalhador diarista que junta canas, ervas, galhos das parreiras etc.

ga.vio.ta [gaβjóta] *s.f.* gaivota.

ga.za.pa [gaθápa] *s.f.* mentira, embuste.

ga.za.pa.tón [gaθapatón] *s.m.* disparate, besteira ao falar, erro de pronúncia etc.

ga.za.pe.ra [gaθapéra] *s.f.* 1 toca de coelhos. 2 rinha ou briga.

ga.za.po [gaθápo] *s.m.* coelho novo, filhote de coelho.

gaz.mo.ña.da [gaʒmoɲáða] *s.f.* ação de carola, metido a beato, falso devoto.

gaz.mo.ñe.ro/a [gaʒmoɲéro] *adj.* falso escrupuloso, devoto fingido.

gaz.ná.pi.ro/a [gaʒnápiro] *adj.* simplório, tolo, deslumbrado.

gaz.na.te [gaθnáte] *s.m.* 1 garganta. 2 (Méx.) doce feito de abacaxi ou coco com muito açúcar.

gaz.pa.cho [gaθpátʃo] *s.m.* gaspacho, sopa fria de origem espanhola, feita de pão, cebola, tomates, alho, sal, azeite e vinagre e água.

géi.ser [xéiser] *s.m.* gêiser, fonte natural nas rochas que lança água e/ou gás quente a intervalos regulares.

ge.la.ti.na [xelatína] *s.f.* gelatina.

ge.la.ti.no.so/a [xelatinóso] *adj.* gelatinoso.

gé.li.do/a [xéliðo] *adj.* gélido, que está gelado.

ge.ma [xéma] *s.f.* gema, pedra preciosa.

ge.me.bun.do/a [xemeβúndo] *adj.* gemebundo, que geme ou suspira muito.

ge.me.lo/a [xemélo] *adj. e s.* gêmeo, diz-se de cada um dos irmãos nascidos ao mesmo tempo, idênticos. Obs.. Gêmeos distintos, *mellizos*.

ge.me.los [xemélos] *s.m.* (pl.) 1 abotoadura. 2 binóculo.

ge.mi.do [xemíðo] *s.m.* gemido, lamento, soluço.

Gé.mi.nis [xéminis] *s.m.* gêmeos, signo do zodíaco. *Gabriel y Sebastián nacieron el 12 y el 17 de junio, son de Géminis.* Gabriel e Sebastião nasceram nos dias 12 e 17 de junho, são de Gêmeos.

ge.mir [xemír] *v.i.* gemer, lamentar-se.

gen [xén] *s.m.* (biol.) gene, unidade elementar, hereditária que está nos cromossomos.

gen.dar.me [xendárme] *s.m.* gendarme, agente de polícia da França e outros países destinado a manter a ordem e a segurança pública.

gen.dar.me.rí.a [xendarmería] *s.f.* gendarmaria, polícia de fronteira, carabineiros, corpo de gendarmes.

ge.ne.a.lo.gí.a [xenealoxía] *s.f.* genealogia, estudo das ascendências e da árvore da família.

ge.ne.a.ló.gi.co/a [xenealóxiko] *adj.* genealógico, referente às gerações da família.

ge.ne.ra.ción [xeneraθjón] *s.f.* geração, período de 25 a 30 anos, que separa pais de filhos.

ge.ne.ra.dor/a [xeneraðór] *adj.* gerador, que egendra, que gera.

ge.ne.ral [xenerál] *adj.* geral, comum, frequente, esencial.

ge.ne.ral [xenerál] *s.m.* general, militar da máxima hierarquia, general do exército.

ge.ne.ra.la.to [xeneraláto] *s.m.* posto de general, conjunto dos generais.

ge.ne.ra.li.dad [xeneraliðáð] *s.f.* 1 generalidade, imprecisão, indefinição. 2 maioria.

ge.ne.ra.lí.si.mo [xeneralísimo] *s.m.* generalíssimo, chefe supremo de um exército.

ge.ne.ra.li.za.ción [xeneraliθaθjón] *s.f.* generalização, extensão.

ge.ne.ra.li.zar [xeneraliθár] *v.t. e i.* 1 generalizar, abstrair o que é comum e essencial. 2 divulgar, estender. *El uso de la internet se generalizó a todos los que poseen computadoras.* O uso da internet se generalizou a todos os que possuem computadores.

ge.ne.ra.li.zar.se [xeneraliθárse] *v.p.* generalizar-se, estender-se.

ge.ne.ral.men.te [xeneralménte] *adv.* geralmente.

ge.ne.rar [xenerár] *v.t.* gerar, procriar, criar.

ge.ne.ra.ti.vo/a [xeneratíβo] *adj.* generativo.

ge.ne.ra.triz [xeneratríθ] *adj. e s.* (geom.) geratriz.

ge.né.ri.ca.men.te [xenerikaménte] *adv.* genericamente.

ge.né.ri.co/a [xenériko] *adj.* genérico, comum. *Los remedios genéricos son más* *económicos.* Os remédios genéricos são mais econômicos.

gé.ne.ro [xénero] *s.m.* gênero, classe ou tipo à que pertencem as pessoas.

ge.ne.ro.si.dad [xenerosiðáð] *s.f.* generosidade.

ge.ne.ro.so/a [xeneróso] *adj.* generoso, dadivoso, desprendido.

gé.ne.sis [xénesis] *s.f.* gênese, origem, princípio.

ge.né.ti.co/a [xenétiko] *adj.* (biol.) genético.

ge.nial [xenjál] *adj.* 1 genial, próprio do gênio. 2 bárbaro, legal, fantástico.

ge.nia.li.dad [xenjaliðáð] *s.f.* genialidade, talento superior, engenho criador.

ge.nio [xénjo] *s.m.* 1 gênio, índole ou caráter de uma pessoa. 2 humor. 3 talento intelectual ou artístico.

ge.ni.tal [xenitál] *s.f.* genital.

ge.ni.ti.vo/a [xenitíβo] *adj.* que pode engendrar ou produzir alguma coisa.

ge.ni.ti.vo [xenitíβo] *s.m.* (gram.) caso que expressa a noção de posse ou origem.

ge.ni.tor/a [xenitór] *adj. e s.* genitor, que dá origem.

ge.no.ci.dio [xenoθíðjo] *s.f.* genocídio, holocausto, extermínio de um grupo racial ou social. *El holocausto fue uno de los más terribles genocidios de la historia moderna.* O holocausto foi um dos mais terríveis genocídios da história moderna.

ge.no.ti.po [xenotípo] *s.m.* genótipo.

gen.te [xénte] *s.f.* gente, pessoas. *La gente de esta província es muy amable.* A gente desta província é muito amável.

gen.til [xentíl] *s.* gentil, amável, cortês.

gen.ti.le.za [xentiléθa] *s.f.* amabilidade, cortesia, gentileza.

gen.ti.li.cio [xentilíθjo] *adj.* gentílico, relativo à linhagem ou a família.

gen.tí.o [xentío] *s.m.* multidão. *El gentio se aglomeraba en todas las esquinas del centro.* A multidão se aglomerava em todas as esquinas do centro.

gen.tu.za [xentúθa] *s.f.* gentalha, gentinha.

ge.nu.fle.xión [xenufleksjón] *s.f.* genuflexão, ação de ajoelhar-se.

ge.nui.no/a [xenwíno] *adj.* genuíno, verdadeiro, natural, autêntico.

ge.o.cén.tri.co/a [xeoθéntriko] *adj.* geocêntrico.

ge.o.fí.si.co/a [xeofísiko] *adj.* geofísico. *El geofísico estudia los fenómenos que afectan a la Tierra.* O geofísico estuda os fenômenos que afetam a Terra.

ge.o.gra.fí.a [xeoɣrafía] *s.f.* geografia. *La geografia estudia la superfície de la Tierra, los climas, vegetación, fauna etc.* A geografia estuda a superfície da Terra, os climas, a vegetação, a fauna etc.

ge.o.grá.fi.co/a [xeoɣráfiko] *adj.* geográfico, referente à geografia.

ge.ó.gra.fo/a [xeóɣrafo] *adj.* geógrafo, cientista especializado em geografia.

ge.o.lo.gí.a [xeoloxía] *s.f.* geologia. *Geologia es la ciencia que estudia los orígenes, formación y evolución de la esfera terrestre.* Geologia é a ciência que estuda as origens, a formação e a evolução da esfera terrestre.

ge.o.ló.gi.co/a [xeolóxiko] *adj.* geológico, referente à geologia.

ge.ó.lo.go/a [xeóloɣo] *adj.* geólogo, cientista especializado em geologia.

ge.ó.me.tro/a [xeómetro] *adj.* geômetro.

ge.o.me.trí.a [xeometría] *s.f.* geometria, estudo da forma e das dimensões dos seres matemáticos.

ge.o.mé.tri.co/a [xeométriko] *adj.* geométrico.

ge.o.po.lí.ti.co/a [xeopolítiko] *adj. e s.* geopolítico, geografia política. *La geopolítica* estudia las relaciones entre el estado y el medio ambiente geográfico, recursos lúdicos, numerales etc. A geopolítica estuda as relações entre o estado e o meio ambiente geográfico, os recursos lúdicos, numerais etc.

ge.ra.nio [xeránjo] s.m. (bot.) gerânio.

ge.ren.cia [xerénθja] s.f. gerência.

ge.ren.te [xerénte] s. gerente, chefe. *La gerente del banco no estaba en la agencia.* A gerente do banco não estava na agência.

ge.ria.tra [xerjátra] s. geriatra.

ge.ria.trí.a [xerjatría] s.f. geriatria. *La geriatría pretende estudiar y mejorar la vida de los mayores de edad.* A geriatria pretende estudar e melhorar a vida dos idosos.

ge.riá.tri.co/a [xerjátriko] adj. geriátrico, referente à velhice ou terceira idade.

ger.ma.ní.a [xermanía] s.f. jargão, jeito de falar de ladrões ou malandros.

ger.men [xérmen] s.m. 1 embrião. 2 germe, micróbio.

ger.mi.ci.da [xermiθíða] s.f. germicida, que mata germes.

ger.mi.na.ción [xerminaθjón] s.f. germinação.

ger.mi.nar [xerminár] v.i. germinar, brotar, nascer.

ge.ron.to.lo.gí.a [xerontoloxía] s.f. gerontologia. *La gerontología analiza las enfermedades de la vejez.* A gerontologia analisa as doenças da velhice.

ge.ron.tó.lo.go/a [xerontóloɣo] adj. gerontólogo ou gerontologista, geriatra.

ge.run.dio [xerúndjo] s.m. (gram.) gerúndio, particípio presente.

ges.ta [xésta] s.f. gesta, façanha guerreira histórica ou fantástica.

ges.ta.ción [xestaθjón] s.f. gestação, gravidez.

ges.tar [xestár] v.t. gestar, desenvolver. *Los científicos están gestando miles de proyectos para el futuro.* Os cientistas estão desenvolvendo milhares de projetos para o futuro.

ges.te.ar [xesteár] v.i. gesticular.

ges.ti.cu.la.ción [xestikulaθjón] s.f. gesticulação.

ges.ti.cu.lar [xestikulár] v.i. gesticular.

ges.tión [xestjón] s.f. gestão, gerência, tramitação. *La gestión del nuevo intendente es notable.* A gestão do novo intendente é notável.

ges.tio.nar [xestjonár] v.t. tramitar.

ges.to [xésto] s.m. gesto, aceno, sinal.

ges.tor/a [xestór] adj. e s. gestor. *El nuevo gestor hace diligencias rápidas y muy oportunas.* O novo gestor faz diligências rápidas e muito oportunas.

ges.to.rí.a [xestoría] s.f. (com.) escritório do gestor.

gi.ba [xíβa] s.f. giba, corcova, corcunda. *El jorobado de Notre Dame asustaba a todos con su giba.* O corcunda de Notre Dame assustava a todos com sua giba.

gi.bar [xiβár] v.t. incomodar, atrapalhar, perturbar.

gi.bón [xiβón] s.m. gibão, macaco grande e de extremidades longas.

gi.bo.so/a [xiβóso] adj. corcunda.

gi.gan.ta [xiɣánta] s.f. mulher grande.

gi.gan.te [xiɣánte] s. gigante.

gi.gan.tes.co/a [xiɣantésko] adj. gigantesco. *El tsunami es una ola gigantesca.* O tsunami é uma onda gigantesca.

gi.gan.tez [xiɣantéθ] s.f. gigantez.

gi.go.ló [xiɣoló] s.m. (pop.) gigolô, homem mantido por mulheres.

gi.li.po.llas [xilipóʎas] adj. tonto, bobo, panaca, sem inteligência.

gi.li.po.llez [xilipoʎéθ] s.f. bobagem, besteira.

gim.na.sia [ximnásja] s.f. (desp.) ginástica.

gim.na.sio [ximnásjo] *s.m.* (desp.) ginásio, salão de esportes. *El gimnasio estaba lleno de deportistas de todo el país.* O ginásio estava cheio de desportistas de todo o país.

gim.nas.ta [ximnásta] *s.* ginasta.

gi.mo.te.a.dor [ximoteaðór] *adj.* queixoso, manhoso.

gi.mo.te.ar [ximoteár] *v.i.* choramingar, fazer manha.

gi.mo.te.o [ximotéo] *s.m.* choramingação, manha.

gi.ne.bra [xinéβra] *s.f.* gim, genebra.

gi.ne.co.lo.gí.a [xinekoloxía] *s.f.* (med.) ginecologia. *La ginecología moderna estudia el organismo de la mujer, en especial su aparato genital y reproductivo.* A ginecologia moderna estuda o organismo da mulher, em especial seu aparelho genital e reprodutor.

gi.ne.có.lo.go/a [xinekóloɣo] *s.* (med.) ginecologista ou ginecólogo.

gin.gi.vi.tis [xiŋxiβítis] *s.f.* (med.) gengivite.

gi.ra [xíra] *s.f.* turnê, volta, giro. *Hicimos un viaje largo, una gira con vários puntos de parada.* Fizemos uma longa viagem, uma turnê com vários pontos de parada.

gi.rar [xirár] *v.i.* 1 girar, rodar. 2 virar para entrar em uma rua. 3 entrar em um assunto e conversar em torno dele.

gi.ra.sol [xirasól] *s.m.* (bot.) girassol.

gi.ra.to.rio/a [xiratórjo] *adj.* giratório.

gi.ro [xíro] *s.m.* 1 giro, movimento. 2 expressão idiomática. *El extranjero usaba giros diferentes que no entendíamos.* O estrangeiro usava expressões diferentes que não entendíamos.

gi.ta.ne.ar [xitaneár] *v.i.* ideia preconceituosa contra os ciganos que significava trapacear, enganar.

gi.ta.ne.rí.a [xitanería] *s.f.* ciganaria, reunião, ato ou comportamento de ciganos.

gi.ta.nes.co/a [xitanésko] *adj.* ao modo dos ciganos.

gi.ta.no/a [xitáno] *adj. e s.* cigano, povo do Mediterrâneo, nômade, muito comum na Espanha e na Hungria.

gla.cia.ción [glaθjaθjón] *s.f.* glaciação, período geológico em que as geleiras cobriam grandes superfícies da Terra.

gla.cial [glaθjál] *adj.* glacial.

gla.ciar [glaθjár] *s.m.* glaciar, geleira. *El glaciar Perito Moreno, en la Patagonia argentina, es uno de los paisajes más fantásticos de la naturaleza.* O glaciar Perito Moreno, na Patagônia argentina, é uma das paisagens mais fantásticas da natureza.

gla.dia.dor/a [glaðjaðór] *adj.* gladiador.

glan.de [glánde] *s.m.* a cabeça do pênis, glande, fruto do carvalho.

glán.du.la [glándula] *s.f.* (med.) (bot.) glândula.

glan.du.lar [glandulár] *adj.* glandular.

gla.se.ar [glaseár] *v.t.* glaçar, cobrir com glacê.

glau.co.ma [glau̯kóma] *s.m.* glaucoma.

gli.ce.ri.na [gliθerína] *s.f.* (quím.) glicerina.

glo.bal [gloβál] *adj.* global, total. *Cada vez más los países se rigen por las grandes influencias globales.* Cada vez mais os países se regem pelas grandes influências globais.

glo.bal.men.te [gloβalménte] *adv.* globalmente, de forma global.

glo.bo [glóβo] *s.m.* 1 globo, esfera. 2 Terra. *El globo de la Tierra gira alrededor del Sol en una órbita que demora 12 meses para ser recorrida.* O globo da Terra gira em torno do Sol em uma órbita que demora 12 meses para ser percorrida.

glo.bu.lar [gloβulár] *adj.* globular.

gló.bu.lo [glóβulo] *s.m.* glóbulo.

glo.ria [glórja] *s.f.* glória, fama, felicidade. *Carlos estaba en la gloria con la visita de sus*

gloriar

padres. Carlos estava na glória com a visita de seus pais.
glo.riar [glorjár] *v.t.* e *v.p.* gloriar(-se), vangloriar(-se).
glo.rie.ta [glorjéta] *s.f.* 1 praça formada pelo cruzamento de alamedas. 2 pracinha em jardim público ou particular.
glo.ri.fi.ca.ción [glorifikaθjón] *s.f.* glorificação.
glo.ri.fi.ca.dor/a [glorifikaðór] *adj.* glorificador.
glo.ri.fi.car [glorifikár] *v.t.* glorificar, enaltecer. *Las noticias glorifican la imagen de los astros de la televisión.* As notícias glorificam a imagem dos astros da televisão.
glo.rio.so/a [glorjóso] *adj.* celestial, glorioso.
glo.sa [glósa] *s.f.* glosa, comentário.
glo.sa.dor/a [glosaðór] *s.* comentarista, glosador.
glo.sar [glosár] *v.i.* e *t.* glosar, comentar palavras ou ditos próprios e alheios.
glo.sa.rio [glosárjo] *s.m.* glossário, vocabulário restrito a um texto ou uma obra.
glo.tis [glótis] *s.f.* (med.) glote, abertura na laringe ao lado das cordas vocais.
glo.tón/a [glotón] *adj.* e *s.* glutão.
glo.to.ne.ar [glotoneár] *v.i.* comer muito e rapidamente.
glo.to.ne.rí.a [glotonería] *s.f.* glutonaria, gulodice.
glu.ce.mia [gluθémja] *s.f.* (med.) glicemia, excesso de açúcar no sangue. *Hay que hacer análisis seguidos para evitar la glucemia.* É preciso fazer análises seguidas para evitar a glicemia.
glu.co.sa [glukósa] *s.f.* (quím.) glicose.
glu.glú [gluɣlú] *s.m.* onomatopeia do som da água.
glu.ten [glúten] *s.m.* glúten ou glute, substância presente nos cereais. *El gluten de las semillas es la reserva nutritiva del embrión.* O glúten das sementes é a reserva nutritiva do embrião.
glú.te.o/a [glúteo] *adj.* e *s.m.* glúteo, músculo das nádegas.
gno.mo [nómo] *s.m.* gnomo, ser imaginário cuidador da Terra.
gnós.ti.co/a [nóstiko] *adj.* gnóstico, partidário da doutrina que tenta explicar pela razão os assuntos da fé.
go.ber.na.ción [goβernaθjón] *s.f.* governação.
go.ber.na.dor/a [goβernaðór] *adj.* e *s.* governador. *El gobernador de la provincia de Tucumán viajó a la Capital Federal.* O governador da província de Tucumán viajou à Capital Federal.
go.ber.nan.ta [goβernánta] *s.f.* governanta.
go.ber.nan.te [goβernánte] *adj.* e *s.* governante.
go.ber.nar [goβernár] *v.t.* e *i.* governar.
go.bier.no [goβjérno] *s.m.* governo.
go.ce [góθe] *s.m.* gozo.
go.fo [gófo] *adj.* néscio, grosseiro.
gol [gól] *s.m.* (desp.) gol. *El arquero estaba distraído y le hicieron un gol.* O goleiro estava distraído e sofreu um gol.
go.la [góla] *s.f.* gogó, garganta.
go.le.a.da [goleáða] *s.f.* goleada. *Boca Junior le hizo una goleada a River.* O Boca Júnior deu uma goleada no River.
go.le.a.dor/a [goleaðór] *adj.* goleador, quem goleia, artilheiro.
go.le.ar [goleár] *v.t.* (desp.) golear.
go.le.ta [goléta] *s.f.* tipo de veleiro, escuna.
golf [gólf] *s.m.* (angl.) (desp.) golfe.
gol.fa [gólfa] *s.f.* prostituta.
gol.fo/a [gólfo] *s.* golfo, penetração ampla e profunda do mar nas costas. *El Golfo de Méjico abrigó las culturas Azteca y Maya.* O Golfo do México abrigou as culturas Asteca e Maia.

go.li.lla [golíʎa] *s.f.* gola ou colarinho de pano preto usado por juízes togados.

go.lle.te [goʎéte] *s.m.* pescoço, gargalo, parte superior das garrafas. *eso no tiene gollete*, isso não faz sentido.

go.lon.dri.na [golondrína] *s.f.* andorinha. *Una golondrina no hace verano.* Uma andorinha só não faz verão.

go.lo.sa.men.te [golosaménte] *adv.* gulosamente.

go.lo.si.na [golosína] *s.f.* guloseima. *No es bueno comer muchas golosinas porque pueden causar caries.* Não é bom comer muitas guloseimas porque podem causar cárie.

go.lo.so/a [golóso] *adj. e s.* guloso, faminto.

gol.pa.zo [golpáθo] *s.m.* pancada violenta.

gol.pe [gólpe] *s.m.* 1 golpe, batida entre coisas que se chocam. 2 golpe militar de estado, quartelada, ditadura.

gol.pe.ar [golpeár] *v.t.* golpear, bater, machucar.

gol.pe.ar.se [golpeárse] *v.p.* machucar-se. *Jorgito se cayó en la vereda y se golpeó la rodilla.* Jorginho caiu na calçada e machucou o joelho.

gol.pe.te.ar [golpeteár] *v.t. e i.* golpear de forma contundente.

gol.pi.za [golpíθa] *s.f.* surra.

go.ma [góma] *s.f.* 1 goma. 2 borracha para apagar. 3 elástico.

go.me.ro/a [goméro] *adj.* borracheiro.

go.mi.na [gomína] *s.f.* brilhantina, fixador para cabelo.

go.mo.so/a [gomóso] *adj.* de consistência similar à borracha.

gó.na.da [gónaða] *s.f.* (med.) gônada, glândula sexual.

gón.do.la [góndola] *s.f.* gôndola.

gon.do.le.ro/a [gondoléro] *adj.* gondoleiro, que conduz gôndolas. *Los gondoleros de Venecia cantan mientras llevan a los pasajeros por los canales.* Os gondoleiros de Veneza cantam levando os passageiros pelos canais.

go.no.co.co [gonokóko] *s.m.* gonococo, bactéria parasita que ataca os órgãos urinários e reprodutores.

go.no.rre.a [gonoŕea] *s.f.* (med.) gonorreia, blenorragia.

gor.din.flón/a [gorðiɱflón] *adj.* gorducho, gordo demais.

gor.do/a [górðo] *adj.* gordo, gorduroso. *La gordura es una amenaza al buen funcionamiento del corazón.* A gordura é uma ameaça ao bom funcionamento do coração.

gor.du.ra [gorðúra] *s.f.* gordura, obesidade.

gor.go.jo [gorɣóxo] *s.m.* gorgulho, caruncho, inseto que ataca grãos e cereais.

gor.go.ri.tos [gorɣorítos] *s.m.* (pl.) trinos, sons em falsetes feito com a garganta.

gor.go.te.ar [gorɣoteár] *v.i.* rumorejar como a água.

gor.go.te.o [gorɣotéo] *s.m.* barulho de água escorrendo.

go.ri.la [goríla] *s.m.* gorila.

gor.jal [gorxál] *s.m.* 1 gorjal, peça da armadura antiga para defesa do pescoço. 2 gola da vestimenta do sacerdote.

gor.je.a.dor/a [gorxeaðór] *adj.* gorjeador, pássaro canoro.

gor.je.ar [gorxeár] *v.i.* gorjear, trinar, cantar (os passarinhos).

gor.je.o [gorxéo] *s.m.* gorjeio, trinado.

go.rra [góŕa] *s.f.* gorro ou gorra.

go.rre.ar [goŕeár] *v.t.* 1 trair, colocar chifres. 2 viver à custa dos outros.

go.rri.ne.ra [goŕinéra] *s.f.* pocilga.

go.rri.no/a [goŕíno] *s.* porco pequeno, leitão.

go.rrión [goŕjón] *s.m.* pardal. *La cantora francesa Edith Piaf era llamada el garrión de París.* A cantora francesa Edith Piaf era chamada o pardal de Paris.

go.rro [gór̄o] *s.m.* gorro.

go.rrón/a [gor̄ón] *adj. e s.* aproveitador, que vive à custa dos outros.

go.rro.ne.ar [gor̄oneár] *v.t.* pedir, ser pidão.

go.ta [góta] *s.f.* 1 gota, pingo d'água. 2 (med.) doença que afeta as articulações.

go.te.ar [goteár] *v.i.* gotejar, pingar. *El techo estaba roto y, cuando vino la lluvia, comenzó a gotear.* O teto estava rachado e, quando veio a chuva, começou a gotejar.

go.te.o [gotéo] *s.m.* gotejamento.

go.te.ra [gotéra] *s.f.* goteira.

go.te.ro [gotéro] *s.m.* conta-gotas.

go.te.rón [goterón] *s.m.* calha, canal na parte de baixo do beiral por onde escorre a água da chuva.

gó.ti.co/a [gótiko] *adj.* 1 gótico, relativo aos godos e à sua língua. 2 estilo arquitetônico de antes do século XII até o Renascimento. *El arte gótico se desarrolló en Europa Occidental desde el siglo XII hasta el Renacimiento.* A arte gótica desenvolveu-se na Europa Ocidental do século XII até o Renascimento.

go.zar [goθár] *v.i.* gozar, usufruir.

goz.ne [góӡne] *s.m.* dobradiça. *Las puertas giraban lentas sobre los goznes.* As portas giravam lentas sobre as dobradiças.

go.zo [góθo] *s.m.* gozo, alegria.

go.zo.so/a [goθóso] *adj.* gozoso, alegre.

gra.ba.ción [graβaθjón] *s.f.* gravação. *Los cantores empezaron la grabación de las cintas a las nueve.* Os cantores começaram a gravação das fitas às nove horas.

gra.ba.do/a [graβáðo] *adj.* gravado.

gra.ba.dor/a [graβaðór] *s.* gravador, que faz gravuras.

gra.bar [graβár] *v.t. e i.* gravar.

gra.bar.se [graβárse] *v.p.* gravar-se.

gra.ce.jo [graθéxo] *s.m.* gracejo, brincadeira.

gra.cia [gráθja] *s.f.* 1 graça, atrativo. 2 piada, brincadeira, que faz rir. 3 concessão ou benefício, perdão, indulto. 4 nome. *¿Cuál es su gracia?* Qual é sua graça? Qual é seu nome?

grá.cil [gráθil] *adj.* grácil. 1 sutil, leve. 2 gracioso.

gra.cio.sa.men.te [graθjosaménte] *adv.* 1 graciosamente, com graça. 2 de graça.

gra.cio.so/a [graθjóso] *adj. e s.* engraçado.

gra.da [gráða] *s.f.* degrau. *Las gradas de la catedral estaban llenas de fieles.* Os degraus da catedral estavam cheios de fiéis.

gra.da.ción [graðaθjón] *s.f.* gradação.

gra.da.do [graðáðo] *s.m.* escadaria.

gra.de.rí.a [graðería] *s.f.* escadaria, degraus majestosos.

gra.de.rí.o [graðerío] *s.m.* 1 escadaria. 2 arquibancada, anfiteatro. *El graderío majestuoso del congreso se colmó de estudiantes.* O anfiteatro majestoso do congresso ficou repleto de estudantes.

gra.do [gráðo] *s.m.* grau.

gra.dua.ción [graðwaθjón] *s.f.* graduação.

gra.dua.do/a [graðwáðo] *adj.* graduado, formado. *Los recién graduados se juntaron a la puerta del colégio.* Os recém-formados juntaram-se na porta do colégio.

gra.dual [graðwál] *adj.* gradual.

gra.dual.men.te [graðwalménte] *adv.* gradualmente.

gra.du.ar [graðuár] *v.t.* graduar.

gra.duar.se [graðuárse] *v.p.* graduar-se.

grá.fi.co/a [gráfiko] *adj.* gráfico.

gra.fi.to [grafíto] *s.m.* grafite. *El lápiz de grafito y las manchas de acuarela quedaron muy bien en el cuadro.* O lápis de grafite e as manchas de aquarela ficaram muito bem no quadro.

gra.fo.lo.gía [grafoloxía] *s.f.* grafologia.

gra.ge.a [graxéa] *s.f.* (med.) drágea.

gra.jo [gráxo] *s.m.* gralha, ave parecida com o corvo.

gra.ma.ti.cal [gramatikál] *adj.* gramatical.

gra.má.ti.co/a [gramátiko] *adj. e s.* gramatical, gramático.

gra.mo [grámo] *s.m.* grama, unidade de peso. *Cien gramos de jamón, por favor.* Cem gramas de presunto, por favor.

gra.mó.fo.no [gramófono] *s.m.* gramofone.

gran [grán] *adj.* grão, apócope de *grande*. Usa-se antes do substantivo singular. *Es un gran hombre.* É um grande homem. *Es una gran casa.* É uma grande casa.

gra.na [grána] *s.f.* 1 grana, semente miúda. 2 ato ou efeito de granar. 3 vermelho escuro.

gra.na.da [granáða] *s.f.* 1 romã. 2 granada, projétil com a forma de romã.

gra.na.de.ro [granaðéro] *s.m.* soldado, policial. *Los granaderos a caballo de San Martín cruzaron los Andes y libertaron Chile.* Os granadeiros a cavalo de San Martín atravessaram os Andes e libertaram o Chile.

gra.na.di.lla [granaðíʎa] *s.f.* planta leguminosa de Cuba.

gra.na.di.na [granaðína] *s.f.* granadina. 1 variedade do canto andaluz do repertório flamenco de Granada. 2 refresco de romã.

gra.na.di.no/a [granaðíno] *adj.* 1 granadino, de ou relativo a Granada (Esp.).

gra.na.di.no [granaðíno] *s.m.* 1 granadino, natural ou habitante de Granada (Esp.). 2 flor da romãzeira.

gra.na.do/a [granáðo] *adj.* notável por algum mérito ou qualidade.

gra.na.do [granáðo] *s.m.* romãzeira.

gra.nar [granár] *v.i.* granar, germinar, amadurecer sementes, criar grão.

gra.na.te [granáte] *s.m.* 1 granada, pedra semipreciosa. 2 vermelho escuro.

gran.de [grán de] *adj.* grande

gran.de.men.te [grandeménte] *adv.* grandemente.

gran.de.za [grandéθa] *s.f.* grandeza.

gran.di.lo.cuen.cia [grandilokwénθja] *s.f.* grandiloquência. *Hablaba con convicción y grandilocuencia.* Falava com convicção e grandiloquência.

gran.di.lo.cuen.te [grandilokwénte] *adj.* grandiloquente.

gran.dio.si.dad [grandjosiðáð] *s.f.* grandiosidade, suntuosidade, imponência.

gran.dio.so/a [grandjóso] *adj.* grandioso.

gran.dor [grandór] *s.m.* tamanho, dimensão.

gran.do.te/a [grandóte] *adj.* (col.) grandalhão.

gra.ne.a.do/a [graneáðo] *adj.* granulado.

gra.nel [granél] *loc.* a granel. *Vendían el arroz a granel, en abundancia.* Vendiam arroz a granel, em abundância.

gra.ne.ro [granéro] *s.m.* celeiro, paiol. *El maíz y el trigo estaban en el granero.* O milho e o trigo estavam no celeiro.

gra.ní.ti.co/a [granítiko] *adj.* granítico, granitoso, pertencente ou semelhante ao granito.

gra.ni.to [muʝíto] → [graníto] *s.m.* granito.

gra.ni.za.do/a [graniθáðo] *s.m.* refresco de frutas, com gelo triturado.

gra.ni.zar [graniθár] *v.i.* granizar, cair granizo.

gra.ni.zo [graníθo] *s.m.* granizo.

gran.ja [gráŋxa] *s.f.* granja.

gran.je.ar [graŋxeár] *v.t. e v.p.* granjear, adquirir, conseguir, obter, captar. *Se granjeó la simpatía de todos.* Granjeou a simpatia de todos.

gran.je.ro/a [graŋxéro] *s.* granjeiro, aquele que cuida da granja.

gra.no [gráno] *s.m.* 1 grão, cereal. 2 erupção na pele, carço, espinha, acne; (fig.). *loc.* (fam.) *ir al grano*, tratar sem rodeios do que interessa, ir direto ao assunto.

gra.no.so/a [granóso] *adj.* granoso, que tem grãos.

granuja

gra.nu.ja [granúxa] 1 *s.f.* uva solta. 2 *s.m.* moleque.
gra.nu.ja.da [granuxáða] *s.f.* charlatanice, ação de charlatão.
gra.nu.lar [granulár] 1 *adj.* granular. 2 *v.t.* granular, reduzir a grãos.
gra.nu.lar.se [granulárse] *v.p.* cobrir-se de espinhas alguma parte do corpo.
grá.nu.lo [gránulo] *s.m.* grânulo, pequeno grão.
gra.pa [grápa] *s.f.* grampo. *Vamos a clavar dos grapas en la pared para sostener el cuadro.* Vamos pregar dois grampos na parede para sustentar o quadro.
gra.pa.do.ra [grapaðóra] *s.f.* grampeador.
gra.par [grapár] *v.t.* grampear.
gra.sien.to/a [grasjénto] *adj.* engordurado. *No quiero este bife, está muy grasiento.* Não quero este bife, está muito engordurado.
gra.so/a [gráso] *adj.* grasso, gorduroso.
gra.so.so/a [grasóso] *adj.* engordurado, grassento.
gra.ta.men.te [grataménte] *adj.* gratamente.
gra.ti.fi.ca.ción [gratifikaθjón] *s.f.* gratificação.
gra.ti.fi.car [gratifikár] *v.t.* gratificar, recompensar.
gra.tis [grátis] *adv.* grátis.
gra.ti.tud [gratitúð] *s.f.* reconhecimento, gratidão.
gra.to/a [gráto] *adj.* grato, agradecido.
gra.tui.to/a [gratwíto] *adj.* gratuito.
gra.va [gráβa] *s.f.* cascalho, entulho, pedregulho.
gra.va.men [graβámen] *s.m.* (com.) encargo, impostos, gravame, ônus. *Los gravámenes a la importación son muy elevados.* Os impostos à importação são muito elevados.
gra.var [graβár] *v.t.* 1 gravar. 2 onerar, impor gravame.

gra.ve [gráβe] *adj.* 1 grave. 2 sério. 3 perigoso.
gra.ve.dad [graβeðáð] *s.f.* gravidade.
gra.ve.men.te [graβeménte] *adv.* gravemente.
gra.vi.dez [graβiðéθ] *s.f.* gravidez.
gra.vi.ta.ción [graβitaθjón] *s.f.* gravitação.
gra.vi.tar [graβitár] *v.i.* gravitar, suspender ou carregar um peso.
gra.vi.ta.to.rio/a [graβitatórjo] *adj.* gravitatório.
gra.vo.so [graβóso] *adj.* gravoso, oneroso, custoso.
graz.nar [graznár] *v.i.* grasnar.
graz.ni.do [grazníðo] *s.m.* grasnido.
gre.dal [greðál] *s.m.* terreno abundante em greda, argila e areia.
gre.ga.rio/a [greɣárjo] *s.* gregário, animal que se junta a outros da mesma espécie. *El hombre es un típico animal gregario.* O homem é um animal tipicamente gregário.
gre.mial [gremjál] *adj.* gremial.
gre.mio [grémjo] *s.m.* grêmio, associação.
gre.ña [gréɲa] *s.f.* grenha, cabelo desgrenhado.
gre.ñu.do/a [greɲúðo] *adj.* despenteado, grenhudo.
gres.ca [gréska] *s.f.* 1 briga. 2 bagunça.
grey [gréi̯] *s.f.* grei, rebanho.
grial [grjál] *s.m.* graal, vaso ou prato místico que, segundo tradição corrente nos romances de cavalaria, teria servido para a instituição do sacramento eucarístico.
grie.ta [grjéta] *s.f.* greta, fenda, rachadura. *Las grietas en la pared amenazaban derribar la casa.* As rachaduras na parede ameaçavam derrubar a casa.
grie.tar.se [grjetárse] *v.p.* gretar(-se), fender(-se).
gri.fo/a [grífo] *adj.* grifo, itálico.
gri.fo [grífo] *s.m.* torneira. *Dejaron los grifos abiertos e inundaron el jardín.* Deixaram as torneiras abertas e inundaram o jardim.

gri.lla [gríʎa] *s.f.* grade. *La grilla curricular no incluye la informática.* A grade curricular não inclui informática.

gri.lle.te [griʎéte] *s.m.* grilhão, arco de ferro com corrente usado para prender presos.

gri.llo [gríʎo] *s.m.* grilo

gri.ma [gríma] *s.f.* desassossego, honor ou terror, desgosto, aflição.

grin.go/a [gríŋgo] *adj. e s.* gringo, estrangeiro.

gri.pe [grípe] *s.f.* (med.) gripe.

gris [grís] *s.m. e adj.* 1 gris, a cor cinza, cinzento. 2 apagado.

gri.sá.ce.o/a [grisáθeo] *adj.* cinzento, de cor cinza, grisalho. *A los treinta años ya tenía los pelos y el bigote grisáceos.* Aos trinta anos já estava com os cabelos e o bigode grisalhos.

grí.se.o [gríseo] *adj.* gris, cinzento, de cor cinza.

gri.són/ona [grisón] *adj.* pertencente ou relativo ao cantão dos Grisões (Suíça).

gri.són/ona [grisón] *s.* natural ou habitante desse cantão.

gri.són/ona [grisón] *s.m.* a língua românica falada na maior parte do cantão dos Grisões (Suíça).

gri.tar [gritát] *v.i. e t.* gritar.

gri.te.rí.a [gritería] *s.f.* gritaria.

gri.to [gríto] *s.m.* grito.

gri.tón/a [gritón] *adj.* escandaloso, gritalhão.

gro.se.lla [groséʎa] *s.f.* groselha, fruto da greselheira. *refresco de grosella,* refresco de groselha.

gro.se.lle.ro [groseʎéro] *s.m.* groselheira, arbusto que produz a groselha.

gro.se.ra.men.te [groseraménte] *adv.* grosseiramente.

gro.se.rí.a [grosería] *s.f.* grosseria.

gro.se.ro/a [groséro] *adj.* grosseiro, vulgar, grosso.

gro.sor [grosór] *s.m.* grossura, espessura.

gro.so.mo.do [grósomóðo] *loc.adv.* oriunda do latim, *grosso modo,* de modo genérico sem entrar em pormenores, aproximadamente. Obs.. tanto em espanhol quanto em português é incorreto dizer "a grosso modo", já que a expressão adverbial está no caso ablativo.

gro.tes.co/a [grotésko] *adj.* grotesco.

grú.a [grúa] *s.f.* (mec.) guincho. *La grúa se llevó el coche que estaba mal estacionado.* O guincho levou o carro que estava mal estacionado.

grue.so/a [grwéso] *adj.* gordo, grosso.

gru.lla [grúʎa] *s.f.* grou, ave pernalta.

gru.me.te [gruméte] *s.m.* grumete, rapaz aprendiz de marujo.

gru.mo [grúmo] *s.m.* 1 grumo, grânulo. 2 coágulo.

gru.mo.so/a [grumóso] *adj.* grumoso.

gru.ñi.do [gruɲíðo] *s.m.* 1 grunhido, voz do porco. 2 rosnado do cachorro, som rouco ou ameaçador.

gru.ñir [gruɲír] *v.i.* rosnar

gru.ñón/a [gruɲón] *adj. e s.* resmungão.

gru.pa [grúpa] *s.f.* garupa. *El gaucho llevaba a su hijo en la grupa del caballo.* O gaúcho levava o filho na garupa do cavalo.

gru.po [grúpo] *s.m.* 1 grupo. 2 categoria.

gru.ta [grúta] *s.f.* gruta, caverna.

gua.ca [gwáka] *s.f.* 1 guaca, sepulcro indígena da América do Sul. 2 tesouro enterrado.

gua.ca.mol ou **gua.ca.mo.le** [gwakamól] [gwakamóle] *s.m.* (Méx.) salada de abacate.

gua.cho.la [gwátʃo] *adj.* 1 órfão, sem pais. 2 (vulg.) insulto.

gua.co [gwáko] *s.m.* (Bol. e Peru) cerâmicas achadas em sepulcros indígenas.

gua.da.ña [gwaðáɲa] *s.f.* 1 gadanha, foice. 2 (fig.) a morte.

gua.da.ñar [gwaðaɲár] *v.t.* gadanhar, ceifar com foice.

gua.gua [gwáɣwa] *s.f.* 1 objeto de pouco valor. 2 (Cuba) ônibus. 3 (Chile) bebê.

gua.ji.ra [gwaxíra] *s.f.* 1 canto popular de Cuba. 2 variedade de canto e baile andaluz do repertório flamenco.

gua.ji.ro/a [gwaxíro] *adj. e s.* 1 camponês de Cuba. 2 natural de La Guajira (Colômbia).

gual.dra.pa [gwaldrápa] *s.f.* gualdrapa, cobertura de lã ou seda que cobre e adorna as ancas da mula ou do cavalo.

gua.ná.ba.na [gwanáβana] *s.f.* (bot.) fruta-do-conde.

gua.no [gwáno] *s.m.* esterco, excremento de vaca ou cavalo para adubo.

guan.ta.zo [gwantáθo] *s.m.* (col.) bofetada com luva.

guan.te [gwánte] *s.m.* 1 luva. 2 presente, brinde, cortesia.

guan.te.ar [gwanteár] *v.t.* dar uma bofetada com uma luva.

guan.te.le.te [gwanteléte] *s.m.* luva de armaduras.

guan.te.ra [gwantéra] *s.f.* porta-luvas. *Puse los CDs en la guantera.* Pus os CDs no porta-luvas.

gua.pe.tón/a [gwapetón] *adj. e s.* (col.) bonitão.

gua.po/a [gwápo] *adj.* 1 bonito. 2 trabajador. 3 *guapo del 900*, malandro da mitologia do tango.

gua.ra.cha [gwarátʃa] *s.f.* (Cuba e P. Rico) dança, sapateado.

gua.ra.che [gwarátʃe] *s.f.* (Méx.) sandália rústica.

gua.ran.go/a [gwaráŋgo] *adj.* mal-educado, grosseiro, bruto.

gua.ran.gue.ar [gwaraŋgeár] *v.i.* fazer grosserias.

gua.ra.ní [gwaraní] *adj.* guarani. *Los índios guaraníes habitan la cuenca del Paraguay y del Paraná, en Brasil, Argentina y Paraguay.* Os índios guaranis habitam a bacia do Paraguai e do Paraná, no Brasil, na Argentina e no Paraguai.

gua.ra.pón [gwarapón] *s.m.* (Chile) chapéu camponês de aba larga.

guar.da [gwárða] *s.m.* guarda, vigia.

guar.da.ba.rre.ra [gwarðaβaréra] *s.m.* guarda-cancela, pessoa que cuida da segurança das passagens de nível nas estradas de ferro.

guar.da.ba.rros [gwarðaβáros] *s.m.* para-lama, peça que cobre as rodas dos veículos.

guar.da.bos.que [gwarðaβóske] *s.m.* guarda florestal.

guar.da.bri.sa [gwarðaβrísa] *s.m.* pára-brisa.

guar.da.ca.de.na [gwarðakaðéna] *s.f.* parte da bicicleta que protege a corrente.

guar.da.co.ches [gwarðakótʃes] *s.m.* manobrista.

guar.da.cos.tas [gwarðakóstas] *s.m.* guarda costeira.

guar.da.es.pal.das [gwarðaespáldas] *s.m.* guarda-costas. *Los guardaespaldas protegieron al presidente.* Os guarda-costas protegeram o presidente.

guar.da.fan.go [gwarðafáŋgo] *s.m.* pára-lama.

guar.da.fre.nos [gwarðafrénos] *s.m.* guardafreios, empregado de estradas de ferro que cuida dos freios dos carros e vagões.

guar.da.gu.jas [gwarðaɣúxas] *s.m.* guardachaves, empregado das estradas de ferro que cuida das agulhas ou trilhos de desvio ou encaixe entre as vias dos trens.

guar.da.jo.yas [gwarðaxójas] *s.m.* porta-joias.

guar.da.me.ta [gwarðaméta] *s.m.* goleiro, guarda-meta, guarda-vala.

guar.da.mon.te [gwarðamónte] *s.m.* guarda-peito, proteção de couro que cobre o

peito do cavalo e as pernas do cavaleiro ao entrar no meio dos arbustos.
guar.da.pol.vo [gwarðapóβo] *s.m.* avental, guarda-pó.
guar.da.pun.tas [gwarðapúntas] *s.m.* ponteira, proteção para a ponta do lápis.
guar.dar [gwarðár] *v.t.* guardar.
guar.da.rro.pa [gwarðar̄ópa] *s.m.* guarda-roupa.
guar.dar.se [gwarðárse] *v.p.* guardar.
guar.de.rí.a [gwarðería] *s.f.* creche. *Los niños empezaron a quedarse en la guardería este verano.* As crianças começaram a ficar na creche neste verão.
guar.dia [gwárðja] *s.f.* 1 guarda, vigia. 2 plantão. *El médico estará de guardia el próximo domingo.* O médico dará plantão no próximo domingo.
guar.dián/a [gwarðján] *s.* guardião, vigilante.
guar.di.lla [gwarðíʎa] *s.f.* sótão, água-furtada.
gua.re.cer [gwareθér] *v.t.* 1 esconder, proteger, dar abrigo. 2 guarir, curar, sarar.
gua.ri.da [gwaríða] *s.f.* guarida, esconderijo, toca.
gua.ris.mo [gwarízmo] *s.m.* (mat.) algarismo.
guar.ne.cer [gwarneθér] *v.t.* guarnecer, adornar.
guar.ni.ción [gwarniθjón] *s.f.* guarnição, adorno.
gua.rre.rí.a [gwar̄ería] *s.f.* 1 porcaria, sujeira. 2 (fig.) cachorrada.
gua.rro/a [gwár̄o] *adj. e s.* 1 porco, sujo. 2 mal-educado.
gua.sa.da [gwasáða] *s.f.* falta de educação, grosseria.
guas.ca [gwáska] *s.f.* (Amér.) látego, chibata de couro cru, guasca.
guas.ca.zo [gwaskáθo] *s.m.* lategaço, chibatada, guascaço.

gua.se.ar.se [gwaseárse] *v.p.* zombar.
gua.se.rí.a [gwasería] *s.f.* grosseria, falta de educação.
gua.so/a [gwáso] *adj.* grosseiro, grosso.
gua.són [gwasón] *adj. e s.* brincalhão
guau [gwáu̯] *s.m.* au-au, onomatopeia do som que emitem os cães.
gua.ya.ba [gwajáβa] *s.f.* goiaba.
gua.ya.be.ra [gwajaβéra] *s.f.* camisa larga e leve, com bolsos grandes, muito usada em Cuba, na Colômbia, na Venezuela e em todo o Caribe.
gua.ya.be.ro [gwajaβéro] *s.m.* goiabeira, pé de goiaba.
gua.ya.bo [gwajáβo] *s.m.* (bot.) goiabeira.
gu.ber.na.men.tal [guβernamentál] *adj.* governamental.
gu.ber.na.ti.vo/a [guβernatíβo] *adj.* governamental, que pertence ao governo.
gue.rra [ger̄a] *s.f.* guerra, conflito armado, guerra civil entre partes de uma mesma nação.
gue.rre.a.dor/a [ger̄eaðór] *adj.* guerreador, que guerreia, guerreiro.
gue.rre.ar [ger̄eár] *v.i.* guerrear.
gue.rre.ro/a [ger̄éro] *s.m.* guerreiro.
gue.rri.lla [ger̄íʎa] *s.f.* guerrilha, milícia irregular, urbana e rural.
gue.rri.lle.ar [ger̄iʎeár] *v.t.* guerrilhar, fustigar o inimigo em grupos pequenos e em ataques de surpresa.
gue.rri.lle.ro/a [ger̄iʎéro] *adj.* guerrilheiro, soldado de exército ou milícia irregular.
guí.a [gía] *s.* (com.) guia.
guí.a [gía] *s.f. guía telefónica*, lista telefônica.
guiar [giár] *v.t. e i.* guiar, orientar, dirigir.
guiar.se [giárse] *v.p.* guiar-se, orientar-se.
gui.ja.rro [gixár̄o] *s.m.* cascalho, pedregulho.
gui.llo.ti.na [giʎotína] *s.f.* guilhotina.
gui.llo.ti.nar [giʎotinár] *v.t.* guilhotinar.

guin.che [gítʃe] *s.m.* guincho, guindaste.
guin.da [gínda] *s.f.* (bot.) espécie de cereja.
guin.dar [gindár] *v.t.* subir, suspender, endurar usando polias ou guindastes.
guin.di.lla [gindíʎa] *s.f.* (bot.) pimenta.
guin.do [gíndo] *s.m.* espécie de cerejeira.
gui.ña.da [giɲáða] *s.f.* piscadela.
gui.ñar [giɲár] *v.t.* 1 piscar, fechar um olho e deixar o outro aberto. 2 acenar, chamar a atenção.
gui.ño [gíɲo] *s.m.* piscada, piscadela.
gui.ño [gíɲo] *s.m.* pisca-pisca, pisca-alerta, luz intermitente dos veículos para indicar parada ou emergência.
gui.ñol [giɲól] *s.m.* guinhol, teatro de marionetes ou fantoches.
gui.ón [gión] *s.m.* esboço, roteiro. *El guión de la película ganó el Premio de la Palma de Oro.* O roteiro do filme ganhou o Prêmio da Palma de Ouro.
gui.ón [gión] *s.m.* (gram.) hífen, travessão.
guio.nis.ta [gionísta] *s.* roteirista. *El guionista de la película no respetó el libro original.* O roteirista do filme não respeitou o livro original.
gui.par [gipár] *v.t. e i.* descobrir, ver.
guir.nal.da [girnálda] *s.f.* grinalda.
gui.sa [gísa] *s.m.* maneira, modo. *Lo nombraron gerente, a guisa de jefe de repartición.* Foi nomeado gerente, à guisa de chefe de seção.
gui.sa.do [gisáðo] *s.m.* guisado.
gui.san.te [gisánte] *s.m.* (bot.) ervilha.
gui.sar [gisár] *v.t. e i.* cozinhar.
gui.so [gíso] *s.m.* refogado, cozido.
gui.ta [gíta] *s.f.* corda fina.
gui.ta.rra [gitářa] *s.f.* violão, guitarra tradicional. *Los roqueros prefieren las guitarras eléctricas.* Os roqueiros preferem as guitarras elétricas.
gui.ta.rre.ar [gitařeár] *v.i.* tocar violão. 2 tagarelar, falar à toa.
gui.ta.rris.ta [gitařísta] *s.* violonista, guitarrista.
gui.ta.rrón [gitařón] *adj.* homem pícaro, esperto, astuto.
gu.la [gúla] *s.f.* gula.
gul.den [gúlden] *s.m.* unidade monetária holandesa.
gu.rí/sa [gurí] *s.m.* guri.
gu.rru.mi.no/a [guřumíno] *adj.* (Amér.) 1 criança pequena. 2 coisa à toa, sem importância. 3 (Bol. e Peru) covarde. 4 (Arg.) baixinha.
gu.sa.ne.ar [gusaneár] *v.t.* sentir formigamento nos músculos.
gu.sa.ni.llo [gusaníʎo] *s.m.* bordado, lavor miúdo; loc.(fig.).(fam.) *matar el gusanillo*, tomar um mata-bicho.
gu.sa.no [gusáno] *s.m.* verme, minhoca.
gus.tar [gustár] *v.t.* degustar, provar, gostar. *Me gusta el clima del sur.* Eu gosto do clima do sul.
gus.ta.zo [gustáθo] *s.m.* (fig.) gosto, satisfação.
gus.ti.llo [gustíʎo] *s.m.* gostinho, sabor.
gus.to [gústo] *s.m.* 1 gosto, sabor. 2 satisfação, prazer.
gus.to.sa.mente [gustosaménte] *adv.* gostosamente, com gosto.
gus.to.so/a [gustóso] *adj.* gostoso, saboroso.

H h

h, H [átʃe] *s.f.* 1 oitava letra do alfabeto espanhol; seu nome é *hache*. É uma letra muda na língua geral. 2 abreviatura de hora. *El tren parte a las 11h.* O trem parte às 11h.

ha.ba [áβa] *s.f.* 1 fava, planta leguminosa. 2 vagem.

ha.ba.no [aβáno] *s.m.* charuto, cigarro "puro".

ha.ber [aβér] *s.m.* 1 haveres, propriedade. 2 qualidade, ponto a favor. *Tengo en mi haber más de 30 años de trabajo y de economías.* Tenho em haver mais de 30 anos de trabalho e de economias.

ha.ber [aβér] 1 *v.aux.* na formação de tempos compostos. 2 *v. impes.* Hay. Há. 3 *v. r. e pron.* ter, possuir. *Hay más ancianos ahora que hace treinta años.* Há mais anciãos agora do que há trinta anos.

ha.bi.chue.la [aβitʃwéla] *s.f.* feijão, fava. *La historia de Juan y la habichuela es muy popular entre los niños.* A história de João e o feijão é muito popular entre as crianças.

há.bil [aβíl] *adj.* hábil, destro, capaz.

ha.bi.li.dad [aβiliðáð] *s.f.* habilidade, destreza.

ha.bi.li.tar [aβilitár] *v.t.* 1 habilitar, capacitar, adestrar, treinar. 2 pôr em funcionamento, implantar. *La municipalidad va a habilitar nuevas líneas de transporte colectivo.* O município vai habilitar novas linhas de transporte coletivo.

ha.bi.ta.ble [aβitáβle] *adj.* habitável, que pode ser habitado.

ha.bi.ta.ción [aβitaθjón] *s.f.* habitação, moradia, vivenda.

ha.bi.tan.te [aβitánte] *s.* habitante, pessoa que faz parte da população de cidades e países.

ha.bi.tar [aβitár] *v.i.* habitar.

há.bi.to [áβito] *s.m.* 1 costume, uso. *En mi familia tenemos el hábito de reunirnos a cada dos domingos.* Em minha família temos o hábito de nos reunirmos de dois em dois domingos. 2 hábito, sotaina, batina usada pelos padres religiosos.

ha.bi.tu.al [aβituál] *adj.* habitual, usual, costumeiro. *Las lluvias son habituales en Navidad.* As chuvas são habituais no Natal.

ha.bi.tu.ar [aβituár] *v.t.* costumar, soer.

ha.bla [áβla] *s.f.* 1 fala. 2 sotaque. *El habla de mi tierra es suave y alegre.* O sotaque de minha terra é suave e alegre. 3 dialeto.

ha.bla.dor/a [aβlaðór] *adj. e s.* falador, falante.

ha.bla.du.rí.a [aβlaðuría] *s.f.* falatório, fofocas, maledicência, rumor.

ha.blan.chín [aβlatʃín] *adj.* que fala muito, imprudente ou mal-intencionado.

ha.blan.te [aβlánte] *adj. e s.* falante.

ha.blar [aβlár] *v.i.* falar, dizer, expressar-se.

ha.blar.se [aβlárse] *v.p.* falar-se, comunicar-se. *Rosa y Lucas no se hablan hace años.* Rosa e Lucas não se falam há anos.

ha.cer [aθér] *v.t.* fazer, realizar, construir, produzir.

ha.cer.se [aθérse] *v.p.* 1 fazer- se. *hacerse el dormido,* fingir que está dormindo. *hacerse viejo,* ficar velho. *hacerse a un lado,* afastar-se, separar-se. 2 parecer. *Me hace que lloverá.*

Acho que vai chover. 3 imaginar. *No me hago la idea de viajar.* Não me conformo com ter que viajar.

ha.cha [átʃa] *s.f.* machado. *Cortaron los árboles con sierras y hachas.* Cortaram as árvores com serras e machados.

ha.che [átʃe] *s.f.* nome da letra *h*, agá.

ha.che.ro/a [atʃéro] *s.* lenhador.

ha.chís [xatʃís] *s.m.* haxixe, substância narcótica, droga.

ha.cia [áθjia] *prep.* 1 para, em direção a *Salimos hacia el Norte.* Saímos em direção ao Norte. 2 em torno de, por volta de. *Llegamos hacia la medianoche.* Chegamos por volta de meia-noite.

ha.cien.da [aθjiénda] *s.f.* 1 fazenda. 2 conjunto de cabeças de gado.

ha.ci.nar [aθinár] *v.t.* juntar, amontoar num lugar pequeno, acumular. *Los presos estaban hacinados en celdas de cuatro metros cuadrados.* Os presos estavam amontoados em celas de quatro metros quadrados.

ha.da [áða] *s.f.* fada. *hada madrina*, fada madrinha.

ha.da.do/a [aðáðo] *adj.* fadado. *mal hadado*, infortunado, azarado, malfadado.

ha.la [ála] *interj.* indica ânimo, eia. *¡Vamos! ¡Hala! ¡A estudiar y prepararse para la prueba!* Vamos! Eia! Estudar e preparar-se para a prova!

ha.la.gar [alaɣár] *v.t.* adular, elogiar, lisonjear, exageradamente, bajular, (vulg.) puxar o saco.

ha.la.go [aláɣo] *s.m.* afago, elogio. *Le hicieron tantos halagos que se sintió avergonzado.* Fizeram-lhe tantos elogios que ficou envergonhado.

ha.la.gue.ño [alaɣéɲo] *s.m.* lisonjeiro, que lisonjeia, que elogia, que adula. *El jefe le hizo un comentario muy halagueño.* O chefe lhe fez um comentário muito lisonjeiro.

ha.lar [alár] *v.t.* puxar, repuxar.

hal.cón [alkón] *s.m.* 1 falcão. 2 político de linha dura, conservador, militarista.

ha.le [ále] *interj.* indica pressa.

há.li.to [álito] *s.m.* hálito, alento.

ha.llar [aʎár] *v.t.* achar, encontrar.

ha.llar.se [aʎárse] *v.p.* achar-se.

ha.llaz.go [aʎáʐɣo] *s.m.* achado, descoberta.

ha.ma.ca [amáka] *s.f.* 1 rede para dormir ou descansar. 2 cadeira de balanço. 3 balanço.

ham.bre [ámbre] *s.f.* fome.

ham.brien.to/o [ambrjénto] *adj. e s.* faminto. *¿Vamos a comer? Estoy hambriento.* Vamos comer? Estou faminto.

ham.bur.gue.sa [amburɣésa] *s.f.* hambúrguer.

ham.pa [ámpa] *s.f.* organização criminosa, máfia.

ham.pón [ampón] *s.m.* delinquente, criminoso. *Los hampones asaltaron el banco y llevaron la caja fuerte.* Os delinquentes assaltaram o banco e levaram a caixa-forte.

ha.ra.gán [araɣán] *adj.* folgado, folgazão.

ha.ra.ga.ne.ar [araɣaneár] *v.t.* vadear, descansar demais.

ha.ra.pien.to/a [arapjénto] *adj.* esfarrapado, maltrapilho. *Llegó sucio y harapiento.* Chegou sujo e maltrapilho.

ha.ra.po [arápo] *s.m.* farrapo, roupa velha, suja e/ou gasta.

ha.ra.po.so/a [arapóso] *adj.* esfarrapado, maltrapilho.

ha.rén [arén] *s.m.* harém, casa de mulheres escravas ou servas.

ha.ri.na [arína] *s.f.* farinha.

ha.ri.ne.ro [arinéro] *s.m.* pessoa que negocia em farinha.

ha.ri.no.so/a [arinóso] *adj.* farinhento.

har.tar [artár] *v.t.* 1 fartar, saciar o apetite ou algum outro desejo. 2 cansar, entendiar.

har.tar.se [artárse] *v.p.* 1 fartar-se, entediar-se. 2 saciar-se.

har.taz.go [artáʒɣo] *s.m.* 1 fastio. 2 fartura, efeito de comer e beber em excesso. *Comieron y bebieron hasta el hartazgo.* Comeram e beberam até a fartura.
har.to/a [árto] *adj.* farto.
har.tu.ra [artúra] *s.m.* fartura.
has.ta [ástá] *prep.* até.
has.ti.ar [astiár] *v.t.* cansar, enjoar. *Este trabajo me tiene hastiado.* Este trabalho me deixa cansado.
has.tí.o [astío] *s.m.* fastio, tédio, desgosto.
ha.to [áto] *s.m.* provisão, pequeno enxoval, muda de roupas.
hay [ái̯] *v. impes.* há. *Hay mucha nieve en la montaña.* Há muita neve na montanha. *Hay peligros por todos lados en las ciudades.* Há perigos por todos os lados nas cidades.
haz [áθ] *s.m.* 1 feixe, porção amarrada de lenha, ervas, galhos etc. 2 conjunto de raios com a mesma origem.
ha.za.ña [aθáɲa] *s.f.* façanha, feito, ação ilustre ou brilhante.
haz.me.rre.ír [aʒmer̄eír] *s.m.* palhaço, ridículo. *Pedro se puso una ropa ridícula y fue el hazmerreír de la fiesta.* Pedro vestiu uma roupa ridícula e foi o palhaço da festa.
he.bi.lla [eβíʎa] *s.f.* fivela.
he.bra [éβra] *s.f.* fio, mecha.
he.ces [éθes] *s.f.* (pl.) fezes, excrementos, matérias fecais. (ver *hez*).
he.chi.ce.rí.a [etʃiθería] *s.f.* feitiçaria. *No creo ni en brujas ni en hechicerías.* Não creio nem em bruxas nem em feitiçarias.
he.chi.ce.ro/a [etʃiθéro] *s.* 1 feiticeiro, bruxo. 2 sedutor, que cativa pela beleza, simpatia ou graça pessoal.
he.chi.zar [etʃiθár] *v.t.* 1 enfeitiçar, fazer mágicas ou feitiços. 2 seduzir, cativar.
he.chi.zo [etʃíθo] *s.m.* 1 feitiço, malefício, bruxaria. 2 encanto, sedução, fascinação.
he.cho/a [étʃo] *adj.* feito.

he.cho [étʃo] *s.m.* fato, ato, ação.
he.chu.ra [etʃúra] *s.f.* feitio, confecção. *La hechura del traje no está a mi gusto.* O feitio do terno não está do meu gosto.
he.der [eðér] *v.i.* feder, produzir mau cheiro.
he.dion.dez [eðjondéθ] *s.f.* hediondez, fedor.
he.dion.do/a [eðjóndo] *adj.* fedorento, fedido, horrível. *El río exhalaba un olor hediondo.* O rio exalava um cheiro horrível.
he.dor [eðór] *s.m.* fedor.
he.ge.mo.ní.a [exemonía] *s.f.* hegemonia.
he.la.da [eláða] *s.f.* geada. *La helada y el granizo arruinaron los cultivos.* A geada e o granizo arruinaram as plantações.
he.la.de.ra [elaðéra] *s.f.* geladeira.
he.la.de.ría [elaðería] *s.f.* sorveteria. *Compramos un helado de crema y frutilla en la heladería nueva.* Compramos um sorvete de creme e morango na sorveteria nova.
he.la.de.ro/a [elaðéro] *s.* sorveteiro.
he.la.do/a [eláðo] *adj.* gelado, congelado.
he.la.do [eláðo] *s.m.* sorvete.
he.lar [elár] *v.t.* 1 gelar. 2 gear.
he.lar.se [elárse] *v.p.* gelar-se.
he.le.cho [elétʃo] *s.m.* (bot.) samambaia.
hé.li.ce [éliθe] *s.f.* hélice.
he.li.cóp.te.ro [elikóptero] *s.m.* helicóptero.
he.lio [éljo] *s.m.* hélio, gás químico, inodoro e incolor.
he.li.puer.to [elipwérto] *s.m.* heliporto.
he.ma.to.lo.gí.a [ematoloxía] *s.f.* hematologia, estudo do sangue.
he.ma.to.ma [ematóma] *s.m.* (med.) hematoma.
hem.bra [émbra] *s.f.* fêmea.
he.mi.ci.clo [emiθíklo] *s.m.* semicírculo. *El Congreso de los Diputados en Madrid es un hemiciclo.* O Congresso dos Deputados em Madri é um semicírculo.

he.mis.fé.ri.co/a [emisfériko] *adj.* hemisférico.

he.mis.fé.rio [emisférjo] *s.m.* hemisfério, metade de uma esfera, cada uma das metades sul e norte da Terra, divididas imaginariamente pelo Ecuador.

he.mo.fi.li.a [emofílja] *s.f.* (med.) hemofilia, distúrbio hereditário na coagulação do sangue.

he.mo.fí.li.co/a [emofíliko] *adj.* hemofílico, que sofre de hemorragias espontâneas.

he.mo.glo.bi.na [emoɣloβína] *s.f.* hemoglobina, pigmento sanguíneo que transporta oxigênio.

he.mo.rra.gi.a [emor̄áxja] *s.f.* (med.) hemorragia, derramamento de sangue.

he.mo.rroi.des [emor̄óįðes] *s.f.pl.* (med.) hemorroida, varizes no reto ou no ânus.

hen.chi.mien.to [etʃimjénto] *s.m.* recheio, enchimento.

hen.chir [etʃír] *v.t.* preencher, encher, rechear.

hen.der [endér] *v.t.* fender, surcar.

hen.der.se [endérse] *v.p* fender-se.

hen.di.du.ra [endiðúra] *s.f.* rachadura, fenda. *El meteorito causó una hendidura de varios kilómetros.* O meteorito causou uma rachadura de vários quilômetros.

hen.di.mien.to [endimjénto] *s.m.* afundamento, fenda.

he.no [éno] *s.m.* feno.

he.pa.ti.tis [epatítis] *s.f.* (med.) hepatite, inflamação do fígado. *Fue transplantado del hígado después de una hepatitis aguda.* Fez transplante do fígado depois de uma hepatite aguda.

hep.tá.go.no [eptáɣono] *s.m.* heptágono, polígono de sete lados.

he.rál.di.co/a [eráldiko] *adj.* heráldico, arte ou ciência dos brasões. *La heráldica enseña a componer, interpretar y describir los escudos y sus linajes y armas.* A heráldica ensina a compor, interpretar e descrever os escudos e suas linhagens e armas.

her.ba.rio/a [erβárjo] *adj.* herbário, relativo às ervas, botânico.

her.bí.vo.ro/a [erβíβoro] *adj.* herbívoro, animal que se alimenta apenas de vegetais, folhas e talos.

her.cio [érθjo] *s.m.* (fís.) hertz. (hz) unidade de medida de frequência.

he.re.dar [ereðár] *v.t.* 1 herdar, receber bens ou patrimônios em decorrência da morte de um doador. 2 genética, receber dos pais a informação genética hereditária, traços, características físicas ou morais

he.re.de.ro/a [ereðéro] *adj. e s.* herdeiro. *Los herederos de varios reinados europeos lucharon entre si para imponer sus reyes y emperadores.* Os herdeiros de vários reinados europeus lutaram entre si para impor seus reis e imperadores.

he.re.di.ta.rio/a [ereðitárjo] *s.* hereditário.

he.re.je [eréxe] *s.* herege, cristão que nega os dogmas aceitos pela igreja romana.

he.re.jía [erexía] *s.f.* heresia, doutrina oposta aos dogmas do Vaticano e do Papado.

he.ren.cia [erénθja] *s.f.* 1 herança, traços continuadores de uma cultura ou dos bens e propriedades de uma família ou dinastia. *El idioma es la mejor herencia que América recibió de España.* O idioma é a melhor herança que a América recebeu da Espanha. 2 conjunto de caracteres que passam de pai para filho. 3 direitos, bens e obrigações transmitidos aos sucessores.

he.ré.ti.co/a [erétiko] *adj.* herético, referente à heresia ou ao herege.

he.ri.do/a [eríðo] *adj. e s.* ferido, machucado. *Muchas personas resultan heridas en las rutas n los viajes de final de año.* Muitas pessoas acabam sendo feridas nas estradas nas viagens de fim de ano.

hesitación

he.rir [erír] *v.t. e i.* 1 ferir, machucar. 2 magoar, fazer mal moralmente.
he.rir.se [erírse] *v.p.* ferir-se.
her.ma.fro.di.ta [ermafroðíta] *s.m.* hermafrodita.
her.ma.nar [ermanár] *v.t.* irmanar, fraternizar. *La confianza en la humanidad hermana a todas las razas.* A confiança na humanidade irmana todas as raças.
her.ma.nar.se [ermanárse] *v.t.* irmanar-se.
her.man.dad [ermandáð] *s.f.* 1 fraternidade, irmandade. 2 confraria.
her.mano/a [ermáno] *s.* irmão/irmã. *Los hermanos deben ayudarse entre sí y ayudar a sus padres.* Os irmãos devem ajudar-se entre si e ajudar a seus pais.
her.mé.ti.co/a [ermétiko] *adj.* hermético, impenetrável, fechado, trancado. 2 pessoa fechada.
her.mo.se.ar [ermoseár] *v.t.* embelezar.
her.mo.so/a [ermóso] *adj.* muito bonito, formoso.
her.mo.su.ra [ermosúra] *s.f.* beleza, formosura. *La hermosura de las cataratas del Iguazú es famosa en toda América.* A beleza das cataratas do Iguaçu é famosa em toda a América.
her.nia [érnja] *s.f.* (med.) hérnia, estrangulamento de uma víscera e saída para fora da cavidade natural.
hé.ro.e [éroe] *s.m.* heroi. *Los héroes de la independencia latinoamericana soñaban con la unidad de los pueblos hermanos.* Os herois da independência latino-americana sonhavam com a unidade dos povos irmãos.
he.roi.co/a [eróiko] *adj.* heroico.
he.ro.í.na [eroína] *s.f.* 1 heroína, mulher ilustre e famosa por realizar grandes feitos. 2 narcótico derivado da morfina.
he.ro.ís.mo [eroízmo] *s.m.* heroísmo, abnegação de certas figuras públicas. Virtudes que resultam em desapego pelos benefícios do poder ou dos bens e eleva o cidadão à condição de heroi.
her.pes/her.pe [érpes]/[érpe] *s.m.* (med.) herpes, virose cutânea que provoca bolhas permanentes.
he.rra.dor [eřaðór] *s.m.* serralheiro.
he.rra.du.ra [eřaðúra] *s.f.* ferradura.
he.rra.je [eřáxe] *s.m.* ferragem.
he.rra.mien.ta [eřamjénta] *s.f.* ferramenta. *Las herramientas evolucionan en la medida que la ciencia y la técnica crean nuevas necesidades.* As ferramentas evoluem à medida que a ciência e a técnica criam novas necessidades.
he.rrar [eřár] *v.t.* 1 colocar ferradura no cavalo. 2 marcar o gado com ferro quente.
he.rre.ría [eřería] *s.f.* serralheria.
he.rre.ro [eřéro] *s.m.* ferreiro, serralheiro. *El herrero preparó una reja de hierro forjado.* O ferreiro preparou uma grade de ferro forjado.
he.rrum.brar [eřumbrár] *v.t.* enferrujar, oxidar. *La lluvia herrumbó todas las herramientas.* A chuva enferrujou todas as ferramentas.
he.rrum.bre [eřúmbre] *s.f.* ferrugem, oxidação.
he.rrum.bro.so/a [eřumbróso] *adj.* enferrujado, oxidado.
hertz [értθ] *s.m.* (fís.) hertz. (hz) unidade de medida de frequência.
her.vi.de.ro [erβiðéro] *s.m.* efervescência, fervor, fervilhação, movimento, agitação. *La ciudad era un hervidero de rumores y de comentarios.* A cidade era uma fervilhação de rumores e de comentários.
her.vi.do/a [erβíðo] *adj.* fervido, cozido.
her.vi.dor [erβiðór] *s.m.* leiteira.
her.vir [erβír] *v.i. e t.* ferver, cozinhar.
her.vor [erβór] *s.m.* fervura, ebulição.
he.si.ta.ción [esitaθjón] *s.f.* hesitação, dúvida, vacilação. *Luego de um momento*

de hesitación, se decidió y entró. Após um momento de hesitação, decidiu-se e entrou.
he.si.tar [esitár] *v.i.* hesitar, duvidar, vacilar.
he.te.ro.gé.ne.o/a [eteroxéneo] *adj.* heterogêneo, de natureza ou gênero diferente ou diverso. *El pueblo brasileño es heterogéneo con tipos físicos diversos.* O povo brasileiro é heterogêneo com tipos físicos diversos.
he.te.ro.se.xual [eterosekswál] *adj.* heterossexual.
he.xá.go.no [eksáɣono] *s.m.* hexágono, polígono de seis lados.
hez [éθ] *s.f.* fez, excremento. Obs.. Em português e em espanhol, usa-se mais no plural, fezes (ver *heces*).
hi.a.to [iáto] *s.m.* hiato, encontro de duas vogais de sílabas distintas que não formam ditongo.
hi.ber.na.ción [iβernaθjón] *s.f.* hibernação, letargo, sono de hibernação.
hi.ber.nar [iβernár] *v.i.* hibernar, passar um período em sono letárgico.
hi.bis.co [iβísko] *s.m.* (bot.) hibisco.
hí.bri.do/a [íβriðo] *s.* híbrido, misto, mestiço. *Las plantas híbridas son más resistentes.* As plantas híbridas são mais resistentes.
hi.dal.go [iðálɣo] *s.m.* fidalgo, nobre.
hi.dal.guez [iðalɣéθ] *s.f.* 1 fidalguia, nobreza. 2 dignidade, generosidade e nobreza de sentimentos. *Su hidalguez y buen caracter lo hacían ser un hombre muy querido por todos.* Sua fidalguia e bom caráter faziam dele um homem muito estimado por todos.
hi.dra.ta.ción [iðrataθjón] *s.f.* hidratação, umidificação. *La hidratación de la piel ayuda a prevenir las arrugas precoces.* A hidratação da pele ajuda a prevenir as rugas precoces.
hi.dra.tar [iðratár] *v.t.* hidratar.
hi.dra.tar.se [iðratárse] *v.p.* hidratar-se.

hi.dráu.li.co/a [iðráuliko] *adj.* hidráulico, que se mexe por meio da água ou o óleo. *Los frenos hidráulicos son más precisos que los mecánicos.* Os freios hidráulicos são mais precisos que os mecânicos.
hi.dro.a.vión [iðroaβjón] *s.m.* hidroavião.
hi.dro.ce.fa.lia [iðroθefálja] *s.f.* hidrocefalia, aumento do líquido cefalorraquiano.
hi.dro.di.ná.mi.co/a [iðroðinámiko] *adj.* hidrodinâmico.
hi.dro.e.léc.tri.co/a [iðroeléktriko] *adj.* hidrelétrico, que produz energia elétrica com a força da água. *La usina hidroelétrica empezó a producir energía.* A usina hidrelétrica começou a produzir energia.
hi.dro.fo.bia [iðrofóβja] *s.f.* (med.) hidrofobia, horror aos líquidos, aversão à água dos animais raivosos.
hi.dró.ge.no [iðróxeno] *s.m.* (quím.) hidrogênio. *El hidrogeno es un gas incoloro.* O hidrogênio é um gás incolor.
hi.dro.gra.fía [iðroɣrafía] *s.f.* hidrografia. *La hidrografía estudia el conjunto de las aguas, ríos, lagos y lagunas de una región.* A hidrografia estuda o conjunto das águas, rios, lagos e lagoas de uma região.
hi.dró.me.tro [iðrómetro] *s.m.* hidrômetro.
hi.dros.fe.ra [iðrosféra] *s.f.* hidrosfera. *La hidrosfera es el conjunto de aguas dulces (ríos, lagos, lagunas) y saladas (mares) de la superficie y del subsuelo de la Tierra.* A hidrosfera é o conjunto de águas doces (rios, lagos, lagoas) e salgadas (mares) da superfície e do subsuelo da Terra.
hi.dro.tec.nia [iðrotéknja] *s.f.* hidrotecnia.
hi.dro.te.ra.pia [iðroterápja] *s.f.* hidroterapia, cura pela água. *La hidroterapia es un método curativo por medio del agua, mediante baños y duchas con aguas sulfurosas, que ayuda a sanar naturalmente.* A hidroterapia é um método curativo por meio da

água, mediante banhos e duchas com águas sulfurosas, que ajuda a sarar naturalmente.

hi.dro.ter.mal [iðrotermál] *adj.* hidrotermal.

hi.dró.xi.do [iðró(k)siðo] *s.m.* (quím.) hidróxido.

hie.dra [jéðra] *s.f.* (bot.) hera, planta trepadeira. *La hiedra es una enredadera con raíces aéreas que se agarran a los muros, árboles y rocas.* A hera é uma trepadeira com raízes aéreas que se agarram nos muros, árvores e rochas.

hiel [jél] *s.f.* fel. *Era un remedio amargo como la hiel.* Era um remédio amargo como fel.

hie.lo [jélo] *s.m.* 1 gelo, água sólida e cristalina por causa do frio. 2 frieza no trato. *hielo seco* ou *nieve carbónica*, gelo seco à base de gás carbônico.

hie.na [jéna] *s.f.* hiena.

hie.rá.ti.co/a [jerátiko] *adj.* 1 hierático. 2 ceremonial, religioso. 3 solene. *Estaba de pie, en una actitud hierática, de solemnidad extrema.* Estava de pé, em uma atitude hierática, de extrema solenidade. 4 referente aos hieroglifos ou à cultura egípcia.

hier.ba [jérβa] *s.f.* (bot.) 1 erva, pasto para o gado. 2 maconha ou droga. *hierba mala*, pasto daninho.

hier.ba.bue.na [jerβaβwéna] *s.f.* (bot.) hortelã.

hie.rro [jéro] *s.m.* ferro, metal maleável e forte. *hierro fundido*, ferro dos fornos de alta pressão. *hierro forjado*, ferro sem aleação. *El que a hierro mata, a hierro muere*, Quem com ferro fere, com ferro será ferido.

hi.ga [íɣa] *s.f.* 1 figa, amuleto. 2 sinal feito com a mão.

hí.ga.do [íɣaðo] *s.m.* fígado, órgão vital e o maior do corpo.

hi.gié.ni.co/a [ixjéniko] *adj.* higiênico, limpo, asseado.

hi.go [íɣo] *s.m.* (bot.) figo, fruto da figueira.

hi.gue.ra [iɣéra] *s.f.* figueira, árvore que produz figo. *Las higueras crecen en regiones calurosas y secas.* As figueiras crescem em regiões calorosas e secas.

hi.jas.tro/a [ixástro] *s.* enteado.

hi.jo/a [íxo] *s.* filho.

hi.jo.te [ixóte] *s.m.* 1 (bot.) muda. 2 filhote, filho pequeno.

hi.la.cha [ilátʃa] *s.f.* fiapo. *Parecía un gaucho hilacha.* Estava feito um farroupilho.

hi.la.cho.so/a [ilatʃóso] *adj.* fiapento.

hi.la.da [iláða] *s.f.* fiada, série horizontal de tijolos na construção. *El edificio fue creciendo, una hilada atrás de la otra.* O edifício foi crescendo fiada após fiada.

hi.la.dor/a [ilaðór] *s.* fiandeiro.

hi.lar [ilár] *v.t.* 1 fiar, fazer fio. 2 discursar, divagar. *hilar fino*, pesquisar, estudar, tratar em detalhe.

hi.la.ran.te [ilaránte] *adj.* hilariante, que inspira riso.

hi.la.ri.dad [ilariðáð] *s.f.* hilariedade, vontade de rir.

hi.le.ra [iléra] *s.f.* fileira, ordem ou formação na escola, na tropa militar etc.

hi.lo [ílo] *s.m.* 1 fio, linha. 2 arame metálico fino. 3 cabo transmissor. *el hilo del discurso, de la conversación*, o fio da meada.

hil.ván [ilβán] *s.f.* alinhavo, costura de traços largos para prender o pano.

hil.va.nar [ilβanár] *v.t.* 1 alinhavar. 2 coordenar ou alinhar ideias, enlaçar frases ou palavras ao falar ou escrever.

hi.men [ímen] *s.m.* hímen, virgindade.

him.no [ímno] *s.m.* hino. *Los alumnos se pusieron en fila y cantaron el Himno Nacional.* Os alunos formaram fila e cantaram o Hino Nacional.

hin.ca.du.ra [iŋkaðúra] *s.f.* 1 ação de fincar. 2 (Chile) ajoelhar-se, genuflexão.

hincapié

hin.ca.pié [iŋkapjé] *s.m.* 1 finca-pé, ação de fincar o pé. 2 sublinhar. *hacer hincapié*, insistir, afirmar, remarcar. *El director hizo hincapié en la disciplina en el colegio.* O diretor insistiu na disciplina no colégio.

hin.car [iŋkár] *v.t.* fincar, espetar, cravar, pregar.

hin.car.se [iŋkárse] *v.p.* fincar-se, ajoelhar-se.

hin.cha [ítʃa] *s.* torcedor. *Los hinchas de Boca Junior llenaron las gradas del estadio.* A torcida do Boca Júnior enchem as arquibancadas do estádio.

hin.cha.da [itʃáða] *s.f.* (col.) torcida de um clube esportivo.

hin.cha.do/a [itʃáðo] *adj.* inchado, inflamado.

hin.char [itʃár] *v.t.* 1 inflar, inflamar. 2 torcer por um time esportivo.

hin.char.se [itʃárse] *v.p.* inchar-se.

hin.cha.zón [itʃaθón] *s.m.* inchaço, inflamação. *La serpiente lo mordió y le causó una gran hinchazón en el brazo.* A cobra o picou, causando-lhe um grande inchaço no braço.

hi.no.jo [inóxo] *s.m.* aipo, salsão.

hi.par [ipár] *v.i.* soluçar.

hi.pér.bo.la [ipérβola] *s.f.* (geom.) hipérbole, curva plana simétrica.

hi.pér.bo.le [ipérβole] *s.f.* (gram.) hipérbole, figura que exagera a realidade para dar ênfase à frase. *La noticia corría como el viento e incendiaba los campos.* A notícia corria como o vento e incendiava os campos.

hi.per.bó.li.co/a [iperβóliko] *adj.* hiperbólico, referente à hiperbole (geom.) ou à hipérbole (gram.).

hi.per.crí.ti.co/a [iperkrítiko] *s.* hipercrítico, censor excessivo. *El censor fue hipercrítico e inflexible, no perdonó ni un punto ni una coma.* O censor foi hipercrítico e inflexível, não perdoou ponto nem vírgula.

hi.per.gli.ce.mia [iperɣliθémja] *s.f.* excesso de açúcar no sangue, hiperglicemia. *Tiene hiperglicemia. exceso de glucosa en la sangre.* Está com hiperglicemia. excesso de glicose no sangue.

hi.per.me.tro.pí.a [ipermetropía] *s.f.* hipermetropia, incorreção na visão ocular.

hi.per.sen.si.ble [ipersensíβle] *s.* hipersensível, alérgico ou anafiláctico.

hi.per.ten.sión [ipertensjón] *s.f.* (med.) hipertensão, aumento exagerado da pressão sanguínea. *La hipertensión arterial es muy peligrosa y debe tratarse con cuidados especiales.* A hipertensão arterial é muito perigosa e deve ser tratada com cuidados especiais.

hi.per.ten.so/a [iperténso] *s.* hipertenso, que tem a pressão, seja arterial ou ocular, acima do normal.

hi.per.ter.mia [ipertérmja] *s.f.* hipertermia, febre permanente, elevação da temperatura.

hi.per.tex.to [ipertéksto] *s.m.* hipertexto, conjunto de blocos de textos autônomos em computadores em que um texto pode ser enlaçado a outros. *Con el hipertexto, el lector puede elegir su propia secuencia de lectura, sin un recorrido obligatorio.* Com o hipertexto, o leitor pode escolher sua própria sequência de leitura, sem um percurso obrigatório.

hi.per.tro.fia [ipertrófja] *s.f.* (med.) hipertrofia.

hí.pi.co/a [ípiko] *adj.* hípico, relativo a cavalos.

hi.pis.mo [ipízmo] *s.m.* (desp.) hipismo, corrida de cavalos.

hip.no.sis [ipnósis] *s.f.* hipnose, sono provocado pela sugestão.

hip.no.te.ra.pia [ipnoterápja] *s.f.* hipnoterapia, cura pelo sono induzido.

hip.nó.ti.co/a [ipnótiko] *adj.* hipnótico.

hip.no.tis.mo [ipnotízmo] *s.m.* hipnotismo.

hip.no.ti.zar [ipnotiθár] *v.t. e i.* 1 hipnotizar, induzir o sono por sugestão. 2 seduzir, encantar. *Luis estaba fascinado y casi hipnotizado por lo que le habían contado.* Luís estava fascinado e quase hipnotizado pelo que lhe tinham contado.

hi.po [ípo] *s.m.* soluço. *El bebé empezó a llorar y le dio hipo.* O bebê começou a chorar e ficou com soluço.

hi.po.cam.po [ipokámpo] *s.m.* (zool.) hipocampo, cavalo-marinho. *El caballito de mar o hipocampo parece un dibujo animado.* O cavalo-marinho ou hipocampo parece um desenho animado.

hi.po.cen.tro [ipoθéntro] *s.m.* hipocentro.

hi.po.con.drí.a.co/a [ipokondríako] *adj. e s.* (med.) hipocondríaco, que se preocupa de modo doentio com a saúde.

hi.po.co.rís.ti.co/a [ipokorístiko] *adj. e s.* hipocorístico nome familiar ou apelido carinhoso.

hi.po.cre.sí.a [ipokresía] *s.f.* hipocrisia. *La hipocresía es una falsedad porque se finge una virtud o un sentimiento que no se tiene.* A hipocrisia é uma falsidade porque se finge uma virtude ou um sentimento que não se tem.

hi.pó.cri.ta [ipókrita] *s.m.* hipócrita.

hi.po.dér.mi.co/a [ipoðérmiko] *adj.* (med.) hipodérmico, debaixo da pele.

hi.pó.dro.mo [ipóðromo] *s.m.* hipódromo.

hi.po.glu.ce.mia [ipoɣluθémja] *s.f.* hipoglicemia, baixa concentração de açúcar no sangue. *La hipoglucemia es la falta de glucemia en la sangre.* A hipoglicemia é a falta de glicemía no sangue.

hi.po.pó.ta.mo [ipopótamo] *s.m.* hipopótamo.

hi.po.tá.la.mo [ipotálamo] *s.m.* hipotálamo.

hi.po.te.ca [ipotéka] *s.f.* (com.) hipoteca. *La hipoteca no le transfiere al acreedor el bien que sirve de garantía, a menos que el debedor no pague su deuda.* A hipoteca não transfere ao credor o bem que serve de garantia, a menos que o devedor não pague sua dívida.

hi.po.te.car [ipotekár] *v.t.* hipotecar, colocar um bem imóvel como garantia para pagar uma dívida. *Tuvo que hipotecar la casa para pagar su deuda.* Teve que hipotecar a casa para pagar sua dívida.

hi.po.ten.sión [ipotensjón] *s.f.* (med.) hipotensão, queda anormal da pressão do sangue.

hi.po.te.nu.sa [ipotenúsa] *s.m.* hipotenusa, lado oposto ao ângulo reto em um triângulo retângulo.

hi.po.ter.mia [ipotérmja] *s.f.* hipotermia, queda anormal da temperatura do corpo.

hi.pó.te.sis [ipótesis] *s.f.* hipótese, suposição.

hi.po.té.ti.co/a [ipotétiko] *s.* hipotético, fundado numa hipótese, eventualidade ou suposição.

hi.rien.te [irjénte] *adj.* que fere, machuca, magoa.

hir.su.to/a [irsúto] *adj.* de cabelo ou pelo duro e espetado.

hir.vien.te [irβjénte] *adj.* fervente, em ebulição.

hi.so.po [isópo] *s.m.* cotonete, algodão.

his.pá.ni.co/a [ispániko] *adj.* hispânico, do mundo, da língua e da cultura espanhola e hispano-americana.

his.pa.no.ha.blan.te [ispanoaβlánte] *adj. e s.* hispanófono, hispanoparlante. *Los hispanohablantes son más de 28 millones en los Estados Unidos.* Os hispanófonos são mais de 28 milhões nos Estados Unidos.

his.te.ria [istérja] *s.f.* histeria, neurose complexa com vários sintomas e provocada por sugestão ou autosugestão.

his.té.ri.co/a [istériko] *adj.* histérico, neurótico. *Estaba asustadísimo, casi histérico de tanto miedo.* Estava assustadíssimo, quase histérico de tanto medo.

historia

his.to.ria [istórja] *s.f.* história, fatos notáveis da vida dos povos e nações, conhecimentos passados pela tradição oral ou escrita, sobre a evolução da humanidade.

his.to.ria.dor/a [istorjaðór] *s.* historiador. *El historiador estudia y narra los sucesos de las naciones o de algunos de sus personajes más notables.* O historiador estuda e narra os sucessos das nações ou de algumas de suas personagens mais notáveis.

his.to.rial [istorjál] *s.m.* historial, histórico.

his.to.riar [istorjár] *v.i.* historiar, fazer história.

his.tó.ri.co/a [istóriko] *adj.* histórico, digno de figurar na história.

his.to.rie.ta [istorjéta] *s.f.* historieta, história em quadrinhos, desenhos.

his.trio.nis.mo [istrjonízmo] *s.m.* modo teatral e exagerado de agir. *Alberto se expressa con ademanes afectados y exagerados, dignos de su histrionismo.* Alberto se expressa com gestos afetados e exagerados, dignos de seu histrionismo.

hi.to [íto] *s.m.* 1 marco, estaca, baliza. 2 dado ou referência histórica ou geográfica. *La lucha por las elecciones directas fue un hito en la historia de la democracia en Brasil.* A luta pelas eleições diretas foi um marco na história da democracia no Brasil.

ho.ci.co [oθíko] *s.m.* focinho, boca e nariz dos animais.

ho.gar [oɣár] *s.m.* 1 lar, família. *hogar, dulce hogar*, lar, doce lar. 2 lareira, fogueira, chaminé.

ho.ga.re.ño/a [oɣaréɲo] *adj.* do lar, caseiro, familiar. *Llevan una vida muy hogareña, y casi no salen a pasear o a viajar.* Levam uma vida muito caseira e quase não saem a passeio ou de viagem.

ho.gue.ra [oɣéra] *s.f.* fogueira.

ho.ja [óxa] *s.f.* 1 folha, vegetal, da árvore. 2 folha de papel. 3 gazeta ou jornal. 4 lâmina de latão, aço ou madeira fina. 5 porta ou janela.

ho.ja.la.ta [oxaláta] *s.f.* chapa, latão.

ho.jal.dre [oxáldre] *s.m.* massa folhada. *Comimos masitas de hojaldre con dulce de leche.* Comemos massa folhada com doce de leite.

ho.ja.ras.ca [oxaráska] *s.f.* conjunto de folhas secas ao vento.

ho.je.ar [oxeár] *v.t.* folhear. *No hojees los libros porque van a retarte si no los compras.* Não folheie os livros porque vão chamar-lhe a atenção se não os comprar.

ho.la [óla] *interj.* 1 olá, oi, oba. 2 alô, em alguns países, ao atender o telefone.

hol.ga.do/a [olɣáðo] *adj.* largo, amplo, folgado.

hol.gan.za [olɣánθa] *s.f.* folga.

hol.gar [olgár] *v.i.* folgar.

hol.ga.zán/hol.ga.za.na [olɣaθán]/[olɣaθána] *adj. e s.* folgazão, vagabundo, vagal. *Jorge no estudia ni trabaja, es un holgazán.* Jorge não estuda nem trabalha, é um folgazão.

hol.ga.za.ne.rí.a [olɣaθanería] *s.f.* ócio, vagabundagem.

hol.go.rio [olɣórjo] *s.m.* festa, alegria barulhenta, regozijo, folgança (ver *jolgorio*).

hol.gu.ra [olɣúra] *s.f.* 1 folga, espaço largo e cômodo. 2 tempo suficiente. 3 recursos suficientes. *Estamos con holgura de tiempo y de dinero.* Estamos com folga de tempo e de dinheiro.

ho.lla.du.ra [oʎaðúra] *s.f.* perfuração, marca, pegada.

ho.llar [oʎár] *v.t.* 1 furar, perfurar. 2 deixar pegadas. *El caballo holló el terreno blando con los cascos de las patas.* O cavalo marcou o terreno macio com os cascos das patas.

ho.lle.jo [oʎéxo] *s.m.* pele de algumas frutas e legumes, como uva, feijão etc.
ho.llín [oʎín] *s.m.* fuligem.
ho.lli.nien.to/a [oʎinjénto] *adj.* sujo de fuligem.
ho.lo.caus.to [olokáu̯sto] *s.m.* 1 holocausto, sacrifício, ato de abnegação. 2 genocídio histórico realizado pelo regime nazista contra milhões de judeus, ciganos e outras minorias na Europa entre o final dos anos 1930 até o fim da segunda guerra mundial em 1945.
ho.lo.gra.fia [oloɣrafía] *s.f.* fotografia de imagens tridimensionais com uso de laser, holografia.
ho.ló.gra.fo [olóɣrafo] *s.m.* hológrafo.
ho.lo.gra.ma [oloɣráma] *s.f.* holograma. *La fotografía común es bidimensional. El holograma, por ser tridimensional, da garantías de seguridad.* A fotografia comum é bidimensional. O holograma, por ser tridimensional, dá garantia de segurança.
hom.bre [ómbre] *s.m.* 1 homem. 2 ser humano.
hom.bre.ra [ombréra] *s.m.* ombreira, peça acolchoada para aumentar os ombros.
hom.brí.a [ombría] *s.f.* hombridade, masculinidade, virilidade.
hom.bro [ómbro] *s.m.* ombro, parte superior do tronco, onde os braços se unem ao tórax. *Es un señor bajo, y de ombros anchos.* É um senhor baixo e de ombros largos.
ho.me.na.je [omenáxe] *s.m.* homenagem, tributo.
ho.me.na.je.a.do/a [omenaxeáðo] *adj.* homenageado.
ho.me.na.je.ar [omenaxeár] *v.t.* homenagear.
ho.me.ó.pa.ta [omeópata] *adj. e s.* homeopata, terapeuta médico.
ho.me.o.pa.tí.a [omeopatía] *s.m.* sistema terapêutico que consiste em tratar as doenças por meio de substâncias ministradas em doses mínimas.
ho.me.o.pá.ti.co/a [omeopátiko] *adj.* homeopático. *El tratamiento homeopático es más lento que el alopático.* O tratamento homeopático é mais lento do que o alopático.
ho.mi.ci.da [omiθíða] *s.m.* homicida.
ho.mi.ci.dio [omiθíðjo] *s.m.* homicídio.
ho.mó.fo.no/a [omófono] *adj. e s.* (gram.) homófono, do mesmo som ou pronúncia. *Canto (del verbo cantar) y canto (esquina) son palabras homófonas.* Canto (do verbo cantar) e canto (esquina) são palavras homófonas.
ho.mo.ge.nei.dad [omoxenei̯ðáð] *s.f.* homogeneidade.
ho.mo.ge.nei.za.ción [omoxenei̯θaθjón] *s.f.* homogeneização.
ho.mo.ge.nei.zar [omoxenei̯θár] *v.t.* homogeneizar.
ho.mo.gé.ne.o/a [omoxéneo] *adj.* homogêneo, que pertence ao mesmo gênero, ou cujas partes têm a mesma natureza.
ho.mó.gra.fo/a [omóɣrafo] *adj. e s.* homógrafo.
ho.mo.lo.ga.ción [omoloɣaθjón] *s.f.* (for.) 1 homologação, confirmação, aprovação. 2 equiparação.
ho.mo.lo.gar [omoloɣár] *v.t.* confirmar, aprovar. *El juez homologó los acuerdos entre la defensa y la acusación.* O juiz homologou os acordos entre a defesa e a acusação.
ho.mo.ni.mia [omonímja] *s.f.* homonímia, igual denominação.
ho.mó.ni.mo/a [omónimo] *adj. e s.* homônimo, com o mesmo nome.
ho.mo.se.xual [omosekswál] *adj. e s.* homossexual.
ho.mo.se.xua.li.dad [omoseks walið áð] *s.f.* homossexualidade, homossexualismo.

hon.da [ónda] *s.f.* estilingue, atiradeira, funda. *Cuando niño salía a cazar pajaritos con su honda.* Quando era menino, saía para caçar passarinhos com seu estilingue.

hon.da.zo [ondáθo] *s.m.* golpe ou tiro com estilingue.

hon.de.ar [ondeár] *v.t.* 1 sondar o fundo, soltar âncoras. 2 atirar com estilingue.

hon.di.llos [ondíʎos] *s.m.* (pl.) fundilhos. *El pantalón se le rompió en los hondillos.* A calça dele rasgou-se nos fundilhos.

hondo/a [óndo] *adj.* fundo, profundo. *En el fondo de casa hay un pozo muy hondo.* No fundo de casa há um poço muito fundo. (ver *fondo*).

hon.do.na.da [ondonáða] *s.f.* depressão do terreno, terreno baixo ou fundo.

hon.du.ra [ondúra] *s.f.* fundura, profundidade, medida do fundo de um poço ou depressão.

ho.nes.ti.dad [onestiðáð] *s.f.* honestidade, honradez, seriedade, probidade.

ho.nes.to/a [onésto] *adj.* honesto.

hon.go [óŋgo] *s.m.* (bot.) 1 fungo, (med.) 2 micose.

ho.nor [onór] *s.m.* honra, honor, qualidade moral que obriga a cumprir os deveres.

ho.no.ra.ble [onoráβle] *adj.* honorável, digno de ser honrado.

ho.no.ra.rio/a [onorárjo] *adj.* 1 honorário, que vale pela honra, não remunerado. *Es el cónsul honorario sin sueldo, pero con bastante trabajo.* É cônsul honorário sem salário, mas com bastante trabalho.

ho.no.ra.rios [onorárjos] *s.m.* (pl.) honorários, o pagamento de um profissional liberal, proventos. *Este abogado cobra los honorarios más altos de la ciudad.* Este advogado cobra os honorários mais altos da cidade.

ho.no.rí.fi.co/a [onorífiko] *adj.* honorífico.

hon.ra [ónr̄a] *s.f.* 1 honra, boa reputação, bom nome, honor. 2 demonstração de cortesia e educação. *Nos dio la honra de su presencia.* Deu-nos a honra de sua presença.

hon.ra.dez [onr̄aðéθ] *s.f.* honradez, probidade, seriedade, respeitabilidade.

hon.ra.do/a [onr̄áðo] *adj.* honrado, probo, reto, correto.

hon.rar [onr̄ár] *v.t.* honrar, lisonjear, distinguir. *Nos honra tener en casa una visita tan ilustre.* Honra-nos ter em casa uma visita tão ilustre.

hon.rar.se [onr̄árse] *v.p.* honrar-se.

hon.ro.so/a [onr̄óso] *adj.* honroso.

ho.ra [óra] *s.f.* 1 hora, fração do dia. 2 tempo. *Ya es hora de irse.* Já é hora de ir embora. *Le llegó su hora.* Chegou sua hora.

ho.ra.dar [oraðár] *v.t.* perfurar, furar. *El agua ha horadado las rocas durante siglos.* A água tem perfurado as rochas durante séculos.

ho.ra.ri.o [orárjo] *adj. e s.m.* 1 horário, relativo à hora. 2 que dura uma hora.

hor.ca [órka] *s.f.* forca.

hor.ca.ja.das(a) [orkaxáðas] *loc.adv.* diz-se da postura de quem cavalga com uma perna de cada lado do cavalo.

hor.cha.ta [ortʃáta] *s.f.* refresco de chufas ou amêndoas.

hor.cón [orkón] *s.m.* 1 pau com duas hastes para tarefas rurais. 2 coluna ou viga em casa rural.

ho.ri.zon.tal [oriθontál] *s.* horizontal, paralelo ao horizonte. *La línea del horizonte está siempre a la altura de nuestros ojos.* A linha do horizonte está sempre à altura de nossos olhos.

ho.ri.zon.te [oriθónte] *s.m.* horizonte, linha circular que separa o céu do mar ou da terra.

hor.ma [órma] *s.f.* forma, molde para fabricar ou consertar sapatos, fazer pães etc.

hor.mi.ga [ormíɣa] *s.f.* formiga.

hor.mi.gón [ormiɣón] *s.m.* concreto armado. *Los rascacielos y otros altos edificios son los primeros milagros del hormigón armado.* Os arranha-céus são os primeiros milagres do concreto armado.

hor.mi.go.ne.ra [ormiɣonéra] *s.f.* betoneira.

hor.mi.gue.ar [ormiɣeár] *v.i.* formigar, adormecer partes do corpo.

hor.mi.gue.o [ormiɣéo] *s.m.* formigamento, adormecimento de partes do corpo.

hor.mi.gue.ro [ormiɣéro] *s.m.* 1 formigueiro. 2 multidão, amontoamento humano.

hor.mi.gui.lla [ormiɣíʎa] *s.f.* formigamento, coceira ou comichão.

hor.mi.gui.llo [ormiɣíʎo] *s.m.* doença em cavalos.

hor.mo.na [ormóna] *s.f.* hormônio. *La hormona es producida por algunos órganos y células y al ser lanzada al torrente sanguíneo regula el crecimiento y las funciones del cuerpo.* O hormônio é produzido por alguns órgãos e células e, ao ser lançado à corrente sanguínea, regula o crescimento e as funções do corpo.

hor.na.da [ornáða] *s.f.* fornada.

hor.ne.ar [orneár] *v.t.* preparar o pão, pizza ou algum outro alimento ou matéria ao calor do forno.

hor.ne.ro [ornéro] *s.m.* forneiro, joão-de-barro.

hor.ni.llo/a [orníʎo] *s.* forninho, boca de fogão.

hor.no [órno] *s.m.* forno.

ho.rós.co.po [oróskopo] *s.m.* horóscopo, prognóstico segundo os astrólogos. *¿Pueden los astros y la hora y día de nuestro nacimiento determinar nuestra suerte?* Podem os astros e a hora e dia de nosso nascimento determinar nossa sorte?

hor.que.ta [orkéta] *s.f.* 1 pau com hastes em forma de y. 2 (Arg.) lugar onde se bifurca um caminho.

hor.qui.lla [orkíʎa] *s.f.* forquilha, forqueta; grampo para prender o cabelo.

ho.rren.do/a [oréndo] *adj.* horrendo, que causa horror.

ho.rri.ble [oříβle] *adj.* horrível. *Fue un accidente horrible que nos asustó por muchos años.* Foi um acidente horrível que nos assustou por muitos anos.

hó.rri.do/a [óříðo] *adj.* hórrido, horrendo.

ho.rri.pi.lan.te [ořipilánte] *adj.* horripilante, horrendo, que deixa os cabelos em pé e a pele arrepiada.

ho.rri.pi.lar [ořipilár] *v.t.* horripilar, causar pavor, horror.

ho.rro/a [óřo] *adj.* escravo liberto, forro, alforriado.

ho.rror [ořór] *s.m.* horror, pavor.

ho.rro.ri.zar [ořoriθár] *v.t.* horrorizar.

ho.rro.ri.zar.se [ořoriθárse] *v.p.* horrorizar-se. *Los turistas se horrorizaron con la altura de las olas del mar.* Os turistas se horrorizaram com a altura das ondas do mar.

ho.rro.ro.so/a [ořoróso] *adj.* horroroso.

hor.ta.li.za [ortalíθa] *s.f.* hortaliça.

hor.te.la.no/a [orteláno] *adj.* (bot.) 1 relativo às hortaliças. 2 hortelão, horteleiro, aquele que trata de horta.

hor.ten.sia [orténsja] *s.f.* (bot.) hortênsia.

hor.te.ra [ortéra] *adj. e s.* brega, vulgar e de mau gosto, deselegante, cafona.

hor.ti.cul.tor [ortikultór] *s.m.* horticultor, que trabalha com hortaliças.

hor.ti.cul.tu.ra [ortikultúra] *s.f.* horticultura, arte de cuidar hortas e jardins.

hos.co/a [ósko] *adj.* rude, tosco, pouco amável ou acolhedor, intratável. *Nos recibió de un modo hosco y áspero.* Recebeu-nos de modo tosco e áspero.

hos.pe.da.je [ospeðáxe] *s.m.* hospedagem.

hos.pe.dar [ospeðár] *v.t.* hospedar, alojar em casa ou em hotéis, pensões etc.

hos.pe.de.ría [ospeðería] *s.f.* hospedaria.

hos.pe.de.ro/a [ospeðéro] *s.* pessoa encarregada de hospedaria.

hos.pi.cio [ospíθjo] *s.m.* hospício, manicômio.

hos.pi.tal [ospitál] *s.m.* hospital. *Lo internaron de urgencia en el hospital de su barrio.* Foi internado com urgência no hospital de seu bairro.

hos.pi.ta.la.rio/a [ospitalárjo] *adj.* 1 hospitalar, referente ao hospital. 2 hospitaleiro, acolhedor.

hos.pi.ta.li.dad [ospitaliðáð] *s.f.* hospitalidade, acolhimento.

hos.pi.ta.li.za.ción [ospitaliθaθjón] *s.f.* hospitalização.

hos.pi.ta.li.zar [ospitaliθár] *v.t.* hospitalizar, internar.

hos.que.dad [oskeðáð] *s.f.* condição e qualidade de ser rude, tosco, agressividade.

hos.tal [ostál] *s.m.* hospedaria de categoria inferior ao hotel, pousada. *Pasaron la noche en un hostal de Santiago.* Passaram a noite em uma pousada de Santiago.

hos.te.le.rí.a [ostelería] *s.f.* hotelaria.

hos.te.le.ro/a [osteléro] *s.* pessoa que cuida da hospedaria.

hos.te.rí.a [ostería] *s.f.* estabelecimento de categoria inferior ao hotel e superior ao *hostal*.

hós.tia [óstja] *s.f.* hóstia, folha de pão, fria e redonda, que se consagra na missa.

hos.ti.ga.mien.to [ostiɣamjénto] *s.m.* hostilização.

hos.ti.gar [ostiɣár] *v.t.* fustigar, provocar, agredir.

hos.til [ostíl] *adj.* hostil, agressivo. *Les habló a todos con voz y gestos muy hostiles.* Falou a todos com voz e gestos muito hostis.

hos.ti.li.dad [ostiliðáð] *s.f.* hostilidade, agressividade.

hos.ti.li.zar [ostiliθár] *v.t.* agredir, perseguir, provocar, tratar mal.

ho.tel [otél] *s.m.* hotel.

ho.te.le.ro/a [oteléro] *adj.e s.* hoteleiro.

hoy [ói̯] *adj.* hoje, neste dia, atualmente. *Hoy en día el trabajo para los jóvenes es más difícil de conseguir.* Hoje en dia é mais difícil conseguir trabalho para os jovens.

ho.ya [ója] *s.f.* bacia fluvial, cavidade ou concavidade natural do terreno.

ho.yar [ojár] *v.t.* fazer furos, esburacar.

ho.yo/a [ójo] *s.* buraco. *El golf es un deporte que se juega en un campo con hoyos.* O golfe é um esporte que se joga em um campo com buracos.

ho.yu.e.lo [ojwélo] *s.m.* 1 pequena concavidade. 2 covinhas do rosto. *Tiene dos hoyuelos muy simpáticos en las mejillas.* Tem duas covinhas muito simpáticas no rosto.

hoz [óθ] *s.f.* foice.

hu.cha [útʃa] *s.f.* cofre pequeno, arca ou cofrinho de poupança.

hue.co/a [wéko] *adj.* oco, vazio. *Escondieron el tesoro en un árbol hueco.* Esconderam o tesouro em uma árvore oca.

hue.co [wéko] *s.m.* buraco, furo.

huel.ga [wélɣa] *s.f.* greve.

huel.go [wélɣo] *s.m.* folga, largura, espaço entre duas peças que se encaixam.

huel.guis.ta [wélɣísta] *s.* grevista. *Los huelguistas aceptaron la mediación del gobierno.* Os grevistas aceitaram a mediação do governo.

hue.lla [wéʎa] *s.f.* passo, pegada, marca, traço, sinal, vestígio.

huér.fa.no/a [wérfano] *adj.* órfão. *Matías es huérfano de padre y madre.* Matias é órfão de pai e mãe.

huer.ta [wérta] *s.f.* (bot.) horta, grande terreno destinado ao cultivo de legumes e frutas.

huer.to [wérto] *s.m.* horto, terreno pequeno destinado ao cultivo de legumes e frutas ou flores de jardim.

hue.so [wéso] *s.m.* 1 osso, estrutura dos vertebrados. 2 caroço das frutas que contém as sementes.

hue.so.so [wesóso] *adj.* referente ao osso, ossudo.

hués.ped/a [wéspeð] *s.* hóspede.

hues.te [wéste] *s.f.* hoste, exército ou bando. *Las huestes enemigas saquearon la ciudad.* As hostes inimigas saquearam a cidade.

hue.su.do [wesúðo] *adj.* ossudo (ver *huesoso*).

hue.va [wéβa] *s.f.* ova, ovário dos peixes.

hue.vo [wéβo] *s.m.* ovo.

hu.i.da [uíða] *s.f.* fuga. *En su huida, los asaltantes perdieron el botín.* Em sua fuga, os assaltantes perderam o espólio do roubo.

hui.di.zo/a [wiðíθo] *adj.* fugidio.

hu.i.do [uíðo] *adj.* fugido, escapado.

hu.ir [uír] *v.i.* fugir, escapar. *Los presos lograron huir sin ser vistos.* Os presos conseguiram fugir sem ser vistos.

hu.le [úle] *s.m.* borracha. *El hule es un látex impermeable producido por una planta del mismo nombre, de Centroamérica.* O hule é um látex impermeável produzido por uma planta do mesmo nome, da América Central.

hu.lla [úʎa] *s.f.* carvão mineral, hulha.

hu.ma.ni.dad [umaniðáð] *s.f.* humanidade.

hu.ma.nis.ta [umanísta] *s.m.* humanista, estudioso, preocupado com a história, a cultura e a sociedade humana.

hu.ma.ni.ta.rio/a [umanitárjo] *adj.* humanitário. *Es muy humanitario interesarse por el bien del género humano.* É muito humanitário interessar-se pelo bem do gênero humano.

hu.ma.ni.zar [umaniθár] *v.t.* humanizar.

hu.ma.no/a [umáno] *adj.* humano, referente à humanidade.

hu.ma.re.da [umaréða] *s.f.* fumaceira, fumaça.

hu.me.an.te [umeánte] *adj.* fumegante. *La comida estaba humeante y el té caliente.* A comida estava fumegante e o chá quente.

hu.me.ar [umeár] *v.i.* fumegar.

hu.me.dad [umeðáð] *s.f.* umidade.

hu.me.de.ce.dor [umeðeθeðór] *s.m.* humidificador.

hu.me.de.cer [umeðeθér] *v.t.* umedecer. *La llovizna nocturna humedeció el jardín.* O chuvisqueiro noturno umedeceu o jardim.

hu.me.de.cer.se [umeðeθérse] *v.p.* umedecerse.

hú.me.do/a [úmeðo] *adj.* úmido.

hu.me.ra [uméra] *s.f.* 1 bebedeira, ação de embebedar-se. 2 chaminé.

hú.me.ro [úmero] *s.m.* osso do braço, do ombro ao cotovelo.

hu.mil.dad [umildáð] *s.f.* humildade, simplicidade.

hu.mil.de [umílde] *adj.* humilde, simples.

hu.mi.lla.ción [umiʎaθjón] *s.f.* humilhação, vexame.

hu.mi.llan.te [umiʎánte] *s.* humilhante, vexatório, vergonhoso.

hu.mi.llar [umiʎár] *v.t.* humilhar. *Los imperios humillan a naciones y a pueblos enteros con su prepotencia.* Os impérios humilham nações e povos inteiros com sua prepotência.

hu.mi.llar.se [umiʎárse] *v.p.* humilhar-se.

hu.mo [úmo] *s.m.* fumaça.

hu.mor [umór] *s.m.* 1 humor. 2 (med.) substância orgânica líquida ou viscose. 3 boa disposição do espírito. 4 graça, capacidade de captar o que é divertido. *Tiene un espíritu alegre y um excelente humor.* Tem espírito alegre e excelente humor.

hu.mo.ra.do/a [umoráðo] *adj.* humorado.

hu.mo.ris.mo [umorízmo] *s.m.* humorismo.
hu.mo.ris.ta [umorísta] *s.* humorista.
hu.mo.rís.ti.co/a [umorístiko] *adj.* humorístico, que tem graça, fineza irônica ou humor.
hun.di.do/a [undíðo] *adj.* afundado. *La pirámide azteca estaba hundida bajo el peso de la construcción colonial.* A pirâmide asteca estava afundada sob o peso da construção colonial.
hun.di.mien.to [undimjénto] *s.m.* afundamento.
hun.dir [undír] *v.t.* afundar. *El barco se hundió al chocar con un tímpano.* O barco afundou ao bater contra um tambor.
hun.dir.se [undírse] *v.p.* afundar. *Antes de hundirse, el Titanic emitió el primer S.O.S. de la historia de la navegación.* Antes de afundar, o Titanic emitiu o primeiro S.O.S. da história da navegação.
hu.ra.cán [urakán] *s.m.* furacão.
hu.ra.ño/a [uráɲo] *adj.* que foge das pessoas, insociável, esquivo, arisco. *El gorila es un animal huraño y pacífico.* O gorila é um animal esquivo e pacífico.
hur.gar [urɣár] *v.t.* mexer, fisgar, cutucar. *¡No te hurgues la nariz que queda muy feo!* Não cutuque o nariz que fica muito feio!
hur.go.ne.ar [urɣoneár] *v.t.* mexer em coisa alheia, xeretar.
hu.rón [urón] *s.m.* gambá, furão.
hu.ro.ne.ar [uroneár] *v.i.* investigar, pesquisar, xeretar.
hur.ta.di.llas(a) [urtaðíʎas] *loc.adv.* às escondidas, furtivamente, sem ninguém notar. *Salió a la noche, a hurtadillas y nadie lo vio ni lo oyó.* Saiu na calada da noite e ninguém o viu nem ouviu.
hur.tar [urtár] *v.t.* furtar, roubar sem violência. *Entró furtivamente y hurtó el dinero de la caja fuerte.* Entrou furtivamente e furtou o dinheiro da caixa-forte.
hur.tar.se [urtárse] *v.p.* furtar-se.
hur.to [úrto] *s.m.* furto, roubo.
hus.me.ar [uzmeár] *v.t.* farejar. *Los perros vivieron husmeando el olor de la comida.* Os cães viveram farejando o cheiro da comida.
hu.so [úso] *s.m.* fuso. *Entre Brasil y Europa hay cinco horas de diferencia por el huso horario en esta época del año.* Entre o Brasil e a Europa há cinco horas de diferença pelo fuso horário nesta época do ano.

I i

I, i [í] *s.f.* 1 nona letra do alfabeto espanhol e terceira de suas vogais; seu nome é *i*. É uma vogal palatal anterior fechada. 2 a letra I representa o valor 1 em números romanos. 3 (quím.) símbolo de iodo.

i.bé.ri.co/a [iβériko] *adj.* da Península Ibérica (Espanha e Portugal).

i.be.ro.a.me.ri.ca.no/a [iβeroamerikáno] *adj.* ibero-americano, da América Hispânica e do Brasil.

i.be.ro.a.me.ri.ca.no/a [iβeroamerikáno] *s.m.* iberoa-mericano.

í.co.no/i.co.no [íkono]/[ikóno] *s.m.* 1 ícone. 2 imagem religiosa. 3 símbolo gráfico que representa sinteticamente um objeto.

i.co.no.clas.ta [ikonoklásta] *adj.* 1 iconoclasta, quem destroi imagens religiosas. 2 pessoa irreverente, rebelde.

i.co.no.gra.fí.a [ikonoɣrafía] *s.f.* iconografia.

ic.te.ri.cia [ikteríθja] *s.f.* (med.) icterícia, amarelamento da pele por disfunção hepática.

i.da [íða] *s.f.* ida, partida jornada de ida. *A la ida tardamos dos días y a la vuelta una semana.* Na ida demoramos dois dias e na volta uma semana.

i.de.a [iðéa] *s.f.* 1 ideia, conceito. 2 concepção. 3 plano. 4 opinião.

i.de.al [iðeál] *adj. e s.* 1 ideal, conceito, que só existe na mente ou como projeto. 2 ideal, modelo, correto, perfeito, apropriado.

i.de.a.lis.ta [iðealísta] *adj.* idealista.

i.dea.li.zar [iðealiθár] *v.t.* idealizar, elevar, fantasiar.

i.de.ar [iðeár] *v.t.* idealizar. *Tengo que idear un modo de trabajar menos y ganar un poco más.* Tenho que idealizar um modo de trabalhar menos e ganhar um pouco mais.

i.dén.ti.co/a [iðéntiko] *adj.* idêntico, igual.

i.den.ti.dad [iðentiðáð] *s.f.* identidade.

i.den.ti.fica.ble [iðentifikáβle] *adj.* indentificável, reconhecível.

i.den.ti.fi.ca.ción [iðentifikaθjón] *s.f.* identificação.

i.den.ti.fi.car [iðentifikár] *v.t.* identificar.

i.den.ti.fi.car.se [iðentifikárse] *v.p.* identificar-se.

i.de.o.lo.gí.a [iðeoloxía] *s.f.* ideologia.

i.de.o.ló.gi.co [iðeolóxiko] *adj.* ideológico.

i.dí.li.co/a [iðíliko] *adj.* idílico, relativo a idílio, romântico.

i.di.lio [iðíljo] *s.m.* idílio, romance, amor, paixão.

i.dio.ma [iðjóma] *s.m.* idioma, língua. *En Perú, Bolivia y Paraguay, los idiomas indígenas son hablados y estudiados junto con el español.* No Peru, na Bolívia e no Paraguai, os idiomas indígenas são falados e estudados junto com o espanhol.

i.dio.má.ti.co/a [iðjomátiko] *adj.* idiomático, referente à língua.

i.diosin.cra.sia [iðjosiŋkrásja] *s.f.* caráter, idiossincrasia, índole de um indivíduo.

i.dio.sin.crá.si.co/a [iðjosiŋkrásiko] *adj.* idiossincrásico ou idiossincrático.

i.dio.ta [iðjóta] *adj. e s.* 1 idiota, imbecil. 2 (med.) deficiente mental.

i.dio.tez [iðjotéθ] *s.f.* 1 idiotice, bobagem. 2 (med.) idiotice.

idiotismo

i.dio.tis.mo [iðjotízmo] *s.m.* (gram.) idiotismo.

i.dó.la.tra [iðólatra] *adj.* idólatra, quem adora idolos.

i.do.la.trar [iðolatrár] *v.t.* idolatrar, venerar, adorar. *Los sudamericanos idolatramos a los astros del fútbol.* Os sul-americanos idolatram os astros do futebol.

i.do.la.trí.a [iðolatría] *s.f.* idolatria, culto que se presta aos ídolos.

í.do.lo [íðolo] *s.m.* ídolo.

i.do.nei.dad [iðoneiðáð] *s.f.* idoneidade, aptidão.

i.dó.ne.o/a [iðóneo] *adj.* idôneo, habilitado, capaz.

i.gle.sia [iɣlésja] *s.f.* igreja, templo.

íg.ne.o/a [íɣneo] *adj.* ígneo, ardente.

ig.ni.ción [iɣniθjón] *s.f.* (mec.) ignição, combustão.

ig.no.mi.nia [iɣnomínja] *s.f.* ignomínia, afronta pública. *El aumento de sueldo de los diputados es una ignominia.* O aumento de salário dos deputados é uma ignomínia.

ig.no.mi.nio.so/a [iɣnominjóso] *adj.* ignominioso.

ig.no.ran.cia [iɣnoráṇθja] *s.f.* ignorância, desconhecimento.

ig.no.ran.te [iɣnoránte] *adj.* ignorante, inculto.

ig.no.rar [iɣnorár] *v.t.* ignorar, desconhecer.

ig.no.to/a [iɣnóto] *adj.* ignoto, ignorado.

i.gual [iɣwál] *adj.* igual, idêntico, equivalente.

i.gua.la.dor/a [iɣwalaðór] *adj.* igualador.

i.gua.lar [iɣwalár] *v.t.* igualar, adequar, ajustar, combinar.

i.gua.li.ta.rio/a [iɣwalitárjo] *adj.* igualitário.

i.gual.dad [iɣwaldáð] *s.f.* igualdade, equilíbrio, paridade. *La igualdad de derechos y obligaciones entre hombres y mujeres adultos es una conquista de los países modernos.* A igualdade de direitos e deveres entre homens e mulheres adultos é uma conquista dos países modernos.

i.gual.men.te [iɣwalménte] *adv.* igualmente, com igualdade.

i.gua.na [iɣwána] *s.f.* iguana.

i.la.ción [ilaθjón] *s.f.* continuidade, sequência, seguimento.

i.le.gal [ileɣál] *adj.* ilegal, ilícito.

i.le.ga.li.dad [ileɣaliðáð] *s.f.* ilegalidade.

i.le.gi.ble [ilexíβle] *adj.* ilegível.

i.le.gi.ti.mi.dad [ilexitimiðáð] *s.f.* ilegitimidade.

i.le.gí.ti.mo/a [ilexítimo] *adj.* ilegítimo.

i.le.so/a [iléso] *adj.* ileso, intacto.

i.le.tra.do/a [iletráðo] *adj.* iletrado, inculto.

i.lí.ci.to/a [ilíθito] *adj.* ilícito, ilegal.

i.ló.gi.co/a [ilóxiko] *adj.* ilógico, absurdo.

i.lu.mi.na.ción [iluminaθjón] *s.f.* iluminação.

i.lu.mi.na.do/a [iluminádo] *adj.* iluminado.

i.lu.mi.nar [iluminár] *v.t.* 1 iluminar, clarear, acender. 2 aclarar, esclarecer.

i.lu.mi.nar.se [iluminárse] *v.p.* (fig.) alegrar-se.

i.lu.sión [ilusjón] *s.f.* ilusão, fantasia.

i.lu.sio.nar [ilusjonár] *v.t.* iludir, enganar, criar expectativas.

i.lu.sio.nar.se [ilusjonárse] *v.p.* entusiasmar-se.

i.lu.sio.nis.ta [ilusjonísta] *adj.* ilusionista.

i.lu.so/a [ilúso] *adj.* enganado, seduzido, iludido.

i.lu.so.rio/a [ilusórjo] *adj.* ilusório, falso.

i.lus.tra.ción [ilustraθjón] *s.f.* ilustração.

i.lus.tra.do/a [ilustráðo] *adj.* ilustrado.

i.lus.tra.dor/a [ilustraðór] *adj.* ilustrador.

i.lus.trar [ilustrár] *v.t.* 1 ilustrar, usar gravuras. 2 educar, instruir. 3 esclarecer, explicar.

i.lus.tra.ti.vo/a [ilustratíβo] *adj.* ilustrativo, esclarecedor, explicativo.

i.lus.tre [ilústre] *adj.* ilustre, célebre, notável.

i.ma.gen [imáxen] *s.f.* imagem, figura.

i.ma.gi.na.ble [imaxináβle] *adj.* imaginável. *Esta solución está al margen de lo imaginable, de lo posible.* Esta solução está à beira do imaginável, do possível.

i.ma.gi.na.ción [imaxinaθjón] *s.f.* imaginação, fantasia.

i.ma.gi.nar [imaxinár] *v.t.* imaginar, fantasiar, representar.

i.ma.gi.na.rio/a [imaxinárjo] *adj.* imaginário.

i.ma.gi.nar.se [imaxinárse] *v.p.* imaginar.

i.mán [imán] *s.m.* ímã.

im.bé.cil [imbéθil] *adj.* imbecil, idiota.

im.be.ci.li.dad [imbeθiliðáð] *s.f.* qualidade ou ato do imbecil, idiotice.

im.bo.rra.ble [imboráβle] *adj.* indelével, indestrutível.

im.bu.ir [imbuír] *v.t.* imbuir, infundir, persuadir.

i.mi.ta.ble [imitáβle] *adj.* imitável.

i.mi.ta.ción [imitaθjón] *s.f.* imitação, cópia, plágio.

i.mi.ta.dor/a [imitaðór] *adj.* imitador.

i.mi.tar [imitár] *v.t.* imitar, copiar, plagiar.

i.mi.ta.ti.vo/a [imitatíβo] *adj.* imitativo.

im.pa.cien.cia [impaθjénθja] *s.f.* impaciência.

im.pa.cien.tar [impaθjentár] *v.t.* impacientar, inquietar.

im.pa.cien.te [impaθjénte] *adj.* impaciente.

im.pac.tar [impaktár] *v.t.* 1 produzir impacto, impressionar. 2 bater, acertar.

im.pac.to [impákto] *s.m.* impacto, choque. *El aumento de los precios de la nafta tuvo un gran impacto en la economía.* O aumento dos preços da gasolina teve um grande impacto na economia.

im.pa.go [impáɣo] *s.m.* (com.) inadimplência.

im.pal.pa.ble [impalpáβle] *adj.* impalpável.

im.par [impár] *adj. e s.* 1 ímpar. 2 único, incomparável.

im.pa.ra.ble [imparáβle] *adj.* que não pode ser parado ou detido, inevitável.

im.par.cial [imparθjál] *adj.* imparcial.

im.par.cia.li.dad [imparθjaliðáð] *s.f.* imparcialidade, neutralidade.

im.par.tir [impartír] *v.t.* dar, comunicar, distribuir, repartir. *Empezaron a impartir clases de español en el club.* Começaram a dar aulas de espanhol no clube.

im.pa.si.ble [impasíβle] *adj.* impassível, inalterado.

im.pa.vi.dez [impaβiðéθ] *s.f.* impavidez, qualidade do impávido.

im.pá.vi.do/a [impáβiðo] *adj.* impávido, que não tem medo, inalterável.

im.pe.ca.ble [impekáβle] *adj.* impecável, perfeito.

im.pe.di.do/a [impeðíðo] *adj. e s.* inválido, impossibilitado, impedido.

im.pe.di.men.to [impeðiménto] *s.m* impedimento, dificuldade, obstáculo.

im.pe.dir [impeðír] *v.t.* impedir, barrar, impossibilitar.

im.pe.ne.tra.ble [impenetráβle] *adj.* impenetrável, inexpugnável. *La selva del Chaco era impenetrable hasta los inicios del siglo XX.* A selva do Chaco era impenetrável até o princípio do século XX.

im.pe.ni.ten.te [impeniténte] *adj.* impenitente, que se obstina a fazer o mal e não se arrepende.

im.pen.sa.ble [impensáβle] *adj.* impensável. *Ese presupuesto es muy alto, tiene unos precios impensables.* Esse orçamento é muito alto, tem preços impensáveis.

im.pen.sa.do/a [impensáðo] *adj.* impensado, imprevisto.

im.pe.ran.te [imperánte] *adj.* imperante, predominante, dominante.

im.pe.rar [imperár] *v.i.* imperar, dominar.

im.pe.ra.ti.vo/a [imperatíβo] *adj.* imperativo.

im.per.cep.ti.ble [imperθeptíβle] *adj.* imperceptível.

im.per.di.ble [imperðíβle] *adj.* imperdível.

im.per.do.na.ble [imperðonáβle] *adj.* imperdoável.

im.pe.re.ce.de.ro/a [impereθeðéro] *adj.* imortal, que não perece.

im.per.fec.ción [imperfekθjón] *s.f.* imperfeição, deformação, falha.

im.per.fec.to/a [imperfékto] *adj.* 1 imperfeito. 2 defeituoso.

im.pe.rial [imperjál] *adj.* imperial, arrogante.

im.pe.ria.lis.mo [imperjalízmo] *s.m.* imperialismo.

im.pe.ri.cia [imperíθja] *s.f.* imperícia, falta de habilidades.

im.pe.rio [impérjo] *s.m.* império.

im.pe.rio.si.dad [imperjosiðáð] *s.f.* imperiosidade.

im.pe.rio.so/a [imperjóso] *adj.* 1 imperioso, urgente. 2. indispensável. *Me llamó y me dijo que era imperativo que fuera a verla antes del mediodía.* Ligou-me dizendo que era urgente que fosse vê-la antes de meio-dia.

im.per.me.a.bi.li.dad [impermeaβiliðáð] *s.f.* impermeabilidade.

im.per.me.a.bi.li.za.ción [impermeaβiliθaθjón] *s.f.* impermeabilização.

im.per.me.a.bi.li.zar [impermeaβiliθár] *v.t.* impermeabilizar.

im.per.me.a.ble [impermeáβle] *adj.* 1 impermeável. 2 *s.m.* capa de chuva.

im.per.mu.ta.ble [impermutáβle] *adj.* que não se permuta, não se troca.

im.per.so.nal [impersonál] *adj.* impessoal.

im.per.té.rri.to/a [impertérrito] *adj.* impertérrito, destemido, que não se assusta facilmente. *Juan se mantuvo impertérrito durante y después del accidente.* João se manteve destemido durante e depois do acidente.

im.per.ti.nen.cia [impertinéṇθja] *s.f.* impertinência, atrevimento, inconveniência.

im.per.ti.nen.te [impertinénte] *adj.* impertinente, inoportuno.

im.per.tur.ba.ble [imperturβáβle] *adj.* imperturbável.

im.pe.trar [impetrár] *v.t.* 1 solicitar com veemência uma graça uma concessão. 2 conceder a graça.

ím.pe.tu [ímpetu] *s.m* ímpeto, força, violência.

im.pe.tuo.si.dad [impetwosiðáð] *s.f.* impetuosidade, precipitação, violência.

im.pe.tuo.so/a [impetwóso] *adj.* impetuoso, precipitado, violento. *Fue una reacción impetuosa e irresponsable.* Foi uma reação impetuosa e irresponsável.

im.pie.dad [impjeðáð] *s.f.* impiedade.

ím.pí.o/a [impío] *adj.* 1 ímpio, incrédulo. 2 cruel, desumano.

im.pla.ca.ble [implakáβle] *adj.* implacável, imperdoável, impiedoso. *Expulsaron a los indios de la Patagonia y los persiguieron de un modo implacable.* Expulsaram os índios da Patagônia e os perseguiram de modo implacável.

im.plan.ta.ción [implantaθjón] *s.f.* implantação.

im.plan.tar [implantár] *v.t.* implantar, estabelecer, fixar, inferir, introduzir.

im.plan.tar.se [implantárse] *v.p.* implantar-se.

im.plan.te [implánte] *s.m* (med.) implante, matéria orgânica ou inorgânica introduzida no corpo.

im.ple.men.ta.ción [implementaθjón] *s.f.* implementação.

im.ple.men.tar [implementár] *v.t.* (angl.) implementar, pôr em prática, executar um projeto ou plano.

im.ple.men.to [impleménto] *s.m.* implemento, algo indispensável para executar ou pôr em prática um plano.

im.pli.ca.ción [implikaθjón] *s.f.* implicação.

im.pli.can.te [implikánte] *adj.* implicante, envolvente.

im.pli.car [implikár] *v.t.* implicar, comprometer, envolver, incluir.

im.plí.ci.to [implíθito] *adj.* subentendido, implícito.

im.plo.rar [implorár] *v.t.* implorar, rogar, suplicar.

im.pon.de.ra.ble [imponderáβle] *adj.* impoderável, imprevisível.

im.po.nen.te [imponénte] *adj.* imponente, majestoso.

im.po.ner [imponér] *v.t.* impor, atribuir, obrigar.

im.po.ner.se [imponérse] *v.p.* impor-se.

im.po.pu.lar [impopulár] *adj.* impopular.

im.po.pu.la.ri.dad [impopulariðáð] *s.f.* impopularidade.

im.por.ta.ción [importaθjón] *s.f.* importação.

im.por.ta.dor/a [importaðór] *adj. e s.* importador.

im.por.tan.cia [importáṇθja] *s.f.* importância.

im.por.tan.te [importánte] *adj.* importante, considerável.

im.por.tar [importár] *v.t.* 1 importar, fazer caso, ligar, dar importância. *No me importa lo que digas.* Não me importo com o que você diga. 2 importar, trazer de fora, fazer vir uma mercadoria do exterior.

im.por.te [impórte] *s.m* custo, valor.

im.por.tu.nar [importunár] *v.t.* importunar, atrapalhar, incomodar.

im.por.tu.ni.dad [importuniðáð] *s.f.* inoportunidade.

im.por.tu.no/a [importúno] *adj.* inoportuno, chato, incômodo.

im.po.si.bi.li.dad [imposiβiliðáð] *s.f.* impossibilidade.

im.po.si.bi.li.ta.do/a [imposiβilitáðo] *adj.* impossibilitado.

im.po.si.bi.li.tar [imposiβilitár] *v.t.* impossibilitar.

im.po.si.ble [imposíβle] *adj.* impossível.

im.po.si.ción [imposiθjón] *s.f.* imposição, determinação compulsória. *La educación de los menores es una imposición que los padres no pueden dejar de cumplir.* A educação dos menores é uma imposição que os pais não podem deixar de cumprir.

im.pos.tor/a [impostór] *adj. e s.* caluniador, impostor, falsário, embusteiro, hipócrita.

im.pos.tu.ra [impostúra] *s.f.* impostura, falsidade, hipocrisia, embuste.

im.po.ten.cia [impoténθja] *s.f.* impotência, incapacidade.

im.po.ten.te [impoténte] *adj.* impotente.

im.prac.ti.ca.ble [impraktikáβle] *adj.* impraticável, irrealizável, impossível.

im.pre.ca.ción [imprekaθjón] *s.f.* imprecação, maldição, xingamento.

im.pre.car [imprekár] *v.* imprecar, praguejar, amaldiçoar, xingar.

im.pre.ci.sión [impreθisjón] *s.f.* imprecisão, indefinição.

im.pre.ci.so/a [impreθíso] *s.* impreciso, indeterminado, vago.

im.preg.na.ción [impreɣnaθjón] *s.f.* impregnação, saturação, infiltração.

im.preg.nar [impreɣnár] *v.t.* impregnar, embeber, empapar, ensopar.

im.preg.nar.se [impreɣnárse] *v.p.* impregnar-se.

im.pre.me.di.ta.do/a [impremeðitáðo] *adj.* impensado, não planejado.

im.pren.ta [imprénta] *s.f.* imprensa.

im.pres.cin.di.ble [impres̬θindíβle] *adj.* imprescindível.

im.pre.sión [impresjón] *s.f.* 1 impressão, texto ou imagem reproduzida em papel, cartão etc. 2 influência ou reflexo que é exercida sobre a pessoa, impressão. *Me causó una buena impresión.* Causou-me boa impressão.

im.pre.sio.na.ble [impresjonáβle] *adj.* impresionável, sugestionável.

im.pre.sio.nan.te [impresjonánte] *adj.* impressionante, extraordinário.

im.pre.sio.nar [impresjonár] *v.i.* impressionar.

im.pre.sio.nar.se [impresjonárse] *v.p.* ficar impressionado.

im.pre.sio.nis.ta [impresjonísta] *adj.* impressionista.

im.pre.so/a [impréso] *adj.* impresso.

im.pre.sor/a [impresór] *s.* impressor, tipógrafo.

im.pre.so.ra [impresóra] *s.* impressora, máquina para imprimir.

im.pre.vi.si.ble [impreβisíβle] *adj.* imprevisível.

im.pre.vi.sión [impreβisjón] *s.f.* falta de previsão, falta de planejamento.

im.pre.vis.to/a [impreβísto] *adj.* imprevisto.

im.pri.mir [imprimír] *v.t.* imprimir.

im.pro.ba.bi.li.dad [improβaβiliðáð] *s.f.* improbabilidade.

im.pro.ba.ble [improβáβle] *adj.* improvável, incerto. *Es muy improbable que llueva hoy.* É muito improvável que chova hoje.

ím.pro.bo/a [ímproβo] *adj.* desonesto, ímprobo, perverso.

im.pro.ce.den.te [improθeðénte] *adj.* ilógico, improcedente.

im.pro.duc.ti.vo/a [improðuktíβo] *adj.* improdutivo.

im.pron.ta [imprónta] *s.f.* marca, pegada, registro.

im.pro.pie.dad [impropjeðáð] *s.f.* impropiedade.

im.pro.pio/a [imprópjo] *adj.* impróprio.

im.pro.vi.sa.ción [improβisaθjón] *s.f.* improvisação.

im.pro.vi.sa.do/a [improβisáðo] *adj.* improvisado, repentino, súbito.

im.pro.vi.sar [improβisár] *v.t.* improvisar, resolver sobre a marcha, às pressas.

im.pro.vi.so [improβíso] *s.m.* improviso.

im.pru.den.cia [impruðénθja] *s.f.* imprudência, indiscrição. *Cruzar una avenida corriendo es una imprudencia muy grande.* Atravessar uma avenida correndo é uma imprudência muito grande.

im.pru.den.te [impruðénte] *adj.* imprudente, indiscreto.

im.pú.di.co/a [impúðiko] *adj.* impudico, desonesto, sem pudor.

im.pu.dor [impuðór] *s.f.* desvergonha, impudor.

im.pues.to/a [impwésto] *adj.* imposto, forçado.

im.pues.to [impwésto] *s.m.* imposto, tributo.

im.pug.na.ble [impuɣnáβle] *adj.* impugnable.

im.pug.nar [impuɣnár] *v.t.* impugnar, contestar, refutar, recusar. *Los abogados refutaron las tesis de la acusación e impugnaron la sentencia anterior.* Os advogados refutaram as teses da acusação e impugnaram a sentença anterior.

im.pul.sar [impulsár] *v.t.* impulsionar.

im.pul.sión [impulsjón] *s.f.* impulsão.

im.pul.si.vi.dad [impulsiβiðáð] *s.f.* impulsividade.

inarticulado/a

im.pul.so [impúlso] *s.m.* impulso.
im.pul.sor/a [impulsór] *adj.* impulsora.
im.pu.ne [impúne] *adj.* impune, sem castigo.
im.pu.ni.dad [impuniðáð] *s.f.* impunidade, falta de castigo.
im.pu.re.za [impuréθa] *s.f.* impureza.
im.pu.ro/a [impúro] *adj.* impuro, contaminado, sujo.
im.pu.ta.ble [imputáβle] *adj.* imputável.
im.pu.ta.ción [imputaθjón] *s.f.* imputação.
im.pu.tar [imputár] *v.t.* imputar, atribuir, culpar.
i.na.bor.da.ble [inaβorðáβle] *adj.* inabordável, inacessível.
i.na.ca.ba.ble [inakaβáβle] *adj.* inacabável.
i.na.ca.ba.do/a [inakaβáðo] *adj.* inacabado, incompleto.
i.nac.ce.ci.ble [inakθeθíβle] *adj.* 1 inacessível, impossível. 2 impraticável, inabordável, intransitável.
i.nac.ción [inakθjón] *s.f.* inação, falta de ação, ociosidade, inércia.
i.na.cep.ta.ble [inaθeptáβle] *adj.* inaceitável. *Las drogas son inaceptables.* As drogas são inaceitáveis.
i.nac.ti.vi.dad [inaktiβiðáð] *s.f.* inatividade.
i.nac.ti.vo/a [inaktíβo] *adj.* inativo, inerte, ocioso.
i.na.dap.ta.ble [inaðaptáβle] *adj.* inadaptável.
i.na.de.cua.do/a [inðekwáðo] *adj.* inadequado, inapropriado.
i.nad.mi.si.ble [inaðmisíβle] *adj.* inadmissível, inaceitável.
i.nad.ver.ten.cia [inaðβerténja] *s.f.* inadvertência, descuido, reflexão.
i.nad.ver.ti.do/a [inaðβertíðo] *adj.* despercebido.
i.na.go.ta.ble [inaɣotáβle] *adj.* inesgotável.

i.na.guan.ta.ble [inaɣwantáβle] *adj.* insuportável, que não se pode aguentar. *El hambre es un sufrimiento inaguantable.* A fome é um sofrimento insuportável.
i.na.lám.bri.co/a [inalámbriko] *adj.* sem fio.
i.nal.can.za.ble [inalkaṇθáβle] *adj.* inatingível.
i.nal.te.ra.ble [inalteráβle] *adj.* inalterável.
i.na.mo.vi.ble [inamoβíβle] *adj.* inamovível.
i.na.ne [ináne] *adj.* inane. 1 vão, fútil, frívolo. 2 vazio, oco.
i.na.ni.ción [inaniθjón] *s.f.* inanição, inanidade, extrema debilidade por falta de alimento. *Mucha gente muere todavía de inanición.* Muita gente ainda morre de inanição.
i.na.ni.dad [inaniðáð] *s.f.* vacuidade, futilidade.
i.na.ni.ma.do/a [inanimáðo] *adj.* inanimado, sem vida.
i.na.pa.ga.ble [inapaɣáβle] *adj.* sem preço, muito valioso, impagável.
i.na.pe.la.ble [inapeláβle] *adj.* irremediável, inevitável, inapelável. *Es una sentencia definitiva e inapelable, sin remedio para el condenado.* É uma sentença definitiva e inapelável, sem remédio para o condenado.
i.na.pla.za.ble [inaplaθáβle] *adj.* inadiável. *La entrega es el 30 de marzo, y es inaplazable.* A entrega é no dia 30 de março, e é inadiável.
i.na.pli.ca.ble [inaplikáβle] *adj.* inaplicável.
i.na.pre.cia.ble [inapreθjáβle] *adj.* 1 inapreciável, que não se pode avaliar. 2 tão valioso que não tem valor estimável. *La salud es un bien inestimable e inapreciable.* A saúde é um bem inestimável e inapreciável.
i.na.pro.pia.do/a [inapropjáðo] *adj.* inapropriado.
i.nar.ti.cu.la.do/a [inartikuláðo] *adj.* inarticulado.

279
doscientos setenta y nueve

i.na.sis.ten.cia [inasisténθja] *s.f.* falta de frequência. *Las inasistencias a la clase de Roberto van a llevarlo a perder el curso.* A falta de frequência às aulas vão levar Roberto a perder o curso.

i.na.ta.ca.ble [inatakáβle] *adj.* inatacável.

i.na.ten.to/a [inaténto] *adj.* inatento, que não presta atenção.

i.nau.di.to/a [inau̯ðíto] *adj.* surpreendente, inaudito.

i.nau.gu.ra.ción [inau̯ɣuraθjón] *s.f.* inauguração.

i.nau.gu.rar [inau̯ɣurár] *v.t.* inaugurar, mostrar pela primeira vez, lançar.

in.ca [íŋka] *adj. e s.* inca. *El imperio Inca se extendía desde el sur de Colombia hasta la mitad de Chile y el oeste de Argentina.* O império Inca se estendia do sul da Colômbia até a metade do Chile e o oeste da Argentina.

in.cal.cu.la.ble [iŋkalkuláβle] *adj.* incalculável.

in.ca.li.fi.ca.ble [iŋkalifikáβle] *adj.* inqualificável.

in.can.de.cen.cia [iŋkandeθénθja] *s.f.* incandescência.

in.can.de.cen.te [iŋkandeθén te] *adj.* candente, incandescente.

in.can.sa.ble [iŋkansáβle] *adj.* incansável.

in.ca.pa.ci.dad [iŋkapaθiðáð] *s.f.* incapacidade.

in.ca.pa.ci.ta.do/a [iŋkapaθitáðo] *adj.* incapacitado.

in.ca.pa.ci.tar [iŋkapaθitár] *v.t.* 1 incapacitar. inabilitar. 2 desqualificar.

in.ca.paz [iŋkapáθ] *adj.* incapaz

in.cau.ta.ción [iŋkau̯taθjón] *s.f.* apropriação, expropriação.

in.cau.tar [iŋkau̯tár] *v.t. e i.* confiscar bens de uma pessoa.

in.cau.to/a [iŋkáu̯to] *adj.* incauto, crédulo, inocente. *No soy um incauto como para que puedas engañarme fácilmente.* Não sou tão incauto ao ponto de que você possa me enganar facilmente.

in.cen.diar [inθendjár] *v.t.* incendiar.

in.cen.dia.rio/a [inθendjárjo] *adj.* incendiário.

in.cen.dio [inθéndjo] *s.m* incêndio.

in.cen.sa.rio [inθéndjo] *s.f.* incensário.

in.cen.tivo [inθéntíβo] *s.m* incentivo.

in.cer.ti.dum.bre [inθértiðúmbre] *s.f.* incerteza.

in.ce.sa.ble [inθesáβle] *adj.* incessável.

in.ces.to [inθésto] *s.m.* incesto, união ilícita entre parentes consanguíneos.

in.ces.tuo.so/a [inθestwóso] *adj.* incestuoso.

in.ci.den.cia [inθiðénθja] *s.f.* incidência.

in.ci.den.tal [inθiðentál] *adj.* 1 incidental, circunstancial. 2 de pouca importância.

in.ci.den.te [inθiðénte] *adj.* incidente.

in.ci.dir [inθiðír] *v.i.* incidir, cair en falta.

in.cien.so [inθjénso] *s.m* incenso.

in.cier.to/a [inθjérto] *adj.* incerto, duvidoso.

in.ci.ne.ra.ción [inθineraθjón] *s.f.* incineração.

in.ci.ne.rar [inθinerár] *v.t.* incinerar, queimar até virar cinzas. *Ya no se permite más la incineración de la basura.* Já não se permite a incineração do lixo.

in.ci.pien.te [inθipjénte] *adj.* incipiente, nascente.

in.ci.sión [inθisjón] *s.f.* (med.) incisão, corte.

in.ci.si.vo/a [inθisíβo] *adj.* incisivo, direto, cortante. 2 os quatro dentes anteriores, frontais.

in.ci.si.vo [inθisíβo] *s.m.* dente incisivo.

in.ci.tar [inθitár] *v.t.* incitar.

in.ci.so/a [inθíso] *s.* 1 inciso, corte, talho. 2 capítulo, cláusula, item. 3 parêntese, sessão.

inconfundible

in.ci.vil [iɲθiβíl] *adj.* descortês.
in.ci.vi.li.dad [iɲθiβiliðáð] *s.f.* grosseria, falta de educação.
in.cle.men.cia [iŋkleméṇθja] *s.f.* inclemência, rigor.
in.cle.men.te [iŋkleménte] *adj.* inclemente, rigoroso.
in.cli.na.ción [iŋklinaθjón] *s.f.* inclinação.
in.cli.nar [iŋklinár] *v.t.* inclinar.
in.cli.nar.se [iŋklinárse] *v.p.* inclinar-se.
in.clu.ir [iŋkluír] *v.t.* incluir, abranger.
in.clu.ir.se [iŋkluírse] *v.p.* incluir-se.
in.clu.sión [iŋklusjón] *s.f.* inclusão.
in.clu.si.ve [iŋklusíβe] *adv.* inclusive.
in.clu.si.vo/a [iŋklusíβo] *adj.* inclusivo, abrangente. *Es un documento inclusivo, que abarca todos los casos.* É um documento inclusivo, que abrange todos os casos.
in.clu.so [iŋklúso] *adv.* inclusive.
in.co.bra.ble [iŋkoβráβle] *adj.* incobrável.
in.cóg.ni.to/a [iŋkóɣnito] *adj.* 1 incógnito. 2 (fig.) mistério.
in.co.he.ren.cia [iŋkoeréṇθja] *s.f.* incoerência, contradição.
in.co.he.ren.te [iŋkoeréṇθja] *adj.* incoerente, contraditório.
in.co.lo.ro/a [iŋkolóro] *adj.* incolor.
in.có.lu.me [iŋkólume] *adj.* incólume; 1 são, sem dano, ileso, sem lesão. 2 sem menoscabo. *Salió incólume del proceso.* Saiu incólume do processo.
in.com.bus.ti.ble [iŋkombustíβle] *adj.* incombustível, que não pode queimar.
in.co.mes.ti.ble [iŋkomestíβle] *adj.* incomestível, incomível, que não pode ser comido. *Está tan mal condimentado que es un plato incomestible.* Está tão mal condimentado que é um prato incomível.
in.co.mi.ble [iŋkomíβle] *adj.* incomível, indigesto.
in.co.mo.dar [iŋkomoðár] *v.t.* incomodar.

in.co.mo.dar.se [iŋkomoðárse] *v.p.* incomodar-se.
in.có.mo.do/a [iŋkómoðo] *adj.* incômodo, desconfortável. *Me siento incómodo con el calor.* Sinto-me incômodo com o calor.
in.com.pa.ra.ble [iŋkomparáβle] *adj.* único, incomparável.
in.com.pa.ti.ble [iŋkompatíβle] *adj.* incompatível.
in.com.pe.ten.te [iŋkompeténte] *adj.* incompetente.
in.com.ple.to/a [iŋkompléto] *adj.* incompleto.
in.com.pren.si.ble [iŋkomprensíβle] *adj.* incompreensível.
in.co.mu.ni.ca.ble [iŋkomunikáβle] *adj.* incomunicável.
in.co.mu.ni.ca.do/a [iŋkomunikáðo] *adj.* incomunicável, isolado. *Es un criminal peligroso que está preso, aislado e incomunicado.* É um criminoso perigoso que está preso, isolado e incomunicável.
in.con.ce.bi.ble [iŋkoṇθeβíβle] *adj.* inconcebível. *Es inconcebible que exista perjuicio por racismo o por miedo a las personas que no se nos parecen.* É inconcebível que exista preconceito por racismo ou por medo das pessoas que não se parecem conosco.
in.con.clu.so/a [iŋkoŋklúso] *adj.* incluso, inacabado.
in.con.di.cio.nal [iŋkondiθjonál] *adj.* incondicional, absoluto, irrestrito.
in.co.ne.xo/a [iŋkonékso] *adj.* desconexo. *El proyecto no tiene ni pies ni cabeza y es muy inconexo.*
in.con.fe.sa.ble [iŋkomfesáβle] *adj.* inconfessável.
in.con.for.me [iŋkoɱfórme] *adj.* inconformado.
in.con.fun.di.ble [iŋkomfundíβle] *adj.* inconfundível.

in.con.gru.en.cia [iŋkoŋgruéṇθja] *s.f.* incongruência.

in.con.gru.en.te [iŋkoŋgruénte] *adj.* incongruente, incoerente.

in.con.men.su.ra.ble [iŋkonmensuráβle] *adj.* incomensurável, que não se pode medir nem avaliar. *La riqueza de la selva amazónica es inconmensurable.*

in.cons.cien.cia [iŋkonṣθjéṇθja] *s.f.* inconsciência. *La inconsciencia no permite que el individuo enfermo se dé cuenta exacta de sus acciones.* A inconsciência não permite que o indivíduo enfermo se dê conta exata de suas ações.

in.cons.cien.te [iŋkonṣθjénte] *adj. e s.* inconsciente.

in.con.se.cuen.te [iŋkonsekwénte] *adj.* inconsequente, irresponsável.

in.con.so.la.ble [iŋkonsoláβle] *adj.* inconsolável.

in.con.si.de.ra.do/a [iŋkonsiðeráðo] *adj.* inconsiderado.

in.con.sis.ten.cia [iŋkonsisténθja] *s.f.* inconsistência, inconstância.

in.con.sis.ten.te [iŋkonsisténte] *adj.* inconsistente, precário.

in.cons.tan.cia [iŋkonstáṇθja] *s.f.* inconstância.

in.cons.tan.te [iŋkonstánte] *adj.* inconstante.

in.cons.ti.tu.cio.nal [iŋkonstituθjonál] *adj.* inconstitucional.

in.con.ta.ble [iŋkontáβle] *adj.* incontable, incomensurável.

in.con.te.ni.ble [iŋkonteníβle] *adj.* incontível.

in.con.tes.ta.do/a [iŋkontestáðo] *adj.* incontestado.

in.con.ti.nen.cia [iŋkontinéṇθja] *s.f.* 1 incontinência, excesso. 2 (med.) incapacidade de reter fezes ou urina.

in.con.ti.nen.te [iŋkontinénte] *adv.* incontinente, imediatamente.

in.con.tro.la.ble [iŋkontroláβle] *adj.* incontrolável. *Es una persona incontrolable, sin orden ni disciplina.* É uma pessoa incontrolável, sem ordem nem disciplina.

in.con.tro.ver.ti.ble [iŋkontroβersíβle] *adj.* incontrovertível, que não admite dúvida nem disputa.

in.con.ven.ci.ble [iŋkombenθíβle] *adj.* inconvencível.

in.con.ve.nien.cia [iŋkombenjéṇθja] *s.f.* indiscrição, inconveniência.

in.con.ve.nien.te [iŋkombenjénte] *adj.* inconveniente.

in.cor.po.ra.ción [iŋkorporaθjón] *s.f.* incorporação.

in.cor.po.ral [iŋkorporál] *adj.* imaterial, incorpóreo.

in.cor.po.rar [iŋkorporár] *v.t.* incorporar, incluir.

in.cor.po.rar.se [iŋkorporárse] *v.p.* incorporar-se.

in.cor.pó.re.o/a [iŋkorpóreo] *adj.* incorpóreo, imaterial, impalpável.

in.co.rrec.to/a [iŋkor̄ékto] *adj.* incorreto.

in.co.rre.gi.ble [iŋkor̄éxíβle] *adj.* incorrigível.

in.co.rrup.to/a [iŋkor̄úpto] *adj.* que não se corrompe. *Fue un alto funcionario público, patriota e incorrupto.* Foi um alto funcionário público, patriota e isento de corrupção.

in.cre.du.li.dad [iŋkreðuliðáð] *s.f.* incredulidade, descrença, desconfiança.

in.cré.du.lo/a [iŋkréðulo] *adj. e s.* incrédulo, descrente.

in.cre.í.ble [iŋkreíβle] *adj.* 1 incrível, inacreditável. 2 (fig.) extraordinário, fantástico.

in.cre.men.tar [iŋkrementár] *v.t.* incrementar.

indeterminable

in.cre.men.tar.se [iŋkrementárse] *v.p.* incrementar-se.

in.cre.men.to [iŋkreménto] *s.m* incremento.

in.cre.pa.ción [iŋkrepaθjón] *s.f.* increpação, acusação, repreensão.

in.cre.par [iŋkrepár] *v.t.* acusar, repreender, insultar. *Lo increparon con dureza y severidad.* Repreenderam-no com dureza e severidade.

in.cri.mi.na.ción [iŋkriminaθjón] *s.f.* incriminação.

in.cri.mi.nar [iŋkriminár] *v.t.* incriminar, acusar.

in.crus.ta.ción [iŋkrustaθjón] *s.f.* incrustação.

in.crus.tar [iŋkrustár] *v.t.* incrustar. *La corona era de oro con piedras preciosas incrustadas.* A coroa era de ouro com pedras preciosas incrustadas.

in.cu.ba.ción [iŋkuβaθjón] *s.f.* incubação.

in.cu.ba.dor/a [iŋkuβáðo] *adj.* incubador.

in.cu.bar [iŋkuβár] *v.t.* incubar, chocar (ovos).

in.cu.ba.do.ra [iŋkuβaðóra] *s.f.* incubadora.

in.cues.tio.na.ble [iŋkwestjonáβle] *adj.* inquestionável, indiscutível.

in.cul.car [iŋkulkár] *v.t.* inculcar, recomendar, repetir para educar e fixar. *Le inculcaron un gran respeto por las personas más débiles y menos favorecidas.* Inculcaram-lhe um grande respeito pelas pessoas mais fracas e menos favorecidas.

in.cul.par [iŋkulpár] *v.t.* incriminar.

in.cul.to/a [iŋkúlto] *adj.* inculto.

in.cum.ben.cia [iŋkumbénθja] *s.f.* incumbência.

in.cum.bir [iŋkumbír] *v.i.* incumbir. *Lo incumbieron con una responsabilidad y un cargo para obligarlo a trabajar y a madurar.* Incumbiram-no com uma responsabilidade e um cargo para obrigá-lo a trabalhar e amadurecer.

in.cum.pli.mien.to [iŋkumplimjénto] *s.m* transgressão.

in.cur.sión [iŋkursjón] *s.f.* incursão.

in.da.ga.ción [indaɣaθjón] *s.f.* indagação.

in.da.gar [indaɣár] *v.t.* indagar, inquirir. *La policía indagó a cada uno de los testigos.* A polícia inquiriu cada uma das testemunhas.

in.de.bi.do/a [indeβíðo] *adj.* indevido.

in.de.cen.cia [indeθénθja] *s.f.* indecência. 1 falta de decência ou de modéstia. 2 ação, dito ou modos vergonhosos.

in.de.cen.te [indeθénte] *adj.* indecente.

in.de.ci.so/a [indeθíso] *adj.* indeciso.

in.de.fen.so/a [indefénso] *adj.* indefeso.

in.de.fi.ni.do/a [indefiníðo] *adj.* indefinido, indeterminado.

in.dem.ni.za.ción [indemniθaθjón] *s.f.* indenização, recompensa. *Tuvo una alta indemnización por los años de trabajo perdidos.* Teve uma alta indenização pelos anos de trabalho perdidos.

in.dem.ni.zar [indemniθár] *v.t.* indenizar, compensar.

in.de.pen.den.cia [independénθja] *s.f.* independência, liberdade, autonomia.

in.de.pen.dien.te [independjénte] *adj.* independente.

in.des.ci.fra.ble [indesθifráβle] *adj.* indecifrável.

in.des.crip.ti.ble [indeskriptíβle] *adj.* indescritível. *El cañón del Colorado tiene unos colores indescriptibles.* O cânion do Colorado tem cores indescritíveis.

in.de.se.a.ble [indeseáβle] *adj. e s.* indesejável.

in.des.truc.ti.ble [indestruktíβle] *adj.* indestrutível.

in.de.ter.mi.na.ble [indetermináβle] *adj.* indeterminável, indefinível.

in.de.ter.mi.na.do/a [indetermináðo] *adj.* indeterminado, indefinido.

in.de.xa.ción [indeksaθjón] *s.f.* (com.) indexação.

in.de.xar [indeksár] *v.t.* indexar.

in.di.ca.ción [indikaθjón] *s.f.* indicação, observação. *Le hicieron una indicación para que no llegara tan tarde.* Fizeram-lhe uma indicação para que não chegasse tão tarde.

in.di.ca.do/a [indikáðo] *adj.* indicado.

in.di.ca.dor/a [indikaðór] *adj.* 1 indicador. 2 *s.m.* índice.

in.di.car [indikár] *v.t.* indicar, apontar.

in.di.ca.ti.vo/a [indikatíβo] *adj.* indicativo.

ín.di.ce [índiθe] *s.m.* índice.

in.di.ciar [indiθjár] *v.t.* acusar, levantar suspeita legal de autoria de um crime. *Fue indiciado como sospechoso porque las evidencias lo acusaban.* Foi indiciado como suspeito porque as evidências o acusavam.

in.di.cio [indíθjo] *s.m.* indício, sinal, vestígio.

in.di.fe.ren.cia [indiferénθja] *s.f.* indiferença.

in.di.fe.ren.te [indiferénte] *adj.* indiferente.

in.dí.ge.na [indíxena] *adj. e s.* indígena.

in.di.gen.cia [indixénθja] *s.f.* indigência, miséria, pobreza.

in.di.gen.te [indixénte] *adj. e s.* indigente.

in.di.ges.tar.se [indixestárse] *v.p.* 1 ter indigestão, não digerir. 2 fazer mal. 3 antipatizar.

in.di.ges.tión [indixestjón] *s.f.* indigestão.

in.dig.na.ción [indiɣnaθjón] *s.f.* indignação.

in.dig.nar [indiɣnár] *v.t.* indignar.

in.dig.nar.se [indiɣnárse] *v.p.* indignar-se. *Me indigna que haya gente sin techo para vivir.* Indigna-me que haja pessoas sem teto para morar.

in.dig.ni.dad [indiɣniðáð] *s.f.* indignidade.

in.dig.no/a [indíɣno] *adj.* indigno.

in.dio/a [índjo] *adj. e s.* índio.

in.di.rec.ta [indirékta] *s.f.* indireta, alusão disfarçada.

in.di.rec.to/a [indirékto] *adj.* indireto. *Le gusta decir las cosas de forma indirecta con rodeos y vueltas.* Ele gosta de dizer as coisas de forma indireta com rodeios e giros.

in.dis.ci.pli.na [indisθiplína] *s.f.* indisciplina.

in.dis.ci.pli.na.do/a [indisθiplináðo] *adj.* indisciplinado.

in.dis.cre.ción [indiskreθjón] *s.f.* indiscrição.

in.dis.cre.to/a [indiskréto] *adj. e s.* indiscreto, imprudente.

in.dis.cu.ti.ble [indiskutíβle] *adj.* indiscutível.

in.dis.pen.sa.ble [indispensáβle] *adj.* indispensável.

in.dis.po.ner [indisponér] *v.t.* indispor.

in.dis.po.ner.se [indisponérse] *v.p.* indispor-se. *Sara se indispuso con sus antiguos amigos, malquistándose con ellos.* Sara se indispôs com seus antigos amigos, inimizando-se com eles.

in.dis.po.si.ción [indisposiθjón] *s.f.* indisposição.

in.dis.pues.to/a [indispwésto] *adj.* indisposto.

in.dis.pu.ta.ble [indisputáβle] *adj.* indisputável.

in.dis.tin.gui.ble [indistinɣwíβle] *adj.* indistinguível.

in.dis.tin.to/a [indistínto] *adj.* indiferente, igual.

in.di.vi.dual [indiβiðwál] *adj.* individual.

in.di.vi.dua.li.dad [indiβiðwaliðáð] *s.f.* individualidade.

in.di.vi.dua.lis.ta [indiβiðwalísta] *adj. e s.* individualista.

inescrutable

in.di.vi.dua.li.zar [indiβiðwaliθár] *v.t.* individualizar, paticularizar.

in.di.vi.duo [indiβíðwo] *s.m.* indivíduo.

in.di.vi.si.bi.li.dad [indiβisiβiliðáð] *s.f.* indivisibilidade.

in.di.vi.si.ble [indiβisíβle] *adj.* indivisível.

in.dó.cil [indóθil] *adj.* indócil, rebelde.

in.do.ci.li.dad [indoθiliðáð] *s.f.* indocilidade.

in.do.cu.men.ta.do/a [indokumentáðo] *adj.* indocumentado. *Entran miles de indocumentados desde Méjico a través de la frontera sur de los Estados Unidos.* Milhares de indocumentados do México entram através da fronteira sul dos Estados Unidos.

ín.do.le [índole] *s.f.* índole, natureza, condição das pessoas e coisas.

in.do.len.cia [indoléŋθja] *s.f.* 1 indolência, apatia, preguiça. 2 negligência, desleixo.

in.do.len.te [indolénte] *adj.* indolente, apático, preguiçoso.

in.do.lo.ro/a [indolóro] *adj.* indolor.

in.do.ma.ble [indomáβle] *adj.* indomável.

in.dó.mi.to/a [indómito] *adj.* indomável, indômito. *Es un caballo indómito y muy difícil de domar.* É um cavalo indômito e muito difícil de domar.

in.duc.ción [indukθjón] *s.f.* indução.

in.du.cir [induθír] *v.t.* induzir.

in.duc.ti.vo/a [induktíβo] *adj.* indutivo.

in.du.da.ble [induðáβle] *adj.* indubitável. *Me parece indudable que mientes.*

in.dul.gen.cia [indulxénθja] *s.f.* indulgência.

in.dul.gen.te [indulxénte] *adj.* indulgente, clemente, tolerante.

in.dul.tar [indultár] *v.t.* indultar, perdoar. *Los presos políticos fueron indultados y recibieron indemnizaciones.* Os presos políticos foram indultados e receberam indenizações.

in.dul.to [indúlto] *s.m.* indulto, perdão.

in.du.men.ta.ria [indumentárja] *s.f.* indumentária. 1 vestimenta. 2 história do vestuário.

in.du.men.ta.rio/a [indumentárjo] *adj.* indumentário, referente a vestuário ou à indumentária.

in.dus.tria [indústrja] *s.f.* indústria.

in.dus.trial [industrjál] *adj.* industrial.

in.dus.tria.li.za.ción [industrjaliθaθjón] *s.f.* industrialização.

in.dus.tria.li.zar [industrjaliθár] *v.t.* industrializar.

in.dus.triar [industrjár] *v.t.* industriar, instruir, amestrar.

in.dus.triar.se [industrjárse] *v.p.* industriar-se, engenhar, engendrar meios para sair de dificuldades.

i.né.di.to/a [inéðito] *adj.* 1 inédito, insólito, incomum. 2 não editado, não publicado. *Es un hecho inédito que el presidente sea un obrero.* É um fato inédito que o presidente seja um operário.

i.ne.fa.ble [inefáβle] *adj.* 1 inefável, indizível. 2 encantador, enebriante. *Fernando Sabino es un cronista cautivante e inefable.* Fernando Sabino é um cronista cativante e inefável.

i.ne.fi.ca.cia [inefikáθja] *s.f.* ineficácia, insuficiência, inutilidade.

i.ne.fi.caz [inefikáθ] *adj.* ineficaz.

i.ne.lu.di.ble [ineluðíβle] *adj.* inevitável.

i.nep.ti.tud [ineptitúð] *s.f.* inaptidão.

i.nep.to/a [inépto] *adj.* inapto, incapacitado.

i.ne.quí.vo.co/a [inekíβoko] *adj.* inequívoco, evidente, óbvio.

i.ner.cia [inérθja] *s.f.* 1 inércia, falta de ação. 2 indolência, preguiça.

i.ner.te [inérte] *adj.* inerte.

i.nes.cru.ta.ble [ineskrutáβle] *adj.* inescrutável, que não se pode averiguar ou saber. *Por más que se estudie y se investigue, la idea del infinito o de la muerte* *son inescrutables.* Por mais que se estude e se investigue, a ideia do infinito ou da morte são inescrutáveis.

i.nes.cu.dri.ña.ble [ineskuðriɲáβle] *adj.* inescrutável.

i.nes.pe.ra.do/a [inesperáðo] *adj.* inesperado.

i.nes.ta.bi.li.dad [inestaβiliðáð] *s.f.* instabilidade.

i.nes.ta.ble [inestáβle] *adj.* instável.

i.nes.ti.ma.ble [inestimáβle] *adj.* inestimável, sem preço, muito valioso. *La ayuda de su amigo fue inestimable.* A ajuda de seu amigo foi inestimável.

i.ne.vi.ta.ble [ineβitáβle] *adj.* inevitável.

i.ne.xac.to/a [ineksákto] *adj.* inexato.

i.nex.cu.sa.ble [inekskusáβle] *adj.* inescusável, imperdoável, indesculpável.

i.ne.xis.ten.cia [ineksisténθja] *s.f.* inexistência.

i.ne.xis.ten.te [ineksisténte] *adj.* inexistente.

i.ne.xo.ra.ble [ineksoráβle] *adj.* inexorável, inflexível, implacável. *La historia es inexorable al juzgar a los dictadores.* A história é inexorável ao julgar os ditadores.

i.nex.pe.rien.cia [ineksperjénθja] *s.f.* inexperiência.

i.nex.per.to/a [inekspérto] *adj.* inexperiente.

i.nex.pli.ca.ble [ineksplikáβle] *adj.* inexplicável.

i.nex.plo.ra.do/a [ineksploráðo] *adj.* inexplorado. *África era inexplorada hasta hace poco tiempo.*

i.nex.pug.na.ble [inekspuɣnáβle] *adj.* inexpugnável, invencível.

i.nex.tin.gui.ble [inekstiŋgíβle] *adj.* inextinguível.

i.nex.tri.ca.ble [inekstrikáβle] *adj.* intricado, confuso.

in.fa.li.bi.li.dad [iɱfaliβiliðáð] *s.f.* infalibilidade. *La infalibilidad del Papa es un principio que las otras iglesias no aceptan.* A infalibilidade do Papa é um princípio que as outras igrejas não aceitam.

in.fa.li.ble [iɱfalíβle] *adj.* infalível, perfeito.

in.fa.man.te [iɱfamánte] *adj.* ignominioso, desprezível.

in.fa.mar [iɱfamár] *v.t.* difamar, caluniar.

in.fa.me [iɱfáme] *adj. e s.* infame.

in.fa.mia [iɱfámja] *s.f.* infâmia.

in.fan.cia [iɱfánθja] *s.f.* infância.

in.fan.te/a [iɱfánte] *s.* infante. *Los infantes de marina invadieron decenas de países en los siglos XIX y XX.* Os infantes da marinha invadiram dezenas de países nos séculos XIX e XX.

in.fan.te.rí.a [iɱfantería] *s.f.* (mil.) infantaria.

in.fan.ti.ci.da [iɱfantiθíða] *adj.* infanticida.

in.fan.ti.ci.dio [iɱfantiθíðjo] *s.f.* infanticídio.

in.fan.til [iɱfantíl] *adj.* infantil.

in.far.to [iɱfárto] *s.m.* (med.) infarto.

in.fa.ti.ga.ble [iɱfatiɣáβle] *adj.* infatigável, incansável. *Martin Luther King fue un luchador infatigable contra el racismo.* Martin Luther King foi um lutador infatigável contra o racismo.

in.faus.to/a [iɱfáu̯sto] *adj.* infausto, infeliz, aziago. *La noticia de la muerte de Fernando Sabino fue la sorpresa infausta de la semana.* A notícia da morte de Fernando Sabino foi a surpresa infausta da semana.

in.fec.ción [iɱfekθjón] *s.f.* (med.) infecção.

in.fec.cio.so/a [iɱfekθjóso] *adj.* infeccioso, contagioso.

in.fec.tar [iɱfekθtár] *v.t.* infectar.

in.fec.tar.se [iɱfekθtárse] *v.p.* infectar-se.

in.fe.cun.do/a [iɱfekúndo] *adj.* infecundo, estéril.

in.fe.li.ci.dad [iɱfeliθiðáð] *s.f.* infelicidade.

in.fe.liz [iɱfelíθ] *adj. e s.* infeliz.
in.fe.ren.cia [iɱferéṇθja] *s.f.* raciocínio, dedução, indução.
in.fe.ri.or [iɱferjór] *adj.* inferior.
in.fe.rio.ri.dad [iɱferjoriðáð] *s.f.* inferioridade.
in.fe.rir [iɱferír] *v.t.* 1 inferir, deduzir, chegar a conclusão. 2 causar uma ferida. *Por todos los indicios, podemos inferir que el acusado no es culpable.* Por todos os indícios, podemos inferir que o acusado não é culpado.
in.fe.rir.se [iɱferírse] *v.p.* inferir-se.
in.fer.nal [iɱfernál] *adj.* infernal, medonho.
in.fes.ta.ción [iɱfestaθjón] *s.f.* infestação.
in.fes.tar [iɱfestár] *v.t.* infestar.
in.fi.de.li.dad [iɱfiðeliðáð] *s.f.* infidelidade, deslealdade.
in.fiel [iɱfjél] *adj. e s.* 1 infiel. 2 inexato, inverídico. 3 pagão, bárbaro.
in.fier.no [iɱfjérno] *s.m* inferno.
in.fil.tra.ción [iɱfiltraθjón] *s.f.* infiltração, penetração.
in.fil.trar [iɱfiltrár] *v.t.* infiltrar.
in.fil.trar.se [iɱfiltrárse] *v.p.* infiltrar-se.
ín.fi.mo/a [íɱfimo] *adj.* ínfimo, mínimo. *La diferencia de precios es ínfima.* A diferença de preços é ínfima.
in.fi.ni.dad [iɱfiniðáð] *s.f.* infinidade.
in.fi.ni.te.si.mal [iɱfinitesimál] *adj.* infinitesimal.
in.fi.ni.ti.vo [iɱfinitíβo] *s.m.* (gram.) infinitivo.
in.fi.ni.to/a [iɱfiníto] *adj.* infinito.
in.fla.ción [iɱflaθjón] *s.f.* (com.) inflação.
in.fla.cio.na.rio/a [iɱflaθjonárjo] *adj.* (com.) inflacionário.
in.fla.dor/a [iɱflaðór] *adj.* inflador.
in.fla.ma.ble [iɱflamáβle] *adj.* inflamável. *Cuidado con el alcohol, es muy inflamable.* Cuidado com o álcool, é muito inflamável.

in.fla.ma.ción [iɱflamaθjón] *s.f.* inflamação.
in.fla.mar [iɱflamár] *v.i.* inflamar.
in.fla.mar.se [iɱflamárse] *v.p.* inflamar-se, exaltar-se.
in.fla.ma.to.rio/a [iɱflamatórjo] *adj.* inflamatório.
in.flar [iɱflár] *v.t.* inflar, inchar, encher.
in.flar.se [iɱflárse] *v.p.* inflar-se, encher-se.
in.fle.xi.ble [iɱfleksíβle] *adj.* inflexível. *El jefe se puso inflexible y le aplicó un castigo implacable.* O chefe ficou inflexível e aplicou-lhe um castigo implacável.
in.fle.xión [iɱfleksjón] *s.f.* inflexão.
in.fli.gir [iɱflixír] *v.t.* infligir, aplicar um castigo. *Nuestro club de fútbol le infligió una dura derrota a los visitantes.* Nosso clube de futebol infligiu uma dura derrota aos visitantes.
in.fluen.cia [iɱflwéṇθja] *s.f.* influência.
in.fluen.ciar [iɱflweṇθjár] *v.t.* influenciar, influir.
in.fluen.za [iɱflwéṇθa] *s.f.* gripe.
in.flu.ir [iɱfluír] *v.i. e t.* influir.
in.flu.ir.se [iɱfluírse] *v.p.* influir-se.
in.flu.jo [iɱflúxo] *s.m.* influxo, influência.
in.flu.yen.te [iɱflujénte] *adj.* influente. *Es un señor conocido y muy influyente.* É um senhor conhecido e muito influente.
in.for.ma.ción [iɱformaθjón] *s.f.* informação.
in.for.mal [iɱformál] *adj. e s.* informal.
in.for.ma.li.dad [iɱformaliðáð] *s.f.* informalidade.
in.for.mar [iɱformár] *v.t.* informar.
in.for.mar.se [iɱformárse] *v.p.* informar-se.
in.for.má.ti.ca [iɱformátika] *s.f.* informática.
in.for.ma.ti.vo/a [iɱformatíβo] *adj.* informativo.

in.for.me [iɱfórme] *adj.* disforme, que não tem a forma ou a aparência desejada.

in.for.me [iɱfórme] *s.m.* relatório, informe, exposição, notícia. *El informe anual de los rendimientos de la empresa fue positivo.* O relatório anual dos rendimentos da empresa foi positivo.

in.for.tu.na.do/a [iɱfortunáðo] *adj.* infeliz, desafortunado, desventurado.

in.for.tu.nio [iɱfortúnjo] *s.m.* infortúnio, adversidade. *La ola gigante fue um infortunio para muchos pueblos en Asia.* A onda gigante foi um infortúnio para muitos povos na Ásia.

in.frac.ción [iɱfrakθjón] *s.f.* infração.

in.frac.tor/a [iɱfrakθtór] *adj. e s.* infrator, transgressor.

in.fra.es.truc.tu.ra [iɱfraestruktúra] *s.f.* infraestrutura.

in.fran.que.a.ble [iɱfraŋkeáβle] *adj.* intransponível. *La cordillera era casi infranqueable hasta la invención del avión.* A cordilheira era quase intransponível até a invenção do avião.

in.fra.rro.jo/a [iɱfraroxo] *adj.* infravermelho.

in.fre.cuen.te [iɱfrekwénte] *adj.* infrequente.

in.frin.gir [iɱfrinxír] *v.t.* infringir, transgredir.

in.fruc.tí.fe.ro/a [iɱfruktífero] *adj.* infrutífero. *Todos los intentos fueron infructíferos.* Todas as tentativas foram infrutíferas.

in.fruc.tuo.so/a [iɱfruktwóso] *adj.* infrutífero.

ín.fu.las [íɱfulas] *s.f.* (pl.) presunção.

in.fun.da.do/a [iɱfundáðo] *adj.* infundado.

in.fun.dio.so/a [iɱfundjóso] *adj.* sem fundo.

in.fun.dir [iɱfundír] *v.t.* infundir.

in.fu.sión [iɱfusjón] *s.f.* infusão. *El mate es una infusión muy apreciada en Paraguay, Argentina, Uruguay y el sur de Brasil.* O mate é uma infusão muito apreciada no Paraguai, na Argentina, no Uruguai e no sul do Brasil.

in.ge.niar [iŋxenjár] *v.t.* engenhar, engendrar, inventar, maquinar.

in.ge.nie.rí.a [iŋxenjería] *s.f.* engenharia.

in.ge.nie.ro/a [iŋxenjéro] *s.* engenheiro.

in.ge.nio [iŋxénjo] *s.m.* engenho, talento. *El ingenio humano produjo enormes progresos científicos y tecnológicos en los últimos doscientos años.* O engenho humano produziu enormes progressos científicos e tecnológicos nos últimos duzentos anos.

in.ge.nio.si.dad [iŋxenjosiðáð] *s.f.* engenhosidade.

in.ge.nio.so/a [iŋxenjóso] *adj.* engenhoso, criativo.

in.ge.nuo/a [iŋxénwo] *adj. e s.* ingênuo.

in.ge.rir [iŋxerír] *v.t.* ingerir, tragar, engolir.

in.ges.tión [iŋxestjón] *s.f.* ingestão.

in.gle [íŋgle] *s.f.* virilha.

in.gra.ti.tud [iŋgratitúð] *s.f.* ingratidão.

in.gra.to/a [iŋgráto] *adj.* ingrato.

in.gre.dien.te [iŋgreðjénte] *s.m.* ingrediente.

in.gre.sar [iŋgresár] *v.t.* 1 entrar, ingresar. 2 investir dinheiro. 3 internar em hospital. *Lo ingresaron en el hospital con dolores muy fuertes de cabeza.* Ele foi internado no hospital com dores muito fortes de cabeça.

in.gre.so [iŋgréso] *s.m.* ingresso.

in.ha.bil [ináβil] *adj.* inábil.

in.ha.bi.li.dad [inaβiliðáð] *s.f.* inabilidade.

in.ha.bi.li.tar [inaβilitár] *v.t.* inabilitar, incapacitar.

in.ha.bi.ta.ble [inaβitáβle] *adj.* inabitável.

in.ha.bi.ta.do/a [inaβitáðo] *adj.* desabitado.

in.ha.lar [inalár] *v.t.* inalar, aspirar.

inmensidad

in.he.ren.te [inerénte] *adj.* inerente. *El error es inherente al ser humano.* O erro é inerente ao ser humano.

in.hi.bi.ción [iniβiθjón] *s.f.* inibição.

in.hi.bir [iniβír] *v.t.* inibir.

in.hi.bir.se [iniβírse] *v.p.* abster-se.

in.hos.pi.ta.la.rio/a [inospitalárjo] *adj.* inóspito.

in.hós.pi.to/a [inóspito] *adj.* inóspito, inseguro, pouco cômodo.

in.hu.ma.ni.dad [inumaniðáð] *s.f.* desumanidade, crueldade, barbárie, falta de humanidade.

in.hu.ma.no/a [inumáno] *adj.* desumano. *La guerra es siempre inhumana y cruel.* A guerra é sempre desumana e cruel.

i.ni.cia.ción [iniθjaθjón] *s.f.* iniciação.

i.ni.cia.do/a [iniθjáðo] *adj.* iniciado.

i.ni.cia.dor/a [iniθjaðór] *adj.* iniciador.

i.ni.cial [iniθjál] *adj.* 1 inicial, inaugural. 2 inicial, primeira letra de uma palavra.

i.ni.cia.li.zar [iniθjaliθár] *v.t.* inicializar.

i.ni.ciar [iniθjár] *v.t.* iniciar, começar.

i.ni.ciar.se [iniθjárse] *v.p.* iniciar-se.

i.ni.cia.ti.va [iniθjatíβa] *s.f.* iniciativa. *Las iniciativas del gobierno contra el hambre son correctas.* As iniciativas do governo contra a fome são corretas.

i.ni.cio [iníθjo] *s.m* início, começo.

i.ni.gua.la.do/a [iniɣwaláðo] *adj.* inigualado.

i.ni.ma.gi.na.ble [iniɣwaláðo] *adj.* inimaginável.

i.ni.mi.ta.ble [inimitáβle] *adj.* inimitável.

i.nin.te.li.gi.ble [inintelixíβle] *adj.* ininteligível.

in.je.re.cia [iŋxeréŋθja] *s.f.* ingerência, intervenção.

in.je.rir [iŋxerír] *v.t.* ingerir, inserir. *ingerir la comida,* ingerir a comida. *ingerir remedios,* ingerir remédios.

in.je.rir.se [iŋxerírse] *v.p.* ingerir-se, intrometer-se. *Fue una mala idea injerirse en los negocios de tu tío.* Foi má ideia inserir-se nos negócios de seu tio. *No hay que injerirse en asuntos ajenos.* É preciso não se intrometer em assuntos alheios.

in.jer.tar [iŋxertár] *v.t.* enxertar, implantar.

in.jer.to [iŋxérto] *s.m.* enxerto. *La lima y la toronja pueden dar buenos injertos.* A lima e a toranja podem dar bons enxertos.

in.ju.ria [iŋxúrja] *s.f.* injúria, insulto.

in.ju.riar [iŋxurjár] *v.t.* injuriar, insultar.

in.ju.rio.so/a [iŋxurjóso] *adj.* injurioso.

in.jus.ti.cia [iŋxustíθja] *s.f.* injustiça.

in.jus.ti.fi.ca.ble [iŋxustifikáβle] *adj.* injustificável. *¿No te parece que lo que has hecho es injustificable?* Não acha que o que fez é injustificável?

in.jus.to/a [iŋxústo] *adj.* injusto.

in.ma.cu.la.do/a [inmakuláðo] *adj.* imaculado.

in.ma.du.rez [inmaðuréθ] *s.f.* imaturidade.

in.ma.du.ro/a [inmaðúro] *adj.* 1 verde, não maduro. 2 inexperiente.

in.me.dia.ción [inmeðjaθjón] *s.f.* mediação. *El litigio se resolvió por inmediación del juez.* O litígio foi resolvido por mediação do juiz.

in.me.dia.cio.nes [inmeðjaθjónes] *s.f.* imediações, arredores.

in.me.dia.to/a [inmeðjáto] *adj.* imediato.

in.me.mo.ra.ble [inmemoráβle] *adj.* Ver inmemorial.

in.me.mo.rial [inmemorjál] *adj.* imemorial, imemorável ou imemoriável, que não se pode lembrar. *Viven en esta casa desde tiempos inmemoriales.* Moram nesta casa desde tempos imemoriais. *Esta casa pertenece a mi familia desde tiempos inmemoriales y remotos.* Esta casa pertence à minha família desde tempos imemoráveis.

in.men.si.dad [inmensiðáð] *s.f.* imensidão.

inmenso/a

in.men.so/a [inménso] *adj.* imenso.
in.men.su.ra.ble [inmensuráβle] *adj.* imensurável, incomensurável, sem medida.
in.me.re.ci.do/a [inmereθíðo] *adj.* imerecido, imérito, não merecido.
in.mer.sión [inmersjón] *s.f.* imersão.
in.mer.so/a [inmérso] *adj.* imerso.
in.mi.gra.ción [inmiɣraθjón] *s.f.* imigração.
in.mi.gran.te [inmiɣránte] *adj. e s.* imigrante. *Los inmigrantes bolivianos son muy numerosos en Brasil.* Os imigrantes bolivianos são muito numerosos no Brasil.
in.mi.grar [inmiɣrár] *v.i.* imigrar.
in.mi.gra.to.rio/a [inmiɣratórjo] *adj.* imigratório.
in.mi.nen.cia [inminénθja] *s.f.* iminência.
in.mi.nen.te [inminénte] *adj.* iminente.
in.mis.cuir [inmiskwír] *v.t.* imiscuir, misturar, xeretar em assuntos alheios. *No es correcto inmiscuirse en conversaciones ajenas.* Não é correto imiscuir-se em conversas alheias.
in.mo.bi.lia.rio/a [inmoβiljárjo] *adj.* imobiliário, referente a imóveis, propriedades de terra, casas, apartamentos.
in.mo.de.ra.do/a [inmoðeráðo] *adj.* imoderado.
in.mo.la.ción [inmolaθjón] *s.f.* imolação, sacrifício. *La inmolación de víctimas era común entre los aztecas.* A imolação de vítimas era comum entre os astecas.
in.mo.lar [inmolár] *v.t.* imolar, sacrificar.
in.mo.ral [inmorál] *adj.* imoral.
in.mo.ra.li.dad [inmoraliðáð] *s.f.* imoralidade.
in.mor.tal [inmortál] *adj. e s.* imortal.
in.mor.ta.li.dad [inmortaliðáð] *s.f.* imortalidade.
in.mor.ta.li.zar [inmortaliθár] *v.t.* imortalizar.
in.mó.vil [inmóβil] *adj.* imóvel, que não se move.

in.mo.vi.li.dad [inmoβiliðáð] *s.f.* imobilidade.
in.mo.vi.li.za.ción [inmoβiliθaθjón] *s.f.* imobilização.
in.mo.vi.li.zar [inmoβiliθár] *v.t.* imobilizar. *Los soldados estuvieron inmobilizados durante tres semanas por falta de combustible.* Os soldados estiveram imobilizados durante três semanas por falta de combustível.
in.mo.vi.li.zar.se [inmoβiliθárse] *v.p.* imobilizar-se.
in.mue.ble [inmwéβle] *adj. e s.m.* imóvel, propriedade.
in.mun.di.cia [inmundíθja] *s.f.* imundície.
in.mun.do/a [inmúndo] *adj.* 1 imundo, muito sujo. 2 (fig.) imoral. *El tráfico de drogas es un negocio inmundo que no puede ser tolerado.* O tráfico de drogas é um negócio imundo que não pode ser tolerado.
in.mu.ni.za.ción [inmuniθaθjón] *s.f.* imunização.
in.mu.ni.dad [inmuniðáð] *s.f.* imunidade.
in.mu.ni.zar [inmuniθár] *v.t.* imunizar. *La vacuna inmunizó a millones de niños y erradicó la parálisis infantil.* A vacina imunizou milhões de crianças e erradicou a paralisia infantil.
in.mu.no.lo.gí.a [inmunoloxía] *s.f.* (med.) imunologia.
in.mu.ta.bi.li.dad [inmutaβiliðáð] *s.f.* imutabilidade.
in.mu.ta.ble [inmutáβle] *adj.* imutável.
in.mu.tar [inmutár] *v.t. e i.* transformar, alterar.
in.na.to/a [innáto] *adj.* inato.
in.ne.ce.sa.rio/a [inneθesárjo] *adj.* desnecessário. *Esa conversación es innecesaria.* Essa conversa é desnecessária. *Es completamente innecesario que me repitas esa conversación otra vez.* É completamente desnecessário que me repita essa conversa outra vez.

in.ne.ga.ble [inneɣáʊle] *adj.* inegável.
in.no.ble [innóβle] *adj.* desprezível, vil.
in.no.va.ción [innoβaθjón] *s.f.* inovação.
in.no.va.dor/a [innoβáðo] *adj. e s.* inovador. *Son ideas innovadoras y revolucionarias.* São ideias inovadoras e revolucionárias.
in.no.var [innoβár] *v.t. e i.* inovar.
in.nu.me.ra.ble [innumeráβle] *adj.* inúmero, inumerável.
i.no.cen.cia [inoθénθja] *s.f.* inocência
i.no.cen.te [inoθénte] *adj.* inocente.
i.no.cu.la.ción [inokulaθjón] *s.f.* 1 introdução por injeção ou corte, de substâncias estranhas ao corpo, inoculação. 2 prevenção, vacinação.
i.no.cu.lar [inokulár] *v.t.* inocular, contagiar.
i.no.cuo/a [inókwo] *adj.* inócuo, que não faz mal.
i.no.do.ro [inoðóro] *adj.* inodoro.
i.nol.vi.da.ble [inolβiðáβle] *adj.* inesquecível. *Hicimos un viaje inolvidable a la Patagonia argentina.* Fizemos uma viagem inesquecível à Patagônia argentina.
i.no.pe.ra.ble [inoperáβle] *adj.* inoperável.
i.no.pi.na.do/a [inopináðo] *adj.* inesperado. *Fue una acción brusca e inopinada.* Foi uma ação brusca e inesperada.
i.no.por.tu.no/a [inoportúno] *adj.* inoportuno.
i.nor.gá.ni.co/a [inorɣániko] *adj.* inorgânico.
i.no.xi.da.ble [inoksiðáβle] *adj.* inoxidável.
in.que.bran.ta.ble [iŋkeβrantáβle] *adj.* inquebrantável. *Tenía una voluntad inquebrantable de trabajar por el progreso.* Tinha uma vontade inquebrantável de trabalhar pelo progresso.
in.quie.tan.te [iŋkjetánte] *adj.* inquietante.

in.quie.tar [iŋkjetár] *v.t.* inquietar.
in.quie.tar.se [iŋkjetárse] *v.p.* inquietar-se.
in.quie.to/a [iŋkjéto] *adj.* inquieto.
in.quie.tud [iŋkjetúð] *s.f.* inquietude.
in.qui.li.na.to [iŋkilináto] *s.m.* inquilinato. *La ley del inquilinato favorece la renta o el alquiler de casas populares.* A lei do inquilinato favorece o aluguel de casas populares.
in.qui.li.no/a [iŋkilíno] *s.* inquilino.
in.qui.na [iŋkína] *s.f.* antipatia, aversão, má vontade. *Era un chismoso que se dedicaba a desparramar inquina entre los conocidos.* Era um fofoqueiro que se dedicava a espalhar antipatia entre os conhecidos.
in.qui.rir [iŋkirír] *v.t.* inquirir, indagar.
in.qui.si.ción [iŋkisiðjón] *s.f.* inquisição.
in.qui.si.dor/a [iŋkisiðór] *adj.* inquisidor.
in.qui.si.ti.vo/a [iŋkisitíβo] *adj.* inquisitivo. *El director le echó una mirada inquisitiva.* O diretor lançou-lhe um olhar inquisitivo.
in.sa.cia.ble [insaθjáβle] *adj.* insaciável.
in.sa.lu.bre [insalúβle] *adj.* insalubre, doentio.
in.sa.lu.bri.dad [insaluβriðáð] *s.f.* insalubridade.
in.sa.noa/a [insáno] *adj.* insano.
in.sa.tis.fac.ción [insatisfakθjón] *s.f.* insatisfação.
in.sa.tis.fac.to.rio/a [insatisfaktórjo] *adj.* insatisfatório.
in.sa.tis.fe.cho/a [insatisfétʃo] *adj.* insatisfeito.
ins.cri.bir [inskriβír] *v.t.* inscrever.
ins.cri.bir.se [inskriβírse] *v.p.* inscrever-se. *Antes de fin de año tienes que inscribirte para el curso de verano.* Antes do fim do ano você tem que se inscrever para o curso de verão.
ins.crip.ción [inskripθjón] *s.f.* inscrição.
in.sec.ti.ci.da [insektiθíða] *adj. e s.m* inseticida.

in.sec.to [insékto] *s.m.* inseto.
in.se.gu.ri.dad [inseɣuriðáð] *s.f.* insegurança. *El clima de inseguridad de las grandes ciudades es insoportable.* O clima de insegurança das grandes cidades é insuportável.
in.se.gu.ro/a [inseɣúro] *adj.* inseguro.
in.se.mi.na.ción [inseminaθjón] *s.f.* inseminação.
in.sen.sa.tez [insensatéθ] *s.f.* insensatez, absurdo, loucura.
in.sen.sa.to/a [insensáto] *adj. e s.* insensato.
in.sen.si.ble [insensíβle] *adj.* insensível.
in.se.pa.ra.ble [inseparáβle] *adj.* inseparável. *Son dos amigos inseparables.* Somos dois amigos inseparáveis.
in.ser.ción [inserθjón] *s.f.* inserção.
in.ser.tar [insertár] *v.t.* inserir.
in.ser.tar.se [insertárse] *v.p.* inserir-se.
in.ser.vi.ble [inserβíβle] *adj.* imprestável, que não serve para nada.
in.si.dia [insíðja] *s.f.* insídia, trama.
in.si.dio.so/a [insiðjóso] *adj.* insidioso. *Fue un comentario rudo e insidioso.* Foi um comentário rude e insidioso.
in.sig.ne [insíɣne] *adj.* insigne, notável, ilustre.
in.sig.nia [insíɣnja] *s.f.* insígnia.
in.sig.ni.fi.can.te [insiɣnifikánte] *adj.* insignificante. *No vale la pena discutir por un asunto tan insignificante.* Não vale a pena discutir por um assunto tão insignificante.
in.sin.ce.ri.da.d [insinθeriðáð] *s.f.* insinceridade.
in.sin.ce.ro/a [insinθéro] *adj.* insincero.
in.si.nua.ción [insinwaθjón] *s.f.* insinuação.
in.si.nu.ar [insinuár] *v.t.* insinuar.
in.si.nuar.se [insinuárse] *v.p.* insinuar-se.
in.sí.pi.do [insípiðo] *adj.* 1 insípido, insoso, sem gosto ou sabor. 2 tedioso, chato. *La sal era vieja, y la sopa quedó insípida.* O sal era velho, e a sopa ficou insípida.
in.sis.ten.cia [insisténθja] *s.f.* insistência.
in.sis.ten.te [insisténte] *adj.* insistente.
in.sis.tir [insistír] *v.i.* insistir.
in.so.bor.na.ble [insoβornáβle] *adj.* insubornável, que não se suborna.
in.so.cia.ble [insoθjáβle] *adj.* insociável.
in.so.lar.se [insolár] *v.p.* insolar-se. *Se insoló después de pasar cuatro horas al sol.* Insolou-se depois de passar quatro horas no sol.
in.so.la.ción [insolaθjón] *s.f.* insolação.
in.so.len.cia [insoléɳθja] *s.f.* insolência.
in.so.len.te [insolénte] *adj.* insolente.
in.só.li.to/a [insólito] *adj.* insólito, incomum, não habitual. *La sentencia fue insólita.* A sentença foi insólita.
in.so.lu.ble [insolúβle] *adj.* insolúvel.
in.sol.ven.cia [insolβéɳθja] *s.f.* (com.) falta de recursos, insolvência.
in.sol.ven.te [insolβénte] *adj.* insolvente, sem dinheiro.
in.som.nio [insómnjo] *s.m.* insônia, falta de sono. *El insomnio es un mal de mucha gente.* A insônia é um mal de muita gente.
in.son.da.ble [insondáβle] *adj.* insondável.
in.so.por.ta.ble [insoportáβle] *adj.* insuportável.
in.sos.te.ni.ble [insosteníβle] *adj.* insustentável. *La crisis económica hizo que la conducción política se volviera insostenible.* A crise econômica fez a condução política ficar insustentável.
ins.pec.ción [inspekθjón] *s.f.* inspeção.
ins.pec.cio.nar [inspekθjonár] *v.t.* inspecionar, fiscalizar, vigiar.
ins.pec.tor/a [inspektór] *s.* inspetor, fiscal.
ins.pi.ra.ción [inspiraθjón] *s.f.* inspiração.

insuficiencia

ins.pi.rar [inspirár] *v.t.* 1 inspirar, aspirar, encher o pulmão de ar. 2 infundir ideias, opiniões. 3 sugerir temas de arte.

ins.pi.rar.se [inspirárse] *v.p.* inspirar-se, ter ideias, avivar a própria criatividade.

ins.ta.la.ción [instalaθjón] *s.f.* instalação. *La instalación eléctrica no está lista todavía.* A instalação elétrica ainda não está pronta.

ins.ta.la.dor/a [instalaðór] *adj.* instalador.

ins.ta.lar [instalár] *v.t.* instalar, colocar, situar, estabelecer.

ins.ta.lar.se [instalárse] *v.p.* instalar-se, estabelecer-se.

ins.tan.cia [instánθja] *s.f.* 1 instância, graus da justiça para um julgamento. 2 qualquer grau ou passo em um processo administrativo.

ins.tan.tá.ne.a [instantánea] *s.f.* instantâneo, foto rápida.

ins.tan.tá.ne.o/a [instantáneo] *adj.* instantâneo, imediato.

ins.tan.te [instánte] *s.m.* instante, fração breve de tempo, momento, segundo.

ins.tar [instár] *v.t. e i.* instar, insistir em um pedido. *El gobierno instó a los funcionários a gastar menos en ceremonias.* O governo instou os funcionários a gastar menos em cerimônias.

ins.tau.ra.ción [instauraθión] *s.f.* instauração, estabelecimento, fundação.

ins.tau.rar [instaurár] *v.t.* instaurar, estabelecer, fundar, instituir.

ins.ti.gar [instiɣár] *v.t.* instigar.

ins.ti.lar [instilár] *v.t.* 1 verter lentamente um licor. 2 convencer aos poucos, doutrinar sem que a pessoa perceba.

ins.tin.ti.vo/a [instintíβo] *adj.* instintivo.

ins.tin.to [instínto] *s.m.* instinto, reação, comportamento hereditário, instantâneo e impulsivo. *Mi instinto me previene contra ese peligro.* Meu instinto me previne contra esse perigo.

ins.ti.tor [institór] *s.m.* preposto.

ins.ti.tu.ción [instituθjón] *s.f.* instituição, estabelecimento, organismo ou órgão público.

ins.ti.tu.cio.nal [instituθjonál] *adj.* institucional, do caráter da instituição.

ins.ti.tu.cio.na.li.zar [instituθjonaliθár] *v.i.* institucionalizar, converter em institucional.

ins.ti.tu.ir [instituír] *v.t.* instituir, estabelecer, marcar o início, fundar.

ins.ti.tu.to [institúto] *s.m* instituto.

ins.truc.ción [instrukθjón] *s.f.* instrução.

ins.truc.ti.vo/a [instruktíβo] *adj.* instructivo, educativo.

ins.truc.tor/a [instruktór] *adj. e s.* instrutor.

ins.tru.ir [instruír] *v.t.* instruir.

ins.tru.men.ta.ción [instrumentaθjón] *s.f.* instrumentação.

ins.tru.men.tal [instrumentál] *adj.* instrumental.

ins.tru.men.tar [instrumentár] *v.t.* instrumentar, dar ferramentas ou instrumentos necessários.

ins.tru.men.to [instruménto] *s.m* instrumento, ferramenta.

in.su.bor.di.na.ción [insuβorðinaθjón] *s.f.* rebeldia, insubordinação, rebelião.

in.su.bor.di.na.do/a [insuβorðinaθjón] *adj.* insubordinado, rebelde.

in.su.bor.di.nar [insuβorðinár] *v.i.* insubordinar, sublevar, rebelar.

in.su.bor.di.nar.se [insuβorðinárse] *v.p.* sublevar-se, rebelar-se. *Los presos se insobordinaron y huyeron de la cárcel.* Os presos rebelaram-se e fugiram da cadeia.

in.subs.tan.cial [insuβstanθjál] *adj.* insubstancial.

in.su.fi.ci.en.cia [insufiθjénθja] *s.f.* insuficiência, falta.

in.su.fi.ci.en.te [insufiθjénte] *adj.* 1 insuficiente. 2 incapaz, medíocre.

in.su.li.na [insulína] *s.f.* (med.) insulina. *Los diabéticos necesitan insulina diariamente.* Os diabéticos precisam de insulina diariamente.

in.sul.so/a [insúlso] *adj.* insulso, insosso.

in.sul.tan.te [insultánte] *adj.* insultante, que insulta, ofensivo.

in.sul.tar [insultár] *v.t.* insultar, ofender, xingar.

in.sul.to [insúlto] *s.m* insulto, xingamento.

in.su.pe.ra.ble [insuperáβle] *adj.* insuperável.

in.sur.gen.te [insurxénte] *adj.* insurgente, que insurge, rebelde, sublevado, insubordinado, insurrecto. *Los insurgentes mantuvieron la insurrección durante cuatro días.* Os rebeldes mantiveram a insurreição durante quatro dias.

in.su.rrec.ción [insuῤekθjón] *s.f.* inssurreição.

in.su.rrec.to/a [insuῤékto] *adj.* insurrecto, que se opõe ao poder, insurgente, sublevado.

in.sus.ti.tu.i.ble [insustiuíβle] *adj.* insubstituível. *Nadie es totalmente insustituible.*

in.ta.cha.ble [intatʃáβle] *adj.* irrepreensível, perfeito.

in.tac.to/a [intákto] *adj.* intacto, sem danos. *El terremoto dejó intactos los edificios más antiguos.* O terremoto deixou intactos os edifícios mais antigos.

in.tan.gi.ble [intaŋxíβle] *adj.* intangível, intocável.

in.te.gra.ción [inteɣraθjón] *s.f.* integração. *La integración de América Latina es un sueño de muchos patriotas.* A integração da América Latina é um sonho de muitos patriotas. *La integración del Mercosur es uno de los objetivos de Brasil.* A integração do Mercosul é um dos objetivos do Brasil.

in.te.gra.dor/a [inteɣraðór] *adj.* integrador.

in.te.gral [inteɣrál] *adj.*1 integral. 2 *s.f.* integral, função matemática.

in.te.gran.te [inteɣránte] *adj. e s.* integrante.

in.te.grar [inteɣrár] *v.t.* integrar, incorporar, fazer uma unidade.

in.te.grar.se [inteɣrárse] *v.p.* integrar-se, incorporar-se, juntar-se, unir-se. *Brasil va a integrar los cuerpos de paz de la ONU.* O Brasil vai integrar-se aos corpos de paz da ONU.

in.te.gri.dad [inteɣriðáð] *s.f.* integridade.

ín.te.gro [ínteɣro] *adj.* 1 íntegro, inteiro, completo. 2 moral, reto, correto.

in.te.lec.to [intelékto] *s.f.* intelecto, inteligência.

in.te.lec.tu.al [intelektwál] *adj.* intelectual, estudioso.

in.te.lec.tua.li.zar [intelektwaliðár] *v.i.* intelectualizar.

in.te.li.gen.cia [intelixéṇθja] *s.f.* inteligência, faculdade de aprender, apreender, compreender. 2 destreza mental, agudeza, perspicácia.

in.te.li.gen.te [intelixénte] *adj. e s.* inteligente.

in.tem.pe.ran.te [intemperánte] *adj.* intemperante.

in.tem.pe.rie [intempérje] *s.f.* 1 intempérie. 2 *loc.adv.* a la intemperie, ao ar livre, a céu descoberto, sem teto.

in.tem.pes.ti.vo/a [intempestíβo] *adj.* intempestivo.

in.ten.ción [inteṇθjón] *s.f.* intenção, desejo, propósito.

in.ten.cio.nal [inteṇθjonál] *adj.* intencional.

in.ten.den.cia [intendéṇθja] *s.f.* administração, intendência.

in.ten.den.te [intendénte] *s.m.* administrador, intendente.

in.ten.si.dad [intensiðáð] *s.f.* intensidade.

in.ten.si.fi.ca.ción [intensifikaθjón] *s.f.* intensificação.

in.ten.si.fi.car [intensifikár] *v.t.* intensificar, fazer mais intenso.

in.ten.si.fi.car.se [intensifikárse] *v.p.* intensificar-se. *El frío se intensificó en este invierno.* O frio se intensificou neste inverno.

in.ten.si.vo/a [intensíβo] *adj.* intensivo, intenso.

in.ten.so/a [inténso] *adj.* intenso, forte.

in.ten.tar [intentát] *v.t.* tentar, tratar de.

in.ten.to [inténto] *s.m.* tentativa, intenção. *Hicieron un intento y fracasaron.* Fizeram uma tentativa e fracassaram.

in.te.rac.ción [interakθjón] *s.f.* interação.

in.ter.ca.lar [interkalár] *v.t.* intercalar.

in.ter.cam.bia.ble [interkambjáβle] *adj.* intercambiável.

in.ter.cam.biar [interkambjár] *v.t.* intercambiar, trocar. *Es muy útil poder intercambiar experiencias.* É muito útil poder intercambiar experiências.

in.ter.cam.bio [interkámbjo] *s.m.* intercâmbio, troca. *El intercambio cultural y de estudios con la Argentina y España ha crecido mucho.* O intercâmbio cultural e de estudos com a Argentina e a Espanha cresceu muito.

in.ter.ce.der [interθeðér] *v.i.* interceder, intermediar.

in.ter.cep.tar [interθeptár] *v.t.* interceptar, interromper o curso, frear, deter, reter, obstaculizar.

in.ter.ce.sión [interθesjón] *s.f.* interseção, intervenção. *La intercesión de las Naciones Unidas evitó muchas guerras y sufrimientos.* A intervenção das Nações Unidas evitou muitas guerras e sofrimentos.

in.ter.co.ne.xión [interkoneksjón] *s.f.* interligação.

in.ter.dic.ción [interðikθjón] *s.f.* interdição, privação legal.

in.te.rés [interés] *s.m* interesse.

in.te.re.sa.do/a [interesáðo] *adj. e s.* interessado.

in.te.re.san.te [interesánte] *adj.* interessante.

in.te.re.sar [interesár] *v.i.* interessar, cativar a atenção, atrair ou sentir-se atraído.

in.te.re.sar.se [interesárse] *v.p.* interessar-se, ficar cativado ou curioso.

in.ter.fa.se [interfáse] *s.f.* (fís.) interfase.

in.ter.faz [interfáθ] *s.f.* (inf.) interface.

in.ter.fe.ren.cia [interferénθja] *s.f.* interferência. *No aceptamos interferencias en medio de la muestra.* Não aceitamos interferências no meio da amostra.

in.ter.fe.rir [interferír] *v.i.* 1 interferir, intervir, mediar. 2 atrapalhar, bisbilhotar, xeretar.

in.ter.fe.rir.se [interferírse] *v.p.* interferir-se.

ín.te.rin [ínterin] *s.m.* ínterim, meio tempo. *En el ínterin, entre un partido de fútbol y el show.* No intervalo, entre a partida de futebol e o show.

in.te.ri.no/a [interíno] *adj.* interino.

in.te.rior [interjór] *adj.* interior.

in.ter.jec.ción [interxekθjón] *s.f.* (gram.) interjeição.

in.ter.lo.cu.tor/a [interlokutór] *s.* interlocutor.

in.ter.me.diar [intermeðjár] *v.t.* intermediar.

in.ter.me.dia.rio/a [intermeðjárjo] *adj. e s.* intermediário, mediador. *El árbitro es un intermediario entre dos rivales.* O árbitro é um mediador entre dois rivais.

in.ter.me.dio/a [interméðjo] *adj.* intermediário.

in.ter.me.dio [interméðjo] *s.m.* intermediário; entreato, "intermezzo"; interlúdio.

in.ter.mi.na.ble [intermináβle] *adj.* interminável.

in.ter.mi.ten.cia [intermiténθja] *s.f.* intermitência, com interrupções ou suspensões, não contínuo.

in.ter.mi.ten.te [intermiténte] *adj. e s.m.* intermitente. *La luz de giro o de estacionamiento de los coches es intermitente.* A luz de sinalização (pisca-pisca) ou de estacionamento dos carros é intermitente.

in.ter.na.ción [internaθjón] *s.f.* internação.

in.ter.na.cio.nal [internaθjonál] *adj.* internacional.

in.ter.na.cio.na.li.zar [internaθjonaliθár] *v.* internacionalizar.

in.ter.na.da [internáða] *s.f.* (desp.) ataque.

in.ter.na.do/a [internáðo] *adj.* internado.

in.ter.nar [internár] *v.t.* internar, colocar dentro. 2 deixar um paciente dia e noite num hospital. 3 aprofundar, conhecer e saber mais. *Internaron a la abuela en el sanatorio de emergencia.* Internaram a avó no sanatório de emergência. *Lo internaron en la clínica de urgencia.* Ele foi internado no pronto socorro.

in.ter.nar.se [internárse] *v.p.* internar-se, ir ao interior. *Los hermanos Vilasboas se internaron en el corazón del país y fundaron más de cien ciudades y pueblos.* Os irmãos Villasboas se internaram no coração do país e fundaram mais de cem cidades e vilas.

in.ter.net [internét] *s.f.* rede mundial de computadores interligados, sem centralização.

in.ter.no/a [intérno] *adj. e s.* 1 interno, interior, que está dentro. 2 aluno interno, que dorme no colégio. 3 estudante de medicina no hospital, residente.

in.ter.pe.la.ción [interpelaθjón] *s.f.* interpelação.

in.ter.pe.lar [interpelár] *v.t.* 1 interpelar, dirigir a palavra. 2 intimar, exigir.

in.ter.po.lar [interpolár] *v.t.* interpolar, entre os polos.

in.ter.po.ner [interponér] *v.t.* 1 interpor, opor. 2 meter-se, interferir.

in.ter.po.ner.se [interponérse] *v.p.* interpor-se.

in.ter.pre.ta.ción [interpretaθjón] *s.f.* 1 interpretação, explicação. 2 teatralização, atuação.

in.ter.pre.tar [interpretár] *v.t.* 1 interpretar, entender, compreender. 2 cantar as músicas de outros artistas.

in.ter.pre.ta.ti.vo/a [interpretatíβo] *adj.* interpretativo.

in.tér.pre.te [intérprete] *s.* 1 intérprete, tradutor. 2 (mús.) cantor que canta as composições de outros.

in.te.rro.ga.ción [interoɣaθjón] *s.f.* interrogação.

in.te.rro.ga.dor/a [interoɣaðór] *adj.* 1 interrogador, inquisidor. 2 investigador.

in.te.rro.gan.te [interoɣánte] *adj.* 1 interrogante, que interroga, que pergunta, que encerra interrogação ou pergunta. 2 dúvida. *El gran interrogante es si la ciencia podría parar la destrucción del medio ambiente.* A grande dúvida é se a ciência poderia parar a destruição do meio ambiente.

in.te.rro.gar [interoɣár] *v.t.* interrogar, perguntar.

in.te.rro.ga.ti.vo/a [interoɣatíβo] *adj.* interrogativo, que propõe ou examina questões, dúvidas, que faz perguntas ou questiona.

in.te.rro.ga.to.rio [interoɣatórjo] *s.m.* interrogatório.

in.te.rrum.pir [interumpír] *v.t.* interromper. *La radio interrumpió las transmisiones por causa de los truenos.* O rádio interrompeu as transmissões por causa dos trovões.

in.te.rrup.ción [interupθjón] *s.f.* interrupção, suspensão.

in.te.rrup.tor/a [interuptór] *adj.* interruptor, chave para ligar e desligar.

in.ter.sec.ción [intersekθjón] *s.f.* interseção, cruzamento, encruzilhada. *La intersección de las dos avenidas estaba atascada.* O cruzamento das duas avenidas estava engarrafado.

in.ters.ti.cio [interstíθjo] *s.m.* 1 interstício, intervalo, período curto. 2 fenda, rachadura.

in.ter.ur.ba.no/a [interurβáno] *adj.* 1 interurbano, entre cidades. 2 telefonema de longa distância.

in.ter.va.lo [interβálo] *s.m* intervalo.

in.ter.ven.ción [interβenθjón] *s.f.* intervenção, interferência.

in.ter.ve.nir [interβenír] *v.i.* intervir, interferir.

in.tes.ti.nal [intestinál] *adj.* intestinal.

in.tes.ti.no [intestíno] *s.m* (med.) intestino.

in.ti.ma.ción [intimaθjón] *s.f.* ordem, notificação judicial. *La empresa recibió una intimación de la aduana.* A empresa recebeu uma intimação da alfândega.

in.ti.mar [intimár] *v.i.* 1 fazer amizades. 2 ficar amigos íntimos. 3 determinar, notificar judicialmente.

in.ti.mi.da.ción [intimiðaθjón] *s.f.* intimidação, amedrontamento, ameaça.

in.ti.mi.dad [intimiðáð] *s.f.* intimidade, privacidade, ligações estreitas.

in.ti.mi.dar [intimiðár] *v.t.* intimidar, assustar, amedrontar.

in.ti.mi.dar.se [intimiðárse] *v.p.* intimidar-se, acovardar-se, retrair-se.

ín.ti.mo/a [íntimo] *adj.* íntimo, muito amigo.

in.to.ca.ble [intokáβle] *adj.* intocável.

in.to.le.ra.ble [intoleráβle] *adj.* intolerável, insuportável. *Es una intromisión intolerable.* É uma intromissão intolerável.

in.to.le.ran.cia [intoleránθja] *s.f.* intolerância, preconceito. *La intolerancia religiosa provocó muchas guerras crueles e inútiles.* A intolerância religiosa provocou muitas guerras cruéis e inúteis.

in.to.xi.ca.ción [intoksikaθjón] *s.f.* intoxicação, envenenamento.

in.to.xi.car [intoksikár] *v.t.* intoxicar, envenenar.

in.tra.net [intranét] *s.f.* intranet, rede privada de computadores, ligada à internet.

in.tran.qui.li.dad [intraŋkiliðáð] *s.f.* intranquilidade, inquietação.

in.tran.qui.lo/a [intraŋkílo] *adj.* intranquilo.

in.trans.cen.den.te [intransθenðénte] *adj.* intranscendente, sem importância.

in.tran.si.gen.cia [intransixénθja] *s.f.* intransigência, intolerância. *La intransigencia no ayuda al entendimiento entre las personas o entre los países.* A intransigência não ajuda o entendimento entre as pessoas ou entre os países.

in.tran.si.gen.te [intransixénte] *adj.* intransigente, intolerante.

in.tran.si.ta.ble [intransitáβle] *adj.* intransitável.

in.tran.si.ti.vo/a [intransitíβo] *adj.* (gram.) intransitivo, verbo que a ação não transcende, não passa do sujeito para o objeto.

in.tra.ta.ble [intratáβle] *adj.* intratável, insociável, mal-humorado. *Está muy nervioso e intratable.* Está muito nervoso e intratável.

in.tra.ve.no.so/a [intraβenóso] *adj.* intravenoso, endovenoso, injeção ou remédio que se aplica na veia.

in.tre.pi.dez [intrepiðéθ] *s.f.* intrepidez, audácia, coragem.

in.tré.pi.do/a [intrépiðo] *adj.* intrépido, audaz, audacioso, sem medo, destemido. *Garibaldi era un republicano idealista e intrépido.* Garibaldi era um republicano idealista e intrépido.

in.tri.ga [intríɣa] *s.f.* intriga, malícia, mexerico.

in.tri.gan.te [intriɣánte] *adj. e s.* 1 intrigante, malicioso, de má fé. 2 que incentiva a curiosidade, excitante, que deixa perplexo.

in.tri.gar [intriɣár] *v.t. e i.* 1 intrigar, tramar. 2 (fig.) instigar, causar curiosidade.

in.trin.ca.do/a [intriŋkáðo] *adj.* intricado, complicado, confuso. *Los quencos en Bolivia son laberintos intrincados.* Os quencos na Bolívia são labirintos intricados.

in.trín.se.co/a [intrínseko] *adj.* intrínseco, inerente, que está dentro, que é próprio, íntimo, inseparável. *El deseo de libertad es intrínseco al ser humano.* O desejo de liberdade é intrínseca ao ser humano.

in.tro.duc.ción [introðukθjón] *s.f.* 1 introdução, início, prólogo, prefácio. 2 penetração, instalação. *La introducción de ganado y de caballos a los campos americanos produjo cambios en las selvas y en las praderas.* A introdução de gado e de cavalos nos campos americanos produziu mudanças nas selvas e nos prados.

in.tro.du.cir [introðuθír] *v.t.* introduzir, penetrar, fazer entrar, arraigar, enraizar, meter.

in.tro.du.cir.se [introðuθírse] *v.p.* introduzir-se, meter-se.

in.tro.duc.to.rio/a [introðuktórjo] *adj.* introdutivo, introdutório.

in.tros.pec.ción [introspektjón] *s.f.* introspecção.

in.tros.pec.ti.vo/a [introspektíβo] *adj.* introspectivo, pensativo, concentrado.

in.tro.ver.ti.do/a [introβertíðo] *adj. e s.* introvertido, tímido. *Es una chica tímida e introvertida.* É uma menina tímida e introvertida.

in.tru.sión [intrusjón] *s.f.* intrusão.

in.tru.so/a [intrúso] *adj. e s.* intruso, penetra.

in.tui.ción [intwisjón] *s.f.* intuição, pressentimento. *Tuvimos la intuición de* que algo bueno iba a ocurrir. Tivemos o pressentimento de que alguma coisa boa ia acontecer.

in.tuir [intwír] *v.t.* intuir, pressentir, ver a verdade instantaneamente. *Intuyo que va ser muy difícil.* Pressinto que vai ser muito difícil.

in.tui.ti.vo/a [intwitíβo] *adj.* intuitivo.

i.nun.da.ción [inundaθjón] *s.f.* inundação, alagamento, enchente.

i.nun.dar [inundár] *v.t.* inundar, alagar, encher.

i.nun.dar.se [inundárse] *v.p.* inundar-se.

i.nu.si.ta.do/a [inusitáðo] *adj.* inusitado, incomum. *Fue una respuesta inusitada.* Foi uma resposta inusitada. *Esta situación es inusitada.* Esta situação é inusitada.

i.nu.sual [inuswál] *s.m.* inusitado, excepcional. *Pedro no sabe actuar en situaciones inusuales.* Pedro não sabe agir em situações inusitadas.

i.nú.til [inútil] *adj.* inútil, sem uso, vão.

i.nu.ti.li.zar [inutiliθár] *v.t.* inutilizar, invalidar.

in.va.dir [imbaðír] *v.t.* 1 invadir, ocupar. 2 (fig.) dominar. 3 difundir-se, espalhar-se. *Los productos brasileños invadieron los supermercados argentinos.* Os produtos brasileiros invadiram os supermercados argentinos.

in.va.li.da.ción [imbaliðaθjón] *s.f.* invalidação, anulação.

in.va.li.dar [imbaliðár] *v.t.* invalidar, anular, inutilizar.

in.va.li.dez [imbaliðéθ] *s.f.* invalidez. *Al abuelo lo jubilaron por invalidez.* O avô foi aposentado por invalidez.

in.vá.li.do/a [imbáliðo] *adj. e s.* inválido, pessoa querida e enfraquecida de modo permanente.

in.va.ria.ble [imbarjáβle] *adj.* invariável, que não muda.

in.va.sión [imbasjón] *s.f.* 1 invasão, entrada à força, hostilmente. 2 divulgação, difusão.

in.va.sor/a [imbasór] *adj. e s.* invasor, que penetrou à força.

in.ven.ci.ble [imbenθíβle] *adj.* invencível.

in.ven.ción [imbenθjón] *s.f.* invenção, invento.

in.ven.tar [imbentár] *v.t.* inventar, criar, ser o primeiro a ter uma ideia.

in.ven.tar.se [imbentárse] *v.p.* inventar-se.

in.ven.ta.riar [imbentarjár] *v.t.* inventariar, fazer inventário. *La inmobiliaria inventarió todos los bienes de la empresa.* A imobiliária inventariou todos os bens da empresa.

in.ven.ta.rio [imbentárjo] *s.m.* inventário, lista de bens ou de ativos, acervo.

in.ven.ti.vo/a [imbentíβo] *adj.* inventivo.

in.ven.to [imbénto] *s.m.* invento, invenção.

in.ven.tor/a [imbentór] *s.* inventor, criador, o primeiro a ter ou executar uma ideia.

in.ver.na.de.ro [imbernaðéro] *s.m.* estufa, espaço coberto para a criação de plantas.

in.ver.nar [imbernár] *v.i.* hibernar, passar o inverno.

in.ve.ro.sí.mil [imberosímil] *adj.* inverossímil, que não tem aparência, que não parece ser verdade. *Nos contó un montón de disculpas inverosímiles.* Contou-nos um monte de desculpas inverossímeis.

in.ve.ro.si.mi.li.tud [imberosimilitúð] *s.f.* inverossimilhança, qualidade de incrível, inacreditável, inverossímil.

in.ver.sión [imbersjón] *s.f.* 1 inversão, ação e efeito de invertir, virar, dar volta. 2 investimento.

in.ver.sio.nis.ta [imbersjonísta] *s.* aplicador, investidor.

in.ver.so/a [imbérso] *adj.* inverso, ao contrário, no avesso.

in.ver.te.bra.do/a [imberteβráðo] *adj. e s.m.* (biol.) invertebrado.

in.ver.ti.do/a [imbertíðo] *adj.* invertido, virado.

in.ver.tir [imbertír] *v.t.* 1 inverter, virar, dar volta. 2 investir, aplicar um valor, dinheiro ou outros bens econômicos para aumentar os valores resultantes.

in.ves.ti.du.ra [imbestiðúra] *s.f.* investidura, cerimônia de posse.

in.ves.ti.ga.ción [imbestiɣaθjón] *s.f.* investigação, pesquisa.

in.ves.ti.ga.dor/a [imbestiɣaðór] *adj.* investigador, pesquisador.

in.ves.ti.gar [imbestiɣár] *v.t.* investigar, pesquisar.

in.ves.tir [imbestír] *v.t.* conferir uma autoridade ou um cargo. *El presidente investirá al obispo de la ciudad con el cargo de vicario general del ejército.* O presidente outorgará ao bispo da cidade o cargo de vigário geral.

in.ve.te.ra.do/a [imbeteráðo] *adj.* inveterado, antigo, arraigado.

in.vier.no [imbjérno] *s.m* inverno.

in.vio.la.ble [imbjoláβle] *adj.* inviolável.

in.vi.si.ble [imbisíβle] *adj.* invisível, que não se vê.

in.vi.ta.ción [imbitaθjón] *s.f.* 1 convite, ação de convidar. 2 cartão ou carta com que se convida para um evento, festa, casamento etc.

in.vi.ta.do/a [imbitáðo] *s.* convidado.

in.vi.tar [imbitár] *v.t.* convidar, oferecer algo a alguém.

in.vo.ca.ción [imbokaθjón] *s.f.* 1 invocação, súplica. 2 apelação, pedir auxílio. 3 oração, reza. *Los aztecas ofrecían sacrifícios e invocaban el favor de sus dioses.* Os astecas ofereciam sacrifícios e invocavam o favor de seus deuses.

in.vo.car [imbokár] *v.t.* invocar, chamar, pedir.

in.vo.lu.crar [imbolukrár] *v.t.* envolver, implicar.

involucrarse

in.vo.lu.crar.se [imbolukrárse] *v.p.* envolver-se.

in.vo.lun.ta.rio/a [imboluntárjo] *adj.* involuntário, obrigado.

in.yec.ción [iʝekθjón] *s.f.* injeção.

in.yec.tar [iʝektár] *v.t.* injetar, introduzir gás ou líquido sob pressão.

ion [ión] *s.m.* íon.

ir [ír] *v.i.* ir.

ir.se [írse] *v.p.* ir embora, sair para não voltar tão cedo.

i.ra [íra] *s.f.* ira, raiva, fúria.

i.ra.cun.do/a [irakúndo] *adj.* raivoso, furioso, irado. *Una multitud iracunda atacó a Mahatma Gandi.* Uma multidão furiosa atacou Mahatma Gândi.

i.ras.ci.ble [irasθíβle] *adj.* irascível, irritável.

i.ri.dis.cen.te [iriðisθénte] *adj.* iridescente, que irradia reflexos, que reflete as cores do arco-íris.

i.ris [íris] *s.m* íris, membrana circular do olho, externa e colorida.

i.ro.ní.a [ironía] *s.f.* ironia, burla fina, dissimulada.

i.ró.ni.co/a [iróniko] *adj. e s.* irônico. *Es muy irónico, siempre da a entender lo contrario de lo que dice.* É muito irônico, sempre dá a entender o contrário do que diz.

i.rra.cio.nal [iraθjonál] *adj.* irracional.

i.rra.diar [iraθjár] *v.t.* irradiar. *El sol irradia calor y luminosidad.* O sol irradia calor e luminosidade.

i.rra.zo.na.ble [iraθonáβle] *adj.* irrazoável, irracional, que carece de razão.

i.rre.al [ireál] *adj.* irreal, imaginário.

i.rrea.li.dad [irealiðáð] *s.f.* irrealidade, fantasia.

i.rre.ba.ti.ble [ireβatíβle] *adj.* irrebatível, indiscutível.

i.rre.con.ci.lia.ble [irekonθiljáβle] *adj.* irreconciliável, que não pode ser conciliado.

i.rre.fu.ta.ble [irefutáβle] *adj.* irrefutável, indiscutível, irrebatível.

i.rre.gu.lar [ireɣulár] *adj.* 1 irregular, inconstante, variável, anormal. 2 fora da lei ou dos padrões.

i.rre.gu.la.ri.dad [ireɣulariðáð] *s.f.* irregularidade.

i.rre.le.van.te [ireleβánte] *adj.* irrelevante, pouco importante.

i.rre.pa.ra.ble [ireparáβle] *adj.* irreparável, irrecuperável, sem conserto. *Juan cometió un error irreparable al faltar a la prueba.* Juan cometeu um erro irreparável faltando à prova.

i.rre.pri.mi.ble [ireprimíβle] *adj.* irreprimível.

i.rre.pro.cha.ble [ireprotʃáβle] *adj.* irrepreensível, sem crítica.

i.rre.sis.ti.ble [iresistíβle] *adj.* irresistível, que não pode ser resistido ou eludido. *El chocolate es una tentación irresistible.* O chocolate é uma tentação irresistível.

i.rre.so.lu.to/a [iresolúto] *adj.* irresoluto.

i.rres.pon.sa.bi.li.dad [iresponsaβiliðáð] *s.f.* falta de bom senso, irresponsabilidade.

i.rres.pon.sa.ble [iresponsáβle] *adj. e s.* sem responsabilidade, irresponsável, leviano.

i.rre.ve.ren.te [ireβerénte] *adj.* irreverente, informal.

i.rre.ver.si.ble [ireβersíβle] *adj.* irreversível, que não pode voltar atrás.

i.rre.vo.ca.ble [ireβokáβle] *adj.* irrevogável, que não pode ser revogado, lei ou decreto que não pode ser suprimida.

i.rri.ga.ción [iriɣaθjón] *s.f.* irrigação, regar através de canais ou canos. *La irrigación de las tierras del Nordeste puede ser un éxito como el riego de los desiertos de Israel.* A irrigação das terras do Nordeste pode ser um sucesso como a regadura dos desertos de Israel.

i.rri.gar [iɾiɣár] *v.t.* irrigar.

i.rri.so.rio/a [iɾisórjo] *adj.* irrisório, que provoca risadas ou burlas por ser pequeno, insignificante. *El aumento de los sueldos fue irrisorio.* O aumento dos salários foi irrisório.

i.rri.ta.ble [iɾitáβle] *adj.* irritável.

i.rri.ta.ción [iɾitaθjón] *s.f.* irritação.

i.rri.tan.te [iɾitánte] *adj.* irritante.

i.rri.tar [iɾitár] *v.t.* irritar, provocar, incomodar.

i.rri.tar.se [iɾitárse] *v.p.* irritar-se.

i.rrum.pir [ir̄umpír] *v.i.* irromper, entrar com violência ou ímpeto.

i.rrup.ción [ir̄upθjón] *s.f.* irrupção, invasão súbita.

is.la [ízla] *s.f.* ilha.

is.lá.mi.co/a [izlámiko] *adj.* islâmico, da religião monoteísta fundada por Maomé e praticada pelos árabes muçulmanos ou islamitas.

is.le.ño/a [izléɲo] *adj. e s.* ilhéu, nascido ou que mora numa ilha. *Los isleños de las Malvinas son de origen inglés.* Os ilhéus das Malvinas são de origem inglesa.

is.le.ta [izléta] *s.f.* ilha pequena.

i.só.to.po [isótopo] *s.m.* isótopo.

is.tmo [ístmo] *s.m.* istmo, faixa de terra que liga uma península ao continente.

i.tá.li.co/a [itáliko] *adj.* 1 itálico, relativo à Itália. 2 tipo de letra. *La letra itálica o bastardilla sirve para realzar un texto o destacar una referencia.* A letra itálica ou cursiva serve para realçar um texto ou destacar uma referência.

í.tem [ítem] *s.m* item.

i.ti.ne.ra.rio [itinerárjo] *s.m* itinerário, rota, roteiro.

iz.quier.dista [iθkjerðísta] *adj.* esquerdista, favorável ao progresso social, lento ou revolucionário. *Los izquierdistas son llamados así porque ocupaban el sector izquierdo del parlamento francés, la Asamblea Nacional, durante la Revolución Francesa.* Os esquerdistas são chamados assim porque ocupavam o setor esquerdo do parlamento francês, a Assembleia Nacional, durante a Revolução Francesa.

iz.quier.do/a [iθkjérðo] *adj.* esquerdo.

J j

j, J [xóta] *s.f.* décima letra do alfabeto espanhol e sétima de suas consoantes; seu nome é *jota*. Sua articulação é velar fricativa surda.

ja.ba.lí [xaβalí] *s.m.* javali, porco do mato.

ja.ba.li.na [xaβalína] *s.f.* 1 fêmea do javali, javalina. 2 dardo, lança esportiva.

ja.bón [xaβón] *s.m.* sabão. *jabón de tocador*, sabonete. *dar un jabón*, dar uma bronca, passar um sabão.

ja.bo.na.do/a [xaβonáðo] *adj.* ensaboado.

ja.bo.na.du.ra [xaβonaðúra] *s.f.* espuma e água ensaboada.

ja.bo.nar [xaβonár] *v.t.* ensaboar.

ja.bo.ne.ro [xaβonéro] *s.f.* recipiente, saboneteira.

ja.bo.no.so/a [xaβonóso] *adj.* espumoso, cremoso.

ja.ca [xáka] *s.f.* 1 cavalo pequeno. 2 fêmea do cavalo, égua.

ja.ca.ran.do.so/a [xakarandóso] *adj.* alegre, desembaraçado, engraçado.

ja.co [xáko] *s.m.* cavalo pequeno e ruim.

jac.tan.cia [xaktáṇθja] *s.f.* jactância, arrogância, vaidade, presunção.

jac.tan.cio.so/a [xaktaṇθjóso] *adj.* arrogante, vaidoso, presunçoso.

jac.tar.se [xaktárse] *v.t.* gabar-se, vangloriarse. *A Javier le gusta jactarse de su inteligencia.* Xavier gosta de gabar-se de sua inteligência.

ja.cu.la.to.ria [xakulatórja] *s.f.* oração curta e fervorosa, invocação, reza.

ja.de [xáðe] *s.m.* jade.

ja.de.ar [xaðeár] *v.i.* ofegar, arquejar, respirar com dificuldade. *Subió la cuesta y llegó jadeando a la cima.* Subiu a encosta e chegou ofegando ao topo.

ja.ez [xaéθ] *s.m.* 1 guarnição, adorno. 2 qualidade, classe.

ja.gu.ar [xaɣwár] *s.* jaguar, onça-pintada.

ja.güey [xaɣwéi] *s.m.* lago, depósito para recolher água.

ja.lar [xalár] *v.t.* 1 puxar. 2 repuxar, atrair. 3 comer com muita pressa. (pop.) comer com apetite.

ja.le.a [xaléa] *s.f.* 1 geleia. 2 gel, unguento.

ja.le.ar [xaleár] *v.t.* 1 animar, aplaudir. 2 incitar, atiçar os cães.

ja.le.o [xaléo] *s.m.* algazarra, bagunça, confusão.

ja.lón [xalón] *s.m.* baliza, estaca, marco. *La conquista del espacio es un jalón histórico, comparable con el descubrimiento de América.* A conquista do espaço é um marco histórico, comparável à descoberta da América.

ja.lo.nar [xalonár] *v.t.* alinhar, balizar, limitar, demarcar.

ja.más [xamás] *adv.* jamais, nunca.

jam.ba [xámba] *s.f.* coluna ou pilar vertical que sustenta a viga sobre uma porta ou janela.

ja.mel.go [xamélɣo] *s.m.* cavalo magro, fraco e faminto, pangaré.

ja.món [xamón] *s.m.* presunto. *Un bocadillo de jamón y queso, por favor.* Um sanduíche de presunto e queijo, por favor.

jan.ga.da [xaŋɡáða] *s.f.* jangada, balsa rústica de troncos.

ja.que [xáke] *adj.* 1 fanfarrão, valentão. 2 *s.m. jaque mate*, xeque-mate.

ja.que.ar [xakeár] *v.t.* pôr em xeque, pôr em perigo fatal.

ja.que.ca [xakéka] *s.f.* (med.) enxaqueca, dor de cabeça. *El vino y el sol le dieron una jaqueca muy fuerte.* O vinho e o sol lhe deram uma enxaqueca muito forte.

ja.que.tón [xaketón] *s.m.* tubarão, o maior e mais perigoso.

ja.ra [xára] *s.f.* (bot.) 1 arbusto ou mato do sul da Espanha. 2 lança de uso militar.

ja.ra.be [xaráβe] *s.m.* 1 xarope. *El médico me recetó un jarabe para la tos y una aspirina para la fiebre.* O médico me receitou um xarope para a tosse e uma aspirina para a febre. 2 calda.

ja.ra.na [xarána] *s.f.* algazarra, farra, bagunça, brincadeira barulhenta.

ja.ra.ne.ar [xaraneár] *v.t.* bagunçar, tumultuar, brigar.

ja.ra.ne.ro/a [xaranéro] *adj.* bagunceiro, farrista, brigão.

jar.ci.a [xárθja] *s.f.* conjunto de ferramentas e instrumentos, redes e cabos para pescar.

jar.dín [xarðín] *s.m.* jardim. *jardín de infantes*, escola de educação infantil, jardim da infância.

jar.di.ne.ra [xarðinéra] *s.f.* 1 jardineira, espaço para plantas. 2 roupa tipo macacão.

jar.di.ne.rí.a [xarðinería] *s.f.* jardinagem. *Lucía va a dedicarse a la jardinería este año.* Lúcia vai se dedicar à jardinagem este ano.

jar.di.ne.ro/a [xarðinéro] *adj.* jardineiro.

ja.re.ta [xaréta] *s.f.* bainha, dobra, peça para passar uma fita ou cinto na roupa.

ja.rra [xářa] *s.f.* jarra, moringa, caneca. *con los brazos en jarra*, com os braços dobrados e as mãos apoiadas na cintura, como que imitando um vaso com duas asas.

ja.rre.tar [xařetár] *v.t.* enervar, debilitar o ânimo.

ja.rre.te [xaréte] *s.m.* parte alta e carnuda da panturrilha perto do joelho.

ja.rre.te.ra [xařetéra] *s.f.* cinta, liga afivelada.

ja.rro [xářo] *s.m.* jarro, vaso.

ja.rrón [xařón] *s.m.* 1 vaso para flores, jarro. 2 ânfora.

jas.pe [xáspe] *s.m.* (min.) jaspe, mármore.

jas.pe.ar [xaspeár] *v.t.* pintar imitando os traços e veios do mármore jaspe.

ja.to [xáto] *s.m.* bezerro.

jau.la [xáu̯la] *s.f.* 1 jaula. *El león se movía nervioso en su jaula.* O leão se mexia nervoso em sua jaula. 2 gaiola. 3 engradado.

jau.ría [xau̯ría] *s.f.* matilha. *Los cazadores soltaron la jauría atrás de los conejos.* Os caçadores soltaram a matilha atrás dos coelhos.

jaz.mín [xaẓmín] *s.m.* jasmim.

je.be [xéβe] *s.m.* 1 lumbre, luz. 2 seringueira. 3 cassetete.

je.fa.tu.ra [xefatúra] *s.f.* 1 chefatura, chefia. 2 delegacia de polícia.

je.fe/a [xéfe] *s.* chefe, diretor, superior.

jen.gi.bre [xeŋxíβre] *s.m.* gengibre.

je.rar.ca [xerárka] *s.f.* hierarca, superior ou principal, de categoria superior.

je.rar.quí.a [xerarkía] *s.f.* hierarquia.

je.rár.qui.co/a [xerárkiko] *adj.* hierárquico. *El personal jerárquico se quedó hasta muy tarde.* O pessoal hierárquico ficou até bem tarde.

jer.bo [xérβo] *s.m.* roedor semelhante a um rato de patas longas.

je.re.mia.da [xeremiáða] *s.f.* lamentação contínua e injustificada.

je.re.mí.as [xeremías] *s.* pessoa chorona, queixosa, que sofre à toa.

je.rez [xeréθ] *s.m.* xerez, tipo de vinho branco e fino, seco ou adocicado.

jer.ga [xérɣa] *s.f.* gíria, jargão. *En la jerga*

de la informática, "salvar" significa "grabar". No jargão da informática, "salvar" significa "gravar".

jer.gón [xerɣón] *s.m.* 1 colchão rústico de palhas. 2 roupa rústica, túnica. 3 pessoa tosca, grosseira.

je.ri.gon.za [xeriɣóṇθa] *s.f.* geringonça ou gerigonça, linguagem usada entre certos grupos. *Para mí esa jerigonza es más difícil que el chino.* Para mim essa geringonça é mais difícil que o chinês.

je.rin.ga [xeríŋga] *s.f.* seringa.

je.rin.ga.zo [xeriŋgáθo] *s.m.* ação de soltar o líquido com uma seringa, líquido expelido.

je.rin.gui.lla [xeriŋgíʎa] *s.f.* 1 seringa e agulha pequenas. 2 (bot.) espécie de planta e flor de jardim.

je.ro.glí.fi.co [xeroɣlífiko] *adj.* 1 hieroglífico. 2 *s.m.* hieróglifo.

je.ta [xéta] *s.f.* focinho, descaso, sem-vergonhice. *tener una jeta,* ser cara de pau.

je.tu.do/a [xetúðo] *adj.* 1 que tem boca grande, focinho grande (animal). 2 descarado, sem-vergonha.

ji.bi.a [xíβja] *s.f.* molusco comestível, fruto do mar.

jí.ca.ra [xíkara] *s.f.* vasilha pequena, xícara.

jil.gue.ro [xilɣéro] *s.* pintassilgo.

ji.ne.ta [xinéta] *s.f.* insígnia militar, peça do uniforme para distinguir a patente.

ji.ne.te [xinéte] *s.* 1 ginete, cavaleiro. 2 jóquei.

ji.ne.te.ar [xineteár] *v.t.* 1 andar a cavalo. 2 (Amér.) domar cavalos chucros.

ji.pi.ar [xipiár] *v.i.* gemer, soluçar.

ji.pi.do [xipíðo] *s.m.* soluço, gemido.

ji.pi.ja.pa [xipijápa] *s.f.* chapéu feito com fibras naturais.

ji.ra [xíra] *s.f.* 1 retalho, tira de pano. 2 piquenique, festinha campestre.

ji.ra.fa [xiráfa] *s.f.* girafa.

ji.rón [xirón] *s.m.* 1 retalho. 2 tira de pano. 3 estandarte.

ji.ro.na.do/a [xironáðo] *adj.* retalhado, rasgado. 2 brasão ou escudo dividido em oito campos.

jo.co.si.dad [xokosiðáð] *s.f.* graça, festividade, alegria.

jo.co.so/a [xokóso] *adj.* jocoso, alegre, engraçado. *Fue un comentario jocoso, pero a él le cayó muy mal.* Foi um comentário jocoso, mas a ele caiu muito mal.

jo.cun.di.dad [xokundiðáð] *s.f.* alegria, bom humor.

jo.cun.do/a [xokúndo] *adj.* plácido, agradável, alegre.

jo.der [xoðér] *v.t.* 1 incomodar, chatear, embromar. 2 (vulg.) trepar, foder, praticar o coito. 3 quebrar, estragar.

jo.di.do/a [xoðíðo] *adj.* 1 molesto, chato, difícil. 2 quebrado, estropiado. 3 cansado, abatido. 4 (vulg.) fodido.

jo.fai.na [xofáina] *s.f.* bacia.

jol.go.rio [xolɣórjo] *s.m.* farra, folia, festa, festança. *Llevan tres días de jolgorio y jarana continua.* Levam três dias de folia e farra contínua.

jo.po [xópo] *s.m.* topete.

jor.na.da [xornáða] *s.f.* 1 jornada, dia de trabalho. 2 viagem, expedição.

jor.nal [xornál] *s.m.* salário, diária. *Le pagan su jornal todos los días y enseguida lo entrega a su madre.* Pagam-lhe a diária todos os dias e vai logo entregá-la a sua mãe.

jor.na.le.ro/a [xornaléro] *s.* diarista.

jo.ro.ba [xoróβa] *s.f.* 1 corcunda, corcova. 2 (fig.) amolação, chateação.

jo.ro.ba.do/a [xoroβáðo] *adj.* corcunda.

jo.ro.bar [xoroβár] *v.t.* amolar, importunar, chatear. *Los chicos estaban jorobando y no me dejaban estudiar.* Os moleques estavam amolando e não me deixavam estudar.

jo.ta [xóta] *s.f.* 1 nome da letra *j*. 2 bulhufas. *No entiendo ni jota.* Não entendo bulhufas. 3 dança popular e música espanhola.

jo.ven [xóβen] *adj.* jovem, moço.

jo.vial [xoβjál] *adj.* jovial, brincalhão.

jo.via.li.dad [xoβjaliðáð] *s.f.* jovialidade, alegria e bom humor.

jo.ya [xója] *s.f.* 1 joia. 2 (fig.) pessoa de muito valor.

jo.yel [xojél] *s.m.* joia pequena.

jo.ye.ra [xojéra] *s.f.* porta-joias.

jo.ye.rí.a [xojería] *s.f.* joalheria.

jo.ye.ro/a [xojéro] *adj.* joalheiro.

jua.ne.te [xwanéte] *s.m.* joanete.

ju.bi.la.ción [xuβilaθjón] *s.f.* aposentadoria. *Estuvo pagando una contribución alta para poder tener una buena jubilación.* Esteve pagando uma contribuição alta para poder ter uma boa aposentadoria.

ju.bi.la.do/a [xuβiláðo] *adj.* aposentado.

ju.bi.lar [xuβilár] *v.t.* aposentar(-se). (fig.) desfazer-se. *A estos zapatos los jubilaremos ahora mismo; están muy viejos.* Vamos aposentar estes sapatos agora mesmo; estão muito velhos.

ju.bi.le.o [xuβiléo] *s.m.* jubileu.

jú.bi.lo [xúβilo] *s.m.* júbilo, alegria.

ju.bi.lo.so [xuβilóso] *adj.* jubiloso, alegre.

ju.dai.co/a [xuðáiko] *adj.* judaico.

ju.das [xúðas] *s.m.* judas, traidor.

ju.dí.a [xuðía] *s.f.* vagem, feijão.

ju.di.cial [xuðiθjál] *adj.* judicial.

ju.di.cia.rio/a [xuðiθjárjo] *adj.* judiciário.

ju.dío/a [xuðío] *adj.* judeu.

jue.go [xwéɣo] *s.m.* jogo, brincadeira, diversão.

juer.ga [xwérɣa] *s.f.* gandaia, farra. *Perdió sus mejores años en juergas y farras.* Perdeu seus melhores anos em gandaias e farras.

juer.gue.ar.se [xwerɣeárse] *v.p.* cair na gandaia.

juer.guis.ta [xwerɣista] *adj. e s.* farrista.

jue.ves [xwéβes] *s.m.* quinta-feira. *Jueves Santo de Pascua,* Quinta-feira da Semana Santa.

juez [xwéθ] *s.* juiz, árbitro.

ju.ga.da [xuɣáða] *s.f.* 1 jogada, lance. 2 (fig.) intriga.

ju.ga.dor/a [xuɣaðór] *s.* jogador.

ju.gar [xuɣár] *v.t.* jogar, brincar.

ju.ga.rre.ta [xuɣaréta] *s.f.* cachorrada, sacanagem, canalhada.

ju.glar [xuɣlár] *s.f.* jogral, trovador, poeta popular, bardo.

ju.go [xúɣo] *s.m.* suco, sumo. *sacar el jugo,* tirar o máximo de proveito.

ju.go.si.dad [xuɣosiðáð] *s.f.* suculência, aquosidade.

ju.go.so/a [xuɣóso] *adj.* suculento, substancioso.

ju.gue.te [xuɣéte] *s.m.* brinquedo.

ju.gue.te.ar [xuɣeteár] *v.t.* brincar, gracejar.

ju.gue.te.ría [xuɣetería] *s.f.* loja de brinquedos.

ju.gue.tón/a [xuɣetón] *adj.* brincalhão.

jui.cio [xwíθjo] *s.m.* 1 juízo, sensatez, senso comum. 2 ideia, entender, parecer. 3 processo, causa judicial, querela.

jui.ci.o.so/a [xwiθjóso] *adj.* ajuizado, sensato, maduro.

ju.le.pe [xulépe] *s.m.* susto, supresa.

ju.lio [xúljo] *s.m.* julho.

ju.men.to [xuménto] *s.m.* jumento, asno, burro.

ju.me.ra [xuméra] *s.f.* embriaguez, bebedeira.

jun.co [xúŋko] *s.m.* 1 junco. 2 bengala

ju.ni.o [xúnjo] *s.m.* junho.

jú.ni.or [xúnjor] *s.m.* júnior, jovem, filho.

jun.ta [xúnta] *s.f.* 1 junta, conselho, concílio, congregação. 2 articulação, junção. 3 assembleia.

jun.tar [xuntár] *v.t.* 1 juntar, reunir. 2 anexar. 3 amontoar. 4 associar-se.
jun.to/a [xúnto] 1 *adj.* junto, unido. 2 *adv.* junto, em conjunto.
jun.tu.ra [xuntúra] *s.f.* articulação, junta.
ju.ra [xúra] *s.f.* jura, juramento.
ju.ra.do/a [xuráðo] *adj.* jurado.
ju.ra.do [xuráðo] *s.m.* júri, jurado.
ju.ra.men.ta.do/a [xuramentáðo] *adj.* juramentado. Hay que traducir el documento en un traductor juramentado. É preciso traduzir o documento em um tradutor juramentado.
ju.ra.men.tar [xuramentár] *v.t.* juramentar.
ju.ra.men.to [xuraménto] *s.m.* 1 juramento, jura. 2 blasfêmia, maldição.
ju.rar [xurár] *v.t. e i.* 1 jurar, prometer. 2 blasfemar.
ju.rí.di.co/a [xuríðiko] *adj.* jurídico, legal, forense.
ju.ris.con.sul.to/a [xuriskonsúlto] *s.* advogado, jurisconsulto, jurista, perito, legista.
ju.ris.dic.ción [xurisðikθjón] *s.f.* 1 jurisdição. 2 alçada. 3 distrito.
ju.ris.dic.cio.nal [xurisðikθjonál] *adj.* distrital, comarcal.
ju.ris.pru.den.cia [xurisprudénθja] *s.f.* jurisprudência, legislação, antecedentes legais que criam tradição para basear novas leis ou sentenças.
ju.ris.ta [xurísta] *s.* jurista.
jus.ta.men.te [xustaménte] *adv.* com justiça, justamente, de forma justa.
jus.ti.cia [xustíθja] *s.f.* justiça.
jus.ti.cie.ro/a [xustíθjéro] *adj. e s.* justiceiro.
jus.ti.fi.ca.ble [xustifikáβle] *adj.* justificável.
jus.ti.fi.ca.ción [xustifikaθjón] *s.m.* justificação, defesa, desculpa.

jus.ti.fi.can.te [xustifikánte] *s.m.* justificativa.
jus.ti.fi.car [xustifikár] *v.t.* justificar, explicar.
jus.ti.fi.ca.ti.vo [xustifikatíβo] *s.m.* justificativa, desculpa, alegato, álibi.
jus.ti.pre.ci.ar [xustipreθjár] *v.t.* avaliar, colocar um preço.
jus.to/a [xústo] *adj.* 1 justo, imparcial. 2 exato, preciso. 3 apertado, estreito. Ese es el precio justo, ni más ni menos. Esse é o preço justo, nem mais nem menos.
ju.ve.nil [xuβeníl] *adj.* juvenil, jovem.
ju.ven.tud [xuβentúð] *s.f.* juventude, mocidade.
juz.ga.do [xuʒɣáðo] *s.m.* juízo, tribunal.
juz.ga.dor/a [xuʒɣaðór] *adj.* julgador.
juz.gar [xuʒɣár] *v.t.* julgar, deliberar, sentenciar.

K k

k, K [ká] *s.f.* 1 décima primeira letra do alfabeto espanhol e oitava de suas consoantes; seu nome é *ka*. Sua articulação é velar oclusiva surda; tem o som de *c* (ca, co, cu) ou de *q* (que, qui). 2 símbolo de kilo. *Hemos comprado 4 k de carne*. Compramos 4 Kg de carne.

ka.ki [káki] *s.m.* 1 caqui, fruto do caquizeiro. 2 cor marrom barro.

ka.mi.ka.ze [kamikáθe] *s.m.* 1 avião e pilotos suicidas. 2 pessoa temerária, que se arrisca muito.

kan.gu.ro [kaŋgúro] *s.m.* canguru.

ká.ra.te o **ka.ra.te** [kárate][karáte] *s.m.* caratê, esporte oriental de luta corporal.

Kg [káxé] *s.m.* símbolo de *kilogramo*, quilograma.

ki.lo [kílo] *s.m.* abreviação de *kilogramo*, quilo.

ki.lo.gra.mo [kiloɣrámo] *s.m.* quilograma.

ki.lo.li.tro [kilolítro] *s.m.* quilolitro.

ki.lo.me.tra.je [kilometráxe] *s.m.* quilometragem. Obs.. em espanhol é *el kilometraje*.

ki.ló.me.tro [kilómetro] *s.m.* quilômetro.

ki.lo.va.ti.o [kiloβátjo] *s.m.* quilowatt.

kitsch [kítʃ] *adj.* decoração baseada na mistura de elementos inusitados, fora de moda.

ki.wi [kíɣwi] *s.m.* ave corredora da Nova Zelândia, kiwi, quiuí ou quivi.

ki.wi [kíɣwi] *s.m.* kiwi, quiuí ou quivi, fruta de origem oriental.

Kl [káéle] *s.m.* símbolo de *kilolitro*, quilolitro.

kla.xon [klákson] *s.m.* buzina, artefato para produzir sons de alarme.

Km [káéme] *s.m.* símbolo de *kilómetro*, quilômetro.

ko.a.la [koála] *s.m.* mamífero marsupial da Austrália.

ko.pek o **co.pe.ca** [kopék][kopéka] *s.m.* moeda russa.

kur.do/a o **cur.do/a** [kúrðo] *s. e adj.* curdo, natural do Curdistão.

Kw [káúβedóβle] *s.m.* símbolo de *kilovatio*, quilowatt.

L l

l, L [éle] *s.f.* 1 décima segunda letra do alfabeto espanhol e nona de suas consoantes; seu nome é *ele*. Sua articulação é ápico-alveolar lateral fricativa sonora. Nunca soa como *o* ou *u*, como em português. 2 representa 50 em números romanos.
la [la] *art. def. f. a.*
la.be.rin.to [laβerínto] *s.m.* 1 labirinto, espaço complicado e confuso onde é fácil perder o rumo. 2 porção interna do ouvido.
la.bio [láβjo] *s.m* lábio. *lápiz de labio*, batom.
la.bor [laβór] *s.f.* trabalho, tarefa, labor.
la.bo.ral [laβorál] *adj.* trabalhista.
la.bo.ra.to.rio [laβoratórjo] *s.m.* laboratório.
la.bra.dor/a [laβraðór] *adj.* que trabalha na lavoura.
la.bra.dor [laβraðór] *s.m* lavrador, trabalhador rural.
la.brar [laβrár] *v.t* 1 arar, trabalhar a terra, lavrar. 2 fazer ornatos, adornar. 3 lapidar. 4 desgastar com a passagem do tempo. *La lapidación de diamantes es una de los artes más desarrolladas en Sudáfrica.* A lapidação de diamantes é uma das artes mais desenvolvidas na África do Sul.
la.cio/a [láθjo] *adj.* liso (cabelo).
la.cón [lakón] *s.m.* carne de porco, bacon.
la.crar [lakrár] *v.t.* fechar, selar com lacre, lacrar.
la.cre [lákre] *s.m.* goma laca derretida para selar, lacre.
la.cri.mó.ge.no/a [lakrimóxeno] *adj.* gás que provoca lágrimas, lacrimogêneo.
lac.tan.cia [laktán̦θja] *s.f.* lactância, período em que a criança mama.
lac.tan.te [laktánte] *adj. e s.* que mama, lactente.
lác.te.o/a [lákteo] *adj.* lácteo, leitoso, que contém leite.
la.de.ar [laðeár] *v.t.* inclinar ou entortar algo para um lado, torcer. *El coche estaba tan ladeado que tuvimos miedo que se cayera para dentro del río.* O carro estava tão inclinado que ficamos com medo de que tombasse para dentro do rio.
la.de.ra [laðéra] *s.f.* declive, ladeira.
la.di.no/a [laðíno] *adj.* 1 ladino, referente à língua dos antigos judeus espanhóis. 2 astuto, esperto.
la.di.no [laðíno] *s.m.* ladino.
la.do [láðo] *s.m.* flanco, face, lado.
la.drar [laðrár] *v.t.* latir (o cão).
la.dri.do [laðríðo] *s.m.* latido, som emitido pelo cachorro. *Los ladridos del perro de guardia despertaron a los vecinos.* Os latidos do cão de guarda acordaram os vizinhos.
la.dri.llo [laðríʎo] *s.m.* tijolo.
la.drón/a [laðrón] *adj. e s.* ladrão/ladra.
la.ga.ña o **le.ga.ña** [laɣáɲa] [leɣáɲa] *s.f.* remela ou ramela.
la.gar.ti.ja [laɣartíxa] *s.f.* lagartixa.
la.gar.to [laɣárto] *s.m.* lagarto.
la.go [láɣo] *s.m.* depósito natural de água, lago.
lá.gri.ma [láɣrima] *s.f.* lágrima.
la.gri.me.ar [laɣrimeár] *v.i.* lacrimejar.

la.gu.na [laɣúna] *s.f.* 1 lagoa, depósito natural de água menor que um lago. 2 lacuna, falha, omissão, esquecimento.

la.ma [láma] *s.f.* barro mole do fundo dos mares e rios, lama.

la.men.ta.ción [lamentaθjón] *s.f.* lamentação.

la.men.tar [lamentár] *v.t.* lamentar. *Lo lamento mucho, pero no puede entrar.* Lamento muito, mas não pode entrar.

la.men.tar.se [lamentárse] *v.p.* queixar-se, lamentar-se.

la.mer [lamér] *v.t.* lamber.

lá.mi.na [lámina] *s.f.* 1 lâmina, chapa delgada de qualquer material. 2 folha.

lám.pa.ra [lámpara] *s.f.* 1 lâmpada. 2 lustre. 3. abajur.

la.na [lána] *s.f.* lã.

lan.ce [láṇθe] *s.m.* ação e efeito de lançar, lance.

lan.cha [látʃa] *s.f.* lancha.

lan.gos.ta [laŋgósta] *s.f.* 1 lagosta. 2 gafanhoto.

lan.gos.tín [laŋgostín] *s.m.* camarão.

lan.gos.ti.no [laŋgostíno] *s.m.* camarão.

lan.za [láṇθa] *s.f.* lança.

lan.za.mien.to [laṇθamjénto] *s.m.* lançamento.

lan.zar [laṇθár] *v.t.* 1 lançar, arremessar, atirar. 2 inaugurar, iniciar uma atividade. 3 publicar um livro. 4 vomitar.

la.pi.ce.ra [lapiθéra] *s.f.* caneta.

la.pi.ce.ro [lapiθéro] *s.m.* lapiseira.

lá.piz [lápiθ] *s.m.* lápis.

lap.so [lápso] *s.m.* lapso.

lar.gar [larɣár] *v.t.* 1 soltar, largar. 2 abandonar.

lar.gar.se [larɣárse] *v.p.* ir embora. *Se largó solo, muy enojado, antes que la fiesta terminase.* Foi embora sozinho, muito zangado, antes de a festa terminar.

lar.go/a [lárɣo] *adj.* longo, comprido.

lar.go.me.tra.je [larɣometráxe] *s.m.* longa-metragem, filme de longa duração.

lar.gu.ra [larɣúra] *s.f.* comprimento.

la.rin.ge [larínxe] *s.f.* (med.) laringe.

la.rin.gi.tis [lariŋxítis] *s.f.* (med.) laringite.

lar.va [lárβa] *s.f.* (biol.) larva.

la.sa.ña [lasáɲa] *s.f.* lasanha, massa em tiras com presunto e queijo.

lá.ser [láser] *s.m.* (angl.) laser.

lás.ti.ma [lástima] *s.f.* pena, lástima. *¡Qué lástima que no puedas venir a mi cumpleaños!* Que pena que você não possa vir ao meu aniversário!

las.ti.mar [lastimár] *v.t.* 1 ferir, machucar. 2 lamentar.

las.ti.mar.se [lastimárse] *v.p* 1 ferir-se, machucar-se. *Se cayó en la vereda y se lastimó los codos.* Caiu na calçada e machucou os cotovelos. 2 lamentar-se.

la.ta [láta] *s.f.* 1 lata, chapa. 2 (fam.) chateação.

la.te.ral [laterál] *adj.* lateral.

la.ti.do [latíðo] *s.m.* pulsação, latejamento, latejo.

la.ti.fun.dio [latifúndjo] *s.m.* latifúndio.

lá.ti.go [látiɣo] *s.m.* chicote, látego, chibata.

la.tín [latín] *s.m.* latim, língua dos antigos romanos.

la.ti.no.a.me.ri.ca.no/a [latinoamerikáno] *adj.* latino-americano, hispano-americano, dos países da América que falam espanhol.

la.tir [latír] *v.i.* bater, pulsar (o coração), latejar. *Fue al médico porque sentía que el corazón le latía más rápido que de costumbre.* Foi ao médico porque sentia que seu coração latejava mais rápido que de costume.

la.ti.tud [latitúð] *s.f.* latitude.

la.tón [latón] *s.m.* latão.

latoso/a

la.to.so/a [latóso] *adj.* (pop.) chato. *Mi hermano tiene un amigo que habla y habla, y hace chistes sin gracia, ¡es un latoso!* Meu irmão tem um amigo que fala e fala, faz piadas sem graça, é um chato!
lau.cha [láu̯ʃa] *s.f.* ratinho, camundongo.
lau.do [láu̯ðo] *s.m.* (for.) sentença, parecer, laudo.
lau.rel [lau̯rél] *s.m.* (bot.) louro.
la.va [láβa] *s.f.* lava.
la.va.bo [laβáβo] *s.m.* lavabo, lavatório.
la.va.de.ro [laβaðéro] *s.m.* tanque de lavar roupa.
la.va.do/a [laβáðo] *adj.* lavado.
la.va.dor/a [laβaðór] *adj.* lavador.
la.va.dor [laβaðór] *s.m.* lavador.
la.va.ma.nos [laβamános] *s.m.* pia do banheiro.
la.van.de.ra [laβandéra] *s.f.* lavadeira.
la.van.de.rí.a [laβandería] *s.f.* lavanderia.
la.va.pla.tos [laβaplátos] *s.m.* lava-louças.
la.var [laβár] *v.t.* lavar.
la.var.se [laβárse] *v.p.* lavar-se, assear-se.
la.za.ri.llo [laθaríʎo] *s.m.* rapaz que guia e ajuda cegos.
la.zo [láθo] *s.m.* laço
le [le] dativo do pronome pessoal da 3ª pessoa do singular, lhe. *Le dije que viniera a las siete.* Eu lhe disse que viesse às sete.
le.al [leál] *adj.* leal, fiel, confiável.
le.al.tad [lealtáð] *s.f.* lealdade.
lec.ción [lekθjón] *s.f.* lição.
le.cha.da [letʃáða] *s.f.* massa corrida, argamassa.
le.che [létʃe] *s.f.* 1 leite animal ou humano. 2 (bot.) seiva. 3 (vulg.) esperma.
le.che.ra [letʃéra] *s.f.* 1 leiteira, vasilha para servir ou ferver leite. 2 liteira.
le.che.ro/a [letʃéro] *adj.* leiteiro.
le.cho [létʃo] *s.m.* leito, cama.
le.chón [letʃón] *s.m.* leitão.
le.chu.ga [letʃúɣa] *s.f.* (bot.) alface. *Pedimos una ensalada de lechuga y tomate y un bife de chorizo para cada uno.* Pedimos uma salada de alface e tomate e um filé para cada um.
le.chu.za [letʃúθa] *s.f.* coruja.
lec.ti.vo/a [lektíβo] *adj.* letivo. *El año lectivo empieza en Brasil después del carnaval.* O ano letivo no Brasil começa depois do carnaval.
lec.tor/a [lektór] *s.* leitor.
lec.tu.ra [lektúra] *s.f.* leitura.
le.er [leér] *v.t.* ler.
le.ga.jo [leɣáxo] *s.m.* coleção de papéis ou documentos.
le.gal [leɣál] *adj.* legal.
le.ga.li.za.ción [leɣaliθaθjón] *s.f.* legalização.
le.ga.li.zar [leɣaliθár] *v.t.* legalizar.
le.ga.ña o **la.ga.ña** [leɣáɲa][laɣáɲa] *s.f.* remela ou ramela.
le.gión [lexjón] *s.f.* legião.
le.gis.la.ción [lexislaθjón] *s.f.* legislação.
le.gis.la.ti.vo/a [lexislatíβo] *adj.* legislativo.
le.gí.ti.mo/a [lexítimo] *adj.* legítimo.
le.go/a [léɣo] *adj.* leigo.
le.gua [léɣwa] *s.f.* légua.
le.gum.bre [leɣúmbre] *s.f.* legume.
le.í.do [leíðo] *adj.* lido.
le.ja.no/a [lexáno] *adj.* longínquo, afastado. *La escuela queda en un barrio lejano y muy tranquilo.* A escola fica num bairro afastado e muito tranquilo.
le.jí.a [lexía] *s.f.* água sanitária, cândida.
le.jos [léxos] *adv.* longe, a grande distância, afastado.
le.ma [léma] *s.f.* lema.
len.ce.rí.a [lenθería] *s.f.* roupa íntima, roupa de baixo, lingerie.
len.gua [léŋgwa] *s.f.* 1 língua. 2 idioma.
len.gua.je [leŋgwáxe] *s.f.* linguagem.

len.te [lénte] *s. de 2 gén.* lente.
len.te.ja [lentéxa] *s.f.* (bot.) lentilha.
len.te.jue.la [lentexwéla] *s.f.* lantejoula.
len.ti.lla [lentíʎa] *s.f.* lente de contato.
len.ti.tud [lentitúð] *s.f.* lentidão.
len.to/a [lénto] *adj.* lento. *adv.* lentamente.
le.ña [léɲa] *s.f.* 1 lenha, pedaço de pau para alimentar o fogo. 2 surra.
le.ña.dor [leɲaðór] *s.m.* lenhador.
le.ño [léɲo] *s.m.* lenho, tronco, pedaço de pau para alimentar o fogo.
Le.o [léo] *s.m.* zodíaco, signo de Leão. *Graciela nació el 9 de agosto, es del signo de Leo.* Graciela nasceu em 9 de agosto, é do signo de Leão.
le.ón [león] *s.m.* leão.
le.o.par.do [leopárðo] *s.m.* leopardo.
le.pro.so/a [lepróso] *adj. e s.* (med.) leproso.
ler.do/a [lérðo] *adj.* lerdo.
les.bia.na [lezβjána] *s.f.* lésbica.
le.sión [lesjón] *s.f.* lesão, ferida.
le.sio.nar [lesjonár] *v.t.* lesar, machucar, ferir.
le.sio.nar.se [lesjonárse] *v.p.* lesar-se, machucar-se, ferir-se.
le.tar.go [letárɣo] *s.m.* letargo, letargia.
le.tra [létra] *s.f.* 1 letra, sinal gráfico que representa vocábulos e sons das línguas escritas. 2 caligrafia. 3 letra de câmbio, promissória. *al pie de la letra*, ao pé da letra.
le.tre.ro [letréro] *s.m.* cartaz, letreiro.
le.tri.na [letrína] *s.f.* latrina
leu.ce.mia [leu̯θémja] *s.f.* (med.) leucemia.
le.va.du.ra [leβaðúra] *s.f.* levedura.
le.van.ta.mien.to [leβantamjénto] *s.m.* 1 levantamento, censo. 2 insurreição, levantamento, rebelião.
le.van.tar [leβantár] *v.t.* levantar.
le.van.tar.se [leβantárse] *v.p.* levantar-se.
le.ve [léβe] *adj.* leve.

lé.xi.co [léksiko] *adj. e s.m.* léxico, vocabulário.
ley [léi̯] *s.f.* lei.
le.yen.da [lejénda] *s.f.* 1 lenda. *La leyenda de Eldorado afiebró la imaginación de muchos aventureros en el pasado.* A lenda do Eldorado esquentou a imaginação de muitos aventureiros no passado. 2 legenda. *Este mapa no es muy bueno porque no tiene leyenda.* Este mapa não é muito bom porque não tem legenda.
li.be.ra.ción [liβeraθjón] *s.f.* liberação, libertação.
li.be.ral [liβerál] *adj. e s.* liberal, de ideias e costumes não conservadores.
li.be.rar [liβerár] *v.t.* liberar.
li.be.rar.se [liβerárse] *v.p.* liberar-se.
li.ber.tad [liβertáð] *s.f.* liberdade.
li.ber.tar [liβertár] *v.t.* libertar.
li.ber.ti.na.je [liβertináxe] *s.m.* libertinagem, abuso da liberdade.
li.bra [líβra] *s.f.* libra.
li.brar [liβrár] *v.t.* livrar.
li.brar.se [liβrárse] *v.p.* livrar-se.
li.bre [líβre] *adj.* livre.
li.bre.rí.a [liβrería] *s.f.* livraria.
li.bre.to/a [liβréto] *s.m.* livreto.
li.bro [líβro] *s.m.* livro. *El Quijote y la Biblia son los dos libros más publicados en todo el mundo.* O Quixote e a Bíblia são os dois livros mais publicados em todo o mundo.
li.cen.cia [liθénθja] *s.f.* licença.
li.cen.cia.do/a [liθen̪θjáðo] *adj.* licenciado.
li.cen.cia.tu.ra [liθen̪θjatúra] *s.f.* licenciatura, grau e curso universitário em nível de graduação.
li.ci.ta.ción [liθitaθjón] *s.f.* licitação, concorrência pública para compras.
lí.ci.to/a [líθito] *adj.* lícito, legal, correto.
li.cor [likór] *s.m.* licor.
li.cua.do.ra [likwaðóra] *s.f.* liquidificador.

li.cuar [likwár] *v.t.* bater no liquidificador.
lí.der [líðer] *s.* líder.
li.de.raz.go [liðerázɣo] *s.m.* liderança.
li.diar [liðjár] *v.i.* lidar, combater. *Los misioneros tuvieron que lidiar con enormes problemas y dificultades.* Os missionários tiveram que lidar com enormes problemas e dificuldades.
lie.bre [ljéβre] *s.f.* lebre.
li.gar [liɣár] *v.t.* 1 ligar, atar. 2 (fam.) paquerar.
li.ge.ro/a [lixéro] *adj.* leve, que pesa pouco.
li.ja [líxa] *s.f.* lixa.
li.jar [lixár] *v.t.* lixar.
li.la [líla] *s.f.* lilás.
li.ma [líma] *s.f.* lima. 1 fruta cítrica, lima. 2 ferramenta para polir, desbastar ou limar metais.
li.mar [limár] *v.t.* limar.
li.mi.tar [limitár] *v.i.* limitar.
li.mi.tar.se [limitárse] *v.p.* limitar-se.
lí.mi.te [límite] *s.m.* limite.
li.món [limón] *s.m.* (bot.) limão.
li.mo.na.da [limonáða] *s.f.* limonada.
li.mos.na [limózna] *s.f.* esmola.
li.mos.ne.ro/ [limoznéro] *adj.* 1 caridoso. 2 esmoleiro, mendigo.
lim.pia.bo.tas [limpjaβótas] *s.m.* engraxate.
lim.pia.pa.ra.bri.sas [limpjaparaβrísas] *s.m.* limpador de para-brisa.
lim.piar [limpjár] *v.t.* limpar.
lim.piar.se [limpjárse] *v.p.* limpar-se.
lim.pie.za [limpjéθa] *s.f.* limpeza.
lim.pio/a [límpjo] *adj.* limpo.
lin.char [litʃár] *v.t.* linchar.
lin.dar [lindár] *v.t.* limitar, lindar.
lin.de.ro/a [lindéro] *adj.* fronteiriço, lindeiro, limítrofe.
lin.do/a [líndo] *adj.* lindo, bonito.

lí.ne.a [línea] *s.f.* linha.
li.ne.al [lineál] *adj.* linear.
lin.güís.ti.co/a [liŋgwístico] *adj.* lingüístico.
li.no [líno] *s.m.* linho.
lin.ter.na [lintérna] *s.f.* lanterna.
lí.o [líο] *s.m.* 1 pilha de coisas, trouxa. 2 confusão.
li.qui.da.ción [likiðaθjón] *s.f.* liquidação.
li.qui.dar [likiðár] *v.t.* liquidar.
lí.qui.do/a [líkiðo] *adj.* líquido.
li.so/a [líso] *adj.* liso.
li.son.ja [lisóŋxa] *s.f.* lisonja, mimo, afago.
lis.ta [lísta] *s.f.* listra.
lis.tar [listár] *v.t.* listar.
lis.to/a [lísto] *adj.* pronto.
li.te.ra [literál] *s.f.* literal.
li.te.ral [litera] *s.f.* 1 beliche. 2 liteira.
li.te.ra.tu.ra [literatúra] *s.f.* literatura.
li.to.ral [litorál] *adj. e s.m.* litorâneo, litoral; litoral, costa.
li.tro [lítro] *s.m.* litro.
li.tur.gia [litúrxja] *s.f.* liturgia, cerimonial, protocolo.
li.via.no/a [liβjáno] *adj.* leve, de pouco peso. *Durante el verano es conveniente usar ropas livianas y frescas.* Durante o verão é conveniente usar roupas leves e frescas.
li.via.no/a [liβjáno] *s.f.* (fig.) 1 variável, volúvel, inconstante. 2 leviano, desmiolado, lascivo.
li.ving [líβin] *s.m.* (Ingl.) sala de estar, living.
ll; LL [élle] *s.f.* letra do alfabeto espanhol, décima de suas consoantes, que por sugestão da Real Academia Española foi incluída na letra L; seu nome é *elle*. Sua articulação é palatal lateral sonora; em quase toda a Espanha e América Hispânica sua articulação confunde-se com a da consoante *y*, mas apresenta as mesmas variedades de articulação e igual extensão geográfica e social do *yeísmo*.

locución

lla.ga [lláɣa] *s.f.* chaga, úlcera, ferida. *poner el dedo en la llaga,* cutucar onde mais dói. Pisar no calo.

lla.ma [lláma] *s.f.* chama, labareda, língua de fogo.

lla.ma [lláma] *s.m.* lhama, mamífero ruminante da família do camelo. Hábitat. Peru, Bolívia, Chile, Argentina.

lla.ma.da [llamáða] *s.f.* chamada, chamado, solicitação.

lla.ma.mien.to [llamamjiénto] *s.f.* chamada, proclama, convocatória

lla.mar [llamár] *v.t e i.* 1 chamar, convocar. 2 ligar, telefonar.

lla.ma.ra.da [llamaráða] *s.f.* chama, labareda, língua de fogo.

lla.ma.ti.vo/a [llamatíβo] *adj.* chamativo, vistoso.

lla.ne.za [llanéθa] *s.f.* modéstia, informalidade, simplicidade.

lla.no/a [lláno] *adj.* 1 plano, liso, raso. 2 simples, modesto, informal.

llan.ta [llánta] *s.f.* aro da roda do carro.

llan.to [llánto] *s. m.* pranto, choro.

lla.nu.ra [llanúra] *s.f.* planície, campina. *La Pampa es una de las llanuras más extensas y hermosas.* O Pampa é uma das planícies mais belas e extensas.

lla.ve [lláβe] *s.f.* chave.

lla.ve.ro [llaβéro] *s.m.* chaveiro. *manojo de llaves,* molho de chaves.

lle.ga.da [lleɣáða] *s.f.* chegada.

lle.gar [lleɣár] *v.i.* chegar.

lle.nar [llenár] *v.t.* 1 encher, preencher, completar. 2 satisfazer, saciar.

lle.no/a [lléno] *adj.* 1 cheio, completo, preenchido, repleto. 2 satisfeito, saciado.

lle.var [lleβár] *v.t. e i.* levar, carregar.

lle.var.se [lleβárse] *v.p.* dar-se bem com alguém. *Me llevo muy bien con mi jefa.* Eu me dou muito bem com a minha chefa. *Dejarse*

llevar, ser influenciável, influenciado. *Llevar la corriente, seguir la corriente,* concordar, dar a razão para evitar desavenças. *Llevarse por adelante,* ser prepotente, atropelar.

llo.rar [llorár] *v.i.* chorar.

llo.ri.que.ar [llorikeár] *v.i.* choramingar.

llo.ro [llóro] *s.m.* choro, pranto, queixa.

llo.rón/o.na [llorón][lloróna] *adj.* chorão, queixoso,

llo.ro.so/a [lloróso] *adj.* chorão, queixoso, choramingão.

llo.ver [lloβér] *v.impess.* chover.

llo.viz.na [lloβízna] *s.f.* chuva fina, garoa, chuvisco.

llo.viz.nar [lloβiznár] *v.impess.* chover fino, garoar.

llu.via [llúβja] *s.f.* chuva.

llu.vio.so/a [lluβjóso] *adj.* chuvoso.

lo [lo] *art. neutro,* o. *Lo bueno de quedarse en casa es la tranquilidad con que se trabaja y estudia.* O bom de ficar em casa é a tranquilidade para trabalhar e estudar.

lo [lo] *pron. pess.* 3ª *pess. do singular,* o. *Lo dijiste desde el principio.* Você o disse desde o princípio.

lo.bo [lóβo] *s.m.* lobo.

lo.cal [lokál] *adj.* local.

lo.ca.li.dad [lokaliðáð] *s.f.* localidade.

lo.ca.li.za.ción [lokaliθaθjón] *s.f.* localização.

lo.ca.li.zar [lokaliθár] *v.t.* localizar.

lo.ca.li.zar.se [lokaliθárse] *v.p.* localizar-se.

lo.ca.ta.rio/a [lokatárjo] *s.* locatário.

lo.ción [loθjón] *s.f.* loção.

lo.co/a [lóko] *adj. e s.* louco.

lo.co.mo.to.ra [lokomotóra] *s.f.* locomotiva.

lo.cro [lókro] *s.m.* cozido típico sul-americano feito com milho, carnes, grão-de-bico ou feijão-branco e queijo, conforme o país.

lo.cu.ción [lokuθjón] *s.f.* (gram.) locução.

lo.cu.ra [lokúra] *s.f.* loucura.
lo.cu.tor [lokutór] *s.m.* locutor.
lo.do [lóðo] *s.m.* lama, barro, lodo.
ló.gi.co/a [lóxiko] *adj.* lógico.
lo.gís.ti.co/a [loxístiko] *adj.* logístico.
lo.go.ti.po [loɣotípo] *s.m.* logotipo.
lo.grar [loɣrár] *v.t.* conseguir, lograr.
lo.gro [lóɣro] *s.m.* sucesso, êxito, logro.
lo.ma [lóma] *s.f.* colina.
lom.briz [lombríθ] *s.f.* minhoca, lombriga.
lo.mo [lómo] *s.m* lombo.
lon.cha [lótʃa] *s.f.* fatia.
lon.ga.ni.za [loŋganíθa] *s.f.* linguiça.
lon.gi.tud [loŋxitúð] *s.f.* comprimento.
lord [lór] *s.m.* *angl.* lorde.
lo.ro [lóro] *s.m.* 1 louro, papagaio. 2 (vulg.) pessoa muito feia.
lo.sa [lósa] *s.f.* laje, lousa.
lo.te [lóte] *s.m.* lote.
lo.te.rí.a [lotería] *s.f.* loteria.
lu.bri.can.te [luβrikánte] *adj.* e *s.m.* lubrificante.
lu.bri.car [luβrikár] *v.t.* lubrificar.
lu.cha [lútʃa] *s.f.* luta, batalha, briga, disputa.
lu.cha.dor/a [lutʃaðór] *adj.* 1 lutador, batalhador. 2 briguento.
lu.char [lutʃár] *v.i.* 1 lutar, batalhar. 2 brigar, disputar.
lu.ci.dez [luθiðéθ] *s.f.* capacidade de bom raciocínio, brilho pessoal.
lu.ci.do/a [luθíðo] *adj.* que age com brilho e graça, com bom desempenho.
lú.ci.do/a [lúθiðo] *adj.* brilhante, inteligente, com bom raciocínio.
lu.cien.te [luθjénte] *adj.* brilhante.
lu.ciér.na.ga [luθjérnaɣa] *s.f.* pirilampo, vaga-lume.
Lu.ci.fer [luθifér] *s.m.* 1 Lúcifer, diabo, demônio, Satanás. 2 pessoa soberba, malvada.

lu.ci.mien.to [luθimjénto] *s.m.* brilho pessoal, bom desempenho intelectual.
lu.cir [luθír] *v.i.* brilhar, reluzir.
lu.cir.se [luθírse] *v.p.* exibir-se, destacar-se. *Julián se lució y fue muy aplaudido por su trabajo.* Julián exibiu-se e foi muito aplaudido por seu trabalho.
lu.crar [lukrár] *v.i.* ganhar vantagem ou benefício financeiro.
lu.cra.ti.vo/a [lukratíβo] *adj.* atividade que rende ganhos, vantagens ou benefícios.
lu.cro [lúkro] *s.m.* ganho, vantagem, benefício.
lu.cu.bra.ción [lukuβraθjón] *s.m.* 1 trabalho com afinco, com empenho intelectual. 2 meditação, reflexão, elucubração.
lu.cu.brar [lukuβrár] *v.i.* 1 trabalhar com afinco, com empenho intelectual. 2 meditar, refletir, elucubrar.
lue.go [lwéɣo] *adv. de tempo* após, depois, logo. *desde luego,* é claro, sem dúvida, com certeza.
lu.gar [luɣár] *s.m.* lugar, sítio, espaço, lado, parte. *en lugar de,* ao invés de. *En lugar de quejarte todo el día, deberías ponerte a estudiar.* Ao invés de se queixar o dia todo, você deveria estudar.
lu.ga.re.ño [luɣaréɲo] *s.m.* morador de um lugar, povoado ou aldeia.
lu.gar.te.nien.te [luɣartenjénte] *s.m.* lugar-tenente, ajudante chefe.
lú.gu.bre [lúɣuβre] *adj.* lúgubre, triste, fúnebre, lôbrego, lutuoso.
lu.jo [lúxo] *s.m.* luxo, gastos ou prazeres excessivos, fausto.
lu.jo.so/a [luxóso] *adj.* luxuoso, com muito fausto, com despesas ou prazeres excessivos e desnecessários. *Los palacios europeos muestran la vida lujosa de los antiguos nobles.* Os palácios europeus mostram a vida luxuosa dos antigos nobres.

lu.ju.ria [luxúrja] *s.f.* 1 luxúria, exuberância. 2 viço, sensualidade.

lu.ju.rio.so/a [luxurjóso] *adj.* 1 sensual, viçoso, exuberante. 2 libertino.

lum.ba.go [lumbáɣo] *s.m.* lumbago, dor reumática nas costas.

lum.bre [lúmbre] *s.f.* lume. 1 combustível para iluminar. 2 fogo. 3 luz. 4 brilho, esplendor.

lum.bre.ra [lumbréra] *s.f.* pessoa muito notável, ilustrada, inteligente.

lum.bre.ras [lumbréras] *s.f.pl.* olhos.

lu.mi.na.ria [luminárja] *s.m.* luminária, luz de adorno.

lu.mi.no.si.dad [luminosiðáð] *s.m.* brilho, esplendor, luminosidade.

lu.mi.no.so/a [luminóso] *adj.* brilhante, luminoso, esplendoroso.

lu.na [lúna] *s.f.* 1 Lua, satélite natural da Terra. 2 cristal grosso, espelho, vidro de carro ou de uma vitrina. 3 extravagância, capricho, lua. *estar con la luna*, estar de lua, de mau humor. *Mejor ni hablarle hoy que está con la luna.* É melhor não falar com ele hoje porque está de lua. *estar en la luna,* ser distraído, estar no mundo da Lua. *media luna*, croissant, meia-lua, pão de confeitaria típico argentino.

lu.nar [lunár] *s.m.* sinal natural, pequena mancha na pele, pinta.

lu.nar [lunár] *adj.* lunar, referente à Lua.

lu.ná.ti.co/a [lunátiko] *adj.* de lua, genioso, excêntrico, louco.

lu.nes [lúnes] *s.m.* segunda-feira, primeiro dia útil da semana. *El próximo lunes viajo a Córdoba.* Na próxima segunda-feira vou viajar para Córdoba.

lu.ne.ta [lunéta] *s.f.* lente dos óculos, ou vidro de um carro.

lu.pa [lúpa] *s.f.* lente de aumento, lupa.

lú.pu.lo [lúpulo] *s.m.* planta que dá o gosto amargo à cerveja, lúpulo.

lus.tra.bo.tas [lustraβótas] *s.m.* engraxate.

lus.trar [lustrár] *v.i.* dar brilho, polir.

lus.tre [lústre] *s.m.* 1 brilho, polimento. *Limpió todas las lámparas hasta sacarles un nuevo lustre.* Limpou todos os lustres até dar um novo brilho. 2 ilustração, prestígio.

lus.tro [lústro] *s.m.* quinquênio, lustro, período de cinco anos.

lus.tro.so/a [lustróso] *adj.* brilhante, polido, prestigioso.

lu.to [lúto] *s.m.* 1 luto, período de sentimento de dor pela morte ou perda de um ser querido. 2 trajes pretos que indicam a perda e a tristeza.

luz [lúθ] 1 *s.f.* luz, claridade, luminosidade. 2 *dar a luz, v.t.* parir, dar à luz uma criança. *Sacar a la luz,* dar a conhecer, fazer público, divulgar.

M m

m, M [éme] *s.f.* 1 décima terceira letra do alfabeto espanhol e décima primeira de suas consoantes. Seu nome é *eme*; sua articulação é bilabial nasal oclusiva sonora. 2 representa 50 em números romanos.

ma.ca.bro/a [makáβro] *adj.* macabro, afeiçoado a coisas fúnebres, tristes ou relativas à morte.

ma.ca.na [makána] *s.f.* arma antiga dos índios, porrete.

ma.ca.na [makána] *s.f.* (Arg., Urug. e Par.) besteira, bobagem ou falação à toa. *Dijo tantas macanas que nos cansó a todos.* Disse tanta besteira que cansou a todos nós.

ma.ca.ne.a.dor/a [makaneaðór] *adj.* que fala ou que faz besteiras, bobagens, que mente ou embroma. *No le creas nada de lo que te cuenta, es un macaneador incurable.* Não acredite em nada do que ele conta, é um embromador incurável.

ma.ca.nu.do/a [makanúðo] *adj.* estupendo, magnífico, legal, boa gente. *Cristina es una persona macanuda.* Cristina é uma pessoa muito legal.

ma.ca.rrón [makar̄ón] *s.m.* macarrão, massa comestível de farinha em forma de canudo.

ma.ce.ra.ción [maθeraθjón] *s.m.* maceração, ação de amolecer um sólido por meio de um líquido.

ma.ce.rar [maθerár] *v.t.* macerar, amolecer um sólido por meio de um líquido.

ma.ce.ta [maθéta] *s.f.* vaso para plantas e/ou flores.

ma.ce.ta [maθéta] *s.f.* diminutivo de maza, marreta para afundar estacas.

ma.ce.te.ro [maθetéro] *s.m.* móvel ou artefato para colocar vasos com plantas ou flores.

ma.cha.ca.dor/a [maʧakaðór] *adj.* que insiste, porfia ou repete o mesmo assunto.

ma.cha.car [maʧakár] *v.i.* 1 moer, triturar, quebrar. 2 teimar, porfiar, insistir, repetir, incomodar com um tema, bater na mesma tecla. *Tanto machacó con ese asunto que al final logró lo que queria.* Insistiu tanto no que ele queria que por fim conseguiu.

ma.che.ta.zo [maʧetáθo] *s.m.* golpe dado com um facão.

ma.che.te [maʧéte] *s.m.* peixeira, sabre curto ou facão usado em tarefas rurais, corte de cana etc.

ma.chi.hem.bra.do [maʧiembráðo] *s.m.* ensamblado de peças de madeira que se encaixam ao estilo macho-fêmea.

ma.chis.mo [maʧízmo] *s.m.* ideologia e comportamento que atribui superioridade ao homem em relação à mulher, machismo.

ma.chis.ta [maʧísta] *adj.* que acha o homem superior e melhor que a mulher, machista.

ma.cho [máʧo] *s.m.* macho, do sexo masculino; planta, animal ou pessoa do gênero masculino.

ma.cho/a [máʧo] *adj.* machão, valentão, metido a herói.

ma.chón [maʧón] *adj.* machão, valentão, homem que alardeia da sua masculinidade.

ma.cho.na [maʧóna] *adj.* mulher-macho, mulher com características masculinas, sapatão.

ma.chu.car [maʧukár] *v.i.* machucar, triturar.

Não significa "ferir".

ma.ci.zo/a [maθíθo] *adj.* 1 que não é oco, compacto, maciço. 2 *s.m.* conjunto de montanhas.

ma.cro.bió.ti.ca [makrobjótika] *s.f.* dieta com base em cereais integrais, legumes e frutas frescas.

ma.cro.bió.ti.co/a [makrobjótiko] *adj.* relativo à macrobiótica.

ma.cro.cos.mo [makrokózmo] *s.m.* macrocosmo, o Universo como um todo orgânico, em oposição ao ser humano.

má.cu.la [mákula] *s.f.* 1 mancha, pecado, trapaça, enganação. 2 sujeira. 3 infâmia, desonra.

ma.de.ja [maðéxa] *s.f.* meada de fios, lãs ou outro tecido.

ma.de.ra [maðéra] *s.f.* madeira, matéria das árvores usada em carpintaria e marcenaria. *tocar madera,* tocar na madeira, afastar o azar, fazer uma simpatia para atrair a sorte.

ma.dras.tra [maðrástra] *s.f.* esposa do pai, madrasta.

ma.dre [máðre] *s.f.* mãe.

ma.dre [máðre] *s.f.* freira, superior de uma ordem religiosa.

ma.dre.per.la [maðrepérla] *s.f.* madrepérola, substância nacarada do interior de algumas ostras.

ma.dre.sel.va [maðresélβa] *s.f.* planta trepadeira de flores perfumadas, madressilva.

ma.dri.gue.ra [maðriɣéro] *s.f.* toca ou esconderijo de uma raposa, tatu, coelho ou qualquer roedor, covil de feras. *madriguera de bandidos,* covil, esconderijo, lugar de resguardo de bandidos.

ma.dri.na [maðrína] *s.f.* 1 madrinha, pessoa indicada no batismo para proteger a criança em caso de morte dos pais. 2 pessoa que assiste ou protege, também no sacramento do casamento.

ma.dru.ga.da [maðruɣáða] *s.f.* 1 madrugada, amanhecer. 2 alva, início do dia.

ma.dru.ga.dor/a [maðruɣaðór] *adj.* que acorda muito cedo.

ma.dru.gar [maðruɣár] *v.i.* acordar e levantar-se muito cedo.

madrugón [maðruɣón] *s.m.* circunstância de alguém ter-se levantado muito cedo ou de madrugada.

ma.du.ra.ción [maðuraθjón] *s.f.* 1 ação, processo ou efeito de amadurecer. 2 maduração, amadurecimento.

ma.du.rar [maðurár] *v.t. e i.* amadurecer, madurar, ficar maduro, tanto a fruta quanto a pessoa.

ma.du.rez [maðuréθ] *s.f.* maturidade, estado ou idade em que há amadurecimento ou madureza.

ma.du.ro/a [maðúro] *adj.* 1 fruto ou alimento vegetal pronto para ser colhido, sazonado. 2 amadurecido, crescido, envelhecido. 3 prudente, sábio, refletido, maduro.

ma.es.tra [maéstra] *s.f.* 1 professora de escola primária, de 1ª até a 9ª série do Ensino Fundamental. 2 professora de alguma arte ou ofício.

ma.es.tra [maéstra] *adj.* obra de arte ou peça mestre, de relevante mérito. *La Gioconda, o Mona Lisa, es una obra maestra de la pintura universal.* A Gioconda, ou Mona Lisa, é uma obra-prima da pintura universal.

ma.es.tran.za [maestráθa] *s.f.* 1 escritórios e oficinas onde se constroem e montam as peças da artelharia e acessórios para navios de guerra. 2 sociedade de cavaleiros, escola de equitação.

ma.es.trí.a [maestría] *s.f.* destreza e arte de mestre para ensinar a fazer e/ou executar um ofício, ciência ou arte.

ma.es.tro [maéstro] *s.m.* 1 professor de 1ª até a 9ª série do Ensino Fundamental. 2 (mús.) compositor ou mestre diretor, regente de orquestra ou coro (fem. maestrina). *maestro de câmara*, oficial de pálacio. *maestro de obras*, empreiteiro civil, encarregado de obra de construção. *maestro de ceremonias*, encarregado do protocolo, festas, apresentações segundo o cerimonial oficial.

ma.gia [máxja] *s.f.* 1 práticas ocultas, feitiçaria. 2 sedução, graça, encanto.

má.gi.co/a [máxiko] *adj.* mágico, fascinante, sedutor, encantador, conquistador.

ma.gis.te.rio [maxistérjo] *s.m.* 1 magistério, exercício do cargo e a função de professor fundamental. 2 classe ou grêmio, coletivo dos professores, professorado.

ma.gis.tra.do [maxistráðo] *s.m.* 1 juiz ou ministro superior da Justiça. *Llegar a magistrado es la cima de la carrera de un abogado.* Chegar a magistrado é o auge da carreira de um advogado.

ma.gis.tral [maxistrál] *adj.* 1 referente ao magistério. 2 que faz algo com mestria. *Dirigió la orquesta de modo magistral.* Conduziu a orquestra de modo magistral.

ma.gis.tra.tu.ra [maxistratúra] *s.f.* cargo e condição de magistrado.

mag.na.ni.mi.dad [maɣnanimiðáð] *s.f.* grandeza e elevação de espírito, generosidade, magnaminidade. *Actuó con una magnanimidad y benevolencia que dejó admirados a todos los que pensaban que era un hombre severo.* Agiu com uma magnanimidade e benevolência que deixou admirados todos os que pensavam que ele era um homem severo.

mag.ná.ni.mo/a [maɣnánimo] *adj.* generoso, justo, corretíssimo.

mag.na.te [maɣnáte] *s.m.* pessoa ilustre, grande empresário, poderoso e muito rico, magnata.

mag.ne.sia [maɣnésja] *s.f.* 1 metal blanco, óxido de magnésio. 2 substância insípida e inodora, usado como isolante, fertilizante e, na medicina, como laxante, magnésia.

mag.ne.sio [maɣnésjo] *adj. e s.m.* metal brilhante, leve, semelhante à prata, maleável, usado em metalurgia e em fotografia.

mag.né.ti.co/a [maɣnétiko] *adj.* 1 que possui imantação ou capacidade de atrair metais. 2 pessoa muito atraente, sugestiva, capaz de seduzir ou fascinar, magnético.

mag.ne.tis.mo [maɣnetízmo] *s.m.* 1 capacidade de atrair metais, magnetismo. 2 capacidade de atrair a atenção e o interesse de outras pessoas, sedução. *Ela tiene un magnetismo que encanta a todos.* Ela tem um magnetismo que encanta a todos.

mag.ne.ti.zar [maɣnetiθár] *v.t.* 1 atrair por força física magnética, imantação. 2 seduzir, hipnotizar, encantar.

mag.ni.fi.car [maɣnifikár] *v.i.* engrandecer, aumentar.

mag.ni.fi.cen.cia [maɣnifiθénθja] *s.f.* magnificência, capacidade para grandes empreendimentos, liberalidade para gastar, ostentação.

mag.ni.fi.cen.te [maɣnifiθénte] *adj.* magnificente, esplêndido, suntuoso, magnífico.

mag.ní.fi.co/a [maɣnífiko] *adj.* magnífico, deslumbrante, luxuoso, imponente.

mag.ni.tud [maɣnitúð] *s.f.* 1 magnitude, tamanho, grandeza. 2 (astron.) tamanho aparente de um corpo celeste.

mag.no/a [máɣno] *adj.* magno, de grande importância. *Alejandro Magno extendió las glorias del mundo griego antiguo.* Alexandre Magno estendeu as glórias do mundo grego antigo.

mag.no.lia [maɣnólja] *s.f.* árvore de flores brancas, magnólia.

ma.go [máɣo] *s.m.* mágico, mago, feiticeiro, que exerce a magia.

ma.gro/a [máɣro] *adj.* magro.

ma.gro/a [máɣro] *s.* 1 carne sem gordura. 2 fatia de presunto.

ma.gu.lla.du.ra [maɣuʎaðúra] *s.f.* contusão, amoratamento da pele ou do músculo, sem ferida externa, por batida ou compressão.

ma.gu.llar [maɣuʎár] *v.t.* produzir contusão por batida ou compressão.

ma.gu.llón [maɣuʎón] *s.m.* escurecimento da pele ou do músculo, sem ferida externa, galo ou cardeal, hematoma.

mai.ce.na [mai̯θéna] *s.f.* farinha muito fina de milho (em espanhol, *maíz*), maisena, maizena.

ma.íz [maíθ] *s.m.* milho.

mai.zal [mai̯θál] *s.m.* milharal, plantação de milho.

ma.ja [máxa] *adj.* 1 (Esp.) mulher bonita, simpática, legal. 2 (Cuba) mulher folgada.

ma.ja.da [maxáða] *s.f.* lugar onde se recolhe o gado à noite. 2 (Arg.) manada de gado caprino ou bovino.

ma.ja.de.rí.a [maxaðería] *s.f.* bobagem, besteira, estupidez.

ma.ja.de.ro/a [maxaðéro] *adj.* que fala ou faz bobagens, besta, estúpido.

ma.jes.tad [maxestáð] *s.f.* 1 magnificência, grandeza suprema, superioridade. 2 autoridade real ou imperial, título que se dá a Deus e também a reis, rainhas, imperatrizes e imperadores. 3 majestade.

ma.jes.tuo.so/a [maxestwóso] *adj.* suntuoso, soberbo, imponente, augusto, pomposo, majestoso. *Hizo su aparición de forma majestuosa.* Fez sua aparição de forma majestosa.

ma.jo/a [máxo] *adj. e s.* legal, joia, simpático, lindo, bonito.

mal [mál] *s.m.* mal, negação do bem, que causa dano, ofensa, desgraça, calamidade. *No hay mal que dure 100 años.* Não há mal que dure 100 anos. *El cigarro es un gran mal para la salud.* O cigarro é um grande mal para a saúde.

mal [mál] *adj.* apócope de *malo*, que causa mal ou dano. *Fulano es un mal amigo y también una mala compañía.* Fulano é um mau amigo e também uma má companhia.

mal [mál] *adv.* de forma inversa à devida, oposto ao certo e correto. *Me contestó mal.* Respondeu-me mal.

ma.la.bar [malaβár] *adj. e s.m.* natural de Malabar, região da Índia.

ma.la.ba.ris.mo [malaβarízmo] *s.m.* 1 arte de jogos de prestidigitação, destreza e agilidade, malabarismo. 2 (fig.) habilidade para manter-se em situações difíceis. *Sostener el presupuesto requiere mucho malabarismo.* Sustentar o orçamento requer muito malabarismo.

ma.la.ba.ris.ta [malaβarísta] *s.* malabarista, pessoa que executa jogos malabares. *Manejó la situación como un gran malabarista.* Conduziu a situação como um grande malabarista.

ma.la.cos.tum.bra.do/a [malakostumbráðo] *s. e adj.* mal-acostumado, excessivamente mimado, malcriado ou mal-educado. *Por tratarlo de esa forma, Juanito está malacostumbrando.* Desse modo Jaimito está mal-acostumado.

ma.la.gra.de.ci.do/a [malaɣraðeθíðo] *adj* mal-agradecido, que não sabe agradecer, desagradecido.

ma.lan.drín/a [malandrín] *adj. e s.* que obra com picardia ou até perversidade, maligno, canalha, malandrim, malandro, mau-caráter. *Ese hombre es un malandrín y un bandido.* Esse homem é malandro e bandido.

ma.la.pa.ta [malapáta] *s.f.* (pop.) azar, falta de sorte. *Perdí mis documentos; ando con mucha malapata.* Perdi meus documentos; ando muito azarado.

ma.lar [malár] *adj.* e *s.m.* osso par de forma quadrilátera situado na parte superior e lateral do rosto. Relativo às bochechas ou maçãs do rosto.

ma.la.ria [malárja] *s.f.* impaludismo, doença infecciosa transmitida por mosquito.

ma.la.ven.tu.ra [malaβentúra] *s.f.* azar, desgraça, má fortuna, desventura.

ma.la.ven.tu.ra.do/a [malaβenturáðo] *s.* quem tem azar e é infeliz, desgraçado. *El pobre no puede ser más malaventurado.* O coitado não pode ser mais azarado.

mal.ca.sa.do/a [malkasáðo] *adj.* e *s.* que não cumpre com os deveres do casamento, malcasado.

mal.co.mer [malkomér] *v.t.* comer escassamente, comer com pouco gosto.

mal.co.mi.do/a [malkomíðo] *adj.* faminto, mal alimentado, fraco por insuficiência alimentícia.

mal.con.si.de.ra.do/a [malkonsiðeráðo] *adj.* que não tem boa fama ou reputação.

mal.con.ten.to/a [malkonténto] 1 *s.m.* que perturba a ordem, revoltoso. 2 *adj.* descontente.

mal.cria.do/a [malkrjáðo] *adj.* que não foi bem educado, descortês. *Es el colmo de ser malcriado.* É o cúmulo de malcriado.

mal.crian.za [malkrjánθa] *s.f.* descortesia, grosseria, falta de educação. *A Jaimito le toleran todas sus malcrianzas.* Toleram todas as malcriadezes de Jaimito.

mal.criar [malkrjár] *v.t.* educar mal ou mimar em excesso os filhos, ser demasiado tolerante com eles.

mal.dad [maldáð] *s.f.* maldade, qualidade de mau, agir com malícia. *Tiene una maldad que asusta.* Tem uma maldade que assusta.

mal.de.ci.do/a [maldeθíðo] *adj.* e *s.* amaldiçoado, de má índole.

mal.de.cir [maldeθír] *v.t.* lançar maldições, praguejar, amaldiçoar, xingar, criticar, ferir ou ofender com malignidade.

mal.di.ción [maldiθjón] *s.f.* imprecação contra uma pessoa ou coisa manifestando ódio e repugnância. Desejo expresso de mal a alguém.

mal.dis.pues.to/a [maldispwésto] *adj.* indisposto, doente, ou que faz as obrigações de má vontade.

mal.di.to/a [maldíto] *adj.* maldito, muito mau, ruim, detestável. *Y el maldito se salió con la suya.* E o maldito levou a melhor.

ma.le.a.bi.li.dad [maleaβiliðáð] *s.f.* flexibilidade, docilidade.

ma.le.a.ble [maleáβle] *adj.* dócil, flexible. *Es un metal tan maleable que puede batirse y extenderse en láminas.* É um metal tão maleável que pode ser batido e estendido em lâminas.

ma.le.an.te [maleánte] *s.m.* delinquente, pessoa de má conduta, com antecedentes penais. *Fue preso un maleante de mil fechorías.* Foi preso um delinquente de mil delitos.

ma.le.cón [malekón] *s.m.* beira-mar, calçadão com muralha de proteção contra as águas do mar. *Paseábamos juntos por el malecón de La Habana.* Passeávamos juntos no calçadão à beira-mar de Havana.

ma.le.di.cen.cia [maleðiθénθja] *s.f.* maledicência ou maldizência, murmuração, difamação.

ma.le.du.ca.do/a [maleðukáðo] *adj.* mal-educado, malcriado, que não teve boa educação, incivilizado. *Esos alumnos son muy maleducados e indisciplinados.* Esses alunos são muito mal-educados e indisciplinados.

ma.le.fi.cen.cia [malefiθénθja] *s.f.* malefício, maldade, hábito de fazer o mal.

ma.le.fi.cio [malefíθjo] *s.m.* malefício, encanto, feitiçaria, prejuízo, maldade, bruxaria.

La bruja le echó um maleficio. A bruxa rogou-lhe uma praga.

ma.lé.fi.co/a [maléfiko] *adj.* que prejudica com malefícios. *Es un personaje maléfico, un genio de la maldad.* É uma personagem maléfica, um gênio da maldade.

ma.len.ten.di.do [malentendíðo] *s.m.* mal-entendido, desacordo na interpretação de algo. *No me pagaron porque hubo un malentendido con mi nombre y apellido.* Não me pagaram porque houve um mal-entendido com meu nome e sobrenome.

ma.les.tar [malestár] *s.m.* mal-estar, desconforto, estado de quem se sente mal física ou espiritualmente.

ma.le.ta [maléta] *s.f.* mala de couro, plástico ou lona, com alças e fechadura usada como bagagem manual. *Traes el mundo en tu maleta.* Você carrega o mundo na sua maleta.

ma.le.ta [maléta] *adj.* inútil, desastroso, perna de pau nos jogos ou esportes.

ma.le.te.ro [maletéro] *s.m.* 1 quem faz, vende ou carrega malas. 2 porta-bagagem, porta-malas, bagageiro do carro.

ma.le.tín [maletín] *s.m.* mala pequena, valise, frasqueira.

ma.lé.vo.lo/a [maléβolo] *adj. e s.* propenso a fazer dano ou maldade, malévolo.

ma.le.za [maléθa] *s.f.* mato, ervas daninhas, abundantes nas plantações.

mal.for.ma.ci.ón [malformaθjón] *s.f.* má-formação ou malformação.

mal.gas.ta.dor/a [malɣastaðór] *adj. e s.* quem desperdiça tempo, dinheiro, paciência etc. em coisas inúteis.

mal.gas.tar [malɣastár] *v.t.* desperdiçar, prodigar, esbanjar, malbaratar. *No malgastes tu tiempo, que el tiempo es oro.* Não desperdice o seu tempo, pois tempo é ouro.

mal.ha.bla.do/a [malaβláðo] *adj. e s.* desbocado, que fala de modo atrevido e usando palavrões. *Eres un malhablado incorregible.* Você é um desbocado incorrigível.

mal.ha.da.do/a [malaðáðo] *adj.* malfadado, desafortunado, infeliz, desgraçado.

mal.ha.ya [maláǰa] *interj.* imprecação equivalente a ¡*Maldito(a) sea!* Maldito(a) seja!. ¡*Malhaya tu sangre!* Maldito seja teu sangue!

mal.he.chor/a [maletʃór] *adj. e s.* malfeitor, delinquente, criminoso, pessoa má.

mal.he.rir [malerír] *v.t.* ferir gravemente. *No pudo evitar ser malherido en el asalto.* Não pôde evitar que o ferissem no assalto.

mal.hu.mor [malumór] *s.m.* irritação, mau humor.

mal.hu.mo.ra.do/a [malumoráðo] *adj.* que está ou que vive de mau humor, irritado, azedo, áspero, intratável, mal-humorado.

mal.hu.mo.rar [malumorár] *v.t. e v.p.* deixar alguém zangado ou ficar de mau humor.

ma.li.cia [malíθja] *s.f.* qualidade de mau, perversidade, malícia, picardia, inclinação a fazer o mal.

ma.li.ci.ar [maliθjár] *v.t. e v.p.* maliciar, suspeitar maliciosamente de algo ou alguém.

ma.li.cio.so/a [maliθjóso] *adj.* 1 malicioso, pícaro. 2 *s.m.* que age com malícia.

ma.lig.ni.dad [maliɣniðáð] *s.f.* perversidade, infâmia, malignidade.

ma.lig.no/a [malíɣno] *adj.* 1 maligno, malvado. 2 *s.m.* perverso, imoral, propenso à maldade.

ma.lin.ten.cio.na.do/a [malinteŋθjonáðo] *adj. e s.* mal-intencionado, que tem má intenção. *Siempre ha sido un hombre malintencionado.* Sempre foi um homem mal-intencionado.

ma.lla [máʎa] *s.f.* malha, tecido, cada um dos quadriláteros que formam o tecido de uma rede.

mal.man.da.do [malmandáðo] *adj.* malmandado, desobediente, indócil, indisciplinado.

malo

ma.lo [málo] *adj.* mau, daninho, que produz prejuízo, que não tem bondade. *Es más malo que una peste.* É mau que nem uma praga.

ma.lo.gra.do/a [maloɣráðo] *adj.* malogrado, frustrado, desperdiçado, fracassado.

ma.lo.grar [maloɣrár] *v.t.* malograr, frustrar, perder, desaproveitar algo.

ma.lo.gro [malóɣro] *s.m.* malogro, fracasso, revés, frustração.

ma.lo.lien.te [maloljénte] *adj.* malcheiroso, fedorento, que exala mal cheiro. *De tan maloliente nadie se le acerca.* É tão fedorento que ninguém chega perto dele.

ma.lón [malón] *s.m.* (Amér.) ataque inesperado dos aborígines, formação guerreira dos índios. *¡Nos cayeron como un malón!* Caíram sobre nós como uma súbita ofensiva!

mal.pa.rar [malparár] *v.t.* malparar, maltratar, menoscabar, deteriorar, deixar em mau estado ou em maus lençois. *Estuvo muy mal, me dejó muy malparado en la oficina.* Ele agiu muito mal, me deixou em maus lençois no escritório.

mal.pa.rir [malparír] *v.i.* malparir, abortar, ter um mau parto.

mal.pen.sa.do/a [malpensáðo] *adj. e s.* pessoa que, perante a dúvida, prefere pensar mal.

mal.que.rer [malkerér] *v.t.* malquerer, ter ou demonstrar má vontade com alguém.

mal.quis.tar [malkistár] *v.t. e v.p.* malquistar, indispor, inimizar uma pessoa com outra.

mal.quis.to [malkísto] *adj.* malquisto, desacreditado, malvisto, inimizado. *Sara quedó malquista con sus antiguos compañeros.* Sara ficou malvista com seus antigos colegas.

mal.sa.no [malsáno] *adj.* malsão, enfermiço, doentio, prejudicial para a saúde. *Los pantanos tienen un aire malsano.* Os pântanos têm um ar malsão.

mal.so.nan.te [malsonánte] *adj.* malsoante ou malsonante, que soa mal, palavra grosseira ou incorreta. *Llegó enojado y con expresiones malsonantes.* Chegou irritado e com expressões grosseiras.

mal.su.fri.do/a [malsufríðoo] *adj.* malsofrido, impaciente, que não se conforma ou resigna.

mal.ta [málta] *s.f.* malte, cevada germinada e tostada que se usa na elaboração de cerveja e álcool.

mal.tra.ta.mi.en.to [maltratamjénto] *s.m.* mau trato, vexame.

mal.tra.tar [maltratár] *v.t. e v.p.* maltratar, menoscabar, tratar mal, bater em alguém. *Me duele cuando maltratan a la gente.* Fico sentido quando maltratam as pessoas.

mal.tra.to [maltráto] *s.m.* mau trato.

mal.tre.cho/a [maltrétʃo] *adj.* maltratado, machucado, ferido.

mal.va.do/a [malβáðo] *adj.* 1 malvado. 2 *s.m.* malvado, pessoa muito má, desprezível.

mal.ven.der [malβendér] *v.t.* vender muito mal, a baixo preço ou em más condições.

mal.ver.sa.ción [malβersaθjón] *s.f.* dilapidação de dinheiro, má administração, desgoverno, corrupção com dinheiro público, malversação.

mal.ver.sa.dor/a [malβersaðór] *adj. e s.* mau administrador, fraudulento. *Lo procesaron por malversador.* Ele foi processado por ser fraudulento.

mal.ver.sar [malβersár] *v.t.* subtrair, destinar fundos e cabedais públicos para fins diferentes dos que originalmente foram destinados.

mal.vi.vir [malβiβír] *v.i.* viver ajustadamente, angustiosamente, viver mal.

ma.ma [máma] *s.f.* órgão glandular presente nas fêmeas, mama.

ma.má [mamá] *s.f.* mãe.

ma.ma.ca.llos [mamakáʎos] *s.m.* tonto, néscio.

ma.ma.de.ra [mamaðéra] *s.f.* mamadeira, garrafa com bico para oferecer leite aos lactantes e descansar o peito das mulheres que estão amamentando seus filhos.

ma.ma.do/a [mamáðo] *adj.* ébrio, bêbado, alcoolizado. *Llegó de la calle más mamado que una cuba.* Chegou mamadão da rua.

ma.mar [mamár] *v.t.* sugar, chupar o leite dos peitos maternos.

ma.ma.rio/a [mamárjo] *adj.* pertencente ou relativo às mamas ou tetas.

ma.ma.rra.cha.da [mamar̄atʃáða] *s.f.* ação desconcertante e ridícula, fantochada. *¡Fue una mamarrachada histórica!* Foi uma palhaçada histórica!

ma.ma.rra.cho [mamar̄átʃo] *s.m.* figura ou enfeite malfeito ou ridículo, pessoa informal e desprezível.

ma.mí.fe.ro/a [mamífero] *adj. e s.* que alimenta seus filhotes com o leite de suas mamas, mamífero.

ma.mi.la [mamíla] *s.f.* parte principal do peito, exceto o mamilo; maminha no homem.

ma.món/a [mamón] *adj. e s.* que ainda mama, que mama muito.

ma.mo.tre.to [mamotréto] *s.m.* livro com muitas páginas, livrório. *Más páginas que un mamotreto.* Mais páginas que um livrório.

mam.pa.ra [mampára] *s.f.* armação de madeira, metal ou cristal que serve para dividir um quarto.

mam.po.rro [mampór̄o] *s.m.* golpe, porrada.

mam.pos.te.ría [mampostería] *s.f.* obra feita por pedreiros com tijolos, areia e cal. *La mampostería de la iglesia fue muy bien hecha.* A alvenaria da igreja foi muito bem feita.

mam.pos.te.ro [mampostéro] *s.m.* pedreiro.

ma.mu.jar [mamuxár] *v.t.* mamar sem vontade.

ma.mu.llar [mamuʎár] *v.t.* comer como se estivesse mamando.

ma.ná [maná] *s.f.* alimento milagroso oferecido por deus aos judeus no deserto, maná.

ma.na.da [manáða] *s.f.* rebanho, conjunto de animais da mesma espécie que vivem juntos. *El perro ovejero no las dejó salirse de la manada.* O cão ovelheiro não as deixou sair do rebanho.

ma.na.de.ro [manaðéro] *s.m.* pastor de gado.

ma.nan.te [manánte] *adj.* que mana, corrente.

ma.nan.tial [manantjál] *adj.* diz-se da água que sai da fonte, manancial.

ma.nan.tío [manantío] *adj.* que mana.

ma.nar [manár] *v.i.* brotar, surgir, correr abundantemente. *De la montaña vi el agua manar hacia el valle.* Da montanha vi a água correr para o vale.

ma.na.tí [manatí] *s.m.* 1. mamífero sirênio, sirenídio, que vive nas costas orientais da América e mede cerca de 5 metros de comprimento, manati, vaca-marinha.

ma.na.to [manáto] *s.m.* manatí.

ma.na.za [manáθa] *s.f.* aumentativo de mão. *La tomó firmemente con sus manazas.* Pegou-a firmemente com suas manoplas.

man.ca.mi.en.to [maŋkamjénto] *s.m.* maneta, falta de mão ou braço. *Sufría un mancamiento en su mano izquierda.* Era manco da mão esquerda.

man.car [maŋkár] *v.t. e i.* aleijar.

man.ca.rrón/a [maŋkar̄ón] *adj.* mancarrão, matungo, cavalo velho, feio. Ver *matalón*.

man.ce.ba [manθéβa] *s.f.* concubina, querida, amiga, prostituta, amante.

man.ce.bí.a [manθeβía] *s.f.* bordel, prostíbulo.

man.ce.bo [manθéβo] *s.m.* companheiro, criado, amante, jovem de poucos anos.

man.ce.ra [manθéra] *s.f.* peça na parte traseira do arado para apoiar a mão.

man.cha [mátʃa] *s.f.* mancha, estigma, desonra. *La cárcel fue una mancha que cambió su vida.* O cárcere foi uma mancha que mudou sua vida.

man.char [matʃár] *v.t.* manchar, sujar, emporcalhar.

man.chón [matʃón] *s.m.* mancha grande.

man.ci.lla [maṇθiʎa] *s.f.* mancha, estigma, infâmia.

man.ci.llar [maṇθiʎár] *v.t.* manchar, ofender, sujar, denegrir.

man.ci.par [maṇθipár] *v.t.* sujeitar alguém à escravidão.

man.co/a [máŋko] *adj. e s.* sem mão ou braço, mutilado, lesado, aleijado, pessoa manca ou mutilada.

man.co.mu.nar [maŋkomunár] *v.t.* confederar, unir, concordar, combinar, mancomunar. *La solución fue mancomunar las ideas de los dos grupos.* A solução foi mancomunar as ideias dos dois grupos.

man.co.mu.ni.dad [maŋkomuniðáð] *s.f.* ação e efeito de mancomunar, unir.

man.cor.nar [maŋkornár] *v.t.* segurar uma rês pelos cornos, derrubando-a.

man.cuer.na [maŋkwérna] *s.f.* 1 junta de animais. 2 correia para amarrar duas reses pelos cornos. 3 um par de coisas.

man.da [mánda] *s.f.* legado, testamento, oferecimento, proposta.

man.da.de.ro/a [mandaðéro] *s.* que faz mandados, mandadeiro, mensageiro. *El jefe comenzó como mandadero.* O chefe começou como mensageiro.

man.da.do/a [mandáðo] *s.* mandado, ordem, comissão, função, responsabilidade. *Cumplió el mandado con precisión.* Cumpriu o mandado com precisão.

man.da.más [mandamás] *s.* chefe, feitor, capataz, o que dá as ordens, mandante, mandão. *Llegó el mandamás, vamos a trabajar.* O feitor chegou, vamos trabalhar.

man.da.mien.to [mandamjénto] *s.m.* 1 mandado. 2 cada um dos preceitos do Decálogo e da Igreja.

man.dar [mandár] *v.t. e i.* ordenar, estabelecer, decretar, intimar, governar. *Está preparado para mandar con mano dura.* Está preparado para mandar com mão dura.

man.da.ri.na [mandarína] *s.f.* mexerica.

man.da.ta.rio/a [mandatárjo] *s.* mandatário, autoridade, delegado, representante, procurador.

man.da.to [mandáto] *s.m.* ordem, período de duração de um cargo público conseguido por eleição, mandato.

man.dí.bu.la [mandíβula] *s.f.* mandíbula, cada um dos ossos que termina a região bucal de vários vertebrados. *Reían a mandíbula batiente.* Riam a mandíbula despregada.

man.dil [mandíl] *s.m.* avental grande para proteger a roupa.

man.di.lón [mandilón] *s.m.* homem covarde.

man.dio.ca [mandjóka] *s.f.* mandioca, planta herbácea tropical. *De la raíz de la mandioca se obtiene un tipo de harina.* Da raiz da mandioca obtém-se um tipo de farinha.

man.do [mándo] *s.m.* poder, governo, autoridade, domínio. *Le corresponde el mando del club por cinco años.* Corresponde-lhe o comando do clube por cinco anos.

man.do.li.na [mandolína] *s.f.* bandolim, mandolim, mandolina, instrumento de quatro cordas duplas, caixa de ressonância arredondada, menor que o alaúde.

man.dón/a [mandón] *adj. e s.* mandão, tirano, autoritário. *A ser mandón no hay quien le gane.* Ninguém ganha dele como mandão.

man.dra.cho [mandrátʃo] *s.m.* lugar onde se praticam clandestinamente jogos de azar.

man.dria [mándrja] *s.f.* ócio, preguiça.

man.dril [mandríl] *s.m.* mamífero primata cercopitecídeo de constituição robusta com até 1 metro de altura; mandril, babuíno.

man.dril [mandríl] *s.m.* peça cilíndrica e alongada de uma máquina, estilete para perfurar o ferro incandescente; mandril.

man.du.car [mandukár] *v.i.* comer, mastigar.

ma.ña [máɲa] *s.f.* manha, destreza, habilidade, astúcia. *¡Se da maña para todo!* Dá-se jeito para tudo!

ma.nea [manéa] *s.m.* maniota, maneia, corda ou corrente para segurar as patas dos animais e evitar que escapem. *La manea los mantendrá quietos.* A maneia os manterá quietos.

ma.ne.ar [maneár] *v.t.* fazer alguma coisa com truques, trapaças e manha.

ma.ne.ci.lla [maneθíʎa] *s.f.* 1 mão pequena. *Sentí la suave manecilla del bebé sobre mi piel.* Senti a suave mãozinha do bebê sobre minha pele. 2 ponteiro do relógio.

ma.ne.ja.ble [manexáβle] *adj.* transportável, portátil, fácil.

ma.ne.ja.dor/a [manexaðór] *s.* que maneja, que executa, que governa, que conduz.

ma.ne.jar [manexár] *v.t.* manejar, dirigir, conduzir, manobrar.

ma.ne.jo [manéxo] *s.m.* manejo, administração, gerenciamento, direção.

ma.ne.ra [manéra] *s.f.* maneira, jeito, modo, forma, sistema, procedimento, estilo. *Lo hizo bien a su manera.* Fez bem de seu jeito.

ma.ne.ro/a [manéro] *adj.* maneiro, fácil de dirigir.

man.ga [máŋga] *s.f.* parte do vestido, paletó ou camisa que cobre o braço, manga. *El sastre empezó a tomar las medidas de las mangas.* O alfaiate começou a tirar as medidas das mangas.

man.ga.ne.so [maŋganéso] *s.m.* manganês, metal brilhante cinzento ou rosado, mole, denso, usado em diversas ligas, como o aço, em medicina etc.

man.ga.ni.lla [maŋganíʎa] *s.f.* engano, trapaça, armadilha.

man.gar [maŋgár] *v.t.* pedir, mendigar, pedir dinheiro emprestado, furtar.

man.go [máŋgo] *s.m.* 1 mangueira, árvore da família das anacardiáceas. 2 manga, fruto dessa árvore. 3 *s.m.* cabo, extremidade pela qual se segura um utensílio ou ferramenta. *Tener la sartén por el mango.* Pegar a frigideira pelo cabo.

man.gón [maŋgón] *s.m.* revendedor.

man.go.near [maŋgoneár] *v.i.* vadiar, entregar-se à preguiça

man.go.ne.ro/a [maŋgonéro] *adj. e s.* indolente, folgado, vadio, vagabundo.

man.gos.ta [maŋgósta] *s.f.* mangusto, mamífero carnívoro da família dos viverrídeos, com cerca de 50 centímetros de comprimento, focinho pontudo, patas curtas, cauda longa e pesada, que se alimenta de cobras e roedores, e pode ser domesticado.

man.gue.ar [maŋgeár] *v.t.* manguear, guiar o gado quando passa por um rio a nado ou para a mangueira.

man.gue.ra [maŋgéra] *s.f.* mangueira, instrumento para regar, lavar, apagar incêndios etc.

man.gue.ro/a [maŋgéro] *s.* pessoa que usa a mangueira.

man.gue.ta [maŋgéta] *s.f.* ripa de madeira usada para firmar portas, janelas, tapumes etc.

man.gui.ta [maŋgíta] *s.f.* bolso do casaco onde se põem as mãos para protegê-las do frio.

man.gui.te.ro [maŋgitéro] *s.m.* pessoa que se dedica a preparar e/ou vender peles.

man.gui.to [maŋgíto] *s.m.* manguito, peça de pele, em forma de tubo, usada como enfeite ou abrigo dos pulsos.

ma.ní [maní] *s.m.* amendoim.

ma.ní.a [manía] *s.f.* mania, ideia fixa, obsessão por algo.

ma.ní.a.co/a [maníako] *adj. e s.* maníaco, que tem manias. *Es un maníaco insoportable e incorregible.* É um maníaco insuportável e incorrigível.

ma.nia.tar [manjatár] *v.t.* maniatar, amarrar as mãos, prender.

ma.ni.á.ti.co/a [manjátiko] *adj. e s.* maníaco.

ma.ni.ce.ro [maniθéro] *s.m.* vendedor de amendoim.

ma.ni.co.mio [manikómjo] *s.m.* manicômio, hospital de doentes mentais, manicômio. *El manicomio está superpoblado.* O manicômio está superlotado.

ma.ni.cor.to/a [manikórto] *adj. e s.* mesquinho, avarento, manicurto, nada generoso.

ma.ni.cu.ro/a [manikúro] *s.* manicuro/manicure, especialista em cuidado das mãos, especialmente das unhas.

ma.ni.do/a [maníðo] *adj.* desgastado pelo uso.

ma.ni.fes.ta.ción [manifestaθjón] *s.f.* manifestação, expressão, demonstração, reunião pública. *Las iglesias lanzaron una manifestación por la paz.* As igrejas lançaram uma manifestação pela paz.

ma.ni.fes.tan.te [manifestánte] *adj. e s.* manifestante, que manifesta, que protesta, que está em uma manifestação.

ma.ni.fes.tar [manifestár] *v.t.* falar, expressar, declarar, manifestar, protestar. *¡Vamos todos a la Plaza San Martín a manifestar!* Vamos todos à Praça San Martín para protestar.

ma.ni.fies.to/a [manifjésto] *adj.* manifesto, patente, evidente, claro.

ma.ni.fies.to [manifjésto] *s.m.* manifesto, declaração, documento escrito.

ma.ni.gue.ta [maniɣéta] *s.f.* extremidade pela qual se segura um utensílio ou ferramenta, cabo.

ma.ni.ja [maníxa] *s.f.* 1 extremidade pela qual se segura um utensílio ou ferramenta, cabo. 2 braçadeira.

ma.ni.lar.go/a [maniláryo] *adj. e s.* generoso, liberal, bondoso, mão-aberta.

ma.ni.lla [maníʎa] *s.f.* pulseira, algema, manilha.

ma.ni.llar [maniʎár] *v.t.* manilhar, enfeitar com pulseiras.

ma.nio.bra [manjóβra] *s.f.* manobra, evolução, operação manual. *La votación fue una maniobra de expertos.* A votação foi uma manobra de peritos.

ma.nio.brar [manjoβrár] *v.t.* manobrar, executar manobras, ordenar movimentos. *Maniobrar hábilmente para obtener un fin.* Manobrar habilmente para obter um fim.

ma.ni.pu.la.ción [manipulaθjón] *s.f.* manipulação. 1 preparação manual de certos medicamentos. 2 ato de manipular.

ma.ni.pu.la.dor/a [manipulaðór] *adj. e s.* manipulador, que manipula.

ma.ni.pu.lar [manipulár] *v.t.* manipular. 1 operar com as mãos. 2 governar assuntos alheios a seu modo.

ma.ni.pu.le.o [manipuléo] *s.m.* manipulação.

ma.ni.que.ís.mo [manikeízmo] *s.m.* maniqueísmo, doutrina teológica e religiosa fundada no século III pelo persa Mani ou Manes que admitia dois princípios opostos, o bem e o mal.

ma.ni.quí [manikí] *s.m.* manequim, número da roupa. *Es un maniquí de talla cincuenta.* É um manequim número cinquenta.

ma.nir [manír] *v.t.* macerar as carnes durante algum tempo a fim de que amoleçam antes de cozinhá-las ou assá-las.

ma.ni.rro.to/a [maniṝóto] *adj. e s.* manirroto, desperdiçador, esbanjador, gastador, que cuida mal do dinheiro, mão-aberta.

ma.ni.to [maníto] *s.m.* maná que se dava às crianças como purgante.

ma.ni.tú [manitú] *s.m.* manitu/manitó/manitô, ser supremo dos aborígines norte-americanos.

ma.ni.va.cí.o/a [maniβaθío] *adj. e s.* pobre, sem recursos, que tem as mãos vazias.

ma.ni.ve.la [maniβéla] *s.f.* manivela, manúbrio, peça de uma máquina que se manobra com a mão. *¡Da una vuelta a la manivela!* Vire a manivela!

man.jar [maŋxár] *s.m.* manjar, alimento, comida apetitosa preparada com esmero. *Hemos disfrutado de un manjar.* Deliciamos-nos com um manjar.

man.lie.va [manljéβa] *s.f.* tributo que se recolhia efetiva e peremptoriamente de casa em casa.

ma.no [máno] *s.f.* mão, parte do membro superior que vai do pulso até a ponta dos dedos.

ma.no.jo [manóxo] *s.m.* feixe de elementos que cabem na mão.

ma.nó.me.tro [manómetro] *s.m.* manômetro, instrumento para medir a pressão de líquidos e gases.

ma.no.pla [manópla] *s.f.* manopla, parte da armadura com que se protegia a mão.

ma.no.se.ar [manoseár] *v.t.* manusear, tocar repetidamente alguma coisa com a mão.

ma.no.ta.zo [manotáθo] *s.m.* tapa, golpe aplicado com a mão, manotaço. *Le dio un fuerte manotazo.* Deu-lhe um forte tapa.

ma.no.te.ar [manoteár] *v.t. e i.* manotear, aplicar golpes com a mão.

man.sal.va(a) [a mansálβa] *loc. adv.* sem risco, sem nenhum perigo, impunemente. *Actuar a mansalva.* Agir impunemente.

man.se.dum.bre [manseðúmbre] *s.f.* mansidão, serenidade, tranquilidade.

man.sión [mansjón] *s.f.* mansão, casa suntuosa, magnífica, imponente. *La mansión soñada.* A mansão dos sonhos.

man.so/a [mánso] *adj.* manso, benigno; diz-se dos animais não ariscos.

man.ta [mánta] *s.f.* coberta, cobertor, manta.

man.te.ar [manteár] *v.t.* mantear, levantar com violência no ar uma pessoa ou boneco em uma manta. *El juego consistía en mantear a todos los chicos.* A brincadeira consistia em mantear todos os garotos.

man.te.ca [mantéka] *s.f.* gordura dos animais.

man.te.ca.da [mantekáða] *s.f.* fatia de pão com manteiga e açúcar.

man.te.ca.do [mantekáðo] *s.m.* doce feito de farinha, banha de porco e açúcar.

man.te.cón [mantekón] *s.m. e adj.* sujeito delicado que vive regaladamente.

man.te.co.so/a [mantekóso] *adj.* gordurento. 1 aplica-se a coisas, animais e pessoas que têm muita gordura. 2 com sabor de manteiga.

man.tel [mantél] *s.m.* toalha de mesa.

man.te.le.rí.a [mantelería] *s.f.* jogo de toalha de mesa e guardanapos.

man.te.ne.dor/a [manteneðór] *adj.* que mantém, que sustenta.

man.te.nen.cia [mantenénθja] *s.f.* mantimento, víveres, manutenção.

man.te.ner [mantenér] *v.t. e v.p.* manter, prover do alimento necessário à subsistência, sustentar alguém, conservar uma coisa em seu estado.

man.te.ni.mien.to [mantenimjénto] *s.m.* ação e efeito de manter, conservar.

man.te.que.ría [mantekería] *s.f.* fábrica de manteiga, estabelecimento em que se vendem lacticínios.

man.te.que.ro/a [mantekéro] *adj. e s.* 1 a manteiga, aquele que faz ou vende manteiga, manteigueiro. 2 recipiente para fazer ou servir manteiga, manteigueira.

man.te.qui.lla [mantekíʎa] *s.f.* manteiga, produto obtido da nata do leite de vaca.

man.te.qui.lle.ra [mantekiʎéra] *s.f.* manteigueira, recipiente para guardar manteiga.

man.ti.lla [mantíʎa] *s.f.* manto fino com o qual as mulheres cobrem a cabeça e os ombros. *La mantilla adornaba su cabellera.* A mantilha enfeitava sua cabeleira.

man.ti.llo [mantíʎo] *s.m.* humus, terra vegetal, adubo formado por esterco, vegetais e tierra.

man.to [mánto] *s.m.* manto, vestidura ampla que se coloca sobre a cabeca ou os ombros e cobre toda a parte da roupa, capa que usam alguns religiosos sobre a túnica, tudo o que cobre, encobre ou dissimula. *Estar bajo un manto de sospechas.* Estar sob um manto de suspeitas.

man.tón [mantón] *s.m.* pano grande de enfeite ou de abrigo que as mulheres usam sobre os ombros.

ma.nu.al [manwál] *adj.* manual.

ma.nu.brio [manúβrjo] *s.m.* manúbrio, empunhadura de um instrumento que se deve manobrar ou conduzir. *El manubrio de la bicicleta.* O guidão da bicicleta.

ma.nu.fac.tu.ra [manufaktúra] *s.f.* manufatura, produto feito à mão ou com ajuda de maquinária, ou lugar onde esses produtos são fabricados.

ma.nu.fac.tu.rar [manufakturár] *v.t.* manufaturar, produzir à mão ou com máquinas.

ma.nu.fac.tu.re.ro/a [manufakturéro] *adj.* manufatureiro, manufator, que produz manufaturas.

ma.nu.mi.sión [manumisjón] *s.f.* manumissão, emancipação, libertação.

ma.nus.cri.to/a [manuskríto] *adj.* manuscrito, papel, texto ou livro escrito à mão. *Presentó un texto en manuscrito.* Apresentou um texto manuscrito.

ma.nu.ten.ción [manutenθjón] *s.f.* manutenção, ação e efeito de manter.

man.za.na [manθána] *s.f.* 1. maçã, fruto da macieira, 2. quarteirão, quadra.

man.za.nal [manθanál] *s.m.* terreno onde se cultivam maçãs.

man.za.nil [manθaníl] *adj.* diz-se de certas frutas que se assemelham à maçã.

man.za.ni.lla [manθaníʎa] *s.f.* camomila, planta silvestre da família das compostas com flores pequenas em forma de margarida.

man.za.no [manθáno] *s.m.* macieira, árvore rosácea caducifólia, de flores brancas ou rosadas, que produz a maçã.

ma.pa [mápa] *s.m.* mapa, plano da superfície terrestre que mostra a situação geográfica.

ma.pa.che [mapátʃe] *s.m.* mamífero plantígrado da família dos procionídeos; é onívoro e vive na América Central e na do Norte.

ma.pa.mun.di [mapamúndi] *s.m.* mapa-múndi, mapa que representa a superfície da Terra em dois hemisférios.

ma.pu.che [mapútʃe] *adj. e s.* mapuche, de Arauco, província central do Chile, idioma falado pelos araucanos; araucano.

ma.que.ar [makeár] *v.t.* laquear, adornar móveis, utensílios ou outros objetos com tintas e douraduras utilizando laca.

ma.que.ta [makéta] *s.f.* maquete, modelo em miniatura de uma construção, modelo prévio de um livro.

ma.quia.ve.lis.mo [makjaβelízmo] *s.m.* maquiavelismo, doutrina inspirada en Maquiavel, que aconselha o uso da maldade para se chegar a um objetivo.

ma.qui.lla.je [makiʎáxe] *s.m.* maquiagem, produtos cosméticos para serem aplicados no rosto.

ma.qui.llar [makiʎár] *v.t. e v.p.* maquiar, aplicar cosméticos no rosto para embelezá-lo ou obter determinada caracterização.

má.qui.na [mákina] *s.f.* máquina, conjunto de aparelhos combinados para receber certa forma de energia, transformá-la e restituí-la em outra mais adequada ou para produzir um efeito determinado.

ma.qui.na.ción [makinaθjón] *s.f.* maquinação, intriga, espreita, complô, trama.

ma.qui.na.dor/a [makinaðór] *adj. e s.* maquinador, conspirador, instigador, inventor, autor.

ma.qui.nal [makinál] *adj.* maquinal. 1 relativo aos movimentos e efeitos de uma máquina. 2 diz-se dos atos irreflexivos ou involuntários.

ma.qui.nar [makinár] *v.t.* maquinar, preparar, tramar algo oculta e artificiosamente. *Están maquinando algo.* Estão tramando alguma coisa.

ma.qui.na.ria [makinárja] *s.f.* maquinaria, arte de construir máquinas, conjunto de máquinas para um fim determinado.

ma.qui.ni.lla [makiníʎa] *s.f.* barbeador, aparelho de barbear.

ma.qui.nis.mo [makinízmo] *s.m.* maquinismo, emprego predominante das máquinas na indústria moderna.

ma.qui.nis.ta [makinísta] *s.m.* maquinista, pessoa que inventa, constroi, opera ou dirige máquinas.

mar [már] *s.m.* mar, massa de água salgada que cobre a maior parte da superfície terrestre, mar. *El mar está tempestuoso.* O mar está tempestuoso.

ma.rá [mará] *s.m.* mará, mamífero roedor da família dos cávidos, espécie de lebre, que habita o centro e o sul da Argentina.

ma.ra.bú [maraβú] *s.m.* marabu. 1 ave ciconiiforme da família dos ciconiídeos de 1,50 m de comprimento, que vive na África tropical. 2 adorno feito com penas de marabu.

ma.ra.ca [maráka] *s.f.* maracá, instrumento musical dos índios guaranis feito com o fruto do *totumo*, cheio de pedrinhas ou sementes. *Al ritmo de la maraca.* Ao ritmo do maracá.

ma.ra.ña [marápa] *s.f.* maranha, matagal, árvore, conjunto de fibras toscas que formam a parte externa do casulo de seda.

ma.ras.mo [marázmo] *s.m.* marasmo, estado de grande prostração causado por uma enfermidade crônica e progressiva.

ma.ra.tón [maratón] *s.m.* maratona, corrida pedestre de grande fundo incluída no programa olímpico, 42 km de trajeto.

ma.ra.ve.dí [maraβeðí] *s.m.* maravedi, moeda espanhola que teve, conforme as épocas, diferentes valores. *No vales ni un mísero maravedí.* Você não vale um mísero maravedi.

ma.ra.vi.lla [maraβíʎa] *s.f.* maravilha, sucesso que causa admiração. *¡La presentación fue una maravilla!* A apresentação foi uma maravilha!

ma.ra.vi.llar [maraβiʎár] *v.t.* maravilhar, causar admiração, assombro, surpresa.

ma.ra.vi.llo.so/a [maraβiʎóso] *adj. e s.* maravilhoso, admirável, fantástico, grandioso, extraordinário. *¡Un espectáculo maravilloso!* Um espetáculo maravilhoso!

mar.be.te [marβéte] *s.m.* rótulo, etiqueta de papel em objetos com a marca de fábrica, conteúdo, preço, destino etc.

mar.ca [márka] *s.f.* marca, sinal em um objeto para reconhecê-lo, rasto, distintivo, identificação. *Es de primera marca.* É de primeira marca.

mar.ca.ción [markaθjón] *s.f.* marcação, ação e efeito de marcar.

mar.ca.dor/a [markaðór] *adj. e s.* marcador, que marca, amostra ou molde para marcar ou bordar letras na talagarça.

mar.ca.pa.so [markapáso] *s.m.* marca-passo, aparelho que mantém o ritmo cardíaco através de estímulos elétricos regulares.

mar.car [markár] *v.t.* 1. marcar, pôr a marca, bordar na roupa as iniciais de seu dono, assinalar. *Marcar los límites.* Marcar os limites. 2. teclar ou discar os números do aparelho telefônico para estabelecer ligações.

mar.cha [mártʃa] *s.f.* marcha, ação de marchar, movimento de tropas, direção de um negócio, movimento de uma máquina.

mar.chan.te [martʃánte] *s.m.* 1 marchante, que comercia ou trafega. 2 marchand, que negocia especialmente com obras de arte.

mar.char [martʃár] *v.t. e v.p.* marchar, caminhar, ir de um lugar a outro, andar ou funcionar um aparelho. *Marchar es la consigna.* Marchar é a ordem.

mar.chi.tar [martʃitár] *v.t. e v.p.* murchar, secar, ficar murcho, perder o vigor e a formosura.

mar.chi.to/a [martʃíto] *adj. e s.* murcho, que carece de robustez e viço. *El clavel tiene marchitos sus pétalos.* O cravo está com as pétalas murchas.

mar.cho.so/a [martʃóso] *adj.* faroleiro, ostentador.

mar.cial [marθjál] *adj.* 1 bizarro, garboso. 2 marcial, da guerra ou da milícia.

mar.cia.no/a [marθjáno] *adj.* marciano, do planeta Marte, suposto habitante deste planeta.

mar.co [márko] *s.m.* marco. 1 padrão ou tipo para os pesos e medidas. 2 unidade monetária da Alemanha e da Finlândia. 3 medida que devem ter a toras.

ma.re.a [maréa] *s.f.* maré, movimento alternativo de subida e descida das águas do mar devido à atração gravitacional do Sol e da Lua.

ma.re.a.do/a [mareáðo] *adj.* enjoado, mareado.

ma.re.a.mien.to [mareamjénto] *s.m.* enjoo.

ma.re.ar [mareár] *v.t.* marear. 1 dirigir uma embarcação, navegar. 2 molestar.

ma.re.ar.se [mareárse] *v.p.* marear-se. 1 ficar com o estômago enjoado por causa dos movimentos de uma embarcação ou veículo. 2 embriagar-se.

ma.re.ja.da [marexáða] *s.f.* marejada, movimento tumultuoso das ondas do mar. *La marejada inundó la costanera.* A marejada inundou a costa.

ma.re.mo.to [maremóto] *s.m.* maremoto, onda ou série de ondas de grandes dimensões originadas por um sismo cujo hipocentro se localiza sob um oceano. *El maremoto arrasó la isla.* O maremoto arrasou a ilha.

ma.re.o [maréo] *s.m.* mal-estar geral com náuseas, vômitos, friagem, sudoração e tendência à síncope.

ma.re.ó.gra.fo [mareóɣrafo] *s.m.* marégrafo ou mareógrafo, instrumento para medir as variações do nível do mar.

ma.re.ro/a [maréro] *adj.* mareiro, vento que vem do mar.

mar.fil [marfíl] *s.m.* marfim, dentina dos dentes dos vertebrados, coberta na parte externa do dente pelo esmalte. É abundante nos caninos ou incisivos de elefantes, morsas, hipopótamos etc.

mar.fi.li.na [marfilína] *s.f.* pasta que imita o marfim, usada para modelar imagens e fazer bolas de bilhar.

mar.ga [márɣa] *s.f.* marga, rocha sedimentar constituída por uma mescla de minerais argilosos e carbonato de cálcio.

mar.ga.ri.na [marɣarína] *s.f.* margarina, substância gordurosa, mole, formada por uma mistura de óleos e manteigas.

mar.ga.ri.ta [marɣaríta] *s.f.* 1 margarita, pérola dos moluscos, nome comum dos moluscos de pé ventral, marinhos do gênero Nassa. 2 margarida, planta cujas flores têm pétalas brancas e miolo amarelo.

mar.gen [márxen] *s.m.* margem, extremidade de uma coisa, espaço que fica em branco ao redor de um escrito. *Estar al margen de algo.* Estar à margem de alguma coisa.

mar.gi.nal [marxinál] *adj.* marginal, da margem, que está à margem, relativo ao assunto, questão, aspecto etc. de importância escassa ou secundária.

mar.gi.nar [marxinár] *v.t.* marginar ou margear. 1 anotar à margem de um texto, deixar margens no papel ao escrever. 2 prescindir de alguém deixando-o à margem.

ma.ria.chi [marjátʃi] *s.m.* música e dança popular próprios do estado mexicano de Jalisco; orquestra popular, músico que executa esta música.

ma.ri.ca [maríka] *s.f.* 1 gralha. 2 *s.m.* maricas, homem efeminado, homossexual.

ma.ri.cas.ta.ña [marikastáɲa] *s.f.* usa-se na locução *en tiempos de Maricastaña* que significa "em tempos muito remotos".

ma.ri.cón [marikón] *s.m. e adj.* maricão, homem efeminado, homossexual, insulto grosseiro sem significado especial.

ma.ri.dar [mariðár] *v.i.* maridar, unir-se em matrimônio (uma mulher), fazer vida matrimonial (uma mulher), unir ou enlaçar.

ma.ri.do [maríðo] *s.m.* marido, esposo, homem casado em relação à sua mulher.

ma.ri.gua.na ou **ma.ri.hua.na** [mariɣwána] *s.f.* maconha. cânhamo índico.

ma.ri.ma.cho [marimátʃo] *s.m.* mulher-macho, mulher que por seu aspecto ou ações parece homem.

ma.rim.ba [marímba] *s.f.* marimba, espécie de tambor usado por alguns negros africanos, instrumento de percussão semelhante ao xilofone.

ma.ri.na [marína] *s.f.* marinha, parte de terra junto ao mar, quadro ou pintura que representa o mar.

ma.ri.nar [marinár] *v.t.* 1 temperar o pescado para conservá-lo. 2 tripular de novo uma embarcação.

ma.ri.ne.rí.a [marinería] *s.f.* marinharia ou marinhagem, ofício de marinheiro, conjunto de marinheiros.

ma.ri.ne.ro/a [marinéro] *adj. e s.* marinheiro. 1 diz-se da embarcação de fácil manobra, da marinha ou dos marinheiros. 2 homem que se ocupa da manobra, tarefas de convés, conservação do barco etc.

ma.ri.no/a [maríno] *adj. e s.* marinho. 1 do mar, que se formou a partir dos sedimentos depositados no fundo do mar. 2 homem do mar especialmente oficial da marinha.

ma.rio.ne.ta [marjonéta] *s.f.* marionete. 1 fantoche, títere que se move por meio de fios, teatro representado por estes títeres. 2 pessoa sem vontade, fácil de manejar.

ma.ri.po.sa [maripósa] *s.f.* 1 mariposa, borboleta, nome comum das imagos dos insetos lepidópteros. 2 borboleta, tipo de válvula para regular a quantidade de fluido.

ma.ri.po.se.ar [mariposeár] *v.i.* 1 mudar com frequência de ocupações e caprichos. 2 andar insistentemente ao redor de alguém. 3 cortejar (um homem) várias mulheres.

ma.ri.qui.ta [marikíta] *s.f.* joaninha, inseto coleóptero coccinelídeo que se alimenta de pulgões, pelo que é útil à agricultura.

ma.ris.cal [mariskál] *s.m.* marechal, oficial superior da milícia antiga, em alguns países, grau superior na hierarquia do exército, de caráter honorífico na maioria dos casos.

ma.ris.co [marísko] *s.m.* marisco, qualquer animal marinho invertebrado e especialmente o crustáceo ou molusco comestível.

ma.ris.ma [marízma] *s.f.* marisma, terreno baixo formado por areia e limo à beira de mar ou rio.

ma.ri.tal [maritál] *adj.* marital, relativo ao marido ou à vida conjugal.

ma.rí.ti.mo/a [marítimo] *adj.* marítimo, relacionado com o mar.

mar.jal [marxál] *s.m.* terreno baixo e pantanoso.

mar.ke.ting [márketin] *s.m.* marketing, conjunto dos estudos de mercado para estabelecer previsões de vendas às quais devem adaptarse a produção da empresa.

mar.mi.ta [marmíta] *s.f.* marmita, panela de metal com tampa ajustada.

mar.mi.tón [marmitón] *s.m.* auxiliar de cozinha.

már.mol [mármol] *s.m.* mármore, rocha originada por metamorfismo de grau médio de rochas calcáreas.

mar.mo.le.rí.a [marmolería] *s.f.* marmoraria. 1 conjunto de mármores de um edifício, obras de mármore. 2 oficina onde se fazem trabalhos em mármore.

mar.mó.re.o/a [marmóreo] *adj.* marmóreo, de mármore, semelhante ao mármore.

mar.mo.ta [marmóta] *s.f.* marmota. 1 nome comum de várias espécies de mamíferos roedores, de corpo robusto e orelhas e rabo muito curto e grandes olhos. 2 pessoa que dorme muito.

ma.ro.jo [maróxo] *s.m.* 1. folhas inúteis que se aproveitan para o gado. 2. planta hemiparasita da família das lorantáceas, conhecida como erva-de-passarinho.

ma.ro.ma [maróma] *s.f.* maroma. 1. corda grossa de esparto ou cânhamo. 2. pirueta de um acrobata.

ma.ro.me.ro/a [maroméro] *adj.* marombeiro, acrobata.

ma.ro.ni.ta [maroníta] *adj. e s.* maronita, indivíduo cristão pertencente à Igreja originada no século XII, no Líbano, ao redor do mosteiro de São Maron.

mar.qués/a [markés] *s.* marquês, título nobiliário entre conde e duque.

mar.que.sa [markésa] *s.f.* 1 marquesa, mulher de marquês. 2 marquesinha, toldo na entrada de uma tenda de campanha. 3 marquesa, canapé, divã.

mar.que.si.na [markesína] *s.f.* 1 marquise, cobertura saliente na entrada de edifícios para servir de abrigo. 2 marquesinha de vidro sobre uma porta, escalinata etc.

mar.que.te.rí.a [marketería] *s.f.* ebanisteria, arte de compor desenhos mediante a incrustação em madeira de pequenas peças de metal, madeiras finas, marfim ou nácar.

mar.quis.ta [markísta] *s.* pessoa que faz marcos e molduras para os mesmos.

ma.rra.na.da [marʳanáða] *s.f.* porcaria, indecência, ação vil e grosseira, coisa feita de forma suja ou malfeita.

ma.rra.no/a [marʳáno] *s.* 1 marrano, porco. 2 designação injuriosa que se aplicava àquele que judaizava ocultamente. 2 indivíduo sujo e desasseado.

ma.rrar [marʳár] *v.t. e i.* falhar, errar, desviar-se do que é reto, não sair uma coisa como se pretende. *Marraron los árboles que plantamos.* As árvores que plantamos não vingaram.

ma.rras.qui.no [marʳaskíno] *s.m.* marasquino, licor feito com o suco de marascas (certa variedade de cerejas amargas) e grande quantidade de açúcar.

ma.rro [márʳo] *s.m.* 1 jogo de malha, no qual se atira uma pedra para fazer cair uma peça colocada mais longe em posição vertical. 2 pique, jogo entre jogadores que procuram pegar-se mutuamente.

ma.rrón [marʳón] *s.m.* pedra para jogar marro.

ma.rr.ón [maɾón] *adj. e s.m.* marrom, de cor castanha, *marrom-glacê*, castanha confeitada em calda de baunilha.

ma.rro.quí [maɾokí] *adj. e s.* marroquino, natural de Marrocos.

ma.rro.qui.ne.rí.a [maɾokinería] *s.f.* 1 indústria de artigos de couro ou imitação, como carteiras, bolsas etc. 2 oficina onde se fabricam ou vendem marroquins.

ma.rru.lla [maɾúʎa] *s.f. marrullería.*

ma.rru.lle.rí.a [maɾuʎería] *s.f.* embromação, artimanha usada para enganar mediante falsa adulação, rodeio com que alguém disfarça sua verdadeira intenção ou desejo. *Déjate de marrullerías, ya sé a dónde vas a parar.* Deixe de embromação, eu já sei aonde você pretende chegar.

ma.rru.lle.ro/a [maɾuʎéro] *adj. e s.* embromador, astuto, que usa artimanhas para enganar alguém.

mar.so.pa [marsópa] *s.f.* mamífero cetáceo odontoceto delfinídeo, que possui cerca de cem dentes e se alimenta de crustáceos.

mar.su.pial [marsupjál] *s.m.* marsupial, mamífero metatério, que se distingue dos outros mamíferos por sua biologia reprodutiva; as crias nascem em estado de desenvolvimento muito primitivo, completando-o na bolsa ventral ou marsúpio.

mar.ta [márta] *s.f.* 1 mulher piedosa e atenta ao trabalho da casa. 2 marta, nome comum de vários mamíferos carnívoros mustelídeos.

Mar.te [márte] *s.m.* 1 Marte, quarto planeta do sistema solar. 2 deus romano da guerra, filho de Juno.

mar.tes [mártes] *s.m.* terça-feira, terceiro dia da semana.

mar.ti.lla.da [martiʎáða] *s.f.* martelada, pancada dada com o martelo.

mar.ti.llar [martiʎár] *v.t. e v.p.* martelar. 1 bater com o martelo. 2 oprimir, atormentar.

mar.ti.lla.zo [martiʎáθo] *s.m.* martelada, pancada forte dada com o martelo.

mar.ti.lle.ro [martiʎéro] *s.m.* leiloeiro, dono de um estabelecimento de venda ou leilão, pessoa que está à frente dele.

mar.ti.llo [martíʎo] *s.m.* martelo, ferramenta composta de uma cabeça de ferro e um cabo de pau que serve para bater e cravar pregos.

mar.ti.ne.te [martinéte] *s.m.* martinete. 1 martelinho do piano. 2 maço grande para bater metais, maçar tecidos, cravar estacas, cimentar estruturas etc. 3 canto flamengo espanhol que não precisa do acompanhamento de violão.

mar.tin.ga.la [martiŋgála] *s.f.* 1 calção que os homens de armas usavam por baixo da armadura na parte que cobria as coxas. 2 artimanha, astúcia, artifício.

mar.tín.pes.ca.dor [martímpeskaðór] *s.m.* martim-pescador, ave coraciiforme alcedinídea que se alimenta de peixes e insetos.

mar.ti.ni.co [martiníko] *s.m.* duende.

már.tir [mártir] *s.* mártir. 1 que morre em defesa da religião cristã. 2 que padece ou morre em defesa de outras crenças ou ideais. *Fue el mártir de la revolución.* Foi o mártir da revolução.

mar.ti.rio [martírjo] *s.m.* martírio, tormento, sofrimento físico e moral padecido em defesa da fé cristã ou de outra crença.

mar.ti.ri.zar [martiriθár] *v.t. e v.p.* martirizar, fazer sofrer o martírio, atormentar, provocar sofrimento.

mar.zo [márθo] *s.m.* março, terceiro mês do ano, com trinta e um dias. *El documento vence en marzo.* O documento vence em março.

mas [mas] *conj.* mas.

más [más] *adv.* mais, denota maior quantidade numérica ou maior intensidade das qualidades, e também indica ideia de preferência ou predileção.

ma.sa [mása] *s.f.* massa, resultado da mistura de um líquido com uma matéria sólida ou em pó, farinha com água e fermento para fazer pão etc.

ma.sa.crar [masakrár] *v.t.* massacrar, matar, assassinar elevado número de seres.

ma.sa.cre [masákre] *s.f.* massacre, matança, carnificina, assassinato em massa. *La masacre conmovió al mundo.* O massacre comoveu o mundo.

ma.sa.je [masáxe] *s.m.* massagem, técnica de caráter higiênico, terapêutico ou analgésico que consiste na prática de manipulações variadas em determinadas regiões do corpo.

ma.sa.jis.ta [masaxísta] *s.m.* massagista, profissional que exerce a prática da massagem.

mas.car [maskár] *v.t.* mascar, mastigar, triturar o alimento na boca com os dentes. *Es menester mascar bien la comida.* É preciso mastigar bem a comida.

más.ca.ra [máskara] *s.f.* máscara. 1 objeto de cartão, pano ou plástico destinado a esconder o rosto. 2 máscara para evitar respirar gases nocivos. *Farsante, quítate la máscara!*, Farsante, tire a máscara!

mas.ca.ra.da [maskaráða] *s.f.* mascarada, baile de máscaras, festa de pessoas mascaradas, grupo de pessoas com máscaras.

mas.ca.re.ro/a [maskaréro] *s.* pessoa que vende, aluga ou produz as vestes de máscara.

mas.ca.ri.lla [maskaríʎa] *s.f.* 1 mascarilha, máscara que cobre apenas a parte superior do rosto. 2 pano com que o cirurgião cobre a boca e o nariz para não transmitir germes.

mas.ca.rón [maskarón] *s.m.* mascarão, cara deformada ou fantástica usada como elemento arquitetônico ornamental.

mas.co.ta [maskóta] *s.f.* mascote, pessoa, animal ou coisa a que se atribui o dom de dar sorte, de trazer felicidade. *La mascota es parte de su vida.* A mascote é parte de sua vida.

mas.cu.li.ni.dad [maskuliniðáð] *s.f.* masculinidade, qualidade de masculino. *Se destaca por su gran masculinidad.* Destaca-se por sua grande masculinidade.

mas.cu.li.no/a [maskulíno] *adj.* masculino. 1 próprio dos homens, ser dotado de órgãos para fecundar. 2 gênero gramatical das coisas que têm sexo masculino ou se assemelham a elas pela terminação ou pelo uso.

mas.cu.llar [maskuʎár] *v.t.* ruminar, mascar mal ou com dificuldade, falar entre os dentes. *Mascullaba en contra de su jefe.* Ruminava contra seu chefe.

ma.si.lla [masíʎa] *s.f.* massa, pasta de gesso e óleo de linhaça para segurar os vidros nas janelas, para tapar buracos etc. *No hay agujero que resista una buena masilla.* Não há buraco que resista a uma boa massa.

ma.si.vo/a [masíβo] *adj.* massivo. 1 diz-se da dose de medicamento quando se aproxima ao limite máximo de tolerância. 2 que se aplica em grande quantidade. 3 das massas humanas.

ma.són/a [masón] *s.* maçom, membro da maçonaria, que participa dessa associação.

ma.so.ne.ría [masonería] *s.f.* maçonaria, sociedade parcialmente secreta cujo objetivo principal é desenvolver o princípio da fraternidade e da filantropia.

ma.so.quis.mo [masokízmo] *s.m.* masoquismo, perversão sexual consistente na necessidade de ser maltratada física ou moralmente para sentir prazer sexual.

ma.so.quis.ta [masokísta] *adj. e s.* masoquista. 1 que tem tendência ao masoquismo, que é dado à prática do masoquismo, que se deleita com o próprio sofrimento. 2 indivíduo masoquista.

mas.tec.to.mía [mastektomía] *s.f.* mastectomia, extirpação cirúrgica da mama. *La mastectomía provocó en ella un grave trauma.* A mastectomia provocou nela um grave trauma.

más.ter [máster] *s.m.* master. 1 grau equivalente ao mestrado nas universidades anglo-saxônicas. 2 fita matriz de um estúdio discográfico para a gravação industrial de cassetes, CDs etc.

mas.ti.ca.dor [mastikaðór] *s.m.* mastigador, instrumento para triturar os alimentos.

mas.ti.car [mastikár] *v.t.* mastigar, triturar a comida com os dentes, ruminar, meditar. *masticar una decisión*, ruminar uma decisão.

más.til [mástil] *s.m.* mastro. 1 peça circular de madeira ou de ferro que se ergue acima do convés de uma embarcação, mastro. 2 no violão e outros instrumentos de cordas, lugar onde ficam os trastos. 3 haste na qual se iça a bandeira. *La bandera flamea en el mástil.* A bandeira tremula no mastro.

mas.tín/a [mastín] *adj. e s.* mastim, raça muito antiga de cachorros grandes e robustos, excelentes guardiães e defensores.

más.ti.que [mástike] *s.m.* mástique, resina, pasta de gesso mate e água de goma para igualar as superfícies a serem pintadas.

mas.ti.tis [mastítis] *s.f.* mastite, inflamação da mama.

mas.to.don.te [mastoðónte] *s.m.* 1 mastodonte, proboscídeo mastodontídeo fóssil de grande tamanho, parecido com o elefante, que apresenta as defesas superiores bem desenvolvidas e as inferiores atrofiadas ou ausentes. 2 pessoa ou coisa muito volumosa.

mas.to.gra.fía [mastoɣrafía] *s.f.* mastografia, mamografia, senografia, radiografia das mamas.

mas.toi.des [mastóiðes] *adj.* mastoide, mastoideo.1 de forma de mamilo, mastoide. 2 apófise mastoide ou mastoidea apófise na parte inferior do osso temporal.

mas.to.plas.tía [mastoplastía] *s.f.* mastoplastia, mamoplastia, intervenção cirúrgica nas mamas com fins puramente estéticos.

mas.tuer.zo [mastwérθo] *s.m.* agrião, planta herbácea da família das crucíferas que mede cerca de 30 cm de altura. Ver *berro*.

mas.tuer.zo [mastwérθo] *adj. e s.* néscio e grosseiro.

mas.tur.ba.ción [masturβaθjón] *s.f.* masturbação, ato de masturbar(-se), onanismo.

mas.tur.bar [masturβár] *v.t.* masturbar, praticar masturbação.

mas.tur.bar.se [masturβárse] *v.p.* masturbar-se, proporcionar-se solitariamente o orgasmo.

ma.ta [máta] *s.f.* mata, mato, forma vegetal que compreende plantas perenes não rizocárpicas. *La mata cubrió el amplio edificio.* O mato cobriu o amplo edifício.

ma.ta.can.de.las [matakandélas] *s.m.* utensílio cônico de metal, com cabo, utilizado para apagar velas.

ma.ta.can.dil [matakandíl] *s.m.* planta crucífera de flores amarelas, frequente em terrenos úmidos.

ma.ta.can.di.les [matakandíles] *s.m.* planta liliácea silvestre de flores roxas num caule alto frequente em terrenos secos.

ma.ta.chín [matatʃín] *s.m.* 1 Ver *matarife*. 2 homem brigão e raivento. *Arruinó la fiesta el matachín.* O valentão acabou com a festa.

ma.ta.de.ro [mataðéro] *s.m.* matadouro.1. lugar onde se abatem reses para a alimentação. 2 trabalho muito penoso.

ma.ta.dor/a [mataðór] *adj. e s.* matador. 1 que mata. 2 toureiro que mata o touro nas touradas.

ma.ta.fue.go [matafwéɣo] *s.m.* extintor de incêndio, bombeiro. *Todos los edificios deben tener matafuegos en puntos estratégicos.* Todos os edifícios devem ter extintores de incêndio em pontos estratégicos.

ma.ta.lón/a [matalón] *adj.* matungo, mancarrão, cavalo velho, feio. Ver *mancarrón*.

ma.ta.mos.cas [matamóskas] *s.m.* mata-moscas, utensílio para matar moscas, sustância tóxica para o mesmo uso.

ma.btan.za [matáɲθa] *s.f.* matança, ação e efeito de matar, mortandade de muitas pessoas em uma batalha, em um assalto etc.

ma.ta.pa.lo [matapálo] *s.m.* mata-pau, nome comum de várias árvores da família das moráceas, as quais se desenvolvem sobre outras árvores, matando-as.

ma.ta.pol.vo [matapólβo] *s.m.* chuva miúda e passageira.

ma.tar [matár] *v.t. e v.p.* matar. 1 assassinar, tirar a vida. 2 nos jogos de baralho, jogar uma carta superior à que jogou o adversário.

ma.ta.ri.fe [matarífe] *s.m.* operário que mata ou esquarteja as reses no matadouro.

ma.ta.rra.ta [mataráta] *s.f.* jogo de baralho.

ma.ta.rra.tas [matarátas] *adj. e s.m.* mata-ratos. 1 veneno para matar ratos. 2 bebida muito forte e de péssima qualidade.

ma.ta.sa.nos [matasános] *s.m.* mata-sanos, curandeiro, charlatão ou mau médico.

ma.ta.se.llos [mataséʎos] *s.m.* carimbo, instrumento para inutilizar os selos das cartas no correio, marca ou sinal produzido por esse instrumento.

ma.ta.sue.gras [mataswéɣras] *s.m.* língua-de-sogra, tubo de papel enrolado que se abre quando se sopra por uma extremidade.

match [mátʃ] *s.m.* match, partida entre dois jogadores ou duas equipes. *Un match intensamente disputado.* Um match intensamente disputado.

ma.te [máte] *adj e s.m.* 1 mate, apagado, sem brilho. 2 xeque-mate, lance que põe fim ao jogo de xadrez. 3 erva-mate, árvore perenifólia da América do Sul. 4 chá-mate, bebida feita com a infusão das folhas de erva-mate, recipiente em que se serve.

ma.te.ar [mateár] *v.t.* matear. 1 semear ou plantar as matas a certa distância entre si. 2 tomar o mate. *Nos reunimos a matear.* Reunimo-nos para matear.

ma.te.má.ti.co/a [matemátiko] *adj. e s.* matemático. 1 da matemática, pessoa que se dedica ao estudo da matemática. 2 exato. 3 ciência que trata da quantidade. *cálculo matemático*, cálculo matemático.

ma.te.ma.tis.mo [matematízmo] *s.m.* matematismo, tendência a tratar os problemas filosóficos segundo o espírito e os métodos próprios da matemática.

ma.te.ria [matérja] *s.f.* matéria. 1 forma de energia que tem os atributos de possuir uma massa e uma extensão no espaço e no tempo. 2 substância das coisas consideradas em relação a um agente determinado.

ma.te.rial [materjál] *adj.* material, da matéria, oposto ao espiritual, ingrediente, matéria com que se produz algo. *Está hecho con buen material.* Está feito com bom material.

ma.te.ria.lis.mo [materjalízmo] *s.m.* materialismo, doutrina filosófica que nega a existência espiritual e vê a matéria como único constituinte básico do real.

ma.te.ria.lis.ta [materjalísta] *adj. e s.* materialista, do materialismo, partidário do materialismo, apegado aos bens materiais.

ma.te.ria.li.za.ción [materjaliθaθjón] *s.f.* materialização, ação e efeito de materializar. *Es la materialización de un viejo sueño.* É a materialização de um velho sonho.

ma.te.ria.li.zar [materjaliθár] *v.t. e v.p.* materializar, considerar material, tornar material, atribuir as qualidades de matéria a algo, tornar realidade uma ideia, projeto etc.

ma.ter.nal [maternál] *adj.* maternal, relativo à mãe. *De un sublime sentimiento maternal.* De um sublime sentimento maternal.

ma.ter.ni.dad [materniðáð] *s.f.* maternidade. 1 estado ou qualidade de mãe. 2 estabelecimento de assistência para parturientes e recém-nascidos.

ma.ter.no/a [matérno] *adj.* materno, relativo à mãe. *lengua materna*, língua materna.

ma.ti.nal [matinál] *adj.* 1 matinal, da manhã. 2 matinê, espetáculo de cinema, teatro etc. que se realiza de manhã.

ma.tiz [matíθ] *s.m.* matiz. 1 combinação de várias cores en mescla proporcional, matiz; gradações que uma cor pode receber, nuança, tom. *El matiz apropiado.* O matiz apropriado. 2 Aspecto que dá a uma coisa um caráter determinado. *Percibí en sus palabras cierto matiz irónico.* Percebi em suas palavras certo matiz irônico.

ma.ti.zar [matiθár] *v.t.* matizar, combinar as cores e os tons, exprimir os diversos matizes ou aspectos de algo. *Matizó su discurso con citas de la Biblia.* Matizou seu discurso com citações da Bíblia.

ma.tón/a [matón] *s.* fanfarrão, pessoa que alardeia de valente e tenta intimidar os outros.

ma.to.rral [matoŕál] *s.m.* matagal, campo inculto coberto de mato, isto é, de arbustos baixos. *El matorral venció al cultivo.* O matagal venceu o cultivo.

ma.to.so/a [matóso] *adj.* matoso, cheio de mato.

ma.tra.ca [matráka] *s.f.* matraca, instrumento de percussão, formado por tabuinhas movediças de madeira que, ao serem agitadas, percutem a prancheta na qual se acham presas e produzem um ruído forte e estridente.

ma.tra.ca.la.da [matrakaláða] *s.f.* tumulto de gente. *Su llegada provocó una matracalada.* Sua chegada provocou um bulício.

ma.tra.quear [matrakeár] *v.i.* matracar, matraquear. 1 tocar matraca, fazer ruído de matraca. 2 importunar com insistência, bater na mesma tecla. *Matraqueó todo el día con el mismo tema.* Durante o dia inteiro bateu na mesma tecla.

ma.tre.ro/a [matréro] *adj.* matreiro, astuto, experimentado, suspicaz, receoso, enganoso.

ma.triar.ca.do [matrjarkáðo] *s.m.* matriarcado, forma teórica de organização primitiva, caracterizada pela preponderância da autoridade política e familiar da mulher, matriarcado.

ma.tri.ci.da [matriθíða] *s.m.* matricida, assassino da própria mãe.

ma.tri.ci.dio [matriθíðjo] *s.m.* matricídio, crime de matar a própria mãe.

ma.trí.cu.la [matríkula] *s.f.* matrícula. 1 registro com os nomes de pessoas ou coisas feito com um fim determinado. 2 nos veículos automotores, placa que indica seu número de registro. *Tener vencida la matrícula.* Estar com a matrícula vencida.

ma.tri.cu.lar [matrikulár] *v.t. e v.p.* matricular(-se), inscrever(-se) nos registros de matrícula.

ma.tri.mo.nial [matrimonjál] *adj.* matrimonial, do matrimônio, conjugal, marital.

ma.tri.mo.niar [matrimonjár] *v.i. e v.p.* matrimoniar(-se), unir(-se) em matrimônio, casar(-se), esposar(-se).

ma.tri.mo.nio [matrimónjo] *s.m.* 1 matrimônio, instituição social pela qual um homem e uma mulher se unem a fim de constituir uma família. *matrimonio de conveniencia*, matrimônio de conveniência. 2 casal humano, *matriz*

marido e mulher. *Esa familia está formada por el matrimonio y dos hijos.* Essa família está formada pelo casal e dois filhos.

ma.triz [matríθ] *s.f.* matriz. 1 útero, órgão genital feminino. 2 molde com que se dá forma a alguma coisa.

ma.tro.na [matróna] *s.f.* matrona. 1 antigamente, mãe de família, nobre e virtuosa. 2 mulher que assistia as parturientes.

ma.tu.te [matúte] *s.m.* 1 introdução de mercadorias de contrabando. 2 muamba, mercadoria assim introduzida. *Volver al país con matute.* Voltar ao país com muamba.

ma.tu.ti.no/a [matutíno] *adj. e s.* matutino, matinal, da manhã, que se faz ou acontece de manhã. *En horario matutino.* Em horário matutino.

mau.la [maṷla] *s.* 1 coisa inútil e desprezível, engano. 2 maula, pessoa trapaceira ou má pagadora.

mau.llar [maṷʎár] *v.i.* miar, emitir som que lembra a voz própria do gato.

mau.lli.do [maṷʎíðo] *s.m.* miado, som ou voz de gato. *Sus maullidos lastimaron la noche.* Seus miados estragaram a noite.

máu.ser [máṷser] *s.m.* máuser, fusil de repetição inventado pelo alemão Wilhelm Mauser.

mau.so.leo [maṷsoléo] *s.m.* mausoléu, sepulcro magnífico e suntuoso.

ma.xi.lar [maksilár] *adj. e s.* maxilar, da mandíbula, cada um dos ossos em que se implantam os dentes superiores. *Terminó el match con el maxilar roto.* Terminou a partida com o maxilar quebrado.

ma.xi.ma.lis.mo [maksimalízmo] *s.m.* maximalismo, posição extrema, principalmente em política, bolchevismo.

má.xi.me [máksime] *adv.* máxime, principalmente, mormente. *Creo que vendrá, máxime sabiendo que estaré presente.* Acho que virá, máxime sabendo que estarei presente.

má.xi.mo/a [máksimo] *adj.* máximo, superl. de grande; aplica-se àquilo que é tão grande na sua espécie que não existe maior nem igual. *Lo tratan con la máxima consideración.* Tratam-no com a máxima consideração.

ma.ya [mája] *adj. e s.* maia, povo ameríndio que na etapa pré-colombiana se estendia por vários países centro-americanos. *La importante civilización maya.* A importante civilização maia.

ma.yo [májo] *s.m.* maio, quinto mês do ano, que tem 31 dias.

ma.yó.li.ca [majólika] *s.f.* maiólica ou majólica, louça comum com esmalte metálico, fabricada antigamente por árabes e espanhóis.

ma.yo.ne.sa [majonésa] *s.f.* maionese, molho que se faz batendo azeite e gema de ovo, com sal e outros condimentos. *Mayonesa casera.* Maionese caseira.

ma.yor [majór] *adj.* 1 maior, comp. de grande. 2 maior, mais velho, que chegou à maioridade. *Mi hermana mayor es muy guapa.* Minha irmã mais velha é muito bonita. 3 maioral, superior ou chefe de uma comunidade ou de uma firma. 4 major, militar que comanda um batalhão. 5 *al por mayor*, no atacado, expressão usada no comércio referente ao modo de comprar e vender, por atacado. *Ventas al por mayor.* Vendas por atacado.

ma.yo.raz.go [majorázɣo] *s.m.* instituição destinada a perpetuar numa família a propriedade de certos bens em favor do filho mais velho.

ma.yor.do.mí.a [majorðomía] *s.f.* mordomia, ofício ou cargo de mordomo.

ma.yor.do.mo/a [majorðómo] *s.* mordomo, serviçal encarregado da administração de uma casa.

ma.yo.res [maĵóres] *s.m.* (pl.) maiores, avós, ascendentes, antepassados, antecesores. *Somos depositarios de la herencia de nuestros mayores.* Somos depositários da herança de nossos avós.

ma.yo.rí.a [maĵoría] *s.f.* maioria. 1 qualidade de maior. 2 o maior número, a maior parte. *Mayoría absoluta.* Maioria absoluta. *mayoría de edad*, maioridade. *Todavía faltan dos años para que alcances la mayoría de edad.* Ainda faltam dois anos para você atingir a maioridade.

ma.yo.ris.ta [maĵorísta] *s.* e *adj.* aplica-se ao comércio e ao comerciante atacadista.

ma.yús.cu.lo/a [maĵúskulo̜] *adj.* e *s.* 1 maiúsculo, maior que o ordinário em sua espécie. 2 maiúscula, letra que num mesmo contexto é de tamanho maior e de formato diferente ao das outras. *Espectáculo mayúsculo.* Espetáculo maiúsculo.

ma.za [máθa] *s.f.* maça, clava. 1 arma antiga feita de madeira guarnecida de ferro com a cabeça grossa. 2 instrumento cilíndrico de madeira com cabo usado para golpear.

ma.za.co.te [maθakóte] *s.m.* 1 cinzas de barrilha. 2 concreto. 3 coisa que está apertada ou embolotada. *El guisado resultó un verdadero mazacote.* O guisado ficou cheio de bolotas.

ma.za.da [maθáða] *s.f.* maçada, pancada que se dá com maça ou maço.

ma.za.mo.rra [maθamóřa] *s.f.* comida feita com farinha ou grãos de milho, doce ou salgada, que se consome em vários países americanos.

ma.za.pán [maθapán] *s.m.* marzipã, bolo ou pasta de amêndoas moídas e açúcar cozida no forno.

ma.za.zo [maθáθo] *s.m.* pancada dada com maça ou maço. *Un terrible mazazo.* Uma terrível cacetada.

maz.mo.rra [maẓmóřa] *s.f.* masmorra. 1 cárcere, prisão subterrânea. 2 casa ou dependência estreita e mal condicionada. *La casa más bien parece una mazmorra.* A casa parece mesmo uma masmorra.

ma.zo [máθo] *s.m.* maço. 1 martelo grande de madeira; maça pequena. 2 conjunto de coisas atadas no mesmo liame ou contidas no mesmo invólucro.

ma.zor.ca [maθórka] *s.f.* 1 fuso, maçaroca. 2 espiga de milho, fruto do cacau.

ma.zur.ca [maθúrka] *s.f.* mazurca, dança popular polonesa em compasso de 3/4 ou 3/8.

ma.zut [maθút] *s.m.* resíduo da destilação do petróleo.

me [me] *pron. pess.* de 1ª pessoa no gênero masculino ou feminino e número singular, me.

me.a cul.pa [méakúlpa] mea-culpa, palavras do *Confiteor Deo*, ato de contrição, com que uma pessoa reconhece a sua culpa. *hacer uno su mea culpa*, fazer mea-culpa, reconhecer o seu erro.

me.a.da [meáða] *s.f.* (vulg.) mijada. 1 urina expelida de uma vez. 2 lugar que a mijada molha ou marca que deixa.

me.ar [meár] *v.i.* e *v.p.* mijar, ação e efeito de expelir a urina. *mearse de risa*, mijar de tanto rir.

me.ca [méka] *s.f.* meca, centro ou capital de algo. *La meca del cine es Hollywood.* A meca do cinema é Hollywood.

¡me.ca.chis! [mekátʃis] *interj.* de extrañeza, surpresa ou enfado.

me.cá.ni.ca [mekánika] *s.f.* mecânica. 1 parte da física que estuda o movimento dos corpos, mecânica. 2 parte ou mecanismo de algo. 3 comportamento mecânico de algo. *De mecánica complicada.* De mecânica complicada.

me.ca.ni.cis.mo [mekaniθízmo] *s.m.* mecanicismo, teoria segundo a qual todo

fenômeno tem explicação a partir de princípios da mecânica.
me.ca.nis.mo [mekanízmo] *s.m.* mecanismo, conjunto de peças que, devidamente combinadas, produzem ou transformam um movimento ou função.
me.ca.ni.zar [mekaniθár] *v.t.* mecanizar. 1 implantar o uso de máquinas numa atividade. 2 dar a regularidade de uma máquina às ações humanas. *Mecanizar el proceso.* Mecanizar o processo.
me.ca.no.gra.fía [mekanoɣrafía] *s.f.* datilografia, arte de escrever a máquina.
me.ca.nó.gra.fo/a [mekanóɣrafo] *s.* datilógrafo, pessoa que escreve a máquina.
me.ca.no.te.ra.pia [mekanoterápia] *s.f.* mecanoterapia, uso de aparelhos mecânicos para a recuperação de doenças articulares. *Mecanoterapia recuperadora.* Mecanoterapia recuperadora.
me.ce.dor/a [meθeðór] *adj. e s.* 1 que mexe ou balança. 2 utensílio de madeira para mexer o vinho na cuba, o sabão na caldeira etc.
me.ce.do.ra [meθeðóra] *s.f.* cadeira de balanço.
me.ce.nas [meθénas] *s.* mecenas, pessoa rica e poderosa que protege artistas, literatos etc.
me.cer [meθér] *v.t.* 1 mexer um líquido de um lado para outro a fim de misturá-lo. 2 *v.t. e v.p.* embalar, mexer um berço compassadamente de um lado para outro sem mudá-lo de lugar.
me.cha [métʃa] *s.f.* 1 mecha, torcida, pavio, corda retorcida ou fita feita de filamentos combustíveis para queimar em velas, lamparinas, isqueiros etc. 2 estopim, tubo recheado de pólvora para levar fogo a minas e buracos. *Tiene mecha para rato.* Tem estopim para pouco tempo.
me.char [metʃár] *v.t.* mechar, introduzir mechas de toicinho, presunto ou outra vianda na carne que se vai cozinhar ou assar.

me.che.ra [metʃéra] *s.f.* 1 ladra de lojas. 2 máquina para converter em mecha a fita obtida no tear.
me.che.ro [metʃéro] *s.m.* 1 isqueiro, utensílio de diversos tipos provido ou não de pavio, que serve para atear fogo. 2 cano dos candeeiros onde se põe a vela.
me.chón [metʃón] *s.m.* mecha, porção de cabelos, fibras ou fios, separada de un conjunto da mesma classe. *El mechón de cabellos le adornaba la frente.* A mecha de cabelos adornava-lhe a testa.
me.da.lla [meðáʎa] *s.f.* 1 peça de metal fundida, cinzelada ou estampada com alguma figura, emblema ou símbolo. 2 medalha.
me.da.llón [meðaʎón] *s.m.* medalhão, medalha grande; joia em forma de caixa pequena e chata onde se colocam retratos, mechas de cabelo etc.. *Guardó su retrato en el medallón,* Guardou seu retrato no medalhão.
mé.da.no [méðano] *s.m.* 1 pequena duna costeira mais ou menos móvel e semicircular. 2 montão de areia quase à flor da água em paragem de pouco fundo.
me.dia [méðja] *s.f.* meia. 1 metade de algumas coisas, especialmente de unidades de medida. 2 peça de malha de náilon, seda etc. que cobre o pé e a perna. *Se le cayeron las medias.* Suas meias caíram.
me.dia.ción [meðjaθjón] *s.f.* mediação, ação de mediar, ingerência, intervenção. *Fue una mediación oportuna.* Foi uma mediação oportuna.
me.dia.do/a [meðjáðo] *adj.* metade, que só contém a metade mais ou menos de sua capacidade. *La vasija está mediada.* A vasilha está na metade. *a mediados ou a mediados de,* na metade do tempo indicado. *A mediados del mês, año* etc. No meado do mês, ano etc.
me.dia.dor [meðjaðór] *adj. e s.* mediador, medianeiro, intermediário, aquele que exerce a mediação.

me.dia.lu.na [meðjalúna] *s.f.* meia-lua. 1 lua crescente. 2 qualquer coisa em forma de meia-lua, semicírculo etc. 3 croassã *(croissant)*, pãozinho de massa folhada em forma de meia-lua. *Medialunas rellenas.* Croassãs recheados.

me.dia.ne.ría [meðjanería] *s.f.* parede comum a duas casas ou edifícios, vala ou cerca comum a dois prédios.

me.dia.ne.ro/a [meðjanéro] *adj.* 1 medianeiro, que está no meio de duas coisas. 2 *adj. e s.* medianeiro, intercessor, aquele que intercede a favor de alguém ou consegue um acordo.

me.dia.ní.a [meðjanía] *s.f.* mediania, qualidade ou condição de mediano, meio-termo.

me.dia.no/a [meðjáno] *adj.* médio, de qualidade ou tamanho intermediário, nem muito bom nem muito mau, nem muito pequeno nem muito grande.

me.dia.no.che [meðjanótʃe] *s.f.* meia-noite, hora em que o sol está no ponto oposto ao meio-dia, marca o início do dia legal.

me.dian.te [meðjánte] *prep.* mediante, por meio de, com auxílio de. *dios mediante*, mediante a ajuda de Deus.

me.diar [meðjár] *v.i.* mediar. 1 chegar à metade de alguma coisa, real ou figuradamente. 2 interceder ou rogar por alguém.

me.dia.to/a [meðjáto] *adj.* mediato, que em tempo, lugar ou grau está próximo de uma pessoa ou coisa, mediando outras entre as duas. *De resolución mediata.* De solução mediata.

me.di.ca.ble [meðikáβle] *adj.* medicável, doença que pode ser curada com medicamentos.

me.di.ca.ción [meðikaθjón] *s.f.* medicação, ação de medicar, conjunto de medicamentos e meios curativos aplicáveis a uma enfermidade. *Recibir una buena medicación.* Receber uma boa medicação.

me.di.ca.men.to [meðikaménto] *s.m.* medicamento, fármaco, substância que produz efeitos terapêuticos.

me.di.car [meðikár] *v.t. e v.p.* medicar, administrar ou dar medicamentos.

me.di.cas.tro [meðikástro] *s.m.* medicastro, médico incapaz, charlatão, curandeiro.

me.di.ci.na [meðiθína] *s.f.* 1 medicina, ciência e arte que estuda os meios para a prevenção, o diagnóstico e a cura de enfermidades. 2 medicamento, remédio.

me.di.ci.nal [meðiθinál] *adj.* medicinal, relativo à medicina, diz-se do que tem propriedades curativas.

me.di.ción [meðiθjón] *s.f.* medição, medida, avaliação, valoração. *Depender de una medición adecuada.* Depender de uma medição adequada.

mé.di.co/a [méðiko] *adj. e s.* médico, da medicina, pessoa com título legal para exercer a medicina. *médico de cabecera*, médico de cabeceira.

me.di.cu.cho [meðikútʃo] *s.m.* medicastro, médico incapaz, charlatão, curandeiro.

me.di.da [meðíða] *s.f.* medida, ação e efeito de medir, qualquer unidade usada para medir.

me.di.dor/a [meðiðór] *adj. e s.* medidor. 1 que mede. 2 oficial que mede os grãos e os líquidos.

me.die.ro/a [meðjéro] *s.* meeiro. 1 pessoa que faz ou vende meias. 2 pessoa que cultiva terras ou cria gado com outra.

me.die.val [meðjeβál] *adj.* relativo à Idade Média. *De épocas medievales.* De épocas medievais.

me.die.va.lis.mo [meðjeβalízmo] *s.m.* medievalismo. 1 qualidade ou caráter de medieval. 2 estudo da evolução da humanidade durante a Idade Média.

me.die.vo [meðjéβo] *s.m.* medievo, Idade Média.

me.dio/a [méðjo] *adj.* meio. 1 a metade de uma coisa. 2 o que está entre dois extremos, no centro de algo ou entre duas coisas. *Quedar en el medio del disturbio.* Ficar no meio do distúrbio.

me.dio.cre [meðjókre] *adj. e s.* medíocre, de qualidade média, bastante mau, de pouca inteligência.

me.dio.cri.dad [meðjokriðáð] *s.f.* mediocridade, mediania, vulgaridade, trivialidade.

me.dio.dí.a [meðjoðía] *s.f.* meio-dia. 1 passagem do Sol pelo meridiano superior do lugar de que se trata, que corresponde às 12 horas do dia, dividindo-o em duas partes iguais. 2 o ponto cardeal sul.

me.dio.evo [meðjoéβo] *s.m.* medievo, Idade Média.

me.dio.mun.do [meðjomúndo] *s.m.* aparelho para pescar.

me.di.qui.llo [meðikíʎo] *s.m.* medicastro.

me.dir [meðír] *v.t.* medir. 1 verificar as vezes que uma quantidade contém uma segunda, comparar uma coisa com outra, cotejá-la. 2 refletir sobre os distintos aspectos de alguma coisa.

me.di.ta.bun.do [meðitaβúndo] *adj.* meditabundo, que medita ou reflexiona en silêncio. *Ser meditabundo.* Ser meditabundo.

me.di.ta.ción [meðitaθjón] *s.f.* meditação, ação e efeito de meditar, consideração de algo religioso ou moral.

me.di.tar [meðitár] *v.t.* meditar, aplicar atentamente a mente e o pensamento na consideração de um assunto.

me.di.te.rrá.ne.o/a [meðiteráneo] *adj.* mediterrâneo, relativo ao Mar Mediterrâneo e ao clima da região. Diz-se também de cidades distanciadas das costas marítimas. *Provincia mediterránea.* Província mediterrânea.

mé.dium [méðjum] *s.* médium, pessoa à qual se considera dotada de faculdades paranormais para se comunicar com os espíritos, segundo o espiritismo.

me.drar [meðrár] *v.i.* medrar. 1 crescer os animais e as plantas. 2 crescer, melhorar em sua posição econômica, social etc.

me.dro.so/a [meðróso] *adj. e s.* medroso. 1 temeroso, que tem medo de qualquer coisa. 2 que infunde o causa medo. *Actitud permanentemente medrosa.* Atitude permanentemente medrosa.

mé.du.la [méðula] *s.f.* medula. 1 substância branca do interior de certos ossos. 2 parte interior das raízes e dos talos das plantas formada por um tecido parenquimatoso.

me.du.sa [meðúsa] *s.f.* medusa, forma de organização dos celenterados, constituída por indivíduos sem esqueleto que têm forma de guarda-sol.

me.fis.to.fé.li.co/a [mefistoféliko] *adj.* mefistofélico. 1 próprio de Mefistófeles. 2 diabólico, perverso.

me.ga [méɣa] *(pref.)* mega, que anteposto a uma unidade de medida significa um milhão de vezes seu valor.

me.ga.by.te [meɣaβai̯t] *s.m.* megabyte, unidade de capacidade de memória equivalente a 1.048.576 bytes.

me.ga.ci.clo [meɣaθíklo] *s.m.* megaciclo, unidade de corrente elétrica formada por um milhão de ciclos ou períodos. Ver *megahercio*.

me.ga.fo.ní.a [meɣafonía] *s.f.* técnica que se ocupa dos aparelhos e das instalações para aumentar o volume dos sons.

me.gá.fo.no [meɣáfono] *s.m.* megafone, aparelho para amplificar a voz e projetá-la para uma direção determinada. *Comunicar por el megáfono.* Comunicar pelo megafone.

me.ga.her.cio [meɣaérθjo] *s.m.* megahertz, unidade de frequência equivalente a um milhão de hertz; símbolo MHz. Ver *megaciclo*.

me.ga.li.to [meɣalíto] *s.m.* megalito, monumento sepulcral ou comemorativo construído com grandes pedras. dólmen, menir, *cromlech*, naveta, *talayot*, *tholos*.

me.ga.lo.ma.ní.a [meɣalomanía] *s.f.* megalomania, transtorno mental caracterizado por ideias de autossuficiência, riqueza, cargos, títulos etc., mania de grandeza.

me.ga.ló.ma.no/a [meɣalómano] megalômano, megalomaníaco, que padece de megalomanía.

me.gas.có.pio [meɣaskópjo] *s.m.* megascópio, instrumento para projetar imagens amplificadas sobre uma tela.

me.ga.tón [meɣatón] *s.m.* megaton, unidade de potência de uma bomba atômica ou de hidrogênio, equivalente a $4,18 \times 10^{15}$ joules.

me.ga.va.tio [meɣaβátjo] *s.m.* megawatt, unidade de potência elétrica equivalente a um milhão de watts; símbolo Mw.

me.ji.lla [mexíʎa] *s.f.* bochecha, cada uma das partes brandas que forma a parede externa da cavidade bucal, maçã do rosto. *El rosado de sus mejillas*. O rosado de suas bochechas.

me.ji.llón [mexiʎón] *s.m.* mexilhão, nome de vários moluscos lamelibrânquios, comestíveis, de conchas escuras quase triangulares.

me.jor [mexór] *adj.* compar. de *bueno*. melhor, superior a algo em qualidade ou virtude.

me.jor [mexór] *adv. e s.m.* compar. de *bien*. melhor, mais conforme o conveniente. *Es lo mejor que ya vi.* É o melhor (a melhor coisa) que já vi.

me.jo.ra [mexóra] *s.f.* melhora. 1 ação e efeito de melhorar; mudança numa coisa para melhor estado ou condição. 2 aumento de preço de uma venda ou leilão. *La mejora es evidente.* A melhora é evidente.

me.jo.rar [mexorár] *v.t.* melhorar. 1 adiantar, fazer passar uma coisa a um estado melhor. 2 recuperar a saúde perdida. 3 ficar o tempo mais benigno.

me.jo.rí.a [mexoría] *s.f.* melhoria. 1 ação e efeito de restabelecer-se de uma doença ou padecimento. 2 vantagem, superioridade, domínio.

me.jun.je [mexúŋxe] *s.m.* cosmético, medicamento, bebida etc. de aspecto feio ou sujo, ou sabor desagradável. *La bebida resultó un mejunje.* A bebida ficou uma beberagem.

me.la.do/a [meláðo] *adj.* melado. 1 de cor do mel. 2 na América, xarope obtido pela evaporação do caldo de cana.

me.lan.co.lí.a [melaŋkolía] *s.f.* melancolia, abatimento, estado anímico caracterizado por uma tristeza vaga, profunda e permanente, próprio da psicose maníaco-depressiva.

me.lan.co.li.zar [melaŋkoliθár] *v.t. e p.* melancolizar, entristecer.

me.la.ni.na [melanína] *s.f.* melanina, pigmento escuro encontrado em locais diversos do corpo que contribui para a coloração da pele.

me.la.no.der.mia [melanoðérmja] *s.f.* melanodermia, escurecimento anormal da pele humana ocasionado pelo aumento de melanina.

me.la.no.sis [melanósis] *s.f.* melanose, coloração escura anormal dos tecidos orgânicos.

me.la.za [meláθa] *s.f.* melaço, xarope viscoso de cor parda e sabor muito doce que é o resíduo da fabricação do açúcar.

mel.co.cha [melkótʃa] *s.f.* mel muito concentrado e quente que é posto em água fria para ficar mais corredio, pasta que se faz com este mel.

me.le.na [meléna] *s.f.* melena, guedelha, cabeleira que cai sobre os ombros, cabelo despenteado, crina de leão. *Una melena impresionante.* Uma melena impressionante.

me.le.nu.do/a [melenúðo] *adj.* melenudo, guedelhudo, cabeludo, que tem grandes melenas.

me.le.ro/a [meléro] *s.* 1 meleiro, pessoa que vende mel. 2 recipiente para guardar mel. 3 dano que sofrem os melões por causa do granizo e da chuva.

mel.go/a [mélɣo] *adj.* gêmeo. Ver *mellizo*.

me.li.fluo/a [melíflwo] *adj.* melífluo, que tem mel ou se assemelha a ele.

me.lin.dre [melíndre] *s.f.* melindre. 1 delicadeza afetada. 2 doce de pasta de marzipã em forma de rosquinha.

me.lin.dre.rí.a [melindrería] *s.f.* melindrice, hábito de ser afetadamente delicado no trato.

me.lin.dro.so/a [melindróso] *adj.* melindroso, mimoso, sensível, afetado, melífluo, suscetível, suspicaz.

me.li.ni.ta [meliníta] *s.f.* melinita, explosivo muito potente, pouco sensível aos movimentos bruscos que é fabricado com ácido pícrico.

me.lla [méʎa] *s.f.* ruptura ou fendimento na borda de uma coisa, especialmente de uma arma ou ferramenta.

me.llar [meʎár] *v.t.* e *v.p.* hacer *mellas*, menoscabar, diminuir uma coisa não material. *Hizo mella en su espíritu.* Causou impressão em seu espírito.

me.lli.zo/a [meʎíθo] *adj.* e *s.* gêmeo. Ver *melgo*.

me.lo.co.tón [melokotón] *s.m.* pêssego. *Melocotón en almíbar.* Pêssego em calda.

me.lo.co.to.ne.ro [melokotonéro] *s.m.* pessegueiro, árvore da família das rosáceas, de folhas lanceoladas, flores rosadas e fruto em drupas, que cresce em zonas temperadas.

me.lo.dí.a [melodía] *s.f.* melodia, doçura e suavidade da voz quando se canta ou do instrumento quando toca.

me.ló.di.co/a [melóðiko] *adj.* melódico, melodioso, harmonioso, que tem melodia. *Una melódica canción.* Uma canção melódica.

me.lo.dio.so/a [meloðjóso] *adj.* melodioso, harmonioso, harmônico, agradável ao ouvido, suave, doce.

me.lo.dra.ma [meloðráma] *s.m.* melodrama. 1 drama musicado, cena. 2 ação, sucesso etc. cheio de tensão e emoções lacrimogêneas.

me.lo.dra.má.ti.co/a [meloðramátiko] *adj.* melodramático, relativo ao melodrama, que tem situações de melodrama.

me.lo.gra.fí.a [meloɣrafía] *s.f.* melografia, arte de escrever música.

me.lo.ma.ní.a [melomanía] *s.f.* melomania, melofilia, paixão pela música.

me.lón/a [melón] *adj.* torpe, velhaco. *s.m.* melão, planta herbácea da família das cucurbitáceas, fruto desta planta, de forma elipsoidal, de cor verde ou amarela. *Melón gota de miel.* Melão pingo de mel.

me.lo.ne.ro [melonéro] *s.* pessoa que cultiva ou vende melões.

me.lo.pe.a [melopéa] *s.f.* 1 melopeia, canto monótono. 2 (vulg.) bebedeira, embriaguez.

me.lo.so/a [melóso] *adj.* meloso. 1 de qualidade ou natureza de mel. 2 diz-se de pessoa, atitude, palavra etc., suave e doce.

me.lo.te [melóte] *s.m.* resíduo que fica ao cozer a garapa.

mem.bra.na [membrána] *s.f.* membrana, pele fina ou túnica, à guisa de pergaminho, estrutura anatômica de forma laminar e consistência macia. *Cubierto por una membrana.* Coberto por uma membrana.

mem.bre.te [membréte] *s.m.* lembrete. 1 apontamento escrito em que se avisa, lembra, convida etc., lembrete. 2 menção do nome ou título de uma pessoa ou entidade à qual se dirige um escrito.

mem.bri.llo [membríʎo] *s.m.* 1 marmeleiro, pequena árvore caducifólia da família das rosáceas, de fruto piriforme muito aromático com que se preparam geleias. 2 marmelo, fruto desta planta.

mem.bru.do/a [membrúðo] *adj.* membrudo, robusto de corpo e membros.

me.mo.ra.ble [memoráβle] *adj.* memorável, famoso, célebre, notável, inesquecível, glorioso, digno de memória. *Actuación memorable.* Atuação memorável.

me.mo.rán.dum [memorándum] *s.m.* memorândum ou memorando. 1 caderninho em que se anota o que se quer lembrar. 2 participação, aviso, comunicação diplomática. *Recibió el aviso por memorándum.* Recebeu o aviso por memorando.

me.mo.rar [memorár] *v.t. e v.p.* memorar, lembrar, recordar. *Tratar de memorar.* Procurar memorar.

me.mo.ria [memórja] *s.f.* memória. 1 faculdade psíquica de reter ou recordar o passado, memória. 2 monumento a uma pessoa ou a um fato glorioso para ser recordado pela posteridade.

me.mo.rial [memorjál] *s.m.* memorial. 1 livro ou caderno para anotações. 2 escrito em que se expõem motivos para uma solicitação ou proposta, ou se defende alguma.

me.mo.ri.zar [memoriθár] *v.t.* memorizar, decorar, fixar algo na memória, aprender de cor. *Memorizar la tabla de multiplicar.* Decorar a tabuada de multiplicar.

men.ción [menθjón] *s.f.* menção, memória, lembrança, referência, evocação, distinção. *Recibió mención honorífica.* Recebeu menção honrosa.

men.cio.nar [menθjonár] *v.t.* mencionar, referir, citar, fazer menção, aludir.

men.da.ci.dad [mendaθiðáð] *s.f.* mendacidade, falsidade, embuste, mentira.

men.daz [mendáθ] *adj. e s.* mendaz, mentiroso, especialmente aquele que o faz com cinismo. *Ser mendaz por hábito.* Ter por hábito ser mendaz.

men.di.can.te [mendikánte] *adj.* mendicante, que mendiga, pidonho, pedinte, mendigo.

men.di.ci.dad [mendiθiðáð] *s.f.* mendicidade. 1 estado e situação de mendigo. 2 ação de mendigar, por necessidade ou por vício.

men.di.gar [mendiɣár] *v.t.* mendigar. 1 pedir esmola. 2 pedir algo humilhando-se.

men.di.go/a [mendíɣo] *s.* mendigo, pessoa que habitualmente pede esmola. *El mendigo golpeó en su puerta.* O mendigo bateu à sua porta.

men.dru.go [mendrúɣo] *s.m.* 1 pedaço de pão duro. 2 pessoa torpe.

me.ne.ar [meneár] *v.t. e v.p.* menear, mover uma coisa para um e outro lado, agitar-se, mexer-se, sacudir, oscilar. *Menear la cabeza.* Sacudir a cabeça.

me.ne.o [menéo] *s.m.* meneio, ação e efeito de menear.

me.nes.ter [menestér] *s.m.* mister. 1 falta ou necessidade de algo. 2 emprego, trabalho, ocupação. 3 coisa que alguém precisa fazer. *Es menester asearse.* É preciso ser asseado.

me.nes.te.ro.so [menesteróso] *adj. e s.* necessitado, que carece de uma ou muitas coisas.

men.gua [méŋgwa] *s.f.* míngua. 1 ação e efeito de minguar. 2 algo que falta a uma coisa para estar completa e perfeita, falta ou escassez de algo. *Sufrir una mengua.* Viver na míngua.

men.gua.do [meŋgwáðo] *adj. e s.* minguado, pusilânime, de pouco ânimo, falto de juízo, tacanho.

men.guan.te [meŋgwánte] *s.m.* minguante, decadência, declínio, falta, vazante da maré; último quarto da lua, quarto minguante.

men.guar [meŋgwár] *v.i.* minguar, diminuir ou ir consumindo-se física ou moralmente, decair do estado que tinha. *Ver el lago menguar.* Ver o lago minguar.

me.nin.gi.tis [meniŋxítis] *s.f.* meningite, inflamação das meninges.

me.nin.go.co.co [meniŋgokóko] *s.m.* meningococo, bactéria que causa a meningite.

me.ni.no/a [meníno] *s.* menino, jovem de um ou outro sexo, da alta nobreza, que, criado em palácio desde pequeno, servia a rainha, ou os infantes ou as infantas, respectivamente.

me.nis.co [menísko] *s.m.* menisco, fibrocartilagem semilunar presente em algumas superfícies articulares. Diz-se especialmente do menisco do joelho. *Dolor en los meniscos.* Dor nos meniscos.

me.no.pau.sia [menopáusja] *s.f.* menopausa, cessação definitiva da menstruação, acompanhada de transtornos fisiológicos e psicológicos.

me.nor [menór] *adj.* 1 comp. de *pequeño*; menor, que tem menos quantidade em relação a outro da mesma espécie. 2 *adj.* e *s.* menor de idade, mais novo. *Ya va a la escuela su hijo menor.* Seu filho mais novo já vai à escola. 3 *al por menor*, expressão usada no comércio referente a compra e venda de mercadorias em pequenas quantidades, a varejo. *Ventas al por menor.* Vendas a varejo.

me.no.rí.a [menoría] *s.f.* minoria, inferioridade e subordinação de um em relação a outro e em grau inferior a ele. *Estar subordinado por su menoría.* Estar subordinado por sua minoria.

me.no.ri.dad [menoriðáð] *s.f.* menoridade. *La impunidad se debe a la menoridad de los delincuentes.* A impunidade deve-se à menoridade dos delinquentes.

me.nos [ménos] *adj.* e *adv.* menos, exceto, salvo, falta de uma coisa para igualar outra.

me.nos [ménos] *s.m.* menos. 1 aquilo que é inferior. 2 (mat.) traço que indica uma quantidade negativa ou uma subtração.

me.nos.ca.bar [menoskaβár] *v.t. e v.p.* menoscabar, diminuir as coisas tirando-lhes uma parte, deteriorar, causar míngua na integridade, perfeição, valor ou crédito, menosprezar. *Menoscabar a uno.* Menosprezar alguém.

me.nos.ca.bo [menoskáβo] *s.m.* menoscabo, deterioração, diminuição, dano, prejuízo, menosprezo, desprezo, desonra, desdém.

me.nos.pre.ciar [menospreθjár] *v.t.* menosprezar, ter uma pessoa ou coisa em menos conta ou em pouco apreço, desdenhar, desprezar.

me.nos.pre.cio [menospréθjo] *s.m.* menosprezo, pouco apreço ou estima, desprezo, desdém.

men.sa.je [mensáxe] *s.m.* mensagem. 1 notícia ou comunicação importante, notícia ou recado verbal ou escrito. 2 comunicação dirigida de modo solene a muitas pessoas. *Mensaje de buenas nuevas.* Mensagem de boas novas.

men.sa.je.rí.a [mensaxería] *s.f.* 1 carruagem de serviço público que fazia viagens periódicas de um a outro lugar. 2 agência que leva mensagens de uma população para outra.

men.sa.je.ro/a [mensaxéro] *s.* mensageiro, pessoa que leva e traz mensagens.

men.sa.je.ro/a [mensaxéro] *adj.* mensageiro, diz-se da pessoa ou coisa que chega anunciando algo.

mens.trua.ción [menstrwaθjón] *s.f.* menstruação, ação de menstruar, perda periódica de sangue de origem uterina que ocorre nas mulheres e nas fêmeas de outras espécies. *Demorar la menstruación.* Demorar a menstruação.

mens.trual [menstrwál] *adj.* menstrual, relativo ao mênstruo.

mens.truar [menstrwár] *v.i.* menstruar, ter o fluxo menstrual.

mens.truo [ménstrwo] *v.i.* mênstruo, menstruação. Ver *menstruación*.

men.sual [menswál] *adj.* mensal, que acontece ou se repete de mês em mês, que dura 30 dias, que dura um mês. *Recibir una paga mensual*. Receber um pagamento mensal.

men.sua.li.dad [menswaliðáð] *s.f.* 1 salário que se recebe por um mês de trabalho. 2 mensalidade, valor que se paga por mês a uma instituição.

men.sua.rio [menswárjo] *s.m.* revista que se publica uma vez por mês. *Abonarse al mensuario*. Assinar a revista mensal.

mén.su.la [ménsula] *s.f.* elemento arquitetônico que sobressai de um plano vertical, sustenta ou recebe outro com altura menor.

men.su.ra [mensúra] *s.f.* mensura, medida, ação e efeito de medir.

men.su.ra.ble [mensuráβle] *adj.* mensurável, que se pode medir, que está em condições de ser mensurado.

men.su.ra.dor/a [mensuraðór] *adj. e s.* mensurador. 1 que mensura, medidor. 2 funcionário que mede ou identifica os criminosos antropometricamente.

men.ta [ménta] *s.f.* 1 hortelã, menta. 2 essência extraída da menta para aromatizar, licor aromatizado com ela.

men.ta.do/a [mentáðo] *adj. e s.* mentado, célebre, famoso, notável, renomado. *El más mentado de la región*. O mais renomado da região.

men.tal [mentál] *adj.* mental, da mente, cerebral, intelectual. *Poseer una gran concentración mental*. Possuir uma grande concentração mental.

men.ta.li.dad [mentaliðáð] *s.f.* mentalidade. 1 capacidade, atividade mental. 2 cultura e modo de pensar que caracteriza uma pessoa, povo, geração etc.. *Mentalidad positiva*. Mentalidade positiva.

men.ta.li.zar [mentaliθár] *v.t.* conscientizar um indivíduo ou grupo de pessoas sobre um fato, problema, situação etc., de modo que se incline a dar-lhe determinada solução.

men.tar [mentár] *v.t.* mentar. 1 nomear ou mencionar uma pessoa ou coisa. 2 memorar, indicar.

men.te [ménte] *s.f.* mente. 1 faculdade intelectual com que se pensa. 2 desígnio, pensamento, propósito. 3 memória, recordação. *Tener en mente*. Ter em mente.

-men.te [ménte] sufixo que, unido ao feminino singular dos adjetivos, forma os advérbios de modo. *ligeramente, estrechamente* etc.

men.te.ca.to/a [mentekáto] *adj. e s.* mentecapto, tonto, bobo, desprovido ou parco de juízo ou sensatez.

men.tir [mentír] *v.t.* mentir. 1 dizer ou manifestar o contrário do que se sabe, crê ou pensa. 2 induzir a erro, falsificar.

men.ti.ra [mentíra] *s.f.* mentira. 1 coisa que se diz sabendo que não é verdade para que seja acreditada. 2 falsidade, engano, farsa. *Una infame y cruel mentira*. Uma infame e cruel mentira.

men.ti.ri.ji.llas, de [dementirixíʎas] *loc. adv.* de mentirinha, não deveras, para enganar fazendo troça. *No te enfades, fue de mentirijillas*. No se aborreça, foi de mentirinha. Ver *mentirillas, de*;

men.ti.ri.llas, de [dementiríʎas] *loc. adv.* de mentirinha .

men.ti.ro.so/a [mentiróso] *adj. e s.* mentiroso. 1 que tem o costume de mentir. 2 *adj.* diz-se do livro ou publicação com muitos erros ou erratas. 3 enganoso, falso. *Afirmación mentirosa*. Afirmação mentirosa.

men.tol [mentól] *s.m.* mentol. 1 álcool monoterpênico, cíclico e saturado. 2 essência da menta, que se emprega em medicina e perfumaria e na produção de licores e condimentos.

mentolado

men.to.la.do [mentoláðo] *adj.* mentolado, produto que contém essência de menta. *Tener sabor mentolado.* Ter sabor mentolado.

men.tón [mentón] *s.m.* queixo ou proeminência da mandíbula inferior.

men.tor/a [mentór] *s.* mentor, guia, conselheiro, preceptor, mestre, instrutor. *Ha sido el mentor de su carrera.* Foi o mentor de sua carreira.

me.nú [menú] *s.m.* menu. 1 lista dos pratos de comidas que se servem em um restaurante. 2 opções várias de controle que aparecem nas telas de um computador ou de um televisor.

me.nu.de.ar [menuðeár] *v.t.* minuciar. 1 fazer uma coisa com frequência ou muitas vezes. 2 contar as coisas com detalhe.

me.nu.den.cia [menuðénȝja] *s.f.* 1 coisa de pouco tamanho, valor ou importância, minúcia, pormenor. 2 esmero e exatidão com que se faz ou refere alguma coisa. *No tiene importancia, es una menudencia,* Não tem importância, é um pormenor.

me.nu.de.o [menuðéo] *s.m.* 1 ação de minuciar. 2 vendas a varejo.

me.nu.do/a [menúðo] *adj.* miúdo. 1 de tamanho muito pequeno, delgado e de pouca estatura. 2 de pouca ou nenhuma importância. 3 *loc.adv. a menudo,* frequentemente, amiúde ou a miúdo. *Rosa viene muy a menudo a visitarme.* Rosa vem amiúde me visitar.

me.ñi.que [meɲíke] *adj.* muito pequeno.

me.ñi.que [meɲíke] *s.m.* mindinho, minguinho, dedo mínimo, o dedo menor da mão. *Tuvo una lesión en el meñique.* Teve uma lesão no dedo mínimo.

me.o.llo [meóʎo] *s.m.* miolo. 1 cérebro, medula. 2 a parte essencial, mais importante, fundamental. 3 a parte mole interior, especialmente do pão. *Ir al meollo del asunto.* Ir ao miolo da questão.

me.ón/a [meón] *adj. e s.* mijão. 1 que urina muito ou com frequência. 2 menino pequeno.

me.que.tre.fe [meketréfe] *s.* mequetrefe, indivíduo intrometido, de pouco juízo e sem formalidade.

me.ra.men.te [meraménte] *adv. e s.m.* meramente, somente, simplesmente.

mer.ca [mérka] *s.f.* merca, compra.

mer.ca.chi.fle [merkatʃífle] *s.m.* 1 fanfarrão. 2 pejorativamente, refere-se a comerciante, mercador. 3 indivíduo que comercia com coisas ilícitas.

mer.ca.de.ar [merkaðeár] *v.i.* mercadejar, comerciar.

mer.ca.der/a [merkaðér] *s.* mercador, comerciante.

mer.ca.de.rí.a [merkaðería] *s.f.* mercadoria.

mer.ca.do [merkáðo] *s.m.* mercado. 1 lugar ou edifício público destinado à atividade de compra e venda. 2 atividade de compra e venda, comércio. *Existe un mercado negro.* Existe um mercado negro.

mer.can.cí.a [merkanθía] *s.f.* 1 ação de comerciar. 2 mercadoria.

mer.can.te [merkánte] *adj. e s.* 1 mercador, que comercia. 2 mercante, diz-se do barco que transporta mercadorias. *El buque mercante llegó a su destino.* O navio mercante chegou a seu destino.

mer.can.til [merkantíl] *adj.* mercantil, comercial, relativo ao mercadores, às mercadorias ou ao comércio.

mer.car [merkár] *v.t. e v.p.* mercar, comprar.

mer.ced [merθéð] *s.f.* mercê. 1 recompensa dada por um trabalho. 2 dádiva, graça etc. que concede um rei ou senhor. 3 vossa mercê, *vuestra* ou *su merced,* antigamente, tratamento de cortesia equivalente a *usted.*

mer.ce.da.rio/a [merθeðárjo] *adj. e s.* mercedário, religioso da Ordem das Mercês.

mer.ce.na.rio/a [merθenárjo] *adj. e s.* mercenário. 1 soldado que serve num exército estrangeiro por um salário. 2 que

mérito

serve ou trabalha por interesse financeiro. *Ir de mercenario.* Ir como mercenário.

mer.ce.rí.a [merθería] *s.f.* comércio de coisas miúdas, como alfinetes, fitas, botões etc. Não confundir com mercearia, loja de secos e molhados, onde se vendem gêneros alimentícios.

mer.ce.ri.zar [merθeriθár] *v.t.* mercerizar, tratar os fios e tecidos de algodão com uma solução de soda cáustica para dar-lhes mais brilho.

mer.chan.te [mertʃánte] *adj.* mercante, mercador, comerciante sem loja fixa, ambulante. *Actividad de merchante.* Atividade de mercante.

mer.cu.rial [merkurjál] *adj.* mercurial. 1 do deus Mercúrio. 2 de, ou do, mercúrio. 3 planta herbácea anual da família das euforbiáceas.

mer.cu.ria.lis.mo [merkurjalízmo] *s.m.* mercurialismo, intoxicação por mercúrio e seus compostos.

mer.cú.ri.co/a [merkúriko] *adj.* (quím.) mercúrico, do mercúrio ou que o contém.

Mer.cu.rio [merkúrjo] *s.m.* Mercúrio. 1 primeiro planeta do sistema solar. 2 elemento químico, símbolo Hg, situado conjuntamente com o zinco e o cádmio.

mer.cu.ro.cro.mo [merkurokrómo] *s.m.* mercurocromo, composto mercuroso derivado alcalino da fluoresceína empregado em medicina como antisséptico. *Aplicar mercurocromo.* Aplicar mercurocromo.

mer.do.so/a [merðóso] *adj.* merdoso, sujo, cheio de imundície.

me.re.cer [mereθér] *v.t.* merecer. 1 fazer-se digno de um prêmio ou castigo. 2 ter uma coisa em certo grau ou estima.

me.re.ce.dor/a [mereθeðór] *adj.* merecedor, que merece, digno. *Se hizo merecedor de la distinción.* Foi merecedor da distinção.

me.re.ci.do [mereθíðo] *s.m.* castigo que se julga justo para alguém. *Llevó su merecido.* Recebeu o castigo merecido.

me.re.ci.mien.to [mereθimjénto] *s.m.* merecimento, ação e efeito de merecer, ter mérito. *Inobjetable merecimiento.* Incontestável merecimento.

me.ren.dar [merendár] *v.i.* merendar. 1 tomar merenda; em algumas regiões, comer ao meio-dia. 2 tomar uma coisa ou outra na merenda.

me.ren.gue [meréŋge] *s.m.* merengue. 1 doce feito de clara de ovo batida em ponto de neve e açúcar e cozido ao forno. 2 pessoa delicada.

me.re.triz [meretríθ] *s.f.* meretriz, cortesã, prostituta, rameira, libertina.

me.ri.dia.no/a [meriðjáno] *adj.* meridiano. 1 do meio-dia. claríssimo, luminosísimo. 2 *s.m.* qualquer dos círculos máximos da esfera celeste que passam pelos polos, meridiano terrestre. *Inteligencia meridiana.* Inteligência meridiana.

me.ri.dio.nal [meriðjonál] *adj. e s.* meridional, do Sul ou meio-dia.

me.rien.da [merjénda] *s.f.* merenda, refeição leve entre o almoço e o jantar; em algumas regiões, alimento que se toma ao meio-dia.

me.ri.no/a [meríno] *adj. e s.* merino, designação de uma raça ovina, originária do norte da África e da Espanha. Há rebanhos importantes na Austrália, na Argentina e na África do Sul.

me.ri.tí.si.mo [meritísimo] *adj.* meritíssimo, superlativo de *mérito*, muito digno de uma coisa.

mé.ri.to [mérito] *s.m.* mérito. 1 ação que torna alguém merecedor de prêmio ou castigo. 2 resultado de ações que tornam alguém digno de apreço. *Por mérito propio.* Por mérito próprio.

me.ri.to.rio/a [meritórjo] 1 *adj.* meritório, digno de prêmio. *Actitud meritoria.* Atitude meritória. 2 *s.* empregado que trabalha sem salário para entrar na vaga remunerada.

mer.lu.za [merlúθa] *s.f.* merluza, merlúcio, peixe osteicte da família dos gadídeos, que vive no Atlântico ocidental e no Mediterrâneo, de grande valor econômico por sua apreciada carne. *Filete de merluza.* Filé de merluza.

mer.ma [mérma] *s.f.* merma. 1 ação e efeito de mermar. 2 porção que se consome, subtrai ou perde de algo, redução, diminuição, perda. *Experimentar el stock una merma.* Experimentar o estoque uma merma.

mer.mar [mermár] *v.t.* e *v.p.* mermar. 1 baixar ou diminuir de volume uma coisa. 2 tirar de alguém parte de certa quantidade que lhe corresponde.

mer.me.la.da [mermeláða] *s.f.* geleia, conserva de frutas de consistência pastosa, elaborada com açúcar ou mel. *Poner mermelada al pan.* Passar geleia no pão. Não confundir com *codoñate*, marmelada.

me.ro/a [méro] *adj.* mero, só, simples, sem mistura.

me.ro.de.a.dor/a [meroðeáðor] *adj. e s.* que vagueia, pessoa habituada a vaguear.

me.ro.de.ar [meroðeár] *v.i.* 1 vagar pelo campo qualquer pessoa ou quadrilha para roubar. 2 vagar alguém de modo suspeito por lugares diversos com o fim de espiar ou obter algo. *Ver a alguien merodear.* Ver alguém vaguear.

mes [més] *s.m.* mês. 1 cada uma das doze partes em que se divide o ano, mês. 2 número de dias entre uma data e a igual do mês seguinte. 3 menstruação, mensalidade. *Pagar a mes vencido.* Pagar por mês.

me.sa [mésa] *s.f.* mesa. 1 móvel que consta de um tabuleiro horizontal sustentado por um ou vários pés, que serve para comer, escrever, trabalhar e outros usos. 2 este móvel e tudo o que se necessita para comer. *La mesa tendida.* A mesa posta.

me.sa.da [mesáða] *s.f.* mesada. *Destinar una mesada a alguien.* Destinar uma mesada para alguém.

me.sa.na [mesána] *s.f.* mastro que fica mais na popa no barco de três paus, vela que vai contra este mastro atada a uma verga.

mes.ca.li.na [meskalína] *s.f.* mercalina, alcaloide alucinógeno, cujo consumo gera dependência.

mes.co.lan.za [meskoláηθa] *s.f.* mixórdia, confusão, mistura de ideias ou coisas desconexas ou opostas. *Mezcolanza de estilos.* Mixórdia de estilos.

me.se.ro [meséro] *s.m.* indivíduo que, ao término da aprendizagem, se ajustava com o mestre e recebia comida e um pagamento mensal.

me.se.ta [meséta] *s.f.* meseta. 1 terreno plano e elevado, planalto. 2 relevo plano e de maior elevação do que a planície em relação ao nível do mar. *Una extensa y fértil meseta.* Uma extensa e fértil meseta.

me.sia.nis.mo [mesjanḭ́zmo] *s.m.* messianismo, crença no Messias, confiança em um benfeitor que é esperado.

Me.sí.as [mesías] *s.m.* Messias, segundo o cristianismo, o enviado de Deus à Terra, Jesus, pessoa em quem se depositou uma enorme confiança.

me.so.cra.cia [mesokráθja] *s.f.* mesocracia ou mediocracia, forma de governo na qual o poder é sustentado pela classe média, burguesia.

me.so.crá.ti.co/a [mesokrátiko] *adj.* mesocrático, pertencente ou relativo à mesocracia.

me.so.lí.ti.co/a [mesolítiko] *adj. e s.* mesolítico, período pré-histórico compreendido entre o Paleolítico e o Neolítico. *Hechos ocorridos en el mesolítico.* Fatos acontecidos no mesolítico.

me.són [mesón] *s.m.* estabelecimento público destinado a albergar viajantes, restaurante típico. *Alojarse en el viejo mesón.* Alojar-se na velha hospedaria.

me.so.ne.ro/a [mesonéro] *adj. e s.* pessoa encarregada do *mesón*, hospedeiro.

me.so.tó.rax [mesotóraks] *s.m.* mesotórax. 1 zona situada na metade do peito. 2 segundo segmento torácico dos insetos.

mes.ti.za.je [mestiθáxe] *s.m.* mestiçagem, miscigenação, cruzamento de raças diferentes, conjunto de mestiços.

mes.ti.zo/a [mestíθo] *adj. e s.* mestiço, filho de pais de raças diferentes especialmente de índio e branco. Aplica-se também a animais e vegetais procedentes de indivíduos híbridos.

mes.to/a [mésto] *adj.* 1 misto, mesclado. 2 *s.m.* vegetal mestiço de faia e carvalho. 3 mesto, triste, aflito, melancólico.

me.su.ra [mesúra] *s.f.* mesura. 1 gravidade e compostura na atitude e no semblante. 2 cortesia, demonstração de submissão e respeito. 3 medida.

me.su.ra.do/a [mesuráðo] *adj.* mesurado. 1 que fala ou age com mesura. 2 comedido, moderado, sujeito a medida. *Actitud mesurada.* Atitude comedida.

me.su.rar [mesurár] *v.t.* 1 mesurar, infundir mesura. 2 (pron.) conter-se, moderar-se.

me.ta [méta] *s.f.* meta. 1 término assinalado para uma corrida. 2 lugar onde fica o goleiro no futebol, hóquei etc. 3 fim a que são dirigidas as ações ou desejos de alguém. *Llegar a la meta.* Chegar à meta.

me.ta.bó.li.co/a [metaβóliko] *adj.* metabólico, concernente ao metabolismo ou próprio dele.

me.ta.bo.lis.mo [metaβolízmo] *s.m.* metabolismo, conjunto das mudanças de substância e transformações de energia que têm os seres vivos.

me.ta.car.po [metakárpo] *s.m.* metacarpo, esqueleto da parte da mão comprendido entre o carpo e as falanges dos dedos, formado por cinco ossos.

me.ta.cri.la.to [metakriláto] *s.m.* metacrilato, sal ou éster do ácido metacrílico.

me.ta.fí.si.ca [metafísika] *s.f.* metafísica. 1 parte da filosofia que trata do ser como tal e de suas propriedades, princípios e causas primeiras. 2 abstração, sutileza de pensamento.

me.ta.fí.si.co/a [metafísiko] *adj.* metafísico. 1 da metafísica, obscuro e difícil de compreender. *Oscuridad metafísica.* Obscuridade metafísica. 2 *s.m. e f.* pessoa que se dedica à metafísica.

me.tá.fo.ra [metáfora] *s.f.* metáfora, figura retórica consistente em trasladar o sentido próprio das palavras para outro figurado em virtude de uma comparação tácita. *La miel de su boca.* O mel de sua boca.

me.ta.fó.ri.co/a [metafóriko] *adj.* metafórico, figurado, alegórico; dito ou escrito em que há metáforas. *Discurso metafórico*, Discurso metafórico.

me.tal [metál] *s.m.* metal, nome dos elementos químicos com altos pontos de fusão e ebulição e propriedades como brilho, maleabilidade, condutividade elétrica e térmica, qualidade ou condição de algo. *El metal de su voz.* O metal de sua voz.

me.tá.li.co/a [metáliko] *adj.* metálico. 1 de, ou do metal, das medalhas. 2 dinheiro em moedas e, por extensão, dinheiro em geral.

me.tá.li.co [metáliko] *s.m.* dinheiro em moedas e, por extensão, dinheiro em geral. *Prefiero que me paguen en metálico.* Prefiro que me paguem em dinheiro.

me.tá.lí.fe.ro/a [metalífero] *adj.* que contém metal.

metalista

me.ta.lis.ta [metalísta] *s.m.* pessoa que trabalha em metais.

me.ta.li.zar [metaliθár] *v.t.* metalizar, dotar um corpo de propriedades metálicas, recobrir ou impregnar de metal um objeto.

me.ta.lo.te.ra.pia [metaloterápja] *s.f.* metaloterapia, aplicação terapêutica dos metais.

me.ta.lur.gia [metalúrxja] *s.f.* ciência e técnica que estuda os metais e sua transformação.

me.ta.lúr.gi.co/a [metalúrxiko] *adj.* metalúrgico. 1 da metalurgia. 2 *s.m.* e *f.* indivíduo que trabalha em metalurgia ou se dedica a seu estudo.

me.ta.mor.fis.mo [metamorfízmo] *s.m.* metamorfismo, tranformação que experimenta uma rocha pela ação de agentes externos.

me.ta.mor.fo.sis [metamorfósis] *s.f.* metamorfose, transformação de uma coisa em outra, mudança que um organismo experimenta durante seu desenvolvimento.

me.ta.no [metáno] *s.m.* metano, hidrocarboneto saturado, gasoso, incolor; componente do gás natural, constitui uma mistura explosiva com o oxigênio; fórmula. CH^4.

me.ta.nol [metanól] *s.m.* metanol, álcool metílico.

me.tás.ta.sis [metástasis] *s.f.* metástase, aparecimento de um ou mais focos de uma enfermidade em um lugar diferente do de sua primeira localização. *Metástasis cancerígena.* Metástase cancerígena.

me.ta.tar.so [metatárso] *s.m.* metatarso, esqueleto da planta do pé, formado por cinco ossos.

me.te.du.ra [meteðúra] *s.f.* metição, ação e efeito de meter. *metedura de pata,* ação e efeito de cometer gafe.

me.te.o.ris.mo [meteorízmo] *s.m.* meteorismo, avultação no abdome por gases acumulados no intestino.

me.te.o.ri.to [meteoríto] *s.m.* meteorito, fragmento de matéria sólida procedente do espaço que cai sobre a Terra.

me.te.o.ro [meteóro] *s.m.* meteoro, fenômeno atmosférico como o vento, a chuva, a neve, o arco-íris, o raio etc., por extensão, estrela fugaz. *El meteoro afectó la región norte.* O meteoro afetou a região norte.

me.te.o.ro.lo.gía [meteoroloxía] *s.f.* meteorologia, parte da geofísica dedicada à observação e à explicação geral dos fenômenos produzidos na baixa atmosfera.

me.te.o.ro.lo.gis.ta/a [meteoroloxísta] *s.* meteorologista, especialista em meteorologia. Ver *meteorólogo*.

me.te.o.ró.lo.go/a [meteoróloγo] *s.* meteorologista, especialista em meteorologia. Ver *meteorologista*.

me.ter [metér] *v.t.* e *v.p.* meter. 1 pôr, colocar, introduzir, inserir. 2 depositar dinheiro em uma conta bancária. 3 intrometer-se. *Meter la nariz en el tema.* Meter o nariz no assunto. *meter la pata,* cometer gafe.

me.ti.cu.lo.so/a [metikulóso] *adj.* meticuloso, escrupuloso, cauteloso, minucioso, temeroso, cuidadoso. *Meticuloso en cada detalle.* Meticuloso em cada detalhe.

me.ti.da [metíða] *s.f.* 1 ação e efeito de meter. 2 impulso, acometida, avanço.

me.ti.do/a [metíðo] *adj.* 1 abundante em certas coisas. *Metida en carnes.* Gorducha.

me.ti.do [metíðo] *s.m.* golpe dado com o punho, soco, murro.

me.tí.li.co/a [metíliko] *adj.* metílico, diz-se de composto cuja molécula contém metila. *Alcohol metílico.* Álcool metílico.

me.ti.lo [metílo] *s.m.* metila, radical direto do metano por perda de um átomo de hidrogênio, fórmula. CH^3.

me.tó.di.co/a [metóðiko] *adj.* metódico, feito com método, que em suas ações ou trabalho procede com grande ordem. *Ser metódico en su labor.* Ser metódico en seu trabalho.

me.to.di.zar [metoðiθár] *v.t.* metodizar, pôr ordem e método em algo.

mé.to.do [métoðo] *s.m.* método, modo de realizar algo com ordem, procedimento para achar o conhecimento e ensiná-lo.

me.to.do.lo.gía [metoðoloxía] *s.f.* metodologia, estudo dos métodos que se seguem numa investigação, num conhecimento ou numa interpretação.

me.tra.je [metráxe] *s.m.* metragem, comprimento em metros de um filme cinematográfico. *Un largometraje de excepción.* Um longa-metragem excepcional.

me.tra.lla [metráʎa] *s.f.* metralha, munição miúda das peças de artilharia, conjunto de pedaços metálicos procedentes de uma explosão. *Ser alcanzado por una metralla.* Ser atingido por uma metralha.

me.tra.lle.ta [metraʎéta] *s.f.* pistola leve individual de cano curto que dispara automaticamente com repetição como uma metralhadora.

mé.tri.co/a [métriko] *adj.* 1 relativo ao metro ou à medida, relativo à medida do verso. 2 *s.f.* arte que trata da medida, estrutura e classes dos versos.

me.tri.fi.car [metrifikár] *v.t. e i.* versificar.

me.tro [métro] *s.m.* 1 medida de um verso. 2 unidade de comprimento, base do sistema métrico decimal, símbolo. m. 3 instrumento de medição que tem marcado o comprimento do metro e suas subdivisões. *Avanzar metro a metro.* Avançar metro a metro.

me.tro [métro] *s.m.* abreviatura de metropolitano, trem urbano, subterrâneo ou aéreo, metrô. *Ascender al metro.* Subir no metrô.

me.tro.lo.gí.a [metroloxía] *s.f.* ciência que estuda os sistemas de pesos e medidas.

me.tró.no.mo [metrónomo] *s.m.* pêndulo com que o compositor fixa o tempo ou movimento da composição musical.

me.tró.po.li [metrópoli] *s.f.* 1 cidade principal, cabeça de província ou estado. 2 igreja arcebispal que tem como dependentes outras sufragâneas. *Depender de la metrópoli.* Depender da metrópole.

me.tro.po.li.ta.no/a [metropolitáno] *adj.* 1 da metrópole, metropolitano. 2 *s.m.* o arcebispo em relação aos bispos sufragâneos. 3 trem subterrâneo, aéreo ou misto das cidades.

mez.cal [meθkál] *s.m.* mescal. 1 planta cactácea, nativa no México, uma das classes de pita. 2 aguardente elaborada com essa planta. *Ser viciado en mezcal.* Ser viciado em mescal.

mez.cla [méθkla] *s.f.* mescla. 1 ação e efeito de mesclar. 2 substância obtida da mistura de outras. 3 argamassa de cal, areia e água.

mez.cla.dor/a [meθklaðór] *s.* 1 indivíduo que mescla. 2 máquina ou aparelho empregado para misturar diversas substâncias.

mez.clar [meθklár] *v.t. e v.p.* 1 juntar ou incorporar uma coisa com outra, juntar ou unir várias coisas. *Mezclar agua con aceite.* Misturar água com azeite. 2 introduzir-se em um ambiente social alheio. 3 ajustar diálogos, efeitos sonoros e música na faixa sonora de um filme.

mez.co.lan.za [meθkolán̦θa] *s.f.* mescla estranha e confusa, e às vezes ridícula. *Producir una mezcolanza inexplicable.* Produzir uma mixórdia inexplicável.

mez.quin.dad [meθkindáð] *s.f.* mesquinharia, tacanharia, ruindade, avareza, escassez, necessidade, solércia.

mez.qui.no/a [meθkíno] *adj.* 1 pobre, necessitado. 2 avarento, tacanho; escasso, pequeno, mesquinho.

mezquita

mez.qui.ta [meθkíta] *s.f.* mesquita, templo árabe, edifício islâmico destinado à oração dos fiéis. *Multitudinaria presencia en la mezquita.* Multitudinária presença na mesquita.

me.zzo.so.pra.no [metsosopráno] *s.f.* voz feminina mais grave que a de soprano e menos que a de contralto, pessoa que tem esta voz.

mi [mí] *s.m.* terceira nota da escala musical.

mí [mí] forma do genitivo, dativo e acusativo do pronome pessoal da primeira pessoa do singular, em gênero masculino e feminino (usado sempre com preposição). *Por mí no hay problema.* Por mim não há problema.

mial.gia [mjálxja] *s.f.* dor muscular.

miau [mjáu̯] *s.m.* miau, onomatopeia da voz do gato, miado.

mi.ca [míka] *s.m.* mica, mineral composto de lâminas finas com brilho metálico.

mi.cá.ce.o [mikáθeo] *adj.* micáceo, que contém mica ou se asemelha a ela.

mic.ción [mikθjón] *s.f.* micção, ação de urinar.

mi.chi.no/a [mitʃíno] *s.* gato.

mi.co/a [míko] *s.* mico. 1 macaco de cauda longa, pessoa muito feia. 2 presunçoso; homem luxurioso. *Volverse mico.* Virar mico.

mi.cra [míkra] *s.f.* medida de comprimento equivalente à milésima parte do milímetro.

mi.cro- [míkro] *pref.* de origem grega que significa pequeno.

mi.cro- [míkro] *pref.* que, anteposto ao nome de uma unidade de medida, significa a milionésima parte.

mi.cro [míkro] *s.m.* micro. 1 abreviatura de. microfone, microcomputador. 2 na América, ônibus pequeno, ônibus urbano. *Subir al micro.* Subir no microônibus.

mi.cro.bio [mikróβjo] *s.m.* micróbio, organismo microscópico.

mi.cro.bio.lo.gí.a [mikroβjoloxía] *s.f.* microbiologia, parte da biología que estuda os microrganismos.

mi.cro.bús [mikroβús] *s.m.* micro-ônibus, pequeno ônibus para o transporte de passageiros urbano e interurbano. *Viajar en microbús.* Viajar de micro-ônibus.

mi.cro.cé.fa.lo/a [mikroθéfalo] *adj. e s.* microcéfalo, de cabeça menor do que o normal em sua espécie.

mi.cro.cir.cui.to [mikroθirkwíto] *s.m.* microcircuito, circuito eletrônico pequeno composto de circuitos integrados, transistores, diodos e resistências.

mi.cro.ci.ru.gí.a [mikroθiruxía] *s.f.* microcirurgia, cirurgia praticada com microscópio e instrumentos especiais.

mi.cro.cli.ma [mikroklíma] *s.m.* microclima, conjunto de condições climáticas que ocorrem em uma área restrita e diferente das que predominam na região. *Microclima propicio.* Microclima propício.

mi.cro.cos.mos [mikrokózmos] *s.m.* microcosmo; segundo alguns filósofos, o homem, concebido como espelho e compêndio do universo.

mi.cro.e.co.no.mí.a [mikroekonomía] *s.f.* microeconomia, análise da atividade econômica que toma como ponto de partida o comportamento das unidades simples de produção e consumo.

mi.cro.elec.tró.ni.ca [mikroelektrónika] *s.f.* microeletrônica, técnica de realizar circuitos eletrônicos em miniatura. *Los prodigios de la microelectrónica.* Os prodígios da microeletrônica.

mi.cro.fil.me [mikrofílme] *s.m.* microfilme, bobina de filme fotográfico com que se conseguem microcópias que facilitam seu arquivamento.

mi.cro.fó.ni.co/a [mikrofóniko] *adj.* microfônico, diz-se do elemento eletrônico que produz microfonismo.

mi.cro.fo.nis.mo [mikrofonízmo] *s.m.* microfonismo, transformação de uma vibração mecânica em um sinal elétrico.

mi.cró.fo.no [mikrófono] *s.m.* microfone, transdutor eletroacústico para tornar ondulatórias as correntes elétricas em relação às vibrações sonoras. *Hablar por el micrófono.* Falar pelo microfone.

mi.cró.me.tro [mikrómetro] *s.m.* micrômetro, instrumento para medição de quantidades lineares e angulares muito pequenas.

mi.cro.on.da [mikroonda] *s.f.* micro-onda, radiação eletromagnética com longitude de onda comprendida no intervalo do milímetro ao metro, que corresponde a frequências que vão de 500 MHz a 300 GHz.

mi.cro.or.de.na.dor [mikroorðenaðór] *s.m.* micro, microcomputador.

mi.cro.or.ga.nis.mo [mikrooryanízmo] *s.m.* microrganismo, organismo de dimensões microscópicas.

mi.cro.pro.ce.sa.dor [mikroproθesaðór] *s.m.* microprocessador, circuito integrado capaz de executar as funções que correspondem à unidade central de processo de um computador.

mi.cros.có.pi.co/a [mikroskópiko] *adj.* microscópico, relativo ao microscópio, visível com a ajuda do microscópio, por extensão, de dimensões muito pequenas. *Consuelo suele llevar faldas microscópicas.* Consuelo costuma usar saias microscópicas.

mi.cros.co.pio [mikroskópjo] *s.m.* microscópio, instrumento óptico destinado a observar de perto objetos extremamente diminutos.

mie.do [mjéðo] *s.m.* medo. 1 receio, apreensão. 2 perturbação angustiosa do ânimo por um risco ou mal que o ameaça real ou imaginariamente. *El miedo lo domina.* O medo o domina.

mie.do.so/a [mjeðóso] *adj. e s.* medroso, propenso a sentir medo ou a assustar-se.

miel [mjél] *s.f.* mel, substância viscosa, amarelenta e doce, de grande valor energético produzido pelas abelhas. *Ser dulce como la miel.* Ser doce como o mel.

miel.ga [mjél ɣa] *s.f.* alfafa.

miel.ga [mjél ɣa] *s.f.* melga, peixe condroide dos esqualídeos, que vive em mares temperados e tropicais.

miel.go/a [mjél ɣo] *adj.* gêmeo. Ver *mellizo*.

miem.bro [mjémbro] *s.m.* membro. 1 qualquer uma das extremidades do homem ou dos animais articuladas com o tronco. 2 pênis. 3 indivíduo que faz parte de uma comunidade.

mien.tras [mjéntras] *adv.* enquanto, durante o tempo em que; usa-se também com a conjunção *que. Mientras que yo termino.* Enquanto eu termino.

miér.co.les [mjérkoles] *s.m.* quarto dia da semana, quarta-feira. *Miércoles de ceniza.* Quarta-feira de cinzas.

mier.da [mjérða] *s.f.* merda. 1 excremento humano ou animal. 2 sujeira, lixo, (vulg.) merda. 3 pessoa insignificante.

mies [mjés] *s.f.* planta madura do trigo com a qual se faz pão, tempo da ceifa e colheita de grãos.

mie.ses [mjéses] *s.f.* (pl.) terras semeadas.

mi.ga [míɣa] *s.f.* miga. 1 parte interior e mole do pão coberta pela casca. 2 parte essencial de algo. 3 migalha. Ver *migas*.

mi.ga.ja [miɣáxa] *s.f.* migalha, porção muito pequena de algo, pedacinhos de pão que ficam sobre a mesa ou caem ao chão, desperdícios ou sobras de algo. *Quedarse con las migajas.* Ficar com as migalhas.

mi.gas [míɣas] *s.f.* (pl.) migas, pão esmagado, frito no azeite com alho e colorau. *El gato y el perro no hacen buenas migas.* O gato e o cachorro não se dão muito bem. Ver *miga*.

mi.gra.ción [miɣraθjón] *s.f.* migração. 1 deslocamento de um grupo humano de uma a outra zona, por motivos políticos ou econômicos. 2 deslocamento periódico coletivo de certas espécies animais, por razões climáticas ou reprodutivas.

mi.gra.ña [miɣráɲa] *s.f.* enxaqueca. *Sufrir de migraña.* Sofrer de enxaqueca.

mi.jo [míxo] *s.m.* planta herbácea anual das gramíneas, grão desta planta; utiliza-se como alimento humano e como forragem.

mil [míl] *adj.* mil. 1 dez vezes cem, milésimo. 2 diz-se de uma quantidade grande indefinida. *De mil amores.* De mil amores.

mi.la.gro [miláɣro] *s.m.* milagre. 1 ação divina na ordem da experiência humana que não se explica pelas leis da natureza. 2 sucesso, fenômeno extraordinário. *Ocurrió de milagro.* Aconteceu por milagre.

mi.la.gro.so/a [milaɣróso] *adj.* milagroso. 1 que acontece por milagre; diz-se da imagem, santo etc. que opera milagres. 2 extraordinário, maravilhoso.

mi.la.nés/a [milanés] *adj. e s.* milanês, natural de Milão.

mi.la.ne.sa [milanésa] *s.f.* carne empanada e frita, bife à milanesa.

mi.le.na.rio/a [milenárjo] *adj.* milenar. 1 do número mil ou do milhar, espaço de mil anos. *Cultura milenaria.* Cultura milenar. 2 milésimo aniversário de um acontecimento notável.

mi.le.nio [milénjo] *s.m.* milênio, período de mil anos.

mi.lé.si.mo/a [milésimo] *adj. e s.* milésimo, ordinal e partitivo que corresponde a mil.

mil.ho.jas [milóxas] *s.f.* 1 milefólio. 2 *s.m.* mil-folhas, doce retangular de massa folhada com recheio de creme etc.

mil.hom.bres [milómbres] *s.m.* homem pequeno e irrequieto que não serve para nada.

mi.li [míli] *s.f.* apócope de milícia, serviço militar.

mi.li- [míli] *pref.* que, anteposto a uma unidade de medida, significa a milésima parte de seu valor.

mi.li.cia [milíθja] *s.f.* milícia, exercício ou profissão militar, serviço militar, força formada por civis armados de caráter local e ocasional. *Entrar en la milicia.* Entrar para a milícia.

mi.li.cia.no/a [miliθjáno] *adj. e s.* miliciano, pertencente ou relativo à milícia, especialmente das milícias populares.

mi.li.gra.mo [miliɣrámo] *s.m.* miligrama, milésima parte do grama.

mi.li.li.tro [mililítro] *s.m.* mililitro, milésima parte do litro.

mi.lí.me.tro [milímetro] *s.m.* milímetro, milésima parte do metro.

mi.li.mi.cra [milimíkra] *s.f.* milésima parte da *micra*.

mi.li.tan.te [militánte] *adj.* militante, que milita num sindicato ou partido político.

mi.li.tar [militár] *adj.* relativo à milícia ou à guerra, membro do exército. *Hacer la carrera militar.* Fazer a carreira militar.

mi.li.tar [militár] *v.i.* militar, servir na milícia, ser membro ativo de um sindicato ou um partido.

mi.li.ta.ri.zar [militariθár] *v.t.* militarizar, infundir a disciplina e o espírito militar, dar caráter ou organização militar a uma coletividade.

mi.lla [míʎa] *s.f.* milha. 1 medida itinerária terrestre usada na Grã-Bretanha, nos Estados Unidos e países da Commonwealth equivalente a 1.609 m. 2 medida itinerária usada na marinha, equivalente a 1.852 m.

mineralizar

mi.llar [miʎár] *s.m.* milhar, conjunto de mil unidades. Usa-se o signo (ID) para indicar que são milhares os algarismos colocados diante dele.

mi.lla.ra.da [miʎaráða] *s.f.* quantidade ao redor de mil, muitos. *Tener una millarada de sueños*. Ter milhares de sonhos.

mi.llón [miʎón] *s.m.* 1 milhão, mil milhares, número muito grande, indeterminado. 2 imposto indireto castelhano sobre o consumo, vigente de 1590 a 1845.

mi.llo.na.rio/a [miʎonárjo] *adj.* milionário, que tem muitos milhões, ricaço.

mi.llo.né.si.mo/a [miʎonésimo] *adj. e s.* milionésimo, ordinal e partitivo de milhão.

mil.mi.llo.né.si.mo/a [milmiʎonésimo] *adj. e s.* bilionésimo, ordinal e partitivo de mil milhões, ou seja bilhão.

mi.lon.ga [milóŋga] *s.f.* milonga, canção e dança popular sul-americana, de ritmo binário, lenta e acompanhada de violão, parecida com a habanera. *Una milonga sentimental*. Uma milonga sentimental.

mil.piés [milpjés] *s.m.* milípede, nome comum de muitas espécies de miriápodes.

mi.mar [mimár] *v.t.* fazer carícias, tratar com mimo ou com muita consideração. *Recibir muchos mimos*. Ser muito mimado.

mim.bre [mímbre] *s.m.* vime, vimeiro, vara longa, lisa e flexível do vimeiro usada em cestaria.

mi.me.ó.gra.fo [mimeóɣrafo] *s.m.* mimeógrafo, aparelho para tirar cópias de textos ou desenhos gravados em um papel especial, o estêncil, através de cujas incisões passa a tinta.

mi.me.tis.mo [mimetízmo] *s.m.* mimetismo. 1 propriedade de alguns animais e plantas de adotar a cor e a forma de outros seres em cujo meio vivem. 2 adoção de atitudes e gestos de outras pessoas. *Ser propenso al mimetismo*. Ser propenso ao mimetismo.

mí.mi.ca [mímika] *s.f.* mímica, arte de expressar-se por meio de gestos e atitudes.

mí.mi.co/a [mímiko] *adj.* mímico, relativo ao mimo ou à mímica, imitativo.

mi/mis [mi]/[mis] *adj.* apócopes de *mío, mía, míos, mías*; sempre se usa anteposto ao nome. *Mi motivación es enorme* Minha motivação é enorme.

mi.mo [mímo] *s.m.* mimo. 1 entre os gregos e romanos, ator bufo, hábil em imitações. 2 pantomima, ator que a representa. 3 afago, carícia. *Recibió muchos mimos*. Recebeu muitos mimos.

mi.mo.so/a [mimóso] *adj.* mimoso, muito dado a fazer carícias e mimos ou que lhe agrada recebê-los.

mi.na [mína] *s.f.* mina. 1 jazida de minerais de útil exploração, escavação subterrânea ou a céu aberto para extrair minerais. *Descubrió una mina de oro*. Descobriu uma mina de ouro. 2 barrinha de grafite do interior do lápis.

mi.na.dor/a [minaðór] *adj.* 1 minador, mineiro, aquele que mina. 2 *adj. e s.* diz-se do barco ou soldado que coloca minas submarinas.

mi.nar [minár] *v.t.* minar. 1 abrir galerias sob a terra; colocar minas de guerra. 2 consumir, destruir pouco a pouco. *Sentir minadas sus esperanzas*. Sentir minadas as esperanças.

mi.na.re.te [minaréte] *s.m.* minarete, almádena.

mi.ne.ra.je [mineráxe] *s.m.* mineração, trabalho nas minas. *En el mineraje se diluyó su vida*. Sua vida se diluiu na mineração.

mi.ne.ral [minerál] *adj.* mineral, relativo às substâncias inorgânicas, substância natural sólida que faz parte da crosta terrestre, de composição química característica e disposição atômica fixa.

mi.ne.ra.li.zar [minerali θár] *v.t.* mineralizar, transformar uma substância em mineral, aumentar o conteúdo em sais da água.

mineralogénesis

mi.ne.ra.lo.gé.ne.sis [mineraloxénesis] *s.f.* mineralogênese, processo de formação dos minerais.

mi.ne.ra.lo.gí.a [mineraloxía] *s.f.* mineralogia, parte da geologia que estuda os minerais; tradicionalmente se divide em. *mineralogía física, mineralogía química,* e *mineralogía descriptiva,* mineralogia física, química e descritiva.

mi.ne.rí.a [minería] *s.f.* mineração, técnica de prospecção, extração e beneficiamento das minas, conjunto de minas e explorações mineiras de um país.

mi.ne.ro/a [minéro] *adj.* mineiro. 1 relativo à mineração. 2 *s.m.* indivíduo que trabalha nas minas, proprietário ou explorador de minas. 3 mina, jazida.

mi.ner.va [minérβa] *s.f.* 1 inteligência. 2 minerva, máquina de impressão plana para imprimir pequenos formatos, prensa de platina. 3 aparelho ortopédico para imobilizar a cabeça.

mi.nes.tro.ne [minestróne] *s.m.* sopa espessa de vegetais e macarrão, à qual se junta toicinho, presunto picado e outros ingredientes.

min.ga [mínga] (quéchua) *s.f.(Amér.)* trabalho em comum realizado pelos camponeses que terminava com uma comida.

min.gi.to.rio [minχitórjo] *adj.* mictório. 1 relativo à micção. 2 *s.m.* mictório público.

min.go [míŋga] *s.m.* bola que, ao começar cada mão do jogo de bilhar, se coloca na cebeceira da mesa.

mi.niar [minjár] *v.t.* pintar miniaturas.

mi.nia.tu.ra [minjatúra] *s.f.* miniatura, pintura de pequeno tamanho; por extensão, objeto de pequenas dimensões. *Una gran obra de arte en miniatura.* Uma grande obra de arte em miniatura.

mi.nia.tu.ri.za.ción [minjaturiθaθjón] *s.f.* miniaturização, arte de produzir peças e mecanismos dos menores tamanhos possíveis.

mi.ni.fal.da [minifálda] *s.f.* minissaia, saia curta, acima do joelho.

mi.ni.fun.dio [minifúndjo] *s.m.* minifúndio, exploração agrária de extensão muito reduzida e baixa produtividade.

mi.ni.mal [minimál] *s.f.* (arte) minimal, movimento artístico contemporâneo nos Estados Unidos por volta de 1965 que preconiza o uso de formas geométricas simples e cores puras.

mi.ni.mi.zar [minimiθár] *v.t.* minimizar, reduzir uma coisa de volume ou tirar-lhe importância. *Minimizar el hecho.* Minimizar o fato.

mí.ni.mo/a [mínimo] *adj.* mínimo. 1 superlativo de *pequeño.* Diz-se do que não tem nada menor em sua espécie; minucioso. 2 *s.m. e f.* limite ou extremo a que se puede reduzir algo.

mi.ni.no/a [miníno] *s.* gato, animal.

mi.ni.or.de.na.dor [miniorðenaðór] *s.m.* microcomputador, pode funcionar de forma autônoma ou conectado a um computador maior.

mi.nis.te.rial [ministerjál] *adj.* ministerial. 1 relativo ao ministro ou ao ministério. 2 *adj. e s.* adicto ao governo, nas cortes, imprensa etc.

mi.nis.te.rio [ministérjo] *s.m.* ministério, conjunto de ministros de um Estado, cada um dos departamentos do poder executivo de um Estado, edifício em que está instalado.

mi.nis.trar [ministrár] *v.t. e i.* ministrar, exercer um ofício, emprego ou ministério, subministrar algo.

mi.nis.tro/a [minístro] *s.* ministro, responsável de cada um dos departamentos do poder executivo de um Estado, responsável por certas funções em comunidades religiosas. *Ministro de Dios*. Ministro de Deus.

mi.no.ra.r [minorár] *v.t. e v. p.* minorar, diminuir, encurtar ou reduzir.

mi.no.rí.a [minoría] *s.f.* minoria, parte menor de uma coletividade, grupo de pessoas de ideias divergentes em uma coletividade, menoridade legal de uma pessoa.

mi.no.ris.ta [minorísta] *s.m.* 1 clérigo que só tem as ordens menores, comerciante a varejo. 2 *adj.* aplica-se ao comércio varejista.

mi.no.ri.ta.rio/a [minoritárjo] *adj.* minoritário, relativo à minoria.

mi.nu.cia [minúθja] *s.f.* minúcia, coisa de pouco valor ou importância. *Entrar en minucias*. Entrar em minúcias.

mi.nu.cio.so/a [minuθjóso] *adj.* minucioso, que se detém nas coisas pequenas ou nos detalhes.

mi.nué [minué] *s.m.* antiga dança francesa para duas pessoas de compasso ternário, originada no século XVII, música desta dança.

mi.nús.cu.lo/a [minúskulo] *adj.* minúsculo. 1 de muito pequenas dimensões. 2 *adj.* e *s.f.* diz-se das letras de figura distinta e de tamanho menor que as maiúsculas. *Texto en minúsculas*. Texto em minúsculas.

mi.nus.vá.li.do/a [minusβálido] *adj. e s.* inválido, que não pode exercer todas as suas faculdades físicas ou mentais com plenitude.

mi.nu.ta [minúta] *s.f.* minuta. 1 extrato ou rascunho de um contrato ou outra coisa. 2 nota que se toma de alguma coisa para tê-la presente. 3 conta de honorários dos advogados, peritos etc.

mi.nu.te.ro [minutéro] *s.m.* ponteiro que marca os minutos no relógio. *El inquieto minutero*. O inquieto ponteiro dos minutos.

mi.nu.to [minúto] *s.m.* minuto, unidade de tempo, sexagésima parte de uma hora.

mí.o/a, mí.os/as [mío] *pron. poss.* da 1ª pess., masculino e femenino, singular e plural; precedido de *lo*, o próprio ou indicado da pessoa que fala. *Lo mío es también tuyo*. O que é meu também é seu.

mio.car.dio [mjokárðjo] *s.m.* miocárdio, camada muscular do coração, entre o pericárdio e o endocárdio.

mi.o.pe [mióp e] *adj. e s.* 1 míope, que sofre de miopia. 2 curto de entendimento, obtuso.

mi.o.pí.a [miopía] *s.f.* miopia, defeito da visão consistente em que os raios luminosos paralelos convergem num ponto anterior à retina.

mi.o.sis [miósis] *s.f.* miose, contração fisiológica ou patológica da pupila do olho.

mi.ra [míra] *s.f.* mira. 1 peça de um instrumento onde se fixa o olhar para dirigir a pontaria, medir ou observar. 2 regra topográfica para medir desníveis, mirante, balcão. *Estar en la mira de alguien*. Estar na mira de alguém.

mi.ra.da [miráða] *s.f.* mirada, olhar, olhada, ação e efeito de *mirar*; modo de olhar. *Una mirada atenta*. Um olhar atento.

mi.ra.do/a [miráðo] *adj.* cauto, reflexivo, atento, usa-se com os advérbios *bien*, *mal*, *mejor*, *peor*.

mi.ra.dor/a [miraðór] *adj.* 1 que mira. 2 mirante, lugar elevado em um edifício ou em uma paragem com muita visibilidade.

mi.rar [mirár] *v.t. e v.p.* olhar, fixar a vista em alguém ou alguma coisa. *v.tr.* observar. *Mirar el cielo y las estrellas*. Olhar o céu e as estrelas.

mi.ra.sol [mirasól] *s.m.* girassol, planta.

mi.ria- [mírja] *pref.* que significa dez mil.

mi.rí.a.da [miríaða] *s.f.* miríade, quantidade grande e indefinida.

mi.riá.me.tro [mirjámetro] *s.m.* miriâmetro, medida de comprimento equivalente a dez mil metros. *Estar a un miriámetro de distancia*. Estar a um miriâmetro de distância.

mi.ri.lla [miríʎa] *s.f.* olho mágico, abertura pequena em uma parede ou porta, especialmente a de acesso a uma casa. *Espiar por la mirilla.* Espiar pelo olho mágico.

mir.lo [mírlo] *s.m.* melro, ave passeriforme dos turdídeos, de plumagem escura e bico amarelo, muito apreciada por seu canto.

mi.rón/a [mirón] *adj.* e *s.* que olha em demasia ou com curiosidade.

mi.sa [mísa] *s.f.* missa. 1 cerimônia ritual católica em memória da morte e ressurreição de Jesus Cristo. *Misa concelebrada.* Missa concelebrada. 2 composição musical sobre textos da missa.

mi.sal [misál] *s.m.* missal, livro que contém a ordem e o modo de celebrar misa.

mi.san.tro.pí.a [misantropía] *s.m.* misantropia, qualidade ou atitude de misantropo.

mi.sán.tro.po/a [misán tropo] *s.m.* e *f.* misantropo, indivíduo que manifesta aversão ao trato com seus semelhantes.

mis.ce.lá.ne.o/a [misθeláneo] *adj.* misto.

mis.ce.lá.ne.a [misθelánea] *s.f.* miscelânea. 1 mescla de coisas desconexas. 2 escrito ou seção de um jornal, que trata de muitas matérias.

mi.se.ra.ble [miseráβle] *adj.* miserável, muito pobre, desditoso, infeliz. *Vivía como un miserable.* Vivia como um miserável.

mi.se.ria [misérja] *s.f.* miséria, falta do necessário para viver, pobreza extrema.

mi.se.ri.cor.dia [miserikórðja] *s.f.* misericórdia, virtude que inclina o ânimo a compadecer-se das penas alheias. *Su misericordia emociona.* Sua misericórdia emociona.

mí.se.ro/a [mísero] *adj.* mísero, desditoso, infeliz, muito pobre.

mi.sil / mísil [misíl]/[mísil] *s.m.* míssil, projétil aéreo ou submarino provido de uma cabeça explosiva, propulsado por um foguete ou reator.

mi.sión [misjón] *s.f.* missão, ação de enviar, poder que se dá a alguém para desempenhar uma incumbência. *Dar cumplimiento a una misión.* Dar cumprimento a uma missão.

mi.sio.ne.ro/a [misjonéro] *adj.* missionário. 1 relativo às missões. 2 *s.m.* e *f.* pessoa que se dedica a propagar uma religião ou ideologia.

mi.si.va [misíβa] *s.f.* missiva, escrito ou carta que se envia a alguém comunicando-lhe alguma coisa.

mi.si.vo/a [misíβo] *adj.* missivo, que se envia.

mis.mo/a [mízmo] *adj.* e *pron.dem.* mesmo. 1 indica igualdade em relação ao mencionado. 2 igual, semelhante, parecido, análogo. *Dar lo mismo.* Dar na mesma.

mi.só.ga.mo/a [misóɣamo] *adj.* misógamo, oposto, contrário ao matrimônio, que tem horror ao matrimônio.

mi.so.gi.nia [misoxínja] *s.f.* misoginia, desprezo ou aversão às mulheres.

mi.só.gi.no [misóxino] *adj.* e *s.m.* misógino, aplica-se ao homem que tem aversão às mulheres.

mis.te.la [mistéla] *s.f.* mistela, bebida resultante da adição de álcool e açúcar ao mosto da uva, vinho doce.

mis.te.rio [mistérjo] *s.m.* mistério. 1 coisa inacessível à razão e que deve ser objeto de fé. 2 algo incompreensível ou inexplicável. *Misterio insondable.* Mistério insondável.

mis.te.rio.so/a [misterjóso] *adj.* misterioso, envolto em mistério, que dá a entender coisas recônditas onde não existem.

mis.ti.cis.mo [mistiθízmo] *s.m.* misticismo. 1 mística, doutrina dos místicos. 2 estado do indivíduo que está em êxtase místico.

mís.ti.co/a [místiko] *adj.* e *s.* relativo à mística; que se dedica à vida espiritual. *Personaje místico.* Personagem mística.

mis.ti.fi.car [mistifikár] *v.t.* mistificar, enganar, falsear, falsificar.

mis.tol [mistól] *s.m.* (Amér.) planta ramnácea, de fruto castanho e ovoide usado na elaboração de doces e aguardente.

mis.tu.ra [mistúra] *s.f.* mistura, mescla de elementos variados.

mi.tad [mitáð] *s.f.* metade, cada uma das duas partes iguais em que se divide um todo; parte em que uma coisa equidista de seus extremos. *Quedar en la mitad del camino.* Ficar na metade do caminho.

mí.ti.co/a [mítiko] *adj.* mítico, relativo ao mito ou à mitologia.

mi.ti.fi.car [mitifikár] *v.t.* e *v.p.* mitificar, converter em mito.

mi.ti.ga.ción [mitiɣaθjón] *s.f.* mitigação, atenuação, alívio, consolo, moderação.

mi.ti.ga.dor/a [mitiɣaðór] *adj.* e *s.* mitigador, moderador, consolador.

mi.ti.gar [mitiɣár] *v.t.* e *v.p.* mitigar, moderar, aplacar ou suavizar uma dor física, uma pena ou uma inquietação moral.

mi.tin [mítin] *s.m. meeting*, comício, reunião onde se proferem discursos sobre assuntos políticos ou sociais. *Participar en un mitin.* Tomar parte em um comício.

mi.to [míto] *s.m.* mito. 1 narração de origem oral e conteúdo simbólico, que transmite valores e crenças de determinada cultura. 2 invenção, fantasia.

mi.to.lo.gí.a [mitoloxía] *s.f.* mitologia, estudo científico dos mitos, história dos fabulosos deuses e herois da gentilidade.

mi.to.ma.ní.a [mitomanía] *s.f.* mitomania, tendência à mentira e à fabulação, manifestada por alguns doentes mentais.

mi.tón [mitón] *s.m.* mitene, luva que cobre só a mão, deixando descobertos os dedos.

mi.tra [mítra] *s.f.* mitra, espécie de turbante de origem persa, espécie de barrete pontiagudo usado por bispos, arcebispos etc.. *La mitra sobresalía entre los fieles.* A mitra sobresaía entre os fiéis.

mi.tra.do [mitráðo] *adj.* mitrado. 1 que usa mitra. 2 *s.m.* arcebispo ou bispo.

mi.tral [mitrál] *adj.* mitral, em forma de mitra, diz-se de uma válvula do coração.

mix.to/a [míksto] *adj.* misto. 1 mesclado, misturado, incorporado a algo. 2 dito de um animal ou um vegetal, mestiço. 3 composto de elementos diferentes.

mix.tu.ra [mikstúra] *s.f.* mistura. 1 mescla, mistura. 2 pão de vários cereais. 3 fórmula farmacêutica composta por vários ingredientes. *Recetar una mixtura farmacéutica.* Receitar uma mistura farmacêutica.

mix.tu.rar [miksturár] *v.t.* misturar, mesclar uma coisa com outra.

mne.mo- [némo] *pref.* de origem grega que significa memória, mnemo-.

mne.mo.tec.nia [nemotéknja] *s.f.* mnemotecnia, mnemônica, arte e técnica de aumentar a capacidade de retenção da memória mediante certas combinações ou artifícios.

mne.mo.téc.ni.ca [nemoteknika] *s.f.* mnemotécnica, mnemônica.

mne.mo.téc.ni.co/a [nemotekniko] *adj.* mnemotécnico, relativo à mnemotecnia ou mnemônica, que serve para auxiliar a memória, arte de desenvolver e fortalecer a memória.

mo.bi.lia.rio/a [moβiljárjo] *adj.* mobiliário. 1 diz-se dos efeitos ou valores públicos ao portador ou transferíveis mediante endosso. 2 *s.m.* conjunto de móveis ou dos móveis de uma casa, mobília. *Mobiliario urbano.* Mobiliário urbano.

mo.bla.je [moβláxe] *s.m.* mobiliário, mobília, conjunto de móveis. *Cambiar el moblaje.* Trocar a mobília.

moblar

mo.blar [moβlár] *v.t.* mobiliar, guarnecer de móveis uma casa. Ver *amueblar*.

mo.ca [móka] *s.m.* moca, café de muito boa qualidade procedente da cidade de Moka no lêmen, infusão desta classe de café.

mo.ca.sín [mokasín] *s.m.* mocassim. 1 calçado em couro cru usado pelos índios norte-americanos. 2 calçado leve, que imita o mocassim.

mo.ce.dad [moθeðáð] *s.f.* mocidade; na vida humana, época que vai da puberdade até a idade adulta, juventude. *Recuerdos de la mocedad*. Lembranças da mocidade.

mo.ce.tón/a [moθetón] *s.* mocetão, pessoa jovem e corpulenta, rapagão.

mo.char [motʃár] *v.t.* dar pancadas com a cabeça.

mo.cha.zo [motʃáθo] *s.m.* pancada com a culatra de uma arma.

mo.chi.la [motʃíla] *s.f.* mochila, bolsa especial que se pendura nos ombros e nas costas para transportar material escolar, provisões e objetos necessários para excursões etc.. *Cargar una mochila*. Carregar uma mochila.

mo.cho/a [mótʃo] *adj.* 1 que carece de ponta, truncado; pelado ou de cabelo cortado. 2 *s.m.* extremidade grossa de um utensílio longo como, por exemplo, a culatra da espingarda.

mo.ción [moθjón] *s.f.* moção. 1 ação e efeito de mover-se ou ser movido. 2 proposta feita ou sugerida em uma assembleia.

mo.ci.to/a [moθíto] *adj. e s.* que inicia sua mocidade, jovenzinho.

mo.co [móko] *s.m.* muco, humor pegajoso segregado pelas membranas mucosas, especialmente o que flui pelos orifícios nasais, monco, ranho.

mo.co.so/a [mokóso] *adj.* moncoso, ranhento, que tem o nariz cheio de muco; diz-se da criança que pretende comportar-se como adulto.

mo.da [móða] *s.f.* moda, uso social, durante um breve período, de uma forma de vestir, uma tendência ideológica, artística etc.. *Estar de moda*. Estar na moda.

mo.dal [moðál] *adj.* modal, relativo aos modos gramaticais.

mo.da.les [moðáles] *s.m.* (pl.) modos, ações externas de uma persona.

mo.da.li.dad [moðaliðáð] *s.f.* modalidade, modo de ser ou de manifestar-se alguma coisa.

mo.de.lar [moðelár] *v.t.* modelar, formar uma figura com uma matéria mole, em pintura, representar um relevo, ajustar-se a um modelo, educar.

mo.de.lis.mo [moðelízmo] *s.m.* modelismo, construção em escala reduzida de aviões, barcos, trens etc.

mo.de.lo [moðélo] *s.m.* modelo. 1 aquilo que se segue, imita ou reproduz. 2 pessoa que empregada em casa de modas, exibe vestes ou adereços à clientela. 3 pessoa ou objeto que posa ante o artista. *Modelo preferencial*, Modelo preferencial.

mó.dem [móðem] *s.m.* modem, dispositivo que permite comunicar computadores através da linha telefônica.

mo.de.ra.ción [moðeraθjón] *s.f.* moderação. 1 ação e efeito de moderar. 2 sensatez, cordura nas palavras ou ações. *Actuar con moderación*. Agir com moderação.

mo.de.ra.do/a [moðeráðo] *adj.* moderado, que tem moderação, equilibrado, diz-se do partido de ideologia conservadora.

mo.de.ra.dor/a [moðeraðór] *adj. e s.* moderador, que modera, pessoa que dirige uma discussão, um debate ou uma assembleia.

mo.de.ran.tis.mo [moðerantízmo] *s.m.* moderantismo, ideologia política moderada; doutrina do partido moderado.

mo.de.rar [moðerár] *v.t. e v.p.* moderar, conciliar, equilibrar, temperar. *Consiguió moderar con éxito.* Conseguiu moderar com sucesso.

mo.de.ra.to [moðeráto] *s.m.* (mús.) moderato, movimento moderado.

mo.der.nis.mo [moðerní̵zmo] *s.m.* modernismo. 1 qualidade de moderno, inclinação ao novo. 2 movimento cultural no Ocidente desenvolvido no fim do século XIX e começo do XX.

mo.der.ni.zar [moðerniθár] *v.t. e v.p.* modernizar, dar forma e aspecto moderno a coisas, comportamentos, costumes antigos etc.

mo.der.no/a [moðérno] *adj.* moderno. 1 da época atual, novo, recente. 2 *s.* pessoa que adota as modas atuais.

mo.des.tia [moðéstja] *s.f.* modéstia, virtude que modera, equilibra e regula o juízo de alguém sobre suas qualidades ou capacidades. *Una modestia notable.* Uma modéstia notável.

mo.des.to/a [moðésto] *s.m. e adj.* modesto, que tem modéstia; singelo, sem luxo; de austera posição social.

mó.di.co/a [móðiko] *adj.* módico, escasso, moderado, limitado. *A un módico precio.* A preço módico.

mo.di.fi.ca.ción [moðifikaθjón] *s.f.* modificação, ação e efeito de modificar; retificação, alteração.

mo.di.fi.ca.dor/a [moðifikaðór] *adj. e s.* modificador, pessoa que modifica, transforma, reforma etc.

mo.di.fi.car [moðifikár] *v.t.* modificar, reformar, mudar, corrigir etc.

mo.dis.mo [moðízmo] *s.m.* modismo, modo de falar peculiar de uma língua, aceito pelo uso, que em geral é ou parece contrário às nomas gramaticais. *Modismo regional.* Modismo regional.

mo.dis.to/a [moðísto] *s.* modista, pessoa que tem por ofício fazer trajes e outras peças de vestir, especialmente para senhoras. *Modisto exclusivo.* Modista exclusivo.

mo.do [móðo] *s.m.* modo, forma variável e determinada que pode revestir um ser sem modificar sua essência, modo particular de fazer alguma coisa. *Del mismo modo.* Do mesmo modo.

mo.do.rra [moðór̄a] *s.m.* modorra, sonolência muito profunda.

mo.do.rro/a [moðór̄o] *adj.* modorro, que tem ou sofre de modorra, modorrento; que murcha.

mo.do.so/a [moðóso] *adj.* que guarda modo e compostura.

mo.du.la.ción [moðulaθjón] *s.f.* modulação, ação e efeito de modular, entonação na fala, passagem de um tom musical a outro. *Una bella modulación.* Uma bela modulação.

mo.du.lar [moðulár] *v.i.* modular, variar de modos na fala, no canto ou na música.

mó.du.lo [móðulo] *s.m.* módulo, medida tomada como unidade para as proporções de alguma coisa, modelo, padrão.

mo.dus vi.ven.di [móðuzβiβéndi] *loc. lat. modus vivendi,* modo de viver, regra de conduta ou transação entre duas partes.

mo.fa [mófa] *s.f.* mofa, burla, escárnio, zombaria.

mo.far [mofár] *v.t. e i.* mofar, escarnecer, rir, zombar de alguém.

mo.fle.te [mofléte] *s.m.* bochecha grossa e carnuda que parece estar inchada. *De mofletes rosados.* De bochechas rosadas.

mo.ga.te [moɣáte] *s.m.* banho que cobre o verniz das vasilhas de barro cozido.

mo.go.te [moɣóte] *s.m.* montículo isolado em forma de bico truncado.

mo.he.cer [moeθér] *v.t. e v.p.* mofar, cobrir de mofo. Ver *enmohecer*.

mo.hín [moíⁿn] *s.m.* careta, gesto, especialmente dos lábios. *Hizo un gracioso mohín de enfado.* Fez uma engraçada careta de enfado.

mo.hí.no/a [moíno] *adj.* 1 mofino, triste, desgostoso. 2 diz-se do burro ou da mula filhos de cavalo e jumenta.

mo.ho [móo] *s.m.* mofo, nome de vários fungos formados por micélios filamentosos e ramificados que produzem manchas brancas ou coradas de aspecto semelhante a algodão ou feltro; bolor.

mo.ho.so/a [moóso] *adj.* mofoso, mofento, coberto de mofo; coberto de ferrugem ou de cardenilho. *Estar el suelo mohoso.* Estar o solo mofoso.

mo.ja.da [moxáða] *s.f.* molhada, ação e efeito de molhar.

mo.ja.do/a [moxáðo] *adj. e s.* molhado. 1 diz-se do som palatalizado. 2 abatido, esgotado.

mo.ja.dor/a [moxaðór] *adj. e s.* que molha; receptáculo com esponja embebida em água para umedecer os dedos, molhar selos etc.

mo.jar [moxár] *v.t. e v.p.* molhar. 1 umedecer ou embeber com água ou outro líquido. 2 banhar pão ou biscoito em um molho, em leite etc. *mojar la oreja*, insultar.

mo.je [móxe] *s.m.* caldo de qualquer guisado.

mo.jí [moxí] *s.m.* torta de pão ralado, queijo etc. feita em caçarola.

mo.ji.gan.ga [moxiɣánga] *s.f.* mogiganga. 1 breve obra teatral muito cômica. 2 festa pública que se fazia com fantasias ridículas, especialmente de animais. *Divertirse en la mojiganga.* Divertir-se na mogiganga.

mo.ji.ga.to/a [moxiɣáto] *adj. e s.* que afeta humildade ou covardia, pessoa beata excessivamente escrupulosa.

mo.jón [moxón] *s.m.* marco, sinal que marca um caminho ou os limites de um território, sinal em um despovoado para servir de guia. *Un mojón en su vida.* Um marco em sua vida.

mo.jo.nar [moxonár] *v.t.* demarcar, colocar marcos. Var.. amojonar;

mo.jo.ne.ro [moxonéro] *adj. e s.* pessoa que coloca marcos.

mo.lar [molár] *adj.* molar. 1 apto para moer, relativo a mola. 2 *s.m.* dente molar, peça dentária.

mol.dar [moldár] *v.t.* moldar, amoldar, moldurar.

mol.de [mólde] *s.m.* molde, modelo oco em que se verte uma substância plástica ou derretida que, ao solidificar-se, toma a forma dele, forma. *Llenar el molde.* Encher o molde.

mol.de.ar [moldeár] *v.t.* moldar, moldurar, tirar o molde de uma figura, formar uma figura vertendo no molde a matéria da qual se faz.

mol.du.ra [moldúra] *s.f.* moldura. 1 parte saliente de perfil uniforme que decora um edifício, um móvel etc. 2 molduragem de quadro. *Colocar una bella moldura.* Colocar uma bela moldura.

mol.du.rar [moldurár] *v.t.* emoldurar, fazer molduras, enfeitar com molduras.

mo.lé.cu.la [molékula] *s.f.* molécula, estrutura formada por um número determinado de átomos dispostos de uma forma sempre igual e que constitui a menor unidade que pode existir de um corpo em estado livre.

mo.le.de.ra [moleðéra] *s.f.* mó, pedra em que se moi.

mo.le.de.ro [moleðéro] *adj.* passível de moer ou que se há de moer.

mo.le.dor/a [moleðór] *adj. e s.* moedor, que moi, cada um dos cilindros do moinho em que se tritura a cana-de-açúcar.

mo.ler [molér] *v.tr.* moer. 1 reduzir um corpo a pó. 2 cansar, fatigar. 3 destruir, maltratar. *Moler las esperanzas.* Moer as esperanças.

mo.les.tar [molestár] *v.t. e v.p.* molestar, causar moléstia, ofender ou magoar-se por algo geralmente sem importância, incomodar.

mo.les.tia [moléstja] *s.f.* moléstia. 1 circunstância ou ação que perturba o estado físico ou psíquico. 2 enfado, aversão.

mo.les.to [molésto] *adj.* molesto, que causa ou sente moléstia. *Tengo un vecino muy molesto.* Tenho um vizinho muito molesto.

mo.li.do [molíðo] *adj.* (fig.) moído, muito cansado, fatigado, destruído.

mo.lien.da [moljénda] *s.f.* 1 moagem, ação de moer. 2 moedura, matéria moída de uma vez. 3 moenda, moinho. *Molienda equilibrada.* Moenda equilibrada.

mo.li.fi.car [molifikár] *v.t. e v.p.* molificar, abrandar, suavizar, amolecer.

mo.li.mien.to [molimjénto] *s.m.* 1 moagem, ação de moer. 2 fatiga, cansaço, moléstia.

mo.li.ne.rí.a [molinería] *s.f.* conjunto de moinhos, indústria moageira.

mo.li.ne.ro/a [molinéro] *adj.* do moinho ou da indústria moageira. *s.* moageiro, pessoa encarregada de un moinho.

mo.li.ne.te [molinéte] *s.m.* molinete. 1 dispositivo que numa janela ou vidraça renova o ar. 2 movimento de esgrima. 3 figura de dança. 4 brinquedo.

mo.li.ni.llo [moliníʎo] *s.m.* aparelho doméstico para moer, instrumento para bater chocolate.

mo.li.no [molíno] *s.m.* moinho, máquina para moer, quebrantar, esmagar, elevar água, laminar etc., lugar onde há um moinho. *Molino harinero.* Moinho de farinha.

mo.lla [móʎa] *s.f.* parte mole ou carnosa de um corpo orgânico.

mo.llar [moʎár] *adj.* 1 mole, fácil de partir; diz-se das frutas carnosas. 2 (fig.) fácil de persuadir ou de enganar.

mo.lle [moʎe] *s.m.* árvore perenifólia da família das anacardiáceas originário da América do Sul.

mo.lle.ar [moʎeár] *v.i.* ceder uma coisa sob pressão ou à força, dobrar-se devido à brandura.

mo.lle.jo/a [moʎéxo] *adj. e s.* 1 brando ao tato, porção de coisa branda. 2 apêndice carnoso formado por inchaço das glândulas.

mo.lle.ra [moʎéra] *s.f.* moleria, parte mais elevada da cabeça, miolo, cacume, parte do crânio ainda sem ossificar. *Ser duro de mollera.* Ser duro de moleira.

mo.lus.cos [molúskos] *s.m.* (pl.) moluscos, tipo de animais metazoários celomados; dividem-se em quatro classes. anfineuros, pelecípodes, lamelibrânquios ou bivalves, e cefalópodes; vivem em águas marinhas e doces e algumas espécies em terra firme e úmida.

mo.men.tá.ne.o/a [momentáneo] *adj.* momentâneo, que só dura um momento, que não permanece, provisório. *Alegría momentánea.* Alegria momentânea.

mo.men.to [moménto] *s.m.* momento, mínimo espaço em que se divide o tempo, breve espaço de tempo, instante.

mo.mi.fi.car [momifikár] *v.t. e v.p.* mumificar. 1 converter em múmia um cadáver. 2 não evoluir ideias, costumes etc.. *Momificar el pensamiento.* Mumificar o pensamento.

mo.mo [mómo] *s.m.* momo, gesto, careta, mofa, zombaria, figura ridícula.

mo.na [móna] *s.f.* 1 fêmea do macaco. 2 (fig.) pessoa que imita o comportamento de outra. 3 bebedeira, pileque, mona, pessoa ébria. *Dormir la mona.* Pegar um pileque.

mo.na.cal [monakál] *adj.* monacal, dos monges ou das monjas.

mo.na.da [monáða] *s.f.* 1 macaquice, ação própria do macaco. 2 gesto ou postura afetada, afago, bajulação. *Una monada de persona.* Uma gracinha de pessoa.

mo.na.gui.llo/a [monaɣíʎo] s. coroinha, menino que ajuda o sacerdote na missa e em outras funções da igreja.

mo.nar.ca [monárka] *s.m.* monarca, príncipe soberano de um Estado monárquico.

mo.nar.quí.a [monarkía] *s.f.* monarquia, forma de governo cujo poder é exercido por uma só pessoa, etapa que dura dito regime e Estado que o tem. *Monarquía absolutista.* Monarquia absolutista.

mo.nár.qui.co/a [monárkiko] *adj. e s.* monárquico, monarquista, partidário da monarquia ou pertencente a ela.

mo.nas.te.rio [monastérjo] *s.m.* mosteiro, lugar onde vive uma comunidade de monges ou monjas. *Paz de monasterio.* Paz de mosteiro.

mo.nás.ti.co/a [monástiko] *adj.* monástico, relativo aos monges ou ao mosteiro.

mon.da [mónda] *s.f.* monda, ação e efeito de mondar, tempo de poda.

mon.da.dien.tes [mondaðjéntes] *s.m.* pequeno palito para limpar os dentes.

mon.da.du.ra [mondaðúra] *s.f.* mondadura, ação e efeito de mondar; (pl.) casca ou desperdício das coisas mondadas.

mon.dar [mondár] *v.t.* mondar, limpar algo tirando-lhe o supérfluo misturado com ele, podar; limpar o leito de um rio, canal ou acéquia.

mon.don.go [mondóŋgo] *s.m.* mondongo, intestinos e pança das reses, especialmente dos porcos. *Cazuela de mondongo.* Caçarola de mondongo.

mo.ne.ar [moneár] *v.i.* fazer gracinhas.

mo.ne.da [monéða] *s.f.* moeda, dinheiro, cabedal, tudo o que representa um valor pecuniário, dinheiro metálico e papel impresso circulantes em um Estado como meio de pagamento, medida e reserva de valor. *Pagar con la misma moneda.* Pagar na mesma moeda.

mo.ne.de.ro [moneðéro] *s.m.* moedeiro, fabricante de moeda, a casa da moeda, bolsinha ou carteira para guardar moedas.

mo.ne.rí.a [monería] *s.f.* gracinha.

mo.ne.ta.rio/a [monetárjo] *adj.* monetário, relativo à moeda e/ou ao dinheiro, conjunto de normas legais que regem o fluxo do dinheiro em um país. *Sistema Monetario Internacional.* Sistema Monetário Internacional.

mo.ne.ti.zar [monetiθár] *v.t.* monetizar, dar curso legal como moeda às notas de banco ou outros signos pecuniários; amoedar.

mon.gó.li.co/a [moŋgóliko] *adj.* 1 mongol, da Mongólia. 2 *adj. e s.* mongoloide, afetado de mongolismo.

mon.go.lis.mo [moŋgolíθmo] *s.m.* mongolismo, doença congênita infantil, caracterizada por transtornos morfológicos e psíquicos, síndrome de Down.

mo.ni.go.te [moniɣóte] *s.m.* 1 leigo de convento, pessoa que faz papel ridículo. *Hacer de monigote.* Fazer papel ridículo. 2 desenho, pintura, estátua etc. mal-feita.

mó.ni.ta [mónita] *s.f.* astúcia, artifício.

mo.ni.tor/a [monitór] *s.* monitor. 1 pessoa que admoesta, avisa ou aconselha, aquele que guia a aprendizagem cultural, esportiva etc. 2 tela na qual o computador visualiza textos, gráficos etc. *Alertar el monitor.* Alertar o monitor.

mon.je/a [móŋxe] *s.* monge, indivíduo de uma ordem religiosa que vive em um mosteiro, membro de uma ordem monacal.

mon.jil [moŋxíl] *adj.* mongil, relativo às monjas, hábito de monja, traje feminino de luto.

mo.no- [móno] *pref.* que significa um ou somente um, mono-.

mo.no/a [móno] *adj.* 1 bonito, lindo, atraente, especialmente aplicado às crianças e coisas pequenas. 2 nome comum das espécies de mamíferos primatas, plantígrados e arborícolas. 3 pessoa que faz macaquices.

mo.no.ca.rril [monokař íl] *s.m.* monocarril, monotrilho, trem ou aparelho de transporte que se desloca por um único trilho.

mo.no.ci.clo [monoθíklo] *s.m.* monociclo, velocípede de uma roda só. *Equilibrar el monociclo.* Equilibrar o monociclo.

mo.no.co.lor [monokolór] *adj.* 1 monocolor, unicolor, de uma cor só. 2 diz-se do Governo, da assembleia etc., de um único grupo político ou ideológico.

mo.no.cor.de [monokórðe] *adj.* monocórdico, monótono, uniforme, insistente sem variações.

mo.no.cor.dio [monokórðjo] *s.m.* monocórdio, instrumento musical antigo de uma corda só; entre os antigos servia de diapasão.

mo.no.cro.má.ti.co/a [monokromátiko] *adj.* monocromático; diz-se da radiação com uma única longitude de onda.

mo.nó.cu.lo [monókulo] *s.m.* monóculo, lente para um olho só, venda que se aplica a um olho somente. *Monóculo de fino cristal.* Monóculo de cristal fino.

mo.no.cul.ti.vo [monokultíβo] *s.m.* monocultivo, cultivo único ou predominante de uma espécie vegetal em determinada região.

mo.no.fá.si.co/a [monofásiko] *adj.* monofásico; diz-se da corrente elétrica alternada de uma fase só que se distribui por meio de dois condutores.

mo.nó.ga.mo/a [monóγamo] *adj. e s.* monógamo, casado(a) com uma mulher/homem somente, que se casou só uma vez.

mo.no.gra.fí.a [monoγrafía] *s.f.* monografia, descrição e tratado especial de uma ciência ou de algum assunto. *Una detallada monografía.* Uma detalhada monografia.

mo.no.gra.ma [monoγráma] *s.m.* monograma, desenho formado com o nome ou as iniciais de uma pessoa, entidade etc.

mo.no.lin.güe [monolíŋgwe] *adj.* monolíngue, que fala somente uma língua, que está escrito somente em um idioma.

mo.no.lí.ti.co/a [monolítiko] *adj. e s.* monolítico, relativo ao monólito, compacto, formado só por uma só pedra.

mo.no.li.to [monolíto] *s.m.* monólito, monumento de pedra de uma única peça. *Homenajear con un monolito.* Homenagear com um monólito.

mo.no.lo.gar [monoloγár] *v.i.* monologar, recitar monólogos.

mo.nó.lo.go [monóloγo] *s.m.* monólogo, solilóquio, obra dramática na qual fala só uma personagem. *Monólogo interior.* Monólogo interior.

mo.no.par.ti.dis.mo [monopartidízmo] *s.m.* regime político que se baseia em um partido único, regime monopartidário.

mo.no.pla.no [monopláno] *adj. e s.m.* diz-se do aeroplano cujas asas formam um mesmo plano.

mo.no.po.lio [monopóljo] *s.m.* forma de mercado na qual a oferta de um produto se concentra em um só vendedor, domínio ou influência exclusiva, monopólio.

mo.no.po.li.zar [monopoliθár] *v.t.* ter a exclusiva exploração de um negócio. *Monopolizar la atención sobre sí.* Monopolizar a atenção sobre si.

mo.no.sí.la.bo [monosílaβo] *adj.* diz-se da palavra de uma única sílaba. *Expresarse en monosílabos.* Exprimir-se com monossílabos.

mo.no.te.ís.mo [monoteízmo] *s.m.* monoteísmo, doutrina teológica que afirma a existência de um só Deus.

mo.no.to.ní.a [monotonía] *s.f.* 1 igualdade de tom na voz ou na música. 2 falta de variedade, rotina, monotonia.

mo.nó.to.no/a [monótono] *adj.* regular, igual, uniforme, invariável, monótono.

mon.se.ñor [monseɲór] *s.m.* tratamento dado em alguns países a prelados, dignatários eclesiásticos e alguns nobres, monsenhor. *Oficiar la misa el monseñor.* Oficiar a missa o monsenhor.

mons.truo/a [mónstrwo] *s.* ser fabuloso de contos e lendas, pessoa cruel e perversa, monstro.

mons.truo.si.dad [monstrwosiðáð] *s.f.* 1 grave desproporção de uma coisa, segundo o natural. 2 suma fealdade física ou moral.

mons.truo.so/a [mons trwóso] *adj.* de características de um monstro, muito cruel ou execrável, monstruoso. *Ser monstruoso.* Ser monstruoso.

mon.ta [mónta] *s.f.* ação e efeito de montar, acavalamento, valoração intrínseca de uma coisa, importância total de uma conta, monta.

mon.ta.car.gas [montakárɣas] *s.m.* ascensor para elevar pesos.

mon.ta.do/a [montáðo] *adj. e s.* pessoa que servia a cavalo na guerra, diz-se do cavalo com o arreio para montar. *Estar bien montado.* Estar bem montado.

mon.ta.dor/a [montaðór] *s.* pessoa que monta, operário especializado na montagem de máquinas, filmes etc.

mon.ta.du.ra [montaðúra] *s.f.* ação e efeito de montar, montada de uma cavalaria.

mon.ta.je [montáxe] *s.m.* 1 ação e efeito de montar. 2 operação de unir diversos planos de um filme para formar uma continuidade de cenas e situações. *Un preciso montaje.* Uma montagem precisa.

mon.ta.ña [montaɲa] *s.f.* grande elevação natural do terreno formada por acumulação de pedras, terra, sal etc., território coberto de montes. *Escalar la montaña.* Escalar a montanha.

mon.ta.ñe.ro/a [montaɲéro] *adj.* 1 da montanha. 2 *s.m. e f.* pessoa que pratica o montanhismo, montanhista.

mon.ta.ñés/a [montaɲés] *adj. e s.* habitante ou procedente de um país montanhoso ou de uma montanha, montanhês.

mon.ta.ñis.mo [montaɲízmo] *s.m.* prática do excursionismo ou do alpinismo, montanhismo.

mon.ta.ño.so/a [montaɲóso] *adj.* das montanhas; abundante em montanhas, montanhoso.

mon.tar [montár] *v.i. e v.p.* 1 subir em cima de uma coisa. 2 *v.i. e t., v.p.* subir em um animal ou em um veículo. *Montó en la bicicleta y se fue.* Subiu na bicicleta e foi embora.

mon.te [mónte] *s.m.* montanha, terra inculta coberta de arbustos e matas.

mon.te.pí.o [montepío] *s.m.* depósito de dinheiro para ser usado em caso de necessidade pelos membros de uma coletividade, instituição fundada com esse fim, pensão dada por tal instituição, montepio.

mon.tés [montés] *adj.* que anda, se cria ou está no monte, montês.

mon.tí.cu.lo [montíkulo] *s.m.* pequena elevação do terreno.

mon.to [mónto] *s.m.* monta, importância total de uma conta, soma de várias partidas.

mon.tón [montón] *s.m.* conjunto desordenado de coisas postas umas sobre as outras, número considerável de coisas. *ser del montón*, ser como a generalidade das coisas ou pessoas, não destacado. *Una chica del montón.* Uma garota comum, nem bonita nem feia.

mon.to.ne.ra [montonéra] *s.f.* 1 montão, grande quantidade. 2 nas guerras civis da América do Sul, grupos de gente armada a cavalo.

mon.to.ne.ro/a [montonéro] *s.* diz-se dos membros das forças provinciais nas guerras civis rio-platenses do século XIX.

mon.tu.ra [montúra] *s.f.* besta que se pode cavalgar, conjunto de arreios de uma cavalaria. *Una montura de lujo.* Uma montaria de luxo.

mo.nu.men.tal [monumentál] *adj.* relativo ao monumento, algo grandioso, excelente em sua linha.

mo.nu.men.to [monuménto] *s.m.* obra escultórica ou arquitetônica que se destina a transmitir à posteridade a memória de fato ou pessoa notável, sepulcro artístico. *Merecer um monumento.* Merecer um monumento.

mon.zón [monθón] *s.m.* cada um dos ventos que mudam de direção conforme a estação, originados pela oscilação da temperatura, monção.

mo.ño [moɲo] *s.m.* cabelo preso e enrolado ou ondulado atrás, em cima ou aos lados da cabeça, birote, pitote, monho, coque, laço de fitas. *Estar hasta el moño.* Estar enfastiado.

mo.que.ar [mokeár] *v.i.* segregar muco.

mo.que.ro [mokéro] *s.m.* lenço para limpar o nariz.

mo.qui.llo [mokíʎo] *s.m.* doença infecciosa catarral de origem bacteriana de alguns animais, especialmente cachorros e gatos novos.

mor [mór] *s.m.* aférese de *amor*; emprega-se na locução *por mor de*, pouco usada, que significa "em benefício de" ou "em consideração a". *Por mor de la amistad.* Por mor da amizade.

mo.ra [móra] *s.f.* demora voluntária e culposa no cumprimento de uma obrigação. *Entrar em mora.* Incidir em mora.

mo.ra [móra] *s.f.* fruto da amoreira, amora.

mo.ra.bi.to [moraβíto] *s.m.* ermitão maometano, marabuto, ermida onde mora.

mo.ra.da [moráða] *s.f.* morada, casa, lugar onde se mora, estada ou residência contínua em um lugar.

mo.ra.do/a [moráðo] *adj. e s.* 1 de cor violeta, roxo. 2 *s.m.* equimose.

mo.ral [morál] *adj.* 1 relativo ao comportamento dos indivíduos. 2 que concerne ao respeito humano ou foro interno e não à ordem jurídica. 3 ética. *Tener una elevada moral.* Ter moral elevada.

mo.ral [morál] *s.m.* nome comum aplicado a varias árvores da família das moráceas, amoreira.

mo.ra.le.ja [moraléxa] *s.f.* ensinamento proveitoso que se deduz de um conto, fábula, anedota etc.. *Moraleja de la historia.* Moral da história.

mo.ra.li.dad [moraliðáð] *s.f.* moralidade, conformidade dos atos de alguém com seus princípios.

mo.ra.lis.mo [moralízmo] *s.m.* moralismo, atitude filosófica ou religiosa em que predomina um critério moral. *Moralismo absoluto.* Moralismo absoluto.

mo.ra.lis.ta [moralísta] *s.m.* moralista, professor de moral, autor de obras de moral, pessoa que estuda moral.

mo.ra.li.zar [moraliθár] *v.t. e v.p.* 1 reformar os costumes, tornando-os morais, moralizar. 2 *v.i.* dar conselhos morais.

mo.rar [morár] *v.i.* morar, residir habitualmente em um lugar.

mo.ra.to.ria [moratórja] *s.f.* prazo que se outorga para o pagamento de uma dívida vencida. *Pedir una moratoria.* Pedir moratória.

mor.bi.dez [morβiðéθ] *s.f.* morbidez, languidez, delicadeza, suavidade.

mórbido/a

mór.bi.do/a [mórβiðo] *adj.* mórbido. 1 que sofre de uma doença ou a ocasiona. 2 brando, delicado, suave.

mor.bo [mórβo] *s.m.* morbo, doença, alteração da saúde.

mor.bo.si.dad [morβosiðáð] *s.f.* morbosidade, qualidade de mórbido, conjunto de casos patológicos que caracterizam o estado sanitário de uma regão determinada. *Morbosidad preocupante.* Morbosidade preocupante.

mor.bo.so/a [morβóso] *adj.* morboso, morbígeno, relativo ou pertencente à doença, que causa ou denota doença.

mor.ci.lla [morθíʎa] *s.f.* 1 morcela, embutido de sangue cozido, condimentada con cebola e outros ingredientes, chouriço. 2 acréscimo de palavras de um ator em uma obra.

mor.ci.llón [morθiʎón] *s.m.* estômago de animal, recheado como a morcela.

mor.da.ci.dad [morðaθiðáð] *s.f.* mordacidade, maledicência, murmuração, crítica severa, sarcasmo, sátira. *Poseer mordacidad.* Possuir mordacidade.

mor.daz [morðáθ] *adj.* mordaz. 1 corrosivo, áspero ou picante ao gosto ou ao paladar. 2 que murmura ou critica com maldade.

mor.da.za [morðáθa] *s.f.* mordaça, instrumento que se põe na boca para impedir a fala. *Quitarse la mordaza.* Tirar a mordaça.

mor.de.du.ra [morðeðúra] *s.f.* mordedura, dentada, mordida, ação ou efeito de morder, dano que ocasiona.

mor.der [morðér] *v.t. e v.p.* morder, prender e apertar algo com os dentes; mordicar; gastar uma coisa aos poucos tirando uma parte dela. *Morder con fuerza.* Morder com força.

mor.dien.te [morðjénte] *adj.* mordente. 1 que morde ou corroi. 2 água-forte com que se morde uma lâmina para gravá-la.

mor.dis.car [morðiskár] *v.t.* mordiscar, cravar repetidamente os dentes em algo. *Mordiscar insistentemente.* Mordiscar insistentemente.

mor.dis.co [morðísko] *s.m.* mordisco, ação e efeito de mordiscar, mordedura de caráter leve. *Sufrir un mordisco.* Levar um mordisco.

mor.dis.que.ar [morðiskeár] *v.t.* mordiscar.

mo.re.no/a [moréno] *adj.* moreno. 1 de cor escura. 2 diz-se da pele e cabelos menos claros na raça branca.

mo.re.ra [moréra] *s.f.* árvore caducifólia da família das moráceas, de frutos comestíveis, amoreira, suas folhas servem de alimento aos bichos-da-seda. *Sombra de la morera.* Sombra da amoreira.

mo.re.tón [moretón] *s.m.* equimoses. *Moretón en el ojo.* Hematoma no olho.

mor.fi.na [morfína] *s.f.* morfina, alcaloide do ópio, usado em farmacologia por seus efeitos analgésicos, cria dependência com facilidade. *Aliviar el dolor con morfina.* Aliviar a dor com morfina.

mor.fi.no.ma.ní.a [morfinomanía] *s.f.* dependência de morfina.

mor.fo.lo.gí.a [morfoloxía] *s.f.* morfologia. 1 parte da biologia que estuda a forma dos seres vivos. 2 em geologia, a ponte que estuda o relevo terrestre. 3 em linguística, a que estuda a estrutura e formação de palavras.

mor.gue [mórɣe] *s.f.* depósito de cadáveres, morgue, necrotério. *La morgue está saturada.* A morgue está saturada.

mo.ri.bun.do [moriβúndo] *adj. e s.* aquele que está morrendo, moribundo, agonizante.

mo.ri.ge.ra.do/a [morixeráðo] *adj. e s.* morigerado, bem-criado, de bons costumes.

mo.ri.ge.rar [morixerár] *v.t. e v.p.* morigerar, moderar os excessos nos afetos e nas ações. *Morigerar la velocidad.* Moderar a velocidade.

mo.rir [morír] *v.i. e v.p.* acabar a vida, falecer, morrer, acabar por completo, apagar, extinguir, consumir.

mo.ro.cho/a [morótʃo] *s.* (Río de la Plata) pessoa morena ou de cabelos pretos.
mo.rón [morón] *s.m.* montinho de terra.
mo.ron.dan.ga [morondáŋga] *s.f.* mistura de coisas inúteis. *Constituir una morondanga.* Constituir uma trastaria.
mo.ron.do/a [moróndo] *adj.* pelado de cabelos ou de folhas.
mo.ro.si.dad [morosiðáð] *s.f.* 1 dilação, lentidão. 2 falta de atividade ou pontualidade, especialmente em um pagamento. *Morosidad permanente.* Morosidade permanente.
mo.ro.so/a [moróso] *adj. e s.* que incorre em morosidade, que atrasa o pagamento de uma dívida. *Fama de moroso.* Fama de moroso.
mo.rra [móřa] *s.f.* jogo entre duas pessoas consistente em cantar e acertar o número de dedos das mãos no momento que estas são abertas, par ou ímpar; o punho nesse jogo.
mo.rral [mořál] *s.m.* 1 saco pequeno que se pendura na cabeça dos animais, para dar-lhes de comer. 2 homem grosseiro.
mo.rri.ña [moříŋa] *s.f.* morrinha, ascite, melancolia, tristeza, nostalgia.
mo.rro [móřo] *s.m.* 1 focinho de um animal. 2 lábios de uma pessoa, especialmente os avultados. 3 monte ou penhasco que serve de referência. *Subir al morro.* Subir ao morro.
mo.rrón [mořón] *adj.* 1 diz-se de uma classe de pimentão gordo. *Morrón en escabeche.* Pimentão em escabeche. 2 golpe, porrada.
mo.rru.do/a [mořúðo] *adj.* 1 que tem morro, de lábios avultados. 2 (Río de la Plata) diz-se das pessoas robustas e grandes.
mor.sa [mórsa] *s.f.* morsa, nome comum de duas espécies de mamíferos carnívoros pinípedes da família dos odobenídeos, que vivem em manadas no norte e no leste do Atlântico e norte do Pacífico.
mor.se [mórse] *s.m. código Morse*, código para a comunicação telegráfica, inventado por Samuel F. B. Morse, que consiste em pontos e traços para representar o alfabeto e os números. *Se comunicaban por el código morse.* Comunicavam-se pelo código morse.
mor.ta.de.la [mortaðéla] *s.f.* embutido grosso que é feito com carne muito moída de porco, vaca e outros ingredientes. *Sandwich de mortadela.* Sanduíche de mortadela.
mor.ta.ja [mortáxa] *s.f.* mortalha, lençol, vestidura etc. que envolve o cadáver que será sepultado.
mor.tal [mortál] *adj. e s.* mortal. 1 que há de morrer, sujeito à morte. 2 que pode causar a morte. *Herida mortal.* Ferida mortal.
mor.ta.li.dad [mortaliðáð] *s.f.* mortalidade, qualidade de mortal, número de defunções em uma população, lugar e tempo determinados. *Índice de mortalidad.* Índice de mortalidade.
mor.tan.dad [mortandáð] *s.f.* mortandade, profusão de mortes causadas por uma epidemia, cataclisma, atentado, guerra etc.
mor.te.ci.no/a [morteθíno] *adj.* 1 diz-se do animal morto naturalmente e de sua carne. 2 (fig.) fosco, mortiço, apagado, sem vida. *Luz mortecina.* Luz fosca.
mor.te.ro [mortéro] *s.m.* morteiro. 1 utensílio de madeira, pedra, metal etc., usado para triturar substâncias. 2 peça de artilharia de grande calibre e curto alcance.
mor.tí.fe.ro/a [mortífero] *adj.* mortífero, que ocasiona ou pode ocasionar a morte. *De mortíferas consecuencias.* De mortíferas consequências.
mor.ti.fi.ca.ción [mortifikaθjón] *s.f.* mortificação, ação e efeito de mortificar; o que mortifica.
mor.ti.fi.can.te [mortifikánte] *adj.* mortificante, aflitivo, fastidioso, molesto. *Hecho mortificante.* Fato mortificante.
mor.ti.fi.car [mortifikár] *v.tr. e p.* mortificar. 1 privar de vitalidade uma parte do corpo. 2 (fig.) afligir, causar desgosto ou dissabor.

mor.tis cau.sa [mórtis káusa] *loc.lat. causa mortis*, causa de morte.

mor.tuo.rio/a [mortwórjo] *adj. e s.* mortuório, mortuário, relativo ao morto ou às honras fúnebres, preparativos convenientes para sepultar os mortos, funeral. *Sala mortuoria.* Sala mortuária.

mo.sai.co/a [mosáiko] *adj.* mosaico, relativo a Moisés, diz-se da coluna salomônica.

mo.sai.co/a [mosáiko] *adj.* mosaico, decoração de uma superfície mediante a incrustação de pedaços de pedra, mármore etc., baldosas com que são cobertos os pisos das contruções edilícias.

mo.sa.ís.mo [mosaízmo] *s.m.* mosaísmo. lei de Moisés, cultura mosaica.

mo.sa.ís.ta [mosaísta] *adj. e s.* mosaísta, mosaicista, artista que constroi mosaicos, relativo ao mosaico. *Mosaísta de renombre.* Mosaicista de renome.

mos.ca [móska] *s.f.* mosca. 1 inseto díptero da família dos muscídeos. 2 pinta, mancha, dinheiro. 3 categoria mais leve do boxe, inferior a 51 kg. *Mosca muerta.* Mosca morta.

mos.car.dón [moskarðón] moscão. 1 espécie de mosca grande e zumbidora, vespa grande. 2 homem impertinente e maçante. *Moscardón insoportable.* Moscão insuportável.

mos.ca.tel [moskatél] *adj. e s.* moscatel, variedade de uva, de grãos ovais e muito doces, diz-se do vinhedo e do vinho produzido. *Vendimia del moscatel.* Vindima do moscatel.

mos.co.na [moskóna] *adj. e s.* mulher desavergonhada.

mos.co.ne.ar [moskoneár] *v.t. e i.* 1 importunar, molestar. 2 altercar, fingindo ignorância para obter algo.

mos.que.ado/a [moskeáðo] *adj. e s.* mosqueado, salpicado de manchas. *Con el rostro mosqueado.* Com o rosto mosqueado.

mos.que.a.dor [moskeaðór] *s.m.* espécie de leque para afugentar moscas.

mos.que.ar [moskeár] *v.t. e v.p.* 1 afugentar moscas. 2 *v.t.* (fig.) açoitar, vapular, mosquear.

mos.que.te [moskéte] *s.m.* mosquete, antiga arma de fogo, maior que o fuzil, que tinha que ser apoiada sobre uma forquilha para disparar.

mos.que.te.ro [mosketéro] *s.m.* mosqueteiro, antigo soldado armado de mosquete.

mos.que.tón [mosketón] *s.m.* mosquetão, fuzil de cano curto rajado, anilha que abre e fecha por meio de uma mola, mosquetão.

mos.qui.te.ro [moskitéro] *s.m.* mosquiteiro, cortinado feito de filó ou tule colocado sobre a cama para proteger contra os mosquitos; tela de metal ou plástico em portas e janelas para evitar a entrada de insetos.

mos.qui.to [moskíto] *s.m.* mosquito, nome comum de vários insetos dípteros da família dos culicídeos e afins. O mosquito comum pertence ao gênero *culex*. *Más pesado que un mosquito.* Mais pesado que um mosquito.

mos.ta.ce.ro/a [mostaθéro] *s.* mostardeira, vasilha ou recipiente para servir mostarda.

mos.ta.cho [mostátʃo] *s.m.* 1 bigode grande do homem. 2 mancha ou marca de sujeira no rosto. De mostacho portar, que usa bigode grande.

mos.ta.za [mostáθa] *s.f.* mostarda. 1 nome de várias plantas herbáceas das crucíferas. 2 molho que se faz com as sementes de mostarda.

mos.te.ar [mosteár] *v.i.* destilar as uvas do mosto, deitar o mosto nas tinas ou cubas.

mos.ti.llo [mostíʎo] *s.m.* mosto cozido com anis, canela ou cravo, mosto agostiniano, molho de mosto e mostarda.

mos.to [mósto] *s.m.* mosto, suco de uva sem fermentar; por extensão, vinho. *mosto* *agostiniano*, suco cozido com farinha, especiaria fina e pedaços de fruta.

mos.tra.do/a [mostráðo] *adj.* afeito, acostumado a algo.

mos.tra.dor/a [mostraðór] *adj. e s.* que mostra, mesa ou balcão de uma loja onde são expostos os gêneros. *Expuesto en el mostrador.* Exposto no balcão.

mos.trar [mostrár] *v.t.* mostrar, expor uma coia à vista, dar-se a conhecer.

mos.tren.co [mostréŋko] *adj.* 1 diz-se dos bens sem dono conhecido, quem não tem casa nem lar. 2 *adj. e s.* mostrengo, pessoa ignorante, torpe, muito gordo e pesado.

mo.ta [móta] *s.f.* 1 defeito de um tecido, partícula de um fio que se adere às vestes. 2 (Amér.) mecha de cabelos muito crespos.

mo.te [móte] *s.m.* 1 apelido. *Mote cariñoso.* Apelido carinhoso. 2 sentença breve que encerra um mistério ou segredo.

mo.te [móte] *s.m.* milho debulhado e cozido com sal, usado como alimento em algumas partes da América.

mo.tel [motél] *s.m.* motel, hotel situado à beira de estradas.

mo.tín [motín] *s.m.* motim, rebelião, sublevação de caráter popular, geralmente contra a autoridade constituída. *Generar un motín.* Gerar um motim.

mo.ti.va.ción [motiβaθjón] *s.f.* ação e efeito de motivar, motivos para justificar uma coisa.

mo.ti.var [motiβár] *v.t.* motivar, dar motivo ou causa para algo, explicar o motivo de uma ação. *Motivar para la disputa.* Motivar para a disputa.

mo.ti.vo/a [motíβo] *adj.* motivo. 1 que tem eficácia ou virtude para mover. 2 causa, razão para algo. 3 tema ou assunto de uma composição musical. *con motivo de...*, em razão de ...

mo.to- [móto] *pref.* de origem latina que, anteposto a uma palavra, indica que o que ela designa se move a motor.

mo.to [móto] *s.m.* 1 marco. 2 moto, abreviatura de motocicleta. *Subirse a la moto.* Subir na moto.

mo.to.bom.ba [motoβómba] *s.f.* bomba para líquidos, acionada por um motor.

mo.to.ca.rro [motokář̌o] *s.m.* veículo de três rodas com motor, para transportar cargas leves.

mo.to.ci.cle.ta [motoθikléta] *s.f.* motocicleta, veículo de duas rodas impulsado por motor de explosão, possui um ou dois selins. *motocicleta de competición.* motocicleta de competição.

mo.to.ci.clis.mo [motoθiklízmo] *s.m.* motociclismo, série de manifestações esportivas en que se utiliza a motocicleta. *Adepto al motociclismo.* Adepto ao motociclismo.

mo.to.ci.clis.ta [motoθiklísta] *adj. e s.* motocilista, da motocicleta, pessoa que conduz uma motocicleta.

mo.to.ci.clo [motoθíklo] *s.m.* motociclo, veículo de duas ou três rodas com motor.

mo.to.cross [motokrós] *s.m. motocross*, competição motociclística que se realiza em terrenos acidentados. *Motocross de montaña.* Motocross de montanha.

mo.to.cul.ti.va.dor [motokultiβaðór] *s.m.* conjunto de trator e arado para lavrar a terra.

mo.to.náu.ti.ca [motonáu̯tika] *s.f.* motonáutica, competição esportiva praticada em lanchas motorizadas.

mo.to.náu.ti.co/a [motonáu̯tiko] *adj. e s.* motonáutico, da motonáutica.

mo.to.na.ve [motonaβe] *s.f.* embarcação propulsada por motores diesel.

mo.tor/a [motór] *adj.* e *s.m.* motor, que produz movimento, máquina que transforma em energia mecânica outra forma de energia. *Colocar el motor en marcha.* Dar partida no motor.

mo.to.ris.mo [motorízmo] *s.m.* série de esportes praticados em veículo a motor.

mo.to.ris.ta [morís ta] *s.m.* motociclista, pessoa que conduz uma motocicleta, guarda ou polícia de trânsito, motorizado.

mo.to.ri.zar [motoriθár] *v.t.* e *v.p.* motorizar, dotar de meios mecânicos de tração, adquirir um automóvel. *Motorizar la producción,* Motorizar a produção.

mo.tri.ci.dad [motriθiðáð] *s.f.* motricidade, atividade motriz voluntária do organismo, regulada pelo sistema nervoso central.

mo.triz [motríθ] *adj.* e *s.f.* motriz, que move ou faz mover. *fuerza motriz,* força motriz.

mo.tu pro.prio [mótupróprio] *loc.* latina. *Motu proprio.* 1 de própria e espontânea vontade. 2 *s.m.* documento pontifício que começa por estas duas palavras.

mo.ve.di.zo/a [moβeðíθo] *adj.* movediço, fácil de mover ou ser movido, inseguro, pouco firme.

mo.ver [moβér] *v.t.* e *v.p.* mover. 1 trasladar de um para outro lugar. 2 mexer, agitar, alterar, mudar. *Mover la estantería.* Mudar a estante.

mo.vi.ble [moβíβle] *adj.* movível, móvel, que pode mover ou ser movido, variável, volúvel.

mo.vi.do/a [moβíðo] *adj.* 1 intranquilo, agitado, atribulado. *Un día movido.* Um dia movimentado. 2 fotografia pouco nítida e mal focalizada.

mó.vil [móβil] *adj.* móvel, sem estabilidade, o que leva a uma coisa.

mo.vi.li.dad [moβiliðáð] *s.f.* mobilidade. 1 qualidade do que é móvel. 2 inconstância, volatilidade. 3 propriedade do que obedece às leis de movimento. *De gran movilidad.* De grande mobilidade.

mo.vi.li.zar [moβiliθár] *v.t.* mobilizar. 1 pôr em atividade tropas etc., chamar para as fileiras, pôr em pé de guerra. 2 *v.tr.* e *pron.* preparar para um fim. *Movilizar un contingente.* Mobilizar um contingente.

mo.vi.mien.to [moβimjénto] *s.m.* ação e efeito de mover ou mover-se, mudança de lugar ou posição; alteração, inquietação. *Movimiento artístico.* Movimento artístico.

mo.vio.la [moβjóla] *s.f.* moviola, máquina para examinar e montar as faixas de imagem e som dos filmes.

mo.zal.be.te [moθalβéte] *s.m.* rapazola, moço de poucos anos. *Mozalbete atrevido.* Rapazola atrevido.

mo.zo/a [móθo] *adj.* e *s.* 1 moço, jovem; solteiro. *Muy buen mozo.* Muito bom moço. 2 garçom, pessoa que serve em ofícios modestos.

mu [mú] *s.m.* onomatopeia da voz da vaca e do touro, mugido. *No decir ni mu.* Não dizer um pio.

mu.ca.mo/a [mukámo] *s.* (América do Sul) mucama, servente, criado, empregado no serviço doméstico.

mu.cha.cha.da [mutʃatʃáða] *s.f.* 1 ação própria de rapazes, censurável em adultos. 2 conjunto de rapazes, rapaziada.

mu.cha.che.ar [mutʃatʃeár] *v.i.* fazer ou executar rapaziadas.

mu.cha.cho/a [mutʃátʃo] *s.* 1 menino ou menina que não chegou à adolescência. 2 criado jovem.

mu.che.dum.bre [mutʃeðúmbre] *s.f.* multidão, abundância de pessoas ou coisas.

mu.cho [mútʃo] *adj.* muito. 1 abundante, que excede ao normal ou necessário. 2 *adv.* grande quantidade ou número, em alto grau.

mu.cí.la.go [muθílaɣo] *s.m.* mucilagem, substância viscosa e transparente segregada pelas células vegetais.

mu.co.si.dad [mukosiðáð] *s.f.* mucosidade, muco, substância viscosa, semelhante ao muco. *Mucosidad crónica.* Mucosidade crônica.

mu.co.so/a [mukóso] *adj.* mucoso, que tem ou produz mucosidade, semelhante ao muco.

mu.cus [múkus] *s.m.* mucosidade, muco.

mu.da [múða] *s.f.* muda. 1 ação de mudar. 2 roupa que se troca de uma vez. *Llevar una muda de ropa.* Levar uma muda de roupa. 3 passagem de um timbre de voz a outro na puberdade.

mu.da.ble [muðáβle] *adj.* mutável, mudável, variável, inconstante. *De actitud mudable.* De atitude mutável.

mu.dan.za [muðáṉθa] *s.f.* ação ou efeito de mudar ou mudar-se, traslado de um lugar para outro. *Realizar una mudanza.* Fazer uma mudança.

mu.dar [muðár] *v.t.* mudar. 1 dar outra natureza, estado e figura a uma pessoa ou coisa. 2 remover ou mudar de um lugar ou emprego. 3 mudar de penas as aves, o tegumento de alguns animais.

mu.dez [muðéθ] *s.f.* mudez, impossibilidade de falar, silêncio deliberado e persistente.

mu.do/a [múðo] *adj. e s.* mudo. 1 privado da faculdade de falar. 2 *adj.* muito calado ou silencioso. *Quedar mudo de miedo.* Ficar mudo de medo.

mue.blar [mweβlár] *v.t.* mobiliar. Ver *amueblar*.

mue.ble [mwéβle] *adj. e s.* móvel, que pode mudar de lugar; cada uma das peças de um mobiliário.

mue.ble.rí.a [mweβlería] *s.f.* mobiliária, movelaria, fábrica ou comércio de móveis.

mue.ca [mwéka] *s.f.* contorsão do rosto, geralmente burlesca, careta.

mue.la [mwéla] *s.f.* 1 disco de pedra que gira sobre uma base para moer, mó. 2 dente molar. *Muela del juicio.* Dente do siso.

mue.lle [mwéʎe] *adj.* 1 brando, delicado, suave, mole. 2 peça metálica em espiral que volta à posição inicial após ser comprimida, mola. *ser duro de muelles.* ser duro de molejo.

mue.lle [mwéʎe] *s.m.* 1 construção à beira--mar, à margem de um rio ou lago, para amarrar e refugiar as embarcações. 2 plataforma para carga e descarga nas estações de trem, plataforma. Ver *andén*.

mue.ra [mwéra] *s.f.* sal de cozinha.

muér.da.go [mwérðaɣo] *s.m.* erva-de-passarinho, planta hemiparasita da família das lorantáceas; vive parasita sobre algumas espécies de árvores. *Más prendida que el muérdago.* Mais grudada que erva-de--passarinho.

muer.mo [mwérmo] *s.m.* mormo, doença bacteriana dos cavalos, caracterizada pela ulceração da mucosa nasal.

muer.te [mwérte] *s.f.* morte. 1 cessação ou término da vida, morte, homicídio, esqueleto humano que simboliza a morte. *De muerte natural.* De morte natural. 2 aniquilação, ruína.

muer.to/a [mwérto] *adj.* morto, defunto, finado, falecido, cadáver. *tener dónde caerse muerto.* não ter onde cair morto.

mues.ca [mwéska] *s.f.* 1 concavidade ou oco em uma coisa para encaixar outra, entalhe. 2 corte na orelha do gado vacum para marcá-lo.

mues.tra [mwéstra] *s.f.* 1 amostra, porção de um produto para demonstrar sua natureza, qualidade ou tipo; modelo. *Para muestra sobra un botón.* Sobra um botão para amostra. 2 mostra, exposição de obras de arte.

mues.tra.rio [mwestrárjo] *s.m.* mostruário, coleção de amostras de mercadorias.

mues.tre.o [mwestréo] *s.m.* amostragem, seleção de amostras de produtos representativos de um todo, técnica para esta seleção.

mu.gi.do [muxíðo] *s.m.* mugido, voz da vaca e do touro.

mu.gir [muxír] *v.i.* mugir. 1 dar mugidos a rês bovina. 2 (fig.) produzir grande ruído o vento ou o mar, protestar aos gritos.

mu.gre [múɣre] *s.f.* bolor ou sujeira da lã, dos vestidos etc.

mu.grien.to/a [muɣrjénto] *adj. e s.* sujo, embolorado, imundo.

mu.grón [muɣrón] *s.m.* talo da vide que se enterra para produzir uma nova planta, muda de outras plantas.

mu.jer [muxér] *s.f.* mulher, pessoa do sexo feminino, a que chegou à puberdade. *mujer objeto*, mulher-objeto.

mu.je.rie.go/a [muxerjéɣo] *adj.* 1 mulherengo, relativo à mulher, diz-se do homem apaixonado por mulheres. *Mujeriego empedernido.* Mulherengo inveterado. 2 *s.m.* mulherio, grupo ou conjunto de mulheres. *En este lugar hay buen mujeriego.* Neste lugar há um bom mulherio.

mu.jer.zue.la [muxerθwéla] *s.f.* mulher de escassa estima, mulher da vida.

mu.la.da [muláða] *s.f.* mulada, rebanho pequeno de mulas. *Recoger la mulada.* Recolher a mulada.

mu.lar [mulár] *adj.* muar, do mulo ou da mula.

mu.la.ti.zar [mulatiθár] *v.i.* ter a cor do mulato.

mu.la.to/a [muláto] *adj. e s.* mulato, diz-se do mestiço das raças negra e branca, de cor morena.

mu.le.ro [muléro] *s.m.* muladeiro, pessoa encarregada de cuidar de mulas.

mu.le.ta [muléta] *s.f.* muleta. 1 pau com travessões nos quais apoia a axila, o cotovelo e a mão a pessoa que tem dificuldade para andar; bastão ou coisa para apoiar algo. *Caminar con muletas.* Andar com muletas. 2 pau em que o toureiro suspende a capa para enganar o touro.

mu.le.ti.lla [muletíʎa] *s.f.* 1 bastão com punho em forma de travessão. 2 chavão, voz ou frase que se repete muito por hábito. *Abusar de muletillas.* Abusar de chavões.

mu.le.to/a [muléto] *s.* 1 mulo pequeno, geralmente sem domar e de curta idade. 2 em automobilismo, carro reserva.

mu.le.tón [muletón] *s.m.* moletom. 1 tecido de algodão de qualidade inferior, usado na confecção de mantas, peças de abrigo, forros e baetas. 2 tecido de lã ou algodão, macio, quente, semelhante a uma flanela grossa.

mu.lli.do [muʎíðo] *adj.* 1 esponjoso, oco. 2 *s.m.* coisa mole que se pode afofar e usar como enchimento de assentos, colchões etc. *sofá mullido*, sofá recheado.

mu.llir [muʎír] *v.t.* ocar e esponjar uma coisa para torná-la mole e suave.

mu.lo/a [múlo] *s.* mulo. 1 animal resultante do cruzamento entre burra e cavalo, pode ser macho ou fêmea, e esta quase sempre é estéril. 2 (fig.) pessoa vigorosa; pessoa torpe.

mul.ta [múlta] *s.m.* multa, sanção pecuniária imposta por uma transgressão penal ou administrativa, ou por não cumprimento de uma obrigação contratual.

mul.tar [multár] *v.t.* multar, impor uma multa; condenar, castigar com multa. *Multar una infracción.* Multar uma infração.

mul.ti- [múlti] *pref.* que denota muito, multi-.

mul.ti.ce.lu.lar [multiθelulár] *adj.* multicelular, composto por muitas células, pluricelular.

mul.ti.co.lor [multikolór] *adj.* multicolor, multicor, de muitas e variadas cores, policromado. *pájaro multicolor*, pássaro multicor.

mul.ti.co.pis.ta [multikopísta] *s.f.* copiadora, máquina que serve para reproduzir em cópias um escrito, desenho etc.

mul.ti.fo.cal [multifokál] *adj.* multifocal, objetiva que permite obter diferentes tamanhos da imagem, variando a distância entre suas lentes.

mul.ti.for.me [multifórme] *adj.* multiforme, de muitas formas ou figuras. *criatura multiforme*, criatura multiforme.

mul.ti.gra.do/a [multiɣráðo] *adj.* diz-se do óleo lubrificante que pode ser utilizado em qualquer época do ano.

mul.ti.la.te.ral [multikaterál] *adj.* multilateral relativo a vários lados, partes ou aspectos considerados, conciliado entre diversas partes. *Acuerdo multilateral*. Acordo multilateral.

mul.ti.mi.llo.na.rio [multimiʎonárjo] *adj.* e *s.* multimilionário, pessoa que possui muitos milhões de determinada moeda.

mul.ti.na.cio.nal [multinaθjonál] *adj.* multinacional, relativo a várias nações; empresa com interesses e atividades em muitos países. *Operar una multinacional*. Operar uma multinacional.

múl.ti.ple [múltiple] *adj.* múltiplo, vário, de muitas maneiras, oposto a simples. *Tiene múltiples actividades*. Tem múltiplas atividades.

mul.ti.pli.ca.ción [multiplikaθjón] *adj.* multiplicação, ação e efeito de multiplicar, aumento, reprodução, incremento. *Multiplicación de las ganancias*. Multiplicação dos ganhos.

mul.ti.pli.ca.dor/a [multiplikaðór] *adj.* e *s.m.* multiplicador. 1 que multiplica. 2 na multiplicação, o fator que indica quantas vezes se há de tomar o multiplicando para efetuá-la. *Multiplicador de velocidad*. Multiplicador de velocidade.

mul.ti.pli.can.do [multiplikándo] *adj.* e *s.m.* multiplicando, na multiplicação, o número que se há de tomar tantas vezes quantas são as unidades do multiplicador.

mul.ti.pli.car [multiplikár] *v.t.* e *v.p.* multiplicar, aumentar consideravelmente o número ou quantidade de algo, reproduzir, crescer, incrementar. *Multiplicar los esfuerzos*. Multiplicar os esforços.

mul.tí.pli.ce [multípliθe] *adj.* multíplice. Ver *múltiple*.

mul.ti.pli.ci.dad [multipliθiðáð] *s.f.* multiplicidade, qualidade de multíplice.

múl.ti.plo/a [múltiplo] *adj.* e *s.* múltiplo, diz-se do número que contém outro várias vezes exatamente.

mul.ti.pro.ce.so [multiproθéso] *s.m.* multiprocessamento, em informática, tratamento simultâneo de vários programas mediante diversas unidades de cálculo de um mesmo sistema.

mul.ti.pro.gra.ma.ción [multiproɣramaθjón] *s.f.* multiprocessamento, execução simultânea de vários programas em um mesmo computador.

mul.ti.tud [multitúð] *s.f.* multidão, grande número de pessoas ou coisas, o povo. *Asistir una multitud al recital*. Assistir uma multidão ao recital.

mul.ti.tu.di.na.rio/a [multituðinárjo] *adj.* multitudinário, que forma multidão, próprio ou característico das multidões. *Multitudinaria concentración*. Multitudinária concentração.

mul.ti.vi.bra.dor [multiβiβraðór] *s.m.* multivibrador, circuito eletrônico que produz oscilações não senoidais.

mun.da.nal [mun danál] *adj.* mundanal, mundano, do mundo humano.

mun.da.ne.ar [mundaneár] *v.i.* atentar muito às coisas, especialmente pompas e prazeres mundanos.

mun.da.no/a [mundáno] *adj.* mundano, relativo ao mundo, diz-se de quem atenta muito às coisas e prazeres mundanos.

mun.dial [mundjál] *adj.* mundial, relativo a todo o mundo, acontecimento dessa índole. *Campeonato mundial de fútbol.* Campeonato mundial de futebol.

mun.di.llo [mundíʎo] *s.m.* conjunto limitado de pessoas que têm a mesma posição social, a mesma profissão, os mesmos afazeres etc.

mun.do [múndo] *s.m.* mundo. 1 universo; a Terra e a esfera que a representa. 2 parte da sociedade humana caracterizada por alguma circunstância comum a seus indivíduos. *Rodar por el mundo.* Rodar pelo mundo.

mun.do.lo.gí.a [mundoloxía] *s.f.* experiência na vida e no trato social.

mu.ni.ción [muniθjón] *s.f.* munição, série de equipamentos necessários para um exército numa guerra, cargas das armas de fogo. *Munición de grueso calibre.* Munição de grande calibre.

mu.ni.cio.nar [muniθjonár] *v.t.* municionar, municiar, prover de munições ou provisões uma tropa.

mu.ni.ci.pal [muniθipál] *adj.* municipal relativo ao município. *autoridad municipal*, autoridade municipal.

mu.ni.ci.pa.li.dad [muniθipaliðáð] *s.f.* municipalidade, município, prefeitura.

mu.ni.ci.pio [muniθípjo] *s.m.* município, divisão administrativa de um estado, que compreende um território e um núcleo urbano, dirigidos por um prefeito e uma câmara de vereadores.

mu.ni.fi.cen.cia [munifiθénθja] *s.f.* munificência, generosidade esplêndida, liberalidade do rei ou de um magnata. *Ser de amplia munificencia.* Ser de ampla munificência.

mu.ñe.ca [muɲéka] *s.f.* 1 munheca, parte do corpo humano, onde a mão se articula com o antebraço. 2 boneca, brinquedo em forma de figura de mulher ou de menina. 3 (fig.) mulher jovem, bonita e charmosa.

mu.ñe.ca [muɲéka] *s.f.* boneca. 1 bolsinha de pano cheia de uma substância que se submerge em um líquido para diversos usos domésticos. 2 chumaço de algodão envolvido em um pano usado para lustrar móveis ou umedecer algo.

mu.ñe.co [muɲéko] *s.m.* boneco. 1 brinquedo em forma de figura de homem ou de menino. 2 (fig.) homem manejável; jovem frívolo e efeminado. *Tratarlo como a un muñeco.* Tratá-lo como um boneco.

mu.ñe.que.ro/a [muɲekéro] *adj. e s.* 1 pessoa que fabrica ou vende bonecos. 2 munhequeira, tira elástica ou de couro para segurar a munheca.

mu.ñón [muɲón] *s.m.* coto, parte de um membro que fica depois de sua amputação.

mu.ral [murál] *adj.* mural. 1 relativo ao muro; aderido a um muro. 2 *s.m.* pintura que é feita diretamente sobre uma parede ou nela aplicada. *Mural cubista.* Mural cubista.

mu.ra.lis.ta [muralísta] *s.* muralista, artista especializado em pintura mural.

mu.ra.lla [muráʎa] *s.f.* muralha, obra defensiva que rodeia um povoado, forte ou território. *La gran Muralla.* A grande Muralha.

mu.ra.llón [muraʎón] *s.m.* muralha ou muro grande.

mu.rar [murár] *v.t.* murar, amuralhar; cercar uma cidade ou qualquer recinto. *Murar la huerta.* Murar a horta.

mur.cié.la.go [murθjélaɣo] *s.m.* morcego, nome comum das espécies de mamíferos dos quirópteros, que são os únicos mamíferos dotados da capacidade de voo ativo.

mur.ga [múrɣa] *s.f.* ou alpechim, líquido que escorre da azeitona.

mur.ga [múrɣa] *s.f.* 1 companhia de músicos que tocam pelas ruas. 2 (fig.) coisa enfadonha, maçante.

mu.riá.ti.co [murjátiko] *adj.* muriático, do ácido clorídrico.

mur.mu.llo [murmúʎo] *s.m.* murmúrio. 1 sussurro, tênue som ao falar, sem que se perceba o que se diz. 2 som pouco intenso e contínuo da àgua ao correr, o vento entre a folhagem etc.

mur.mu.ra.ción [murmuraθjón] *s.f.* murmúrio, detração, difamação, maledicência, crítica, fofoca.

mur.mu.ra.dor/a [murmuraðór] *adj. e s.* detrator, maledicente, caluniador. *Murmurador de oficio.* Caluniador de ofício.

mur.mu.rar [murmurár] *v.i. e t.* murmurar, falar entre os dentes manifestando desagrado, censurar as ações de um ausente. *Murmurar con malícia.* Criticar com malícia.

mu.ro [múro] *s.m.* muro, parede ou taipa, muralha. *Muro de contención.* Muro de arrimo.

mu.rrio [múr̄jo] *s.f.* mau humor, tristeza, melancolia.

mus [mús] *s.f.* mus, certo jogo de cartas.

mu.sa [músa] *s.f.* musa. 1 cada uma das nove deusas filhas de Zeus e Mnemósine que habitavam o monte Hélicon. Eram cantoras divinas e inspiradoras de todas as artes e ciências. 2 engenho de criadores artísticos e científicos.

mus.co/a [músko] *adj.* de cor parda escura.

mus.cu.lar [muskulár] *adj.* muscular, relativo aos músculos. *Tensión muscular.* Tensão muscular.

mus.cu.la.tu.ra [muskulatúra] *s.f.* musculatura, conjunto dos músculos do corpo, grau de força e desenvolvimento dos músculos. *De gran musculatura.* De grande musculatura.

mús.cu.lo [múskulo] *s.m.* músculo, cada um dos órgãos formados por fibras contráteis que produzem ou contraem os movimentos, no homem e nos animais.

mus.cu.lo.so/a [muskulóso] *adj. e s.* musculoso, diz-se do membro que tem músculos, pessoa que tem músculos avultados e muito visíveis.

mu.se.li.na [muselína] *s.f.* musselina, tecido de algodão, fino, muito torcido, leve, transparente e de bom aprestamento. *Vestido de muselina.* Vestido de musselina.

mu.se.o [muséo] *s.m.* museu, edifício onde, com fins culturais, são guardados e exibidos objetos artísticos, científicos ou técnicos. *Museo del automóvil.* Museu do automóvel.

mu.se.o.lo.gí.a [museoloxía] *s.f.* museologia, ciência que estuda a organização e o funcionamento dos museus.

mus.go/a [músɣo] *adj.* 1 Ver *musco.* 2 *s.m.* (pl.) musgo, classe de plantas criptógamas que compreendem umas doze mil espécies, próprias de ambientes muito úmidos.

mus.go.so/a [musɣóso] *adj.* musgoso, do musgo; coberto de musgo.

mú.si.ca [músika] *s.f.* música, arte que se manifesta mediante a ordenação dos sons no tempo, obra musical. *Mandar a uno con la música a otra parte.* Mandar alguém ir com a música a outro lugar.

mu.si.ca.ble [musikáβle] *adj.* musicável, que pode colocar-se em música.

mu.si.cal [musikál] *adj.* musical 1 da música. 2 *adj. e s.m.* diz-se do filme equivalente à opereta teatral.

mu.si.cas.tro [musikástro] *s.m.* musicastro, denominação pejorativa de músico.

mu.sic hall [mjúsikhól] *s.m. music-hall*, espetáculo de variedades, composto por

músico/a

números de canto e diversas atrações; sala que apresenta espetáculos de variedades.
mú.si.co/a [músiko] *adj.* músico. 1 da música. 2 *s.*pessoa que exerce, professa ou sabe a arte da música. *Músico intuitivo.* Músico intuitivo.
mu.si.co.lo.gí.a [musikoloxía] *s.f.* musicologia, estudo científico da teoria e da história da música.
mu.si.co.ma.ní.a [musikomanía] *s.f.* musicomania, melomania, melofilia, paixão pela música.
mu.si.tar [musitár] *v.i.* sussurrar, cochichar, falar entre os dentes, mussitar. *Musitar al oído.* Cochichar ao ouvido.
mus.lo [múslo] *s.m.* coxa, parte da perna, que vai desde a virilha até o joelho e cujo esqueleto é o fêmur.
mus.ta.co [mustáko] *s.m.* torta de farinha, mosto, manteiga e outros ingredientes.
mus.tiar [mustjár] *v.t. e v.p.* murchar. *Mustiar el rosal.* Murchar a roseira. Ver *marchitar.*
mus.tio/a [mústjo] *adj.* murcho. 1 melancólico, triste. 2 diz-se das plantas e suas partes. Ver *marchito.*
mu.ta.bi.li.dad [mutaβiliðáð] *s.f.* mutabilidade, mutação, mudança, inconstância, versatilidade.
mu.ta.ble [mutáβle] *adj.* mutável, cambiante, inconstante.
mu.ta.ción [mutaθjón] *s.f.* mutação, ação e efeito de mudar, variação meteorológica notável, alteração na dotação genética de um indivíduo.
mu.tan.te [mutánte] *adj.* mutante. 1 que muda, em transformação permanente. 2 *s.m.* organismo biológico produzido por mutação.
mu.tar [mutár] *v.t. e v.p.* 1 mudar, transformar. 2 *v.t.* apartar, mudar de um cargo ou ofício.
mu.ta.tis mu.tan.dis [mutátizmutándis] *loc. lat. mutatis mutandis*, mudado o que deve ser mudado, com a devida alteração de pormenores.
mu.ti.la.do/a [mutiláðo] *adj. e s.* mutilado, diz-se daquele a quem falta um membro ou alguma parte do corpo.
mu.ti.lar [mutilár] *v.t. e p.* mutilar, cortar um membro do corpo; tirar uma parte de qualquer coisa. *Mutilar un verso.* Mutilar um verso.
mu.tis [mútis] *s.m.* voz usada em teatro para indicar que um ator deve retirar-se da cena, voz para impor silêncio.
mu.tis.mo [mutízmo] *s.m.* mutismo, silêncio. *Caer en mutismo total.* Cair em mutismo total.
mu.tua.li.dad [mutwaliðáð] *s.f.* 1 mutualidade, qualidade de mútuo, mutualidade. 2 mutualismo, associação de pessoas para cobrir riscos comuns mediante o pagamento de mensalidades.
mu.tuo/a [mútwo] *adj. e s.* mútuo, que se faz reciprocamente entre dois ou mais seres vivos.
muy [múi̯] *adv.* apócope de *mucho*, anteposto a substantivos, adjetivos, advérbios e locuções, denota neles grau superlativo de significação; mui.

N n

n, N [éne] 1 décima quarta letra do alfabeto espanhol e décima segunda de suas consoantes; seu nome é *ene*. Sua pronúncia é nasal oclusiva sonora, alveolar no princípio de palavra ou intervocálica; em posição final de sílaba, assimila-se ao lugar de articulação da consoante seguinte e fica bilabial (envío, bomba), labiodental (enfermo), interdental (once), dental (antes), alveolar (enlosar), palatal (ancho) ou velar (cinco). 2 (mat.) representa número.

n.º *abrev.* de número.

N [éne] (quím.) símbolo do nitrogênio.

Na [énea] (quím.) símbolo de sódio.

na.bi.na [naβína] *s.f.* semente do nabo.

na.bo [náβo] *s.m.* nabo, planta cuja raiz se emprega como alimento.

ná.car [nákar] *s.m.* nácar, interior da concha dos moluscos, formada por carbonato cálcico e uma substância orgânica.

na.ca.ra.do/a [nakaráðo] *adj.* nacarado. 1 de aspecto de nácar. 2 adornado com nácar.

na.cer [naθér] *v.i.* nascer, brotar, despontar, vir ao mundo, vir à luz. *nacer de nuevo*, nascer de novo, renascer.

na.ci.do/a [naθíðo] *adj. e s.* nascido. 1 natural e próprio de ou para uma coisa. 2 ser humano. 3 natural. 4 oriundo. *bien nacido*, bem-nascido. *malnacido*, malnascido, malfadado, desprezível.

na.cien.te [naθjénte] *adj.* nascente. 1 que nasce. 2 que começa a aparecer.

na.cien.te [naθjénte] *s.m.* nascente. 1 leste, ponto cardeal. 2 manancial de água. *el naciente día*, o dia nascente.

na.ci.mien.to [naθimjénto] *s.m.* nascimento. 1 princípio, origem. 2 ação e efeito de nascer. 3 lugar em que algo tem origem. *fecha de nacimiento*, data de nascimento.

na.ción [naθjón] *s.f.* nação. 1 país, povo, pátria. 2 conjunto de habitantes de um país dirigido pelo mesmo governo. *nación independiente*, nação independente.

na.cio.nal [naθjonál] *adj e s.* nacional. 1 patriótico, pátrio. 2 de uma nação. 3 que é natural dela.

na.cio.na.li.dad [naθjonaliðáð] *s.f.* nacionalidade, condição e caráter peculiar dos povos e indivíduos que pertencem a uma nação.

na.cio.na.lis.mo [naθjonalízmo] *s.m.* nacionalismo. 1 patriotismo. 2 exaltação do que é próprio da nação a que se pertence.

na.cio.na.li.zar [naθjonaliθár] *v.t. e v.p.* 1 naturalizar, dar a nacionalidade a um estrangeiro. 2 nacionalizar, transferir ao Estado bens pertencentes a empresas estrangeiras ou a particulares da mesma nação.

na.da [náða] *s.f.* nada. 1 ausência de ser ou negação da existência. 2 coisa mínima.

na.da [náða] *pron. indef.* nenhuma coisa, nada. *antes de nada*, antes de mais nada.

na.da.de.ro [naðaðéro] *s.m.* lugar próprio para nadar.

na.da.dor/a [naðaðór] *adj. e s.* 1 nadador, que nada. 2 natatório. *nadador olímpico*, nadador olímpico.

na.dar [naðár] *v.i.* 1 flutuar. 2 nadar, deslocar-se sobre ou sob a água por meio de movimentos dos membros. 3 (fig.) ter abundância de algo. *nadar en dinero*, nadar em dinheiro.

na.de.ar [naðeár] *v.t.* reducir a nada uma coisa.

na.de.rí.a [naðería] *s.f.* ninharia, insignificância, coisa de pouca importância.

na.die [náðje] *pron. ind.* ninguém. 1 nenhuma pessoa. 2 pessoa de pouca importância ou de pouco caráter. *nadie a la vista*, ninguém à vista.

na.dir [naðír] *s.m.* nadir, ponto da esfera celeste diametralmente oposto ao zênite.

naf.ta [náfta] *s.f.* nafta. 1 nome genérico de várias misturas de carburantes líqüidos voláteis. 2 combustível para motores de explosão. 3 (Amér.) gasolina. *Quedarse el coche sin nafta.* Ficar o carro sem gasolina.

naf.ta.li.na [naftalína] *s.f.* naftalina, principalmente o naftaleno impuro que se usa contra as traças.

na.if [naíf] *adj. e s.* naïf, corrente artística, primitivista ou ingênua, baseada na arte espontânea, sem formação técnica acadêmica.

nai.fe [náife] *s.m.* diamante de qualidade superior.

nai.lon [náilon] *s.m.* náilon, *nylon*, fibra têxtil sintética e muito aderente, elástica e resistente à abrasão. Ver *nilón* e *nylon*.

nai.pe [náipe] *s.m.* naipe. 1 cada um dos cartões retangulares que formam o baralho espanhol ou francês. 2 cada um dos quatro símbolos com que se distinguem os quatro grupos das cartas de jogar. ouros e copas (*naipes rojos*, naipes vermelhos) e paus e espadas (*naipes negros*, naipes pretos); conjunto de naipes. 3 baralho. *naipes marcados*, naipes marcados, cartas marcadas.

nal.ga [nálga] *s.f.* nádega. 1 cada uma das zonas e arredondadas que constituem o traseiro. 2 (vulg.) bunda.

nal.ga.da [nalgáða] *s.f.* 1 pernil de porco. 2 nalgada, nadegada, golpe dado com as nádegas ou nelas.

nal.gu.do/a [nalgúðo] *adj.* nadegudo, que tem nádegas grandes, bundudo.

na.na [nána] *s.f.* 1 cantiga para acalentar as crianças, canção de ninar. 2 avó. 3 saco para transportar bebês.

na.no-. [náno] nano-1 prefixo que, anteposto ao nome de uma unidade de medida, significa a bilionésima parte da mesma. 2 símbolo. n.

na.nó.me.tro [nanómetro] *s.m.* nanômetro, medida de comprimento, equivalente à bilionésima parte do metro.

nan.sú [nansú] *s.m.* tecido fino de algodão.

na.o [náo] *s.f.* nau, embarcação.

na.o.na.to/a [naonáto] *adj. e s.* pessoa nascida em uma embarcação no transcurso de uma navegação. *naonato en alta mar*, nascido em alto-mar.

na.pa [nápa] *s.f.* napa, pele de alguns animais, depois de curtida e preparada para diversos usos.

na.palm [napálm] *s.m.* napalm, composto químico gelificado, de grande poder inflamável, usado em bombas incendiárias e em lança-chamas.

na.ran.ja [naráŋxa] *s.f.* laranja, fruto da laranjeira, de sabor agridoce. *su media naranja*, sua cara-metade.

na.ran.ja.da [naraŋxáða] *s.f.* laranjada, bebida feita de suco de laranja, água e açúcar.

na.ran.ja.do/a [naraŋxáðo] *adj.* alaranjado, de cor alaranjada.

na.ran.je.ro/a [naraŋxéro] *adj. e s.* 1 laranjeiro, da laranja. 2 laranjeira, árvore. 3 laranjeiro, vendedor de laranjas.

na.ran.jo [naráŋxo] *s.m.* laranjeira. 1 árvore cítrica. 2 seu fruto é a laranja. 3 madeira desta árvore.

nar.ci.sis.mo [narθisízmo] *s.m.* narcisismo. 1 complacência excessiva em si mesmo ou nas próprias obras. 2 vaidade ingênua.
nar.ci.so [narθíso] *s.m.* narciso. 1 planta ornamental. 2 (fig.) homem muito vaidoso, enamorado de si mesmo, como o Narciso mitológico.
nar.co.sis [narkósis] *s.f.* narcose, estado de sonolência e inconsciência produzido pelo uso de narcóticos.
nar.có.ti.co/a [narkótiko] *adj. e s.* narcótico, substância que inibe o sistema nervoso central, como os hipnóticos, sedantes, ópio etc.
nar.co.ti.zar [narkotiθár] *v.t. e v.p.* narcotizar, produzir narcotismo, entorpecer os sentidos.
nar.co.tra.fi.can.te [narkotrafikánte] *adj. e s.* narcotraficante, traficante de narcóticos.
nar.do [nárðo] *s.m.* nardo, planta ornamental de flores brancas e olorosas que se emprega em perfumaria.
na.ri.gón/a [nariɣón] *adj. e s.* 1 narigudo. 2 que tem nariz muito grande.
na.riz [naríθ] *s.f.* nariz, parte do rosto entre a testa e a boca, órgão do olfato e início das vias respiratórias. *asomar la nariz*, mostrar o nariz, aparecer.
na.rra.ción [naraθjón] *s.f.* narração. 1 ação e efeito de narrar. 2 relato de um acontecimento. *narración emocionante*, narração emocionante.
na.rra.dor [naraðór] *adj. e s.* narrador. 1 que narra. 2 pessoa que relata um acontecimento.
na.rrar [narár] *v.t.* narrar, contar, relatar um fato. *narrar fielmente*, narrar fielmente.
na.rra.ti.va [naratíβa] *s.f.* narrativa. 1 habilidade para narrar. 2 gênero literário que abrange o romance e o conto.
na.rra.ti.vo/a [naratíβo] *adj.* narrativo, da narração.

nar.val [narβál] *s.m.* narval, mamífero cetáceo que vive em manadas nas águas árticas.
na.sal [nasál] *adj.* nasal. 1 relativo ao nariz. 2 som que se emite pelo nariz. *voz nasal*, voz nasal.
na.sa.li.zar [nasaliθár] *v.t. e v.p.* nasalizar, tornar nasal ou pronunciar como tal um som.
na.so [náso] *s.m.* nariz muito grande.
na.ta [náta] *s.f.* nata. 1 película cremosa que se forma sobre o leite en repouso. 2 o que há de melhor.
na.ta.ción [nataθjón] *s.f.* natação. 1 ação e efeito de nadar. 2 competição esportiva de diversas modalidades, conforme os estilos e distâncias.
na.tal [natál] *adj.* natal. 1 do nascimento. 2 do país ou lugar onde alguém nasceu.
na.ta.li.cio/a [nataliθjo] *adj. e s.* do dia do nascimento.
na.ta.li.dad [nataliðáð] *s.f.* natalidade, estatística de nascimentos de um país e em certos períodos de tempo. *control de natalidad*, controle da natalidade.
na.ta.to.rio/a [natatórjo] *adj.* natatório. 1 da natação. 2 que serve para nadar. 3 lugar próprio para nadar ou tomar banho.
na.ti.llas [natiʎas] *s.f.* (pl.) doce feito com gemas de ovo, leite e açúcar. *natillas com tostadas*, creme com torradas.
na.ti.vi.dad [natiβiðáð] *s.f.* natividade, nascimento, especialmente de Jesus, da Virgem Maria ou de São João Batista.
na.ti.vo/a [natíβo] *adj.* nativo. 1 relacionado ao país onde se nasceu; natural, nascido. 2 inato. *ser nativo del lugar*, ser nativo do lugar.
na.to/a [náto] *adj.* nato, qualidades ou defeitos de nascença, nato, congênito. *artista nato*, artista nato.
na.tu.ra [natúra] *s.f.* natura, natureza; *p.us.* partes genitais.

natural

na.tu.ral [naturál] *adj.* natural, da natureza ou conforme ela.

na.tu.ral [naturál] *adj e s.* 1 natural, de um povo ou nação. 2 gênio, índole de uma pessoa. *hijo natural*, filho natural.

na.tu.ra.le.za [naturaléθa] *s.f.* natureza. 1 essência e índole característica de cada ser, natureza. 2 mundo físico. 3 virtude, qualidade ou propriedade das coisas. *de naturaleza noble*, de natureza nobre.

na.tu.ra.li.dad [naturaliðáð] *s.f.* naturalidade. 1 qualidade de natural. 2 espontaneidade e singeleza na conduta ou na linguagem.

na.tu.ra.lis.mo [naturalízmo] *s.m.* naturalismo. 1 sistema filosófico que atribui à natureza o primeiro princípio. 2 movimento literário francês iniciado no século XIX.

na.tu.ra.lis.ta [naturalísta] *adj. e s.* naturalista. 1 do naturalismo. 2 pessoa versada em ciências naturais.

na.tu.ra.li.zar [naturaliθár] *v.t.* naturalizar. 1 nacionalizar, conceder a cidadania a um estrangeiro. 2 aclimatar, acostumar. 3 adaptar ao solo uma planta exótica.

na.tu.ris.mo [naturízmo] *s.m.* naturismo, sistema médico que baseia a cura das doenças e a conservação da saúde nos métodos naturais.

nau.fra.gar [naufraɣár] *v.i.* naufragar. 1 ir a pique ou perder-se uma embarcação. 2 (fig.) perder-se ou malograr-se um assunto ou negócio. *naufragar la venta*, naufragar a venda.

nau.fra.gio [naufráxjo] *s.m.* naufrágio. 1 ação e efeito de naufragar. 2 (fig.) desastre, ruína material ou moral.

náu.fra.go/a [náufraɣo] *adj. e s.* náufrago, pessoa que sofreu naufrágio.

náu.sea [náusea] *s.f.* náusea. 1 mal-estar, ânsias de vômitos. 2 repugnância física ou moral.

nau.sea.bun.do/a [nauseaβúndo] *adj.* nauseabundo, muito desagradável, que produz náuseas.

nau.ta [náuta] *s.m.* nauta, navegante, homem do mar.

náu.ti.ca [náutika] *s.f.* náutica, arte ou ciência de navegar.

náu.ti.co/a [náutiko] *adj.* náutico, da navegação.

na.va [náβa] *s.f.* nava, terra baixa e plana, às vezes pantanosa, situada geralmente entre montanhas.

na.va.ja [naβáxa] *s.f.* 1 canivete, faca de bolso que fecha sobre o cabo. 2 navalha. 3 molusco bivalve.

na.va.ja.zo [naβaxáθo] *s.m.* navalhada. 1 golpe de canivete ou navalha. 2 ferida produzida por esse golpe.

na.va.je.ro [naβaxéro] *s.m.* 1 estojo para guardar as navalhas de barbear. 2 pano para limpá-las. 3 malfeitor que usa navalha para agredir.

na.val [naβál] *adj.* naval relativo às naves ou à navegação.

na.ve [náβe] *s.f.* 1 nave ou barco. 2 qualquer veículo que surca o espaço. 3 espaços que, entre muros ou fileiras de arcadas, se estendem ao longo dos templos, fábricas, armazéns etc. *la nave de San Pedro*, a nave de São Pedro.

na.ve.ga.ble [naβeɣáβle] *adj.* navegável. 1 rio, canal ou lago em que se pode navegar. 2 que pode ser navegado.

na.ve.ga.ción [naβeɣaθjón] *s.f.* navegação. 1 ação de navegar. 2 viagem de barco, veículos espaciais etc. 3 tempo que dura a viagem. *navegación de cabotaje*, navegação de cabotagem.

na.ve.ga.dor [naβeɣaðór] *adj. e s.* navegador, marinheiro.

na.ve.gan.te [naβeɣánte] *adj. e s.* navegante, navegador, marinheiro.

na.ve.gar [naβeɣár] *v.i.* navegar. 1 deslocar-se por água ou por ar, de barco, nave espacial etc. 2 moverem-se estes veículos em seu meio. 3 dirigir a navegação. *echarse a navegar*, pôr-se a navegar.

na.ve.ta [naβéta] *s.f.* 1 naveta, nave pequena. 2 naveta, recipiente para incenso usado nas igrejas. 3 gaveta de escritório.

na.vi.dad [naβiðáð] *s.f.* Natal de Jesus Cristo; dia em que se celebra; tempo imediato a esse dia. *villancicos de Navidad*, vilancicos de Natal.

na.vie.ro/a [naβjéro] *adj.e s.* 1 das naves ou da navegação. 2 pessoa, entidade ou sociedade dona de um barco que navega em alto-mar.

na.ví.o [naβío] *s.m.* navio, barco de grandes dimensões com mais de um convés, especialmente o de guerra.

ne.bla.du.ra [neβlaðúra] *s.f.* 1 dano que a neblina produz nas plantações. 2 modorra no gado lanar.

ne.blí [neβlí] *s.m.* falcão.

ne.bli.na [neβlína] *s.f.* neblina. 1 névoa rasteira e densa. 2 (fig.) tudo o que dificulta a visão ou compreensão de algo. *estar perdido en la neblina*, estar perdido na neblina. *como perro en la neblina*, muito confuso.

ne.bu.lar [neβulár] *adj.* relativo às nebulosas.

ne.bu.li.zar [neβuliθár] *v.t.* nebulizar, converter um líquido em finíssimas partículas que formam uma espécie de névoa.

ne.bu.lo.si.dad [neβulosiðáð] *s.f.* 1 nebulosidade. 2 qualidade de nebuloso. 3 pequena obscuridade. 4 sombra.

ne.bu.lo.so/a [neβulóso] *adj.* nebuloso. 1 escurecido pelas nuvens ou pela névoa. 2 (fig.) sombrio. 3 com pouca claridade.

ne.ce.dad [neθeðáð] *s.f.* necedade, nescidade, qualidade de néscio; dito ou feito estúpido e sem sentido.

ne.ce.sa.rio/a [neθesárjo] *adj.* necessário. 1 vital. 2 preciso. 3 aquilo que é condição indispensável para algum fim, em oposição a supérfluo. *mal necesario*, mal necessário.

ne.ce.ser [neθesér] *s.m. necessaire*. 1 estojo com objetos de toalete, costura etc. 2 bolsa ou malote de asseio para viagens.

ne.ce.si.dad [neθesiðáð] *s.f.* necessidade. 1 qualidade de necessário. 2 falta de coisas indispensáveis para viver. 3 situação de alguém que precisa de ajuda. *de primera necesidad*, de primeira necessidade.

ne.ce.si.ta.do/a [neθesitáðo] *adj. e s.* necessitado. 1 indigente. 2 pobre. 3 falta do mínimo necessário.

ne.ce.si.tar [neθesitár] *v.t. e i.* necessitar. 1 obrigar a executar uma coisa. 2 precisar de algo ou de alguém. *necesitar de consuelo*, necessitar de consolo.

ne.cio/a [néθjo] *adj e s.* 1 néscio, ignorante e que não sabe o que pode e deve fazer. 2 imprudente, pertinaz, porfiado.

ne.cro- [nékro] *necro-, pref.* de origem grega que significa "morto".

ne.cró.fa.go/a [nekrófaɣo] *adj. e s.* necrófago, que se alimenta de cadáveres ou de carniça.

ne.cro.fi.lia [nekrofílja] *s.f.* necrofilia, atração mórbida por cadáver.

ne.cro.lo.gí.a [nekroloxía] *s.f.* 1 necrologia, escrito ou discurso consagrado a um defunto. 2 necrológio, lista ou notícia de mortos em uma seção de jornal.

ne.cró.po.lis [nekrópolis] *s.f.* necrópole, cemitério grande com abundância de monumentos célebres.

ne.crop.sia [nekrópsja] *s.f.* necropsia, autopsia de cadáver.

ne.cros.co.pia [nekroskopja] *s.f.* necroscopia. *Ver necropsia.*

ne.cro.sis [nekrósis] *s.f.* necrose. 1 morte de uma ou várias células. 2 destruição de um tecido orgânico. *necrosis ósea*, necrose óssea.

néc.tar [néktar] *s.m.* néctar. 1 suco açucarado segregado pelas plantas e que é libado pelas abelhas. 2 licor suave e delicioso. *labios de néctar*, lábios de néctar.

nec.tá.re.o/a [nektáreo] *adj.* nectáreo, referente ou semelhante ao néctar; nectarífero, que destila néctar.

nec.ta.ri.no/a [nektaríno] *adj.* Ver *nectáreo*.

ne.fan.do/a [nefándo] *adj.* nefando. 1 indigno. 2 infame. 3 abominável, repugnante.

ne.fas.to/a [nefásto] *adj.* nefasto, funesto, aziago, triste, infeliz, nefasto. *acontecimiento nefasto*, acontecimento nefasto.

ne.frec.to.mí.a [nefrektomía] *s.f.* nefrectomia, extirpação cirúrgica do rim.

ne.frí.ti.co/a [nefrítiko] *adj. e s.* nefrítico. 1 do rim. 2 que sofre de nefrite.

ne.fri.tis [nefrítis] *s.f.* nefrite, inflamação do rim.

ne.fro.lo.gí.a [nefroloxía] *s.f.* nefrologia, ramo da medicina interna que se ocupa dos rins e de suas doenças.

ne.fro.pa.tí.a [nefropatía] *s.f.* nefropatia, termo geral que designa qualquer doença renal.

ne.ga.ción [neɣaθjón] *s.f.* negação. 1 ação e efeito de negar. 2 carência ou falta total de uma coisa. 3 voz ou frase com que se nega algo.

ne.ga.do/a [neɣáðo] *adj. e s.* 1 incapacitado, inepto. 2 diz-se dos primitivos cristãos que renegavam a fé.

ne.gar [neɣár] *v.t. e i.* negar. 1 recusar, proibir, vedar. 2 dizer que algo não existe ou não é verdade. *negar la realidad*, negar a realidade. *negarle autorización*, negar-lhe autorização.

ne.ga.ti.vo/a [neɣatíβo] *adj.* negativo. 1 que implica ou contém algum tipo de negação. 2 número menor que o zero. 3 *s.m.* negativo fotográfico. 4 *s.m.* eletricidade negativa, polo negativo.

ne.gli.gé [neɣlixé] *adj. e s.m.* negligé. 1 peça de roupa feminina para ficar em casa. 2 descuidado, desalinhado, embora com certa elegância.

ne.gli.gen.cia [neɣlixénθja] *s.f.* negligência. 1 descuido, omissão. 2 falta de aplicação. *Negligencia deplorable*, negligência deplorável.

ne.gli.gen.te [neɣlixénte] *adj. e s.* negligente, descuidado, falto de aplicação.

ne.go.cia.ción [neɣoθjaθjón] *s.f.* negociação, ação e efeito de negociar.

ne.go.cia.do [neɣoθjáðo] *s.m.* 1 cada uma das seções em que se divide um escritório. 2 (Amér.) negócio ilegítimo e escandaloso.

ne.go.cian.te [neɣoθjánte] *adj. e s.* 1 negociante, que negocia ou se dedica aos negócios. 2 comerciante.

ne.go.ciar [neɣoθjár] 1 *v.i.* negociar, traficar, comerciar. 2 *v.t. e i.* negociar, realizar qualquer operação bancária ou comercial.

ne.go.cio [neɣóθjo] *s.m.* negócio. 1 ocupação, emprego ou trabalho. 2 atividade econômica com fins lucrativos. *negocio redondo*, negócio redondo.

ne.gre.ar [neɣreár] *v.i.* negrejar, ser, tornar-se ou parecer negro.

ne.gre.rí.a [neɣrería] *s.f.* negraria, conjunto de pessoas de raça negra.

ne.gre.ro/a [neɣréro] *adj. e s.* negreiro. 1 aquele que se dedicava ao tráfico de escravos negros. 2 pessoa de condição dura e cruel para seus subordinados.

ne.gri.lla [neɣríʎa] *s.f.* 1 fungo microscópico parasita de algumas plantas. 2 espécie de congro que tem o lombo de cor escura.

ne.gri.to/a [neɣríto] *adj. e s.* 1 diminutivo de negro. 2 pássaro da ilha de Cuba de côr preta. 3 negrito, letra impressa de traço grosso.
ne.gro/a [néɣro] *adj. e s.* 1 negro, preto, cor totalmente escura, coisas que têm essa cor. 2 negro, indivíduo cuja pele é de cor negra. 3 de tez bronzeada. 4 sombrio. 5 taciturno.
ne.groi.de [neɣróiðe] *adj. e s.* negroide, que apresenta caracteres próprios das raças negras ou de suas culturas.
ne.gru.ra [neɣrúra] *s.f.* negrura, qualidade de negro.
ne.gruz.co [neɣrúθko] *adj.* negrusco, quase negro.
ne.ne/a [néne] *s.* nenê, neném. 1 criancinha. 2 apelativo carinhoso que se dá às pessoas idosas. 3 (fig.) ironicamente, homem temível por suas más ações. *nene terrible*, neném terrível.
ne.nú.far [nenúfar] *s.m.* nenúfar, planta aquática.
ne.o- [néo] neo-, *pref.* de origem grega que significa "novo".
ne.o.cla.si.cis.mo [neoklasiθízmo] *s.m.* neoclassicismo, corrente literária e artística que se desenvolveu na Europa e na América do Norte durante o século XVIII.
ne.o.clá.si.co/a [neoklásiko] *adj.* neoclássico. 1 relativo ao neoclassicismo. 2 arte ou estilos modernos que procuram imitar os da antiga Grécia ou Roma.
ne.o.co.lo.nia.lis.mo [neokolonjalízmo] *s.m.* sistema de colonialismo encoberto posto em prática após a II Guerra Mundial. Consiste em controlar economicamente países subdesenvolvidos.
neo.fas.cis.mo [neofasθízmo] *s.m.* neofascismo, movimento ideológico e político de extrema direita, inspirado no fascismo.
ne.ó.fi.to/a [neófito] *s.* neófito. 1 pessoa recém-convertida a uma religião. 2 principiante em qualquer atividade, novato.

ne.o.gó.ti.co/a [neoɣótiko] *adj. e s.m.* neogótico, movimento artístico e arquitetônico, que, com a influência do Romantismo, conseguiu a recuperação do estilo gótico.
ne.o.im.pre.sio.nis.mo [neoimpresionízmo] *s.m.* segundo período do impressionismo, caracterizado pelas cores puras, surgido em Paris no final do século XIX.
ne.o.la.ti.no/a [neolatíno] *adj.* neolatino, que procede ou deriva dos latinos ou da língua latina.
ne.o.li.be.ra.lis.mo [neoliβeralízmo] *s.m.* neoliberalismo, teoria política ou econômica que tenta acomodar as doutrinas liberais clássicas à nova realidade do sistema capitalista.
ne.o.lí.ti.co/a [neolítiko] *adj. e s.m.* Neolítico, período pré-histórico entre o Mesolítico e a Idade dos Metais (ano 7.000 e o 2.500 a.C.).
ne.o.lo.gis.mo [neoloxízmo] *s.m.* neologismo, palavra ou giro de introdução recente em uma língua.
ne.o.me.nia [neoménja] *s.f.* neomênia, primeiro dia da lua nova.
ne.ón [neón] *s.m. néon,* neônio. 1 elemento químico do grupo dos gases nobres ou inertes. 2 símbolo. Ne.
ne.o.na.to/a [neonáto] *adj. e s.* neonato, diz-se dos recém-nascidos.
ne.o.na.zis.mo [neonaθízmo] *s.m.* neonazismo, corrente política surgida depois da II Guerra Mundial inspirada nos princípios do nacional-socialismo.
neo.pla.sia [neoplásja] *s.f.* neoplasia, formação de tecido novo de caráter tumoral.
ne.po.tis.mo [nepotízmo] *s.m.* nepotismo, abuso de quem, ostentando cargo público, utiliza-o para conceder cargos, favores ou benefícios a parentes e amigos.

Nep.tu.no [neptúno] *s.m.* Netuno, planeta do sistema solar, o oitavo em ordem crescente de distância em relação ao Sol, e o quarto em tamanho.

ne.rei.da [neréiða] *s.f.* (mit.) nereida, cada uma das deusas marinhas, filhas de Nereu e Dóride.

ne.rón [nerón] *s.m.* (fig.) homem muito cruel e sanguinário.

ner.va.du.ra [nerβaðúra] *s.f.* nervura. 1 moldura saliente. 2 conjunto e disposição dos nervos de uma folha.

ner.vio [nérβjo] *s.m.* nervo. 1 cada um dos cordões fibrosos que comunicam os centros nervosos, como o cérebro ou medula espinhal, aos órgãos periféricos. 2 (fig.) força, energia, vigor, fortaleza.

ner.vio.si.dad [nerβjosiðáð] *s.f.* 1 nervosidade. 2 nervosismo. Ver *nerbosidad*.

ner.vio.sis.mo [nerβjosízmo] *s.m.* nervosismo, estado passageiro de desequilíbrio do sistema nervoso.

ner.vio.so/a [nerβjóso] *adj.* nervoso. 1 dos nervos, que tem nervos. 2 que é inquieto, incapaz de repousar. 3 (fig.) forte e vigoroso.

ner.vo.si.dad [nerβosiðáð] *s.f.* 1 força e atividade dos nervos. 2 excitação, irritabilidade. Ver *nerviosidad*.

ner.vu.do/a [nerβúðo] *adj.* nervudo, que tem os nervos, veias e artérias muito acusados, musculoso.

ner.vu.ra [nerβúra] *s.f.* nervura. 1 conjunto dos nervos. 2 lombada de um livro.

nes.cien.cia [nesθjénθja] *s.f.* necedade, ignorância, falta de ciência.

ne.to/a [néto] *adj.* neto. 1 limpo, claro, preciso. 2 peso de um objeto sem a embalagem. 3 valor depois de deduzir gastos, descontos, etc. *contenido neto*, conteúdo líquido, *precio neto*, preço líquido.

neu.má.ti.co/a [neumátiko] *adj.* pneumático, relativo ao ar ou aos gases e aos aparelhos com que se manejam.

neu.má.ti.co/a [neumátiko] *s.m.* pneumático, pneu, aro de borracha cheio de ar comprimido, montado nas rodas dos veículos.

neu.mo- [néumo] pneumo-, *pref.* que significa "pulmão".

neu.mo.lo.gí.a [neumoloxía] *s.f.* pneumologia, ramo da medicina que estuda os pulmões e as vias respiratórias e sua patologia.

neu.mo.ní.a [neumonía] *s.f.* pneumonia. 1 inflamação dos alvéolos, do interstício pulmonar e dos brônquios. Ver *pulmonía*.

neu.mo.tó.rax [neumotóraks] *s.m.* pneumotórax, acumulação de ar na cavidade pleural.

neu.ral.gia [neurálxia] *s.f.* nevralgia, dor intensa no trajeto de algum nervo ou de seus ramos.

neu.rál.gi.co/a [neurálxiko] *adj.* nevrálgico 1 relativo à nevralgia. 2 (fig.) momento ou situação culminante de algum assunto ou processo.

neu.ras.te.nia [neurasténja] *s.f.* neurastenia, síndrome psíquica caracterizada por fraqueza, irritabilidade e grande instabilidade emotiva.

neu.ri.tis [neurítis] *s.f.* neurite, nevrite, inflamação de um nervo.

neu.ro- [néuro] neuro-, *pref.* de origem grega que significa "nervo".

neu.ro.ci.ru.gí.a [neuroθiruxía] *s.f.* neurocirurgia, parte da cirurgia que tem por objeto a cura do sistema nervoso por métodos cirúrgicos.

neu.ro.ci.ru.ja.no [neuroθiruxáno] *s.m.* neurocirurgião, cirurgião do sistema nervoso e do cérebro.

neu.ro.lo.gí.a [neuroloxía] *s.f.* neurologia, ramo da medicina interna que trata do sistema nervoso e suas doenças.

neu.ro.ló.gi.co/a [neu̯rolóxiko] *adj.* neurológico, relativo ao cérebro e ao sistema nervoso.

neu.ró.lo.go/a [neu̯rólo̯o] *s.m. e f.* neurologista, especialista em neurologia.

neu.ro.na [neu̯róna] *s.f.* neurônio. 1 célula nervosa fundamental. 2 unidade morfológica, funcional e trófica do sistema nervoso.

neu.ró.pa.ta [neu̯rópata] *adj. e s.* neuropata, que sofre de uma doença nervosa.

neu.ro.sis [neu̯rósis] *s.f.* neurose, designação genérica dos transtornos mentais sem lesão orgânica aparente.

neu.ró.ti.co/a [neu̯rótiko] *adj.* neurótico. 1 da neurose. 2 que sofre de neurose.

neu.tral [neu̯trál] *adj. e s.* 1 neutral, que não toma partido. 2 neutro, Estado que não intervém de maneira alguma em uma guerra entre outros.

neu.tra.li.dad [neu̯tralið̞áð̞] *s.f.* neutralidade, qualidade de neutral.

neu.tra.lis.mo [neu̯tralízmo] *s.m.* neutralismo, tendência a permanecer neutral especialmente em conflitos internacionais.

neu.tra.li.za.ción [neu̯traliθaθjón] *s.f.* neutralização, ação e efeito de neutralizar ou ser neutralizado.

neu.tra.li.zan.te [neu̯traliθánte] *adj. e s.m.* neutralizante, neutralizador, que neutraliza.

neu.tra.li.zar [neu̯traliθár] *v.t. e v.p.* neutralizar. 1 tornar neutral. 2 (fig.) anular ou enfraquecer o efeito de uma causa, por uma ação contrária.

neu.tro [néu̯tro] *adj.* neutro. 1 imparcial, indefinido. 2 aplica-se ao que não apresenta nem um nem outro de dois caracteres opostos. 2 indefinido, não determinado.

neu.trón [neu̯trón] *s.m.* (fís.) nêutron, partícula eletricamente neutra, que, junto com os prótons, constitui um dos núcleos dos átomos.

ne.va.da [neβáð̞a] *s.f.* nevada. 1 ação e efeito de nevar. 2 neve caída.

ne.va.do/a [neβáð̞o] *adj.* nevado. 1 coberto de neve. 2 (fig.) branco como a neve.

ne.va.do/a [neβáð̞o] *adj.e.s.* (Amér.) alto cume coberto de neve.

ne.var [neβár] *v.i.* nevar. 1 cair neve. 2 (fig.) tornar branco como a neve.

ne.ve.ra [neβéra] *s.f.* 1 eletrodoméstico para conservar frios os alimentos. 2 refrigerador, geladeira. 3 (fig.) habitação muito fria.

ne.vis.ca [neβíska] *s.f.* nevada ligeira de flocos miúdos.

ne.vo.so/a [neβóso] *adj.* nevoso. 1 coberto amiúde de neve. 2 tempo que está como anunciando uma nevada.

ne.xo [nékso] *s.m.* nexo. 1 vínculo, laço ou conexão de qualquer ordem e tipo. 2 cópula gramatical. 3 ilação lógica 4 relação sentimental.

ni [ní] *conj.* nem, que enlaça vocábulos ou orações, expressando negação. *ni hizo ni dejó hacer*, nem fez nem deixou fazer.

Ni [enei] Ni, símbolo químico do níquel.

ni.co.ti.na [nikotína] *s.f.* nicotina, alcaloide muito venenoso do tabaco que se escurece ao contato com o ar e se emprega como inseticida na agricultura.

ni.co.tis.mo [nikotízmo] *s.m.* 1 tabagismo. 2 nicotinismo, conjunto de transtornos causados pelo abuso do tabaco ou pela manipulação do mesmo.

nicho [nítʃo] *s.m.* 1 nicho, cavidade em parede ou muro para colocar estátua, imagem, vaso ou qualquer objeto ornamental. 2 concavidade do cemitério para colocar cadáver.

ni.da.da [nið̞áð̞a] *s.f.* ninhada. 1 conjunto dos ovos postos no ninho. 2 conjunto dos filhotes de uma chocagem. *una gran nidada*, uma grande ninhada.

nidal

ni.dal [niðál] *s.m.* nidal, ninho, lugar onde as galinhas e aves domésticas põem seus ovos.

ni.do [níðo] *s.m.* ninho. 1 leito formado pelas aves, por certos insetos e alguns peixes para depositar seus ovos. 2 (fig.) casa, pátria, moradia. *nido de abejas*, ninho de abelhas.

nie.bla [njéβla] *s.f.* névoa, nuvem branquicenta ou cinzenta, formada por gotinhas de água e em contato com a superfície terrestre.

nie.tas.tro/a [njetástro] *s.* filho ou filha do enteado ou enteada de alguém.

nie.to/a [njéto] *s.* neto, filho de filho ou de filha, em relação aos pais destes.

nie.ve [njéβe] *s.f.* neve, precipitação atmosférica em cristaizinhos hexagonais ou estrelados de gelo, que caem formando flocos.

ni.gro.man.cia [niɣrománҭθja] *s.f.* nigromancia, necromancia, magia negra, adivinhação supersticiosa mediante a evocação dos mortos.

ni.hi.lis.mo [niilízmo] *s.m.* niilismo, sistema filosófico contrário a toda crença ou princípio político e social.

ni.lón [nilón] *s.m.* náilon, nylon. Ver *nailon* e *nylon*.

nim.bo [nímbo] *s.m.* 1 auréola que figura atrás das imagens sagradas. 2 nimbo, nuvem baixa, cerrada e escura, nimbo. *nimbos en el horizonte*, nimbos no horizonte. Ver *nimboestrato*.

nim.bo.es.tra.to [nimboestráto] *s.m.* nimbo-estrato, camada densa de nuvens baixas e cinzentas que descarrega chuva, granizo ou neve. Ver *nimbo*.

ni.mie.dad [nimjeðáð] *s.f.* nimiedade 1 excesso, demasia; prolixidade. 2 minuciosidade, insignificância.

ni.mio/a [nímjo] *adj.* nímio. 1 prolixo, minucioso. 2 insignificante, sem importância.

nin.fa [nímfa] *s.f.* ninfa. 1 divindade benéfica, vinculada às águas, bosques etc. ninfa. 2 jovem formosa.

nin.fó.ma.na [nimfómana] *adj.* ninfômana, ninfomaníaca, mulher que padece ninfomania, ou desejo sexual exagerado.

nin.fo.ma.ní.a [nimfomanía] *s.f.* ninfomania, desejo sexual exacerbado na mujer, também chamado furor uterino.

nin.gún [niŋgún] *adj.* nenhum. 1 apócope de *ninguno*. 2 só se emprega anteposto a substantivos masculinos. *Ningún alumno puede salir antes de hora / ninguno va a entrar después del horario.* Nenhum aluno pode sair antes do horário / ninguém vai entrar depois do horário.

nin.gu.no/a [niŋgúno] *adj.* nenhum, nem um só.

nin.gu.no/a [niŋgúno] *pron. indef. neg.* 1 nenhum, nulo e sem valor. 2 ninguém, nenhuma pessoa.

ni.ña [níɲa] *s.f.* pupila do olho. *niña de los ojos*, menina dos olhos.

Ni.ña [níɲa] *s.f.* a menor das três caravelas utilizadas por Colombo em sua primeira viagem. *Cristobal Colón viajó con tres carabelas. La Pinta, La Niña y La Santa María.* Cristóvão Colombo viajou com as três caravelas. Pinta, Niña e Santa Maria.

ni.ñe.rí.a [niɲería] *s.f.* criancice. 1 ação própria das crianças. 2 ação ou dito impróprio de pessoa adulta.

ni.ñe.ro/a [niɲéro] *adj.* 1 que gosta de crianças o de criancices. 2 (fig.) babá, mulher de serviço que cuida das crianças de uma casa.

ni.ñez [niɲéθ] *s.f.* 1 meninice, infância, época da vida humana entre o nascimento e a adolescência. 2 (fig.) período inicial de qualquer coisa.

ni.ño/a [níɲo] *adj. e s.* menino. 1 que se encontra na meninice. 2 que tem poucos anos.

3 com pouca experiência e reflexão. *niño bien*, menino bem.

ní.quel [níkel] *s.m.* níquel. 1 metal de cor branca brilhante, parecido com a prata, muito duro, inoxidável. 2 (Río de la Plata). dinheiro, moeda. 3 símbolo. Ni. *no tener un níquel*, não ter um tostão.

ni.que.lar [nikelár] *v.t.* niquelar, dar banho de níquel em metais para evitar a corrosão.

nís.pe.ro [níspero] *s.m.* nêspera, árvore da família das rosáceas, fruto desta árvore de sabor agridoce.

ni.ti.dez [nitiðéθ] *s.f.* nitidez, clareza, pureza, resplandecimento.

ní.ti.do/a [nítiðo] *adj.* nítido. 1 limpo, transparente. 2 preciso, bem definido.

ni.tra.to [nitráto] *s.m.* nitrato, composto químico formado por ácido nítrico e um radical monovalente. *nitrato de Chile*, nitrato do Chile.

ní.tri.co/a [nítriko] *adj.* nítrico, relativo ao nitro ou ao nitrogênio. *ácido nítrico*, ácido nítrico.

ni.tri.to [nitríto] *s.m.* nitrito, sal formado pela combinação de ácido nitroso e uma base.

ni.tro- [nítro] *pref.* nitro-, que indica a presença do grupo *nitro*, em uma molécula orgânica.

ni.tro [nítro] *s.m.* nitrato de potássio natural, que se encontra na forma de pó fino branquicento nos terrenos úmidos.

ni.tró.ge.no [nitróxeno] *s.m.* nitrogênio. 1 elemento químico gasoso. 2 símbolo. N.

ni.tro.gli.ce.ri.na [nitroɣliθerína] *s.f.* nitroglicerina, trinitratro de glicerina inodoro e oleoso.

ni.vel [niβél] *s.m.* nível. 1 instrumento para nivelar. 2 igualdade, horizontalidade. *estar en buen nivel*, estar em bom nível.

ni.ve.lar [niβelár] *v.t.* nivelar, igualar, equilibrar, aplanar. *nivelar el terreno*, nivelar o terreno.

ni.ve.o/a [níβeo] *adj.* níveo, nítido, muito branco.

no [nó] *adv. neg.* não, negativa, excusa. *¡No! ¡de ningún modo!*, Não! de jeito nenhum!

No [eneo] No, símbolo químico do nobélio.

no.bel [noβél] *s.m.* qualquer um dos prêmios instituídos por Alfred Nobel para recompensar os benfeitores da humanidade.

no.bi.lia.rio [noβiljárjo] *adj.* nobiliário, relativo à nobreza.

no.bi.lí.si.mo [noβilísimo] *adj.* nobilíssimo, superlativo de *noble*.

no.ble [nóβle] *adj. e s.* nobre. 1 ilustre, fidalgo, honroso. 2 de sentimentos elevados.

no.ble.za [noβléθa] *s.f.* nobreza. 1 lustre, esplendor da estirpe. 2 a classe dos nobres. 3 excelência de ideias, sentimentos. *nobleza de alma*, nobreza de alma.

no.che [nótʃe] *s.f.* noite. 1 fim do dia. 2 (fig.) conclusão, escuridão, tristeza, morte. *noche de bodas*, noite de núpcias.

no.che.bue.na [notʃeβwéna] *s.f.* noite da vigília de Natal.

no.che.vie.ja [notʃeβjéxa] *s.f.* réveillon, última noite do ano. *Comimos doce uvas a las doce de la noche, en la nochevieja.* Comemos doze uvas à meia-noite, no réveillon.

no.ción [noθjón] *s.f.* noção, ideia, notícia, conhecimento, definição. *tener noción de algo*, ter noção de algo.

no.ci.vi.dad [noθiβiðáð] *s.f.* nocividade, qualidade de nocivo, maldade, ruindade.

no.ci.vo/a [noθíβo] *s.f.* nocivo, daninho, danoso, mau, pernicioso.

noc.tám.bu.lo/a [noktámbulo] *adj. e s.* noctâmbulo, noctívago; 1 que anda ou vagueia de noite.

noc.tur.nal [noktuɾnál] *adj.* noturnal. 1 noturno. 2 atividade realizada de noite.
noc.tur.no/a [noktúrno] *adj.* noturno, da noite ou o que se faz de noite. *de hábitos nocturnos*, de hábitos noturnos.
no.dri.za [noðríθa] *s.f.* nutriz, criadeira, ama de leite.
nó.du.lo [nóðulo] *s.m.* nódulo, corpúsculo granoso formado em um tecido. *nódulo linfático*, nódulo linfático.
no.ga.da [noɣáða] *s.f.* nogada, molho de nozes e especiarias para condimentar alguns peixes.
no.gal [noɣál] *s.m.* nogueira, árvore cujo fruto é a noz. *La nuez nace en el nogal.* A noz nasce na nogueira.
no.ga.li.na [noɣalína] *s.f.* corante obtido da casca da noz, usado para pintar madeiras, imitando a cor da nogueira.
nó.ma.da [nómaða] *adj. e s.* nômade, migrante, errante, vagabundo, andante. *família nómada*, família nômade.
nom.bra.do/a [nombráðo] *adj.* renomado, célebre, afamado.
nom.bra.mien.to [nombɾamjénto] *s.m.* 1 nomeação, ação e efeito de nomear. 2 eleição. *recibir un nombramiento*, receber uma nomeação.
nom.brar [nombɾáɾ] *v.t.* nomear. 1 dar nome. 2 mencionar. 3 designar, nominar.
nom.bre [nómbɾe] *s.m.* nome, título, fama, prestígio, reputação, apelido. *nombre de honor*, nome de honra.
no.men.clá.tor [nomeŋklátoɾ] *s.m.* catálogo de nomes (de povos, sujeitos, termos técnicos de uma ciência), nomenclatura.
no.men.cla.tu.ra [nomeŋklatúɾa] *s.f.* nomenclatura, lista ou catálogo de nomes, terminologia, classificação. Ver *nomenclátor*.
no.me.ol.vi.des [nomeolβíðes] *s.f.* miosótis, não-te-esqueças-de-mim, nome comum de várias espécies de boragináceas do gênero miosótis.
nó.mi.na [nómina] *s.f.* 1 lista ou catálogo de nomes de pessoas ou coisas, relação, nomenclatura. *nómina de participantes*, relação de participantes. 2 folha de pagamento.
no.mi.nal [nominál] *adj.* nominal. 1 do nome; que é ou existe só de nome. 2 imaginário. 3 irreal.
no.mi.nar [nomináɾ] *v.t.* nomear, indicar, assinalar. 2 designar para um prêmio. *nominar una terna*, indicar uma trinca, uma equipe.
no.mi.na.ti.vo/a [nominatíβo] *adj. e s.* nominativo. 1 nominal. 2 caso gramatical do sujeito do verbo nas línguas flexionais.
non [nón] *adj. e s.* 1 ímpar, único. 2 negação repetida de uma coisa.
no.na.da [nonáða] *s.f.* insignificância, minudência, pechincha, bagatela.
no.na.ge.na.rio/a [nonaxenáɾjo] *adj e s.* nonagenário, entre noventa e cem anos de idade.
no.na.gé.si.mo/a [nonaxésimo] *adj. e s.* nonagésimo, ordinal e fracionário que corresponde a noventa. *nonagésimo aniversario*, nonagésimo aniversário.
no.na.to/a [nonáto] *adj.* nonato. 1 nascido mediante cesariana. 2 (fig.) coisa não acontecida ou ainda inexistente, que não nasceu.
no.nin.gen.té.si.mo/a [noniŋxentésimo] *adj. e s.* noningentésimo, ordinal e fracionário de novecentos.
no.no/a [nóno] *adj.* nono, ordinal e fracionário de nove. Ver *noveno*.
no.que [nóke] *s.m.* anoque, poço ou fossa para curtir peles.
no.que.ar [nokeáɾ] *v.t. e i.* nocautear, em boxe, pôr fora de combate.
nor.des.te [noɾðéste] *s.m.* nordeste. 1 ponto entre o norte e o leste. 2 vento que sopra desse

ponto. *ir hacia el nordeste*, ir para o nordeste. Ver *noreste*.

no.res.te [noréste] *s.m.* nordeste. Ver *nordeste*.

no.ria [nórja] *s.f.* nora. 1 máquina hidráulica para extrair água do solo. 2 poço do qual se tira água com a nora. *girar la noria*, girar a nora.

nor.ma [nórma] *s.f.* norma. 1 regra, modelo, exemplo, sistema. 2 conduta, procedimento, critério. *respetar las normas*, respeitar as normas.

nor.mal [normál] *adj.* normal, habitual, comum, natural, ordinário. *es lo normal*, é o normal.

nor.ma.li.dad [normaliðáð] *s.f.* normalidade. 1 qualidade de normal. 2 naturalidade.

nor.ma.lis.ta [normalísta] *adj. e s.* normalista. 1 que cursa ou cursou a escola normal. 2 professor formado por essa escola.

nor.ma.li.za.ción [normaliθaθjón] *s.f.* normalização, regularização, adequação.

nor.ma.li.zar [normaliθár] *v.t.* normalizar, regularizar, acostumar, ordenar.

nor.ma.ti.vo [normatíβo] *adj.* normativo, que serve de norma ou regra.

nor.nor.des.te [nornorðéste] *s.m.* nor-nordeste. 1 ponto do horizonte entre o N e o NE. 2 vento que sopra desse ponto.

nor.te [nórte] *s.m.* norte. 1 um dos pontos cardeais. 2 (fig.) objetivo, meta, direção. *el norte de sus aspiraciones*, o norte de suas aspirações.

nor.te.ar [norteár] *v.t. e i.* nortear, dirigir para o norte, declinar o vento para o norte.

nor.te.ño/a [norténo] *adj. e s.* nortista, do norte; que está situado ao norte de um país. *pueblo norteño*, povo nortista.

nór.ti.co/a [nórtiko] *adj.* do norte.

nos [nos] uma das duas formas do dativo e do acusativo do pronome pessoal da primeira pessoa do plural, masculino ou feminino. *nos corresponde a todos*, corresponde-nos a todos.

no.so.co.mio [nosokómjo] *s.m.* nosocômio, hospital. *Ingresó al nosocomio*. Foi internado no nosocômio.

no.so.tros/as [nosótros] nós, pronome pessoal da primeira pessoa do plural. *para nosotros*, para nós.

nos.tal.gia [nostálxja] *s.f.* nostalgia, melancolia, saudade.

nos.tál.gi.co/a [nostálxiko] *adj.* nostálgico, melancólico, que sofre nostalgia. *ser nostálgico*, ser nostálgico.

no.ta [nóta] *s.f.* nota. 1 marca, sinal, anotação, comunicação. 2 nota musical. 3 classificação escolar. *dar la nota*, dar nota.

no.ta.ble [notáβle] *adj.* 1 notável, digno de nota, considerável, valioso, brilhante. *Notable presentación*. Notável apresentação. 2 nota usada nas escolas, inferior ao *sobresaliente* e superior ao *aprobado*.

no.ta.ción [notaθjón] *s.f.* notação. 1 anotação, indicação. 2 conjunto de notas musicais.

no.tar [notár] *v.t.* anotar. 1 assinalar, marcar. 2 reparar, advertir.

no.tar [notár] *v.p.* notar, tornar evidente ou perceptível. *notar lo invisible*, notar o invisível.

no.ta.ria.do/a [notarjáðo] *adj. e s.* 1 autorizado por notário. 2 notariado, carreira, profissão ou exercício de notário.

no.ta.rio/a [notárjo] *s.* notário, tabelião, pessoa que oficialmente faz ata de contratos, testamentos e outros atos extrajudiciários.

no.ti.cia [notíθja] *s.f.* notícia, ideia, noção, conhecimento, novidade, anúncio, aviso. *Recibir la gran noticia*. Receber a grande notícia.

no.ti.cia.rio [notiθjárjo] *s.m.* noticiário, conjunto de notícias da atualidade, no rádio, nos jornais ou na televisão. Ver *noticioso*.

no.ti.cie.ro/a [notiθjéro] *adj. e s.* noticiador. 1 que dá notícias. 2 pessoa que tem por ofício transmitir notícias.

no.ti.cio.so [notiθjóso] *s.m.* (Amér.) noticioso, compêndio de notícias da atualidade, que diariamente emitem as emissoras de rádio e televisão. Ver *noticiario*.

no.ti.fi.ca.ción [notifikaθjón] *s.f.* notificação, comunicação, informe, aviso, participação, intimação. *notificación importante*, notificação importante.

no.ti.fi.car [notifikár] *v.i.* notificar, fazer saber, comunicar, informar, anunciar, advertir.

no.to.rie.dad [notorjeðáð] *s.f.* notoriedade, fama, renome, prestígio, reputação, celebridade. *notoriedad merecida*, notoriedade merecida.

no.to.rio/a [notórjo] *adj.* notório, sabido, manifesto, evidente, palpável, patente, público.

no.va.to/a [noβáto] *adj. e s.* novato, noviço, novel, principiante, bisonho, inexperiente. *es novato pero responsable*, é novato, mas responsável.

no.ve.cien.tos/as [noβeθjéntos] *adj. e s.* novecentos. 1 nove vezes cem, novecentos. 2 signos que representa este número. 3 noningentésimo.

no.ve.dad [noβeðáð] *s.f.* novidade, sucesso, nova, notícia, mudança, alteração. *Novedad esperada*. Novidade esperada.

no.ve.do.so/a [noβeðóso] *adj.* que implica novidade ou algo novo.

no.vel [noβél] *adj. e s.* novel, novo, principiante, inexperiente, bisonho, novato.

no.ve.la [noβéla] *s.f.* 1 romance, obra literária em prosa que refere fatos de ficção ou históricos. 2 (fig.) conto, ficção, mentira, patranha. *novela policíaca*, romance policial.

no.ve.les.co/a [noβelésko] *adj.* 1 da novela. 2 assombroso ou disparatado, por sair do curso normal das coisas. *amores novelescos*, amores novelescos.

no.ve.lis.ta [noβelísta] *adj. e s.* 1 novelista, romancista, autor de novelas. 2 (fig.) enredador.

no.ve.no/a [noβéno] *adj.* nono. 1 ordinal e fracionário de nove. 2 cada uma das nove partes iguais em que se divide uma unidade. Ver *nono*.

no.ven.ta [noβénta] *adj. e s.* noventa. 1 nove vezes dez. 2 nonagésimo. 3 conjunto de signos com que se representa esse número.

no.ven.ta.vo/a [noβentáβo] *adj. e s.m.* fracionário de noventa.

no.ven.tón/a [noβentón] *adj. e s.* noventão, nonagenário.

no.viaz.go [noβjáɣo] *s.m.* noivado. 1 estado de noivo ou noiva. 2 tempo que dura tal estado. *Noviazgo serio*. Noivado sério.

no.vi.cia.do [noβiθjáðo] *s.m.* noviciado. 1 tempo de prova nas religiões antes de professar. 2 tempo que dura uma aprendizagem.

no.vi.cio/a [noβíθjo] *adj. e s.* noviço. 1 aspirante à profissão e admissão a uma ordem religiosa. 2 principiante, inexperiente.

no.viem.bre [noβjémbre] *s.m.* novembro, décimo primeiro mês do ano que tem 30 dias.

no.vi.lla.da [noβiʎáða] *s.f.* novilhada. 1 conjunto de novilhos. 2 corrida de novilhos. *encerrar la novillada*, encerrar a novilhada.

no.vi.llo/a [noβíʎo] *adj. e s.* 1 novilho, rês de dois ou três anos. 2 (fig.) homem a quem a mulher é infiel.

no.vi.lu.nio [noβiúnjo] *s.m.* novilúnio. 1 conjunção da Lua com o Sol. 2 lua nova. *novilunio poético*, novilúnio poético.

no.vio/a [nóβjo] *s.* noivo. 1 pessoa recém-casada. 2 que mantém relações amorosas

com intenções de casar. 3 namorado. *Novia fiel.* Namorada fiel.
no.ví.si.mo/a [noβísimo] *adj.* novíssimo. 1 superlativo de *nuevo.* 2 último em uma série, recém-chegado, recém-saído. *modelo novísimo,* modelo novíssimo.
nu.ba.rrón [nuβařón] *s.m.* nuvem grande e escura, separada das outras. *Un nubarrón enorme.* Uma nuvem enorme.
nu.be [núβe] *s.f.* nuvem. 1 massa de vapor em suspensão na atmosfera, nuvem. 2 aglomeração de pó, fumaça, insetos etc., que podem escurecer a atmosfera. *estar en las nubes,* estar nas nuvens.
nú.bil [núβil] *adj.* núbil, en idade de casar, casadouro.
nu.bla.do/a [nuβláðo] *adj. e s.* nublado. 1 coberto de nuvens. 2 nuvem que ameaça tempestade.
nu.blar [nuβlár] *v.t. e v.p.* nublar. 1 cobrir de nuvens. 2 anuviar a vista. 3 escurecer-se a razão. *nublar las ideas,* nublar as ideias.
nu.bo.si.dad [nuβosiðáð] *s.f.* nebulosidade, quantidade de nuvens existentes em um momento dado na atmosfera.
nu.bo.so [nuβóso] *adj.* nebuloso, céu coberto de nuvens; ameaçador.
nu.ca [núka] *s.f.* nuca, parte posterior do pescoço em que a coluna vertebral se une com a cabeça. *dolor en la nuca,* dor na nuca.
nu.cle.ar [nukleár] *adj.* nuclear, relativo ao núcleo dos átomos. *energía nuclear,* energia nuclear.
nu.cle.ar [nukleár] *v.t. e v.p.*(Amér.) nuclear, agrupar, aglutinar, reunir.
nu.clei.co/a [nukléiko] *adj.* nucleico, pertencente ou relativo aos ácidos nucleicos.
nú.cleo [núkleo] *s.m.* núcleo. 1 semente dos frutos de casca lenhosa. 2 elemento central e básico de alguma coisa. 3 centro do átomo. *núcleo terrestre,* núcleo terrestre.

nu.cle.ón [nukleón] *s.m.* (fís.) núcleon, cada uma das partículas do núcleo atômico, que são os prótons e os nêutrons.
nu.di.llo [nuðíʎo] *s.m.* nó, articulação das falanges dos dedos. *dar con los nudillos,* dar com os nós dos dedos.
nu.dis.mo [nuðízmo] *s.m.* nudismo, prática de exposição do corpo. *campo de nudismo,* campo de nudismo.
nu.dis.ta [nuðísta] *adj. e s.* nudista, pessoa que pratica o nudismo.
nu.do [núðo] *s.m.* nó. 1 laço, vínculo, nexo, união, atadura. 2 principal dificuldade ou dúvida. *el nudo de la cuestión,* o nó da questão.
nu.do.so/a [nuðóso] *adj.* nodoso, que tem nós.
nue.ra [nwéra] *s.f.* nora, mulher do filho, em relação aos pais deste.
nues.tro/a [nwéstro] *pron. poss.* da primeira pessoa do plural, masculino e feminino, nosso. *son de los nuestros,* são dos nossos.
nue.va [nwéβa] *s.f.* nova. 1 primeira notícia de uma coisa. 2 novidade. *hacerse de nuevas,* afetar novidade.
nue.ve [nwéβe] *adj. e s.* nove. 1 oito mais um, nove. 2 nono. 3 signo com que se representa esse número.
nue.vo [nwéβo] *adj.* 1 novo, recente, moderno, flamante, fresco. 2 principiante, novel. *Nuevo en el oficio.* Novo no ofício.
nuez [nwéθ] *s.f.* 1 noz, fruto da nogueira. 2 proeminência da laringe no homem adulto, pomo de adão. *nuez moscada,* noz moscada.
nu.li.dad [nuliðáð] *s.f.* nulidade, inutilidade, incapacidade, ignorância, inaptidão. *vicio de nulidad,* vício de nulidade.
nu.lo/a [núlo] *adj.* nulo, incapaz, inepto, inútil, ignorante, ineficaz. *elemento nulo,* elemento nulo.

numeración

nu.me.ra.ción [numeraθjón] *s.f.* numeração. 1 ação e efeito de numerar. 2 sistema para expresar gráfica ou oralmente todos os números. *numeración romana*, numeração romana.

nu.me.ra.dor/a [numeraðór] *s.m.* numerador. 1 que numera. 2 em matemática, termo que indica quantas partes da unidade contém um número fracionário.

nu.me.ral [numerál] *adj. e s.* numeral. 1 relativo ao número. 2 palavra que designa número. 3 ordem em uma série.

nu.me.rar [numerár] *v.t.* numerar 1 dispor em ordem numérica. 2 contar, enumerar, folhear as folhas de um livro. *páginas a numerar*, páginas para numerar.

nu.me.ra.rio/a [numerárjo] *adj. e s.* numerário. 1 relativo ao número. 2 valor legal de uma moeda. 3 dinheiro efetivo. *importante numerario*, importante numerário.

nu.mé.ri.co/a [numériko] *adj.* numérico. 1 dos números. 2 numeral. 3 expresso em números.

nú.me.ro [número] *s.m.* número 1 algarismo, cifra, quantidade, signo. 2 multidão indeterminada. *hacer números*, fazer números.

nu.me.ro.so/a [numeróso] *adj.* numeroso, sem número, inumerável, abundante, multitudinário.

nu.mis.má.ti.ca [numizmátika] *s.f.* numismática, ciência que trata das moedas e medalhas.

nu.mis.má.ti.co/a [numizmátiko] *adj.* numismático, relativo à numismática.

nun.ca [núŋka] *adv.* nunca. 1 em nenhum tempo. 2 nenhuma vez. *¡nunca jamás!*, nunca jamais!

nun.cia.tu.ra [nuŋθjatúra] *s.f.* nunciatura. 1 dignidade e cargo de núncio. 2 a residência do núncio.

nun.cio [núnθjo] *s.m.* 1 núncio, mensageiro. 2 núncio, representante diplomático do Papa. 2 (fig.) anúncio, sinal. *nuncio apostólico*, núncio apostólico.

nup.cial [nupθjál] *adj.* nupcial, relativo às núpcias ou ao casamento. *vuelo nupcial*, voo nupcial.

nup.cias [núpθjas] *s.f.* (pl.) núpcias. 1 boda. 2 casamento. 3 união matrimonial. *viaje de nupcias*, viagem de núpcias.

nur.se [núrse] *s.f.* nurse. 1 ama-seca. 2 ama de leite.

nu.tria [nútrja] *s.f.* nútria, mamífero carnívoro de pele muito apreciada. *sacón de nutria*, casaco de nútria.

nu.tri.cio/a [nutríθjo] *adj.* nutrício. 1 nutritivo. Que procura alimento para outro.

nu.tri.ción [nutriθjón] *s.f.* nutrição 1 ação e efeito de nutrir. 2 alimentação, sustento.

nu.tri.do/a [nutríðo] *adj.* nutrido, cheio, abundante, em grande número. *una nutrida reunión*, uma nutrida reunião.

nu.tri.mien.to [nutrimjénto] *s.m.* nutrimento. 1 nutrição. 2 substância dos alimentos.

nu.trir [nutrír] *v.t.* 1 alimentar, sustentar, vigorar. 2 fortalecer, principalmente a moral. *nutrir el espíritu*, fortalecer o espírito.

nu.tri.ti.vo/a [nutritíβo] *adj.* nutritivo, alimentício, que serve para nutrir. *de gran valor nutritivo*, de grande valor nutritivo.

ny.lon [náilon] *s.m.* 1 náilon, nylon. 2 fibra têxtil sintética de múltiplas aplicações. Ver *nailon e nilón*.

Ñ ñ

ñ, Ñ [éɲe] décima quinta letra do alfabeto espanhol e décima segunda de suas consonantes. Seu nome é *eñe* e sua articulação é nasal, palatal e sonora.

ña [ɲá] *s.f.* (Amér.). tratamento que se dá às mulheres do povoado.

ña.me [ɲáme] *s.m.* inhame, planta herbácea da família das discoreáceas, que produz tubérculos comestíveis; este tubérculo.

ñandú [ɲandú] *s.m.* nhandu, nandu, ema, avestruz da América, dos reídeos, menor que o africano, con três dedos e plumagem cinzenta.

ñan.du.bay [ɲanduβái̯] *s.m.* árvore americana das mimosáceas, de madeira avermelhada e muito dura.

ñan.du.tí [ɲandutí] *s.m.* (Amér.) renda feita à mão e que imita a teia de aranha.

ñapa [ɲápa] *s.f.* propina.

ña.que [ɲáke] *s.m.* conjunto de coisas inúteis.

ña.to/a [ɲáto] *adj.* (Amér.) chato, obtuso, sem ponta, nariz pequeno ou achatado.

ñeque [ɲéke] *adj. e s.* (Amér.) forte, vigoroso.

ñi.qui.ña.que [ɲikiɲáke] *adj. e s.* pessoa ou coisa desprezível.

ño.clo [ɲóθjo] *s.m.* biscoito feito com farinha, ovos, manteiga, açúcar e vinho ou anis, cozido ao forno.

ño.ño/a [ɲoɲo] *adj. e s.* 1 apoucado, de pouco engenho. 2 insulso, de pouca substância.

ño.qui [ɲóki] *s.m.* (Amér.) nhoque, pasta de farinha, purê de batatas, leite, ovos e queijo ralado, que se acompanha com molho de carne e tomate.

ño.ra [ɲóra] *s.f.* pimentão muito picante que se utiliza seco para condimentar.

ñu [ɲú] *s.m.* mamífero ruminante do gênero *Connochaetes taurinus*.

ñu.do [ɲúðo] *s.m.* 1 nó. 2 (Río de la Plata) em vão, inútil. *es al ñudo*, é em vão.

ñu.to/a [ɲúto] *adj.* (Amér.) diz-se da carne mole ou amolecida com golpes, moída ou convertida em pó.

O o

o, O [ó] décima quinta letra do alfabeto espanhol e quarta de suas vogais. Seu som é velar intermediário entre a e u.
O [ó] símbolo químico do oxigênio.
O [ó] abrev. de Oeste.
o.a.sis [oásis] s.m. oásis 1 lugar do deserto com água e vegetação. 2 trégua, respiro, descanso, depois de uma agitação. *llegar al oasis*, chegar ao oásis.
ob- [ob] ob-, pref. que significa "oposição" (*obstar, objetar*), "causa" (*obligar, obcecar*) etc.
ob.ce.ca.do/a [oβθekáðo] adj. obcecado, cego, ofuscado, obstinado, porfiado.
ob.ce.car [oβθekár] v.t. obcecar. 1 cegar, escurecer, ofuscar. 2 impedir um estado de ânimo, ver as coisas claramente.
o.be.de.cer [oβeðeθér] v.i. obedecer, acatar, cumprir, ceder.
o.be.dien.cia [oβeðjéɲθja] s.f. obediência, submissão, conformidade, disciplina, respeito. *obediencia debida*, obediência devida.
o.be.dien.te [oβeðjénte] adj. obediente, submisso, manejável, dócil, subordinado.
o.be.lis.co [oβelísko] s.m. obelisco, monumento comemorativo de origem egípcia, de base quadrada e remate piramidal.
o.ber.tu.ra [oβertúra] s.f. abertura, peça sinfônica que serve de introdução para uma ópera, oratório, suíte etc.
o.be.si.dad [oβesiðáð] s.f. obesidade, gordura, carnosidade, adiposidade. *tratar la obesidad*, tratar da obesidade.
o.be.so/a [oβéso] adj. obeso, gordo, corpulento, atoucinhado, adiposo, roliço.

ó.bi.ce [óβiθe] s.m. óbice, obstáculo, impedimento, estorvo, vala, dificuldade.
o.bis.pa.do [oβispáðo] s.m. bispado. 1 dignidade de bispo. 2 território de sua jurisdição.
o.bis.po [oβíspo] s.m. bispo, prelado cristão que exerce o governo de uma diocese, bispo. *obispo auxiliar*, bispo auxiliar.
ó.bi.to [óβito] s.m. óbito, defunção, falecimento, morte.
o.bi.tua.rio [oβitwárjo] s.m. obituário, livro paroquial onde se anotam as defunções e os enterros.
ob.je.ción [oβxeθjón] s.f. objeção, observação, reparo, impugnação, refutação. *objeción de conciencia*, objeção de consciência.
ob.je.ta.ble [oβxetáβle] adj. objetável, que está sujeito a objeção.
ob.je.tar [oβxetár] v.t. objetar, contradizer, opor, replicar, refutar, impugnar. *objetar un fallo judicial*, objetar uma falha judicial.
ob.je.ti.var [oβxetiβár] v.t. objetivar, dar caráter objetivo e concreto a uma ideia ou sentimento.
ob.je.ti.vi.dad [oβxetiβiðáð] s.f. objetividade, imparcialidade, existência real do que só se concebeu mentalmente. *objetividad responsable*, objetividade responsável.
ob.je.ti.vo/a [oβxetíβo] adj. e s. 1 objetivo, imparcial, desapaixonado. 2 objetiva, lente de máquina fotográfica. 3 objetivo, finalidade. 4 objetivo, meta. *objetivo apuntado*, objetivo apontado.
ob.je.to [oβxéto] s.m. objeto, finalidade, propósito, intenção, móvel, coisa. *con el objeto de...*, com o objeto de...

ob.la.ción [oβlaθjón] *s.f.* oblação, oferenda, dedicatória, sacrifício, promessa, sufrágio, oferecidos a Deus.

o.ble.a [oβléa] *s.f.* folha fina de massa de farinha e água, cozida em forma, usada para fazer hóstias e envolver medicamentos.

o.bli.cuo/a [oβlíkwo] *adj.* oblíquo, inclinado sobre uma superfície, que não é perpendicular.

o.bli.ga.ción [oβliɣaθjón] *s.f.* obrigação, dever, exigência, dívida, compromisso. *cumplir con su obligación*, cumprir com sua obrigação.

o.bli.gar [oβliɣár] *v.t.* obrigar, constranger, forçar, impor, submeter.

o.bli.ga.to.rie.dad [oβliɣatorjeðáð] *s.f.* obrigatoriedade, que envolve obrigação.

o.bli.ga.to.rio/a [oβliɣatórjo] *adj.* obrigatório, que envolve obrigação.

ob.lon.go/a [oβlóŋgo] *adj.* oblongo. 1 mais longo que largo. 2 alongado.

ob.nu.bi.la.ción [oβnuβilaθjón] *s.f.* obnubilação. 1 escurecimento mental, ofuscação. 2 visão confusa, como através de uma nuvem.

o.bo.e [oβóe] *s.m.* oboé. 1 instrumento musical de sopro, de tessitura aguda. 2 pessoa que toca oboé.

ó.bo.lo [óβolo] *s.m.* óbolo, donativo modesto, esmola.

o.bra [óβra] *s.f.* obra. realização, construção, criação, trabalho literário, científico, artístico. *manos a la obra*, mãos à obra.

o.bra.dor [oβraðór] *s.m.* ateliê de trabalhos manuais.

o.brar [oβrár] *v.t.* obrar. 1 fazer uma coisa, trabalhar nela. 2 executar, pôr em prática. *obrar en conciencia*, obrar com consciência.

o.bre.ro/a [oβréro] *s.* operário, jornaleiro, trabalhador, peão. *movimiento obrero*, movimento operário.

obs.ce.ni.dad [oβsθeniðáð] *s.f.* obscenidade, impudor, pornografia, desonestidade, indecência.

obs.ce.no/a [oβsθéno] *adj.* obsceno, desonesto, impudico, lascivo, pornográfico. *mensajes obscenos*, mensagens obscenas.

obs.cu.ran.tis.mo [oβskurantízmo] *s.m.* obscurantismo. Ver *oscurantismo*.

obs.cu.re.cer [oβskureθér] *v.t.* escurecer. Ver *oscurecer*.

obs.cu.re.ci.mien.to [oβskureθimjénto] *s.m.* escurecimento. Ver *oscurecimiento*.

obs.cu.ri.dad [oβskuriðáð] *s.f.* escuridão. Ver *oscuridad*.

obs.cu.ro/a [oβskúro] *adj.* escuro, obscuro. Ver *oscuro*.

ob.se.cuen.te [oβsekwénte] *adj.* obsequente, obediente, disciplinado, complacente, dócil.

ob.se.quiar [oβsekjár] *v.t.* obsequiar, agasalhar alguém, dar presentes ou mimos, mimosear.

ob.se.quio [oβsékjo] *s.m.* obséquio, presente ou agasalho que se faz ou dá para agradar alguém.

ob.se.quio.so/a [oβsekjóso] *adj.* obsequioso. 1 que faz obséquios. 2 que é amável e cortês no trato com os outros.

ob.ser.va.ción [oβserβaθjón] *s.f.* observação. 1 ação e efeito de observar. 2 correção, advertência, reflexão, reparo. *observación detallada*, observação detalhada.

ob.ser.va.dor/a [oβserβaðór] *adj. e s.* observador. 1 que observa ou tem grande capacidade para tal. 2 espectador, crítico, censor. *observador electoral*, observador eleitoral.

ob.ser.van.cia [oβserβáṇθja] *s.f.* observância. 1 cumprimento exato e pontual das obrigações. 2 acatamento, execução, prática. *estricta observancia*, estrita observância.

observar

ob.ser.var [oβserβár] *v.t.* observar. 1 examinar algo com atenção. 2 ponderar, notar, advertir, objetar. *observar minuciosamente*, observar minuciosamente.
ob.ser.va.to.rio [oβserβatórjo] *s.m.* observatório, lugar ou posição para efetuar observações astronômicas e meteorológicas.
ob.se.sión [oβsesjón] *s.f.* obsessão. 1 sentimento ou impulso que vem à mente involuntariamente, a despeito de tentativa de ignorá-lo ou de suprimi-lo. 2 ideia fixa, mania. *obsesión por la música*, obsessão pela música.
ob.se.sio.nar [oβsesjonár] *v.t.* produzir obsessão, obcecar.
ob.se.si.vo/a [oβsesíβo] *adj. e s.* obsessivo, que causa obsessão.
ob.se.so/a [oβséso] *adj. e s.* obsesso, importunado, perseguido, atormentado por uma obsessão.
ob.so.les.cen.te [oβsoleṣθénte] *adj.* obsoleto, que caiu em desuso ou desapareceu.
ob.so.le.to/a [oβsoléto] *adj.* obsoleto, antiquado, desusado, pouco usado, arcaico, passado de moda. *máquina obsoleta*, máquina obsoleta.
obs.ta.cu.li.zar [oβstakuliθár] *v.t.* obstaculizar, estorvar, travar, impedir ou dificultar a concretização de um propósito. *obstaculizar el paso*, obstaculizar a passagem.
obs.tá.cu.lo [oβstákulo] *s.m.* obstáculo, impedimento, inconveniência, estorvo, barreira.
obs.tan.te [oβstánte] *adj.* 1 obstante, que obsta. 2 *loc. conj. no obstante*, não obstante, entretanto. *Tengo mucho trabajo; no obstante, te dedicaré un rato*. Tenho muito trabalho; não obstante, lhe dedicarei um instante.
obs.tar [oβstár] *v.i.* obstar, impedir, estorvar, opor.

obs.te.tri.cia [oβstetríθja] *s.f.* obstetrícia, ramo da ginecologia que trata da gestação, do parto e do puerpério, obstetrícia.
obs.té.tri.co/a [oβstétriko] *adj.* obstétrico, relativo à obstetrícia.
obs.ti.na.ción [oβstinaθjón] *s.f.* obstinação, resistência, porfia, tenacidade, contumácia, teimosia.
obs.ti.na.do/a [oβstináðo] *adj.* obstinado, porfiado, persistente, contumaz. *obstinado en su parecer*, obstinado em seu parecer.
obs.ti.nar.se [oβstinárse] *v.p.* obstinar-se 1 manter-se firme em uma posição. 2 teimar, empenhar-se.
obs.truc.ción [oβstrukθjób] *s.f.* obstrução 1 ação e efeito de obstruir. 2 encalhe, estorvo, oclusão. *obstrucción arterial*, obstrução arterial.
obs.tru.ir [oβstruír] *v.t.* obstruir, atascar, entorpecer, impedir, obturar.
ob.ten.ción [oβteŋθjón] *s.f.* obtenção, consecução, alcance, aquisição. *obtención distinguida*, obtenção distinta.
ob.te.ner [oβtenér] *v.t.* obter, lograr, conseguir, alcançar, adquirir.
ob.tu.ra.dor/a [oβturaðór] *adj.* obturador. 1 que serve para obturar. 2 dispositivo que abre e fecha a passagem da luz em uma máquina fotográfica.
ob.tu.rar [oβturár] *v.t e v.p.* obturar, fechar, tampar, entupir, ocluir.
ob.tu.so/a [oβtúso] *adj.* obtuso. 1 rombo, sem ponta, achatado. 2 torpe, lerdo de compreensão. *ángulo obtuso*, ângulo obtuso.
o.bús [oβús] *s.m.* obus, peça de artilharia maior que o morteiro e menor que o canhão.
ob.viar [oββjár] *v.t.* obviar, evitar, prevenir, remover, apartar, tirar. *obviar el tema*, obviar o tema.
ob.vio/a [óββjo] *adj.* óbvio. 1 que está diante dos olhos. 2 notório, evidente, manifesto, patente, visível.

o.ca [óka] *s.f.* 1 ganso. 2 jogo com 63 casinhas em espiral que se joga com dados.

o.ca.ri.na [okarína] *s.f.* ocarina, instrumento musical da família das flautas, de forma oval.

o.ca.sión [okasjón] *s.f.* ocasião. 1 oportunidade de tempo e lugar de concretizar algo. 2 conjuntura, circunstância, sazão, tempo. *de ocasión*, de ocasião.

o.ca.sio.nal [okasjonál] *adj.* ocasional. 1 que ocasiona. 2 casual, eventual, acidental, temporal. *presencia ocasional*, presença ocasional.

o.ca.sio.nar [okasjonár] *v.t.* ocasionar. 1 causar alguma coisa. 2 provocar, motivar, promover, originar. *ocasionar la tragedia*, ocasionar a tragédia.

o.ca.so [okáso] *s.m.* ocaso. 1 pôr do sol ou de qualquer astro. 2 poente, declínio, decadência, término. *El ocaso de su vida*. O declínio de sua vida.

oc.ci.den.tal [okθiðentál] *adj.* ocidental. 1 do ocidente. 2 diz-se do planeta que se põe depois do Sol. **oc.ci.den.te** [okθiðénte] *s.m.* ocidente. 1 ponto cardeal do horizonte por onde o Sol se põe nos dias equinociais. 2 povos que habitam o ocidente.

oc.ci.pi.tal [okθipitál] *adj. e s.* 1 relativo a occipício. 2 osso ímpar e médio que forma a parte inferior e posterior do crânio.

oc.ci.pu.cio [okθipúθjo] *s.m.* occipício, occipúcio, parte posterior do crânio.

oc.ci.so/a [okθiˈso] *adj.* morto violentamente.

o.ce.á.ni.co/a [oθeániko] *adj.* oceânico, relativo ao oceano. *ruta oceánica*, rota oceânica.

o.cé.a.no [oθéano] *s.m.* oceano, grande massa de água salgada que cobre a maior parte da superfície terrestre. *Océano Pacífico*, Oceano Pacífico.

o.ce.a.no.gra.fí.a [oθeanoɣrafía] *s.f.* oceanografia, ciência que estuda os oceanos e mares, sua flora e sua fauna.

o.chen.ta [otʃénta] *adj. e s.* oitenta. 1 oito vezes dez. 2 octogésimo. 3 signo que representa este número.

o.chen.ta.vo/a [otʃentáβo] *adj. e s.* 1 octogésimo. 2 partitivo de 80, a octogésima parte. Ver *octogésimo*.

o.chen.tón/a [otʃentón] *adj. e s.* oitentão, octogenário.

o.cho [ótʃo] *adj. e s.* oito. 1 sete mais um. 2 oitavo, ordinal. 3 signo con que se representa este número.

o.cho.cien.tos/as [otʃoθjéntos] *adj.* 1 oitocentos, oito vezes cem. 2 octingentésimo, ordinal. 3 signos que representam este número.

o.cio [óθjo] *s.m.* ócio. 1 cessação do trabalho. 2 folga, descanso, inação, desocupação, ócio. 3 lazer, tempo livre.

o.cio.si.dad [oθjosiðáð] *s.f.* ociosidade. 1 vício de não trabalhar. 2 indolência, moleza, preguiça, inutilidade. *ociosidad recurrente*, ociosidade recorrente.

o.cio.so/a [oθjóso] *adj.* ocioso. 1 que está sem trabalhar. 2 inativo, cessante, parado, vadio. *vivir ocioso*, viver ocioso.

o.cluir [okluír] *v.t e v.p.* ocluir, fechar ou tampar um conduto ou uma abertura do organismo, como o intestino ou a pálpebra.

o.clu.si.vo/a [oklusíβo] *adj.* oclusivo, relativo à oclusão ou que a produz.

o.cre [ókre] *s.m.* ocre, terra argilosa amarela que contém óxido de ferro hidratado e se emprega em pintura. *amarillo ocre*, amarelo ocre.

oc.ta.go.nal [oktaɣonál] *adj.* octogonal. Ver *octogonal*.

oc.tá.go.no [oktáɣono] *adj. e s.m.* octógono. Ver *octógono*.

octanaje

oc.ta.na.je [oktanáxe] *s.m.* octanagem, índice de octana de um combustível.

oc.ta.no [oktáno] *s.m.* octano, hidrocarboneto saturado com oito átomos de carbono, líquido, incolor e inflamável, presente no petróleo e na gasolina.

oc.ta.vo [oktáβo] *adj. e s.* oitavo. 1 que segue o sétimo em ordem. 2 diz-se de cada uma das oito partes em que se divide um todo. *Terminó en octavo lugar.* Terminou em oitavo lugar.

oc.te.to [oktéto] *s.m.* octeto. 1 composição musical para oito instrumentos ou vozes. 2 conjunto destes oito instrumentos ou vozes.

oc.tin.gen.té.si.mo/a [oktiŋxentésimo] *adj. e s.* octingentésimo, ordinal que corresponde a 800.

oc.to.ge.na.rio/a [oktoxenárjo] *adj. e s.* octogenário, que está entre 80 e 90 anos de idade.

oc.to.gé.si.mo/a [oktoxésimo] *adj. e s.* octogésimo, ordinal e partitivo que corresponde a 80. Ver *ochentavo*.

oc.to.go.nal [oktoɣonál] *adj.* octogonal. *Edificio de forma octogonal.* Edifício de forma octogonal. Ver *octagonal*.

oc.tó.go.no [októɣono] *adj. e s.* octógono, polígono de oito ângulos e oito lados. Ver *octágono*.

oc.to.sí.la.bo [oktosílaβo] *adj.* octossílabo. 1 de oito sílabas. 2 verso que tem oito sílabas.

oc.tu.bre [oktúβre] *s.m.* outubro, décimo mês do ano, tem 31 dias.

óc.tu.ple [óktuple] *adj.* óctuplo, que contém oito vezes uma quantidade.

o.cu.lar [okulár] *adj.* ocular, pertencente aos olhos ou que é feito por meio deles. *inspección ocular,* inspeção ocular.

o.cu.lis.ta [okulísta] *s.* oculista, oftalmólogo ou oftalmologista, médico especialista em doenças dos olhos.

o.cul.ta.ción [okultaθjón] *s.f.* ocultação. 1 ação e efeito de ocultar. 2 encobrimento, clandestinidade, eclipse.

o.cul.tar [okultár] *v.t. e v.p.* esconder, disfarçar, encobrir à vista. *ocultar la verdad,* ocultar a verdade.

o.cul.tis.mo [okultízmo] *s.m.* ocultismo. 1 conjunto de práticas misteriosas. 2 compreende o mundo do espiritismo, a astrologia e a parapsicologia.

o.cul.to/a [okúlto] *adj.* oculto. 1 escondido, encoberto, invisível, tampado. 2 misterioso, incompreensível. *oculto en la espesura,* oculto na espessura.

o.cu.pa.ción [okupaθjón] *s.f.* ocupação 1 ação e efeito de ocupar. 2 emprego, labor, tarefa, trabalho, afazeres. *conseguir una ocupación,* conseguir uma ocupação.

o.cu.pa.do/a [okupáðo] *adj. e s.* 1 ocupado, empregado, atarefado, abrumado, preocupado. 2 ocupada, mulher grávida.

o.cu.pan.te [okupánte] *adj. e s.* ocupante, pessoa que ocupa uma casa, um veículo, um assento etc. *ocupante temporario,* ocupante temporário.

o.cu.par [okupár] *v.t.* ocupar. 1 tomar posse, apoderar-se de alguma coisa. 2 habitar, viver, empregar alguém. *ocupar un cargo,* ocupar um cargo.

o.cu.rren.cia [okuréṇθja] *s.f.* 1 ocorrência, sucesso, ocasião. 2 ideia surpreendente, pensamento ou dito agudo e original. *tuvo una gran ocurrencia,* teve uma grande ideia.

o.cu.rren.te [okuŕénte] *adj. e s.* ocorrente. 1 que sucede, acidental, casual, superveniente. 2 pessoa de ditos ocorrentes.

o.cu.rrir [okuŕír] *v.i.* ocorrer. 1 antecipar-se ou ir ao encontro. 2 suceder, acontecer. 3 vir à imaginação. *ocurrir de repente,* ocorrer de repente.

o.da [óða] *s.f.* ode, poema lírico de tema variado e tom elevado, que se divide em estrofes.

o.da.lis.ca [oðalíska] *s.f.* odalisca. 1 escrava do harém do sultão. 2 concubina turca. *danzar las odaliscas,* dançar as odaliscas.

o.di.ar [oðjár] *s.m.* odiar. 1 detestar, abominar, execrar. 2 ter aversão. *odiar la mentira*, odiar a mentira.

o.dio [óðjo] *s.m.* ódio, repugnância, aborrecimento, inimizade, fobia, abominação, animadversão. *odio visceral*, ódio visceral.

o.dio.so/a [oðjóso] *adj.* odioso. 1 digno de ódio, que o provoca. 2 repelente, abominável, execrável.

o.di.se.a [oðiséa] *s.f.* odisseia, série de sobressaltos e penalidades que alguém sofre, por analogia com o heroi do poema homérico. *vivir una real odisea*, viver uma real odisseia.

o.dó.me.tro [oðómetro] *s.m.* 1 hodômetro, aparelho que mede a distância percorrida por um veículo. 2 podômetro, passômetro, aparelho que conta os passos de um caminhante. 3 taxímetro.

o.don.to.lo.gí.a [oðontoloxía] *s.f.* odontologia, parte da medicina que estuda a fisiologia e patologia dos dentes.

o.don.tó.lo.go/a [oðontóloɣo] *s.m. e f.* odontólogo. 1 dentista. 2 médico especialista no tratamento dental.

o.do.ran.te [oðoránte] *adj.* odorante, oloroso, fragante. *odorante como el jazmín*, cheiroso como o jasmim.

o.dre [óðre] *s.m.* 1 odre, pele costurada, especialmente de cabra, usada para guardar vinho ou outros líquidos. 2 pessoa bêbada ou que bebe demais.

o.es.te [oéste] *s.m.* oeste. 1 ocidente. 2 vento que sopra desta parte. *oeste provincial*, oeste provincial.

o.fen.der [ofendér] *v.t.* ofender. 1 causar mal, injuriar de palavra ou de feito. 2 ferir, maltratar, insultar, agravar. *ofender a la madre del árbitro*, ofender a mãe do juiz.

o.fen.di.do/a [ofendíðo] *adj. e s.* ofendido, sentir-se maltratado, desconsiderado, agravado, injuriado.

o.fen.sa [ofénsa] *s.f.* ofensa. 1 ação e efeito de ofender. 2 insulto, agravo, injúria, ultraje, afronta. *Soportó una ofensa humillante.* Suportou uma ofensa humilhante.

o.fen.si.va [ofensíβa] *s.f.* ofensiva, ataque, assalto, agressão, investida. *tomar la ofensiva*, tomar a ofensiva.

o.fen.si.vo/a [ofensíβo] *adj.* ofensivo. 1 que ofende ou pode ofender. 2 injurioso, insultante, ultrajante. 3 (fig.) ser o primeiro em uma luta, competição etc.

o.fen.sor [ofensór] *adj. e s.* ofensor, ofendedor, agressor, agravador, injuriador.

o.fe.ren.te [oferénte] *adj. e s.* oferente, oferecedor, que oferece, brinda, promete, mostra alguma coisa.

o.fer.ta [oférta] *s.f.* oferta. 1 promessa de dar, cumprir ou executar uma coisa. 2 oferecimento, proposta. 3 produtos a preços reduzidos. *aprovechar las ofertas*, aproveitar as ofertas.

o.fer.tar [ofertár] *v.t.* ofertar, oferecer, brindar, prometer, propor. *ofertar conveniencias*, ofertar conveniências.

o.fer.to.rio [ofertórjo] *s.m.* ofertório, na missa católica, oferecimento a Deus da hóstia e do vinho.

off [óf] *in off*, locução inglesa, que, em linguagem teatral, cinematográfica etc. designa vozes e sons provenientes do exterior da cena representada. *Hablar en off.* Falar em *off*.

off.set [ófset] *s.m.* offset ou ofsete, procedimento de impressão indireta, derivado da técnica litográfica. *imprimir en offset*, imprimir em ofsete.

o.fi.cial [ofiθjál] *adj.* oficial. 1 que emana da autoridade pública. 2 burocrático, solene. 3 profissional em um ofício. 4 grau militar. 5 militar que o tem. *oficial carpintero*, oficial carpinteiro.

o.fi.cia.li.dad [ofiθjaliðáð] *s.f.* oficialidade. 1 qualidade de oficial. 2 conjunto de oficiais do exército ou parte dele.

o.fi.cia.lis.mo [ofiθjalízmo] *s.m.* (Amér.) oficialismo, conjunto de forças políticas que apoiam um governo. *oficialismo obsecuente,* oficialismo obsequente.

o.fi.cia.li.zar [ofiθjaliθár] *v.t.* oficializar, dar caráter ou validade oficial ao que antes não o tinha. *oficializar la propuesta,* oficializar a proposta.

o.fi.cian.te [ofiθjánte] *adj. e s.m.* oficiante, celebrante, aplica-se ao sacerdote que oficia ou preside aos ofícios religiosos, particularmente a missa.

o.fi.ciar [ofiθjár] *v.t.* oficiar. 1 celebrar o sacerdote a missa e outros ofícios religiosos. 2 comunicar uma coisa oficialmente e por escrito. *oficiar de conciliador,* oficiar de conciliador.

o.fi.ci.na [ofiθína] *s.f.* 1 escritório, local onde trabalham homens de negócios, empregados etc. 2 estabelecimento público. *oficina de correos,* repartição dos correios.

o.fi.ci.nis.ta [ofiθinísta] *adj. e s.* pessoa que trabalha em um escritório.

o.fi.cio [ofíθjo] *s.m.* ofício. 1 ocupação habitual. 2 emprego, profissão, cargo, função. *hombre de oficios mil,* homem de mil ofícios.

o.fi.cio.so/a [ofiθjóso] *adj.* oficioso. 1 cuidadoso, prestativo. 2 útil, proveitoso. 3 algo que se faz ou promove de modo extra-oficial.

o.fi.dios [ofíðjos] *s.m.* (pl.) ofídios, subordem de répteis escamosos, que corresponde às chamadas cobras e serpentes.

o.fre.cer [ofreθér] *v.t.* oferecer, presentear, doar, brindar, proporcionar, prometer, mostrar, convidar, propor, celebrar. *ofrecer una fiesta,* oferecer uma festa.

o.fre.ci.mien.to [ofreθimjénto] *s.m.* oferecimento. 1 ação e efeito de oferecer. 2 oferta, convite, promessa. *ofrecimiento tentador,* oferecimento tentador.

o.fren.da [ofrénda] *s.f.* oferenda. 1 donativo ou presente dedicado à divindade. 2 obséquio, dádiva, doação. *ofrenda a la Virgen,* oferenda à Virgem.

o.fren.dar [ofrendár] *v.t.* oferendar, oferecer, doar, obsequiar, presentear.

of.tal.mí.a [oftalmía] *s.f.* oftalmia, afecção inflamatória dos olhos.

of.tal.mo.lo.gí.a [oftalmoloxía] *s.f.* oftamologia, parte da medicina que estuda a fisiologia e as doenças dos olhos.

of.tal.mó.lo.go/a [oftalmóloγo] *adj. e s.* oftalmólogo, oftalmologista. 1 oculista. 2 médico especialista no tratamento ocular.

of.tal.mos.co.pia [oftalmoskópja] *s.f.* oftalmoscopia, exame do interior do olho mediante o oftalmoscópio.

of.tal.mos.co.pio [oftalmoskópjo] *s.m.* oftalmoscópio, instrumento óptico que serve para examinar o interior do olho.

o.fus.ca.ción [ofuskaθjón] *s.f.* ofuscação, turbação, deslumbramento, transtorno, cegueira, obnubilação. *ofuscación mental,* ofuscação mental.

o.fus.car [ofuskár] *v.t. e v. p.* ofuscar. 1 deslumbrar a vista pelo excesso de luz ou brilho. 2 cegar, alucinar, perturbar. *ofuscar el entendimiento,* ofuscar o entendimento.

o.gro [óγro] *s.m.* ogro. 1 gigante mitológico que se alimentava de carne humana. 2 (fig.) pessoa muito feia e intratável. *el ogro del barrio,* o ogro do bairro.

¡oh! [ó] oh!, *interj.* denota assombro, surpresa, alegria.

o.í.ble [oíβle] *adj.* audível, que pode ser ouvido.

o.í.da [oíða] *s.f.* ouvida, ação e efeito de ouvir.

o.í.do [oíðo] *s.m.* ouvido. 1 sentido que permite perceber os sons. 2 órgão da audição, que também regula o equilíbrio. *ser todo oídos a tan buena nueva*, ser todo ouvidos a tão boa nova.

o.i.dor/a [oiðór] *adj. e s.* ouvidor. 1 que ouve, ouvinte. 2 juiz das antigas audiências da Espanha e da América Espanhola.

o.ír [oír] *v.t.* ouvir. 1 perceber os sons com o ouvido. 2 escutar, sentir, atender. *¡oiga!, ¡oye!, ouça!, ouve!*, chamada de atenção. *oír todos los reclamos de la gente*, ouvir todas as reclamações do povo.

o.jal [oxál] *s.m.* casa, botoeira, abertura reforçada no tecido por onde passa o botão.

¡o.ja.lá! [oxalá] oxalá, *interj.* com que se denota vivo desejo de que aconteça uma coisa que se espera. *ojalá llueva*, oxalá chova, tomara que chova.

o.ja.lar [oxalár] *v.t.* fazer botoeiras em uma peça de roupa.

o.je.a.da [oxeáða] *s.f.* olhada, espiada. *echar una ojeada*, dar uma olhada.

o.je.ar [oxeár] *v.t.* 1 olhar com atenção certa coisa ou lugar. 2 ver, observar, contemplar, examinar.

o.je.ra [oxéra] *s.f.* (pl.) olheira, sombra mais ou menos arroxeada, ao redor da base da pálpebra inferior dos olhos. *ojeras de trasnochado*, olheiras de tresnoitado.

o.je.ri.za [oxeríθa] *s.f.* ojeriza, antipatia, aversão, mania e má vontade contra alguém ou alguma coisa. *tenerle ojeriza a alguien*, ter ojeriza por alguém.

o.je.ro.so/a [oxeróso] *adj. e s.* olheirento, que tem olheiras.

o.je.te [oxéte] *s.m.* 1 abertura pequena e redonda, reforçada nas bordas para introduzir um cordão, ilhós. 2 (vulg.) ânus.

o.ji.tuer.to/a [oxitwérto] *adj.* vesgo.

o.jo [óxo] *s.m.* olho. 1 órgão e aparelho sensorial da visão. 2 parte visível dele no rosto. 3 vista, olhada. 4 olho da agulha. 5 olho da fechadura. *poner los ojos en algo*, pôr os olhos em alguma coisa.

o.jo.ta [oxóta] *s.f.* (Amér.) espécie de sandália.

o.key [okéi̯] expressão inglesa que manifesta acordo ou conformidade com alguma coisa, abrevia-se O.K. *okey, estamos todos de acuerdo*, O.K., estamos todos de acordo.

o.la [óla] *s.f.* onda. 1 onda de grande magnitude na superfície das águas. 2 fenômeno atmosférico que produz variação térmica repentina. *ola de frío*, onda de frio.

¡ole! / ¡olé! [óle]/[olé] olé!, *interj.* expressa aplauso, ânimo, admiração. *¡De olé!*, de primeira, excelente.

o.le.a.da [oleáða] *s.f.* ondada. 1 onda grande. 2 embate e golpe da onda. 2 (fig.) afluência tumultuosa de pessoas ou coisas. *Llegó una oleada de turistas*. Chegou uma ondada de turistas.

o.le.a.gi.no.so/a [oleaxinóso] *adj.* oleaginoso, oleoso. *cereales oleaginosos*, cereais oleaginosos.

o.le.a.je [oleáxe] *s.m.* sucessão contínua de ondas.

ó.le.o [óleo] *s.m.* óleo. 1 azeite de oliva. 2 por antonomásia, o que usa a Igreja nos sacramentos e outras cerimônias. *santos óleos*, santos óleos. *pintura al óleo*, pintura a óleo.

o.le.o.duc.to [oleodúkto] *s.m.* oleoduto, tubulações e instalações para o transporte de petróleo a grandes distâncias. *oleoducto kilométrico*, oleoduto quilométrico.

o.le.o.so [oleóso] *adj.* oleoso, oleaginoso, gordurento, grasso.

o.ler [olér] *v.t.* cheirar. 1 perceber os odores pelo olfato. 2 (fig.) suspeitar, adivinhar algo oculto. *oler algo extraño*, cheirar a coisa estranha.

ol.fa.te.ar [olfateár] *v.t.* 1 cheirar insistentemente alguma coisa. 2 (fig.) indagar, averiguar com curiosidade e empenho. *olfatear trampas*, farejar tramoias.

ol.fa.to [olfáto] *s.m.* olfato. 1 sentido com que se percebem os odores. 2 (fig.) sagacidade, perspicácia. *olfato de sabueso*, olfato de cão farejador.

o.li.gar.ca [oliɣárka] *s.m.* oligarca, cada um dos indivíduos de uma oligarquia.

o.li.gar.quí.a [oliɣarkía] *s.f.* oligarquia, regime político e social em que o poder é exercido tiranicamente por uma minoria poderosa, que controla todos os bens de produção.

o.li.go- [oliɣo] oligo-, *pref.* que significa "pouco".

o.li.go.po.lio [oliɣopóljo] *s.m.* oligopólio, forma de mercado caracterizada por um pequeno número de ofertantes.

o.lim.pí.a.da / o.lim.pia.da [olimpíaða]/[olimpjáða] *s.f.* olimpíada, competição esportiva internacional, originária da cidade de Olímpia, na Grécia antiga; realiza-se a cada quatro anos em lugar previamente designado.

o.lím.pi.co/a [olímpiko] *adj. e s.* 1 do Olimpo. 2 de Olímpia. 3 referente à olimpíada. *récord olímpico de natación*, recorde olímpico de natação.

o.li.va [olíβa] *s.f.* oliva. 1 oliveira, árvore. 2 azeitona. *aceite de oliva*, azeite de oliva.

o.li.var [oliβár] *s.m.* olival, olivedo, oliveiral, plantação de oliveiras.

o.li.var [oliβár] *v.t.* podar os galhos baixos das árvores para que os de cima formem copa.

o.li.va.re.ro/a [oliβaréro] *adj. e s.* 1 do cultivo da oliveira ou de suas indústrias derivadas. 2 quem se dedica a esse cultivo.

o.li.vi.cul.tu.ra [oliβikultúra] *s.f.* olivicultura, cultivo e melhoramento da oliveira.

o.li.vo [olíβo] *s.m.* oliveira, oliva, árvore perenifólia da família das oleáceas, cujo fruto é a azeitona.

o.lla [óʎa] *s.f.* panela, vasilha alta e redonda, com uma ou duas asas, que serve para cozinhar, esquentar água etc. *parar la olla*, alimentar a família, sustentar os filhos.

o.lle.rí.a [oʎería] *s.f.* 1 fábrica ou loja de panelas e outras vasilhas de barro. 2 conjunto de panelas e outras vasilhas de barro.

ol.mo [ólmo] *s.m.* olmo, árvore de grande porte da família das ulmáceas. *no pedirle peras al olmo*, não pedir o impossível, não pedir a lua.

o.ló.gra.fo/a [olóɣrafo] *adj e s.m.* hológrafo. 1 testamento escrito pessoalmente pelo testante. 2 *adj.* autógrafo, escrito à mão.

o.lor [olór] *s.m.* olor, odor, cheiro. 1 emanação que despedem os corpos e que é percebida pelo sentido do olfato. 2 sensação agradável ou desagradável produzida por esta emanação. *mal olor*, mau cheiro.

o.lo.ri.zar [oloriθár] *v.t.* olorizar, aromatizar.

o.lo.ro.so/a [oloróso] *adj.* oloroso, que cheira bem.

o.lo.ro.so/a [oloróso] *s.m.* vinho de Jerez, dourado escuro e de grande aroma.

ol.vi.da.di.zo/a [olβiðaðíθo] *adj.* 1 que esquece as coisas com muita facilidade. 2 (fig.) mal-agradecido.

ol.vi.dar [olβiðár] *v.t. e v. p.* olvidar, esquecer. 1 não conservar na memória. 2 omitir, descuidar, desprezar. *olvidar atenciones recibidas*, esquecer atenções recebidas.

ol.vi.do [olβíðo] *s.m.* olvido, esquecimento, falta de memória, descuido, distração, omissão. *caer en el olvido*, cair no esquecimento.

ondulación

om.bli.go [omblíɣo] *s.m.* umbigo. 1 cicatriz circular que fica no centro do abdome, depois de cortado e seco o cordão umbilical. 2 (fig.) parte central de uma coisa. *el ombligo del mundo*, o umbigo do mundo.

om.bli.gue.ro [ombliɣéro] *s.m.* faixa para segurar o umbigo, que se coloca nos recém-nascidos.

om.buds.man [ombúðsman] (do sueco) ombudsman. *defensor del pueblo s.m.* 1 funcionário nomeado por um governo para defender os direitos dos cidadãos contra os excessos da administração pública. 2 profissional autônomo que defende os direitos do consumidor perante a empresa que o contratou.

o.mi.no.so/a [ominóso] *adj.* ominoso. 1 de mau agouro. 2 abominável, execrável, muito ruim.

o.mi.sión [omisjón] *s.f.* omissão. 1 abstenção de fazer ou dizer algo. 2 negligência, falta, descuido, desídia. *una imperdonable omisión*, uma imperdoável omissão.

o.mi.so/a [omíso] *adj.* omisso, descuidado, frouxo, negligente.

o.mi.tir [omitír] *v.t.* omitir. 1 não fazer alguma coisa. 2 esquecer, calar, prescindir, excluir, silenciar. *omitir obligaciones*, omitir obrigações.

om.ni- [omni] omni-/oni-, *pref.* de origem latina que significa "tudo/todo".

óm.ni.bus [ómniβus] *s.m.* ônibus, veículo para transporte de passageiros.

om.ni.po.ten.cia [omnipoténθja] *s.f.* omnipoência ou onipotência, poder absoluto. *omnipotencia avasallante*, onipotência avassaladora.

om.ni.po.ten.te [omnipoténte] *adj.* omnipotente ou onipotente 1 que pode tudo, atributo de Deus nas religiões monoteísticas. 2 (fig.) que tem poder ilimitado. 3 (psicol.) pessoa que se acha poderosa, que tudo pode, que não tem limites.

om.ni.pre.sen.te [omnipresénte] *adj.* omnipresente ou onipresente. 1 presente em toda a parte ao mesmo tempo. 2 é atributo de Deus.

om.nis.cien.te [omnisθjénte] *adj.* omnisciente ou onisciente. 1 que sabe tudo. 2 é atributo de Deus.

om.ní.vo.ro/a [omníβoro] *adj. e s.* omnívoro ou onívoro, que se alimenta de substâncias de origem vegetal e animal.

o.mó.pla.to/o.mo.pla.to [omóplato]/[omopláto] omoplata. *s.m.* osso par, plano e triangular que constitui a parte óssea posterior de cada ombro.

o.na.nis.mo [onanízmo] *s.m.* onanismo 1 masturbação solitária. 2 coito interrompido antes da ejaculação.

on.ce [ónθe] *adj.* onze 1 dez mais um. 2 *adj. e s.* décimo primeiro ordinal. 3 signos com que se representa esse número. 4 time de futebol. *el once titular*, o onze titular.

on.ce.a.vo/a [onθeáβo] *adj. e s.* partitivo de 11.

on.ce.no/a [onθéno] *adj. e s.* décimo primeiro. Ver *undécimo*.

on.co.lo.gí.a [oŋkoloxía] *s.f.* oncologia, parte da medicina que trata dos tumores.

on.da [ónda] *s.f.* onda. 1 ola cada uma das elevações produzidas na superfície da água. 2 ondulações. *ondas electromagnéticas*, ondas eletromagnéticas.

on.de.a.do/a [ondeáðo] *adj. e s.* ondulado. *superficie ondeada*, superfície ondulada.

on.de.ar [ondeár] *v.i.* ondear. 1 fazer ondas na água pela ação do vento. 2 *pron.* tremular no ar uma bandeira, os cabelos de alguém etc.

on.du.la.ción [ondulaθjón] *s.f.* ondulação 1 ação e efeito de ondular. 2 flutuação. 3 formação de ondas em uma coisa.

on.du.la.do/a [onduláðo] *adj.* ondulado, aplica-se ao corpo cuja superfície, o perímetro, forma ondas. *techumbre ondulado*, cobertura ondulada.

on.du.lan.te [ondulánte] *adj.* ondulante, ondeante, que se move com suavidade e lentidão para um e outro lado como uma cobra.

on.du.lar [ondulár] *v.i.* ondular, ondear. 1 fazer ondas. 2 *v.t.* encrespar, facer ondas no cabelo ou em materiais como papel, fibras têxteis etc.

on.du.la.to.rio/a [ondulatórjo] *adj.* ondulatório, ondeante, que se estende em forma de ondulações. *movimientos ondulatorios*, movimentos ondulatórios.

o.ne.rar [onerár] *v.t.* onerar, carregar, oprimir, vexar, impor tributos. *onerar los impuestos el municipio*, onerar os impostos o município.

o.ne.ro.so/a [oneróso] *adj.* oneroso, pesado, dispendioso, custoso, gravoso, oneroso.

ó.ni.ce [óniθe] *s.m.* ônix, variedade de ágata branca, listada em faixas claras e escuras. Ver *ónix*.

o.ní.ri.co/a [oníriko] *adj.* onírico, relativo aos sonhos.

o.ni.ris.mo [onirízmo] *s.m.* onirismo. 1 delírio onírico. 2 tendência artística de representação de imagens oníricas.

ó.nix [óniks] *s.f.* ônix, mármore fino, com camadas policrômicas. *estatuilla de ónix*, estatuinha de ônix. Ver *ónice*.

o.no.más.ti.ca [onomástika] *s.f.* onomástica, ciência que trata dos nomes próprios.

o.no.más.ti.co/a [onomástiko] *adj.* relativo aos nomes próprios.

o.no.más.ti.co/a [onomástiko] *s.m.* onomástico, dia em que alguém celebra seu santo. *conmemorar uno su onomástico*, comemorar alguém o seu onomástico.

o.no.ma.to.pe.ya [onomatopéja] *s.f.* onomatopeia, imitação de um som com uma palavra que se forma para representá-lo. *Borbotón*, som da água. *Quiquiriquiqui*, som do canto do galo.

on.za [onθa] *s.f.* onça, peso equivalente à décima sexta parte de uma libra, isto é, uns 30 g. *una onza de oro*, uma onça de ouro.

on.za [onθa] *s.f.* onça. 1 mamífero carnívoro. 2 guepardo.

on.za.vo/a [onθáβo] *adj.* Ver *onceavo*.

o.pa [ópa] *adj. e s.* (Amér.) tonto, bobo, sonso. *no te hagas el opa*, não se faça de sonso.

¡o.pa! [ópa] *interj.* opa!, upa!, alô!, ¡aúpa!; (Amér.) ¡hola!; (Arg.) indica aversão ou aborrecimento.

o.pa.car [opakár] *v.t. e v. p.* opacificar. 1 tornar uma coisa opaca. 2 (Amér.) superar alguém em uma qualidade. *opacar a su colega*, fazer sombra a seu colega.

o.pa.ci.dad [opaθiðáð] *adj. e s.f.* opacidade. 1 qualidade de opaco, opacidade. 2 sombra densa, lugar sombrio. 3 (fig.) tristeza, melacolia.

o.pa.co/a [opáko] *adj.* opaco, que impede a passagem da luz e, por extensão, de qualquer radiação ou agente análogo. *el opaco vidrio de la ventana*, o opaco vidro da janela.

o.pa.li.no/a [opalíno] *adj.* opalino. 1 de, ou da, opala. 2 de cor leitosa e azulada com reflexos irisados.

ó.pa.lo [opalíno] *s.m.* opala. 1 óxido de silício hidratado. 2 metal silícico de cor leitosa e azulada com reflexos irisados.

op.ción [opθjón] *s.f.* opção. 1 liberdade ou faculdade de escolher. 2 seleção, escolha, preferência. *opción afortunada*, opção feliz.

op.cio.nal [opθjonál] *adj.* opcional, que é facultativo, que se pode escolher, opcional. *feriado opcional*, feriado facultativo. Ver *optativo*.

o.pen [ópen] (do inglês) *s.m.* competição esportiva, aberta à participação de profissionais e amadores.

ó.pe.ra [ópera] *s.f.* ópera, obra cênica totalmente cantada, com acompanhamento musical sinfônico. *cantante de ópera*, cantor de ópera.

o.pe.ra.ble [operáβle] *adj.* operável. 1 que é exequível, realizável ou pode sutir efeito. 2 em cirurgia, que pode ser operado.

o.pe.ra.ción [operaθjón] *s.f.* operação 1 ação e efeito de operar. 2 execução de uma coisa. 3 operação cirúrgica. 4 compra e venda. *operación matemática*, operação matemática.

o.pe.ra.dor/a [operaðór] *adj. e s.* operador. 1 que opera ou age. 2 médico cirurgião. *operador bursátil (de la bolsa de valores)*, operador na bolsa de valores.

o.pe.ran.te [operánte] *adj.* operante, que opera, executa ou realiza.

o.pe.rar [operár] *v.t.* operar. 1 realizar uma cirurgia. 2 realizar, executar, efetuar, agir. *operar con éxito*, operar com sucesso.

o.pe.ra.rio/a [operárjo] *adj. e s.* operário, trabalhador manual que usa máquinas e aparelhos.

o.pe.ra.ti.vo/a [operatíβo] *adj.* operante. 1 que opera, que age e surte efeito. 2 que funciona ou é válido. *sistema operativo*, sistema operacional.

o.pe.ra.ti.vo/a [operatíβo] *s.m.* (Amér.) ação policial ou militar. *operativo antinarcóticos*, operação antidrogas.

o.pe.ra.to.rio/a [operatórjo] *adj.* operatório. 1 que pode operar, operatório. 2 relativo às operações cirúrgicas.

o.pe.re.ta [operéta] *s.f.* opereta, ópera de assunto frívolo e caráter alegre com algumas partes declamadas. *vivir es una opereta*, viver é uma opereta.

o.pe.ris.ta [operísta] *adj. e s.* operista. 1 ator que canta óperas. 2 músico que compõe óperas.

o.pe.rís.ti.co [operístiko] *adj.* operístico, da ópera. *recital operístico*, recital operístico.

o.pi.na.ble [opináβle] *adj.* opinável, que pode ser defendido com diversas opiniões. *materia opinable*, matéria opinável.

o.pi.nar [opinár] *v.i.* opinar, formar ou ter opinião verbalmente ou por escrito. *opinar libremente*, opinar livremente.

o.pi.nión [opinjón] *s.f.* opinião. 1 ideia ou juízo sobre pessoas ou coisas. 2 conceito, parecer, critério. *opinión pública*, opinião pública.

o.pio [ópjo] *s.m.* ópio, droga narcótica que se obtém do suco dissecado das cabeças das plantas dormideiras. *guerra del opio*, guerra do ópio.

o.pio.ma.ní.a [opjomanía] *s.f.* opiomania. 1 toxicomania por ópio. 2 dependência de ópio.

o.pí.pa.ro/a [opíparo] *adj.* opíparo, copioso e esplêndido, tratando-se de uma comida ou banquete. *Una cena opípara*. Um jantar opíparo.

o.po.nen.te [oponénte] *adj. e s.* oponente, opositor, que sustenta uma ação ou opinião contrária.

o.po.ner [oponér] *v.t. e v. p.* opor. 1 pôr uma coisa defronte de outra de maneira que forme obstáculo para sua ação. 2 encarar, enfrentar. *oponerse a una determinación*, opor-se a uma determinação.

o.por.to [opórto] *s.m.* porto, vinho licoroso, aromático e escuro elaborado na región portuguesa do Porto. *El oporto es de Oporto*. O porto é do Porto.

o.por.tu.ni.dad [oportuniðáð] *s.f.* oportunidade. 1 qualidade de oportuno. 2 conjuntura, ocasião, conveniência. *La oportunidad deseada*. A oportunidade desejada.

o.por.tu.nis.mo [oportunízmo] *s.m.* oportunismo, ação de aproveitar as oportunidades no momento justo. *Su fuerte es el oportunismo.* Seu forte é o oportunismo.

o.por.tu.nis.ta [oportunísta] *adj. e s.* oportunista. 1 partidário do oportunismo, que age oportunamente. 2 aproveitador.

o.por.tu.no/a [oportúno] *adj.* oportuno, adequado, conveniente; que vem a tempo ou quando convém na conversa. *intervención oportuna,* intervenção oportuna.

o.po.si.ción [oposiθjón] *s.f.* oposição. 1 ação e efeito de opor. 2 antagonismo, desacordo, obstrução. *una férrea oposición,* uma ferrenha oposição.

o.po.si.tor/a [opositór] *s.* opositor. 1 que se opõe. 2 rival, adversário, oponente. *del partido opositor,* do partido de oposição.

o.pre.sión [opresjón] *s.f.* opressão. 1 ação e efeito de oprimir. 2 jugo, tirania, domínio, despotismo.

o.pre.si.vo/a [opresíβo] *adj.* opressivo, tirânico, despótico, opressor, sufocante. *régimen opresivo,* regime opressivo.

o.pre.so/a [opréso] *adj.* oprimido, opresso, dominado, subjugado, sufocado. *opreso del sistema,* opresso do sistema.

o.pre.sor/a [opresór] *adj. e s.* opressor. 1 que oprime. 2 déspota, tirano, ditador, avassalador.

o.pri.mi.do/a [oprimíðo] *adj. e s.* oprimido, que sofre uma situação de tirania, dominação, sufocação. *pueblos oprimidos,* povos oprimidos.

o.pri.mir [oprimír] *v.t.* oprimir. 1 exercer pressão sobre uma coisa. 2 premer, apertar, angustiar, escravizar, humilhar, vexar. *oprimir una tecla,* apertar uma tecla.

o.pro.biar [oproβjár] *v.t.* afrontar, desonrar, vilipendiar, infamar.

o.pro.bio [opróβjo] *s.m.* opróbrio, afronta, desonra, vilipêndio, infâmia.

o.pro.bio.so/a [oproβjóso] *adj.* oprobrioso, vilipendioso, afrontoso, desonroso, infamante. *actitud oprobiosa,* atitude oprobriosa.

op.tar [optár] *v.t. e i.* optar. 1 escolher uma coisa entre outras. 2 eleger, selecionar, preferir. *optar entre uno y otro plan,* optar entre um plano e outro.

op.ta.ti.vo/a [optatíβo] *adj.* optativo. 1 que admite opção, ou pendente dela. 2 modo verbal que serve para indicar desejo. Ver *opcional.*

óp.ti.ca [óptika] *s.f.* óptica, parte da física que estuda os fenômenos luminosos e as leis pelas quais se regem. *óptica electrónica,* óptica eletrônica.

op.ti.co/a [óptiko] *adj.* óptico. 1 relativo à visão ou à óptica. 2 que fabrica ou comercia produtos de óptica. 3 (fig.) modo de considerar um assunto. *verlo con otra óptica,* vê-lo com outra óptica.

op.ti.mis.mo [optimízmo] *s.m.* otimismo, atitude psicológica que tende a ver o lado positivo das coisas. *infundir optimismo,* infundir otimismo.

op.ti.mis.ta [optimísta] *adj. e s.* otimista, que vê as coisas em seu aspecto mais favorável. *optimista por naturaleza,* otimista por natureza.

óp.ti.mo/a [óptimo] *adj.* ótimo, superlativo de *bueno*; boníssimo, excelente, insuperável, magnífico. *óptima designación,* ótima designação.

op.to.me.trí.a [optometría] *s.f.* optometria, medida da acuidade ou agudeza de percepção, visual.

op.tó.me.tro [optómetro] *s.m.* optômetro, instrumento óptico para graduar a vista.

o.pu.es.to/a [opwésto] *adj.* oposto. 1 contrário, inimigo, adversário. 2 cotraditório. *pensamiento opuesto,* pensamento oposto.

o.pu.len.cia [opuléηθja] *s.f.* opulência, abundância, riqueza e excesso de bens. *opulencia inconmensurable,* opulência incomensurável.

o.pu.len.to/a [opuléntο] *adj.* opulento. 1 que goza de opulência. 2 esplêndido, abundante, endinheirado, abastado.

o.pus [ópus] *s.m.* opus, do latim *opus*, "obra", indicação com que se designam numericamente as obras musicais de um compositor.

o.pús.cu.lo [opúskulo] *s.m.* opúsculo, obra científica ou literária de pouca extensão.

o.que.dad [okeðáð] *s.f.* concavidade, espaço vazio em um corpo sólido. *oquedad cerebral*, concavidade cerebral.

o.ra [óra] ora, aférese de ahora, usada somente como conjunção distributiva, repetida, significando "umas vezes... outras vezes". *ora amable, ora muy grosero*, ora amável, ora muito grosseiro.

o.ra.ción [οraθjón] *s.f.* oração. 1 súplica, reza a Deus, à Virgem ou aos Santos, oração. 2 conjunto de palavras com sentido gramatical completo. *oración dominical*, oração dominical.

o.rá.cu.lo [orákulo] *s.m.* oráculo. 1 resposta de um deus pagão a quem o consultava. 2 divindade que responde a consultas. 3 pessoa a quem se respeita por sua experiência e sabedoria. *hablar como un oráculo*, falar como um oráculo.

o.ra.dor/a [oraðór] *s.* orador. 1 pessoa que exerce a oratória. 2 predicador, pessoa eloquente, locutor.

o.ral [orál] *adj.* oral, formado ou emitido verbalmente, em contraposição ao escrito. *tradición oral*, tradição oral.

o.ran.gu.tán [orangután] *s.m.* orangotango, mamífero primata catarrino da família dos pongídeos. *parecerse al orangután*, ser parecido com o orangotango.

o.rar [orár] *v.i.* orar. 1 fazer oração a Deus, rezar. 2 exercitar a oratória em público. 3 *v.t.* pedir, suplicar. *orar en la misa*, orar na missa.

o.ra.te [oráte] *adj. e s.* orate. 1 louco, maluco, demente. 2 (fig.) pessoa de pouco juízo, imprudente.

o.ra.to.ria [oratórja] *s.f.* oratória, arte de falar em público com eloquência. *oratoria brillante*, oratória brilhante.

o.ra.to.rio/a [oratórjo] *adj. e s.* oratório, relativo à oratória.

o.ra.to.rio [oratórjo] *s.m.* oratório. 1 lugar destinado à oração, capela doméstica. 2 drama musical religioso. *Rezar en el oratorio*. Rezar no oratório.

or.be [órβe] *s.m.* orbe. 1 redondeza ou círculo. 2 esfera celeste ou terrestre. 3 mundo, conjunto das coisas existentes. *conquistar el orbe*, conquistar o orbe.

or.bi.cu.lar [orβikulár] *adj.* orbicular, circular ou redondo.

ór.bi.ta [órβita] *s.f.* órbita. 1 curva elíptica descrita por um astro, satélite ou nave, em torno de um planeta. 2 concavidade do olho. 3 (fig.) zona ou campo de influência de qualquer agente. *entrar en órbita*, entrar em órbita.

or.bi.tal [orβitál] *adj.* orbital, relativo à órbita. *desplazamiento orbital*, deslocamento orbital.

or.ca [órka] *s.f.* orca, mamífero cetáceo odontoceto da família dos delfinídeos, que habita todos os mares do orbe.

or.den [órðen] *s.m.* ordem. 1 colocação das coisas em seu lugar. 2 organização, harmonia, equilíbrio. 3 mandado, imposição. *¡A la orden!*, Às ordens!

or.de.na.ción [orðenaθjón] *s.f.* ordenação. 1 disposição, colocação em ordem. 2 cerimônia religiosa para impor as ordens sacras. *ordenación de pagos*, departamento de pagamentos.

or.de.na.do/a [orðenáðo] *adj.* ordenado, organizado, que guarda ordem em seus atos.

or.de.na.dor [orðenaðór] *s.m.* computador, dispositivo de cálculo e tratamento automático da informação codificada, sobre uma base aritmética binária. *ordenador personal*, computador pessoal. Ver *computadora*.

or.de.na.dor/a [orðenaðór] *adj.* ordenador. 1 que ordena. 2 chefe de um departamento de pagamentos.

or.de.na.mien.to [orðenamjénto] *s.m.* ordem, mandado. 1 ação e efeito de ordenar. 2 conjunto de leis ditadas ao mesmo tempo, ou sobre a mesma matéria. *ordenamiento judicial*, mandado judicial.

or.de.nan.do [orðenándo] *s.m.* ordenando, quem vai receber alguma das ordens sagradas.

or.de.nan.za [orðenánθa] *s.f.* ordenança. 1 conjunto de preceitos referentes a uma matéria, comunidade, tropas etc. 2 soldado às ordens de um oficial. 3 empregado subalterno, mensageiro, *office-boy*.

or.de.nar [orðenár] *v.t.* ordenar 1 pôr em ordem. 2 mandar que se faça. *ordenar que venga*, ordenar que venha. 3 organizar, arranjar. 4 conferir ordens sagradas a alguém. *Luis se ordenó de sacerdote*. Luís se ordenou sacerdote.

or.de.ña.dor/a [orðeɲaðór] *adj. e s.* retireiro, pessoa que, numa fazenda, executa a tarefa de ordenhar o gado.

or.de.ñar [orðeɲár] *v.t.* 1 ordenhar, extrair, manual ou mecanicamente, o leite de um mamífero fêmea. 2 (fig.) colher azeitonas. 3 (fig.) tirar o maior proveito de uma situação.

or.di.nal [orðinál] *adj. e s.* 1 atinente à ordem. 2 ordinal, adjetivo numeral que expressa ordem.

or.di.na.riez [orðinarióθ] *s.f.* 1 qualidade de ordinário ou vulgar. 2 ação ou expressão grosseira, de mau gosto. *cometer una ordinariez*, cometer uma grosseria.

or.di.na.rio/a [orðinárjo] *adj.* ordinário. 1 comum, regular, que costuma acontecer. 2 plebeu. 3 vulgar, grosso, de pouca estima. *de ordinario*, de ordinário.

o.re.ar [oreár] *v.t.* orear. 1 secar ao vento (roupas, carnes etc.). 2 arejar, secar. 3 *v.p.* sair para tomar ar. *orear la imaginación*, arejar a imaginação. *orear el colchón*, orear o colchão.

o.ré.ga.no [oréɣano] *s.m.* orégano, orégão, planta herbácea da família das labiadas; é muito aromática, usa-se como condimento e, em medicina popular, como tônico estomacal. *Ir al monte por orégano*. Ir ao monte buscar orégano.

o.re.ja [oréxa] *s.f.* orelha. 1 órgão externo do sentido da audição. 2 cada uma das asas de uma vasilha ou bandeja. 3 orelhas das botinas. *aguzar las orejas*, ficar de orelha em pé.

o.re.ja.no/a [orexáno] *adj. e s.* orelhano. 1 rês que não tem marca nas orelhas. 2 (Amér.) animal arisco. 3 pessoa pouco sociável, chucro.

o.re.jea.do/a [orexeáðo] *adj.* prevenido, avisado. *estar orejeado*, estar de prevenção, com o pé atrás.

o.re.je.ar [orexeár] *v.i.* 1 mover as orelhas (um animal). 2 (fig.) fazer uma coisa de má vontade com violência.

o.re.je.ro/a [orexéro] *adj.* orelheira. 1 das orelhas ou perto delas. 2 parte do bonés ou gorro que se abaixa para cobrir a orelha.

o.re.jón [orexón] *s.m.* 1 pedaço de pêssego ou de outra fruta secada ao vento e ao sol, figo-passa, pêssego-passa etc. 2 puxão de orelhas, orelhão, orelhada. *Darle a uno un orejón*. Dar um puxão de orelhas em alguém.

o.re.jue.la [orexwéla] *s.f.* asa pequena de uma bandeja, xícara etc.

o.re.o [oréo] *s.m.* arejamento. 1 ação e efeito de orear. 2 secado ao ar, livre da madeira.
or.fa.na.to [orfanáto] *s.m.* orfanato, asilo para órfãos. Ver *orfelinato*.
or.fan.dad [orfandáð] *s.f.* orfandade. 1 estado de órfão. 2 pensão concedida a um órfão. 3 (fig.) falta de ajuda ou favor.
or.fe.bre [orféβre] *s.m.* ourives, pessoa que faz ou vende objetos de ourivesaria. *arte del orfebre*, arte do ourives.
or.fe.bre.rí.a [orfeβrería] *s.f.* ourivesaria, arte de trabalhar os metais preciosos para convertê-los em joias e objetos de luxo.
or.fe.li.na.to [orfelináto] *s.m.* orfanato. *Hay que internarlo en el orfelinato.* È preciso interná-lo no orfanato.
or.gan.dí [orɣandí] *s.m.* organdi, tecido fino e transparente de algodão, com ligamento de tafetá.
or.gá.ni.co/a [orɣániko] *adj.* orgânico. 1 relativo aos órgãos ou ao organismo dos seres vivos. 2 harmonioso, coerente. 3 aplica-se à constituição das entidades coletivas ou a suas funções. *química orgánica*, química orgânica.
or.ga.ni.gra.ma [orɣaniɣráma] *s.m.* organograma, gráfico da estrutura de uma empresa ou de pontos essenciais de um programa.
or.ga.ni.llo [orɣaníʎo] *s.m.* realejo, órgão portátil que se faz soar mediante uma manivela que aciona um cilindro com puas que incide sobre as cordas.
or.ga.nis.mo [orɣanízmo] *s.m.* organismo. 1 ser vivo, considerado como um conjunto integrado de órgãos. 2 (fig.) conjunto de leis, usos etc. pelos quais se rege um corpo social. *organismo público*, organismo público.
or.ga.nis.ta [orɣanísta] *adj. e s.* organista, pessoa que toca órgão.

or.ga.ni.za.ción [orɣaniθaθjón] *s.f.* organização. 1 ação e efeito de organizar. 2 ordenamento, sistematização, método, coordenação. *Realizar una buena organización.* Realizar uma boa organização.
or.ga.ni.za.dor/a [orɣaniθaðór] *adj.* organizador. 1 que organiza. 2 coordenador, ordenador, arranjador. *Organizador responsable.* Organizador responsável.
or.ga.ni.zar [orɣaniθár] *v.t. e v. p.* organizar, ordenar, metodizar, dispor, sistematizar, estabelecer. *Organizar el acto con esmero.* Organizar o ato com esmero.
ór.ga.no [órɣano] *s.m.* órgão. 1 instrumento musical de sopro, composto de muitos tubos, foles e um teclado. 2 estrutura orgânica dos seres vivos.
or.gas.mo [orɣázmo] *s.m.* orgasmo, ponto culminante da excitação sexual, que, nos homens e nos animais machos, vai acompanhado de ejaculação do líquido seminal.
or.gí.a [orxía] *s.f.* orgia 1 festim licencioso, bacanal, orgia. 2 desenfreio de qualquer paixão.
or.gu.llo [orɣúʎo] *s.m.* orgulho. 1 arrogância, excesso de autoestima. 2 altivez, soberba, convencimento, presunção. *Estar inchado de orgullo.* Estar inchado de orgulho.
or.gu.llo.so/a [orɣuʎóso] *adj.* orgulhoso, altaneiro, jactancioso, presunçoso, vaidoso.
o.rien.ta.ción [orjentaθjón] *s.f.* orientação. 1 ação e efeito de orientar e ser orientado. 2 rumo, destino, guia, informação. *Tener muy buena orientación.* Ter muito boa orientação.
o.rien.tal [orjentál] *adj. e s.* oriental, do Oriente ou que está nessa direção.
o.rien.ta.lis.mo [orjentalízmo] *s.m.* orientalismo. 1 conhecimento da civilização e costumes dos povos orientais e predileção por eles. 2 caráter oriental.

orientar

o.rien.tar [orjentár] *v.t.* orientar. 1 determinar a posição em relação aos pontos cardeais. 2 dirigir, encaminhar, guiar. *Orientar una causa.* Orientar uma causa.

o.rien.te [orjénte] *s.m.* oriente. 1 ponto cardeal do horizonte, por onde aparece o Sol. 2 ponto ou região situados nessa direção.

o.ri.fi.cio [orifíθjo] *s.m.* orifício. 1 boca, buraco. 2 cada uma das aberturas que comunicam os órgãos internos com o exterior. *orificios nasales*, orifícios nasais.

o.ri.gen [oríxen] *s.m.* origem. 1 princípio, procedência, raiz e causa de alguma coisa. 2 berço, germe, ascêndencia. *De un noble origen.* De uma origem nobre.

o.ri.gi.nal [orixinál] *adj.* original. 1 que não é cópia nem imitação. 2 singular, insólito, peculiar, próprio. *original auténtico*, original autêntico.

o.ri.gi.na.li.dad [orixinaliðáð] *s.f.* originalidade. 1 qualidade de original, extravagância. 2 excentricidade, singularidade.

o.ri.gi.nar [orixinár] *v.t.* originar 1 ser origem ou causa de algo. 2 engendrar, provocar, suscitar, ocasionar. *Originar un motín.* Originar um motim.

o.ri.gi.na.rio/a [orixinárjo] *adj.* originário. 1 que dá origem a algo. 2 natural, vernáculo, oriundo, procedente.

o.ri.lla [oríʎa] *s.f.* margem. 1 término ou extremo de uma superfície. 2 borda, praia, ribeira, orla. *a la orilla del mar*, à beira-mar.

o.ri.llar [oriʎar] *v.i.* margear. 1 deixar ourelas em um tecido. 2 sortear uma situação difícil. 3 chegar ou aproximar-se até a margem. *Orillar un temporal.* Margear um temporal.

o.ri.llo [oríʎo] *s.m.* ourela, margem que limita os dois lados de um tecido.

o.rín [orín] *s.m.* óxido avermelhado que se forma na superfície do ferro, devido à umidade.

o.ri.na [orína] *s.f.* urina. 1 secreção amarelenta dos rins que se acumula na bexiga e se expele pela uretra. 2 (pop.) xixi, pipi.

o.ri.nar [orinár] *v.i. e t.* urinar. 1 expulsar a urina mediante a micção. 2 expulsar pela uretra algum outro líquido. *Orinar sangre.* Urinar sangue.

o.riun.do/a [orjúndo] *adj. e s.* oriundo, que procede de um lugar ou família. *Oriundo de la montaña.* Oriundo da montanha.

or.la [órla] *s.f.* orla. 1 ourela de tecido, vestido etc, visível e ornamentada. 2 vinheta ou adorno desenhado, em torno de um texto, retrato etc.

or.lar [orlár] *v.t.* orlar, adornar com orlas. *Orlar delicadamente su falda.* Orlar delicadamente sua saia.

or.na.men.tar [ornamentár] *v.t.* ornamentar, adornar com ornamentos.

or.na.men.to [ornaménto] *s.m.* ornamento. 1 adorno que torna vistoso algo. 2 (fig.) qualidades e dotes morais. *Proveer de un bello ornamento.* Prover de um belo ornamento.

or.nar [ornár] *v.t. e v.p.* ornar, adornar. *Ornar cada rincón.* Ornar cada canto.

or.ni.to.lo.gí.a [ornitoloxía] *s.f.* ornitologia, parte da zoologia que estuda as aves atuais ou fósseis.

or.ni.tó.lo.go/a [ornitóloɣo] *adj. e s.* ornitólogo, ornitologista, pessoa dedicada ao estudo da ornitologia.

or.ni.to.rrin.co [ornitor̄íŋko] *s.m.* ornitorrinco, mamífero da Austrália com focinho parecido ao bico de um pato.

o.ro [óro] *s.m.* ouro. 1 metal precioso de cor amarela brilhante. 2 moeda de ouro. 3 dinheiro, riquezas. *oro negro*, ouro negro, petróleo.

o.ro.gra.fí.a [oroɣrafía] *s.f.* orografia. 1 parte da geografia que estuda as montanhas. 2 conjunto de montanhas de um país ou região. *Lugar de particular orografía.* Lugar de particular orografia.

o.ron.do/a [oróndo] *adj.* 1 aplica-se às vasilhas com muita concavidade. 2 (fam. e fig.) gordo, grosso. 3 presunçoso e contente consigo mesmo. *camina con un andar muy orondo.* está com o rei na barriga.

o.ro.pel [oropél] *s.m.* ouropel. 1 laminazinha fina de latão que imita ouro. 2 (fig.) coisa ou pessoa de aparência luxuosa e pouco valor. *brillo de oropel*, brilho de ouropel.

or.ques.ta [orkésta] *s.f.* orquestra. 1 conjunto de instrumentistas de arco, sopro e percussão, que executam uma obra musical. 2 lugar no teatro em frente às poltronas, destinado aos músicos.

or.ques.ta.ción [orkestaθjón] *s.f.* orquestração, ação e efeito de orquestrar. *Orquestación maravillosa.* Orquestração maravilhosa.

or.ques.tar [orkestár] *v.t.* orquestrar, arranjar uma composição musical para que possa ser interpretada por uma orquestra.

or.quí.de.a [orkíðea] *s.f.* orquídea, nome comum das plantas da família das orquidáceas e de suas flores. *Regalar una orquídea.* Dar uma orquídea de presente.

or.ti.ga [ortíɣa] *s.f.* urtiga, planta herbácea vivaz da família das urticáceas, produz irritação e ardor na pele. *sentarse en una ortiga*, sentar-se em uma urtiga, arrumar encrenca, arrumar sarna para se coçar.

or.to.don.tia [ortoðóntja] *s.f.* ortodontia, estudo odontológico da posição dos dentes e de sua correção. *Ortodontia reconstituyente.* Ortodontia reconstituinte.

or.to.don.tis.ta [ortoðontísta] *adj. e s.* ortodontista, profissional especialista em ortodontia.

or.to.do.xo/a [ortoðókso] *adj.* ortodoxo, conforme com o dogma ou os princípios básicos de uma religião ou de uma ideologia, ortodoxo. *Político de extracción ortodoxa.* Político de extração ortodoxa.

or.to.gra.fí.a [ortoɣrafía] *s.f.* ortografia, conjunto de normas que regulam a escrita e os sinais de pontuação de uma língua.

or.to.grá.fi.co/a [ortoɣráfiko] *adj.* ortográfico, relativo à ortografia. *signo ortográfico*, sinal ortográfico.

or.to.lo.gí.a [ortoloxía] *s.f.* ortoepia, ortoépia, arte de pronunciar corretamente e de falar com propriedade.

or.to.pe.dia [ortopéðja] *s.f.* ortopedia, parte da medicina que, mediante prótese, corrige as anomalias anatômicas ou funcionais do corpo humano.

or.to.pé.di.co/a [ortopéðiko] *adj.* ortopédico, da ortopedia, tratamento dos ossos, suas doenças e traumas. *Pierna ortopédica.* Perna ortopédica.

or.to.pe.dis.ta [ortopeðísta] *adj. e s.* ortopedista, profissional especialista em ortopedia.

o.ru.ga [orúɣa] *s.f.* lagarta, larva vermiforme dos insetos lepidópteros, com doze anéis e boca mastigadora, de cor variável.

o.ru.jo [orúxo] *s.m.* 1 bagaço, resíduo da uva ou da azeitona, depois de espremidas. 2 bagaceira, aguardente que se tira desse resíduo da uva.

or.va.llo [orβáʎo] *s.m.* orvalho, chuvisco. *El orvallo moja los cristales.* O orvalho molha os cristais. Ver *rocío*.

or.zue.lo [orθwélo] *s.m.* 1 terçol, inflamação da borda das pálpebras. 2 armadilha para caçar perdizes.

os [os] vos, dativo e acusativo do pronome da segunda pessoa do plural em ambos os gêneros. *Os amé.* Amei-vos.

o.sa.dí.a [osaðía] *s.f.* ousadia. 1 atrevimento, audácia, resolução, ousadia. 2 insolência, descaramento. *Su osadía fue sorprendente.* Sua ousadia foi surpreendente.

o.sa.do/a [osáðo] *adj. e s.* ousado, atrevido, audaz, resoluto, insolente, afoito.

o.sa.men.ta [osaménta] *s.f.* ossamenta, ossamento. 1 esqueleto do homem e dos animais. 2 os ossos soltos do esqueleto. *Desenterrar osamentas.* Desenterrar ossamentas.

o.sar [osár] *v.i.* e *t.* ousar, atrever-se, animar-se.

o.sa.rio [osárjo] *s.m.* ossuário, ossário. 1 depósito de ossos desenterrados. 2 lugar onde se acham ossos. Ver *osero*.

ós.car [óskar] *s.m.* óscar, prêmio cinematográfico que a Academia de Artes e Ciências Cinematográficas de Hollywood concede anualmente.

os.ci.la.ción [osθilaθjón] *s.f.* oscilação. 1 ação e efeito de oscilar. 2 vibração, balanço.

os.ci.la.dor [osθilaðór] *s.m.* oscilador, aparelho para produzir oscilações elétricas.

os.ci.lar [osθilár] *v.i.* oscilar. 1 mover-se para um lado e para outro, à maneira de um pêndulo, balançar. 2 (fig.) duvidar, vacilar. *Oscilar en su determinación.* Oscilar em sua determinação.

ós.cu.lo [óskulo] *s.m.* ósculo, beijo de respeito ou afeto.

os.cu.ran.tis.mo [oskurantízmo] *s.m.* obscurantismo 1 defesa de ideias irracionais ou retrógradas. 2 oposição sistemática à difusão da cultura nas classes populares. Ver *obscurantismo*.

os.cu.re.cer [oskureθér] *v.t.* escurecer. 1 privar de luz ou claridade. 2 sombrejar, anoitecer, eclipsar, encobrir. 3 ofuscar a razão. *Oscurecer el cielo.* Escurecer o céu. Ver *obscurecer*.

os.cu.re.ci.mien.to [oskureθimjénto] *s.m.* escurecimento, ação e efeito de escurecer. Ver *obscurecimiento*.

os.cu.ri.dad [oskuriðáð] *s.f.* escuridão. 1 qualidade de escuro, escuridão. 2 trevas, sombra. 3 tenebrosidade, cerração. Ver *obscuridad*.

os.cu.ro/a [oskúro] *adj.* escuro. 1 falta de luz ou com pouca luz, escuro. 2 sombrio, negro, tenebroso, lúgubre, opaco. *Quedarse en el oscuro.* Ficar no escuro. Ver *obscuro*.

ó.se.o/a [óseo] *adj.* ósseo, relativo aos ossos ou de natureza similar a eles, ósseo. *Tiene unos bíceps recios, casi óseos.* Tem bíceps duros, quase ósseos.

o.se.ra [oséra] *s.f.* guarida do urso.

o.se.ro [oséro] *s.m.* ossário, ossuário. Ver *osario*.

o.sez.no [oséẓno] *s.m.* filhote do urso.

o.si.fi.car.se [osifikárse] *v.p.* ossificar, converter-se em osso, endurecer como osso.

os.mio [ósmjo] *s.m.* ósmio, metal branco-azulado, semelhante à platina. Símbolo. Os.

ós.mo.sis/os.mo.sis [ósmosis]/[osmósis] *s.f.* osmose, passagem recíproca de dois líquidos de concentrações diferentes através de uma membrana semipermeável.

o.so [óso] *s.m.* urso, mamífero carnívoro dos fissípedes, plantígrado, de corpo pesado, espessa pelagem, patas rijas com grandes unhas ganchudas; vive em países frios.

o.so.so/a [osóso] *adj.* ossoso. 1 ósseo. 2 de osso, ossudo, ósseo. 3 que tem osso ou ossos. *Compuesto ososo.* Composto ossoso. Ver *huesoso*.

os.te.al.gia [osteálxia] *s.f.* ostealgia, dor em osso.

os.ten.si.ble [ostensíβle] *adj.* ostensível, ostensivo. 1 que pode mostrar-se ou manifestar-se. 2 claro, patente. *de manera ostensible*, de maneira ostensiva.

os.ten.si.vo/a [ostensíβo] *adj.* ostensivo, que mostra ou ostenta.

os.ten.ta.ción [ostentaθjón] *s.f.* ostentação. 1 ação e efeito de ostentar. 2 luxo, jactância, presunção, exibição. *Ostentación maníaca.* Ostentação maníaca.

os.ten.tar [ostentár] v.t. ostentar. 1 mostrar, tornar patente. 2 alardear, fantasiar, blasonar.

os.ten.to.so/a [ostentóso] adj. ostentoso. 1 que se mostra para ser visto, ostentoso. 2 suntuoso, aparatoso, jactancioso, luxuoso. *ser por demás ostentoso*, ser ostentoso em demasia.

os.te.o.lo.gí.a [osteoloxía] s.f. osteologia. 1 parte da anatomia que estuda os ossos. 2 patologia dos ossos.

os.teo.pa.tí.a [osteopatía] s.f. osteopatia, qualquer alteração ou doença óssea.

os.te.o.po.ro.sis [osteoporósis] s.f. osteoporose, doença óssea própria da senilidade, caracterizada pela diminuição da densidade do tecido ósseo.

os.te.o.to.mí.a [osteotomía] s.f. osteotomia, seção cirúrgica de um ou mais ossos.

os.tra [óstra] s.f. ostra, molusco bivalve lamelibrânquio pelecípode, comestível, que vive aderido às rochas. *aburrirse como una ostra*, entediar-se como uma ostra.

os.tra.cis.mo [ostraθízmo] s.m. ostracismo 1 desterro político. 2 afastamento da vida pública. 3 isolamento, proscrição, banimento.

os.tri.cul.tor [ostrikultór] s. ostricultor, ostreicultor, pessoa que cria ostras.

os.tri.cul.tu.ra [ostrikultúra] s.f. ostricultura, ostreicultura, técnica e indústria cujo objeto é favorecer a criação de ostras e melhorá-las.

o.su.do/a [osúðo] adj. ossudo, de grandes ossos. Ver *huesudo*.

o.su.no [osúno] adj. ursino, ursídeo, pertencente ao urso.

o.tal.gia [otálxja] s.f. otalgia, dor de ouvido. *Padecer de otalgia*. Sofrer de otalgia.

o.te.ar [oteár] v.t. olhar com atenção, esquadrinhar, especialmente de um lugar elevado, divisar, avistar. *Otear el panorama*. Avistar o panorama.

o.ti.tis [otítis] s.f. otite, processo inflamatório do ouvido.

o.to.ña.da [otoɲáða] s.f. outonada. 1 estação ou tempo do outono. 2 abundância de pastos no outono. *otoñada inmejorable*, ótima outonada.

o.to.ñal [otoɲál] adj. e s. 1 outonal, relativo ao outono ou próprio dele. 2 outoniço, diz-se de quem está na idade madura.

o.to.ño [otóɲo] s.m. outono, estação do ano, anterior ao inverno; no hemisfério norte dura de setembro a dezembro e no hemisfério sul, de março a junho. *el otoño de la vida*, o outono da vida.

o.tor.ga.mien.to [otorɣamjénto] s.m. 1 outorga, ação e efeito de outorgar. 2 permissão, consentimento, parecer favorável.

o.tor.gar [otorɣár] v.t. 1 outorgar, conceder uma coisa que foi solicitada. 2 consentir, acordar, facultar. *otorgar una licencia*, outorgar uma licença.

o.to.rra.gia [otořáxja] s.f. otorragia, hemorragia pelo ouvido.

o.to.rre.a [otořéa] s.f. otorreia, eliminação pelo ouvido de secreção purulenta ou não.

o.to.rri.no.la.rin.go.lo.gí.a [otořinolaringoloxía] s.f. otorrinolaringologia, parte da medicina que estuda e trata as doenças do ouvido, do nariz e da garganta.

o.tos.cle.ro.sis [otosklerósis] s.f. otosclerose, esclerose do ouvido médio ou interno que pode causar surdez.

o.tos.co.pio [otoskópjo] s.m. otoscópio, instrumento para realizar inspeção de ouvido, particularmente de membrana timpânica. *Observar por el otoscopio*. Observar pelo otoscópio.

o.tro/a [ótro] adj. e pron. outro. 1 diz-se da pessoa ou coisa diversa daquela a quem se fala. 2 diverso, diferente. *Otros libros del mismo autor*. Outros livros do mesmo autor.

Uno para ti y otro para tu hermano. Um para você e outro para o seu irmão.

o.tro/a [ótro] *s.* outro, igual, semelhante. *¡Es otra de la misma calaña!*. É outra da mesma laia! *La esposa y la otra se encontraron.* A esposa e a outra se encontraram.

o.tro.ra [otróra] *adv. e s.m.* Ver *antaño*. 1 outrora, antanho. 2 de outro tempo; de tempos passados. *Recordarse de otrora*, Lembrar-se de outrora.

o.tro.sí [otrosí] *adv.* 1 outrossim, ademais. 2 *s.m.* em direito, cada uma das argumentações que se seguem à principal.

out [áu̯t] *s.m. out*, palavra inglesa; em tênis, futebol e outros esportes, ação de cair a bola fora do campo.

o.va.ción [oβaθjón] *s.f.* ovação, aplauso entusiástico e clamoroso de uma multidão, como homenagem a pessoas ou coisas destacadas. *cubrirlo una ovación*, cobrir algo com uma ovação.

o.va.cio.nar [oβaθjonár] *v.t.* ovacionar. 1 aclamar. 2 aplaudir estrepitosamente. *Fue muy ovacionado*. Foi muito ovacionado.

o.val [oβál] *adj.* oval, que tem forma de óvalo elíptico. *Su contorno es oval*. Seu contorno é oval.

o.va.la.do/a [oβaláðo] *adj.* ovalado, oval elíptico, com forma de ovo. *Quiere construir un perímetro ovalado*. Ele quer construir um perímetro ovalado.

o.va.lar [oβalár] *v.t.* ovalar, dar forma de óvalo, tornar oval.

ó.va.lo [óβalo] *s.m.* óvalo, curva fechada cuja concavidade está siempre voltada para o centro, de forma ovalada ou elipsoidal.

o.var [oβár] *v.i.* ovar, pôr ovos, desovar (peixes e tartarugas).

o.vá.ri.co [oβáriko] *adj.* ovárico, ovariano, do ovário. *ciclo ovárico*, ciclo ovariano, conjunto de transformações periódicas do ovário da mulher durante seu período sexual ativo.

o.va.rio [oβárjo] *s.m.* ovário, glândula genital feminina em que se formam os óvulos e que segrega vários hormônios.

o.vas [oβás] *s.f.* (pl.) ova, massa oval formada pelos ovos de alguns peixes. Ver *hueva*.

o.va.rio.to.mí.a [oβarjotomía] *s.f.* ovariotomia, oforotomia, histerectomia; em cirurgia, operação que consiste na extirpação de um ou de ambos os ovários.

o.ve.ja [oβéxa] *s.f.* ovelha, fêmea do carneiro, da qual se aproveita a carne, o leite e a lã. *Cada oveja con su pareja*. Cada macaco no seu galho. *la oveja negra de la familia*, a ovelha negra da família.

o.ve.ro/a [oβéro] *adj. e s.* 1 diz-se do animal de cor dourada. 2 diz-se do olho em que se destaca o branco. 3 oveiro, ovário das aves.

o.ve.rol [oβeról] *s.m.* macacão. 1 (Amér.) mono. 2 vestimenta inteiriça, folgada, para ser usada por trabalhadores. *Colocarse el mecánico su overol.* Colocar o mecânico seu macacão.

o.vi.cul.tu.ra [oβikultúra] *s.f.* ovinocultura, técnica para a criação e tratamento do gado ovelhum.

ó.vi.do/a [óβiðo] *adj. e s.* bóvida, bovídeo, diz-se dos mamíferos ruminantes bovídeos, como os carneiros e as cabras.

o.vi.llar [oβiʎár] *v.t.* enovelar. 1 fazer novelos. 2 *pron.* (fig.) encolher-se e enrolar-se como fazendo um novelo. *Se ovilló en el rincón*. Enovelou-se no canto.

o.vi.llo [oβíʎo] *s.m.* novelo. 1 bola feita de fio enrolado. 2 (fig.) montão confuso e indefinido de coisas. *Más enredado que un ovillo*. Mais enredado que um novelo.

o.vi.no/a [oβíno] *s.m.* ovino, ovelhum, ovelhuno, gado lanar constituído por ovelhas, carneiros e suas crias.

o.ví.pa.ro/a [oβíparo] *adj. e s.* ovíparo, diz-se do animal que se reproduz por meio de ovos.

ov.ni [óβni] *s.m.* óvni, ufo, designação que se dá aos objetos celestes de origem misteriosa. *Observar ovnis en el cielo.* Observar óvnis no céu.

o.vo [óβo] *s.m.* óvalo, em arquitetura, ornamento em forma de ovo.

o.voi.de [oβóiðe] *adj. e s.* ovoide, oval, em forma de ovo. *Pelota ovoide de rugby.* Bola ovoide de rúgbi.

o.vo.so/a [oβóso] *adj.* que tem ovas.

o.vo.vi.ví.pa.ro/a [oβoβiβíparo] *adj. e s.* ovovivíparo, diz-se do animal ovíparo cujos ovos se mantêm nos órgãos genitais até sus eclosão, como no caso da víbora.

o.vu.la.ción [oβulaθjón] *s.f.* ovulação, desprendimento natural de um óvulo já maduro no ovário. *Producirse la ovulación.* Produzir-se a ovulação.

o.vu.lar [oβulár] *v.i.* ovular, ter ovulação.

ó.vu.lo [óβulo] *s.m.* óvulo, gameta sexual feminino que, uma vez fecundado pelo esperma, converte-se em ovo, que origina um novo ser. *Óvulo fecundado.* Óvulo fecundado.

o.xi.da.ción [oksiðaθjón] *s.f.* oxidação. 1 ação e efeito de enferrujar, oxidar e ser oxidado. 2 processo químico em que aumenta o oxigênio e diminui o hidrogênio. *Cubrirse de oxidación el metal.* Cobrir-se de oxidação o metal.

o.xi.dan.te [oksiðánte] *adj. e s.* oxidante, diz-se da substância que produz oxidação.

o.xi.dar [oksiðár] *v.t. e v.p.* oxidar, enferrujar, experimentar transformações um corpo pela ação do oxigênio ou de um oxidante.

ó.xi.do [óksiðo] *s.m.* óxido, combinação binária do oxigênio com outro elemento menos eletronegativo.

o.xi.ge.nar [oksixenár] *v.t. e v.p.* oxigenar, formar óxidos por combinação do oxigênio.

o.xi.ge.nar.se [oksixenárse] *v.p.* (fig.) respirar o ar puro do campo. *Oxigenar el espíritu.* Oxigenar o espírito.

o.xí.ge.no [oksíxeno] *s.m.* oxigênio, elemento químico gasoso, elemento principal do ar e indispensável à vida. Símbolo. O.

o.xí.to.no/a [oksítono] *adj.* oxítono, diz-se de vocábulo cujo acento recai na última sílaba. Ver *agudo*.

o.xiu.ria.sis [oksjurjásis] *s.f.* oxiuríase, oxiurose, doença produzida por um oxiúro, que se fixa no intestino grosso.

o.xiu.ro [oksjúro] *s.m.* oxiúro, verme parasita nas crianças. *El oxiuro es un parásito.* O oxiúro é um parasito.

o.yen.te [ojénte] *adj. e s.* ouvinte. 1 que ouve. 2 aluno que assiste à aula sem estar matriculado.

o.zo.no [oθóno] *s.m.* ozônio, variedade alotrópica do oxigênio. É um gás instável, de cheiro picante, de cor azulada quando observado em camadas grossas; sua molécula está formada por três átomos de oxigênio. *Proteger la capa de ozono.* Proteger a camada de ozônio.

o.zo.nos.fe.ra [oθonosféra] *s.f.* ozonosfera, camada da atmosfera terrestre compreendida entre 20 e 40 km, que contém quase todo o ozônio existente na atmosfera.

P p

p, P [pé] *s.f.* décima sexta letra do alfabeto espanhol e décima quarta de suas consoantes; seu nome é *pe*. Sua articulação é bilabial oclusiva surda.

P [pé] P, símbolo químico do *fósforo*.

Pa [pá] Pa, em metrologia, símbolo de *pascal*.

pa.be.llón [paβeʎón] *s.m.* pavilhão. 1 tenda de campanha de forma cônica. 2 bandeira nacional. 3 pavilhão, parte exterior e cartilaginosa da orelha. *Pabellón de la oreja.* Pavilhão da orelha.

pa.bi.lo / pábilo [paβílo]/[páβilo] *s.m.* 1 pavio, mecha de uma vela. 2 parte carbonizada de uma vela. *Consumirse el pabilo de la vela.* Consumir-se o pavio da vela.

pá.bu.lo [páβulo] *s.m.* 1 pábulo, pasto, alimento. 2 (fig.) o que serve para manter ou fomentar uma ação. *Hechar pábulo al fuego.* Botar lenha no fogo, atiçar o fogo.

pa.ca [páka] *s.f.* paca, fardo ou pacote, especialmente de lã ou de algodão em rama. *Acondicionar en pacas.* Acondicionar em pacas.

pa.ca [páka] *s.f.* (zool.) paca, mamífero roedor.

pa.ca.to [pakáto] *adj. e s.* pacato, de condição pacífica.

pa.ce.de.ro [paθeðéro] *adj.* pascigoso, que tem erva própria para o gado pastar. *Campiñas pacederas.* Campinas pascigosas.

pa.cer [paθér] *v.i. e t.* pascer. 1 pastar. 2 dar pasto ao gado.

pa.chá [patʃá] *s.m.* paxá, baxá. *Vivir como un pachá.* Viver com muito luxo e sem trabalhar, viver como um paxá.

pa.cha.ma.ma [patʃamáma] *s.f.* (Amér. Merid.) nome que os antigos naturais da região davam à terra mãe.

pa.cha.man.ca [patʃamáŋka] *s.f.* (Amér. Merid.) carne assada entre pedras caldeadas ou em um buraco na terra, coberto com pedras quentes.

pa.chan.ga [patʃáŋga] *s.f.* 1 festa, farrancho. 2 (Amér.) dança ou diversão em turma. *salir de pachanga*, sair de farra.

pa.cho [pátʃo] *adj.* 1 indolente, tranquilo. 2 (Amér.) magro, achatado.

pa.cho.rra [patʃóřa] *s.f.* (fam.) pachorra, lentidão, vagareza, demora. *Abusar de pachorra.* Abusar da pachorra.

pa.chu.cho [patʃútʃo] *adj.* 1 passado, maduro em excesso. 2 (fam.) frouxo, aquebrado física ou moralmente.

pa.chu.lí [patʃulí] *s.m.* 1 arbusto do qual se obtém um perfume. 2 (fig. e fam.) perfume ruim.

pa.cien.cia [paθjénθja] *s.f.* 1 paciência. 2 calma, fleuma. *Paciencia infinita.* Paciência infinita.

pa.cien.te [paθjénte] *adj.* paciente 1 tolerante, calmo. 2 pessoa doente, em tratamento médico.

pa.cien.zu.do [paθjenθúðo] *adj.* pacienccioso, que tem muita paciência.

pa.ci.fi.ca.ción [paθifikaθjón] *s.f.* pacificação. 1 obtenção da paz. 2

apaziguamento, concórdia, sossego, quietude. *Luchar por la pacificación.* Lutar pela pacificação.

pa.ci.fi.ca.dor [paθifikaðór] *adj. e s.* pacificador. 1 pessoa que pacifica. 2 tranquilizador, reconciliador.

pa.ci.fi.car [paθifikár] *v.t.* 1 pacificar, restabelecer a paz. 2 tranquilizar, sossegar, apaziguar, reconciliar. *Pacificar los ánimos.* Pacificar os ânimos.

pa.cí.fi.co [paθífiko] *adj.* pacífico. 1 quieto, sossegado, amigo da paz. 2 tranquilo, aprazível, afável.

Pa.cí.fi.co, océano [paθífiko, oθéano] *s.m.* o mais extenso dos oceanos e também o mais profundo. *Corrientes del Pacífico.* Correntes do Pacífico.

pa.ci.fis.mo [paθifízmo] *s.m.* 1 pacifismo, doutrina. 2 tendência a evitar a violência. *Adherir al pacifismo mundial.* Aderir ao pacifismo mundial.

pa.ci.fis.ta [paθifísta] *adj.* pacifista. 1 relativo ao pacifismo. 2 pessoa partidária do pacifismo. *Venir de cuna pacifista.* Vir de berço pacifista.

pa.co.ti.lla [pakotiʎa] *s.f.* pacotilha 1 gêneros que oficiais e marinheiros de um barco podem embarcar livre de frete. 2 de inferior qualidade ou mal-acabado. *de pacotilla,* de meia tigela, de pacotilha.

pa.co.ti.lle.ro [pakotiʎéro] *adj. e s.* 1 pacotilheiro, que negocia com pacotilhas. 2 (Amér.) mascate.

pac.tar [paktár] *v.t.* pactuar. 1 acordar, fazer pacto. 2 convir, negociar, concordar. *Pactar una solución.* Pactuar uma solução.

pac.tis.mo [paktízmo] *s.m.* tendência a solucionar com pactos problemas políticos ou sociais.

pac.to [pákto] *s.m.* pacto. 1 convênio entre duas ou mais pessoas ou entidades. 2 contrato, obrigação, acordo. *Pacto de caballeros.* Pacto de cavalheiros.

pa.de.cer [paðeθér] *v.t. e i.* padecer 1 sentir física ou moralmente um dano, uma dor. 2 padecer, sofrer, penar, suportar, tolerar. *Padecer su presencia.* Padecer sua presença.

pa.de.ci.mien.to [paðeθimjénto] *adj.* padecimento, dor, doença, agravo, doença que faz padecer. *Provocar un padecimiento.* Provocar um padecimento.

pa.dras.tro [paðrástro] *s.m.* padrasto.

pa.dra.zo [paðráθo] *s.m.* (fam.) paizão.

pa.dre [páḭ] *s.m.* 1 pai, genitor. 2 padre, sacerdote. 3 criador. *padre de familia,* pai de família.

pa.dre.nues.tro [paðrenwéstro] *s.m.* pai-nosso. *Rezar diez padrenuestros.* Rezar dez pais-nossos.

pa.dri.naz.go [paðrinázɣo] *s.m.* 1 apadrinhamento. 2 proteção dispensada por uma pessoa a outra.

pa.dri.no [paðríno] *s.m.* padrinho. *padrino de bautismo,* padrinho de batismo.

pa.drón [paðrón] *s.m.* 1 lista dos habitantes de um distrito ou jurisdição. 2 rol, levantamento, inventário. 3 padrão, modelo. *No figurar en el padrón.* Não figurar no levantamento.

pa.e.lla [paéʎa] *s.f.* paella, prato de arroz seco, com carne, peixe, crustáceos, legumes etc., típico da região valenciana. *Darse una panzada de paella.* Fartar-se de paella.

pa.e.lle.ra [paeʎéra] *s.f.* tacho de ferro com duas asas para fazer paella.

¡paf! [páf] *interj.* pum!, imita o ruído que faz uma pessoa ou objeto ao chocar em alguma coisa ou cair.

pa.ga [páɣa] *s.f.* 1 pagamento, ação de pagar. 2 salário. *paga de navidad,* décimo terceiro salário. *Retrasar la paga.* Atrasar o pagamento.

pa.ga.de.ro [paɣaðéro] *adj.* 1 que vai ser pago em certa data. 2 pagadouro, pagável, que se pode pagar, que não é excessivo.

pa.ga.do [paɣáðo] *adj.* bem pago, ufano, satisfeito de algo. *Sentirse bien pagado.* Sentir-se bem pago.

pa.ga.dor [paɣaðór] *adj. e s.* pagador. 1 que paga. 2 funcionário ou empregado que paga. 3 pessoa que honra seu crédito.

pa.ga.nis.mo [paɣanízmo] *s.m.* paganismo.

pa.ga.ni.zar [paɣaniθár] *v.t.* paganizar. *Paganizar las costumbres*, Paganizar os costumes.

pa.ga.no [paɣáno] *adj. e s.* pagão. 1 quem não é cristão. 2 (fam.) pagante, pessoa que paga. 3 quem paga por culpa alheia.

pa.gar [paɣár] *v.t.* pagar, abonar, saldar, satisfazer, recompensar. *Pagar en especie.* Pagar em espécie.

pa.ga.ré [paɣaré] *s.m.* nota promissória. *pagaré a la orden*, promissória transmissível por endosso sem necessidade de consentimento do devedor.

pá.gi.na [páxina] *s.f.* página. 1 texto contido no lado de uma folha. 2 episódio no curso de uma vida ou da história. *No quiero recordar esa página de mi vida.* Não quero lembrar essa página de minha vida.

pa.gi.na.ción [paxinaθjón] *s.f.* paginação, série de páginas numeradas. *Paginación continua.* Paginação contínua.

pa.go [páɣo] *adj.* pago, pagado.

pa.go [páɣa] *s.m.* 1 pago, prêmio, satisfação, recompensa. *Pago antes de la fecha.* Pagamento adiantado. 2 lugar onde se nasceu, vila, aldeia, povoado. *Volver al pago.* Voltar à vila.

pa.go.da [paɣóða] *s.f.* pagode, templo oriental budista, em forma de torre de vários andares escalonados.

pai.ca [páika] *s.f.* (fam.) (Arg.) menina que chegou à puberdade.

pai.la [páila] *s.f.* tacho. *Cocinar en la paila,* Cozinhar no tacho.

pa.ís [país] *s.m.* país, território e unidade política ou geográfica, com fronteiras naturais ou artificiais. *País Vasco.* País Basco.

pai.sa.je [paisáxe] *s.m.* paisagem. 1 vista de um terreno. 2 pintura ou desenho que a representa. *El paisaje amazónico.* A paisagem amazônica.

pai.sa.jis.mo [paisaxízmo] *adj. e s.* paisagismo 1 gênero pictórico que se caracteriza pela representação de paisagens. 2 estudo dos processos de preparação e realização de paisagens.

pai.sa.jis.ta [paisaxísta] *adj. e s.* paisagista .1 artista. 2 pintor de paisagens.

pai.sa.na.je [paisanáxe] *s.m.* 1 paisanaria, conjunto de paisanos. 2 relação entre os paisanos. *Reunión del paisanaje.* Reunião da paisanaria.

pai.sa.no [paisáno] *adj. e s.* paisano. 1 que é da mesma povoação, província ou país. 2 conterrâneo, compatriota, patrício.

pa.ja [páxa] *s.m.* 1 palha, haste de trigo, cevada, aveia etc., seca e separada do grão. 2 palha, conjunto de hastes, inteiras ou trituradas. *Separar la paja del trigo.* Separar a palha do trigo. 3 (vulg.) masturbação, punheta. *hacerse la paja,* bater punheta, masturbar-se.

pa.jar [paxár] *s.m.* palheiro, lugar onde se guarda palha. *Buscar una aguja en el pajar,* Procurar uma agulha no palheiro.

pá.ja.ra [páxara] *s.f.* 1 ave, pássaro. 2 pipa ou papagaio. *Pajarita de papel,* figura de pássaro feita de papel dobrado várias vezes. 3 (fig.) mulher astuta, mundana, imoral. *No es más que una pájara.* Ela não passa de uma perua.

pa.ja.re.ar [paxareár] *v.i.* passarinhar, caçar pássaros, vagabundear. *Pajarear por el campo.* Passarinhar pelo campo.

pa.ja.re.ra [paxaréra] *s.f.* passareira, gaiola onde se criam pássaros. *Tener variada la pajarera.* Ter uma passareira variada.
pa.ja.re.rí.a [paxarería] *s.f.* 1 passarada, passarinhada, porção de pássaros. 2 *pet shop*, loja onde se vendem pássaros e outros animais domésticos.
pa.ja.re.ro [paxaréro] *s.m.* 1 passarinheiro, pessoa que cria, caça ou vende pássaros. 2 (fam.) de caráter alegre. *Llevar pájaros en el alma.* Ter pássaros na alma.
pa.ja.re.te [paxaréte] *s.m.* vinho licoroso, delicado. *Brindis con pajarete.* Brinde com pajarete.
pá.ja.ro [páxaro] *s.m.* pássaro.
pá.ja.ro [páxaro] *adj. e s.* malandro, homem astuto. *Pájaro de mal agüero.* Pássaro de mau agouro.
pa.ja.rra.co [paxar̄áko] *s.m.* 1 passarolo, pássaro grande e de aspecto desagradável. 2 (fam.) indivíduo astuto e mal-intencionado.
pa.je [páxe] *s.m.* pajem. 1 jovem que servia ao cavaleiro. 2 móvel com um espelho e uma mesinha de toucador. 3 (fig.) porta-aliança. *No salía sin su paje el caballero.* O cavaleiro não saía sem seu pajem.
pa.la [pála] *s.f.* pá.
pa.la.bra [paláβra] *s.f.* palavra. 1 vocábulo, voz, termo, dito, verbo. 2 som ou conjunto de sons que designam uma ideia ou coisa. 2 palavra, faculdade de falar. *Tener el don de la palabra.* Ter o dom da palavra.
pa.la.bre.o [palaβréo] *s.m.* palavreado ou palavrório.
pa.la.bre.rí.a [palaβrería] *s.f.* verborragia.
pa.la.bre.ro [palaβréro] *adj. e s.* 1 palavroso ou verboso, que fala muito. 2 embromador, que oferece e não cumpre. *Ser oferta de palabrero.* Ser oferta de embromador, charlatão.
pa.la.bri.ta [palaβríta] *s.f.* palavra ofensiva ou que tem muita intenção.

pa.la.bro [paláβro] *s.m.* palavra mal pronunciada ou estrambótica.
pa.la.bro.ta [palaβróta] *s.f.* palavrão, palavra ofensiva, indecente ou grosseira. *Ser fácil de palabrota.* Ser bom de palavrão.
pa.la.ce.te [palaθéte] *s.m.* palacete.
pa.la.cie.go [palaθjéɣo] *adj. e s.* 1 palaciano. 2 com costumes cortesãos. *Hábitos palaciegos.* Hábitos palacianos.
pa.la.cio [paláθjo] *s.m.* palácio. 1 casa grande e suntuosa, castelo. 2 residência de reis, nobres ou grandes personagens. *Palacio de la realeza.* Palácio da realeza.
pa.la.da [paláða] *s.f.* 1 pazada, porção que se pode recolher com a pá. 2 pancada da pá do remo na água. *Palada de cemento.* Pazada de cimento.
pa.la.dar [palaðár] *s.m.* 1 (med.) palato, céu da boca, parte interior e superior da boca. 2 (fig.) paladar, capacidade para apreciar o sabor do que se come. *De buen paladar.* De bom paladar.
pa.la.de.ar [palaðeár] *v.t. e p.* 1 saborear, degustar, deleitar-se. 2 tomar aos poucos o gosto de algo que se tem na boca.
pa.la.dial [palaðjál] *adj.* palatal (som).
pa.la.dín [palaðín] *s.m.* paladino. 1 cavaleiro que se distinguia por suas façanhas. 2 (fig.) defensor denodado de uma pessoa ou coisa. *Paladín de los oprimidos.* Paladino dos oprimidos.
pa.la.di.no [palaðíno] *adj.* paladino, público, claro, patente, sem reservas.
pa.la.dio [paláðjo] *s.m.* paládio, metal branco, dúctil e maleável parecido com a platina. Símbolo: Pd.
pa.la.fi.to [palafíto] *s.m.* palafita.
pa.la.frén [palafrén] *s.m.* palafrém, cavalo bem adestrado. *Más manso que un palafrén.* Mais manso que um palafrém.

pa.la.fre.ne.ro [palafrenéro] *s.m.* palafreneiro, criado que tratava do palafrém ou o conduzia à mão.

pa.lan.ca [palánka] *s.f.* 1 alavanca. 2 (fig.) cartucho, pistolão, influência, apoio para conseguir algo. *Contar con una buena palanca.* Contar com um bom cartucho.

pa.lan.ca.da [palankáða] *s.f.* 1 esforço realizado com a alavanca. 2 golpe de alavanca.

pa.lan.ga.na [palangána] *s.f.* 1 bacia. 2 recipiente para asseio pessoal. *Lavarse manos y rostro en la palangana.* Lavar as mãos e o rosto na bacia.

pa.lan.ga.ne.ro [palanganéro] *s.m.* armação que serve de suporte para uma bacia.

pa.lan.ga.ne.ro [palanganéro] *adj.* fanfarrão, que conta vantagens.

pa.lan.que.ta [palankéta] *s.f.* pé de cabra. *Abrir a fuerza de palanqueta.* Abrir à força com um pé de cabra.

pa.lan.quín [palankín] *s.m.* palanquim. 1 ganha-pão que leva cargas de um para outro lugar. 2 espécie de liteira usada na Índia e na China.

pa.la.tal [palatál] *adj.* palatal. 1 relativo ao palato. 2 som que se articula aplicando o dorso da língua contra o palato.

pa.la.ta.li.zar [palataliθár] *v.t.* palatalizar.

pa.la.ti.na.do [palatináðo] *s.m.* palatinado 1 palatino. 2 território sob as ordens de um príncipe palatino.

pa.la.ti.no [palatíno] *adj.* palatino. 1do palácio, próprio dos palácios, aplicado a dignidades e cargos importantes. *Nobleza palatina.* Nobreza palatina. 2 relativo ao palato, osso par que forma a abóboda do palato.

pa.la.zo [paláθo] *s.m.* paulada, pancada dada com um pedaço de pau.

pal.co [palko] *s.m.* camarote, nos teatros e praças de touros, balcão com vários assentos. *Palco de honor.* Camarote de honra.

pa.le.ar [paleár] *v.t.* palear. *Palear arena.* Palear areia.

pa.len.que [palénke] *s.m.* 1 vala de madeira para cercar um terreno. 2 terreno assim cercado. 3 (Arg. e Urug.) tronco horizontal onde são amarrados os cavalos.

pa.le.o- [páleo] *prefix.* de origem grega que significa "antigo".

pa.le.o.an.tro.po.lo.gí.a [paleoantropoloxía] *s.f.* paleontologia humana, paleantropologia.

pa.le.o.gra.fí.a [paleoγrafía] *s.f.* paleografia.

pa.le.o.lí.ti.co [paleolítiko] *adj. e s.* paleolítico.

pa.le.o.lo.gí.a [paleoloxía] *s.f.* paleologia.

pa.le.ó.lo.go/a [paleóloγo] *adj. e s.* paleólogo.

pa.le.on.to.lo.gí.a [paleontoloxía] *s.f.* paleontologia.

pa.le.on.tó.lo.go/a [paleontóloγo] *s.m. e f.* paleontólogo ou paleontologista.

pa.le.o.zoi.co [paleoθoiko] *adj. e s.m.* paleozoico.

pa.le.rí.a [palería] *s.f.* ofício de poceiro.

pa.le.ro [paléro] *s.m.* 1 que faz ou vende pás. 2 que trabalha exercendo o ofício de poceiro.

pa.les.tra [paléstra] *s.f.* 1 lugar em que antigamente se celebravam lutas ou torneios. 2 (fig.) a mesma luta.

pa.le.ta [paléta] *s.f.* 1 pazinha. 2 palheta, tábua fina com um orifício para o polegar, e sobre a qual os pintores misturam as tintas. 3 *por ext.* colorido. 4 raquete de pingue-pongue.

pa.le.te.ar [paleteár] *v.i.* 1 remar mal. 2 bater na água com as pás da hélice sem que o barco avance. *Paletear en vano.* Remar em vão.

pa.le.ti.lla [paletíʎa] *s.f.* 1 omoplata. 2 cartilagem em que termina o esterno. 3 palmatória.

pa.li.ar [paljár] *v.t.* 1 paliar, encobrir ou dissimular. 2 mitigar ou aliviar um sofrimento físico ou moral. 3 improvisar. *Paliar una falta.* Paliar um erro.

pa.lia.ti.vo [paljatíβo] *adj. e s.* 1 paliativo. 2 atenuante, calmante, sedativo, lenitivo. *Medida paliativa.* Medida paliativa.

pa.li.de.cer [paliðeθér] *v.i.* 1 palidecer, tornarse pálido. 2 diminuir ou atenuar a importância ou esplendor de algo. *Palidecer de espanto.* Ficar pálido de espanto.

pa.li.dez [paliðéθ] *s.f.* 1 palidez. 2 descoloração, desbotamento.

pá.li.do [páliðo] *adj.* 1 pálido, amarelo, macilento ou descorado. 2 (fig.) falto de expressão e colorido. 3 (fig.) desanimado.

pa.li.du.cho [paliðútʃo] *adj.* (fam.) empalidecido.

pa.lier [paljér] *s.m.* em alguns veículos automóveis, semieixo das rodas motrizes.

pa.li.lle.ro [paliʎéro] *s.* 1 que faz ou vende palitos. 2 paliteiro, estojo de palitos de dentes.

pa.li.llo [palíʎo] *s.m.* 1 palito de dentes. 2 varinha para tocar tambor. 3 varinha com um extremo oco para encaixar a agulha de fazer tricô.

pa.lín.dro.mo [palíndromo] *adj. e s.* palavra ou frase que tem o mesmo sentido se lida da esquerda para a direita ou ao contrário. Espanhol. *Anilina. Dábale arroz a la zorra el abad.* Português. *Radar. Roma é amor.*

pa.li.to [palíto] *s.m.* 1 pauzinho, pau pequeno. 2 (Arg.) *pisar el palito,* cair na armadilha.

pa.li.za [palíθa] *s.f.* 1 surra de pancadas, açoites ou pauladas, surra, sova. 2 (fig.) sofrer uma derrota. *Perder por paliza.* Levar uma surra.

pa.li.za.da [paliθáða] *s.f.* 1 empalizada. 2 paliçada, lugar cercado de estacas. 3 cerca de estacas para dirigir a correnteza de um rio. *Meterse tras la palizada.* Colocar-se atrás da paliçada.

pal.ma [pálma] *s.f.* 1 palmeira, planta palmácea. 2 datileira ou tamareira, palmito. 3 palma, face interior da mão, entre a munheca e os dedos. 4 (pl.) palmas, aplausos. *Ganarse las palmas.* Ganhar palmas.

pal.ma.da [palmáða] *s.f.* 1 palmada, pancada, tapa com a palma da mão. 2 ruído de bater as palmas. *Palmadas en la espalda.* Tapas nas costas.

pal.mar [palmár] *adj.* 1 feito de palmeira. 2 da palma da mão ou do casco dos animais. 3 que mede um palmo.

pal.ma.rio [palmárjo] *adj.* palmar, claro, manifesto, patente. *Objeción palmaria.* Objeção palmar.

pal.me.a.do [palmeáðo] *adj.* 1 palmado. 2 folhas, raízes etc. em forma de mão aberta.

pal.me.ar [palmeár] *v.i.* 1 palmear, dar palmadas. 2 *v.t.* açoitar. 3 transportar uma embarcação puxando um cabo com as mãos. *Palmear el barco hasta el amarradero.* Palmear o barco até o ancoradouro.

pal.me.ra [palméra] *s.f.* palmeira. *Palmera datilera.* Palmeira tamareira.

pal.me.ral [palmerál] *s.m.* palmeiral.

pal.me.ro [palméro] *s.* 1 palmeiro. 2 pessoa que acompanha com palmas as danças e ritmos flamencos de Andaluzia.

pal.me.ta [palméta] *s.f.* palmatória.

pal.me.ta.zo [palmetáθo] *s.m.* pancada de palmatória. *Dar un palmetazo.* Dar uma pancada com a palmatória.

pal.mí.pe.do [palmípeðo] *adj. e s.* palmípede.

pal.mi.to [palmíto] *s.m.* 1 palmito, planta. 2 palmito, miolo desta planta, branco, cilíndrico e comestível. *Tarta de palmitos.* Torta de palmito.

pal.mo [pálmo] *s.m.* 1 palmo. 2 comprimento aproximado da mão aberta, da ponta do polegar à do mínimo. *Palmo de tierra.* Palmo de terra.

pal.mo.te.ar [palmoteár] *v.i.* dar palmadas como demonstração de alegria. *Palmotear la espalda.* Dar palmadas nas costas.

pa.lo [pálo] *s.m.* 1 pau, pedaço de madeira. 2 pancada dada com pau. 3 paus de uma embarcação. *Le dieron de palos hasta que se cansaron.* Deram um pau nele até cansar. Não confundir com "bastos", carta do baralho.

pa.lo.ma [palóma] *s.f.* 1 pomba. 2 (fig.) bondoso, pessoa aprazível. *paloma mensajera*, pombo-correio.

pa.lo.mar [palomár] *s.m.* pombal.

pa.lo.mar [palomár] *adj.* fio mais fino e retorcido que o normal.

pa.lo.me.ar [palomeár] *v.i.* 1 caçar pombas. 2 cuidar de pombas.

pa.lo.me.ro [paloméro] *s.* pessoa que compra, vende e cria pombas.

pa.lo.me.ta [palométa] *s.f.* peixe comestível.

pa.lo.mi.lla [palomíʎa] *s.f.* inseto prejudicial em depósitos de grãos.

pa.lo.mi.na [palomína] *s.f.* excremento das pombas.

pa.lo.mi.no [palomíno] *s.m.* 1 cria da pomba silvestre. 2 mancha de excremento na roupa interior.

pa.lo.mi.ta [palomíta] *s.f.* pombinha. (pl.) *palomitas de maíz*, pipoca.

pa.lo.mo [palómo] *s.m.* 1 pombo, macho da pomba. 2 (fam.) homem néscio ou simplório.

pa.lo.san.to [palosánto] *s.m.* pau-santo, caqui, árvore.

pa.lo.te [palóte] *s.m.* 1 palito, como o de tocar tambor. 2 traço reto que se faz quando se aprende a escrever. *Hacer palotes.* Fazer palitos.

pal.pa.ble [palpáβle] *adj.* 1 palpável, que se pode apalpar. 2 (fig.) patente, evidente, muito claro. *Verdad palpable.* Verdade palpável.

pal.pa.ción [palpaθjón] *s.f.* 1 apalpação. 2 exame médico feito com as mãos sobre o corpo, para detectar possíveis anomalias.

pal.par [palpár] *v.t.* 1 apalpar. 2 perceber, tocar uma coisa com as mãos para reconhecê-la. *El médico le ha palpado el vientre.* O médico lhe apalpou o ventre.

pal.pi.ta.ción [palpitaθjón] *s.f.* 1 palpitação. 2 (pl.) batimentos mais frequentes que o normal do coração. *Palpitación preocupante.* Palpitação preocupante.

pal.pi.tan.te [palpitánte] *adj.* 1 palpitante. 2 novo, recente, fresco. 3 que dá sinal de vida.

pal.pi.tar [palpitár] *v.i.* 1 palpitar, latejar, pulsar, agitar-se. 2 contrair-se e dilatar-se alternadamente o coração. *Palpitar un sentimiento.* Palpitar um sentimento.

pál.pi.to [pálpito] *s.m.* pálpito, coraçonada, pressentimento, suposição.

pal.ta [pálta] *s.f.* (Amér. Merid.) abacate, fruto do abacateiro.

pal.to [pálto] *s.m.* (Amér Merid) abacateiro.

pa.lú.di.co [palúðiko] *adj. e s.* 1 paludoso, palustre. 2 próprio de terreno pantanoso. 3 do paludismo, da malária. 4 quem sofre de malária.

pa.lu.dí.co.la [paluðíkola] *adj.* paludícola, que habita nos pântanos.

pa.lu.dis.mo [paluðízmo] *s.m.* impaludismo, paludismo, malária.

pa.lur.do [palúrðo] *adj. e s.* palúrdio.

pa.lus.tre [palústre] *s.m.* colher de pedreiro.

pa.me.la [paméla] *s.f.* chapéu de mulher, baixo de copa e de abas largas e flexíveis.

pam.pa [pámpa] *s.f.* planície extensa, de vegetação rasteira, na região meridional da América do Sul.

pám.pa.na [pámpana] *s.f.* folha da videira.

pam.pa.ni.lla [pampaníʎa] *s.f.* tapa-sexo. *Andar de pampanilla.* Andar de tapa-sexo.

pám.pa.no [pámpano] *s.m.* sarmento verde, tenro e fino, ou pimpolho da videira.

pam.pe.a.no [pampeáno] *adj. e s.* (Amér. Merid.) habitante da região pampiana.

pam.pe.ar [pampeár] *v.i.* (Amér. Merid.) percorrer a Pampa.

pam.pe.ro [pampéro] *adj. e s.* 1 pampiano, da Pampa o das pampas. 2 pampeiro ou minuano. *El frío del pampero.* O frio do pampeiro.

pam.pli.na [pamplína] *s.f.* 1 planta herbácea. 2 (fig. e fam.) ninharia. *¡Son pamplinas!* São ninharias!

pam.pli.na.da [pamplináða] *adj.* (fig.) 1 fútil, expressão melindrosa. 2 despropósito. *Pamplinadas odiosas.* Ninharias odiosas.

pan [pán] *s.m.* 1 pão. 2 pão, sustento, alimento. *Ganarse el pan.* Ganhar o pão.

pan- [pán] *prefix.* de origem grega que significa "tudo" ou "todo".

pa.na [pána] *s.f.* tecido de algodão, semelhante ao veludo, formado por uma urdidura e duas tramas.

pa.na.ce.a [panaθéa] *s.f.* (fig.) 1 panaceia, medicamento, remédio. *Panacea universal.* Panaceia universal. 2 Panaceia, deusa grega, personifica o poder de cura das plantas.

pa.na.de.rí.a [panaðería] *s.f.* 1 ofício de padeiro. 2 padaria. *Pan de panadería.* Pão de padaria.

pa.na.de.ro [panaðéro] 1 *s.m. e f.* padeiro. 2 *s.m.* (pl.) dança espanhola com sapateado.

pa.nal [panál] *s.m.* colmeia, estrutura onde as abelhas depositam o mel. *Las abejas en el panal.* As abelhas na colmeia.

pa.na.má [panamá] *s.m.* 1 panamá, chapéu de palha. 2 esteirinha. 3 tecido.

pan.a.me.ri.ca.nis.mo [panamerikanísmo] *s.m.* pan-americanismo. *Activar el panamericanismo.* Ativar o pan-americanismo.

pan.a.ra.bis.mo [panaraβísmo] *s.m.* pan-arabismo.

pa.na.rra [panárra] *s.m.* (fam.) panaca, tonto, preguiçoso. *Ser demasiado panarra.* Ser muito panaca.

pan.a.sia.tis.mo [panasiatízmo] *s.m.* panasiatismo.

pan.car.ta [pankárta] *s.f.* cartaz com palavras de ordem que se exibe em manifestações públicas.

pan.ce.ta [panθéta] *s.f.* toicinho misturado com carne magra. *Panceta con huevos.* Pança com ovos.

pan.cho [pántʃo] *adj.* 1 (fam.) tranquilo, fleumático. 2 cria de *besugo* (tipo de peixe). *Andar lo más pancho.* Andar bem tranquilo.

pan.cis.ta [panθísta] *adj. e s.* que procura não estar em nenhum partido político para estar bem com todos.

pan.clas.ti.ta [planklastíta] *s.f.* panclastite. *Explotar como panclastita.* Explodir como panclastite.

pán.cre.as [pánkreas] *s.m.* pâncreas.

pan.cre.á.ti.co [pankreátiko] *adj.* pancreático.

pan.cre.a.toc.to.mí.a [pankreatoktomía] *s.f.* pancreatectomia.

pan.cre.a.ti.tis [pankreatítis] *s.f.* pancreatite.

pan.cro.má.ti.co [pankromátiko] *adj.* pancromático.

pan.da [pánda] *s.m.* panda.

pan.de.ar [pandeár] *v.i. e v.p.* pandear, torcerse ou deformar-se uma parede, viga etc. ao ceder no meio.

pan.de.mia [pandémja] *s.f.* pandemia. *Pandemia continental.* Pandemia continental.

pan.de.mó.ni.um [pandemónjum] *s.m.* 1 pandemônio, capital imaginária do inferno. 2 (fig. e fam.) lugar onde reina a desordem e a confusão.

pan.de.re.ta [panderéta] *s.f.* pandeiro. *Batir la pandereta.* Bater o pandeiro.

pan.de.ro [pandéro] *s.m.* pandeiro.

pan.di.lla [pandíʎa] *s.f.* 1 grupo, liga ou união. 2 quadrilha que rouba ou assalta. 3 reunião de amigos para divertir-se, passar o tempo etc. *Pandilla festiva.* Pandilha festiva.

pan.di.lla.je [pandiʎáxe] *s.m.* poder de uma quadrilha para fins ilícitos.

pan.do [pándo] *adj.* 1 pando, que pandeia, que se move ou flui lentamente. 2 terreno pouco profundo, plano, entre dois montes. *Una laguna panda.* Uma lagoa rasa.

Pan.do.ra [pandóra] *s.f.* caja de Pandora, caixa de Pandora, origem mitológica de todos os males.

pa.ne.ci.llo [paneθíʎo] *s.m.* pãozinho, pão pequeno usado para sanduíches ou na mesa. *Panecillos con mantequilla.* Pãezinhos com manteiga.

pa.ne.gí.ri.co [panexíriko] *adj.* panegírico, elogio, louvor, encomiástico, laudatório.

pa.ne.gí.ri.co [panexíriko] *s.m.* discurso ou poema em louvor de alguém.

pa.nel [panél] *s.m.* 1 painel, compartimento. 2 quadro, pintura. 3 painel, quadro de luz. *Panel de iluminación.* Painel de iluminação.

pa.ne.la [panéla] *s.f.* 1 biscoito de forma prismática. 2 (Amér.) rapadura. Não confundir com "olla", utensílio para preparar os alimentos.

pa.ne.ro [panéro] *adj.* que gosta muito de pão.

pa.ne.ro [panéro] *s.m.* 1 cesta grande para transportar o pão. 2 cestinha para servir pão na mesa.

pa.ne.te.la [panetéla] *s.f.* sopa de caldo, pão ralado, galinha picada, açúcar, gema de ovo etc.

pán.fi.lo [pánfilo] *adj. e s.* 1 muito pausado, lento para agir. 2 bobo, simplório ou muito ingênuo.

pan.fle.to [panfléto] *s.m.* 1 panfleto, escrito difamatório. 2 propaganda violenta, subversiva. 3 folheto de caráter clandestino. *Distribuir panfletos por la ciudad.* Distribuir panfletos pela cidade.

pa.nia.gua.do [panjaɣwáðo] *s.m.* 1 servidor, criado, apaniguado. 2 (fig.) favorecido, achegado.

pá.ni.co [pániko] *adj. e s.* pânico. *El pánico cundió en el teatro.* O pânico se espalhou no teatro.

pa.nie.go [paniéɣo] *adj.* 1 que come muito pão. 2 diz-se do terreno que produz muito trigo.

pa.ni.fi.ca.do.ra [panifikaðóra] *s.f.* padaria, panificadora.

pa.ni.fi.car [panifikár] *v.t.* 1 panificar. 2 arar as terras improdutivas, tornando-as propícias para semear cereais.

pa.ni.zo [paníθo] *s.m.* 1 erva da família das gramíneas. 2 alimento para animais. 3 grão desta planta. 4 pessoa de quem se espera tirar proveito. *Comer panizo las gallinas.* Comer painço as galinhas.

pa.no.ja [panóχa] *s.f.* 1 espiga de milho, trigo candial ou painço. 2 cacho de uva ou outra fruta. 3 conjunto de três ou mais pescados pequenos que são fritos unidos pelas caudas.

pa.no.ra.ma [panoráma] *s.m.* 1 panorama. 2 (fig.) panorama, aspecto global de um tema ou assunto. *Panorama global.* Panorama global.

pa.no.rá.mi.co [panorámiko] *adj.* 1 panorâmico. 2 vista que, de uma distância, permite apreciar todo o conjunto.

pa.no.rá.mi.ca [panorámika] *s.f.* filme ou fotografia que mostra do mesmo ponto um grande setor da paisagem. *Visión panorámica.* Visão panorâmica.

pan.que.que [pankéke] *s.m.* (Amér.) panqueca.

pan.ta.lla [pantáʎa] *s.f.* 1 tela, monitor de televisão. 2 tela para projeção de imagens. 3 anteparo de chaminé ou lareira. *Astro de la pantalla chica.* Astro da TV.

pan.ta.lón [pantalón] *s.m.* calça. *Bajarse uno los pantalones.* Abaixar as calças.

pan.ta.lo.ne.ro [pantalonéro] *s.m. e f.* pessoa que confecciona calças.

pan.ta.nal [pantanál] *s.m.* 1 pantanal, terreno pantanoso. 2 lodaçal. *Atollarse en el pantanal.* Atolar-se no pantanal.

pan.ta.no [pantáno] *s.m.* 1 pântano, lodaçal. 2 (fig.) dificuldade. *Caer en un pantano.* Cair num pântano.

pan.ta.no.so/a [pantanóso] *adj.* 1 pantanoso, cheio de pântanos. 2 paludoso, alagado, barrento.

pan.te.ón [panteón] *s.m.* 1 panteão, jazigo, monumento funerário, sepultura. 2 túmulo. *Fue sepultado en el panteón familiar.* Foi sepultado no jazigo familiar.

pan.te.ra [pantéra] *s.f.* 1 pantera, leopardo da Índia. 2 ágata amarela, jaspeada de pardo ou vermelho. 3 (fig.) pessoa furiosa. *Transformarse en pantera.* Transformar-se em pantera, virar uma onça.

pan.tó.gra.fo [pantóɣrafo] *s.m.* pantógrafo, instrumento que permite copiar em escala igual ou diferente um desenho plano.

pan.to.mi.ma [pantomíma] *s.f.* expressar ideias ou sentimentos através de gestos, pantomima. *Hacer pantomimas.* Fazer pantomimas.

pan.to.rri.lla [pantorríʎa] *s.f.* batata da perna, panturrilha.

pan.tu.fla [pantúfla] *s.f.* chinelo, pantufa.

pa.nu.cho [panútʃo] *s.m.* torta de milho recheada de carne e feijão.

pan.za [pánθa] *s.f.* pança, estômago, barriga ou ventre avultado. *Tener la panza llena.* Estar com a barriga cheia.

pan.za.da [panθáða] *s.f.* 1 pançada, pancada com a pança. 2 (fam.) comilança. *Panzada de panqueques.* Fartação de panquecas.

pan.zón/a [panθón] *adj. e s.* barrigudo, pançudo.

pa.ñal [paɲál] *s.m.* 1 fralda. 2 (fig.) origem, princípio de alguma coisa. *estar en pañales,* estar só no comecinho.

pa.ñe.rí.a [paɲería] *s.f.* 1 loja de tecidos. 2 conjunto de panos.

pa.ñe.ro/a [paɲéro] *adj. e s.* 1 dos panos. 2 pessoa que fabrica ou vende tecidos.

pa.ño [páɲo] *s.m.* 1 tecido de lã. 2 pano, qualquer tecido de seda, linho, algodão etc. para usos diversos. *Vestidura de buen paño.* Roupa de bom pano.

pa.ño.le.rí.a [paɲolería] *s.f.* lençaria, fábrica ou loja de lenços.

pa.ño.le.ro [paɲoléro] *adj. e s.* 1 pessoa que vende lenços. 2 marinheiro encarregado da despensa ou do depósito de materiais.

pa.ño.le.ta [paɲoléta] *s.f.* lenço, xale.

pa.ño.lón [paɲolón] *s.m.* lenço, xale, lenço grande para a cabeça, pescoço etc.

pa.ñue.lo [paɲwélo] *s.m.* lenço.

pa.pa [pápa] *s.f.* 1 batata, planta e tubérculos. 2 (pl.) mingau para crianças. *no entender ni papas,* não entender bulhufas.

pa.pa [pápa] *s.m.* sucessor de São Pedro no governo universal da Igreja Católica. *Ser más papista que el Papa.* Ser mais papista que o Papa.

pa.pá [papá] *s.m.* 1 papai. 2 (pl.) os pais, o pai e a mãe.

pa.pa.ble [papáβle] *adj.* papável, cardeal que tem probabilidade de ser eleito Papa.

pa.pa.da [papáða] *s.f.* papada. *Tener grande la papada.* Ter papada grande.

pa.pa.do [papáðo] *s.m.* 1 papado, dignidade de Papa. 2 papado, tempo de um pontificado. 3 conjunto de papas.

pa.pa.ga.yo [papaɣáʝo] *s.m.* papagaio. *Hablar como un papagayo.* Falar como um papagaio.

pa.pal [papál] *adj.* papal, relativo ao Papa. *Dignidad Papal.* Dignidade Papal.

pa.pa.mos.cas [papamóskas] *s.m.* 1 papamoscas. 2 (fig. e fam.) bobalhão, simplório.

pa.pa.na.tas [papanátas] *adj.* (fam.) panaca, pessoa simples e crédula, simplória e fácil de enganar.

pa.par [papár] *v.t.* 1 papar, comer coisas moles, sem mastigar. 2 (fig. e fam.) estar distraído, não prestar atenção.
pá.pa.ro [páparo] *adj. e s.* homem simples ou caipira.
pa.pa.rru.cha [paparrútʃa] *s.f.* 1 (fam.) boato, notícia falsa ou desatinada. 2 bobagem, estupidez. *Paparrucha vergonzosa.* Boato vergonhoso.
pa.pa.ya [papája] *s.f.* mamão, papaia, fruto do mamoeiro. *Dulce de papaya.* Doce de mamão.
pa.pa.yo [papájo] *s.m.* mamoeiro, árvore papaieira.
pa.pe.ar [papeár] *v.i.* balbuciar, gaguejar, falar sem sentido, papear, bater papo.
pa.pel [papél] *s.m.* 1 papel, folha fina. 2 documento. 3 papel, cargo, função. *Hacer un buen papel.* Fazer um bom papel.
pa.pe.le.ar [papeleár] *v.i.* revolver, revirar papéis em busca de uma notícia, documento, informação etc. *Papelear datos.* Revirar dados.
pa.pe.le.o [papeléo] *s.m.* papelada. *Un papeleo irritante.* Uma papelada irritante.
pa.pe.le.rí.a [papelería] *s.f.* 1 papelaria, loja que vende papel e artigos de escritório. 2 conjunto de papéis descartados.
pa.pe.le.ro [papeléro] *adj. e s.* 1 papeleiro, que fabrica ou vende papel. 2 ostentoso, vão. 3 papeleira, cesto para jogar papéis.
pa.pe.le.ta [papeléta] *s.f.* 1 papeleta, cédula, boleto. 2 cartão, lâmina de pagamento. 3 boletim escolar. 4 assunto difícil de resolver. *Tener una papeleta complicada.* Ter uma papeleta complicada.
pa.pel.ón [papelón] *adj. e s.* (fig.) fiasco, papelão. *Hacer un papelón.* Fazer um papelão.
pa.pe.lo.te [papelóte] *s.m.* 1 papel escrito ou descartável. 2 papelório. *Acumular papelotes.* Acumular papelório.

pa.pe.ra [papéra] *s.f.* 1 caxumba. 2 bócio. 3 papeira, tumor inflamatório e contagioso dos cavalos.
pa.pi [pápi] *s.m.* paizinho, diminutivo carinhoso de *papá*.
pa.pi.la [papíla] *s.f.* papila.
pa.pi.lio.ná.ce.as [papilionáθeas] *s.f.* (pl.) papilionáceas, plantas leguminosas.
pa.pi.lla [papíʎa] *s.f.* papinha, mingau. *Estar saturado de papilla.* Estar saturado de papinha.
pa.pi.ro [papíro] *s.m.* 1 papiro, planta herbácea. 2 papiro, lâmina obtida desta planta que os antigos usavam para escrever.
pa.pi.ro.fle.xia [papiroflé(k)sja] *s.f.* técnica de fazer figuras, dobrando papel, *origami*.
pa.pis.mo [papízmo] *s.m.* papismo.
pa.pis.ta [papísta] *adj. e s.* 1 papista, que professa o papismo. 2 defensor rigoroso das disposições papais. *Ser más papista que el Papa,* ser mais papista que o Papa.
pa.po [pápo] *s.m.* 1 papo, parte avultada entre o queixo e o pescoço. 2 bucho das aves. 3 (vulg.) bócio.
pá.pu.la [pápula] *s.f.* pápula, pequena lesão cutânea.
pa.que.bo.te [pakeβót(e)] *s.m.* paquete, barco que leva correio e passageiros de um porto a outro.
pa.que.te [pakéte] *s.m.* pacote. *Paquete de acciones.* Pacote de ações.
pa.que.te.rí.a [paketería] *s.f.* 1 gênero miúdo de comércio que se guarda ou vende em pacotes. 2 armarinho (loja).
pa.que.te.ro [paketéro] *adj. e s.* 1 que faz pacotes. 2 pessoa que reparte pacotes de jornais entre os vendedores.
pa.qui.der.mia [pakiðérmja] *s.f.* paquidermia, espessamento anormal da pele.
pa.qui.der.mo [pakiðérmo] *adj. e s.* paquiderme, animal de pele grossa e dura.

Tener piel de paquidermo. Ter pele de paquiderme.
par [pár] *adj.* 1 par, totalmente igual ou semelhante. 2 par, conjunto de duas coisas da mesma espécie. 3 casal de dança. 4 marido e mulher. *Formar un buen par.* Formar um bom par.
pa.ra [pára] *prep.* 1 para, denota o fim ou término a que se encaminha uma ação. 2 para, a fim de. 3 para, em relação a. 4 para, na direção de. *Partir para siempre.* Partir para sempre.
pa.ra- [pára] *prefix.* que significa "junto", "a um lado".
pa.rra [pár̃a] *s.f.* parra, parreira, vide, videira.
pa.ra.bién [paraβjén] *s.m.* felicitação, congratulação, parabéns. *Dar parabienes.* Dar os parabéns, felicitar.
pa.rá.bo.la [paráβola] *s.f.* 1 parábola. 2 alegoria. 3 curva aberta. *Hablar en parábolas.* Falar por parábolas. *Describir parábolas en el aire.* Descrever parábolas no ar.
pa.ra.bó.li.co [paraβóliko] *adj.* 1 parabólico. 2 em forma de parábola.
pa.ra.bo.li.zar [paraβoliθár] *v.t. e i.* 1 exemplificar com parábolas e alegorias. 2 dar forma parabólica a uma figura.
pa.ra.bri.sas [paraβrísas] *s.m.* (pl.) para-brisa. *Accionar el limpiaparabrisas.* Acionar o limpador de para-brisa.
pa.ra.ca [paráka] *s.f.* brisa forte do Pacífico.
pa.ra.ca.í.das [parakaíðas] *s.m.* paraquedas. *Paracaídas de emergencia.* Paraquedas de emergência.
pa.ra.cai.dis.mo [parakaiðízmo] *s.m.* paraquedismo, esporte que consiste em saltar de páraquedas.
pa.ra.cai.dis.ta [parakaiðísta] *s.m.* paraquedista.
pa.ra.ce.ta.mol [paraθetamól] *s.m.* paracetamol.

pa.ra.chis.pas [paratʃíspas] *s.m.* chapa protetora em portas de fornos, chaminés etc.
pa.ra.cho.ques [paratʃókes] *s.m.* para-choque, dispositivo em automóveis ou ponto terminal de ferrovias, para amortecer choques. Ver *paragolpes.*
pa.ra.di.sí.a.co [paraðisíako] *adj.* (fig.) paradisíaco, delicioso, prazeroso. *Um viaje paradisíaco.* Uma viagem paradisíaca.
pa.ra.do [paráðo] *adj. e s.* 1 parado, que não se mexe. 2 desempregado, que não trabalha. 3 quieto, calado, inexpressivo. 4 em pé. *salir bien parado,* dar-se bem.
pa.ra.do.ja [paraðóxa] *s.f.* paradoxo, contradição, contraste.
pa.ra.dor [paraðór] *s.m.* estabelecimento hoteleiro, à beira da estrada, pousada, hospedaria.
pa.ra.es.ta.tal [paraestatál] *adj.* paraestatal.
pa.ra.fa.sia [parafásia] *s.f.* parafasia, perturbação da linguagem em que as palavras não correspondem às ideias.
pa.ra.fi.na [parafína] *s.f.* parafina.
pa.ra.fi.nar [parafinár] *v.t.* parafinar, revestir de parafina.
pa.ra.fra.se.ar [parafraseár] *v.t.* parafrasear, fazer a interpretação de um texto ou escrito. *Parafrasear a alguien.* Parafrasear alguém.
pa.rá.fra.sis [paráfrasis] *s.f.* 1 paráfrase. 2 reprodução livre em verso de um texto em prosa.
pa.ra.gol.pes [paraɣólpes] *s.m.* para-choque.
pa.ra.gra.ni.zo [paraɣraníθo] *s.m.* cobertor que protege os frutos ou semeaduras do granizo.
pa.ra.guas [paráɣwas] *s.m.* guarda-chuva. *Abrir el paraguas antes de tiempo.* Abrir o guarda-chuva antes do tempo.
pa.ra.güe.ro [paraɣwéro] *adj. e s.* 1 pessoa que faz ou vende guardachuvas. 2 móvel para

paraíso

colocar guarda-chuvas, bengalas, bastões etc.
pa.ra.í.so [paraíso] *s.m.* paraíso, céu, éden. *Paraíso terrenal.* Paraíso terrestre.
pa.ra.je [paráxe] *s.m.* paragem, lugar afastado ou solitário. *Procurar un paraje apropiado.* Procurar uma paragem apropriada.
pa.ra.le.le.pí.pe.do [paralelepípeðo] *s.m.* paralelepípedo. Não confundir com "adoquín". *Calle cubierta de adoquines.* Rua de paralelepípedo.
pa.ra.le.lo [paralélo] *adj.* 1 paralelo, linhas ou planos equidistantes entre si. 2 correspondente, semelhante.
pa.ra.le.las [paralélas] *s.m.* (pl.) barras paralelas nas quais o ginasta executa exercícios. *Conexión en paralelo.* Conexão em paralelo.
pa.ra.le.lo.gra.mo [paraleloɣrámo] *s.m.* paralelogramo. *Paralelogramo de Watt.* Paralelogramo de Watt.
pa.ra.le.xia [paraléksja] *s.f.* paralexia, estado patológico em que o indivíduo lê mal as palavras ou as frases.
pa.rá.li.sis [parálisis] *s.f.* 1 paralisia. 2 (fig.) suspensão, intumescimento. *Parálisis facial.* Paralisia facial.
pa.ra.lí.ti.co [parálítiko] *adj. e s.* paralítico, tolhido, impedido, paraplégico.
pa.ra.li.za.ción [paraliθaθjón] *s.f.* 1 paralise. 2 (fig.) paralisação, interrupção, suspensão, imobilização. *Paralización de la obra.* Paralisação da obra.
pa.ra.li.zar [paraliθár] *v.t.* 1 paralisar, causar paralisia, entrevar. 2 (fig.) impedir, deter, imobilizar, estancar. *Paralizarlo el miedo.* Ficar paralisado de medo.
pa.ra.lo.gis.mo [paraloxízmo] *s.m.* paralogismo, falácia, silogismo.
pa.ra.me.ra [paraméra] *s.f.* região com numerosos páramos.

pa.rá.me.tro [parámetro] *s.m.* parâmetro. *Establecer parámetros.* Estabelecer parâmetros.
pa.ra.mi.li.tar [paramilitár] *adj.* paramilitar, certas organizações com estrutura ou disciplina militar.
pá.ra.mo [páramo] *s.m.* 1 páramo, terreno ermo, raso e descampado. 2 (fig.) lugar muito frio e desabrigado. *Páramos desolados.* Páramos desolados.
pa.ran.gón [parangón] *s.m.* comparação, semelhança entre duas coisas. *No existir parangón posible.* Não existir comparação possível.
pa.ran.go.nar [parangonár] *v.t.* comparar, estabelecer uma comparação.
pa.ra.nin.fo [paranímfo] *s.m.* salão nobre, salão de atos acadêmicos em universidades ou outros centros de ensino. *Ceremonia realizada en el paraninfo.* Cerimônia realizada no salão nobre.
pa.ra.noia [paranoia] *s.f.* paranoia, delírio mental.
pa.ra.noi.co [paranoiko] *adj.* 1 paranoico, relativo à paranoia. 2 paranoico, que sofre de paranoia.
pa.ra.nor.mal [paranormál] *adj.* paranormal.
pa.ra.pen.te [parapénte] *s.m.* parapente. *Lanzarse desde el cerro en parapente.* Pular do morro em um parapente.
pa.ra.pe.tar [parapetár] *v.t.* 1 parapeitar; proteger, prevenir, precaver. 2 *v.p.* proteger-se.
pa.ra.pe.to [parapéto] *s.m.* 1 parapeito. 2 muralha, trincheira, etc. *Parapeto inexpugnable.* Parapeito inexpugnável.
pa.ra.ple.jia / pa.ra.ple.jí.a [parapléxja]/ [paraplexía] *s.f.* paraplegia.
pa.ra.psi.co.lo.gí.a [parasikoloxía] *s.f.* parapsicologia.

pa.rar [parár] *v.i.* e *v.p.* 1 parar, cessar na ação ou no movimento. 2 parar, deter, frear, paralisar. *Parar la carrera.* Parar a corrida.

pa.ra.rra.yos [pararrájo(s)] *s.m.* para-raios.

pa.ra.si.tar [parasitár] *v.t.* 1 parasitar, viver à custa de um organismo. 2 (fig.) viver à custa dos outros.

pa.ra.si.ti.ci.da [parasitiθíða] *adj.* e *s.* substância para destruir parasitos.

pa.rá.si.to [parásito] *adj.* e *s.* 1 parasita, organismo. 2 (fig.) indivíduo que vive à custa dos outros. *Parásito social.* Parasita social.

pa.ra.si.to.lo.gí.a [parasitoloxía] *s.f.* parasitologia.

pa.ra.sol [parasól] *s.m.* para-sol, sombrinha. *El parasol en la playa.* O guarda-sol na praia.

pa.ra.ta.xis [paratá(k)sis] *s.f.* parataxe, coordenação gramatical, justaposição.

par.ca [párka] *s.f.* (fig.) a morte.

par.ce.la [parθéla] *s.f.* 1 lote, porção de terreno. 2 fragmento. Não confundir com "cuota, plazo".

par.ce.lar [parθelár] *v.t.* lotear. *Parcelar el enorme predio.* Parcelar o enorme prédio. Não confundir com "lotear, fragmentar".

par.che [pártʃe] *s.m.* 1 remendo, pedaço de tecido, papel etc. 2 parche, as peles do tambor. *Un parche en la camisa.* Um remendo na camisa.

par.cial [parθjál] *adj.* e *s.* 1 parcial, uma parte. 2 parcial, incompleto, não total. 3 parcial, que procede com parcialidade. 4 partidário, sequaz. *Entrega parcial.* Entrega parcial.

par.cia.li.dad [parθjaliðáð] *s.f.* 1 preferência injusta, falta de equanimidade, parcialidade. 2 improcedência; injustiça. *Parcialidad manifiesta en su accionar.* Parcialidade manifesta em seu modo de agir.

par.cial.men.te [parθjalménte] *adv.* parcialmente, em parte, com parcialidade.

par.co [párko] *adj.* 1 parco, moderado, sóbrio, especialmente no comer. 2 escasso, curto de gênio.

par.dal [parðál] *s.m.* gorrión. 1 pardal. 2 acônito, planta tóxica. 3 (fam.) homem astuto, velhaco. *A vuelo de pardal.* A voo de pardal.

par.de.ar [parðeár] *v.i.* empardecer, tornar-se pardo.

par.de.la [parðéla] *s.f.* ave acústica palmípede.

¡pardiez! [parðjéθ] *interj.* (fam.) por Deus! Caramba!

par.di.llo [parðíʎo] *adj.* e *s.* 1 aldeão, palúrdio. 2 incauto, que é enganado com facilidade.

par.do [párðo] *adj.* 1 pardo (cor). 2 céu nublado. *De color pardo.* De cor parda.

par.dus.co [parðúsko] *adj.* pardusco, pardacento, escuro.

pa.re.ar [pareár] *v.t.* 1 comparar duas coisas entre si. 2 dispor as coisas formando pares. *Parear los melones.* Colocar os melões em pares.

pa.re.cer [pareθér] *s.m.* 1 opinião, ditame, juízo, parecer. 2 aspecto, semblante, aparência. *Su parecer es coincidente.* Seu parecer é coincidente.

pa.re.cer [pareθér] *v.i.* e *v.p.* 1 assemelhar-se. 2 ser provável. 3 figurar-se. *al parecer*, pelo jeito. 4 parecer, constar. *Parece buena persona.* Parece boa pessoa.

pa.re.ci.do [pareθíðo] *adj.* parecido, semelhante, análogo, similar. *Ser muy parecido a fulano.* Ser muito parecido com fulano.

pa.red [paréð] *s.f.* parede, muro, tapume, tabique. *Darse contra una pared.* Dar contra uma parede.

pa.re.dón [pareðón] *s.m.* 1 grande parede, muro alto, muralha. 2 (mil.) paredão, muro ou lugar onde são fuzilados os condenados à morte.

pareja

pa.re.ja [paréχa] *s.f.* 1 par, duas pessoas, sem importar o sexo. 2 casal. 3 junta de bois. 4 dupla de canto. 5 par de objetos. *Este calcetín no forma pareja con este otro.* Esta meia não faz par com esta outra.

pa.re.je.ro [parexéro] *adj.* parelheiro, cavalo de corrida.

pa.re.jo [paréxo] *adj.* 1 parelho, igual ou semelhante. 2 liso, plano. *Dejar parejo el terreno.* Deixar o terreno parelho.

pa.re.mia [parémja] *s.f.* parêmia, refrão, provérbio, sentença. *Proclamar paremias.* Proclamar parêmias.

pa.ré.ne.sis [parénesis] *s.f.* parênese, admoestação ou exortação.

pa.ren.te.la [parentéla] *s.f.* parentela. *Llegar toda la parentela.* Chegar toda a parentela.

pa.ren.tes.co [parentésko] *s.m.* 1 parentesco, vínculo, laço, conexão. 2 (fig.) união ou liga de coisas.

pa.rén.te.sis [paréntesis] *s.m.* 1 parênteses, sinais de pontuação. 2 parênteses, suspensão, inciso, pausa. *Establecer un paréntesis en la conversación.* Estabelecer parênteses na conversa.

pa.ria [párja] *s.m.* pária. *Paria del destino.* Pária do destino.

pa.ri.dad [pariðáð] *s.f.* 1 paridade, comparação entre coisas análogas. 2 paridade, igualdade, similitude, equivalência. *Paridad monetaria.* Paridade monetária.

pa.ri.de.ra [pariðéra] *s.f.* 1 parideira, fêmea fecunda. 2 lugar onde o gado pare.

pa.rien.te [parjénte] *adj. e s.* parente.

pa.rien.te [parjénte] *s.m. fam.* o marido ou a mulher, em relação a seu cônjuge.

pa.rie.tal [parjetál] *adj.* 1 parietal, da parede. 2 (med.) parietal, osso. *Fracturar el parietal.* Fraturar o parietal.

pa.ri.hue.la(s) [pari(γ)wéla] *s.f.* (pl.) 1 liteira. 2 maca, cama portátil. *Transportar al paciente en parihuelas.* Transportar o paciente em maca.

pa.rir [parír] *v.i. e t.* 1 parir. 2 (fig.) alumiar, sair à luz o que estava oculto. *Parir una obra de arte.* Parir uma obra de arte.

pa.ri.ta.rio [paritárjo] *adj.* paritário.

par.la.men.tar [parlamentár] *v.i.* 1 parlamentar. 2 discutir condições ou capitulações. *Parlamentar con el enemigo.* Parlamentar com o inimigo.

par.la.men.ta.rio [parlamentárjo] *adj.* parlamentar, do parlamento.

par.la.men.ta.rio [parlamentárjo] *s.m.* 1 parlamentar, pessoa autorizada para parlamentar. 2 parlamentar, membro de um parlamento.

par.la.men.to [parlaménto] *s.m.* 1 parlamento, ação de parlamentar. 2 parlamento, assembleia, corte, câmara legislativa. *Miembros del parlamento.* Membros do parlamento.

par.lan.chín [parlantʃín] *adj. e s.* (fam.) tagarela, que fala muito e sem discrição.

par.lar [parlár] *v.i. e t.* 1 tagarelar. 2 dar sua voz algumas aves.

par.lo.te.ar [parloteár] *v.i.* tagarelar, parlar.

pa.ro [páro] *s.m.* 1 suspensão ou término da jornada de trabalho. 2 greve. 3 (med.) parada cardíaca, síncope. 4 parada, quietude. *Paro nacional de transporte.* Greve nacional de transporte. *estar en el paro*, estar desempregado.

pa.ro.dia [paróðja] *s.f.* 1 paródia, imitação burlesca de uma obra literária. 2 paródia, imitação burlesca de uma coisa séria.

pa.ro.diar [paroðjár] *v.t.* 1 parodiar, fazer paródia. 2 parodiar, imitar, remedar. *Parodiar a los políticos.* Imitar os políticos.

pa.ro.dis.ta [paroðísta] *adj. e s.* parodista, que imita, que faz paródias.

pa.ró.ni.mo [parónimo] *adj.* parônimo, palavras de significação diferente mas de forma parecida.

pa.ró.ti.da [parótiða] *s.f.* parótida, glandulas salivares situadas abaixo e por diante das orelhas.

pa.ro.ti.di.tis [parotiðítis] *s.f.* parotidite, inflamação das parótidas.

pa.ro.xis.mo [paro(k)sísmo] *s.m.* 1 paroxismo, exacerbação, acesso violento de uma doença. 2 excitação, exasperação.

pa.ro.xí.to.no [paro(k)sítono] *adj.* paroxítono.

par.pa.de.ar [parpaðeár] *v.i.* 1 piscar, abrir e fechar repetidamente as pálpebras. 2 piscar, oscilar a luz. *Parpadear nerviosamente*. Piscar nervosamente.

par.pa.de.o [parpaðéo] *s.m.* piscadela, ato ou efeito de piscar.

pár.pa.do [párpaðo] *s.m.* pálpebra.

par.par [parpár] *v.i.* grito do pato.

par.que [párke] *s.m.* 1 parque. 2 parque, conjunto de máquinas, automóveis etc. 3 parque zoológico.

par.qué [parké] *s.m.* entarimado, parquê, piso de madeira, pavimento de madeira. *Lustrar el piso parqué*. Lustrar o chão de parquê.

par.que.ar [parkeár] *v.t.* estacionar um veículo.

par.que.dad [parkeðáð] *s.f.* 1 moderação, qualidade de parco, prudência no uso das coisas. 2 calma, parcimônia.

par.quí.me.tro [parkímetro] *s.m.* parquímetro. *Poner la moneda en el parquímetro*. Colocar a moeda no parquímetro.

pa.rra [párra] *s.f.* 1 videira. 2 vinha trepadeira. 3 pâmpano. *subirse a la parra*, enfurecer-se.

pa.rra.fa.da [parrafáða] *s.f.* 1 bate-papo. 2 discurso longo, veemente e sem pausas.

pá.rra.fo [párrafo] *s.m.* parágrafo.

pa.rral [parrál] *s.m.* 1 parreira sustentada por uma armação. 2 lugar onde há parreiras. *A la sombra del parral*. À sombra da parreira.

pa.rran.da [parránda] *s.f.* (fam.) 1 festa, farra, gandaia. 2 grupo de músicos que saem para divertir-se de noite. *Nos vamos de parranda*. Vamos para a farra.

pa.rran.de.ar [parrandeár] *v.i.* farrear, sair de noite para festejar, cair na gandaia.

pa.rri.ci.da [parriθíða] *adj. e s.* parricida, pessoa que comete parricídio.

pa.rri.ci.dio [parriθíðjo] *s.m.* genocídio, parricídio.

pa.rri.lla [parríʎa] *s.f.* 1 churrasqueira. 2 churrascaria. *Poner toda la carne en la parrilla*. Pôr toda a carne na churrasqueira.

pa.rri.lla.da [parriʎáða] *s.f.* churrasco.

pá.rro.co [párroko] *s.m.* pároco. *Celebrar una misa el párroco*. Celebrar missa o pároco.

pa.rro.quia [parrókja] *s.f.* 1 paróquia, igreja. 2 paróquia, território do pároco. 3 paróquia, conjunto de paroquianos e clero desse território. 4 paróquia, freguesia, clientela.

pa.rro.quia.no [parrokjáno] *s.* 1 paroquiano, freguês de uma paróquia. 2 freguês, cliente. *Estar la tienda abarrotada de parroquianos*. Estar a loja abarrotada de paroquianos.

par.si.mo.nia [parsimónja] *s.f.* 1 parcimônia, moderação. 2 tranquilidade, calma, lentidão. *De irritante parsimonia*. De irritante parcimônia.

par.si.mo.nio.so [parsimonjóso] *adj. e s.* 1 parcimonioso, moderado. 2 tranquilo, calmo.

pa.rte [párte] *s.f.* 1 parte, porção determinada ou não de um todo. 2 fração, porção, fragmento. 3 lugar. 4 parte de um livro. *Corresponderle la peor parte*. Corresponder-lhe a pior parte.

par.te.ar [parteár] *v.t.* assistir ao parto.

par.te.nai.re [partenér] *s.m.* em relação a um ator, bailarino etc., pessoa que faz par com ele. *Partenaire de lujo*. Partenaire de luxo.

par.te.no.gé.ne.sis [partenoχénesis] *s.f.* partenogênese, desenvolvimento de um óvulo sem fecundação.

partero

par.te.ro [partéro] *s.* parteiro, parteira. *Llegar a tiempo la partera.* Chegar a tempo a parteira.
par.ti.ble [partíβle] *adj.* partível.
par.ti.ción [partiθjón] *s.f.* 1 partição, divisão, distribuição, fracionamento de algo. 2 (mat.) divisão matemática.
par.ti.ci.pa.ción [partiθipaθjón] *s.f.* 1 participação. 2 aviso, parte, notícia. *Participación de casamiento.* Participação de casamento.
par.ti.ci.pan.te [partiθipánte] *adj. e s.* participante, participador, partícipe.
par.ti.ci.par [partiθipár] *v.i.* 1 participar, ter ou receber parcela de um todo. 2 notificar, anunciar. 3 participar, cooperar, contribuir, tomar parte. *Pedro participó en el hecho.* Pedro participou do evento.
par.tí.ci.pe [partíθipe] *adj. e s.* participante, partícipe. *Hacerlo partícipe.* Comunicar-lhe algo/Compartilhar algo com ele.
par.ti.ci.pio [partiθípio] *s.m.* particípio.
par.ti.cu.la [partíkula] *s.f.* 1 partícula. 2 (gram.) palavra invariável da oração. 3 partícula, elemento que constitue o átomo. *Partícula elemental.* Partícula elementar.
par.ti.cu.lar [partikulár] *adj.* 1 particular. 2 particular, privado, não público. 3 singular, peculiar. *Domicilio particular.* Domicílio particular. *clase particular*, aula particular.
par.ti.cu.la.ri.dad [partikulariðáð] *s.f.* particularidade, singularidade. *Particularidad única.* Particularidade única.
par.ti.cu.la.ri.zar [partikulariθár] *v.t.* 1 particularizar, referir com minúcia e particularidade. 2 individualizar, distinguir.
par.ti.cu.lar.men.te [partikulármente] *adv.* 1 particularmente, especialmente, em particular. 2 em caráter privado ou particular.
par.ti.da [partíða] *s.f.* 1 partida, ato de partir ou sair de um ponto. 2 certidão. 3 (fig.) a morte. 4 partida, jogo de mesa. *partida de nacimiento*, certidão de nascimento. *partida de bautismo*, certidão de batismo. *partida de defunción*, certidão de óbito. Não confundir com "partido", jogo de campo.
par.ti.da.rio [partiðárjo] *adj. e s.* 1 partidário, simpatizante de uma pessoa ou ideia. 2 partidário, adicto, correligionário, afiliado, sectário. *Partidario cabal.* Partidário cabal.
par.ti.dis.mo [partiðízmo] *s.m.* 1 parcialidade, falta de objetividade. 2 proselitismo.
par.ti.dis.ta [partidísta] *adj. e s.* partidário. *Partidista inveterado.* Partidário inveterado.
par.ti.do [partíðo] *adj.* fendido, cortado, rachado, quebrado.
par.ti.do [partíðo] *s.m.* 1 partido, parcialidade, facção. 2 partido, conjunto de partidários de uma pessoa ou coisa. 3 *s.f.* partida, competição esportiva. *Partido amistoso.* Partida amistosa. Não confundir com "partida".
par.tir [partír] *v.t.* 1 partir, fender, rachar. 2 partir, distribuir, dividir em partes. 3 partir, ir embora, pôr-se a caminho. 4 partir, romper, despedaçar, quebrar. *Partir con el alba.* Ir embora ao romper da aurora.
par.ti.ti.vo [partitíβo] *adj.* 1 partível, que pode ser partido ou dividido. 2 aplica-se especificamente aos numerais fracionários, como *mitad*, metade, *tercio*, terço, *octavo*, oitavo.
par.ti.tu.ra [partitúra] *s.f.* partitura.
par.to [párto] *s.m.* 1 parto, parição. 2 o feto depois de sair à luz. 3 nascimento. *Parto sin dolor.* Parto sem dor.
par.tu.rien.ta [parturjénta] *adj. e s.f.* parturiente, puérpera.
par.va [párβa] *s.f.* 1 parva. 2 (fig.) meda ou grande quantidade. *Una parva de papeles.* Uma meda de papéis.
par.va.da [parβáða] *s.f.* 1 conjunto de parvas. 2 conjunto de frangos.

par.ve.dad [parβeðáð] *s.f.* 1 escassez, pouquidade, parvidade. 2 alimento leve tomado pelas manhãs em dias de jejum.

par.vo [párβo] *adj.* 1 parvo, escasso em quantidade ou em número. 2 pequeno, apoucado, tênue, curto. *Ser muy parvo en el análisis.* Ser muito parvo na análise.

par.vu.la.rio [parβulárjo] *s.m.* escola infantil.

pár.vu.lo [párβulo] *adj.* 1 párvulo, criança. 2 inocente, fácil de enganar.

pa.sa [pása] *s.f.* passa, uva. *quedarse como una pasa*, ficar como uma passa.

pa.sa.ble [pasáβle] *adj.* passável, aceitável, razoável.

pa.sa.ca.lle [pasakáʎe] *s.m.* 1 marcha popular muito alegre tocada por uma charanga de rua. 2 forma instrumental antiga em compasso ternário e andamento lento. 3 faixa (de rua).

pa.sa.có.li.ca [pasakólika] *s.f.* cólica passageira.

pa.sa.da [pasáða] *s.f.* 1 passada, passo, ação de passar. 2 repasse ou retoque a algo realizado, especialmente roupa passada.

pa.sa.de.ro [pasaðéro] *adj.* 1 que se pode passar com facilidade. 2 passável, que goza de média aceitabilidade. 3 passadouro, ponte improvisada para atravessar um rio.

pa.sa.di.zo [pasaðíθo] *s.m.* passagem, passadiço. *Pasadizo secreto.* Passagem secreta.

pa.sa.do [pasáðo] *adj.* 1 passado, acontecido imediatamente antes do tempo presente. 2 longínquo. 3 seco, podre. 4 desatualizado. *Estar muy pasado de moda.* Estar muito fora de moda.

pa.sa.dor [pasaðór] *adj.e s.* 1 passador, que passa coisas de um lugar a outro. 2 contrabandista. 3 tranca, barra de ferro usada para travar portas e janelas. *Colocar el pasador.* Colocar a tranca. Não confundir com "planchador(a)".

pa.sa.je [pasáxe] *s.m.* 1 passagem, ação de passar. 2 passagem, lugar por onde se passa. 3 passagem, preço que se paga para viajar. 4 conjunto de pessoas que viajam juntas de trem, navio, avião, ônibus etc. 5 passagem, fragmento de um texto, citação.

pa.sa.je.ro [pasaxéro] *adj.* 1 passageiro, passagem, lugar por onde passa continuamente muita gente. 2 passageiro, breve, temporário, efêmero. 3 passageiro, pessoa que viaja num veículo. *Aves pasajeras.* Aves passageiras.

pa.sa.ma.ne.ro [pasamanéro] *adj. e s.* passamaneiro.

pa.sa.ma.no [pasamáno(s)] *s.m.* 1 passamanes. 2 corrimão. *Agarrarse del pasamanos.* Segurar no corrimão.

pa.sa.mon.ta.ñas [pasamontáɲas] *s.m.* carapuça que cobre toda a cabeça deixando descobertos apenas os olhos e o nariz.

pa.san.te [pasánte] *adj.* 1 que pasa, passante. 2 (com.) estagiário, auxiliar de um advogado, professor, médico etc. que trabalha com ele para adquirir prática. *Estar como pasante.* Estar como estagiário.

pa.sa.por.te [pasapórte] *s.m.* passaporte. *sacar el pasaporte*, tirar o passaporte.

pa.sar [pasár] *v.t.* 1 passar, levar, conduzir, ir de um lugar a outro. 2 passar, cruzar, penetrar, atravessar, transpor. 3 passar, enviar, transmitir. *Pasar un e-mail.* Enviar um e-mail.

pa.sa.re.la [pasaréla] *s.f.* passarela, tablado por onde os modelos desfilam, exibindo vestes ou adereços.

pa.sa.tiem.po [pasatjémpo] *s.m.* passatempo, entretenimento, distração, diversão para passar tempo. *Es sólo un pasatiempo.* É só um passatempo.

pas.cua [páskwa] *s.f.* páscoa. *estar como unas pascuas*, estar muito alegre.

pa.se [páse] *s.m.* 1 passe, permissão para ir de um lugar a outro. 2 passe, permissão para utilizar um privilégio. 3 bilhete de trânsito, gratuito ou não, ou com abatimento, concedido por empresa de transporte coletivo. 4 passaporte, licença, salvo-conduto. 5 passe, gesto de mágico ou hipnotizador. *Un pase de manos del hipnotizador.* Um passe de mãos do hipnotizador.

pa.se.an.te [paseánte] *adj.* e.s. que passeia, passeante.

pa.se.ar [paseár] *v.i. e t., e v.p.* 1 passear, andar por exercício ou distração. 2 passear, percorrer. 3 divagar, discorrer com o pensamento.

pa.se.o [paséo] *s.m.* 1 passeio. 2 lugar público para passeio. 3 distância curta. *Ir de paseo al parque.* Ir ao parque a passeio.

pa.se.ri.for.me [paserifórme] *adj.* espécie de aves de pequeno porte dotadas de capacidade canora, passeriforme.

pa.si.ble [pasíβle] *adj.* passível. *Pasible de una multa.* Passível de multa.

pa.si.llo [pasíλo] *s.m.* 1 corredor. 2 ponto longo de agulha. *Un pasillo mal iluminado.* Um corredor mal iluminado.

pa.sión [pasjón] *s.f.* 1 paixão. 2 paixão, padecimentos e morte de Jesus. 3 paixão, ardor, veemência, delírio. *Pasión por el deporte.* Paixão pelo esporte.

pa.sio.nal [pasjonál] *adj.* passional. *Cometer crimen pasional.* Cometer crime passional.

pa.si.to [pasíto] *adv.* (com.) com grande cuidado, em voz baixa.

pa.si.vo/a [pasíβo] *adj.* 1 passivo, objeto de uma ação. 2 passivo, inerte, indiferente, paciente. *Permanecer pasiva.* Permanecer passiva.

pas.ma.do/a [pazmáðo] *adj. e s.* pasmado, abobado, estupefato, absorto, atônito, embevecido.

pas.mar [pazmár] *v.t.* e *v.p.* 1 esfriar muito ou bruscamente. 2 pasmar, admirar, assombrar, maravilhar, deslumbrar. *Pasmar de envidia.* Pasmar de inveja.

pas.mo [pázmo] *s.m.* 1 esfriamento, mal-estar geral. 2 pasmo, êxtase, assombro, espanto, embevecimento.

pas.mo.so/a [pazmóso] *adj.* assombroso, admirável, estupendo, prodigioso, pasmoso. *Proceder pasmoso.* Procedimento pasmoso.

pa.so [páso] *s.m.* 1 passo, movimento de cada pé ao andar. 2 passo, espaço percorrido nesse movimento. 3 lugar por onde se passa. 4 passo, modo de andar. *Dar un paso en falso.* Dar um passo em falso.

pa.so/a [páso] *adj.* passa, diz-se da fruta (uva, ameixa, figo etc.) dessecada e conservada.

pa.so.do.ble [pasoðóβle] *s.m.* dança espanhola com ritmo de marcha e compasso binário; às vezes se canta.

pas.pa [páspa] *s.f.* (Amér.) erupção da pele no rosto ou nas mãos.

pas.par.tú [paspartú] *s.m.* 1 (fra.) *passepartout*, quadro de papelão ou de pano que se coloca entre a moldura e o objeto emoldurado, para conseguir que este ressalte mais. 2 gazua, chave mestra.

pas.quín [paskín] *s.m.* pasquim.

pas.ta [pásta] *s.f.* pasta, massa. *Ser de buena pasta.* Ser gente boa.

pas.ta.de.ro [pastaðéro] *s.m.* pasto, terreno onde pasta o gado. *Echarlos al pastadero.* Colocá-los no pasto.

pas.ta.flo.ra [pastaflóra] *s.f.* pasta de farinha, açúcar e ovo com cobertura de marmelo. *La deliciosa pastaflora.* A deliciosa pastaflora.

pas.tar [pastár] *v.t.* e *i.* 1 pastar, levar para o pasto. 2 pascer, comer (o gado) a erva do pasto.

pas.tel [pastél] *s.m.* 1 torta, bolo. 2 trama, trapaça, acordo secreto pouco honesto. *Descubrirse el pastel.* Desvendar a trama.

pas.te.le.ar [pasteleár] *v.i.* 1 contemporizar por interesse. 2 urdir uma intriga ou maracutaia.

patatín

pas.te.le.rí.a [pastelería] *s.f.* confeitaria. *Parar en la pastelería.* Parar na confeitaria.

pas.te.le.ro/a [pasteléro] *s.* confeiteiro. *El pastelero de la esquina.* O confeiteiro da esquina.

pas.teu.ri.za.ción [pasteriθaθjón] *s.f.* pasteurização.

pas.teu.ri.zar [pasteriθár] *v.t.* pasteurizar.

pas.ti.che [pastítʃe] *s.m.* 1 pasticho, imitação ou falsificação. 2 mistura de coisas, heterogênea. *Hacer un pastiche.* Fazer um pasticho.

pas.ti.lla [pastíʎa] *s.f.* 1 tablete. *pastilla de jabón*, sabonete, *pastilla de chocolate*, tablete de chocolate, *pastilla de menta*, pastilha de hortelã. 2 drágea, comprimido, pastilha, pílula (de substância medicinal). *pastilla para la tos*, pastilha para a tosse. *píldora anticoncepcional*, pílula anticoncepcional.

pas.ti.zal [pastiθál] *s.m.* pastical. *Andar por el pastizal.* Andar pelo pastical.

pas.to [pásto] *s.m.* 1 pasto. 2 (fig.) o que serve para fomentar alguma coisa. *Ser pasto de las llamas.* Ser pasto das lhamas.

pas.tor/a [pastór] *s.* 1 pastor. 2 pastor, líder nas igrejas protestantes. *El buen pastor.* O bom pastor.

pas.to.ral [pastorál] *adj.* 1 pastoril, do pastor. 2 pastoral, dos prelados. 3 poesia ou música que reflete a vida do campo.

pas.to.re.ar [pastoreár] *v.t.* 1 pastorear, levar o gado para o pasto. 2 governar eclesiasticamente. *Pastorear en el valle.* Pastorear no vale.

pas.to.ril [pastoríl] *adj.* 1 pastoril. 2 aplica-se à obra literária de caráter bucólico.

pas.to.so/a [pastóso] *adj.* 1 pastoso. 2 voz agradável ao ouvido. 3 (Amér.) terreno com bons pastos. *Encantar su hablar pastoso.* Encantar sua fala pastosa.

pas.tra.no/a [pastráno] *adj.* 1 burdo ou mal feito, grosseiro, pastrana. 2 *s.f.* grande peta, patranha.

pas.tu.ra [pastúra] *s.f.* 1 pasto ou erva, pastagem. 2 porção de comida que se dá aos bois. 3 lugar com pasto ou erva.

pas.tu.ra.je [pasturáχe] *s.m.* 1 lugar de pastos comunais. 2 direitos que se pagam por pastar o gado.

pa.ta [páta] *s.f.* 1 pata, pé e perna dos animais. 2 (fam.) pé ou perna do homem. 3 pata, fêmea do pato. 4 pé de certos móveis ou objetos. *mala pata*, azar, má sorte. *estirar la pata*, morrer. *meter la pata*, cometer uma gafe. *pata de gallo*, pé de galinha.

pa.ta.cón [patakón] *s.m.* 1 antiga moeda de prata de uma onça. 2 moeda de cobre de dez cêntimos de peseta.

pa.ta.da [patáða] *s.f.* 1 patada, pancada com a pata. 2 (fam.) passo ou gestão para um fim. *Me va a costar muchas patadas conseguirlo.* Vou ter que correr muito para consegui-lo.

pa.ta.le.ar [pataleár] *v.i.* 1 espernear. 2 patalear, dar patadas no chão com raiva ou enfado.

pa.ta.le.ta [pataléta] *s.f.* ataque, troço. *Darle la pataleta.* Ter um troço.

pa.tán [patán] *s.m.* 1 homem rústico. 2 *adj. e m.* homem boçal, rude e ignorante.

pa.ta.ne.rí.a [patanería] *s.f.* (fam.) boçalidade.

pa.ta.ra.ta [pataráta] *s.f.* 1 coisa ridícula e desprezível, patarata. 2 demonstração exagerada.

pa.ta.ta [patáta] *s.f.* 1 batata, planta. 2 batata, tubérculo. 3 (Amér.) papa. *Puré de patatas.* Purê de batatas.

pa.ta.te.ro/a [patatéro] *adj.* batateiro, que cultiva ou vende batatas.

pa.ta.tín, patatán / que si patatín, que si patatán [patatín patatán]/[ke si patatín ke si patatán] *expr.* (fam.) argúcias ou desculpas para não entrar em detalhes e resumir coisas, razões ou argumentos que alguém disse. *Estuvo media hora diciéndome* *que si patatín, que si patatán.* Ficou meia hora me dizendo patati-patatá.

pa.ta.tús [patatús] *s.m.* 1 lipotimia, desmaio. 2 (fam.) susto grande.

pa.té [paté] *s.m.* patê. *Panecillos con paté,* Pãezinhos com patê.

pa.te.a.du.ra [pateaðúra] *s.f.* 1 pateadura. 2 (fig. e fam.) repreensão ou refutação violenta.

pa.te.ar [pateár] *v.t.* 1 (fam.) patear, dar pancadas com os pés. 2 tratar mal, repreender. 3 andar muito tomando diligências. *Patear por toda la ciudad.* Bater perna por toda a cidade.

pa.te.na [paténa] *s.f.* pequeno prato de ouro ou metal dourado onde se coloca a hóstia grande durante a missa, pátena. *Limpio como una patena.* Limpo como uma pátena.

pa.ten.tar [patentár] *v.t.* patentear. *Patentar un invento.* Patentear uma invenção.

pa.ten.te [paténte] *adj.* 1 patente, manifesto, visível, evidente. 2 *s.f.* patente, documento pelo qual se confere um direito ou privilégio. *Patente de invención.* Patente de invenção.

pa.ten.ti.zar [patentiθár] *v.t.* patentear.

pá.ter [páter] *s.m.* (fam.) padre de regimento ou de uma instituição de ensino.

pa.ter.nal [paternál] *adj.* paternal. *Sentimiento paternal.* Sentimento paternal.

pa.ter.na.lis.mo [paternalízmo] *s.m.* paternalismo.

pa.ter.ni.dad [paterniðáð] *s.f.* 1 paternidade, estado. 2 tratamento que os religiosos dão a seus superiores. 3 (fig.) autoria, qualidade de autor. 4 responsabilidade.

pa.ter.no/a [patérno] *adj.* paterno. *La casa paterna.* A casa paterna.

pa.té.ti.co [patétiko] *adj.* 1 patético, lúgubre, tétrico, sombrio. 2 que emociona ou comove profundamente. *Escena patética.* Cena patética.

-patía [pátja] *sufix.* de origem grega que significa "sentimento", "afecção" o "doença".

pa.tia.bier.to/a [patjaβjérto] *adj.* que tem as pernas tortas e separadas.

pa.ti.bu.la.rio/a [patiβulárjo] *adj.* patibular, que causa horror e espanto por seu terrível aspecto.

pa.tí.bu.lo [patíβulo] *s.m.* patíbulo, forca.

pa.ti.co.jo/a [patikóχo] *adj.* e *s.* coxo.

pa.ti.di.fu.so/a [patiðifúso] que fica parado de assombro ante o extraordinário ou inesperado.

pa.ti.lla [patíʎa] *s.f.* costeleta. *Cubrir la oreja con la patilla.* Cobrir a orelha com a costeleta.

pa.ti.llu.do/a [patiʎúðo] *adj.* de costeletas exageradamente crescidas.

pa.tín [patín] *s.m.* patim.

pá.ti.na [pátina] *s.f.* 1 pátina. 2 este mesmo tom conseguido artificialmente. *Dar pátina a un objeto.* Aplicar pátina a um objeto.

pa.ti.na.dor/a [patinaðór] *adj.* e *s.* patinador.

pa.ti.na.je [patináxe] *s.m.* patinagem, patinação. *Patinaje sobre hielo.* Patinação no gelo.

pa.ti.nar [patinár] *v.i.* 1 patinar. 2 escorregar as rodas um veículo. 3 (fam.) errar, enganar-se. 4 *v.t.* técnica de patinar objetos.

pa.ti.ne.te [patinéte] *s.m.* patinete.

pa.tio [pátjo] *s.m.* 1 pátio, quintal. 2 térreo dos teatros. *Patio de luz.* Área de iluminação.

pa.ti.tie.so/a [patitjéso] 1 *adj.* sem movimento ou sensibilidade nas pernas ou nos pés por causa de frio, má circulação etc. 2 pasmado, surpreendido.

pa.ti.zam.bo/a [patiθámbo] *adj.* e *s.* que junta muito os joelhos e torce as pernas para fora.

pa.to [páto] *s.m.* 1 pato. 2 (Arg.) jogo entre ginetes que disputam a posse de um pato ou uma bola. 3 (Col.) penetra. *pagar el pato,* pagar o pato, sofrer as consequências de algo.

patrón/a

pa.to [páto] *pref.* de origem grega que significa "afecção", "doença".

pa.to.cha.da [patotʃáða] *s.f.* lorota, dito ou fato inadequado e tonto. *Sólo dice patochadas.* Só fala lorotas.

pa.to.fo.bia [patofóβja] *s.f.* temor mórbido às doenças, patofobia ou nosofobia.

pa.to.ge.nia [patoxénja] *s.f.* parte da patologia que estuda a origem das doenças, patogenia.

pa.tó.ge.no/a [patóxeno] *adj.* patogeno ou patogênico. *Resíduos patógenos.* Resíduos patogênicos.

pa.to.gra.fí.a [patoɣrafía] *s.f.* nosografia, descrição metódica das doenças.

pa.to.lo.gí.a [patoloxía] *s.f.* patologia.

pa.to.ló.gi.co/a [patolóxiko] *adj.* 1 patológico, 2 mórbido, que constitui uma doença.

pa.tón/a [patón] *adj.* (fam.) patudo.

pa.to.so/a [patóso] *adj.* inábil, desajeitado, indivíduo que dá uma de engraçado, mas não é.

pa.to.ta [patóta] *s.f.* (Río de la Plata) grupo geralmente de jovens que costuma fazer desordem, provocações e abusos em lugares públicos, patota. *Dañar el busto la patota.* Danificar o busto a patota.

pa.to.te.ro/a [patotéro] *adj.* e *s.* 1 (Río de la Plata) patoteiro, que manifesta ou possui características próprias de uma patota. 2 integrante de uma patota.

pa.tra.ña [patráɲa] *s.f.* patranha, mentira ou enredo fabuloso, de pura invenção, que se conta como verdade. *Víctima de una patraña.* Vítima de uma patranha.

pa.tria [pátrja] *s.f.* pátria, nação à qual se sente ligado o ser humano. *Recordar uno siempre la madre patria.* Recordar sempre a mãe pátria.

pa.triar.ca [patrjárka] *s.m.* 1 patriarca, título. 2 (fig.) ancião respeitável. *Sentirse como un patriarca.* Sentir-se como um patriarca.

pa.tri.ar.ca.do [patrjarkáðo] *s.m.* patriarcado.

pa.triar.cal [patriarkál] *adj.* 1 patriarcal. 2 refere-se ao sistema em que a relação entre superiores e subordinados é quase familiar.

pa.tri.cia.do [patriθjáðo] *s.m.* patriciado.

pa.tri.cio/a [patríθjo] *adj.* 1 aristocrático, nobre, patrício. 2 *s.m.* descendente ou membro da mais alta nobreza na antiga Roma.

pa.tri.mo.nial [patrimonjál] *adj.* 1 patrimonial. 2 de alguém, em virtude de sua pátria, pai ou antepassados. *Situación patrimonial.* Situação patrimonial.

pa.tri.mo.nia.li.dad [patrimonialiðáð] *s.f.* direito do natural de um país a obter os benefícios eclesiásticos deste.

pa.tri.mo.nio [patrimónjo] *s.m.* 1 patrimônio, riqueza cultural. 2 patrimônio, quaisquer bens próprios. *Patrimonio de San Pedro.* Patrimônio de São Pedro.

pa.trio/a [pátrjo] *adj.* 1 da pátria, pátrio. 2 do pai. *Territorio patrio.* Território pátrio.

pa.trio.ta [patrjóta] *com.* patriota. *Patriota hasta la médula.* Patriota até a medula.

pa.trio.te.rí.a [patrjotería] *s.f.* (fam.) patriotada.

pa.trio.te.ro/a [patrjotéro] *adj.* e *s.* patrioteiro. *No pasa de un patriotero.* Não passa de um patrioteiro.

pa.trió.ti.co/a [patrjótiko] *adj.* patriótico. *Acto patriótico.* Ato patriótico.

pa.trio.tis.mo [patrjotízmo] *adj.* patriotismo

pa.tro.ci.na.dor/a [patroθinaðór] *adj.* patrocinador. *Patrocinador de eventos.* Patrocinador de eventos.

pa.tro.ci.nar [patroθinár] *v.t.* patrocinar. *Patrocinar el arte.* Patrocinar a arte.

pa.trón/a [patrón] *s.* 1 defensor, protetor. 2 patrão, dono de empresa que emprega trabalhadores. 3 patrão, amo, senhor, chefe. *Patrón del buque mercante.* Patrão do barco mercante.

pa.tro.nal [patronál] *adj. e s.* 1 patronal, do patrão. 2 associação de patronos para defender seus interesses.

pa.tro.na.to [patronáto] *s.m.* 1 patronato. 2 fundação de uma obra pia ou beneficente. *Patronato de la infancia*. Patronato da infância.

pa.tro.ne.ar [patroneár] *v.t.* 1 patronear, dirigir como patrão. 2 tomar ares de patrão.

pa.tro.ní.mi.co/a [patronímiko] *adj.* entre os gregos e os romanos nome derivado do pertencente ao pai.

pa.tro.no/a [patróno] *s.m. e f.* 1 patrão, patrono. 2 que tem empregados a seu cargo. 3 padroeiro, santo. *Patrona de la ciudad*. Padroeira da cidade.

pa.tru.lla [patrúʎa] *s.f.* 1 patrulha, grupo de soldados, aviões ou barcos em missão. 2 viatura. *Patrulla de seguridad*. Patrulha de segurança.

pa.tru.llar [patruʎár] *v.i.* 1 patrulhar, rondar em patrulha. 2 fazer serviço de patrulha. *Patrullar toda la región*. Patrulhar toda a região.

pa.tru.lle.ro/a [patruʎéro] *adj. e s.* 1 patrulheiro. 2 aplica-se ao navio ou avião destinado a patrulhar.

pa.tu.co [patúko] *s.m.* calçado de malha para abrigar os pés na cama.

pa.tu.do/a [patúðo] *adj.* que tem pés ou patas grandes, patudo.

pau.lar [paulár] *s.m.* paul, terreno pantanoso.

pau.la.ti.na.men.te [paulatinaménte] *adv. m.* devagar, lentamente, pouco a pouco, paulatinamente.

pau.la.ti.no/a [paulatíno] *adj.* lento, vagaroso, feito aos poucos, paulatino. *Experimentar una mejora paulatina*. Experimentar uma melhora paulatina.

pau.li.lla [paulíʎa] *s.f.* pombinha, mariposa noturna.

pau.pe.ris.mo [pauperízmo] *s.m.* existência permanente de grande número de pobres em um país. *Pauperismo latente*. Pauperismo latente.

pau.pé.rri.mo/a [paupérrimo] *adj. superl.* de pobre, paupérrimo, pobríssimo, extremamente necessitado.

pau.sa [páusa] *s.f.* 1 pausa. 2 demora, lentidão. 3 pausa, silêncio musical na voz ou em instrumento. *Hacer una pausa en la tarea*. Fazer uma pausa na tarefa.

pau.sa.do/a [pausáðo] *adj.* 1 pausado. 2 que se faz ou acontece lentamente. *Hablar pausado*. Falar pausado.

pau.sar [pausár] *v.i.* pausar.

pau.ta [páuta] *s.f.* 1 pauta, linhas traçadas num papel como guias. 2 (fig.) regra ou norma para fazer algo. *Observar la pauta de trabajo*. Observar a pauta do trabalho.

pau.ta.do/a [pautáðo] *adj.* pautado.

pa.va [páβa] *s.f.* 1 perua, fêmea do peru. 2 *adj. e s.* mulher sem graça ou parada. 3 (Río de la Plata) chaleira. *Poner la pava al fuego*. Pôr a chaleira no fogo. 4 efeito maléfico que possuem alguns objetos. 5 fole grande usado em certos fornos metalúrgicos.

pa.va.da [paβáða] *s.f.* 1 conjunto de perus. 2 (fig.) e (fam.) falta de graça, insipidez.

pa.ve.ro/a [paβéro] *adj. e s.* 1 pessoa que vende ou cuida de perus. 2 chapéu andaluz de aba larga reta e copa cônica.

pá.vi.do/a [páβiðo] *adj.* pávido, tímido, apavorado, aterrorizado.

pa.vi.men.ta.ción [paβimentaθjón] *s.f.* 1 pavimentação. 2 revestimento do solo. *Pavimentación asfáltica*. Pavimentação asfáltica.

pa.vi.men.tar [paβimentár] *v.t.* pavimentar. *Pavimentar las calles*. Pavimentar as ruas.

pa.vi.men.to [paβiménto] *s.m.* pavimento. Não confundir com "piso, planta".

pa.vi.po.so.la [pavipóso] *adj.* insulso, sem graça.

pa.vo [páβo] *s.m.* 1 peru. 2 *adj.* e *s.m.* e (fam.) homem insulso ou ingênuo. *Ser demasiado pavo.* Ser peru em demasia.

pa.vón [paβón] *s.m.* 1 pavão. 2 nome de algumas borboletas de grande tamanho e manchas arredondadas nas asas. 3 camada fina de verniz que se passa nos metais para protegê-los da ferrugem.

pa.vo.na.do/a [paβonáðo] *adj.* 1 azul escuro. 2 ato e efeito de *pavonar.* 3 *s.f.* passeio ou distração breve.

pa.vo.nar [paβonár] *v.t.* passar verniz no ferro ou no aço. *Pavonar la hebilla.* Passar verniz na fivela.

pa.vo.ne.ar [paβoneár] *v.i.* e *p.* 1 pavonear, mostrar, exibir com vaidade, ostentar. 2 fazer desejar algo. *Gustarle pavonear.* Gostar de pavonear.

pa.vor [paβór] *s.m.* temor intenso, terror, espanto, pavor. *El pavor lo dejó helado.* Ficou gelado de pavor.

pa.vo.ro.so/a [paβoróso] *adj.* que causa terror, pavoroso. *Situación pavorosa.* Situação pavorosa.

pa.ya [pája] *s.f.* canto espontâneo do *payador* (repente). *Decidor de payas.* Cantador de repentes.

pa.ya.da [pajáða] *s.f.* 1 (Amér.) canto do *payador* (repentista). 2 (Río de la Plata) competição poética e musical entre dois *payadores. Establecer una payada.* Estabelecer um repente.

pa.ya.dor [pajaðór] *s.m.* cantor ou poeta popular errante que improvisa suas toadas ou *payadas* (repentista). *El canto del payador.* O canto do repentista.

pa.yar [pajár] *v.i.* (Río de la Plata) cantar *payadas* (repentes).

pa.ya.sa.da [pajasáða] *s.f.* 1 palhaçada. 2 bufonada, farsa. *Hacer payasadas.* Fazer palhaçadas.

pa.ya.se.ar [pajaseár] *v.i.* fazer palhaçadas.

pa.ya.so [pajáso] *s.m.* 1 palhaço, arlequim, saltimbanco, bobo. 2 artista circense ou ambulante que faz rir com suas palhaçadas. *Alegría de payaso.* Alegria de palhaço.

pa.yo/a [pájo] *adj.* e *s.* 1 aldeão. 2 camponês ignorante e rude. 3 entre ciganos, pessoa não cigana.

paz [páθ] *s.f.* 1 paz. 2 situação de um país livre de conflitos internos e externos. 3 união, concórdia. *Con la paz de Dios.* Com a paz de Deus.

paz.gua.te.rí.a [paθɣwatería] *s.f.* simploriedade, simpleza.

paz.gua.to/a [paθɣwáto] *adj.* e *s.* 1 que se pasma ou escandaliza de tudo o que vê ou ouve. 2 simplório, bobo, palerma. *¡No seas pazguata, por favor!* Não seja palerma, por favor!

paz.puer.ca [paθpuérka] *adj.* e *s.* mulher suja e grosseira.

pe [pé] *s.f.* nome da letra *p*, pê. *de pe a pa*, do princípio ao fim, de cabo a rabo; sem omitir detalhe.

pe.a [péa] *s.f.* (vulg.) bebedeira. *Pescar una linda pea.* Pegar uma bela bebedeira.

pe.a.je [peáxe] *s.m.* pedágio. *Pagar el peaje.* Pagar pedágio.

pe.al [peál] *s.m.* 1 peal, escarpim. 2 (Amér.) corda para amarrar as patas de um animal.

pe.a.na [peána] *s.f.* peanha, plataforma, pedestal. *Asentarlo en la peana.* Assentá-lo na peanha.

pe.a.tón/a [peatón] *s.* 1 pedestre. 2 carteiro que distribui correspondência a pé. 3 vendedor ambulante.

pe.a.to.nal [peatonál] *adj.* 1 pertencente ou relativo a *peatón.* 2 *s.f.* lugar destinado à circulação exclusiva de pedestres. *Vagar por la peatonal.* Vagar pela via de pedestres.

pe.be.ta [peβéta] *s.f.* (Arg.) menina. *Admirable pebeta.* Admirável menina.

pe.be.te [peβéte] *s.m.* (Arg.) menino. *Pebete travieso.* Menino travesso.

pe.be.te [peβéte] *s.m.* pasta de pós aromáticos em forma de tablete que, acesa, exala perfume.

pe.be.te.ro [peβetéro] *s.m.* recipiente para queimar perfumes.

pe.bre [péβre] *s.m.* molho de pimenta, alho, salsinha e vinagre. *Adobar con abundante pebre.* Temperar com bastante molho de pimenta.

pe.ca [péka] *s.f.* sarda.

pe.ca.ble [pekaβle] *adj.* sujeito a pecar, pecável.

pe.ca.do [pekáðo] *s.m.* 1 pecado. 2 falta, erro, culpa, infração. *Pecado original.* Pecado original.

pe.ca.dor/a [pekaðór] *adj. e s.* 1 pecador. 2 *s.f.* prostituta ou adúltera.

pe.ca.mi.no.so/a [pekaminóso] *adj.* 1 pecaminoso. 2 (fig.) censurável ou imoral. *Obra pecaminosa.* Obra pecaminosa.

pe.can.te [pekánte] *adj. e s.* 1 que peca, pecante. 2 *adj.* excessivo em sua linha.

pe.car [pekár] *v.i.* 1 pecar. 2 errar, maliciar, faltar, descumprir.

pe.ca.rí [pekarí] *s.m.* nome comum a vários mamíferos artiodáctilos dos taiaçuídeos; pecari, caititu, porco-do-mato, cateto.

pe.ce.ra [peθéra] *s.f.* aquário. *Pecera iluminada.* Aquário iluminado.

pe.char [petʃár] *v.t.* 1 pagar tributos. 2 (Amér.) sablear, estafar, aplicar o conto-do-vigário. 3 atropelar, empurrar.

pe.cha.da [petʃáða] *s.f.* 1 fartão, saciedade. 2 (Arg.) *sablazo de dinero,* conto-do-vigário, vigarice.

pe.che.ra [petʃéra] *s.f.* 1 peitilho. 2 peito de mulher, peitaria. *Pechera atractiva.* Peitaria atraente.

pe.che.ro [petʃéro] *s.m.* babadouro.

pe.che.ro/a [petʃéro] *adj. e s.* 1 obrigado a pagar tributo. 2 plebeu em oposição a nobre. *Vida de pechero.* Vida de plebeu.

pe.chi.rro.jo [petʃirróxo] *s.m.* passarinho.

pe.cho [pétʃo] *s.m.* 1 peito. 2 seio, busto, tórax, mama. 3 (fig.) valor, esforço. *A pecho descubierto.* A peito descoberto.

pe.chu.ga [petʃúɣa] *s.f.* 1 peito da ave que está como dividido em dois. 2 (fam.) peito de pessoa, especialmente o de mulher.

pe.chu.gón/a [petʃuɣón] *adj.* 1 (fam.) peitudo, de peito volumoso. 2 pancada no peito, peitada.

pe.chu.gue.ra [petʃuɣéra] *s.f.* tosse peitoral e tenaz.

pe.ci.na [peθína] *s.f.* lodo negrusco que se forma nas poças, tanques etc.

pe.cí.o.lo [peθíolo; peθjólo] *s.m.* pecíolo.

pé.co.ra [pékora] *s.f.* 1 rês lanar, pécora. 2 prostituta. 3 pessoa mal-intencionada, capaz de causar dano.

pe.co.re.ar [pekoreár] *v.t.* 1 roubar gado. 2 sair as abelhas para recolher o néctar das flores. 3 andar os soldados furtando e saqueando.

pe.co.so/a [pekóso] *adj.* sardento. *Niña pecosa.* Menina sardenta.

pec.to.ral [pektorál] *adj. e s.* 1 peitoral, do peito. 2 medicamento para combater a tosse. 3 enfeite suspenso ou colocado no peito.

pe.cua.rio/a [pekuárjo] *adj.* pecuário, relativo ao gado. *Actividad pecuaria.* Atividade pecuária.

pe.cu.la.do [pekuláðo] *s.m.* peculato. *Autor de peculado.* Autor de peculato.

pe.cu.liar [pekuljár] *adj.* peculiar. *Poseer un modo peculiar.* Possuir um modo peculiar.

pe.cu.lia.ri.dad [pekuljariðáð] *s.f.* peculiaridade. *Notable peculiaridad.* Notável peculiaridade.

pe.cu.lio [pekúljo] *s.m.* 1 pecúlio. 2 na antiga Roma, bens que o senhor dava em vida ao filho ou ao escravo. *Aumentar su peculio.* Aumentar seu pecúlio.
pe.cu.nia [pekúnja] *s.f.* pecúnia.
pe.cu.nia.ria.men.te [pekunjariaménte] *adv. m.* pecuniariamente, do ponto de vista pecuniário.
pe.cu.nia.rio/a [pekunjárjo] *adj.* pecuniário. *Posesión pecuniaria.* Posse pecuniária.
pe.da.go.gí.a [peðaɣoxía] *s.f.* pedagogia. *Estudiar pedagogía.* Estudar pedagogia.
pe.da.go.go/a [peðaɣóɣo] *s.m.* e *f.* 1 pedagogo, que ensina. 2 professor, mestre, educador. 3 *s.m.* aio. *Ser un buen pedagogo.* Ser um bom pedagogo.
pe.dal [peðál] *s.m.* pedal. *Los pedales del piano.* Os pedais do piano.
pe.da.le.ar [peðaleár] *v.i.* pedalar. *Pedalear contra el viento.* Pedalar contra o vento.
pe.da.le.o [peðaléo] *s.m.* pedalagem.
pe.dá.ne.o/a [peðáneo] *adj.* e *s.* 1 pedâneo, dizia-se dos juízes que, nas vilas e aldeias, julgavam em pé. 2 não letrado. *autoridad pedánea,* autoridade pedânea.
pe.dan.te [peðánte] *adj.* e *s.* pedante, diz-se do indivíduo presunçoso que ostenta erudição.
pe.dan.te.rí.a [peðantería] *s.f.* 1 pedantismo, qualidade de pedante. 2 dito ou ato pedante. *abominable pedantería,* abominável pedantismo.
pe.da.zo [peðáθo] *s.m.* 1 pedaço, parte, porção. 2 parte de um todo físico ou moral. *ser un pedazo de pan,* ser um pedaço de pão.
pe.de.ras.ta [peðerásta] *s.m.* 1 pederasta, aquele que é dado à pederastia. 2 homossexual masculino, sodomita.
pe.de.ras.tia [peðerástja] *s.f.* 1 pederastia, contato sexual entre um homem e um rapaz bem jovem. 2 homossexualismo masculino.

pe.de.rnal [peðernál] *s.m.* 1 pederneira, pedra de fogo. 2 (fig.) compacto e duro. 3 produz faíscas por atrito, afia e pule.
pe.des.tal [peðestál] *s.m.* 1 pedestal, peça de pedra, metal ou madeira que sustenta uma estátua, coluna etc. 2 base, penha, plataforma. *sentirse en un pedestal,* sentir-se em um pedestal.
pe.dia.tra [peðjátra] *s.* pediatra, médico especialista em doenças infantis. *Consultarlo al pediatra.* Consultar o pediatra.
pe.dia.trí.a [peðjatría] *s.f.* pediatria.
pe.dí.cu.lo [peðíkulo] *s.m.* 1 pedículo, pedúnculo. 2 piolho, inseto.
pe.di.cu.lo.sis [peðikulósis] *s.f.* pediculose.
pe.di.cu.ro/a [peðikúro] *s.* pedicuro.
pe.di.da [peðíða] *s.f.* 1 solicitação, pedido, ato de pedir. 2 ato ou cerimônia de pedir a mão.
pe.di.do [peðíðo] *s.m.* 1 pedido, encomenda feita a um fabricante ou vendedor. 2 petição, súplica, requerimento.
pe.di.gree [peðiɣrí] *s.m.* 1 genealogia de um animal. 2 documento que registra a linha de ancestrais de um animal. *Ser de buen pedigree.* Ser de bom pedigree.
pe.di.güe.ño/a [peðiɣwéɲo] *adj.* e *s.* pidão, pedinchão, que pede com impertinência.
pe.di.lu.vio [peðilúβjo] *s.m.* pedilúvio, banho dos pés tomado como medicação.
pe.di.men.to [peðiménto] *s.m.* 1 pedimento, súplica, ato e efeito de pedir. 2 requerimento.
pe.dio/a [peðjo] *adj.* pedioso, do pé. *olores pedios,* odores pediosos, chulé.
pe.dir [peðír] *v.t.* 1 pedir, solicitar que conceda. 2 suplicar, rogar, reclamar, demandar.
pe.do [péðo] *s.m.* 1 peido, ventosidade expelida pelo ânus. 2 (vulg.) pileque, porre.
pe.do.fi.lia [peðofílja] *s.f.* pedofilia, atração sexual por crianças.
pe.dó.fi.lo [peðófilo] *s.m.* pedófilo, pessoa que sente atração sexual por crianças.

pedogénesis

pe.do.gé.ne.sis [peðoxénesis] *s.f.* pedogênese, processo de formação do solo.
pe.do.rre.ar [peðorreár] *v.i.* peidar, soltar peidos repetidamente.
pe.do.rre.o [peðorréo] *v.i.* peidorrada, ato e efeito de peidar repetidamente.
pe.do.rre.ro/a [peðorréro] *adj.* peidorreiro, pedorro, diz-se daquele que peida com freqüência e sem reparo. Ver *pedorro*.
pe.do.rre.ta [peðorréta] *s.f.* som que se faz com a boca, imitando o peido.
pe.do.rro/a [peðórro] *adj.* peidorreiro, diz-se daquele que peida. Ver *pedorrero*.
pe.dra.da [peðráða] *s.f.* 1 pedrada, ato de arremessar uma pedra. 2 pancada com pedra. *como pedrada en ojo de boticario*, a calhar.
pe.dre.a [peðréa] *s.f.* 1 ato de apedrejar. 2 luta a pedradas. 3 pedrisco.
pe.dre.gal [peðreγál] *s.m.* pedregal, terreno coberto de pedras.
pe.dre.go.so/a [peðreγóso] *adj.* pedregoso, aplica-se ao terreno naturalmente coberto de pedras. *sendero pedregoso*, caminho pedregoso.
pe.dre.jón [peðrexn] *s.m.* pedra grande ou solta.
pe.dre.ñal [peðreɲál] *s.m.* trabuco que se disparava com faísca de pederneira.
pe.dre.ra [peðréra] *s.f.* canteira, pedreira. *Labrar en la pedrera*. Trabalhar na pedreira.
pe.dre.rí.a [peðrería] *s.f.* pedraria, conjunto de pedras preciosas.
pe.dre.ro [peðréro] *s.m.* aquele que trabalha a pedra em uma pedreira. Não confundir com *albañil*, profissional da construção.
pe.dris.cal [peðriskál] *s.m.* pedregal.
pe.dris.co [peðrísko] *s.m.* 1 pedrisco, pedra ou granizo forte e abundante. 2 pedregulho, seixo. *Caer pedrisco*. Cair pedrisco.
pe.drus.co [peðrúsko] *s.m.* (fam.) pedaço de pedra tosca, não lapidada.

pe.dún.cu.lo [peðúnkulo] *s.m.* pedúnculo, haste de uma folha, flor ou fruto.
pe.er [peér] *v.i.* peidar, expelir ventosidade pelo ânus.
pe.ga [péγa] *s.f.* 1 cola, substância que serve para grudar. 2 pergunta de difícil resposta. 3 dificuldade, contratempo. 4 remendo no vestido.
pe.ga.di.zo/a [peγaðíθo] *adj.* pegadiço, pegajoso, que facilmente cola ou adere, contagia, comunica ou grava na memória.
pe.ga.do [peγáðo] *s.m.* emplastro, curativo, parche. *poner un pegado*, aplicar um curativo.
pe.ga.dor [peγaðór] *s.m.* operário que põe fogo nas minas.
pe.ga.du.ra [peγaðúra] *s.f.* colagem, ato e efeito de colar.
pe.ga.jo.si.dad [peγaxosiðáð] *s.f.* viscosidade.
pe.ga.jo.so/a [peγaxóso] *adj.* 1 pegajoso, que cola, pega ou contagia com facilidade. 2 maçante, cacete. *individuo pegajoso*, indivíduo pegajoso.
pe.ga.men.to [peγaménto] *s.m.* cola, substância para colar ou conglutinar. *Pegamento para cerámica*. Cola para cerâmica.
pe.gar [peγár] *v.t.* e *v.p.* 1 colar, grudar, aderir uma coisa a outra com cola. 2 atar, coser, pregar. 3 bater, dar uma bofetada, castigar. *Si te portas mal, mi mamá te pega*. Se você se comportar mal, a minha mãe vai te bater. 4 contagiar.
pe.ga.ta [peγáta] *s.f.* engano ou vigarice. *planear una pegata*, planejar uma vigarice.
pe.ga.ti.na [peγatína] *s.f.* adesivo publicitário pequeno.
pe.go.te [peγóte] *s.m.* 1 emplasto de uma substância pegajosa. 2 coisa espessa e pegajosa. 3 pessoa maçante por sua assiduidade. 4 (fam.) o que se acrescenta a algo de mau gosto.

pe.go.te.ar [peɣoteár] *v.i.* 1 pegar mal ou de maneira suja. 2 (fig. e fam.) chegar na hora de comer sem ser convidado, penetrar.
pei.na.do [peináðo] *s.m.* 1 penteado, forma de pentear-se, arranjo do cabelo. 2 selecionar fibras para a fiação. 3 operação policial de busca minuciosa, operação pentefino.
pei.na.dor [peinaðór] *adj.* penteador, que penteia.
pei.na.dor [peinaðór] *s.m.* 1 toalha que cobre o corpo de quem se penteia ou barbeia. 2 máquina têxtil que realiza o penteado das fibras.
pei.nar [peinár] *v.t. e v.p.* 1 pentear. 2 limpar ou desembaraçar o pelo ou a lã dos animais.
pei.ne [péine] *s.m.* 1 pente. 2 carda para a lã. 3 peça onde se encaixam as balas das armas automáticas. *peine de proyectiles*, pente de projéteis.
pei.ne.ci.llo [peineθíʎo] *s.m.* pente pequeno.
pei.ne.ro/a [peinéro] *s.* pessoa que fabrica ou vende pentes.
pei.ne.ta [peinéta] *s.f.* pente convexo usado pelas mulheres como adereço ou para prender o cabelo.
pe.je [péxe] *s.m.* 1 peixe, animal. 2 (fig.) homem astuto e industrioso.
pe.je.pa.lo [pexepálo] *s.m.* abadejo defumado.
pe.je.rrey [pexerréi] *s.m.* peixe-rei.
pe.ji.gue.ra [pexiɣéra] *s.f.* coisa que produz moléstias e embaraços, e oferece pouco proveito. *estar en una pejiguera sin salida*, estar numa sinuca sem saída.
pe.la [péla] *s.f.* 1 pela. 2 (vulg.) peseta. *efectuar la pela al cerdo*, efetuar a pela no porco.
pe.la.de.ra [pelaðéra] *s.f.* queda do cabelo.
pe.la.de.ro [pelaðéro] *s.m.* 1 lugar onde se pelam aves e porcos. 2 (fig.) e (fam.) lugar onde se joga com tramoias.
pe.la.di.lla [pelaðíʎa] *s.f.* amêndoa coberta de açúcar cozido.

pe.la.di.llo [pelaðíʎo] *s.m.* 1 variedade de pêssego. 2 (pl.) lã das pelas.
pe.la.do [peláðo] *adj. e s.* 1 calvo, sem pelo. 2 que não tem pele. 3 (fig.) sem recursos, pobre. 4 prédio sem vegetação.
pe.la.du.ra [pelaðúra] *s.f.* 1 peladura, ato de pelar ou descascar. 2 (pl.) casca. *peladura de melocotón*, casca de pêssego.
pe.la.fus.tán [pelafustán] *s.* (fam.) folgazão e pobretão.
pe.la.ga.tos [pelaɣátos] *s.m.* (fam.) pessoa sem posição econômica ou social, e às vezes desprezível.
pe.la.gra [peláɣra] *s.f.* enfermidade produzida por um déficit de vitamina B2 ou ácido nicotínico.
pe.la.je [peláxe] *s.m.* pelagem, natureza e qualidade do pelo ou da lã de um animal.
pe.lam.brar [pelambrár] *v.t.* 1 pelar, tirar o pelo. 2 colocar as peles no pelame.
pe.lam.bre [pelámbre] *s.m.* 1 pelame. 2 conjunto de pelo em todo o corpo. 3 tanque em que se curtem peles.
pe.lan.dus.ca [pelandúska] *s.f.* prostituta, rameira.
pe.lar [pelár] *v.t.* 1 pelar, cortar ou tirar o pelo. 2 tirar as penas da ave, a pele ou pelego de um animal, a casca da fruta etc.
pel.da.ño [peldáɲo] *s.m.* degrau de uma escada.
pe.le.a [peléa] *s.f.* 1 briga, luta, combate, disputa, contenda. 2 briga desarmada ou de palavra.
pe.le.ar [peleár] *v.i. e v.p.* 1 pelejar, combater com armas. 2 lutar sem armas ou só de palavra. 3 lutar entre si os animais.
pe.le.char [peletʃár] *v.i.* trocar de pelo ou penas.
pe.le.le [peléle] *s.m.* 1 figura humana feita de palha ou de trapos. 2 roupa infantil. 3 paspalho.

peletría

pe.le.te.rí.a [peletería] *s.f.* 1 peleteria, ofício e loja do peleteiro. 2 comércio de peles finas e conjunto delas.

pe.le.te.ro [peletéro] *adj.* peleteiro, da peleteria.

pe.le.te.ro [peletéro] *s.* peleiro, pessoa que prepara ou vende peles finas.

pe.lia.gu.do [peljaɣúðo] *adj.* 1 de cabelo longo e fino. 2 peliagudo, que é difícil de compreender ou resolver.

pe.li.blan.co [peliβlánko] *adj.* grisalho.

pe.lí.ca.no / pe.li.ca.no [pelíkano]/[pelikáno] *s.m.* pelicano.

pe.li.ca.no [pelikáno] *adj.* de cabelo grisalho.

pe.li.cor.to/a [pelikórto] *adj.* de cabelo curto.

pe.lí.cu.la [pelíkula] *s.f.* 1 película, pele muito delgada e delicada. 2 película, camada muito fina que recobre certas substâncias. 3 película, fita de celuloide para fotografia e cinematografia. 4 filme.

pe.li.cu.lar [pelikulár] *adj.* da película.

pe.li.cu.le.ro [pelikuléro] *adj.* de um filme, de cinema.

pe.li.cu.le.ro [pelikuléro] *s.*(fam.) artista de cinema.

pe.li.du.ro [peliðúro] *adj.* de cabelo duro. *moreno peliduro*, moreno de cabelo duro.

pe.li.grar [peliɣrár] *v.i.* perigar, estar em perigo.

pe.li.gro [pelíɣro] *s.m.* 1 perigo, risco iminente de algum mal. 2 lugar, obstáculo ou ocasião em que aumenta esta iminência.

pe.li.gro.so [peliɣróso] *adj.* perigoso, que implica perigo.

pe.li.lar.go [peliláɣro] *adj.* de cabelo muito longo.

pe.li.llo [pelíʎo] *s.m.* quinquilharia, causa ou motivo muito leve de desgosto. *Enfadarse por un pelillo*. Zangar-se por uma quinquilharia.

pe.li.llo.so [peliʎóso] *adj.* melindroso.

pe.li.ne.gro [pelinéɣro] *adj.* de cabelo preto.

pe.li.rro.jo [pelirróxo] *adj.* ruivo, de cabelo vermelho.

pe.li.rru.bio [pelirrúβjo] *adj.* de cabelo louro.

pe.li.tri.que [pelitríke] *s.m.* (fam.) 1 coisa de pouco valor. 2 adereço inútil em um vestido.

pe.lla [péʎa] *s.f.* pela, massa de qualquer matéria de forma arredondada e bem apertada.

pe.lle.ja [peʎéxa] *s.f.* 1 pelego. 2 couro curtido com seu pelo ou lã. 3 toda a lã tosquiada de um animal. 4 (fam.) prostituta, rameira.

pe.lle.je.ro [peʎexéro] *s.m. e f.* pessoa que curte ou vende pelegos.

pe.lle.jo [peʎéxo] *s.m.* 1 pelego, pele de um animal, especialmente separada do corpo. 2 odre. 3 pele de algumas frutas. 4 (fig.) vida de alguém. *No quisiera estar en su pellejo*. Não queria estar na sua pele.

pe.lle.ju.do [peʎexúðo] *adj.* de pele frouxa ou de sobra.

pe.lli.ca [peʎíka] *s.f.* peliça, cobertor de cama de pelegos finos. *Abrigarse con la pellica*. Cobrir-se com a peliça.

pe.lli.za [peʎíθa] *s.f.* peliça, abrigo feito ou forrado de peles finas.

pe.lliz.car [peʎiθkár] *v.t.* 1 beliscar, apertar. 2 beliscar, lambiscar.

pe.lliz.co [peʎíθko] *s.m.* beliscão.

pe.llo [péʎo] *s.m.* espécie de samarra fina.

pe.llón [peʎón] *s.m.* 1 vestido talar antigo de pele. 2 pelego curtido do arreio crioulo.

pe.lluz.gón [peʎuθɣón] *s.m.* topete. *Pelluzgón sobre la frente*. Topete na testa.

pel.ma.zo [pelmáθo] *s.m.* 1 coisa excessivamente apertada ou achatada. 2 manjar que se assenta no estômago.

pel.ma.zo [pelmáθo] *s.* pessoa chata, pesada.

pe.lo [pélo] *s.m.* 1 pelo. 2 cabelo. *no tener pelos en la lengua*, não ter papas na língua.

pe.lón [pelón] *adj. e s.* 1 pelado. 2 alopecia. 3 (fig. e fam.) pobre.

pe.lo.ne.rí.a [peloneria] *s.f.* pobreza.
pe.lo.ní.a [pelonía] *s.f.* queda do cabelo.
pe.lo.so [pelóso] *adj.* que tem pelo ou cabelo.
pe.lo.ta [pelóta] *s.f.* 1 bola. 2 jogo que se faz com ela. *Devolver la pelota.* Devolver a bola.
pe.lo.ta.zo [pelotáθo] *s.m.* bolada.
pe.lo.te [pelóte] *s.m.* 1 pelote. 2 antigo casaco sem mangas.
pe.lo.te.ar [peloteár] *v.t.* cotejar partidas de uma conta.
pe.lo.te.ar [peloteár] *v.i.* jogar bola por entretenimento, às vezes sem um objetivo. *Pelotear en la calle.* Jogar bola na rua.
pe.lo.te.ra [pelotéra] *s.f.* briga, luta, peleja. *armarse la pelotera*, pegar fogo.
pe.lo.te.ro [pelotéro] *s.* 1 pessoa que faz bolas ou as fornece no jogo. 2 (fam.) bajulador, puxa-saco.
pe.lo.ti.lla [pelotíʎa] *s.f.* bolinha de cera com pontas de vidro que usavam os disciplinadores.
pe.lo.ti.lle.ro [pelotiʎéro] *adj. e s.* que bajula por interesse, puxa-saco.
pe.lo.tón [pelotón] *s.m.* 1 pelotão, grupo de soldados. 2 pelote. 3 pelotão, grupo de ciclistas numa corrida. *pelotón de ejecución*, pelotão de execução.
pel.ta [pélta] *s.f.* escudo asiático usado pelos antigos gregos e romanos, pelta.
pel.tas.ta [peltásta] *s.m.* soldado que usava a pelta, peltasta.
pel.tre [péltre] *s.m.* liga de zinco, chumbo e estanho.
pe.lu.ca [pelúka] *s.f.* 1 peruca. 2 (fig. e fam.) repreensão severa dada a um inferior. *Peluca de pelo natural.* Peruca de cabelo natural.
pe.lu.che [pelútʃe] *s.m.* pelúcia. *Osito de peluche.* Ursinho de pelúcia.
pe.lu.do [pelúðo] *adj.* peludo, que tem muito pelo.

pe.lu.do [pelúðo] *s.m.* 1 círculo felpudo. 2 pileque, porre.
pe.lu.que.rí.a [pelukería] *s.f.* estabelecimento ou ofício de cabeleireiro.
pe.lu.que.ro [pelukéro] *s.m. e f.* cabeleireiro.
pe.lu.quín [pelukín] *s.m.* peruca pequena. *ni hablar del peluquín*, de jeito nenhum.
pe.lu.sa [pelúsa] *s.f.* 1 penugem muito tênue do rosto ou de algumas frutas. 2 pelo miúdo que se desprende dos tecidos.
pel.via.no [pelβjáno] *adj.* pélvico, relativo à pélvis.
pel.vis [pélβis] *s.f.* bacia, pelve.
pe.na [péna] *s.f.* 1 pena, castigo por um delito ou erro, imposto por autoridade legítima. 2 pena, grande sentimento de tristeza, angústia, aflição.
pe.na.ble [penáβle] *adj.* apenável, capaz de acarretar imposição de pena ou castigo.
pe.na.cho [penátʃo] *s.m.* 1 penacho. 2 (fig.) o que tem essa forma.
pe.na.chu.do [penatʃúðo] *adj.* que tem penacho.
pe.na.do [penáðo] *adj.* 1 penoso. 2 cheio de penas, penado.
pe.na.do [penáðo] *s.m. e f.* delinquente condenado a uma pena.
pe.nal [penál] *adj.* 1 penal. 2 criminal. 3 lugar em que os penados cumprem suas condenações. *derecho penal*, direito penal.
pe.na.li.dad [penaliðáð] *s.f.* 1 penalidade, aflição, moléstia. 2 qualidade de apenável. 3 sanção imposta pela lei penal, pelos mandados etc.
pe.na.lis.ta [penalísta] *adj.* (com.) penalista, criminalista, especialista em direito penal. *Abogado penalista.* Advogado criminalista.
pe.na.li.zar [penaliθár] *v.t.* 1 penalizar, castigar, impor uma sanção. 2 causar pena, dor, afligir.
pe.nal.ti [penálti] *s.m.* (angl.) (desp.) pênalti.

penar

pe.nar [penár] *v.t.* 1 impor pena. 2 determinar a lei um castigo. 3 padecer, sofrer, tolerar, expiar, penar. *Penar por causa ajena.* Penar por causa alheia.
pen.ca [pénka] *s.f.* 1 penca, esgalho carnoso de certas plantas e hortaliças. 2 (fig.) tira de couro com que se açoitava os delinquentes.
pen.co [pénko] *s.m.* 1 (fam.) matungo, cavalo magro. 2 (fig. e fam.) pessoa desprezível e folgazã.
pen.de.ja.da [pendexáða] *s.f.* 1 (fam.) tolice, covardia. 2 (Río de la Plata) grupo de adolescentes, galera.
pen.de.jo [pendéxo] *s.m.* 1 pentelho, pelo do púbis. 2 (fig.) e (fam.) pusilânime, estúpido, covarde. 3 (Río de la Plata) adolescente que se julga adulto.
pen.den.cia [pendénθja] *s.f.* 1 pendência, contenda. 2 peleja, briga.
pen.den.cie.ro [pendenθjéro] *adj. e s.* 1 brigão. 2 dado a pendências, brigas etc.
pen.der [pendér] *v.i.* 1 pender, estar suspenso ou pendurado. 2 depender. *pender de un hilo*, estar por um fio.
pen.dien.te [pendjénte] *adj.* 1 pendente, que pende, que está para acontecer ou por decidir. 2 tendente, inclinado.
pen.dil [pendíl] *s.m.* manto de mulher.
pén.do.la [péndola] *s.f.* pena de ave ou de escrever.
pen.dón [pendón] *s.m.* 1 pendão, bandeira ou estandarte que os exércitos em guerra usavam para distinguir suas unidades. 2 (fig.) bagunceiro.
pen.do.ne.ar [pendoneár] *v.i.* vaguear, andar ao acaso. *salir de noche a pendonear*, vagar de noite.
pen.du.lar [pendulár] *adj.* do pêndulo. *acción pendular*, ação pendular.
pén.du.lo [péndulo] *s.m.* 1 pêndulo. 2 corpo que oscila pela ação da gravidade em torno do ponto fixo do qual pende por um fio ou vareta.
pe.ne [péne] *s.m.* pênis.
pe.ne.tra.ble [penetráβle] *adj.* 1 penetrável. 2 (fig.) que se entende facilmente. *dicho penetrable*, dito penetrável.
pe.ne.tra.ción [penetraθjón] *s.f.* 1 penetração. 2 perspicácia de engenho, agudeza, sutileza.
pe.ne.tran.te [penetránte] *adj.* 1 penetrante. 2 fundo, agudo, profundo.
pe.ne.trar [penetrár] *v.t.* 1 penetrar. 2 penetrar, introduzir, entrar, furar.
pe.ni.ci.li.na [peniθilína] *s.f.* penicilina.
pe.ni.for.me [penifórme] *adj.* peniforme, que tem forma de pena.
pe.ní.ge.ro [peníxero] *adj.* (poét.) penígero ou penífero, que tem penas.
pe.nín.su.la [península] *s.f.* península.
pe.nin.su.lar [peninsulár] *adj.* 1 peninsular. 2 natural ou habitante de uma península.
pe.ni.que [peníke] *s.m.* pêni, moeda britânica, centésima parte da libra esterlina.
pe.ni.ten.cia [peniténθja] *s.f.* 1 penitência, confissão. 2 penitência, pena imposta pelo confessor ao penitente. 3 (fig.) castigo.
pe.ni.ten.ciar [penitenθjár] *v.t.* impor penitência.
pe.ni.ten.cia.ría [penitenθjaría] *s.f.* 1 tribunal pontifício no qual se resolvem os negócios da privada competência do Papa. 2 dignidade de penitenciário. 3 cárcere, penitenciária.
pe.ni.ten.cia.rio [penitenθjárjo] *adj.* 1 penitenciário, confessor. 2 relativo à penitenciária e a seu regime ou serviços.
pe.ni.ten.cia.rio [penitenθjárjo] *s.m.* penitenciário, cardeal.
pe.ni.ten.te [peniténte] *adj.* penitente, que faz penitência ou confissão de seus pecados.
pe.no.so [penóso] *adj.* 1 penoso. 2 que padece uma aflição ou pena.

pen.sa.do [pensáðo] *adj.* precedido de *mal* ou *bien*, propenso a interpretar, a favor ou não, as palavras ou atos alheios.
pen.sa.dor [pensaðór] *adj.* e *s.* 1 pensador. 2 filósofo. 3 pessoa dedicada a estudos muito elevados e profundos.
pen.sa.mien.to [pensamjénto] *s.m.* 1 pensamento, faculdade de pensar. 2 pensamento, desígnio, ideia. 3 (fig.) pensamento, intenção, projeto.
pen.sar [pensár] *v.t.* 1 pensar, formar e relacionar ideias e conceitos. 2 pensar, meditar, reflexionar, tramar.
pen.sa.ti.vo [pensatíβo] *adj.* 1 pensativo, que está absorto en seus pensamentos. 2 pensativo, que medita intensamente.
pén.sil [pensíl; pénsil] *adj.* pênsil, pendente ou pendurado no ar. *puente pénsil*, ponte pênsil.
pen.sión [pensjón] *s.f.* 1 pensão, renda anual imposta sobre um imóvel. 2 pensão, casa de hóspedes. 3 preço recebido pela hospedagem. 4 bolsa de estudos.
pen.sio.na.do [pensjonáðo] *adj.* e *s.* pensionista, que tem ou recebe uma pensão.
pen.sio.na.do [pensjonáðo] *s.m.* pensionato.
pen.sio.nar [pensjonár] *v.t.* 1 pensionar, impor cargo ou pensão. 2 conceder pensão a uma pessoa ou estabelecimento.
pen.sio.nis.ta [pensjonísta] *s.* (com.) 1 pensionista, que recebe pensão. 2 pessoa que mora em pensão ou pensionato. *pensionista de honor*, pensionista de honra.
pen.ta- [pénta] penta, prefixo de origem grega que significa "cinco".
pen.ta.cor.dio [pentakórðio] *s.m.* pentacórdio, lira antiga de cinco cordas.
pen.ta.dác.ti.lo [pentadáktilo] *adj.* pentadáctilo, que tem cinco dedos em cada mão.
pen.ta.de.cá.go.no [pentadecáyono] *adj.* e *s.* diz-se do polígono de quinze lados.

pen.ta.e.dro [pentaéðro] *s.m.* pentaedro, poliedro de cinco faces.
pen.ta.fo.ní.a [pentafonía] *s.f.* 1 sistema musical de diversas culturas orientais. 2 escala pentatônica.
pen.tá.go.no/a [pentáyono] *adj.* e *s.* 1 pentágono. 2 edifício pentagonal em Arlington, que é a Sede do Estado Maior de Defesa dos Estados Unidos.
pen.ta.gra.ma [pentayráma; pentáyrama] *s.m.* pentagrama.
pen.ta.nol [pentanól] *s.m.* álcool amílico.
pen.ta.sí.la.bo [pentasílaβo] *adj.* pentassílabo.
pen.ta.tlón [pentatlón] *s.m.* pentatlo, especialidade atlética composta de cinco provas. corridas de 200 m e 1500 m, lançamentos de dardo e disco, e salto em distância.
pen.ta.tó.ni.co [pentatónico] *adj.* 1 diz-se da escala musical de cinco sons e da música baseada nela. 2 escala pentatônica.
pen.te.cos.tés [pentekostés] *s.m.* pentecostes.
pe.núl.ti.mo [penúltimo] *adj.* e *s.* penúltimo, imediatamente anterior ao último. *Llegar penúltimo en la carrera.* Chegar em penúltimo lugar na corrida.
pe.num.bra [penúmbra] *s.f.* 1 penumbra. 2 sombra parcial nos eclipses.
pe.nu.ria [penúrja] *s.f.* escassez, privação do necessário, falta, pobreza.
pe.ña [péɲa] *s.f.* 1 penha. 2 penhasco, penedo. 3 grupo de amigos que se reúnem periodicamente.
pe.ñas.cal [peɲaskál] *s.m.* penhascal.
pe.ñas.co [peɲásko] *s.m.* 1 penhasco. 2 porção piramidal do osso temporal. *Posarse el cóndor en el peñasco.* Pousar o condor no penhasco.
pe.ño.la [péɲola] *s.f.* pena de ave para escrever.

peñón

pe.ñón [peɲón] *s.f.* 1 penha grande e escarpada. 2 monte penhascoso.
pe.ón [peón] *s.m.* 1 peão, trabalhador. 2 peão, peça do xadrez. 3 (Amér.) trabalhador rural. *Peón de hacienda.* Peão de fazenda.
pe.o.na.da [peonáða] *s.f.* 1 trabalho que faz um peão em um dia. 2 jornal do peão. 3 grupo de peões, peonada.
pe.on.za [peónθa] *s.f.* 1 pião. 2 (Amér.) *s.m.* trompo.
pe.or [peór] *adj.* 1 *comp.* de superioridad de malo, pior. 2 *adv.* e *s. comp.* de *mal,* pior. *ir de mal en peor,* ir de mal a pior.
pe.pi.ni.llo [pepiníʎo] *s.m.* pepino que se conserva em vinagre.
pe.pi.no [pepíno] *s.m.* pepino.
pe.pi.ta [pepíta] *s.f.* 1 semente de certas frutas, pera, melão etc. 2 grão ou palheta de ouro ou outros metais. *Hallar una pepita de oro.* Achar um grãozinho de ouro.
pe.pi.to.ria [pepitórja] *s.f.* guisado de carne de ave e molho com gema de ovo.
pe.pón [pepón] *s.m.* melancia. *Estar en su punto el pepón.* Estar no ponto a melancia.
pe.po.na [pepóna] *s.f.* boneca rústica de papelão.
pep.si.na [pepsína] *s.f.* pepsina.
pép.ti.co/a [péptiko] *adj.* relativo à pepsina ou à digestão.
pe.que.ñez [pekeɲéθ] *s.f.* 1 pequenez. 2 nimiedade, coisa sem importância. 3 mesquinhez, ruindade. 4 meninice.
pe.que.ño/a [pekéɲo] *adj.* e *s.* 1 pequeno. 2 humilde, de pouca categoria. 3 menino, menina.
pe.que.ño.bur.gués/a [pekeɲoβuryés] *adj.* e *s.* 1 pequeno-burguês. 2 que tem preconceitos.
pe.qui.nés/a [pekinés] *adj.* e *s.* pequinês, raça de cachorros proveniente da China.
pe.ra [péra] *s.f.* 1 pera. 2 barba do queixo. 3 objetos com a forma de pêra. *hacerse uno una pera,* masturbar-se. *pedir peras al olmo,* dar pérolas aos porcos.
pe.ra.da [peráða] *s.f.* 1 perada. 2 bebida fermentada do sumo da pera.
pe.ral [perál] *s.m.* pereira. *Estar cubierto el peral.* Estar coberta a pereira.
per.cal [perkál] *s.m.* 1 tecido fino de algodão, muito tapado e macio. 2 (fam.) dinheiro.
per.ca.li.na [perkalína] *s.f.* tecido de algodão usado para cobrir capas, percalina.
per.can.ce [perkánθe] *s.m.* contratempo, prejuízo imprevisto. *Percances del oficio.* Ossos do ofício.
per.cá.pi.ta [perkápta] *loc. adv.* (do latim) por cabeça, individualmente, *per capita*. *Consumo anual per cápita.* Consumo anual *per capita*.
per.ca.tar [perkatár] *v.i.* e *p.* advertir, considerar, atentar.
per.cep.ción [perθepθjón] *s.f.* 1 percepção. 2 ideia, conhecimento. 3 arrecadação. *Tener fina percepción.* Ter fina percepção.
per.cep.ti.ble [perθeptíβle] *adj.* 1 perceptível. 2 que se pode receber ou cobrar. *Cantidad perceptible.* Quantidade perceptível.
per.cep.ti.vo/a [perθeptíβo] *adj.* e *s.* perceptivo.
per.ci.bir [perθiβír] *v.t.* 1 perceber, receber ou cobrar. 2 perceber, receber impressões pelos sentidos. 3 perceber, compreender ou entender.
per.cu.sión [perkusjón] *s.f.* percussão. *Instrumentos de percusión.* Instrumentos de percussão.
per.cu.tir [perkutír] *v.t.* bater ou tocar fortemente. *Percutir el tambor.* Percutir o tambor.
per.cu.tor [perkutór] *s.m.* percussor.
per.cha [pértʃa] *s.f.* cabide, suporte com gancho para pendurar roupas, chapéus etc.
per.che.ro [pertʃéro] *s.m.* 1 conjunto de cabides. 2 móvel com cabides.

per.che.rón/a [pertʃerón] *adj. e s.* diz-se de certa raça de cavalos de Perche (França), percherão.
per.de.de.ro [perðeðéro] *s.m.* 1 perdedouro. 2 lugar por onde escapa a lebre perseguida.
per.de.dor [perðeðór] *adj. e s.* perdedor.
per.der [perðér] *v.t.* 1 perder, deixar de ter ou não achar o que tinha. 2 perder, ficar privado de um ser querido. 3 perder, ser vencido em batalha, jogo, pleito etc. *Perder el juicio.* Perder o juízo.
per.di.ción [perðiθjón] *s.f.* 1 perdição. 2 grave dano moral ou material. 3 perdição, paixão desenfreada. *Esa mujer lo llevará a la perdición.* Essa mulher o levará à perdição.
pér.di.da [pérðiða] *s.f.* 1 perda, privação do que tinha. 2 perda, o que se perde. 3 perda, morte. 4 perda, quantidade ou coisa perdida.
per.di.do/a [perðíðo] *adj.* 1 perdido, extraviado. 2 perdido, sem rumo. 3 *s.m. e f.* perdido, pessoa viciosa e libertina. *Estar perdido por alguien.* Estar perdido por alguém.
per.di.do.so/a [perðiðóso] *adj.* 1 perdidoso, que sofreu uma perda. 2 perdidoso, que é fácil de perder(se).
per.di.gar [perðiɣár] *v.t.* soassar a carne de uma perdiz ou qualquer outra ave para que se conserve melhor. *Perdigar palomas.* Soassar pombas.
per.di.gón [perðiɣón] *s.m.* 1 perdigão, macho da perdiz. 2 perdiz nova. 3 munição de caça.
per.di.gón [perðiɣón] *s.m.* 1 pessoa que perde muito no jogo. 2 (fam.) aluno que perdeu o curso. 3 moço que desperdiça seu patrimônio.
per.di.gue.ro/a [perðiɣéro] *adj. e s.m.* 1 perdigueiro, cão caçador. 2 das perdizes ou de sua caça. 3 o que vende a caça.
per.diz [perðíθ] *s.f.* perdiz.
per.dón [perðón] *s.m.* 1 perdão. 2 desculpa. 3 indulto, remissão de pena. *Perdón divino.* Perdão divino.

per.do.nar [perðonár] *v.t.* 1 perdoar, remitir (pena, culpa, dívida, ofensa etc.). 2 perdoar, desculpar, absolver, indultar, eximir. *Perdonar viejas deudas.* Perdoar velhas dívidas.
per.do.na.vi.das [perðonaβíðas] *s.m.* (fam.) fanfarrão.
per.du.la.rio/a [perðulário] *adj. e s.* 1 aquele que gasta em excesso. 2 dissipador, esbanjador, gastador. 3 extravagante.
per.du.ra.ble [perðuráβle] *adj.* 1 perdurável. 2 duradouro, durável. *Material perdurable.* Material perdurável.
per.du.rar [perðurár] *v.i.* perdurar, durar muito, continuar, persistir, subsistir.
pe.re.ce.de.ro/a [pereθeðéro] *adj.* 1 perecível, perecedouro. 2 pouco durável. *Alimento perecedero.* Alimento perecível.
pe.re.cer [pereθér] *v.i.* perecer, deixar de existir, morrer, acabar, sucumbir, fenecer, expirar.
e.re.da [peréða] *s.f.* terreno povoado de pereiras, pereiral ou peral.
pe.re.gri.na.ción [pereɣrinaθjón] *s.m.* 1 peregrinação. 2 romaria, êxodo, cruzada.
pe.re.gri.nar [pereɣrinár] *v.i.* 1 peregrinar, andar. 2 ir em romaria a um santuário por devoção ou promessa.
pe.re.gri.no/a [pereɣríno] *adj. e s.* peregrino, caminhante, romeiro, viajante. *Peregrino de Santiago de Compostela.* Peregrino de Santiago de Compostela.
pe.re.jil [perexíl] *s.m.* salsa.
pe.ren.de.ca [perendéka] *s.f.* prostituta, rameira.
pe.ren.den.gue [perendénge] *s.m.* 1 brinco. 2 *por ext.* bugiganga, adorno de pouco valor. *No gastar en perendengues.* Não gastar em bugigangas.
pe.ren.ga.no/a [perengáno] *s.* designação vaga para aludir a uma pessoa cujo nome se ignora.
pe.ren.ne [perénne] *adj.* 1 perene. 2 perpétuo, incessante.

pe.ren.ni.dad [perenniðáð] *s.f.* perenidade, perpetuidade.
pe.ren.to.rio/a [perentórjo] *adj.* 1 peremptório. 2 urgente, premente. 3 terminante, decisivo. *De pago perentorio.* De pagamento peremptório.
pe.re.za [peréθa] *s.f.* 1 preguiça. 2 lentidão ou descuido nas ações ou movimentos. *Lo domina la pereza.* A preguiça o domina.
pe.re.zo.so/a [pereθóso] *adj. e s.* 1 preguiçoso. 2 que foge de qualquer trabalho ou obrigação. 3 *s.m.* bicho-preguiça.
per.fec.ción [perfekθjón] *s.f.* 1 perfeição. 2 excelência, beleza, formosura. *Conseguir la perfección.* Conseguir a perfeição.
per.fec.cio.na.mien.to [perfekθjonamjénto] *s.m.* aperfeiçoamento.
per.fec.cio.nar [perfekθjonár] *v.t. e v.p.* 1 aperfeiçoar. 2 melhorar, refinar, polir. *Perfeccionar el modelo.* Aperfeiçoar o modelo.
per.fec.cio.nis.mo [perfekθjonízmo] *s.m.* perfeccionismo.
per.fec.cio.nis.ta [perfekθjonísta] *adj. e s.* perfeccionista. *Demasiado perfeccionista.* Perfeccionista em demasia.
per.fec.ta.men.te [perféktamente] *adv. e s.m.* 1 perfeitamente. 2 exclamação de conformidade.
per.fec.to/a [perfékto] *adj.* perfeito. *Una perfecta reproducción.* Uma perfeita reprodução.
per.fi.cien.te [perfíθiente] *adj.* perfeito.
per.fi.dia [perfíðja] *s.f.* deslealdade, traição.
pér.fi.do/a [pérfiðo] *adj. e s.* 1 pérfido. 2 desleal, infiel, traidor.
per.fil [perfíl] *s.m.* 1 perfil. 2 (fig.) caráter, gênio. *Contar con el perfil adecuado.* Contar com o perfil adequado.
per.fi.la.do/a [perfiláðo] *adj.* perfilado. *Silueta perfilada.* Silhueta perfilada.
per.fi.lar [perfilár] *v.t.* 1 perfilar. 2 aperfeiçoar, afinar, enfeitar.

per.fo.ra.ble [perforáβle] *adj.* perfurável. *Ser el muro perforable.* Ser o muro perfurável.
per.fo.ra.ción [perforaθjón] *s.f.* 1 perfuração. 2 abertura. 3 perfuratriz, britadeira. 4 túnel, galeria. *Perforación petrolífera.* Perfuração petrolífera.
per.fo.ra.dor/a [perforaðór] *adj.* 1 perfurador. 2 furador, perfuratriz. 3 britadeira.
per.fo.rar [perforár] *v.t.* 1 perfurar. 2 calar, furar, esburacar, britar. *Perforar la pared.* Perfurar a parede.
per.fu.mar [perfumár] *v.t.* 1 perfumar. 2 exalar fragância, perfume. *La rosa perfuma el jardín.* A rosa perfuma o jardim.
per.fu.me [perfúme] *s.f.* 1 perfume. 2 aroma das flores. *Perfume de mujer.* Perfume de mulher.
per.fu.me.rí.a [perfumería] *s.f.* perfumaria.
per.fu.me.ro [perfuméro] *s.m.* recipiente usado para conservar e aplicar perfume.
per.fu.sión [perfusjón] *s.f.* 1 perfusão, banho, untura. 2 administração de uma solução medicamentosa.
per.ga.mi.no [perɣamíno] *s.m.* 1 pergaminho. 2 documento escrito em pergaminho. 3 títulos nobiliários.
per.ge.ñar [perxeɲár] *v.t.* (fam.) esboçar.
pér.go.la [pérɣola] *s.f.* pérgola.
pe.ri- [péri] *pref.* de origem grega que significa "em torno", "ao redor de".
pe.riar.te.ri.tis [periarterítis] *s.f.* periarterite.
pe.ri.car.dio [perikárðjo] *s.m.* pericárdio.
pe.ri.car.di.tis [perikarðítis] *s.f.* pericardite.
pe.ri.car.pio [perikárpjo] *s.m.* pericarpo.
pe.ri.cia [períθja] *s.f.* perícia, sabedoria, experiência, habilidade. *Demostrar su pericia.* Demonstrar sua perícia.
pe.ri.cial [periθjál] *adj.* pericial. *Ejecutar la tarea pericial pertinente.* Executar a tarefa pericial pertinente.

pe.ri.cli.tar [periklitár] v.i. 1 periclitar, perigar, estar em perigo, correr perigo. 2 declinar, cair.
pe.ri.co [períko] s.m. 1 louro, papagaio, periquito. 2 (fig.) leque grande. 3 aspargo grande. *Perico parlanchín. Louro tagarela.*
pe.ri.cón.a [perikón] adj. e s. 1 diz-se de pessoas ou animais que poden substituir outros. 2 leque muito grande. 3 (Arg. e Urug.), dança popular.
pe.ri.con.drio [perikónðrio] s.m. pericôndrio.
pe.ri.crá.neo [perikráneo] s.m. pericrânio.
pe.ri.fe.ria [periférja] s.f. 1 periferia, circunferência, contorno de uma figura curvilínea. 2 (fig.) espaço que rodeia um núcleo qualquer. 3 (fig.) periferia, região afastada de um centro urbano.
pe.ri.ga.llo [periɣáʎo] s.m. perigalho, pele do queixo ou do pescoço descaída por magreza ou velhice. *Crecer el perigallo. Crescer o perigalho.*
pe.ri.ge.o [perixéo] s.m. ponto da órbita de um planeta, lua ou satélite artificial, em que é mínima sua distância à Terra, perigeu.
pe.ri.he.lio [periéljo] s.m. ponto de órbita de um planeta em que está mais perto do sol, periélio.
pe.ri.lla [periʎa] s.f. 1 pelos que crescem no queixo. 2 adorno em forma de pera.
pe.ri.llán.a [periʎán] adj. e s. pícaro, astuto.
pe.ri.me.trí.a [perimetría] s.f. 1 perimetria, medida do perímetro. 2 medição do limite do campo visual.
pe.rí.me.tro [perímetro] s.m. (geom.) perímetro. *El perímetro del estadio.* O perímetro do estádio.
pe.rí.o.ca [períoka] s.f. sumário, argumento de um livro ou tratado.
pe.rio.di.ci.dad [perjoðiθiðáð] s.f. periodicidade. *Periodicidad de la publicación.* Periodicidade da publicação.

pe.rió.di.co/a [perjóðiko] adj. 1 periódico, regular, intermitente. 2 s.m. jornal. *El periódico de noticias.* O jornal de notícias.
pe.rio.du.cho [perjoðikútʃo] s.m. jornaleco, jornal desprezível e de poucos leitores. *No soy lector de perioduchos.* Não sou leitor de jornalecos.
pe.rio.dis.mo [perjoðízmo] s.m. jornalismo.
pe.rio.dis.ta [perjoðísta] s. (com.) jornalista. *Periodista científico.* Jornalista científico.
pe.rí.o.do [períoðo] s.m. 1 período, espaço de tempo. 2 período, etapa, lapso, ciclo, intervalo. 3 menstruação. *Período menstrual.* Período menstrual.
pe.rio.don.to [perjoðónto] s.m. periodonto.
pe.ri.pa.té.ti.co [peripatétiko] adj. e s. 1 peripatético, aristotélico. 2 (fig.) ridículo ou extravagante.
pe.ri.pa.to [peripáto] s.m. perípato, sistema filosófico de Aristóteles.
pe.ri.pe.cia [peripéθja] s.f. 1 peripécia, mudança repentina de situação em uma narrativa, peça teatral, poema etc. 2 (fig.) acidente imprevisto. *Pasar por peripecias.* Passar por peripécias.
pe.ri.plo [períplo] s.m. navegação em volta de um mar ou pelas costas de um país, périplo. *Un largo y extenuante periplo.* Um longo e extenuante périplo.
pe.ri.pues.to/a [peripwésto] adj. (fam.) enfeitado em excesso.
pe.ri.que.ar [perikeár] v.i. sair muito de casa as mulheres, bater perna.
pe.ri.que.te [perikéte] s.m. (fam.) breve espaço de tempo. *Ir y volver en un periquete.* Ir e voltar num zás-trás.
pe.ri.qui.to [perikíto] s.m. periquito.
pe.ris.co.pio [periskópjo] s.m. periscópio. *El periscopio del submarino.* O periscópio do submarino.

pe.ris.ti.lo [peristílo] *s.m.* pátio rodeado por colunas, peristilo.

pe.rís.to.le [perístole] *s.f.* ato peristáltico do tubo digestivo, perístole.

pe.ri.ta.je [peritáxe] *s.m.* 1 peritagem. 2 estudo ou profissão de perito. *Un exaustivo peritaje.* Uma peritagem exaustiva.

pe.ri.to/a [períto] *adj. e s.* 1 perito. 2 competente, destro. *Perito calígrafo.* Perito caligráfico.

pe.ri.to.ne.o [peritonéo] *s.m.* mebrana que reveste interiormente as paredes do abdome, peritônio.

pe.ri.to.ni.tis [peritonítis] *s.f.* inflamação do periônio, peritonite.

per.ju.di.car [perxuðikár] *v.t. e v.p.* prejudicar.

per.ju.di.cial [perxuðiθjál] *adj.* 1 prejudicial. 2 nocivo, mau, pernicioso. *Elemento extraño y perjudicial.* Elemento estranho e prejudicial.

per.jui.cio [perxwíθjo] *s.m.* prejuízo. *Sufrir enorme perjuicio.* Sofrer um enorme prejuízo.

per.ju.rar [perxurár] *v.i. e v.p.* perjurar.

per.ju.rio [perxúrjo] *s.m.* perjúrio. *Perjurio escandaloso.* Perjúrio escandaloso.

per.ju.ro/a [perxúro] *adj. e s.* perjuro.

per.la [pérla] *s.f.* pérola. *Collar de perlas.* Colar de pérolas.

per.la.do/a [perláðo] *adj.* perolado

per.lí.fe.ro/a [perlífero] *adj.* perlífero ou perolífero.

per.ma.ne.cer [permaneθér] *v.i.* permanecer. *Permanecer en su postura.* Permanecer em sua posição.

per.ma.nen.cia [permanénθja] *s.f.* permanência.

per.ma.nen.te [permanénte] *adj.* 1 permanente. 2 duradouro, estável. *Cabello con permanente.* Cabelo com permanente.

per.man.ga.na.to [permanganáto] *s.m.* permanganato.

per.me.a.bi.li.dad [permeaβiliðáð] *s.f.* permeabilidade.

per.me.a.ble [permeáβle] *adj.* permeável.

per.mi.si.ble [permisíβle] *adj.* permissível.

per.mi.sión [permisjón] *s.f.* permissão, licença.

per.mi.sio.na.rio/a [permisionárjo] *adj. e s.* permissionário.

per.mi.si.vo/a [permisíβo] *adj.* permissivo. *Actitud permisiva.* Atitude permissiva.

per.mi.so [permíso] *s.m.* permissão, licença ou consentimento, autorização, anuência.

per.mi.tir [permitír] *v.t.* 1 permitir. 2 aceder, facultar. *Permitir libre acceso al palco.* Permitir livre acesso ao camarote.

per.mu.ta [permúta] *s.f.* permuta, troca. *Permuta de bienes.* Permuta de bens.

per.mu.tar [permutár] *v.t.* permutar, intercambiar, trocar.

per.na.da [pernáða] *s.f.* pernada, pancada com a perna ou passada larga.

per.ne.ra [pernéra] *s.f.* parte da calça que cobre a perna.

per.nia.bier.to/a [pernjaβjérto] *adj.* perniaberto, de pernas abertas.

per.ni.cio.so/a [perniθjóso] *adj.* pernicioso, prejudicial. *Lamentable y pernicioso hecho.* Fato lamentável e pernicioso.

per.ni.cor.to/a [pernikórto] *adj.* pernicurto, de pernas curtas.

per.nil [perníl] *s.m.* pernil, anca ou coxa de porco. *Asar el pernil en el horno.* Assar o pernil no forno.

per.nio [pérnjo] *s.m.* perno, dobradiça das portas e janelas.

per.ni.tuer.to/a [pernitwérto] *adj.* de pernas tortas.

per.no [pérno] *s.m.* perno, pequeno eixo cilíndrico de vários maquinismos.

per.noc.tar [pernoktár] *v.i.* pernoitar. *Pernoctar en el hostal.* Pernoitar na pousada.

pe.ro [péro] *conj. mas.* 1 emprega-se para indicar oposição, restrição, objeção etc. 2 *s.m.* (fam.) inconveniente, reparo. *Poner peros a todo.* Pôr poréns em tudo.
pe.ro.gru.lla.da [peroɣruʎáða] *s.f.* 1 (fam.) verdade notória e óbvia, sem necessidade de dizer. 2 óbvio ululante.
Pe.ro.gru.llo [peroɣrúʎo] *s.* 1 emprega-se na locução *verdad de Perogrullo*, a verdade que é tão evidente que resulta ridículo dizer. 2 óbvio ululante.
pe.rol [peról] *s.m.* caçarola.
pe.ro.né [peroné] *s.m.* perônio. *Fractura de peroné.* Fratura de perônio.
pe.ro.ra.ción [peroraθjón] *s.f.* 1 peroração. 2 última parte do discurso, epílogo.
pe.ro.rar [perorár] *v.i.* 1 perorar, discursar. 2 falar com afetação. *Perorar todo el tiempo.* Perorar o tempo todo.
pe.ro.ra.ta [peroráta] *s.f.* discurso ou raciocínio molesto e inoportuno.
per.pen.di.cu.lar [perpendikulár] *adj. e s.f.* perpendicular.
per.pen.di.cu.la.ri.dad [perpendikulariðáð] *s.f.* perpendicularidade.
per.pe.tra.ción [perpetraθjón] *s.f.* 1 perpetração. 2 consumação de um delito ou culpa. *Perpetración de un atentado.* Perpetração de um atentado.
per.pe.tra.dor/a [perpetráðor] *adj. e s.* 1 perpetrador. 2 autor de um delito.
per.pe.trar [perpetrár] *v.t. e v.p.* perpetrar, cometer um delito ou culpa grave. *Perpetrar un asesinato.* Perpetrar um assassinato.
per.pe.tua.ción [perpetwaθjón] *s.f.* perpetuação. *Perpetuación en el poder.* Perpetuação no poder.
per.pe.tuar [perpetwár] *v.t. e p.* perpetuar(se).
per.pe.tui.dad [perpetwiðáð] *s.f.* 1 perpetuidade. 2 eternidade, durabilidade, imortalidade.

per.pe.tuo/a [perpétwo] *adj.* 1 perpétuo, que dura toda a vida. 2 imortal, eterno. *Prisión perpetua.* Prisão perpétua.
per.ple.ji.dad [perplexiðáð] *s.f.* perplexidade.
per.ple.jo/a [perpléxo] *adj.* perplexo. *Quedarse perplejo ante la duda.* Ficar perplexo diante da dúvida.
pe.rra [pérra] *s.f.* 1 cadela, cachorra, fêmea do cão. 2 (fig. e fam.) dinheiro, impaciência, obstinação.
pe.rre.ra [perréra] *s.f.* canil.
pe.rre.rí.a [perrería] *s.f.* 1 cachorrada, bando de cachorros. 2 ação má, cachorrice. *Hacerle una perrería a uno.* Fazer uma cachorrice a alguém.
pe.rre.ro/a [perréro] *adj. e s.* 1 cachorreiro, aficionado a ter ou criar cães. 2 pessoa que recolhe os cães abandonados ou sem licença.
pe.rro [pérro] *s.m.* cão, cachorro. *A otro perro con ese hueso.* Vá dar esse osso a outro cão.
pe.rru.no/a [perrúno] *adj. e s.* 1 canino. 2 pão muito moreno, feito de farinha sem peneirar.
per se [per sé] *expres. lat.* por si ou por si mesmo. *Arreglarse per se.* Arrumar-se per se.
per.se.cu.ción [persekuθjón] *s.f.* perseguição, assédio, importunação.
per.se.gui.dor/a [perseɣiðór] *adj. e s.* perseguidor. *Perseguidor contumaz.* Perseguidor contumaz.
per.se.guir [perseɣír] *v.t.* 1 perseguir. 2 acossar, importunar, molestar. 3 (fig.) solicitar, procurar. *Perseguir un objetivo.* Perseguir um objetivo.
per.se.ve.ran.cia [perseβeránθja] *s.f.* perseverança.
per.se.ve.ran.te [perseβeránte] *adj. e s.* perseverante. *Ser perseverante en su carrera.* Ser perseverante em sua carreira.

perseverar

per.se.ve.rar [perseβerár] *v.i.* 1 perseverar. 2 durar permanentemente. *Perseverar sin decaimiento.* Perseverar sem decaimento.
per.sia.na [persjána] *s.f.* persiana. *Abrir la persiana.* Abrir a persiana.
per.sig.nar [persiɣnár] *v.t. e v.p.* 1 persignarse, benzer. 2 (fig. e fam.) manifestar admiração fazendo cruzes.
per.sis.ten.cia [persisténθja] *s.f.* persistência, constância, insistência, obstinação, tenacidade, firmeza. *Persistencia en lograr algo.* Persistência em conseguir algo.
per.sis.ten.te [persisténte] *adj.* persistente, constante, permanente, insistente, tenaz, obstinado, pertinaz. *Persistente luchador.* Persistente lutador.
per.sis.tir [persistír] *v.i.* persistir, perdurar, insistir, durar. *Persistir la lluvia.* Persistir a chuva.
per.so.na [persóna] *s.f.* 1 pessoa, indivíduo. 2 (gram.) pessoa, acidente gramatical. 3 pessoa, ser ou entidade capaz de direitos ou deveres. *persona jurídica,* pessoa jurídica.
per.so.na.je [personáxe] *s.m.* 1 personagem. 2 personagem, pessoa importante ou notável, personalidade. 3 personagem, criatura de ficção que intervém em uma obra literária, teatral ou cinematográfica. *Personaje del año.* Personalidade do ano.
per.so.nal [personál] *adj.* 1 pessoal. 2 pessoal, individual, próprio, peculiar. 3 pessoal, conjunto de pessoas. *Personal de seguridad.* Pessoal da segurança.
per.so.na.li.dad [personaliðáð] *s.f.* personalidade.
per.so.na.li.zar [personaliθár] *v.t.* personalizar.
per.so.nar.se [personárse] *v.p.* apresentar-se pessoalmente. *Personarse ante las autoridades.* Apresentar-se ante as autoridades.

per.so.ni.fi.ca.ción [personifikaθjón] *s.f.* personificação. *Personificación de un prócer en la obra teatral.* Personificação de um prócer na obra teatral.
per.so.ni.fi.car [personifikár] *v.t.* personificar. *Personificar un león en el cómic.* Personificar um leão na revista em quadrinhos.
per.so.ni.lla [personíʎa] *s.f.* (despect.) pessoa pequena de corpo ou de má condição.
pers.pec.ti.va [perspektíβa] *s.f.* perspectiva. *Perspectivas económicas.* Perspectivas econômicas.
pers.pi.ca.cia [perspikáθja] *s.f.* 1 perspicácia. 2 (fig.) sagacidade. *Demostrar perspicacia en sus acciones.* Demonstrar perspicácia em suas atitudes.
pers.pi.caz [perspikáθ] *adj.* 1 perspicaz. 2 penetrante, agudo, sagaz.
pers.pi.cuo/a [perspíkwo] *adj.* perspícuo. *Análisis perspicuo.* Análise perspícua.
per.sua.dir [perswaðír] *v.t. e v.p.* 1 persuadir, convencer. 2 mover, induzir. *Persuadir con la realidad.* Persuadir com a realidade.
per.sua.sión [perswasjón] *s.f.* persuasão, convicção, juízo. *Tener poder de persuación.* Ter poder de persuasão.
per.sua.si.vo/a [perswasíβo] *adj.* persuasivo, determinante, convincente, persuasor, conclusivo, contundente.
per.te.ne.cer [perteneθér] *v.i.* pertencer, incumbir, caber, corresponder. *Pertenecer a una empresa.* Pertencer a uma empresa.
per.te.ne.cien.te [perteneθjénte] *adj.* pertencente. *Perteneciente a la familia.* Pertencente à família.
per.te.nen.cia [perteneénθja] *s.f.* pertences. *Pertenencias particulares.* Pertences particulares.
pér.ti.ga [pértiɣa] *s.f.* pértiga, vara, varapau. *Salto de pértiga.* Salto de vara.
pér.ti.go [pértiɣo] *s.m.* varal de carroça.

per.ti.naz [pertináθ] *adj.* pertinaz.
per.ti.nen.cia [pertinénθja] *s.f.* pertinência. *De estricta pertinencia.* De estrita pertinência.
per.ti.nen.te [pertinénte] *adj.* pertinente. *Reacción pertinente.* Reação pertinente.
per.tre.char [pertretʃár] *v.t.* apetrechar.
per.tre.chos [pertrétʃos] *s.m.* (pl.) apetrechos. *Pertrechos de carpintería.* Apetrechos de carpintaria.
per.tur.ba.ción [perturβaθjón] *s.f.* perturbação. *Perturbación atmosférica.* Perturbação atmosférica.
per.tur.ba.do/a [perturβáðo] *adj. e s.* perturbado.
per.tur.ba.dor/a [per t urβaðór] *adj. e s.* perturbador. *Perturbador del orden.* Perturbador da ordem.
per.tur.bar [perturβár] *v.i.* perturbar. *Perturbar la paciencia.* Perturbar a paciência.
per.ver.si.dad [perβersiðáð] *s.f.* perversidade.
per.ver.sión [perβersjón] *s.f.* perversão. *Ser de perversión latente.* Ser de perversão latente.
per.ver.so/a [perβérso] *adj. e s.* perverso. *Perverso e indolente.* Perverso e indolente.
per.ver.ti.do/a [perβertíðo] *adj.* pervertido.
per.ver.tir [perβertír] *v.t. e v.p.* perverter, depravar, corromper, transtornar. *Pervertir la niñez.* Perverter a infância.
per.vi.gi.lio [perβixí lio] *s.m.* insônia, pervigília.
per.vi.vir [perβiβír] *v.i.* sobreviver. *Pervivir con obstinación.* Sobreviver com obstinação.
pe.sa [pésa] *s.m.* 1 peso, peça metálica de uma balança para determinar o peso ou a massa de um corpo. 2 haltere, peça pesada que se usa em halterofilia para fazer ginástica. *Usar la pesa exacta.* Usar o peso exato.
pe.sa.car.tas [pesakártas] *s.m.* pesacartas, balança para pesar cartas.
pe.sa.da [pesáða] *s.f.* 1 pesada, quantidade que se pesa de uma vez. 2 pesagem, procedimento para determinar o peso ou a massa de um corpo.
pe.sa.dez [pesaðéθ] *s.f.* 1 qualidade de pesado. 2 (fig.) obesidade. 3 (fig.) teimosia, impertinência.
pe.sa.di.lla [pesadíʎa] *s.f.* pesadelo. *Pesadilla horrorosa.* Pesadelo horroroso.
pe.sa.do/a [pesáðo] *adj.* 1 pesado. 2 (fig.) obeso. 3 (fig.) diz-se do sono intenso, profundo. 4 (fig.) molesto, impertinente.
pe.sa.dum.bre [pesaðúmbre] *s.f.* 1 pesadume, injúria, agravo. 2 (fig.) desgosto, sofrimento moral. *Agobiarle la pesadumbre.* Angustiar-se de pesadume.
pe.sa.je [pesáxe] *s.m.* pesagem. *Efectuar el pesaje el boxeador.* Efetuar a pesagem do boxeador.
pé.sa.me [pésame] *s.m.* pêsames. *Dar su sentido pésame.* Dar os sentidos pêsames.
pe.sar [pesár] *s.m.* pesar, pena, tristeza. *A pesar de los pesares.* Apesar dos pesares.
pe.sar [pesár] *v.t. e i.* 1 pesar, determinar o peso mediante a balança. 2 ter certo peso. 3 (fig.) valorizar, examinar. *Pesar los pro y los contras.* Pesar os prós e os contras.
pe.sa.ro.so/a [pesaróso] *adj.* pesaroso.
pes.ca [péska] *s.f.* pesca, pescaria. *Pesca del dorado.* Pesca da dourada.
pes.ca.da [peskáða] *s.f.* pescada, peixe.
pes.ca.de.rí.a [peskaðería] *s.f.* peixaria.
pes.ca.de.ro/a [peskaðéro] *s.* peixeiro.
pes.ca.di.lla [peskaðíʎa] *s.f.* pescadinha. *Fritada de pescadillas.* Fritada de pescadinhas.
pes.ca.do [peskáðo] *s.m.* qualquer peixe que se pesca para fins alimentares.
pes.ca.dor/a [peskaðór] *adj. e s.* pescador. *Salir al alba el pescador.* Sair de madrugada o pescador.

pes.can.te [peskánte] *s.m.* pescante, boleia de diligência. *Ir en el pescante con el cochero.* Ir na boleia com o cocheiro.

pes.car [peskár] *v.t.* 1 pescar, retirar da água peixes ou outros animais aquáticos mediante procedimentos de pesca. 2 (fig. e fam.) surpreender. *Pescarlo con las manos en la masa.* Pegá-lo com as mãos na massa.

pes.co.zón [peskoθón] *s.m.* pescoção.

pes.co.zu.do/a [peskoθúðo] *adj.* pescoçudo.

pes.cue.zo [peskwéθo] *s.m.* pescoço. *Apretar o torcer a uno el pescuezo.* Apertar ou torcer o pescoço.

pe.se.bre [peséβre] *s.m.* 1 presépio, espécie de caixão onde os animais comem. 2 curral, estábulo. 3 a mangedoura onde o menino Jesus foi posto ao nascer. *pesebre navideño,* presépio natalino.

pe.se.brón [peseβrón] *s.m.* caixão ou gaveta que as carruagens têm debaixo do piso.

pe.se.ta [peséta] *s.f.* peseta, antiga unidade monetária da Espanha, instituída em 1868, que era dividida em 100 cêntimos, hoje substituída pelo euro. *Cambiar la peseta.* Trocar a peseta.

pe.se.te.ro/a [pesetéro] *adj.* 1 diz-se da pessoa que se preocupa em ganhar dinheiro. 2 (fig. e fam.) prostituta.

pe.si.llo [pesíʎo] *s.m.* balança pequena e muito exata para pesar moedas.

pe.si.mis.mo [pesimízmo] *s.m.* pessimismo.

pe.si.mis.ta [pesimísta] *adj. e s.* pessimista.

pé.si.mo/a [pésimo] *adj.* malíssimo, que não pode ser pior. *Estar de pésimo humor.* Estar de péssimo humor.

pe.so [péso] *s.m.* 1 peso, força com que a Terra atrai o corpo. 2 medida que deve ter essa força. 3 unidade monetária de certos países americanos. 4 (fig.) importância, entidade. *Ser una persona de peso.* Ser uma pessoa de peso.

pes.pun.te [pespúnte] *s.m.* pesponto, trabalho de costura manual no qual não ficam espaços entre os pontos.

pes.que.rí.a [peskería] *s.f.* pescaria. *Pesquería abundante.* Pescaria abundante.

pes.que.ro/a [peskéro] *adj. e s.* 1 pesqueiro, da pesca. 2 barco de pesca. 3 lugar onde se pesca.

pes.qui.sa [peskísa] *s.f.* pesquisa, investigação. *Hacer una pesquisa cuidadosa.* Fazer uma pesquisa cuidadosa.

pes.ta.ña [pestáɲa] *s.f.* 1 cílio, pestana. 2 debrum de costura. *Quemarse las pestañas.* Queimar as pestanas.

pes.ta.ñe.ar [pestaɲeár] *v.i.* 1 pestanejar, piscar. 2 (fig.) ter vida. *Sin pestañear.* Sem pestanejar.

pes.te [péste] *s.f.* 1 peste, doença contagiosa grave. 2 mau cheiro, fedor. *Echar pestes.* Rogar praga.

pes.ti.ci.da [pestiθíða] *adj. e s.* pesticida. *Combatir con pesticida.* Combater com pesticida.

pes.tí.fe.ro/a [pestífero] *adj.* pestífero, que tem mau cheiro.

pes.ti.len.cia [pestilénθja] *s.f.* 1 pestilência, peste, doença. 2 mau cheiro, fedor. *Pestilencia penetrante.* Pestilência penetrante.

pes.ti.llo [pestíʎo] *s.m.* ferrolho. *Correr el pestillo.* Passar o ferrolho.

pes.ti.ño [pestíɲo] *s.m.* doce feito com massa de farinha e ovos, regado com mel.

pes.to.so/a [pestóso] *adj.* fétido.

pe.ta.ca [petáka] *s.f.* tabaqueira, estojo de couro, metal ou outra matéria, para guardar tabaco, cigarros ou tabaco moído.

pé.ta.lo [pétalo] *s.m.* pétala. *Pétalo de un clavel.* Pétala de um cravo.

pe.tan.ca [petánka] *s.f.* jogo de bocha. *Disputar petanca.* Jogar bocha.

pe.tar [petár] *v.i.* (fam.) agradar, comprazer.

pe.tar.de.ar [petarðeár] *v.t.* 1 petardear, petardar, disparar petardos. 2 (fig.) roubar, enganar.

pe.tar.do [petárðo] *s.m.* 1 petardo. 2 (fig.) mulher muito feia.

pe.ta.te [petáte] *s.m.* 1 esteira de palmeira usada nos países frios para dormir sobre ela. 2 pacote de elementos pessoais de um soldado, marinheiro etc. 3 (fam.) equipamento de viagem. *Liar el petate.* Mudar de casa.

pe.te.ne.ra [petenéra] *s.f.* canção popular andaluza do repertório flamenco, com coplas de quatro versos. *Salir por peteneras.* Dizer alguma coisa fora de propósito.

pe.te.ra [petéra] *s.f.* (fam.) briga, teimosia das crianças.

pe.te.re.tes [peterétes] *s.m.* (pl.) guloseimas. *Ofrecer peteretes al niño.* Oferecer guloseimas ao menino.

pe.ti.ción [petiθjón] *s.f.* petição, requerimento. *Realizar una petición al alcalde.* Fazer um requerimento ao prefeito.

pe.ti.cio.nar [petiθjonár] *v.t.* (Amér.) peticionar, requerer. *Peticionar una rebaja de tributos.* Requerer uma redução de impostos.

pe.ti.cio.na.rio/a [petiθjonárjo] *adj. e s.* peticionário, requerente.

pe.ti.me.tre/a [petimétre] *s.* 1 petimetre, janota. 2 pedante, pretensioso.

pe.ti.to.rio/a [petitórjo] *adj.* 1 petitório. 2 (fam.) pedido repetido e impertinente.

pe.ti.zo/a [petíθo] *adj. e s.* 1 (Amér.) petiço. 2 cavalo de pouca altura. *Montar el petizo.* Montar o petiço.

pe.tral [petrál] *s.m.* peitoral, correia que cinge o peito do cavalo.

pé.tre.o/a [pétreo] *adj.* de pedra. *Paisaje pétreo.* Paisagem pétrea.

pe.tri.fi.car [petrifikár] *v.t. e v.p.* petrificar. *El terror lo petrificó.* O terror o petrificou.

pe.tro.dó.lar [petroðólar] *s.m.* petrodólar, unidade monetária referente à venda de petróleo.

pe.tro.gra.fí.a [petroɣrafía] *s.f.* petrografia.

pe.tro.le.ar [petroleár] *v.t.* petrolear, pulverizar ou abastecer com petróleo.

pe.tró.le.o [petróleo] *s.m.* petróleo. *Petróleo, ese rico oro negro.* Petróleo, esse rico ouro negro.

pe.tro.le.ro/a [petroléro] *adj.* petroleiro. *Irse a pique el buque petrolero.* Ir a pique o barco petroleiro.

pe.tro.lí.fe.ro/a [petrolífero] *adj.* petrolífero.

pe.tro.lo.gí.a [petroloxía] *s.f.* petrologia.

pe.tro.quí.mi.co/a [petrokímiko] *adj.* petroquímico.

pe.tu.lan.cia [petulánθja] *s.f.* petulância, insolência, presunção. *De insolente petulancia.* De insolente petulância.

pe.tu.lan.te [petulánte] *adj. e s.* petulante, vaidoso, pedante, convencido.

pe.tu.nia [petúnja] *s.f.* 1 petúnia, planta solanácea de flores belas e perfumadas. 2 sua flor. *Jardín pleno de petúnias.* Jardim cheio de petúnias.

pe.yo.ra.ti.vo/a [peȷoratíβo] *adj.* pejorativo. *Comentario peyorativo acerca de alguien.* Comentário pejorativo sobre alguém.

pez [péθ] *s.m.* peixe. *Como pez en el agua.* Como o peixe na água, isto é, à vontade.

pez [péθ] *s.f.* pixe, pez, betume.

pe.zón [peθón] *s.m.* 1 haste que sustenta a folha, a flor ou o fruto das plantas. 2 mamilo, extremidade da mama ou teta.

pia.do.so/a [pjaðóso] *adj.* 1 piedoso, devoto, religioso. 2 misericordioso. *Ser piadoso en sus actos.* Ser piedoso em seus atos.

pian pian [pján pján] *loc. adv.* (fam.) ver *pian, piano.*

pian pia.no [pján pjáno] *loc. adv.* (fam.) pouco a pouco, a passo lento, devagar.

pianista

pia.nis.ta [pjanísta] 1 pianista, pessoa que toca piano. 2 *s.m.* fabricante de pianos. *Dedos finos de pianista.* Dedos finos de pianista.

pia.no [pjáno] *s.m.* piano. *Piano de cola.* Piano de cauda.

pia.no.for.te [pjanofórte] *s.m.* pianoforte.

pia.no.la [pjanóla] *s.f.* pianola.

pi.ar [pjár] *v.i.* 1 piar, emitir as aves sua voz. 2 (fam.) pedir insistentemente.

pia.ra [pjára] *s.f.* bando de porcos e, menos frequentemente, de mulas, éguas etc. *Formar una piara numerosa.* Formar uma piara numerosa.

pias.tra [pjástra] *s.f.* 1 piastra, moeda do Egito e da Turquia. 2 unidade monetária do antigo Vietnã do Sul.

pi.be/a [píβe] *s.m.* (Río de la Plata) criança, menino, moleque, rapaz.

pi.be.rí.o [piβerío] *s.m.* (Río de la Plata) molecada, conjunto de *pibes*. *El piberío del barrio.* A molecada do bairro.

pi.ca [píka] *s.f.* pica, lança antiga. *Atacar con una pica.* Atacar com uma pica.

pi.ca.cho [pikátʃo] *s.m.* pico, ponta aguda e íngreme de alguns montes. *Nieve en la punta del picacho.* Neve no alto do pico.

pi.ca.da [pikáða] *s.f.* 1 picada, picadura de ave, cobra etc. 2 (Amér.) atalho estreito aberto na espessura de um monte. *Transitar por la picada.* Transitar pelo atalho.

pi.ca.de.ro [pikaðéro] *s.m.* 1 picadeiro, lugar para domar cavalos. 2 lugar de encontros amorosos. 3 pista de areia do circo.

pi.ca.di.llo [pikaðíʎo] *s.m.* picadinho.

pi.ca.do/a [pikáðo] *adj.* 1 picado. 2 ressentido. 3 meio ébrio.

pi.ca.dor [pikaðór] *s.m.* 1 picador, adestrador de cavalos. 2 cavaleiro que fere o touro com a pica para enfurecê-lo. *Picador experimentado.* Picador experiente.

pi.ca.du.ra [pikaðúra] *s.f.* 1 picada. 2 cutucão. 3 mordida. 4 cárie dental. Picadura de mosquito. Picada de zancudo.

pi.ca.flor [pikaflór] *s.m.* 1 (Amér.) beija-flor, colibri. 2 galanteador.

pi.ca.jo.so/a [pikaxóso] *adj. e s.* que pica ou ofende com facilidade.

pi.ca.ma.de.ros [pikamaðéros] *s.m.* pica-pau, pássaro carpinteiro.

pi.ca.na [pikána] *s.f.* 1 (Amér. Merid.) aguilhão dos boiadeiros. 2 (Río de la Plata) carne do quarto traseiro vacum.

pi.ca.ne.ar [pikaneár] *v.t.* 1 (Amér. Merid.) aguilhar os bois. 2 (Río de la Plata) injuriar, provocar. *Picanear al adversario.* Provocar o adversário.

pi.can.te [pikánte] *adj.* 1 picante, que pica. 2 *s.m.* sabor forte de algumas coisas. 3 (fig.) mordaz, acerbo. *Ser muy picante al hablar.* Ser muito picante ao falar.

pi.ca.pe.dre.ro [pikapeðréro] *s.m.* 1 canteiro, pessoa que lavra a piedra. 2 (fig.) o relógio.

pi.ca.pi.ca [pikapíka] *s.f.* pó, folhas ou penugem de vegetais que causam grande comichão na pele. *Soportar un picapica irritante.* Suportar um comichão irritante.

pi.ca.plei.tos [pikapléitos] *s.m.* 1 (fam.) pleiteador. 2 (despect.) advogado, advogado enredador e rotineiro.

pi.ca.por.te [pikapórte] *s.m.* 1 aldrava, trinco. 2 instrumento para abrir e fechar portas e janelas.

pi.car [pikár] *v.t. e i.* picar.

pi.car.dí.a [pikarðía] *s.f.* 1 picardia, astúcia, dissimulação. 2 ruindade, vileza. 3 travessura. *Obrar con picardía.* Agir com picardia.

pi.ca.res.co/a [pikarésko] *adj.* 1 picaresco, dos pícaros. 2 (lit.) picaresco.

pí.ca.ro/a [píkaro] *adj. e s.* 1 pícaro, astuto. 2 pessoa descarada, travessa e de mau viver. 3 protagonista dos romances picarescos. *El* *pícaro Lazarillo de Tormes.* O pícaro Lazarillo de Tormes.

pi.ca.tos.te [pikatóste] *s.m.* fatia de pão tostado com manteiga ou frito. *Merendar con picatostes.* Merendar com torradas/rabanadas.

pi.ca.zo/a [pikáθo] *adj. e s.* 1 picaço, diz-se dos cavalos de pelagem escura, testa e patas brancas. 2 picada, ferida com objeto pontiagudo.

pi.ca.zón [pikaθón] *s.m.* 1 coceira. 2 (fig.) inquietação, moléstia. *Picazón en la espalda.* Coceira nas costas.

pi.cha [pítʃa] *s.f.* (vulg.) pênis, membro viril.

pi.chel [pítʃel] *s.m.* pichel, jarra alta, geralmente de estanho, con asa e tampa com dobradiça.

pi.chi [pítʃi] *s.m.* vestido feminino, sem mangas e decotado, que se põe sobre uma blusa ou pulôver.

pi.chí [pitʃí] *s.m.* (Arg. e Chil.) pipi, xixi, urina, em linguagem infantil. *El niño mojó la ropa con pichí.* O menino molhou a roupa com xixi.

pi.chin.cha [pitʃítʃa] *s.f.* (Amér.) pechincha, sorte. *Hacer pichincha en las compras.* Fazer pechincha nas compras.

pi.chón/a [pitʃón] *s.* 1 nome carinhoso. 2 filhote de pomba caseira.

pi.chu.la [pitʃúla] *s.f.* (fam.) (Chil. e Per.) pênis dos meninos.

pic.nic [píknik] *s.m.* (angl) piquenique. *Irse los niños de picnic.* Ir as crianças fazer piquenique.

pi.co [píko] *s.m.* 1 bico das aves. 2 cume da montanha. 3 (fam.) boca humana. *Cerrar el pico.* Fechar o bico.

pi.co.la [pikóla] *s.f.* picão pequeno, picola. *Labrar con la picola.* Lavrar com a picola.

pi.co.ne.ro/a [pikonéro] *s.* 1 aquele que fabrica ou vende o carvão chamado *picón*. 2 *s.m.* picador de touros.

pi.cor [pikór] *s.m.* coceira no palato por ter comido algo picante.

pi.co.ta [pikóta] *s.f.* coluna de pedra onde eram expostas as cabeças dos condenados e dos réus à vergonha pública.

pi.co.te.a.do [pikoteáðo] *adj.* picotado. *Sombrero picoteado.* Chapéu de bico.

pi.co.te.ar [pikoteár] *v.t.* 1 bicar. 2 beliscar, comer diversas comidas em pequenas porções. *Picotear a toda hora.* Beliscar a toda hora.

pic.to.gra.fi.a [piktoɣrafía] *s.f.* pictografia.

pic.to.gra.ma [piktoɣráma] *s.m.* pictograma, ideograma.

pic.tó.ri.co/a [piktóriko] *adj.* pictórico, da pintura. *De gran valor pictórico.* De grande valor pictórico.

pi.cu.do/a [pikúðo] *adj.* 1 bicudo, que tem bico. 2 focinhudo. 3 (fam.) que fala muito.

pí.do.la [píðola] *s.f.* jogo de rapazes que consiste em saltar um por cima do outro que está curvado.

pi.dón/a [píðon] *adj. e s.* pidão, pidonho.

pie [pjé] *s.m.* 1 pé, parte do corpo. 2 pé, base. 3 pé, tronco de árvore. 4 pé, medida de comprimento. *No poder tenerse en pie.* Não poder manter-se em pé.

pie.dad [pjeðáð] *s.f.* piedade, misericórdia, compaixão. *Ofrecer piedad a alguien.* Oferecer piedade a alguém.

pie.dra [pjéðra] *s.f.* pedra, penha, rocha, granito, cascalho. *Tirar la piedra y esconder la mano.* Atirar a pedra e esconder a mão.

pi.el [pjél] *s.f.* 1 pele, tegumento. 2 pele, epiderme, derme. *No caber en su piel de contento.* Não caber em si de contente.

pié.la.go [pjélaɣo] *s.m.* 1 pélago, mar. 2 (fig.) abundância de coisas.

pie.le.ro/a [pjeléro] *s.m. e f.* peleiro, peleteiro.

pien.so [pjénso] *s.m.* penso, ração para o gado.

pier.na [pjérna] *s.f.* 1 perna. 2 pata dos animais. 3 partes do compasso.

pie.za [pjéθa] *s.f.* 1 peça, parte de algo. 2 moeda de metal. 3 cada unidade de uma coleção. 4 quarto, dormitório. *Pieza por pieza.* Peça por peça.

pí.fa.no [pífano] *s.m.* 1 pífaro ou pífano, flautim militar. 2 músico que o toca.

pi.fia [pífja] *s.f.* 1 golpe em falso que se dá no jogo de bilhar. 2 ação desacertada. 3 (Chil. e Peru) burla, escárnio.

pi.fiar [pifjár] *v.t.* errar, enganar-se. *Pifiar el penalty.* Perder o pênalti.

pig.men.tar [piɣmentár] *v.t.* pigmentar. *Pigmentar barniz incoloro.* Pigmentar verniz incolor.

pig.men.to [piɣménto] *s.m.* pigmento, corante.

pig.me.o/a [piɣméo] *s.* 1 pigmeu. 2 pessoa pequena.

pig.no.ra.ción [piɣnoraθjón] *s.f.* penhora. *Dejar joyas en pignoración.* Deixar joias em penhora.

pig.no.rar [piɣnorár] *v.t.* penhorar, empenhar. *Llevar valores a pignorar.* Levar valores para penhorar.

pi.ja.da [pixáða] *s.f.* 1 (vulg.) tolice, besteira. 2 dito ou feito inoportuno ou impertinente. *Cometer muchas pijadas.* Cometer muitas besteiras.

pi.ja.ma [pixáma] *s.m.* pijama. Ver *piyama*.

pi.jo/a [píxo] *adj. e s.* 1 de requinte afetado. 2 *s.* (vulg.) pênis.

pi.jo.ta [pixóta] *s.f.* pescadinha, cria de merluza.

pi.jo.te.ar [pixoteár] *v.i.* 1 (Amér.) economizar por falta o por não querer gastar. 2 molestar, chatear.

pi.jo.te.ro/a [pixotéro] *adj.* 1 que molesta ou chateia. 2 que economiza.

pi.la [píla] *s.f.* 1 pilha, grande quantidade de algo. 2 pilha, bateria elétrica. 3 pia, recipiente para água. *Ganar una pila de regalos.* Ganhar uma pilha de presentes.

pi.lar [pilár] *s.m.* 1 pilar, base. 2 pessoa que ampara ou ajuda alguém. *Pilar de contención.* Pilar de sustentação.

pi.las.tra [pilástra] *s.f.* pilastra.

píl.do.ra [píldora] *s.f.* pílula. *tragarse uno la píldora,* acreditar numa patranha.

pi.le.ta [piléta] *s.f.* 1 pia pequena de água benta nas casas. 2 (Río de la Plata) pia de cozinha ou tanque. *Estar en la pileta todo el día.* Estar no tanque o dia todo.

pi.lla.je [piʎáxe] *s.m.* pilhagem, saque. *Promover actos de pillaje.* Praticar atos de pilhagem.

pi.llar [piʎár] *v.t.* 1 pilhar, roubar, pegar. 2 atropelar. 3 pegar alguém num engano. *Pillar a alguien hurtando.* Pegar alguém furtando.

pi.lle.rí.a [pi ʎer ía] *s.f.* 1 travessura, malandragem. 2 conjunto de malandros. 3 malandragem. 4 ação própria do malandro ou travesso. *Cometer pillerías.* Cometer travessuras.

pi.llo/a [píʎo] *adj. e s.* 1 malandro, travesso. 2 (fam.) astuto, sagaz.

pi.lón [pilón] *s.m.* 1 mourão, poste, pilar. 2 montão.

pi.lón [pilón] *s.m.* receptáculo de pedra construído nas fontes para ser usado como bebedouro.

pilongo/a [pilóngo] *adj.* 1 muito alto e magro, espeto. 2 batizado na mesma pia.

pi.lo.so/a [pilóso] *adj.* 1 piloso, relativo ao pelo. 2 peludo. *Tener axilas pilosas.* Ter axilas peludas.

pi.lo.ta.je [pilotáxe] *s.m.* 1 pilotagem. 2 direito que os barcos pagam nos portos. *Derecho de pilotaje.* Direito de pilotagem.

pi.lo.tar [pilotár] *v.t.* pilotar. *Pilotar con pericia.* Pilotar com perícia.

pi.lo.te [pilóte] *s.m.* pilotis.

pi.lo.to [pilóto] *s.m.* piloto. *Piloto automático.* Piloto automático.

pil.tra.fa [piltráfa] *s.f.* 1 parte de carne magra. 2 (fam.) pessoa de má saúde ou desprezível moralmente.
pi.men.te.ro [pimentéro] *s.m.* pimenteiro.
pi.men.tón [pimentón] *s.m.* páprica. *Condimentar con pimentón.* Temperar com páprica.
pi.mien.ta [pimjénta] *s.f.* 1 pimenta. 2 condimento picante.
pi.mien.to [pimjénto] *s.m.* pimentão.
pim.pan.te [pimpánte] *adj.* elegante, satisfeito de si mesmo.
pim.pi.ne.la [pimpinéla] *s.f.* pimpinela, planta herbácea empregada em medicina.
pim.plar [pimplár] *v.t. e v.p.* (fam.) beber vinho.
pim.po.lle.ar [pimpoʎeár] *v.i.* pimpolhar, brotar. *Pimpollear el rosal.* Pimpolhar a roseira.
pim.po.llo [pimpóʎo] *s.m.* 1 pimpolho, rebento novo nas plantas. 2 botão de rosa. 3 *s.* (fam.) meninote taludo, bem desenvolvido. *Ser hermosa cual un pimpollo.* Ser bela como um pimpolho.
pim.pón [pimpón] *s.m.* pingue-pongue, tênis de mesa.
pi.na [pína] *s.f.* 1 pina, mourão terminado em ponta. 2 cada uma das peças curvas que constituem a roda de um veículo.
pi.na.be.te [pinaβéte] *s.m.* abeto, árvore.
pi.na.cle [pinákle] *s.m.* jogo de cartas de origem inglesa.
pi.na.co.te.ca [pinakotéka] *s.f.* pinacoteca. *Visitar la pinacoteca.* Visitar a pinacoteca.
pi.ná.cu.lo [pinákulo] *s.m.* 1 pináculo, píncaro. 2 (fig.) apogeu, auge. *En el pináculo de la fama.* No auge da fama.
pi.nar [pinár] *s.m.* 1 pinhal. 2 bosque de pinheiros.
pi.na.rie.go/a [pinariéɣo] *adj.* relativo ao pinheiro.
pin.cel [pinθél] *s.m.* 1 pincel. 2 pessoa que pinta. 3 estilo.

pin.ce.la.da [pinθeláða] *s.f.* 1 pincelada. 2 breve expressão de uma ideia. *Dar la última pincelada.* Dar a última pincelada.
pin.ce.lar [pinθelár] *v.t.* 1 pincelar, pintar. 2 retratar. *Pincelar con arte.* Pincelar com arte.
pin.ce.le.ro/a [pinθeléro] *s.m. e f.* 1 pinceleiro, fabricante ou vendedor de pincéis, escovas etc. 2 vaso para lavar ou guardar pincéis.
pin.cha [pínt∫a] *s.f.* espinho de plantas ou animais.
pin.char [pint∫ár] *v.t. e v.p.* 1 espinhar, punçar, picar. 2 (fig.) picar, estimular alguém a fazer algo. *No corta ni pincha.* Não corta nem pica.
pin.cha.ú.vas [pint∫aúβas] *s.m.* malandro, vagabundo.
pin.cha.zo [pint∫áθo] *s.m.* 1 agulhada, ferida feita com objeto pontiagudo. 2 dito ou fato que mortifica. *Un pinchazo en el alma.* Uma agulhada na alma.
pin.che/a [pínt∫e] *s.m. e f.* ajudante de cozinha, escritório etc.
pin.chi.to [pint∫íto] *s.m.* pedaços de carne, presunto, queijo, azeitonas etc. que se servem enfiados num palito.
pin.cho/a [pínt∫o] *adj.* 1 ufano, satisfeito. 2 bem vestido. 3 aguilhão ou pua.
pin.chu.do/a [pint∫úðo] *adj.* que tem puas fortes.
pin.don.ga [pindónga] *s.f.* (fam.) mulher da rua.
pin.don.gue.ar [pindongeár] *v.i.* (fam.) vagar pelas ruas.
pi.ne.al [pineál] *adj.* 1 pineal, que tem forma de pinha. 2 relativo à epífise.
pi.ne.da [pinéða] *s.f.* pinhal. *Una pineda bordeaba el camino.* Um pinhal bordeava o caminho.
pin.ga.jo [pingáxo] *s.m.* farrapo. *Hacer pingajos el mantel.* Fazer farrapos da toalha da mesa.
pin.ga.ne.llo [pingáneʎo] *s.m.* filete de gelo.

pin.gar [pingár] *v.i.* 1 pingar. 2 pular, saltar. 3 gotejar.
pin.go [píngo] *s.m.* 1 farrapo. 2 vestido rasgado ou sujo. 3 (fam.) mulher desprezível. 4 (Amér. Merid.) cavalo. *estar hecho un pingo*, estar mal vestido.
pin.go.ro.ta [pingoróta] *s.f.* parte mais alta de uma montanha, árvore etc.
pin.go.ro.tu.do/a [pingorotúðo] *adj.* (fam.) empinado ou alto.
ping-pong [pimpón] *s.m.* pingue-pongue, tênis de mesa ou de salão.
pin.gue [pínge] *s.m.* embarcação de carga de adega ampla.
pin.güe [píngwe] *adj.* abundante, copioso. *Pingües ganancias*. Copiosas ganâncias.
pin.güi.no [pingwíno] *s.m.* pinguim.
pin.gu.llo [pingúʎo] *s.m.* flauta vertical, típica do Ecuador.
pi.ni.tos [pinítos] *s.m.* (pl.) 1 primeiros passos da criança ou do convalescente. 2 primeiros passos em uma arte ou em uma ciência.
pin.jan.te [pinxánte] *adj. e s.* pingente, joia.
pi.no [píno] *s.m.* pinheiro.
pi.no/a [píno] *adj.* muito pendente ou empinado.
pi.no.cha [pinótʃa] *s.f.* folha ou galho do pinheiro.
pi.no.cho [pinótʃo] *s.m.* 1 pinheiro novo. 2 galho de pinheiro. *Plantar pinochos en el parque*. Plantar pinheirinhos no parque.
pi.no.le [pinóle] *s.m.* (Amér. Cent.) mistura de baunilha, cacau e farinha de milho torrado, batida com água.
pin.ta [pínta] *s.f.* 1 pinta, mancha ou sinal na plumagem, no pelo ou na pele dos animais. 2 (fig.) aspecto de algo ou alguém. *Caballo con pintas*. Cavalo com pintas. Não confundir com "lunar".
pin.ta.de.ra [pintaðéra] *s.f.* utensílio usado em confeitaria para adornar pães, bolos etc.

pin.ta.do/a [pintáðo] *adj.* 1 pintado, com pintas. 2 com uma camada de tinta. 3 escritos políticos sobre um muro. 4 hábil. *Ganar el más pintado*. Ganhar o mais pintado.
pin.ta.la.bios [pintaláβjos] *s.m.* batom.
pin.ta.mo.nas [pintamónas] *s.m.* (com.) (fam.) pintor de escassa habilidade.
pin.tar [pintár] *v.t.* 1 pintar, cobrir uma superfície com tinta. 2 representar figuras, objetos, paisagens etc. o artista plástico. 3 (fig.) esboçar um conceito.
pin.ta.rra.jar / pin.ta.rra.je.ar [pintarraxár]/[pintarraxeár] *v.t. e v.p.* 1 pintar ou desenhar sem arte uma coisa. 2 maquiar-se em excesso.
pin.to.jo/a [pintóxo] *adj.* que tem pintas ou manchas.
pin.tón/a [pintón] *adj.* 1 entremaduro, de vez. 2 tijolo mal cozido. *Fruta pintona*. Fruta de vez. 3 boa pinta.
pin.to.ne.ar [pintonéar] *v.i.* começar a amadurecer as frutas.
pin.tor [pintór] *s.m.* pintor.
pin.to.res.co/a [pintorésko] *adj.* 1 pitoresco. 2 original, peculiar. *Vestimenta pintoresca*. Vestimenta pitoresca.
pin.tu.ra [pintúra] *s.f.* 1 arte e pintura. 2 tinta para pintar superfícies, portas, janelas etc. *pintura figurativa*. pintura figurativa.
pin.tu.re.ro/a [pinturéro] *adj. e s.* que se gaba de pintoso e elegante.
pin.zas [pínθas] *s.f.* 1 (pl.) apêndice preênsil dos crustáceos, insetos e outros animais. 2 pinça. *Pinza del electricista*. Pinça do eletricista.
pi.ña [píɲa] *s.f.* 1 falso fruto do pinheiro. 2 abacaxi. 3 (fig.) trombada.
pi.ñal [piɲál] *s.m.* (Amér.) plantação de pinheiros ou de abacaxis.
pi.ña.ta [piɲáta] *s.f.* 1 *olla*. 2 saco cheio de doces que, com uma vara, se rasga no primeiro domingo da quaresma.

piragua

pi.ños [píɲos] *s.m.* (pl.) dentes.
pi.ñón [piɲón] *s.m.* pinhão.
pi.ñón [piɲón] *s.m.* pinhão, engrenagem com pequeno número de dentes.
pi.ño.na.ta [piɲonáta] *s.f.* doce de amêndoas em calda.
pi.ño.na.te [piɲonáte] *s.m.* pasta de pinhão e açúcar.
pi.ño.ne.ar [piɲoneár] *v.i.* soar o pinhão das armas de fogo ao serem montadas.
pi.ñue.la [piɲwéla] *s.f.* 1 tecido de seda. 2 pinha de cipreste.
pi.ñue.lo [piɲwélo] *s.m.* cisco do caroço da azeitona.
pí.o/a [pío] *s.m.* 1 pio, devoto, piedoso. 2 som que imita a voz de certas aves, como o pinto, o pardal ou o morcego. *no decir ni pío*, não dizer um a.
pio.cha [pjótʃa] *s.f.* 1 joia para adornar a cabeça. 2 ferramenta para remover reboco da parede.
pio.ge.nia [pjoxénia] *s.f.* piogênese, formação de pus. *Herida con piogenia*. Ferida com piogênese.
pio.jen.to/a [pjoxénto] *adj.* piolhento.
pio.je.ra [pjoxéra] *s.f.* 1 piolheira, piolhada, porção de piolhos. 2 miséria, escassez.
pio.ji.llo [pjoxíʎo] *s.m.* piolho-de-galinha.
pio.jo [pjóxo] *s.m.* piolho.
pio.jo.so/a [pjoxóso] *adj. e s.* 1 piolhento. 2 (fig.) sujo, maltrapilho. 3 mesquinho, miserável.
pio.jue.lo [pjoxwélo] *s.m.* 1 piolho. 2 pulgão.
pio.la [pjóla] *s.f.* 1 piola. 2 (Amér.) corda. *Saltar la piola*. Pular corda.
pio.lar [pjolár] *v.i.* piar.
pi.ón/a [pjón] *adj.* que pia muito.
pio.ne.ro/a [pjonéro] *s.* 1 pioneiro, adiantado. *Pionero en las comunicaciones*. Pioneiro nas comunicações.
pio.rre.a [pjorréa] *s.f.* piorreia.
pi.pa [pípa] *s.f.* 1 pipa, tonel, cachimbo. 2 semente de fruta, especialmente do girassol.

pi.par [pipár] *v.i.* fumar cachimbo.
pi.pe.li.ne [pipelíne] *s.m.* voz inglesa; encanamento que serve para transportar gás, petróleo ou sólidos pulverizados.
pi.pe.rí.a [pipería] *s.f.* conjunto de tonéis, especialmente nas embarcações.
pi.per.mín [pipermín(t)] *s.m.* voz inglesa (*peppermint*); licor de menta.
pi.pe.ta [pipéta] *s.f.* pipeta.
pi.pí [pipí] *s.m.* pipi, xixi, em linguagem infantil, urina.
pi.piar [pipjár] *v.i.* piar.
pi.pio.lo/a [pipjólo] *s.* (fam.) principiante, inexperiente ou muito jovem.
pi.pi.ri.jai.na [pipirixaína] *s.f.* companhia de cômicos ambulante.
pi.pi.ri.pa.o [pipiripáo] *s.m.* (fam.) banquete.
pi.pón/a [pipón] *adj.* (Amér.) gordo, barrigudo; farto de comida.
pi.po.te [pipóte] *s.m.* pipa ou tonel pequeno.
pi.que [píke] *s.m.* 1 ressentimento, enfado. 2 empenho em conseguir algo por amor próprio ou rivalidade. 3 ação de marcar um livro.
pi.qué [piké] *s.m.* piquê, tecido de algodão com desenhos em relevo.
pi.que.ra [pikéra] *s.f.* buraco nos altos fornos, por onde sai o metal fundido.
pi.que.ta [pikéta] *s.f.* picareta.
pi.que.te [pikéte] *s.m.* 1 piquete, pequeno grupo de soldados. 2 pequeno ferimento. 3 furo pequeno. 4 grupo de operários em greve.
pi.que.ti.lla [piketíʎa] *s.f.* picareta pequena que tem remate largo e afiado.
pi.qui.llín [pikiʎín] *s.m.* (Arg. e Bol.) árvore das ramnáceas de fruta avermelhada com a qual se faz aguardente.
pi.ra [píra] *s.f.* pira, fogueira onde antigamente se queimavam cadáveres e as vítimas dos sacrifícios.
pi.ra.gua [piráɣwa] *s.f.* pirágua, embarcação longa e estreita, de uma peça, usada pelos indígenas da América e da Oceania.

pi.ra.güis.mo [piraywízmo] *s.m.* esporte que consiste em navegar com pirágua, caiaque ou canoa canadense.

pi.ra.mi.dal [piramiðál] *adj.* piramidal.

pi.rá.mi.de [pirámiðe] *s.f.* pirâmide. *Pirámide de las edades.* Pirâmide das idades.

pi.ra.ña [piráɲa] *s.f.* piranha, peixe da América tropical, muito voraz, de alimentação exclusivamente carnívora. *Ataque de pirañas.* Ataque de piranhas.

pi.rar [pirár] *v.i.* (vulg.) 1 faltar à aula. 2 escapulir, pirar, dar o pira.

pi.ra.ta [piráta] *adj. e s.* 1 pirata, clandestino, ilícito. 2 pessoa que pratica a pirataria. *Piratas del asfalto.* Piratas do asfalto.

pi.ra.te.rí.a [piratería] *s.f.* 1 pirataria, roubo, extorsão. 2 roubo ou destruição de bens alheios.

pir.ca [pírka] *s.f.* (Amér.) parede de pedra sem argamassa.

pi.ré.ti.co [pirétiko] *adj.* pirético, febril.

pi.re.to.lo.gí.a [piretoloxía] *s.f.* piretologia, parte da patologia que estuda a febre.

pí.ri.co/a [píriko] *adj.* pírico, do fogo, especialmente dos fogos artificiais.

pi.ri.for.me [pirifórme] *adj.* piriforme, em forma de pera.

pi.rin.cho [pirínt∫o] *s.m.* ave insetívora da família dos cuculídeos, de plumagem parda e longas penas na cauda, que vive na Argentina.

pi.ri.pi.pí [piripipí] *adj. e s.* (fam.) bêbado, embriagado.

pi.ri.ta [pirítа] *s.f.* pirita, sulfato natural de ferro ou de cobre.

pi.ri.to.so/a [piritóso] *adj.* piritífero, piritoso, que contém pirita.

pir.la [pírla] *s.f.* pião pequeno.

pi.ro- [píro] *pref.* que significa "fogo".

pi.ró.ge.no/a [piróxeno] *adj. e s.* pirogênico.

pi.ro.gra.ba.do [piroɣraβáðo] *s.m.* pirogravura.

pi.ro.lo.gí.a [piroloxía] *s.f.* pirologia.

pi.ro.ma.ní.a [piromanía] *s.f.* piromania.

pi.ró.ma.no/a [pirómano] *adj e s.* pirômano ou piromaníaco.

pi.ro.pe.ar [piropeár] *v.t.* dirigir galanteios.

pi.ro.po [pirópo] *s.m.* (fam.) lisonja, galanteio dirigido a uma mulher.

pi.rós.ca.fo [piróskafo] *s.m.* navio a vapor.

pi.ro.sis [pirósis] *s.f.* pirose.

pi.ro.tec.nia [pirotéknja] *s.f.* pirotecnia.

pí.rri.co/a [pírriko] *adj.* diz-se do triunfo conseguido com mais dano para o vencedor que para o vencido.

pi.rue.ta [pirwéta] *s.f.* pirueta.

pi.ru.ja [pirúxa] *s.f.* mulher jovem e desenvolta.

pi.ru.lí [pirulí] *s.m.* pirulito. *No valer ni un pirulí.* Não valer um pirulito.

pis [pís] *s.m.* (fam.) xixi, pipi, urina.

pi.sa.da [pisáða] *s.f.* 1 ato e efeito de pisar. 2 pegada. 3 patada. *Seguirle las pisadas a uno.* Seguir a pegada de alguém.

pi.sa.pa.pe.les [pisapapéles] *s.m.* objeto pesado para segurar papéis.

pi.sar [pisár] *v.t.* 1 pisar. 2 o macho cobrir a fêmea, acasalar.

pi.sa.ú.vas [pisaúβas] *s.m.* aquele que pisa a uva.

pi.sa.ver.de [pisaβérðe] *s.m.* homem presunçoso e efeminado.

pis.ca.to.rio/a [piskatórjo] *adj.* piscatório, da pesca ou dos pescadores.

pis.ci.cul.tu.ra [pisθikultúra] *s.f.* piscicultura.

pis.ci.for.me [pisθifórme] *adj.* pisciforme.

pis.ci.na [pisθína] *s.f.* piscina.

pis.cí.vo.ro/a [pisθíβoro] *adj. e s.* piscívoro ou ictiófago.

pis.co [písko] *s.m.* aguardente de uva peruano.

pis.co.la.bis [piskoláβis] *s.m.* merenda tomada ocasionalmente ou entre as refeições principais.

pi.so [píso] *s.m.* 1 piso, pavimento, solo. 2 cada um dos andares de um edifício. 3 apartamento. *Subir hasta el quinto piso.* Subir até o quinto andar.

pi.són [pisón] *s.m.* massa para apertar pedra, terra etc.

pi.so.ne.ar [pisoneár] *v.t.* apisoar.

pi.so.te.ar [pisoteár] *v.i.* 1 pisotear. 2 (fig.) humilhar. 3 infringir uma lei. *Pisotear el reglamento.* Pisotear o regulamento.

pi.so.tón [pisotón] *s.m.* pisada forte sobre el pé de outro.

pis.ta [písta] *s.f.* 1 pista, pegada ou rasto. 2 pista de baile ou esportes. 3 circuito automobilístico.

pis.ta.che [pistátʃe] *s.m.* doce ou sorvete de pistache.

pis.ta.cho [pistátʃo] *s.m.* pistacho ou pistácia, árvore das anacardiáceas, originário do Oriente; fruto desta árvore.

pis.tar [pistár] *v.t.* triturar ou tirar o suco.

pis.te.ro [pistéro] *s.m.* vasilha própria para dar líquidos a doentes que não podem levantar-se.

pis.ti.lo [pistílo] *s.m.* pistilo, conjunto de órgãos femininos de uma flor.

pis.to [písto] *s.m.* 1 suco de carne de aves para doentes. 2 fritada de pimentão. 3 (fig.) confusão.

pis.to.la [pistóla] *s.f.* 1 pistola, arma curta de fogo que se maneja com uma só mão. 2 utensílio para pintar. *Amenazar con una pistola.* Ameaçar com uma pistola.

pis.to.le.ra [pistoléra] *s.f.* estojo para guardar pistola.

pis.to.le.ro/a [pistoléro] *s.* pistoleiro.

pis.to.le.te [pistoléte] *s.m. cachorrillo,* pistolete ou pistoleta, arma de fogo mais curta que uma pistola. *Guardaba el pistolete bien escondido en el mueble.* Guardava o pistolete bem escondido no móvel.

pis.tón [pistón] *s.m.* êmbolo, pistom.

pis.to.nu.do/a [pistonúðo] *adj.* (vulg.) muito bom, excelente, superior.

pis.to.re.sa [pistorésa] *s.f.* espécie de punhal ou adaga.

pi.ta [píta] *s.m.* pita, planta acaule da família das amarilidáceas; fibra extraída de suas folhas. *Esterilla tejida con pita.* Esteirinha tecida com pita.

pi.ta.co [pitáko] *s.m.* talho da pita, planta.

pi.ta.da [pitáða] *s.f.* 1 som de apito ou silvo. 2 (fig.) saída de tom, dito inoportuno.

pi.tan.ce.rí.a [pitanθería] *s.f.* lugar onde se distribuem pitanças.

pi.tan.za [pitánθa] *s.f.* 1 pitança, ração de comida que se distribui aos pobres. 2 preço.

pi.tar [pitár] *v.i.* 1 apitar. 2 distribuir pitanças. 3 (Amér.) fumar.

pi.ta.rra [pitárra] *s.f.* remela. Ver *legaña.*

pi.te.cán.tro.po [pitekántropo] *s.m.* ser pertencente a um grupo de primatas extintos intermediário entre o homem e os antropoides, pitecantropo.

pí.ti.co/a [pítiko] *adj.* pítico, de Apolo, pítia.

pi.ti.do [pitíðo] *s.m.* silvo do apito ou dos pássaros. *Del monte llegan pitidos de muchos pájaros.* Do monte chegam silvos de muitos pássaros.

pi.ti.lle.ra [pitiʎéra] *s.f.* 1 cigarreira, bolsa para guardar cigarros. 2 cigarreira que faz cigarros.

pi.ti.llo [pitíʎo] *s.m.* cigarro.

pí.ti.ma [pítima] *s.f.* 1 cataplasma que se aplica sobre o coração. 2 (fam.) bebedeira.

pi.ti.ria.sis [pitiriásis] *s.f.* pitiríase, nome de diversas doenças eruptivas da pele.

pi.to [píto] *s.m.* 1 apito. 2 cigarro. 3 coisa sem valor. *No valer un pito.* Não valer um tostão.

pi.to.fle.ro/a [pitofléro] *s.* 1 músico pouco hábil. 2 pessoa fofoqueira e intrometida.

pi.tón [pitón] *s.m.* 1 píton, nome comum a diversos ofídios da família dos boídeos, de

dimensões variadas. 2 adivinho. *Ese pitón impresionaba por su tamaño.* Esse píton impressionava por seu tamanho.
pi.tón [pitón] *s.m.* 1 chifre que começa a sair em certos animais. 2 bico de bilha. 3 broto novo de árvore.
pi.to.ni.sa [pitonísa] *s.f.* pitonisa, pítia, mulher que adivinha o futuro.
pi.to.rre.ar.se [pitorreárse] *v.p.* (fam.) fazer gozação.
pi.to.rro [pitórro] *s.m.* abertura por onde sai o líquido de uma bilha.
pi.tui.ta [pitwíta] *s.f.* 1 pituíta, humor que, segundo os antigos, a hipófise eliminava pelo nariz. 2 muco.
pi.tui.ta.rio/a [pitwitárjo] *adj.* pituitário, que segrega ou contém pituíta, muco.
pi.tu.so/a [pitúso] *adj. e s.* diz-se do menino pequeno, gracioso. *Gabrielito es el más pituso de la familia.* Gabrielzinho é o mais miudinho da família.
piu.lar [pjulár] *v.i.* piar.
pi.vot [píβot] *s.m.* palavra francesa; pivô, no basquete, jogador de ataque e defesa. *En la NBA es el pivot de mayor jerarquía.* Na NBA é o pivô de maior hierarquia.
pi.vo.te [piβóte] *s.m.* pivô, sustentáculo, base, suporte.
píx.el [píksel] *s.m.* pixel, cada ponto representado na tela do computador.
pi.ya.ma [pijáma] *s.f.* pijama. *Salió a plena calle en piyama.* Saiu à rua de pijama. Ver pijama.
pi.za.rra [piθárra] *s.f.* 1 piçarra, rocha preta azulada que se divide em folhas planas e finas. 2 quadro-negro.
pi.za.rre.ro [piθarréro] *s.m.* operário que lavra as piçarras ou as coloca nos telhados das casas.
pi.za.rrín [piθarrín] *s.m.* barrinha de piçarra para escrever nas lousas de pedra.

pi.za.rrón [piθarrón] *s.m.* (Amér.) quadronegro, lousa. *Escribió poemas en el pizarrón.* Escreveu poemas no quadro-negro.
pi.za.rro.so/a [piθarróso] *adj.* 1 piçarroso, piçarrento, abundante em piçarra. 2 que tem sua aparência.
piz.ca [píθka] *s.f.* (fam.) porção mínima ou pequena, migalha. *Recibió una pizca de lo que merecía.* Recebeu uma migalha do que merecia.
piz.car [piθkár] *v.t.* 1 beliscar a pele. 2 tomar um pouquinho de algo.
piz.co [píθko] *s.m.* (fam.) beliscão na pele.
piz.mien.to/a [píθmjénto] *adj.* que tem cor de piche.
piz.pi.re.ta [piθpiréta] *adj.* (fam.) diz-se da mulher vivaracha e aguda. *Circula toda pizpireta por la calle.* Circula toda elétrica pela rua.
pi.zza [pítsa] *s.f.* palavra italiana; pizza.
pi.zze.rí.a [pitsería] *s.f.* pizzaria.
pla.ca [pláka] *s.f.* 1 placa. 2 identificação policial. 3 identificação na porta de uma empresa ou de um escritório. *Colocó su placa de abogado con gran orgullo.* Colocou sua placa de advogado com grande orgulho.
pla.ce.bo [plaθéβo] *s.m.* placebo, substância inerte usada em farmacologia com fins psicoterápicos.
plá.ce.mes [pláθemes] *s.m.* (pl.) parabéns.
pla.cen.ta [plaθénta] *s.f.* placenta, órgão ovalado que une o feto com a superfície do útero. *Reventar la placenta muy anticipadamente.* Arrebentar a placenta muito antecipadamente.
pla.cen.ta.rio/a [plaθentárjo] *adj.* placentário; mamíferos que possuem placenta verdadeira.
pla.cen.te.ro/a [plaθentéro] *adj.* prazeroso, prazenteiro, agradável, aprazível. *Vivió una experiencia placentera.* Viveu uma experiência prazerosa.

pla.cer [plaθér] *s.m.* prazer, deleite, agrado, gozo.

pla.cer [plaθér] *v.i.* prazer, agradar, comprazer, contentar, gostar. *Placer a la familia.* Comprazer à família.

pla.ce.ro/a [plaθéro] *adj.* feirante.

plá.cet [pláθet] *s.m.* aprovação que um governo dá a um diplomata estrangeiro.

pla.ci.ble [plaθíβle] *adj.* aprazível, agradável. *La tarde en el campo estuvo deliciosamente placible.* A tarde no campo foi deliciosamente aprazível.

pla.ci.dez [plaθiðéθ] *s.f.* placidez, calma, sossego.

plá.ci.do/a [pláθiðo] *adj.* plácido, quieto, sossegado e sem perturbação.

pla.fón [plafón] *s.m.* 1 plano inferior da saliência de uma marquise. 2 placa de material de revestimento.

pla.ga [pláγa] *s.f.* praga, açoite, calamidade pública, peste, abundância de coisas nocivas.

pla.gar [plaγár] *v.t.* e *v.p.* praguejar.

pla.giar [plaxjár] *v.t.* plagiar.

pla.gia.rio/a [plaxjárjo] *adj.* e *s.* plagiário, plagiador.

pla.gio [pláxjo] *s.m.* plágio, cópia ou imitação.

pla.gui.ci.da [plaγiθíða] *adj.* e *s.* praguicida.

plan [plán] *s.m.* 1 plano, altitude ou nível. 2 projeto. *Elaborar un plan.* Elaborar um plano.

pla.na [plána] *s.f.* 1 plaina. 2 cada lado de uma folha de papel. 3 esse lado escrito ou impresso.

pla.na.da [planáða] *s.f.* planície.

plan.cha [plántʃa] *s.f.* 1 prancha de *surf.* 2 ferro de passar roupa.

plan.cha.do [plántʃáðo] *s.m.* 1 passado, da roupa. 2 roupa para passar ou já passada.

plan.char [plantʃár] *v.t.* passar roupa.

plan.cha.zo [plantʃáθo] *s.m.* 1 no futebol, insolência. 2 (fig.) indiscrição, equívoco.

plan.chis.ta [plantʃísta] *s.* operário que repara a carroçaria dos automóveis.

pla.ne.a.dor [planeaðór] *s.m.* planador, aeroplano sem motor.

pla.ne.a.mien.to [planeamjénto] *s.m.* planejamento.

pla.ne.ar [planeár] *v.t.* 1 planejar, traçar ou projetar o plano de uma coisa. 2 *v.i.* planar, voar um avião sem interferência do motor.

pla.ne.o [planéo] *s.m.* voo descendente de um planador ou avião com os motores parados.

pla.ne.ta [planéta] *s.m.* planeta.

pla.ne.ta.rio/a [planetárjo] *adj.* 1 planetário, dos planetas. 2 lugar onde se reproduz mecanicamente o sistema solar.

pla.ne.tí.co.la [planetíkola] *s.* (com.) suposto habitante de qualquer planeta com exceção da terra.

pla.ne.toi.de [planetoiðe] *s.m.* planetoide, asteroide.

pla.ni.cie [planíθje] *s.m.* planície.

pla.ni.fi.ca.ción [planifikaθjón] *s.f.* planejamento.

pla.ni.fi.ca.dor/a [planifikaðór] *s.* planejador.

pla.ni.fi.car [planifikár] *v.t.* planejar.

pla.ni.lla [planíʎa] *s.f.* (Amér.) planilha, lista de trabalhadores ou empregados.

pla.ni.me.trí.a [planimetría] *s.f.* planimetria, levantamento topográfico.

pla.ní.me.tro [planímetro] *s.m.* instrumento para medir a área de qualquer figura plana, planímetro.

pla.nis.fe.rio [planisférjo] *s.m.* planifério, representação dos círculos de uma esfera sobre um plano.

pla.no [pláno] *adj.* 1 plano, liso, sem obstáculos. 2 *s.m.* planta, representação geométrica numa dada escala de um terreno, edifício, máquina etc.

planta

plan.ta [plánta] *s.f.* 1 planta, parte do pé que assenta no chão. 2 planta, qualquer vegetal. 3 plano. 4 desenho, maquete. 5 andar de um prédio. *Doler la planta de los pies.* Ter dor na planta dos pés.
plan.ta.ción [plantaθjón] *s.f.* plantação. *Plantación de mandarinas.* Plantação de mexericas.
plan.ta.do/a [plantáðo] *adj.* vistoso, que tem boa aparência, boa apresentação, bom porte.
plan.ta.dor/a [plantaðór] *adj. e s.* 1 plantador. 2 dono de uma plantação.
plan.ta.je [plantáxe] *s.m.* conjunto de plantas.
plan.tar [plantár] *adj.* plantar, relativo à planta.
plan.tar [plantár] *v.t.* 1 plantar, cultivar, semear, fixar uma coisa. 2 (fig.) colocar, edificar, estabelecer. *Plantar árboles en el parque.* Plantar árvores no parque.
plan.ta.rio [plantárjo] *s.m.* sementeiro.
plan.te [plánte] *s.m.* suspensão voluntária do trabalho em uma empresa.
plan.te.a.mien.to [planteamjénto] *s.m.* 1 plano, projeto. 2 exposição, formulação.
plan.te.ar [planteár] *v.t.* 1 formular ou estudar a realização de algo. 2 expor um tema, um problema etc.
plan.tel [plantél] *s.m.* 1 viveiro de plantas. 2 lugar onde se forma pessoas.
plan.te.o [plantéo] *s.m.* proposição, justificativa, exposição, formulação.
plan.ti.fi.car [plantifikár] *v.t.* 1 estabelecer sistemas, implantar. 2 deixar alguém plantado.
plan.tí.gra.do/a [plantíɣraðo] *adj. e s.* que anda sobre toda a superfície, plantar, plantígrado.
plan.ti.lla [plantíʎa] *s.f.* 1 palmilha, sola interior do sapato. 2 conjunto de trabalhadores de uma empresa.
plan.ti.llar [plantiʎár] *v.t.* pôr palmilhas no calçado.
plan.tí.o/a [plantío] *adj.* 1 plantio, terreno plantado. 2 conjunto de vegetais.
plan.tis.ta [plantísta] *s.m.* 1 jardineiro que planta árvores etc. 2 (fam.) valentão, fanfarrão.
plan.tón [plantón] *s.m.* 1 muda de planta. 2 *loc. dar un plantón,* não comparecer a um encontro. Não confundir com "turno".
pla.ñi.de.ro/a [plaɲiðéro] *adj. e s.* 1 plangente, choroso e lastimoso. 2 mulher paga para chorar nos enterros.
pla.ñi.do [plaɲíðo] *s.m.* lamento, queixa.
pla.ñir [plaɲír] *v.i. e v.p.* planger, gemer ou chorar, soluçando ou bradando.
pla.qué [plaké] *s.m.* plaquê, lâmina fina, de ouro o prata, sobreposta a outro metal.
pla.que.ta [plakéta] *s.f.* plaqueta.
plas.ma [plázma] *s.m.* plasma.
plas.mar [plazmár] *v.t.* 1 plasmar, dar forma, modelar. 2 (fig.) manifestar, concretizar. *Plasmar una idea.* Plasmar uma ideia.
plas.ta [plásta] *s.f.* 1 qualquer coisa branda. 2 coisa amassada. 3 (fig.) coisa feita sem regra nem método.
plas.te [pláste] *s.m.* massacorrida.
plas.tia [plástja] *s.f.* plastia, intervenção plástica. *Plastia facial.* Plástica facial.
plás.ti.ca [plástika] *s.f.* plástica. *Tener buena plástica.* Ter boa plástica.
plas.ti.ci.dad [plastiθiðáð] *s.f.* plasticidade.
plás.ti.co/a [plástiko] *adj.* 1 plástico, relativo à plástica. 2 *s.m.* matéria orgânica sintética. 3 *s.f.* arte de modelar, escultura.
plas.ti.fi.ca.ción [plastifikaθjón] *s.f.* plastificação.
plas.ti.fi.car [plastifikár] *v.t.* plastificar. *Plastificar el documento de identidad.* Plastificar o documento de identidade.
plas.trón [plastrón] *s.m.* gravata muito larga que cobre o peito da camisa.

pla.ta [pláta] *s.f.* 1 prata. 2 moeda. 3 dinheiro, riqueza, grana.
pla.ta.for.ma [platafórma] *s.f.* plataforma. *Plataforma espacial.* Plataforma espacial.
pla.tal [platál] *s.m.* dinheirame. *Ganar un platal en la lotería.* Ganhar um dinheirame na loteria.
pla.ta.ne.ro/a [platanéro] *adj.* 1 do plátano, bananeiro.
plá.ta.no [plátano] *s.m.* 1 bananeira. 2 banana.
pla.te.a [platéa] *s.f.* plateia.
pla.te.a.do/a [plateáðo] *adj.* 1 prateado. 2 parecido à prata. 3 *s.m.* ação de pratear. *Vajilla plateada.* Baixela prateada.
pla.te.ar [plateár] *v.t.* pratear.
pla.tel [platél] *s.m.* pratel, espécie de prato ou bandeja.
pla.te.rí.a [platería] *s.f.* 1 prataria. 2 loja que vende objetos de prata ou ouro.
pla.te.ro [platéro] *s.m.* 1 prateiro. 2 *adj. e s.* asno cinza prateado.
plá.ti.ca [plátika] *s.f.* conversa, bate-papo.
pla.ti.car [platikár] *v.t. e i.* conversar, bater papo.
pla.ti.llo [platíʎo] *s.m.* 1 prato pequeno. 2 prato de balança. 3 instrumento musical de percussão.
pla.ti.na [platína] *s.f.* 1 platina, parte do microscópio na qual se coloca o objeto a examinar. 2 superfície plana de uma prensa.
pla.ti.nar [platinár] *v.t.* platinar.
pla.ti.ní.fe.ro/a [platinífero] *adj.* platinado.
pla.ti.nis.ta [platinísta] *s.m.* operário que trabalha em platina.
pla.ti.no [platíno] *s.m.* platina, metal nobre. Símbolo: Pt.
pla.ti.noi.de [platinoiðe] *s.m.* aleação de certos metais para formar fios de grande resistência elétrica.

pla.ti.rri.nia [platirrínja] *s.f.* platirrinia, largura exagerada do nariz.
pla.to [pláto] *s.m.* prato.
pla.tó [plató] *s.m.* cenário de um estúdio cinematográfico.
pla.tó.ni.co/a [platóniko] *adj.* platônico. *Amor platónico.* Amor platônico.
pla.tu.do/a [platúðo] *adj.* (Amér.) rico, endinheirado.
plau.si.ble [plausíβle] *adj.* 1 plausível, digno de aplauso. 2 justificado, admissível. *Motivos plausibles.* Motivos plausíveis.
plau.so [pláuso] *s.m.* aplauso.
pla.ya [plájа] *s.f.* praia. *Playa soleada.* Praia ensolarada.
pla.ya.do/a [plajádo] *adj.* diz-se de mar, rio ou lago que tem praia.
play-back [pleibák] *s.m.* (angl.) gravação do som, prévia à imagem.
play-boy [pleiboi] *s.m.* (angl.) *playboy*, homem atraente, rico e mundano.
pla.ye.ro/a [plajéro] *adj.* 1 próprio para praia. 2 *s.f.* canto popular andaluz.
pla.yo/a [plájo] *adj.* (Amér.) que tem pouca profundidade.
pla.za [pláθa] *s.f.* 1 praça, lugar público. 2 lugar, vacante. 3 lugar fortificado. *Plaza de armas.* Praça de armas.
pla.zo [pláθo] *s.m.* prazo. *Vencimiento del plazo otorgado.* Vencimento do prazo concedido. *comprar a plazos*, comprar no crediário.
pla.zo.le.ta [plaθoléta] *s.f.* praça pequena em um povoado, jardim etc.
ple [plé] *s.m.* jogo de frontão.
ple.a.mar [pleamár] *s.f.* 1 preamar, maré alta. 2 tempo que dura.
ple.be [pléβe] *s.f.* plebe.
ple.be.yo/a [pleβéjo] *adj. e s.* 1 plebeu. 2 grosseiro, falto de fidalguia ou delicadeza.
ple.bis.ci.tar [pleβisθitár] *v.t.* 1 plebiscitar, submeter a plebiscito. 2 ratificar por plebiscito.

ple.bis.ci.to [pleβisθíto] *s.m.* plebiscito, consulta ao voto direto da cidadanía para legitimar algo.

ple.ga.da.men.te [pleɣaðaménte] *adv.* de modo confuso.

ple.ga.de.ra [pleɣaðéra] *s.f.* dobradeira, instrumento de metal, osso etc. para cortar ou dobrar papel.

ple.ga.di.zo/a [pleɣaðíθo] *adj.* dobradiço, fácil de dobrar.

ple.ga.dor/a [pleɣaðór] *adj. e s.* 1 que dobra. 2 *s.m.* dobradeira.

ple.ga.mien.to [pleɣamjénto] *s.m.* 1 deformação das camadas da crosta terrestre. 2 dobradura.

ple.gar [pleɣár] *v.t.* 1 preguear, fazer pregas. 2 dobrar as folhas de um livro especialmente.

ple.ga.ria [pleɣárja] *s.f.* 1 prece, súplica humilde e fervorosa. 2 toque de sinos chamando à oração.

plei.ta [pléita] *s.f.* tira de esparto, pita, palma etc. usada para fazer esteiras, cestos etc.

plei.te.ar [pleiteár] *v.t.* pleitear.

plei.te.sí.a [pleitesía] *s.f.* demonstração reverente de cortesia.

plei.tis.ta [pleitísta] *adj. e s.* pleiteante, pleiteador.

plei.to [pléito] *s.m.* 1 pleito, litígio judicial entre partes. 2 luta com armas. 3 briga doméstica.

ple.na.mar [plenamár] *s.f.* preamar ou preia--mar.

ple.na.rio/a [plenárjo] *adj.* plenário, completo, com a participação de todos os membros. *Asamblea plenaria.* Assembleia plenária.

ple.ni.lu.nio [plenilúnjo] *s.m.* plenilúnio, lua cheia.

ple.ni.po.ten.cia [plenipoténθja] *s.f.* pleno poder, plenipotência.

ple.ni.po.ten.cia.rio/a [plenipotenθjárjo] *adj. e s.* plenipotenciário, que tem plenos poderes.

ple.ni.tud [plenitúð] *s.f.* 1 plenitude, totalidade. 2 apogeu. *Estar en su plenitud física e intelectual.* Estar em sua plenitude física e intelectual.

ple.no/a [pléno] *adj.* 1 pleno, cheio, completo. 2 reunião geral em uma corporação. *Poseer plenos poderes.* Possuir plenos poderes.

ple.o.nas.mo [pleonázmo] *s.m.* pleonasmo. *Subir arriba, bajar abajo.* Subir para cima, descer para baixo.

ple.pa [plépa] *s.f.* pessoa, animal ou coisa com muitos defeitos.

ple.ti.na [pletína] *s.f.* peça metálica retangular de 2 a 4 mm de espessura.

plé.to.ra [plétora] *s.f.* estado que se caracteriza por excesso de sangue, pletora.

pleu.ra [pléura] *s.f.* pleura.

pleu.re.sí.a [pleuresía] *s.f.* 1 pleurisia, pleurie. 2 mialgia dos intercostais.

pleu.rí.ti.co/a [pleurítiko] *adj. e s.* 1 pleurítico. 2 *adj.* da pleura.

pleu.ri.tis [pleurítis] *s.f.* pleurite, inflamação da pleura.

ple.xo [plékso] *s.m.* plexo, anatomia. *Plexo cardíaco.* Plexo cardíaco.

plé.ya.de [pléjaðe] *s.f.* cada uma das estrelas da constelação das Plêiades, plêiade.

plie.go [pljéɣo] *s.m.* 1 folha de papel impressa, dobrada segundo o formato da publicação. 2 memorial, resumo.

plie.gue [pljéɣe] *s.m.* 1 prega, ruga. 2 ondulação do terreno. *Los pliegues de una falda.* As pregas de uma saia.

plie.gue.ci.llo [pljeɣeθíʎo] *s.m.* meia folha comum dobrada pela metade na largura.

pli.sa.do [plisáðo] *s.m.* plissê, plissado. *Quedó hermosa la falda después del plisado.* Ficou bonita a saia depois do plissê.

pli.sar [plisár] *v.t.* plissar.

plo.ma.da [plomáða] *s.f.* prumo. *La plomada confirmó la verticalidad de la pared.* O prumo confirmou a verticalidade da parede.

plo.me.rí.a [plomería] *s.f.* 1 conjunto de peças de chumbo de um edifício. 2 ofício ou oficina do encanador.

plo.me.ro [ploméro] *s.m.* encanador.

plo.mi.zo/a [plomíθo] *adj.* plúmbeo, plúmbico, relativo a *plomo*, chumbo. *Tarde de cielo plomizo*. Tarde de céu plúmbeo.

plo.mo [plómo] *s.m.* 1 chumbo, símbolo Pb. 2 pessoa molesta.

plot.ter [plóter] *s.m.* plotter.

plu.ma [plúma] *s.f.* 1 pluma, pena das aves. 2 instrumento para escrever. 3 estilo de escrever. *Escribir con pluma mordaz*. Escrever com pena mordaz.

plu.ma.do/a [plumáðo] *adj.* 1 penado, que tem penas. 2 *s.f.* ato de escrever ou desenhar com rapidez.

plu.ma.je [plumáxe] *s.m.* 1 plumagem. 2 penacho.

plu.ma.zo [plumáθo] *s.m.* 1 plumacho ou plumaço, colchão ou travesseiro de pena. 2 penada, traço forte de pena. *Hacerlo de un plumazo*. Fazê-lo de uma penada.

plum.ba.gi.na [plumbaxína] *s.f.* plumbagina, grafite, mineral.

plúm.be.o/a [plúmbeo] *adj.* 1 plúmbeo, de chumbo. 2 (fig.) *pesado como el plomo*, pesado como chumbo.

plum.bí.fe.ro/a [plumbífero] *adj.* 1 plumbífero, púmblico, que tem chumbo. 2 (fig.) muito amolante ou cacete. *Si no fuese tan plumbífero sería buena gente*. Se não fosse tão pesado seria boa gente.

plu.me.ar [pluméar] *v.t.* 1 escrever com pena. 2 sombrear um desenho com linhas de pena ou lápis.

plú.me.o/a [plúmeo] *adj.* plúmbeo.

plu.me.ro [pluméro] *s.m.* 1 espanador. 2 porta-penas.

plu.mí.fe.ro/a [plumífero] *adj.* 1 plumífero. 2 *adj. e s. despect.* escritor medíocre.

plu.mi.lla [plumíʎa] *s.f.* bico de pena, plúmula. *Retrato a la plumilla*. Retrato a bico-de-pena.

plu.mis.ta [plumísta] *s.* 1 (com.) pessoa que escreve por ofício. 2 aquele que faz ou vende objetos de pena.

plu.món [plumón] *s.m.* 1 pena fina que as aves têm debaixo da plumagem exterior. 2 colchão feito com esta pena.

plu.ral [plurál] *adj. e s.m.* (gram.) plural.

plu.ra.li.dad [pluraliðáð] *s.f.* 1 pluralidade, multidão, grande número de algumas coisas. 2 qualidade de ser mais de um. *Pluralidad de ideas*. Pluralidade de ideias.

plu.ra.lis.mo [pluralísmo] *s.m.* 1 pluralismo, multiplicidade. 2 coexistência de elementos díspares entre si. *El pluralismo era plenamente ejercido*. O pluralismo era plenamente exercido.

plu.ra.li.zar [pluraliθár] *v.t.* pluralizar, pôr ou usar no plural.

plu.ri- [plúri] *pref.* de origem latina que significa "numeroso".

plu.ri.par.ti.dis.mo [pluripartiðísmo] *s.m.* pluripartidarismo.

plus [plús] *s.m.* gratificação ou soldo complementar.

plus.cuam.per.fec.to [pluskwamperfékto] *adj. e s.m.* mais que perfeito.

plus.mar.ca [plusmárka] *s.f.* recorde esportivo. *Estableció una nueva plusmarca*. Estabeleceu um novo recorde.

plus.va.lía [plusβalía] *s.f.* aumento do valor de uma coisa por causas extrínsecas a ela.

plu.to.cra.cia [plutokráθja] *s.f.* influência preponderante dos ricos de uma nação, plutocracia.

plu.tó.cra.ta [plutókrata] *s.m.* pessoa influente por sua riqueza, plutocrata.

plu.to.nio [plutónjo] *s.m.* plutônio, metal obtido do urânio; símbolo Pu.

plu.vial [pluβjál] *adj.* pluvial.

pluviómetro

plu.vió.me.tro [pluβjómetro] *s.m.* pluviômetro.
plu.vio.si.dad [pluβjosiðáð] *s.f.* chuva caída durante o ano em um lugar.
plu.vio.so/a [pluβjóso] *adj.* pluvioso, chuvoso. *Este ha sido el año más pluvioso de la década.* Este ano foi o mais pluvioso da década.
PNB [pé éne βé] *sigla* de Produto Nacional Bruto.
po.bla.cho [poβlátʃo] *s.m. despect.* povoado pequeno, insignificante.
po.bla.ción [poβlaθjón] *s.f.* 1 população, conjunto de habitantes de um país, vila, povoado, cidade etc. 2 cidade, povoado, aldeia.
po.bla.do [poβláðo] *s.m.* povoado, vila ou lugarejo.
po.bla.dor [poβlaðór] *adj. e s.* povoador.
po.blar [poβlár] *v.t.* povoar. *Un plan de gobierno para poblar esa región.* Um plano de governo para povoar essa região.
po.bre [póβre] *adj.* 1 pobre. 2 humilde, modesto.
po.bre.te/a [poβréte] *adj. e s.* pobrete, desgraçado, infeliz.
po.bre.tón/a [poβretón] *adj. e s. despect.* pobretão, muito pobre, pérapado.
po.bre.za [poβréθa] *s.f.* 1 pobreza. 2 escassez, falta. *Subsistían en un estado de pobreza total.* Subsistiam num estado de pobreza total.
po.ce.ro [poθéro] *s.m.* poceiro.
po.cho/a [pótʃo] *adj.* 1 descorado. 2 fruta podre. 3 carente de boa saúde.
po.cho.lo/a [potʃólo] *adj.* (fam.) bonito.
po.cil.ga [poθílga] *s.f.* 1 pocilga, curral de porcos. 2 lugar sujo, inabitável. *Es imposible vivir en esa pocilga.* É impossível viver nessa pocilga.
po.ci.llo [poθíʎo] *s.m.* 1 vasilha embutida na terra para recolher um líquido. 2 (Amér.) xícara de café.

pó.ci.ma [póθima] *s.f.* cozimento medicinal de matérias vegetais.
po.ción [poθjón] *s.f.* 1 poção. 2 bebida medicinal.
po.co/a [póko] *adj.* pouco.
po.da [póða] *s.f.* poda, podadura.
po.da.de.ra [poðaðéra] *s.f.* podão, ferramenta curva usada para podar.
po.da.dor/a [poðaðór] *adj. e s.* podador.
po.da.gra [poðáɣra] *s.f.* (med.) podagra, gota no pé. *Aquel día la podagra no lo dejó mover.* Aquele dia a podagra não o deixou mover-se.
po.dar [poðár] *v.t.* podar.
po.den.co/a [poðénko] *adj. e s.* podengo, variedade de cães de caça.
po.der [poðér] *s.m.* 1 poder. 2 energia, fortaleza, autoridade. *De alto poder adquisitivo.* De alto poder aquisitivo.
po.der [poðér] *v.t.* poder. *Voy a poder viajar el lunes.* Vou poder viajar segunda-feira.
po.de.rí.o [poðerío] *s.m.* 1 poderio. 2 bens, riqueza.
po.de.ro.so/a [poðeróso] *adj. e s.* 1 poderoso. 2 potente. 3 opulento, rico.
po.dio [póðjo] *s.m.* pódio.
po.do.lo.gí.a [poðoloxía] *s.f.* podologia.
po.dó.lo.go/a [poðóloɣo] *adj. e s.* podólogo.
po.dó.me.tro [poðómetro] *s.m.* podômetro.
po.dre [póðre] *s.f.* pus.
po.dre.cer [poðreθér] *v.i e v.p.* pudrir, apodrecer. Ver *pudrer.*
po.dre.dum.bre [poðreðúmbre] *s.f.* podridão, putrefação.
po.dre.du.ra [poðreðúra] *s.f.* putrefação, corrupção.
po.dri.do/a [poðríðo] *adj. e s.* 1 podre. 2 (fig.) viciado, corrompido. *Las manzanas ya están podridas.* As maçãs já estão podres.
po.drir [poðrír] *v.t. e v.p.* apodrecer. Ver *pudrir.*
po.e.ma [poéma] *s.m.* poema.

po.e.ma.rio [poemárjo] *s.m.* conjunto ou coleção de poemas.
po.e.sí.a [poesía] *s.f.* poesia. *Poesía lírica.* Poesia lírica.
po.e.ta [poéta] *s.m.* e *f.* poeta.
po.é.ti.co/a [poétiko] *adj.* poético.
po.e.ti.sa [poetísa] *s.f.* poetisa. *Es la única poetisa del grupo.* É a única poetisa do grupo.
po.e.ti.zar [poetiθár] *v.i.* 1 poetizar, compor poemas ou obras poéticas. 2 dar caráter poético.
poin.ter [poínter] *adj.* e *s.* raça de cães britânica.
pó.ker [póker] *s.m.* 1 póquer, pôquer. 2 jogo de pôquer.
po.lai.na [poláina] *s.f.* polainas.
po.lar [polár] *adj.* polar, do polo ou dos polos. *Ola de frío polar.* Onda de frio polar.
po.la.ri.dad [polariðáð] *s.f.* polaridade.
po.la.ri.za.ción [polariθaθjón] *s.f.* polarização.
po.la.ri.zar [polariθár] *v.t.* 1 (fís.) polarizar. 2 atrair toda a atenção.
pol.ca [pólka] *s.f.* polca.
po.lea [poléa] *s.f.* polia.
po.lé.mi.ca [polémika] *s.f.* polêmica, discussão, controvérsia. *Por cualquier asunto se establecía la polémica.* Por qualquer assunto se estabelecia a polêmica.
po.lé.mi.co/a [polémiko] *adj.* polêmico.
po.le.mis.ta [polemísta] *s.* (com.) polemista.
po.le.mi.zar [polemiθár] *v.i.* polemizar, sustentar ou estabelecer uma polêmica.
po.len [pólen] *s.m.* pólen. *Recogen las abejas el polen de las flores.* As abelhas recolhem o pólen das flores.
po.len.ta [polénta] *s.f.* polenta.
po.li- [póli] *pref.* de origem grega que significa "muitos".
po.li.an.dria [poliándrja] *s.f.* poliandria.

po.li.bán [poliβán] *s.m.* recipiente para tomar banho sentado.
po.li.chi.ne.la [politʃinéla] *s.m.* polichinelo.
po.li.cí.a [poliθía] *s.f.* 1 polícia, instituição. 2 policial, agente do corpo policial.
po.li.cia.co/a / po.li.cí.a.co,a [poliθjáko]/ [poliθíáko] *adj.* policialesco, relativo à polícia, à literatura ou cinema policial. *La novela trata de un tema policíaco.* O romance trata de um tema policialesco.
po.li.cial [poliθjál] *adj.* policial, relativo à polícia.
po.li.clí.ni.ca [poliklínika] *s.f.* policlínica, clínica con diversas especialidades médicas e cirúrgicas. *Se lo internó en la policlínica.* Foi internado na policlínica.
po.li.cro.mar [polikromár] *v.t.* policromar.
po.li.cro.mí.a [polikromía] *s.f.* policromia. *Se observaba una maravillosa policromía en la montaña.* Observava-se uma maravilhosa policromia na montanha.
po.li.cro.mo/a / po.lí.cro.mo,a [polikrómo]/ [políkromo] *adj.* policromo, multicolor.
po.li.de.por.ti.vo/a [poliðeportíβo] *adj.* e *s.* poliesportivo.
po.lie.dro [poliéðro] *s.m.* poliedro.
po.li.és.ter [poliéster] *s.m.* poliéster, matéria têxtil sintética. *Es un tejido compuesto por algodón y poliéster.* É um tecido composto de algodão e poliéster.
po.lie.ti.le.no [polietiléno] *s.m.* polietileno.
po.li.fa.cé.ti.co/a [polifaθétiko] *adj.* 1 polifacético. 2 pessoa com várias aptidões.
po.li.fo.ní.a [polifonía] *s.f.* polifonia. *Escuchamos una bella polifonía coral.* Escutamos uma bela polifonia coral.
po.li.ga.mia [poliγámja] *s.f.* poligamia.
po.lí.glo.ta [políγlota] *adj.* 1 poliglota, multilíngue, escrito em várias línguas. 2 poliglota, pessoa que fala vários idiomas.
po.li.go.nal [poliγonál] *adj.* poligonal.

polígono

po.lí.go.no [políɣono] *s.m.* polígono.
po.li.gra.fí.a [poliɣrafía] *s.f.* poligrafia.
po.lí.gra.fo/a [políɣrafo] *s.* polígrafo.
po.li.lla [políʎa] *s.f.* caruncho.
po.li.me.ri.za.ción [polimeriθaθjón] *s.f.* polimerização.
po.lí.me.ro [polímero] *s.m.* polímero.
po.li.mor.fo/a [polimórfo] *adj.* polimorfo.
po.li.ni.za.ción [poliniθaθjón] *s.f.* (bot.) polinização.
po.li.no.mio [polinómjo] *s.m.* polinômio.
po.lio [póljo] *s.f.* (fam.) poliomielite.
po.lio.mie.li.tis [poljomjelítis] *s.f.* poliomielite.
pó.li.po [pólipo] *s.m.* 1 pólipo. 2 polvo, molusco. 3 tumor benigno em uma mucosa.
po.lis [pólis] *s.f.* cidade-estado da antiga Grécia.
po.li.sí.la.bo/a [polisílaβo] *adj.* e *s.* polissilábico, polissílabo.
po.lis.ta [polísta] *adj.* polista, jogador de polo.
po.li.téc.ni.co/a [politékniko] *adj.* e *s.* politécnico.
po.li.te.ís.mo [politeízmo] *s.m.* politeísmo.
po.lí.ti.ca [polítika] *s.f.* política.
po.lí.ti.co/a [polítiko] *adj.* e *s.* 1 político, da política. 2 político, profissional da política. 3 cortês. *Manejó el asunto con buena política.* Manejou o assunto com boa política.
po.li.ti.cón/a [politikón] *adj.* e *s.* politiqueiro.
po.li.ti.que.ar [politikeár] *v.i.* 1 politicar, ocupar-se de política. 2 tratar de política com leveza.
po.li.ti.que.ro/a [politikéro] *adj.* e *s.* politiqueiro.
po.li.ti.zar [politiθár] *v.t.* e *v.p.* politizar, dar orientação ou conteúdo político. *Lo que quiere es politizar el asunto.* O que você quer é politizar o assunto.
po.li.to.lo.gí.a [politoloxía] *s.f.* ciência política.

po.liu.re.ta.no [poljuretáno] *s.m.* (quím.) poliuretano.
po.liu.ria [poljúrja] *s.f.* micção muito frequente, poliúria.
po.li.va.len.te [poliβalénte] *adj.* polivalente.
pó.li.za [póliθa] *s.f.* apólice.
po.li.zón [poliθón] *s.m.* (com.) pessoa que embarca clandestinamente.
po.li.zon.te [poliθónte] *s.m. despect.* policial, agente de polícia.
po.lla [póʎa] *s.f.* 1 franga. 2 (fam.) jovenzinha, moça. 3 aposta em corridas. 4 (vulg.) pênis.
po.lla.da [poʎáða] *s.f.* conjunto de pintos de uma ninhada, especialmente das galinhas. *Fue una pollada numerosa.* Foi uma ninhada numerosa.
po.llas.tre [poʎástre] *s.m.* 1 franguinho ou frangote, pinto já crescido. 2 (fam.) jovem que presume de homem.
po.lla.zón [poʎaθón] *s.f.* conjunto de ovos que as aves chocam de uma só vez.
po.lle.ar [poʎeár] *v.i.* começar os rapazes e as moças a sair uns com os outros.
po.lle.rí.a [poʎería] *s.f.* loja onde se vendem aves comestíveis.
po.lle.ro/a [poʎéro] *s.* 1 pessoa que cria ou vende frangos. 2 lugar onde se criam frangos.
po.lli.no/a [poʎíno] *s.* 1 asno jovem sem domar. 2 qualquer burrico.
po.lli.to/a [poʎíto] *s.* (fam.) menina ou menino de pouca idade, adolescente. 2 pintinho.
po.llo [póʎo] *s.m.* 1 pinto. 2 frango destinado ao consumo. 3 (fig.) jovem, rapaz.
po.lo [pólo] *s.m.* 1 polo, extremidade de eixo de rotação da terra. 2 região contígua a um dos polos terrestres. 3 o que atrai, centro. *Polo de atención.* Polo de atenção. 4 polo, jogo.
po.lo.lo [polólo] *s.m.* 1 inseto coleóptero da família escarabeídeos. 2 *s.* (Chile) namorado.

pol.trón/a [poltrón] *adj. e s.* 1 poltrão, folgazão, preguiçoso. 2 *s.f.* poltrona confortável. *Se quedó dormido en la poltrona.* Ficou dormindo na poltrona.
po.lu.ción [poluθjón] *s.f.* 1 polução ou poluição, ejaculação involuntária de esperma. 2 contaminação do meio ambiente.
po.lu.to/a [polúto] *adj.* poluto, imundo.
pol.va.re.da [polβaréða] *s.f.* poeira. *El hecho levantó una polvareda en la familia.* O fato levantou poeira na família.
pol.ve.ra [polβéra] *s.f.* pozeira, caixa que contém pós de cosméticos.
pol.vi.fi.car [polβifikár] *v.t.* (fam.) reduzir uma coisa a pó.
pol.vo [pólβo] *s.m.* 1 pó, poeira. 2 qualquer substância reduzida a pó. 3 (vulg.) ato sexual, coito. *echar un polvo*, dar uma trepada.
pól.vo.ra [pólβora] *s.f.* pólvora.
pol.vo.re.ar [polβoreár] *v.t.* espalhar pó sobre algo.
pol.vo.rien.to/a [polβorjénto] *adj.* poeirento.
pol.vo.ri.lla [polβoríʎa] *s.* (fam.) pessoa que se irrita com facilidade.
pol.vo.rín [polβorín] *s.m.* 1 pólvora e outros explosivos miúdos. 2 armazém de explosivos.
po.ma [póma] *s.f.* 1 maçã, fruta. 2 maçã pequena e chata.
po.má.ce.o/a [pomáθeo] *adj.* diz-se das plantas que têm fruto em pomo.
po.ma.da [pomáða] *s.f.* pomada.
po.mar [pomár] *s.m.* pomar.
po.me.lo [pomélo] *s.m.* 1 grapefuit, fruto comestível de sabor ácido, um pouco maior que a laranja. 2 árvore que o produz.
pó.mez [pómeθ] *s.f.* pedra-pomes.
po.mo [pómo] *s.m.* pomo, fruto carnoso de árvores como a pereira, a macieira etc.
pom.pa [pómpa] *s.f.* 1 pompa, acompanhamento solene e suntuoso. 2 ampola de água. 3 vaidade, grandeza. *Pompas fúnebres.* Pompas fúnebres.
pom.pá.ti.co/a [pompátiko] *adj.* ostentoso, pomposo.
pom.pe.ar [pompeár] *v.i.* e *v.p.* pompear, alardear, ostentar.
pom.pón [pompón] *s.m.* pompom, bola usada como adorno.
pom.po.si.dad [pomposiðáð] *s.f.* pompa, solenidade, suntuosidade. *Se presentó en el acto con gran pomposidad.* Apresentou-se no ato com grande pompa.
pom.po.so/a [pompóso] *adj.* 1 pomposo, ostentoso, magnífico, grave. 2 estilo, linguagem etc. altissonante.
pó.mu.lo [pómulo] *s.m.* 1 pômulo, osso malar. 2 maçã do rosto. *Rostro de pómulos salientes.* Rosto de pômulos proeminentes.
pon.cha.da [pontʃáða] *s.f.* 1 (Amér.) ponchada ou ponchaço, o que cabe num poncho. 2 fartura. *Ganó una ponchada de dinero.* Ganhou um ponchaço de dinheiro.
pon.che [póntʃe] *s.m.* ponche, bebida feita com água, limão, açúcar e aguardente, rum ou conhaque.
pon.che.ra [pontʃéra] *s.f.* poncheira, vasilha em que se prepara o ponche.
pon.cho [póntʃo] *s.m.* poncho ou ponche, capa de lã grossa com uma abertura no meio para passar a cabeça.
pon.de.ra.ble [ponderáβle] *adj.* ponderável.
pon.de.ra.ción [ponderaθjón] *s.f.* 1 ponderação. 2 elogio. *Como siempre, actuó con mucha ponderación.* Como sempre, agiu com muita ponderação.
pon.de.ra.do/a [ponderáðo] *adj.* ponderado, que procede com tato e prudência.
pon.de.ral [ponderál] *adj.* ponderal, relativo a peso.
pon.de.rar [ponderár] *v.t.* 1 ponderar, pesar. 2 contrapesar, equilibrar. 3 elogiar.

po.ne.de.ro/a [poneðéro] *adj.* 1 que se pode pôr. 2 poedeira, ave que põe ovos. 3 indez. *Son gallinas ponedoras.* São galinhas poedeiras.

po.ne.dor/a [poneðór] *adj.* 1 ninho de galinha. 2 cavalo ensinado a empinar.

po.nen.cia [ponénθja] *s.f.* comunicação ou proposta a ser apresentada em uma assembleia.

po.nen.te [ponénte] *adj. e s.* quem apresenta uma comunicação ou proposta em uma assembleia.

po.ner [ponér] *v.t. e v.p.* 1 pôr, colocar em lugar determinado. 2 botar ovo. 3 situar, depor. *Hay que poner las cosas en su lugar.* É preciso pôr as coisas no devido lugar.

pó.ney [póni] *s.m.* (angl) Ver poni.

po.ni [póni] *s.m.* pônei, cavalo pequeno, porém ágil e fino.

po.nien.te [ponjénte] *s.m.* 1 poente, Ocidente, ponto cardeal. 2 vento que sopra do Ocidente.

pon.taz.go [pontáɣo] *s.m.* direitos que se pagavam para atravessar pontes.

pon.te.ar [ponteár] *v.t.* fazer ou construir uma ponte.

pon.ti.fi.ca.do [pontifikáðo] *s.m.* 1 pontificado, dignidade de pontífice. 2 pontificado, tempo que dura. *Un largo y memorable pontificado.* Um longo e memorável pontificado.

pon.ti.fi.cal [pontifikál] *adj.* 1 pontifical, do sumo pontífice. 2 de um arcebispo, bispo ou abade. 3 missa solene celebrada por pontífice.

pon.ti.fi.car [pontifikár] *v.i.* 1 pontificar, celebrar funções litúrgicas com rito pontifical. 2 (fam.) falar com solenidade.

pon.tí.fi.ce [pontífiθe] *s.m.* 1 pontífice, o Papa. 2 prelado supremo da Igreja Católica.

pon.tón [pontón] *s.m.* pontão, barca chata para atravessar rios ou construir pontes.

pon.zo.ña [ponθóɲa] *s.f.* 1 peçonha, veneno. 2 substância nociva. 3 doutrina perniciosa.

pon.zo.ño.so/a [ponθoɲóso] *adj.* peçonhento, venenoso, nocivo, pernicioso.

pool [púl] *s.m.* (angl.) associação de empresas para controlar um mercado.

po.pa [pópa] *s.f.* 1 popa, parte posterior de uma nave. 2 (fig. e fam.) nádega.

Pop-art [pópart] *s.f.* movimento artístico surgido nos Estados Unidos na década de 1960.

po.pe [pópe] *s.m.* pope, sacerdote do rito ortodoxo.

po.pe.lín [popelín] *s.m.* tecido fino de algodão, popelina.

po.pu.la.che.rí.a [populatʃería] *s.f.* popularidade entre o vulgo.

po.pu.la.che.ro/a [populatʃéro] *adj.* do populacho.

po.pu.la.cho [populátʃo] *s.m.* populacho, plebe, vulgo.

po.pu.lar [populár] *adj.* popular.

po.pu.la.ri.dad [populariðáð] *s.f.* popularidade.

po.pu.la.ri.za.ción [populariθajón] *s.f.* opularização.

po.pu.la.ri.zar [populariθár] *v.t. e v.p.* popularizar.

po.pu.lis.mo [populízmo] *s.m.* populismo.

po.pu.lis.ta [populísta] *adj.* populista.

pó.pu.lo [pópulo] *s.m.* (fam.) povo.

po.pu.lo.so/a [populóso] *adj.* populoso.

po.pu.rrí [popurrí] *s.m.* 1 *potpourri*, composição formada por diferentes fragmentos de obras musicais. 2 (fig.) mistura de coisas diversas.

po.que.dad [pokeðáð] *s.f.* pouquidão ou pouquidão.

pó.quer [póker] *s.m.* pôquer.

por [por] *prep.* por. 1 indica o agente nas orações da voz passiva. 2 indica. trânsito por um lugar, a causa de algo. 3 denota. lugar aproximado, preço ou quantia.

por.ca.chón/a [porkatʃón] *adj. e s.* (fam.) porcalhão.

por.ce.la.na [porθelána] *s.f.* porcelana.
por.cen.ta.je [porθentáze] *s.m.* percentagem ou porcentagem.
por.cen.tual [porθentwál] *adj.* percentual.
por.che [pórtʃe] *s.m.* 1 cobertura. 2 espaço alto diante de certos edifícios.
por.ci.cul.tu.ra [porθikultúra] *s.f.* suinocultura.
por.ci.no/a [porθíno] *adj.* 1 porcino ou suíno, relativo ao porco. 2 porco pequeno.
por.ción [porθjón] *s.f.* porção. Não confundir com "ración", petiscos para acompanhar as bebidas.
por.cio.ne.ro/a [porθjonéro] *adj. e s.* partícipe.
por.dio.se.ar [porðjoseár] *v.i.* 1 mendigar. 2 pedir algo com humilhação.
por.dio.se.ro [porðjoséro] *adj. e s.* esmoleiro, pedinte, mendigo.
por.fía [porfía] *s.f.* 1 porfia. 2 empenho, insistência.
por.fia.do/a [porfjáðo] *adj. e s.* porfiado, obstinado, pertinaz.
por.fiar [porfjár] *v.i.* 1 porfiar, disputar con tenacidade e obstinação. 2 importunar para conseguir algo.
por.me.nor [pormenór] *s.m.* 1 pormenor. 2 (pl.) pormenores.
por.me.no.ri.zar [pormenoriθár] *v.t.* pormenorizar.
por.no [pórno] *adj.* (fam.) pornográfico.
por.no.gra.fía [pornoɣrafía] *s.f.* pornografia.
por.no.grá.fi.co/a [pornoɣráfiko] *adj.* pornográfico.
po.ro [póro] *s.m.* poro.
po.ron.go [poróngo] *s.m.* palavra quéchua. 1 (Amér. Merid.) cabaça que serve de vasilha. 2 (Río de la Plata) vasilha para o mate.
po.ro.ró [pororó] *s.m.* (Amér. Merid.) pipoca.
po.ro.si.dad [porosiðáð] *s.f.* porosidade.
po.ro.so/a [poróso] *adj.* poroso.
po.ro.to [poróto] *s.m.* quéchua (Amér. Merid.) feijão.
por.que [porke] *conj.* 1 porque, por causa ou em razão de. 2 para que. No asistió porque estaba enfermo. Não compareceu porque estava doente.
por.qué [porké] *s.m.* (fam.) porquê. *El porqué de su proceder, nadie lo sabe.* Ninguém sabe o porquê de seu procedimento.
por.que.ra [porkéra] *s.f.* curral de javalis.
por.que.rí.a [porkería] *s.f.* porcaria.
por.que.ri.zo/a [porkeríθo] *s.m. e f.* 1 pessoa que guarda os porcos. 2 pocilga onde os porcos se criam e recolhem.
po.rra [pórra] *s.f.* 1 clava, cassetete. 2 (Amér.) cabelo comprido e desalinhado.
po.rra.da [porráða] *s.f.* 1 porrada. 2 (fig.) e (fam.) disparate. 3 abundância de uma cosa.
po.rral [porrál] *s.m.* porral, terreno plantado de porros.
po.rra.zo [porráθo] *s.m.* 1 porrada, pancada. 2 (fig.) sofrer uma queda ou um tropeção.
po.rri.llo, a [a porríʎo] *loc. adv.* (fam.) em abundância, copiosamente.
po.rro [pórro] *adj. e s.* (fam.) 1 indivíduo néscio, rude ou torpe. 2 *s.m.* porro. 3 cigarro de maconha.
po.rrón [porrón] *s.m.* porrão, vasilha de vidro com bico longo para beber vinho.
por.ta.a.vio.nes [portaaβjónes] *s.m.* porta-aviões.
por.ta.ban.de.ra [portaβandéra] *s.f.* porta-bandeira, suporte para colocar a bandeira e levá-la a tiracolo.
por.ta.da [portáða] *s.f.* 1 fachada principal de um edifício. 2 capa de um livro.
por.ta.di.lla [portaðíʎa] *s.f.* num livro com vários capítulos, folha com o título de cada um deles.
por.ta.dor/a [portaðór] *adj. e s.* portador.
por.ta.e.qui.pa.jes [portaekipáxes] *s.m.* porta-malas.

portaestandarte

por.ta.es.tan.dar.te [portaestandárte] *s.m.* porta-estandarte.

por.ta.fo.lios [portafóljos] *s.m.* porta-fólio.

por.ta.he.rra.mien.tas [portaerramjéntas] *s.m.* peça que segura certas ferramentas.

por.tal [portál] *adj.* portal.

por.ta.lla.ves [portaʎábes] *s.m.* (Amér.) chaveiro.

por.ta.mo.ne.das [portamonéðas] *s.m.* moedeiro, porta-níqueis.

por.tar [portár] *v.t. e v.p.* 1 portar, transportar. 2 agir ou comportar-se de determinada maneira.

por.ta.rre.tra.to [portarretrátos] *s.m.* porta-retratos.

por.tá.til [portátil] *adj.* portátil.

por.ta.vian.das [portaβjándas] *s.m.* marmita.

por.ta.voz [portaβóθ] *s.m.* 1 porta-voz, instrumento para reforçar a voz de quem fala. 2 (fig.) pessoa autorizada a falar representando outros.

por.ta.zo [portáθo] *s.m.* 1 pancada dura ao fechar uma porta. 2 demonstração de enfado.

por.te [pórte] *s.m.* 1 porte. 2 preço do porte. 3 modo de comportar-se. 4 aparência de uma pessoa.

por.te.ar [porteár] *v.t.* 1 transferir algo por um porte estipulado. 2 ir de um lugar a outro, especialmente as aves.

por.ten.to [porténto] *s.m.* coisa ou sucesso maravilhoso, prodígio, portento.

por.ten.to.so/a [portentóso] *adj.* maravilhoso, prodigioso, portentoso.

por.te.ño/a [portéɲo] *adj. e s.* portenho, nascido ou habitante em Buenos Aires ou em Valparaíso.

por.te.rí.a [portería] *s.f.* 1 portaria, entrada de um edifício. 2 o gol, em futebol.

por.te.ro/a [portéro] *s.f.* 1 porteiro. 2 goleiro.

por.te.zu.e.la [porteθwéla] *s.f.* 1 porta de um veículo. 2 tampa do bolso.

pór.ti.co [pórtiko] *s.m.* átrio amplo, estrada de edifício nobre, pórtico.

por.ti.lla [portíʎa] *s.f.* porteira de propriedade rural.

por.ti.llo [portíʎo] *s.m.* 1 abertura numa muralha, parede ou muro. 2 abertura para escoamento de água. 3 passagem estreita entre montanhas.

por.tón [portón] *s.m.* portão.

por.tua.rio/a [portwárjo] *adj.* portuário.

por.tu.gue.sa.da [portuɣesáða] *s.f.* dito ou ato exagerado.

por.tu.gue.sis.mo [portuɣesízmo] *s.m.* locução ou idiotismo próprio da língua portuguesa.

por.ve.nir [porβenír] *s.m.* porvir, tempo futuro. *Tiene un brillante porvenir.* Tem um brilhante porvir.

pos- [pós; post] *prefix.* de origem latina que significa "atrás" ou "depois de". *en pos de*, em perseguição ou seguimento de algo ou de alguém.

po.sa.da [posáða] *s.f.* pousada.

po.sa.das [posáðas] *s.f.* (pl.) no México, festas natalinas.

po.sa.de.ras [posaðéras] *s.f.* pouseiro, nádegas, traseiro.

po.sa.de.ro/a [posaðéro] *s.* dono de pousada.

po.san.te [posánte] *adj.* diz-se da embarcação cujos movimentos e balanço são suaves.

po.sar [posár] *v.i.* 1 pousar, hospedar-se. 2 descansar, repousar. 3 aterrissar. 4 posar, servir de modelo para um artista.

pos.bé.li.co/a [posβéliko] *adj.* posterior a uma guerra, de pós-guerra.

pos.co.mu.nión [poskomunjón] *s.f.* reza na missa, após a comunhão.

pos.da.ta [posðáta] *s.f.* pós-data ou pós-escrito.

po.se [póse] *s.f.* 1 pose, postura do corpo. 2 atitude afetada.
po.se.e.dor/a [p oseeðór] *adj. e s.* possuidor.
po.se.er [poseér] *v.t.* possuir.
po.se.í.do/a [poseíðo] *adj. e s.* 1 possuído, possesso. 2 que está fora de si, furioso. 3 (fig.) convencido. *Reaccionó como poseído por el demonio.* Reagiu como possuído pelo demônio.
po.se.sión [posesjón] *s.f.* 1 posse. 2 possessão, domínio, colônia, território ocupado por uma nação. *tomar posesión*, tomar posse.
po.se.sio.nar [posesjonár] *v.t.* 1 dar posse a alguém de uma coisa. 2 *v.p.* tomar posse de algo.
po.se.si.vo/a [posesíβo] *adj.* 1 possessivo, que denota posse. 2 (gram.) possessivo, adjetivos e pronomes que indicam posse ou pertinência.
po.se.so/a [poséso] *adj. e s.* possesso.
po.se.sor/a [posesór] *adj. e s.* possuidor. *Es posesor del predio por herencia.* É possuidor do prédio por herança.
pos.fe.cha [posfétʃa] *s.f.* pós-data.
pos.fi.jo/a [posfíxo] *adj. e s.* sufixo.
pos.gue.rra [posɣérra] *s.f.* pós-guerra.
po.si.bi.li.dad [posiβiliðáð] *s.f.* possibilidade.
po.si.bi.li.tar [posiβilitár] *v.t.* possibilitar.
po.si.ble [posíβle] *adj.* possível.
po.si.ción [posiθjón] *s.f.* posição.
po.si.ti.vis.mo [positiβísmo] *s.m.* 1 positivismo. 2 realismo, materialismo.
po.si.ti.vis.ta [positiβísta] *adj. e s.* 1 positivista. 2 realista, materialista.
po.si.ti.vo/a [positíβo] *adj.* 1 positivo, certo, efetivo, real. 2 afirmação em oposição a negativo. 3 prova fotográfica feita a partir de um negativo. *Siempre encuentra el lado positivo de las cosas.* Sempre encontra o lado positivo das coisas.

po.so [póso] *s.m.* 1 sedimento de um líquido em repouso. 2 descanso, quietude.
po.so.lo.gía [posoloxía] *s.f.* posologia.
pos.po.ner [posponér] *v.t.* 1 pospor, colocar uma pessoa ou coisa depois de outra. 2 postergar, preterir.
pos.pu.es.to/a [pospwésto] *adj.* (particípio irregular de *posponer*) posposto.
post-. [póst] *pref.* pos-. *P.M. post meridiem, post meridiem*, depois do meio-dia.
pos.tal [postál] *adj.* 1 postal. 2 *s.f.* cartão-postal.
pos.te [póste] *s.m.* poste.
pós.ter [póster] *s.m.* (angl.) pôster, cartaz.
pos.ter.ga.ción [posterɣaθjón] *s.f.* 1 postergação ou postergamento, atraso. 2 relegação. 3 esquecimento.
pos.ter.gar [posterɣár] *v.t.* postergar.
pos.te.ri.dad [posteriðáð] *s.f.* 1 posteridade, descendência ou geração vindoura. 2 futuro. *Dejar buenos ejemplos para la posteridad.* Deixar bons exemplos para a posteridade.
pos.te.rior [posterjór] *adj.* posterior.
pos.te.rio.ri.dad [posterjoriðáð] *s.f.* posterioridade.
pos.ti.go [postíɣo] *s.m.* postigo. *Proteger los cristales con los postigos.* Proteger os vidros com os postigos.
pos.ti.lla [postíʎa] *s.f.* 1 casca de ferida. 2 apostila de um texto.
pos.ti.zo/a [postíθo] *adj.* postiço.
post.me.ri.dia.no/a [postmeriðjáno] *adj.* pós-meridiano, posterior ao meio-dia.
post.me.rí.diem [postmeriðjém] *expres. lat. post meridiem*, depois do meio-dia.
post.o.pe.ra.to.rio/a [postoperatórjo] *adj. e s.* pós-operatório.
pos.tor [postór] *s.m.* licitador.
pos.tra.ción [postraθjón] *s.f.* prostração.
pos.trar [postrár] *v.t.* 1 prostrar, render, humilhar, derrubar. 2 *v.t. e v.p.* debilitar, enfraquecer.

pos.tre [póstre] *adj.* 1 postrimeiro, último, derradeiro. 2 *s.m.* sobremesa. 3 *loc.adv. a la postre*, definitivamente; *loc.adv. a los postres*, na hora da sobremesa.
pos.tre.mo/a [postrémo] *adj.* postrimeiro, último.
pos.trer [postrér] *adj.* apócope de *postrero*.
pos.tre.ro/a [postréro] *adj. e s.* postrimeiro, último.
pos.tri.me.ría [postrimería] *s.f.* 1 (pl.) último período da vida. 2 etapa final na duração de algo.
pos.tri.me.ro/a [postriméro] *adj.* postremo, postrimeiro, último.
post.scrip.tum [postskríptum] *loc.* (do latim) pós-data.
pos.tu.la.ción [postulaθjón] *s.f.* postulação.
pos.tu.la.do [postuláðo] *s.m.* postulado, axioma.
pos.tu.lan.te/a [postulánte] *adj. e s.* 1 postulante, que postula. 2 postulante, pessoa que pede a admissão em uma ordem religiosa.
pos.tu.lar [postulár] *v.t.* postular.
pós.tu.mo/a [póstumo] *adj.* póstumo.
pos.tu.ra [postúra] *s.f.* 1 postura, posição de uma pessoa, animal o cosa. 2 posicionamento, opinião, comportamento.
po.ta.bi.li.dad [potaβiliðáð] *s.f.* condição de potável.
po.ta.bi.li.zar [potaβiliθár] *v.t., adj. e s.* tornar potável.
po.ta.ble [potáβle] *adj.* 1 potável. 2 (fam.) admissível, aceitável.
po.ta.do/a [potáβle] *adj. e s.* que costuma embriagar-se.
po.ta.je [potáxe] *s.m.* 1 sopa. 2 guisado de legumes com arroz, verduras etc.
po.ta.sio [potásjo] *s.m.* potássio; símbolo K.
po.te [póte] *s.m.* pote.
po.ten.cia [poténθja] *s.f.* 1 potência. 2 vigor, fortaleza. 3 virtude gerativa, virilidade.

po.ten.cia.ción [potenθjaθjón] *s.f.* 1 potenciação. 2 (alg.) cálculo da potência de um número.
po.ten.cial [potenθjál] *adj.* 1 potencial, que tem potência, ou relativo a ela. 2 potencial, que pode acontecer ou existir.
po.ten.ciar [potenθjár] *v.t.* potencializar.
po.ten.ta.do/a [potentáðo] *s.* pessoa poderosa e opulenta.
po.ten.te [potentáðo] *adj.* potente.
po.tes.tad [potestáð] *s.f.* potestade, domínio, faculdade, jurisdição.
po.tes.ta.ti.vo/a [potestatíβo] *adj.* que está sob o domínio de alguém.
po.tin.gue [potínge] *s.m.* (fam.) e despec. bebida ou qualquer preparado farmacêutico ou cosmético.
po.to [póto] *s.m.* (fam.) (Amér. Merid.) traseiro, bunda e, por extensão, parte posterior de uma coisa.
po.to.sí [potosí] *s.m.* riqueza extraordinária.
po.tra [pótra] *s.f.* 1 potranca, égua até quatro anos e meio. 2 (fig.) hérnia. 3 (fam.) boa sorte.
po.tra.da [potráða] *s.f.* conjunto de potros.
po.tran.co/a [potránko] *s.m. e f.* potranco/a.
po.tre.ar [potreár] *v.i.* 1 comportar-se como jovem. 2 *v.t.* (fam.) mortificar, molestar.
po.tre.ro [potréro] *s.m.* 1 aquele que cuida dos potros. 2 lugar para cria e pasto de cavalos. 3 (Arg.) terreno baldio onde jogam os moleques.
po.tro/a [pótro] *s.m. e f.* 1 cavalo ou égua de uns quatro anos e meio. 2 aparelho de ginástica. 3 aparelho de tortura.
po.tro.so/a [potróso] *adj. e s.* 1 que tem hérnia. 2 *adj.* (fam.) que tem muita sorte.
po.yo [pójo] *s.m.* banco especialmente de pedra, encostado na parede, na porta de uma casa, alpendre etc.

po.za [póθa] *s.f.* 1 poça de água. 2 poço de um rio.
po.zal [poθál] *s.m.* lata para tirar água do poço.
po.zo [póθo] *s.m.* poço.
po.zue.lo [poθuélo] *s.m.* ver *pozal*.
prác.ti.ca [práktika] *s.f.* prática.
prac.ti.ca.ble [praktikáβle] *adj.* praticável.
prac.ti.can.te [praktikánte] *adj.* praticante.
prac.ti.car [praktikár] *v.t.* praticar.
prác.ti.co/a [práktiko] *adj.* 1 prático. 2 experiente, perito.
pra.de.ra [praðéra] *s.f.* 1 lugar do campo plano e coberto de relva. 2 gramado.
pra.do [práðo] *s.m.* campo em que se deixa crescer ou se planta erva para pasto.
prag.má.ti.co/a [praɣmátiko] *adj.* pragmático.
prag.ma.tis.mo [praɣmatízmo] *s.m.* pragmatismo.
pra.li.né [praliné] *s.m.* (franc.) pasta de açúcar, mel, amêndoas, avelãs, amendoim etc. usada em confeitaria.
pra.ten.se [praténse] *adj.* que se produz ou vive no prado.
pra.vo/a [práβo] *adj.* preguiçoso, malvado.
pra.xis [práksis] *s.f.* prática, em oposição a teoria; praxe.
pre- [pre] *pref.* que denota anterioridade, prioridade ou encarecimento.
pre.ám.bu.lo [preámbulo] *s.m.* 1 preâmbulo, prólogo. 2 rodeio antes de entrar na matéria.
pre.a.vi.so [preaβíso] *s.m.* aviso prévio.
pre.ben.da [preβénda] *s.f.* 1 prebenda, renda eclesiástica. 2 dote ou bolsa. 3 (fig. e fam.) ofício lucrativo e pouco trabalhoso.
pre.ben.da.do [preβéndaðo] *adj. e s.* diz-se de quem desfruta de uma prebenda.
pre.ben.dar [preβendár] *v.t.* 1 dar uma prebenda. 2 *v.i. e v.p.* obter uma prebenda.
pre.ca.len.ta.mien.to [prekalentamjénto] *s.m.* pré-aquecimento.
pre.ca.rio/a [prekárjo] *adj.* 1 precário, de pouca estabilidade ou duração. 2 inseguro, transitório, fugaz. *Consiguió un empleo precario.* Conseguiu um emprego precário.
pre.cau.ción [prekauθjón] *s.f.* precaução.
pre.ca.ver [prekaβér] *v.t. e v.p.* precaver.
pre.ca.vi.do/a [prekaβíðo] *adj.* precavido.
pre.ce.den.cia [preθeðénθja] *s.f.* precedência, anterioridade no tempo ou no espaço.
pre.ce.den.te [preθeðénte] *adj.* 1 precedente. 2 antecedente. 3 exemplo. 4 prática já iniciada ou seguida.
pre.ce.der [preθeðér] *v.t. e i.* 1 preceder, ir adiante no tempo, na ordem ou no lugar. 2 anteceder ou estar anteposto.
pre.cep.tis.ta [preθeptísta] *adj. e s.* que dá ou ensina regras e preceitos.
pre.cep.ti.vo/a [preθeptíβo] *adj.* 1 que inclui preceitos. 2 *s.f.* preceitos aplicáveis a uma matéria.
pre.cep.to [preθépto] *s.m.* preceito.
pre.cep.tor/a [preθeptór] *s.m. e f.* pessoa que educa uma criança; mestre, instrutor.
pre.cep.tuar [preθeptwár] *v.t.* dar ou ditar preceitos.
pre.ces [préθes] *s.f.* (pl.) preces, orações.
pre.ce.sión [preθesjón] *s.f.* 1 figura em que se deixa incompleta uma frase. 2 movimento axial de um sólido.
pre.cia.do/a [preθjáðo] *adj.* 1 precioso, excelente, de grande estima. 2 jactancioso, vaidoso.
pre.ciar.se [preθjárse] *v.p.* jactar-se, presumir.
pre.cin.ta [preθínta] *s.f.* tira de papel impressa que se cola em certos produtos ao passar pela alfândega.
pre.cin.tar [preθintár] *v.t.* 1 colocar adesivos. 2 (fig.) selar, fechar hermeticamente.

pre.cin.to [preθínto] *s.m.* atadura.
pre.cio [préθjo] *s.m.* 1 preço, valor. 2 valor, custo, estimação.
pre.cio.si.dad [preθjosiðáð] *s.f.* preciosidade.
pre.cio.sis.mo [preθjosízmo] *s.m.* 1 preciosismo, estilo literário. 2 modo extremamente cuidadoso de fazer algo.
pre.cio.so/a [preθjóso] *adj.* 1 precioso, excelente, primoroso, digno de estima. 2 muito caro. 3 (fig.) belo.
pre.cio.su.ra [preθjosúra] *s.f.* (fam.) preciosidade.
pre.ci.pi.cio [preθipíθjo] *s.m.* 1 precipício, desfiladeiro. 2 ruína moral ou material.
pre.ci.pi.ta.ción [preθipitaθjón] *s.f.* precipitação.
pre.ci.pi.ta.da.men.te [preθipitáðamente] *adv.* precipitadamente.
pre.ci.pi.ta.do/a [preθipitáðo] *adj.* precipitado.
pre.ci.pi.tar [preθipitár] *v.t.* e *v.p.* precipitar.
pre.ci.pi.to.so/a [preθipitóso] *adj.* 1 terreno pendente ou escorregadio. 2 (fig.) atropelado, precipitado.
pre.ci.sa.men.te [preθísamente] *adv.* 1 precisamente, con precisão. 2 expressamente, não por acaso.
pre.ci.sar [preθisár] *v.t.* 1 precisar, fixar de modo preciso. 2 precisar, necessitar. 3 precisar, obrigar, forçar. 4 precisar, ser necessário ou imprescindível.
pre.ci.sión [preθisjón] *s.f.* 1 precisão, exato. 2 necessidade indispensável. 3 exatidão na linguagem. *Instrumentos de precisión.* Instrumentos de precisão.
pre.ci.so/a [preθíso] *adj.* 1 preciso, necessário, indispensável para um fim. 2 preciso, pontual, fixo, exato, certo. 3 distinto, claro e formal.
pre.ci.ta.do/a [preθitáðo] *adj.* precitado, citado anteriormente.

pre.cla.ro/a [prekláro] *adj.* preclaro, ilustre, famoso, insigne.
pre.clá.si.co/a [preklásiko] *adj.* pré-clássico.
pre.co.ci.dad [prekoθiðáð] *s.f.* precocidade.
pre.cog.ni.ción [prekoɣniθjón] *s.f.* conhecimento anterior.
pre.co.lom.bi.no/a [prekolombíno] *adj.* pré-colombiano.
pre.con.ce.bi.do/a [prekonθeβíðo] *adj.* preconcebido.
pre.con.ce.bir [prekonθeβír] *v.t.* preconceber.
pre.co.ni.zar [prekoniθár] *v.t.* 1 preconizar, elogiar publicamente. 2 recomendar ou aconselhar algo de interesse geral.
pre.coz [prekóθ] *adj.* precoce.
pre.cur.sor/a [prekursór] *adj.* e *s.* precursor.
pre.da.dor/a [preðaðór] *adj.* e *s.* predador.
pre.da.to.rio/a [preðatórjo] *adj.* predatório.
pre.de.ce.sor/a [preðeθesór] *s.* predecessor; ascendente, antepassado.
pre.de.cir [preðeθír] *v.t.* predizer, anunciar o futuro.
pre.des.ti.na.ción [preðestinaθjón] *s.f.* 1 predestinação. 2 desígnio divino.
pre.des.ti.na.do/a [preðestináðo] *adj.* 1 predestinado. 2 *adj.* e *s.* (teol.) predestinado, destinado por Deus para alcançar a glória. *Estar predestinado al éxito.* Estar predestinado ao sucesso.
pre.des.ti.nar [preðestinár] *v.t.* 1 predestinar, destinar antecipadamente para um fim. 2 (teol.) predestinar, escolher Deus àqueles que alcançarão a glória.
pre.de.ter.mi.nar [preðeterminár] *v.t.* predeterminar, determinar ou resolver com antecipação.
pre.dial [preðjál] *adj.* predial.
pré.di.ca [préðika] *s.f.* 1 prédica, sermão. 2 discurso veemente.
pre.di.ca.ble [preðikáβle] *adj.* predicável.

pre.di.ca.ción [preðikaθjón] *adj.* pregação.
pre.di.ca.do [preðikáðo] *s.m.* (gram.) predicado.
pre.di.ca.dor/a [preðikaðór] *adj. e s.* pregador.
pre.di.car [preðikár] *v.t.* 1 pregar, proferir um sermão. 2 fazer observações. 3 publicar, esclarecer uma coisa.
pre.di.ca.ti.vo/a [preðikatíβo] *adj.* predicativo.
pre.dic.ción [preði(k)θjón] *s.f.* predição.
pre.di.cho/a [preðítʃo] *adj.* particípo irregular de predizer.
pre.di.lec.ción [preðilekθjón] *s.f.* predileção.
pre.di.lec.to/a [preðilékto] *adj.* predileto, favorito, eleito, preferido, privilegiado.
pre.dis.po.ner [preðisponér] *v.t. e v.p.* 1 predispor. 2 dispor o ânimo das pessoas para um fim.
pre.dis.po.si.ción [preðisposiθjón] *s.f.* predisposição.
pre.dis.pues.to/a [preðispwésto] *adj.* 1 predisposto. 2 que tem predisposição.
pre.do.mi.nan.te [preðominánte] *adj.* 1 predominante. 2 preponderante. *Disponer de un factor predominante.* Dispor de um fator predominante.
pre.do.mi.nar [preðominár] *v.t. e i.* predominar.
pre.do.mi.nio [preðomínjo] *s.m.* predomínio.
pre.dor.sal [preðorsál] *adj.* predorsal.
pre.dor.so [preðórso] *s.m.* predorso.
pre.e.mi.nen.cia [preeminénθja] *s.f.* preeminência.
pre.e.mi.nen.te [preeminénte] *adj.* preeminente.
pre.es.co.lar [preeskolár] *adj. e s.* pré-escolar. *Educación preescolar.* Educação pré-escolar.
pre.es.ta.ble.cer [preestaβleθér] *v.t.* preestablecer.
pre.es.ta.ble.ci.do/a [preestaβleθíðo] *adj.* preestabelecido.
pre.e.xis.ten.cia [preeksisténθja] *s.f.* preexistência.
pre.e.xis.tir [preeksistír] *v.i.* pré-existir; existir em certa forma antes de ter realidade.
pre.fa.bri.ca.do/a [prefaβrikáðo] *adj.* pré-fabricado.
pre.fa.bri.car [prefaβrikár] *v.t.* pré-fabricar.
pre.fa.cio [prefáθjo] *s.m.* 1 prefácio, prólogo ou introdução. 2 prefácio, parte da missa que antecede o cânon. *Un prefacio de gran calidad literaria.* Un prefácio de grande qualidade literária.
pre.fec.to [prefékto] *s.m.* 1 prefeito. 2 superior de uma comunidade religiosa. 3 aquele que cuida do bom desempenho de outros cargos.
pre.fec.tu.ra [prefektúra] *s.f.* prefeitura.
pre.fe.ren.cia [preferénθja] *s.f.* preferência, primazia, predileção.
pre.fe.ren.te [preferénte] *adj.* preferencial.
pre.fe.ri.ble [preferíβle] *adj.* preferível. *Su propuesta es preferible a las demás.* Sua proposta é preferível às outras.
pre.fe.ri.do/a [preferíðo] *adj. e s.* preferido.
pre.fe.rir [preferír] *v.t. e v.p.* 1 preferir, dar a preferência; exceder, avantajar. 2 *v.p.* jactarse.
pre.fi.gu.rar [prefiɣurár] *v.t.* prefigurar.
pre.fi.ja.ción [prefixaθjón] *s.f.* prefixação.
pre.fi.jar [prefixár] *v.t.* prefixar.
pre.fi.jo/a [prefíxo] *adj. e s.* prefixo.
pre.fi.nir [prefinír] *v.t.* fixar o tempo ou prazo para algo.
pre.ful.gen.te [prefulxénte] *adj.* muito resplandecente.
pre.gón [preɣón] *s.m.* pregão.
pre.go.nar [preɣonár] *v.t.* apregoar.
pre.go.ne.ro/a [preɣonéro] *adj. e s.* 1 pregoeiro, que apregoa. 2 empregado municipal que anuncia os pregões.

pregunta

pre.gun.ta [preɣúnta] *s.f.* 1 pergunta, interrogação para achar uma resposta. 2 (pl.) interrogatório, série de perguntas.
pre.gun.tar [preɣuntár] *v.t. e v.p.* 1 perguntar, interrogar, fazer perguntas. 2 perguntar, interpelar, indagar. *Hacer preguntas de difícil respuesta.* Fazer perguntas de difícil resposta.
pre.gun.tón/a [preɣuntón] *adj. e s.* que pergunta com insistência ou indiscretamente.
pre.his.pá.ni.co/a [preispániko] *adj.* pré-hispânico.
pre.his.to.ria [preistórja] *s.f.* pré-história.
pre.his.tó.ri.co/a [preistóriko] *adj.* 1 pré-histórico. 2 (fig.) velho, antiquado.
pre.jui.cio [prexwíθjo] *s.m.* preconceito. Não confundir com "prejuizo".
pre.la.da [preláða] *s.f.* prelada, superiora de um convento.
pre.la.do [preláðo] *s.m.* 1 prelado, dignidade eclesiástica. 2 prelado, superior de um convento. *prelado doméstico,* eclesiástico da família do Papa.
pre.li.mi.nar [preliminár] *adj. e s.* preliminar, preâmbulo ou proêmio.
pre.lu.diar [preluðjár] *v.t.* 1 preludiar, iniciar. 2 *v.t. e i.* experimentar a voz ou o instrumento, antes de começar formalmente o recital.
pre.lu.dio [prelúðjo] *s.m.* 1 prelúdio. 2 prelúdio, composição musical introdutória. *Fue un preludio digno de lo que después vendría.* Foi um prelúdio digno do que viria depois.
pre.ma.tri.mo.nial [prematrimonjál] *adj.* pré-matrimonial.
pre.ma.tu.ro/a [prematúro] *adj.* prematuro.
pre.me.di.ta.ción [premeðitaθjón] *s.f.* 1 premeditação.
pre.me.di.ta.do/a [premeðitáðo] *adj.* premeditado.
pre.me.di.tar [premeðitár] *v.t.* premeditar.
pre.mia.do/a [premjáðo] *adj. e s.* premiado.

pre.miar [premjár] *v.t.* premiar, dar um prêmio, recompensar.
pre.mier [premjér] *s.* (angl.) primeiro ministro britânico.
pre.mio [prémjo] *s.m.* prêmio, recompensa.
pre.mio.so/a [premjóso] *adj.* 1 molesto. 2 que apremia. 3 estilo ou linguagem pouco ágil.
pre.mo.lar [premolár] *adj. e s.* pré-molar.
pre.mo.ni.ción [premoniθjón] *s.f.* premonição, pressentimento, presságio.
pre.mo.ni.to.rio/a [premonitórjo] *adj.* premonitório.
pre.mu.ra [premúra] *s.f.* 1 aperto, pressa, urgência. 2 escassez ou falta de tempo ou coisa semelhante.
pre.na.tal [prenatál] *adj.* pré-natal.
pren.da [prénda] *s.f.* 1 bem móvel que se dá como garantia do cumprimento de uma obrigação. 2 vestimenta.
pren.dar [prendár] *v.t.* 1 empenhar, penhorar. 2 apaixonar-se por alguém ou alguma coisa.
pren.da.rio/a [prendárjo] *adj.* relativo à prenda.
pren.de.de.ro [prendeðéro] *s.m.* 1 prendedor. 2 fita para prender o cabelo.
pren.de.dor/a [prendeðór] *adj. e s.* 1 que prende. 2 *s.m.* alfinete, broche etc. para prender algo.
pren.der [prendér] *v.t.* 1 prender, pegar, prender uma coisa a outra. 2 prender, deter alguém e levá-lo para a prisão. 3 acender o fogo. 4 (elet.) ligar.
pren.de.ro/a [prendéro] *s.* pessoa que comercia objetos ou móveis usados.
pren.di.do [prendíðo] *s.m.* adorno preso com alfinetes na cabeça ou no vestido.
pren.sa [prénsa] *s.f.* 1 prensa, máquina para comprimir ou achatar. 2 imprensa. 3 conjunto de publicações. 4 conjunto de jornalistas e suas atividades.

pren.sa.do/a [prensáðo] *adj.* 1 prensado. 2 brilho que se dá nos tecidos com a prensa.

pren.sar [prensár] *v.t.* 1 prensar, comprimir ou apertar na prensa. 2 *por ext.* apertar.

pren.sil [prensíl] *adj.* que tem a faculdade de agarrar ou apanhar, preênsil.

pre.nup.cial [prenupθjál] *adj.* pré-nupcial.

pre.o.cu.pa.ción [preokupaθjón] *s.f.* preocupação.

pre.o.cu.par [preokupár] *v.t.* 1 preocupar, produzir inquietação. 2 *v.p.* inquietar-se, preocupar-se.

pre.pa.ra.ción [preparaθjón] *s.f.* preparação, preparo.

pre.pa.rar [preparár] *v.t. e v.p.* 1 preparar, dispor com antecedência, arranjar, prevenir, planejar. 2 preparar, estudar. 3 ensinar.

pre.pon.de.ran.cia [preponderánθja] *s.f.* qualidade ou estado de preponderante, predomínio, supremacia.

pre.po.si.ción [preposiθjón] *s.f.* (gram.) preposição.

pre.po.ten.cia [prepoténθja] *s.f.* prepotência, opressão, despotismo.

pre.po.ten.te [prepoténte] *adj.* prepotente, opressivo, despótico.

pre.rro.ga.ti.va [prerroɣatíβa] *s.f.* prerrogativa, privilégio, regalia.

pre.sa [présa] *s.f.* presa. 1 ato de apreender ou apresar, apresamento. 2 animal que é ou pode ser caçado ou pescado. 3 represa.

pre.sa.giar [presaxjár] *v.t.* pressagiar, anunciar por presságio ou agouro, profetizar, vaticinar.

pre.sa.gio [presáxjo] *s.m.* 1 fato ou sinal que prenuncia o futuro. 2 agouro. 3 pressentimento.

pres.bí.te.ro [presβítero] *s.m.* presbítero, sacerdote, padre.

pres.cin.di.ble [presθindíβle] *adj.* prescindível.

pres.cin.dir [presθindír] *v.i.* 1 prescindir, separar mentalmente. 2 prescindir não fazer caso. 3 prescindir, não levar em conta. 4 abstrair.

pres.cri.bir [preskriβír] *v.t.* 1 prescrever. 2 preceituar, ordenar, determinar uma coisa. 3 receitar remédios. 4 extinguir-se um direito, uma ação ou uma responsabilidade.

pres.crip.ción [preskripθjón] *s.f.* prescrição. 1 ato ou efeito de prescrever. 2 ordem expressa e formal.

pre.se.lec.ción [preselekθjón] *s.f.* seleção prévia.

pre.sen.cia [presénθja] *s.f.* presença. 1 comparecimento de alguém a determinado lugar. 2 aspecto físico, aparência, compleição.

pre.sen.ciar [presenθjár] *v.t.* 1 presenciar, estar presente a. 2 assistir a. 3 ver.

pre.sen.ta.ción [presentaθjón] *s.f.* 1 apresentação. 2 ato e efeito de apresentar ou apresentar-se. 3 aspecto exterior de algo. *La presentación de la moda está espléndida.* A apresentação da moda está esplêndida.

pre.sen.tar [presentár] *v.t.* 1 apresentar. 2 pôr diante, à vista, ou na presença de alguém. 3 oferecer ou expor à vista, mostrar. 4 ter certas características ou aparências. *Desde ayer el enfermo presenta una notable mejoría.* Desde ontem o doente apresenta uma notável melhora. 5 dar a conhecer uma ou mais pessoa(s) a outra(s). *Te presento a mi adorada suegra.* Apresento-lhe minha adorada sogra. 6 mostrar, exibir. 7 dar a conhecer (espetáculo, obra de arte etc.). *El 12 de mayo presentarán el mejor diccionario español-portugués.* No dia 12 de maio apresentarão o melhor dicionário espanhol-português. 8 oferecer, dar, ofertar.

pre.sen.te [presénte] *adj.* 1 presente. 2 que assiste pessoalmente. 3 *s.m.* o tempo atual. 4 obséquio, dádiva, regalo. 5 (gram.) presente, tempo verbal.

pre.sen.ti.mien.to [presentimjénto] *s.m.* pressentimento.

pre.sen.tir [presentír] *v.t.* 1 pressentir. 2 sentir antecipadamente 3 adivinhar, prever.

pre.ser.va.ción [preserβaθjón] *s.f.* preservação.

pre.ser.var [preserβár] *v.t.* preservar, proteger ou livrar de algum mal.

pre.ser.va.ti.vo [preserβatíβo] *s.m.* 1 preservativo, próprio para preservar. 2 camisinha.

pre.si.den.cia [presiðénθja] *s.f.* 1 presidência. 2 ato de presidir. 3 dignidade ou cargo de presidente. 4 tempo que dura o cargo de presidente. 5 pessoa ou conjunto de pessoas que presidem algo.

pre.si.den.te [presiðénte] *s.m.* 1 presidente. 2 pessoa que preside. 3 pessoa que dirige os trabalhos duma assembleia ou corporação deliberativa. 4 chefe de um governo.

pre.si.dia.rio [presiðjárjo] *s.m.* presidiário, detento.

pre.si.dio [presíðjo] *s.m.* 1 presídio. 2 tropa de guarnição encarregada da defesa de uma praça militar, castelo ou fortaleza. 3 estabelecimento penitenciário público destinado a receber presos.

pre.si.dir [presiðír] *v.t.* 1 presidir. 2 dirigir como presidente. 3 exercer funções de presidente. 4 assistir, dirigindo ou guiando. *El catedrático reside los estudios de los alumnos.* O catedrático preside os estudos dos alunos. 5 predominar, ter influência principal.

pre.sión [presjón] *s.f.* 1 pressão. 2 ato ou efeito de comprimir ou apertar; *olla a presión*, panela de pressão. 3 força que um corpo exerce sobre cada unidade de superfície. 4 (fig.) força ou coação que se faz sobre uma pessoa ou coletividade.

pre.sio.nar [presjonár] *v.t.* 1 pressionar. 2 exercer pressão sobre alguma pessoa ou coisa. 3 comprimir. 4 (mil.) exercer pressão sobre o inimigo para fazê-lo abandonar suas posições.

pre.so [préso] *adj.* 1 preso. 2 particípio irregular de *prender*. 3 diz-se da pessoa que sofre prisão. 4 (fig.) dominado por um sentimento, estado de espírito etc.

pres.ta.ción [prestaθjón] *s.f.* 1 prestação. 2 ato ou efeito de prestar, prestamento. 3 coisa ou serviço exigido por uma autoridade ou conveniado em um pacto. 4 coisa ou serviço que un contratante dá ou promete ao outro. 5 tributo ou serviço pago ao senhor, ao proprietário ou a alguma entidade corporativa.

pres.ta.men.te [prestaménte] *adv.* com presteza; prestamente.

prés.ta.mo [préstamo] *s.m.* empréstimo.

pres.tar [prestár] *v.t.* emprestar.

pres.te.za [prestéθa] *s.f.* 1 presteza. 2 ligeireza, prontidão. 3 rapidez, agilidade.

pres.ti.di.gi.ta.ción [prestiðixitaθjón] *s.f.* 1 prestidigitação, arte e técnica de prestidigitador. 2 ilusionismo, passe-passe, arte mágica.

pres.ti.giar [prestixjár] *v.t.* 1 prestigiar, dar prestígio. 2 tornar prestigioso.

pres.ti.gio [prestíxjo] *s.m.* 1 prestígio. 2 influência exercida por pessoa, coisa, instituição etc., que provocam admiração ou respeito. 3 realce, estima, renome, bom crédito. 4 artifício usado para seduzir, para encantar. 5 fascinação, atração, encanto, magia.

pres.ti.gio.so [prestixjóso] *adj.* prestigioso, que causa ou tem prestígio.

pre.su.mi.ble [presumíβle] *adj.* presumível, que se pode presumir.

pre.su.mi.do [presumíðo] *adj.* presumido, presunçoso, vão, jactancioso, orgulhoso, que tem alto conceito de si mesmo.

pre.su.mir [presumír] *v.t.* 1 presumir, imaginar, supor, conjeturar, suspeitar. 2 *v.i.* vangloriar-se, ter alto conceito de si mesmo.
pre.sun.ción [presunθjón] *s.m.* 1 presunção. 2 ato ou efeito de presumir(-se). 3 opinião ou juízo baseado nas aparências, suposição, suspeita. 4 vaidade, orgulho, pretensão.
pre.sun.ta.men.te [presuntaménte] *adv.* por presunção, presumivelmente.
pre.sun.to [presúnto] *adj.* suspeito, provável.
pre.sun.tuo.so [presuntwóso] *adj.* orgulhoso, presunçoso, jactancioso.
pre.su.po.ner [presuponér] *v.t.* 1 pressupor, supor antecipadamente. 2 conjeturar, presumir.
pre.su.po.si.ción [presuposiθjón] *s.f.* 1 pressuposição, ato ou efeito de pressupor. 2 conjetura antecipada.
pre.su.pues.tar [presupwestár] *v.t.* orçar, calcular gastos.
pre.su.pues.ta.rio [presupwestárjo] *adj.* orçamentário.
pre.su.pues.to [presupwésto] *s.m.* 1 motivo, fundamento, causa ou pretexto com que se executa uma coisa. 2 suposição. 3 orçamento.
pre.su.ri.zar [presuriθár] *v.t.* pressurizar.
pre.su.ro.so [presuróso] *adj.* pressuroso, apressado, rápido, ligeiro.
pre.ten.cio.so u **pre.ten.sio.so** [pretenθjóso] *adj.* presunçoso, que pretende ser mais do que é.
pre.ten.der [pretendér] *v.t.* 1 pretender. 2 (tr.) querer conseguir algo. 3 fazer diligências para conseguir algo. 4 cortejar um homem a uma mulher para ficarem noivos.
pre.ten.dien.te [pretendjénte] *adj.* 1 pretendente. 2 pessoa que pretende, pretendedor. 3 aspirante, candidato. 4 príncipe que pretende ter direitos a um trono ocupado por outro. 5 *s.m.* aquele que aspira à mão de uma mulher.

pre.ten.sión [pretensjón] *s.f.* 1 pretensão. 2 ato ou efeito de pretender. 3 direito suposto e reivindicado. 4 vaidade exagerada, presunção. 5 aspiração, ambição.
pre.té.ri.to [pretérito] *adj.* 1 pretérito. 2 que passou, passado. 3 *s.m.* (gram.) tempo verbal que exprime ação passada ou anterior.
pre.tex.tar [pretekstár] *v.t.* valer-se de um pretexto.
pre.tex.to [preté ksto] *s.m.* 1 pretexto, razão aparente ou imaginária que se alega para dissimular o motivo real de uma ação ou omissão. 2 desculpa.
pre.va.le.cer [preβaleθér] *v.i.* 1 ter mais valor. 2 levar vantagem. 3 preponderar, predominar.
pre.va.ler [preβalér] *v.i.* prevalecer. *v.p.* valerse ou servir-se de uma coisa.
pre.ven.ción [preβenθjón] *s.f.* 1 prevenção. 2 ato ou efeito de prevenir(-se). 3 disposição ou preparo antecipado e preventivo. 4 modo de ver antecipado, premeditação. 5 a maneira pela qual um juiz estabelece competência para conhecer e julgar uma ação, excluindo a de outros juízes, por havê-la conhecido em primeiro lugar. 6 provisão, manutenção.
pre.ve.ni.do [preβeníðo] *adj.* apercebido, aparelhado, provido.
pre.ve.nir [preβenír] *v.t.* 1 prevenir. 2 dispor com antecipação, preparar. 3 advertir, informar ou avisar alguém de uma coisa. 4 antecipar-se a um inconveniente, dificuldade ou objeção. 5 instruir as primeiras diligências para garantir os bens e os resultados de um julgamento.
pre.ven.ti.vo [preβentíβo] *adj.* 1 preventivo, que previne. 2 próprio para prevenir ou evitar. 3 prisão preventiva.
pre.ver [preβér] *v.t.* 1 prever. 2 ver antecipadamente. 3 conhecer, conjeturar por alguns indícios o que vai acontecer. 4 dispor ou preparar meios contra futuras contingências.

pre.via.men.te [preβjaménte] *adv.* previamente, com antecipação
pre.vio/a [préβjo] *adj.* 1 prévio, dito ou feito de antemão. 2 anterior. 3 antecipado.
pre.visi.ble [preβisíβle] *adj.* previsível.
pre.vi.sión [preβisjón] *s.f.* previsão.
pre.vi.sor [preβisór] *adj.* previsor, que prevê.
prez [préθ] *s.amb.* 1 honra, estima ou consideração que se adquire ou ganha com uma ação gloriosa. 2. (ant.) fama, opinião do público acerca da excelência de alguém na profissão, no trabalho, na arte etc.
prie.to/a [prjéto] *adj.* 1 ajustado, estreito, duro, denso. 2 aplica-se à cor muito escuro e que quase não se distingue do negro. 3 (fig.) mísero, escasso, cobiçoso.
pri.ma [príma] *s.f.* 1 prima. 2 primeira das quatro partes iguais em que os romanos dividiam o dia artificial, e que compreendia do princípio da primeira hora temporal até o fim da terceira, no meio da manhã. 3 na liturgia católica, a primeira das horas canônicas, correspondente às seis da manhã. 4 a corda mais fina de certos instrumentos (violino, violoncelo, guitarra, etc.), que dá o som mais agudo. 5 a filha dos tios e tias.
pri.ma.cí.a [primaθía] *s.m.* 1 primazia. 2 dignidade de primaz, primado. 3 prioridade. 4 excelência, superioridade.
pri.ma.rio/a [primárjo] *adj.* 1 primário. 2 que antecede outro, primeiro. 3 elementar, rudimentar, primeiro. 4 primitivo, pouco civilizado.
pri.ma.te [primáte] *s.m.* 1 primata ou primate. 2 homem importante, prócer. 3 espécime dos primatas. 4 *adj.* pertencente ou relativo aos primatas.
pri.ma.ve.ra [primaβéra] *s.f.* 1 primavera. 2 estação do ano que sucede ao inverno e antecede o verão. 3 planta herbácea perene, da família das primuláceas. 4 (fig.) no plural, falando da idade das pessoas jovens, ano, período de doze meses. 5 (fig.) tempo em que uma coisa está em seu maior vigor e beleza. 6 coisa vistosamente variada e de belo colorido. 7 primavera de flores, certo antigo tecido de seda.
pri.ma.ve.ral [primaβerál] *adj.* primaveral ou primaveril, relativo à, ou próprio da primavera.
pri.mer [primér] *adj.* apócope de *primero*; usa-se sempre anteposto ao substantivo. *Primer día de clase.* Primeiro dia de aula.
pri.me.ra [priméra] *s.f.* primeira, marcha ou velocidade mais curta do motor de um veículo. *Si quieres ir por ese camino tendrás que poner la primera.* Se você quiser ir por esse caminho terá que pôr em primeira.
pri.me.ro/a [priméro] *adj.* 1 primeiro. 2 ordinal correspondente a um. 3 que antecede outros quanto ao tempo, lugar, série ou classe. primário. 4 que é o mais antigo em uma série ou classe. 5 que antecede a todos na prática de alguma coisa. 6 que está adiante ou acima de todos em qualidade, posição, importância etc. 7 principal. 8 *adv.* primeiramente. *a primeros. loc.adv.* nos primeiros dias do ano, mês etc. *de primero loc.adv.* antes, no princípio. *de primera loc.adv.* (fam.) em relação à classe, qualidade etc., notável ou excelente.
pri.mi.cia [primíθja] *s.f.* primícias.
pri.mi.ti.vo/a [primitíβo] *adj.* 1 primitivo. 2 de primeira origem. original, inicial, inaugural. *Los tiempos primitivos.* Os tempos primitivos. 3 dos primeiros tempos. primordial, primeiro. *Pueblos primitivos.* Povos primitivos. 4 que não é derivado. básico, primário. 5 (gram.) aplica-se à palavra que não deriva de outra da mesma língua.
pri.mo/a [prímo] *adj.* 1 primo. 2 primeiro. 3 primoroso, excelente. 4 (arit.) número primo. 5 *s.* filho ou filha de tio ou tia.
pri.mo.gé.ni.to/a [primoxénito] *adj. e s.* o filho

privado

que nasce primeiro.
pri.mor [primór] *s.m.* 1 primor. 2 qualidade superior. 3 perfeição, excelência. 4 delicadeza, beleza, encanto.
pri.mor.dial [primorðjál] *adj.* 1 primordial, primitivo, primeiro. 2 aplica-se ao princípio fundamental de qualquer coisa.
pri.mo.ro.so [primoróso] *adj.* 1 primoroso. 2 excelente, delicado e perfeito. 3 hábil, experimentado e que faz ou diz com perfeição alguma coisa.
prin.ceps [prínθeps] *adj. princeps*, aplica-se à primeira edição de um livro, edição *princeps*.
prin.ce.sa [prinθésa] *s.f.* 1 princesa, mulher do príncipe. 2 soberana de principado. 3 na Espanha, título que se dá à filha do rei, imediata sucessora do reino. *princesa de Asturias*, princesa de Astúrias, herdeira do trono.
prin.ci.pa.do [prinθipáðo] *s.m.* 1 principado. 2 título ou dignidade de príncipe. 3 território ou lugar sobre o qual recai este título. 4 território ou lugar cujo soberano é um príncipe. 5 primazia, vantagem ou superioridade com que uma coisa excede em qualidade a outra. 6 (pl.) (teol.) espíritos bem-aventurados que cumprem os mandados divinos; formam o sétimo coro.
prin.ci.pal [prinθipál] *adj.* 1 principal, que está em primeiro lugar. 2 essencial, fundamental. 3 que é o mais notável. 4 aplica-se à primeira edição de um livro, edição *princeps*.
prín.ci.pe [prínθipe] *s.m.* 1 príncipe, filho ou membro de família reinante. 2 filho primogênito do rei. 3 chefe de principado. 4 o primeiro ou mais notável em talento ou em outras qualidades. 5 homem muito fino, de maneiras polidas, aristocráticas. 6 *edición príncipe*, primeira edição de um livro, edição *princeps*.

prin.ci.pian.te [prinθipjánte] *adj.* 1 principiante, que principia. 2 que começa a estudar, aprender ou exercer um ofício, uma arte ou profissão.
prin.ci.pi.ar [prinθipjár] *v.t.* principiar, começar, dar princípio.
prin.ci.pio [prinθípjo] *s.m.* 1 princípio, começo. 2 elemento predominante na constituição de um corpo orgânico. 3 preceito, regra, lei. 4 base, germe. 5 *a los principios ou al principio*, *loc.adv.* ao começar uma coisa. 6 *a principios del mes, año etc.*, *loc.adv.* nos primeiros dias do mês, ano etc. 7 *del principio al fin*, *loc.adv.* do começo ao fim, completamente. 8 *desde un principio*, desde o início de algo. 9 *en principio*, *loc.adv.* diz-se daquilo que se aceita ou acolhe em essência, em princípio.
prin.ga.da [pringáða] *s.f.* fatia de pão empapada com banha.
prin.ga.do [pringáðo] *s.* (fig. e fam.) pessoa que se deixa enganar facilmente.
prin.gar [pringár] *v.t.* engordurar, empapar com banha ou gordura.
prin.go.so [pringóso] *adj.* engordurado.
prin.gue [prínge] *s.amb.* banha ou gordura de toucinho submetido à ação do fogo.
pri.o.ri.dad [prjoriðáð] *s.f.* prioridade.
pri.sa [prísa] *s.f.* pressa.
pri.sión [prisjón] *s.f.* prisão.
pri.sio.ne.ro [prisjonéro] *s.m.* prisioneiro.
pris.ma [prísma] *s.m.* prisma. 1 prisma. 2 ponto de vista, perspectiva.
pris.má.ti.co/a [prismátiko] *adj.* prismático.
pris.má.ti.cos [prismátikos] *s.m.*(pl.) binóculo.
prís.ti.no [prístino] *adj.* prístino, antigo, primeiro, primitivo, original.
pri.va.ción [priβaθjón] *s.f.* privação.
pri.va.do [priβáðo] *adj.* 1 que não é público, particular. 2 falto, desprovido, carecido, carente. 3 *s.m.* aquele que tem privança, favorito, valido, confidente.

privanza

pri.van.za [priβánθa] *s.f.* estado de quem é favorito, valido, privado.
pri.var [priβár] *v.t.* 1 privar, despojar, desapossar alguém de alguma coisa. 2 proibir ou vedar. 3 *v.i.* ter privança, conviver intimamente.
pri.va.ti.za.ción [priβatiθaθjón] *s.f.* privatização.
pri.va.ti.zar [priβatiθár] *v.t.* privatizar.
pri.vi.le.giar [priβilexjár] *v.t.* privilegiar, conceder privilégio.
pri.vi.le.gio [priβiléxjo] *s.m.* privilégio.
pro [pró] *s.* (amb.) 1 provecho, ventaja. 2 *hombre de pro*, homem de bem, o sábio ou útil ao público. *en pro loc.adv.* pró, a favor.
pro- [pró] *pref.* que pode significar "por" ou "em vez de". *pronombre*, pronome, *procónsul*, proconsul. "ante" ou "diante de". *prólogo*, prólogo. "impulso ou movimento para a frente". *promover*, promover, *proseguir*, prosseguir. "publicação". *proclamar*, proclamar. "negação ou contradição". *prohibir*, proibir, *proscribir*, proscrever.
pro.a [próa] *s.f.* proa, parte anterior da embarcação, parte anterior de qualquer coisa.
pro.ba.bi.li.dad [proβaβiliðáð] *s.f.* probabilidade.
pro.ba.ble [proβáβle] *adj.* provável.
pro.ba.dor [proβaðór] *s.m.* provador, cabina nas lojas ou ateliês de costura para provar roupas.
pro.bar [proβár] *v.t.* provar, tornar evidente, demonstrar, experimentar.
pro.be.ta [proβéta] *s.f.* proveta.
pro.bi.dad [proβiðáð] *s.f.* probidade, honradez, pundonor.
pro.ble.ma [proβléma] *s.m.* problema.
pro.ble.má.ti.co [proβlemátiko] *adj.* problemático.
pro.bo [próβo] *adj.* probo, honesto, justo.
pro.ca.ci.dad [prokaθiðáð] *s.f.* procacidade.

pro.caz [prokáθ] *adj.* insolente petulante, descarado, procaz.
pro.ce.den.cia [proθeðénθja] *s.f.* procedência.
pro.ce.den.te [proθeðénte] *adj.* procedente.
pro.ce.der [proθeðér] *v.i.* proceder.
pro.ce.di.mien.to [proθeðimjénto] *s.m.* procedimento.
pró.cer [próθer] *adj.* 1 eminente, elevado, alto. 2 *s.m.* prócer ou prócere, pessoa importante, distinta.
pro.ce.sa.mien.to [proθesamjénto] *s.m.* processamento.
pro.ce.sar [proθesár] *v.t.* 1 processar, instaurar autos e processos. 2 (tecnol.) submeter a um processo de transformação física, química ou biológica. 3 submeter dados ou materiais a uma série de operações programadas.
pro.ce.sión [proθesión] *s.f.* procissão, cerimônia religiosa, qualquer cortejo ou acompanhamento.
pro.ce.so [proθéso] *s.m.* processo.
pro.cla.ma.ción [proklamaθjón] *s.f.* proclamação.
pro.cla.mar [proklamár] *v.t.* proclamar.
pro.cli.ve [proklíβe] *adj.* proclive, inclinado para diante.
pro.cre.a.ción [prokreaθjón] *s.f.* procriação.
pro.cre.ar [prokreár] *v.t.* procriar.
pro.cu.ra.dor/ra [prokuraðór] *adj.* e *s.* procurador.
pro.cu.rar [prokurár] *v.t.* procurar, conseguir ou adquirir algo, empenhar-se.
pro.di.gar [proðiɣár] *v.t.* prodigar ou prodigalizar, gastar excessivamente. dissipar, esbanjar. 2 dar com profusão, despender com generosidade. 3 *v.p.* exceder-se indiscretamente na exibição pessoal.
pro.di.gio [proðíxjo] *s.m.* 1 prodígio, coisa sobrenatural, maravilha, milagre. 2 coisa ou pessoa especial ou primorosa, portento.

pro.di.gio.so/a [proðixjóso] *adj.* prodigioso.
pró.di.go/a [próðiɣo] *adj.* 1 pródigo, que despende com excesso, esbanjador. 2 generoso, liberal, dadivoso. 3 que tem ou produz grande quantidade de algo. *La naturaleza es más pródiga y fecunda que la imaginación humana.* A natureza é mais pródiga e fecunda que a imaginação humana.
pro.duc.ción [produkθjón] *s.f.* produção.
pro.du.cir [proðuθír] *v.t.* produzir.
pro.duc.ti.vi.dad [proðuktiβiðáð] *s.f.* produtividade.
pro.duc.ti.vo/a [proðuktíβo] *adj.* produtivo.
pro.duc.to [proðúkto] *s.m.* produto.
pro.duc.tor/ra [proðuktór] *adj. e s.* produtor.
pro.e.za [proéθa] *s.f.* proeza, ação de valor, façanha.
pro.fa.na.ción [profanaθjón] *s.f.* profanação.
pro.fa.nar [profanár] *v.t.* 1 profanar, tratar uma coisa sagrada sem o devido respeito, ou aplicá-la para usos profanos. 2 (fig.) desonrar, prostituir, fazer uso indigno de coisas respeitáveis.
pro.fa.no/a [profáno] *adj.* 1 profano, não pertencente à religião. 2 contrário ao respeito devido a coisas sagradas. 3 não sagrado. 4 secular, leigo. 5 (fig.) estranho ou alheio a ideias ou conhecimentos sobre determinados assuntos.
pro.fe.cí.a [profeθía] *s.f.* 1 profecia, predição do futuro; oráculo, vaticínio, presságio. 2 (fig.) hipótese, suposição, conjetura. 3 (pl.) livros canônicos do Antigo Testamento que contêm os escritos dos profetas.
pro.fe.rir [proferír] *v.t.* proferir.
pro.fe.sar [profesár] *v.t.* professar.
pro.fe.sión [profesjón] *s.f.* profissão.
pro.fe.si.o.nal [profesjonál] *adj. e s.* profissional.
pro.fe.sor/ra [profesór] *s.m.* professor.

pro.fe.so.ra.do [profesoráðo] *s.m.* professorado, magistério, cargo de professor, a classe dos professores.
pro.fe.ta /pro.fe.ti.sa [proféta]/[profetísa] *s.* profeta, profetisa.
pro.fe.ti.zar [profetiθár] *v.t.* profetizar.
pro.fi.lác.ti.co [profiláktiko] *adj.* profilático.
pro.fi.la.xis [profiláksis] *s.f.* profilaxia, preservação de doenças.
pró.fu.go/a [prófuɣo] *adj.* prófugo, fugitivo, desertor.
pro.fun.di.dad [profundiðáð] *s.f.* profundidade.
pro.fun.do/a [profúndo] *adj.* profundo.
pro.fu.so/a [profúso] *adj.* profuso, abundante, copioso.
pro.ge.ni.tor/ra [proxenitór] *s.* 1 progenitor, avô, parente em linha reta ascendente de uma pessoa. 2 (pl.) o pai e a mãe.
pro.gra.ma [proɣráma] *s.m.* programa.
pro.gra.ma.dor/ra [proɣramaðór] *adj.* programador.
pro.gra.mar [proɣramár] *v.t.* programar.
pro.gre.sar [proɣresár] *v.t.* progredir.
pro.gre.sión [proɣresjón] *s.m.* 1 progressão. 2 progresso.
pro.gre.sis.ta [proɣresísta] *adj.* progressista.
pro.gre.si.vo/a [proɣresíβo] *adj.* progressivo.
pro.gre.so [proɣréso] *s.m.* progresso.
pro.hi.bi.ción [proiβiθjón] *s.f.* proibição.
pro.hi.bi.do [proiβíðo] *adj.* proibido.
pro.hi.bir [proiβír] *v.t.* proibir.
pro.hi.bi.ti.vo [proiβitíβo] *adj.* proibitivo.
pró.ji.mo [próksimo] *s.m.* próximo, qualquer homem em relação a outro, considerados do ponto de vista da solidariedade humana.
pro.le [próle] *s.f.* 1 prole. 2 descendência. 3 filho ou filhos.
pro.le.ta.ria.do [proletarjáðo] *s.m.* classe social constituída pelos proletários.

proletario/a

pro.le.ta.rio/a [proletárjo] *adj.* 1 proletário, pertencente ou relativo à classe operária. 2 *s.m.* na Roma antiga, cidadão pobre, pertencente à última classe do povo. 3 homem de nível de vida relativamente baixo e cujo sustento depende do trabalho.

pro.li.fe.ra.ción [proliferaθjón] *s.f.* proliferação.

pro.li.fe.rar [proliferár] *v.i.* 1 proliferar, reproduzir-se em formas similares. 2 (fig.) multiplicar-se abundantemente.

pro.lí.fi.co/a [prolífiko] *adj.* 1 prolífico ou prolífero, que faz prole. 2 que tem a faculdade de gerar, fecundante. 3 diz-se do escritor, artista etc., autor de muitas obras.

pro.li.jo/a [prolíxo] *adj.* 1 prolixo, longo ou difuso. 2 cuidadoso ou esmerado. 3 impertinente, fastidioso, enfadonho.

pró.lo.go [próloγo] *s.m.* 1 prólogo, prefácio. 2 a primeira parte, dialogada, da tragédia, no antigo teatro grego. 3 cena introdutória de qualquer obra de teatro ou de romance. 4 (fig.) o que serve de princípio para executar alguma coisa.

pro.lon.ga.ción [prolongaθjón] *s.f.* prolongação.

pro.lon.ga.mien.to [prolongamjénto] *s.m.* prolongamento.

pro.lon.gar [prolongár] *v.t.* prolongar.

pro.me.diar [promeðjár] *v.t.* 1 promediar, dividir em duas partes iguais ou quase iguais. 2 calcular a média. 3 *v.i.* intervir para acertar um negócio. 4 chegar à sua metade um espaço de tempo determinado. *Antes de promediar el mes de junio.* Antes de meados do mês de junho.

pro.me.dio [proméðjo] *s.m.* média.

pro.me.sa [promésa] *s.f.* promessa.

pro.me.ter [prometér] *v.t.* prometer.

pro.me.ti.do/a [prometíðo] *s.m.* 1 noivo, aquele que vai casar, que fez promessa solene de casamento. 2 promessa.

pro.mi.nen.te [prominénte] *adj.* 1 proeminente, que sobressai, ressalta. saliente. 2 (fig.) ilustre, famoso, destacado.

pro.mis.cui.dad [promiskwiðáð] *s.f.* 1 promiscuidade, mistura, confusão. 2 convivência com pessoas de sexo diferente.

pro.mis.cuo/a [promískwo] *adj.* 1 agregado sem ordem nem distinção; misturado, confuso, indistinto. 2 diz-se da pessoa que mantém relações sexuais com várias outras, bem como de seu comportamento, modo de vida etc.

pro.mi.so.rio/a [promisórjo] *adj.* promissório ou promissivo, que encerra promessa.

pro.mo.ción [promoθjón] *s.f.* promoção.

pro.mo.cio.nar [promoθjonár] *v.t.* fazer promoção de artigos comerciais, qualidades, pessoas etc.

pro.mon.to.rio [promontórjo] *s.m.* 1 promontório, altura considerável de terra. 2 (fig.) qualquer coisa que tem demasiado volume e causa estorvo. 3 altura considerável de terra que avança dentro do mar.

pro.mo.tor/ra [promotór] *adj.* 1 promotor, que promove, fomenta ou determina. 2 promovedor. 3 *s.m. fiscal*, promotor de justiça.

pro.mo.ver [promoβér] *v.t.* promover.

pro.mul.ga.ción [promulgaθjón] *s.f.* promulgação.

pro.mul.gar [promulgár] *v.t.* promulgar.

pro.nom.bre [pronómbre] *s.m.* 1 pronome. 2 (gram.) parte da oração que pode substituir ou determinar um substantivo.

pro.no.mi.nal [pronominál] *adj.* pronominal.

pro.nos.ti.car [pronostikár] *v.t.* prognosticar, conhecer por alguns indícios o futuro, fazer o prognóstico de.

pro.nós.ti.co [pronóstiko] *s.m.* 1 prognóstico, ato e efeito de prognosticar. 2 indício pelo qual se conjetura ou adivinha uma coisa futura. 3 calendário no qual se inclui o anúncio dos fenômenos astronômicos e meteorológicos. 4

(med.) juízo médico baseado no prognóstico acerca de uma doença.
pron.ti.tud [prontitúð] *s.f.* prontidão.
pron.to/a [prónto] *adj.* 1 pronto. 2 veloz, acelerado. 3 disposto, aparelhado para a execução de uma coisa. 4 *s.m.* (fam.) decisão repentina motivada por uma paixão ou ocorrência inesperada. 5 (fam.) ataque repentino e aparatoso de algum mal. 6 *adv.* prontamente. 7 com antecipação ao momento oportuno, com tempo de sobra.
pron.tua.rio [prontwárjo] *s.m.* prontuário.
pro.nun.cia.ción [pronunθjaθjón] *s.f.* pronúncia.
pro.nun.cia.mien.to [pronunθjamjénto] *s.m.* pronunciamento.
pro.nun.ciar [pronunθjár] *v.t.* pronunciar.
pro.pa.ga.ción [propaɣaθjón] *s.f.* propagação.
pro.pa.gan.da [propaɣánda] *s.f.* propaganda.
pro.pa.gar [propaɣár] *v.t.* propagar.
pro.pa.lar [propalár] *v.t.* propalar, tornar público, divulgar.
pro.pa.sar [propasár] *v.t.* 1 passar além do devido. 2 *v.p.* ir além do razoável no que se faz ou se diz. 3 *v.p.* cometer um atrevimento ou faltar com o respeito, principalmente um homem a uma mulher.
pro.pen.sión [propensjón] *s.f.* 1 propensão, ato ou efeito de propender. 2 inclinação.
pro.pen.so/a [propénso] *adj.* propenso, inclinado, disposto.
pro.pi.ciar [propiθjár] *v.t.* 1 propiciar, tornar propício, favorável. 2 favorecer a execução de algo.
pro.pi.cio/a [propíθjo] *adj.* propício, favorável, favorecedor.
pro.pie.dad [propjeðáð] *s.f.* propriedade.
pro.pie.ta.rio/a [propjetárjo] *adj.* proprietário.

pro.pi.na [propína] *s.f.* propina, gratificação, gorjeta.
pro.pi.nar [propinár] *v.t.* 1 propinar, dar a beber. 2 ministrar, administrar.
pro.pio/a [própjo] *adj.* próprio.
pro.po.ner [proponér] *v.t.* propor.
pro.por.ción [proporθjón] *s.f.* proporção.
pro.por.cio.na.do/a [proporθjonáðo] *adj.* proporcionado.
pro.por.cio.nal [proporθjonál] *adj.* proporcional.
pro.por.cio.nar [proporθjonár] *v.t.* proporcionar.
pro.po.si.ción [proposiθjón] *s.f.* proposição.
pro.pó.si.to [propósito] *s.m.* propósito.
pro.pues.ta [propwésta] *s.f.* proposta.
pro.pul.sar [propulsár] *v.t.* 1 propulsar, impelir para diante. 2 repelir, rechaçar.
pro.pul.sión [propulsjón] *s.f.* propulsão.
pro.rra.ta [prorráta] *s.f.* prórrata, proporção.
pró.rro.ga [prórroɣa] *s.f.* prorrogação.
pro.rro.gar [prorroɣár] *v.t.* prorrogar, adiar.
pro.rrum.pir [prorrumpír] *v.i.* prorromper, sair ou irromper impetuosamente.
pro.sa [prósa] *s.f.* prosa.
pro.sai.co/a [prosáiko] *adj.* prosaico.
pros.cri.bir [proskriβír] *v.t.* 1 proscrever. 2 desterrar. 3 expulsar. 4 (fig.) excluir ou proibir um costume ou o uso de algo.
pros.crip.ción [proskripθjón] *s.f.* proscrição.
pro.se.cu.ción [prosekuθjón] *s.f.* seguimento, perseguição.
pro.se.guir [proseɣír] *v.t.* prosseguir.
pros.pec.to [prospékto] *s.m.* prospecto.
pros.pe.rar [prosperár] *v.t.* 1 prosperar, ocasionar prosperidade. 2 *v.i.* ter prosperidade. *El comercio prospera.* O comércio prospera.
pros.pe.ri.dad [prosperiðáð] *s.f.* prosperidade.
prós.pe.ro/a [próspero] *adj.* próspero.
prós.ta.ta [próstata] *s.f.* próstata.

prostíbulo

pros.tí.bu.lo [prostíβulo] s.m. prostíbulo, lugar onde se exerce a prostituição.
pros.ti.tu.ción [prostituθjón] s.f. prostituição.
pros.ti.tuir [prostitwír] v.t. prostituir, aviltar, desonrar.
pros.ti.tu.ta [prostitúta] s.f. prostituta, meretriz.
pro.ta.go.nis.ta [protaɣonísta] s. 1 protagonista, personagem principal da ação em uma obra literária ou cinematográfica. 2 pessoa ou coisa que desempenha a parte principal.
pro.ta.go.ni.zar [protaɣoniθár] v.t. protagonizar.
pro.tec.ción [protekθjón] s.f. proteção.
pro.tec.cio.nis.ta [protekθjonísta] adj. protecionista.
pro.tec.tor/ra [protektór] adj. protetor.
pro.te.ger [protexér] v.t. proteger.
pro.te.í.na [proteína] s.f. proteína.
pró.te.sis [prótesis] s.f. 1 prótese. 2 procedimiento mediante o qual se repara artificialmente a falta de um órgão ou parte dele. 3 aparelho ou dispositivo destinado a esta reparação. 4 (gram.) adjunção de um segmento fonético no início de uma palavra.
pro.tes.tan.te [protestánte] adj. protestante.
pro.tes.ta [protésto] s.f. protesto.
pro.tes.tar [protestár] v.t. protestar.
pro.tes.to [protésto] s.m. protesto, protestação.
pro.to.co.lo [protokólo] s.m. protocolo.
pro.to.ti.po [prototípo] s.m. 1 protótipo, exemplar original ou primeiro modelo. 2 perfeito exemplar e modelo de uma virtude, vício ou qualidade.
pro.to.zo.a.rio [protoθoárjo] s.m. protozoário.
pro.tu.be.ran.cia [protuβeránθja] s.f. protuberância.

pro.ve.cho [proβétʃo] s.m. proveito.
pro.ve.cho.so/a [proβetʃóso] adj. proveitoso.
pro.ve.e.dor [proβeeðór] s.m. provedor.
pro.ve.er [proβeér] v.t. prover, providenciar.
pro.ve.nien.te [proβenjénte] adj. proveniente.
pro.ve.nir [proβenír] v.i. provir, ter origem. derivar, proceder.
pro.ver.bio [proβérβjo] s.m. provérbio.
pro.vi.den.cia [proβiðénθja] s.f. providência.
pro.vi.den.cial [proβiðenθjál] adj. providencial.
pro.vin.cia [proβínθja] s.f. província.
pro.vin.cia.no [proβinθjáno] adj. provinciano.
pro.vi.sión [proβisjón] s.f. provisão.
pro.vi.sio.nal [proβisjonál] adj. provisional, provisório.
pro.vi.so.rio/a [proβisórjo] adj. provisório.
pro.vo.ca.ción [proβokaθjón] s.f. provocação.
pro.vo.ca.dor/r a [proβokaðór] adj. provocador.
pro.vo.car [proβokár] v.t. provocar.
pro.vo.ca.ti.vo [proβokatíβo] adj. provocativo, provocante.
pro.xe.ne.ta [proksenéta] s. proxeneta, cafetão.
pró.xi.ma.men.te [proksimaménte] adv. proximamente.
pro.xi.mi.dad [proksimiðáð] s.f. proximidade.
pró.xi.mo/a [próksimo] adj. próximo, que está perto.
pro.yec.ción [proʝekθjón] s.f. projeção.
pro.yec.tar [proʝektár] v.t. projetar.
pro.yec.til [proʝektíl] s.m. projetil ou projétil.
pro.yec.to [proʝékto] s.m. projeto.
pro.yec.tor [proʝektór] s.m. projetor.
pru.den.cia [pruðénθja] s.f. prudência.
pru.den.te [pruðénte] adj. prudente.

prue.ba [prwéβa] *s.f.* 1 prova, demonstração evidente. 2 competição. 3 prova tipográfica. 4 avaliação.

pseu.do- u **seudo-** [séuðo] elemento de composição que significa "falso".

psi.co.a.ná.li.sis [sikoanálisis] *s.m.* psicanálise.

psi.co.a.na.lis.ta [sikoanalís] *adj.* psicanalista.

psi.co.a.na.li.zar [sikoanaliθár] *v.t.* psicanalisar.

psi.co.dé.li.co/a [sikoðéliko] *adj.* 1 que se caracteriza por alucinações visuais, aumento de percepção e, eventualmente, comportamento parecido com o observado em psicoses. 2 diz-se de droga que provoca manifestações psicodélicas. 3 (fig.) e (fam.) estranho, extravagante, fora do normal.

psi.co.lo.gí.a [sikoloxía] *s.f.* psicologia.

psi.có.lo.go/a [sikóloγo] *s.* psicólogo.

psi.có.pa.ta [sikópata] *s.m.* psicopata.

psi.co.pa.tí.a [sikopatía] *s.f.* psicopatia, psicose.

psi.co.sis [sikósis] *s.f.* psicose.

psi.co.te.ra.peu.ta [sikoterapéuta] *s.* psicoterapeuta.

psi.co.te.ra.pia [sikoterápja] *s.f.* psicoterapia.

psi.que [síke] *s.f.* psiquê, alma humana, espírito, mente.

psi.qui.a.tra [sikjátra] *s.* psiquiatra.

psi.qui.a.trí.a [sikjatría] *s.f.* psiquiatria.

psí.qui.co [síkiko] *adj.* psíquico.

pso.ria.sis [sorjásis] *s.f.* psoríase, dermatose crônica.

púa [púa] *s.f.* 1 pua, ponta aguda, bico, aguilhão, pico, espinho. 2 dente de um pente. 3 espinho do ouriço. 4 (fig.) causa não material de sentimento e desgosto. 5 (fig. e fam.) pessoa sutil e astuta, em sentido pejorativo. *Ese niño es buena púa.* Esse menino é broca.

pu.ber.tad [puβertáð] *s.f.* puberdade.

pu.bis [púβis] *s.m.* púbis.

pu.bli.ca.ción [puβlikaθjón] *s.f.* publicação.

pu.bli.car [puβlikár] *v.t.* publicar.

pu.bli.ci.dad [puβliθiðáð] *s.f.* publicidade.

pú.bli.co/a [púβliko] *adj.* 1 público, notório, patente, conhecido por todos. 2 *s.m.* o povo em geral. 3 conjunto de pessoas reunidas em determinado lugar para assistir a um espetáculo ou com outro fim semelhante.

pu.che.ro [putʃéro] *s.m.* puchero, cozido.

pu.cho [putʃéro] *s.m.* (Amér. Merid.) 1 resto, resíduo. 2 guimba ou pituca do cigarro ou charuto. *a puchos,* pouco a pouco. *sobre el pucho,* imediatamente. *no valer un pucho,* não valer nada.

pú.di.co [púðiko] *adj.* pudico.

pu.dien.te [puðjénte] *adj.* poderoso, rico.

pu.dor [puðór] *s.m.* pudor.

pu.do.ro.so/a [puðoróso] *adj.* pudoroso.

pu.drir [puðrír] *v.t.* 1 apodrecer. 2 *v.i.* estar morto, sepultado.

pue.ble [pwéβle] *s.m.* conjunto de operários que trabalham em uma mina.

pue.blo [pwéβlo] *s.m.* 1 povo. 2 cidade ou vila. 3 povoado de menor categoria. 4 conjunto de pessoas de um lugar, região ou país. 5 gente comum e humilde de um povoado. 6 país com governo independente.

puen.te [pwénte] *s.m.* ponte.

puer.co [pwérko] *s.m.* porco.

pue.ril [pweríl] *adj.* pueril.

pue.ri.li.dad [pweriliðáð] *s.f.* puerilidade, infantilidade.

pue.rro [pwérro] *s.m.* porro, alho-porró ou alho-poró.

puer.ta [pwérta] *s.f.* porta.

puer.to [pwérto] *s.m.* porto.

pues [pwés] *conj.* pois.

pues.to [pwésto] *adj.* 1 posto, bem vestido. 2 *s.m.* lugar onde se acha colocada uma pessoa

ou uma coisa. 3 cargo, emprego. 4 banca desmontável que se põe na rua para vender coisas. 5 banca de um mercado.
pú.gil [púxil] *adj.* púgil, dado a brigas, pugilista.
pu.gi.lis.ta [puxilísta] *s.m.* pugilista.
pug.na [púɣna] *s.f.* pugna, luta, combate.
pug.nar [puɣnár] *v.i.* 1 pugnar, lutar, combater. 2 lutar moralmente por alguma coisa, esforçarse.
pug.naz [puɣnáθ] *adj.* pugnaz, pugnador, lutador, brigador.
pu.jan.te [puxánte] *adj.* pujante, possante.
pu.jan.za [puxánθa] *s.f.* pujança.
pu.jar [puxár] *v.t.* 1 fazer força para levar em frente uma ação. 2 dudar.
pul.cri.tud [pulkritúð] *s.f.* pulcritude, beleza, formosura.
pul.cro/a [púlkro] *adj.* pulcro, gentil, belo, formoso.
pul.ga [púlɣa] *s.f.* pulga.
pul.ga.da [pulɣáða] *s.f.* polegada.
pul.gar [pulɣár] *s.m.* polegar.
pu.li.do/a [pulíðo] *adj.* polido, delicado, cortês.
pu.li.dor [puliðór] *adj.* 1 polidor. 2 *s.m.* instrumento próprio para polir, brunidor.
pu.lir [pulír] *v.t.* polir.
pu.lla [púʎa] *s.f.* pulha, dito obsceno, expressão picante.
pul.món [pulmón] *s.m.* pulmão.
pul.mo.nar [pulmonár] *adj.* pulmonar.
pul.mo.ní.a [pulmonía] *s.f.* pneumonia.
pul.pa [púlpa] *s.f.* polpa.
púl.pi.to [púlpito] *s.m.* púlpito.
pul.po [púlpo] *s.m.* polvo.
pul.po.so [pulpóso] *adj.* polposo, polpudo.
pul.sa.dor [pulsaðór] *adj.* 1 pulsador, pulsátil. 2 *s.m.* botão de uma campainha elétrica.
pul.sar [pulsár] *v.t.* pulsar.

pul.se.ar [pulseár] *v.i.* provar duas pessoas, segurando-se a mão direita e com os cotovelos em lugar firme, qual delas tem mais força no pulso e consegue abaixar o braço do adversário.
pul.se.ra [pulséra] *s.f.* pulseira.
pul.so [púlso] *s.m.* pulso.
pu.lu.lar [pululár] *v.t.* 1 lançar rebentos (a planta). 2 germinar com rapidez, brotar, rebentar, renovar. 3 multiplicar-se muito e com rapidez.
pul.ve.ri.za.dor [pulβeriθaðór] *s.m.* pulverizador.
pul.ve.ri.zar [pulβeriθár] *v.t.* pulverizar.
pu.ma [púma] *s.m.* puma.
pun.do.nor [pundonór] *s.m.* pundonor, brio, honra, decoro.
pu.ni.ti.vo/a [punitíβo] *adj.* punitivo.
pun.ta [púnta] *s.f.* ponta.
pun.ta.da [puntáða] *s.f.* pontada.
pun.tal [puntál] *s.m.* pontal.
pun.ta.pié [puntapjé] *s.m.* pontapé, chute.
pun.te.rí.a [puntería] *s.f.* pontaria.
pun.te.ro [puntéro] *s.m.* ponteiro; não é *aguja*, o ponteiro do relógio.
pun.tia.gu.do/a [puntjaɣúðo] *adj.* pontiagudo.
pun.ti.lla [puntíʎa] *s.f.* renda fina para adornar lenços, toalhas, vestidos etc.
pun.to [púnto] *s.m.* ponto.
pun.tua.ción [puntwaθjón] *s.f.* pontuação.
pun.tual [puntwál] *adj.* pontual.
pun.tua.li.zar [puntwaliθár] *v.t.* 1 gravar na memória. 2 descrever uma coisa com todos os detalhes. 3 aperfeiçoar uma coisa.
pun.tual.men.te [puntwalménte] *adv.* pontualmente, com pontualidade.
pun.zan.te [punθánte] *adj.* 1 pontiagudo. 2 irónico, mordaz.
pun.zar [punθár] *v.t.* espetar.
pun.zón [punθón] *s.m.* cinzel, espeto.

pu.ña.do [puɲáðo] *s.m.* 1 punhado, porção de qualquer coisa que se pode conter no punho. 2 (fig.) pequena quantidade de uma coisa.
pu.ñal [puɲál] *s.m.* punhal.
pu.ña.la.da [puɲaláða] *s.f.* punhalada.
pu.ñe.ta.zo [puɲetáθo] *s.m.* murro.
pu.ño [púɲo] *s.m.* punho.
pu.pa [púpa] *s.f.* (pop.) dodói.
pu.pi.lo [pupílo] *s.m.* aluno, pupilo.
pu.pi.tre [pupítre] *s.m.* carteira escolar.
pu.ré [puré] *s.m.* purê.
pu.re.za [puréθa] *s.f.* pureza.
pur.ga [púrɣa] *s.f.* purificação, depuração.
pur.ga.ción [purɣaθjón] *s.f.* eliminação do que é nocivo para o corpo, para a sociedade, para uma seita ou partido.
pur.gar [purɣár] *v.t.* depurar, purificar.
pur.ga.to.rio [purɣatórjo] *s.m.* 1 (relig.) purgatório. 2 (fam.) purgatório, onde se pagam as penas.
pu.ri.fi.ca.ción [purifikaθjón] *s.f.* purificação.
pu.ris.ta [purísta] *s.m.* purista.
pu.ri.ta.no [puritáno] *s.m.* puritano.
pu.ro/a [púro] *adj. s.m.* puro.
púr.pu.ra [púrpura] *s.f.* púrpura.
pus [pús] *s.m.* pus.
pu.si.lá.ni.me [pusilánime] *adj.* e *s.m.* fraqueza de ânimo, covardia, poltronaria, pusilânime.
pús.tu.la [pústula] *s.f.* vesícula cutânea cheia de líquido purulento, pústula.
pu.ta [púta] *s.f.* puta, prostituta, rameira, mulher da vida.
pu.ta.da [putáða] *s.f.* (vulg.) ação mal-intencionada, puteação.
pu.ta.ís.mo/pu.ta.nis.mo/pu.te.rí.a [putaízmo]/ [putanízmo]/[putería] *s.m.* 1 putaria; vida, exercício de puta. 2 putaria, putada, reunião de putas. 3 putaria, puteiro, prostíbulo.
pu.ta.ña [putaáɲa] *s.f.* puta.

pu.ta.ñe.ar [putaɲeár] *v.i.* putear, ter relações sexuais com putas.
pu.ta.ñe.ro [putaɲéro] *adj.* diz-se do homem que tem relações sexuais com putas.
pu.ta.ti.vo [putatíβo] *adj.* putativo, suposto, reputado.
pu.te.ar [puteár] *v.i.* 1 putear. 2 dedicar-se uma mulher à prostituição. 3 (Amér.) injuriar, dirigir palavras obscenas a alguém. 4 prejudicar alguém.
pu.te.ro [putéro] *adj.* diz-se do homem que tem relações sexuais com putas.
pu.tes.co/a [putésko] *adj.* (fam.) pertencente ou relativo às putas.
pu.to/a [púto] *adj.* 1 puto/a, diz-se como qualificação ofensiva. ¡Qué puta suerte! Que puta sorte! 2 tonto. 3 *s.m.* homossexual.
pu.tre.fac.ción [putrefakθjón] *s.f.* putrefação.
pu.tre.fac.to/a [putrefákto] *adj.* putrefacto ou putrefato.
pú.tri.do/a [pútriðo] *adj.* pútrido, podre.
puzz.le [púθle] *s.m.* palavra inglesa *puzzle*, quebra-cabeça, jogo.

Q q

q, Q [kú] *s.f.* décima sétima letra do alfabeto espanhol e décima quinta de suas consoantes; seu nome é *cu*. Representa a mesma articulação velar oclusiva surda de *c* seguida de *a, o, u* e de *k* seguida de qualquer vogal. Em espanhol só se escreve seguida de *ue, ui,* nunca de *ua* como em português.

que [ke] *pron.* que, o qual, quem, aquele que. *Me explicó que no había sido él.* Explicou-me que não tinha sido ele.

qué [ké] *pron.int.* o que. *¿Qué te dijo el médico?* Que lhe disse o médico?

que.bra.cho [keβrátʃo] *s.m.* madeira para fabricação de móveis.

que.bra.da [keβráða] *s.f.* 1 barranco. 2 desfiladeiro. *Viajaron a la Quebrada de Humauaca.* Viajaram à Quebrada de Humauaca.

que.bra.di.zo/a [keβraðíθo] *adj.* quebradiço, frágil.

que.bra.do/a [keβráðo] *adj.* 1 quebrado, fraturado. 2 falido. 3 desnivelado.

que.bra.du.ra [keβraðúra] *s.f.* rachadura, corte, fratura.

que.bran.tar [keβrantár] *v.t.* quebrar, violar. *Los recién llegados quebrantaron su promesa.* Os recém-chegados quebraram sua promessa.

que.bran.to [keβránto] *s.m.* 1 quebra, rompimento, perda. 2 mal-estar, tristeza profunda.

que.brar [keβrár] *v.t.* quebrar, partir, despedaçar. *El vaso se quebró en mil pedazos.* O vaso se partiu em mil pedaços.

que.da [kéða] *s.f.* sirena, sirene (toque de recolher). *Los militares impusieron el toque de queda a las nueve de la noche.* Os militares impuseram o toque de recolher às nove da noite.

que.da.men.te [keðaménte] *adv.* pausadamente, em voz baixa e lenta. *Leyó el texto muy calma y quedamente.* Leu o texto muito calma e lentamente.

que.dar [keðár] *v.i.* 1 ficar, permanecer. 2 estar. 3 sobrar, restar. 4 combinar. *Quedamos en vernos a las ocho.* Combinamos que nos veremos às oito.

que.do [kéðo] *adj.* quieto, calmo. *Nos habló muy quedo y tranquilo.* Falou muito calmo e tranquilo conosco.

que.ha.ce.res [keaθéres] *s.m.* afazeres, deveres.

que.ja [kéxa] *s.f.* queixa, mágoa. *Salió sin hablar y sin una queja.* Saiu sem falar e sem queixa alguma.

que.jar.se [kexárse] *v. p.* queixar-se, protestar.

que.ji.do [kexíðo] *s.m.* gemido.

que.jón/a [kexón] *adj.* queixoso.

que.jo.so/a [kexóso] *adj.* queixoso.

que.jum.bro.so/a [kexumβróso] *adj.* lamuriento.

que.ma [kéma] *s.f.* queima, queimada, incêndio. *La quema de bosques es um crimen.* A queimada de florestas é um crime.

que.ma.do/a [kemáðo] *adj.* 1 queimado. 2 esgotado.

que.ma.du.ra [kemaðúra] *s.f.* queimadura.

que.mar [kemár] *v.t.* 1 queimar. 2 secar (plantas). 3 arder.
que.ma.rro.pa, a [akemar̄ópa] *loc. adv.* à queima-roupa. *Los ladrones le dispararon a quemarropa.* Os ladrões atiraram nele à queima-roupa.
que.ma.zón [kemaθón] *sf.* queimação, calor intenso.
que.na [kéna] *s.f.* instrumento musical dos coyas.
que.re.lla [kereʎa] *s.f.* querela, queixa-crime. *Le iniciaron una querella por calumnia.* Fizeram uma queixa-crime contra ele por calúnia.
que.re.llan.te [kereʎánte] *s.* querelante, a pessoa que reclama ou processa alguém.
que.ren.cia [kerén̦θja] *s.f.* lugar de nascimento, a terrinha. *Volvió a su querencia, allá en el Norte.* Voltou para sua terrinha, lá no Norte.
que.rer [kerér] *v.t.* 1 querer, amar. 2 desejar.
que.ri.do/a [keríðo] *s.* 1 querido. 2 pessoa com quem tem relações ilícitas.
que.ro.se.no/que.ro.sén [keroséno]/[kerosén] *s.m.* querosene.
que.ru.bín [keruβín] *s.m.* querubim. *Es un niño lindo como un querubín.* É um menino lindo como um querubim.
que.sa.di.lla [kesaðíʎa] *s.f.* queijadinha.
que.se.ría [kesería] *s.f.* estabelecimento que fabrica e/ou vende queijos.
que.so [késo] *s.m.* queijo.
quet.zal [ketθál] *s.m.* quetçal. 1 pássaro da América Central e do México. 2 moeda e símbolo pátrio da Guatemala.
qui.cio [kíθjo] *s.m.* peça da porta ou janela que permite movimento de abrir ou fechar.
fuera de quicio, em desordem, fora do normal.
sacar del quicio, tirar do sério, aborrecer, chatear.

quid [kwíð]/[kíð] *s.m. quid*, essência, razão de ser de uma coisa. *El quid de la cuestión.* O quid da questão.
quie.bra [kjéβra] *s.f.* quebra. 1 falência. 2 fenda. 3 rompimento.
quien [kjén] *pron. rel. e s.f.* quem. Só referente a pessoas. *Quien así piense se equivoca.* Quem pensar assim está enganado.
quién [kjén] *pron. rel. e s.f.* quem. Se usa em interrogação e exclamação. *¡Quién diria que Sara era tan malagradecida!* Quem diria que Sara era tão mal-agradecida!
quien.quie.ra [kjenkjéra] *pron.* qualquer um.
quie.to [kjéto] *adj.* quieto, sossegado.
quie.tud [kjetúð] *s.f.* quietude, sossego.
qui.ja.da [kixáða] *s.f.* queixada, mandíbula.
qui.jo.ta.da [kixotáða] *s.f.* quixotada. *Enfrentar a los directores fue otra de sus quijotadas.* Enfrentar os diretores foi outra de suas quixotadas.
qui.jo.tes.co/a [kixotésko] *adj.* quixotesco, com qualidades de Quixote, idealista, sério, extravagante e altruísta.
qui.la.te [kiláte] *s.m.* quilate.
qui.lla [kíʎa] *s.f.* quilha, peça de madeira ou ferro que estrutura os navios por baixo.
qui.lo [kílo] *s.m.* quilo. Ver *kilo*.
qui.lom.bo [kilómbo] *s.m.* 1 (vulg.) (Arg. e Urug.) bagunça, desordem. *¡El dormitorio de los chicos es un quilombo!* O dormitório dos rapazes é uma bagunça. 2 prostíbulo.
qui.me.ra [kiméra] *s.f.* quimera, ilusão. *¡Ganar la lotería es sólo una quimera!* Ganhar na loteria nada mais é que uma quimera!
quí.mi.ca [kímika] *s.f.* química.
quí.mi.co/a [kímiko] *s.* químico.
qui.mio.te.ra.pia [kimjoterápja] *s.f.* quimioterapia.
qui.mo.no [kimóno] *s.m.* quimono.

quina

qui.na [kína] *s.f.* quinino, quina, planta medicinal.
quin.ca.lla [kiŋkáʎa] *s.f.* quinquilharia.
quin.ca.lle.ría [kiŋkaʎería] *s.f.* 1 conjunto de peças de pouco valor. 2 venda ou comércio de objetos baratos.
quin.ce [kínθe] *num.* quinze.
quin.ce.na [kinθéna] *s.f.* quinzena. *El sueldo se paga cada quincena.* O pagamento é feito por quinzena.
quin.ce.nal [kinθenál] *adj.* quinzenal.
quin.ce.nal.men.te [kinθenalménte] *adv.* quinzenalmente.
qui.ne.si.te.ra.pi.a / qui.ne.sio.te.ra.pia [kinesiterápja]/[kinesioterápja] *s.f.* (med.) terapia de movimentos ativos ou passivos.

R r

r, R [érre] *s.f.* décima oitava letra do alfabeto espanhol e décima sexta de suas consoantes. Seu nome é *erre* ou *ere*, segundo represente um ou outro dos dois fonemas alveolares vibrantes sonoros. (1) *erre*, múltiplo, em posição inicial de palavra (*rosa*), ou intervocálica (*carro*, representado por dois *rr*); (2) *ere*, simples, em posição intervocálica ou final de palavra (*caro*, representado por um *r*). Os dois *rr* não se separam na divisão silábica (*perro*).

rá.ba.no [rráβano] *s.m.* rabanete. *importar un rábano*, não ter importância.

ra.bí [rraβí] *s.m.* rabi, rabino.

ra.bia [rráβja] *s.f.* 1 raiva, ira, cólera. 2 (med.) raiva, hidrofobia.

ra.biar [rraβjár] *v.i.* 1 raivar, enfurecer-se, exasperar-se. 2 raivar, padecer de raiva. *hacer rabiar*, irritar.

ra.bie.ta [rraβjéta] *s.f.* raivinha, zanga.

ra.bi.llo [rraβíʎo] *s.m.* 1 rabinho. 2 (bot.) pecíolo, pedânculo.

ra.bi.no [rraβíno] *s.m.* rabino.

ra.bio.so [rraβjóso] *adj.* 1 raivoso, colérico. 2 (med.) raivoso, que padece raiva.

ra.bo [rráβo] *s.m.* rabo, cauda. *con el rabo entre las piernas*, com o rabo no meio das pernas. *de cabo a rabo*, de ponta a ponta.

ra.cial [rraθjál] *adj.* racial.

ra.ci.mo [rraθímo] *s.m.* cacho (de uvas, bananas etc.).

ra.cio.ci.nar [rraθjoθinár] *v.i.* raciocinar.

ra.cio.ci.nio [rraθjoθínjo] *s.m.* raciocínio.

ra.ción [rraθjón] *s.f.* 1 porção. 2 mesada diária. *ración de hambre*, emprego ou salário insuficiente para o sustento. *a media ración*, com pouca comida ou poucos recursos para viver. *a ración*, com o necessário.

ra.cha [rrátʃa] *s.f.* rajada, pé de vento, racha. *tener mala racha*, ter má sorte.

ra.cio.nal [rraθjonál] *adj.* 1 racional. 2 razoável, lógico.

ra.cio.na.lis.mo [rraθjonalísmo] *s.m.* racionalismo.

ra.ci o.na.li.zar [rraθjonaliθár] *v. t.* racionalizar.

ra.cio.na.mien.to [rraθjonamjénto] *s.m.* racionamento.

ra.cio.nar [rraθjonár] *v.t.* 1 racionar, distribuir em rações. 2 racionar, limitar o consumo.

ra.dar [rraðár] *s.m.* radar.

ra.dia.ción [rraðjaθjón] *s.f.* radiação.

ra.diac.ti.vi.dad [rraðjaktiβiðáð] *s.f.* radiatividade.

ra.dia.dor [rraðjaðór] *s.m.* radiador.

ra.dian.te [rraðjánte] *adj.* 1 radiante, que emite radiação. 2 radiante, alegre.

ra.diar [rraðjár] *v.i.* 1 irradiar. 2 *v.t.* radiar.

ra.di.ca.ción [rraðikaθjón] *s.f.* radicação, permanência.

ra.di.cal [rraðikál] *adj.* 1 (mat.) radical. 2 radical, extremista, intransigente. 3 (gram.) radical.

ra.di.car [rraðikár] *v.i.* 1 radicar, enraizar, arraigar. 2 consistir. 3 *v.p.* radicar-se, estabelecer-se.

ra.dio [rráðjo] *s.f.* 1 rádio, aparelho. 2 rádio, emissora.

ra.dio [rráðjo] *s.m.* 1 (quím.) rádio. 2 (geom.) raio. 3 rádio, osso.

ra.dio.di.fu.sión [rraðjoðifusjón] *s.f.* radiodifusão.
ra.dio.gra.fí.a [rraðjoɣrafía] *s.f.* radiografia.
ra.dio.te.le.gra.fí.a [rraðjoteleɣrafía] *s.f.* radiotelegrafia.
ra.dio.te.ra.pi a [rraðjoterápja] *s.f.* radioterapia.
ra.dio.yen.te [rraðjoȷ̑énte] *s.m.* e *f.* radiouvinte.
rá.fa.ga [rráfaɣa] *s.f.* 1 rajada, lampejo, lufada. 2 raio de luz.
ra.í.do [rraíðo] *adj.* raspado, usado, batido.
rai.gam.bre [rraiɣámbre] *s.f.* raizada, raizame.
ra.il [rraíl] *s.m.* via, linha férrea, trilho.
ra.íz [rraíθ] *s.f.* 1 (bot.) raiz. 2 (fig.) raiz, causa, origem. 3 (gram.) raiz, radical. *a raíz de*, em virtude de. *arrancar de raíz*, arrancar pela raiz. *bienes raíces*, bens imóveis. *echar raíces*, radicar-se, estabelecer-se.
ra.ja [rráχa] *s.f.* 1 racha, fenda. 2 fatia.
ra.já [rraχá] *s.m.* rajá (soberano índio).
ra.ja.ble [rraχáβle] *adj.* rachável.
ra.jar [rraχár] *v.t.* 1 rachar, abrir. 2 rachar, partir. 3 *v.p.* rachar-se, fragmentar-se.
ra.jar.se [rraχárse] *v.t.* não cumprir a palavra dada.
ra.ja.ta.bla [rraχatáβla] *adv. a rajatabla*, custe o que custar.
ra.lea [rraléa] *s.f.* ralé.
ra.lla.dor [rraʎaðór] *s.m.* ralador.
ra.llar [rraʎár] *v.t.* 1 ralar. 2 importunar, incomodar, encher o saco.
ra.lo [rrálo] *adj.* ralo, pouco denso.
ra.ma [rráma] *s.f.* 1 (bot.) ramo, ramificacão, galho. 2 ramo, família. 3 ramo, área, setor. *andarse/irse por las ramas*, desviar do assunto.
ra.mal [rramál] *s.m.* ramal, ramificação. Não confundir com "extensión telefónica".
ra.ma.je [rramáχe] *s.m.* ramagem, ramada.

ram.bla [rrámbla] *s.f.* leito de águas pluviais, margem arenosa dos rios, rambla ou râmola.
ra.me.ra [rraméra] *s.f.* rameira, prostituta.
ra.mi.fi.ca.ción [rramifikaθjón] *s.f.* ramificação.
ra.mi.fi.car.se [rramifikárse] *v.t.* 1 ramificar-se, dividir-se. 2 (fig.) propagar-se, divulgar-se.
ra.mi.lle.te [rramiʎéte] *s.m.* ramalhete.
ra.mo [rrámo] *s.m.* 1 (bot.) galho. 2 ramo, ramalhete, arranjo. 3 (fig.) ramo, campo, área.
ram.pa [rrámpa] *s.f.* 1 rampa, ladeira, plano inclinado. 2 rampa, passarela.
ra.na [rrána] *s.f.* (zool.) rã.
ran.che.ro [rrantʃéro] *s.m.* rancheiro.
ran.cho [rrántʃo] *s.m.* rancho.
ran.cio [rránθjo] *adj.* 1 rançoso. 2 (fig.) antiquado.
ran.go [rrángo] *s.m.* classe, categoria, dignidade, hierarquia, linhagem.
ra.nu.ra [rranúra] *s.f.* fissura.
ra.pa.dor [rrapaðór] *adj.* raspador.
ra.pa.dor [rrapaðór] *s.m.* (fam.) barbeiro.
ra.pa.du.ra [rrapaðúra] *s.f.* raspagem.
ra.par [rrapár] *v.t.* barbear.
ra.paz [rrapáθ] *adj.* rapaz, jovem.
ra.pi.dez [rrapiðéθ] *s.f.* rapidez.
rá.pi.do [rrápiðo] *adj.* rápido, ligeiro, veloz.
ra.pi.ña [rrapíɲa] *s.f.* rapina, roubo. *ave de rapiña*, ave de rapina.
ra.pi.ñar [rrapiɲár] *v.t.* rapinar, roubar.
ra.po.sa [rrapósa] *s.f.* 1 raposa. 2 (fig.) pessoa astuta.
rap.so.dia [rrapsóðja] *s.f.* rapsódia.
rap.tar [rraptár] *v.t.* raptar, sequestrar.
rap.to [rrápto] *s.m.* 1 rapto, sequestro. 2 rapto, ataque, arrebatamento.
rap.tor [rraptór] *adj.* raptor, sequestrador.
rap.tor [rraptór] *s.m.* raptor, sequestrador.
ra.que.ta [rrakéta] *s.f.* raquete.
ra.quí.ti.co [rrakítiko] *adj.* raquítico, franzino.

ra.quí.ti.co [rrakítiko] *s.m.* raquítico.
ra.qui.tis.mo [rrakitísmo] *s.m.* raquitismo.
ra.re.za [rraréθa] *s.f.* 1 raridade. 2 (fig.) extravagância.
ra.ri.fi.car [rrarifikár] *v.t.* enrarecer.
ra.ro [rráro] *adj.* raro, esquisito, estranho.
ras [rrás] *s.m.* superfície rasa, igualdade de nível.
ra.san.te [rrasánte] *adj.* rasante, raso.
ra.sar [rrasár] *v.t.* rasar, nivelar, igualar.
ras.ca.cie.los [rraskaθjélos] *s.m.* arranha--céu.
ras.ca.dor [rraskaðór] *s.m.* coçador.
ras.car [rraskár] *v.t.* 1 coçar. 2 *v.p.* coçar-se.
ra.se.ro [rraséro] *s.m.* rasoura ou rasoira, rasa.
ras.ga.do [rrasɣáðo] *adj.* 1 muito aberto. 2 rasgado. *ojos rasgados*, olhos puxados.
ras.gar [rrasɣár] *v.t.* 1 rasgar. 2 *v.p.* fender(-se), romper(-se).
ras.go [rrásɣo] *s.m.* 1 rasgadura, fenda, rasgão. 2 traço, característica, feição. *a grandes rasgos*, em linhas gerais.
ras.gón [rrasɣón] *s.m.* rasgão, fenda.
ras.gu.ñar [rrasɣuɲár] *v.t.* 1 arranhar, ferir(-se) com as unhas. 2 rascunhar, esboçar, fazer o rascunho de.
ras.gu.ño [rrasɣúɲo] *s.m.* 1 arranhão, arranhadura, escoriação. 2 rascunho, esboço.
ra.so [rráso] *adj.* raso, plano, liso.
ra.so [rráso] *s.m.* cetim.
ras.pa [rráspa] *s.f.* 1 espinha de peixe. 2 raspa, lasca. 3 (fig.) repreensão.
ras.pa.do [rraspáðo] *s.m.* 1 raspagem. 2 (med.) curetagem.
ras.pa.dor [rraspáðo] *s.m.* raspador, raspadeira.
ras.pa.du.ra [rraspaðúra] *s.f.* rasura.
ras.pón [rraspón] *s.m.* raspão, arranhão.

ras.tre.ar [rrastreár] *v.t.* 1 rastejar. 2 indigar, pesquisar. 3 voar baixo. 4 arrastar.
ras.treo [rrastréo] *s.m.* rastreamento, sondagem.
ras.tre.ro [rrastréro] *adj.* 1 rasteiro. 2 (fig.) vil.
ras.tri.llar [rrastriʎár] *v.t.* rastelar.
ras.tri.llo [rrastríʎo] *s.m.* rastelo, grade de ferro, ancinho.
ras.tro [rrástro] *s.m.* 1 rasto, pegada, vestígio. 2 rastelo. 3 feira de antiguidades. 4 matadouro. *ni rastro*, nem sinal. *a rastras*, se arrastando.
ras.tro.jo [rrastróχo] *s.m.* mato.
ra.su.rar [rrasurár] *v.t.* barbear.
ra.ta [rráta] *s.f.* (zool.) rata, ratazana.
ra.te.ar [rrateár] *v.t.* 1 ratear, repartir. 2 furtar, rastejar. 3 *v.i.* rastejar, engatinhar.
ra.teo [rratéo] *s.m.* rateio, divisão.
ra.te.rí.a [rratería] *s.f.* ratonice.
ra.te.ro [rratéro] *adj. e s.* 1 ladrão, assaltante. 2 vil, miserável.
ra.ti.fi.ca.ción [rratifikaθjón] *s.f.* ratificação, confirmação.
ra.ti.fi.car [rratifikár] *v.t.* ratificar, confirmar.
ra.to [rráto] *s.m.* momento, curto espaço de tempo. *a cada rato*, a toda hora. *a ratos*, às vezes. *al rato*, pouco tempo depois. *de rato en rato*, de tempos em tempos. *pasar el rato*, passar o tempo. *pasar un buen/mal rato*, ter bons/maus momentos.
ra.tón [rratón] *s.m.* 1 (zool.) rato. 2 (inform.) *mouse*. *ratón de biblioteca*, rato de biblioteca, pessoa estudiosa.
ra.to.ne.ra [rratonéra] *s.f.* 1 ratoeira. 2 armadilha, cilada. *caer en la ratonera*, cair na armadilha.
rau.dal [rrauðál] *s.m.* 1 correnteza. 2 (fig.) fartura. *a raudales*, em abundância.
ra.ya [rráʝa] *s.f.* 1 raia, traço, fronteira, estria. 2 (zool.) arraia, raia. 3 raia, limite, linha. 4 (gram.) travessão. 5 faixa. *a rayas*, listrado. *pasarse*

de la raya, passar dos limites. *tres en raya*, jogo da velha.

ra.yar [rraȷ̯ár] *v.t.* 1 riscar. 2 rabiscar, rasurar. 3 confinar, lindar. 4 raiar, brilhar. 5 (fig.) acercar--se, beirar. *papel rayado*, papel pautado.

ra.yo [rráȷ̯o] *s.m.* 1 raio de luz. 2 raio, relâmpago. 3 (fig.) ligeiro, rápido, veloz. 4 (fig.) desgraça. *rayos X*, raios X. *¡mal rayo te parta!*, vá para o inferno! *echar rayos*, estar furioso.

ra.yue.la [rraȷ̯wéla] *s.f.* amarelinha (jogo infantil).

ra.za [rráθa] *s.f.* raça, casta, origem, estirpe.

ra.zón [rraθón] *s.f.* 1 razão, faculdade mental. 2 razão, fundamento. 3 recado, mensagem. 4 (mat.) razão, proporção. *asistirle la razón*, estar coberto de razão. *atender a razones*, dar ouvidos. *¡con razón!*, é por isso que...! *cargarse de razón*, ter paciência. *dar razón*, informar.

ra.zo.na.ble [rraθonáβle] *adj.* razoável.

ra.zo.na.dor [rraθonaðór] *adj.* raciocinador.

ra.zo.na.mien.to [rraθonamjénto] *s.m.* 1 raciocínio. 2 argumentação.

ra.zo.nar [rraθonár] *v.i.* 1 raciocinar, explicar, falar. 2 *v.t.* expor.

re [rré] *s.m.* (mús.) ré, nota musical.

re.ac.ción [rreakθjón] *s.f.* 1 reação, resposta. 2 (quím.) reação. 3 (med.) reação orgânica. *motor de reacción*, motor a jato.

re.ac.cio.nar [rreakθjonár] *v.i.* reagir, resistir.

re.a.cio [rreáθjo] *adj.* renitente, obstinado, relutante, que se recusa ou resiste.

re.ac.ti.var [rreaktiβár] *v.t.* reativar.

re.ac.ti.vo [rreaktíβo] *adj.* reativo.

re.ac.ti.vo [rreaktíβo] *s.m.* (quím.) reagente.

re.ac.tor [rreaktór] *s.m.* reator.

re.ad.mi.sión [rreaðmisjón] *s.f.* readmissão.

re.a.fir.mar [rreafirmár] *v.t.* 1 reafirmar, reiterar. 2 reforçar, consolidar.

re.a.jus.tar [rreaχustár] *v.t.* 1 reajustar. 2 reajustar, corrigir preços.

re.al [rreál] *adj.* 1 real, verdadeiro. 2 real, régio, suntuoso. 3 (fig.) muito bom.

re.al.ce [rreálθe] *s.m.* realce, fama.

re.a.le.za [rrealéθa] *s.f.* realeza.

re.a.li.dad [rrealiðáð] *s.f.* realidade. *en realidad*, na verdade.

re.a.lis.ta [rrealísta] *adj.* realista.

re.a.li.za.ble [rrealiθáβle] *adj.* realizável.

re.a.li.za.ción [rrealiθaθjón] *s.f.* realização.

re.a.li.za.dor [rrealiθaðór] *adj. e s.* realizador.

re.a.li.zar [rrealiθár] *v.t.* 1 realizar, efetuar. 2 *v.p.* realizar-se, tornar-se real.

re.al.zar [rrealiθár] *v.t.* realçar, salientar, enfatizar.

re.a.ni.mar [rreanimár] *v.t.* 1 reanimar, confortar. 2 *v.p.* reanimar-se, recuperar-se.

re.a.nu.dar [rreanuðár] *v.t.* retomar, reiniciar.

re.a.pa.re.cer [rreapareθér] *v.i.* reaparecer.

re.ba.ja [rreβáχa] *s.f.* (com.) desconto de preço. *rebajas*, liquidação.

re.ba.jar [rreβaχár] *v.t.* 1 rebaixar, diminuir. 2 reduzir o preço. 3 baixar de peso. 4 (fig.) rebaixar, humilhar. 5 *v.p.* rebaixar-se, humilhar-se.

re.ba.na.da [rreβanáða] *s.f.* fatia.

re.ba.nar [rreβanár] *v.t.* cortar em fatias.

re.ba.ño [rreβáɲo] *s.m.* rebanho.

re.ba.sar [rreβasár] *v.t.* transbordar, ultrapassar.

re.ba.tir [rreβatír] *v.t.* rebater, repelir, refutar.

re.ba.to [rreβáto] *s.m.* 1 rebate, chamamento, convocação. 2 (fig.) alarma. 3 rebate, ataque de surpresa.

re.be.lar.se [rreβelárse] *v.t.* 1 rebelar-se, sublevar-se. 2 rebelar-se, revoltar-se. 3 (fig.) pôr resistência.

re.bel.de [rreβélde] *adj.* desobediente, rebelde.

re.bel.de [rreβélde] *s.m.* rebelde.

re.bel.dí.a [rreβeldía] *s.f.* 1 rebeldia, resistência. 2 rebeldia, revolta. *en rebeldía,* (for.) desobediência.

re.be.lión [rrebeljón] *s.f.* desobediência, rebelião.

re.bo.bi.nar [rreβoβinár] *v.t.* voltar (uma fita).

re.bor.de [rreβórðe] *s.m.* rebordo, moldura.

re.bo.sar [rreβosár] *v.i.* 1 trasbordar, derramar. 2 (fig.) derramar, esbanjar. 3 (fig.) expressar, manifestar (um sentimento).

re.bo.tar [rreβotár] *v.i.* 1 ricochetear, saltar. 2 *v.t.* envergar. 3 rebotar, rejeitar. 4 *v.p.* irritarse.

re.bo.te [rreβóte] *s.m.* ricochete, ressalto. *de rebote*, indiretamente, de quebra, de volta.

re.bo.zar [rreβoθár] *v.t.* 1 cobrir parte do rosto com uma capa ou manto. 2 manchar. 3 disfarçar ou dissimular um sentimento. 4 empanar, preparar à milanesa.

re.bus.car [rreβuskár] *v.t.* rebuscar.

re.ca.bar [rrekaβár] *v.t.* 1 arrecadar, coletar. 2 alcançar, obter.

re.ca.de.ro [rrekaðéro] *s.m.* mensageiro, *office boy*.

re.ca.do [rrekáðo] *s.m.* 1 recado, mensagem. 2 diligência, tramitação. 3 compra do dia.

re.ca.er [rrekaér] *v.i.* 1 recair, reincidir. 2 (med.) ter uma recaída. 3 recair, incidir.

re.ca.í.da [rrekaíða] *s.f.* recaída.

re.ca.len.tar [rrekalentár] *v.t.* 1 requentar. 2 *v.p.* passar do ponto, esquentar demais. 3 *v.p.* (vulg.) excitar-se sexualmente.

re.cá.ma.ra [rrekámara] *s.f.* recâmara.

re.cam.bio [rrekámbjo] *s.m.* 1 reposição, substituição. 2 estepe.

re.ca.pa.ci.tar [rrekapaθitár] *v.t.* repensar, reconsiderar.

re.ca.pi.tu.lar [rrekapitulár] *v.t.* recapitular, resumir.

re.car.gar [rrekarγár] *v.t.* 1 recarregar, pôr carga de novo. 2 sobrecarregar. 3 (com.) aumentar, sobretaxar. 4 *v.p.* sobrecarregar-se.

re.car.go [rrekárγo] *s.m.* (com.) acréscimo, sobrecarga, nova imposicão.

re.ca.ta.do [rrekatáðo] *adj.* recatado.

re.ca.tar [rrekatár] *v.t.* 1 recatar, ocultar, acautelar. 2 *v.p.* recatar-se, acautelar-se.

re.ca.to [rrekáto] *s.m.* recato, cautela, reserva, modéstia.

re.cau.da.ción [rrekauðaθjón] *s.f.* 1 receita, arrecadação, coleta. 2 recebedoria.

re.cau.da.dor [rrekauðaðór] *s.m.* recebedor.

re.cau.da.mien.to [rrekauðamjénto] *s.m.* recebimento, cobro ou arrecadação.

re.cau.dar [rrekauðár] *v.t.* 1 arrecadar, receber impostos. 2 coletar, receber.

re.ca.var [rrekaβár] *v.t.* recavar.

re.ce.lar [rreθelár] *v.t.* recear.

re.ce.lo [rreθélo] *s.m.* receio, temor, desconfiança.

re.ce.lo.so [rreθelóso] *adj.* desconfiado, receoso.

re.cep.ción [rreθepθjón] *s.f.* 1 recepção, recebimento. 2 recepção, portaria. 3 recepção, acolhida. 4 recepção, admissão.

re.cep.cio.nar [rreθepθjonár] *v.t.* recepcionar, receber.

re.cep.tor [rreθeptór] *adj.* receptor.

re.cep.tor [rreθeptór] *s.m.* 1 (elet.) receptor. 2 aparelho de rádio. 3 coletor, recebedor.

re.ce.sión [rreθesjón] *s.f.* recessão.

re.ce.so [rreθéso] *s.m.* 1 recesso. 2 separação, desvio.

re.ce.ta [rreθéta] *s.f.* (med.) receita. Não confundir com "ingresos económicos".

re.ce.tar [rreθetár] *v.t.* receitar, prescrever.

re.cha.zar [rretʃaðár] *v.t.* rejeitar, recusar, rechaçar.

re.cha.zo [rretʃáðo] *s.m.* rejeição, rechaço, repulsa.

re.chi.flar [rretʃiflár] *v.t.* assobiar, viar, zombar.

re.chi.nar [rretʃinár] *v.i.* ranger, chiar.

re.chu.pe.te [rretʃupéte] *loc.* (fam.) *de rechupete*, excelente.
re.ci.bi.dor [rreθiβiðór] *adj.* recebedor.
re.ci.bi.dor [rreθiβiðór] *s.m.* antessala, vestíbulo.
re.ci.bi.mien.to [rreθiβimjénto] *s.m.* 1 recebimento, recepção. 2 ante-sala, vestíbulo. 3 formatura.
re.ci.bir [rreθiβír] *v.t.* 1 receber. 2 receber, cobrar. 3 receber, recepcionar. 4 receber, aceitar. 5 despachar, atender. 6 *v.p.* formar-se, colar grau.
re.ci.bo [rreθíβo] *s.m.* 1 recepção. 2 recibo. *acusar recibo*, acusar recebimento.
re.ci.cla.je [rreθikláxe] *s.m.* 1 reciclagem, atualização profissional. 2 reciclagem (de materiais).
re.cién [rreθjén] *adv.* recém, recentemente, há pouco.
re.cien.te [rreθjénte] *adj.* recente.
re.cin.to [rreθínto] *s.m.* recinto.
re.cio [rréθjo] *adj.* rijo, grosso, áspero, difícil de soportar.
re.ci.pien.te [rreθipjénte] *s.m.* recipiente, receptáculo.
re.ci.pro.ci.dad [rreθiproθiðáð] *s.f.* reciprocidade.
re.cí.pro.co [rreθíproko] *adj.* recíproco.
re.ci.ta.ción [rreθitaθjón] *s.f.* recitação.
re.ci.tar [rreθitár] *v.t.* recitar, declamar.
re. c la.ma. c ión [rreklamaθjón] *s . f .* reclamação.
re.cla.mar [rreklamár] *v.t.* 1 reclamar, reivindicar. 2 reclamar, pedir, solicitar. 3 reclamar, exigir. 4 *v.i.* reclamar, protestar.
re.cla.mo [rreklámo] *s.m.* 1 reclamo. 2 reclamação. 3 chamariz. 4 berrante.
re.cli.na.ción [rreklinaθjón] *s.f.* reclinação.
re.cli.nar [rreklinár] *v.t.* 1 reclinar, inclinar. 2 *v.p.* reclinar-se, inclinar-se.

re.cli.na.to.rio [rreklinatórjo] *s.m.* genuflexório.
re.cluir [rrekluír] *v.t.* recluir.
re.clu.sión [rreklusjón] *s.f.* reclusão, cárcere, prisão, cadeia.
re.clu.so [rreklúso] *adj.* recluso, preso.
re.clu.ta [rreklúta] *s.* recruta.
re.clu.ta.mien.to [rreklutamjénto] *s.m.* recrutamento, alistamento.
re.clu.tar [rreklutár] *v.t.* recrutar.
re.co.brar [rrekoβrár] *v.t.* 1 recobrar, recuperar, reaver. 2 *v.p.* recuperar-se, restabelecer-se. 3 ressarcir-se.
re.co.cer [rrekoθér] *v.t.* recozer.
re.co.do [rrekóðo] *s.m.* ângulo, cotovelo, curva.
re.co.ge.dor [rrekoxeðór] *s.m.* pá de lixo.
re.co.ger [rrekoxér] *v.t.* 1 catar, apanhar. 2 recolher, juntar, reunir. 3 recolher, coletar. 4 (com.) recolher, arrecadar. 5 recolher, fazer a colheita. 6 recolher, tirar de circulação. 7 recolher, guardar. 8 *v.p.* recolher-se, ir para a cama.
re.co.gi.mien.to [rrekoximjénto] *s.m.* recolhimento, modéstia.
re.co.lec.ción [rrekolokaθjón] *s.f.* 1 coleta. 2 arrecadação. 3 colheita.
re.co.lec.tar [rrekolektár] *v.t.* 1 recolher (os produtos agrícolas). 2 coletar. 3 (com.) arrecadar.
re.co.men.da.ble [rrekomendáβle] *adj.* recomendável.
re.co.men.da.ción [rrekomendaθjón] *s.f.* 1 recomendação, conselho. 2 indicação (para um cargo).
re.co.men.dar [rrekomendár] *v.t.* 1 recomendar, aconselhar. 2 indicar uma pessoa (para um cargo).
re.co.men.zar [rrekomenθár] *v.t.* recomeçar, reiniciar.

re.com.pen.sa [rrekompénsa] s.f. recompensa, prêmio, gratificação.
re.com.pen.sar [rrekompensár] v.t. recompensar, gratificar, premiar.
re.com.po.ner [rrekomponér] v.t. 1 recompor. 2 restaurar, refazer. 3 v.p. restabelecer-se, refazer-se.
re.con.cen.trar [rrekonθentrár] v.t. reconcentrar.
re.con.ci.lia.ción [rrekonθiljaθjón] s.f. reconcialição.
re.con.ci.lia.dor [rrekonθiljaðór] adj. reconciliador.
re.con.ci.liar [rrekonθiljár] v.t. 1 reconciliar. 2 v.p. reconciliar-se.
re.cón.di.to [rrekóndito] adj. recôndito.
re.con.for.tar [rrekonfortár] v.t. reconfortar.
re.co.no.cer [rrekonoθér] v.t. 1 reconhecer, identificar. 2 reconhecer, admitir. 3 reconhecer, confessar. 4 reconhecer, autenticar (um documento). 5 reconhecer, legitimar. 6 v.p. reconhecer-se, perceber.
re.co.no.ci.do [rrekonoθíðo] adj. 1 reconhecido, examinado. 2 reconhecido, agradecido. 3 reconhecido, autenticado. 4 reconhecido, legitimado.
re.co.no.ci.mien.to [rrekonoθimjénto] s.m. 1 reconhecimento, exame. 2 reconhecimento, gratidão. 3 reconhecimento, autenticação. 4 reconhecimento, legitimação.
re.con.quis.ta [rrekonkísta] s.f. reconquista.
re.con.quis.tar [rrekonkistár] v.t. reconquistar, readquirir, recuperar.
re.cons.ti.tuir [rreko(n)stitwír] v.t. reconstituir.
re.cons.truc.ción [rreko(n)strukθjón] s.f. reconstrução.
re.cons.truir [rreko(n)struír] v.t. reconstruir.
re.co.pi.la.ción [rrekopilaθjón] s.f. 1 recompilação, síntese. 2 coleta.

re.cor.da.ción [rrekorðaθjón] s.f. recordação, lembrança.
re.cor.dar [rrekorðár] v.t. 1 recordar, lembrar-se. 2 recordar, parecer, remontar. *si mal no recuerdo*, se bem me lembro.
re.co.rrer [rrekorrér] v.t. percorrer.
re.co.rri.do [rrekorríðo] s.m. percurso, trajeto, caminho, itinerário.
re.cor.tar [rrekortár] v.t. 1 recortar. 2 (com.) reduzir (preço).
re.cor.te [rrekórte] s.m. 1 recorte. 2 (com.) redução. *recortes*, retalhos.
re.co.ser [rrekosér] v.t. recoser.
re.cos.tar [rrekostár] v.t. recostar, apoiar-se, reclinar, encostar-se.
re.co.ve.co [rrekoβéko] s.m. voltas e reviravoltas, rodeios ou artifícios. *sin recovecos*, sem rodeios.
re.cre.a.ción [rrekreaθjón] s.f. lazer, recreio, descanso.
re.cre.ar [rrekreár] v.t. 1 recrear, divertir. 2 recriar. 3 v.p. recrear-se, relaxar, descansar.
re.cre.o [rrekréo] s.m. recreio, intervalo, passatempo, divertimento.
re.cri.mi.nar [rrekriminár] v.t. recriminar, censurar, acusar.
re.cru.de.cer [rrekruðeθér] v.i. recrudescer, aumentar, agravar-se.
re.cru.jir [rrekruxír] v.i. ranger muito.
rec.ta [rrékta] s.f. (geom.) reta, linha reta.
rec.tan.gu.lar [rrektangulár] adj. retangular.
rec.tán.gu.lo [rrektángulo] s.m. retângulo.
rec.ti.fi.ca.ción [rrektifikaθjón] s.f. retificação.
rec.ti.fi.car [rrektifikár] v.t. retificar, corrigir.
rec.ti.lí.ne.o [rrektilíneo] adj. retilíneo.
rec.ti.tud [rrektitúð] s.f. retidão.
rec.to [rrékto] adj. 1 reto, direto. 2 (fig.) reto, verdadeiro, justo. 3 reto, direito. *todo recto*, em frente, direto.
rec.to [rrékto] s.m. ânus, reto.

rec.tor [rrektór] *s.m.* reitor, diretor.
rec.to.ra.do [rrektoráðo] *s.m.* reitoria.
rec.to.rí.a [rrektoría] *s.f.* reitoria.
re.cua.drar [rrekwaðrár] *v.t.* quadrar, quadricular.
re.cu.brir [rrekuβrír] *v.t.* recobrir.
re.cuen.to [rrekwénto] *s.m.* 1 contagem. 2 recontagem.
re.cuer.do [rrekwérðo] *s.m.* 1 recordação. 2 lembrança. 3 (pl.) cumprimentos.
re.cu.lar [rrekulár] *v.i.* recuar, retroceder.
re.cu.pe.ra.ción [rrekuperaθjón] *s.f.* recuperação.
re.cu.pe.rar [rrekuperár] *v.t.* 1 recuperar, restaurar. 2 recuperar, reaver. 3 *v.p.* recuperar--se, restabelecer-se.
re.cu.rrir [rrekurrír] *v.i.* recorrer, apelar.
re.cur.so [rrekúrso] *s.m.* 1 recurso, meio. 2 (for.) recurso, apelação. 3 (pl.) recursos, meios de subsistência; elementos da natureza.
re.cu.sar [rrekusár] *v.t.* recusar.
red [rréð] *s.f.* 1 rede, malha. 2 rede, cadeia (firma). 3 rede, complexo viário. 4 rede, conjunto de cabos. 5 (inform.) rede de computadores. 6 (fig.) rede, armadilha. *caer en la red*, cair na rede.
re.dac.ción [rreðakθjón] *s.f.* 1 redação, composição. 2 redação (de um jornal).
re.dac.tar [rreðaktár] *v.t.* redigir, escrever.
re.da.da [rreðáða] *s.f.* redada, conjunto de pessoas ou coisas apanhadas de uma só vez.
re.de.ci.lla [rreðeθíʎa] *s.f.* redinha.
re.de.dor [rreðeðór] *s.m.* contorno, proximidades. *alrededor*, em redor, em volta.
re.den.ción [rreðenθjón] *s.f.* redenção, salvação.
re.den.tor [rreðentór] *adj. e s.* redentor, salvador.
re.dil [rreðíl] *s.m.* redil, curral para recolha de gado.

re.di.mir [rreðimír] *v.t.* redimir, salvar, resgatar.
ré.di.to [rréðito] *s.m.* (com.) rédito, lucro, juro, renta.
re.do.bla.do [rreðoβláðo] *adj.* redobrado, reforçado.
re.don.da [rreðónda] *s.f.* redondeza. *a la redonda*, ao redor, em volta.
re.don.de.ar [rreðondeár] *v.t.* arredondar.
re.don.del [rreðondél] *s.m.* círculo, redondel, arena.
re.don.dez [rreðondéθ] *s.f.* redondeza, curvatura.
re.don.do [rreðóndo] *adj.* 1 redondo, curvo. 2 (fig.) completo, perfeito. *en redondo*, em círculo.
re.duc.ción [rreðukθjón] *s.f.* redução, diminuição.
re.du.ci.ble [rreðuθíβle] *adj.* redutível.
re.du.ci.do [rreðuθíðo] *adj.* reduzido, diminuído, resumido, submetido.
re.du.cir [rreðuθír] *v.t.* 1 reduzir, diminuir. 2 reduzir, resumir. 3 reduzir, retrair. 4 reduzir, submeter. 5 reduzir, transformar.
re.duc.ti.ble [rreðuktíβle] *adj.* redutível.
re.duc.to [rreðúkto] *s.m.* reduto.
re.dun.dan.cia [rreðundánθja] *s.f.* redundância, pleonasmo.
re.dun.dan.te [rreðundánte] *adj.* redundante, excessivo.
re.dun.dar [rreðundár] *v.i.* redundar.
re.du.pli.ca.ción [rreðuplikaθjón] *s.f.* reduplicação.
re.du.pli.car [rreðuplikár] *v.t.* reduplicar, repetir, redobrar.
re.e.di.fi.car [rre(e)ðifikár] *v.t.* reedificar, reconstruir.
re.e.di.tar [rre(e)ðitár] *v.t.* reeditar.
re.e.lec.ción [rre(e)lekθjón] *s.f.* reeleição.
re.e.lec.to [rre(e)lékto] *adj.* reeleito.
re.e.le.gi.ble [rre(e)leχíβle] *adj.* reelegível.

re.e.le.gir [rre(e)leχír] *v.t.* reeleger.
re.em.bar.car [rreembarkár] *v.t.* reembarcar.
re.em.bol.sar [rre(e)mbolsár] *v.t.* reembolsar.
re.em.bol.so [rreembólso] *s.m.* reembolso.
re.em.pla.za.ble [rre(e)mplaθáβle] *adj.* substituível.
re.e.m.pla.zar [rreemplaθár] *v.t.* substituir, trocar.
re.em.pla.zo [rreempláθo] *s.m.* substituição, substituto.
re.en.car.na.ción [rreenkarnaθjón] *s.f.* reencarnação.
re.en.car.nar [rreenkarnár] *v.i.* reencarnar.
re.en.cua.der.nar [rreenkwaðernár] *v.t.* reencadernar.
re.en.cuen.tro [rreenkwéntro] *s.m.* reencontro.
re.en.vi.ar [rreembiár] *v.t.* reenviar, devolver.
re.ex.pe.dir [rreekspeðír] *v.t.* reexpedir.
re.fa.jo [rrefáxo] *s.m.* saia de baixo usada pelas mulheres dos povoados.
re.fec.to.rio [rrefektórjo] *s.m.* refeitório.
re.fe.ren.cia [rreferénθja] *s.f.* referência, alusão. *referencias*, carta de apresentação.
re.fe.rén.dum [rreferéndum] *s.m.* referendo.
re.fe.ren.te [rreferénte] *adj.* referente.
re.fe.rir [rreferír] *v.t.* 1 referir, mencionar. 2 referir-se, aludir.
re.fi.lón [rrefilón] *s.m. de refilón*, de soslaio.
re.fi.na.do [rrefináðo] *adj.* refinado, requintado.
re.fi.na.dor [rrefinaðór] *s.m.* refinador.
re.fi.na.mien.to [rrefinamjénto] *s.m.* refinamento.
re.fi.nar [rrefinár] *v.t.* refinar, requintar.
re.fi.ne.rí.a [rrefinería] *s.f.* 1 refinaria. 2 refinação.
re.flec.tor [rreflektór] *s.m.* refletor.
re.fle.jar [rreflexár] *v.i.* 1 refletir, espelhar. 2 refletir, transparecer. 3 *v.p.* refletir-se, espelhar-se.
re.fle.jo [rrefléxo] *adj.* reflexo, refletido.
re.fle.jo [rrefléxo] *s.m.* reflexo, imagem.
re.fle.xión [rrefleksjón] *s.f.* 1 reflexão (de luz ou som). 2 reflexão, meditação.
re.fle.xio.nar [rrefleksjonár] *v.t.* refletir, meditar.
re.fle.xi.vo [rrefleksíβo] *adj.* 1 reflexivo, que medita. 2 reflexivo, que reflete.
re.flu.jo [rreflúxo] *s.m.* refluxo.
re.for.ma [rrefórma] *s.f.* reforma, inovação, melhora.
re.for.ma.ble [rreformáβle] *adj.* reformável.
re.for.mar [rreformár] *v.t.* 1 reformar, restaurar. 2 reformar, modificar.
re.for.mar.se [rreformárse] *v.r.* emendar-se, corrigir-se.
re.for.ma.to.rio [rreformatórjo] *s.m.* reformatório.
re.for.zar [rreforθár] *v.t.* reforçar, fortalecer.
re.frac.tar [rrefraktár] *v.t.* refractar.
re.frán [rrefrán] *s.m.* provérbio, ditado.
re.fra.ne.ro [rrefranéro] *s.m.* adagiário.
re.fre.gar [rrefreγár] *v.t.* 1 esfregar. 2 jogar na cara.
re.fre.ír [rrefreír] *v.t.* tornar a fritar.
re.fre.na.ble [rrefrenáβle] *adj.* refreável.
re.fre.nar [rrefrenár] *v.t.* refrear, reprimir.
re.fren.dar [rrefrendár] *v.t.* referendar, visar passaportes.
re.fres.car [rrefreskár] *v.t.* refrescar.
re.fres.co [rrefrésko] *s.m.* 1 lanche, merenda. 2 refresco, refrigerante.
re.fri.ge.ra.ción [rrefrixeraθjón] *s.f.* refrigeração.
re.fri.ge.ra.dor [rrefrixeraðór] *s.m.* geladeira, refrigerador.
re.fri.ge.rar [rrefrixerár] *v.t.* refrigerar.
re.fri.ge.rio [rrefrixérjo] *s.m.* 1 refrigério. 2 frescor. 3 refeição leve.
re.fri.to [rrefríto] *adj.* frito de novo.
re.fri.to [rrefríto] *s.m.* (fig.) coisa refeita ou reenfeitada.

re.fuer.zo [rrefwérθo] *s.m.* reforço, ajuda.
re.fu.gia.do [rrefuxjáðo] *adj.* refugiado.
re.fu.gia.do [rrefuxjáðo] *s.m.* refugiado.
re.fu.giar [rrefuxjár] *v.t.* 1 refugiar. 2 *v.p.* refugiar-se, esconder-se, receber asilo.
re.fu.gio [rrefúxjo] *s.m.* 1 refúgio, asilo. 2 albergue, abrigo de montanha. 3 (fig.) amparo.
re.ful.gir [rrefulxír] *v.i.* refulgir.
re.fun.dir [rrefundír] *v.t.* refundir.
re.fun.fu.ñar [rrefunfuɲár] *v.i.* resmungar.
re.fu.ta.ción [rrefutaθjón] *s.f.* refutação.
re.fu.tar [rrefutár] *v.t.* contestar, refutar, rebater.
re.ga.de.ra [rreɣaðéra] *s.f.* regador.
re.ga.dí.o [rreɣaðío] *adj.* diz-se do terreno destinado a produtos que requerem irrigação, plantação
re.ga.la.do [rreɣaláðo] *adj.* presenteado, dado.
re.ga.lar [rreɣalár] *v.t.* presentear, dar. *estar regalado*, estar muito barato.
re.ga.lí.a [rreɣalía] *s.f.* regalia, privilégio.
re.ga.lo [rreɣálo] *s.m.* presente.
re.ga.ña.dien.tes [rreɣaðiéntes] *loc. a regañadientes*, a contragosto.
re.ga.ñar [rreɣaɲár] *v.i.* repreender, chamar a atenção, dar uma bronca.
re.gar [rreɣár] *v.t.* 1 regar, molhar, aguar. 2 (fig.) espalhar, dispersar, esparzir.
re.ga.te.ar [rreɣateár] *v.i.* 1 regatear, pechinchar. 2 regatear, poupar.
re.ga.te.o [rreɣatéo] *s.m.* regateio, pechincha.
re.ga.zo [rreɣáθo] *s.m.* colo.
re.gen.cia [rrexénθja] *s.f.* regência.
re.ge.ne.ra.ción [rrexeneraθjón] *s.f.* regeneração.
re.ge.ne.rar [rrexenerár] *v.t.* 1 regenerar. 2 *v.p.* regenerar-se, reabilitar-se.
re.gen.tar [rrexentár] *v.t.* reger.
re.gen.te [rrexénte] *adj.* regente.
re.gen.te [rrexénte] *s.m.* 1 regente, chefe do governo. 2 regente, gerente. Não confundir com "maestro" de orquestra.
ré.gi.men [rréximen] *s.m.* 1 regime, forma de governo. 2 regime, dieta. 3 (gram.) regência.
re.gi.mien.to [rreximjénto] *s.m.* regimento.
re.gio [rréxjo] *adj.* 1 régio, real. 2 régio, estupendo, magnífico.
re.gión [rrexjón] *s.f.* região.
re.gio.nal [rrexjonál] *adj.* regional.
re.gir [rrexír] *v.t.* reger.
re.gis.tra.dor [rrexistraðór] *s.m.* registrador.
re.gis.trar [rrexistrár] *v.t.* 1 registar, anotar. 2 registrar, revisar, inspecionar. 3 (com.) registrar, lançar nos livros. 4 registrar, marcar (o relógio, o termômetro etc.). 5 *v.p.* registrarse, inscrever-se.
re.gis.tro [rrexístro] *s.m.* 1 registro, regulador, válvula. 2 registro, cartório. 3 registro, livro. 4 registro, inscrição. 5 (mús.) registro.
re.gla [rréɣla] *s.f.* 1 régua, instrumento de medida. 2 regra, norma. 3 pauta. 4 menstruação. *poner en regla*, arrumar, organizar. *por regla general*, via de regra.
re.gla.men.ta.ción [rreɣlamentaθjón] *s.f.* regulamentação, estatuto.
re.gla.men.tar [rreɣlamentár] *v.t.* regulamentar.
re.gla.men.to [rreɣlaménto] *s.m.* regulamento, regra, estatuto.
re.go.ci.jar [rreɣoθixár] *v.t.* 1 regozijar, alegrar-se. 2 *v.p.* alegrar-se, congratular-se, deleitar-se.
re.go.ci.jo [rreɣoθíxo] *s.m.* regozijo, gozo, alegria.
re.gor.de.te [rreɣorðéte] *adj.* (fam.) gorducho.
re.gre.sar [rreɣresár] *v.i.* regressar, voltar.
re.gre.sión [rreɣresjón] *s.f.* regressão, retrocesso.

re.gre.so [rreɣréso] *s.m.* regresso, volta.
re.gue.ro [rreɣéro] *s.m.* 1 rasto, sinal. 2 fluxo (de líquidos).
re.gu.la.ción [rreɣulaθjón] *s.f.* regulagem.
re.gu.lar [rreɣulár] *adj.* 1 regular, uniforme. 2 regular, médio. 3 (gram.) regular, que segue um modelo.
re.gu.lar [rreɣulár] *adv.* regular, mais ou menos. *por lo regular*, geralmente.
re.gu.lar [rreɣulár] *v.t.* 1 regular, medir. 2 regular, regulamentar.
re.gu.la.ri.dad [rreɣulariðáð] *s.f.* regularidade, proporção.
re.gu.la.ri.zar [rreɣulariθár] *v.t.* regularizar.
re.ha.bi.li.tar [rreaβilitár] *v.t.* 1 reabilitar, restabelecer. 2 reabilitar, restaurar. 3 *v.p.* reabilitar-se, restabelecer-se.
re.ha.cer [rreaθér] *v.t.* refazer, reorganizar.
re.ha.cer.se [rreaθérse] *v.p.* refazer-se, restabelecer-se.
re.he.cho [rreétʃo] *adj.* refeito.
re.hén [rreén] *s.m.* refém.
re.hi.le.te rreiléte] *s.m.* 1 peteca. 2 (fig.) dito malicioso.
re.ho.gar [rreoɣár] *v.t.* refogar.
re.hu.ir [rreuír] *v.t.* esquivar, evitar.
rehu.sar [rreusár] *v.t.* rejeitar, recusar.
reim.por.tar [rreimportár] *v.t.* reimportar.
reim.pri.mir [rreimprimír] *v.t.* reimprimir.
rei.na [rréina] *s.f.* rainha.
rei.na.do [rreináðo] *s.m.* reinado.
rei.nar [rreinár] *v.i.* reinar.
rein.ci.den.cia [rreinθiðénθja] *s.f.* reincidência.
rein.ci.dir [rreinθiðír] *v.i.* reincidir.
rein.cor.po.rar [rreinkorporár] *v.t.* reincorporar.
rei.no [rréino] *s.m.* reino.
reins.ta.lar [rreinstalár] *v.t.* reinstalar.
rein.te.grar [rreinteɣrár] *v.t.* 1 reintegrar, reembolsar. 2 reintegrar, devolver. 3 *v.p.* reintegrar-se, reassumir um cargo.
rein.te.gro [rreinteɣro] *s.m.* 1 reembolso. 2 reintegro, prêmio. 3 reincorporação.
re.ír [rreír] *v.i.* 1 rir, sorrir. 2 *v.p.* rir-se, zombar. 3 rir, dar risada.
rei.te.rar [rreiterár] *v.t.* reiterar.
rei.vin.di.car [rreiβindikár] *v.t.* reivindicar.
re.ja rréxa] *s.f.* grade.
re.ji.lla [rrexíʎa] *s.f.* 1 grelha. 2 grade. 3 ralo.
re.ju.ve.ne.cer [rrexuβeneθér] *v.t. e i.* rejuvenescer, renovar.
re.la.ción [rrelaθjón] *s.f.* 1 correspondência, relação. 2 relação, lista. 3 relacionamento. 4 relação, relato. 5 relação, nexo. *relaciones*, relações, amizades. *relaciones sexuales*, relações sexuais.
re.la.cio.nar [rrelaθjonár] *v.t.* 1 relacionar, enumerar. 2 relacionar, listar. 3 *v.p.* relacionar-se; familiarizar-se.
re.la.ja.ción [rrelaxaθjón] *s.f.* relaxamento, desmazelo.
re.la.ja.do [rrelaxáðo] *adj.* relaxado, negligente, desmoralizado.
re.la.jar [rrelaxár] *v.t.* 1 relaxar, afrouxar. 2 (fig.) relaxar, descansar. 3 relaxar, descuidar-se. 4 relaxar, desleixar. 5 *v.p.* relaxar-se, tornar-se frouxo; relaxar, descansar; relaxar, desleixar.
re.la.jo [rreláxo] *s.m.* 1 desleixo. 2 bagunça.
re.lám.pa.go [rrelámpaɣo] *s.m.* 1 relâmpago. 2 que passa rapidamente.
re.lam.pa.gue.ar [rrelampaɣeár] *v.i.* relampejar, relampaguear.
re.lan.zar [rrelanθár] *v.t.* relançar.
re.la.tar [rrelatár] *v.t.* 1 relatar, referir, mencionar. 2 relatar, explicar.
re.la.ti.vi.dad [rrelatiβiðáð] *s.f.* relatividade.
re.la.ti.vo [rrelatíβo] *adj.* relativo.
re.la.to [rreláto] *s.m.* relato, narração.
re.la.tor [rrelatór] *s.m.* relator.
re.le.gar [rreleɣár] *v.t.* relegar.
re.le.van.te [rreleβánte] *adj.* relevante, excelente, destacável.

relevar

re.le.var [rreleβár] *v.t.* 1 relevar, realçar, destacar. 2 relevar, exonerar. 3 substituir, revezar. 4 destituir (de cargo). 5 *v.p.* revezar-se.
re.le.vo [rreléβo] *s.m.* revezamento, substituição.
re.li.ca.rio [rrelikárjo] *s.m.* relicário.
re.lie.ve [rreljéβe] *s.m.* 1 relevo. 2 realce, destaque. *alto/bajo relieve*, alto/baixo relevo. *poner de relieve*, destacar.
re.li.gión [rrelixjón] *s.f.* religião.
re.li.gio.si.dad [rrelixjosiðáð] *s.f.* religiosidade.
re.li.gio.so [rrelixjóso] *adj.* 1 religioso, piedoso. 2 (fig.) religioso, pontual.
re.li.gio.so [rrelixjóso] *s.m.* religioso, frade.
re.lin.char [rrelintʃár] *v.i.* relinchar.
re.li.quia [rrelíkja] *s.f.* relíquia.
re.lla.no [rreʎáno] *s.m.* patamar (de escada), planície.
re.lle.nar [rreʎenár] *v.t.* 1 preencher. 2 encher, rechear. 3 aterrar.
re.lle.no [rreʎéno] *adj.* recheado, enchido.
re.lle.no [rreʎéno] *s.m.* recheio, enchimento. *poner de relleno*, encher linguiça.
re.loj [rrelóx] *s.m.* relógio. *reloj de arena*, ampulheta. *reloj de bolsillo*, relógio de bolso. *carrera contra reloj*, corrida contra o relógio.
re.lo.je.rí.a [rreloxería] *s.f.* relojoaria.
re.lo.je.ro [rreloxéro] *s.m.* relojoeiro.
re.lu.cien.te [rreluθjénte] *adj.* reluzente.
re.lu.cir [rreluθír] *v.i.* reluzir. *sacar a relucir*, trazer à tona.
re.ma.char [rrematʃár] *v.t.* 1 rebitar. 2 insistir, reforçar.
re.ma.che [rremátʃe] *s.m.* rebite.
re.ma.nen.te [rremanénte] *adj.* 1 remanescente. 2 residual, restante.
re.man.gar [rremangár] *v.t.* arregaçar as mangas.
re.man.so [rremánso] *s.m.* remanso, quietação.
re.mar [rremár] *v.i.* remar.
re.mar.car [rremarkár] *v.t.* remarcar.
re.ma.ta.do [rrematáðo] *adj.* rematado, concluído.
re.ma.tar [rrematár] *v.t.* 1 arrematar, rematar. 2 rematar, concluir. 3 rematar, dar acabamento. 4 liquidar. 5 arrematar (em um leilão).
re.ma.te [rremáte] *s.m.* 1 remate, acabamento. 2 lance (em um leilão). 3 remate, adorno. 4 (desp.) lance ao gol. 5 arrematação. *dar remate*, arrematar. *loco de remate*, louco varrido. *para remate*, ainda por cima.
re.me.dar [rremeðár] *v.t.* imitar, arremedar.
re.me.diar [rremeðjár] *v.t.* 1 remediar, corrigir. 2 remediar, aliviar. 3 remediar, prevenir.
re.me.dio [rreméðjo] *s.m.* 1 remédio, medicamento. 2 (fig.) remédio, alívio. 3 (fig.) remédio, correção. *poner remedio*, pôr fim. *sin remedio*, sem solução.
re.me.do [rremédo] *s.m.* arremedo, imitação.
re.me.mo.rar [rrememorár] *v.t.* rememorar.
re.men.dar [rremendár] *v.t.* 1 remendar. 2 consertar, emendar.
re.men.dón [rremendón] *adj.* sapateiro que se dedica a consertos.
re.me.ro [rreméro] *s.m.* remador.
re.me.sa [rremésa] *s.f.* remessa, expedição, despacho.
re.mien.do [rremjéndo] *s.m.* remendo.
re.mil.ga.do [rremilɣáðo] *adj.* melindroso.
re.mil.go [rremílɣo] *s.m.* melindre, afetação.
re.mi.nis.cen.cia [rreminisθénθja] *s.f.* reminiscência.
re.mi.ra.do [rremiráðo] *adj.* cauteloso, prudente.
re.mi.sión [rremisjón] *s.f.* remissão, perdão, expiação.
re.mi.so [rremíso] *adj.* remisso, descuidado.
re.mi.te [rremíte] *s.m.* nome e endereço do remetente.
re.mi.ten.te [rremiténte] *adj.* remetente.

re.mi.ten.te [rreminténte] s. remetente.
re.mi.tir [rremitír] v.t. remeter, enviar.
re.mo [rrémo] s.m. remo.
re.mo.jar [rremoxár] v.t. molhar, embeber, ensopar.
re.mo.jo [rremóxo] s.m. *en remojo*, de molho.
re.mo.la.cha [rremolátʃa] s.f. (bot.) beterraba.
re.mol.ca.dor [rremolkaðór] s.m. rebocador.
re.mol.car [rremolkár] v.t. rebocar.
re.mo.li.no [rremolíno] s.m. remoinho, redemoinho.
re.mol.que [rremólke] s.m. reboque.
re.mon.ta [rremónta] s.f. 1 reforma de calçado. 2 reforço de calça.
re.mon.tar [rremontár] v.t. 1 remontar, elevar. 2 reforçar. 3 (fig.) enaltecer. 4 v.p. remontar-se, elevar-se; voltar ao passado.
re.mor.der [rremorðér] v.t. 1 remorder. 2 v.p. torturar-se.
re.mor.di.mien.to [rremorðimjénto] s.m. remorso.
re.mo.to [rremóto] adj. 1 remoto, distante. 2 (fig.) remoto, pouco provável.
re.mo.ver [rremoβér] v.t. remover.
re.mu.ne.ra.ción [rremuneraθjón] s.f. remuneração.
re.mu.ne.rar [rremunerár] v.t. remunerar, recompensar, gratificar.
re.mus.gar [rremusɣár] v.i. suspeitar, pressentir.
re.na.cer [rrenaθér] v.i. renascer, ressurgir.
re.na.ci.mien.to [rrenaθimjénto] s.m. renascença, renascimento.
re.na.cua.jo [rrenakwáxo] s.m. (zool.) girino (da rã).
re.nal [rrenál] adj. renal.
ren.ci.lla [rrenθíʎa] s.f. rixa, briga.
ren.ci.llo.so [rrenθiʎóso] adj. brigão.
ren.cor [rrenkór] s.m. rancor, ódio. *guardar rencor*, sentir rancor.

ren.co.ro.so [rrenkoróso] adj. rancoroso.
ren.di.ción [rrendiθjón] s.f. 1 rendição, rendimento. 2 prestação (de contas).
ren.di.ja [rrendíxa] s.m. fenda, racha.
ren.di.mien.to [rrendimjénto] s.m. 1 rendimento, produtividade, lucro. 2 rendimento, submissão. 3 rendimento, cansaço.
ren.dir [rrendír] v.t. 1 render, dominar. 2 render, avançar. 3 render, produzir lucro. 4 prestar (contas, homenagem). 5 v.r. entregar-se; cansar-se.
re.ne.ga.do [rreneɣáðo] adj. renegado.
re.ne.gar [rreneɣár] v.t. 1 renegar, apostatar. 2 renegar, detestar. 3 renegar, repudiar. 4 reclamar, protestar.
ren.glón [rrenglón] s.m. linha escrita ou impressa. *a renglón seguido*, imediatamente.
re.nie.go [rrenjéɣo] s.m. blasfêmia.
re.nom.bra.do [rrenombráðo] adj. renomado, afamado.
re.nom.bre [rrenómbre] s.m. renome.
re.no.va.ción [rrenoβaθjón] s.f. renovação.
re.no.var [rrenoβár] v.t. renovar.
ren.que.ar [rrenkeár] v.i. coxear.
ren.ta [rrénta] s.f. renda. *impuesto sobre la renta*, imposto de renda.
ren.tar [rrentár] v.t. e i. render.
ren.tis.ta [rrentísta] s.m. financeiro, capitalista, pessoa que vive de rendimentos.
re.nun.cia [rrenúnθja] s.f. renúncia.
re.nun.ciar [rrenunθjár] v.t. renunciar.
re.ñir [rreɲír] v.i. 1 discutir, brigar. 2 repreender.
re.o [rréo] s. réu, acusado.
re.o.jo [rreóxo] loc. (fam.) *mirar de reojo*, olhar de soslaio.
re.or.ga.ni.za.ción [rreorɣaniθaθjón] s.f. reorganização.
re.or.ga.ni.zar [rreorɣaniθár] v.t. reorganizar.
re.pa.ra.ble [rreparáβle] adj. reparável, remediável.

reparación

re.pa.ra.ción [rreparaθjón] *s.f.* reparação.
re.pa.rar [rreparár] *v.t.* 1 reparar, consertar. 2 reparar, corrigir. 3 reparar, notar. 4 reparar, recuperar.
re.pa.ro [rrepáro] *s.m.* 1 reparo, conserto. 2 crítica, ressalva. 3 reserva. *poner reparos*, fazer objeção.
re.par.ti.ción [rrepartiθjón] *s.f.* 1 repartição, partilha. 2 repartição, dependência pública.
re.par.tir [rrepartír] *v.t.* repartir, dividir.
re.par.to [rrepárto] *s.m.* 1 repartição, distribuição. 2 elenco.
re.pa.sar [rrepasár] *v.t.* 1 repassar. 2 reexaminar. 3 revisar, conferir. 4 costurar de novo.
re.pa.so [rrepáso] *s.m.* repasso.
re.pa.tria.ción [rrepatrjaθjón] *s.f.* repatriação.
re.pa.triar [rrepatrjár] *v.t.* repatriar.
re.pe.cho [rrepétʃo] *s.m.* ladeira, encosta, declive.
re.pe.ler [rrepelér] *v.t.* repelir, recusar, detestar.
re.pen.sar [rrepensár] *v.t.* repensar, reconsiderar.
re.pen.te [rrepénte] *s.m.* repente, movimento brusco. *de repente*, de repente, de pronto.
re.pen.ti.no [rrepentíno] *adj.* repentino.
re.per.cu.sión [rreperkusjón] *s.f.* repercussão.
re.per.cu.tir [rreperkutír] *v.i.* 1 repercutir. 2 repercutir, refletir.
re.per.to.rio [rrepertórjo] *s.m.* repertório.
re.pe.ti.ción [rrepetiθjón] *s.f.* repetição.
re.pe.tir [rrepetír] *v.t.* 1 repetir, reiterar. 2 repetir, suspender.
re.pi.car [rrepikár] *v.t.* 1 repicar, tanger (os sinos). 2 cortar em pedacinhos.
re.pin.tar [rrepintár] *v.t.* repintar, aviar.
re.pi.que [rrepíke] *s.m.* repique.
re.pi.sa [rrepísa] *s.f.* prateleira.

re.plan.tar [rreplantár] *v.t.* replantar, transplantar.
re.plan.te.ar [rreplanteár] *v.t.* reformular.
re.ple.gar [rrepleɣár] *v.t.* fazer novas pregas.
re.ple.gar.se [rrepleɣárse] *v.r.* (mil.) retirar em ordem.
re.ple.to [rrepléto] *adj.* repleto, cheio.
ré.pli.ca [rréplika] *s.f.* réplica. *derecho de réplica*, direito de resposta.
re.pli.car [rreplikár] *v.i.* 1 replicar, responder. 2 replicar, objetar.
re.plie.gue [rrepliéɣe] *s.m.* 1 prega dupla. 2 (mil.) ação de retirar as tropas em boa ordem.
re.po.bla.ción [rrepoβlaθjón] *s.f.* repovoação.
re.po.blar [rrepoβlár] *v.t.* repovoar.
re.po.llo [rrepóʎo] *s.m.* (bot.) repolho.
re.po.ner [rreponér] *v.t.* 1 repor, colocar de novo. 2 repor, reintegrar. 3 repor, devolver. 4 replicar. 5 reprisar. 6 *v.p.* restabelecer-se, recuperar-se.
re.por.ta.je [rreportáxe] *s.m.* reportagem.
re.por.tar [rreportár] *v.t.* 1 reprimir, conter. 2 representar, significar.
re.por.te [rrepórte] *s.m.* notícia.
re.por.te.ro [rreportéro] *adj.* repórter.
re.por.te.ro [rreportéro] *s.m.* repórter.
re.po.sa.do [rreposáðo] *adj.* repousado, descansado.
re.po.sar [rreposár] *v.i.* repousar, descansar.
re.po.si.ción [rreposiθjón] *s.f.* reposição.
re.pos.te.rí.a [rrepostería] *s.f.* confeitaria, doceria.
re.pos.te.ro [rrepostéro] *s.m.* confeiteiro, doceiro.
re.pren.der [rreprendér] *v.t.* repreender, censurar, corrigir.
re.pren.si.ble [rreprensíβle] *adj.* repreensível.
re.pren.sión [rreprensjón] *s.f.* repreensão.

re.pre.sa [rreprésa] *s.f.* represa, comporta, açude.
re.pre.sa.lia [rrepresálja] *s.f.* represália.
re.pre.sen.ta.ción [rrepresentaθjón] *s.f.* 1 (teat.) encenação. 2 representação, imagem. 3 representação, delegação.
re.pre.sen.tan.te [rrepresentánte] *adj.* representante.
re.pre.sen.tan.te [rrepresentánte] *s.m. e f.* representante.
re.pre.sen.tar [rrepresentár] *v.t.* 1 representar, encenar. 2 representar, simbolizar. 3 representar, agir em nome de outro. 4 (fig.) aparentar.
re.pre.sen.ta.ti.vo [rrepresentatíβo] *adj.* representativo, significativo.
re.pre.sión [rrepresjón] *s.f.* repressão.
re.pre.sor [rrepresór] *s.m.* repressor.
re.pri.men.da [rrepriménda] *s.f.* reprimenda, admoestação, repreensão.
re.pri.mir [rreprimír] *v.t.* 1 reprimir, coibir. 2 *v.p.* conter-se.
re.pro.ba.ción [rreproβaθjón] *s.f.* reprovação, censura.
re.pro.bar [rreproβár] *v.t.* reprovar, censurar, desaprovar.
re.pro.char [rreprotʃár] *v.t.* 1 recriminar, censurar. 2 jogar na cara.
re.pro.che [rreprótʃe] *s.m.* 1 reprovação, reprimenda, censura. 2 acusação.
re.pro.duc.ción [rreproðukθjón] *s.f.* reprodução.
re.pro.du.cir [rreproðuθír] *v.t.* 1 (biol.) reproduzir, procriar. 2 reproduzir, copiar. 3 reproduzir, repetir. 4 *v.p.* reproduzir-se, multiplicar-se.
re.pro.duc.tor [rreproðuktór] *adj.* reprodutor, que reproduz.
re.pro.duc.tor [rreproðuktór] *s.m.* reprodutor, animal destinado à reprodução.
rep.til [rreptíl] *adj. e s.m.* (zool.) réptil.

re.pú.bli.ca [rrepúβlika] *s.f.* república.
re.pu.bli.ca.no [rrepuβlikáno] *adj. e s.* republicano.
re.pu.diar [rrepuðjár] *v.t.* repudiar, rejeitar, renunciar.
re.pu.dio [rrepúðjo] *s.m.* repúdio.
re.pues.to [rrepwésto] *adj.* reposto, refeito, restabelecido.
re.pues.to [rrepwésto] *s.m.* 1 reserva de provisões, estoque. 2 peça de reposição.
re.pug.nan.cia [rrepuɣnánθja] *s.f.* repugnância.
re.pug.nan.te [rrepuɣnánte] *adj.* repugnante.
re.pug.nar [rrepuɣnár] *v.t.* 1 repugnar, dar nojo. 2 contrariar, contradizer.
re.pu.jar [rrepuxár] *v.t.* cinzelar, repuxar.
re.pul.sa [rrepúlsa] *s.f.* repulsa, repugnância.
re.pul.si.vo [rrepulsíβo] *adj.* repulso, repelente, repugnante.
re.pu.ta.ción [rreputaθjón] *s.f.* reputação.
re.pu.tar [rreputár] *v.t.* reputar, avaliar.
re.que.ma.do [rrekemáðo] *adj.* requeimado.
re.que.mar [rrekemár] *v.t.* requeimar.
re.que.ri.mien.to [rrekerimjénto] *s.m.* 1 requerimento. 2 intimação. 3 solicitação.
re.que.rir [rrekerír] *v.t.* 1 requerer, intimar. 2 requerer, precisar.
re.que.són [rrekesón] *s.m.* requeijão.
re.quie.bro [rrekjéβro] *s.m.* cantada, elogio.
re.qui.sa [rrekísa] *s.f.* (mil.) inspeção, vistoria, revista.
re.qui.sar [rrekisár] *v.t.* vistoriar, revistar, inspecionar.
re.qui.si.to [rrekisíto] *s.m.* requisito, condição. *reunir requisitos*, preencher requisitos.
res [rrés] *s.f.* cabeça de gado. *carne de res*, carne de vaca.
re.sa.ca [rresáka] *s.f.* 1 ressaca, movimento do mar. 2 ressaca, mal-estar após uma bebedeira. 3 (com.) ressaque.
re.sal.tar [rresaltár] *v.i.* 1 ressaltar. 2 ressaltar, sobressair, destacar-se.

resalto

re.sal.to [rresálto] *s.m.* ressalto, saliência.
re.sar.cir [rresarθír] *v.t* 1 ressarcir, indenizar, reembolsar. 2 *v.p.* ressarcir-se.
res.ba.la.di.zo [rresβalaðíθo] *adj.* escorregadio.
res.ba.lar [rresβalár] *v.i.* 1 escorregar, deslizar. 2 (fig.) cometer uma falta. 3 *v.p.* deslizar-se, patinar, escorregar.
res.ba.lón [rresβalón] *s.m.* escorregão.
res.ca.tar [rreskatár] *v.t.* 1 resgatar, livrar. 2 resgatar, recuperar.
res.ca.te [rreskáte] *s.m.* resgate.
res.cin.dir [rresθindír] *v.t.* rescindir, anular.
res.ci.sión [rresθisjón] *s.f.* rescisão.
res.col.do [rreskóldo] *s.m.* 1 rescaldo. 2 (fig.) escrúpulo.
re.se.car [rresekár] *v.t.e v.p.* 1 ressecar, dissecar. 2 ficar ressecado.
re.se.co [rreséko] *adj.* resseco.
re.sen.ti.do [rresentíðo] *adj.* ressentido, ofendido.
re.sen.ti.mien.to [rresentimjénto] *s.m.* ressentimento, mágoa.
re.sen.tir.se [rresentírse] *v.r.* ressentir-se.
re.se.ña [rreséɲa] *s.f.* resenha, relato.
re.se.ñar [rreseɲár] *v.t.* resenhar, enumerar.
re.ser.va [rresérβa] *s.f.* 1 reserva, estoque. 2 reserva de un lugar. 3 reserva, discrição. 4 reserva, cautela. 5 reserva, área preservada. 6 (desp.) reserva, substituto.
re.ser.va.do [rreserβáðo] *adj.* 1 reservado, discreto. 2 reservado, guardado.
re.ser.va.do [rreserβáðo] *s.m.* local privado.
re.ser.var [rreserβár] *v.t.* 1 reservar, guardar. 2 reservar, guardar un lugar (em um hotel, avião etc.). 3 *v.p.* resguardar-se, reservar-se.
res.fria.do [rresfrjáðo] *s.m.* resfriado, constipação.
res.friar [rresfrjár] *v.t.* 1 resfriar, constipar. 2 *v.i.* começar a esfriar.

res.friar.se [rresfrjárse] *v.r.* constipar-se, ficar resfriado.
res.guar.dar [rresɣwárðár] *v.t.* 1 resguardar, defender. 2 *v.p.* proteger-se, resguardar-se.
res.guar.do [rresɣwárðo] *s.m.* 1 resguardo, proteção. 2 recibo, canhoto, comprovante. 3 defesa. 4 garantia. 5 (com.) caução.
re.si.den.cia [rresiðénθja] *s.f.* 1 residência, domicílio. 2 residência, pensão, república. *residencia estudiantil*, república de estudantes.
re.si.den.te [rresiðénte] *adj. e s.* residente.
re.si.dir [rresiðír] *v.i.* 1 residir, morar. 2 residir, consistir.
re.si.duo [rresíðwo] *s.m.* resíduo.
re.sig.na.ción [rresiɣnaθjón] *s.f.* resignação, conformação, acomodação.
re.sig.nar.se [rresiɣnárse] *v.r.* acomodar-se, resignar-se.
re.si.na [rresína] *s.f.* resina.
re.sis.ten.cia [rresisténθja] *s.f.* resistência.
re.sis.ten.te [rresisténte] *adj.* resistente.
re.sis.tir [rresistír] *v.i.* 1 resistir, contrariar. 2 resistir, defender-se. 3 *v.p.* recusar-se, negar-se.
res.ma [rrésma] *s.f.* resma.
re.so.lu.ción [rresoluθjón] *s.f.* 1 resolução, decisão. 2 resolução, solução. 3 resolução, decreto. 4 (for.) decisão judicial.
re.sol.ver [rresolβér] *v.t.* 1 resolver, deliberar, decidir. 2 resolver, solucionar. 3 (quím.) dissolver.
re.sol.ver.se [rresolβérse] *v.r.* decidir-se.
re.so.nan.cia [rresonánθja] *s.f.* ressonância.
re.so.nar [rresonár] *v.i.* ressoar, ecoar.
re.sor.te [rresórte] *s.m.* mola.
res.pal.dar [rrespaldár] *s.m.* encosto, espaldar.
res.pal.dar [rrespaldár] *v.t.* 1 endossar. 2 (fig.) proteger, fundamentar.
res.pal.dar.se [rrespaldárse] *v.t.* encostar-se.

res.pal.do [rrespáldo] s.m. 1 encosto. 2 apoio, respaldo.
res.pec.ti.vo [rrespektíβo] adj. respectivo.
res.pec.to [rrespékto] s.m. respecto, relação. respecto a, no tocante a. a ese respecto, nesse sentido. con respecto a, em relação a.
res.pe.ta.ble [rrespetáβle] adj. respeitável.
res.pe.tar [rrespetár] v.t. 1 respeitar, considerar. 2 respeitar, observar. hacerse respetar, dar-se ao respeito.
res.pe.to [r respéto] s.m. 1 respeito, consideração. 2 respeito, obediência. de respeto, respeitável.
res.pe.tuo.so [rrespetwóso] adj. respeitoso.
res.pin.gar [rrespiɣár] v.i. 1 respingar. 2 (fig.) resmungar.
res.pi.ra.ción [rrespiraθjón] s.f. respiração, alento.
res.pi.ra.de.ro [rrespiraðéro] s.m. respiradouro.
res.pi.rar [rrespirár] v.i. 1 respirar, transpirar. 2 (fig.) respirar, sentir alívio. 3 (fig.) respirar, descansar.
res.pi.ro [rrespíro] s.m.1 respiro, respiração. 2 respiro, alívio. 3 (fig.) respiro, folga.
res.plan.de.cer [rresplandeθér] v.i. resplandecer.
res.plan.de.cien.te [rresplandeθjénte] adj. resplandecente.
res.plan.dor [rresplandór] s.m. resplendor, brilho.
res.pon.der [rrespondér] v.t. 1 responder, contestar. 2 responder, responsabilizar-se. 3 responder, replicar. 4 responder, corresponder. 5 (fig.) decorrer. 6 responder, atender.
res.pon.dón [rrespondón] adj. respondão.
res.pon.sa.bi.li.dad [rresponsaβiliðáð] s.f. responsabilidade.
res.pon.sa.ble [rresponsáβle] adj. responsável.

res.pues.ta [rrespwésta] s.f. 1 resposta. 2 resposta, reação. 3 resposta, solução.
res.que.bra.jar [rreskeβraxár] v.t. rachar.
res.que.mor [rreskemór] s.m. 1 ardor. 2 (fig.) mágoa, desgosto, inquietação.
res.qui.cio [rreskíθjo] s.m. resquício, fenda.
res.ta [rrésta] s.f. subtração, diminuição.
res.ta.ble.cer [rrestaβleθér] v.t. restabelecer, restaurar.
res.ta.ble.cer.se [rrestaβleθérse] v.t. restabelecer-se, recuperar-se.
res.ta.ble.ci.mien.to [rrestaβleθimjénto] s.m. restabelecimento, convalescença.
res.tan.te [rrestánte] adj. restante.
res.tan.te [rrestánte] s.m. resto.
res.tar [rrestár] v.t. 1 subtrair. 2 tirar, diminuir. 3 restar, sobrar. 4 restar, faltar.
res.tau.ra.ción [rrestauraθjón] s.f. restauração.
res.tau.ran.te [rrestauránte] s.m. restaurante.
res.tau.rar [rrestaurár] v.t. restaurar, reparar.
res.ti.tu.ción [rrestituθjón] s.f. restituição.
res.ti.tuir [rrestituír] v.t. restituir, repor, devolver.
res.to [rrésto] s.m. resto, sobra, resíduo, restante.
res.tre.gar [rrestreɣár] v.t. 1 esfregar, friccionar. 2 v.p. esfregar-se.
res.tric.ción [rrestrikθjón] s.f. restrição, limitação.
res.trin.gir [rrestrinxír] v.t. restringir.
re.su.ci.tar [rresuθitár] v.t. e i. ressuscitar, reviver.
re.suel.to [rreswélto] adj. 1 resolvido. 2 decidido.
re.sul.ta.do [rresultáðo] s.m. 1 resultado. 2 lucro.
re.sul.tar [rresultár] v.i. 1 resultar, decorrer. 2 resultar, dar certo.

re.su.men [rresúmen] *s.m.* resumo, sumário. en resumen, em resumo.
re.su.mir [rresumír] *v.t.* resumir, sintetizar.
re.sur.gir [rresurxír] *v.t.* ressurgir, ressuscitar.
re.su.rrec.ción [rresurrekθjón] *s.f.* ressurreição.
re.ta.blo [rretáβlo] *s.m.* retábulo, painel.
re.ta.guar.dia [rretaɣuárðja] *s.f.* retaguarda.
re.ta.hí.la [rretaíla] *s.f.* enfiada, fileira.
re.tal [rretál] *s.m.* retalho, apara.
re.tar [rretár] *v.t.* desafiar.
re.tar.dar [rretarðár] *v.t.* retardar, demorar.
re.ta.zo [rretáθo] *s.m.* 1 retalho. 2 (fig.) fragmento, trecho.
re.ten.ción [rretenθjón] *s.f.* retenção.
re.te.ner [rretenér] *v.t.* 1 reter, conservar. 2 reter, deter. 3 reter, memorizar.
re.ten.ti.va [rretentíβa] *s.f.* retentiva, memória.
re.ti.cen.cia [rretiθénθja] *s.f.* reticência.
re.ti.na [rretína] *s.f.* retina.
re.ti.ra.da [rretiráða] *s.f.* retirada.
re.ti.ra.do [rretiráðo] *adj.* 1 retirado, distante, afastado. 2 (mil.) retirado, reformado. 3 aposentado.
re.ti.rar [rretirár] *v.t.* 1 retirar. 2 retirar, aposentar. 3 recuar. 4 *v.p.* retirar-se, afastar-se, aposentar-se, largar a batina.
re.ti.ro [rretíro] *s.m.* 1 retiro, solidão. 2 retiro, recanto. 3 reforma e salário do militar. 4 retiro, aposentadoria. 5 recuo. 6 (com.) retirada.
re.to [rréto] *s.m.* 1 desafio, 2 bronca.
re.to.ca.dor [rretokaðór] *s.m.* retocador.
re.to.car [rretokár] *v.t.* retocar, restaurar.
re.to.ñar [rretoɲár] *v.i.* (bot.) brotar, rebentar.
re.to.ño [rretóɲo] *s.m.* 1 broto, rebento, muda. 2 (fig.) filho.
re.to.que [rretóke] *s.m.* retoque.
re.tor.cer [rretorθér] *v.t.* retorcer.

re.tor.ci.mien.to [rretorθimjénto] *s.m.* retorcedura.
re.tó.ri.ca [rretórika] *s.f.* retórica.
re.tó.ri.co [rretóriko] *adj.* retórico.
re.tor.nar [rretornár] *v.i.* 1 retornar, voltar. 2 retroceder. 3 *v.t.* retornar, restituir.
re.tor.no [rretórno] *s.m.* 1 retorno, regresso. 2 devolução. 3 troca. Não confundir com "rotonda" ou "circunvalación".
re.trac.ción [rretrakθjón] *s.f.* retração, encolhimento.
re.trac.ta.ción [rretrakθjón] *s.f.* retratação.
re.trac.tar [rretraktár] *v.t.* 1 retratar. 2 *v.p.* retratar-se, desdizer-se. Não confundir com "retratar, sacar fotos".
re.tra.er [rretraér] *v.t.* 1 retrair, encolher. 2 *v.p.* retrair-se, retirar-se, refugiar-se.
re.tra.í.do [rretraíðo] *adj.* retraído, tímido, reservado.
re.trai.mien.to [rretraimjénto] *s.m.* retraimento.
re.trans.mi.tir [rretransmitír] *v.t.* retransmitir.
re.tra.sar [rretrasár] *v.t.* 1 atrasar, demorar. 2 *v.p.* atrasar-se.
re.tra.so [rretráso] *s.m.* atraso, demora.
re.tra.tar [rretratár] *v.t.* 1 retratar, fotografar. 2 retratar, descrever. 3 (fig.) retratar, representar.
re.tra.tis.ta [rretratísta] *s.* retratista.
re.tra.to [rretráto] *s.m.* 1 retrato, fotografia. 2 retrato, descrição. 3 (fig.) retrato, cópia.
re.tre.ta [rretréta] *s.f.* (mil.) toque militar.
re.tre.te [rretréte] *s.m.* privada.
re.tri.bu.ción [rretriβuθjón] *s.f.* retribuição.
re.tri.buir [rretriβwír] *v.t.* retribuir.
re.tro.ce.der [rretroθeðér] *v.i.* retroceder.
re.tro.ce.so [rretroθéso] *s.m.* retrocesso, recuo.
re.tró.gra.do [rretróɣraðo] *adj.* retrógrado.
re.tros.pec.ti.vo [rretrospektíβo] *adj.* retrospectivo.

reu.ma [rréuma] *s.f.* reumatismo.
reu.má.ti.co [rreumátiko] *adj.* reumático.
reu.ma.tis.mo [rreumatísmo] *s.m.* reumatismo.
reu.nión [rreunjón] *s.f.* reunião.
reu.nir [rreunír] *v.t.* reunir, juntar, agrupar.
re.va.cu.nar [rreβakunár] *v.t.* revacinar.
re.vá.li.da [rreβáliða] *s.f.* aprovação numa faculdade perante tribunal superior.
re.va.li.dar [rreβaliðár] *v.t.* revalidar, ratificar, tomar o grau numa faculdade.
re.van.cha [rreβántʃa] *s.f.* revanche, vingança, represália.
re.ve.la.ción [rreβelaθjón] *s.f.* 1 revelação, manifestação. 2 revelação, declaração. 3 revelação, inspiração.
re.ve.la.do [rreβeláðo] *s.m.* revelação fotográfica.
re.ve.lar [rreβelár] *v.t.* 1 revelar, manifestar. 2 revelar, provar. 3 revelar (fotos). 4 revelar, inspirar. 5 revelar, delatar.
re.ven.de.dor [rreβendeðór] *adj.* e *s.* revendedor.
re.ven.der [rreβendér] *v.t.* revender.
re.ven.ta [rreβénta] *s.f.* revendedora.
re.ven.tar [rreβentár] *v.i.* 1 arrebentar, rebentar. 2 arrebentar, estourar. 3 brotar. 4 *v.p.* arrebentar-se, despedaçar-se.
re.ven.tón [rreβentón] *s.m.* arrebentamento.
re.ver.be.ra.ción [rreβerβeraθjón] *s.f.* reverberação.
re.ve.ren.cia [rreβerénθja] *s.f.* reverência, respeito, veneração.
re.ve.ren.ciar [rreβerénθjar] *v.t.* reverenciar, venerar, respeitar.
re.ve.ren.te [rreβerénte] *adj.* reverente, venerador.
re.ver.so [rreβérso] *s.m.* reverso, verso.
re.ver.tir [rreβertír] *v.i.* reverter.
re.vés [rreβés] *s.m.* 1 verso, avesso. 2 revés, pancada. 3 (fig.) revés, desgraça, infortúnio. *al/del revés*, do avesso.

re.ves.ti.mien.to [rreβestimjénto] *s.m.* cobertura, revestimento, acabamento.
re.ves.tir [rreβestír] *v.t.* 1 revestir, cobrir. 2 representar.
re.vi.sar [rreβisár] *v.t.* 1 rever, revisar. 2 revisar, revistar, inspecionar. 3 checar.
re.vi.sión [rreβisjón] *s.f.* revisão.
re.vi.sor [rreβisór] *adj.* e *s.* revisor.
re.vis.ta [rreβísta] *s.f.* 1 revista, publicação. 2 revista, inspeção.
re.vis.tar [rreβistár] *v.t.* revistar, examinar.
re.vi.vi.fi.car [rreβiβifikár] *v.t.* revivificar.
re.vi.vir [rreβiβír] *v.i.* reviver.
re.vo.ca.ble [rreβokáβle] *adj.* revogável.
re.vo.ca.ción [rreβokaθjón] *s.f.* revogação, anulação.
re.vo.car [rreβokár] *v.t.* 1 revogar. 2 rebocar uma parede.
re.vol.car [rreβokár] *v.t.* derrubar, maltratar, revolver.
re.vol.car.se [rreβokárse] *v.r.* revirar-se, rolar, girar.
re.vol.ti.jo [rreβoltíxo] *s.m.* bagunça, desordem, confusão, enredo.
re.vol.to.so [rreβoltóso] *adj.* 1 revoltado, rebelde. 2 travesso.
re.vo.lu.ción [rreβoluθjón] *s.f.* revolução.
re.vo.lu.cio.nar [rreβoluθjonár] *v.t.* revolucionar.
re.vo.lu.cio.na.rio [rreβoluθjonárjo] *adj.* e *s.* revolucionário, desordeiro.
re.vól.ver [rreβólβer] *s.m.* revólver.
re.vol.ver [rreβolβér] *v.t.* 1 revolver, misturar. 2 revirar. 3 agitar, alterar a ordem.
re.vuel.ta [rreβwélta] *s.f.* revolta, insurreição, rebelião.
re.vuel.to [rreβwélto] *adj.* 1 desordenado. 2 revolto, inquieto. 3 complicado.
rey [réi] *s.m.* rei.
re.yer.ta [rrejérta] *s.f.* briga, conflito.

re.za.ga.do [rreθaɣáðo] *adj.* o que fica para trás, atrasado.
re.za.gar [rreθaɣár] *v.t.* atrasar, diferir.
re.za.gar.se [rreθaɣárse] *v.r.* atrasar-se.
re.zar [rreθár] *v.t.* rezar, orar.
re.zo [rréθo] *s.m.* reza, oração.
re.zon.gón [rreθongón] *adj.* rabugento, ranzinza.
ria.chue.lo [rrjatʃwélo] *s.m.* riacho, córrego.
ria.da [rrjáða] *s.f.* cheia, enchente, inundação.
ri.be.ra [rriβéra] *s.f.* ribeira, margem.
ri.be.re.ño [rriβeréɲo] *adj.* ribeirinho.
ri.ci.no [rriθíno] *s.m.* (bot.) rícino.
ri.co [rríko] *adj.* e *s.* 1 rico, possuidor. 2 saboroso, gostoso, delicioso. 3 rico, abundante.
ri.di.cu.li.zar [rriðikuliθár] *v.t.* ridiculizar, ridicularizar, escarnecer.
ri.dí.cu.lo [rriðíkulo] *adj.* ridículo.
ri.dí.cu.lo [rriðíkulo] *s.m.* ridículo, situação ridícula. *poner en ridículo*, ridicularizar.
rie.go [rrjéɣo] *s.m.* irrigação.
riel [rrjél] *s.m.* trilho, carril.
rien.da [rrjénda] *s.f.* rédea. *a rienda suelta*, à vontade.
ries.go [rrjésɣo] *s.m.* risco.
ri.fa [rrífa] *s.f.* rifa, sorteio.
ri.far [rrifár] *v.t.* rifar, sortear.
ri.fle [rrífle] *s.m.* rifle.
rí.gi.do [rríxiðo] *adj.* rígido, rijo.
ri.gor [rriɣór] *s.m.* rigor.
ri.go.ris.ta [rriɣorísta] *adj.* e *s.* rigorista.
ri.gu.ro.so [rriɣuróso] *adj.* rigoroso, áspero, implacável.
ri.ma [rríma] *s.f.* rima.
ri.mar [rrimár] *v.i.* rimar.
rim.bom.ban.te [rrimbombánte] *adj.* retumbante, ribombante, ostentoso.
rim.bom.bar [rrimbombár] *v.i.* retumbar, ribombar.
rin.cón [rrinkón] *s.m.* canto, ângulo.

rin.co.ne.ra [rrinkonéra] *s.f.* cantoneira.
ri.no.ce.ron.te [rrinoθerónte] *s.m.* (zool.) rinoceronte.
ri.ña [rríɲa] *s.f.* rixa, briga. *riña de gallos*, briga de galos.
ri.ñón [rriɲón] *s.m.* rim.
rí.o [rrío] *s.m.* rio.
ri.pia [rrípja] *s.f.* ripa, sarrafo.
ri.pio [rrípjo] *s.m.* rípio, cascalho, entulho.
ri.que.za [rrikéθa] *s.f.* 1 riqueza (de bens). 2 (fig.) riqueza, fecundidade.
ri.sa [rrísa] *s.f.* riso, risada. *caerse de risa*, morrer de rir.
ris.cal [rriskál] *s.m.* terreno penhascoso.
ris.co [rrísko] *s.m.* penhasco, rochedo.
ri.si.ble [rrisíβle] *adj.* risível, ridículo.
ri.so.ta.da [rrisotáða] *s.f.* risada, gargalhada.
ris.tra [rrístra] *s.f.* réstia.
ri.sue.ño [rriswéɲo] *adj.* risonho.
rít.mi.co [rrítmiko] *adj.* rítmico.
rit.mo [rrítmo] *s.m.* ritmo. *llevar el ritmo*, seguir o ritmo.
ri.to [rríto] *s.m.* rito, cerimônia.
ri.tual [rritwál] *adj.* ritual.
ri.tual [rritwál] *s.m.* ritual, cerimonial.
ri.val [rriβál] *s.m.* e *f.* rival, competidor.
ri.va.li.dad [rriβaliðáð] *s.f.* rivalidade.
ri.va.li.zar [rriβaliθár] *v.i.* rivalizar.
ri.za.do [rriθáðo] *adj.* 1 encaracolado, encrespado. 2 enrugado, dobrado.
ri.zar [rriθár] *v.t.* 1 encrespar, encaracolar. 2 enrugar, dobrar. 3 *v.p.* encaracolar-se, encrespar-se.
ri.zo [rríθo] *s.m.* anel do cabelo, cacho.
ro.bar [rroβár] *v.t.* roubar, furtar.
ro.ble [rróβle] *s.m.* (bot.) carvalho.
ro.bo [rróβo] *s.m.* roubo, furto.
ro.bot [rroβót] *s.m.* robô.
ro.bus.te.cer [rroβusteθér] *v.t.* robustecer, fortalecer.
ro.bus.tez [rroβustéθ] *s.f.* robustez.

ro.bus.to [rroβústo] *adj.* robusto, forte, saudável.
ro.ca [rróka] *s.f.* rocha.
ro.ce [rróθe] *s.m.* 1 atrito. 2 toque. 3 (fig.) discussão, briguinha.
ro.cia.de.ra [rroθjaðéra] *s.f.* regador.
ro.ciar [rroθjár] *v.t.* borrifar, esborrifar.
ro.cí.o [rroθío] *s.m.* orvalho, chuvinha, borrifo. Ver *orvallo*.
ro.co.so [rrokóso] *adj.* rochoso.
ro.da.ja [rroðáχa] *s.f.* rodela, fatia.
ro.da.je [rroðáχe] *s.m.* rodagem.
ro.da.pié [rroðapjé] *s.m.* rodapé, friso. Não confundir com "nota de pie de página".
ro.dar [rroðár] *v.i.* 1 rodar, girar. 2 rodar, rolar. 3 rodar, ir sobre rodas. 4 acontecer. 5 rodar, filmar.
ro.de.ar [rroðeár] *v.t.* e *i.* 1 rodear, circundar. 2 rodear, desviar-se. 3 (fig.) rodear, distorcer. 4 *v.p.* rodear-se, cercar-se.
ro.de.o [rroðéo] *s.m.* 1 rodeio, suterfúgio. 2 rodeio, desculpa, evasiva. 3 rodeio, festa de gado.
ro.dez.no [rrodéθno] *s.m.* (mec.) roda hidráulica.
ro.di.lla [rroðiʎá] *s.f.* joelho. *de rodillas*, de joelhos.
ro.di.lle.ra [rroðiʎéra] *s.f.* joelheira.
ro.di.llo [rroðíʎo] *s.m.* rolo.
ro.e.dor [rroeðór] *adj.* roedor.
ro.e.dor [rroeðór] *s.m.* roedor.
ro.er [rroér] *v.t.* roer, cortar e triturar.
ro.gar [rroɣár] *v.t.* rogar, suplicar, implorar.
ro.ga.ti.va [rroɣatíβa] *s.f.* rogativa.
ro.í.do [rroíðo] *adj.* 1 roído, corroído. 2 (fig.) escasso, mesquinho.
ro.jez [rroxéθ] *s.f.* vermilhão, rubor.
ro.ji.zo [rroxíθo] *adj.* avermelhado.
ro.jo [rróxo] *adj.* 1 vermelho, corado. 2 (fig.) esquerdista.

ro.jo [rróxo] *s.m.* vermelho (cor). *poner al rojo vivo*, incandescer. *poner rojo a alguien*, envergonhar. *ponerse rojo*, ficar vermelho.
ro.lli.zo [rroʎíθo] *adj.* 1 roliço, gordo. 2 roliço, cilíndrico.
ro.llo [rróʎo] *s.m.* 1 rolo, cilindro. 2 rolo, película. 3 rolo, assunto. 4 chatice, situação chata desagradável, aborrecimento.
ro.man.ce [rrománθe] *s.m.* 1 romance, novela. 2 romance, relação amorosa.
ro.man.ce.ar [rromanθeár] *v.t.* romancear.
ro.man.ce.ro [rromanθéro] *s.m.* romanceiro, cantador de romances.
ro.ma.ni.zar [rromaniθár] *v.t.* romanizar.
ro.ma.no [rrománo] *adj.* romano.
ro.má.ni.co [rromániko] *adj.* românico.
ro.man.ti.cis.mo [rromantiθísmo] *s.m.* romantismo, romanticismo.
ro.mán.ti.co [rromántiko] *adj.* 1 romântico, sentimental. 2 (lit.) romântico. 3 escritor romântico.
rom.bo [rrómbo] *s.m.* losango. Não confundir com "desfalco".
ro.me.rí.a [rromería] *s.f.* romaria, peregrinação.
ro.me.ro [rroméro] *s.m.* 1 (bot.) alecrim. 2 romeiro, peregrino.
rom.pe.ca.be.za [rrompekaβéθa] *s.m.* quebra-cabeça.
rom.pe.hie.lo [rrompeȷ̇élo] *s.m.* quebra-gelo.
rom.pe.nue.ces [rrompenwéθes] *s.m.* quebra-nozes.
rom.pe.o.las [rrompeólas] *s.m.* quebra-mar.
rom.per [rrompér] *v.t.* e *i.* 1 quebrar, despedaçar. 2 estragar, rasgar. 3 transgredir, violar. 4 nascer, despontar. 5 quebrar, interromper. 6 começar, irromper. 7 *v.p.* quebrar-se, partir-se, estragar-se, interromper-se.
rom.pi.ble [rrompíβle] *adj.* quebrável, quebradiço, rasgável.

ron [rrón] *s.m.* rum.
ron.car [rronkár] *v.i.* 1 roncar. 2 (fig.) produzir ruído.
ron.co [rrónko] *adj.* rouco.
ron.cha [rróntʃa] *s.f.* vergão, equimose, rodela.
ron.da [rrónda] *s.f.* 1 ronda. 2 rodada. *jugar a la ronda*, brincar de ciranda.
ron.da.lla [rrondáʎa] *s.f.* conto, serenata.
ron.dar [rrondár] *v.t.* 1 rondar, vigiar. 2 passear. 3 rondar, rodear.
ron.que.ra [rronkéra] *s.f.* rouquidão.
ron.qui.do [rronkíðo] *s.m.* ronco.
ro.ña [rróɲa] *s.f.* 1 ronha, cascão, sarna. 2 sujeira. 3 (fig.) dano moral. 4 (fig.) mesquinharia.
ro.ña [rróɲa] *s.* mesquinho.
ro.ñe.rí.a [rroɲería] *s.f.* (fam.) miséria, astúcia.
ro.ño.so [rroɲóso] *adj.* 1 sarnento. 2 sujo. 3 (fig.) mesquinho.
ro.pa [rrópa] *s.f.* roupa. *ropa interior*, roupa de baixo. *a quema ropa*, à queima-roupa.
ro.pa.je [rropáxe] *s.m.* roupagem.
ro.pe.ro [rropéro] *s.* pessoa que vende roupas.
ro.pe.ro [rropéro] *s.m.* 1 associação benéfica que distribui roupa. 2 guarda-roupa.
ro.que.ño [rrokéɲo] *adj.* rochoso.
ro.que.ro [rrokéro] *adj.* roqueiro.
ro.sa [rrósa] *s.f.* (bot.) rosa (flor). *como una rosa*, agradável. *de color de rosa*, cor-de-rosa.
ro.sa [rrósa] *s.m.* rosa (cor).
ro.sa.do [rrosáðo] *adj.* rosado, róseo, cor-de-rosa.
ro.sal [rrosál] *s.m.* (bot.) roseira.
ro.sa.rio [rrosárjo] *s.m.* rosário, terço.
ros.bif [rrosβíf] *s.m.* rosbife.
ros.ca [rróska] *s.f.* rosca.
ros.cón [rroskón] *s.m.* bolo grande em forma de rosca.
ro.se.tón [rrosetón] *s.m.* janela circular com enfeites.
ros.qui.lla [rroskíʎa] *s.f.* rosquilha, rosquinha.
ros.tro [rróstro] *s.m.* rosto.
ro.ta.ción [rrotaθjón] *s.f.* rotação.
ro.tar [rrotár] *v.i.* rodar, girar.
ro.ta.ti.va [rrotatíβa] *s.f.* (tip.) rotativa.
ro.ta.ti.vo [rrotatíβo] *adj.* 1 rotativo, que gira. 2 rotativo, que reveza.
ro.to [rróto] *adj.* 1 quebrado, partido. 2 rasgado, estragado.
ro.to [rróto] *s.m.* 1 furo. 2 (Chile) *pessoa mal educada, grosseira.*
ro.ton.da [rrotónda] *s.f.* rotatória, retorno, trevo.
ró.tu.la [rrótula] *s.f.* rótula.
ro.tu.la.dor [rrotulaðór] *adj.* que rotula.
ro.tu.la.dor [rrotulaðór] *s.m.* pincel atômico.
ro.tu.la.do.ra [rrotulaðóra] *s.f.* máquina para rotular.
ro.tu.lar [rrotulár] *v.t.* rotular, epigrafar.
ró.tu.lo [rrótulo] *s.m.* 1 rótulo, etiqueta. 2 letreiro. 3 manchete de jornal.
ro.tun.do [rrotúndo] *adj.* rotundo, completo, preciso, terminante.
ro.za.du.ra [rroθaðúra] *s.f.* 1 arranhão, escoriação. 2 atrito, fricção.
ro.za.mien.to [rroθamjénto] *s.m.* 1 atrito. 2 toque. 3 (fig.) discussão, divergência, briga.
ro.zar [rroθár] *v.t.* 1 friccionar. 2 encostar, tocar. 3 desgastar por atrito. 4 *v.p.* ter contato, relacionar-se.
ru.bí [rruβí] *s.m.* rubi.
ru.bi.cun.do [rruβikúndo] *adj.* avermelhado, corado.
ru.bio [rrúβjo] *adj.* loiro ou louro.
ru.bor [rruβór] *s.m.* rubor.
ru.bo.ri.zar [rruβoriθár] *v.t.* ruborizar.
ru.bo.ri.zar.se [rruβoriθárse] *v.r.* envergonhar-se, ficar vermelho.

ru.bo.ro.so [rruβoróso] *adj.* ruborizado.
rú.bri.ca [rrúβrika] *s.f.* rubrica, visto, assinatura.
ru.bri.car [rruβrikár] *v.t.* 1 rubricar, firmar, assinar. 2 (fig.) atestar. 3 ratificar.
ru.da [rrúða] *s.f.* (bot.) arruda.
ru.de.za [rruðéθa] *s.f.* rudeza.
ru.di.men.ta.rio [rruðimentárjo] *adj.* rudimentar, simples.
ru.di.men.to [rruðiménto] *s.m.* rudimento.
ru.do [rrúðo] *adj.* rude, descortês, áspero.
rue.da [rrwéða] *s.f.* 1 roda. 2 agrupamento em forma de círculo. *rueda de prensa*, entrevista coletiva.
rue.do [rrwéðo] *s.m.* 1 arena da praça de touros. 2 contorno, orla. 3 esteira pequena e redonda. 4 círculo, circunferência.
rue.go [rrwéɣo] *s.m.* rogo, súplica, pedido.
ru.fián [rrufján] *s.m.* cafetão, rufião.
ru.gi.do [rruxíðo] *s.m.* rugido, bramido.
ru.gien.te [rruxjénte] *adj.* crocante.
ru.gir [rruxír] *v.i.* rugir, bramir, urrar.
ru.go.si.dad [rruɣosiðáð] *s.f.* rugosidade.
ru.go.so [rruɣóso] *adj.* rugoso, enrugado.
rui.do [rrwíðo] *s.m.* 1 ruído, rumor. 2 ruído, barulho. 3 ruído, confusão. 4 (fig.) ruído, repercussão. *hacer ruido*, dar o que falar. *mucho ruido y pocas nueces*, fazer muito barulho e mostrar poucos resultados; ter só papo.
rui.do.so [rrwiðóso] *adj.* ruidoso, barulhento.
ruin [rrwín] *adj.* 1 ruim, prejudicial, nocivo. 2 ruim, mau, vil. 3 raquítico, fraco.
rui.na [rrwína] *s.f.* 1 ruína, escombro. 2 ruína, falência. 3 (fig.) ruína, destruição.
ruin.dad [rrwindáð] *s.f.* ruindade.
rui.no.so [rrwinóso] *adj.* ruinoso.
rui.se.ñor [rrwiseɲór] *s.m.* rouxinol.
ru.le.ta [rruléta] *s.f.* roleta.
ru.lo [rrúlo] *s.m.* cilindro, bobe.
rum.ba [rrúmba] *s.f.* gandaia, balada, festa.

rum.bo [rrúmbo] *s.m.* 1 rumo, direção, caminho. 2 pompa, ostentação.
rum.bo.so [rrumbóso] *adj.* pomposo, luxuoso.
ru.mian.te [rrumjánte] *adj.* ruminante.
ru.mian.te [rrumjánte] *s.m. e f.* ruminante.
ru.miar [rrumjár] *v.t.* 1 ruminar. 2 (fig.) remoer, pensar muito, cismar.
ru.mor [rrumór] *s.m.* 1 rumor, boato. 2 rumor, ruído.
run.rún [rrunrrún] *s.m.* (fam.) 1 rumor, boato, fuxico. 2 zunzunzum.
ru.pes.tre [rrupéstre] *adj.* rupestre.
rup.tu.ra [rruptúra] *s.f.* ruptura, fractura, quebra, rompimento.
ru.ral [rrurál] *adj.* rural, agrícola, rústico.
rús.ti.co [rrústiko] *adj.* 1 rústico, campestre. 2 rústico, rude, grosseiro.
ru.ta [rrúta] *s.f.* rota, itinerário, roteiro, percurso.
ru.ti.na [rrutína] *s.f.* rotina.
ru.ti.na.rio [rrutinárjo] *adj.* rotineiro.

S s

s, S [ése] *s.f.* vigésima letra do alfabeto espanhol e décima sexta de suas consoantes; seu nome é *ese*. Sua articulação é sibilante fricativa surda, em geral alveolar; em posição final de sílaba, assimila-se ao lugar de articulação da consoante sonora. Em posição intervocálica se pronuncia como os dois *ss* do português.
sá.ba.do [sáβaðo] *s.m.* sábado.
sá.ba.na [sáβana] *s.f.* lençol.
sa.ban.di.ja [saβandíχa] *s.f.* 1 sevandija, inseto imundo. 2 (fig.) parasita, vil.
sa.ba.ñón [saβaɲón] *s.m.* frieira.
sa.be.dor [saβeðór] *adj.* sabedor, conhecedor, instruído.
sa.ber [saβér] *s.m.* conhecimento, saber.
sa.ber [saβér] *v.t.* 1 saber, conhecer. 2 saber, ter habilidade. 3 saber, ter sabor. 4 saber, ser apto. *a saber*, isto é. *no saber cuántas son cinco*, não saber de nada. *no saber uno de sí*, estar atarefado e esquecido de si mesmo. *sabérselas todas*, ser muito esperto. *vaya usted a saber*, só Deus sabe! *¡y qué sé yo!*, e muitas coisas mais.
sa.bi.do/a [saβíðo] *adj.* sabido, sabetudo, sabichão.
sa.bi.du.rí.a [saβiðuría] *s.f.* sabedoria.
sa.bihon.do/a [saβjóndo] *adj. e s.* (fam.) sabichão, sabetudo, sabido.
sa.bio/a [sáβjo] *adj. e s.* sábio.
sa.bla.zo [saβláθo] *s.m.* 1 sabrada. 2 ato de pregar um calote.
sa.ble [sáβle] *s.m.* sabre.
sa.bor [saβór] *s.m.* sabor, gosto. *a sabor de su paladar*, como você gosta.
sa.bo.re.ar [saβoreár] *v.t.* saborear, provar, experimentar.
sa.bo.ta.je [saβotáχe] *s.m.* sabotagem.
sa.bro.so/a [saβróso] *adj.* saboroso, delicioso, gostoso.
sa.bu.co [saβúko] *s.m.* (bot.) sabugueiro.
sa.ca [sáka] *s.f.* saca, grande saco.
sa.ca.bo.tas [sakaβótas] *s.m.* descalçador.
sa.ca.cor.chos [sakakórtʃos] *s.m.* saca-rolhas.
sa.ca.mue.las [sakamwélas] *s.m.* 1 dentista. 2 (fig.) charlatão, trapaceiro.
sa.car [sakár] *v.t.* 1 sacar, extrair. 2 tirar, excluir. 3 sacar, averiguar, conhecer. 4 sacar, indagar. 5 sacar, ganhar em sorteio. 6 conseguir, obter uma coisa. 7 tirar, copiar (fotocópias). 8 tirar fotografia. 9 mostrar ou tornar algo evidente. 10 citar. 11 inventar ou imitar uma coisa. 12 tirar e mostrar uma arma. *sacar a bailar*, convidar para dançar. *sacar adelante*, levar em frente. *sacar a volar a uno*, apresentar em sociedade. *sacar en claro*, deduzir.
sa.ca.ri.na [sakarína] *s.f.* sacarina.
sa.ca.ro.sa [sakarósa] *s.f.* sacarose.
sa.cer.do.cio [saθerðóθio] *s.m.* sacerdócio.
sa.cer.do.tal [saθerðotál] *adj.* sacerdotal.
sa.cer.do.te [saθerðóte] *s.m.* sacerdote, padre.
sa.cer.do.ti.sa [saθerðotísa] *s.f.* sacerdotisa.
sa.ciar [saθjár] *v.t.* saciar, fartar, satisfazer.
sa.cie.dad [saθjeðáð] *s.f.* saciedade.
sa.co [sáko] *s.m.* 1 saco, saca. 2 paletó. *no echar en saco roto*, não esquecer.
sa.cra.men.to [sakraménto] *s.m.*

sacramento.
sa.cri.fi.car [sakrifikár] *v.t.* sacrificar.
sa.cri.fi.cio [sakrifíθjo] *s.m.* sacrifício.
sa.cri.le.gio [sakriléxjo] *s.m.* sacrilégio.
sa.crí.le.go [sakríleɣo] *adj.* sacrílego.
sa.cris.tán [sakristán] *s.m.* sacristão.
sa.cris.tí.a [sakristía] *s.f.* sacristia.
sa.cro [sákro] *adj.* sacro, sagrado.
sa.cro.san.to [sakrosánto] *adj.* sacrossanto.
sa.cu.di.da [sakuðíða] *s.f.* mexida.
sa.cu.dir [sakuðír] *v.t.* 1 sacudir, mexer, chacoalhar, agitar. 2 sacudir, abanar. 3 sacudir, abalar, comover.
sa.dis.mo [saðísmo] *s.m.* sadismo.
sa.du.ce.o [saðuθéo] *adj. e s.* membro de um partido político doutrinariamente oposto aos fariseus e que negava a existência de anjos, espíritos, milagres, saduceu.
sa.e.ta [saéta] *s.f.* 1 seta, flecha. 2 ponteiro do relógio. 3 (mús.) modalidade do canto flamenco.
sa.ga.ci.dad [saɣaθiðáð] *s.f.* sagacidade.
sa.gaz [saɣáθ] *adj.* sagaz.
sa.gi.ta.rio [saxitárjo] *s.m.* sagitário.
sa.gra.do/a [saɣráðo] *adj.* sagrado, sacro.
sa.gra.rio [saɣrárjo] *s.m.* sacrário.
sa.hor.no [saórno] *s.m.* escoriação.
sai.ne.te [sainéte] *s.m.* sainete.
sa.ja [sáxa] *s.f.* (med.) sarja, incisão.
sa.jar [saxár] *adj.* sarjar, fatiar, cortar.
sa.jón/a [saxón] *adj.* saxão.
sal [sál] *s.f.* 1 sal. 2 (fig.) graça, malícia. 3 (fig.) infortúnio, desgraça, adversidade. *sal marina*, sal grosso.
sa.la [sála] *s.f.* sala.
sa.la.do [saláðo] *adj.* 1 salgado. 2 (fig.) engraçado, divertido. 3 (fig.) desgraçado, infeliz. 4 (fig.) muito caro, custoso.
sa.la.man.dra [salamándra] *s.f.* (zool.) salamandra, lagartixa.
sa.lar [salár] *v.t.* salgar.

sa.la.rio [salárjo] *s.m.* salário, estipêndio, soldo.
sa.laz [saláθ] *adj.* salaz, libertino, devasso.
sa.la.zón [salaθón] *s.f.* salgadura.
sal.chi.cha [saltʃítʃa] *s.f.* salchicha.
sal.chi.chón [saltʃitʃón] *s.m.* salsichão.
sal.dar [saldár] *v.t.* 1 saldar, quitar uma dívida. 2 liquidar (mercadorias).
sal.do [sáldo] *s.m.* 1 quitação de uma dívida. 2 (econ.) saldo bancário. 3 (com.) saldo, ponta de estoque, produtos em liquidação.
sa.le.ro [saléro] *s.m.* 1 saleiro. 2 (fig.) graça.
sa.le.ro.so [saleróso] *adj.* (fig.) gracioso, donairoso.
sa.li.da [salíða] *s.f.* 1 saída. 2 saliência. 3 (fig.) desculpa, escapatória, pretexto. 4 venda de produtos. 5 (fig.) recurso para superar uma dificuldade. 6 fim de um assunto ou negócio. *salida de tono*, expressão grossa. *salida de emergencia*, saída de emergência.
sa.li.do/a [salíðo] *adj.* 1 saído, saliente. 2 (fig.) estar no cio. 3 *p. ext.* salaz, devasso.
sa.lien.te [saljénte] *adj.* saliente, notável.
sa.li.na [salína] *s.f.* salina.
sa.li.no [salíno] *adj.* salino.
sa.lir [salír] *v.i.* 1 sair, partir. 2 sair, desembaraçar-se, desimpedir-se. 3 sobressair, aparecer. 4 sair, nascer, brotar, surgir. 5 sair, originar-se. 6 sair, descobrir a índole. 7 sair, desfazer-se de algo. 8 sair, apresentar-se ao público. 9 sair, fazer ou dizer algo imprevisto. 10 sair, resultar mal ou bem algo. 11 sair, parecer-se, assemelhar-se. 12 ser eleito. 13 sair, pedir demissão, desistir. 14 sair, vazar. 15 sair, transbordar. *salir a escena*, entrar em cena. *salir uno adelante*, ter sucesso. *salirle caro*, sair caro. *salirse con la suya*, conseguir o que se pretende.
sa.li.tre [salítre] *s.m.* salitre, designação vulgar do nitrato de potássio ou nitro.

saliva

sa.li.va [salíβa] *s.f.* saliva, cuspo.
sa.li.va.zo [saliβáθo] *s.m.* cusparada.
sal.me.ar [salmeár] *v.i.* salmear, rezar, cantar salmos.
sal.mis.ta [salmísta] *s.m.* salmista.
sal.mo [sálmo] *s.m.* salmo.
sal.món [salmón] *s.m.* (zool.) salmão.
sal.mo.ne.te [salmonéte] *s.m.* (zool.) salmonete, salmonejo.
sal.mue.ra [salmwéra] *s.f.* salmoira, salmoura.
sa.lo.bre [salóβre] *adj.* salobre ou salobro.
sa.lón [salón] *s.m.* salão.
sal.pi.ca.du.ra [salpikaðúra] *s.f.* salpico, salpicadura.
sal.pi.car [salpikár] *v.t.* 1 salpicar, borrifar. 2 salpicar, manchar, espirrar. 3 (fig.) pular de um assunto a outro sem seguir uma ordem.
sal.pi.cón [salpikón] *s.m.* salpico, pingo, borrifo.
sal.sa [sálsa] *s.f.* 1 molho. 2 salsa, ritmo do Caribe.
sal.se.ra [salséra] *s.f.* molheira.
sal.ta.mon.tes [saltamóntes] *s.m.* (zool.) gafanhoto.
sal.tar [saltár] *v.i.* 1 saltar, pular. 2 saltar, jogar-se, lançar-se. 3 esguichar. 4 soltar-se, desprender-se. 5 (fig.) sobressair, destacar-se. 6 (fig.) imaginar. 7 destacar-se algo pela limpeza. 8 saltar, omitir.
sal.ta.rín/rina [saltarín] *adj. e s.* 1 bailarino. 2 (fig.) inquieto, barulhento.
sal.te.a.dor [salteaðór] *s.m.* salteador, assaltante, ladrão.
sal.te.ar [salteár] *v.t.* 1 saltear, assaltar. 2 pular, fazer algo sem seguir uma ordem.
sal.te.rio [saltérjo] *s.m.* antigo instrumento de cordas parecido com a cítara, saltério.
sal.to [sálto] *s.m.* 1 salto, pulo. 2 salto, cachoeira. 3 abismo. 4 salto, transposição. 5 salto, omissão. 6 salto, transição brusca. *dar*

saltos de alegría/contento, pular de alegria. *en un salto*, num pulo, num piscar de olhos.
sal.tón/tona [saltón] *adj.* 1 que pula como um gafanhoto. 2 (pl.) esbugalhado (os olhos).
sa.lu.bre [salúβre] *adj.* saudável.
sa.lud [salúð] *s.f.* saúde.
sa.lu.da.ble [saluðáβle] *adj.* 1 saudável, que conserva ou restabelece a saúde. 2 saudável, que tem boa saúde. 3 (fig.) proveitoso.
sa.lu.dar [saluðár] *v.t.* 1 saudar, cumprimentar. 2 saudar, aclamar. 3 saudar, enviar saudações.
sa.lu.do [salúðo] *s.m.* cumprimento, saudação.
sal.va [sálβa] *s.f.* 1 salva, saudação. 2 salva, bandeja. 3 salva, ovação de palmas.
sal.va.ción [salβaθjón] *s.f.* salvação, salvamento.
sal.va.do [salβáðo] *adj.* 1 salvo. 2 *s.m.* farelo.
sal.va.dor [salβaðór] *adj. e s.* salvador.
sal.va.guar.dia [salβaɣwárðja] *s.m.* salvaguarda, salvo-conduto, amparo.
sal.va.ja.da [salβaχáða] *s.f.* selvajeria.
sal.va.je [salβáχe] *adj. e s.* selvagem.
sal.va.jis.mo [salβaχísmo] *s.m.* selvagismo, brutalidade.
sal.va.men.to [salβaménto] *s.m.* salvamento, salvação.
sal.var [salβár] *v.t.* 1 salvar, resgatar. 2 salvar, redimir. 3 excluir. 4 vencer ou superar um obstáculo. 5 percorrer uma distância. 6 ultrapassar uma altura. 7 *v.t.* pôr-se a salvo. *sálvese quien pueda*, salve-se quem puder.
sal.va.vi.das [salβaβíðas] *s.m.* salva-vidas.
¡sal.ve! [sálβe] *interj.* salve!
sal.ve.dad [salβeðáð] *s.f.* escusa, desculpa, justificativa.
sal.vo.con.duc.to [salβokondúkto] *s.m.* salvo--conduto.
sam.ba [sámba] *s.f.* samba (ritmo e dança).
sam.be.ni.to [sambeníto] *s.m.* (fig.) difamação.
san [sán] *adj.* são, santo.

sa.na.ble [sanaβle] *adj.* sanável, curável.
sa.nar [sanár] *v.t.* sanar, sarar, curar, restituir.
sa.na.to.rio [sanatórjo] *s.m.* sanatório.
san.ción [sanθjón] *s.f.* sanção, homologação.
san.cio.na.ble [sanθjonáβle] *adj.* sancionável.
san.cio.na.dor [sanθjonaðór] *adj. e s.* sancionador.
san.cio.nar [sanθjonár] *v.t.* sancionar, confirmar, homologar.
san.da.lia [sandálja] *s.f.* sandália.
sán.da.lo [sándalo] *s.m.* (bot.) sândalo.
san.dez [sandéθ] *s.f.* sandice.
san.dí.a [sandía] *s.f.* (bot.) melancia.
sa.ne.a.mien.to [saneamjénto] *s.m.* saneamento.
sa.ne. [saneár] ar *v.t.* sanear.
san.gra.du.ra [sangraðúra] *s.f.* sangradura, sangramento.
san.grar [sangrár] *v.t.* 1 sangrar, verter sangue. 2 (fig.) roubar. 3 (gráf.) sangrar. *estar sangrando*, acabar de acontecer.
san.gre [sángre] *s.f.* 1 sangue, líquido. 2 (fig.) sangue, prole, parentesco. *a sangre fría*, a sangue-frio. *chupar la sangre*, explorar. *de sangre fría*, tranquilo. *escribir con sangre*, sacrificar-se. *llevar (algo) en la sangre*, carregar (algo) no sangue. *ser de sangre caliente*, ser esquentado. *subírsele (a alguien) la sangre a la cabeça*, subir o sangue à cabeça. *tener sangre de horchata*, ter sangue de barata.
san.grí.a [sangría] *s.f.* 1 sangradouro, sangramento. 2 sangria (bebida feita com vinho, suco de limão etc.)
san.grien.to/ [sangrjénto] a *adj.* sangrento.
san.gui.jue.la [sangiχwéla] *s.f.* (zool.) sanguessuga.
san.gui.na.rio/ria [sanginárjo] *adj.* sanguinário.
san.guí.ne.o [sangíneo] *adj.* sanguíneo.
sa.ni.dad [saniðáð] *s.f.* sanidade.

sa.ni.ta.rio [sanitárjo] *adj.* sanitário.
sa.ni.ta.rio [sanitárjo] *s.m.* privada, vaso.
sa.no/a [sáno] *adj.* são, saudável.
san.tia.mén [santjamén] *loc.* (fig.) *en un santiamén*, em um momento, em um instante.
san.ti.dad [santiðáð] *s.f.* santidade.
san.ti.fi.ca.ble [santifikáβle] *adj.* santificável.
san.ti.fi.ca.ción [santifikaθjón] *s.f.* santificação.
san.ti.fi.car [santifikár] *v.t.* santificar.
san.ti.gua.de.ra [santiɣwaðéra] *s.f.* 1 benzedura. 2 benzedeira.
san.ti.guar [santiɣwár] *v.t.* e *v.r.* benzer-se.
san.tí.si.mo/a [santísimo] *adj.* santíssimo.
san.to/a [sánto] *adj. e s.* santo. *quedarse para vestir santos*, ficar solteiro/para titia.
san.tón [santón] *s.m.* 1 velho venerável que representa a autoridade. 2 (fig.) hipócrita, falso.
san.to.ral [santorál] *s.m.* santoral.
san.tua.rio [santwárjo] *s.m.* santuário.
san.tu.rrón/rro.na [santurrón] *adj.* hipócrita, falso.
sa.ña [sáɲa] *s.f.* sanha, raiva, fúria, ira.
sa.ñu.do [saɲúðo] *adj.* sanhudo.
sa.pien.cia [sapjénθja] *s.f.* sapiência, sabedoria.
sa.po [sápo] *s.m.* (zool.) sapo.
sa.po.rí.fe.ro [saporífero] *adj.* saporífero.
sa.que [sáke] *s.m.* (desp.) saque, começar o jogo. *saque de esquina*, escanteio.
sa.que.a.dor/do.ra [sakeaðór] *adj. e s.* saqueador, devastador.
sa.que.ar [sakeár] *v.t.* saquear, despojar.
sa.que.o [sakéo] *s.m.* saque, saqueio.
sa.ram.pión [sarampjón] *s.m.* sarampo.
sa.ra.o [saráo] *s.m.* sarau.
sar.cas.mo [sarkásmo] *s.m.* sarcasmo.
sar.cás.ti.co/ca [sarkástiko] *adj.* sarcástico.
sar.có.fa.go [sarkófaɣo] *s.m.* sarcófago.

sar.di.na [sarðína] *s.f.* (zool.) sardinha.
sar.ga [sárɣa] *s.f.* 1 sarja. 2 (bot.) chorão.
sar.go [sárɣo] *s.m.* (zool.) sargo, pargo.
sar.mien.to [sarmjénto] *s.m.* sarmento.
sar.na [sárna] *s.f.* sarna. *ser más viejo que la sarna*, ser muito velho ou antigo.
sar.no.so [sarnóso] *adj.* sarnento, sarnoso.
sa.rra.ce.no/a [sarraθéno] *adj. e s.* sarraceno, árabe, mouro.
sa.rri.llo [sarríʎo] *s.m.* sarrido, respiração difícil, estertor.
sa.rro [sárro] *s.m.* 1 sarro, sedimento dos líquidos. 2 (odont.) tártaro. 3 (med.) saburra. Não confundir com "tomar el pelo, burlarse".
sar.ta [sárta] *s.f.* fiada, fileira.
sar.tén [sartén] *s.f.* frigideira. *tener la sartén por el mango*, ter a faca e o queijo.
sas.tre [sástre] *s.m.* alfaiate.
sas.tre.rí.a [sastrería] *s.f.* alfaiataria.
sa.tán [satán] *s.m.* satã, diabo, demônio, satanás.
sa.ta.nás [satanás] *s.m.* satã, diabo, demônio, satanás.
sa.tá.ni.co/a [satániko] *adj.* satânico, diabólico, demoníaco.
sa.té.li.te [satélite] *s.m.* (astr.) satélite.
sa.tén [satén] *s.m.* cetim.
sa.ti.na.do/a [sat inaðo] *adj.* sedoso, acetinado.
sa.ti.nar [satinár] *v.t.* acetinar, amaciar.
sá.ti.ra [sátira] *s.f.* 1 sátira, crítica. 2 (lit.) sátira, composição.
sa.ti.ri.zar [satiriθár] *v.t. e v.i.* satirizar, ridicularizar.
sá.ti.ro [sátiro] *s.m.* sátiro.
sa.tis.fac.ción [satisðaθjón] *s.f.* satisfação.
sa.tis.fa.cer [satisfaθér] *v.t.* satisfazer.
sa.tis.fac.to.rio/ria [satisfaktórjo] *adj.* satisfatório.
sa.tis.fe.cho/a [satisfétʃo] *adj. e s.* satisfeito.
sa.tu.ra.ción [saturaθjón] *s.f.* saturação.

sa.tu.rar [saturár] *v.t.* 1 saturar, encher-se, fartar-se, embeber-se. 2 (quím.) saturar, dissolver.
sau.ce [sáuθe] *s.m.* (bot.) salgueiro.
sa.ú.co [saúko] *s.m.* (bot.) sabugueiro.
sa.via [sáβja] *s.f.* 1 seiva. 2 (fig.) alento, força, vigor.
sa.xó.fo.no [saksófono] *s.m.* saxofone.
sa.ya [sája] *s.f.* saia, anágua.
sa.yal [sajál] *s.m.* burel.
sa.yo [sájo] *s.m.* saio, antiga veste larga e com abas e fraldão.
sa.zón [saθón] *s.f.* 1 madureza. 2 tempo oportuno. 3 sabor das comidas.
sa.zo.na.do/a [saθonáðo] *adj.* sazonado, condimentado, temperado.
sa.zo.nar [saθonár] *v.t.* 1 sazonar, amadurecer. 2 temperar, condimentar.
se [sé] *pron. pess.* 3ª *pess., m. e f., s. e* (pl.), com (pl.) *dir. ou ind.*, se. Não confundir com "si", condicional.
se.bá.ce.o/a [seβáθeo] *adj.* sebáceo; sebento.
se.be [séβe] *s.f.* sebe.
se.bo [séβo] *s.m.* sebo, gordura.
se.ca [séka] *s.f.* seca.
se.ca.de.ro [sekaðéro] *s.m.* secadoiro.
se.ca.dí.o [sekaðío] *adj.* secante.
se.ca.dor [sek aðór] *s.m.* enxugador, secadouro.
se.ca.mien.to [sekamjénto] *s.m.* secagem.
se.can.te [sekánte] *s.m.* secante, mata-borrão.
se.car [sekár] *v.t.* 1 secar, extrair umidade. 2 secar, enxugar. 3 (fig.) incomodar. 4 secar, murchar.
se.car.se [sekárse] *v.t.* enxugar-se.
sec.ción [sekθjón] *s.f.* seção.
sec.cio.nar [sekθjonár] *v.t.* secionar, dividir em seções.
se.ce.sión [seθesjón] *s.f.* secessão.

se.co [séko] *adj.* 1 seco, carente de umidade. 2 seco, sem água. 3 seco, murcho. 4 seco, magro. 5 seco, lugar onde não chove. 6 (fig.) sem enfeites. 7 (fig.) que carece das coisas necessárias para a vida. 8 (fig.) grosso, rude de caráter. 9 (fig.) rigoroso, exigente. *a secas*, somente, sem nada mais. *en seco*, a seco. *ley seca*, lei seca.
se.cre.ción [sekreθjón] *s.f.* secreção.
se.cre.ta.ria [sekretárja] *s.f.* secretária.
se.cre.ta.rí.a [sekretaría] *s.f.* 1 secretaria, escritório. 2 secretaria, conjunto de funcionários. 3 secretaria, emprego.
se.cre.ta.rio [sekretárjo] *s.m.* secretário.
se.cre.te.ar [sek reteá r] *v.t.* segredar, bisbilhotar.
se.cre.te.o [sekretéo] *s.m.* bisbilhotice, mexerico.
se.cre.to/a [sekréto] *adj.* secreto, escondido, oculto.
se.cre.to [sekréto] *s.m.* segredo.
sec.ta [sékta] *s.f.* seita.
sec.ta.rio/ria [sektárjo] *adj. e s.* sectário.
sec.tor [sektór] *s.m.* setor.
se.cuaz [sekwáθ] *adj. e s.* sequaz.
se.cue.la [sekwéla] *s.f.* sequela.
se.cuen.cia [sekwénθja] *s.f.* sequência.
se.cues.trar [sekwestrár] *v.t.* sequestrar.
se.cues.tro [sekwéstro] *s.m.* sequestro.
se.cu.lar [sekulár] *adj.* secular.
se.cu.la.ri.zar [sekulariθár] *v.t.* secularizar.
se.cun.dar [sekundár] *v.t.* secundar.
se.cun.da.rio/ria [seku ndá rjo] *adj.* 1 secundário. 2 *s.f.* secundária, ensino médio.
sed [séð] *s.f.* 1 sede. 2 (fig.) desejo veemente. *matar la sed*, matar a sede.
se.da [séða] *s.f.* seda.
se.da.ción [seðaθjón] *s.f.* sedação.
se.dal [seðál] *s.m.* sedalha, cordel de seda que sustenta o anzol.
se.dan.te [seðánte] *adj.* sedante, calmante.

se.dar [seðár] *v.t.* sedar, acalmar, sossegar, relaxar.
se.de [séðe] *s.f.* 1 sede, central. 2 sé, capital de uma diocese. *La Santa Sede*, a Santa Sé.
se.den.ta.rio/ria [seðentárjo] *adj.* sedentário.
se.di.ción [seðiθjón] *s.f.* sedição, motim, revolta.
se.di.cio.so/a [seðiθjóso] *adj. e s.* sedicioso, revolucionário.
se.dien.to/a [seðjénto] *adj.* 1 sedento. 2 (fig.) ávido, que tem desejo veemente.
se.di.men.tar [seðimentár] *v.t.* sedimentar.
se.di.men.to [seðiménto] *s.m.* sedimento.
se.duc.ción [seðukθjón] *s.f.* sedução.
se.du.ci.ble [seðuθíβle] *adj.* seduzível.
se.du.cir [seðuθír] *v.t.* 1 seduzir, persuadir. 2 seduzir, atrair, fascinar, cativar.
se.duc.tor/to.ra [seðuktór] *adj. e s.* sedutor.
se.far.dí [sefarðí] *adj. e s.* diz-se do judeu oriundo de Espanha.
se.ga.dor [seɣaðór] *s.m.* segador, ceifeiro.
se.ga.do.ra/a [seɣaðóra] *adj. e s.* segadora, ceifeira.
se.gar [seɣár] *v.t.* segar, ceifar.
se.glar [seɣlár] *adj. e s.* secular, leigo.
seg.men.to [seɣménto] *s.m.* segmento.
se.gre.ga.ción [seɣreɣaθjón] *s.f.* segregação, separação.
se.gre.gar [seɣreɣár] *v.t.* segregar, separar.
se.gui.da [seɣíða] *s.f.* seguida.
se.gui.di.lla [seɣiðíʎa] *s.f.* 1 seguidilha. 2 (pl.) canção e dança popular espanhola.
se.gui.do/a [seɣíðo] *adj.* seguido, contínuo.
se.gui.dor/do.ra [seɣiðór] *adj.* seguidor.
se.gui.dor [seɣiðór] *s.m.* 1 seguidor, discípulo. 2 pauta.
se.guir [seɣír] *v.t.* 1 seguir, ir atrás. 2 seguir, fixar e manter à vista num objeto em movimento. 3 seguir, ir à procura de uma pessoa ou coisa. 4 seguir, prosseguir, continuar. 5 seguir, acompanhar. 6 seguir, estudar ou exercer uma

según

profissão. 7 conduzir um negócio ou assunto. 8 perseguir, incomodar. 9 imitar. *quien la sigue la consigue*, quem procura, acha. *seguir las huellas/los pasos/el rastro*, seguir as pegadas/ os passos/o rasto.
se.gún [seɣún] *prep.* segundo, conforme.
se.gun.do/a [seɣúndo] *adj.* segundo.
se.gun.do [seɣúndo] *s.m.* segundo.
se.gu.ri.dad [seɣuriðáð] *s.f.* seguridade, segurança. *cinturón de seguridad*, cinto de segurança.
se.gu.ro/a [seɣúro] *adj.* 1 seguro. 2 indubitável. 3 eficaz. 4 ter fé em si mesmo.
se.gu.ro [seɣúro] *s.m.* 1 seguro. 2 segurança, certeza, confiança. *de seguro*, certamente. *seguro de paro*, seguro desemprego. *estar seguro*, ter certeza.
seis [séis] *adj.* seis.
seis [séis] *num.* seis.
seis.cien.tos/tas [seisθjéntos] *adj. e num.* seiscentos.
seis.cien.tos [seisθjéntos] *num.* seiscentos.
se.lec.ción [selekθjón] *s.f.* 1 seleção, escolha. 2 seleção, conjunto de pessoas selecionadas. 3 (desp.) seleção, conjunto dos melhores jogadores.
se.lec.cio.na.dor/do.ra [selekθjonaðór] *adj. e s.* selecionador.
se.lec.cio.nar [selekθjonár] *v.t.* selecionar.
se.lec.ti.vo [selektíβo] *adj.* seletivo.
se.lec.to/a [selékto] *adj.* seleto, escolhido, excelente.
se.llar [seʎár] *v.t.* 1 selar, colocar selo. 2 estampar. 3 selar, carimbar. 4 selar, fechar. 5 selar, confirmar. 6 concluir.
se.llo [séʎo] *s.m.* 1 selo. 2 carimbo, chancela. 3 selo, marca. 4 selo, distintivo.
sel.va [sélβa] *s.f.* selva, floresta.
sel.vá.ti.co/a [selβátiko] *adj.* selvático.
se.má.fo.ro [semáforo] *s.m.* semáforo, farol, sinaleira.

se.ma.na [semána] *s.f.* semana.
se.ma.nal [semanál] *adj.* semanal.
se.ma.na.rio [semanárjo] *adj. e s.* semanário.
se.mán.ti.ca [semántika] *s.f.* semântica.
se.mán.ti.co/a [semántiko] *adj.* semântico.
sem.blan.te [semblánte] *s.m.* 1 semblante, expressão. 2 semblante, rosto, face. 3 (fig.) semblante, aspecto, aparência.
sem.blan.za [semblánθa] *s.f.* descrição física ou psicológica de uma pessoa.
sem.bra.do/a [sembráðo] *adj.* semeado.
sem.bra.do [sembráðo] *s.m.* sementeira.
sem.bra.dor/do.ra [sembraðór] *adj. e s.* semeador.
sem.brar [sembrár] *v.t.* 1 semear, espalhar. 2 (fig.) semear, iniciar. 3 (fig.) semear, difundir, divulgar.
se.me.jan.te [semeχánte] *adj.* semelhante, parecido, idêntico.
se.me.jan.te [semeχánte] *s.m.* 1 cópia, imitação, semelhança. 2 próximo, qualquer pessoa.
se.me.jan.za [semeχánθa] *s.f.* semelhança.
se.me.jar [semeχár] *v.t.* semelhar, parecer.
se.me.jar.se [semeχárse] *v.t.* parecer-se.
se.men [sémen] *s.m.* sêmen, esperma.
se.men.tal [sementál] *adj. e s.* 1 semental. 2 cavalo dedicado à reprodução.
se.men.te.ra [sementéra] *s.f.* sementeira.
se.mes.tral [semestrál] *adj.* semestral.
se.mes.tre [seméstre] *s.m.* semestre, tempo de seis meses.
se.mi [semi] *pref.* semi, meio, metade.
se.mi.cir.cu.lar [semiθirkulár] *adj.* semicircular.
se.mi.cír.cu.lo [semiθírkulo] *s.m.* semicírculo.
se.mi.lla [semíʎa] *s.f.* 1 semente. 2 (fig.) origem.
se.mi.lle.ro [semiʎéro] *s.m.* viveiro.
se.mi.na.rio [seminárjo] *s.m.* 1 seminário, casa

de formação dos aspirantes ao sacerdócio. 2 seminário, sessão de estudos com debate. 3 seminário, congresso.

se.mi.na.ris.ta [seminarísta] *s.m.* seminarista.

se.mió.ti.ca [semjótika] *s.f.* semiologia, semiótica.

se.mi.ta [semíta] *adj.* e *s.* semita.

sé.mo.la [sémol a] *s.f.* sêmola, trigo esmaltado.

sem.pi.ter.no [sempitérno] *adj.* sempiterno, perpétuo.

se.na.do [senáðo] *s.m.* senado.

se.na.dor/do.ra [senaðór] *s.* senador.

sen.ci.llez [senθiʎéθ] *s.f.* simplicidade, singeleza.

sen.ci.llo/a [senθíʎo] *adj.* simples, singelo.

sen.da [sénda] *s.f.* senda, caminho, atalho.

sen.de.ro [sendéro] *s.m.* senda, caminho, atalho.

sen.dos/as [séndos] *adj.* (pl.) duas ou mais pessoas ou coisas.

se.nec.tud [senektúð] *s.f.* senectude, velhice, senilidade.

se.nil [seníl] *adj.* senil, próprio do velho ou da velhice.

se.no [séno] *s.m.* 1 seio, regaço. 2 seio, peito, mama. 3 seio, útero. 4 (fig.) centro.

sen.sa.ción [sensaθjón] *s.f.* sensação.

sen.sa.cio.nal [sensaθjonál] *adj.* sensacional.

sen.sa.tez [sensatéθ] *s.f.* sensatez.

sen.sa.to/a [sensáto] *adj.* sensato, prudente, cauto.

sen.si.bi.li.dad [sensiβiliðáð] *s.f.* sensibilidade.

sen.si.bi.li.zar [sensiβiliθár] *v.t.* sensibilizar.

sen.si.ble [sensíβle] *adj.* sensível.

sen.si.ti.vo/a [sensitíβo] *adj.* sensível, sensitivo.

sen.sual [senswál] *adj.* 1 sensual. 2 carnal.

sen.sua.li.dad [senswaliðáð] *s.f.* sensualidade.

sen.ta.do/a [sentáðo] *adj.* sentado, assentado.

sen.tar [sentár] *v.t.* sentar, assentar.

sen.ten.cia [senténθja] *s.f.* 1 sentença, parecer. 2 sentença, decisão. 3 provérbio.

sen.ten.ciar [sentenθjár] *v.t.* 1 sentenciar, pronunciar sentença. 2 destinar ou aplicar uma coisa para um próposito. 3 (fig.) sentenciar, ameaçar.

sen.ten.cio.so/a [sentenθjóso] *adj.* sentencioso.

sen.ti.do/a [sentíðo] *adj.* e *s.* sentido, sensível. *sentido común*, senso comum.

sen.ti.men.tal [sentimentál] *adj.* sentimental.

sen.ti.mien.to [sentimjénto] *s.m.* sentimento.

sen.tir [sentír] *s.m.* sentimento, parecer, opinião.

sen. [sentír] tir *v.t.* 1 sentir, experimentar sensações. 2 sentir, ouvir, perceber sons. 3 sentir, experimentar prazer ou dor física. 4 sentir, lamentar. 5 sentir, opinar, expressar parecer. 6 sentir, pressentir, prever. 7 sentir, cheirar.

se.ña [seɲa] *s.f.* 1 senha, gesto, sinal. 2 pegada, vestígio. 3 (pl.) endereço. Não confundir com "contraseña".

se.ñal [seɲál] *s.f.* sinal, senha, gesto.

se.ña.la.do/a [seɲaláðo] *adj.* célebre, famoso, renomado, afamado.

se.ña.la.mien.to [seɲalamjénto] *s.m.* 1 nomeação, assinalamento. 2 (for.) designação.

se.ña.lar [seɲalár] *v.t.* 1 assinalar, marcar. 2 assinalar, mostrar, apontar. 3 rubricar, assinar. 4 nomear, designar. 5 ferir, deixando cicatriz. 6 dar um sinal, fazer um gesto.

se.ña.lar.se [seɲalárse] *v.p.* distinguir-se.

se.ñor [seɲór] *adj. e s.* 1 senhor, forma de tratamento. 2 patrão, dono, proprietário.
se.ño.ra [seɲóra] *s.f.* 1 senhora, forma de tratamento. 2 ama, dona, proprietária.
se.ño.re.ar [seɲoreár] *v.t.* 1 senhorear, mandar, ordenar. 2 apoderar-se, apropriar-se.
se.ño.rí.a [seɲoría] *s.f.* senhoria, soberania.
se.ño.rial [seɲorjál] *adj.* senhorial, majestoso, nobre.
se.ño.rí.o [seɲorío] *s.m.* 1 senhorio, domínio, mando. 2 domínio de si.
se.ño.ri.ta [seɲoríta] *s.f.* senhorita, moça.
se.ño.ri.to [seɲoríto] *s.m.* 1 senhorito. 2 jovem rico e ocioso.
se.pa.ra.ción [separaθjón] *s.f.* separação.
se.pa.ra.do/a [separáðo] *adj.* separado, divorciado.
se.pa.rar [separár] *v.t.* 1 separar, desunir. 2 separar, formar grupos. 3 desligar, demitir. 4 separar, divorciar.
se.pa.rar.se [separárse] *v.r.* 1 desquitar-se. 2 despedir-se, separar-se.
se.pa.ra.tis.mo [separatísmo] *s.m.* separatismo.
se.pa.ra.tis.ta [separatísta] *adj.* separatista.
se.pe.lio [sepéljo] *s.m.* enterro, sepultamento, inumação.
se.pia [sépja] *s.f.* 1 (zool.) siba. 2 sépia, tinta.
sep.te.na.rio [septenárjo] *adj. e s.* septenário.
sep.ten.trión [septentrjón] *s.m.* setentrião.
sep.ten.trio.nal [septentrijonál] *adj.* setentrional.
sep.tiem.bre [septjémbre] *s.m.* setembro.
se.pul.cral [sepulkrál] *adj.* sepulcral.
se.pul.cro [sepúlkro] *s.m.* sepulcro, túmulo, tumba.
se.pul.tar [sepultár] *v.t.* 1 sepultar, enterrar, inumar. 2 (fig.) sepultar, esconder, enterrar.
se.pul.tu.ra [sepultúra] *s.f.* sepultura, enterro, tumba. *dar sepultura,* enterrar.
se.pul.tu.re.ro [sepulturéro] *s.m.* sepultureiro, coveiro.
se.que.dad [sekeðáð] *s.f.* 1 sequidão, aridez. 2 (fig.) expressão ou gesto duro.
se.quí.a [sekía] *s.f.* seca, estiagem.
sé.qui.to [sékito] *s.m.* séquito, cortejo.
ser [sér] *v.i.* 1 ser, expressar identidade. 2 ser, servir, aproveitar. 3 ser, estar em lugar ou situação. 4 ser, valer, custar. 5 ser, pertencer. 6 ser, corresponder, convir. 7 ser, formar parte de. 8 ser, proceder de un lugar.
ser [sér] *s.m.* ser, ente; natureza.
se.ra.fín [serafín] *s.m.* serafim.
se.re.nar [serenár] *v.t.* 1 serenar, acalmar, tranquilizar. 2 *v.p.* esfriar água no sereno.
se.re.na.ta [serenáta] *s.f.* serenata, seresta.
se.re.ni.dad [sereniðáð] *s.f.* serenidade, tranquilidade, sossego.
se.re.ní.si.mo [serenísimo] *adj.* sereníssimo.
se.re.no/a [seréno] *adj.* tranquilo, sossegado, quieto.
se.re.no [seréno] *s.m.* 1 guarda-noturno. 2 sereno, relento.
se.rie [sérje] *s.f.* série, sequência. Não confundir com "año" de escola.
se.rie.dad [serjeðáð] *s.f.* seriedade.
se.rio [sérjo] *adj.* 1 sério, reflexivo. 2 sério, sincero, responsável. 3 sério, importante, digno de consideração. *en serio,* seriamente.
ser.món [sermón] *s.m.* sermão.
ser.mo.ne.ar [sermonár] *v.i.* 1 pregar. 2 *v.t* admoestar, repreender.
ser.pe.ar [serpeár] *v.i.* serpear, serpentear.
ser.pen.te.ar [serpenteár] *v.i.* serpear, serpentear.
ser.pen.ti.na [serpentína] *s.f.* serpentina.
ser.pien.te [serpjénte] *s.f.* (zool.) serpente.
se.rra.dor/do.ra [serraðór] *adj. e s.* serrador.
se.rra.ní.a [serranía] *s.f.* serrania.
se.rra.no/a [serráno] *adj. e s.* serrano.
se.rrar [serrár] *v.t.* serrar, cortar a madeira.
se.rrín [serrín] *s.m.* serragem.

se.rru.cho [serrútʃo] *s.m.* serrote.
ser.vi.ble [serβíβle] *adj.* servível, útil, prestadio.
ser.vi.cial [serβiθjál] *adj.* serviçal.
ser.vi.cio [serβíθjo] *s.m.* 1 serviço, utilidade. 2 serviço, ajuda. 3 talher. 4 aparelho de jantar. 5 banheiro. 6 organização e pessoal destinados a cuidar das necessidades do público. Não confundir com "trabajo", acción remunerada.
ser.vi.dor/do.ra [serβiðór] *adj. e s.* 1 servidor, criado. 2 pessoa que ajuda desinteressadamente. Não confundir com "funcionário".
ser.vi.dum.bre [serβiðúmbre] *s.f.* servidão, criadagem.
ser.vil [serβíl] *adj. e s.* servil.
ser.vi.lle.ta [serβiʎéta] *s.f.* guardanapo.
ser.vir [serβír] *v.i.* 1 servir, ajudar. 2 servir, prestar serviços. 3 servir, assistir à mesa. 4 servir, ser útil. 5 substituir. 6 distribuir as cartas. 7 servir, prestar o serviço militar.
ser.vir.se [serβírse] *v.r.* aproveitar-se, tomar para si.
se.sen.ta [sesénta] *adj.* sessenta.
se.sen.ta [sesénta] *s.m.* sessenta.
ses.gar [sesɣár] *v.t.* enviesar, obliquar.
se.sión [sesjón] *s.f.* sessão.
se.so [séso] *s.m.* miolo, cérebro.
ses.te.ar [sesteár] *v.i.* sestear, dormir, descansar.
se.su.do/a [sesúðo] *adj.* sisudo, sensato.
se.ta [séta] *s.f.* (bot.) cogumelo.
se.te.cien.tos/as [seteθjéntos] *adj.* setecentos.
se.te.cien.tos [seteθjéntos] *s.m.* setecentos.
se.to [séto] *s.m.* sebe, tapume.
seu.dó.ni.mo [seuðón i mo] *adj. e s.* pseudônimo.
se.ve.ri.dad [seβeriðáð] *s.f.* severidade.
se.ve.ro/a [seβéro] *adj.* severo, rigoroso.
se.xo [sé(k)so] *s.m.* 1 sexo, gênero. 2 sexo, conjunto de seres do mesmo sexo. 3 sexo, órgãos genitais.
sex.tan.te [se(k)stánte] *s.m.* sextante.
sex.to/a [sé(k)sto] *adj.* sexto.
se.xual [se(k)swál] *adj.* sexual.
se.xua.li.dad [se(k)swaliðáð] *s.f.* sexualidade.
si [si] *conj.* se, condição ou suposição.
si [si] *s.m.* (mús.) si, nota musical.
sí [si] *adv.* sim.
sí [si] *pron.* si.
sia.més [sjamés] *adj.* siamês.
si.ba.ri.ta [siβaríta] *adj. e s.* sibarita, voluptuoso, lascivo.
si.ca.rio [sikárjo] *s.m.* sicário.
si.co.mo.ro [sikomóro] *s.m.* (bot.) sicômoro, figueira-egípcia.
si.de.ral [siðerál] *adj.* sideral.
si.de.rur.gia [siðerúrxja] *s.f.* siderurgia.
si.dra [síðra] *s.f.* sidra.
sie.ga [sjéɣa] *s.f.* ceifa, sega.
siem.bra [sjémbra] *s.f.* semeadeira, semeadura.
siem.pre [sjémpre] *adv.* sempre.
siem.pre.vi.va [sjempreβíβa] *s.f.* (bot.) sempre-viva.
sien [sjén] *s.f.* (anat.) têmpora.
sie.rra [sjérra] *s.f.* serra.
sier.vo [sjérβo] *s.m.* servo.
sies.ta [sjésta] *s.f.* sesta.
sie.te [sjéte] *adj. e num.* sete.
sie.te.me.si.no/a [sjetemesí no] *adj.* setemesinho.
sí.fi.lis [sífilis] *s.f.* sífilis.
si.fón [sifón] *s.m.* sifão.
si.gi.lo [sixílo] *s.m.* sigilo.
si.gi.lo.so [sixilóso] *adj.* sigiloso, secreto, discreto.
si.gla [síɣla] *s.f.* sigla.
si.glo [síɣlo] *s.m.* século.
sig.nar [siɣnár] *v.t.* 1 assinar. 2 persignar, fazer a cruz.

signatario/a

sig.na.ta.rio/a [siɣnatárjo] *adj. e s.* signatário.
sig.na.tu.ra [siɣnatúra] *s.f.* assinatura.
sig.ni.fi.ca.ción [siɣnifikaθjón] *s.f.* significação.
sig.ni.fi.ca.do [siɣnifikáðo] *s.m.* significado, significação.
sig.ni.fi.car [siɣnifikár] *v.t.* 1 significar, expressar uma ideia. 2 *v.i.* representar, valer, ter importância.
sig.ni.fi.ca.ti.vo/a [siɣnifikatíβo] *adj.* 1 significativo, que dá a entender uma coisa. 2 significativo, importante.
sig.no [síɣno] *s.m.* 1 sinal. 2 (gram.) elementos de pontuação. *signo de exclamación,* ponto de exclamação. *signo de interrogación,* ponto de interrogação. 3 (zod.) signo.
si.guien.te [siɣiénte] *adj.* seguinte, próximo.
sí.la.ba [sílaβa] *s.f.* sílaba.
si.la.be.ar [silaβeár] *v.i. e t.* silabar.
sil.bar [silβár] *v.t.* 1 assobiar. 2 vaiar.
sil.ba.to [silβáto] *s.m.* apito.
sil.bi.do [silβíðo] *s.m.* assobio.
sil.bo [sílβo] *s.m.* assobio, sibilo, silvo.
si.len.ciar [silenθjár] *v.t.* calar, silenciar.
si.len.cio [silénθjo] *s.m.* silêncio.
si.len.cio.so/a [silenθjóso] *adj. e s.* silencioso.
si.lla [síʎa] *s.f.* 1 cadeira, assento. 2 sela. *silla eléctrica,* cadeira elétrica.
si.llar [siʎár] *s.m.* silhar, seladouro.
si.lle.rí.a [siʎería] *s.f.* 1 conjunto de cadeiras iguais. 2 lugar onde se fabricam cadeiras. 3 lugar onde se vendem cadeiras.
si.llín [siʎín] *s.m.* selim, sela, assento.
si.llón [siʎón] *s.m.* cadeirão, poltrona.
si.lo [sílo] *s.m.* silo, graneiro.
si.lo.gis.mo [siloxísmo] *s.m.* silogismo.
si.lue.ta [silwéta] *s.f.* silhueta, perfil.
sil.va [sílβa] *s.f.* silva (composição poética).
sil.ves.tre [silβéstre] *adj.* silvestre.
sim.bio.sis [simbjósis] *s.f.* simbiose.

sim.bó.li.co/a [simbóliko] *adj.* simbólico.
sím.bo.lo [símbolo] *s.m.* símbolo.
si.me.trí.a [simetría] *s.m.* simetria.
si.mé.tri.co/a [simétriko] *adj.* simétrico.
si.mien.te [simjénte] *s.f.* 1 semente. 2 sêmem.
sí.mil [símil] *s.m.* símile, comparação, semelhança.
si.mi.lar [similár] *adj.* similar, semelhante, parecido, análogo.
si.mi.li.tud [similitúð] *s.f.* similitude.
si.mio [símjo] *s.m.* (zool.) símio.
sim.pa.tí.a [simpatía] *s.f.* simpatia, atração.
sim.pá.ti.co/ [simpátiko] *a adj.* simpático, agradável.
sim.pa.ti.zar [simpatiθár] *v.i.* simpatizar, fraternizar.
sim.ple [símple] *adj. e s.* 1 simples, singelo. 2 ignorante, tonto, tolo. 3 (fig.) que não tem sabor ou tempero. 4 cópia não autenticada. 5 que não está dobrado, multiplicado ou reforçado.
sim.ple.za [simpléθa] *s.f.* bobagem, tolice.
sim.pli.ci.dad [simpliθiðáð] *s.f.* 1 simplicidade, ingenuidade. 2 sem artifício nem composição.
sim.pli.fi.ca.ción [simplifikaθjón] *s.f.* simplificação.
sim.pli.fi.car [simplifikár] *v.t.* simplificar, facilitar.
si.mu.la.ción [simulaθjón] *s.f.* simulação.
si.mu.la.cro [simulákro] *s.m.* simulado.
si.mu.la.dor [simulaðór] *adj. e s.* simulador.
si.mu.lar [simulár] *v.t.* 1 simular, fingir. 2 (inf.) representar.
si.mul.tá.ne.o [simultáneo] *adj.* simultâneo.
sin [sin] *prep.* sem; exclusão.
si.na.go.ga [sinaɣóɣa] *s.f.* sinagoga.
sin.ce.rar [sinθerár] *v.t.* 1 justificar, inocentar. 2 *v.p.* desabafar-se com alguém.
sin.ce.ri.dad [sinθeriðáð] *s.f.* sinceridade, franqueza.

sin.ce.ro/a [sinθéro] *adj.* sincero, franco.
sín.co.pe [sínkope] *s.m.* síncope, desmaio.
sin.cro.ni.zar [sinkroniθár] *v.t.* sincronizar.
sin.di.ca.ción [sindikaθjón] *s.f.* sindicação.
sin.di.cal [sindikál] *adj.* sindical.
sin.di.ca.lis.mo [sindikalísmo] *s.m.* sindicalismo.
sin.di.ca.lis.ta [sindikalísta] *adj. e s.* sindicalista.
sin.di.car [sindikár] *v.t.* 1 sindicar, acusar ou delatar. 2 sindicalizar. 3 *v.p.* aderir a um sindicato.
sin.di.ca.to [sindikáto] *s.m.* sindicato.
sín.di.co [síndiko] *s.m.* síndico.
sín.dro.me [síndrome] *s.m.* síndrome.
si.né.re.sis [sinéresis] *s.f.* sinérese.
sin.fín [sinfín] *s.m.* sem-fim.
sin.fo.ní.a [sinfonía] *s.f.* sinfonia.
sin.fó.ni.co/a [sinfóniko] *adj.* sinfônico.
sin.glar [singlár] *v.i.* singrar, navegar, velejar.
sin.gu.lar [singulár] *adj.* 1 singular, único. 2 extraordinário, excelente. 3 (gram.) singular.
sin.gu.la.ri.dad [singulariðáð] *s.f.* singularidade.
sin.gu.la.ri.zar [singulariθár] *v.t.* singularizar.
sin.gu.la.ri.zar.se [singulariθárse] *v.r.* distinguir-se.
si.nies.tra [sinjéstra] *s.f.* sinistra.
si.nies.tra.do/a [sinjestráðo] *adj. e s.* sinistrado.
si.nies.tro/a [sinjéstro] *adj.* sinistro.
sin.nú.me.ro [sinnúmero] *s.m.* sem-número, infinidade.
si.no [síno] *conj.* 1 mas, porém, e sim. 2 exceto, a não ser. 3 apenas, somente, só. 4 mas também.
si.no [síno] *s.m.* sina, destino.
sí.no.do [sínoðo] *s.m.* sínodo, concílio.
si.nó.ni.mo/a [sinónimo] *adj. e s.* (gram.) sinônimo.
si.nop.sis [sinópsis] *s.f.* sinopse.
si.nóp.ti.co [sinóptiko] *s.f.* sinóptico.
si.no.vial [sinoβjál] *adj.* sinovial.
sin.ra.zón [sinrraθón] *s.f.* sem-razão.
sin.sa.bor [sinsaβór] *s.m.* 1 sensaboria, insipidez. 2 (fig.) pesar, aflição, dissabor.
sin.ta.xis [sintá(k)sis] *s.f.* (gram.) sintaxe.
sín.te.sis [síntesis] *s.f.* síntese.
sin.té.ti.co/a [sintétiko] *adj.* sintético.
sin.te.ti.za.ble [sintetiθáβle] *adj.* sintetizável.
sin.te.ti.zar [sintetiθár] *v.t.* sintetizar, resumir, compendiar.
sín.to.ma [síntoma] *s.m.* sintoma.
sin.to.má.ti.co/a [sintomátiko] *adj.* sintomático.
sin.to.ní.a [sintonía] *s.f.* sintonia.
sin.to.ni.za.ción [sintoniθaθjón] *s.f.* sintonização.
sin.to.ni.zar [sintoniθár] *v.t.* 1 sintonizar. 2 *v.p.* adaptar-se.
si.nuo.si.dad [sinwosiðáð] *s.f.* sinuosidade, tergiversação.
si.nuo.so/a [sinwóso] *adj.* 1 sinuoso, tortuoso. 2 (fig.) intrigante, sigiloso.
si.nu.si.tis [sinusítis] *s.f.* sinusite.
sin.ver.güen.ce.rí.a [simberγonθonería] *s.f.* (fam.) sem-vergonhice, desfaçatez.
sin.ver.güen.za [simberγwénθa] *adj. e s.* sem-vergonha, desavergonhado.
sio.nis.mo [sjonísmo] *s.m.* sionismo.
si.quie.ra [sikjéra] *adv.* pelo menos, tão somente.
si.quie.ra [sikjéra] *conj.* 1 ainda que, se bem que, mesmo que. 2 ou, já, ora.
si.re.na [siréna] *s.f.* sereia.
si.ri.mi.ri [sirimíri] *s.m.* chuvisco, garoa.
si.ro.co [siróko] *s.m.* siroco, vento sueste.
sir.vien.ta [sirβjénta] *s.f.* servente, criada.
sir.vien.te [sirβjénte] *adj. e s.* servente, criado.
si.sa [sísa] *s.f.* sisa, imposto de transmissão de bem imóveis.

si.sar [sisár] *v.t.* roubar pequenas partes nas compras, defraudar.
si.se.ar [siseár] *v.t.* ciciar, sussurrar.
si.se.o [siséo] *s.m.* cicio, sussurro.
sís.mi.co/a [sísmiko] *adj.* sísmico.
sis.mó.gra.fo [sismóɣrafo] *s.m.* sismógrafo.
sis.te.ma [sistéma] *s.m.* 1 sistema, método. 2 sistema, conjunto de coisas afins. 3 sistema, norma, regra. 4 sistema, governo.
sis.te.má.ti.co/a [sistemátiko] *adj.* sistemático.
sis.te.ma.ti.zar [sistematiθár] *v.t.* sistematizar, classificar, ordenar, organizar.
si.tiar [sitjár] *v.t.* sitiar, assediar, cercar.
si.tio [sítjo] *s.m.* qualquer lugar. Não confundir com "finca".
si.to/a [síto] *adj.* sito, situado.
si.tua.ción [sitwaθjón] *s.f.* 1 situação, colocação. 2 situação, constituição das pessoas ou coisas. 3 situação, realidade.
si.tuar [sitwár] *v.t.* 1 situar, colocar, pôr. 2 *v.p.* colocar-se, estabelecer-se.
so.ba.co [soβáko] *s.m.* sovaco, axila.
so.ba.do [soβáðo] *adj.* sovado, coçado.
so.ba.qui.na [soβakína] *s.f.* sovaquinho.
so.bar [soβár] *v.t.* 1 sovar, manusear. 2 (fig.) castigar, surrar. 3 incomodar, encher o saco. 4 elogiar com interesse, puxar o saco. 5 encaixar ossos deslocados.
so.be.o [soβéo] *s.m.* socairo.
so.be.ra.ní.a [soβeranía] *s.f.* soberania.
so.be.ra.no/a [soβeráno] *adj. e s.* 1 soberano. 2 (fig.) orgulhoso, soberbo.
so.ber.bia [soβérβja] *s.f.* soberba.
so.ber.bio/bia [soβérβjo] *adj.* 1 soberbo, arrogante, metido. 2 (fig.) alto, forte (para as coisas).
so.bor.na.ble [soβornáβle] *adj.* subornável.
so.bor.na.do/a [soβornáðo] *adj.* subornado, peitado.
so.bor.nar [soβornár] *v.t.* subornar.
so.bor.no [soβórno] *s.m.* suborno.

so.bra [sóβra] *s.f.* 1 sobra, excesso. 2 (pl.) desperdícios, restos. *de sobra*, em abundância.
so.bran.te [soβránte] *adj. e s.* 1 excesso. 2 (pl.) sobras, restos.
so.brar [soβrár] *v.t.* 1 sobrar, exceder. 2 sobrar, restar, ficar.
so.bre [sóβre] *prep.* 1 sobre, em cima de. 2 sobre, acerca de. 3 por volta de. 4 depois de.
so.bre [sóβre] *s.m.* envelope.
so.bre.ca.ma [soβrekáma] *s.f.* colcha de cama.
so.bre.car.ga [soβrekárɣa] *s.f.* sobrecarga.
so.bre.car.gar [soβrekarɣár] *v.t.* sobrecarregar.
so.bre.ce.ja [soβreθéxa] *s.f.* sobrancelha, sobrolho.
so.bre.co.ger [soβrekoxér] *v.t.* surpreender, assustar.
so.bre.co.gi.mien.to [soβrekoxim jénto] *s.m.* surpresa; sobressalto.
so.bre.e.le.var [soβreeleβár] *v.t.* sustentar, sofrer, ter resignação.
so.brehi.lar [soβreilár] *v.t.* alinhavar.
so.brehu.ma.no [soβreumáno] *s.m.* sobrehumano.
so.bre.lle.var [soβreʎeβár] *v.t.* 1 sobrelevar. 2 (fig.) sofrer, tolerar, suportar.
so.bre.ma.ne.ra [soβremanéra] *adv.* sobremaneira, extraordinariamente.
so.bre.me.sa [soβremésa] *s.f.* 1 toalha de mesa. 2 tempo que se está na mesa depois da refeição. Não confundir com "postre".
so.bre.na.tu.ral [soβrenaturál] *adj.* sobrenatural.
so.bre.nom.bre [soβrenómbre] *s.m.* apelido, alcunha.
so.bren.ten.der [soβrentendér] *v.t.* subentender.
so.bre.po.ner [soβreponér] *v.t.* sobrepor, acrescentar.

so.bre.po.ner.se [soβreponérse] *v.r.* dominar-se

so.bre.pre.cio [soβrepréθjo] *s.m.* aumento no preço comum.

so.bre.sa.lien.te [soβresaljénte] *adj. e s.* 1 sobressalente, excelente. 2 distinção, nota máxima nos exames.

so.bre.sa.lir [soβresalír] *v.i.* 1 sobressair, exceder, avantajar. 2 sobressair, destacar-se.

so.bre.sal.tar [soβresaltár] *v.t.* sobressaltar.

so.bre.sal.tar.se [soβresaltárse] *v.r.* assustar--se.

so.bre.sal.to [soβresálto] *s.m.* sobressalto, alvoroço. *de sobresalto*, de súbito.

so.bre.se.er [soβreseér] *v.i.* sobresser, renunciar, desistir.

so.bres.tan.te [soβrestánte] *s.m.* sobrestante, capataz.

so.bre.suel.do [soβreswéldo] *s.m.* gratificação.

so.bre.to.do [soβretóðo] *s.m.* sobretudo.

so.bre.ve.nir [soβreβenír] *v.i.* sobrevir.

so.bre.vi.vir [soβreβiβír] *v.t.* sobreviver.

so.brie.dad [soβrjeðáð] *s.f.* sobriedade.

so.bri.na [soβrína] *s.f.* sobrinha.

so.bri.no [soβríno] *s.m.* sobrinho.

so.brio/a [sóβrjo] *adj.* sóbrio, moderado.

so.ca.rrar [sokarrár] *v.t.* torrar, queimar, chamuscar.

so.ca.rri.na [sokarréna] *s.f.* (fam.) chamusco.

so.ca.rrón/rro.na [sokarrón] *adj. e s.* socarrão, astuto.

so.ca.rro.ne.rí.a [sokarronería] *s.f.* astúcia, velhacaria.

so.ca.var [sokaβár] *v.t.* 1 socavar, escavar. 2 (fig.) debilitar, enfraquecer algo não material.

so.ca.vón [sokaβón] *s.m.* socava.

so.cia.bi.li.dad [soθjaβiliðáð] *s.f.* sociabilidade.

so.cia.ble [soθjáβle] *adj.* sociável.

so.cial [soθjál] *adj.* social, sociável.

so.cia.lis.mo [soθjalísmo] *s.m.* socialismo.

so.cia.lis.ta [soθjalísta] *adj. e s.* socialista.

so.cia.li.za.ción [soθjaliθaθjón] *s.f.* socialização.

so.cia.li.zar [soθjaliθár] *v.t.* socializar.

so.cie.dad [soθjeðáð] *s.f.* sociedade.

so.cio [sóθjo] *s.m.* 1 sócio, membro de uma sociedade. 2 parceiro.

so.cio.lo.gí.a [soθjoloχía] *s.f.* sociologia.

so.c io.ló.gi.co/a [soθjolóχiko] *adj.* sociológico.

so.co.rrer [sokorrér] *v.t.* socorrer, ajudar, auxiliar.

so.co.rri.do [sokorríðo] *adj.* socorrido.

so.co.rro [sokórro] *s.m.* socorro, ajuda, auxílio.

so.da [sóða] *s.f.* soda.

só.di.co [sóðiko] *adj.* sódico.

so.dio [sóðjo] *s.m.* sódio.

so.do.mí.a [soðomía] *s.f.* sodomia.

so.do.mi.ta [soðomíta] *adj. e s.* sodomita, pederasta.

so.ez [soéθ] *adj.* soez, vil, grosseiro.

so.fis.ma [sofísma] *s.m.* sofisma.

so.fis.ta [sofísta] *adj. e s.* sofista.

so.fis.te.rí.a [sofistería] *s.f.* 1 sofisteria. 2 *p. ext.* engano, falsificação de algo.

so.fis.ti.ca.ción [sofistikaθjón] *s.f.* sofisticação.

so.fis.ti.car [sofistikár] *v.t.* 1 sofisticar, adulterar, falsificar. 2 tornar complexa e artificial uma coisa. 3 tornar requintado, pouco natural.

so.fla.ma [sof láma] *s.m.* 1 chama tênue. 2 expressão artificial.

so.fo.ca.ción [sofokaθjón] *s.f.* sufocação.

so.fo.ca.dor/do.ra [sofokaðór] *adj.* sufocador.

so.fo.can.te [sofokánte] *adj.* sufocante.

so.fo.car [sofokár] *v.t.* 1 sufocar, afogar, asfixiar. 2 extinguir, dominar, reprimir. 3 assediar. 4 *v.p.* envergonhar-se. 5 irritar-se por algo sem importância.

so.fo.co [sofóko] *s.m.* 1 sufoco. 2 (fig.) grave desgosto que se dá ou recebe.
so.fo.cón [sofokón] *s.m.* 1 mágoa. 2 (fig.) desgosto que sufoca.
so.fre.ír [sofreír] *v.t.* fritar levemente uma coisa.
so.ga [sóɣa] *s.f.* soga, corda grossa.
so.ja [sóχa] *s.f.* (bot.) soja.
so.juz.gar [soχuθɣár] *v.t.* subjugar, submeter.
sol [sól] *s.m.* sol.
so.la.na [solána] *s.f.* 1 soalheiro, lugar exposto ao sol. 2 solário.
so.la.no [soláno] *s.m.* vento sufocante do leste.
so.la.pa [solápa] *s.f.* lapela.
so.la.pa.do/a [solapáðo] *adj.* pessoa que costuma ocultar maliciosa e cautelosamente seus pensamentos.
so.la.par [solapár] *v.t.* solapar, dissimular, ocultar.
so.lar [solár] *adj.* solar.
so.la.zar [solaθár] *v.t.* consolar, alegrar, divertir.
sol.da.do [soldáðo] *s.m.* soldado.
sol.da.du.ra [soldaðúra] *s.f.* soldadura.
sol.dar [soldár] *v.t.* 1 soldar, colar. 2 (fig.) emendar, consertar, desculpar uma falta.
so.le.a.do/a [soleáðo] *adj.* ensolarado.
so.le.dad [soleðáð] *s.f.* solidão.
so.lem.ne [solémne] *adj.* solene.
so.lem.ni.dad [solemniðáð] *s.f.* solenidade.
so.lem.ni.za.ción [solemniθaθjón] *s.f.* solenização.
so.lem.ni.zar [solemniθár] *v.t.* solenizar.
so.ler [solér] *v.t.* costumar, ter por hábito.
so.le.ra [soléra] *s.f.* soleira, frechal.
sol.fe.ar [solfeár] *v.t.* solfejar, surrar.
sol.fe.o [solféo] *s.m.* solfejo, surra.
so.li.ci.ta.ción [soliθitaθjón] *s.f.* solicitação, pedido.
so.li.ci.tan.te [soliθitánte] *adj. e s.* solicitante.
so.li.ci.tar [soliθitár] *v.t.* 1 solicitar, pedir. 2 solicitar, galantear alguém.
so.li.ci.tud [soliθitúð] *s.f.* solicitude, pedido.
so.li.da.ri.dad [soliðariðáð] *s.f.* solidariedade.
so.li.da.rio/a [soliðárjo] *adj.* solidário.
so.li.dez [soliðéθ] *s.f.* solidez.
so.li.di.fi.ca.ción [soliðifikaθjón] *s.f.* solidificação.
so.li.di.fi.car [soliðifikár] *v.t.* solidificar.
só.li.do [sóliðo] *adj.* sólido, firme, denso.
so.li.lo.quio [solilókjo] *s.m.* 1 solilóquio. 2 monólogo.
so.li.mán [solimán] *s.m.* solimão.
so.lis.ta [solísta] *s.m.* solista.
so.li.ta.rio [solitárjo] *adj.* 1 solitário, deserto, desabitado. 2 solitário, só, sem companhia. 3 retirado, que ama a solidão. 4 jogo de baralho.
so.li.vian.tar [soliβjantár] *v.t.* sublevar, incitar.
so.llo.zar [soʎoθár] *v.i.* soluçar, chorar.
so.llo.zo [soʎóθo] *s.m.* soluço, choro.
so.lo [sólo] *adj.* só, solitário. *a solas*, a sós.
so.lo [sólo] *s.m.* solo.
só.lo [sólo] *adv.* só, somente.
so.lo.mi.llo [solomíʎo] *s.m.* acém.
sols.ti.cio [solstíθjo] *s.m.* solstício.
sol.tar [soltár] *v.t.* 1 soltar, desatar. 2 soltar, liberar. 3 (fam.) dizer com franqueza ou violência algo que devia calar. 4 *v.p.* desprender-se, desabrochar-se.
sol.te.rí.a [soltería] *s.f.* celibato.
sol.te.ro/a [soltéro] *adj. e s.* solteiro, celibatário.
sol.te.rón/ro.na [solterón] *adj. e s.* solteirão, titio.
sol.te.ro.na [solteróna] *s.f.* solteirona, titia.
sol.tu.ra [soltúra] *s.f.* 1 soltura, destreza, desenvoltura. 2 (fig.) libertinagem, imoralidade.
so.lu.ble [solúβle] *adj.* solúvel.
so.lu.ción [soluθjón] *s.f.* solução.

so.lu.cio.nar [soluθjonár] *v.t.* solucionar, resolver.
sol.ven.cia [solβénθja] *s.f.* solvência.
sol.ven.tar [solβentár] *v.t.* solver.
sol.ven.te [solβénte] *adj.* solvente.
som.bra [sómbra] *s.f.* sombra. *hacer sombra*, impedir que algo ou alguém prospere.
som.bra.je [sombráχe] *s.m.* ramada.
som.bre.ar [sombreár] *v.t.* sombrear.
som.bre.ra.zo [sombreráθo] *s.m.* chapelão, chapelada.
som.bre.re.ra [sombreréra] *s.f.* chapeleira.
som.bre.ro [sombréro] *s.m.* chapéu.
som.bri.lla [sombríʎa] *s.f.* sombrinha, guarda-sol.
som.brí.o/a [sombrío] *adj.* sombrio, triste, melancólico.
so.me.ro/a [soméro] *adj.* superficial, exíguo, aparente.
so.me.ter [sometér] *v.t.* 1 submeter, dominar, humilhar. 2 submeter, subordinar.
som.nám.bu.lo [somnámβulo] *adj. e s.* sonâmbulo.
som.ní.fe.ro [somnífero] *adj.* sonífero.
som.no.len.cia [somnolénθja] *s.f.* sonolência, modorra.
som.no.lien.to [somnoljénto] *adj. e s.* sonolento.
son [són] *s.m.* 1 som, ruído. 2 ao ritmo.
so.na.ble [sonáβle] *adj.* 1 sonoro, ruidoso. 2 famoso, notável.
so.na.do/a [sonádo] *adj.* 1 afamado, conhecido. 2 (fig. e fam.) adoidado, amalucado, estabanado.
so.na.je.ro [sonaχéro] *s.m.* guizo.
so.nar [sonár] *v.i.* 1 soar, produzir som. 2 mencionar, citar. 3 ter uma vaga lembrança. 4 assoar.
so.na.ta [sonáta] *s.f.* sonata.
son.da [sónda] *s.f.* sonda.
son.da.je [sondáχe] *s.m.* sondagem.

son.dar [sondár] *v.t.* 1 sondar, averiguar. 2 (med.) sondar, explorar com sonda.
son.de.o [sondéo] *s.m.* sondagem, investigação.
so.ne.to [sonéto] *s.m.* soneto.
so.ni.do [soníðo] *s.m.* som.
so.no.ri.dad [sonoriðáð] *s.f.* sonoridade.
so.no.ri.za.ción [sonoriθaθjón] *s.f.* sonorização.
so.no.ri.zar [sonoriθár] *v.t.* sonorizar.
so.no.ro/a [sonóro] *adj.* sonoro.
son.re.ír [sonreír] *v.i. e t.* sorrir.
son.rien.te [sonrjénte] *adj.* sorridente.
son.ri.sa [sonrísa] *s.f.* sorriso.
son.ro.jar [sonrroχár] *v.t.* ruborizar, corar.
son.ro.jo [sonrróχo] *s.m.* 1 rubor, vergonha. 2 ofensa.
son.ro.sar [sonrrosár] *v.r. e v.t.* ruborizar- se.
son.sa.car [sonsakár] *v.t.* surripiar, solicitar secretamente.
so.ña.dor/do.ra [soɲaðór] *adj.* sonhador.
so.ñar [soɲár] *v.t.* 1 sonhar. 2 fantasiar. *ni soñarlo*, de jeito nenhum.
so.ño.len.cia [soɲolénθja] *s.f.* sonolência.
so.ño.lien.to [soɲoljénto] *adj.* sonolento.
so.pa [sópa] *s.f.* sopa.
so.pa.po [sopápo] *s.m.* sopapo, soco, murro.
so.pe.ra [sopéra] *s.f.* sopeira.
so.pe.ro [sopéro] *adj. e s.* sopeiro, diz-se do prato para sopa.
so.pe.sar [sopesár] *v.t.* ponderar, sopesar.
so.pe.tón [sopetón] *s.m.* sopetão. *de sopetón*, de sopetão, subitamente.
so.pla.mo.cos [soplamókos] *s.m.* bofetão.
so.plar [soplár] *v.i.* 1 soprar, assoprar. 2 (fig.) sugerir, inspirar ideias ou pensamentos. 3 (fig.) colar (em uma prova). 4 (fig.) acusar, delatar. 5 (fig.) envaidecer-se. 6 (fig. e fam.) ficar chateado.
so.ple.te [sopléte] *s.m.* maçarico.
so.pli.do [soplíðo] *s.m.* sopro, assopro.
so.pli.llo [soplíʎo] *s.m.* abano.

so.plo [sóplo] *s.m.* sopro, assopro.
so.plón [soplón] *s.m.* mexeriqueiro, delator, denunciante.
so.pon.cio [sopónθjo] *s.m.* desmaio, aflição.
so.por [sopór] *s.m.* sono profundo, sopor, modorra.
so.po.rí.fe.ro/a [soporífero] *adj. e s.* soporífero.
so.por.ta.ble [soportáβle] *adj.* suportável.
so.por.tal [soportál] *s.m.* soleira, alpendre.
so.por.tar [soportár] *v.t.* 1 sustentar, manter. 2 (fig.) sofrer, suportar, aguentar, aturar, tolerar.
so.por.te [sopórte] *s.m.* suporte, apoio.
so.pra.no [sopráno] *s.m.* soprano.
sor.ber [sorβér] *v.t.* sorver, sugar.
sor.be.te [sorβéte] *s.m.* picolé.
sor.bi.ble [soβíβle] *adj.* sorvível.
sor.bo [sórβo] *s.m.* gole.
sor.de.ra [sorðéra] *s.f.* surdez.
sor.di.dez [sorðiðéθ] *s.f.* mesquinharia, asquerosidade, sordidez.
sór.di.do [sórðiðo] *adj.* sórdido.
sor.di.na [sorðína] *s.f.* surdina.
sor.do/a [sórðo] *adj. e s.m.* surdo.
sor.do.mu.do/a [sorðomúðo] *adj. e s.* surdo-mudo.
sor.na [sórna] *s.f.* sorna.
sor.pren.den.te [sorprendénte] *adj.* surpreendente.
sor.pren.der [sorprendér] *v.t.* surpreender.
sor.pre.sa [sorprésa] *s.f.* surpresa.
sor.te.a.ble [sorteáβle] *adj.* sorteável.
sor.te.ar [sorteár] *v.t.* sortear.
sor.te.o [sortéo] *s.m.* sorteio.
sor.ti.ja [sortíxa] *s.f.* 1 anel. 2 cacho de cabelo.
sor.ti.le.gio [sortiléxjo] *s.m.* sortilégio.
so.se.ga.do [soseɣáðo] *adj.* sossegado.
so.se.ga.dor/do.ra [soseɣaðór] *adj. e s.* sossegador.

so.se.gar [soseɣár] *v.t.* sossegar, descansar, pacificar.
so.sie.go [sosjéɣo] *s.m.* sossego, descanso.
sos.la.yar [soslaɟár] *v.t.* 1 esguelhar. 2 (fig.) passar por alto, evitar.
so.so/a [sóso] *adj.* insosso.
sos.pe.cha [sospétʃa] *s.f.* suspeita.
sos.pe.cha.ble [sospetʃáβle] *adj.* suspeito.
sos.pe.char [sospetʃár] *v.t. e i.* suspeitar, imaginar.
sos.pe.cho.so/a [sospetʃóso] *adj. e s.* suspeito.
sos.tén [sostén] *s.m.* 1 sustento, amparo, apoio. 2 sutiã.
sos.te.ner [sostenér] *v.t.* sustentar, apoiar.
sos.te.ni.do/a [sosteníðo] *adj.* sustentado.
sos.te.ni.mien.to [sostenimjénto] *s.m.* sustentação, manutenção.
so.ta.na [sotána] *s.f.* batina, sotana.
só.ta.no [sótano] *s.m.* porão.
so.ta.ven.to [sotaβénto] *s.m.* sotavento.
so.te.rrar [soterrár] *v.t.* 1 soterrar, enterrar. 2 (fig.) esconder.
so.to [sóto] *s.m.* souto, bosque cerrado.
su [sú] *pron.* 1 seu, sua. 2 (pl.) seus, suas.
sua.ve [swáβe] *adj.* suave, delicado.
sua.vi.dad [swaβiðáð] *s.f.* suavidade.
sua.vi.za.ción [swaβiθaθjón] *s.f.* suavização.
sua.vi.zar [swaβiθár] *v.t.* suavizar.
sub [súb\β] *pref.* sub.
sub.al.ter.no/a [suβaltérno] *adj. e s.* subalterno, inferior.
sub.a.rren.dar [suβarrendár] *v.t.* subalocar.
sub.a.rren.da.ta.rio [suβarrendatárjo] *s.m.* subarrendatário.
sub.a.rrien.do [suβarrjéndo] *s.m.* subarrendamento.
su.bas.ta [suβásta] *s.f.* leilão.
su.bas.tar [suβastár] *v.t.* leiloar, subastar.
sub.co.mi.sión [subkomisjón] *s.f.* subcomissão.
sub.cons.cien.cia [subkonsθjénθja] *s.f.* subconsciência.

sub.cons.cien.te [subkonsθjénte] *adj.* subconsciente.
súb.di.to/a [súβðito] *adj. e s.* súbdito.
sub.di.vi.dir [suβðiβiðír] *v.t.* subdividir.
sub.di.vi.sión [suβðiβisjón] *s.f.* subdivisão.
su.bi.da [suβíða] *s.f.* 1 subida, encosta. 2 subida, aumento.
su.bi.do [suβíðo] *adj.* subido.
su.bir [suβír] *v.i.* 1 subir, elevar, ascender. 2 subir, aumentar.
sú.bi.to [súβito] *adj.* súbito.
sub.je.ti.vi.dad [suβχetiβiðáð] *s.f.* subjetividade.
sub.je.ti.vo/a [suβχetíβo] *adj.* subjetivo.
sub.jun.ti.vo [suβχuntíβo] *adj. e s.* subjuntivo.
su.ble.va.ción [suβleβaθjón] *s.m.* sublevação.
su.ble.var [suβleβár] *v.t.* sublevar, amotinar.
su.ble.var.se [suβleβárse] *v.r.* amotinar-se.
su.bli.ma.ción [suβlimaθjón] *s.f.* sublimação.
su.bli.mar [suβlimár] *v.t.* sublimar.
su.bli.me [suβlíme] *adj.* sublime, excelso.
sub.ma.ri.no/a [submaríno] *adj. e s.m.* submarino.
su.bor.di.na.ción [suβordinaθjón] *s.f.* subordinação.
su.bor.di.na.do/a [suβorðináðo] *adj. e s.* subordinado.
su.bor.di.nar [suβorðinár] *v.t.* subordinar, sujeitar, submeter.
sub.ra.yar [suβrraʝár] *v.t.* sublinhar, destacar, salientar.
sub.ro.gar [suβrroɣár] *v.t.* subrogar.
subs.cri.bir [suβskriβír] *v.t.* subscrever.
sub.se.cre.ta.rio [suβsekretárjo] *s.m.* subsecretário.
sub.si.dio [suβsíðjo] *s.m.* subsídio.
sub.sis.ten.cia [suβsisténθja] *s.f.* subsistência.
sub.sis.tir [suβsistír] *v.i.* subsistir.
sub.sue.lo [suβswélo] *s.m.* subsolo.
sub.ter.fu.gio [subterfúχjo] *s.m.* subterfúgio.
sub.te.rrá.ne.o/a [subterráneo] *adj. e s.* subterrâneo.

sub.tí.tu.lo [subtítulo] *s.m.* 1 subtítulo. 2 legenda (em filmes).
sub.ur.ba.no/a [suβurβáno] *adj. e s.m.* suburbano.
su.bu.rbio [suβúrβjo] *s.m.* subúrbio.
sub.ven.ción [su(β)βenθjón] *s.f.* subvenção, subsídio.
sub.ven.cio.nar [su(β)βenθjonár] *v.t.* subvencionar.
sub.ver.si.vo/a [su(β)βersíβo] *adj.* subversivo.
sub.ver.tir [su(β)βertír] *v.t.* subverter, destruir.
sub.yu.gar [suβʝuɣár] *v.t.* subjugar, submeter.
suc.ción [sukθjón] *s.f.* sucção.
suc.cio.nar [sukθjonár] *v.t.* chupar, sugar.
su.ce.dá.ne.o/a [suθeðáneo] *adj. e s.* diz-se da substância ou produto que pode substituir outro, sucedâneo.
su.ce.der [suθeðér] *v.i.* 1 suceder, substituir. 2 suceder, acontecer. 3 suceder, proceder, descender. 4 herdar.
su.ce.di.do/a [suθeðíðo] *adj.* sucedido, acontecido.
su.ce.di.do [suθeðíðo] *s.m.* acontecimento, fato.
su.ce.sión [suθesjón] *s.f.* 1 sucessão, continuação. 2 descendência direta. 3 (jur.) ordenação.
su.ce.si.vo/a [suθesíβo] *adj.* sucessivo. *en lo sucesivo*, daqui para frente.
su.ce.so [suθéso] *s.m.* 1 acontecimento, fato. 2 (com.) notícia do dia a dia.
su.cie.dad [suθjeðáð] *s.f.* 1 sujeira, porcaria, lixo. 2 (fig.) dito ou fato obsceno, vil.
su.cin.to/a [suθínto] *adj.* sucinto, breve, conciso, abreviado.
su.cio/a [súθjo] *adj.* 1 sujo, maculado. 2 (fig.) desonesto, obsceno. 3 (fig.) turvo, confuso. 4 (fig.) imperfeito, impuro. 4 (fig.) trapaceiro (no jogo).

suculento/a

su.cu.len.to/a [sukulénto] *adj.* suculento, substancioso, nutritivo.
su.cum.bir [sukumbír] *v.t.* 1 sucumbir, submeter-se. 2 morrer, falecer. 3 (jur.) perder um processo.
su.cur.sal [sukursál] *adj. e s.* sucursal, filial.
sud [suð] *s.m.* sul.
sud.a.me.ri.ca.no/a [suðamerikáno] *adj. e s.* sul-americano.
su.dar [suðár] *v.t.* suar.
sud.es.te [suðéste] *s.m.* sueste, sudeste.
su.do.es.te [suðoéste] *s.m.* sudoeste.
su.dor [suðór] *s.m.* suor.
su.do.ro.so/a [suðoróso] *adj.* suado, suarento.
sue.gra [swéɣra] *s.f.* sogra.
sue.gro [swéɣro] *s.m.* sogro.
sue.la [swéla] *s.f.* sola.
sue.ldo [swéldo] *s.m.* salário, pagamento, gratificação, remuneração.
sue.lo [swélo] *s.m.* solo, chão.
suel.ta [swélta] *s.f.* solta, soltura.
suel.to/a [swélto] *adj. e s.* 1 solto, liberto. 2 livre, ligeiro. 3 que está com diarreia. 4 (econ.) trocado.
sue.ño [swéɲo] *s.m.* 1 sono. 2 sonho. 3 (fig.) sonho, projeto. 4 (fig.) sonho, desejo, esperança, ilusão. *caerse de sueño*, cair de sono.
sue.ro [swéro] *s.m.* soro.
suer.te [swérte] *s.f.* sorte, fortuna.
su.fi.cien.cia [sufiθjénθja] *s.f.* suficiência.
su.fi.cien.te [sufiθjénte] *adj. e s.* suficiente.
su.fi.jo [sufíxo] *adj. e s.* sufixo.
su.fra.gar [sufraɣár] *v.t.* 1 sufragar, ajudar, auxiliar, favorecer. 2 sufragar, votar. 3 custear, pagar.
su.fra.gio [sufráxjo] *s.m.* 1 sufrágio, ajuda, auxílio. 2 sufrágio, voto.
su.fra.gis.ta [sufraxísta] *s.* sufragista.
su.fri.ble [sufríβle] *adj.* sofrível, suportável, aguentável.
su.fri.do/a [sufríðo] *adj. e s.* sofrido.
su.fri.mien.to [sufrimjénto] *s.m.* sofrimento, padecimento, aflição.
su.frir [sufrír] *v.t.* 1 sofrer, padecer. 2 sofrer, aguentar, suportar, tolerar. 3 sofrer, ter dor.
su.ge.ren.te [suxerénte] *adj.* inspirador.
su.ge.rir [suxerír] *v.t.* 1 sugerir, inspirar. 2 sugerir, insinuar.
su.ges.tión [suxestjón] *s.f.* 1 sugestão. 2 (fig.) impressão.
su.ges.tio.nar [suxestjonár] *v.t.* 1 sugestionar. 2 (fig.) fascinar, cativar.
su.ges.ti.vo/a [suxestíβo] *adj.* sugestivo, que inspira.
sui.ci.da [swiθíða] *adj. e s.* suicida.
sui.ci.dar.se [swiθiðárse] *v.r.* suicidar-se, tirar a própria vida.
sui.ci.dio [swiθíðjo] *s.m.* suicídio.
sui.zo [swíθo] *adj. e s.* suíço.
su.je.ción [suxeθjón] *s.f.* sujeição.
su.je.ta.dor [suxetaðór] *adj. e s.* sutiã.
su.je.tar [suxetár] *v.t.* sujeitar, atar, segurar.
su.je.to/a [suxéto] *adj. e s.* sujeito.
sul.fa.to [sulfáto] *s.m.* sulfato.
sul.tán [sultán] *s.m.* sultão.
sul.ta.na [sultána] *s.f.* sultana.
su.ma [súma] *s.f.* 1 soma, adição. 2 soma, quantidade. 3 soma, total, resultado. 4 recopilação de uma ciência. *en suma*, em resumo.
su.mar [sumár] *v.t.* 1 somar, reunir, juntar. 2 somar, recopilar, colecionar, resumir.
su.ma.rio/a [sumárjo] *adj.* abreviado, sucinto, resumido.
su.ma.rio [sumárjo] *s.m.* sumário, resumo, compêndio.
su.mer.gi.ble [sumerxíβle] *adj. e s.* sumergível.
su.mer.gir [sumerxír] *v.t.* submergir, mergulhar, afundar.
su.mer.sión [sumersjón] *s.f.* submersão.
su.mi.de.ro [sumiðéro] *s.m.* sumidouro, sarjeta.

su.mi.nis.trar [suministrár] *v.t.* subministrar.
su.mi.nis.tro [suminístro] *s.m.* fornecimento.
su.mir [sumír] *v.t.* afundar, submergir.
su.mi.sión [sumisjón] *s.f.* submissão.
su.mi.so [sumíso] *adj.* submisso.
su.mo/a [súmo] *adj.* sumo, excelso, supremo, altíssimo.
sun.tua.rio [suntwárjo] *s.m.* santuário.
sun.tuo.si.dad [suntwosiðáð] *s.f.* suntuosidade.
sun.tuo.so/a [suntwóso] *adj.* suntuoso.
su.pe.ra.ble [superáβle] *adj.* superável.
su.pe.ra.bun.dar [superaβundár] *v.i.* superabundar.
su.pe.rar [superár] *v.t.* 1 superar, ultrapassar, transpor. 2 superar, vencer, dominar. 3 *v.p.* melhorar.
su.pe.rá.vit [superáβít] *s.m.* superávit.
su.per.che.rí.a [supertʃería] *s.f.* fraude, engano, logro.
su.per.fi.cial [superfiθjál] *adj.* 1 superficial, aparente. 2 (fig.) superficial, sem fundamento. 3 (fig.) elemental, rude.
su.per.fi.cia.li.dad [superfiθjaliðáð] *s.f.* superficialidade.
su.per.fi.cie [superfíθje] *s.f.* 1 superfície, parte externa. 2 superfície, extensão, dimensão.
su.per.fluo [supérflwo] *adj.* supérfluo, desnecessário, inútil.
su.pe.rior [superjór] *adj. e s.* 1 superior, mais alto. 2 (fig.) digno.
su.pe.rio.ri.dad [superjoriðáð] *s.f.* 1 superioridade. 2 vantagem.
su.per.la.ti.vo [superlatíβo] *adj.* 1 superlativo, excelente. 2 (gram.) superlativo.
su.per.nu.me.ra.rio/a [supernumerárjo] *adj.* supranumerário.
su.per.po.ner [superponér] *v.t.* sobrepor.
su.per.pro.duc.ción [superproðukθjón] *s.f.* superprodução.
su.pers.ti.ción [superstiθjón] *s.f.* 1 superstição, sentimento religioso. 2 superstição, crença.

su.pers.ti.cio.so/a [superstiθjóso] *adj.* supersticioso.
su.per.vi.vien.te [superβiβjénte] *adj. e s.* sobrevivente, que sobrevive em uma catástrofe.
su.pi.no/a [supíno] *adj.* supino, alto, elevado.
su.plan.ta.ción [suplantaθjón] *s.f.* suplantação.
su.plan.ta.dor/do.ra [suplantaðór] *adj. e s.* suplantador.
su.plan.tar [suplantár] *v.t.* 1 substituir. 2 falsificar.
su.ple.men.to [supleménto] *s.m.* suplemento.
su.plen.te [suplénte] *adj. e s.* suplente, substituto.
sú.pli.ca [súplika] *s.f.* súplica.
su.pli.car [suplikár] *v.t.* suplicar, rogar, pedir, solicitar.
su.pli.cio [suplíθjo] *s.m.* suplício, padecimento, tormento, tortura.
su.plir [suplír] *v.t.* 1 suprir, completar. 2 suprir, remediar. 3 substituir. 4 dissimular.
su.po.ner [suponér] *v.t.* supor.
su.po.si.ción [suposiθjón] *s.f.* suposição.
su.po.si.tor.io [supositórjo] *s.m.* supositório.
su.pra.di.cho/a [supraðítʃo] *adj.* mencionado, citado.
su.pre.ma.cí.a [supremaθía] *s.f.* supremacia.
su.pre.mo/a [suprémo] *adj.* supremo, sumo, altíssimo.
su.pre.sión [supresjón] *s.f.* supressão.
su.pri.mir [suprimír] *v.t.* 1 suprimir, fazer cesar. 2 ignorar, omitir, calar.
su.pues.to/a [supwésto] *adj.* suposto, hipotético. *por supuesto*, verdadeiramente, certamente.
su.pues.to [supwésto] *s.m.* suposição, hipótese.
su.pu.rar [supurár] *v.i. e t.* supurar.
sur [súr] *s.m.* sul.

sur.car [surkár] *v.t.* sulcar.
sur.co [súrko] *s.m.* 1 sulco. 2 risco, ruga.
sur.gir [surχír] *v.i.* 1 surgir, brotar. 2 surgir, manifestar-se, aparecer.
su.rre.a.lis.mo [surrealísmo] *s.m.* surrealismo.
sur.ti.do/a [surtíðo] *adj.* sortido.
sur.ti.do [surtíðo] *s.m.* sortimento.
sur.ti.dor/do.ra [surtiðór] *adj.* fornecedor, provedor.
sur.ti.dor [surtiðór] *s.m.* 1 jato. 2 bomba (no posto de serviço).
sur.tir [surtír] *v.t.* 1 prover, fornecer. 2 surtir, resultar como se esperava. 3 sortir, repuxar, brotar a água.
sus.cep.ti.bi.li.dad [susθeptiβiliðáð] *s.f.* suceptibilidade.
sus.cep.ti.ble [susθeptíβle] *adj.* susceptível.
sus.ci.tar [susθitár] *v.t.* suscitar, promover, provocar.
sus.cri.bir [suskriβír] *v.t.* 1 subscrever, assinar. 2 contribuir. 3 *v.p.* assinar jornal, revista etc.
sus.crip.ción [suskripθjón] *s.f.* assinatura de jornais, revistas etc.
sus.crip.tor [suskritór] *s.m.* assinante.
sus.pen.der [suspendér] *v.t.* 1 suspender, erguer, alçar. 2 suspender, pendurar. 3 suspender, interromper. 4 suspender, adiar. 5 reprovar (em uma prova, no final do curso).
sus.pen.sión [suspensjón] *s.f.* suspensão.
sus.pen.so/a [suspénso] *adj.* 1 atônito, perplexo. 2 admirado.
sus.pen.so [suspénso] *s.m.* reprovado em exame.
sus.pi.ca.cia [suspikáθja] *s.f.* suspicácia.
sus.pi.caz [suspikáθ] *adj.* suspicaz.
sus.pi.rar [suspirár] *v.t.* suspirar.
sus.pi.ro [suspíro] *s.m.* suspiro.
sus.tan.cia [suspíro] *s.f.* substância.
sus.tan.cial [sustanθjál] *adj.* substancial.
sus.tan.cio.so/a [sustanθjóso] *adj.* substancioso.

sus.ten.ta.ble [sustentáβle] *adj.* sustentável.
sus.ten.ta.ción [sustentaθjón] *s.f.* sustentação.
sus.ten.tá.cu.lo [sustentákulo] *s.m.* sustentáculo.
sus.ten.tar [sustentár] *v.t.* 1 sustentar, aguentar. 2 sustentar, alimentar, prover.
sus.ten.to [susténto] *s.m.* 1 sustento, alimento, mantimento. 2 sustento, apoio.
sus.ti.tui.ble [sustitwíβle] *adj.* substituível.
sus.ti.tu.to/a [sustitúto] *adj. e s.* substituto, suplente.
sus.to [sústo] *s.m.* susto.
sus.trac.ción [sustrakθjón] *s.f.* substração.
sus.tra.er [sustraér] *v.t.* substrair.
sus.tra.er.se [sustraérse] *v.r.* esquivar-se.
su.su.rrar [susurrár] *v.i.* 1 sussurrar, murmurar. 2 ciciar.
su.su.rro [susúrro] *s.m.* sussurro.
su.til [sutíl] *adj.* 1 sutil, delgado, tênue, fino. 2 (fig.) agudo, penetrante.
su.ti.le.za [sutiléθa] *s.f.* sutileza.
su.ti.li.zar [sutiliθár] *v.t.* sutilizar.
su.tu.ra [sutúra] *s.f.* sutura.
su.yo/su.ya/su.yos/su.yas [sújo] *pron. poss.* 3ª *pes. sing.* (pl.) seu, sua, seus, suas; dele, dela, deles, delas.

T t

t, T [té] *s.f.* vigésima primeira letra do alfabeto espanhol e décima sétima de suas consoantes; seu nome é *te*. Sua articulação é dental oclusiva surda.
ta.ba.ca.le.ro/a [taβakaléro] *adj.* 1 pertencente ou relativo ao cultivo, fabricação ou venda do tabaco. 2 que cultiva o tabaco. Ver *tabaquero*.
ta.ba.co [taβáko] *s.m.* fumo.
ta.ba.que.ra [taβakéra] *s.f.* tabaqueira.
ta.ba.que.rí.a [taβakería] *s.f.* tabacaria.
ta.ba.que.ro/a [taβakéro] *adj.* e *s.* tabaqueiro. Ver *tabacalero*.
ta.ber.na [taβérna] *s.f.* taberna, tasca, baiúca.
ta.ber.ná.cu.lo [taβernákulo] *s.m.* tabernáculo.
ta.ber.ne.ro [taβernéro] *s.m.* taberneiro.
ta.bi.que [taβíke] *s.m.* 1 tabique, parede fina que separa dois quartos. 2 (med.) septo.
ta.bla [táβla] *s.f.* 1 tábua, peça de madeira. 2 prega dum vestido. 3 banca, mesa. 4 (mat.) tabuada. 5 tabela, lista ou catálogo de coisas relacionadas entre si. 6 prancha de surfe. *tabla de cortar*, tábua de cortar carne. *tabla de planchar*, tábua de passar. *tabla de salvación*, tábua de salvação. *a raja tabla*, custe o que custar. *tabla a vela*, windsurfe. *tabla periódica*, tabela periódica.
ta.bla.do [taβláðo] *s.m.* 1 tablado, estrado, palco. 2 andaime. 3 tábuas da cama.
ta.ble.ro [taβléro] *s.m.* 1 tabuleiro. 2 tábua aparelhada. 3 quadro-negro, lousa. 4 ábaco. 5 tabuleiro (xadrez, damas). 6 (eletr.) painel de controle.

ta.ble.ta [taβléta] *s.f.* 1 tabuinha. 2 (med.) pastilha.
ta.ble.te.ar [taβleteár] *v.i.* matraquear.
ta.bli.lla [taβlíʎa] *s.f.* 1 tabuinha. 2 tabela, tabuleta.
ta.blón [taβlón] *s.m.* 1 tabuão. 2 pranchão, prancha.
ta.bú [taβú] *s.m.* tabu.
ta.bu.co [taβúko] *s.m.* cubículo.
ta.bu.lar [taβulár] *adj.* tabular.
ta.bu.re.te [taβuréte] *s.m.* banqueta.
ta.ca.da [takáða] *s.f.* tacada. *de una tacada*, de uma tacada só, de uma só vez.
ta.cha [tátʃa] *s.f.* 1 mancha, nódoa, falta. 2 tachinha.
ta.char [tatʃár] *v.t.* 1 apagar, rabiscar. 2 tachar, culpar, censurar.
ta.chón [tatʃón] *s.m.* 1 tacha grande. 2 rabisco, risco.
ta.chue.la [tatʃwéla] *s.f.* tachinha, percevejo.
ta.ci.ta [taθíta] *s.f.* tigelinha, xícara pequena.
tá.ci.to [táθito] *adj.* 1 tácito, calado, silencioso. 2 tácito, implícito, subentendido.
ta.ci.tur.no [taθitúrno] *adj.* 1 taciturno, calado, silencioso, tristonho. 2 taciturno, melancólico, triste.
ta.co [táko] *s.m.* 1 taco, tarugo. 2 cacete, toco. 3 palavrão, ofensa. 4 (Amér.) salto do sapato. 5 (Amér.) pessoa baixinha.
ta.cón [takón] *s.m.* salto (de sapato).
ta.co.ne.ar [takoneár] *v.i.* pisar, andar fazendo barulho com os saltos.
tác.ti.ca [táktika] *s.f.* tática.

tác.ti.co [táktiko] *adj. e s.* tático.
tác.til [táktil] *adj.* tátil.
tac.to [tákto] *s.m.* tato.
ta.fe.tán [tafetán] *s.m.* 1 tafetá. 2 (fig.) bandeiras, estandartes.
ta.ho.na [taóna] *s.f.* 1 atafona, azenha, moinho de fazer farinha, movido a cavalo. 2 padaria.
ta.húr [taúr] *adj. e s.* jogador trapaceiro.
tai.ma.do [taimáðo] *adj. e s.* 1 astuto. 2 obstinado, emperrado.
ta.ja.da [taxáða] *s.f.* 1 fatia. 2 bebedeira.
ta.jar [taxár] *v.t.* fatiar, cortar, talhar.
ta.jo [táxo] *s.m.* 1 talho, corte. 2 cutilada. 3 tarefa, trabalho a ser feito em um tempo limitado. 4 lugar de trabalho.
tal [tál] *adj.* 1 tal. 2 igual, semelhante.
tal [tál] *adv.* tal, desta maneira, assim mesmo, de forma que.
ta.la [tála] *s.f.* 1 corte de árvores. 2 desbaste.
ta.la.dra.do.ra [talaðraðóra] *adj. e s.* furador, furadeira.
ta.la.drar [talaðrár] *v.t.* 1 furar, brocar. 2 (fig.) atordoar, aturdir, atroar. 3 (fig.) sofrer uma dor aguda.
ta.la.dro [taláðro] *s.m.* broca.
tá.la.mo [tálamo] *s.m.* 1 (bot.) tálamo, receptáculo. 2 leito nupcial ou leito conjugal.
ta.lan.te [talánte] *s.f.* talante, arbítrio, desejo, vontade, gosto. *de buen/mal talante*, com boa/má disposição.
ta.lar [talár] *v.t.* destruir, assolar, devastar (campos, plantações).
tal.co [tálko] *s.m.* talco.
ta.le.ga [taléɣa] *s.f.* 1 bolsa de pano. 2 conteúdo dessa bolsa. 3 coifa. 4 (fam.) capital, dinheirão.
ta.len.to [talénto] *s.m.* talento.
ta.len.to.so/a [talentóso] *adj.* talentoso.
ta.lión [taljón] *s.m.* talião. *pena del talión*, pena de talião, pena antiga que vingava o delito impondo ao réu o mesmo dano que ele tinha causado.
ta.lis.mán [talizmán] *s.m.* talismã.
ta.lla [táʎa] *s.f.* 1 talha, escultura, entalhe. 2 estatura, altura. 3 tamanho (de roupa). 4 (fig.) altura moral ou intelectual. *dar/no dar alguien la talla*, não estar à altura.
ta.llar [taʎár] *v.t. e i.* 1 talhar, entalhar, esculpir. 2 medir a estatura de uma pessoa.
ta.lle [taʎe] *s.m.* 1 talhe. 2 cintura.
ta.ller [taʎér] *s.m.* 1 oficina de trabalho manual. *taller de mecánica/electricidad*, oficina de mecânica/eletricidade. 2 aula de laboratório, *workshop*. 3 ateliê.
ta.llo [táʎo] *s.m.* rebento.
ta.lón [talón] *s.m.* 1 calcanhar. 2 (econ.) folha de cheque. *pisar a alguien los talones*, seguir alguém de perto. *talón de Aquiles*, calcanhar de Aquiles, ponto fraco de algo ou alguém.
ta.lo.na.rio [talonśrjo] *adj.* talonário, talão.
ta.lud [talúð] *s.m.* talude, declive.
ta.ma.ño [tamáɲo] *adj. e s.* tamanho, grandeza, volume.
tam.ba.le.ar [tambaleár] *v.i.* cambalear.
tam.ba.le.o [tambaléo] *s.m.* cambaleio.
tam.bién [tambjén] *adv.* também.
tam.bor [tambór] *s.m.* 1 tambor, instrumento de percussão. 2 bastidor para bordar.
ta.miz [tamíθ] *s.m.* tamis.
ta.mi.zar [tamiθár] *v.t.* tamisar.
tam.po.co [tampóko] *adv.* tampouco, também não.
tan [tán] *adv.* apócope de tanto, tão, tanto.
tan.da [tánda] *s.f.* 1 vez, turno. 2 tarefa, trabalho. 3 camada. 4 turma de trabalhadores ou animais. 5 partida de bilhar.
tán.dem [tánden] *s.m.* tandem, bicicleta de dois assentos.
tan.gen.cia [taŋxénθja] *s.f.* tangência.
tan.gen.te [taŋxénte] *adj. e s.* tangente.

tan.gi.ble [taŋxíβle] *adj.* tangível, palpável.
tan.go [táŋgo] *s.m.* tango.
tan.que [táŋke] *s.m.* 1 caixa d'água, reservatório. 2 tanque, depósito. 3 (mil.) tanque, veículo de guerra.
tan.te.ar [tanteár] *v.t.* 1 calcular, medir. 2 considerar as coisas antes de executá-las. 3 tatear, apalpar. 4 (fig.) conhecer a intenção de alguém para fazer algo. 5 começar um desenho.
tan.te.o [tantéo] *s.m.* (fig.) ponderação, cálculo. *al tanteo*, a olho.
tan.to [tánto] *adj.* tanto, diz-se de uma quantidade indeterminada.
tan.to [tánto] *adv.* tanto. *tanto como*, tanto quanto. *al tanto*, a par. *en tanto que*, enquanto isso. *entre tanto*, enquanto isso. *por lo tanto*, portanto.
tan.to [tánto] *s.m.* 1 tanto, quantidade indeterminada. 2 tento, ponto marcado, gol.
ta.ñe.dor [taɲeðór] *s.m.* tangedor.
ta.ñer [taɲér] *v.t.* tanger.
ta.ñi.do [taɲíðo] *adj. e s.* tangido, toque.
ta.pa [tápa] *s.f.* 1 tampa. 2 cobertura. 3 capa (de livro, de jornal, de revista etc.).
ta.pa.de.ra [tapaðéra] *s.f.* 1 encobrideira, tampa, cobertura. 2 (fig.) acobertadora.
ta.par [tapár] *v.t.* 1 tampar. 2 agasalhar. 3 encobrir, ocultar.
ta.pa.rra.bos [tapař́áβos] *s.m.* tanga.
ta.pe.te [tapéte] *s.m.* toalha de mesa. *poner algo sobre el tapete*, pôr as cartas sobre a mesa.
ta.pia [tápja] *s.f.* taipa, muro, *parede*, pau-a-pique.
ta.piar [tapjár] *v.t.* taipar, murar.
ta.pi.ce.rí.a [tapiθería] *s.f.* tapeçaria.
ta.pi.ce.ro [tapiθéro] *s.m.* tapeceiro.
ta.piz [tapíθ] *s.m.* tapete, tapiz.
ta.pi.zar [tapiθár] *v.t.* tapizar, atapetar.

ta.pón [tapón] *s.m.* 1 tampão, tampa. 2 rolha.
ta.po.nar [taponár] *v.t.* 1 tapar. 2 (med.) prensar uma ferida.
ta.po.na.zo [taponáθo] *s.m.* estalo dado pela rolha ao abrir-se uma garrafa.
ta.pu.jo [tapúxo] *s.m.* 1 embuço, rebuço. 2 (fig.) disfarce. *sin tapujos*, às claras.
ta.qui.car.dia [takikárðja] *s.f.* (med.) taquicardia.
ta.qui.gra.fí.a [takiɣrafía] *s.f.* taquigrafia.
ta.quí.gra.fo [takíɣrafo] *s.m.* taquígrafo.
ta.qui.lla [takíʎa] *s.f.* bilheteria. Ver *ventanilla*.
ta.qui.lle.ro [takiʎéro] *s.m.* bilheteiro.
ta.ra [tára] *s.f.* 1 tara, defeito físico ou psíquico. 2 doença hereditária.
ta.rán.tu.la [tarántula] *s.f.* (zool.) tarântula.
ta.ra.re.ar [tarareár] *v.t.* cantarolar.
tar.dan.za [tarðánθa] *s.f.* tardança, demora.
tar.dar [tarðár] *v.i.* tardar, atrasar; demorar.
tar.de [tárðe] *adv.* tarde.
tar.de [tárðe] *s.f.* tarde. *buenas tardes*, boa tarde. *de tarde en tarde*, de vez em quando. *más tarde*, mais tarde, depois. *por la tarde*, tarde. *tarde o temprano*, cedo ou tarde.
tar.dí.o [tarðío] *adj.* tardio, tardo, pausado, lento.
ta.re.a [taréa] *s.f.* 1 tarefa, trabalho, empreitada. 2 sofrimento causado por um trabalho contínuo. 3 dever de casa.
ta.ri.fa [tarífa] *s.f.* 1 tarifa, tabela de preços. 2 tarifa, preço que se paga pelos serviços públicos. 3 (der.) pauta de direitos.
ta.ri.ma [taríma] *s.f.* tablado, estrado.
tar.je.ta [tarxéta] *s.f.* cartão de visita. *tarjeta amarilla/roja*, cartão amarelo/vermelho. *tarjeta de crédito*, cartão de crédito. *tarjeta de débito*, cartão de débito. *tarjeta de identidad*, cédula de identidade, RG. *tarjeta de invitación*, convite.

tarjeta postal, cartão-postal. (inform.) *tarjeta de sonido*, placa de som. *tarjeta madre*, placa--mãe. *tarjeta magnética*, cartão magnético.
ta.rro [táŕo] *s.m.* pote. *cabeza de tarro*, cabeçudo, cabeção.
tar.ta [tárta] *s.f.* bolo, torta.
tar.ta.mu.de.ar [tartamuðeár] *v.i.* gaguejar.
tar.ta.mu.dez [tartamuðéθ] *s.f.* gaguice.
tar.ta.mu.do [tartamúðo] *adj. e s.* gago.
ta.ru.go [tarúɣo] *s.m.* 1 pedaço de madeira, naco. 2 homem parrudo, rechonchudo. 3 (pop.) imbecil.
ta.sa [tása] *s.m.* 1 taxa, preço legal, imposto. 2 taxa, tarifa.
ta.sa.ción [tasaθjón] *s.f.* taxação.
ta.sa.dor [tasaðór] *adj. e s.* taxador, avaliador.
ta.sar [tasár] *v.t.* 1 taxar, fixar o imposto. 2 taxar, fixar o preço. 3 avaliar, calcular. 4 moderar, limitar.
tas.ca [táska] *s.f.* 1 tasca, taverna. 2 casa de jogos.
ta.ta.ra.bue.la [tataraβwéla] *s.f.* tataravó.
ta.ta.ra.bue.lo [tataraβwélo] *s.m.* tataravô.
ta.ta.ra.nie.to/a [tataranjéto] *s.* tataraneto/a.
¡ta.te! [táte] *interj.* cautela!
ta.tua.je [tatwáxe] *s.m.* tatuagem.
ta.tuar [tatwár] *v.t.* tatuar.
tau.ma.tur.gia [tau̯matúrxja] *s.f.* taumaturgia.
tau.ma.tur.go [tau̯matúrɣo] *s.m.* taumaturgo.
tau.ri.no [tau̯ríno] *adj.* taurino.
tau.ro.ma.quia [tau̯romákja] *s.f.* tauromaquia.
ta.xa.ti.vo [taksatíβo] *adj.* taxativo, limitativo, restritivo.
ta.xi [táksi] *s.m.* táxi.
ta.xí.me.tro [taksímetro] *s.m.* taxímetro.
ta.za [táθa] *s.f.* 1 xícara, recipiente. 2 xícara, quantidade. 3 vaso, privada.
ta.zón [taθón] *s.m.* xícara grande, cumbuca.

té [té] *s.m.* chá.
te [te] *pron.* te, a ti, para ti.
te.a.tral [teatrál] *adj.* teatral.
te.a.tro [teátro] *s.m.* 1 teatro, edifício. 2 teatro, literatura dramática. 3 teatro, arte de representar obras. 4 (fig. e fam.) fingimento, simulação. *ser algo puro teatro*, ser falso, fingido. *teatro callejero*, teatro de rua.
te.cha.do [tetʃáðo] *adj.* telhado, com teto.
te.cha.do [tetʃáðo] *s.m.* telhado, teto.
te.cha.dor [tetʃaðór] *s.m.* telhador.
te.char [tetʃár] *v.t.* construir o teto, o telhado.
te.cho [tétʃo] *s.m.* teto.
te.chum.bre [tetʃúmbre] *s.f.* teto.
te.cla [tékla] *s.f.* tecla.
te.cla.do [tekláðo] *s.m.* teclado.
te.cle.ar [tekleár] *v.i.* bater as teclas, digitar.
téc.ni.ca [téknika] *s.f.* técnica.
téc.ni.co [tékniko] *adj. e s.* técnico.
tec.no.lo.gí.a [teknikoloxía] *s.f.* tecnologia.
te.dio [téðjo] *s.m.* tédio.
te.dio.so [teðjóso] *adj.* tedioso.
te.ja [téxa] *s.f.* telha. *a toca teja*, pagamento à vista. *de tejas abajo*, segundo a ordem natural. *de tejas arriba*, segundo a ordem sobrenatural.
te.ja.do [texáðo] *s.m.* telhado.
te.je.dor [texeðór] *adj. e s.* tecedor.
te.je.ma.ne.je [texemanéxe] *s.m.* (fam.) afazeres, atividades.
te.jer [texér] *v.t.* 1 tecer. 2 intrigar.
te.ji.do [texíðo] *adj.* tecido.
te.ji.do [texíðo] *s.m.* textura de um tecido.
te.la [téla] *s.f.* 1 tela, pano, tecido. 2 quadro, pintura. 3 tela. *en tela de juicio*, em dúvida. *tener tela para rato*, entreter-se muito com uma explicação ou conversa.
te.lar [telár] *s.m.* tear.

te.la.ra.ña [telaráɲa] *s.f.* teia de aranha. *mirar las telarañas*, estar distraído. *tener telarañas en los ojos*, não ver o que está embaixo do nariz.
te.le.co.mu.ni.ca.ción [telekomunikaθjón] *s.f.* telecomunicação.
te.le.fo.ne.ar [telefoneár] *v.t.* telefonar, ligar.
te.le.fo.nis.ta [telefonísta] *s.m. e f.* telefonista.
te.lé.fo.no [teléfono] *s.m.* telefone.
te.le.gra.fiar [teleɣrafjár] *v.t.* telegrafar.
te.lé.gra.fo [teléɣrafo] *s.m.* telégrafo.
te.le.gra.ma [teleɣráma] *s.m.* telegrama.
te.le.pa.tí.a [telepatía] *s.f.* telepatia.
te.les.co.pio [teleskópjo] *s.m.* telescópio.
te.le.vi.sión [teleβisjón] *s.f.* televisão.
te.le.vi.sor [teleβisór] *s.m.* televisor.
te.lón [telón] *s.m.* telão, pano de fundo do teatro.
te.ma [téma] *s.m.* tema.
tem.blar [temblár] *v.i.* tremer.
tem.ble.que.ar [temblekeár] *v.i.* (fam.) tremelicar.
tem.blor [temblór] *s.m.* 1 tremor, agitação. 2 (geol.) movimento, vibração da terra.
tem.blo.ro.so [temblorόso] *adj.* trêmulo.
te.mer [temér] *v.t. e i.* 1 temer, ter medo. 2 temer, suspeitar, acreditar. 3 ter receio.
te.me.ra.rio [temerárjo] *adj.* temerário.
te.me.ri.dad [temeriðáð] *s.f.* temeridade.
te.me.ro.so [temerόso] *adj.* temeroso.
te.mi.ble [temíβle] *adj.* temível.
te.mor [temór] *s.m.* temor, medo, receio.
tém.pa.no [témpano] *s.m.* 1 bloco de gelo. 2 camada de toucinho. *quedarse como un témpano*, ficar pasmo.
tem.pe.ra.men.to [temperaménto] *s.m.* temperamento.
tem.pe.rar [temperár] *v.t.* moderar, temperar. Não confundir com "condimentar".
tem.pe.ra.tu.ra [temperatúra] *s.f.* temperatura.
tem.pes.tad [tempestáð] *s.f.* 1 tempestade. 2 agitação.
tem.pes.tuo.so [tempestwόso] *adj.* tempestuoso.
tem.pla.do [templáðo] *adj.* 1 temperado, morno. 2 (fam.) corajoso, valente. *estar bien/mal templado*, estar bem/mal humorado.
tem.plan.za [templáɲθa] *s.f.* temperança, sobriedade, moderação, continência.
tem.plar [templár] *v.t.* 1 temperar, amornar. 2 entesar. 3 (mús.) afinar um instrumento.
tem.plar.se [templárse] *v.r.* conter-se, moderar-se.
tem.ple [témple] *s.m.* 1 temperatura. 2 têmpera. 3 carácter. 4 feitio.
tem.plo [témplo] *s.m.* templo.
tem.po.ra.da [temporáða] *s.f.* temporada.
tem.po.ral [temporál] *adj.* 1 transitório, temporário. 2 temporal, secular, profano, passageiro. 3 osso da cabeça.
tem.po.ral [temporál] *s.m.* temporal, tempestade.
tem.po.ra.li.dad [temporaliðáð] *s.f.* temporalidade.
tem.po.re.ro [temporéro] *adj.* interino.
tem.pra.ne.ro [tempranéro] *adj.* prematuro.
tem.pra.no [tempráno] *adj.* temporão, antecipado, adiantado.
tem.pra.no [tempráno] *adv.* cedo.
te.na.ci.dad [tenaθiðáð] *s.f.* tenacidade.
te.na.ci.llas [tenaθíʎas] *s.f.* (pl.) tenazes, pinças.
te.naz [tenáθ] *adj.* tenaz, obstinado.
te.na.za [tenáθa] *s.f.* tenaz.
ten.de.de.ro [tendeðéro] *s.m.* varal, estendedor, estendedouro.
ten.de.dor [tendeðór] *s.m.* estendedor.
ten.den.cia [tendéɲθja] *s.f.* tendência.

ten.den.cio.so [tendeɲθjóso] *adj.* tendencioso.
ten.der [tendér] *v.t.* 1 tender, estender. 2 espalhar.
ten.der.se [tendérse] *v.r.* estender-se.
ten.de.re.te [tenderéte] *s.m.* (fam.) barraca para venda ao ar livre.
ten.de.ro [tendéro] *s.* lojista, merceeiro.
ten.dón [tendón] *s.m.* tendão.
ten.du.cho/a [tendútʃo] *s.* lojinha.
te.ne.bro.si.dad [teneβrosiðáð] *s.f.* tenebrosidade.
te.ne.bro.so [teneβróso] *adj.* tenebroso.
te.ne.dor [teneðór] *s.m.* 1 possuidor, aquele que possui. 2 garfo. *tenedor de libros*, guarda--livros. 3 símbolo que indica a categoria dos restaurantes.
te.ne.du.rí.a [teneðuría] *s.f.* cargo e escritório de guarda-livros. *teneduría de libros*, escrituração comercial, contabilidade.
te.nen.cia [tenéɲθja] *s.f.* posse, possessão, tenência. *tenencia ilícita de armas*, porte ilegal de armas.
te.ner [tenér] *v.t.* 1 ter, deter. 2 agarrar, segurar. 3 possuir. 4 conter. *conque esas tenemos*, então assim são as coisas. *no tenerlas todas consigo*, ter receio ou temor. *no tener donde caerse muerto*, não ter onde cair morto, ser muito pobre. *tener a bien algo*, levar em consideração. *tener presente una cosa*, guardar uma coisa na memória. *tenérselas tiesas con alguien*, manter-se firme em uma briga ou discussão.
te.ner.se [tenérse] *v.r.* manter-se.
te.nis [ténis] *s.m.* tênis.
te.nor [tenór] *s.m.* 1 tenor, cantor. 2 teor. 3 estilo.
te.no.rio [tenórjo] *s.m.* (fig.) galanteador, fanfarrão.
ten.sar [tensár] *v.t.* estirar, alongar.
ten.sión [tensjón] *s.f.* tensão.

ten.so [ténso] *adj.* 1 tenso. 2 (fig.) nervoso, exaltado.
ten.ta.ción [tentaθjón] *s.f.* tentação.
ten.tá.cu.lo [tentákulo] *s.m.* tentáculo.
ten.ta.dor [tentaðór] *adj. e s.* tentador.
ten.tar [tentár] *v.t.* tentar, induzir, estimular, instigar. Não confundir com "intentar".
te.nue [ténwe] *adj.* tênue, delicado.
te.ñir [teɲír] *v.t.* tingir, corar.
te.o.cra.cia [teokráθja] *s.f.* teocracia.
te.o.lo.gí.a [teoloxía] *s.f.* teologia.
te.ó.lo.go [teóloɣo] *s.m.* teólogo.
te.o.re.ma [teoréma] *s.m.* teorema.
te.o.rí.a [teoría] *s.f.* 1 teoria, hipótese. 2 teoria, conjunto de princípios. 3 teoria, opinião.
te.o.ri.zar [teoriθár] *v.t.* teorizar.
te.ra.péu.ti.ca [terapéu̯tika] *s.f.* terapêutica.
te.ra.péu.ti.co [terapéu̯tiko] *adj.* terapêutico.
ter.ce.ro [terθéro] *adj.* terceiro.
ter.ce.ro [terθéro] *s.m.* medianeiro, alcoviteiro.
ter.cio [térθjo] *adj. e s.m.* terço.
ter.cio.pe.lo [terθjopélo] *s.m.* veludo.
ter.co [térko] *adj.* teimoso.
ter.gi.ver.sa.ción [terxiβersaθjón] *s.f.* tergiversação, distorção.
ter.gi.ver.sar [terxiβersár] *v.t.* tergiversar, distorcer.
ter.mal [termál] *adj.* termal.
ter.mas [térmas] *s.f.* (pl.) termas, caldas, banhos quentes.
tér.mi.co [térmiko] *adj.* térmico.
ter.mi.na.ción [terminaθjón] *s.f.* terminação, fim.
ter.mi.nal [terminál] *adj.* terminal. *enfermo terminal*, doente terminal.
ter.mi.nal [terminál] *s.f.* terminal. *terminal de transportes*, terminal rodoviário.
ter.mi.nar [terminár] *v.t. e i.* terminar, acabar, finalizar.

tér.mi.no [término] *s.m.* 1 término, limite. 2 termo.
ter.mi.no.lo.gí.a [terminoloxía] *s.f.* terminologia, nomenclatura.
ter.mo.di.ná.mi.ca [termoðinámika] *s.f.* termodinâmica.
ter.mó.me.tro [termómetro] *s.m.* termômetro.
ter.na [térna] *s.f.* terno, trio. Ver *terno*.
ter.ne.ro/a [ternéro] *s.* vitelo, bezerro.
ter.no [térno] *s.m.* 1 terno, traje. 2 trio. Ver *terna*.
ter.nu.ra [ternúra] *s.f.* ternura.
ter.que.dad [terkeðáð] *s.f.* teimosia, obstinação.
te.rra.plén [teraplén] *s.m.* terraplano, aterro.
te.rra.ple.nar [teraplenár] *v.t.* terraplanar, aterrar.
te.rrá.que.o [terákeo] *adj.* terráqueo, terrestre.
te.rra.te.nien.te [teratenjénte] *s.* latifundiário.
te.rra.za [teráθa] *s.f.* terraço.
te.rre.mo.to [teremóto] *s.m.* terremoto, sismo.
te.rre.nal [terenál] *adj.* terrenal, terreno.
te.rre.no [teréno] *adj.* terreno, terrenal.
te.rre.no [teréno] *s.m.* terreno.
te.rres.tre [terésɵtre] *adj.* terrestre.
te.rri.ble [teríβle] *adj.* terrível.
te.rrí.co.la [teríkola] *adj.* terrícola.
te.rrí.co.la [teríkola] *s.m. e f.* terrícola.
te.rri.to.rial [teritorjál] *adj.* territorial.
te.rri.to.rio [teritórjo] *s.m.* território.
te.rrón [terón] *s.m.* terrão, torrão.
te.rror [terór] *s.m.* terror, medo, pavor.
te.rro.rí.fi.co [terorífiko] *adj.* terrorífico.
te.rro.ris.mo [terorízmo] *s.m.* terrorismo.
te.rro.ris.ta [terorísta] *s.m. e f.* terrorista.
te.rru.ño [terúɲo] *s.m.* 1 torrão (de terra). 2 torrão natal, lugar onde a pessoa nasceu.
ter.so [térso] *adj.* 1 liso, sem rugas. 2 limpo, resplandescente, radioso. 3 puro, claro, natural.
ter.tu.lia [tertúlja] *s.f.* tertúlia, bate-papo literário.
te.sis [tésis] *s.f.* tese.
te.són [tesón] *s.m.* firmeza, constância, inflexibilidade. Não confundir com "excitação".
te.so.re.rí.a [tesorería] *s.f.* tesouraria.
te.so.re.ro [tesoréro] *s.m.* tesoureiro.
te.so.ro [tesóro] *s.m.* tesouro.
test [tést] *s.f.* teste, prova.
tes.ta [tésta] *s.f.* 1 cabeça. 2 testa, fronte.
tes.ta.dor [testaðór] *s.m.* testador, quem faz testamento.
tes.ta.fe.rro [testaféro] *s.m.* testa de ferro, laranja, pessoa que empresta o nome para contratos ilícitos.
tes.ta.men.ta.rio [testamentárjo] *adj. e s.* testamentário, testamental.
tes.ta.men.to [testaménto] *s.m.* testamento.
tes.ta.ru.dez [testaruðéθ] *s.f.* teimosia, obstinação.
tes.ta.ru.do [testarúðo] *adj. e s.* teimoso, cabeça dura.
tes.tí.cu.lo [testíkulo] *s.m.* testículo.
tes.ti.fi.ca.ción [testifikaθjón] *s.f.* testificação.
tes.ti.fi.car [testifikár] *v.t.* testificar.
tes.ti.go [testíɣo] *s.* testemunha.
tes.ti.mo.niar [testimonjár] *v.t.* testemunhar, comprovar, atestar, depor.
tes.ti.mo.nio [testimónjo] *s.m.* testemunho, depoimento, declaração, prova.
tes.tuz [testúθ] *s.m.* 1 testa, fronte. 2 nuca, cachaço.
te.ta [téta] *s.f.* 1 teta, mama. 2 (fig.) leite.
te.tá.ni.co [tetániko] *adj.* tetânico.
te.te.ra [tetéra] *s.f.* chaleira, bule.

te.tra.sí.la.bo [teɾrasílaβo] *adj.* tetrassílabo.
té.tri.co [tétriko] *adj.* tétrico, triste, melancólico, fúnebre.
tex.til [tekstíl] *adj. e s.* têxtil.
tex.to [téksto] *s.m.* texto.
tex.tual [tekstwál] *adj.* textual.
tex.tu.ra [tekstúra] *s.f.* textura.
tez [teθ] *s.f.* tez, cútis, pele.
ti [tí] *pron.* ti.
tí.a [tía] *s.f.* tia.
tia.ra [tjára] *s.f.* tiara, coroa usada pelo Papa. Não confunfir com "diadema", adereço usado para prender o cabelo.
ti.be.rio [tiβérjo] *s.m.* (fam.) confusão, ruído.
ti.bia [tíβja] *s.f.* tíbia, osso da perna. Não confundir com *templada*, "morna", entre quente e frio.
ti.bio [tíβjo] *adj.* morno.
ti.bu.rón [tiβurón] *s.m.* (zool.) tubarão.
tic [tík] *s.m.* tique.
tic.tac [tikták] *s.m.* tiquetaque.
tiem.po [tjémpo] *s.m.* 1 tempo, duração. 2 tempo, época. 3 tempo, momento, ocasião. 4 tempo, temperatura. 5 (gram.) tempo, flexão do verbo. 6 (mús.) tempo, duração de uma nota.
tien.da [tjénda] *s.f.* 1 loja. 2 tenda, barraca. *tienda de campaña*, tenda de campanha.
tien.tas, a [atjéntas] *loc. adv. a tientas*, tateando.
tien.to [tjénto] *s.m.* 1 bengala, bordão de cego. 2 segurança, firmeza.
tier.no [tjérno] *adj.* 1 tenro, macio. 2 (fig.) afetuoso, carinhoso, amável. 3 idade de criança. 4 inexperiente. 5 que produz sentimentos de simpatia.
tie.rra [tjér̄a] *s.f.* 1 terra (planeta). 2 terra, solo. 3 pátria, país. 4 terra, território, terreno. *echar por tierra*, ir por água abaixo. *tener los pies en la tierra*, ser pé no chão. *venirse a tierra*, cair por terra, desabar.

tie.so [tjéso] *adj.* 1 teso, rijo, rígido, ereto. 2 tenso. 3 com muito frio. 4 morto. 5 duro, sem dinheiro.
ties.to [tjésto] *s.m.* vaso de barro para plantas.
ti.fón [tifón] *s.m.* 1 tufão, furacão. 2 tromba-d'água.
ti.fus [tífus] *s.m.* (med.) tifo.
ti.gre [tíɣre] *s.m.* (zool.) tigre.
ti.gre.sa [tiɣrésa] *s.f.* tigresa.
ti.je.ra / ti.je.ras [tixéra]/[tixéras] *s.f.* tesoura.
ti.la [tíla] *s.f.* (bot.) tília.
til.dar [tildár] *v.t.* 1 tachar, acusar. 2 (gram.) acentuar.
til.de [tílde] *s.m.* 1 (gram.) acento gráfico.
ti.ma.dor [timaðór] *adj. e s.* vigarista, embusteiro, mentiroso.
ti.mar [timár] *v.t.* enganar.
tim.brar [timbrár] *v.t.* 1 timbrar, carimbar, estampar. 2 tocar a campainha.
tim.bre [tímbre] *s.m.* 1 timbre, logomarca. 2 timbre, carimbo. 3 campainha. 4 selo do governo.
ti.mi.dez [timiðéθ] *s.f.* timidez, acanhamento.
tí.mi.do [tímiðo] *adj.* 1 tímido, acanhado, retraído. 2 ligeiro, fraco, leve.
ti.mo [tímo] *s.m.* vigarice, burla, embuste.
ti.món [timón] *s.m.* timão, leme.
ti.mo.nel [timonél] *s.m.* timoneiro, guia, chefe.
ti.mo.ne.ro [timonéro] *s.m.* timoneiro.
ti.mo.ra.to [timoráto] *adj.* 1 tímido, indeciso. 2 puritano.
tím.pa.no [tímpano] *s.m.* 1 (anat.) tímpano. 2 (mús.) timbale.
ti.na [tína] *s.f.* tina, cuba.
ti.na.ja [tináχa] *s.f.* talha.
ti.nie.bla [tinjéβla] *s.f.* 1 treva, escuridão. 2 cegueira, ignorância, confusão.

ti.no [tíno] *s.m.* 1 tino, pontaria. 2 tino, juizo, prudência, senso comum. 3 tino, intuição. *sin tino*, sem medida.
tin.ta [tínta] *s.f.* tinta (para escrever ou imprimir). *cargar las tintas*, exagerar. *medias tintas*, panos quentes. *saber de buena tinta*, estar bem informado.
tin.te [tínte] *s.m.* 1 tintura, tingidura. 2 caráter que comunica a algo determinado aspecto.
tin.te.ro [tintéro] *s.m.* tinteiro. *dejar algo en el tintero*, esquecer ou omitir alguma informação.
tin.to [tínto] *adj.* 1 tinto. 2 tingido.
tin.to.re.rí.a [tintorería] *s.f.* tinturaria.
tin.to.re.ro [tintoréro] *s.m.* tintureiro.
ti.ña [tíɲa] *s.f.* 1 (med.) tinha, doença da pele e do couro cabeludo. 2 (zool.) traça.
tí.o [tío] *s.m.* tio.
ti.o.vi.vo [tjoβíβo] *s.m.* carrossel, roda de cavalinhos.
tí.pi.co [típiko] *adj.* típico.
ti.ple [típle] *s.m.* 1 (mús.) soprano. 2 (mús.) instrumento musical.
ti.po [típo] *s.m.* 1 tipo, modelo. 2 tipo, exemplar. 3 tipo, classe, natureza. 4 indivíduo, sujeito. 5 (tip.) tipo, peça de metal. 6 (impr.) tipo, fonte.
ti.po.gra.fí.a [tipoɣrafía] *s.f.* tipografia.
ti.po.grá.fi.co [tipoɣráfiko] *adj.* tipográfico.
ti.pó.gra.fo [tipóɣrafo] *s.m.* tipógrafo.
ti.ra [tíra] *s.f.* 1 tira, faixa. 2 história em quadrinhos.
ti.ra.bu.zón [tiraβuθón] *s.m.* 1 saca-rolhas. 2 cacho, anel, caracol (de cabelos).
ti.ra.da [tiráða] *s.f.* 1 arremesso, lançamento. 2 tirada, tiragem. *de una tirada*, de uma só vez.
ti.ra.do [tiráðo] *adj.* atirado, lançado.
ti.ra.dor [tiraðór] *s.m.* atirador.
ti.ra.ní.a [tiranía] *s.f.* tirania.
ti.ra.ni.zar [tiraniθár] *v.t.* tiranizar.
ti.ra.no [tiráno] *adj.* tirano.

ti.ra.no [tiráno] *s.m.* tirano.
ti.ran.te [tiránte] *adj.* tenso.
ti.ran.tes [tirántes] *s.m.* (pl.) suspensórios.
ti.ran.tez [tirantéθ] *s.f.* tensão.
ti.rar [tirár] *v.t.* 1 atirar, lançar, arremessar. 2 derrubar. 3 atirar, disparar. 4 estender, esticar. 5 malgastar, esbanjar. 6 puxar, atrair. 7 jogar fora. 8 tirar, eliminar, excluir. 9 (impr.) tirar, imprimir. 10 seguir uma direção. 11 levar. 12 tender, puxar (cores). 13 assemelhar-se, parecer-se com. 14 *v.p.* precipitar-se, jogar-se, lançar-se. 15 deitar-se. 16 passar ou gastar tempo em algo. *tirársela a alguien*, ter relação sexual com alguém. *tirar a matar*, decir ou fazer algo com má intenção.
ti.ri.tar [tiritár] *v.i.* tiritar, tremer.
ti.ro [tíro] *s.m.* 1 tiro, disparo. 2 tiro, lançamento, arremesso. 3 tiro, estampido, ruído. 4 tiro, ferimento. 5 (desp.) tiro, esporte. 6 cavalo da calça. *como un tiro*, como um foguete, rapidamente. *salirle a alguien el tiro por la culata*, sair o tiro pela culatra.
ti.roi.des [tiroiðes] *s.f.* tiroide.
ti.ro.te.ar [tirotear] *v.t.* tirotear.
ti.ro.te.o [tirotéo] *s.m.* tiroteio.
ti.rria [tírrja] *s.f.* birra, ojeriza, antipatia.
ti.sis [tísis] *s.f.* tísica, tuberculose.
ti.tán [titán] *s.m.* titã.
tí.te.re [títere] *s.m.* 1 títere, fantoche. 2 (fig.) fantoche, pessoa que se deixa manipular. 3 (pl.) teatro de fantoches.
ti.ti.ri.te.ro [titiritéro] *s.m.* 1 titiriteiro. 2 saltimbanco.
ti.tu.be.ar [tituβeár] *v.i.* 1 titubear, vacilar. 2 ficar perplexo. 3 oscilar.
ti.tu.be.o [tituβéo] *s.m.* titubeação, incerteza.
ti.tu.la.do [tituláðo] *adj.* titulado.
ti.tu.lar [titulár] *adj.* 1 titular, principal. 2 titular, proprietário.
ti.tu.lar [titulár] *s.m.* manchete (em jornais e revistas).

ti.tu.lar [titulár] *v.t.* 1 titular, intitular. 2 obter título.
tí.tu.lo [título] *s.m.* 1 título, cabeçalho. 2 título, dignidade. 3 título, documento, certificado. 4 título, distinção. 5 (jur.) título, documento. 6 ação (da bolsa de valores). *a título de*, na qualidade de.
ti.za [tíθa] *s.f.* giz.
tiz.nar [tiθnár] *v.t.* 1 manchar com fuligem. 2 (fig.) difamar, desprestigiar.
tiz.ne [tíθne] *s.m.* fuligem.
ti.zón [tiθón] *s.m.* 1 tição, pedaço de madeira meio queimada. 2 (bot.) fungão.
to.a.lla [toáʎa] *s.f.* 1 toalha, roupa de banho. 2 toalha, tecido. *tirar/arrojar la toalla*, jogar a toalha, desistir. *toalla higiénica*, absorvente higiênico.
to.a.lle.ro [toaʎéro] *s.m.* toalheiro.
to.bi.llo [toβíʎo] *s.m.* tornozelo.
to.bo.gán [toβoɣán] *s.m.* tobogã.
to.ca [tóka] *s.f.* touca.
to.ca.do [tokáðo] *adj.* 1 louco, perturbado. 2 afetado.
to.ca.do [tokáðo] *s.m.* toucado, adorno na cabeça.
to.ca.dor [tokaðór] *s.m.* 1 penteadeira, toucador. 2 *closet*, lugar onde está o toucador.
to.can.te [tokánte] *adj.* tocante, referente.
to.car [tokár] *v.t.* 1 tocar, apalpar. 2 tocar, esbarrar, encostar. 3 tocar, fazer soar. 4 tocar, interpretar. 5 alterar, modificar. 6 tocar, tratar ou falar superficialmente sobre algo. 7 ganhar. 8 ser a vez. 9 dever, ter que, caber, competir. Não confundir com "perceber".
to.ca.yo [tokáʝo] *s.m.* xará.
to.ci.ne.rí.a [toθinería] *s.f.* açougue.
to.ci.no [toθíno] *s.m.* toucinho ou toicinho.
to.da.ví.a [toðaβía] *adv.* contudo, todavia, ainda.
to.do [tóðo] *adj.* todo, tudo.
to.do [tóðo] *adv.* de tudo, inteiramente.

to.do.po.de.ro.so [toðopoðeróso] *adj.* todopoderoso.
to.do.po.de.ro.so [toðopoðeróso] *s.m.* onipotente, todo-poderoso.
to.ga [tóɣa] *s.f.* toga.
tol.do [tóldo] *s.m.* toldo.
to.le.ra.ble [toleráβle] *adj.* tolerável, medíocre, suportável.
to.le.ran.cia [toleránθja] *s.f.* tolerância.
to.le.ran.te [toleránte] *adj.* tolerante.
to.le.rar [tolerár] *v.i.* 1 tolerar, suportar. 2 resistir, admitir (medicamentos). 3 (fig.) aceitar, admitir ideias diferentes.
to.ma [tóma] *s.f.* 1 (elet.) tomada. 2 quantidade, porção de alguma coisa.
to.mar [tomár] *v.t.* 1 tomar, pegar. 2 tomar, receber, aceitar. 3 tomar, comer ou beber. 4 encaminhar-se. 5 tomar, ocupar, conquistar. 6 tomar, adotar. 7 adquirir um vício. 8 contratar. 9 comprar ou adquirir mediante pagamento. 10 tirar foto. 11 calcular, medir. 12 entender, interpretar. 13 imitar costumes. *tomar a mal*, levar a mal. *tomar el pelo*, tirar um sarro.
to.ma.te [tomáte] *s.m.* 1 (bot.) tomate. 2 tomateiro (planta).
tóm.bo.la [tómbola] *s.f.* tômbola.
to.mi.llo [tomíʎo] *s.m.* (bot.) tomilho.
to.mo [tómo] *s.m.* tomo, volume (de uma obra).
to.na.li.dad [tonaliðáð] *s.f.* tonalidade.
to.nel [tonél] *s.m.* tonel, barrica.
to.ne.la.da [toneláða] *s.f.* tonelada.
tó.ni.ca [tónika] *s.f.* (mús.) tônica.
tó.ni.co [tóniko] *adj.* tônico.
to.ni.fi.ca.ción [tonifikaθjón] *s.f.* tonificação.
to.ni.fi.car [tonifikár] *v.t.* tonificar, fortificar, robustecer.
to.no [tóno] *s.m.* 1 tom, elevação ou intensidade da voz. 2 (fig.) forma de ser ou de comportar-se uma pessoa. 3 tom, intensidade de uma cor. *bajar el tono*, baixar a voz. *estar fuera de tono*, ser inoportuno ou inadequado.

ton.te.ar [tonteár] *v.i.* 1 disparatar. 2 (fig.) flertar.

ton.te.rí.a [tontería] *s.f.* tontice, bobagem, tolice, asneira.

ton.to [tónto] *adj.* tonto, idiota, tolo.

to.pa.cio [topáθjo] *s.m.* topázio.

to.par [topár] *v.t.* 1 topar, esbarrar, deparar. 2 topar, encontrar, achar. 3 topar, aceitar. 4 encontrar-se, chocar-se.

to.pe [tópe] *s.m.* 1 tope, topo. 2 travão. 3 amortecedor. 4 (fig.) impedimento, dificuldade.

to.pe.tar [topetár] *v.t.* topetar.

to.pe.ta.zo [topetáθo] *s.m.* marrada, cabeçada.

to.pe.tón [topetón] *s.m.* encontrão, embate, choque.

tó.pi.co [tópiko] *adj.* tópico, que pertence a determinado lugar.

to.po [tópo] *s.m.* 1 (zool.) toupeira. 2 (fig.) indivíduo ignorante e estúpido.

to.po.gra.fí.a [topoɣrafía] *s.f.* topografia.

to.pó.gra.fo [topóɣrafo] *s.m.* topógrafo.

to.que [tóke] *s.m.* 1 toque, contato. 2 toque, som. 3 (fam.) ligação telefônica. 4 toque, pancada. 5 toque, advertência. 6 toque, retoque, correção.

to.qui.lla [tokíʎa] *s.f.* 1 véu à roda de um chapéu. 2 lenço triangular que as mulheres usam na cabeça.

tó.rax [tóra(k)s] *s.m.* tórax.

tor.be.lli.no [torβeʎíno] *s.m.* redemoinho.

tor.ce.du.ra [torθeðúra] *s.f.* torção.

tor.cer [torθér] *v.t.* 1 torcer, retorcer. 2 torcer, entortar. 3 torcer, inclinar. 4 torcer, virar. 5 distorcer, desviar. 6 torcer, interpretar. 7 (indust.) enrolar, embrulhar. Não confundir com "inchar", desejar sucesso, gritar, animar um time ou uma pessoa.

tor.cer.se [torθérse] *v.r.* vergar-se, entortar-se.

tor.ci.do [torθíðo] *adj.* torcido, sinuoso, torto.

tor.ci.mien.to [torθimjénto] *s.m.* torção, sinuosidade.

to.re.ar [toreár] *v.i.* 1 tourear. 2 (fig.) zombar. 3 (fig.) fugir de algo ou alguém.

to.re.ro [toréro] *adj. e s.* toureiro.

tor.men.ta [torménta] *s.f.* 1 tormenta, temporal, tempestade. 2 (fig.) adversidade ou desgraça de uma pessoa. 3 (fig.) manifestação violenta.

tor.men.to [torménto] *s.m.* 1 tormento, aflição, angústia. 2 (fig.) pessoa que é causa de aflição e angústia.

tor.men.to.so [tormentóso] *adj.* tormentoso, agitado, violento.

tor.na.do [tornáðo] *s.m.* tornado, furacão.

tor.nar [tornár] *v.t.* 1 tornar, mudar. 2 tornar, devolver. 3 *v.i.* regressar, voltar. 4 tornar, recuperar, recobrar.

tor.ne.a.dor [torneaðór] *s.m.* torneiro, torneador.

tor.ne.ar [torneár] *v.t.* 1 tornear. 2 contornear. 3 competir, brigar em um torneio.

tor.ne.o [tornéo] *s.m.* torneio.

tor.ne.ro [tornéro] *s.m.* torneiro.

tor.ni.llo [torníʎo] *s.m.* parafuso.

tor.ni.que.te [tornikéte] *s.m.* torniquete.

tor.no [tórno] *s.m.* torno. *en torno*, em volta, ao redor.

to.ro [tóro] *s.m.* (zool.) touro.

to.ron.ja [torónxa] *s.f.* (bot.) toranja.

tor.pe [tórpe] *adj.* 1 lerdo, lento, vagaroso. 2 estúpido, ignorante, rude.

tor.pe.de.ar [torpeðeár] *v.t.* torpedear.

tor.pe.de.o [torpeðéo] *s.m.* torpedeamento.

tor.pe.de.ro [torpeðéro] *adj. e s.* torpedeiro.

tor.pe.do [torpéðo] *s.m.* torpedo.

tor.pe.za [torpéθa] *s.f.* 1 lentidão, lerdeza. 2 torpor, entorpecimento. 3 letargia.

to.rre [tórre] *s.f.* 1 torre. 2 edifício. 3 campanário. 4 torre, peça de xadrez.

to.rre.fac.ción [torrefakθjón] *s.f.* torrefação, estabelecimento comercial onde se moi café para consumo.
to.rre.fac.to [torrefákto] *adj.* torrado, tostado, queimado.
to.rren.cial [torrenθjál] *adj.* torrencial.
to.rren.te [torrénte] *s.m.* torrente.
to.rre.ón [torreón] *s.m.* torre larga sobre um castelo, torreão.
tor.sión [torsjón] *s.f.* torção, torcedura.
tor.so [tórso] *s.m.* torso.
tor.ta [tórta] *s.f.* 1 torta. 2 (fig.) bofetão, palmada.
tor.tí.co.lis [tortíkolis] *s.m.* torcicolo.
tor.ti.lla [tortíʎa] *s.f.* omelete.
tór.to.la [tórtola] *s.f.* (zool.) rola.
tor.tu.ga [tortúɣa] *s.f.* (zool.) tartaruga.
tor.tuo.so [tortwóso] *adj.* tortuoso, sinuoso.
tor.tu.ra [tortúra] *s.f.* tortura.
tor.tu.rar [torturár] *v.t.* 1 torturar. 2 (fig.) afligir, atormentar.
tos [tós] *s.f.* tosse. *tos perruna*, tosse de cachorro.
tos.co [tósko] *adj.* 1 tosco, não lapidado. 2 (fig.) inculto, rude.
to.ser [tosér] *v.i.* tossir.
tos.fe.ri.na [tosferína] *s.f.* tosse convulsa.
tos.que.dad [toskeðáð] *s.f.* rusticidade.
tos.ta.da [tostáða] *s.f.* torrada.
tos.ta.do [tostáðo] *adj.* tostado, torrado.
tos.ta.dor [tostaðór] *adj.* torrador, tostador.
tos.ta.do.ra [tostaðóra] *s.f.* torradeira.
tos.tar [tostár] *v.t.* torrar, tostar.
tos.tón [tostón] *s.m.* 1 grão-de-bico torrado. 2 leitão assado. 3 (fam.) charlatão.
to.tal [totál] *adj.* total, geral.
to.tal [totál] *adv.* em suma, em resumo.
to.tal [totál] *s.m.* total, soma, resultado.
to.ta.li.dad [totaliðáð] *s.f.* totalidade.
to.ta.li.ta.rio [totalitárjo] *adj.* totalitário.

to.ta.li.ta.ris.mo [totalitarísmo] *s.m.* totalitarismo.
to.ta.li.zar [totaliθár] *v.t.* totalizar, calcular, somar.
tó.xi.co [tó(k)siko] *adj.* tóxico.
to.xi.na [to(k)sína] *s.f.* toxina.
to.zu.dez [toθuðéθ] *s.f.* teimosia, obstinação.
to.zu.do [toθúðo] *adj.* teimoso, obstinado.
tra.ba [tráβa] *s.f.* 1 trava, freio. 2 trava, obstáculo, bloqueio. 3 peia. *poner trabas*, pôr obstáculos.
tra.ba.ja.do [traβaxáðo] *adj.* 1 trabalhado. 2 cansado. 3 ornado.
tra.ba.ja.dor [traβaxaðór] *adj. e s.* trabalhador.
tra.ba.jar [traβaxár] *v.t.* 1 trabalhar, produzir. 2 trabalhar, exercer uma profissão. 3 (fig.) funcionar. 4 (fig.) batalhar. 5 trabalhar, arar.
tra.ba.jo [traβáxo] *s.m.* 1 trabalho, atividade profissional. 2 trabalho, obra produzida. 3 trabalho, dificuldade, impedimento. 4 (pl.) desgostos, sofrimentos, dificuldades. *años de trabajo*, anos de serviço. *con trabajo*, a duras penas.
tra.ba.jo.so [traβaxóso] *adj.* trabalhoso, árduo, cansativo.
tra.bar [traβár] *v.t.* 1 travar, freiar. 2 travar, obstaculizar. 3 emperrar.
trac.ción [trakθjón] *s.f.* tração.
trac.tor [traktór] *s.m.* trator.
tra.di.ción [traðiθjón] *s.f.* tradição.
tra.di.cio.nal [traðiθjonál] *adj.* tradicional.
tra.duc.ción [traðukθjón] *s.f.* tradução. *traducción oficial*, tradução juramentada.
tra.du.cir [traðuθír] *v.t.* 1 traduzir, transpor, verter. 2 (fig.) traduzir, interpretar, explicar. 3 *v.p.* traduzir, representar, simbolizar.
tra.duc.tor [traðuktór] *adj. e s.* tradutor.
tra.er [traér] *v.t.* 1 trazer, trasportar. 2 ocasionar, acarretar. 3 usar. 4 trazer, citar. 5 buscar. *traer entre manos*, pretender, ter algo preparado. *traer y llevar*, ser leva e traz.

transferible

tra.fi.can.te [trafikánte] *s.m.* traficante, negociante.
tra.fi.car [trafikár] *v.i.* traficar, negociar.
trá.fi.co [tráfiko] *s.m.* 1 tráfico, comércio. 2 tráfego, trânsito. *tráfico de drogas*, tráfico de drogas, narcotráfico. *embotellamiento de tráfico*, engarrafamento de trânsito.
tra.ga.ble [traɣáβle] *adj.* tragável.
tra.ga.de.ras [traɣaðéras] *s.f.* (pl.) 1 faringe. 2 (fig.) boa-fé. 3 (fig. e fam.) pouco escrúpulo.
tra.ga.dor [traɣaðór] *adj. e s.* comilão.
tra.ga.luz [traɣaluθ] *s.m.* clarabóia.
tra.gar [traɣár] *v.t.* 1 tragar, engolir. 2 *v.p.* dissimular, disfarçar, fingir. 3 (fig.) acreditar alguma coisa, embora não seja verdade. *no tragarse a una persona*, não ir com a cara de.
tra.ge.dia [traxéðja] *s.f.* tragédia.
trá.gi.co [tráxiko] *adj.* trágico, fatal, terrível.
trai.ción [traiθjón] *s.f.* traição.
trai.cio.nar [traiθjonár] *v.t.* trair, enganar, atraiçoar.
trai.cio.ne.ro [traiθjonéro] *adj.* traiçoeiro.
trai.dor [traiðór] *adj.* traidor.
tra.je [tráxe] *s.m.* 1 terno. 2 traje, vestimenta, vestes. *traje de baño*, maiô, sunga.
tra.je.ar [traxeár] *v.t.* trajar, vestir.
tra.jín [traxín] *s.m.* tráfego, faina, agitação.
tra.ji.nar [traxinár] *v.t.* 1 transportar. 2 *v.i.* atarefar-se, sobrecarregar-se.
tra.lla.zo [traʎáθo] *s.m.* chicotada.
tra.ma [tráma] *s.f.* 1 trama, tecido. 2 trama, enredo. 3 (fig.) confabulação, ardil, maquinação.
tra.mar [tramár] *v.t.* 1 tramar, tecer, urdir. 2 tramar, enredar. 3 tramar, intrigar, conspirar, maquinar.
tra.mi.ta.ción [tramitaθjón] *s.f.* trâmites.
trá.mi.te [trámite] *s.m.* trâmite.
tra.mo [trámo] *s.m.* tramo, trecho.

tra.mo.ya [tramója] *s.f.* tramoia, enredo, trama, intriga, ardil.
tram.pa [trámpa] *s.f.* 1 armadilha. 2 fraude, trapaça, infração. *caer en la trampa*, cair em uma armadilha. *hacer trampa*, trapacear.
tram.pe.ar [trampeár] *v.i.* trapacear, trampear, calotear.
tram.po.lín [trampolín] *s.m.* trampolim.
tram.po.so [trampóso] *adj. e s.* trapaceiro, caloteiro.
tran.ce [tránθe] *s.m.* 1 transe, crise. 2 transe, estado de mediunidade. 3 (fig.) transe, êxtase, momento de inspiração. 4 (fig.) transe, falecimento, morte.
tran.qui.li.dad [trankiliðáð] *s.f.* tranquilidade.
tran.qui.li.zar [trankiliθár] *v.t.* tranquilizar, acalmar, sossegar.
tran.qui.lo [trankílo] *adj.* 1 tranquilo, calmo, sossegado. 2 silencioso. 3 tranquilo, pacífico.
trans [tra(n)s] *pref.* trans.
trans.ac.ción [transakθjón] *s.f.* transação.
trans.a.tlán.ti.co [transatlántiko] *adj. e s.* transatlântico.
trans.bor.da.dor [transβorðaðór] *s.m.* 1 barco que trafega entre dois pontos de um rio. 2 (astron.) transbordador espacial.
trans.bor.dar [transβorðár] *v.t.* baldear, transferir.
trans.bor.do [transβórðo] *s.m.* baldeação, transbordo.
trans.cri.bir [transkriβír] *v.t.* transcrever.
trans.crip.ción [transkripθjón] *s.f.* transcrição.
trans.cu.rrir [transkurrír] *v.i.* transcorrer.
trans.cur.so [transkúrso] *s.m.* transcurso.
tran.se.ún.te [transeúnte] *adj.* 1 temporário, de passagem. 2 pedestre, transeunte, viandante.
trans.fe.ren.cia [transferénθja] *s.f.* transferência.
trans.fe.ri.ble [transferíβle] *adj.* transferível.

transferir

trans.fe.rir [transferír] *v.t.* transferir.
trans.fi.gu.ra.ción [transfiɣuraθjón] *s.f.* transfiguração.
trans.fi.gu.rar [transfiɣurár] *v.t.* transfigurar, transformar.
trans.for.ma.ble [transformáβle] *adj.* transformável.
trans.for.ma.ción [transformaθjón] *s.f.* 1 transformação, modificação. 2 (elet.) transformação, conversão.
trans.for.mar [transformár] *v.t.* 1 transformar, modificar, demudar. 2 transformar, converter.
trans.fu.sión [tra(n)sfusjón] *s.f.* transfusão.
trans.gre.dir [tra(n)sɣreðír] *v.t.* transgredir.
trans.gre.sión [tra(n)sɣresjón] *s.f.* transgressão.
trans.gre.sor [transɣresór] *adj.* transgressor.
tran.si.ción [transiθjón] *s.f.* transição.
tran.si.gen.cia [transixénθja] *s.f.* transigência.
tran.si.gir [transiχír] *v.i.* transigir.
tran.sis.tor [transistór] *s.m.* transístor.
tran.si.ta.ble [transitáβle] *adj.* transitável.
tran.si.tar [transitár] *v.i.* transitar, caminhar, viajar.
trán.si.to [tránsito] *s.m.* 1 trânsito, tráfego. 2 passagem. 3 morte.
tran.si.to.rio [transitórjo] *adj.* transitório, passageiro.
trans.lú.ci.do [tra(n)slúθiðo] *adj.* translúcido, transluzente.
trans.mi.si.ble [tra(n)smisíβle] *adj.* transmissível.
trans.mi.sión [transmisjón] *s.f.* transmissão.
trans.mi.sor [trasmisór] *s.m.* transmissor, dispositivo, aparelho.
trans.mi.tir [transmitír] *v.t.* 1 transmitir, transportar, transferir. 2 transmitir, comunicar. 3 transmitir, contagiar. 4 transmitir, difundir.
trans.mu.dar [transmuðár] *v.t.* transmudar.
trans.mu.tar [transmutár] *v.t.* transmutar.

trans.pa.ren.cia [transparénθja] *s.f.* transparência.
trans.pa.ren.tar.se [transparentárse] *vr.* transparentar-se, transluzir.
trans.pa.ren.te [t ranspa rente] *adj.* transparente.
trans.pi.ra.ble [transpiráβle] *adj.* transpirável.
trans.pi.ra.ción [transpiraθjón] *s.f.* transpiração, suor.
trans.pi.rar [transpirár] *v.i.* transpirar, suar.
trans.por.ta.ción [transportaθjón] *s.f.* transportação.
trans.por.tar [transportár] *v.t.* 1 transportar, levar. 2 transportar, imaginar. 3 (mús.) transladar de um tom a outro.
trans.por.te [transpórte] *s.m.* 1 transporte, frete. 2 transporte, condução. 3 transporte, êxtase.
trans.va.sar [transβasár] *v.t.* transvasar.
trans.ver.sal [transβersál] *adj.* 1 transversal. 2 colateral.
tran.ví.a [trambía] *s.m.* carro eléctrico (bonde).
tra.pe.cio [trapéθjo] *s.m.* trapézio.
tra.pe.zoi.de [trapeθoiðe] *s.m.* trapezoide.
tra.pi.che.ar [trapitʃeár] *v.i.* enganhar, dar um jeito.
tra.po [trápo] *s.m.* trapo, farrapo. *estar hecho un trapo*, estar um trapo. *sacar los trapos a relucir*, lavar a roupa suja.
trá.que.a [trákea] *s.f.* traqueia.
tras [trás] *prep.* atrás, trás, detrás, após, depois de, além de.
tras.cen.den.cia [trasθenðénθja] *s.f.* transcendência.
tras.cen.den.tal [trasθenðentá l] *adj.* trancendental, transcendente.
tras.cen.der [trasθenðér] *v.i.* 1 transcender, transparecer. 2 tornar-se sabido ou conhecido. 3 estender-se, comunicar-se. 4 penetrar.

tras.do.blar [trasðolβár] *v.t.* tresdobrar, triplicar.
tra.se.ro [traséro] *adj.* traseiro, posterior.
tra.se.ro [traséro] *s.m.* traseiro, as nádegas, a bunda.
tra.se.ra [traséra] *s.f.* traseira, retaguarda.
tras.fe.rir [trasferír] *v.t.* transferir, transladar.
tras.hu.mar [trasumár] *v.i.* transumar, emigrar periodicamente o rebanho.
tras.la.ción [traslaθjón] *s.f.* trasladação, translação.
tras.la.dar [traslaðár] *v.t.* trasladar, transferir.
tras.la.do [t rasláðo] *s.m.* 1 traslado, transferência. 2 cópia.
tras.lu.cir.se [trasluθíerse] vr. transluzir-se, deduzir-se.
tras.lu.mi.rar [traslumirár] *v.t.* deslumbrar.
tras.luz [traslúθ] *s.m.* luz refletida. *al trasluz*, contra a luz.
tras.no.cha.do [trasnotʃáðo] *adj.* 1 amanhecido. 2 estragado, macilento.
tras.no.cha.dor [trasnotʃaðór] *adj.* e *s.* tresnoitado, noctívago.
tras.no.char [trasnotʃár] *v.i.* tresnoitar.
tras.pa.sar [traspasár] *v.i.* 1 trespassar, transferir. 2 exceder. 3 ceder.
tras.pa.so [traspáso] *s.m.* 1 trespasse, transferência. 2 aflição, angústia. 3 (jur.) cesão.
tras.pié [traspjé] *s.m.* rasteira.
tras.plan.ta.ble [trasplantáβle] *adj.* transplantável.
tras.plan.tar [trasplatár] *v.t.* 1 (bot.) trasplantar. 2 trasplantar, fazer um trasplante (de órgão). 3 *v.p.* transplantar, trasladar, mudar de país.
tras.plan.te [trasplánte] *s.m.* (med.) transplante.
tras.po.ner [traspóner] *v.t.* transpor.
tras.por.ta.ción [trasportaθjón] *s.f.* transportação.
tras.pues.to [traspwésto] *adj.* transposto.

tras.te [tráste] *s.m.* traste, trasto.
tras.te.ro [trastéro] *s.m.* diz-se do quarto onde se guardam móveis velhos.
tras.to [trásto] *s.m.* 1 traste, móvel velho. 2 pessoa inútil, velhaco. 3 utensílios.
tras.to.car [trastokár] *v.t.* transtornar, alterar.
tras.tor.nar [trastornár] *v.t.* transtornar.
tras.tor.no [trastórno] *s.m.* transtorno, desordem.
tra.ta [tráta] *s.f.* tráfico de escravos.
tra.ta.ble [tratáβle] *adj.* tratável.
tra.ta.dis.ta [trataðísta] *s.m.* tratadista.
tra.ta.do [tratáðo] *s.m.* tratado, ajuste, convênio.
tra.tar [tratár] *s.m.* 1 tratar, pactuar. 2 relacionar-se com alguém. 3 conferenciar. 4 cuidar, assistir. 5 *loc.* acerca de.
tra.to [tráto] *s.m.* trato, pacto.
trau.má.ti.co [traumátiko] *adj.* traumático.
trau.ma.tis.mo [traumatísmo] *s.m.* (med.) traumatismo.
tra.vés [traβés] *s.m.* 1 flanco. 2 (fig.) desgraça, fatalidade. *a través de*, através de.
tra.ve.sí.a [traβesía] *s.f.* 1 travessa, caminho. 2 (mar) travessia.
tra.ve.su.ra [traβesúra] *s.f.* travessura, traquinice.
tra.vie.so [traβjéso] *adj.* 1 travesso, inquieto, malicioso. 2 transversal.
tra.yec.to [trajékto] *s.m.* trajeto.
tra.yec.to.ria [trajektórja] *s.f.* trajetória.
tra.za [tráθa] *s.f.* 1 projeto, esboço. 2 habilidade, capacidade. 3 (fig.) aspecto, aparência.
tra.za.do [traθáðo] *adj.* traçado.
tra.za.do [traθáðo] *s.m.* 1 traçado, projeto. 2 traçado, esboço. 3 percurso, itinerário.
tra.zar [traθár] *v.t.* 1 traçar, delinear. 2 (fig.) traçar, maquinar. 3 traçar, projetar.
tra.zo [tráθo] *s.m.* 1 traço, risco. 2 traço, esboço. 3 traço, feição.
tré.bol [tréβol] *s.m.* (bot.) trevo.

tre.ce [tréθe] *adj.* e *num.* treze.
tre.ce [tréθe] *num.* treze.
tre.cho [trétʃo] *s.m.* 1 trecho. 2 fragmento.
tre.gua [tréɣwa] *s.f.* 1 trégua, descanso. 2 (mil.) trégua, suspensão.
trein.ta [tréinta] *adj.* trinta.
trein.ta [tréinta] *s.m.* trinta.
trein.te.na [treinténa] *s.f.* trintena.
tre.men.do [treméndo] *adj.* 1 tremendo, terrível. 2 tremendo, formidável. 3 travesso.
tre.men.ti.na [trementína] *s.f.* trementina.
tré.mu.lo [trémulo] *adj.* trêmulo, tremido.
tren [trén] *s.m.* trem, comboio. *tren de vida,* modo de vida.
tren.za [trénθa] *s.f.* trança.
tren.za.de.ra [trenθaðéra] *s.f.* trançadeira.
tren.zar [trenθár] *v.t.* trançar.
tre.par [trepár] *v.i.* trepar, subir. Não confundir com "ter relações sexuais".
tre.pi.da.ción [trepiðaθjón] *s.f.* trepidação.
tre.pi.dar [trepiðár] *v.i.* trepidar, vibrar.
tres [trés] *adj.* três.
tres [trés] *s.m.* três.
tres.cien.tos [tresθjéntos] *adj.* trezentos.
tres.cien.tos [tresθjéntos] *s.m.* trezentos.
tres.do.blar [tresðoβlár] *v.t.* triplicar.
trian.gu.lar [trjangulár] *adj.* triangular.
trian.gu.lar [trjangulár] *v.t.* triangular, dividir em triângulos.
trián.gu.lo [trjángulo] *s.m.* 1 (geom.) triângulo. 2 (mús.) triângulo, instrumento. 3 triângulo amoroso.
tri.bu [tríβu] *s.f.* tribo.
tri.bu.la.ción [triβulaθjón] *s.f.* atribulação, tribulação.
tri.bu.na [triβúna] *s.f.* 1 tribuna, palanque. 2 tribuna, arquibancada.
tri.bu.nal [triβunál] *s.m.* tribunal.
tri.bu.tar [triβutár] *v.t.* 1 tributar, pagar impostos. 2 tributar, dedicar.

tri.bu.ta.rio [triβutárjo] *adj.* tributário.
tri.bu.to [triβúto] *s.m.* 1 tributo, contribuição. 2 tributo, homenagem. 3 tributo, concessão.
tri.ci.clo [triθíklo] *s.m.* triciclo.
tri.co.lor [trikolór] *adj.* tricolor.
tri.co.to.mí.a [trikotomía] *s.f.* tricotomia.
trie.dro [trjéðro] *adj.* triedro, que tem três faces.
trie.nal [trjenál] *adj.* trienal, que dura três anos.
trie.nio [trjénjo] *s.m.* triênio, espaço de três anos.
tri.gal [triɣál] *s.m.* trigal.
tri.go [tríɣo] *s.m.* 1 (bot.) trigo. 2 (fig.) dinheiro, capital.
tri.go.no.me.trí.a [triɣonometría] *s.f.* trigonometria.
tri.lin.güe [trilíngwe] *adj.* 1 trilíngue, que fala três línguas. 2 trilíngue, que está escrito em três idiomas.
tri.lla [tríʎa] *s.f.* debulha, ação de descascar.
tri.lla.do [triʎaðo] *adj.* comum e sabido.
tri.lla.do.ra [triʎaðóra] *s.f.* debulhadora, descascadora.
tri.llar [triʎár] *v.t.* debulhar, descascar.
tri.lo.gí.a [triloχía] *s.f.* trilogia.
tri.mes.tral [trimestrál] *adj.* trimestral.
tri.mes.tre [triméstre] *s.m.* trimestre.
tri.nar [trinár] *v.i.* (mús.) trinar, gorjear.
trin.ca [trínka] *s.f.* trio, trindade.
trin.char [trintʃár] *v.t.* trinchar, picar.
trin.che.ra [trintʃéra] *s.f.* trincheira, barreira.
tri.ne.o [trinéo] *s.m.* trenó.
tri.nid.ad [triniðáð] *s.f.* trindade.
tri.no [tríno] *adj.* trino, ternário.
tri.no [tríno] *s.m.* gorjeio.
trí.o [trío] *s.m.* trio, terceto.
tri.pa [trípa] *s.f.* tripa, intestino.
tri.ple [tríple] *adj.* e *s.* triplo, tríplice.
tri.pli.car [triplikár] *v.t.* triplicar.
trí.po.de [trípoðe] *s.m.* tripé.

tríp.ti.co [tríptiko] *s.m.* tríptico.
tri.pu.la.ción [tripulaθjón] *s.f.* (mar.) tripulação.
tri.pu.lar [tripulár] *v.t.* tripular, equipar.
tri.qui.no.sis [trikinósis] *s.f.* triquinose.
tri.qui.ñue.la [trikiɲwéla] *s.f.* rodeio, evasiva, subterfúgio.
tris [trís] *s.m.* 1 momento curto. 2 (fam.) porção pequena. *en un tris*, num piscar de olhos.
tri.sí.la.bo [trisílaβo] *adj.* trissílabo.
tris.te [tríste] *adj.* 1 triste, aflito. 2 triste, melancólico. 3 triste, deplorável. 4 triste, doloroso. 5 (fig.) triste, insignificante, insuficiente.
tris.te.za [tristéθa] *s.f.* tristeza, aflição.
tris.tón [tristón] *adj.* tristonho.
tri.tu.ra.ción [trituraθjón] *s.f.* trituração.
tri.tu.rar [triturár] *v.t.* triturar.
triun.fal [triunfál] *adj.* triunfal.
triun.far [triunfár] *v.i.* triunfar, vencer, ter sucesso.
triun.fo [triúnfo] *s.m.* triunfo, sucesso, vitória.
triun.vi.ra.to [triumbiráto] *s.m.* triunvirato.
tri.vial [triβjál] *adj.* trivial, corriqueiro, comum.
tri.via.li.dad [triβjaliðáð] *s.f.* trivialidade.
tri.za [tríθa] *s.f.* pedacinho, migalha. *hacer trizas*, fazer em pedacinhos.
tro.cha [trótʃa] *s.f.* atalho, trilha.
tro.fe.o [troféo] *s.m.* troféu.
tro.la [tróla] *s.f.* (fam.) engano, mentira.
trom.ba [trómba] *s.f.* tromba.
trom.bón [trombón] *s.m.* (mús.) trombone.
trom.bo.sis [trombósis] *s.f.* trombose.
trom.pa [trómpa] *s.f.* 1 (mús.) trompa, instrumento musical. 2 (anat.) trompa, conduto anatômico. 3 tromba, beiço. 4 (fig.) bebedeira.
trom.pa.zo [trompáθo] *s.m.* pancada.
trom.pe.ta [trompéta] *s.f.* (mús.) trompete.
trom.pi.cón [trompikón] *s.m.* tropeção.
tro.na.da [tronáða] *s.f.* trovoada.

tro.nar [tronár] *v.i.* 1 trovoar, trovejar. 2 retumbar, estourar.
tron.char [trontʃár] *v.t.* 1 partir. 2 (fig.) frustrar. 3 truncar, mutilar. 4 *v.p.* frustrar-se, cortar em pedaços.
tron.cho [tróntʃo] *s.m.* talo.
tron.co [trónko] *s.m.* 1 tronco, caule. 2 tronco, estirpe. 3 tronco, torso. 4 conduto, canal.
tro.ne.ra [tronéra] *s.f.* troneira.
tro.no [tróno] *s.m.* trono.
tro.pa [trópa] *s.f.* tropa.
tro.pel [tropél] *s.m.* 1 tropel. 2 tumulto. 3 estrépito.
tro.pe.zar [tropeθár] *v.t. e i.* tropeçar.
tro.pe.zón [tropeθón] *s.m.* tropeção.
tro.pi.cal [tropikál] *adj.* tropical.
tró.pi.co [trópiko] *s.m.* trópico.
tro.pie.zo [tropjéθo] *s.m.* 1 tropeço, estorvo, impedimento. 2 culpa, falta.
tro.quel [trokél] *s.m.* troquel.
tro.que.lar [trokelár] *v.t.* cunhar.
tro.tar [trotár] *v.i.* trotar.
tro.te [tróte] *s.m.* trote, forma acelerada de andar. Não confundir com "tomar el pelo". *al trote*, depressa.
tro.va [tróβa] *s.f.* verso.
tro.va.dor [troβaðór] *adj. e s.* trovador, poeta.
tro.var [troβár] *v.i.* trovar.
tro.zo [tróθo] *s.m.* pedaço, bocado, fragmento.
tru.cha [trútʃa] *s.f.* (zool.) truta.
tru.co [trúko] *s.m.* truque.
true.no [trwéno] *s.m.* trovão, estampido.
true.que [trwéke] *s.m.* troca.
tru.fa [trúfa] *s.f.* trufa.
trun.ca.do [trunkáðo] *adj.* truncado, mutilado.
trun.car [trunkár] *v.t.* truncar, cortar, mutilar.
tu/tus [tu] *pron. pos.* teu, tua, teus, tuas.
tú [tú] *pron. pess.* tu, você.
tu.bér.cu.lo [tuβérkulo] *s.m.* (bot.) tubérculo.

tu.ber.cu.lo.sis [tuβerkulósis] s.f. tuberculose.
tu.ber.cu.lo.so [tuβerkulóso] adj. e s. tuberculoso.
tu.be.rí.a [tuβería] s.f. encanamento.
tu.bo [túβo] s.m. tubo, cano.
tu.bu.lar [tuβulár] adj. tubular.
tuer.ca [t wérk a] s.f. (mec.) porca de parafuso.
tuer.to [twérto] adj. caolho.
tué.ta.no [twétano] s.m. tutano, medula.
tu.fo [túfo] s.m. 1 exalação, vapor. 2 cheiro desagradável.
tu.gu.rio [tuɣúrjo] s.m. barraco.
tul [túl] s.m. tule, tecido.
tu.li.pán [tulipán] s.m. (bot.) tulipa.
tu.lli.do [tuʎíðo] adj. e s. paralítico, tolhido, entrevado.
tu.llir [tuʎír] v.i. tolher, paralisar.
tum.ba [túmba] s.f. tumba, túmulo, sepultura.
tum.ba.do [tumbáðo] adj. abaulado, convexo.
tum.bar [tumbár] v.t. 1 tombar, derrubar. 2 perturbar. 3 v.p. deitar-se.
tum.bo [túmbo] s.m. tombo, queda.
tu.me.fac.ción [tumefakθjón] s.f. (med.) tumefação, inchaço.
tu.mor [tumór] s.m. tumor.
tú.mu.lo [túmulo] s.m. túmulo, tumba, sepultura.
tu.mul.to [tumúlto] s.m. tumulto, motim.
tu.mul.tuo.so [tumultwóso] adj. tumultuoso, barulhento.
tun.da [túnda] s.f. surra, sova, tunda.
tú.nel [túnel] s.m. túnel.
tú.ni.ca [túnika] s.f. túnica.
tu.pi.do [tupíðo] adj. 1 espesso, apertado. 2 estúpido, ignorante, rude.
tu.pir [tupír] v.t. e v.p. 1 apertar. 2 fartar-se.
tur.ba [túrβa] s.f. turba, multidão.
tur.ba.ción [turβaθjón] s.f. turbação.
tur.ban.te [turβánte] s.m. turbante.
tur.bar [turβár] v.t. e v.r. enturvar.
tur.bi.na [turβína] s.f. turbina.
tur.bio [túrβjo] adj. 1 turvo, escuro. 2 confuso.
tur.bu.len.cia [turβulénθja] s.f. turbulência, opacidade.
tur.bu.len.to [turβulénto] adj. turbulento, turvo.
tu.ris.mo [turísmo] s.m. turismo.
tu.ris.ta [turísta] s. turista.
tur.nar [turnár] v.i. alternar.
tur.no [túrno] s.m. turno, vez. de turno, de plantão.
tur.que.sa [turkésa] s.f. turquesa.
tu.rrón [turrón] s.m. doce em forma de tablete, feito de amêndoas, pinhões, avelãs ou nozes, tostado com mel e açúcar.
tu.te.la [tutéla] s.f. 1 tutela. 2 (fig.) direção, proteção.
tu.te.lar [tutelár] v.i. tutelar, amparar.
tu.tor [tutór] s.m. tutor, protetor.
tu.to.ra [tutóra] s.f. tutora, tutriz.
tu.to.rí.a [tutoría] s.f. tutoria, proteção.
tu.yo/tu.ya/tu.yos/tu.yas [tú.j.o] pron. pos. 2ª pess. teu, tua, teus, tuas.

U u

u, U [ú] *s.f.* vigésima segunda letra do alfabeto espanhol e quinta de suas vogais; seu nome é *u*. É uma vogal alta posterior velar. É muda em que, *qui, gue, gui*, como em português.

u.bé.rri.mo/a [uβéřimo] *adj.* ubérrimo, muito fértil, fecundo, abundante.

u.bi.ca.ción [uβikaθjón] *s.f.* localização, posição.

u.bi.ca.do/a [uβikáðo] *adj.* 1 localizado, situado, sito. 2 sensato, discreto, gentil. *Ricardo es un desubicado, le preguntó la edad a la dueña de la fiesta de quince... ¡qué papelón!* Ricardo é tão indiscreto e atabalhoado que foi perguntar a idade da dona da festa de quinze anos. Que papelão!

u.bi.car [uβikár] *v.i e t.* situar-se, colocar.

u.bi.cuo/a [uβíkwor] *adj.* onipresente.

u.bre [úβre] *s.f.* úbere, mama, teta.

ud. [uð] *abrev.* de *usted*, *pron. pess.*, 2ª pessoa do singular. Tratamento formal ou de cortesia.

ufa.nar.se [ufanárse] *v.p.* ufanar-se, vangloriar-se.

u.fa.no/a [ufáno] *adj.* orgulhoso, vaidoso.

u.jier [uxjér] *s.m.* porteiro ou empregado de palácio ou de tribunal.

úl.ce.ra [úlθera] *s.f.* úlcera, ferida, chaga.

ul.ce.ra.ción [ulθeraθjón] *s.f.* ulceração, ferimento.

ul.ce.rar [ulθerár] *v.t.* ulcerar, produzir ferida ou chaga.

ul.ce.ro.so/a [ulθeróso] *adj.* ulceroso.

ul.te.rior [ulterjór] *adj.* ulterior. 1 posterior ou último. 2 resultado ou consequência.

ul.te.rior.men.te [ulterjorménte] *adv.* finalmente.

úl.ti.ma.men.te [ultimaménte] *adv.* ultimamente, nos últimos tempos.

ul.ti.mar [ultimár] *v.t.* ultimar, acabar, terminar.

ul.ti.má.tum [ultimátun] *s.m.* ultimato, último aviso, solução definitiva. *Pedro recibió un ultimátum del jefe. o deja de llegar tarde, o pierde el puesto.* Pedro recebeu um ultimato do chefe. ou para de chegar tarde, ou perde o emprego.

úl.ti.mo/a [último] *adj.* último, derradeiro, final.

ul.tra [última] *1 adv.* além de. *2 adj. e s.* de extrema direita, radical.

ul.tra- [ultra] *pref.* ultra-, além de, em excesso.

ul.tra.de.re.cha [ultraðerétʃa] *s.f.* de extrema direita, ultraconservador.

ul.tra.de.re.chis.ta [ultraðeretʃísta] *adj.* de extrema direita.

ul.tra.jan.te [ultraxánte] *adj.* ultrajante, insultante, agravante.

ul.tra.jar [ultraxár] *v.t.* ultrajar, injuriar, insultar.

ul.tra.je [ultráxe] *s.m.* ultraje, agravo. Obs.. el ultraje (masc.). *La contaminación es un ultraje a la naturaleza.* A poluição é um ultraje à natureza.

ul.tra.mar [ultramár] *s.m.* ultramar, além dos mares, do outro lado do oceano.

ul.tra.ma.ri.no [ultramaríno] *adj.* ultramarino, transoceânico, de outro continente. *tienda de ultramarinos*, loja de secos e molhados.

ul.tra.mo.der.no/a [ultramoðérno] *adj.* modernista, de vanguarda.

ul.tran.za, a [ultráɳθa] *loc. adv.* de modo. a ferro e fogo, até as últimas consequências. *Luis se opuso a ultranza a las reformas; ¡es muy conservador!* Luís se opôs a ferro e fogo às reformas; é muito conservador!

ul.tra.rro.jo/a [ultrar̄óxo] *adj.* infravermelho. Ver *infrarrojo*.

ul.tra.só.ni.co/a [ultrasóniko] *adj.* ultrasônico.

ul.tra.so.ni.do [ultrasoníðo] *s.m.* ultrasom.

ul.tra.tum.ba [ultratúmba] *adj.* além-túmulo. *Nos asustamos mucho cuando oímos aquella voz de ultratumba en medio de la noche.* Ficamos muito assustados quando ouvimos aquela voz de além-túmulo no meio da noite.

ul.tra.vio.le.ta [ultraβjoléta] *adj.* ultravioleta.

u.lu.lar [ululár] *v.i.* ulular, gritar, berrar.

u.lu.lar [ululár] *s.m.* som das sirenes de ambulâncias, de bombeiros, de alarmes etc.

um.bi.li.cal [umbilikál] *adj.* umbilical.

um.bral [umbrál] *s.m.* umbral. 1 soleira. 2 limiar. *Me recibió en el umbral de la puerta con la noticia.* Recebeu-me no limiar da porta com a notícia.

um.brí.o/a [umbrío] *adj.* sombrio.

um.bro.so [umbróso] *adj.* umbroso, sombrio, que tem sombra.

un [ún] apócope de uno. um. Ver *uno*.

un / una [un][una] *art. indef.* um, uma.

u.ná.ni.me [unánime] *adj.* unânime, geral. *Es opinión unánime que Juliana se portó muy mal con sus compañeros.* É unânime a opinião de que Juliana agiu muito mal com seus colegas.

u.na.ni.mi.dad [unanimiðáð] *s.f.* unanimidade.

un.ción [unɳθjón] *s.f.* unção, fervor.

un.dé.ci.mo/a [undéθimo] *num.* décimo primeiro, undécimo. Ver *onceno*.

un.gir [unxír] *v.t.* ungir, untar. *El obispo ungió a los filigreses con los óleos.* O bispo ungiu os paroquianos com os óleos.

un.güen.to [unɡwénto] *s.m.* unguento, bálsamo.

u.ni.ce.lu.lar [uniθelulár] *adj.* unicelular.

ú.ni.co/a [úniko] *adj.* 1 único, singular. 2 diferente.

u.ni.cor.nio [unikórnjo] *s.m.* unicórnio. 1 animal fabuloso e mítico com figura de cavalo. 2 rinoceronte.

u.ni.dad [uniðáð] *s.f.* unidade.

u.ni.do/a [uníðo] *adj.* unido, junto, ligado.

u.ni.fi.car [unifikár] *v.t.* unificar, reunir, unir.

u.ni.for.mar [uniformár] *v.t.* uniformizar, padronizar. *La gerenta decidió uniformar todos los procesos de ventas.* A gerente decidiu padronizar todos os processos de vendas.

u.ni.for.me [unifórme] *adj. e s.* uniforme 1 parecido, semelhante. 2 roupa, vestuário.

u.ni.for.mi.dad [uniformiðáð] *s.f.* uniformidade, semelhança.

u.ni.gé.ni.to [unixénito] *s.m.* unigênito, filho único. *Jesucristo es, según la Iglesia, hijo unigénito de Dios.* Jesus Cristo é, segundo a Igreja, filho unigênito de Deus.

u.ni.la.te.ral [unilaterál] *adj.* unilateral.

u.nión [unijón] *s.f.* união, ligação, vínculo.

u.nir [unír] *v.t.* unir, ligar, agrupar, reunir.

u.ni.se.x [uniséks] *adj.* unissex. *Las ropas unisex fueron el grito de la moda de los 70.* As roupas unissex foram o grito da moda dos anos 70.

u.ní.so.no/a [unísono] *adj.* uníssono, constante, concorde.

u.ni.ta.rio/a [unitárjo] *adj.* unitário.
u.ni.ver.sal [uniβersál] *adj.* universal.
u.ni.ver.sa.li.dad [uniβersaliðáð] *s.f.* universalidade.
u.ni.ver.sa.li.za.ción [uniβersaliθaθjón] *s.f.* universalização. *Todos deseamos la universalización de la cultura.* Todos nós desejamos a universalização da cultura.
u.ni.ver.sa.li.zar [uniβersaliθár] *v.t.* universalizar, generalizar.
u.ni.ver.si.dad [uniβersiðáð] *s.f.* universidade.
u.ni.ver.si.ta.rio/a [uniβersitárjo] *adj. e s.* universitário.
u.ni.ver.so [uniβérso] *s.m.* universo, cosmo.
u.no [úno] *s.m.* (num.) um, unidade; signo com que se expressa esse número.
u.no/a [úno] *adj.* um, algum, singular, único. *pron. indef.* a gente. *Uno no sabe qué hacer.* A gente não sabe o que fazer.
un.tar [untár] *v.t.* 1 untar, engordurar, besuntar. *La curandera untó las patitas del cerdo con grasa y se las vendó.* A curandeira besuntou as patinhas do porco com banha e as vendeu. 2 subornar ou corromper. 3 (fam.) engraxar.
un.to [únto] *s.m.* 1 unto, banha. 2 graxa.
un.tuo.si.dad [untwosiðáð] *s.f.* untuosidade, qualidade ou estado de untuoso.
un.tuo.so/a [untwóso] *adj.* untuoso, gorduroso e pegajoso.
un.tu.ra [untúra] *s.f.* untura, untadura. 1 ato ou efeito de untar, unção. 2 matéria para untar.
u.ña [úɲa] *s.f.* unha.
u.ra.nio [uránjo] *s.m.* urânio.
ur.ba.ni.dad [urβaniðáð] *s.f.* urbanidade, civilidade.
ur.ba.nis.mo [urβanízmo] *s.* urbanismo, *estudo dos* problemas e suas soluções para as cidades.
ur.ba.nis.ta [urβanísta] *s.* urbanista, especialista em urbanismo.
ur.ba.nís.ti.co/a [urβanístiko] *adv.* pertencente ou relativo ao urbanismo.
ur.ba.ni.za.ción [urβaniθaθjón] *s.f.* 1 urbanização. 2 núcleo residencial urbanizado, condomínio fechado.
ur.ba.ni.zar [urβaniθár] *v.t.* urbanizar, preparar um bairro com melhorias nos serviços de água, luz, gás, asfalto, transporte e comunicações.
ur.ba.no/a [urβáno] *adj.* urbano.
ur.be [úrβe] *s.f.* urbe, cidade, metrópole. *Buenos Aires, México D.F. y San Pablo son las tres grandes urbes de Latinoamérica.* Buenos Aires, México D. F. e São Paulo são as três grandes urbes da América Latina.
ur.dim.bre [urðímbre] *s.f.* urdume, urdidura. 1 fiação no tear. 2 ação de maquinar ou tramar uma traição.
ur.dir [urðír] *v.t.* urdir. 1 dispor fios para tecelagem. 2 tramar ou confabular para conseguir um objetivo, mesmo contra outras pessoas.
u.re.a [uréa] *s.f.* ureia.
u.ré.ter [uréter] *s.m.* ureter.
u.re.tra [urétra] *s.f.* uretra.
ur.gen.cia [urxénθja] *s.f.* urgência, necessidade.
ur.gen.te [urxénte] *adj.* urgente.
ur.gir [urxír] *v.i.* urgir, exigir. *El jefe nos urgió la entrega de los trabajos.* O chefe exigiu-nos a entrega dos trabalhos.
u.ri.na.rio/a [urinárjo] *adj. e s.* 1 urinário, relativo à urina. 2 mictório.
ur.na [úrna] *s.f.* urna, recipiente, vaso.
u.ró.lo.go [uróloɣo] *s.m.* urologista.
u.rra.ca [uřáka] *s.f.* gralha.
ur.ti.ca.ria [urtikárja] *s.f.* urticária.
u.san.za [usánθa] *s.f.* usança, costume.
u.sar [usár] *v.t. e i.* usar, utilizar, costumar.

u.so [úso] *s.m.* uso, exercício, costume.
us.ted [ustéð] *pron.* o senhor, a senhora.
u.sual [uswál] *adj.* usual, habitual. *No es muy usual, pero en este restaurante sirven pizza al mediodía.* Não é muito usual, mas neste restaurante serve-se pizza ao meio-dia.
u.su.a.rio/a [uswárjo] *adj.* usuário.
u.su.fruc.to [usufrúkto] *s.m.* usufruto, proveito, benefício. *El gobierno les concedió a los madereros veinte años de usufructo en las tierras fiscales.* O governo concedeu aos madeireiros vinte anos de usufruto nas terras fiscais.
u.su.ra [usúra] *s.f.* usura, juro excessivo, ágio.
u.su.re.ro/a [uswéro] *adj.* usurário, agiota.
u.sur.pa.ción [usurpaθjón] *s.f.* usurpação.
u.sur.pa.dor/a [usurpaðór] *s.* usurpador.
u.sur.par [usurpár] *v.t.* usurpar, apoderar-se.
u.ten.si.lio [utensíljo] *s.m.* utensílio.
u.te.ri.no/a [uteríno] *adj.* uterino.
ú.te.ro [útero] *s.m.* útero.
ú.til [útil] *adj.* útil, vantajoso, proveitoso. *Es muy útil y ventajoso tener siempre un diccionario a mano.* É muito útil e vantajoso ter sempre um dicionário à mão.
u.ti.li.dad [utiliðáð] *s.f.* utilidade, vantagem, proveito.
u.ti.li.zar [utiliθár] *v.t.* utilizar, empregar, usar.
u.to.pía [utopía] *s.f.* utopia.
u.tó.pi.co/a [utópiko] *adj.* utópico, imaginário. *Me parece utópico soñar con la lotería.* Parece-me utópico sonhar com a loteria.
u.va [úβa] *s.f.* uva.
ú.vu.la [úβula] *s.m.* úvula, campainha.
u.xo.ri.ci.da [uksoriθíða] *s.m.* uxoricida, que comete uxoricídio, homem assassino da própria esposa.
u.xo.ri.ci.dio [uksoriθíðjo] *s.m.* assassinato da mulher pelo próprio marido.

V v

v, V [úβe] *s.f.* vigésima terceira letra do alfabeto espanhol; seu nome é *uve, ve, b baja* ou *b corta*. Sua articulação é exatamente igual à de *b* (q.v.).

va.ca [báka] *s.f.* 1 vaca, fêmea do touro. 2 carne de vaca ou de boi. 3 couro da vaca depois de curtido.

va.ca.cio.nes [bakaθjónes] *s.f.* (pl.) férias. *Me encantan las vacaciones de verano.* Adoro as férias de verão.

va.can.te [bakánte] *1 adj.* vago, desocupado. *El puesto de la gerenta está vacante.* O lugar da gerente está vago. 2 *m.f.* vaga, lugar ou cargo não ocupado.

va.cia.do [baθjáðo] *s.m.* esvaziamento, aplique de gesso ou metal em esculturas.

va.ciar [baθjár] *v.t.* esvaziar, desocupar, vazar, verter, desaguar. *La central nuclear fue vaciada para recargar combustible.* A central nuclear foi desocupada para recarregar combustível.

va.ci.la.ción [baθilaθjón] *s.f.* vacilação.

va.ci.lan.te [baθilánte] *adj.* vacilante, indeciso.

va.ci.lar [baθilár] *v.i.* vacilar, oscilar. *Juan vacilaba entre estudiar y trabajar.* João vacilava entre estudar e trabalhar.

va.cío [baθío] *adj.* 1 vazio, livre, vácuo. *El pollo está embalado al vacío.* O frango está embalado a vácuo. 2 *s.m.* vácuo, vacuidade.

va.cui.dad [bakwiðáð] *s.f.* vacuidade, estado ou qualidade do que é vácuo ou vazio.

va.cu.na [bakúna] *v.t.* vacina.

va.cu.na.ción [bakunaθjón] *s.f.* vacinação.

va.cu.nar [bakunár] *v.t.* vacinar.

va.cu.no/a [bakúno] *adj.* vacum, bovino.

va.cuo [bákwo] *adj.* 1 vácuo, vazio. 2 *s.m.* vácuo, vacuidade, vazio.

va.dear [baðeár] *v.t.* 1 atravessar um rio pouco profundo. 2 vencer uma dificuldade. *Vadeamos todos los problemas y llegamos a la meta.* Vencemos todos os problemas e chagamos à meta.

va.do [báðo] *s.m.* 1 vão, parte rasa de um rio. 2 rebaixamento, rampa.

va.ga.bun.de.ar [baɣaβundeár] vagabundear.

va.ga.bun.do/a [baɣaβúndo] *adj. e s.* vagabundo, que vagueia.

va.ga.men.te [baɣaménte] *adv.* vagamente, sem precisão. *Me acuerdo del tema vagamente.* Lembro-me vagamente do assunto.

va.gar [baɣár] *v.i.* vagar, perambular, vaguear.

va.gi.na [baxína] *s.f.* vagina.

va.go/a [báɣo] *adj.* 1 vago, ambíguo. 2 folgado, preguiçoso.

va.gón [baɣón] *s.m.* vagão.

va.go.ne.ta [baɣonéta] *s.f.* vagonete, vagão pequeno, carrinho.

va.guear [baɣeár] *v.i.* vaguear, vagabundear, vagar, andar ao acaso.

va.gue.dad [baɣeðáð] *s.f.* 1 vaguidão, vagueza, ócio, preguiça. 2 expressão ou frase vaga.

va.hí.do [baíðo] *s.m.* desmaio. *Tuvo un vahído y lo llevaron a la enfermería.* Teve um desmaio e o levaram para a enfermaria.

va.ho [báo] *s.m.* 1 bafo, vapor. 2 hálito.
vai.na [báịna] *s.f.* 1 bainha (de armas, de instrumentos). 2 vagem, envoltório de legumes, como ervilhas e favas. *Compré 200 gramos de guisantes en vainas.* Comprei 200 gramas de ervilhas em vagens.
vai.ni.lla [baịníʎa] *s.f.* baunilha.
vai.vén [baịβén] *s.f.* vaivém.
va.ji.lla [baxíʎa] *s.f.* louça, baixela.
va.le [bále] *s.m.* 1 vale, nota, recibo. 2 entrada grátis. 3 adiantamento. 4 adeus.
va.le.de.ro [baleðéro] *s.m.* válido, vigente. *Este acuerdo es valedero sólo hasta mayo.* Este acordo é válido somente até maio.
va.len.cia [baléŋθja] *s.f.* valência.
va.len.tía [balentía] *s.f.* valentia.
va.len.tón/a [balentón] *adj.* valentão, fanfarrão.
va.ler [balér] *v.t.* 1 valer, custar, produzir, resultar. 2 *v.i.* valer, merecer, ser digno.
va.le.ro.so/a [baleróso] *adj.* valoroso, vaioso, valente.
va.lía [balía] *s.f.* valia, valor. *Es un libro de gran valía.* É um livro de alta valia.
va.li.da.ción [baliðaθjón] *s.f.* validação.
va.li.dar [baliðár] *v.t.* validar, legitimar, autenticar.
va.li.dez [baliðéθ] *s.f.* validez, validade. *La validez del producto aparece en la etiqueta.* A validade do produto aparece na etiqueta.
vá.li.do/a [báliðo] *adj.* válido, apto, capaz.
va.lien.te [baljénte] *adj.* valente, firme, enérgico.
va.li.ja [balíxa] *s.f.* valise, mala.
va.lio.so/a [baljóso] *adj.* valioso, precioso.
va.lla [báʎa] *s.f.* vala, cerca, tapume. *El perro saltó la valla y se escapó.* O cão saltou a vala e escapou.
va.llar [baʎár] *v.t.* valar, cercar.
va.lle [báʎe] *s.m.* vale.

va.lor [balór] *s.m.* 1 valor, mérito, valentia. 2 preço. *Esas monedas perdieron su valor.* Essas moedas perderam o valor.
va.lo.ra.ción [baloraθjón] *s.f.* valoração, avaliação, valorização.
va.lo.rar [balorár] *v.t.* valorar, avaliar, determinar preço, valorizar.
va.lo.ri.za.ción [baloriθaθjón] *s.f.* valorização, avaliação, estimativa.
va.lo.ri.zar [baloriθjár] *v.t.* valorizar, avaliar, determinar preço.
vals [báls] *s.f.* valsa.
va.lua.ción [balwaθjón] *s.f.* avaliação, determinação de preço.
va.luar [balwár] *v.t.* avaliar, determinar preço.
vál.vu.la [bálβula] *s.f.* válvula, membrana, tubo, registro.
vam.pi.re.sa [bampirésa] *s.f.* 1 vampe, mulher fatal.
vam.pi.ro/a [bampíro] *s.* vampiro.
va.na.glo.ria [banaɣlórja] *s.f.* vanglória, vaidade.
va.na.glo.riar.se [banaɣlorjárse] *v.p.* vangloriar-se, gabar-se.
va.na.glo.rio.so/a [banaɣlorjóso] *adj.* vanglorioso.
va.na.men.te [banaménte] *adv.* em vão, à toa, inutilmente. *Lucharon vanamente y perdieron.* Lutaram em vão e perderam.
van.da.lis.mo [bandalízmo] *s.m.* vandalismo, selvageria, depredação.
van.guar.dia [baŋgwárðja] *s.f.* vanguarda, que precede seu tempo. *El arte de Dalí era de vanguardia.* A arte de Dali era de vanguarda.
van.guar.dis.ta [baŋgwarðísƱta] *adj.* quem está na vanguarda, à frente do seu tempo.
va.ni.dad [baniðáð] *s.f.* vaidade, futilidade, frivolidade.
va.ni.do.so/a [baniðóso] *adj. e s.* vaidoso.

va.no [báno] *adj.* 1 vão, abertura. 2 vão, inútil, vazio. *loc. adv.* *en vano*, em vão. *Hizo un enorme esfuerzo en vano.* Fez um enorme esforço em vão.

va.por [bapór] *s.m.* vapor, máquina a vapor.

va.po.ri.za.dor [baporiθaðóɾ] *s.m.* vaporizador.

va.po.ri.zar [baporiθáɾ] *v.t.* vaporizar, volatizar.

va.po.ro.so [baporóso] *adj.* vaporoso, leve, tênue.

va.pu.le.ar [bapuleár] *v.t.* bater, surrar.

va.que.ro/a [bakéro] *s.* 1 vaqueiro, peão, boiadeiro. 2 calça jeans.

va.ra [bára] *s.f.* vara, haste, galho fino.

va.ra.zo [baráθo] *s.m.* golpe ou batida com um galho ou vara.

va.re.ar [bareár] *v.t.* 1 varar, bater com vara. 2 (pop.) passear, mostrar, fazer ver.

va.ria.ble [barjáβle] *adj.* variável, instável.

va.ria.ción [barjaθjón] *s.f.* variação. *En verano la variación de la temperatura es constante.* No verão a variação da temperatura é constante.

va.ria.do/a [barjáðo] *adj.* variado, sortido.

va.rian.te [barjánte] *adj.* variante, variável, desvio.

va.ri.ar [bariár] *v.i.* e *t.* variar, mudar, diversificar.

vá.ri.ce [báriθe] *s.f.* variz. *Lo operaron de las várices.* Foi operado das varizes. Ver *variz*.

va.ri.ce.la [bariθéla] *s.f.* varicela, doença infectocontagiosa.

va.rie.dad [barjeðáð] *s.f.* variedade, diversidade. *La fiesta tenía una variedad de dulces y golosinas.* Na festa havia uma variedade de doces e guloseimas.

va.ri.lla [baríʎa] *s.f.* varinha, vareta, haste.

va.rio [bárjo] *adj.* vário, diverso, variado.

va.rón [barón] *s.m.* varão, homem. *Luisa tiene dos nenas y un hijo varón.* Luísa tem duas meninas e um filho homem.

va.riz [bariθ] *s.f.* variz, dilatação de uma veia causada por acumulação de sangue.

va.ro.nil [baroníl] *adj.* varonil.

va.sa.lla.je [basaʎáxe] *s.m.* vassalagem.

va.sa.llo/a [basáʎo] *s.* vassalo, súdito.

vas.cu.lar [baskulár] *adj.* vascular.

va.sec.to.mía [basektomía] *s.f.* vasectomia.

va.se.li.na [baselína] *s.f.* vaselina.

va.si.ja [basíxa] *s.f.* vasilha, vasilhame.

va.so [báso] *s.m.* copo.

vás.ta.go [bástaɣo] *s.m.* 1 broto, muda. 2 (fam.) filho. *Al menor de los vástagos se lo llama Benjamín.* O filho mais novo é chamado de caçula.

vas.to/a [básto] *adj.* vasto, extenso, amplo, grande.

vá.ter [báter] *s.m.* banheiro, privada. Ver *water*.

va.ti.ci.na.dor/a [batiθinaðóɾ] *s.m.* vaticinador, adivinhador.

va.ti.ci.nar [batiθinár] *v.t.* vaticinar, adivinhar.

va.tici.nio [batiθínjo] *s.m.* vaticínio, adivinhação.

va.tio [bátjo] *s.m.* watt.

ve [bé] *s.f.* nome da letra *v*.

ve.ci.nal [beθinál] *adj.* vicinal. *Se reunieron en el centro vecinal del barrio.* Reuniram-se no centro de moradores do bairro. *camino vecinal*, estrada vicinal.

ve.cin.dad [beθindáð] *s.f.* vizinhança, arredores.

ve.ci.no/a [beθíno] *adj.* e *s.* vizinho, morador, que mora ao lado.

vec.tor [bektóɾ] *s.m.* vetor, veículo que transporta uma carga nuclear.

ve.da [béða] *s.f.* veda, proibição.

ve.da.do/a [beðáðo] *adj.* vedado, proibido. *Esta película es vedada a niños con menos de doce años.* Este filme é proibido para menores de doze anos.

ve.dar [beðár] *v.t.* vedar, proibir.

ve.ge.ta.ción [bexetaθjón] *s.f.* vegetação.
ve.ge.tal [bexetál] *adj. e s.m.* vegetal.
ve.ge.tar [bexetár] *v.i.* 1 vegetar, desenvolver--se. 2 levar uma vida inerte.
ve.ge.ta.ria.no/a [bexetarjáno] *adj. e s.* vegetariano.
ve.ge.ta.ti.vo/a [bexetatíβo] *adj.* vegetativo.
ve.he.men.cia [beeménθja] *s.f.* veemência. *El profesor nos habló con vehemencia y convicción.* O professor nos falou com veemência e convicção.
ve.he.men.te [beeménte] *adj.* veemente.
ve.hí.cu.lo [beíkulo] *s.m.* veículo, meio de transporte.
veía [beía] *v.t.* forma do imperfeito do indicativo do verbo *ver*, 1ª e 3ª pes. sing., eu via, ele via.
vein.te [béi̯nte] *num.* vinte.
vein.te.a.vo [bei̯nteáβo] *num.* vinte avo, cada uma das vinte partes iguais em que se divide um todo.
vein.ti.dós [bei̯ntiðós] *num.* vinte e dois.
vein.ti.tan.tos [bei̯ntitánto] *num.* vinte e poucos. *Luís tenía veintetantos años cuando se fue.* Luís tinha vinte e poucos anos quando foi embora.
vein.tiún [bei̯ntjún] *num.* apócope de *veintiuno*, vinte e um.
vein.tiu.no [bei̯ntjúno] *num.* vinte e um.
ve.ja.ción [bexaθjón] *s.f.* vexação, humilhação.
ve.ja.men [bexámen] *s.m.* vexame, humilhação.
ve.jar [bexár] *v.t.* vexar, humilhar.
ve.jes.to.rio/a [bexestórjo] *s.* pessoa muito velha, velhusco, coisa ou pessoa ultrapassada.
ve.je.te [bexéte] *adj. e s.m.* velhote, velhinho.
ve.la.dor [belaðór] *s.m.* luz e abajur pequeno.
ve.la.men [belámen] *s.m.* velame, conjunto de velas de uma embarcação.
ve.lar [belár] *v.i.* velar, não dormir, varar a noite.

ve.la.to.rio [belatpórjo] *s.m.* velório. Ver *velorio*.
ve.lei.dad [belei̯ðáð] *s.f.* veleidade.
ve.lei.do.so [belei̯ðóso] *adj.* vaidoso, caprichoso.
ve.le.ro/a [beléro] *adj. e s.* 1 veleiro. 2 romeiro, peregrino. 3 embarcação à vela.
ve.le.ta [beléta] *s.f.* veleta, cata-vento. *La veleta giraba al viento encima del tejado.* A veleta girava ao vento em cima do telhado.
ve.llo [béʎo] *s.m.* pelo, lanugem, penugem, felpa, cabelo.
ve.llo.ci.no [beʎoθíno] *s.m.* velocino, pele de carneiro, ovelha ou cordeiro, com lã.
ve.llón [beʎón] *s.m.* toda a lã junta de um carneiro ou ovelha que se tosquia.
ve.llu.do/a [beʎúðo] *adj.* 1 peludo. 2 *s.m.* felpa ou veludo.
ve.lo [bélo] *s.m.* véu. *Las mujeres musulmanas se cubren la cara con un velo.* As mulheres muçulmanas cobrem o rosto com um véu.
ve.lo.ci.dad [beloθiðáð] *s.f.* velocidade, rapidez.
ve.lo.cí.me.tro [beloθímetro] *s.m.* velocímetro.
ve.ló.dro.mo [belóðromo] *s.m.* velódromo, pista para corridas de bicicletas.
ve.lo.rio [belórjo] *s.m.* velório. Ver *velatorio*.
ve.loz [belóθ] *adj.* veloz, rápido.
ve.na [béna] *s.f.* 1 veia, vaso, artéria, estria, nervura. 2 veio.
ve.na.do [benáðo] *s.m.* veado.
ven.ce.dor/a [benθeðór] *adj. e s.* vencedor, ganhador.
ven.cer [benθér] *v.t.* vencer, triunfar, ganhar, derrotar.
ven.ci.mien.to [benθimjénto] *s.m.* vencimento, término de prazo.
ven.da [bénda] *s.f.* venda, faixa, bandagem.
ven.da.je [bendáxe] *s.f.* venda, curativo, bandagem.

veraneante

ven.dar [beṉðár] *v.t.* enfaixar. *El médico lo vendó y le dio una receta.* O médico o vendou e lhe deu uma receita.
ven.da.val [beṉðaβál] *s.m.* vendaval, temporal.
ven.de.dor/a [beṉðeðór] *adj. e s.* vendedor.
ven.der [beṉðér] *v.t.* 1 vender, trocar por dinheiro, negociar. 2 entregar, deixar-se subornar.
ven.di.mia [beṉðímja] *s.f.* vindima, colheita de uva.
ve.ne.no [benéno] *s.m.* veneno, tóxico, peçonha.
ve.ne.no.so/a [benenóso] *adj.* venenoso, tóxico, peçonhento.
ve.ne.ra.ble [beneráβle] *adj.* venerável.
ve.ne.ra.ción [beneraθjón] *s.f.* veneração.
ve.ne.rar [benerár] *v.t.* venerar.
ve.né.re.o/a [benéreo] *adj.* 1 venéreo, sexual. 2 diz-se da doença contagiosa transmissível por contato sexual.
ven.ga.dor/a [beṉgaðór] *adj. e s.* vingador.
ven.gan.za [beṉgáṉθa] *s.f.* vingança, desforra. *Perdieron el partido de fútbol, pero juraron venganza.* Perderam o jogo de futebol, mas juraram desforra.
ven.gar [beṉgár] *v.t.* vingar.
ven.ga.ti.vo/a [beṉgatíβo] *adj.* vingativo.
ve.nia [bénja] *s.f.* 1 vênia, permissão. 2 saudação militar.
ve.ni.da [beníða] *s.f.* vinda, chegada. *Tardaron dos horas a la ida y tres a la venida.* Levaram duas horas na ida e três na vinda.
ve.ni.de.ro/a [beniðéro] *adj.* vindouro, futuro.
ve.nir [benír] *v.i.* vir, chegar, comparecer.
ven.ta [bénta] *s.f.* 1 venda, ação de vender. 2 coisas vendidas.
ven.ta.ja [bentáxa] *s.f.* vantagem, proveito, benefício.
ven.ta.jo.so/a [bentaxóso] *adj.* vantajoso.

ven.ta.na [bentána] *s.f.* 1 janela. *Cierren las ventanas que hay mucho viento.* Fechem as janelas que está ventando muito. 2 narina.
ven.ta.nal [bentanál] *s.m.* janela grande.
ven.ta.ni.lla [bentaníʎa] *s.f.* guichê, bilheteria, janela de carro. *Las entradas del cine se venden en aquella ventanilla.* As entradas do cinema vendem-se naquela bilheteria. Ver *taquilla*.
ven.ta.rrón [bentaṟón] *s.m.* vendaval.
ven.ti.la.ción [bentilaθjón] *s.f.* ventilação.
ven.ti.la.dor [bentilaðór] *s.m.* ventilador.
ven.ti.lar [bentilár] *v.t.* ventilar, arejar, espalhar.
ven.tis.ca [bentíska] *s.f.* borrasca, vendaval.
ven.tis.car [bentiskár] *v.i.* nevar com vento.
ven.tis.que.ro [bentiskéro] *s.m.* vendaval.
ven.to.le.ra [betoléra] *s.f.* lufada, rajada de vento. *Los árboles temblaron con la ventolera.* As árvores tremeram com a rajada de vento.
ven.to.so/a [bentóso] *adj.* ventoso, com muito vento.
ven.tri.cu.lar [bentrikulár] *adj.* ventricular.
ven.trí.cu.lo/a [bentríkulo] *s.* ventrículo.
ven.trí.lo.cuo/a [bentrílokwo] *adj. e s.* ventríloquo.
ven.tu.ra [bentúra] *s.f.* ventura, fortuna.
ven.tu.ro.so/a [benturóso] *adj.* venturoso, afortunado.
ver [bér] *s.m.* ver, opinião. *A mi ver no es lo mejor.* A meu ver não é o melhor.
ver [bér] *v.t.* ver, enxergar, descobrir. *¡A ver!* Vejamos!, Vamos ver!
ve.ra [béra] *s.f.* beira, borda.
ve.ra, a la [alaβéra] *s.f.* ao lado próximo.
ve.ra.ci.dad [beraθiðáð] *s.f.* veracidade.
ve.ra.ne.an.te [beraneánte] *s.* veranista.

ve.ra.near [beraneár] *v.i.* veranear, passar as férias de verão. *Se fueron a veranear a la playa.* Foram veranear na praia.

ve.ra.ne.o [beranéo] *s.m.* veraneio, férias de verão.

ve.ra.nie.go/a [beranjéɣo] *adj.* próprio do verão.

ve.ra.no [beráno] *s.m.* verão.

ve.ras, de [deβéras] *loc.adv.* deveras, de verdade.

ve.raz [beráθ] *adj.* veraz, verídico.

ver.ba [bérβa] *s.f.* lábia, loquacidade, verborragia. *Es un vendedor de verba cautivante.* É um vendedor de lábia cativante.

ver.bal [berβál] *adj.* verbal, oral.

ver.be.na [berβéna] *s.f.* quermesse, verbena.

ver.bi.gra.cia [berβiɣráθja] *loc.* por exemplo, *verbi gratia,* v.g.

ver.bo [bérβo] *s.m.* 1 verbo, classe gramatical. 2 palavra.

ver.bo.rrea [berβor̄éa] *s.f.* verborreia, verborragia, logorreia, palavrório.

ver.bo.si.dad [berβosiðáð] *s.f.* verbosidade.

ver.bo.so [berβóso] *adj.* verboso.

ver.dad [berðáð] *s.f.* verdade, veracidade, realidade. *¿Jura decir la verdad y sólo la verdad?* Jura dizer a verdade e somente a verdade?

ver.da.de.ro/a [berðaðéro] *adj.* verdadeiro.

ver.de [bérðe] *adj. e s.* 1 a cor verde. 2 não maduro.

ver.de.mar [berðemár] *adj. e s.m.* verde--mar.

ver.dín [berðín] *s.m.* limo.

ver.dor [berðór] *s.m.* verdor.

ver.do.so/a [berðóso] *adj.* verdoso, esverdeado.

ver.du.go/a [berðúɣo] *s.* verdugo, carrasco, algoz, assassino.

ver.du.le.ría [berðulería] *s.f.* quitanda.

ver.du.le.ro/a [berðuléro] *s.* verdureiro.

ver.du.ra [berðúra] *s.f.* verdura, hortaliça.

ver.dus.co/a [berðúsko] *adj.* esverdeado, verdoso, verdoengo, verdolengo. *Era pintado de un azul verdusco.* Era pintado de um azul esverdeado.

ve.re.da [beréða] *s.f.* vereda, caminho estreito, senda.

ve.re.dic.to [bereðíkto] *s.m.* veredicto, sentença.

ver.gel [berxél] *s.m.* vergel. 1 jardim, lugar paradisíaco. 2 pomar.

ver.gon.zan.te [berɣonθánte] *adj.* vergonhoso.

ver.gon.zo.so/a [berɣonθóso] *adj.* 1 envergonhado, tímido, acanhado, que sente vergonha. 2 vergonhoso, que dá vergonha.

ver.güen.za [berɣwénθa] *s.f.* vergonha.

ve.ri.cue.to [berikwéto] *s.m.* caminho difícil, caminho tortuoso. *Se perdió en el vericueto de burocracias y leyes.* Perdeu-se nos meandros da burocracia e das leis.

ve.rí.di.co/a [beríðiko] *adj.* verídico, verdadeiro.

ve.ri.fi.ca.ción [berifikaθjón] *s.f.* verificação 1 realização, efetivação. 2 comprovação, fiscalização.

ve.ri.fi.ca.dor [berifikaðór] *adj.* verificador, que verifica, que apura e fiscaliza.

ve.ri.fi.car [berifikár] *v.t.* verificar 1 comprovar, confirmar, constatar, apurar. 2 efetuar-se, realizar-se. 3 confirmar ou dar por certo um prognóstico.

ver.ja [bérxa] *s.f.* cerca, grade. *El jardín es muy bonito, rodeado por una verja baja.* O jardim é muito bonito, cercado por uma grade baixa.

ver.mi.ci.da [bermiθíða] *s.m.* vermicida, vermífugo, que mata vermes. Ver *vermífugo.*

ver.mí.fu.go [bermífuɣo] *s.m.* vermífugo. Ver *vermicida*.

ver.mut [bermút] *s.m.* vermute.

ver.ná.cu.lo [bernákulo] *adj.* vernáculo, da terra. *Son artículos vernáculos originales*. São artigos vernáculos originais.

ve.ro.sí.mil [berosímil] *adj.* verossímil, que pode ser verdadeiro.

ve.ro.si.mi.li.tud [berosimilitúð] *s.f.* verossimilitude, verossimilhança.

ve.rru.ga [beŕúɣa] *s.f.* verruga.

versado/a [bersáðo] *adj.* versado, conhecedor. *Aníbal es un estudioso versado en latín*. Aníbal é um estudioso versado em latim.

ver.sar [bersár] *v.i.* versar, tratar.

ver.sá.til [bersátil] *adj.* versátil, inconstante, volúvel. *Miguel Ángel Buonarroti, pintor, escultor y arquitecto, era un artista versátil*. Miguel Ángel Buonarroti, pintor, escultor e arquiteto, era um artista versátil.

ver.sa.ti.li.dad [bersatiliðáð] *s.f.* versatilidade, qualidade de versátil, capacidade de variar ou de mudar.

ver.sí.cu.lo [bersíkulo] *s.m.* versículo.

ver.si.fi.car [bersifikár] *v.i.* e *t.* versificar.

ver.sión [bersjón] *s.f.* versão, tradução, interpretação.

ver.so [bérso] *s.m.* 1 verso, frase poética.

ver.sus [bérsus] *versus*, *prep. lat.* contra. Abrev. *vs.*. *El partido de hoy es Boca vs. River*. A partida de hoje é Boca vs. River.

vér.te.bra [bérteβra] *s.f.* vértebra.

ver.te.bra.do/a [berteβráðo] *adj.* e *s.* vertebrado.

ver.te.bral [berteβrál] *adj.* vertebral.

ver.te.de.ro [berteðéro] *s.m.* vertedouro, escoadouro, bueiro, boca de lobo.

ver.te.dor [berteðór] *s.m.* depósito de lixo, lixão, lixeira.

ver.ter [bertér] *v.t.* verter. 1 derramar, entornar, escoar. 2 traduzir, passar para outra língua. *Los árabes en España vertieron muchas obras de la antigüedad para los idiomas modernos*. Os árabes na Espanha verteram muitas obras da antiguidade para os idiomas modernos.

ver.ti.cal [bertikál] *adj.* vertical.

vér.ti.ce [bértiθe] *s.m.* vértice, ângulo, canto, ponta.

ver.tien.te [bertjénte] *s.f.* vertente, ladeira.

ver.ti.gi.no.si.dad [bertixinosiðáð] *s.m.* vertiginosidade, aceleração que causa vertigem, velocidade.

ver.ti.gi.no.so/a [bertixinóso] *adj.* vertiginoso, que causa vertigem.

vér.ti.go [bértiɣo] *s.m.* vertigem. *La vuelta al mundo de ese parque me da vértigo*. A volta ao mundo desse parque me dá vertigem.

ve.sí.cu.la [besíkula] *s.f.* vesícula.

ve.si.cu.lar [besikulár] *adj.* vesicular.

ves.per.ti.no/a [bespertíno] *adj.* e *s.* vespertino. *Sólo leo diarios vespertinos*. Só leio jornais verpertinos.

ves.ti.bu.lo [bestíβulo] *s.m.* vestíbulo, entrada da casa. *Recibió a las visitas en el vestíbulo*. Recebeu as visitas no vestíbulo.

ves.ti.do/a [bestíðo] *adj.* vestido, que usa roupa.

ves.ti.do [bestíðo] *s.m.* vestido, vestimenta inteiriça da mulher.

ves.ti.gio [bestíxjo] *s.m.* vestígio, pegada, rasto. *El ladrón huyó sin dejar vestigios*. O ladrão fugiu sem deixar vestígios.

ves.ti.men.ta [bestiménta] *s.f.* vestimenta, veste, indumentária, vestido, vestidura.

ves.tir [bestír] *v.t.* vestir, pôr roupa, assentar a roupa. *Se quedó para vestir santos*. Ficou solteirona, para vestir santo.

ves.tua.rio [bestwárjo] *s.m.* 1 vestuário, conjunto de roupa que se veste, indumentária, vestidura. 2 vestiário, compartimento para trocar de roupa.

veta

ve.ta [béta] *s.f.* veio, filão. *Encontraron una veta de oro en Catamarca.* Encontraram um filão de ouro em Catamarca.
ve.tar [betár] *v.t.* vetar, proibir.
ve.te.ra.nía [beteranía] *s.f.* veteranice, experiência, conhecimento de veterano.
ve.te.ra.no/a [beteráno] *adj.* veterano.
ve.te.ri.na.rio/a [beterinárjo] *adj. e s.* veterinário.
ve.to [béto] *s.m.* veto, proibição, cassação.
ve.tus.to/a [betústo] *adj.* vetusto, antigo. *Eran muebles vetustos y los cambiamos.* Os móveis eram vetustos e os trocamos.
vez [béθ] *s.f.* vez, ocasião, tempo oportuno.
vía [bía] *s.f.* 1 via, caminho, estrada. *Vía Láctea,* conjunto de constelações. *Vía Crucis,* as 14 estações do Calvário de Cristo. 2 (pop.) tarefa difícil, provação.
via.ble [bjáβle] *adj.* viável, possível, realizável.
via.duc.to [bjaðúkto] *s.m.* viaduto, elevado.
via.jan.te [bjaxánte] *adj. e s.* caixeiro-viajante.
via.jar [bjaxár] *v.i.* viajar.
via.je [bjáxe] *s.m.* viagem, passeio, trajeto.
via.je.ro/a [bjaxéro] *adj. e s.* viajante.
vial [bjál] *adj.* viário.
via.li.dad [bjaliðáð] *s.f.* viação, referente às vias públicas. *La empresa de vialidad no asfaltó esta calle.* O departamento de obras não asfaltou esta rua.
vian.da [bjánda] *s.f.* vianda, alimento, refeição.
viá.ti.co [bjátiko] *s.m.* viático, diária, ajuda de custos, ajuda de transporte.
ví.bo.ra [bíβora] *s.f.* víbora, serpente.
vi.bra.ción [biβraθjón] *s.f.* vibração, oscilação, trepidação.
vi.bra.dór [biβraðór] *s.f.* vibrador, aparelho que produz vibrações elétricas ou mecânicas.
vi.brar [biβrár] *v.t.* vibrar, oscilar, trepidar.

vi.ca.ría [bikaría] *s.f.* vicariato, jurisdição do vigário.
vi.ca.rio [bikárjo] *s.m.* vigário, padre.
vi.ce.ver.sa [biθeβérsa] *adj.* vice-versa.
vi.ciar [biθjár] *v.t.* viciar, corromper, prejudicar.
vi.cio [bíθjo] *s.m.* vício, defeito grave. *Hacer algo de vicio.* Fazer algo à toa, sem necessidade.
vi.cio.so [biθjóso] *adj.* vicioso, pervertido.
vi.ci.si.tud [biθisitúð] *s.f.* vicissitude, contingência. *Los navegantes pasaron terribles vicisitudes en el océano.* Os navegantes passaram por terríveis vicissitudes no oceano.
víc.ti.ma [bíktima] *s.f.* vítima.
vic.to.re.ar [biktoreár] *v.t.* dar gritos de vitória, reconhecer um vencedor.
vic.to.ria [biktórja] *s.f.* vitória.
vic.to.ria.no [biktorjáno] *adj.* vitoriano, da época da Rainha Victória, finais do séc. XIX.
vic.to.rio.so/a [biktorjóso] *adj.* vitorioso, triunfante.
vi.cu.ña [bikúɲa] *s.f.* vicunha, animal andino. *Las vicuñas y las llamas son parientes de los camellos.* As vicunhas e as lhamas são parentes dos camelos.
vid [bíð] *s.f.* vide, videira, parreira.
vi.da [bíða] *s.f.* vida, existência, vitalidade, sustento.
vi.den.te [biðénte] *adj.* vidente.
vi.de.o / ví.de.o [biðéo]/[bíðeo] *s.m.* vídeo.
vi.de.o.ca.se.te [biðeokaséte] *s.m.* videocassete.
vi.de.o.cin.ta [biðeoθínta] *s.f.* fita de videocassete.
vi.de.o.dis.co [biðeoðísko] *s.m.* disco para DVD.
vi.do.rra [biðóřa] *s.f.* vidão, boa vida. *Se pasó una vidorra en las vacaciones.* Passou um vidão nas férias.
vi.driar [biðrjár] *v.t.* vitrificar.

vi.drie.ra [biðrjéra] *s.f.* vidraça, vitrina, cristaleira. *Las vidrieras estaban adornadas para la Navidad.* As vitrinas estavam enfeitadas para o Natal. Ver *escaparate*.

vi.drie.ro/a [biðrjéro] *s.* vidraceiro. *hijo de vidriero*, alguém que fica diante das pessoas atrapalhando a visão.

vi.drio [bíðrjo] *s.m.* vidro.

vi.drio.so/a [biðrjóso] *adj.* vítreo, delicado, frágil.

vie.jo/a [bjéxo] *adj.* 1 velho, idoso, usado. 2 *loc. adj.* de viejo, diz-se das lojas que vendem artigos de segunda mão. *tienda de viejo*, brechó.

vien.to [bjénto] *s.m.* vento.

vien.tre [bjéntre] *s.m.* ventre, abdome.

vier.nes [bjérnes] *s.m.* sexta-feira. *viernes Santo*, sexta-feira Santa.

vi.ga [bíɣa] *s.f.* viga.

vi.gen.cia [bixéṇθja] *s.f.* vigência. *La ley tiene vigencia desde hace un mes.* Faz um mês que a lei está em vigência.

vi.gen.te [bixénte] *adj.* vigente.

vi.gé.si.mo/a [bixésimo] *num.* vigésimo.

vi.gía [bixía] *s.f.* vigia, vigilante, guarda.

vi.gi.lan.cia [bixiláṇθja] *s.f.* vigilância, cuidado.

vi.gi.lan.te [bixilánte] *s.* vigilante, guarda.

vi.gi.lar [bixilár] *v.i. e t.* vigiar, velar, cuidar.

vi.gi.lia [bixílja] *s.f.* vigília, velada.

vi.gor [biɣór] *s.m.* vigor, força, energia.

vi.go.ri.zar [biɣoriθár] *v.t.* vigorizar, dar forças, fotalecer. *El chocolate vigoriza cuando el tiempo está muy frío.* O chocolate vigoriza quando o tempo está muito frio.

vi.go.ro.so/a [biɣoróso] *adj.* vigoroso.

vil [bíl] *adj.* vil, perverso.

vi.le.za [biléθa] *s.m.* vileza.

vi.li.pen.diar [bilipendjár] *v.t.* vilipendiar, tratar alguém com desprezo, desprezar.

vi.li.pen.dio [bilipéndjo] *s.m.* vilipêndio, falta de estima, menoscabo, aviltamento.

vi.lla [bíʎa] *s.f.* 1 vila, aldeia. 2 birro fechado. *villa miseria*, favela.

vi.llan.ci.co [biʎaṇθíko] *s.m.* vilancico, vilancete, composição popular espanhola de tema religioso, natalino.

vi.lla.no/a [biʎáno] *adj. e s.* 1 aldeão. 2 vilão, mau caráter, canalha.

vi.lo (en) [embílo] *loc.* no ar, em suspense. *Nos tuvieron en vilo hasta anunciar los resultados de la prueba.* Ficamos em suspense até serem anunciados os resultados da prova.

vi.na.gre [bináɣre] *s.m.* vinagre.

vi.na.gre.ra [binaɣréra] *s.f.* vinagreira, recipiente para vinagre.

vi.na.gre.ro [binaɣréro] *s.m.* vinagreiro, pessoa que fabrica ou vende vinagre.

vi.na.gre.ta [binaɣréta] *s.f.* vinagrete, molho de vinagre, azeite, tomate picado, cebola e condimentos para ser consumido com carne, peixe ou salada.

vin.cha [bítʃa] *s.f.* tiara, faixa de pano para prender o cabelo. *Los índios usan vinchas y plumas en el pelo.* Os índios usam tiaras e penas no cabelo.

vin.cu.lar [biŋkulár] *v.t.* vincular, unir, prender, segurar.

vín.cu.lo [bíŋkulo] *s.m.* vínculo, união, ligação.

vin.di.ca.ción [bindikaθjón] *s.f.* vindicação, reivindicação, exigência.

vin.di.car [bindikár] *v.t.* 1 vingar, vindicar, reclamar, reivindicar. 2 defender alguém que foi ofendido.

vi.ní.co.la [biníkola] *adj.* vinícola.

vi.ni.cul.tor/ra [binikultór] *s.* vinicultor.

vi.ni.cul.tu.ra [binikultúra] *s.f.* vinicultura. *La vinicultura ha crecido en Brasil.* A vinicultura tem crescido no Brasil.

vi.ni.lo [binílo] *s.m.* vinil.

vi.no [bíno] *s.m.* vinho.
vi.ña [bíɲa] *s.f.* vinha, vinhedo.
vi.ñe.do [biɲéðo] *s.m.* vinhedo. *Los viñedos del sur son muy extensos.* Os vinhedos do sul são muito extensos.
vi.ñe.ta [biɲéta] *s.f.* vinheta, etiqueta, logotipo.
vio.la [bjóla] *s.f.* viola.
vio.lá.ce.o/a [bjoláθeo] *adj.* violáceo, de cor violeta. *El cielo tenía tonos azules violáceo.* O céu tinha tons azuis violáceos.
vio.la.ción [bjolaθjón] *s.f.* violação, estupro, profanação, transgressão.
vio.la.dor/a [bjolaðór] *adj.* violador, violentador.
vio.lar [bjolár] *v.t.* violar, violentar, estuprar, profanar, transgredir.
vio.len.cia [bjoléɳθja] *s.f.* violência, força intensa, abuso de força.
vio.len.tar [bjolentár] *v.t.* violentar, forçar, arrombar.
vio.len.to [bjolénto] *adj.* violento, impetuoso, brutal.
vio.le.ta [bjoléta] *adj. e s.m.* violeta, lilás.
vio.lín [bjolín] *s.m.* violino.
vio.li.nis.ta [bjolinísta] *s.m.* violinista.
vio.lón [bjolón] *s.m.* contrabaixo.
vio.lon.ce.lo [bjolonθélo] *s.m.* violoncelo.
vi.pe.ri.no [biperíno] *adj.* viperino.
vi.ra.je [biráxe] *s.m.* viragem, virada, rodada, mudança.
vir.gen [bírxen] *adj.* 1 virgem, puro, casto, intacto. 2 donzela.
vir.gi.nal [birxinál] *adj.* virginal.
vir.gi.ni.dad [birxiniðáð] *s.f.* virgindade.
vir.go [bírɣo] *s.m.* virgem, signo do zodíaco; hímen.
vír.gu.la [bírɣula] *s.f.* linha delgada, vara fina.
vir.gu.li.lla [birɣulíʎa] *s.f.* qualquer sinal ortográfico em forma de vírgula ou tracinho, como o apóstrofo, a cedilha, o til da letra ñ etc.
vi.ril [biríl] *adj.* viril, varonil.
vi.ri.li.dad [biriliðáð] *s.f.* virilidade, masculinidade.
vir.tual [birtwál] *adj.* virtual, potencial.
vir.tud [birtúð] *s.f.* virtude, valor, boa qualidade moral.
vir.tuo.so/a [birtwóso] *adj. e s.* virtuoso.
vi.rue.la [birwéla] *s.f.* varíola.
vi.ru.len.to [birulénto] *adj.* 1 virulento, que tem vírus. 2 ataque feroz.
vi.rus [bírus] *s.m.* vírus.
vi.ru.ta [birúta] *s.f.* serragem, apara.
vi.sa [bísa] *s.m.* visto, validação em documento por parte de autoridade.
vi.sar [bisár] *v.t.* 1 visar, dar o visto, dar validade a um documento, passaporte etc. 2 mirar, apontar, dirigir a vista (só em artilharia ou topografia).
vís.ce.ra [bísθera] *s.f.* víscera.
vis.co.si.dad [biskosiðáð] *s.f.* viscosidade. *La viscosidad del jarabe era excesiva.* A viscosidade do xarope era excessiva.
vis.co.so [biskóso] *adj.* viscoso, espesso.
vi.se.ra [biséra] *s.f.* viseira.
vi.si.bi.li.dad [bisiβiliðáð] *s.f.* visibilidade.
vi.si.ble [bisíβle] *adj.* visível.
vi.si.llo [bisíʎo] *s.m.* cortina pequena que se coloca por dentro das vidraças para proteger do sol ou impedir a vista do lado de fora.
vi.sión [bisjón] *s.f.* visão, alucinação, aparição.
vi.sio.na.rio/a [bisjonárjo] *adj. e s.* visionário. *Jorge Newberry era un visionario.* Jorge Newberry era um visionário.
vi.si.ta [bisíta] *s.f.* visita, vistoria.
vi.si.tan.te [bisitánte] *s.f.* visitante.
vi.si.tar [bisitár] *v.t.* visitar, ir à casa de alguém.
vis.lum.brar [bislumbrár] *v.t.* vislumbrar, entrever.

vocacional

vis.lum.bre [bislúmbre] *s.m.* vislumbre, reflexo, sinal.
vi.so [bíso] *s.m.* viso, reflexo, resplendor.
vi.són [bisón] *s.m.* visom ou visão, animal muito apreciado por sua pele.
vi.sor [bisór] *s.m.* visor.
vís.pe.ra [bíspera] *s.m.* véspera. *Se presentó a la víspera de su cumpleaños.* Apresentou-se na véspera de seu aniversário.
vis.ta [bísta] *s.f.* vista, visão.
vis.ta.zo [bistáθo] *s.m.* olhada superficial, espiada, espiadela, olhadela. *No miré bien, sólo eché un vistazo.* Não olhei bem, só dei uma espiadela.
vis.to/a [bísto] *adj.* visto, considerado.
vis.to.so/a [bistóso] *adj.* vistoso.
vi.sual [biswál] *adj.* visual.
vi.sua.li.za.ción [biswaliθaθjón] *s.f.* visualização.
vi.sua.li.zar [biswaliθár] *v.t.* visualizar, imaginar.
vi.tal [bitál] *adj.* vital, próprio da vida.
vi.ta.li.cio/a [bitalíθjo] *adj.* vitalício. *La función del rey es vitalicia.* A função do rei é vitalícia.
vi.ta.li.dad [bitaliðáð] *s.f.* vitalidade, vigor, energia.
vi.ta.mi.na [bitamína] *s.f.* vitamina.
vi.ti.vi.ní.co.la [bitiβiníkola] *s.f.* vitivinícola, referente à uva e ao vinho. *Es una empresa vitivinícola de La Rioja.* É uma empresa vitivinícola de La Rioja.
vi.tral [bitrál] *s.m.* vitrô, vitral.
vi.tri.na [bitrína] *s.f.* vitrina, vitrine, cristaleira.
vi.tu.pe.rar [bituperár] *v.t.* vituperar, criticar.
viu.dez [bjuðéθ] *s.f.* viuvez.
viu.do/a [bjúðo] *adj. e s.* viúvo.
viva [bíβa] *s.m.* exclamação de aplauso. ¡*Viva!* Viva!

vi.va.ci.dad [biβaθiðáð] *s.f.* vivacidade.
vi.va.ra.cho/a [biβarátʃo] *s.m.* vivaldino, espertalhão.
vi.vaz [biβáθ] *adj.* vivaz, esperto, enérgico.
vi.ven.cia [biβénθja] *s.f.* vivência.
ví.ve.res [bíβeres] *s.m.* víveres, mantimentos, provisões.
vi.ve.ro [biβéro] *s.m.* viveiro, estufa, lugar de cultura de plantas, mudas ou criação de peixes.
vi.ve.za [biβéθa] *s.f.* vivacidade, esperteza.
ví.vi.do/a [bíβiðo] *adj.* vívido, vivaz.
vi.vien.da [biβjénda] *s.f.* vivenda, moradia, casa, habitação. *Las viviendas de los indios son chozas de paja.* As vivendas dos índios são choças de palha.
vi.vien.te [biβjénte] *adj.* vivente, que vive.
vi.vi.fi.ca.dor [biβifikaðór] *adj.* vivificador, que faz viver.
vi.vi.fi.car [biβifikár] *v.t.* vivificar, dar vida, reanimar.
vi.vir [biβír] *s.m. e v.i.* viver, existir, ter vida.
vi.vo/a [bíβo] *adj. e s.* 1 vivo, que vive, que tem vida. 2 esperto. 3 atual. *Es un chico muy vivo, le va muy bien en la escuela.* É um rapaz muito vivo, vai muito bem na escola.
viz.ca.cha [biθkátʃa] *s.m.* mamífero roedor dos pampas.
viz.con.de [biθkónde] *s.m.* 1 visconde. 2 (fem.) viscondessa.
viz.con.de.sa [biθkondésa] *s.f.* mulher de visconde, viscondessa.
vo.ca.blo [bokáβlo] *s.m.* vocábulo.
vo.ca.bu.la.rio [bokaβulárjo] *s.m.* vocabulário, glossário.
vo.ca.ción [bokaθjón] *s.f.* vocação, tendência.
vo.ca.cio.nal [bokaθjonál] *adj.* vocacional. *Hizo un test vocacional para elegir una carrera.* Fez um teste vocacional para escolher uma profissão.

vo.cal [bokál] *adj. e s.* 1 vocal, oral. 2 vogal.
vo.ca.lis.ta [bokalísta] *s.* vocalista.
vo.ca.li.za.ción [bokaliθaθjón] *s.f.* vocalização.
vo.ca.li.zar [bokaliθár] *v.t.* vocalizar, articular, pronunciar.
vo.ce.ar [boθeár] *v.i.* gritar, bradar, apregoar.
vo.ceo [boθéo] *s.m.* gritos, falatório em voz alta.
vo.ce.río [boθerío] *s.m.* vozerio, gritaria.
vo.ce.ro/a [boθéro] *s.* porta-voz.
vo.ci.fe.ra.dor/ra [boθiferaðór] *adj.* vociferador.
vo.ci.fe.rar [boθiferár] *v.i.* vociferar, esbravejar.
vo.lan.te [bolánte] *adj. e s.* volante. 1 voador. 2 direção de carro. 3 panfleto.
vo.lar [bolár] 1 voar, saltar. 2 desaparecer.
vo.lá.til [bolátil] *adj.* volátil, voador, volúvel. *La gasolina es muy volátil.* A gasolina é muito volátil.
vo.la.tín [bolatín] *s.m.* acrobacia.
vo.la.ti.ne.ro [bolatinéro] *s.* acrobata.
vol.cán [bolkán] *s.m.* vulcão.
vol.cá.ni.co/a [bolkániko] *adj.* vulcânico.
vol.car [bolkár] *v.t.* virar, derrubar, entornar, derramar, tombar. *El camión se volcó en la curva.* O caminhão tombou na curva.
vo.lear [boleár] *v.t.* rebater.
vo.leo [boléo] *s.m.* rebatida, saque (de bola).
vol.ta.je [boltáxe] *s.m.* voltagem, tensão.
vol.tear [bolteár] *v.t.* voltear, rodear, virar, derrubar, rodar.
vol.te.re.ta [bolteréta] *s.f.* pirueta, cambalhota. *El payaso dio dos volteretas en el aire.* O palhaço deu duas cambalhotas no ar.
vol.ti.me.tro [boltímetro] *s.m.* voltímetro.
vol.tio [bóltjo] *s.m.* volt.

vo.lu.ble [bolúβle] *adj.* volúvel, versátil, que muda de posição ou opinião com rapidez.
vo.lu.men [bolúmen] *s.m.* volume, tamanho.
vo.lun.tad [boluntáð] *s.f.* vontade, anseio, desejo, aspiração.
vo.lun.ta.rio/a [boluntárjo] *adj. e s.* voluntário. *Los voluntarios se presentaron al hospital.* Os voluntários se apresentaram ao hospital.
vo.lun.ta.rio.so/a [boluntarjóso] *adj.* 1 bem disposto. 2 voluntarioso, caprichoso, birrento.
vo.lup.tuo.si.dad [boluptwosiðáð] *s.f.* voluptuosidade.
vo.lup.tuo.so/a [boluptwóso] *adj.* voluptuoso.
vol.ver [bolβér] *v.i.* voltar, regressar, retornar.
vo.mi.tar [bomitár] *v.t.* vomitar, devolver.
vo.mi.ti.vo [bomitíβo] *s.m.* vomitivo, que faz vomitar, vomitório, emético.
vó.mi.to [bómito] *s.m.* vômito.
vo.ra.ci.dad [boraθiðáð] *s.f.* voracidade. *El tiburón atacó el cardumen con voracidad.* O tubarão atacou o cardume com voracidade.
vo.rá.gi.ne [boráxine] *s.f.* voragem, coragem, turbilhão.
vo.ra.gi.no.so/a [boraxinóso] *adj.* voraginoso, corajoso.
vo.raz [boráθ] *adj.* voraz, devorador, destruidor.
vór.ti.ce [bórtiθe] *s.m.* vórtice, remoinho, redemoinho, voragem.
vos [bós] 1 vós, *pron. pess.* da 2ª *pess. do plural.* 2 na Argentina, no Uruguai, no Paraguai e em outros países hispano-americanos, *vos* é um pronome pessoal da 2ª pessoa do singular que equivale a *tú*, usado no registro informal.
vo.se.ar [boseár] *v.t.* vosear, dar o tratamento de *vos*.

vo.se.o [boséo] *s.m.* uso do tratamento de *vos*, que consiste em substituir *tú* por *vos*, modificando a forma original do verbo. *tú sabes > vos sabés, siéntate > sentate*; equivale ao *você* do português. Na Argentina, no Uruguai e no Paraguai, o *voseo* é usado por todas as classes sociais. Na América Central e em vastas regiões da América do Sul é um tratamento pouco formal e vulgar ou discriminatório.

vo.so.tros / vo.so.tras [bosótros]/[bosótras] *pron. pess. da 2ª pess. do plural*, de uso corrente na Espanha; nos países hispano-americanos, emprega-se *ustedes* indistintamente para a 2ª e para a 3ª pessoas do plural.

vo.ta.ción [botaθjón] *s.f.* votação.
vo.tan.te [botánte] *adj. e s.* votante, que vota.
vo.tar [botár] *v.i.* votar.
vo.to [bóto] *s.m.* voto, cédula eleitoral.
voz [bóθ] *s.f.* voz, boato.
vo.za.rrón [boθařón] *s.m.* vozeirão.
vuel.co [bwélko] *s.m.* tombo, sobressalto, mudança, virada, viravolta, reviravolta. *La situación dió un vuelco súbito y los que estaban perdiendo ganaron la batalla.* A situação deu uma reviravolta súbita e os que estavam perdendo ganharam a batalha.
vue.lo [bwélo] *s.m.* voo, viagem de avião.
vuel.ta [bwélta] *s.f.* (Esp.) troco. *La vuelta para el bote.* O troco para a caixinha.
vuel.to [bwélto] *s.m.* (Amér.) troco. *Pagó con un billete de 100 y no tenían vuelto.* Pagou com uma nota de 100 e não tinham troco.
vues.tro/a [bwéstro] *adj. e pron. pess.* seu, de vocês, vosso.
vul.ca.ni.zar [bulkaniθár] *v.t.* vulcanizar, emborrachar. *Son botas vulcanizadas y muy resistentes.* São botas vulcanizadas e muito resistentes.

vul.gar [bulɣár] *adj.* vulgar, comum, ordinário.
vul.ga.ri.dad [bulɣariðáð] *s.f.* vulgaridade.
vul.ga.ri.zar [bulɣariθár] *v.t. e i.* vulgarizar, divulgar.
vul.go [búlɣo] *s.m.* vulgo, plebe.
vul.ne.ra.bi.li.dad [bulneraβiliðáð] *s.f.* vulnerabilidade, fragilidade.
vul.ne.ra.ble [bulneráβle] *adj.* vulnerável.
vul.ne.rar [bulnerár] *v.t.* vulnerar. *La crisis económica puede vulnerar al gobierno.* A crise econômica pode vulnerar o governo.
vul.va [búlβa] *s.f.* vulva

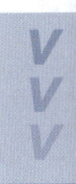

W w

w, W [úβeðóβle] *s.f.* vigésima quarta letra do alfabeto espanhol; seu nome é *uve doble* ou *doble ve*. Pronuncia-se ora como *v* ora como *u semiconsoante*. Emprega-se unicamente em palavras de origem estrangeira.

wa.ter [báter] *s.m.* banheiro, privada. Ver *váter*.

watt [bát] *s.m.* watt.

whis.ky [gwíski] *s.m.* uísque. Var. *güiski*.

X x

x, X [ékis] *s.f.* 1 vigésima quinta letra do alfabeto espanhol; seu nome é *equis*. Sua articulação é dupla, composta de *k*, ou de *g* sonora e de *s* (*ks* ou *gs*). Na Espanha pode ser pronunciada como *s*. 2 representa o número 10 em algarismos romanos. 3 (mat.) representa incógnita.

xe.no.fo.bia [senofóβja] *s.f.* xenofobia, ódio ao estrangeiro ou forâneo.

xe.nó.fo.bo/a [senófoβo] *s.* xenófobo, quem tem xenofobia.

xe.ro.gra.fía [seroɣrafía] *s.m.* xerografia, xerocópia.

xe.ro.gra.fiar [seroɣrafjár] *v.t.* xerografar, xerocopiar.

xe.ro.grá.fi.co/a [seroɣráfiko] *adj.* xerográfico, xerocopiado.

xi.ló.fo.no [silófono] *s.m.* xilofone, instrumento musical de percussão.

xi.lo.gra.fía [siloɣrafía] *s.f.* xilografia, arte de gravar em madeira e imprimir desenhos, gravuras e até textos.

Y y

y, Y [íɣriéɣa]/[jé] *s.f.* vigésima sexta letra do alfabeto espanhol e décima nona de suas consoantes. Seu nome é *i griega* ou *ye*; sua articulação é palatal central fricativa sonora.

y [i] *conj.* e. *Juan y María viajaron a Buenos Aires.* João e Maria viajaram para Buenos Aires.

ya [já] *adv.* já.

ya.ca.ré [ʝakaré] *s.m.* jacaré.

ya.cer [ʝaθér] *v.i.* jazer.

ya.ci.mien.to [ʝaθimjénto] *s.m.* jazida, mina, extração de minérios ou petróleo.

ya.cien.te [ʝaθjénte] *adj.* jazente ou jacente.

ya.guar [ʝaɣwár] *s.m.* jaguar, onça.

ya.pa [ʝápa] *s.f.* 1 brinde. 2 (pop.) chorinho, acréscimo de cortesia, de pouco valor que o vendedor presenteia ao cliente.

yan.qui [ʝáŋki] *adj. e s.* ianque. 1 natural da Nova Inglaterra nos Estados Unidos. 2 (pop.) norte-americano.

yar.da [ʝárða] *s.f.* jarda, medida inglesa.

ya.te [ʝáte] *s.m.* iate.

ye.gua [ʝéɣwa] *s.f.* égua.

ye.gua.da [ʝeɣwáða] *s.f.* 1 estabelecimento de criação de cavalos de raça. 2 eguada, conjunto de éguas.

ye.gua.ri.zo [ʝeɣwaríθo] *s.m.* eguariço, pertencente ou relativo à égua, ou à criação de cavalos.

ye.ís.mo [ʝeízmo] *s.m.* pronúncia do som da letra *ll* como *ye*; *calle* com som igual ou parecido ao de *mayo*.

ye.ma [ʝéma] *s.f.* gema (de ovo).

yel.mo [ʝélmo] *s.m.* elmo, proteção da cabeça ou capacete das armaduras antigas.

yen [ʝén] *s.m.* iene, unidade monetária do Japão.

yer.ba [ʝérβa] *s.f.* erva-mate, que se usa no chimarrão.

yer.ba.te.ro/a [ʝerβatéro] *s.* ervateiro, médico ou curandeiro que cura ou medica ervas, vendedor de ervas ou forragem.

yer.bal [ʝerβál] *s.m.* erval, plantação de ervamate.

yer.mo [ʝérmo] *adj.* ermo, baldio.

yer.no [ʝérno] *s.m.* genro, o marido da filha.

yer.ra [ʝéɾa] *s.m.* ferra, colocação de ferraduras nos cavalos, marcação a ferro quente do gado.

yer.ro [ʝéɾo] *s.m.* erro, falha, equívoco, falta ou delito.

yer.to [ʝérto] *adj.* teso, rígido.

ye.se.ro [ʝeséro] *s.m.* gesseiro, que fabrica, vende ou trabalha com gesso.

ye.so [ʝéso] *s.m.* gesso.

yo [ʝó] *pron.pess.* eu, pronome pessoal da primeira pessoa do singular. *Superyo*, superego.

yo.da.do [ʝoðáðo] *adj.* iodado, que contém iodo.

yo.do [ʝóðo] *s.m.* iodo.

yo.ga [ʝóɣa] *s.m.* ioga.

yo.gui [ʝóɣi] *s.m.* iogue, que pratica ioga.

yo.gur [ʝoɣúr] *s.m.* iogurte.

yo.yó [ʝoʝó] *s.m.* ioiô.

yu.ca [ʝúka] *s.f.* mandioca, aipim.

yu.cal [ʝukál] *s.f.* plantação de mandioca.

yuyo

yu.do [ˈjúðo] *s.m.* judô.
yu.go [ˈjúɣo] *s.m.* jugo, canga, opressão.
yu.gu.lar [juɣulár] *adj.* e *s.f.* jugular.
yu.te [júte] *s.m.* juta, fibra natural.
yu.yal [juʝál] *s.f.* erval, conjunto de ervas daninhas, campo infestado de ervas más.
yun.que [júŋke] *s.m.* bigorna, instrumento de ferro para martelar ou forjar metais.
yun.ta [júnta] *s.f.* junta, parelha de bois.
yux.ta.po.ner [jústaponér] *v.t.* justapor, sobrepor.
yux.ta.po.si.ción [jústaposiθjón] *s.f.* justaposição.
yu.yo [júʝo] *s.m.* mato, capim.

Z z

z, Z [θéta] *s.f.* vigésima sexta letra do alfabeto espanhol e vigésima de suas consoantes; seu nome é *zeta* ou *zeda*. Sua articulação, na maior parte da Espanha, é interdental fricativa surda, como no *th* do inglês. Em quase toda a Andaluzia, nas Canárias e na América Espanhola, articula-se como *s*, predorsal alveolar fricativa surda, com as mesmas variedades de articulação e igual extensão geográfica e social do *seseo (q.v.)*
za.fa.du.ra [θafaðúra] *s.f.* 1 luxação ou deslocamento de um músculo, tendão ou nervo. 2 ação de safar.
za.far [θafár] *v.t.* safar, desembaraçar, escapar.
za.fa.rran.cho [θafarráɲtʃo] *s.m.* (fam.) destroços, briga, rinha, bagunça.
za.fi.ro [θafár] *s.m.* safira.
za.fra [θáfra] *s.f.* safra, colheita.
za.ga [θáɣa] *s.f.* zaga. 1 parte posterior. 2 a posição do zagueiro.
za.guán [θaɣwán] *s.m.* saguão.
za.gue.ro [θaɣéro] *adj.* zagueiro, jogador que fica atrás.
za.he.rir [θaerír] *v.t.* criticar ou dar uma bronca, uma reprimenda forte.
zai.no [θái̯no] *adj.* zaino. 1 traidor, falso, trapaçeiro.
zai.no [θái̯no] *s.m.* zaino, cavalo castanho-escuro ou marrom, gado preto, sem manchas.
za.la.me.rí.a [θalamería] *s.f.* adulação, bajulação.
za.la.me.ro [θalaméro] *adj.* adulador, bajulador.

za.ma.rra [θamárra] *s.f.* casaco de pele forrado de lã.
za.ma.rre.o [θamaréo] *s.m.* sacudida, mau trato violento.
za.ma.rrear [θamareár] *v.t.* sacudir de um lado a outro.
za.ma.rro [θamárro] *adj.* (fam.) astuto ou pícaro.
zam.bo [θámbo] *adj.* de pernas tortas ou de joelhos apertados.
zam.bom.ba [θambómba] *s.f.* 1 zabumba, instrumento musical rústico, semelhante à cuíca. 2 *interj.* que denota surpresa.
zam.bu.lli.da [θambuʎíða] *s.f.* mergulho.
zam.bu.llir [θambuʎír] *v.t.* mergulhar.
zam.par [θampár] *v.t.* esconder algo rapidamente, comer apressadamente.
zam.po.ña [θampóɲa] *s.f.* flauta andina.
zanahoria [θanaórja] *s.f.* cenoura.
za.pa.lli.to [θapaʎíto] *s.m.* abobrinha.
za.pa.llo [θapáʎo] *s.m.* abóbora.
zó.ca.lo [θókalo] *s.m.* rodapé, base, coluna.
zo.pe [θópe] *s.m.* abutre.
zo.rra [θórra] *s.f.* 1 raposa. 2 pessoa astuta e dissimulada. 3 prostituta.
zo.rro [θórro] *s.m.* macho da raposa.
zu.mo [θúmo] *s.m.* sumo. 1 (Esp.) suco de qualquer fruta. 2 (Amér.) suco de limão. 3 caldo.

PORTUGUÊS - ESPAÑOL

A a

a, A *s.m.* 1 primera letra del alfabeto portugués, su nombre es *a*. 2 primera vocal.
a *art. f.* La.
a *pron. pess.* la (pron. átono de 3ª. persona).
a *pron. dem.* aquella.
a *prep.* a como preposición introduce objeto indirecto y en algunos casos de objeto directo. ante *Dios* y pronombres tónicos con función de complemento; indica dirección o destino; indica posición o distancia; ante fechas; indica finalidad; indica modo; indica valor, precio, cantidad y medida; indica causa o motivo; indica conformidad; indica instrumento o medio; indica sucesión.
aba *s.f.* 1 ala del sombrero, ala del vestido 2 (fig.) protección, favor.
abacate *s.m.* aguacate, palta.
abacaxi *s.m.* piña, ananás. *descascar um abacaxi*, resolver un problema.
ábaco *s.m.* ábaco.
abade *s.m.* abad, superior del monasterio. *fem. abadesa*.
abadia *s.f.* monasterio, abadía.
abafado *adj.* 1 sofocado, tapado, irrespirable. 2 oculto. 3 tapado, cubierto. 4 (fig.) aplastado (rebelión).
abafar *v.i.* destacar, tener éxito.
abafar *v.t.* 1 sofocar, ahogar, impresionar. 2 ocultar, disimular.
abaixar *v.t.* rebajar, abatir, bajar, humillar, agacharse.
abaixo *adv.* 1 bajo. 2 a continuación. *abaixo de*, debajo de, inferior a.
abaixo *interj.* ¡Abajo!.

abaixo-assinado *s.m.* manifiesto.
abajur *s.m.* lámpara, velador.
abalado *adj.* inseguro, abatido, conmovido.
abalançar *v.t.* arrojar, pesar.
abalançar *v.i.* columpiarse.
abalançar *v.p.* arriesgarse.
abalar *v.t.* 1 sacudir, estremecer, oscilar. 2 debilitar. 3 (fig.) conmover, impresionar.
abalizar *v.t* demarcar, señalar.
abalizar *v.p.* sobresalirse.
abalo *s.m.* 1 temblor (de tierra), oscilación. 2 (fig.) conmoción.
abalroação *s.f.* abordaje, choque de embarcaciones e automóviles.
abanador *s.m.* abanico, ventilador.
abanar *v.t.* abanicar, menear.
abandeirar *v.t.* adornar con banderas.
abandidar *v. p.* hacerse bandido.
abandonar *v.t.* dejar, desamparar, renunciar, abandonarse.
abandono *s.m.* renuncia, desprecio, negligencia, abandono.
abarracar *v.t.* acuartelar, alojar.
abarrotar *v.t.* llenar, atestar, hartarse.
abastado *adj.* rico, abastecido, adinerado.
abastar *v.t.* proveer con abundancia.
abastardar *v.t.* bastardear, falsificar.
abastecer *v.p.* abastecerse, aprovisionarse.
abastecer *v.t.* proveer, suministrar, provisionar.
abastecimento *s.m.* provisión, suministro, abastecimiento.
abate *s.m.* matadero, matanza (de ganado, ganado de corte).

abater v.p. deprimirse, caerse de ánimo.
abater v.t. 1. abatir, hacer caer. 2 destruir. 3 rebajar, descontar.
abatido adj. desalentado disminuido(precio), rebajado.
abatimento s.m. postración, desánimo abatimiento, descuento de precio.
abc s.m. el abecedario, el alfabeto, la cartilla, el abecé.
abcesso s.m. absceso (tumor).
abdicação s.f. renunciar.
abdicar v.t e i. dejar un cargo, renunciar, dimitirse.
abdome s.m. abdomen, vientre, panza (en animales).
abecedário s.m. alfabeto, abecedario.
abeirar v.t. 1 acercar, arrimar, aproximar. 2 v.p. acercarse.
abelha s.f. abeja.
abelhudice s.f. intromisión indiscreta, entrometimiento.
abelhudo adj. curioso, entrometido, indiscreto.
abençoar v.t. bendecir, amparar.
aberração s.f. aberración, extravío, yerro.
abertamente adv. con franqueza, claramente.
aberto adj. abierto, ostensible (tiempo), despejado (mente), libre, sincero.
abertura s.f. 1 grieta, anchura, acceso/ abertura. 2 comienzo, inauguración.
abetumar v.t. embetumar, calafetear.
abismal adj. abismal, del abismo.
abismar v.t. hundir en un abismo, causar espanto.
abismar v.p. engolfarse.
abismo s.m. profundidad insondable, precipicio, abismo.
abissal adj. abismal, del abismo.
abjeção s.f. abyección, infamia.
abjeto adj. abyecto, despreciable, bajo.

abjuração s.f. retractación, abjuración.
abjurar v.t. 1 renunciar, renegar. 2 retractarse.
ablação s.f. ablación, extracción.
abnegação s.f. 1 abnegación, desprendimiento. 2 sacrificio, abnegación.
abnegado adj. abnegado, sacrificado.
abóbada s.f. bóveda.
abobado adj. atontado, embobado.
abóbora s.f. calabaza, zapallo, ayote.
abobrinha s.f. 1 calabacín, zapatillo, chilacoyote. 2 tontería, pavada. *falar abobrinha*, decir tonterías, pavadas.
abocanhar v.t. 1 agarrar con la boca, morder. 2 (fig.) abarcar, incluir, incorporar.
abolição s.f. 1 abolición, liberación (de esclavos). 2 abolición, anulación.
abolir v.t. 1 abolir, revocar.
abolorecer v.i. cubrirse de moho, podrirse.
abominação s.f. repulsión, abominación, aversión.
abominar v.t. detestar, temer aversión, abominar.
abominável adj. abominable, execrable, odioso.
abonação s.f. abono, fianza, anticipo.
abonado adj. 1 adinerado, acaudalado. 2 idóneo, digno de crédito. 3 justificado, perdonado (en el trabajo).
abonar v.t. 1 abonar, acreditar 2 afianzar 3 perdonar, justificar (faltas).
abono s.m. 1 fianza, garantía. 2 gratificación. 3 perdón, justificativa (falta justificada).
abordagem s.f. 1 abordaje (mar). 2 (fig.) enfoque, perspectiva, planteamiento.
abordar v.t. 1 abordar, chequear un navío con otro. 2 (fig.) plantear una cuestión, enfocar un asunto. 3 abordar, aproximarse.
aborígine adj. indígena, nativo, autóctono, aborigen o aborígeno.
aborrecer v.p. enfadarse, aburrirse, disgustarse.

aborrecer

aborrecer *v.t.* fastidiar, molestar, aburrir.
aborrecido *adj.* 1 molesto, aburrido. 2 ficar aborrecido.
aborrecimento *s.m.* fastidio, molestia, disgusto, enojo.
abortar *v.i.* abortar, fracasar (proyecto).
aborto *s.m.* 1 aborto. 2 (fig.) monstruo.
abotoado *adj.* 1 cerrado con botones. 2 gemelos.
abotoaduras *s.f.* (pl.) gemelos, mancuernas.
abotoar *v.t.* abotonar, abrochar. *abotoar o paletó*, morirse.
abraçadeira *s.f.* abrazadera.
abraçar *v.p.* abrazarse, agarrarse.
abraçar *v.t.* 1 abrazar. 2 cercar, rodear.
abraço *s.m.* abrazo.
abrandar *v.i.* ablandar, aminorar, suavizar.
abrangência *s.f.* amplitud, alcance.
abrangente *adj.* de gran alcance, amplio, que abarca mucho.
abranger *v.t.* contener, abarcar, incluir, alcanzar, englobar.
abrasado *adj.* 1 quemado. 2 (fig.) exaltado.
abrasileirado *adj.* abrasileñado, parecido con el brasileño.
abrasivo *s.m.* e *adj.* abrasivo.
abre-alas *s.m.* primera carroza.
abreugrafia *s.f.* radiografía del tórax (med.).
abreviar *v.t.* abreviar, reducir, resumir, acortar.
abreviatura *s.f.* abreviatura.
abricó *s.m.* albericoque.
abridor *s.m.* abrelatas, abrebotellas, abridor.
abrigar *v.p.* abrigarse, protegerse, cobijarse, albergarse.
abrigar *v.t.* proteger, acoger.
abrigo *s.m.* 1 abrigo, refugio, amparo. 2 abrigo, asilo. 3 albergue.
abril *s.m.* 1 abril. 2 (pl.) juventud. 3 (fig.) años.
abrilhantar *v.t.* realzar, abrillantar.

abrir *v.i.* abrirse. *não abrir*, permanecer solidario. *abrir mão de*, renunciar. *num abrir e fechar de olhos*, en un abrir y cerrar de ojos.
abrir *v.p.* abrirse, confesarse, confiarse.
abrir *v.t.* 1 abrir, destapar. 2 extender. 3 excavar, cortar. 4 desabotonar. 5 inaugurar. 6 iniciar. 7 estimular. 8 aflorar, aparecer. 9 clarear, despejarse. 10 presentar, ofrecer, crear.
abrupto *adj.* abrupto, repentino.
abrutalhado *adj.* embrutecido, rudo, grosero.
abscesso *s.m.* absceso, flemón.
absolutamente *adv.* 1 en absoluto, absolutamente. 2 totalmente, enteramente.
absoluto *adj.* completo, absoluto.
absoluto *s.m.* absoluto.
absolver *v.t.* absolver, perdonar, remitir.
absolvição *s.f.* perdón, gracia, indulto, absolución.
absolvido *adj.* absuelto, perdonado.
absorção *s.f.* 1 absorción. 2 (fig.) contemplación, ensueño.
absorto *adj.* extasiado, pensativo, absorto.
absorvência *s.f.* absorbencia.
absorvente *adj.* 1 absorbente. 2 acaparador.
absorvente *s.m.* compresa, toalla femenina.
absorver *v.p.* concentrarse.
absorver *v.t.* 1 absorber, sorber. 2 absorber, abarcar. 3 aspirar (aire).
abstemio *adj.* abstemio, sobrio, moderado.
abstenção *s.f.* abstención, desistencia, renuncia, privación.
abstenção *s.f.* renuncia.
abster *v.t.* impedir, privar.
abster-se *v.p.* privarse, abstenerse.
abstinência *s.f.* abstinencia.
abstração *s.f.* 1 acción de abstraer o abstraerse. 2 hipótesis.
abstrair *v.p.* 1 abstraerse. 2 apartarse, aislarse. 3 prescindir.

abstrair *v.t.* abstraer, separar, excluir.
abstrair *v.p.* concentrarse.
abstrato *adj.* abstracto.
abstruso *adj.* incomprensible, impenetrable, insondable.
absurdo *adj.* ilógico, disparatado, absurdo.
absurdo *s.m.* absurdo, disparate.
abulia *s.* abulia.
abundância *s.f.* abundancia, hartura, opulencia.
abundante *adj.* copioso, rico, fecundo.
abusado *adj.* atrevido, aprovechado, abusivo.
abusar *v.t.* 1 abusar, exagerar. 2 aprovecharse. 3 burlarse.
abuso *s.m.* abuso, desmán.
abutre *s.m.* 1 buitre, cóndor. 2 (fig.) hombre avaro, usurero, explotador.
acabado *adj.* 1 concluido, terminado, acabado. 2 abatido, deprimido. 3 envejecido.
acabamento *s.m.* acabado, terminación. *dar o acabamento*, hacer la terminación.
acabar *v.t.* 1 acabar, terminar. 2 poner fin, matar. 3 romper. *acabe com isso*, basta ya. *acabou-se o que era doce*, se acabó lo que se daba.
acabar *v.i.* acabar, terminar, concluir.
acabar *v.p.* agotarse, abatirse, envejecer.
acabrunhar *v.t.* fastidiar, abrumar, agobiar, atormentar, molestar.
academia *s.f.* academia, sociedad de artistas u hombres de letras, escuela.
açafrão *s.m.* azafrán.
açaí *s.m.* palmera del Amazonas y su fruto, bebida de su fruto.
acalmar *v.t.* apaciguar, aplacar, calmar.
acalmar *v.p.* aplacarse, aquietarse.
acaju *adj.* caoba.
acalanto *s.m.* nana.
acalentar *v.t.* 1 acunar, mecer, arrullar. 2 (fig.) alimentar, nutrir, esperar.

acalmar *v.t.* 1 tranquilizar, calmar. 2 disminuir, aplacar.
acalmar *v.p.* tranquilizarse, aplacarse, calmarse.
acalorado *adj.* 1 lleno de calor. 2 irritado. 3 (fig.) entusiasmado.
acamar *v.i.* encamar.
acampamento *s.m.* campamento.
acampar *v.t.* acampar, montar un campamento.
acampar *v.i.* acampar, instalarse.
acanhado *adj.* 1 tímido, inexpressivo. 2 apretado, estrecho.
acantonar *v.t.* e *i.* alojar, acuartelar.
ação *s.f.* 1 acción, acto. 2 demanda, actitud. 3 cuota de capital. 4 ademán, gesto. 5 evento, suceso. *ação de graças*, acción de gracias. *pelas ações se conhece o homem*, por el fruto se conoce el árbol. *campo de ação*, esfera de atividades.
acarajé *s.m.* bollo salado relleno de camarón, típico de Bahia, Brasil.
acareação *s.f.* acareamiento, careo de testigos.
acarear *v.t.* acarear, carear.
acariciar *v.t.* acariciar.
ácaro *s.m.* ácaro, parasito o parásito.
acarretar *v.t.* acarrear, provocar, causar.
acasalar *v.t.* aparear, acoplar, emparejar, unir sexualmente, copular.
acaso *adv.* tal vez, quizá. *por acaso*, por casualidad, accidentalmente, por azar.
acaso *s.m.* azar, casualidad, ventura, acaso.
acasalamento *s.m.* acoplamiento, cópula.
acatar *v.t.* respetar, obedecer, cumplir.
acautelar *v.t.* prevenir, precaver.
acautelar *v.p.* resguardarse.
acebolado *adj.* encebollado.
aceder *v.t.* acceder, consentir.
acéfalo *adj.* 1 acéfalo. 2 sin jefe, idiota.
aceitação *s.f.* aceptación.

aceitar

aceitar *v.t.* 1 aceptar. 2 admitir, aprobar.
aceitável *adj.* aceptable.
aceite *s.m.* endoso, aceptación (uso comercial).
aceleração *s.f.* aceleración.
acelerada *s.f.* arrancón.
acelerado *adj.* acelerado.
acelerador *s.m.* acelerador.
acelerar *v.t.* adelantar, agilizar.
acelerar *v.p.* apresurarse, darse prisa.
acelga *s.f.* acelga.
acenar *v.i.* hacer señales, saludar.
acenar *v.t.* ofrecer, seducir, atraer.
acendedor *s.m.* encendedor, mechero.
acender *v.t.* 1 encender, quemar. 2 conectar, prender luz. 3 (fig.) instigar, inflamar.
acender *v.p.* iluminarse, excitarse.
aceno *s.m.* seña, ademán, gesto.
acento *s.m.* 1 acento, intensidad en la pronunciación. 2 tilde, acento, signo ortográfico. 3 énfasis, relieve, acento.
acentuação *s.f.* 1 acentuación. 2 (fig.) énfasis, tomo.
acentuar *v.t.* 1 usar acentos gramaticales, poner tilde. 2 (fig.) dar relieve, señalar, subrayar.
acentuar *v.p.* aumentar, crecer, acentuarse.
acepção *s.f.* acepción, sentido.
acerado *adj.* 1 afilado, agudo, punzante. 2 (fig.) mordaz, satírico.
acerar *v.t.* afilar, acerar, aguzar.
acerbar *v.t.* exacerbar, irritar.
acerbo *s.m.* acerbo.
acerca de *loc.* respecto a, relativo a, acerca de.
acercar *v.t.* aproximar, rodear
acertar *v.t.* 1 ajustar. 2 corregir, mejorar. 3 retocar. 4 acordar, concertar. 5 hallar, solucionar.
acertar *v.p.* adaptarse, acos-tumbrarse. *acertar os ponteiros*, entenderse, reconciliarse.

acerto *s.m.* acierto, acuerdo, ajuste. *acerto de contas*, ajuste de cuentas, liquidación de una deuda.
acervo *s.m.* acervo, patrimonio.
aceso *adj.* 1 ardiente, encendido. 2 (fig.) excitado, ansioso.
acessar *v.t.* acceder (informaciones).
acessível *adj.* accesible, tratable.
acesso *s.m.* 1 acceso, entrada. 2 llegada, ingreso. 3 ataque (de tos, epilepsia, nervios, etc.).
acessório *adj.* agregado, accesorio.
acessório *s.m.* adorno, aplique, accesorio.
acetinar *v.i.* satinar.
acetona *s.f.* acetona.
acidentado *adj.* 1 accidentado (terreno). 2 accidentado, víctima de accidente.
acidental *adj.* accidental, eventual, casual.
acidente *s.m.* 1 accidente, contratiempo. 2 irregularidad. 3 desgracia.
acidez *s.f.* acidez, acritud.
acido *s.m.* (quím.) ácido.
ácido *adj.* acedo, fuerte, ácido.
acima *adv.* 1 arriba, encima. 2 antes de, anterior. 3 para arriba. acima de, en posición superior. *acima de tudo*, por encima de todo.
acinzentado *adj.* grisáceo, agrisado.
acionar *v.t.* 1 accionar, activar (motor). 2 promover demanda judicial, demandar.
acionista *s.m.* e *f.* accionista.
acirrado *adj.* intransigente, terço, contumaz.
acirrar *v.t.* estimular, irritar, incitar.
aclamar *v.t.* 1 aplaudir, saludar. 2 elegir por votación, nombrar por honores, ovacionar.
aclarar *v.t.* explicar, dilucidar.
aclarar *v.i.* ponerse claro.
aclimatar *v.t.* adaptar al clima.
aclimatar *v.p.* acostumbrarse, habituarse, aclimatarse.
aclive *s.m.* cuesta arriba, ladera.

acne *s.f.* acné, granos, barros.
aço *s.m.* 1 acero. 2 (fig.) fuerza, dureza.
acobertar *v.t.* cubrir, resguardar, proteger.
acocorar *v.t.* bajar, poner en cuclillas.
acocorar *v.p.* acuclillarse.
açodamento *s.m.* apresuramiento, instigación.
açoitar *v.t.* 1 flagelar, azotar. 2 herir, dañar.
açoite *s.m.* azote, látigo.
acolá *adv.* allá, acullá.
acolchoado *adj.* alcochado, almohadillado.
acolchoado *s.m.* edredón, acolchado.
acolchoar *v.t.* acolchar, tapizar.
acolher *v.t.* acoger, hospedar, agasajar.
acolher *v.p.* acogerse, refugiarse.
acolhida *s.f.* recepción, bienvenida, acogida.
acolhimento *s.m.* acogimiento, hospitalidad, refugio.
acometer *v.t.* 1 embestir, emprender. 2 insultar.
acomodação *s.f.* 1 alojamiento, aposento (de una casa). 2 adaptación, acomodo.
acomodado *adj.* 1 acondicionado. 2 alojado. 3 (fig.) resignado, pacífico, conforme.
acomodar *v.t.* instalar, adaptar, alojar.
acomodar *v.p.* instalarse, alojarse (fig.) resignarse.
acompanhamento *s.m.* 1 acompañamiento. 2 supervisión, escolta. 3 acompañamiento musical.
acompanhante *s.m e f.* acompañante, enfermero.
acompanhar *v.t.* 1 acompañar. 2 escoltar, seguir. 3 acompañar la música.
aconchegar *v.t.* agasajar, acoger, halagar, arrimar.
aconchego *s.m.* 1 confort, bienestar. 2 abrigo, comodidad, calor humano.
acondicionar *v.t.* acomodar, acondicionar, disponer.

aconselhar *v.t.* aconsejar, dar consejos, sugerir, amonestar.
aconselhar *v.p.* asesorarse.
aconselhável *adj.* aconsejable, recomendable.
acontecer *v.i.* 1 ocurrir, suceder. 2 sobrevenir, acaecer.
acontecimento *s.m.* 1 ocurrencia, suceso, hecho, evento. 2 acaso, accidente.
acoplamento *s.m.* acoplamiento.
acoplar *v.t.* acoplar.
acordado *adj.* despierto, hecho con acuerdo.
acordar *v.p.* despertarse.
acordar *v.t.* 1 despertar. 2 darse cuenta. 3 provocar, suscitar. 4 ajustar, hacer un acuerdo.
acordeão *s.m.* (mús.) armónica, acordeón.
acordo *s.m.* 1 acuerdo, resolución, pacto, arreglo. 2 conformidad. *acordo de cavalheiros*, pacto de caballeros. *fazer acordo*, convenir.
acorrentar *v.t.* 1 encadenar. 2 sujetar, esclavizar.
acorrer *v.i.* acudir, recurrir.
acorrer *v.t.* amparar, socorrer.
acossar *v.t.* acosar, perseguir, molestar.
acostamento *s.m.* banquina.
acostumar *v.p.* acostumbrarse.
acostumar *v.t.* acostumbrar, habituar.
acotovelar *v.p.* empujarse con los codos.
acotovelar *v.t.* codear.
açougue *s.m.* carnicería.
acovardar *v.t.* acohardar, asustar, intimidar.
acre *adj.* ácido, agrio, áspero.
acre *s.m.* antigua medida agraria.
acreditar *v.p.* ganar reputación.
acreditar *v.t.* creer, abonar a alguien, acreditar.
acrescentar *v.t.* adicionar, aumentar, añadir.
acréscimo *s.m.* aumento, añadidura, ampliación.

acrílico adj. (quím.) acrílico.
acrisolar v.t. 1 purificar en el crisol. 2 (fig.) depurar.
acrobacia s.f. acrobacia.
acrobata s.m. acróbata, saltimbanqui.
acuar v.t. acosar, perseguir, acorralar.
açúcar s.m. azúcar. açúcar mascavo, azúcar moreno.
açucareiro s.m. azucarero.
açude s.m. embalse, azud.
acudir v.t. acudir.
acuidade s.f. agudeza, sutileza, sagacidad, penetración.
aculturação s.f. aculturación.
acumular v.t. amontonar, juntar.
acumular v.p. amontonarse, aglomerarse.
acúmulo s.m. cúmulo, amontonamiento.
acusação s.f. acusación, denuncia, imputación.
acusar v.t. culpar, acusar, notificar.
acústica s.f. (fís.) acústica, ciencia del sonido.
achacar v.t. encontrar defectos en, infamar.
achado adj 1 hallado, encontrado. 2 hallazgo, lo que se halló.
achado s.m. hallazgo.
achaque s.m. 1 achaque. 2 enfermedad crónica. 3 pretexto, vicio.
achar v.t. 1 encontrar, hallar. 2 creer, parecer. 3 ubicar.
achatar v.t. 1 aplastar, aplanar. 2 abatir con argumentos.
achatar v.p. intimidarse, achicarse.
adaga s.f. daga.
adágio s.m. adagio, proverbio.
adamado adj. renombrado, famoso, notable.
adaptação s.f. adaptación.
adaptar v.t. apropiar, ajustar, acomodar.
adaptar v.p. aclimatarse, amoldarse.
adega s.f. despensa, bodega.

adelgaçar v.t. 1 adelgazar. 2 desbastar, depurar.
adenda s.f. acrecentamiento, suplemento, aditamento.
adendo s.m. adenda.
adepto s.m. adepto, secuaz, partidario, adicto.
adequar v.t. adecuar, apropiar, amoldar.
adequar v.p. sujetarse.
adereço s.m. adorno, aderezo, extravío.
aderência s.f. 1 adherencia. 2 (fig.) adhesión.
aderente adj. adherente, adicto.
aderir v.t. 1 adherirse, pegarse. 2 filiarse, juntarse.
adesão s.f. acción de adherir, unión, ligación, acuerdo.
adesivo adj. adhesivo.
adesivo s.m. esparadrapo, emplasto.
adestrar v.t. adiestrar, amaestrar.
adeus interj. ¡Adiós!
adeus s.m. adeus, despedida.
adiado adj. aplazado, retrasado.
adiamento s.m. 1 postergación, aplazamiento. 2 reprovación en los exámenes.
adiantado adj. 1 adelantado, anticipado. 2 (pop.) atrevido.
adiantado adv. con/por anticipación.
adiantamento s.m. 1 adelantamiento, anticipación. 2 anticipo del sueldo.
adiantar v.t. 1 anticipar, adelantar. 2 aventajar.
adiantar v.p. anticiparse.
adiante interj. e adv. ¡Adelante!
adiar v.t. 1 postergar, retrasar, diferir. 2 reprobar en examen.
adição s.f. 1 adición, suma. 2 apéndice.
adicional adj. adicional.
adicional s.m. incremento, paga extra.
adicionar v.t. adicionar, añadir, agregar, sumar.
adido s.m. agregado, adicto.

aditivo adj. (quím.) agregado, añadido.
aditivo s.m. aditivo.
adivinhação s.f. acertijo, adivinanza.
adivinhar v.t. adivinar, predecir.
adivinho s.m. adivino.
adjacência s.f. 1 adyacencia, inmediato, próximo, vecindad. 2 (pl.) alrededores, cercanías.
adjetivo s.m. (gram.) adjetivo.
adjudicar v.t. conceder, otorgar.
adjunto s.m. 1 agregado, auxiliar. 2 (gram.) complemento.
administração s.f. administración, gobierno, gestión, aplicación (de medicamentos).
administrar v.t. administrar, dirigir, gobernar.
admiração s.f. admiración, sorpresa, contemplación.
admirador s.m. admirador.
admirar v.t. contemplar, admirar.
admirar v.p. asombrarse, extrañarse.
admissão s.f. admisión, recepción, entrada, ingreso.
admissível adv. admisible, permisible.
admitir v.t. admitir, recibir, permitir, aceptar, reconocer.
admoestar v.t. amonestar, avisar, censurar.
adoçante s.m. edulcorante.
adoção s.f. adopción, prohijamiento.
adoçar v.t. azucarar, endulzar.
adocicar v.t. 1 endulzar. 2 hablar afectadamente.
adoecer v.t. enfermarse, adolecer.
adoentado adj. enfermo, achacoso, debilitado.
adoidado adj. enloquecido, alocado.
adoidar v.t. e i. enloquecer, alocar.
adolescência s.f. adolescencia, mocedad, juventud.
adolescente s.m. e f. adolescente.
adorar v.t. venerar, amar mucho, reverenciar.
adorável adj. adorable, admirable.

adormecer v.i. dormir, adormecer, entorpecer.
adornar v.t. embellecer, ornar, ataviar.
adorno v.t. ornamento, adorno.
adotar v.t. 1 adoptar, seguir una doctrina. 2 prohijar.
adotivo adj. adoptivo.
adquirir v.t. obtener, alcanzar, ganar.
adquirir v.p. apropiarse de algo.
adrede adv. adrede, de propósito.
adscrever v.t. registrar, inscribir, insertar.
adstringente adj. astringente, que astringe.
aduana s.f. aduana.
aduaneiro s.m. aduanero.
adubar v.t. abonar, estercolar.
adubo s.m. abono, estiércol, fertilizante.
adulação s.f. adulación, lisonja, halago.
adular v.t. hallagar, alabar con exceso.
adulteração s.f. falsificación.
adulterar v.t. corromper, falsificar, falsear.
adulterar v.i. cometer adulterio.
adultério s.m. adulterio, falsificación.
adúltero adj. adúltero.
adulto s.m. adulto.
adusto adj. quemado, muy ardiente.
adutor s.m. (anat.) aductor (músculo).
adutora s.f. acueduto.
aduzir v.t. aducir, presentar pruebas, conducir.
adventício adj. adventicio, advenedizo.
adventício s.m. forastero.
advento s.m. advento, llegada, arribo.
advérbio s.m. (gram.) adverbio.
adversário s.m. adversario, opositor, rival, enemigo.
adversidade s.f. adversidad, infortunio.
adverso adj. contrario, adverso.
advertência s.f. advertencia, aviso, amonestación.
advertir v.t. llamar la atención, avisar, amonestar.

advertir *v.i.* reparar.
advindo *adj.* advenido.
advir *v.i.* advenir, sobrevenir.
advocacia *s.f.* abogacía.
advogado *s.m.* abogado.
aéreo *adj.* 1 aéreo. 2 despistado.
aeromoça *s.f.* azafata.
aeronauta *s.m.* aviador.
aeronáutica *s.f.* aeronáutica.
aeronave *s.f.* aeronave.
aeroporto *s.m.* aeropuerto, aeródromo.
aerosol *s.m.* aerosol.
afã *s.m.* afán.
afagar *v.t.* 1 mimar, acariciar, halagar, lisonjear. 2 adular.
afago *s.m.* caricia.
afamado *adj.* conocido, famoso, afamado.
afanar *v.t.* hurtar, robar, afanar.
afanosamente *adv.* con afán, con ahínco.
afasia *s.f.* (med.) afasia, afonía.
afastado *adj.* retirado, distante.
afastamento *s.m.* receso, retiro.
afastar *v.t.* apartar, alejar, separar.
afastar *v.p.* alejarse, aislarse.
afável *adj.* afable.
afazeres *s.m.* (pl.) ocupación, quehaceres.
afeição *s.f.* inclinación, afección, propensión.
afeiçoado *adj.* afecto, aficionado, amigo, partidario.
afeiçoar *v.t.* dar forma, amoldar, modelar.
afeiçoar *v.p.* apegarse, encariñarse.
afeminado *adj.* marica, afeminado.
aferição *s.f.* acto y efecto de conferir, cotejo, comparación.
aferidor *adj.* aferidor, fiel, contraste.
aferir *v.t.* contrastar, cotejar (pesas, medidas).
aferrado *adj.* agarrado, asiduo, apegado (al dinero).
aferrar *v.t.* 1 agarrar, asegurar, asir. 2 prender con hierro.

aferrar *v.p.* obstinarse.
aferrolhar *v.t.* 1 aherrojar. 2 (fig.) encadenar.
afetação *s.f.* 1 vanidad, falsedad, afectación. 2 amaneramiento, afeminamiento.
afetado *adj.* afectado, remilgado.
afetar *v.t.* 1 perjudicar, afectar. 2 aparentar. 3 incidir sobre.
afetar *v.i.* apurarse ridiculamente; carecer de naturalidad.
afetividade *s.f.* afectividad.
afetivo *adj.* afectivo.
afeto *s.m.* amistad, simpatía, afecto.
afeto *adj.* amigo, subordinado, adicto.
afetuoso *adj.* afectuoso, cariñoso, delicado
afiado *adj.* 1 afilado, adelgazado por el corte, aguzado. 2 cabal, perfecto. 3 (fig.) dispuesto a ofender.
afiançado *adj.* afianzado, garantizado por un fiador.
afiançar *v.t.* dar fianza, abonar, garantizar.
afiançar *v.p.* certificarse.
afiar *v.t.* afilar, amolar.
afiar *v.p.* prepararse, arreglarse.
aficionado *s.m.* aficionado.
afilhado *s.m.* ahijado.
afiliada *s.f.* ahijada.
afim *adj.* afín.
a fim de *loc. prep.* a fin de, para.
afinação *s.f.* 1 armonía. 2 tono. 3 enfado.
afinal *adv.* por fin, finalmente. *afinal de contas*, al fin de cuentas, al fin y al cabo.
afinar *v.t.* 1 afinar, templar (instrumentos). 2 mejorar, perfeccionar. 3 educar. 4 agudizar. 5 ajustar, armonizar.
afinar *v.p.* tener afinidad, armonizarse.
afinco *s.m.* ahínco, obstinación, tenacidad.
afinidade *s.f.* afinidad.
afirmação *s.f.* afirmación, aseveración.
afirmar *v.t.* asegurar, afirmar, afianzar, asentar.
afivelar *v.t.* prender, ajustar, abrochar.

agonia

afixar *v.t.* fijar, asegurar.
afixo *adj.* afijo.
aflição *s.f.* tribulación, aflicción, congoja, pesar.
afligir *v.t.* 1 afligir, angustiar. 2 atormentar, torturar. 3 aquejar, afectar.
afligir *v.p.* apurarse, amargarse.
aflitivo *adj.* aflictivo.
aflito *adj.* atormentado, preocupado, ansioso.
aflorar *v.t.* 1 rozar, acariciar. 2 aparecer, aflorar, surgir.
afluência *s.f.* afluência, abundancia.
afluente *s.m.* afluente.
afobação *s.f.* 1 prisa, ahogo, agobio. 2 perturbación, nerviosismo.
afobado *adj.* apurado, agitado.
afobar *v.t.* apurar, meter prisa, matarse.
afofar *v.t.* ahuecar.
afogado *adj.* 1 ahogado, asfixiado. 2 (fig.) sobrecargado.
afogar *v.t.* 1 ahogar, asfixiar. 2 sofocar, reprimir.
afogar *v.i.* emborrachar, ahogar. afogar as mágoas, ahogar las penas.
afoito *adj.* osado, valiente, audaz.
afônico *adj.* afônico.
afora *adv.* afuera, adelante.
afora *prep.* excepto, salvo, aparte, además de.
aforismo *s.m.* aforismo.
aformosear *v.t.* hermosear, embellecer.
afortunado *adj.* dichoso, venturoso, afortunado.
afresco *s.m.* fresco.
afro *adj.* africano, afro.
afrodisíaco *adj.* afrodisiaco o afrodisíaco.
afronta *s.f.* afrenta, ultraje, amenaza, violencia.
afrontar *v.p.* afrentarse.
afrouxar *v.t.* aflojar, ablandar.

afta *s.f.* llaga, afta.
afugentar *v.t.* ahuyentar, poner en fuga.
afundar *v.t.* 1 hundir. 2 penetrar, hundirse.
afundar *v.i.* naufragar, hundirse.
afunilar *v.t.* estrechar.
afunilar *v.p.* tomar forma de embudo.
agachar *v.p.* agacharse, humillarse, rebajarse.
agarrado *adj.* seguro.
agarrar *v.t.* 1 coger, sujetar, agarrar. 2 aferrarse. 3 pillar, prender.
agarrar *v.p.* unirse.
agasalhar *v.t.* abrigar, arropar.
agasalhar *v.p.* abrigarse.
agastar *v.t.* encolerizar, aburrir.
agastar *v.p.* irarse.
agência *s.f.* 1 agencia. 2 sucursal, filial. 3 gestoría.
agenciar *v.t.* agenciar.
agenda *s.f.* agenda.
agente *adj. e sm* agente. *agente de cambios*, agente de bolsa/de cambio. *agente de leilão*, subastador.
agigantar *v.t.* agigantar.
ágil *adj.* ágil, ligero.
agilizar *v.t.* agilizar.
agio *s.m.* (com.) sobreprecio, interés.
agiota *s.m.* usurero, prestamista.
agir *v.i.* actuar, comportarse.
agir *v.t.* actuar, tener efecto.
agitação *s.f.* agitación, perturbación, ajetreo, turbulencia.
agitar *v.t.* agitar, sublevar, excitar, sacudir.
agitar *v.p.* turbarse, alborotarse.
aglomerar *v.t.* reunir, aglomerar, acumular, amontonar.
aglomerar *v.p.* amontonarse.
aglutinar *v.t.* fundir, aglutinar.
aglutinar *v.p.* unir, aglutinarse.
agonia *s.f.* agonía, angustia, aflicción, trance.

agoniado *adj.* acongojado, afligido, atormentado.
agonizante *adj.* moribundo, agonizante.
agonizar *v.i.* estar moribundo.
agonizar *v.t.* causar agonía.
agonizar *v.p.* afligirse.
agora *adv.* 1 ahora, ya. 2 a partir de ahora. 3 entonces, pues.
agora *conj.* ahora bien, sin embargo. *agorinha*, ahora mismo. *ainda agora*, ahora mismo.
agosto *s.m.* agosto.
agourar *v.t.* presagiar, vaticinar.
agourento *adj.* de mal aguero.
agouro *s.m.* aguero, presagio, adivinación, pronóstico.
agraciar *v.t.* condecorar, amnistiar.
agraciar *v.i.* mostrar gracia.
agraciar *v.p.* enriquecerse.
agradar *v.t.* agradar, adular, halagar.
agradar *v.i.* hacerse querido.
agradável *adj.* agradable, amable, gracioso, divertido.
agradecer *v.t. e i.* agradecer, rendir gracias, mostrar gratitud.
agradecido *adj.* grato, reconocido.
agradecimento *s.m.* agradecimiento, gratitud, recompensa.
agrado *s.m.* 1 agrado, cariño, halago. 2 satisfacción.
agrário *adj.* agrario, campestre.
agravante *adj.* agraviante, ofensivo.
agravante *s.m.* agravante.
agravar *v.t.* agraviar, oprimir, gravar, empeorar.
agravar *v.p.* agudizarse.
agredir *v.t.* 1 herir, pegar, golpear. 2 atacar, acometer. 3 hostilizar, injuriar.
agregado *s.m.* asociado, adjunto.
agregar *v.t.* unir, juntar, amontonar, añadir.
agremiação *s.f.* agremiación, asociación.

agressão *s.f.* agresión, provocación, golpe, ataque.
agressivo *adj.* violento, agresivo.
agressor *s.m.* agresor, invasor, provocador.
agreste *adj.* rústico, silvestre.
agrião *s.m.* (bot.) berro.
agrícola *adj.* agrícola, agraria.
agricultor *adj.* agrícola, agricultor.
agricultor *s.m.* agricultor, labrador.
agricultura *s.f.* labor, agricultura.
agridoce *adj.* agridulce.
agropecuária *s.f.* agropecuaria.
agrotóxico *s.m.* agrotóxico.
agrupamento *s.m.* agrupación, reunión.
agrupar *v.t.* agrupar, reunir.
agrupar *v.p.* agruparse, reunirse.
agrura *s.f.* agraz.
água *s.f.* agua. *água benta*, agua bendita. *água de cheiro*, agua de colonia. *água de flor de laranjeira*, agua de azahar. *água sanitária*, lejía. *água-marinha*, aguamarina. *água-com-açúcar*, empalagoso. *até debaixo d'água*, siempre, de forma constante. *com água na boca*, con la boca hecha agua. *dar água na boca*, excelente, que se hace la boca agua. *ir por água abaixo*, hacer aguas. *pôr água na fervura*, calmar. *tirar água de pedra*, realizar una tarea imposible. *tirar água do joelho*, cambiarle el agua al canario.
águas *s.f.* (pl.) lluvia. *águas passadas*, agua pasada.
aguaceiro *s.m.* aguacero, chaparrón.
aguado *adj.* 1 aguado, diluido. 2 frustrado.
aguar *v.t.* 1 aguar, regar. 2 (fig.) frustrar, causar disgusto.
aguardar *v.t.* esperar, aguardar, acatar.
aguardente *s.f.* aguardiente.
aguarrás *s.m.* aguarrás.
água-viva *s.f.* medusa, aguamala, aguaviva.
aguçar *v.t.* 1 afilar, aguzar. 2 excitar, estimular. 3 preparar, aclarar.

agudeza *s.f.* 1 agudez, sutileza. 2 (fig.) perspicacia, sagacidad.
agudo *adj.* 1 agudo, afilado, puntiagudo. 2 grande.
aguentar *v.t.* 1 aguantar, sostener. 2 soportar. 3 resistir.
aguentar *v.p.* sostenerse, mantenerse.
aguerrido *adj.* 1 ejercitado para la guerra. 2 (fig.) valiente, animoso.
águia *s.f.* 1 (zool.) águila. 2 (fig.) persona de mucha viveza.
aguilhoar *v.t.* 1 aguijar. 2 (fig.) incitar, acicatar.
agulha *s.f.* aguja, campanario, manecilla. *procurar agulha em palheiro*, buscar una aguja en un pajar.
agulhada *s.f.* pinchazo, punzada, puntada, agujazo.
ah *interj.* ¡Ah!.
ai *interj.* ¡Ay! *ai de*, pobre de.
aí *adv.* 1 ahí, allá. 2 en ese momento, entonces. 3 alrededor de.
aí *interj.* ¡Muy bien! ¡Vamos! ¡Anda!. *E por aí afora*, y demás, y otras cosas. *por aí*, una cosa así.
aia *s.f.* aya, criada, camarera, dama de compañía.
Aids *s.f.* Sida, síndrome de la inmuno deficiencia adquirida.
ainda *adv.* aún, todavía, incluso, también. *ainda bem*, felizmente, menos mal. *ainda assim*, a pesar de eso. *ainda que*, aunque. *ainda por cima*, y encima.
aipo *s.m.* (bot.) apio.
airoso *adj.* garboso, gallardo, gentil, digno.
ajardinar *v.i.* ajardinar.
ajeitar *v.t.* acomodar, adaptar, adecuar.
ajeitar *v.p.* arreglarse.
ajoelhar *v.t.* arrodillar.
ajoelhar *v.i.* humillarse, conformarse.

ajuda *s.f.* ayuda, auxilio, socorro, favor. *ajuda de custo*, ayuda complementaria.
ajudante *s.m.* ayudante, auxiliar, asistente.
ajuizado *adj.* sensato, ajuiciado, juicioso, prudente.
ajuizar *v.t.* apreciar, juzgar.
ajuntamento *s.m.* reunión, junta, aglomeración.
ajuntar *v.t.* ayuntar, acrecentar, coligar, economizar.
ajustamento *s.m* ajuste, contrato, arreglo.
ajustar *v.t.* 1 ajustar. 2 adaptar, acertar, igualar. 3 arreglar.
ajustar *v.p.* ajustarse.
ajuste *s.m.* 1 ajuste, pacto, contrato. 2 represalia.
ala *s.f.* ala, hilera, facción, fila. *abrir alas*, abrir paso.
alado *adj.* alado.
alagar *v.t.* inundar.
alambicado *adj.* alambicado.
alambique *s.m.* alambique.
alambrado *s.m.* alambrada, alambrado.
alameda *s.f.* alameda.
álamo *s.m.* álamo.
alaranjado *adj.* anaranjado, butano.
alarde *s.m.* 1 alarde, ostentación. 2 propaganda.
alardear *v.t.* hacer alarde, ostentar, vangloriarse.
alargar *v.t.* 1 aflojar, ensanchar, agrandar. 2 ampliar, ensanchar. 3 prolongar. 4 extender.
alarmar *v.t.* asustar, alarmar.
alarme *s.m.* alarma.
alarmista *adj.* alarmista.
alastrar *v.t.* esparcir, extender, propagar.
alaúde *s.m.* laúd.
alavanca *s.f.* 1 palanca. 2 medio, causa, motivo.
alazão *s.m.* alazán.
albatroz *s.m.* albatros.

albergue *s.m.* 1 alojamiento, hospedería, albergue. 2 refugio, abrigo.
albino *adj.* albino.
álbum *s.m.* álbum.
alça *s.f.* 1 tirante, suspensor. 2 empuñadura. *mala sem alça*, poco serio, desagradable.
alcachofra *s.f.* alcaucil, alcachofa.
alcalino *adj.* alcalino.
alcançar *v.t.* 1 llegar a, alcanzar. 2 lograr. 3 entender, comprender. 4 avistar.
alcance *s.m.* alcance, distancia.
alcaparra *s.f.* alcaparra.
alcatrão *s.m.* alquitrán.
alce *s.m.* alce, ante.
álcool *s.m.* alcohol.
alcoólatra *s.m.e f.* alcohólico.
alcova *s.f.* 1 cuarto oscuro y sin ventanas. 2 alcoba, aposento.
alcunha *s.f.* apodo, pseudónimo.
aldeão *s.m.* aldeano, lugareño, paleto.
aldeia *s.f.* aldea, poblado.
aleatório *adj.* aleatorio.
alecrim *s.m.* romero.
alegação *s.f.* alegato, alegación.
alegar *v.t.* alegar, declarar.
alegoria *s.f.* 1 alegoría. 2 adornos de las carrozas y comparsas de carnaval.
alegórico *adj.* alegórico.
alegrar *v.t.* contentar, alegrar.
alegre *adj.* contento, alegre.
alegria *s.f.* alegría.
aleijado *adj.* disminuido, discapacitado.
aleijar *v.t.* mutilar, deformar.
aleluia *interj.* ¡aleluya!
além *adv.* lejos, más allá. *além-mar*, allende los mares. *além-túmulo*, más allá, ultratumba.
alentar *v.t.* animar, alentar.
alentar *v.p.* tomar aliento.
alento *s.m.* aliento, respiración. *dar o último aliento*, expirar.
alergia *s.f.* alergia.

alérgico *adj.* alérgico.
alerta *s.m.* aviso, alerta.
alerta *adv.* alerta.
alerta *adj.* atento, vigilante.
alertar *v.t.* advertir, alertar.
alexandrino *adj.* alejandrino.
alfa *s.m.* alfa.
alfabético *adj.* alfabético.
alfabetizar *v.t.* alfabetizar.
alfabetizar *v.p.* aprender a leer y a escribir.
alfabeto *s.m.* alfabeto, abecedario.
alface *s.m.* lechuga.
alfafa *s.f.* alfalfa.
alfaiataria *s.f.* sastrería.
alfaiate *s.m.* sastre.
alfândega *s.f.* aduana.
alfazema *s.f.* lavanda.
alferes *s.m.* alférez.
alfinetada *s.f.* pinchazo, pulla, puyazo.
alfinetar *v.t.* 1 pinchar, punzar. 2 herir, criticar.
alfinete *s.m.* alfiler. *não valer um alfinete*, no valer nada. *alfinete de segurança*, imperdible.
alfineteira *s.f.* acerico, alfiletero.
alga *s.f.* alga.
algaravia *s.f.* monsergo.
algarismo *s.m.* número.
algazarra *s.f.* griterío, algazarra, bochinche.
álgebra *s.f.* álgebra.
algema *s.f.* esposas.
algemar *v.i.* esposar.
algo *pron.* algo.
algo *adv.* un poco, un tanto, algo.
algodão *s.m.* algodón.
alguém *pron.* alguien.
algum *pron.* algún, alguno.
alheio *adj.* ajeno, diferente.
alheio *s.m.* ajeno. *alheios*, extraños, desconocidos.

alho *s.m.* ajo. *alho-poró*, puerro. *misturar alhos com bugalhos*, mezclar cosas diferentes.
ali *adv.* allí, allá, ahí. *logo ali*, aquí mismo.
aliado *adj.* cómplice, aliado.
aliança *s.f.* 1 unión, alianza. 2 anillo.
aliar *v.t.* unir, aliar.
aliás *adv.* 1 además, por outra parte. 2 mejor dicho.
álibi *s.m.* coartada.
alicate *s.m.* alicate.
alicerçar *v.t.* cimentar.
alicerce *s.m.* 1 cimiento, fundamento. 2 base.
aliciar *v.t.* 1 atraer, seducir. 2 sobornar. 3 incitar.
alienação *s.f.* 1 enajenación. 2 alienación.
alienar *v.t.* enajenar, alienar.
alienígena *s.m e f.* alienígena.
alimentação *s.f.* 1 alimentación, nutrición. 2 abastecimiento.
alimentar *v.t.* 1 nutrir, alimentar. 2 abastecer. 3 fomentar. 4 abrigar.
alimentar *v.i.* alimentar
alimentar *adj.* alimenticio, alimentario.
alimento *s.m.* sustento, alimento.
alinhado *adj.* alineado.
alinhamento *s.m.* alineación.
alinhar *v.t.* 1 alinear. 2 arreglarse, vestirse bien. 3 igualar, alcanzar.
alíquota *s.f.* alícuota.
alisar *v.t.* alisar.
alistamento *s.m.* alistamiento.
alistar *v.t.* anotar, apuntar.
aliteração *s.f.* aliteración.
aliviar *v.t.* 1 aligerar, aliviar. 2 aplacar, calmar.
alívio *s.m.* alivio.
alma *s.f.* ánima, alma. *alma penada*, alma en pena. *abrir a alma*, deshagorase. *ganhar alma nova*, recobrar la vida. *dar a alma por*, partirse el alma por.

almanaque *s.m.* almanaque. *de almanaque*, poco profundo, superficial.
almejar *v.t.* desear, aspirar, anhelar.
almirante *s.m.* almirante.
almíscar *s.m.* almizcle.
almoçar *v.i.* comer, almorzar.
almoço *s.m.* comida, almuerzo.
almofada *s.f.* cojín, almohadón.
almofadinha *s.f.* almohadilla.
alô *interj.* hola, oiga, diga.
alojamento *s.m.* alojamiento, hospedaje, aposento.
alojar *v.t.* alojar, hospedar
alongamento *s.m.* prolongación, alargamiento.
alongar *v.t.* alargar, prolongar.
alopecia *s.f.* alopecia.
alpaca *s.f.* alpaca.
alpendre *s.m.* porche.
alpargata *s.f.* alpargata.
alpinismo *s.m.* alpinismo.
alpiste *s.m.* alpiste.
alta *s.f.* 1 subida, alza. 2 alta médica. *alta-costura*, costura alta.
altaneiro *s.m.* altanero.
altar *s.m.* altar.
alterar *v.t.* 1 alterar, cambiar. 2 enfadar. 3 falsificar.
alternador *s.m.* alternador.
alternativa *s.f.* alternativa, opción, elección.
alteza *s.f.* alteza.
altista *adj.* alcista.
altitude *s.f.* altitud, altura.
alto *adj.* 1 alto. 2 fuerte, intenso. 3 agudo (sonido). 4 elevado. 5 embriagado, borracho. 6 importante.
alto *s.m.* alto, lugar elevado. *chutar para o alto*, despreciar, abandonar.
alto *interj.* ¡Alto, pare ya!
alto-falante *s.m.* altavoz, bafle, altoparlante.
altruísmo *s.m.* generosidad, altruísmo.

altura *s.f.* 1 altura, altitud. 2 estatura, talla. 3 momento, instante.
alucinação *s.f.* alucinación.
alucinar *v.t.* entusiasmar, alucinar, volverse lovo.
aludir *v.t.* referir, aludir.
alugar *v.t.* arrendar, alquilar.
aluguel *s.m.* arrendamiento, alquiler.
alumínio *s.m.* aluminio.
aluno *s.m.* alumno, estudiante.
alusão *s.f.* alusión.
alusivo *adj.* referente, alusivo.
alva *s.f.* alba
alvejar *v.t.* blanquear.
alvenaria *s.f.* mampostería, albañilería.
alvo *adj.* blanco.
alvo *s.m.* blanco, diana, meta, objetivo.
alvorada *s.f.* amanecer.
alvorecer *v.unipers.* amanecer, romper el día.
alvorecer *s.m.* amanecer.
alvoroçar *v.t.* alborotar, alborozar.
alvoroço *s.m.* alboroto, tumulto, alarma.
amabilidade *s.f.* gentileza, amabilidad.
amaciar *v.t.* suavizar, ablandar.
ama de leite *s.f.* madre de leche, nodriza.
amado *adj.* querido, amado.
amador *adj.* aficionado.
amadurecer *v.i.* sazonar, madurar.
amaldiçoar *v.t.* maldecir.
amálgama *s.f.* amálgama, empaste.
amamentar *v.t.* amamantar, criar, dar el pecho.
amanhã *adv.* mañana.
amanhã *s.m.* futuro, mañana.
amanhecer *s.m.* 1 amanecer. 2 origen, inicio.
amanhecer *v. unipers.* amanecer.
amanhecer *v.i.* despertar, amanecer.
amansar *v.t.* 1 domar, amansar 2 calmar, serenar, aplacar.

amante *adj.* aficionado, amante.
amanteigado *s.m.* polvorón.
amar *v.t.* 1 querer, amar. 2 hacer el amor. 3 adorar, apreciar.
amar *v.i.* estar enamorado.
amarelado *adj.* amarillento.
amarelar *v.t.* 1 amarillear. 2 palidecer. 3 asustar.
amarelinha *s.f.* rayuela, tejo.
amarelo *adj.* amarillo. *sorriso amarelo*, sonrisa forzada.
amargar *v.t.* 1 agriar, amargar. 2 estropear. 3 sufrir, padecer. *ser de amargar*, ser de pena.
amargo *adj.* 1 amargo, ácido. 2 doloroso, triste.
amargor *s.m.* acíbar, amargor.
amargura *s.f.* 1 sabor amargo, amargura. 2 angustia.
amargurar *v.t.* amargar, nagustiar.
amarra *s.f.* amarra.
amarrar *v.t.* 1 amarrar, atar. 2 conquistar, casar. 3 dificultar, retrasar. *amarrar a cara*, poner mala cara.
amarrar *v.p.* encantar, gustar.
amarrotar *v.t.* estrujar, arrugar.
amassadura *s.f.* abolladura.
amassar *v.t.* 1 mezclar, amasar. 2 arrugar.
amável *adj.* delicado, amable.
amazona *s.f.* amazona.
âmbar *adj.* ámbar.
ambição *s.f.* aspiración, ambición.
ambicioso *adj.* ambicioso, osado.
ambidestro *adj.* ambidextro.
ambientalista *s.m e f.* ecologista.
ambientar *v.t.* acostumbrar, ambientar.
ambiente *s.m.* ambiente, atmosfera.
ambíguo *adj.* ambiguo.
âmbito *s.m.* ámbito.
ambos *num.* ambos.
ambrosia *s.f.* ambrósia.

ambulância s.f. ambulancia.
ambulante adj. andante, ambulante.
ambulante s.m. e f. ambulante.
ambulatório s.m. despensario, ambulatorio.
ameaça s.f. amenaza.
ameaçar v.t. 1 intimidar, amenazar. 2 poner en peligro.
ameba s.f. ameba.
amedrontar v.t. asustar, atemorizar, amedrentar.
ameixa s.f. ciruela. *ameixa-preta*, ciruela pasa.
ameixeira s.f. ciruelo.
amém interj. amén.
amêndoa s.f. 1 almendra. 2 semilla, simiente.
amendoado adj. almendrado.
amendoim s.m. cacahuete, maní.
amenizar v.t. atemperar, amenizar.
ameno adj. agradable, suave, fresco, ameno.
amídala s.f. amígdala, angina.
amidalite s.f. amigdalitis, angina.
amido s.m. almidón.
amigável adj. amigable.
amigo adj. cariñoso, amigo, afectuoso.
amigo s.m. amigo. *amigo do peito*, gran amigo, amigo íntimo.
amiudar v.t. menudear.
amiúde adv. a menudo, frecuentemente.
amizade s.f. 1 amistad. 2 relación. *amizade colorida*, amigo, amante.
amnésia s.f. amnesia
amolação s.f. martingala, murga.
amoldar v.t. 1 dar forma, modelar. 2 dar forma de molde, amoldar. 3 adaptar.
amolecer v.t. 1 ablandar, reblandecer. 2 descuidar, relajar. 3 enternecer.
amoníaco s.m. amoniaco.
amontoar v.t. amontonar, juntar, reunir.
amontoar v.p. aglomerar, apiñar, hacinar.

amor s.m. amor. *amor-perfeito*, pensamiento. *amor à primeira vista*. flechazo.
amora s.f. mora.
amordaçar v.t. 1 amordazar. 2 callar, silenciar.
amoreira s.f. morera.
amornar v.t. entibiar.
amortalhar v.t. amortajar.
amortecedor adj. amortiguador, adormecedor, debilitador.
amortecedor s.m. amortiguador.
amortecer v.t. 1 debilitar, amortiguar 2 adormecer.
amortizar v.t. amortizar.
amostra s.f. 1 muestra. *amostra grátis*, muestra gratuita. 2 ejemplar. 3 demostración.
amostragem s.f. muestra, muestreo.
amparar v.t. 1 auxiliar, amparar. 2 sujetar. 3 refugiarse, protegerse.
amparo s.m. 1 auxilio, protección, amparo. 2 sustento, apoyo.
ampliar v.t. aumentar, ampliar.
amplidão s.f. anchura.
amplificador adj. e s.m. amplificador.
amplitude s.f. extensión, amplitud.
amplo adj. amplio, holgado, ilimitado.
ampola s.f. ampolla.
ampulheta s.f. reloj de arena.
amputar v.t. 1 mutilar, amputar. 2 suprimir, eliminar.
amuleto s.m. amuleto.
anacrônico adj. anticuado, anacrónico.
anagrama s.m. anagrama.
anágua s.f. cancán, viso, enagua.
anais s.m.(pl.) anales, historia, actas.
anal adj. anal.
analfabeto adj. 1 analfabeto. 2 ignorante, burro. *analfabeto de pai e mãe*, completo ignorante
analgésico adj. analgésico.
analisar v.t. analizar, examinar, investigar.

análise

análise *s.f.* 1. análisis. *análise clínica*, análisis clínico. 2 investigación, examen. *em última análise*, em última instância
analista *s.m. e f.* 1 analista. 2 psicoanalista.
analítico *adj.* analítico.
analogia *s.f.* analogía.
analógico *adj.* analógico.
análogo *adj.* análogo.
anão *adj.* enano.
anarquia *s.f.* anarquía.
anarquismo *s.m.* anarquismo.
anarquista *adj.* anarquista.
anatomia *s.f.* 1 anatomía. 2 análisis meticuloso.
anca *s.f.* 1 grupo, anca. 2 nalga, culo, anca.
ancestral *adj.* ancestral.
ancestral *s.m.* ancestro, antepasado.
ancião *adj.* anciano.
âncora *s.f.* ancla.
âncora *s.m.* presentador.
anchova *s.f.* boquerón, anchoa.
andaime *s.m.* andamio.
andarilho *s. m.* andarín, andariego.
anedota *s.f.* chiste.
anel *s.m.* 1 anillo, sortija. 2 aro, círculo. 3 eslabón, argolla.
anemia *s.f.* anemia.
anêmico *adj.* anémico.
anestesia *s.f.* anestesia.
anestesiar *v.t.* anestesiar.
anestésico *adj.* anestésico.
anestesista *s.m. e f.* anestesista.
anexar *v.t.* anejar, adjuntar, anexar.
anexo *adj.* anejo, adjunto, anexo.
anexo *s.m.* anexo. *em anexo*, adjunto, anexo.
anfíbio *s.m.* anfíbio.
anfiteatro *s.m.* anfiteatro.
anfitrião *s.m.* anfitrión.
ânfora *s.f.* ánfora.

angariar *v.t.* 1 recaudar, reunir. 2 atraer, granjear.
anglicanismo *s.m.* anglicanismo.
anglicano *adj.* anglicano.
anglo-saxão *adj.* anglosajón.
angu *s.m.* tomate.
angular *adj.* angular.
ângulo *s.m.* 1 ángulo. 2 perspectiva.
anguloso *adj.* anguloso.
angústia *s.f.* sufrimiento, angustia.
angustiar *v.t.* angustiar.
anil *s.m.* añil.
animação *s.f.* 1 animación, alegria, entusiasmo. 2 dibujos animados.
animado *adj.* animoso, pachanguero, animado.
animador *adj.* 1 alentador, estimulante. 2 presentador.
animal *s.m.* 1 animal. 2 bestia, bruto.
animal *adj.* animal, excitante, emocionante.
animalesco *adj.* animalesco.
animar *v.t.* 1 animar, cobrar vida. 2 amenizar, calentar. 3 estimular, animar, alentar.
animismo *s.m.* animismo.
ânimo *s.m.* 1 espíritu, ánimo. 2 voluntad, valor.
ânimo *interj.* ¡Ánimo! ¡Vamos!
animosidade *s.f.* hostilidad, antipatia.
aninhar *v.t.* 1 poner en el nido, anidar. 2 acoger, acomodar.
aniquilar *v.t.* 1 destruir, aniquilar. 2 postrar
anistia *s.f.* amnistía.
anistiar *v.t.* amnistiar
aniversário *s.m.* cumpleaños, aniversario. *fazer aniversário*, cumplir años. *feliz aniversário!*, ¡feliz cumpleaños!
anjinho *s.m.* angelito, niño muerto.
anjo *s.m.* ángel. *anjo mau*, ángel caído.
ano *s.m.* año. *ano bissexto*, año bisiesto.
anoitecer *s.m.* anochecer.
anoitecer *unipers.* anochecer.

anoitecer *v.i.* anochecer.
anomalia *s.f.* anormalidad, anomalía.
anonimato *s.m.* anonimato.
anônimo *adj.* anónimo, desconocido.
anorexia *s.f.* anorexia.
anormal *adj.* anormal.
anotar *v.t.* 1 apuntar. 2 comentar.
anseio *s.m.* anhelo, deseo.
ânsia *s.f.* 1 deseo, ansias. 2 náusea, angustia. 3 ansiedad.
ansiar *v.t.* desear, ansiar.
ansiedade *s.f.* 1 desesperación, angustia, ansiedad. 2 anhelo.
ansioso *adj.* impaciente, ansioso.
anta *s.f.* 1 tapir. 2 estúpido, ignorante.
antagônico *adj.* antagónico.
antagonismo *s.m.* antagonismo.
antártico *adj.* antártico.
ante *prep.* delante de, ante.
antebraço *s.m.* antebrazo.
antecedência *s.f.* anticipación, antelación.
antecedente *adj.* que precede, anterior.
antecedentes *s.m.* (pl.) antecedentes, *atestado de bons antecedentes*, certificado de buena conducta.
anteceder *v.t.* 1 preceder. 2 anticipar, anteceder.
antecessor *adj.* antecesor.
antecipação *s.f.* adelanto, anticipación.
antecipar *v.t.* 1 adelantar, anticipar. 2 preceder, anteceder.
antecipar *v.p.* anticiparse, adelantarse.
antena *s.f.* antena. *de antena ligada*, atento, con la antena puesta.
anteontem *adv.* anteayer, antes de ayer.
anteparo *s.m.* pantalla, quitamiedos.
antepassado *s.m.* antepasado.
antepenúltimo *adj.* antepenúltimo.
anterior *adj.* anterior.
antes *adv.* antes.
antiaéreo *adj.* antiaéreo.

antibiótico *adj.* antibiótico.
anticoncepcional *adj.* anticonceptivo.
anticorpo *s.m.* anticuerpo.
anticristo *s.m.* anticristo.
antigo *adj.* antiguo, anterior.
antigos *s.m.* (pl.) antepasados, antiguos.
antiguidade *s.f.* antiguedad, Edad Antigua.
antílope *s.m.* antílope.
antipatia *s.f.* antipatía, ojeriza.
antipático *adj.* antipático.
antiquado *adj.* arcaico, anticuado.
antiquário *s.m.* anticuario.
antissemita *adj.* antisemita.
antisséptico *adj.* antiséptico.
antítese *s.f.* antítesis.
antologia *s.f.* antología.
antro *s.m.* antro.
antropofagia *s.f.* antropofagia.
antropófago *s.m.* antropófago.
antropologia *s.f.* antropología.
a par *loc. adv.* a la par, paralelamente.
à parte *adv. y prep.* aparte, separadamente.
apesar de *loc. prep.* no obstante, a pesar de.
anual *adj.* anual.
anuário *s.m.* anuario.
anuidade *s.f.* anualidad.
anuir *v.t.* consentir.
anulação *s.f.* anulación.
anular *adj.* anular (dedo).
anular *v.t.* invalidar, destruir, anular.
anunciação *s.f.* anunciación.
anunciador *s.m.* anunciador, anunciante.
anunciar *v.t.* 1 divulgar, anunciar. 2 dar a conocer, avisar.
anúncio *s.m.* 1 anuncio. 2 publicidad. 3 aviso.
ânus *s.m.* (anat.) ano.
anverso *s.m.* anverso.
anzol *s.m.* 1 anzuelo. 2 gancho.
ao *contr.* al *(prep.* a *y art.* o*)*.

aonde *adv.* a donde, adónde.
aorta *s.f.* (anat.) aorta.
apadrinhar *v.t.* proteger, apadrinar, patrocinador.
apagado *adj.* 1 apagado. 2 cancelado. 3 indolente.
apagar *v.t.* 1 desconectar, irse, cortar, apagar. 2 matar. 3 desaparecer, eliminar 4 desmayar. 5 borrar.
apaisanar *v.t.* adoptar maneras de campesino.
apaixonado *adj.* apasionado.
apaixonar *v.t.* apasionar, enamorarse.
apalavrar *v.t.* apalabrar, combinar.
apalermado *adj.* atontado, estúpido.
apalermar *v.p.* atontarse.
apalhaçado *adj.* apayasado.
apalpação *s.f.* palpamiento, palpación.
apalpadeira *s.f.* revisora (en aduanas).
apalpador *s.m.* vista (aduana).
apalpar *v.t.* palpar, tocar.
apanágio *s.m.* 1 atributo. 2 propiedad. 3 característica.
apanha *s.f.* (agr.) cosecha.
apanhar *v.i.* 1 cobrar, recibir un castigo. 2 perder.
apanhar *v.t.* 1 coger, recoger. 2 agarrar, atrapar
apara *s.f.* viruta, limadura.
aparador *s.m.* aparador, armario de comedor.
aparar *v.t.* 1 recoger, sujetar. 2 cortar, recortar.
aparatar *v.t.* ornamentar.
aparato *s.m.* aparato, ostentación.
aparceirar *v.t.* asociar.
aparcelado *adj.* 1 dividido en parcelas. 2 (mar) lleno de escollos.
aparcelar *v.t.* parcelar, dividir.
aparecer *v.i.* 1 presentarse, aparecer. 2 manifestarse.

aparecer *v.t.* salir, manifestar.
aparecimento *s.m.* 1 aparición. 2 origen.
aparelhado *adj.* 1 aparejado. 2 enjaezado.
aparelhador *s.m.* aparejador.
aparelhar *v.t.* aparejar.
aparelhagem *v.t.* instrumental (conjunto de aparatos)
aparelho *s.m.* aparato, utensílio, equipamiento, equipo.
aparência *s.f.* apariencia, aspecto. *salvar as aparências*, guardar las apariencias.
aparentar *v.t.* 1 aparentar. 2 emparentar.
aparente *adj.* 1 visible. 2 ficticio, fingido.
aparição *s.f.* 1 aparición. 2 fantasma.
apartado *adj.* apartado, retirado.
apartado *s.m.* apartado de correos.
apartamento *s.m.* 1 apartamento, piso. 2 cuarto con baño.
apartar *v.t.* 1 separar, apartar. 2 separar una pelea. 3 desunir.
aparvalhado *adj.* atontado, estúpido.
aparvalhar *v.t.* aturdir, atolondrar.
apascentar *v.t.* apacentar, fomentar, instruir, pastorear.
apatia *s.f.* apatía, indolencia.
apavorante *adj.* amedrentador, pavoroso.
apavorar *v.t.* amedrentar, aterrar, horrorizar.
apavorar *v.t.* asustar, aterrorizar.
apaziguador *adj.* apaciguador.
apaziguar *v.t.* calmar, pacificar, apaciguar.
apeadeiro *s.m.* apeadero.
apear *v.t.* apear, desmontar.
apeçonhado *adj.* emponzoñado.
apeçonhar *v.t.* empozofiar, envenenar, afligir.
apedento *adj.* ignorante.
apedrar *v.t.* apedrear, engastar piedras preciosas.
apedrejar *v.t.* lapidar, apedrear.
apegação *s.f.* apego.
apegadiço *adj.* 1 contagioso. 2 pegajoso.

apegar v.p. 1 encariñarse, apegarse 2 aferrarse, agarrarse.
apego s.m. apego, cariño, interés.
apelação s.f. recurso, apelación.
apelar v.i. engañar, dar un golpe bajo.
apelar v.t. llamar, recurrir, apelar.
apelidar v.t. apellidar, nombrar.
apelido s.m. apodo, sobrenombre.
apelo s.m. llamado, llamada, invocación.
apenar v.t. apenar, castigar.
apenas adv. 1 solo, únicamente. 2 difícilmente, mal.
apenas conj. en cuanto, tan pronto.
apêndice s.m. adición, apéndice.
apendicite s.f. (med.) apendicitis.
apensar v.t. unir, adjuntar, anexar.
apenumbrar v.t. sombrear.
apepsia s.f. (med.) apepsia.
apequenar v.t. empequeñecer, apocar.
aperaltado adj. presumido
aperaltar v.t. presumir.
aperceber v.t. 1 apercibir, comprender. 2 avistar.
apercepção s.f. apercepción, intuición.
aperceptível adj. perceptible.
aperfeiçoado adj. perfeccionamiento.
aperfeiçoamento s.m. perfeccionado.
aperfeiçoar v.t. elaborar, perfeccionar.
aperfilhar v.t. prohijar.
apergaminhado adj. apergaminado.
apergaminhar v.t. apergaminar.
aperitivo s.m. tapa, picada, abrebocas, aperitivo.
aperolar v.t. dar la forma o color de las perlas.
apertado adj. 1 apretado, ajustado, justo. 2 estrecho. 3 en aprietos financieros. *ficar com o coração apertado*, quedar angustiado.
apertar v.i. aumentar, crecer.
apertar v.t. 1 comprimir, apretar. 2 estrechar, ajustar. *apertar o cerco*, estrechar el cerco.

aperto s.m. 1 apretón. 2 estrechura, amontonamiento. 3 situación difícil.
apestar v.t. apestar, contaminar.
apetecer v.t. apetecer, ambicionar.
apetecível adj. apetecible.
apetência s.f. apetencia.
apetite s.m. gana, hambre, apetito.
apetrechar v.t. pertrechar, equipar.
apetrecho s.m. pertrecho.
apicultor s.m. apicultor.
apiedar-se v.p. apiadarse.
apinhar v.t. apiñar, agrupar.
apisoar v.t. apisonar.
ápio s.m. (bot.) apio.
apitar v.i. pitar, tocar el pito.
apito s.m. pito, silbato.
aplainar v.t. 1 cepillar, aplanar. 2 igualar, pulir.
aplanador adj. aplanador.
aplanar v.t. 1 aplanar, allanar. 2 facilitar.
aplaudir v.t. 1 aplaudir. 2 celebrar, elogiar.
aplauso s.m. aplauso.
aplicação s.f. aplicación.
aplicar v.t. 1 aplicar, adaptar. 2 emplear.
apocalipse s.f. apocalipsis.
apoderar-se v.p. 1 apoderarse. 2 usurpar.
apodo s.m. apodo, mote.
apodrecer v.t. pudrir, corromper.
apogeu s.m. apogeo.
apoiar v.t. apoyar, ayudar, amparar.
apoio s.m. apoyo, protección.
apólice s.f. póliza.
apólogo s.m. apólogo, fábula.
apoltronar-se v.p. 1 apoltronarse. 2 acomodarse.
apontado adj. 1 apuntado. 2 señalado.
apontamento s.m. apunte, anotación.
apontar v.t. apuntar, anotar.
apontoar v.t. 1 apuntalar, apoyar. 2 sostener.
apoplexia s.f. apoplejía.

apoquentação

apoquentação *s.f.* 1 incomodidad, aflicción. 2 importunación.
apoquentar *v.t.* 1 afligir. 2 molestar, incomodar.
apor *v.t.* yuxtaponer, uncir, poner junto a.
aporfiar *v.t.* porfiar.
aporrinhar *v.t.* 1 consumir, importunar. 2 afligir.
após *prep.* después, atrás.
aposentado *s.m.* jubilado.
aposentar *v.t.* 1 aposentar, hospedar. 2 jubilar.
aposentação *s.f.* aposentamiento, jubilación, hospedaje.
aposento *s.m.* aposento, cuarto.
aposição *s.f.* aposición, agregación.
aposta *s.f.* apuesta.
apostar *v.t.* 1 apuntar, apostar. 2 resolver.
apostatar *v.t.* apostatar.
apostila *s.f.* apostilla, aditamento.
apostilar *v.t.* apostillar.
aposto *adj.* acrecentado, añadido, anexado.
apóstolo *s.m.* apóstol.
apóstrofe *s.f.* (gram.) apóstrofe.
apóstrofo *s.m.* (gram.) apóstrofo.
apostura *s.f.* apostura, garbo.
apoteose *s.f.* apoteosis.
apoucado *adj.* apocado, apocamiento.
apoucar *v.t.* apocar, burlarse.
aprazado *adj.* designado, fijado, convenido aplazado.
aprazar *v.t.* aplazar, citar, fijar.
aprazer *v.i.* agradar, satisfacer.
aprazimento *s.m.* beneplácito, agrado, placer.
aprazível *adj.* 1 apacible, agradable. 2 ameno.
apreçador *s.m.* 1 apreciador. 2 tasador.
apre! *interj.* ¡anda! ¡fuera! ¡vete!
apreçar *v.t.* 1 apreciar. 2 tasar, estimar.
apreciação *s.f.* 1 apreciación. 2 evaluación.
apreciar *v.t.* 1 apreciar. 2 valuar.

apreço *s.m.* aprecio.
apreender *v.t.* aprehender, tomar, asir.
apreensão *s.f.* aprehensión, preocupación.
apregoar *v.t.* pregonar, divulgar.
apremiado *adj.* aplomado, arrogante.
apremiar *v.t.* aplomar.
apremio *s.m.* aplomo, corrección.
aprender *v.t.* 1 aprender. 2 estudiar.
aprendiz *s.m.* 1 aprendiz. 2 inexperto.
aprendizagem *s.f.* aprendizaje.
apresar *v.t.* 1 apresar. 2 aprisionar. 3 capturar.
apresentação *s.f.* 1 presentación. 2 aspecto.
apresentador *s.m.* presentador.
apresentar *v.t.* 1 presentar. 2 ofrecer. 3 exhibir.
apresentar *v.p.* comparecer, presentarse.
apressado *adj.* apresurado, acelerado.
apressar *v.t.* apresurar, acelerar, estimular.
aprimorar *v.t.* perfeccionar, mejorar.
aprisco *s.m.* aprisco caverna.
aprisionar *v.t.* aprisionar, prender, encerrar.
aprofundar *v.t.* 1 profundizar. 2 ahondar.
aprofundar *v.p.* adentrarse, meterse.
aprontar *v.t.* preparar, disponer.
aprontar *v.p.* arreglarse, prepararse.
apropositado *adj.* oportuno proporcionado.
a propósito *loc. adv.* convenientemente, a propósito.
apropriação *s.f.* apropiación.
apropriar *v.t.* apropiar, acomodar.
apropriar *v.p.* apropiarse, apoderarse.
aprovação *s.f.* aprobación, conformidad.
aprovar *v.t.* aprobar, autorizar.
aproveitação *s.f.* aprovechamiento.
aproveitar *v.t.* aprovechar.
aprovisionar *v.t.* aprovisionar.
aproximação *s.f.* aproximación.
aproximar *v.t.* aproximar.
aproximar *v.t.* aproximar, acercar.
aptidão *s.f.* aptitud, capacidad.
aptítude *s.f.* aptitud, capacidad.
apto *adj.* apto.

apurar v.t. apurar averiguar.
apuro s.m. apuro, aprieto, esmero.
aquário s.m. acuario.
aquático adj. acuático.
aquecedor adj. e s. calentador, brasero.
aquecer v.t. 1 calentar. 2 entusiasmar.
aquedar v.t. e i. sosegar, aquietar.
aqueduto s.m. acueducto.
aquela adj. e pron. 1 aquella, aquélla. 2 s. manía.
aquele adj. e pron. aquel, aquél, aquello.
aquém adv. de esta parte, aquí.
aqui adv. aqui, acá. aqui e agora, ahora mismo.
aquietação s.f. apaciguamiento, tranquilidad.
aquietar v.t. apaciguar, aquietar, tranquilizar.
aquilo pron. e s.m. aquello, aquel.
aquisição s.f. adquisición.
aquosidade s.f. acuosidad.
aquoso adj. acuoso.
ar s.m. 1 aire, viento. 2 aspecto, apariencia. apanhar no ar, pillar al vuelo. dar o ar da graça, aparecer, ir ao ar, transmitir. ir pelos ares, salir por los aires. no ar, distraído.
arado s.m. arado.
arame s.m. alambre. arame farpado, alambre de espino.
aranha s.f. (zool.) araña. teia de aranha, telaraña.
arapuca s.f. trampa. cair numa arapuca, dejarse pillar/coger.
arar v.t. arar.
arara s.f. guacamayo. estar uma arara, enfadarse, irritarse.
arbitragem s.m. arbitraje.
arbitrar v.t. arbitrar.
árbitro s.m. árbitro, mediador.
arborescência s.f. (bot.) arborescencia.
arboricultura s.f. arboricultura.
arborizar v.t. arborizar.

arbusto s.m. (bot.) arbusto.
arca s.f. arca, cofre, baúl.
arcabuz s.m. arcabuz,
arcabuzar v.t. arcabucear, fusilar.
arcaico adj. arcaico, antiguo.
arcaísmo s.m. arcaísmo.
arcar v.t. 1 arquear, curvar. 2 ceñir.
arcaria (arq) arquería.
arcebispado s.m. arzobispado.
arcebispo s.m. arzobispo.
archeiro s.m. archero, arquero.
archote s.m. antorcha, hacha.
arco s.m. arco, aro. arco-íris, arco iris.
ardente adj. ardiente, picante.
arder v.i. arder, quemarse.
ardido adj. ardido, quemado.
ardil s.m. ardid, maña, astucia.
ardor s.m. ardor, calor fuerte.
ardósia s.f. pizarra.
árduo adj. arduo.
área s.f. 1 (geom.) área. 2 campo, domínio.
areia s.f. arena.
areia adj. crema, beige (color).
arejar v.t. airear, ventilar.
arejo s.m. aireamiento, ventilación.
arenga s.f. arenga, disputa.
arenoso adj. arenoso.
arenque s.m. (zool.) arenque.
aresta s.f. arista. aparar as arestas, perfeccionar, pulir.
argila s.f. arcilla, barro.
argola s.f. argolla.
arguir v.t. 1 arguir. 2 censurar.
argumentar v.i. argumentar, razonar.
argumento s.m. argumento, trama.
aridez s.f. aridez.
árido adj. árido, seco.
arisco adj. arisco, áspero.
aristrocracia s.f. aristrocracia.
aristrocrata s. aristócrata.
aritmética s.f. (mat.) aritmética.

arlequim s.m. arlequín.
arma s.f. arma.
armação s.f. 1 armazón 2 aparatos náuticos.
armada s.f. armada.
armadilha s.f. trampa, emboscada.
armador s.m. armador.
armadura s.f. armadura, estructura.
armamento s.m. armamento.
armar v.t. 1 armar 2 instalar, montar 3 preparar.
armar v.p. armarse, proveerse.
armário s.m. armário, ropero. *armário embutido*, armário empotrado, placar.
armazém s.m. almacén, depósito.
armazenar v.t. almacenar, guardar.
armeiro s.m. armero.
arminho s.m. (zool.) armiño.
armistício s.m. armisticio.
aro s.m. aro, círculo.
aroma s.f. aroma, olor.
aromatizar v.t. aromatizar.
arpão s.m. arpón.
arpejo s.m. (mús.) arpegio.
arpoar v.t. arponear.
arqueação s.f. arquero.
arquétipo s.m. arquétipo, patrón.
arqueologia s.f. arqueología.
arquiduque s.m. archiduque.
arquipélago s.m. archipiélago.
arquitetar v.t. edificar, construir imaginar.
arquiteto s.m. arquitecto.
arquitetura s.f. arquitectura.
arquivar v.t. archivar.
arquivista s. archivero, archivista.
arquivo s.m. 1 archivo. 2 fichero.
arrabalde s.m. arrabal, suburbio.
arraia s.f. (zool.) raya frontera, raya plebe, populacho.
arraial s.m. 1 campamento de tropas. 2 feria, verbena, romería.
arrancada s.f. arrancada, embestida.

arrancar v.t. 1 arrancar, forzar. 2 desembarazar.
arrancar v.p. salir, escapar, huir.
arranco s.m. arranque, ímpetu.
arranha-céu s.m. rascacielos.
arranhação s.m. arañadura.
arranhadela s.f. arañazo.
arranhão s.m. arañazo, rasguño.
arranhar v.t. 1 arañar, herir. 2 rascar. 3 manchar, perjudicar.
arranjar v.t. 1 arreglar, conciliar. 2 obtener. 3 adornar.
arranjar v.p. arreglarse.
arranjo s.m. arreglo, orden, contrato.
arranque s.m. arranque.
arrasar v.t. arrasar, allanar.
arrastado adj. arrastrado, miserable.
arrastar v.t. 1 arrastrar. 2 oprimir, humillar. 3 prolongar.
arrasto s.m. 1 arrastre. 2 pobreza.
arrazoado adj. razonable, proporcionado.
arrazoamento s.m. razonamiento.
arrazoar v.t. razonar, alegar, discutir.
arreação s.f. 1 arreo. 2 ajuar.
arre! interj. ¡arre!
arrear v.t. 1 arrear, enjaezar. 2 amueblar.
arreata s.f. reata, cabestro.
arrebanhar v.t. recoger, arrebañar, reunir.
arrebatado adj. arrebatado, violento, rápido.
arrebato s.m. arrebato, ímpetu.
arrebentação s.f. (mar) embate de olas.
arrebentar v.t. 1 reventar. 2 supurar. 3 brotar.
arrebento s.m. retoño (de una planta).
arrebolar v.t. arrebolar, redondear.
arrecadação s.f. recaudación, depósito.
arrecadador adj. recaudador.
arrecadar v.t. 1 recaudar, cobrar. 2 ahorrar.
arredar v.t. arredar, desviar.
arredondar v.t. redondear, completar, armonizar.

arredores s.m. (pl.) alrededores, suburbios.
arreeiro s.m. 1 arriero. 2 (fig.) grosero.
arrefecer v.i. enfriar.
arregimentado adj. incorporado (al regimiento) asociado.
arregimentar v.t. juntar.
arregoar v.t. e i surcar, hendirse.
arregueirar v.t. (agr) abrir regueros.
arraigado adj. arraigado.
arraigar v.t. arraigar.
arreio s.m. arreo, jaez.
arreitado adj. garrido elegante lascivo.
arreitar v.t. excitar la sensualidad.
arrelia s.f. mal aguero, disgusto.
arreliador adj. e s. molestador.
arreliar v.t. enfadar.
arremangar v.t. remangar, arremangar.
arrematação s.f. remate, subasta.
arrematador adj. rematador.
arrematar v.t. remate, subasta.
arremedar v.t. remedar, imitar.
arremedo s.m. remedo, imitación.
arremessar v.t. arrojar, amenazar.
arremeter v.t. arremeter, embestir.
arremetimento s.m. embestida, agresión.
arrendação s.f. arrendamiento.
arrendar v.t. arrendar, adornar.
arrenegação s.f. renegación, irritación.
arrenegar v.t. renegar, aborrecer, blasfemar.
arrenego s.m. reniego, imprecación.
arrepanhar v.t. atrapar, arrugar, robar.
arrepelão s.m. descabello, tirón, reprimenda.
arrepelar v.t. descabellar, desesperarse.
arrepender-se v.p. arrepentirse, retractarse.
arrependido adj. arrepentido.
arrepiado adj. erizado, asustado, tembloroso.
arrepiar v.t. horripilar, erizar, asustar
arrepiar v.p. sentir escalofríos.
arrepio s.m. escalofrío.
arrestado adj. arrestado, embargo.

arrestar v.t. embargar, confiscar, arrestar.
arriar v.t. 1 arriar, inutilizar. 2 rendirse, ceder.
arrimar v.t. arrimar.
arrimar v.p. apoyarse.
arrimo s.m. 1 apoyo. 2 protección. *arrimo de família*, sostén de la familia.
arriscar v.t. arriesgar.
arriscar v.p. arriesgarse.
arrivista adj. ambicioso, oportunista.
arrocho s.m. opresión, apuro. *arrocho salarial*, congelación salarial.
arrogância s.f. arrogancia.
arrogar v.t. arrogar, prohijar.
arrogo s.m. arrogancia.
arroio s.m. arroyo.
arrojado adj. arrojado, atrevido.
arrojão s.m. tirón.
arrojar v.t. arrojar
arrojo s.m. arrojo.
arrolamento s.m. alistamiento.
arrolar v.t. alistar.
arrombamento s.m. rompimiento.
arrombar v.t. romper.
arrotar v.i. 1 eructar, regoldar. 2 ostentar.
arroupar v.t. arropar.
arroz s.m. (bot.) arroz. *arroz de festa*, persona que siempre se apunta a las fiestas. *arroz doce*, arroz con leche.
arrozal s.m. arrozal.
arrozeiro adj. arrocero.
arruaça s.f. motín, alboroto popular.
arruaceiro adj. camorrista, amotinador.
arruar v.t. callejear.
arruinado adj. arruinado, destruido.
arruinar v.t. 1 arruinar, destrozar. 2 perderse.
arrulhar v.i. arrullar.
arrumação s.f. orden.
arrumador s.m. ordenador, acomodador.
arrumar v.t. 1 arreglar, organizar 2 concebir, imaginar.
arrumar v.p. arreglarse, vestirse.

arsenal

arsenal *s.m.* arsenal.
arsênico *s.m.* arsénico.
arte *s.f.* arte. *fazer arte*, hacer travesuras. *por artes do diabo*, por desgracia.
arteiro *adj.* 1 astuto, sagaz. 2 habilidoso.
artéria *s.f.* arteria.
arterice *s.f.* astucia.
artesanato *s.m.* artesanía.
ártico *adj.* (geog) ártico, boreal.
articulação *s.f.* articulación.
articular *v.t.* 1 articular, reunir. 2 pronunciar. 3 organizar, preparar.
articulista *s.* articulista.
artículo *s.m.* artículo.
artífice *s.m.* artífice.
artifício *s.m.* artifício, artimaña.
artigo *s.m.* artículo, *artigo de fundo*, editorial.
artimanha *s.f.* artimaña, trampa.
artista *s.m e f.* artista.
árvore *s.f.* (bot.) árbol.
arvorecer *v.i.* arborecer.
arvoredo *s.m.* arboleda.
as *art. s.f.* (pl.) las.
às *contr.* de la *prep.* **a** con el artículo **as**. a las. *às cegas*, ciegamente.
ás *s.m.* as (baraja).
asa *s.f.* 1 mango. 2 ala. *asa-delta*, ala delta. *arrastar as asas*, insinuarse. *bater as asas*, huir.
ascendência *s.f.* ascendência, superioridad.
ascender *v.i.* ascender.
áscua *s.f.* ascua, brasa.
asfalto *s.m.* asfalto.
asfixia *s.f.* asfixia.
asfixiar *v.t.* asfixiar.
asilado *adj.* asilado.
asilar *v.t.* asilar.
asilo *s.m.* 1 asilo. 2 amparo.
asma *s.f.* (med.) asma.
asnaria *s.f.* asnería.
asno *s.m.* (zool.) 1 asno. 2 ignorante.

aspa *s.f.* aspa, comillas.
aspecto *s.m.* 1 aspecto. 2 apariencia.
aspereza *s.f.* 1 aspereza. 2 mortificación.
áspero *adj.* áspero, desagradable.
aspersão *s.f.* aspersión.
aspersar *v.t.* rociar.
aspiração *s.f.* aspiración.
aspirador *adj.* aspirador.
aspirar *v.t.* 1 aspirar, respirar. 2 chupar, absorber. 3 desear.
asqueroso *adj.* asqueroso.
assadeira *s.f.* asador, fuente.
assado *adj.* 1 asado. 2 quemado. *assim ou assado*, así o asá.
assadura *s.f.* escocedura, quemazón.
assalariado *adj.* asalariado.
assaltar *v.t.* asaltar, atacar.
assanhado *adj.* irritado.
assanhar *v.t.* animar, irritar.
assar *v.t.* asar, quemar.
assassinar *v.t.* 1 asesinar, matar. 2 extinguir.
assassino *s.m.* asesino, homicida.
asseado *adj.* aseado.
assédio *s.m.* acoso, asedio, bloqueo.
assegurar *v.t.* asegurar, garantizar, permitir.
assegurar *v.p.* asegurarse, cerciorarse.
asseio *s.m.* aseo.
assembleia *s.f.* asamblea.
assemelhar *v.t.* semejar.
assenso *s.m.* asentimiento.
assentado *adj.* asentado.
assentamento *s.m.* asentamiento, acuerdo, convenio.
assentar *v.t.* 1 asentar. 2 presuponer. 3 arreglar. 4 reprender.
assento *s.m.* 1 asiento. 2 residencia. 3 anotación. 4 resolución.
asserção *s.f.* aserción, afirmación.
asserenar *v.t.* serenar, calmar.
asserir *v.t.* afirmar, asentir.
assessor *s.m.* asesor.

assessoria *s.f.* asesoría.
asseveração *s.f.* aseveración.
asseverar *v.t.* aseverar, afirmar, asegurar.
assexuado *adj.* asexuado, asexual.
assexual *adj.* 1 asexual. 2 ambiguo.
assexualidade *s.f.* asexualidad.
assiduidade *s.f.* 1 asiduidad. 2 puntualidad.
assíduo *adj.* 1 asiduo. 2 aplicado.
assim *adv.* así, de esta forma. *assim mesmo*, a pesar de. *assim sendo*, siendo así.
assimilador *adj.* asimilador.
assimilar *v.t.* asimilar.
assinado *s.m.* 1 firmado. 2 solicitud.
assinalado *adj.* 1 señalado. 2 ilustre.
assinalar *v.t.* 1 señalar. 2 marcar.
assinante *s.m e f.* 1 firmante. 2 subscritor.
assinar *v.t.* 1 firmar. 2 asumir la autoría.
assinar *v.p.* subscribirse.
assinatura *s.f.* 1 firma. 2 subscripción. 3 abono.
assistência *s.f.* 1 asistencia. 2 ayuda. 3 compañía.
assistente *adj.* 1 asistente. 2 ayudante.
assistir *v.t.* asistir, ayudar.
assoalhar *v.t.* solear, divulgar.
assoar *v.t.* sonar, limpiar la nariz.
assobiar *v.i.* silbar, soplar.
assobio *s.m.* chiflido, silbido.
associação *s.f.* 1 asociación. 2 comunidad.
associado *adj.* asociado.
associar *v.t.* 1 asociar, juntar. 2 inscribir.
assolação *s.f.* asolación, devastación.
assolar *v.t.* asolar, arrasar, destruir.
assomada *s.f.* asomada, aparición, altura.
assomar *v.t.* asomar, llegar, aparecer a lo lejos.
assombração *s.f.* fantasma, aparición.
assombradiço *adj.* asombradizo.
assombrado *adj.* asombrado, sombreado, sombrío.
assombrar *v.t.* 1 asombrar. 2 sombrear. 3 asustar. 4 damnificar.
assombro *s.m.* asombro, pasmo.
assonância *s.f.* asonancia.
assonar *v.i.* asonar.
assopradela *s.f.* soplo.
assopro *s.m.* soplo.
assumir *v.t.* 1 asumir. 2 representar. 3 adquirir, ganar. 4 admitir.
assunto *s.m.* asunto, materia.
assustadiço *adj.* asustadizo.
assustar *v.t.* asustar, atemorizar.
astro *s.m.* 1 astro. 2 cuerpo celeste, estrella.
astrologia *s.f.* astrología.
astrólogo *s.m.* astrólogo.
astrônomo *s.m.* astrónomo.
astúcia *s.f.* astucia, sagacidad.
astuto *adj.* astuto, sagaz.
ata *s.f.* acta.
atabafado *adj.* cubierto, tapado 2 parado (negocio o proceso).
atacado *adj.* 1 atacado. 2 enfadado, de mau humor.
atacado *s.m.* al por mayor.
atacante *adj.* atacante.
atacar *v.t.* 1 atacar, asaltar. 2 criticar. 3 destruir, corroer. 4 lanzar.
atado *s.m.* atado, tímido.
atadura *s.f.* venda, vendaje, gasa.
atalaia *s.f.* atalaya.
atalhar *v.t.* atajar, impedir.
atalho *s.m.* atajo.
atapetar *v.t.* alfombrar, tapizar.
ataque *s.m.* 1 ataque, asalto. 2 agresión.
atar *v.t.* atar, unir, anudar.
atar *v.p.* sujetar, someter, atar.
atarantar *v.t.* aturdir, atolondrar.
atarefado *adj.* atareado, ocupado.
atarefar *v.t.* atarear.
atarracado *adj.* achaparrado.

atarracar

atarracar *v.t.* apretar, embarazar.
atarraxador *s.m.* destornillador, terraja.
atarraxar *v.t.* atornillar.
atascar *v.t.* atascar.
ataúde *s.m.* ataúd.
ataviar *v.t.* ataviar.
atavio *s.m.* atavío.
atazanar *v.t.* molestar, perturbar.
até *prep.* hasta.
até *adv.* también, aún. *até mesmo*, hasta, incluso.
atear *v.t.* encender, inflamar, abrasar.
atediar *v.t.* aburrir, disgustar.
ateísmo *s.m.* ateísmo.
atemorizar *v.t.* atemorizar, asustar.
atenção *s.f.* atención, cuidado.
atenção *interj.* ¡Atención!
atencioso *adj.* atento, gentil.
atender *v.t.* 1 atender, acudir. 2 responder, contestar. 3 tener en consideración.
atendimento *s.m.* atención.
ateneo *s.m.* ateneo.
atentado *s.m.* atentado, ataque.
atentar *v.t.* 1 atentar, atender. 2 enfadar, molestar, provocar.
atento *adj.* 1 atento, aplicado. 2 cortés.
atenuação *s.f.* atenuación.
atenuar *v.t.* atenuar, disminuir.
ater *v.p.* atenerse, limitarse.
aterrador *adj.* aterrador, pavoroso.
aterragem *s.m.* aterrizaje.
aterrizar *v.i.* posar, aterrizar.
atestado *s.m.* certificado, declaración, atestado. *atestado médico*, certificado médico.
atestar *v.t.* atestar, testificar, certificar.
ateu *s.m.* ateo.
atiçador *adj.* atizador, instigador.
atiçar *v.t.* atizar, estimular.
ático *adj.* ático.
atilho *s.m.* atadura.

atinar *v.t.* atinar, recordar.
atingir *v.t.* alcanzar, corresponder.
atino *s.m.* atino, tino.
atiradiço *adj.* atrevido, osado.
atirado *adj.* tirado, osado.
atirador *s.m.* tirador.
atirar *v.t.* 1 tirar, arrojar, lanzar. 2 disparar.
atirar *v.p.* arrojarse, lanzarse.
atitude *s.f.* actitud, ocupación.
atividade *s.f.* actividad, acción, ocupación.
ativo *adj.* activo, rápido.
ativo *s.m.* activo, capital.
atlântico *adj.* atlántico.
atlas *s.m.* atlas.
atleta *s.* atleta, deportista.
atletismo *s.m.* atletismo.
atmosfera *s.f.* atmósfera.
atmosférico *adj.* atmosférico.
ato *s.m.* 1 acto, hecho, acción. 2 ceremonia, evento. 3 acto, escena. *ato contínuo*, acto seguido, inmediatamente.
à toa *loc.adj.* 1 insignificante, sin importáncia, simple. 2 sin rumbo, sin hacer nada.
atoarda *s.f.* noticia, rumor.
atocaiar *v.t.* acechar, asaltar de sorpresa.
atol *s.m.* atolón.
atoladeiro *s.m.* lodazal.
atolar *v.t.* atontar, atollar.
atolar *v.p.* meterse, complicarse.
atoleimado *adj.* atontado, imbécil.
atoleimar-se *v.p.* embrutecerse.
atoleiro *s.m.* atolladero, atascadero.
atômico *adj.* atómico.
atomismo *s.m.* atomismo.
atomizar *v.t.* atomizar.
átomo *s.m.* (fís.) (quím.) átomo.
atonia *s.f.* atonía, inercia.
atônico *adj.* atônito, espantado, estupefacto.
átono *adj.* (gram.) átono.
atontadiço *adj.* atolondrado, asustadizo.
atontar *v.t.* atontar.

ator *s.m.* actor, artista.
atorácico *adj.* (zool.) atorácico.
atordoado *adj.* aturdido, atontado.
atordoar *v.t.* atolondrar, aturdir.
atormentação *s.f.* atormentación.
atormentar *v.t.* atormentar, mortificar.
atordoador *adj.* atormentador, mortificador.
atordoar *v.t.* atormentar, afligir.
atoxicar *v.t.* intoxicar, envenenar.
atracação *s.f.* mar, atracada.
atracar *v.t.* atracar, abordar, amarrar.
atracar *v.p.* enzarzarse, pelearse, agarrarse.
atração *s.f.* atracción, simpatía.
atractivo *adj.* atractivo.
atraente *adj.* atractivo.
atraiçoador *adj.* traidor.
atraiçoar *v.t.* traicionar, engañar.
atrair *v.t.* atraer, persuadir.
atrapalhação *s.f.* confusión.
atrapalhar *v.t.* embarazar, confundir.
atrás *adv.* atrás, detrás.
atrasado *adj.* 1 atrasado. 2 negligente. 3 anticuado.
atrasado *s.m.* retrasado, ignorante.
atrasados *s.m.* (pl.) atrasos.
atrasar *v.t.* atrasar, retroceder. 2 obstruir.
atraso *s.m.* 1 atraso. 2 decadencia. *atraso de vida*, atraso, perjuicio. *tirar o atraso*, recuperar el tiempo perdido, ponerse al día.
atrativo *adj.* atractivo.
atrativo *s.m.* atractivo, incentivo, estímulo.
atravancar *v.t.* 1 impedir, dificultar. 2 acumular.
através *adv.* a través, transversalmente, por medio.
atravessado *adj.* 1 atravesado, cruzado. 2 (fig.) falso.
atravessar *v.t.* atravesar, cruzar.
atreito *adj.* propenso, acostumbrado.
atrelado *adj.* atraillado, remolcado.
atrelar *v.t.* atraillar, prender. 2 seducir.

atrever *v.p.* atreverse, insolentarse.
atrevido *adj.* atrevido, valiente, audaz.
atribuição *s.f.* atribución.
atribuir *v.t.* atribuir, imputar.
atribulação *s.f.* tribulación.
atribular *v.t.* atribular, angustiar.
atributar *v.t.* atributar.
atributo *s.m.* atributo.
átrio *s.m.* atrio.
atrito *s.m.* fricción, razonamiento.
atroada *s.f.* alboroto, ruido.
atroador *adj.* 1 atronador. 2 (fig.) perturbador.
atroar *v.t.* atronar, aturdir.
atrocidade *s.f.* atrocidad.
atrofia *s.f.* atrofía, decadencia.
atropelação *s.f.* atropello, atropellamiento.
atropelar *v.t.* 1 atropellar. 2 atormentar. 3 (fig.) menospreciar.
atroz *adj.* atroz, cruel.
atuação *s.f.* actuación.
atualizar *v.t.* 1 actualizar, modernizar. 2 informar.
atuante *adj.* activo.
atuar *v.t.* 1 actuar, participar. 2 influir, presionar.
atulhar *v.t.* colmar, amontonar.
atulho *s.m.* amontonamiento, abarrotamiento.
atum *s.m.* (zool.) atún.
atumultuar *v.t.* amotinar, tumultuar.
atundir *v.t.* contundir.
atupir *v.t.* colmar.
aturado *adj.* asiduo, sufrido.
aturar *v.t.* soportar, sufrir, continuar.
aturdimento *s.m.* aturdimiento.
aturdir *v.t.* aturdir, atontar.
audácia *s.f.* audacia, valentía.
audaz *adj.* audaz.
audição *s.f.* 1 audición, oído. 2 recital, concierto.

audiência

audiência *s.f.* audiencia, público.
auditor *s.m.* auditor.
auditório *s.m.* auditorio.
auge *s.m.* auge, apogeo.
augural *adj.* augural, misterioso.
augurar *v.t.* augurar, presagiar.
augúrio *s.m.* augurio.
aula *s.f.* clase, lección. *aula inaugural*, lección/ conferencia.
aumentar *v.t.* aumentar, crecer. 2 añadir.
aura *s.f.* aura, brisa.
áureo *adj.* áureo, dorado.
auréola *s.f.* aureola.
auricular *adj.* auricular.
aurora *s.f.* aurora, salida del sol.
auscultação *s.f.* auscultación.
auscultar *v.t.* auscultar.
ausência *s.f.* 1 ausencia. 2 falta, carencia.
ausentar *v.t.* ausentarse, apartarse.
ausente *adj.* 1 ausente, distante. 2 distraído, despreocupado.
auspício *s.m.* 1 auspicio. 2 presagio, apoyo.
austeridade *s.f.* austeridad.
austero *adj.* austero, severo, rígido.
austral *adj.* austral, del sur.
autêntica *s.m.* auténtico, legítimo, legal.
autenticar *v.t.* autenticar, legalizar.
auto *s.m.* 1 automóvil, auto, coche. 2 composición dramática. *autos*, documentación de un proceso.
autóctone o **autóctono** *adj.* autóctono, aborigen.
autodinâmico *adj.* autodinámico.
automático *adj.* 1 automático. 2 inconsciente, involuntario.
automobilismo *s.m.* automovilismo.
automotora *s.f.* automotora, automotriz.
automóvel *s.m.* automóvil.
autônomo *adj.* autónomo.
autopsia o **autópsia** *s.f.* autopsia.

autor *s.m.* autor, creador, inventor.
autoria *s.f.* condición de autor, facultad.
autoridade *s.f.* 1 autoridad, poder, derecho. 2 especialista.
autorização *s.f.* autorización.
autorizar *v.t.* autorizar, legalizar.
autuar *v.t.* multar, denunciar, sancionar.
auxiliar *v.t.* auxiliar, socorrer.
auxiliar *adj.* auxiliar, ayudante. *auxiliar de escritório*, auxiliar administrativo.
auxílio *s.m.* 1 auxilio, ayuda. 2 limosna.
avacalhar *v.t.* ridiculizar, despreciar.
aval *s.m.* aval, garantia.
avalanche *s.f.* avalancha, alud.
avaliação *s.f.* evaluación, apreciación.
avaliar *v.t.* evaluar, tasar, apreciar.
avançada *s.f.* avanzada, embestida.
avançado *adj.* avanzado, progresista.
avançar *v.t.* 1 avanzar, progresar. 2 atacar, embestir, adueñarse.
avanço *s.m.* avance, progreso, ganancia.
avantajar *v.t.* aventajar, mejorar.
avarento *adj.* avaro, tacaño, roñoso.
avareza *s.f.* avaricia.
avaria *s.f.* avería, daño.
avariar *v.t.* averiar.
avaro *adj.* avaro.
avassalador *adj.* devastador.
avassalar *v.t.* devastar.
aveia *s.f.* (bot.) avena.
ave *s.f.* (zool.) ave.
ave *interj.* Salve/ Dios te salve.
aveia *s.f.* 1 (bot.) avena. 2 (mús.) flauta rústica
avelã *s.f.* avellana.
aveleira *s.f.* (bot.) avellano.
aveludado *adj.* aterciopelado.
aveludar *v.t.* aterciopelar.
avenca *s.f.* (bot.) culantrillo.
avença *s.f.* pacto, acuerdo, abono, ajuste conciliación.

avenida *s.f.* avenida.
avental *s.m.* 1 delantal, mandil. 2 guardapolvo.
aventura *s.f.* aventura.
aventurar *v.t.* aventurar.
aventureiro *adj.* aventurero.
aventureiro *s.m.* tramposo, pícaro.
averbamento *s.m.* nota en ciertos documentos.
averbar *v.t.* anotar, declarar, registrar.
averiguação *s.f.* averiguación.
averiguar *v.t.* averiguar, investigar, verificar.
avermelhado *adj.* rojizo.
avermelhar *v.t.* rojear, enrojecer.
aversão *s.f.* aversión.
avesso *s.m.* revés, contrario. *virar do avesso*, poner del revés.
avião *s.m.* 1 avión. 2 belleza, bombón. 3 camello, traficante.
aviação *s.f.* aviación.
aviador *s.m.* aviador.
avicultura *s.f.* avicultura.
avidez *s.f.* avidez.
avisar *v.t.* avisar, advertir, anunciar.
aviso *s.m.* 1 aviso, noticia. 2 consejo. *aviso prévio*, indemnización.
avistar *v.t.* avistar, ver, divisar.
avivar *v.t.* avivar, animar, estimular.
avizinhar *v.p.* avecinarse, aproximarse.
avô *s.m.* abuelo.
avó *s.f.* abuela.
avoado *adj.* despistado, distraído.
avolumar *v.t.* aumentar, crecer, agrandar.
avulso *adj.* suelto, aislado.
avultado *adj.* abultado.
avultar *v.t.* abultar, aumentar.
axila *s.f.* axila, sobaco.
axioma *s.m.* axioma, proverbio.
azado *adj.* habilidoso, propicio, favorable.
azáfama *s.f.* prisa, muy deprisa.
azar *s.m.* 1 azar, desgracia. 2 casualidad.
azarado *adj.* que tiene mala suerte, mala pata.
azedamente *adv.* agriamente.
azedar *v.t.* 1 acedar, agriar. 2 irritar, exasperar.
azedo *adj.* 1 ácido, acre. 2 áspero, irritado.
azedo *s.m.* acidez.
azeite *s.m.* 1 aceite. 2 grasa, lubrificante, aceite.
azeitona *s.f.* (bot.) aceituna, oliva.
azenha *s.f.* aceña, molino.
azeviche *s.m.* azabache.
azia *s.f.* acidez.
aziago *adj.* aciago.
ázimo *adj.* ácimo.
azinhaga *s.f.* sendero, vereda, senda.
azinheira *s.f.* (bot.) encina, alcornoque.
azo *s.m.* oportunidad, ocasión, origen.
azoada *s.f.* asonada, gritería.
azoar *v.t.* aturdir, importunar, enfadar.
azoinar *v.t.* importunar, aturdir.
azote *s.m.* (quím.) nitrógeno.
azougado *adj.* azogado, inquieto, bullicioso.
azougar *v.t.* azogar, desasosegar, estar inquieto.
azougue *s.m.* azogue.
azucrinar *v.t.* importunar, incomodar, molestar.
azul *adj.* 1 azul. 2 asustado, desorientado.
azul *s.m.* azul (color). *tudo azul*, de color rosa, maravilloso, ideal.
azular *v.t.* azular.
azulejo *s.m.* azulejo, ladrillo.
azumbrado *adj.* corcovado.
azumbrar *v.t.* corcovar, curvar.
azurzir *v.t.* zurrar, golpear.

B b

b, B *s.m.* segunda letra del alfabeto portugués, la *be*; *adj.* segundo, hablando de un ordinal.
baba *s.f.* baba, saliva.
babá *s.f.* niñera, canguro.
babador *s.m.* babero, babador.
babaquice *s.f.* 1 tontería, idiotez, pavada. 2 (vulg.) guevada, boludez.
babar *v.t.* 1 babear, ensuciar con baba. 2 (fig.) estar enamorado.
babão *s.m.* baboso.
babel *s.f.* 1 (fig.) babel, confusión, desorden. 2 (vulg.) quilombo.
baboseira *s.f.* 1 disparate, tontería, majadería. 2 tontería, pavada.
bacana *adj.* bueno, estupendo, macanudo.
bacana *adj.* (fam.) bueno.
bacalhau *s.m.* 1 (zool.) bacalao (pez.), abadejo. 2 (Bras.) látigo con que se castigaba a los esclavos.
bacalhoada *s.f.* guisado hecho con bacalao.
bacharel *s.m.* bachiller, el que ha recibido cierto grado académico.
bacharelar *v.t.* 1 bachillerar (dar el grado de bachiller). 2 *v.i.* (fig.) hablar mucho e inoportunamente.
bacia *s.f.* 1 bacía, vasija, palangana, barreño. 2 (anat.) pelvis, cadera, cuadril. 3 cuenca (río).
baciliforme *adj.* baciliforme.
bacilo *s.m.* (microb) bacilo (organismo unicelular).
baço *s.m.* 1 (anat.) bazo. 2 *adj.* sin brillo, bazo, empañado.
bactéria *s.f.* bacteria, microbio.
bactericida *adj.* que mata las bacterias.
bacteriologia *s.f.* bacteriología.
bacteriologista *s.m.* bacteriólogo.
badalação *s.f.* alterne, farra, bullicio.
badalada *s.f.* campanada.
badejo *s.m.* abadejo (pez semejante al bacalao).
badulaque *s.m.* (fam.) trasto, inutilidad, cachivache.
baderna *s.f.* 1 desorden, desastre, bochinche. 2 (fam.) (vulg.) quilombo.
bafo *s.m.* 1 hálito, vaho, aliento. 2 (fig.) protección, cariño.
baforada *s.f.* 1 vaharada. 2 bocanada, pitada.
bagaço *s.m.* 1 hollejo, bagazo, residuo de los frutos prensados. 2 *estar um bagaço*, estar muy cansado, estar agotado.
bagageiro *s.m.* maletero, portaequipajes.
bagagem *s.f.* 1 equipaje, bagaje. 2 (fig.) suma de conocimientos.
bagatela *s.f.* bagatela, cosa de poco valor, niñería, pichincha.
bagre *s.m.* bagre (pez.).
bagulho *s.m.* trasto, cachivache.
bagunça *s.f.* 1 desorden, entrevero, confusión. 2 (vulg.) quilombo.
bah *interj.* ¡Bah! (expresa desdén).
baía *s.f.* 1 bahía, ensenada. 2 pequeño golfo.
baia *s.f.* valla, travesaño en las caballerizas.
baiano *s.m.* bahiano, natural de Bahia.
baiano *adj.* relativo a Bahia (Brasil).
baião *s.m.* (Bras.) danza y canto popular al son de instrumentos (nordeste del Brasil).

bailar *v.i.* 1 danzar, bailar. 2 (fig.) oscilar.
bailarina *s.f.* bailarina, mujer que baila por profesión.
bailarino *s.m.* 1 bailarín, el que baila por profesión. 2 danzarín.
baile *s.m.* 1 baile. 2 danza.
bainha *s.f.* vaina, dobladillo, boca-manga.
baioneta *s.f.* bayoneta (arma de infantería).
bairro *s.m.* barrio.
bairrismo *s.m.* patriotería, chauvinismo.
baixa *s.f.* 1 baja, disminución del precio o valor. 2 baja (de fondos, de puesto, del servicio militar). 3 (fig.) decadencia.
baixada *s.f.* 1 bajada, pendiente, cuesta. 2 llano.
baixar *v.t.* 1 bajar, apear, rebajar. 2 *v.p.* humillarse. 3 *v.i.* perder el prestigio. 4 (fig.) abatir, humillar. *baixar à sepultura*, ser sepultado.
baixaria *s.f.* (fam.) grosería, bajeza, guaranguería, guarangada.
baixela *s.f.* vajilla.
baixeza *s.f.* 1 bajeza, indignidad. 2 infamia, hecho vil, acción indigna, canallada.
baixo *adj.* 1 de poca altura, bajo, pequeño. 2 despreciable, menudo.
baixo *adv.* 1 bajo, en voz baja. 2 (mús.) bajo, grave (sonido). 3 (fig.) humilde, abatido. *altos e baixos*, altibajos, alternativas. *baixo--relevo*, bajorrelieve. *para baixo*, hacia abajo. *por baixo*, humillado, por lo bajo. *estar embaixo*, estar en decadencia. *por baixo do pano*, a escondidas de tapadillo, bajo mano, a hurtadillas, ilegalmente.
bajulação *s.f.* adulación, zalamería, lisonja.
bajulador *adj.* 1 zalamero, adulador, halagador, servil, adulón. 2 (vulg.) chupamedias, lameculos, chaquetero.
bajular *v.t.* 1 lisonjear, adular, alisar, chaquetear. 2 (fig.) halagar.
bala *s.f.* 1 proyectil, bala, plomo. 2 (Bras.) caramelo. 3 fardo de mercaderías. *sair feito bala*, salir en disparada, con mucha prisa.
balada *s.f.* 1 fiesta, baile juvenil, diversión, farra. 2 balada (composición poética). 3 canción acompañada de música.
balança *s.f.* 1 balanza, instrumento para pesar. 2 libra, signo del zodíaco. 3 (fig.) símbolo de la justicia. 4 ponderación, equilibrio.
balancete *s.m.* 1 resumen del balance mensual general de una empresa. 2 cómputo contable.
balanço *s.m.* (com.) 1 balance. 2 contable arqueo, oscilación, balanceo. 3 columpio. 4 hamaca, vaivén. *cadeira de balanço*, mecedora. 5 (fig.) duda.
balão *s.m.* 1 globo. 2 balón, pelota grande forrada de cuero. *balão de oxigênio*, balón/tanque de oxígeno.
balar *v.i.* balar, dar balidos, sonidos emitidos por una oveja o un ternero.
balbuciar *v.t.* 1 balbucear, balbucir. 2 hablar con pronunciación dificultosa y vacilante.
balconista *s.* vendedor, dependiente, empleado de comercio minorista.
balde *s.m.* cubo, balde.
baldeação *s.f.* transbordo.
baldear *v.t.* 1 transbordar, cambiar o combinar transportes (tren, metro, etc). 2 baldear, mojar, lavar echando agua con balde. 3 *v. p.* pasarse de un lado a otro, vadear.
baldio *s.m.* 1 baldío, terreno inculto, estéril. 2 yermo.
balé *s.m.* ballet, ballé.
balear *v.t.* 1 tirotear, herir con bala, balear. 2 (pop.) *estar baleado*, estar agorado.
baleia *s.f.* 1 (zool.) ballena (cetáceo mamífero). 2 (fig.) persona muy gorda.
balela *s.f.* rumor, mentira, cuento.
balido *s.m.* balido (de oveja o cordero).
baliza *s.f.* (mar) 1 boya, baliza, estaca, señal, jalón. 2 mojón que marca límite. 3 persona que abre desfile.

balizamento *s.m.* 1 acción de poner límites, lindes. 2 demarcar temas, asuntos.
balneário *s.m.* balneario, establecimiento de baños públicos.
balofo *adj.* gordo, fofo.
balsa *s.f.* (mar) balsa. *ferryboat*, chalana.
bálsamo *s.m.* 1 bálsamo, ungüento. 2 (fig.) lenitivo, consuelo.
baluarte *s.m.* 1 (mil.) fortaleza, baluarte, lugar seguro. 2 (fig.) sostén, apoyo.
bambo *adj.* flojo, irresoluto, vacilante, que se balancea u oscila.
bambolear *v.t. e v.p.* bambolear, balancear, oscilar sin cambiar de sitio.
bambu *s.m.* (bot.) caña, bambú, bejuco.
banalizar *v.t.* vulgarizar, banalizar.
banana *s.f.* plátano, banana. *a preço de banana*, a precio de saldo, baratija, pichincha.
banca *s.f.* puesto, mesa, banca. *banca examinadora*, tribunal, jurado, mesa. *por/montar banca*, jactarse, vanagloriarse. *banca de jornais*, quiosco de revistas y diarios.
bancada *s.f.* 1 banco de trabajo, mesada. 2 colectivo de los diputados y senadores.
bancar *v.t.* pagar, financiar.
bancário *s.m.* bancario, empleado de banco.
banco *s.m.* banco, asiento. *deixar/ficar no banco*, dejar/quedarse en el banquillo de los suplentes.
band-aid *s.m.* curita, tirita, curativo.
banda *s.f.* lado, banda. *banda de rodagem*, cubierta, banda del neumático.
bandagem *s.f.* venda, vendaje, curativo, ligadura, apósito.
bandalheira *s.f.* pillería, pillaje.
bandeira *s.f.* 1 bandera, estandarte, pabellón, pendón, banderilla (de taxímetro). 2 (fig.) lema. *dar bandeira*, llamar la atención, ser poco discreto. *rir a bandeiras despregadas*, reír a carcajadas.
bandeja *s.f.* bandeja.

bandido *s.m.* bandolero, bandido, malhechor, delincuente.
bando *s.m.* 1 facción, pandilla (de personas) bando, camarilla, cuadrilla. 2 multitud (de aves).
bandoleiro *s.m.* salteador de caminos, bandolero, asaltante, bandido.
banha *s.f.* 1 grasa animal, unto, manteca (de cerdo), lardo, tocino, sebo. 2 (pop.) obesidad, gordura.
banhar *v.p.* bañarse, lavarse.
banhar *v.t.* lavar, regar, mojar, inundar, bañar.
banheira *s.f.* bañera, tina, bañadera.
banheiro *s.m.* baño, cuarto de baño, servicio.
banho *s.m.* baño. *tomar banho*, bañarse. *banho-maria*, baño maría.
banir *v.t.* 1 desterrar. 2 expulsar, exiliar, deportar, prohibir.
banqueiro *s.m.* 1 banquero, propietario de banco. 2 banquero o capitalista (en el juegos de azar). 3 (fig.) hombre rico.
banquete *s.m.* festín, comilona, banquete, ágape.
baque *s.m.* 1 baque, golpe de un cuerpo que cae. 2 (fig.) fracaso, revés.
baquear *v.i.* 1 caer con estrépito. 2 arruinarse. 3 *v.p.* postrarse.
baqueta *s.f.* 1 baqueta (de tambor). 2 palillo, varilla.
bar *s.m.* 1 bar, café, taberna. 2 boliche (Arg.). 3 armario para bebidas.
baralhar *v.t.* 1 barajar, mezclar (en juego de naipes). 2 *v.p.* mezclarse. 3 (fig.) poner en desorden, embrollar.
baralho *s.m.* baraja, carta, naipe.
barão *s.m.* barón.
barata *s.f.* cucaracha.
barateamento *s.m.* abaratamiento, rebaja (en el precio).
barato *adj.* barato, que cuesta poco.

barato *adv.* barato, de bajo precio. *ser um barato*, ser divertido.
barba *s.f.* barba. *pôr as barbas de molho*, poner las barbas a remojar, prevenirse. *fazer barba, cabelo e bigode*, cortarse, todo a la vez.
barbante *s.m.* cordel, cordón, guita, bramante, pita, piolín, cuerda.
barbaridade *s.f.* barbaridad, atrocidad, crueldad.
barbatana *s.f.* 1 aleta. 2 ballena, lámina de plástico que se coloca en los cuellos de camisa.
barbear *v.t.* 1 cortar la barba, afeitar. 2 *v. p.* afeitarse, rasurarse.
barbearia *s.f.* barbería, peluquería.
barbeiro *s.m.* 1 barbero, el que tiene por oficio afeitar. 2 (biol.) vinchuca. 3 (pop.) conductor torpe.
barbicha *s.f.* barba de chivo, perilla.
barca *s.f.* 1 embarcación ancha y poco honda. 2 (dim) barqueta.
barco *s.m.* barco, embarcación pequeña sin cubierta; barca. *estar no mesmo barco*, estar en la misma situación, ser solidario. *tocar o barco*, seguir adelante.
barganha *s.f.* 1 negocio, trueque. 2 (pop.) pichuleo.
barítono *s.m.* (mús.) barítono (entre tenor y bajo).
barômetro *s.m.* instrumento para medir la presión atmosférica, barómetro.
barqueiro *s.m.* 1 capitán, barquero, el que gobierna un barco. 2 remador.
barra *s.f.* 1 pieza de madera o metal. 2 pastilla, palanca, barra. 3 tableta (de chocolate). 4 botamanga de un pantalón, banda de un vestido, dobladillo. 5 borde, orilla. 6 entrada estrecha de un puerto, boca de un río. 7 aparato de gimnasia. 8 friso. 9 lingote, riel (de metal). 10 pastilla (de jabón). *forçar a barra*, forzar, obligar. *segurar uma barra*, soportar, aguantar. *barra-pesada*, violento, peligroso.

barraca *s.f.* 1 carpa, tienda de campaña. 2 sombrilla de playa, quitasol, tenderete.
barracão *s.m.* nave, barracón, depósito.
barraco *s.m.* barraca, chabola, casucha, rancho.
barragem *s.f.* represa, embalse, dique.
barranco *s.m.* 1 acantilado, barranco, barranca, despeñadero, abismo. 2 quebrada, cañón.
barrar *v.t.* bloquear, prohibir, cerrar.
barreira *s.f.* 1 barrera, trinchera, valla. 2 (fig.) estorbo, límite.
barrica *s.f.* barril, barrica, tonel.
barricada *s.f.* atrincheramientos hechos con barricas, carros volcados, piedras, estacas, etc. barricada.
barriga *s.f.* vientre, panza, barriga. *barriga da perna*, pantorrilla.
barrigada *s.f.* panzada, golpe con el abdomen.
barrigudo *adj.* panzudo, panzón, guatón (Chile).
barril *s.m.* cuba, barril, barrica, tonel.
barro *s.m.* barro, arcilla, lodo, fango, cieno, limo.
barroco *adj.* (arq) 1 barroco. 2 (fig.) extravagante.
barrote *s.m.* barrote, barra gruesa y corta.
barulheira *s.f.* alboroto, jaleo, tumulto, lío.
barulhento *adj.* ruidoso, rumoroso, alborotador.
barulho *s.m.* 1 alboroto, ruido, bulla, bullicio. 2 confusión, barullo. 3 (fig.) notoriedad.
base *s.f.* base, apoyo, pedestal, origen, pie, sostén, zócalo. *tremer nas bases*, estremecerse, asustarse, tener miedo, temblar.
baseado *s.m.* canuto, petardo, porro, marihuana.
basear *v.t.* 1 basar, establecer bases, fundamentar. 2 *v.p.* basarse, consistir.
básico *adj.* esencial, fundamental, básico.

basílica

basílica *s.f.* iglesia principal, templo majestuoso.
basquetebol *s.m.* (desp.) baloncesto; (Bras.) basquete. *s.m.* básquet.
basta *interj.* ¡no más!, ¡basta!, ¡se acabó!
bastante *adv. e adj.* bastante, no poco, suficientemente.
bastão *s.m.* bordón, báculo, cayado, palo, vara, cetro, bastón.
bastar *v.i.* bastar, llegar, ser suficiente, satisfacer.
bastardo *s.m.* 1 bastardo, ilegítimo. 2 apócrifo, falso.
bastardo *adj.* degenerado.
bastidor *s.m.* 1 armazón (para pintar, bordar, etc.). 2 tramoya, trastienda; bastidor. 3 (pl.) bastidores (teatro). 4 (fig.) intimidades (de la finanza, de la política, etc.), trastiendas del poder.
bastonada *s.f.* bastonazo.
bata *s.f.* bata (prenda de vestir).
batalha *s.f.* 1 batalha, lucha, refriega, pelea, discusión, combate. 2 (fig.) empeño.
batalhão *s.m.* 1 (mil.) batallón. 2 (fig.) multitud.
batalhar *v.i.* 1 combatir, pelear con armas, luchar, esforzarse. 2 (fig.) porfiar.
batata *s.f.* 1 (bot.) patata (Esp.). 2 papa (Amér.) tubérculo. *vá plantar batatas*, ¡vete al diablo!, ¡déjame en paz!. *batata-doce*, boniato, camote, batata.
bate-boca *s.m.* (Bras.) discusión violenta.
bate-bola *s.m.* peloteo, pachanga, juego espontáneo de fútbol.
batedeira *s.f.* batidora (aparato para batir alimentos).
batedor *s.f.* 1 soplón, descubridor, delator. 2 molinillo.
batelada *s.f.* montón, pila, puñado.
batente *s.m.* 1 batiente, marco de puerta o ventana, aldaba, tope. 2 (Bras.) empleo, trabajo diario. *pegar no batente*, trabajar serio.
bate-papo *s.m.* conversación, charla, palique.
bater *v.t.* 1 batir, golpear, llamar; martillar. 2 denotar, chocar, estrellar. 3 sonar (reloj, campana). 4 sacar (fotos). 5 mecer, agitar. 6 *v. p.* batirse. *bater o pé*, mostrarse obstinado *bater palmas*, llamar, aplaudir. *bater a roupa*, lavarla. *bater no peito*, arrepentirse. *bater as botas*, morir. *bater na testa*, acordarse de algo. *bater à maquina*, tipear, dactilografar, mecanografiar. *bater as asas*, irse, fugarse. *bater carteira*, robar. *bater papo*, charlar. *bater pernas*, callejear. *bater na mesma tecla*, porfiar, insistir en un mismo asunto. *não bater bem*, estar chiflado, loco.
bateria *s.f.* batería, pila, acumulador eléctrico.
batida *s.f.* 1 golpe, colisión, tortazo. 2 pulsación, latido (del corazón). 3 allanamiento, cateo, rastreo, registro policial. 4 (Bras.) bebida hecha con aguardiente, limón y azúcar.
batido *adj.* usado, desgastado, batido, trillado, conocido.
batina *s.f.* sotana. *abandonar a batina*, colgar la sotana, largar los hábitos.
batismo *s.m.* 1 bautismo, bautizo. 2 (pop.) falsificación del vino o la leche con agua.
batizado *s.m.* 1 bautismo, bautizo. 2 *adj.* bautizado.
batizar *v.t.* 1 administrar el bautismo, bautizar. 2 servir de padrino o madrina de bautismo. 3 (pop.) adulterar bebida.
batom *s.m.* barra de labios, carmín, pintalabios, lápiz de labios.
batráquio *s.m.* batracio.
batucada *s.f.* (mús.) toque de batuque; ritmo y danza afro brasileña con este instrumento.
batucar *v.i.* llevar/marcar el ritmo.
batuta *s.f.* (mús.) 1 batuta, bastoncillo para marcar el compás. 2 (fig.) dominio, mando, poder.

baú s.m. baúl, arca, cofre, maleta grande. *dar o golpe do baú*, casarse por dinero.
baunilha s.f. (bot.) vainilla.
bazar s.m. 1 bazar, tienda, emporio, mercería. 2 feria caritativa.
bê à bá s.m. 1 abecedario. 2 primeras nociones.
beata s.f. beata, santa, monja.
beato adj. santurrón, santo, monje.
bêbado adj. ebrio, mamado, borracho.
bêbado s.m. borracho.
bebê s.m. nene, guagua (Chile), bebé.
bebedeira s.f. borrachera, curda, embriaquez.
bebedouro s.m. abrevadero, fuente, bebedero.
beber v.t. 1 beber, tomar, absorber, ingerir líquidos. 2 tomar vino u otra bebida alcohólica con frecuencia. 3 sufrir, suportar.
bebericar v.t. sorber, beber pausadamente.
beberrão s.m. bebedor.
bebida s.f. bebida (vino, licor, agua, etc.); acción de beber.
beça loc. *à beça*, mucho, a montones.
beca s.f. toga, manto o túnica de magistrados, ministros de los tribunales y abogados.
beco s.m. 1 callejón, calleja (sin salida). 2 (fig.) dificultad insuperable.
bedel s.m. bedel, celador de las universidades, ordenanza, conserje.
bege adj. beige, color crema.
begônia s.f. (bot.) begonia.
beiço s.m. 1 bezo, labio grueso. 2 (pop.) relamerse, trompa, pico. *trazer pelo beiço*, llevar de las narices, dominar a alguien. *lamber os beiços*, relamerse, gustar mucho. *morder os beiços*, mostrar rabia o hacer esfuerzo para contener la risa. *fazer beicinho*, hacer pucheros, hacer trompita.
beija-flor s.m. (ornit) colibrí, picaflor, pájaro mosca.
beijar v.t. besar, morrear.
beijo s.m. beso, ósculo.
beijoca s.f. (fam.) beso ruidoso.
beijocar v.t. (fam.) besuquear, besucar, dar besos repetidos y ruidosos.
beijoqueiro s.m. besuqueador, besucón, cariñoso.
beira s.f. orilla, margen, vera, borde. *beira-mar*, orilla del mar, *costa marítima*, costanera, litoral. *à beira de*, al borde de.
beiral s.m. alero, cobertizo.
beirar v.t. bordear, rayar.
beldade s.f. hermosura, mujer bella, beldad.
beleléu s.m. *ir para o beleléu*, desaparecer, irse al diablo.
beleza s.f. hermosura, lindeza, belleza. *cansar a beleza*, fastidiar, jorobar, incomodar, molestar.
bélico adj. bélico, belicoso, relativo a la guerra.
beliche s.m. 1 litera, camarote. 2 camilla o catre. 3 cama de dos pisos, marinera.
beliscão s.m. pellizco, pellizcón.
beliscar v.t. 1 pellizcar, apretar la carne entre dos dedos. 2 quitar una pequeña cantidad con los dedos. 3 v.i. picar, picotear, hacer un aperitivo.
belo adj. lindo, bonito, hermoso, bello.
bel-prazer s.m. *a seu bel-prazer*, por su propia voluntad, a su capricho.
bem adv. muy, bastante, con salud, bien correctamente; mucho. *bem como*, y, como, así como. *bem-sucedido*, exitoso. *bem-querer*, amor, cariño. *ainda bem*, menos mal. *muito bem*, ¡muy bien!. *tudo bem*, ¡bueno!.
bem s.m. 1 bien, felicidad, virtud, bienestar. 2 (pl.) haberes, patrimonio. 3 adv. bien.
bem-aventurado adj. bienaventurado, dichoso, afortunado.
bem-aventurança s.f. bienaventura, felicidad, gloria.

bem-estar *s.m.* bienestar, confort, comodidad, tranquilidad.
bem-intencionado *adj.* con buena intención, sin malicia, sincero.
bem-vindo *adj.* bienvenido, bien acogido.
bênção *s.f.* bendición, gracia divina.
bendito *adj.* 1 glorificado, bendito. 2 bendecido.
bendizer *v.t.* 1 bendecir, alabar, glorificar. 2 (fig.) santificar.
beneficência *s.f.* beneficencia, caridad, filantropía, auxilio.
beneficente *adj.* caritativo, benéfico, beneficiador, filantrópico.
beneficiar *v.t.* favorecer, beneficiar, hacer beneficio a; mejorar.
beneficiário *adj. e s.m.* el que se beneficia; beneficiario, el que goza de un usufructo.
benefício *s.m.* 1 provecho, favor, ventaja, beneficio. 2 lucro, mejora, gracia, rentabilidad.
benefício *loc. adv.* en beneficio de, en provecho de.
benéfico *adj.* favorable, benéfico.
benemérito *adj.* ilustre, digno de honras, benemérito.
benevolência *s.f.* caridad, bondad, afecto, estima, benevolencia
benevolente *adj.* afable, indulgente, benevolente.
benfeito *interj.* ¡Bien hecho! (exclamación irónica).
benfeitor *adj. e s.m.* filántropo, bienhechor, benefactor.
bengala *s.f.* bastón, junco, bengala.
benigno *adj.* 1 bondadoso. 2 favorable, indulgente, benigno.
benjamin *s.m.* (eletric) 1 enchufe múltiple para extensión, triple. 2 hijo menor o predilecto.
benzer *v.t.* bendecir, echar la bendición.
benzer *v.p.* 1 santiguarse, persignarse. 2 (fig.) admirarse.
benzina *s.f.* (quím.) bencina.
berçário *s.m.* nido, sala de cunas, guardería.
berço *s.m.* 1 cuna. 2 (fig.) infancia, origen. *berço de ouro*, nacido en cuna de oro, en familia rica.
berinjela *s.f.* (bot.) berenjena.
bermuda *s.f.* pantalón corto, bermudas.
berrante *adj.* vivo, intenso, fuerte, llamativo.
berrante *s.m.* cuerno, bocina para llamar al ganado.
berrar *v.i.* gritar, bramar, berrear, chillar, vociferar.
berro *s.m.* grito, bramido, berrido, chillido.
besouro *s.m.* cascarudo, abejorro.
besta *s.f.* 1 bestia, animal . 2 ballesta.
besta *adj.* estúpido, ignorante, zopenco, bestia.
besteira *s.f.* burrada, tontería, estupidez.
bestialidade *s.f.* brutalidad, estupidez, bestialidad.
beterraba *s.f.* remolacha.
bexiga *s.f.* 1 vejiga. 2 ampolla, burbuja (de la piel). 3 balón, globo. 4 (pl.) viruela.
bezerro *s.m.* novillo, becerro. *chorar como bezerro desmamado*, llorar a moco tendido/ como una Magdalena.
bi- *prefixo latino*; designa la idea de dos veces.
bibelô *s.m.* adorno, figura.
bíblia *s.f.* biblia.
bibliografia *s.f.* 1 bibliografía, descripción y conocimiento de los libros. 2 noticia acerca de las obras de un autor o asunto.
biblioteca *s.f.* bibliógrafo, biblioteca.
bibliotecário *s.m.* bibliotecario.
bica *s.f.* caño, canilla, fuente, grifo.
bicada *s.f.* picotazo.
bicão *s.m.* caradura, gorrón, que vive a costa ajena colado.

bicar *v.t.* picotear, golpear con el pico. *não se bicar*, no entenderse, llevarse mal.
bicarbonato *s.m.* (quím.) bicarbonato.
bicicleta *s.f.* bicicleta, bici.
bico *s.m.* pico. *bico do peito*, pezón. *fazer bico*, hacer changas, hacer chapuzas, hacer trabajos cortos, temporales. *ser bom de bico*, hablar bien, tener labia. *ser bico*, ser fácil.
bicolor *adj.* de dos colores, bicolor.
bicudo *adj.* picudo. *tempos bicudos*, tiempos duros, difíciles.
bicha *s.f.* (fam.) 1 maricón, marica, mariposón, homosexual masculino. 2 (Arg.) puto, trolo (Mej. y A. Central) hueco.
bichado *adj.* picado, agusanado, abichado.
bichano *s.m.* gato, michino.
bicho *s.m.* animal, sabandija. *ver que bicho dá*, esperar a ver qué pasa. *virar bicho*, enfadarse, enfurecerse.
bicho-papão *s.m.* ogro, coco, cuco, viejo de la bolsa.
bicho-preguiça *s.m.* oso, perezoso.
bife *s.m.* bife, filete, bistec. *bife rolê*, niños envueltos, carne arrollada.
bifurcação *s.f.* 1 bifurcación. 2 vértice, horquilla.
bifurcar *v.p.* dividirse en dos.
bifurcar *v.t.* separar en dos ramos, bifurcar.
bigamia *s.f.* estado de bígamo (hombre casado con dos mujeres a un tiempo), bigamia.
bígamo *s.m.* bígamo, el que comete bigamia.
bigode *s.m.* 1 bigote. 2 (dim) bigotillo.
bigodudo *adj.* bigotudo.
bijuteria *s.f.* bisutería, fantasía.
bilhão *s.m.* mil millones. No confundir con "billón".
bilhar *s.m.* billar, casa donde se juega el billar.
bilhete *s.m.* 1 mensaje, carta breve, billete. 2 ticket, pasaje. 3 boleto, ingreso. 4 cédula de lotería.
bilheteria *s.f.* boletería, ventanilla, taquilla.

bilíngue *adj.* 1 bilingue, que habla dos lenguas. 2 escrito en dos idiomas.
bílis *s.f.* bilis.
bimestre *s.m.* bimestre (período que dura dos meses).
binóculo *s.m.* prismáticos, larga-vistas, binóculo.
bio- *prefixo* de formación de palabras con el significado de vida.
biobibliografia *s.f.* descripción de la vida y obra de un autor.
biodegradável *adj.* biodegradable.
biografia *s.f.* (liter) biografía.
biologia *s.f.* biología, ciencia de los seres vivos.
biólogo *s.m.* biólogo, estudioso de la biología.
biombo *s.m.* mampara plegable, biombo, cancel, antipara.
biópsia *s.f.* biopsia.
bípede *adj.* bípedo, que tiene dos pies.
bipolaridade *s.f.* bipolaridad, que tiene dos polos.
biquíni *s.m.* bikini, biquini.
birra *s.f.* obstinación, capricho, birria, maña, berrinche, rabieta, pataleo.
birrento *adj.* testarudo, terco, cabezota.
biruta *adj.* tocado, chiflado, alocado.
biruta *s.f.* 1 indicador de viento. 2 manga, veleta.
birutice *s.f.* chifladura.
bis *s.m.* duplicación, bis.
bis! *interj.* ¡bis!
bis *adv.* 1 dos veces. 2 elemento de composición de palabras con la significación de. en dos partes.
bisão *s.m.* (zool.) bisonte (mamífero salvaje).
bisavô *s.m.* 1 bisabuelo. 2 (fem) bisabuela.
bisbilhotar *v.t.* 1 curiosear, fisgonear. 2 *v.t. y i.* curiosear (semi).
biscoito *s.m.* galleta, bizcocho.

bisnaga *s.f.* tubo de hoja de plomo para contener substancias medicinales y otras.
bisneto *s.m.* bisnieto.
bispar *v.t.* 1 avistar, descubrir muy lejos cosa o persona. 2 coger de sorpresa.
bispar *v.p.* evadirse.
bispo *s.m.* 1 obispo. 2 alfil (ajedrez). *trabalhar para o bispo,* perder el tiempo.
bissexto *adj.* bisiesto (el año con 29 días en febrero).
bissexual *adj.* hermafrodita, bisexual, que tiene dos sexos.
bisturi *s.m.* bisturí, escalpelo.
bizarro *adj.* extravagante, excéntrico, raro.
blasfemar *v.t.* blasfemar, maldecir, vituperar.
blasfêmia *s.f.* 1 blasfemia, improperio. 2 ultraje a la divinidad.
blazer s.m. chaqueta, saco.
blecaute *s.m.* apagón.
blefar *v.i.* 1 mentir (en el juego). 2 farolear, hacer bluff (blefe), hacer falso alarde.
blindagem *s.f.* (el) blindaje, acción de blindar con un revestimiento protector muy resistente o aislante.
blindado *adj.* acorazado, blindado.
bloco *s.m.* 1 bloc, bloque (ladrillo de cemento). 2 coligación de partidos políticos. 3 conjunto de casas. 4 comparsa en el carnaval, o murga. 5 taco de papel.
bloquear *v.t.* 1 bloquear, asediar, sitiar. 2 (com.) inmobilizar bienes o crédito de alguien.
bloqueio *s.m.* bloqueo, cerco a una plaza.
blusa *s.f.* 1 blusa, camisa femenina. 2 jersey o pulóver fino.
blusão *s.m.* cazadora, chamarra, chaqueta, campera.
boa *s.f.* boa, serpiente.
boa *adj.* buena. *de boa vontade,* de buena gana. *dizer poucas e boas,* ofender, reprender. *estar/ficar numa boa,* estar satisfecho, como si nada. *às boas,* de buenas.
boas-vindas *s.f.* bienvenida.
boate *s.f.* discoteca, pub.
boato *s.m.* chisme, fábula, rumor. *circular boato,* correr la voz, rumorear.
bobagem *s.f.* tontería, majadería, sandez, necedad, pavada.
bobalhão *adj.* 1 asno, tonto. 2 bobalicón, bobarrón.
bobina *s.f.* 1 carrete, bobina. 2 carrilla, carretel.
bobo *s.m.* 1 tonto, bufón, bobo, pavo. 2 otario, baboso. 3 hazmerreír, zopenco. 4 (fam.) ñoño, panolis, melón. *bobo da corte,* bufón.
bobo *adj.* tonto, insignificante.
boca *s.f.* 1 boca, abertura, labios. 2 desembocadura de un río. 3 boquilla. 4 (fig.) boca, número de personas por mantener. *bater boca,* altercar, discutir acaloradamente. *botar a boca no mundo,* revelar secretos, gritar. *pegar alguém com a boca na botija,* pillar a alguien en flagrante. *à boca miúda/pequena,* en voz baja, en secreto. *boca do lixo,* barrio de prostitución. *boca de siri,* silencio, discreción. *boca de urna,* propaganda electoral durante las elecciones. *boca-livre,* cóctel, canilla libre. *ser bom de boca,* comer mucho. *vira a boca para lá!,* indica que no se quiere que ocurra algo. ¡La boca se te haga a un lado!
boca de lobo *s.m.* alcantarilla, boca de tormenta.
bocado *s.m.* 1 bocado, pedazo, trozo; alimento que cabe en la boca de una sola vez. 2 rato, espacio de tiempo.
boçal *s.f. e m.* estúpido, grosero, inculto.
boçal *adj.* estúpido, grosero.
bocejar *v.i.* 1 bostezar. 2 (fig.) fastidiarse.
bocejo *s.m.* bostezo, boqueada.
bochecha *s.f.* cachete, buchete, mejilla, carrillo.
bochechar *v.t.* enjuagar, gargarizar, hacer buches.

boda *s.f.* 1 boda, casamiento. 2 (pl.) nupcias.
bode *s.m.* chivo, macho cabrón. *estar de bode*, deprimido o enojado. *dar bode*, no resultar bien. *bode expiatório*, cabeza de turco, chivo expiatorio.
bodega *s.f.* tasca, taberna, bodega.
boemía *s.f.* boemia, vida nocturna.
boêmio *s.m.* bohemio, poeta, artista, noctámbulo y farrista.
boêmio *adj.* o habitante de Bohemia.
bofe *s.m.* bofe. *botar os bofes para fora*, perder el aliento. *ser de maus bofes*, ser de mal humor.
bofes *s.m.* entraña, vísceras.
bofetada *s.f.* 1 bofetada, bofetón, sopapo, cachete, tortazo. 2 (fig.) insulto.
boi *s.m.* 1 buey, rumiante. 2 (fam.) persona bruta y rutinaria. *bumba meu boi*, danza típica brasileña. *pé de boi*, muy trabajador. *ter boi na linha*, haber gato encerrado, haber problemas.
boia *s.f.* 1 flotador, baliza, boya. 2 (Bras.) comida. *boia-fria*, peón de campo, jornalero.
boiada *s.f.* manada de bueyes, rebaño.
boiar *v.i.* 1 boyar, flotar. 2 (fig.) vacilar. 3 (Bras.) almozar, cenar. 4 (pop.) no entender, estar en la luna.
boicotar *v.t.* boicotear.
boicote *s.m.* boicot, boicoteo.
boina *s.f.* boina.
bojo *s.m.* 1 bulto. 2 panza, saliente. 3 relleno para corpiño o sostén. *no bojo*, en el conjunto.
bojudo *adj.* panzudo.
bola *s.f.* 1 balón, bola, pelota, esfera. 2 (fig.) persona baja y gorda. *bola de gude*, canica, bolita. *bola de rúgbi*, balón oval. *bater bola*, pelotear. *bola da vez*, persona objeto de críticas. *levar bola*, tontear, bobear. *dar bola fora/pisar na bola*, equivocarse, meter la pata. *não dar bola*, no hacer caso. *ser ruim de bola*, ser malo de peloteo. *ser um bola murcha*, ser tímido, miedoso, retraído.

bola *interj. ora bolas!*, ¡caray! (designa enfado), ¡caramba! ¡pucha!
bolacha *s.f.* 1 galleta, galletita. 2 (fam.) bofetada, cachetazo.
bolar *v.t.* (fam.) idear, inventar, ingeniarse.
boldo *s.m.* (bot.) boldo (árbol de hojas medicinales).
bolero *s.m.* 1 (mús.) bolero (danza). 2 chaleco (ropa).
boletim *s.m.* 1 boletín, informativo. 2 boleta (de calificación escolar).
bolha *s.f.* 1 ampolla, vejiga, burbuja. 2 vesícula.
bolinho de chuva *s.m.* buñuelo
bolívar *s.m.* moneda de Venezuela.
boliviano *s.m.* 1 boliviano. 2 *adj.* natural de Bolívia.
bolo *s.m.* 1 bollo, pastel, tarta, torta. 2 (fam.) confusión.
bolsa *s.f.* bolso, saco pequeño, cartera. *bolsa de estudos*, beca o ayuda escolar. *bolsa de valores*, bolsa de valores. *bater a bolsa*, robar, hurtar. *virar bolsinha*, ejercer la prostitución.
bolsista *s.f.* becario.
bolso *s.m.* bolsillo.
bom *adj.* 1 bueno, bondadoso, benigno; favorable, saludable. 2 rico, gustoso. 3 lucrativo. 4 sano, competente. *bom senso*, sensatez, prudencia, juicio. *não ser bom da bola*, estar loco.
bomba *s.f.* 1 bomba, proyectil, explosivo. 2 máquina para elevar líquidos o para llenar pneumáticos. 3 (fig.) cosa de mala calidad. *levar bomba*, ser reprobado en un examen.
bombardear *v.t.* fulminar, torpedear, bombardear; disparar bombas; cañonear.
bombardeio *s.m.* bombardeo, acción de bombardear.
bombear *v.t.* 1 bombardear, disparar bombas. 2 trasvasar líquido con una bomba.

bombeiro *s.m.* 1 bombero. 2 (Bras.) soldado que apaga incendio. 3 (Bras.) *RJ. bombeiro (encanador)*, plomero, sanitarista.
bombo *s.m.* bombo, tambor grande; zambomba.
bombom *s.m.* bombón.
bonachão *adj.* bonachón, bonazo, que tiene bondad natural.
bonança *s.f.* 1 bonanza, sosiego, calma. 2 buen tiempo.
bondade *s.f.* bondad, blandura, benevolencia, docilidad.
bonde *s.m.* tranvía.
bondoso *adj.* bondadoso, bueno, lleno de bondad.
boné *s.m.* gorra, quepis, boina.
boneco *s.m.* 1 muñeco, maniquí, títere, fantoche. 2 (fam.) muñeca. 3 (fig.) mujer hermosa.
bonificação *s.f.* 1 gratificación, compensación, bono, bonificación. 2 (com.) dividendo.
bonificar *v.t.* beneficiar, mejorar, premiar, bonificar.
bonito *adj.* bonito, hermoso, bello, galante.
bonito *s.m.* bonito (pez.).
bônus *s.m.* bono, premio, descuento.
boquiaberto *adj.* boquiabierto, pasmado.
borboleta *s.f.* 1 mariposa. 2 (fig.) mujer voluble, liviana.
borbulhar *v.i.* borbollar, burbujear, hacer pompas, burbujas o cubrir de ellas, hervir.
borda *s.f.* 1 borde, orla, margen. 2 playa, orilla, vera.
bordado *s.m.* bordado, labor en relieve en la ropa, con hilo.
bordado *adj.* guarnecido, bordado.
bordar *v.t.* 1 bordar (tela o piel), adornar con bordados. 2 *v.i.* ejecutar bordados.
bordel *s.m.* burdel, prostíbulo.
bordo *s.m.* (mar) lado o costado exterior de la nave.

bordoada *s.f.* 1 bordonazo, golpetazo, garrotazo. 2 gresca.
borne *s.m.* borne, tornillo o botón metálico.
borracha *s.f.* 1 goma, caucho, hule. 2 borrador, goma de borrar. *passar uma borracha*, olvidar, perdonar.
borracharia *s.f.* 1 taller donde se reparan pneumáticos. 2 (Arg.) gomería.
borrão *s.m.* 1 borrón (gota o mancha de tinta). 2 (pint) esbozo, boceto.
borrar *v.t.* ensuciar, pringar, manchar.
borrar *v.p.* 1 ensuciarse. 2 (vulg.) cagarse (de miedo).
borrifar *v.t.* salpicar, rociar.
bosque *s.m.* bosque, arboleda, arbolado.
bosquejo *s.m.* 1 acción y efecto de bosquejar. 2 esbozo, descripción sumaria.
bosta *s.f.* 1 boñiga, bosta, excremento (de ganado bovino). 2 estiercol. 3 (vulg.) mierda, porquería.
bota *s.f.* 1 bota (tipo de calzado). 2 (fam.) *bater as botas*, morir. *onde o Judas perdeu as botas*, donde Cristo dio las tres veces, en la cochinchina; donde el diablo perdió el poncho.
bota-fora *s.m.* despedida, acción de asistir al embarque de una persona.
botânica *s.f.* botánica, ciencia que trata de los vegetales.
botão *s.m.* 1 botón (para cerrar o adornar vestidos). 2 pieza que se presiona para accionar mecanismos. 3 (bot.) capullo, botón, brote, renuevo. 4 especie de juego popular. *casa de botão*, ojal.
botar *v.t.* 1 poner, colocar, verter, lanzar, arrojar. 2 vestir.
botar *v.i.* poner huevos.
bote *s.m.* 1 barca, lancha, bote. 2 salto, embestida, ataque. *dar o bote*, lanzarse sobre la presa.
boteco *s.m.* tasca, bar pequeño, boliche.

botequim *s.m.* taberna, bar.
botica *s.f.* farmacia, botica (donde se preparan y venden medicamentos).
botijão *s.m.* bombona, garrafa de gas, botella grande, damajuana.
botina *s.f.* botín, calzado que cubre la mitad de la pierna.
bovino *adj.* vacuno, bovino, relativo al buey o a la vaca.
boxe *s.m.* (desp.) 1 boxeo, pugilismo. 2 compartimiento, mampara para baño.
boxeador *s.m.* boxeador, pugilista.
braçada *s.f.* brazada.
braçadeira *s.f.* brazalete, abrazadera.
bracejar *v.i.* 1 agitarse, criar brazos (los vegetales). 2 (fig.) luchar.
bracejar *v.t.* 1 bracear, mover los brazos. 2 nadar a brazadas.
bracelete *s.m.* brazalete, pulsera.
braço *s.m.* 1 brazo. 2 ramificación (de río, mar). 3 rama de árbol. *não dar o braço a torcer*, no admitir un error, no dar el brazo a torcer. *braço de ferro*, mano de hierro, pulseada. *de braço dado*, del brazo. *de braços cruzados*, con los brazos cruzados. *descer o braço em*, golpear, pegar.
braguilha *s.f.* bragueta.
bramido *s.m.* rugido, bramido, estruendo.
branco *adj.* 1 blanco, lívido, níveo, cándido. 2 blanco (raza o color). 3 dícese de versos sin rima. *pôr o preto no branco*, afirmar, dejar claro. *elefante branco*, inutilidad. *dar um branco*, tener un lapsus.
brancura *s.f.* 1 blancura, blanco, albura. 2 (fig.) nieve.
brando *adj.* blando, suave, tierno, flojo, flexible, dulce, agradable. *em fogo brando*, a fuego lento.
brandura *s.f.* suavidad, mansedumbre, blandura.

brasa *s.f.* 1 ascua, leña, carbón encendido, brasa. 2 (fig.) ardor, inflamación, ansiedad. *estar sobre brasas*, estar inquieto, estar en ascuas, receloso. *mandar brasas*, hacer con decisión. *ser uma brasa*, ser bueno.
brasão *s.m.* escudo de armas, blasón.
braseiro *s.m.* brasero.
bravo *adj.* 1 enojado, furioso, nervioso. 2 valiente, intrépido, bravo, que manifiesta bravura, corajudo.
bravo *(interj)* ¡bravo!
bravo *s.m.* hombre valeroso.
bravura *s.f.* valentía, valor, bravura, intrepidez.
brecar *v.i.* frenar, refrenar.
brecha *s.f.* 1 brecha, rotura o abertura, grieta, quiebra; laguna. 2 (fig.) daño. 3 oportunidad propicia.
brechó *s.m.* rastro, mercado de pulgas, de usados.
brega *adj.* cursi, de mal gusto, hortera, cutre.
brejo *s.m.* pantano, ciénaga, matorral, lodazal.
breque *s.m.* freno.
breu *s.m.* brea. *um breu*, muy oscuro.
breve *adj.* breve, corto, que dura poco.
breve *adv.* pronto, en breve, a la brevedad. *dentro em breve*, enseguida, dentro de un rato, dentro de poco.
breve *s.f.* (gram.) breve (vocal o sílaba).
breve *s.f.* (mús.) breve (nota con el valor de dos semibreves).
breve *s.m.* breve (ración, pontificio).
brevidade *s.f.* brevedad, corta duración; pequeña extensión.
brida *s.f.* viento suave, brisa.
briga *s.f.* 1 lucha, disputa, choque, riña, pelea, refriega. 2 pleito, discusión. *partir para a briga*, buscar pelea. *briga de foice*, disputa muy reñida, pelea sucia.

brigadeiro *s.m.* (mil.) general de brigada; brigadier.
brigar *v.i.* pelear (se), reñir.
brigar *v.t.* luchar, reñir, enemistar.
briguento *adj.* peleador, camorrista, camorrero.
brilhante *adj.* excelente, brillante, pomposo, reluciente, luminoso
brilhante *s.m.* diamante tallado en facetas.
brilhar *v.i.* 1 brillar, lucir, relucir, relumbrar. 2 (fig.) notabilizarse, destacarse.
brilho *s.m.* esplendor, brillo, vivacidad, cintilación, realce.
brim *s.m.* jeans, tela vaquera.
brincadeira *s.f.* 1 chiste, broma. 2 juego, jugueteo, farra, gansada, burla, alegría.
brincalhão *adj.* bromista, juguetón, travieso, alegre.
brincar *v.i.* 1 jugar, bromear, juguetear, holgar; hacer chistes. 2 jugar.
brinco *s.m.* 1 pendiente; arete, aro, caravanas, zarcillo; 2 acción o efecto de brincar; salto, pulo.
brindar *v.i.* 1 brindar, saludar, beber a la salud de. 2 regalar, obsequiar.
brinde *s.m.* 1 brindis. 2 regalo, muestra gratis, ofrenda, cortesía.
brinquedo *s.m.* juguete.
brio *s.m.* brío, decisión, valor.
brisa *s.f.* brisa. *viver de brisa*, vivir del aire.
britânico *adj. e s.m.* británico.
broca *s.f.* mecha, barrena, taladro, fresa, púa, broca.
brocha *adj.* (pop.) impotente.
brocha *s.f.* brocha, pincel ancho para pintar paredes.
brochante *adj.* (pop.) frustante, decepcionante.
broche *s.m.* 1 broche (joya). 2 corcheto, alfiler.

brochura *s.f.* 1 arte de encuadernar en rústica (libro). 2 folleto.
brócolis *s.m.* (pl.) (bot.) brócolis (planta de huerta).
bronca *s.f.* 1 represión. 2 (fam.) reto, reprensión, jabón, bronca, reprimenda. 3 rabia, enojo.
brônquio *s.m.* bronquio.
bronquite *s.f.* bronquitis (inflamación de los bronquios).
bronze *s.m.* bronce.
bronzeado *adj. e s.m.* bronceado, tostado, quemado por el sol, del color del bronce.
bronzear *v.p.* broncearse, tostarse.
bronzear *v.t.* tostar.
brotar *v.i.* brotar, germinar, producir, generar, reventar.
broto *s.m.* 1 brote, yema. 2 pimpollo, chico/a joven.
bruços *loc. adv. de bruços*, de bruces, de boca abajo.
bruços *s.m.* (pl.) bruces, boca abajo.
bruma *s.f.* 1 niebla, bruma, neblina. 2 (fig.) oscuridad, misterio.
brunir *v.t.* pulir, dar lustre, bruñir.
brusco *adj.* brusco, súbito, rudo, desagradable, áspero.
brutal *adj.* violento, salvaje, brutal.
brutalidade *s.f.* brutalidad, bestialidad, estupidez, violencia.
bruto *adj.* bruto, estúpido, tosco, violento, rudo, irracional.
bruxaria *s.f.* brujería, hechicería.
bruxo *s.m.* brujo, mago, hechicero, curandero.
bucal *adj.* bocal, bucal (relativo a la boca).
bucha *s.f.* esponja, estropajo. *na bucha*, en el acto. *levar bucha*, sufrir una derrota.
bucho *s.m.* estómago, panza, buche, vientre.
budismo *s.m.* la religión de Buda; budismo.

bueiro *s.m.* alcantarilla, sumidero.
bufão *s.m.* bobo, bufón.
bufar *v.i.* 1 soplar, bufar. 2 alardear.
bufê *s.m.* 1 aparador. 2 cubiertos (servicio de buffet).
bugiganga *s.f.* trasto, baratija, cacharro.
bujão *s.m.* 1 tapón. 2 bombona, garrafa de gas.
bula *s.f.* (med.) fórmula, receta, bula. 2 carta pontificia.
bulbo *s.m.* (bot.) bulbo.
bule *s.m.* cafetera, tetera, pava (para el café, el té y el mate, respectivamente)
bulha *s.f.* confusión, gritería, estruendo, bulla.
bulício *s.m.* murmullo, agitación, motín, bullicio.
bumbum *s.m.* 1 (fam.) nalgas, trasero. 2 cola.
bunda *s.f.* 1 (fam.) trasero, nalgas, posaderas. 2 (vulg.) culo. *bunda mole*, persona, tibia, floja.
buquê *s.m.* 1 ramillete, ramo, buqué de flores. 2 bouquet (aroma de un vino).
buraco *s.m.* 1 agujero, hoyo, cueva, orificio. 2 tipo de juego de naipes. 3 ojal. 4 (fig.) lugar feo; casa pequeña.
burburinho *s.m.* murmullo.
burguês *adj.e s.m.* burgués.
burguesia *s.f.* burguesía.
burlar *v.t.* 1 engañar, defraudar, timar. 2 zumbar, hacer burla.
burocracia *s.f.* burocracia.
burocrata *adj.* burócrata.
burrada *s.f.* 1 manada de burros. 2 (fig.) necedad, estupidez.
burrice *s.f.* burrada, estupidez, asnería.
burro *adj.* hombre ignorante, estúpido, burro. *dar com os burros n'água*, fracasar.
burro *s.m.* asno, jumento, burro.

busca *s.f.* 1 busca, búsqueda. 2 demanda, cateo, revista (policial). *dar uma busca*, hacer una busca.
busca-pé *s.m.* buscapiés (cohete rastrero).
buscar *v.t.* 1 buscar, examinar. 2 investigar, catar, pesquisar (sólo para investigación policial).
bússola *s.f.* 1 brújula; aguja de marcar la orientación del Norte. 2 (fig.) guía.
busto *s.m.* busto, de la cintura para arriba.
butano *s.m.* (quím.) butano.
butique *s.f.* tienda de moda femenina; del francés "boutique".
buzina *s.f.* 1 bocina, claxón. 2 portavoz.
buzinada *s.f.* toque de bocina.
buzinar *v.i.* tocar la bocina; bocinar. *buzinar aos ouvidos*, importunar, repetir un asunto.
búzio *s.m.* concha, caracola.

C c

c, C *s.m.* 1 tercera letra del alfabeto portugués, su nombre es *ce*. 2 señal de cien en la numeración romana. La *ce*. 3 (quím.) símbolo de la notación del carbono.
c *adj.* tercero, tratándose del objeto que forma parte de una série.
cá *adv.* aquí; en este lugar; acá.
ca (quím.) símbolo do cálcio.
cá *s.m.* la letra K.
caatinga *s.f.* arbustos, sin hojas en la estación seca, típica del noreste y norte brasileños.
cabaça *s.f.* calabaza, porongo.
cabal *adj.* 1 cabal, completo, exacto, perfecto. 2 severo, rigoroso.
cabala *s.f.* 1 cábala. 2 negociación secreta y artificiosa. 3 conjetura, suposición.
cabalar *v.i.* 1 hacer cábala; conspirar. 2 conspiración, maquinación.
cabana *s.f.* 1 cabaña, casa rústica; choza. 2 pesebre.
cabaré *s.m.* cabaret.
cabeça *s.f.* 1 cabeza, parte superior del cuerpo; extremidad superior. 2 (fig.) jefe, dirigente, cabecilla, capital; tino. 3 (fam.) coca. *cabeça-feita*, que sabe lo que hace, juicioso. *sem pé nem cabeça*, confuso, sin piés ni cabeza. *cabeça-dura*, testarudo. *esquentar a cabeça*, preocuparse. *cabeça-fria*, franco, calmo. *cabeça de vento*, cabeza oca, cabeza hueca, cabeza vacía; de chorlito. *fazer a cabeça*, persuadir, melonear.
cabeça-chata *adj.* tratamiento familiar o despectivo. del NE brasileño, de Ceará.

cabeçada *s.f.* 1 cabezazo. 2 fig. tontería, locura, disparate.
cabeçalho *s.m.* encabezamiento, cabecera.
cabecear *v.i.* 1 inclinarse, cabecear (con sueño). 2 golpear la pelota con la cabeza.
cabeceira *s.f.* 1 cabecera (de la cama, de la mesa). 2 nacimiento (del río).
cabeçote *s.m.* 1 (eletr) y (mec.) cabezal, cabeza. 2 (mec.) culata. 3 parte delantera y superior de la montura (de caballo).
cabeçudo *adj.* 1 cabezón. 2 testarudo, terco, obstinado. 3 intelectual, rebuscado.
cabeleira *s.f.* 1 cabellera. 2 peluca.
cabeleireiro *s.m.* 1 peluquero. 2 peluquería.
cabelo *s.m.* pelo, cabello.
cabeludo *adj.* 1 cabelludo, peludo. 2 (fig.) difícil, complicado. 3 (pop.) obsceno, inmoral. *Maria me contou uma notícia cabeluda*. María contou-me uma mentira muito grande.
caber *v.i.* 1 caber. 2 entrar, tener espacio. 3 corresponder, tocar. *Agora cabe a você fazer a sua parte*. Ahora te toca hacer tu parte. 4 ser oportuno. *O comentário dele coube na discussão*. Su comentario fue muy oportuno.
cabide *s.m.* percha.
cabimento *s.m.* aceptación, conveniencia. *não ter cabimento*, ser un absurdo. *Isso que ela disse não tem cabimento*. Lo que ella dijo no conviene, es um absurdo.
cabine *s.f.* 1 camarote. 2 cabina (de tren, de teléfono). 3 cabina de avión.
cabisbaixo *adj.* 1 cabizbajo, abatido. 2 (fig.) vejado, avergonzado.

cabível *adj.* que se puede aceptar, que conviene. *A proposta do chefe é cabível.* La propuesta del jefe conviene.
cabo *s.m.* 1 mango de un objeto. 2 cuerda gruesa. 3 ramal, cola, fin. 4 cable, cordón. 5 (geogr) punta de tierra que se mete en el mar, cabo. 6 (mil.) cabo (graduación). *ao cabo*, al fin. *dar cabo*, terminar. *de cabo a rabo*, del principio al fin. *cabo coaxial*, cable coaxial, cable coaxil.
caboclo *s.m.* mestizo de blanco con indio.
cabograma *s.m.* cablegrama (telegrama transmitido por cable submarino).
cabotagem *s.f.* (mar) cabotaje; tráfico marino entre los puertos de la misma costa o países determinados.
cabra *s.f.* 1 cabra. 2 hijo de mulata y negro. *cabra-cega*, gallina ciega (juego infantil). *pé de cabra*, palanca bífida.
cabra *s.m.* tío, tipo.
cabrão *s.m.* 1 cabrón (el macho de la cabra).
cabrito *s.m.* cabrito, chivito.
cabrocha *s.* mulato, mestizo.
cabuloso *adj.* mala pata, mala racha, pavoso, que tiene o que da mala suerte.
caca *s.f.* (fam.) 1 excremento de los niños. 2 porquería, caca.
caça *s.f.* 1 caza, cacería. 2 animales cazados. 3 búsqueda, persecución del enemigo. 4 investigación. 5 (mil.) caza. avión de caza. *caça-níqueis*, tragaperras.
caçada *s.f.* cacería, caza.
caçador *s.m.* cazador.
caçador *adj.* cazador.
caçamba *s.f.* cangilón; cubo; carrocería basculante.
cação *s.m.* (zool.) cazón (pez marino).
caçar *v.t.* 1 cazar. 2 andar a la caza. 3 buscar.
cacareco *s.m.* trasto, cachivache.
cacarejar *v.t.* cacarear, cantar (la gallina); después de poner el huevo.

cacarejo *s.m.* cacareo (canto de las gallinas).
caçarola *s.f.* cacerola, cazuela.
cacau *s.m.* (bot.) cacao (árbol y semilla).
cacetada *s.f.* 1 bastonazo, porrazo, trompada. 2 cosa o situación aplastante.
cacete *s.m.* 1 taco, palo, porra. 2 (vulg.) pene.
cacete *adj.* latoso, aburrido, fastidioso.
cacetear *v.t.* 1 golpear con fuerza. 2 fastidiar, incomodar, aburrir. 3 aburrirse.
cachaça *s.f.* 1 aguardiente de melazo de caña. 2 (pop.) cualquier bebida alcohólica.
cachê *s.m.* caché.
cacheado *adj.* rizado, enrulado.
cachear *v.i.* rizar, ensortijarse (el pelo).
cachecol *s.m.* bufanda.
cachimbo *s.m.* pipa, cachimba.
cacho *s.m.* 1 racimo (de fruta). 2 rizo (de cabello).
cachoeira *s.f.* cascada, catarata, salto de agua.
cachorra *s.f.* perra de poca edad.
cachorrada *s.f.* 1 bando de perros. 2 cabronada, cochinada, mala jugada, acción indigna, indecorosa.
cachorro *s.m.* 1 perro joven. 2 (fig.) hombre malo, bellaco, cabrón. *cachorro quente*, pancho, perro caliente. *matar cachorro a grito*, estar en aprietos, sin dinero, en dificultades. *soltar os cachorros*, ser agresivo, hostil.
cacique *s.m.* 1 cacique (jefe indígena). 2 persona con influencia política.
caco *s.m.* 1 añicos, tiesto (pedazo de loza, teja, etc.). 2 cachivache, trasto viejo. 2 (fig.) persona vieja o enferma.
caçoada *s.f.* burla, broma.
caçoar *v.t. e i.* burlarse, bromear, chancear, escarnecer, guasearse, reír.
cacoete *s.m.* 1 (med.) tic nervioso. 2 hábito, manía.

cacofonia

cacofonia *s.f.* cacofonía, repetitión de letras o sílabas que desentona y desagrada al oído.
cacto *s.m.* (bot.) cacto, cactus (planta espinosa, vascular).
caçula *adj. e s.* el hijo menor, benjamín.
cada *p. indef.* cada. *cada um*, cada uno. *cada qual*, cada cual.
cadarço *s.m.* cordón, cinta estrecha.
cadastrado *adj.* registrado, fichado (en registro).
cadastrar *v.t.* registrar, empadronar.
cadastro *s.m.* 1 registro público de los bienes de un territorio, catastro, 2 registro de clientes de una empresa.
cadáver *s.m.* difunto, cadáver, cuerpo sin vida.
cadavérico *adj.* 1 cadavérico, que tiene apariencia de cadáver. 2 relativo a cadáver. 3 (fig.) desfigurado, lívido.
cadê *adv.* (fam.) ¿Dónde está?
cadeado *s.m.* candado, cerradura movible.
cadeia *s.f.* 1 cadena. 2 secuencia de personas, objetos o palabras. 3 cárcel, calabozo, prisión.
cadeira *s.f.* 1 silla, asiento. 2 disciplina, asignatura, cátedra. *cadeira com braços*, sillón. *cadeira cativa*, silla abonada. *cadeira de balanço*, mecedora. *de cadeira (ou de cátedra)*, con conocimiento, con autoridad.
cadela *s.f.* (zool.) 1 perra, hembra del perro. 2 (fig.) mujer disoluta.
cadência *s.f.* cadencia.
cadente *adj.* que cae.
caderneta *s.f.* cuadernillo, libreta de apuntes, cuaderno de estudio. *caderneta de poupança*, cartilla de ahorros.
caderno *s.m.* 1 cuaderno. 2 cuaderno, parte de un libro. 3 cuaderno, parte de un periódico.
caducar *v.t.* 1 caducar, prescribir. 2 envejecer.
caducar *v.i.* chochear.

caduco *adj.* viejo, chocho, nulo, decrépito, caduco.
caduquice *s.f.* chochera, chochez, vejez, caducidad.
cafajestada *s.f.* bellaquería, ordinariez.
cafajeste *adj.* bellaco, vil, cabrón, ordinario.
cafajeste *s.m.* bellaco, vil, cabrón, ordinario.
café *s.m.* 1 café (semilla y bebida hecha con ella). 2 establecimiento donde se sirve esta bebida. *café da manhã*, desayuno. *café cremoso*, café exprés.
cafeína *s.f.* cafeína.
cafetão *s.m.* (pop.) rufián, mantenido, chulo, proxeneta.
cafeteira *s.f.* cafetera (recipiente donde se hace o se sirve el café).
cafezal *s.m.* cafetal (terreno donde se cultivan cafetos).
cafezinho *s.m.* café (servido en tacitas).
cafona *adj.* de mal gusto, cursi.
cafonice *s.f.* algo cursi de mal gusto, hortera, cutre.
cafundó *s.m.* lugar oscuro y alejado, de difícil acceso.
cafuné *s.m.* (Bras.) acto de rascarle suavemente la cabeza a alguien.
cafuzo *s.m.* (Bras.) hijo de negro e índio.
cágado *s.m.* tipo de tortuga.
caganeira *s.f.* 1 cagalera, diarrea. 2 (fig.) miedo.
cagão *adj.* (fam.) miedoso, cagón; cobarde.
cagar *v.i.* (vulg.) cagar(se), ensuciar, defecar.
caiar *v.i.* pintar con cal, blanquear.
cãibra *s.f.* calambre, contracción involuntaria de los músculos.
caiçara *s.f.* 1 cerca hecha de varas o gajos. 2 (Bras.) *s.m. e f.* campesino del litoral paulista.
caído *adj.* 1 abatido, postrado. 2 apasionado.
caimento *s.m.* 1 caída, caimiento. 2 (fig.) postración, abatimiento.

caipira s.m. (Bras.) hombre del campo; lugareño; campesino.
caipirada s.f. 1 grupo de lugareños, campesinos. 2 acciones o modales propios de un campesino.
caipirinha s.f. bebida preparada con limón, azúcar, aguardiente e hielo.
cair v.i. 1 caer, bajar, tumbar, pender, acontecer, incurrir. 2 venirse abajo. 3 perder fuerza, intensidad o calidad. 4 reducción (de temperatura, producción etc.). 5 devaluarse (las monedas, los títulos etc.). 6 ser destituido de poder o cargo. 7 ser víctima de engaño o trampa. 8 perder la validez. 9 interrumpirse debido a un fallo (se usa para las llamadas telefónicas y transmisiones a larga distancia). 10 parar de funcionar. 11 salir de moda. 12 ceder a un sentimiento intenso. 13 combinar. 14 apasionarse. 15 suceder en determinada época. 16 lanzarse. *cair bem*, caerle bien a alguien. *cair como um pato*, caer como un chorlito, dejarse engañar. *cair duro*, sorprenderse, caer de espaldas. *cair fora*, huir, largarse. *cair mal*, caerle mal a alguien.
cais s.m. (mar) muelle (para embarque y desembarco).
caixa s.f. 1 arca, caja, estuche. 2 receptáculo postal. 3 (com.) ventanilla. *caixa acústica*, altavoz. *caixa eletrônico*, cajero automático. *caixa postal*, apartado, casilla de correo. *caixa de correio*, buzón. *caixa econômica*, caja de ahorros. *caixa-d'água*, depósito de agua, tanque.
caixa s.m. 1 libro haber. 2 cajero. *fechar o caixa*, arquear la caja. *livro caixa*, libro haber.
caixão s.m. cajón, féretro; ataúd.
caixeiro s.m. 1 cajero; encargado de caja comercial. 2 tenedor de libros.
caixinha s.f. (pop.) propina.
caixote s.m. cajón, caja tosca de madera.
cajado s.m. bastón, bordón, báculo, cayado.

caju s.m. marañón, anacardo.
cajueiro s.m. marañón (árbol).
cal s.f. cal (óxido de cal). *cal viva ou virgem*, que no contiene agua. *de pedra e cal*, muy sólido, definitivo.
calabouço s.m. cárcel, prisión, calabozo.
calada s.f. *silêncio total na calada da noite*, entre gallos y medianoches.
calado adj. silencioso, discreto, sosegado, callado, sigiloso.
calafrio s.m. escalofrío, calofrío.
calamidade s.f. calamidad, desgracia, plaga.
calamitoso adj. catastrófico, pésimo, desastroso, funesto, desgraciado.
calar v.t. 1 callar, enmudecer, ocultar. 2 reprimir, disimular. 3 v.p. callar-se, guardar silencio. *cale a boca!* ¡Cállate! Cállate la boca. *quem cala, consente*, quien calla otorga.
calça s.f. pantalón.
calçada s.f. acera, vereda.
calçado s.m. calzado, zapato.
calcanhar s.m. calcañar, talón.
calção s.m. pantalón corto. *calção de banho*, traje de baño, bañador.
calcar v.t. 1 pisar. 2 humillar. No confundir con "calcar" (Obtener una copia de un trazo o escritura por medio de un papel transparente).
calçar v.t. 1 calzar, vestir (zapatos, calcetines, guantes). 2 empedrar. 3 pavimentar. 4 ajustarse bien (calzado).
calcificação s.f. calcificación.
calcificar v.t. 1 calcificar. 2 v.p. tomar la consistencia o el color de la cal.
calcinha s.f. bragas; calzón, bombacha.
cálcio s.m. calcio.
calço s.m. cuña, calce, calza.
calculador/ra adj. e s. calculador, que calcula.
calculadora s.f. calculadora (máquina).
calcular v.t. 1 calcular. 2 contar, evaluar.

calculável

calculável *adj.* computable, calculable.
calculista *s.* 1 interesado, calculista. 2 proyectista.
cálculo *s.m.* 1 cuenta, cálculo. 2 (fig.) evaluación, conjetura. 3 (pl.) cálculos renales.
calda *s.f.* almíbar.
caldeira *s.f.* caldera.
caldeirão *s.m.* caldero, caldera de cocinar.
caldo *s.m.* 1 caldo, sopa, salsa, potaje. 2 zumo, jugo de fruta.
calefação *s.f.* calefacción, calentamiento, acción de aquecer.
calendário *s.m.* calendario, almanaque.
calha *s.f.* canalón, canaleta, caño para conducción de agua.
calhamaço *s.m.* armatoste, mamotreto.
calhambeque *s.m.* trasto viejo.
calhar *v.i.* 1 coincidir, ser oportuno, venir a tiempo, quedar bien. 2 suceder. 3 encajar. *vir a calhar*, venir al pelo/como anillo al dedo.
calibrador *s.m.* calibrador.
calibrar *v.t.* 1 calibrar. 2 medir el calibre de. 3 equilibrar la presión de aire conveniente a un neumático.
calibre *s.m.* calibre, dimensión, diámetro, amplitud, realce, extensión, trascendencia, importancia, talla, anchura, grosor, valía, formato, envergadura, abertura, tamaño.
cálido *adj.* 1 caliente, cálido. 2 (fig.) fogoso, ardiente, apasionado.
caligrafia *s.f.* caligrafía (arte de escribir bien a mano).
calígrafo *s.m.* calígrafo (especialista en caligrafía).
calista *s.* callista, pedicuro.
cálice *s.m.* cáliz.
calma *s.f.* 1 serenidad, tranquilidad, calma. 2 bochorno.
calmante *adj.* sedante, analgésico, calmante.
calmar *v.t.* calmar, tranquilizar, sosegar.
calmo *adj.* sereno, tranquilo, sosegado.

calo *s.m.* 1 callo; callosidad. 2 (fig.) insensibilidad. *criar calo*, habituarse.
calor *s.m.* 1 calor, ardor. 2 (fig.) entusiasmo, animación, vivacidad. 3 cordialidad.
calorento *adj.* caluroso.
caloria *s.f.* 1 caloría. 2 (fís.) medida de cantidad de calor.
calosidade *s.f.* callo, callosidad.
calota *s.f.* tapacubos, copa de rueda, plato de llanta, taza.
calote *s.m.* (fam.) deuda no pagada; estafa. *calote na dívida externa*, cesación de pagos, moratoria.
calotear *v.t. e i.* no pagar lo que se debe, trampear, estafar.
caloteiro *s.m.* estafador, tramposo, ladrón.
calouro *s.m. e adj.* novato, principiante, aprendiz, novicio.
calúnia *s.f.* difamación, calumnia, falsa acusación.
caluniar *v.t.* 1 calumniar, infamar, desprestigiar, difamar, denigrar. 2 *v.i.* decir calumnias.
caluniador *adj.* embustero, difamador, infamador, impostor, calumniador.
calva *s.f.* parte de la cabeza sin cabellos; calva.
calvície *s.f.* calvicie o calvez.
calvo *adj. e s.m.* pelado, calvo, el que no tiene cabello en la cabeza o en parte de ella.
cama *s.f.* 1 lecho, cama, tálamo. 2 sitio de descanso de los animales. *fazer a cama de alguém*, prepararle situación desagradable, moverle el piso.
camada *s.f.* 1 estrato, camada. 2 capa. 3 clase social.
camaleão *s.m.* (zool.) 1 camaleón (réptil saurio). 2 (fig.) persona voluble, que cambia a menudo.
câmara *s.f.* 1 cámara, cuarto de dormir. 2 asamblea legislativa. 3 aparato óptico. 4 compartimiento cerrado. 5 camarógrafo.

camarada s. 1 compañero, camarada, amigo. 2 (fam.) compinche. 3 condiscípulo. 4 soldado.
camaradagem s.f. familiaridad, camaradería, compañerismo.
camarão s.m. (zool.) camarón, gamba.
camareiro/ra s. camarero, sirviente, criado.
camarim s.m. camerino (en el teatro); gabinete.
camarote s.m. 1 camarote (de barco). 2 palco (en el teatro).
cambalacho s.m. (fam.) cambalache, chanchullo, prendería, negociata.
cambaleante adj. que tambalea, que oscila.
cambalear v.i. 1 oscilar andando, tambalear. 2 (fig.) vacilar.
cambalhota s.f. tumba carnero, bote carnero.
cambial adj. cambiario.
cambiar v.t. 1 trocar. 2 cambiar (monedas). 3 permutar, variar. 4 v.i. cambiar de colores, opinión o sistema.
câmbio s.m. 1 trueque de monedas, letras. 2 permuta; agio. *câmbio negro*, estraperlo, cambio libre, mercado negro, chanchullo.
cambista s. 1 cambista, banquero, cambiador. 2 dolero, plantita (persona que vende en el cambio negro).
camélia s.f. (bot.) camelia (planta ornamental y su flor).
camelô s.m. (pop.) vendedor ambulante.
camelo s.m. (zool.) 1 camello. 2 (fig.) bicicleta.
caminhada s.f. jornada, caminata, acción de caminar.
caminhante s. caminante, viandante, persona que camina.
caminhão s.m. camión, carreta detransportes, vehículo grande y resistente destinado a transportar grandes cargas. *caminhão-tanque*, autobomba.
caminhar v.i. 1 caminar, seguir, marchar, andar. 2 progresar, avanzar. 3 correr bien o mal (un negocio).
caminho s.m. 1 camino, paso, distancia, dirección, trillo, senda, trayecto. 2 (fig.) vía o medio para obtener un fin.
caminhoneiro s.m. camionero.
caminhonete s.f. camioneta, camión pequeño.
camisa s.f. 1 camisa. 2 envoltorio, involucro. *camisinha*, preservativo, condón. *camisa de força*, camisa de fuerza. *camisa de onze varas*, gran dificultad.
camiseta s.f. camiseta.
camisola s.f. camisón (pieza de vestir interior).
camomila s.f. (bot.) manzanilla (planta y flor).
campainha s.f. 1 timbre, campanilla. 2 (bot.) campanilla (planta y flor). 3 campanilla, úvula.
campanário s.m. torre, campanario.
campanha s.f. 1 campaña, campo. 2 (mil.) guerra, batalla. 3 (fig.) gran esfuerzo por un fin social, caritativo.
campeão s.m. campeón.
campear v.t. 1 recorrer un campo a caballo. 2 buscar ganado en el campo.
campeonato s.m. campeonato, competición deportiva.
campesino adj. campestre, rústico.
campestre adj. campesino, rústico.
campina s.f. campiña, llanura, descampado, planicie extensa sin población ni árboles.
campismo s.m. permanencia en el campo en tienda o abrigo por recreo.
campista s. campista, el que practica el campismo.
campo s.m. 1 campo. 2 asunto. 3 área de conocimiento. 4 (fís.) campo de fuerza. 5 grupo de informaciones bien definidas en un impreso. *campo santo*, cementerio. *chamar a campo*, desafiar.
camponês s.m. paisano, campesino.

campus s.m. 1 campus, zona universitária. 2 (pl.) campi.
camuflagem s.f. (el) camuflaje, disfraz.
camuflar v.t. disfrazar, camuflar, disimular.
camundongo s.m. ratón, laucha.
camurça s.f. gamuza.
cana s.m. (bot.) caña, tallo. *cana-de-açúcar*, caña de azúcar.
canadense adj. canadiense.
canal s.m. 1 canal. 2 banda de frecuencia por la que se capta emisión de televisión. 3 cauce, acequia. 4 (mar) estrecho, canal. 5 (med.) tubo, conducto. 6 (fig.) modo, vía, medio.
canalha s. e adj. 1 gente vil. 2 canalla, vil, despreciable, sin verguenza.
canalização s.f. 1 canalización. 2 fontanería, cañería, desagues.
canalizar v.t. 1 canalizar, acequiar, encanalar. 2 (fig.) dirigir, conducir, orientar.
canapé s.m. diván, sofá.
canapé s.m. aperitivo.
canário s.m. canario (pájaro).
canavial s.m. (bot.) cañaveral, plantío de cañas.
canastrão s.m. actor mediocre.
canção s.f. canción, canto, poesía lírica.
cancelamento s.m. acción de cancelar, cancelamiento, cancelación, anulación.
cancelar v.t. cancelar, anular, terminar, borrar.
câncer s.m. 1 (med.) cáncer, tumor, carcinoma (tumor maligno). 2 constelación. 3 signo del zodíaco.
canceriano adj. individuo del signo de cáncer.
cancha s.f. 1 pista para carrera de caballos. 2 terreno llano.
cancioneiro s.m. cancionero.
candelabro s.m. candelero, araña, lámpara de cristal, candelabro.

candente adj. 1 abrasador, candente. 2 (fig.) resplandeciente.
candidatar-se v.p. proponerse como candidato.
candidato s.m. candidato, postulante, aspirante.
candidatura s.f. candidatura, postulación.
candidez s.f. 1 blancura, candidez. 2 (fig.) inocencia, simplicidad.
cândido adj. 1 blanco, cándido, inmaculado. 2 (fig.) puro, sincero, inocente, ingenuo.
candomblé s.m. 1 culto afrobrasileño. 2 designación genérica de distintas sectas derivadas del candomblé. 3 sitio donde se lleva a cabo el culto del candomblé.
candura s.f. candor, albura, inocencia, ingenuidad, pureza.
caneca s.f. taza, pocillo.
canela s.f. 1 canela (árbol aromático y su cáscara) 2 (anat.) tibia, canilla (hueso largo de la pierna). *esticar as canelas*, morir. *dar às canelas*, correr, huir.
caneta s.f. pluma, portaplumas, bolígrafo, birome. *caneta esferográfica*, bolígrafo, esferográfica, lapicera. *caneta-tinteiro*, estilográfica, pluma fuente.
canelera s.f. canillera, espinillera.
cânfora s.f. alcanfor.
canga s.f. rectángulo de tela de algodón, en forma de falda, que se usa en la playa.
cangote s.m. cogote.
canguru s.m. (zool.) canguro.
cânhamo s.m. (bot.) 1 cáñamo (planta y semilla). 2 hilos o tejidos hechos con sus fibras.
canhão s.m. (mil.) 1 cañon (pieza de artillería). 2 valle estrecho, desfiladero. 3 caña de la bota. 4 (fig.) individuo feo.
canhoto adj. 1 zurdo, izquierdo. 2 (com.) resguardo, contraseña, recibo.

canibal *s.m.* 1 antropófago, caníbal. 2 animal que se come a otros de la misma especie.
canibal *adj.* caníbal.
canibalismo *s.m.* 1 antropofagía, canibalismo. 2 (fig.) ferocidad.
canil *s.m.* perrera (lugar donde se alojan perros).
canino *adj.* canino (relativo al perro).
canino *s.m.* 1 colmillo, diente. 2 (fig.) maligno.
canivete *s.m.* cortaplumas; navaja pequeña (de bolsillo).
canja *s.f.* 1 caldo de gallina con arroz. 2 (fig.) cosa fácil.
canjica *s.f.* maíz cocido con azúcar, mazamorra.
cano *s.m.* caño, tubo, cañón; alcantarilla. (pop.) *dar um cano*, dar un esquinazo, dejar plantado. *entrar pelo cano*, fregarse, jorobarse, resultar mal (algo o alguien).
canonizar *v.t.* 1 declarar santo, canonizar, santificar. 2 (fig.) alabar, enaltecer.
cansaço *s.m.* cansancio, debilidad, fatiga.
cansado *adj.* fatigado, cansado, agotado, rendido, extenuado, exhausto.
cansar *v.i.* 1 fatigar, debilitar, cansar. 2 aburrir, fastidiar. 3 (fig.) moler.
cansativo *adj.* fatigoso, pesado, agotador, cansador.
canseira *s.f.* cansancio, fatiga, agotamiento.
cantada *s.f.* (Bras.) piropo, alago, flor (normalmente para seducir). *dar uma cantada*, decir un piropo.
cantão *s.m.* región, cantón.
cantar *v.i.* 1 entonar, gorjear, cantar. 2 alagar, alabar.
cântaro *s.m.* cántaro (recipiente para líquidos). *chuva a cântaros*, lluvia torrencial.
cantarolar *v.t. e i.* canturrear, cantusar, tatarear, cantar a media voz.

canteiro *s.m.* 1 cantero, el que trabaja en cantería. 2 terreno para plantar flores, verduras, legumbres. *canteiro de obra*, terreno listo para una construcción u obra pública, con máquinas y obreros trabajando.
cantina *s.f.* cantina, bar, local para venta de bebidas y comidas.
canto *s.m.* 1 canto, canción. 2 rincón, ángulo. 3 lugar alejado. 4 parte de un poema. *canto de sereia*, lenguaje lisonjero para atraer. *canto de cisne*, última expresión de un artista, producción final, al fin de la vida.
cantoneira *s.f.* repisa que se pone en un rincón, rinconera.
cantor *s.m.* cantor, cantante.
canudo *s.m.* 1 canuto, tubo; paja, pajilla. 2 engaño, perjuicio. 3 tubo con el diploma de una carrera.
cão *s.m.* 1 (zool.) perro, can. 2 arma de fuego.
caolho *adj.* (fam.) tuerto.
caos *s.m.* 1 caos, confusión, desorden. 2 (fig.) anarquía.
caótico *adj.* 1 caótico. 2 (fig.) desordenado, confuso.
capa *s.f.* 1 capa (prenda de vestir). 2 cubierta, forro. 3 portada, tapa, carátula (de un libro, disco etc.). *capa de chuva*, impermeable.
capacete *s.m.* casco.
capacho *s.m.* 1 felpudo, peludo (para limpiar el calzado). 2 (fig.) hombre servil.
capacidade *s.f.* 1 capacidad, extensión, suficiencia. 2 (fig.) talento, habilidad.
capacitação *s.f.* capacitación, habilitación.
capacitado *adj.* capaz, apto, capacitado, habilitado.
capacitar *v.t.* 1 capacitar. 2 persuadir. 2 *v.p.* convencerse.
capado *adj.* capado, castrado.
capanga *s.m.* (Bras.) 1 el que se presta a matar o maltratar alguien. 2 valentón. 3 guardaespaldas, matón.

capanga *s.f.* bolsa usada por hombres.
capão *s.m.* capón.
capão *adj.* castrado, capado.
capar *v.t.* castrar, capar.
capataz *s.m.* capataz, jefe o encargado de los trabajadores; mayoral.
capaz *adj.* apto, capaz, suficiente, espacioso, amplio, grande, suficiente.
capcioso *adj.* artificioso, engañoso, capcioso.
capear *v.t.* 1 forrar (libro, folleto, etc.). 2 ocultar, encubrir.
capela *s.f.* 1 capilla, pequeña iglesia. 3 grinalda de flores.
capelão *s.m.* capellán, clérigo.
capenga *s.* cojo, rengo, destartalado.
capeta *s.m.* diablo.
capeta *adj.* chiquillo travieso, pícaro.
capilar *adj.* 1 capilar (relativo al cabello). 2 fino como un cabello.
capilaridade *s.f.* capilaridad, extensión de una red.
capim *s.m.* (bot.) pasto, hierba, (nombre de varias especies de gramíneas).
capital *adj.* 1 fundamental, principal. 2 capital (dícese de la pena de muerte). 3 relativo a la cabeza.
capital *s.f.* capital (de un país).
capital *s.m.* bienes de alguien, posesiones, dinero, caudal.
capitalismo *s.m.* capitalismo (régimen social).
capitalista *s.* 1 capitalista, que vive del rendimiento de un capital. 2 quien suministra capital a una empresa (socio). 3 partidario del capitalismo.
capitalizar *v.t.* convertir en capital, agregar al capital, capitalizar.
capitanear *v.t.* comandar.
capitão *s.m.* 1 capitán, oficial del ejército. 2 el que manda en un buque mercante. 3 jefe en un grupo deportivo. *capitão de mar e guerra*, capitán de barco, oficial superior de marina, que manda en un barco de guerra.
capítulo *s.m.* 1 capítulo (del libro). 2 cabildo. 3 (for.) asamblea.
capivara *s.f.* (zool.) capivara (gran mamífero roedor de América del Sur).
capô *s.m.* capó, cubierta del motor (en los automóviles).
capoeira *s.f.* (desp.) 1 especie de arte marcial afrobrasileña. 2 gallinero.
capota *s.f.* cubierta, capota.
capotar *v.i.* 1 volcar, capotar. 2 (fam.) dormirse, desmayarse.
capote *s.m.* 1 abrigo, capote. 2 (fig.) disfraz.
caprichar *v.i.* 1 tener un capricho, obstinarse. 2 esmerarse, aplicarse.
capricho *s.m.* 1 capricho, antojo, obstinación. 2 esmero.
caprichoso *adj.* 1 que tiene caprichos. 2 voluble, inconstante, mutable. 3 extravagante.
capricorniano *adj.* nacido bajo el signo de capricornio.
capricórnio *s.m.* 1 capricornio (constelación zodiacal). 2 signo.
capricórnio *adj.* que tiene cuernos como la cabra.
caprino *adj.* cabruno, caprino.
cápsula *s.f.* 1 cápsula, involucro, receptáculo. 2 estuche.
captação *s.f.* acción y efecto de captar; captación.
captar *v.t.* 1 obtener, atraer, captar, interceptar. 2 (fig.) granjear, coger.
captura *s.f.* 1 captura, apresamiento, prisión, acción de capturar.
capturar *v.t.* arrestar, aprehender, capturar, aprisionar.
capuchinho *s.m.* capuchino.
capuz *s.m.* capucha, caperuza, cobertura para la cabeza.

cáqui *adj. e s.m.* 1 caqui (tecido). 2 kaki (color).

caqui *s.m.* (bot.) caqui (árbol cuyo fruto es rojo).

cara *s.f.* 1 rostro, cara. 2 semblante, aspecto. 3 lado (de la moneda con la efigie). 4 (fam.) tío. 5 osadía, coraje. *cara de tacho*, cara de desilusionado. *cara ou coroa*, cara o sello, cara o cruz. *cara-de-pau*, caradura. *cara-metade*, media naranja. *com a cara e a coragem*, sin ayuda, con esfuerzo propio. *encher a cara*, emborracharse. *estar na cara*, ser muy evidente. *jogar na cara*, echar en cara. *livrar a cara*, librarse de una mala situación, quedar bien. *não ir com a cara*, no tragarse (a una persona), caerle mal alguien. *quebrar a cara*, fracasar, desilusionarse. *ser a cara do pai*, ser el padre en persona. *loc. adv. cara a cara*, frente a frente.

carabina *s.f.* carabina.

caracol *s.m.* 1 caracol (molusco). 2 bucle, rizo o rulo (del pelo). 3 (anat.) parte del oído interno. 4 escalera.

caractere *s.m.* 1 carácter. 2 símbolo utilizado en la comunicación escrita.

caracteres *s.m.* (pl.) subtítulos (televisión).

característica *s.f.* característica, particularidad, rasgo.

característico *adj.* propio, típico, característico, distintivo.

caracterização *s.f.* 1 caracterización (teatro). 2 acción y efecto de caracterizar. 3 determinación del carácter.

caracterizar *v.t.* 1 individualizar, poner en evidencia. 2 describir los rasgos de la personalidad. 3 distinguirse. 4 pintar y vestir (al actor).

cara de pau *adj. e s.m.* (fam.) sinvergüenza, caradura.

caramanchão *s.m.* glorieta, pabellón en los jardines.

caramba *interj.* ¡Caramba! ¡Caray!

carambola *s.f.* 1 jugada de billar. 2 fruta.

caramelo *s.m.* 1 caramelo. 2 almíbar.

cara-metade *s.f.* media naranja.

caramujo *s.m.* 1 escaramujo, caracol (molusco). 2 (fig.) hombre ensimismado.

caranguejeira *s.f.* araña grande, peluda, de picada dolorosa.

caranguejo *s.m.* cangrejo (crustáceo).

carapaça *s.f.* caparazón, coraza.

carapuça *s.f.* caperuza.

caratê *s.m.* (desp.) Kárate.

caráter *s.m.* 1 cuño, cualidad, índole, personalidad, carácter, señal. 2 particularidad, característica. 3 genio, expresión. 4 dignidad, temperamento, rasgo. 5 (fig.) firmeza.

caravana *s.f.* caravana; grupo excursionista.

carboidrato *s.m.* (quím.) carbohidrato, hidrato de carbono.

carbônico *adj.* (quím.) carbónico (cuerpos en los que entra el carbono).

carbonização *s.f.* acción y efecto de carbonizar; carbonización.

carbonizar *v.t.* reducir a carbón; carbonizar.

carbono *s.m.* (quím.) carbono (cuerpo simple).

carburação *s.f.* carburación (mezcla de aire con líquido inflamable en el carburador).

carburador *s.m.* (mec.) carburador (aparato donde se produce la carburación).

carburante *adj. e s.m.* (quím.) carburante (substancia que alimenta los motores de explosión).

carburar *v.t.* (quím.) carburar (mezclar aire con carburantes).

carcaça *s.f.* 1 esqueleto, armazón, armadura. 2 caparazón, coraza. 3 estructura vieja de un barco.

cárcere *s.m.* cárcel, prisión, calabozo.

carcereiro *s.m.* carcelero, llavero, guardián de la cárcel.

carcinoma s.m. (med.) cáncer, carcinoma, tumor maligno.
carcomer v.t. 1 roer, carcomer. 2 (fig.) consumir lentamente, corroer.
carcomido adj. corroído, carcomido, gastado.
cardada s.f. porción de lana que se carda de una vez; cardada.
cardápio s.m. (Bras.) menú, carta (de restaurante).
cardar v.t. 1 desenredar, peinar con carda, cardar. 2 preparar materia textil para el hilado. 3 (fam.) hurtar, ratear.
cardeal s.m. 1 cardenal (prelado). 2 pájaro rojo.
cardíaco adj. cardíaco, del corazón.
cardinal adj. principal, cardinal.
cardiologia s.f. cardiología (tratado de las enfermedades del corazón).
cardiologista s.m. cardiólogo (especialista en enfermedades del corazón).
cardume s.m. cardumen, cantidad de peces.
careca s.f. calva, pelada.
careca adj. persona calva, sin pelo.
carecer v.t. necesitar, tener necesidad, no tener, carecer.
careiro adj. carero, que vende caro.
carência s.f. 1 necesidad, carencia, privación de algo, falta. *carência afetiva*, falta de afecto. 2 período de gracia para la utilización de un seguro o de un plan de previsión social.
carente adj. necesitado, privado.
carestia s.f. escasez, falta, carestía.
careta s.f. gesto, mueca.
careta adj. (fig.) persona moralista, anticuada, chapado a la antigua.
carga s.f. 1 cargamento, carga, capacidad. 2 peso, fardo. 3 (elet.) acumulación de electricidad. 4 (fig.) obligación. 5 munición. *carga impositiva*. acumulación de impuestos.

cargo s.m. 1 empleo, función, puesto, oficio. 2 gasto, peso, obligación, responsabilidad.
cargueiro s.m. carguero (buque mercante).
cariar v.i. 1 padecer caries, cariarse. 2 v.t. producir caries.
caribenho adj. caribeño, del Caribe.
caricato adj. ridículo, burlesco, caricaturesco.
caricato s.m. actor cuyo papel consiste en ridiculizar; bufo, cómico.
caricatura s.f. caricatura, imitación cómica.
caricaturista adj. caricaturista.
carícia s.f. mimo, caricia, halago, cariño.
caridade s.f. 1 caridad, amor al prójimo, benevolencia, compasión. 2 limosma.
caridoso adj. compasivo, caritativo.
cárie s.f. carie.
carimbar v.t. sellar, timbrar.
carimbo s.m. timbre, sello. *carimbo de correio*, sello de correos.
carinho s.m. afecto, cariño, halago, caricia.
carinhoso adj. afectuoso, afable, amoroso, cariñoso.
carisma s.m. carisma, personalidad atractiva, influyente.
carismático adj. carismático, que tiene carisma, que atrae e influye.
carmim adj. carmín, rojo.
carmim s.m. carmín, carmesí (substancia colorante).
carnal adj. 1 carnal (referente a la carne). 2 sensual. 3 consanguíneo.
carnaval s.m. carnaval.
carnavalesco adj. 1 relativo al carnaval. 2 caricato.
carnavalesco s.m. persona que prepara el desfile de la escuela de samba.
carne s.f. 1 tejido muscular; carne. 2 sensualidad. 3 materia (en oposición al espiritu). 4 pulpa (de los frutos). *carne de sol*, (Bras.) carne salada y seca. *bolinho de carne*, albóndiga. *sofrer na própria carne*, sufrir en carne propia.

carnê *s.m.* (com.) libreta de pagos, carnet.
carneiro *s.m.* 1 oveja. 2 áries (signo del zodíaco). 3 osario, sepultura.
carniça *s.f.* 1 matanza. 2 carroña.
carniceiro *adj.* 1 carnicero, carnívoro. 2 sanguinario, cruel.
carniceiro *s.m.* matarife, asesino.
carnificina *s.f.* matanza, mortandad, degollina, hecatombe.
carnívoro *adj.* carnívoro.
carnudo *adj.* carnoso, grueso.
caro *adj.* 1 costoso, caro, subido de precio. 2 querido, estimado.
caro *adv.* caro, precio subido.
caroço *s.m.* 1 (bot.) carozo, hueso de las frutas. 2 (med.) bulto, grano (en la piel).
carona *s.f.* autostop. *pedir carona*, pedir jalón (Méjico y América Central); hacer dedo; pedir la cola (Venezuela).
carótida *s.f.* (anat.) carótida (arteria).
carpa *s.f.* carpa (pez.). No confundir con tienda de campaña. 'barraca'.
carpete *s.m.* alfombra, moqueta.
carpideira *s.f.* plañidera.
carpintaria *s.f.* carpintería.
carpinteiro *s.m.* carpintero.
carpir *v.t.* 1 contar lamentándose. 2 arrancar, desarraigar, limpiar. 3 *v.p.* dolerse, lamentarse.
carranca *s.f.* 1 cara fea, mascarón, semblante enfurruñado. 2 mascarón de proa, cara de piedra, madera o metal que sirva de adorno en embarcaciones y construcciones.
carrancudo *adj.* ceñudo, huraño, aferruzado, malhumorado.
carrapato *s.m.* garrapata.
carrasco *s.m.* 1 verdugo, ejecutor de la justicia. 2 (fig.) hombre cruel.
carrear *v.t.* acarretar, acarrear, carretear.
carreata *s.f.* manifestación pública en la que participa un gran número de vehículos.

carregador *adj.* e *s.m.* 1 cargador, portador. 2 maletero, fletador.
carregamento *s.m.* carga, cargamento.
carregar *v.t.* 1 cargar. 2 llevar, transportar. 3 traer consigo. 4 acumular (electricidad). 5 colocar proyectiles en; poner carga, llenar. 6 *v.p.* cargarse (la atmósfera). 7 *v.i.* atacar con ímpetu.
carreira *s.f.* 1 carrera, profesión. 2 paso rápido de un sitio a otro. 3 curso de los astros. 4 línea de puntos. 5 ruta de un buque.
carreta *s.f.* 1 carreta, carretón (de artillería). 2 camión de gran carrocería, remolque.
carretel *s.m.* carrete, bobina, carretel, cilindro de madera.
carreto *s.m.* 1 acarreo, transporte. 2 flete.
carril *s.m.* carril; raíl; surco (de las ruedas del coche).
carrinho *s.m.* 1 coche para transportar al bebé. 2 diminutivo de coche.
carro *s.m.* coche, automóvil, auto, carro, vagón. *desfile de carro*, corso.
carroça *s.f.* carretón, carroza, carreta.
carroceria *s.f.* carrocería.
carruagem *s.f.* carruaje.
carta *s.f.* 1 carta, epístola, comunicación escrita. 2 constitución, estatuto. 3 naipe, baraja. 4 carné de conducir. 5 menú. *dar cartas*, mandar, disponer libremente el futuro.
cartão *s.m.* 1 tarjeta de visita. 2 tarjeta de crédito. *cartão-postal*, postal.
cartaz *s.m.* anuncio, letrero, cartel. *cartaz de propaganda*, valla publicitaria. *ter cartaz*, tener fama o influencia. *estar em cartaz*, estar en cartelera. *cartão-resposta*, cupón de respuesta.
carteira *s.f.* 1 pupitre. 2 cartera, bolso. 3 monedero. 4 documento (de identidad, de conducir). 5 conjunto de títulos que posee un inversionista. *batedor de carteira*, carterista. *carteira de habilitação*, carné de conducir.

carteira de identidade, cédula de identidad.
carteira de trabalho/carteira profissional, libreta de trabajo.
carteiro *s.m.* cartero.
cartel *s.m.* 1 anuncio. 2 acuerdo entre empresas para subir los precios y restringir la competencia.
cartela *s.f.* 1 muestrario. 2 embalaje de plástico para la venta de productos pequeños, tales como, pilas, hojillas de afeitar, etc.
cartilagem *s.f.* (med.) cartílago.
cartilaginoso *adj.* cartilaginoso, que tiene cartílagos.
cartilha *s.f.* cartilla.
cartografia *s.f.* cartografía (arte de hacer mapas).
cartógrafo *s.m.* cartógrafo (el que hace mapas).
cartola *s.f.* sombrero alto, de copa.
cartola *s.m.* (fig.) (Bras.) dirigente de clube deportivo.
cartolina *s.f.* cartulina.
cartomancia *s.f.* cartomancia (adivinación por medio de cartas o naipes).
cartomante *s.* cartomántico, persona que practica la cartomancia.
cartório *s.m.* 1 archivo (de documentos públicos). 2 notaría. 3 oficina de escribano. 4 registro civil. *ter culpa no cartório*, estar involucrado en algo.
cartucho *s.m.* 1 paquete, cartucho (de armas). 2 recipiente con tinta para impresora. *queimar o último cartucho*, intentar el último esfuerzo.
caruncho *s.m.* 1 (zool.) polilla (insecto coleóptero). 2 polvo de las maderas procedente de la acción destructora de este insecto. 3 podredumbre.
carvalho *s.m.* roble.
carvão *s.m.* 1 carbón, brasa apagada. 2 dibujo hecho a carbón. *carvão de pedra*, hulla.

casa *s.f.* 1 moradía, vivienda, casa, posada, rincón, hogar, residencia. 2 ojal (para botones). 3 establecimiento comercial o industrial. 4 (mat.) grupo de decenas. 5 casa decimal. *casa de campo*, villa, quinta. *casa de detenção*, cárcel. *casa de penhor*, casa de empeños. *casa geminada*, casa adosada. *santa casa*, hospital de misericordia.
casaca *s.f.* casaca, frac (vestidura masculina de etiqueta). *virar casaca*, mudar de partido o de ideas.
casaco *s.m.* 1 mantón, abrigo, chaqueta, chaquetón, sobretodo. 2 saco.
casado *adj.* que casó, casado, desposado.
casal *s.m.* 1 pareja, matrimonio. 2 casa de campo, lugar de pocas casas.
casamento *s.m.* 1 casamiento, nupcias, matrimonio, boda. 2 ceremonia. 3 alianza, unión.
casar *v.t. e i.* 1 casarse, desposarse, unir por casamiento. 2 *v.p.* combinar, adaptarse, armonizar. 3 promover el casamiento de. 4 (fig.) tomar estado, enlazarse, unirse.
casarão *s.m.* caserón.
casario *s.m.* caserío (grupo de casas).
casca *s.f.* 1 cáscara, piel, corteza o cubierta (frutas). 2 corcho, costra. 3 (fig.) apariencia exterior. *casca de ovo*, cascarón. *casca-grossa*, grosero. *casca de siri*, aperitivo o platillo con un cangrejo pequeño servido.
cascalho *s.m.* cascajo.
cascão *s.m.* 1 costra de suciedad. 2 cáscara de uma herida.
cascata *s.f.* 1 cascada (salto de agua). 2 (fig.) bravata, fanfarronada, mentira.
casco *s.m.* 1 botella de cerveza o gaseosa. 2 cráneo. 3 uñas de los caballos, las vacas, etc.
cascudo *s.m.* coscorrón.
casebre *s.m.* choza.

catedral

caseiro *adj.* 1 hecho en casa, casero. 2 que le gusta la casa.
caseiro *s.m.* encargado de casa de campo, cuidandero, casero.
caso *conj.* en caso de que.
caso *s.m.* 1 suceso, hecho, caso, hipótesis, acontecimiento, cuento, anécdota. 2 (pop.) lío amoroso. 3 (med.) cuadro. *criar caso*, generar polémica.
casório *s.m.* casamiento, matrimonio, boda.
caspa *s.f.* caspa.
cáspite *interj.* ¡Cáspita! (denota admiración, espanto).
casquinha *s.f.* 1 cáscara delgada. 2 (Bras.) cono de helado.
cassação *s.f.* anulación, pérdida de derechos.
cassar *v.t.* retirar, anular, quitar derechos políticos o profesionales.
cassete *s.m.* casete (cinta y aparato).
cassino *s.m.* casino.
casta *s.f.* 1 clase, casta, género. 2 raza, linaje. 3 cualidad.
castanha *s.f.* 1 castaña. 2 hueso del marañón.
castanho *adj.* castaño (madera y color).
castanholas *s.f.(pl.)* catañuelas.
castelhano *adj.* español, castellano.
castelhano *s.m.* español (idioma), castellano.
castelo *s.m.* castillo.
castiçal *s.m.* candelabro, arandela, bujía.
castidade *s.f.* virginidad, pureza, castidad, continencia.
castigar *v.t.* castigar, afligir, condenar, disciplinar, penalizar.
castigo *s.m.* punición, penalidad, pena, castigo, sanción.
casto *adj.* puro, inocente, virginal, púdico, casto.
castrar *v.t.* 1 castrar, capar. 2 impedir el desarrollo de, reprimir.
casual *adj.* eventual, incidental, fortuito, casual.
casualidade *s.f.* 1 acaso, eventualidad. 2 accidente, azar.
casualmente *adv.* impensadamente, por casualidad.
casulo *s.m.* 1 capullo, alvéolo. 2 (bot.) cápsula que envuelve las semillas.
cata *s.f.* 1 acción de buscar, recoger. 2 escavación para minería.
cataclismo *s.m.* cataclismo, desastre social.
catalepsia *s.f.* catalepsia (accidente nervioso).
catalisador *adj.* (quím.) catalisador.
catalogar *v.t.* clasificar, ordenar, alistar, inscribir.
catálogo *s.m.* 1 lista, registro, tabla, inventario. 2 rol, elenco, catálogo, índice, nomenclatura.
cataplasma *s.f.* cataplasma.
catapora *s.f.* (med.) varicela.
catar *v.t.* 1 buscar. 2 recoger uno por uno. 3 sacar piojos o pulgas. 4 escoger granos (frijoles u otros). No confundir con 'probar' (vinos, quesos, etc.).
catarata *s.f.* 1 cascada, catarata, salto grande de agua. 2 (med.) opacidad del cristalino del ojo, cataratas.
catarro *s.m.* secreción.
catastrófico *adj.* calamitoso, dramático, trágico, catastrófico.
catástrofe *s.f.* hecatombe, desgracia, catástrofe.
catecismo *s.m.* catecismo (compendio de la doctrina cristiana).
cátedra *s.f.* 1 cátedra; asiento magistral. 2 sede pontifical. *falar ex cathedra*, hablar con autoridad.
catedral *s.f.* catedral (iglesia sede del obispo).

catedrático *adj. e s.m.* 1 catedrático (profesor que tiene cátedra). 2 persona versada.
categoria *s.f.* 1 categoría. 2 clase. 3 jerarquía, carácter, condición.
categórico *adj.* 1 categórico. 2 claro, explícito.
catequese *s.f.* catequesis, catecismo.
catequista *s.* persona que enseña la doctrina cristiana a niños.
catequizar *v.i.* 1 evangelizar, catequizar, instruir en el cristianismo. 2 buscar convencer.
catinga *s.f.* 1 olor desagradable. 2 catinga.
cativante *adj.* cautivador, que cautiva, que seduce.
cativar *v.t.* 1 cautivar, atraer, seducir, encantar. 2 *v.p.* caer en cautiverio.
cativeiro *s.m.* cautiverio, esclavitud, prisión.
cativo *adj.* 1 cautivo, esclavo, prisionero, sometido. 2 atraído, seducido.
catolicismo *s.m.* catolicismo.
católico *adj. e s.m.* católico, universal, que profesa el catolicismo.
catorze *(num. ord.)* catorce.
catraca *s.f.* torniquete, molinete (en autobuses, estaciones de metro, de tren etc.).
caução *s.f.* 1 caución, cautela, fianza. 2 garantia, aval.
cauda *s.f.* 1 cola, rabo. *cauda de animal*, cola. 2 retaguardia. 3 parte del vestido que se arrastra.
caudal *adj.* 1 caudal, perteneciente a la cola. 2 caudaloso, abundante.
caudaloso *adj.* torrencial, abundante, caudaloso.
caudilho *s.m.* caudillo, cabecilla.
caule *s.m.* (bot.) tallo, tronco.
causa *s.f.* 1 origen, razón, motivo, materia, raíz, agente, presupuesto, causa. 2 (der) acción judicial, demanda. *por causa de*, a causa de. *demissão por justa causa*, despido por motivo grave.

causador *s.m.* causante.
causalidade *s.f.* causalidad, principio, origen.
causar *v.t.* 1 producir, ocasionar, traer, hacer, causar. 2 (fig.) acarrear.
cautela *s.f.* 1 precaución, cautela, cuidado. 2 recibo que se da a quien solicita un préstamo. 3 certificado o título temporal que representa acciones.
cauteloso *adj.* cauteloso, precavido, meticuloso.
cauterização *s.f.* cauterización.
cauterizar *v.t.* aplicar cauterio; cauterizar.
cava *s.f.* 1 excavación, cava. 2 sisa (de las prendas de vestir). 3 vena.
cavalaria *s.f.* 1 manada de caballos. 2 caballería, equitación.
cavaleiro *s.m.* 1 caballero, que anda a caballo, jinete, yoquey. 2 hombre noble, educado, gentil.
cavalete *s.m.* caballete (para pintar).
cavalgada *s.f.* cabalgata.
cavalgar *v.i.* cabalgar, montar a caballo.
cavalheirismo *s.m.* distinción, caballerosidad, nobleza.
cavalheiro *adj.* 1 caballero, hombre noble, cortés. 2 caballeroso, educado.
cavalheiro *s.m.* 1 caballero, hombre noble, cortés. 2 caballeroso.
cavalo *s.m.* 1 caballo. 2 hombre grosero o poco inteligente. 3 caballo (pieza del juego de ajedrez). *cavalo-marinho*, caballo marino.
cavanhaque *s.m.* barbilla que ocupa la región del mentón y termina en punta.
cavaquinho *s.m.* (mús.) guitarra pequeña de quatro cuerdas.
cavar *v.t.* 1 cavar, excavar, ahondar, ahuecar, penetrar. 2 extraer, conseguir, obtener con esfuerzo. 3 investigar.
caveira *s.f.* 1 calavera. 2 (fig.) persona flaca. *fazer a caveira de alguém*, hablar mal, criticar para perjudicar a alguien.

caverna *s.f.* antro, gruta, cripta, cueva, caverna.
cavernoso *adj.* cavernoso.
caviar *s.m.* caviar (huevos de esturjón salados).
cavidade *s.f.* cueva, cavidad, fosa, recipiente, depresión.
caxias *adj.* 1 (Bras.) muy dedicado a sus actividades. 2 empollón, estudioso, trabajador.
cebola *s.f.* 1 cebolla, bulbo de algunas plantas. 2 (pop.) reloj de bolsillo.
cebolada *s.f.* salsa preparada con cebollas guisadas o fritas.
cedente *s.* cesionista, el que cede.
ceder *v.t. e i.* 1 ceder, renunciar, desistir, sucumbir, conceder. 2 *v.p.* aflojarse.
cedilha *s.m.* c con cedilla, ç; no tiene correspondencia en el alfabeto español, ce francesa.
cedo *adv.* 1 temprano. 2 de prisa. 3 pronto, al instante.
cedro *s.m.* cedro (árbol y su madera).
cédula *s.f.* 1 cédula. 2 billete (moneda). 3 voto, documento impreso con el nombre del candidato. 4 póliza.
cefaleia *s.f.* cefalea, dolor de cabeza.
cegar *v.t.* 1 volver ciego, cegar, encandillar, ofuscar, embotar. 2 *v.p.* fascinar. 3 hacer perder la razón. 4 quitarle el filo (a un cuchillo, a una navaja, a unas tijeras, etc.).
cego *s.m.* 1 ciego, persona que no ve. 2 alucinado, fascinado. 3 sin corte o filo. *às cegas*, a tientas.
cegonha *s.f.* 1 (zool.) cigüeña. 2 camión plumas, transportador de automóviles.
cegueira *s.f.* 1 ceguera, ceguedad. 2 (fig.) pasión violenta. 3 fanatismo.
ceia *s.f.* cena. *santa ceia*, última cena.
ceifar *v.t.* 1 cortar los cereales, segar, cortar. 2 (fig.) arrebatarle la vida a alguien.

ceifeiro *s.m.* segador.
cela *s.f.* 1 celda (de convento o cárcel). 2 alcoba, habitación.
celebração *s.f.* celebración.
celebrar *v.t.* 1 exaltar, alabar. 2 conmemorar, celebrar, agasajar. 3 decir misa.
célebre *adj.* célebre, famoso, afamado, notable, renombrado, ilustre.
celebridade *s.f.* celebridad, notabilidad, popularidad, renombre, fama.
celeridade *s.f.* rapidez, ligereza, celeridad.
celestial *adj.* 1 celeste, celestial, del color del cielo. 2 sobrenatural. 3 (fig.) delicioso.
celibatário *adj.* célibe, soltero.
celibato *s.m.* estado de soltero; soltería, celibato.
celofane *s.m.* celofán.
célula *s.f.* 1 (biol.) célula. 2 (anat.) y (patol.) cavidad, huevo. 3 celdilla (en las colmenas). 4 (elect.) dispositivo.
celular *adj.* 1 celular, relativo a la célula. 2 formado por células. 3 prisión que se cumple en la celda. *telefone celular*, teléfono móvil.
celulite *s.f.* celulitis.
celulose *s.f.* celulosa.
cem *s.m. num. card.* 1 cien, ciento, centena. 2 (fig.) muchos, numerosos.
cemitério *s.m.* cementerio, campo-santo, necrópolis.
cena *s.f.* 1 escena, escenario. 2 (teat.) división de un acto. 3 lugar donde ocurre algún acontecimiento. 4 (fig.) suceso dramático o chistoso.
cenário *s.m.* (teat.) escenario, decoración, teatral, tabla.
cenho *s.m.* ceño, rostro grave, severo.
cenografia *s.f.* escenografía.
cenógrafo *s.m.* escenógrafo.
cenoura *s.f.* (bot.) zanahoria.
censo *s.m.* censo, empadronamiento.
censura *s.f.* 1 crítica. 2 represión, censura.

censurar v.t. 1 censurar, condenar, reprochar, criticar. 2 prohibir, ejercer la censura. 3 reprender.
centavo s.m. centavo (moneda), centésimo. não valer um centavo, no valer nada.
centeio s.m. (bot.) centeno (planta y semilla).
centelha s.f. 1 chispa, centella. 2 (fig.) inspiración, talento.
centena s.f. centena (cien unidades), centenar.
centenário adj. 1 cien años, siglo. 2 secular, centenario.
centésimo (num) centésimo.
centígrado adj. e s.m. centígrado.
centigrama s.m. centígramo.
centímetro s.m. centímetro (centésima parte del metro).
cêntimo s.m. céntimo.
cento (num) ciento, centena.
centopeia s.f. ciempiés.
central adj. 1 central, céntrico. 2 principal, fundamental. 3 eng. elet. estación de generación de energía.
central s.f. central; planta. central de abastecimento, mercado de abasto.
centralização s.f. concentración, unificación, centralización.
centralizar v.t. 1 unificar, concentrar, centralizar. 2 atraer para sí.
centrifugar v.t. centrifugar, separar por medio de la fuerza centrífuga.
centro s.m. 1 centro, núcleo. 2 parte más activa de la ciudad. 3 posición política. 4 (fig.) ombligo. 5 (desp.) centroavante, delantero.
centurião s.m. centurión.
cepilho s.m. 1 cepillo (de carpintero). 2 lima con que se alisan metales.
céptico adj. escéptico.
cera s.f. 1 cera, cerilla. 2 cera de los oídos. 3 (fig.) fazer cera, trabajar despacio.

cerâmica s.f. 1 cerámica, artefacto. 2 alfarería (arte de fabricar loza de barro, arcilla, etc.).
ceramista s.m. alfarero.
cerca s.f. vallado, valla, cercado, cerca, reja, enrejado, alambrado.
cerca adv. cerca, casi, alrededor de.
cercania s.f. 1 proximidad, cercanía. 2 (pl.) inmediaciones, contornos, alrededores.
cercar v.t. 1 cercar, abrazar, circunvalar. 2 sitiar, acorralar. 3 asediar. 4 v.p. rodearse. cercar com arame, alambrar.
cercear v.t. 1 cercenar, cortar por la raíz o las extremidades. 2 (fig.) disminuir, acortar.
cerco s.m. 1 acción de cercar. 2 bloqueo, cordón. 3 asedio. 4 círculo, rueda.
cerda s.f. pelo grueso, áspero, cerda.
cerdo s.m. puerco, marrano, chancho, cochino, cerdo.
cereal s.m. (bot.) grano, cereal, miés.
cerebelo s.m. (anat.) cerebelo (parte inferior y posterior del encéfalo).
cerebral adj. cerebral.
cérebro s.m. 1 (anat.) cerebro, seso. 2 (fig.) intelecto, juicio.
cereja s.f. cereza (fruto del cerezo).
cerejeira s.f. cerezo (árbol).
cerimônia s.f. 1 ceremonia, formalidades rituales. 2 cortesía, pompa. sem-cerimônia, sin etiqueta, sin protocolo, informalmente.
cerimonial s.m. ceremonial, etiqueta.
cerimonioso adj. 1 solemne, ceremonioso, que le gusta la ceremonia. 2 (fig.) fastidioso.
ceroula s.f. calzoncillos largos.
cerração s.f. niebla espesa, bruma.
cerrado s.m. vegetación compuesta por árboles bajos, de corteza gruesa.
cerrar v.t. 1 vedar, tapar, ocultar, terminar. 2 apretar con fuerza. 3 nublarse.
certa s.f. na certa, sin duda, con seguridad.
certame s.m. certamen, lucha, debate, discusión, concurso.

certamente *adv.* 1 ciertamente, en verdad. 2 es natural; por supuesto; desde luego, claro.
certeiro *adj.* certero, exacto, cierto.
certeza *s.f.* certeza, certidumbre, acierto, convicción, evidencia, realidad.
certidão *s.f.* certificado, certificación, asiento (documento), testimonio, partida. *certidão de casamento*, partida de matrimonio. *certidão de óbito*, partida de defunción.
certificar *v.t.* 1 asegurar, certificar. 2 (for.) atestiguar mediante certificado. 3 hacer a alguien conciente de algo. 4 *v.p.* asegurarse, convencerse.
certo *adj.* 1 cierto, exacto. 2 verdadero, infalible, puntual. 3 seguro, convencido.
certo *s.m.* cierto, correcto.
certo *p. indef.* alguno, cierto.
certo *adv.* ciertamente, seguramente.
cerume ou **cerúmen** *s.m.* 1 cera de los oídos. 2 cerumen, cerilla.
cerveja *s.f.* cerveza.
cervejaria *s.f.* cervecería (fábrica o lugar de venta de cerveza).
cervical *adj.* cervical (relativo a la cerviz).
cerviz *s.f.* cerviz, nuca.
cervo *s.m.* ciervo, venado.
cerzir *v.t.* coser, recoser, zurcir.
cesariana *s.f.* (med.) cesárea (operación).
cessão *s.f.* cesión, herencia, transmisión, traspaso.
cessação *s.f.* cesación, cese, fin, interrupción.
cessante *adj.* que cesa, cesante.
cessar *v.i.* 1 desistir, acabar, abolir, parar, cesar. 2 *v.t.* dejar de hacer.
cessar-fogo *s.m.* cese al fuego.
cesta *s.f.* 1 cesta, canasto. 2 aro metálico (baloncesto). *cesta básica*, canasta familiar.
cesto *s.m.* cesto; cesta con tapa. *cesto para pesca*, nasa.
cetim *s.m.* raso, seda, satín.
cetinoso *adj.* sedoso, suave.

cetro *s.m.* 1 cetro, bastón real. 2 poder real.
céu *s.m.* cielo, firmamento, paraíso, atmósfera, bienaventuranza. *céu de brigadeiro*, bonanza.
céus *interj.* ¡cielos! (designa sorpresa o dolor).
cevada *s.f.* (bot.) cebada (gramínea).
cevar *v.t.* 1 alimentar, nutrir. 2 engordar. 3 saciarse, satisfacerse.
chá *s.m.* 1 té (árbol). 2 hojas del té. 3 bebida, infusión. 4 reunión en que se sirve el té. 5 infusión hecha con cualquier tipo de hierba. *chá-mate*, yerba mate. *tomar chá de sumiço*, desaparecer, *dar ou tomar chá de cadeira*, hacer esperar o tener que esperar largo tiempo en la antesala antes de ser atendido, *chá de pouco caso*, falta de atención, no dar importancia.
chácara *s.f.* quinta, chacra, granja, finca.
chacina *s.f.* matanza, masacre.
chacinar *v.t.* asesinar, masacrar, hacer la matanza.
chacoalhar *v.i.* (Bras.) mecer, sacudir, zarandear.
chacota *s.f.* burla, chanza, chacota, broma.
chacotear *v.t.* burlarse de alguien, tomarle el pelo a alguien.
chafariz *s.m.* fuente, fuente pública.
chaga *s.f.* 1 llaga, herida abierta. 2 cicatriz. 3 (fig.) dolor, aflicción.
chalé *s.m.* chalé, chalet.
chaleira *s.f.* tetera, samovar.
chama *s.f.* 1 llama, soflama, lumbre, fogonazo. 2 (fig.) ardor, pasión, amor.
chamada *s.f.* 1 llamada, apelación. 2 toque para reunir a las personas. 3 lista. *fazer chamada*, pasar a lista. 4 comunicación telefónica. 5 acotación (en textos). 6 (pop.) reproche, regaño. 7 comercial de un programa transmitido por la misma emisora o canal que lo presenta.

chamado s.m. 1 llamado, llamamiento. 2 s.f. convocación.
chamar v.t. 1 nombrar, llamar, apelar, denominar, invocar, convocar, mandar venir, evocar. 2 invitar a ocupar un cargo. 2 v.p. llamarse.
chamativo adj. vistoso, llamativo, atractivo, sugerente, interesante.
chaminé s.f. chimenea.
chamuscar v.t. chamuscar, quemar superficialmente.
champanhe s.m. champán.
chance s.f. ocasión, oportunidad. *sem chance*, ni hablar, ni la mínima posibilidad.
chancela s.f. sello, rúbrica, estampilla.
chancelaria s.f. cancillería, cargo de canciller.
chanceler s.m. canciller, ministro de relaciones exteriores.
chantagear v.t. extorsionar, chantajear.
chantagem s.f. chantaje, extorsión.
chantagista s. chantajista, estafador, tramposo, embaucador.
chão s.m. 1 suelo, tierra, piso, solera. *tem chão pela frente*, falta mucho, hay um largo camino.
chão adj. llano, liso.
chapa s.f. 1 lámina (de metal, madera, vidrio, etc.). 2 nómina (de candidatos). 3 (med.) radiografía. 4 lámina de metal para la impresión. 5 (pop.) amigo, camarada.
chapada s.f. planície, llanura, altiplanicie, meseta.
chapado adj. 1 completo, perfecto. 2 (gír) borracho o drogaticto, drogado.
chapelaria s.f. 1 sombrerería (industria o comercio de sombreros). 2 lugar donde se guardan las pertenencias de valor, en un bar o discoteca.
chapéu s.m. sombrero. *chapéu de palha*, sombrero panamá, jipi. *tirar o chapéu*, dar un reconocimiento a alguien, dar el brajo a torcer, *dar o chapéu*, engañar al adversario en el fútbol y robarle la pelota, *passar o chapéu*, pedir dinero, manquear, tirar la manga.
chapinhar v.i. chapotear, rociar, salpicar.
charada s.f. 1 enigma, acertijo, adivinanza. 2 asunto misterioso. 3 (fig.) lenguaje oscuro. *matar a charada*, adivinar.
charco s.m. charco, lodazal, ciénaga.
charge s.f. caricatura o dibujo en que se hace una crítica política o social.
charlatanice s.f. charlatanería, charlatanismo.
charlatão adj. 1 charlatán, impostor, embaucador, pícaro. 2 curandero.
charme s.m. atracción, encanto, simpatía.
charmoso adj. atractivo, encantador, simpático.
charque s.m. (Bras.) cecina, charqui, carne salada y seca al sol.
charutaria s.f. 1 (Bras.) estanco. 2 expendeduría. 3 cigarrería, quiosco de tabaco.
charuto s.m. tabaco, cigarro puro; toscano (Arg.).
chassi s.m. chasis.
chateação s.f. aburrimiento.
chatear v.t. (pop.) 1 molestar, enfadar, enojar, aburrir. 2 v. p. fregarse, jorobarse. 3 (pop.) charlar con otras personas a través de internet.
chatice s.f. (pop.) lata, fastidio, impertinencia.
chato s.m. e adj. 1 achatado, plano, liso. 2 (pop.) importuno, aburrido, indeseable, pelmazo, pesado, molesto. 3 ladilla, piojo publano.
chauvinismo s.m. chovinismo, nacionalismo exagerado.
chauvinista s. chovinista, patriota exaltado.
chavão s.m. llave grande, vulgaridad, cliché, frase hecha, muletilla.
chave s.f. 1 llave, corchete. 2 llave (herramienta) de tuerca. 3 interruptor, botón. 4 clave, código. 5 (fig.) explicación, solución. *chave de fenda*, destornillador.

chaveiro s.m. 1 llavero, profesional que hace o arregla llaves. 2 portallaves.
checar v.t. chequear, comparar, revisar.
chefatura s.f. jefatura, cargo de jefe.
chefe s.m. jefe, comandante, conductor, líder, caudillo, cabeza.
chefia s.f. jefatura, comando.
chefiar v.t. mandar como jefe; comandar, dirigir.
chega s.f. (fam.) reprimenda.
chega interj. ¡Basta!
chegada s.f. 1 advenimiento, adviento, llegada, venida. 2 arribo.
chegado adj. 1 allegado, pariente, cercano. 2 amante de algo, aficionado.
chegar v.i. 1 llegar, regresar. 2 bastar, ser suficiente, alcanzar. 3 v.p. acercarse, aproximarse. 4 nacer. 5 empezar. *dar um chega para lá*, poner en su sitio.
cheia s.f. 1 inundación. 2 gran cantidad.
cheio adj. 1 lleno, completo, repleto. 2 (pop.) harto, fastidiado. *estar de saco cheio*, estar harto.
cheio s.f. inundación, crecida.
cheio loc. adv. *em cheio*, de lleno, por entero. *lua cheia*, luna llena.
cheirar v.t. 1 oler, inhalar, husmear, meter la nariz. 2 v.i. exhalar olor. 3 tener apariencia o semejanza. 4 agradar. *nem cheira nem fede*, ni fu ni fá, indiferente, insulso.
cheiro s.m. 1 exhalación, olor, aroma, olfato. 2 hedor. *cheiro-verde*, perejil. 3 indicio, vestigio.
cheiroso adj. aromático, oloroso.
cheque s.m. 1 (com.) cheque, talón. 2 (fig.) peligro, riesgo.
chiado s.m. chillido, chirrido.
chiar v.i. 1 chirriar, chillar, gruñir, crugir, rechinar. 2 (fig.) lastimarse. 3 (gir.) protestar, reclamar.
chibata s.f. látigo, azote, vergajo, vara para castigar.
chibatada s.f. latigazo, azote, varazo.
chicle ou chiclete s.m. goma de mascar.
chicória s.f. achicoria, escarola (planta para ensalada).
chicotada s.f. azotazo, latigazo.
chicote s.m. azote, flagelo, látigo, chicote.
chicotear v.t. flagelar, azotar.
chifre s.m. cuerno, asta, gajo. *pôr chifre*, ser infiel, poner los cuernos.
chifrudo adj. cornudo, traicionado.
chilique s.m. (pop.) 1 patatús, achaque. 2 ataque de nervios sin importancia ni gravedad.
chimarrão s.m. mate, cimarrón.
chimpanzé s.m. chimpancé, mono.
chinelada s.f. pantuflazo, chancletazo.
chinelo s.m. pantufla, zapatilla, chancleta. *chinelo de praia*, playeros, chinela.
chinês adj. e s.m. chino, natural de China.
chinfrim adj. insignificante, desdeñable, sin importancia.
chip s.m. (inform.) pastilla.
chique adj. 1 elegante en el vestir. 2 persona de buen gusto.
chiqueiro s.m. 1 chiquero, pocilga, cuchitril. 2 (fig.) lugar sucio, inmundo.
chispa s.f. 1 centella, chispa. 2 (fig.) talento, genio.
chispar v.i. 1 chispear, faiscar. 2 (Bras.) correr, salir rapidamente.
chiste s.m. dicho chistoso.
choça s.f. cabaña, choza, rancho.
chocadeira adj. incubadora (para huevos).
chocalho s.m. 1 cencerro. 2 esquilla, sonajero.
chocante adj. sorprendente, estraño, chocante.
chocar v.t. e p. 1 estrellarse, chocar. 2 incubar, empollar, calentar los huevos (gallina). 3 perder el gas (cerveza). 4 (fig.) impresionar.
chocho adj. 1 que no tiene jugo, que está seco. 2 insípido, sin gracia. No confundir con 'chocho' (que chochea, alelado por algo).

choco *adj.* 1 clueco, empollado. 2 acto de incubar, empollar. 3 (fig.) podrido.
choco *s.m.* período de incubación.
chocolate *s.m.* chocolate.
chofer *s.m.* chófer, conductor.
chope *s.m.* (Bras.) cerveza de barril.
choque *s.m.* 1 colisión, choque. 2 (elet.) descarga eléctrica. 3 (mil.) enfrentamiento militar. 4 conflicto. 5 conmoción, impacto. 6 desequilibrio mental, choque cultural, embate, desencuentro o conflito entre culturas diferentes.
choradeira *s.f.* lamentación, lloriqueo, gimoteo, sollozo, llanto.
choramingar *v.i.* lloriquear, gimotear, sollozar.
chorão *adj. e s.m.* 1 llorón, chillón. 2 (bot.) sauce llorón.
chorar *v.t.* 1 llorar, derramar lágrimas. 2 *v.p.* quejarse. 3 regatear.
chorinho *s.m.* 1 (mús.) ritmo brasileño. 2 dosis extra de bebida, caidita, chorrito, la yapa.
choro *s.m.* lloro, llanto.
choupana *s.f.* choza, quincho.
chouriço *s.m.* chorizo, embutido; morcilla.
chover *v.i. impes.* 1 llover. 2 (fig.) venir en abundancia. 3 producir. 4 *v.t.* gotear, derramar, lanzar. *chover canivete*, llover a cántaros, demasiado.
chuchu *s.m.* (bot.) chayote. 2 chayotera (planta y fruto). 3 apallitos japoneses.
chulé *s.m.* (pop.) mal olor en los pies, sudor de los pies; pecueca; olor a patas.
chulear *v.t.* sobrehilar, coser ligeramente.
chuleta *s.f.* chuleta.
chulo *adj.* grosero, bajo, rudo.
chumbado *adj.* 1 empotrado. 2 (pop.) embriagado.
chumbar *v.t.* 1 empotrar. 2 (pop.) embriagar.
chumbo *s.m.* 1 plomo. 2 plomo de anzuelo. 3 (fig.) lo que pesa mucho. *anos de chumbo*, años de la dictadura, época de falta de libertades.
chupado *adj.* (fam.) extenuado, muy delgado, seco.
chupar *v.t.* 1 sorber, absorber, chupar, empapar, mamar. 2 *v.p.* adelgazar.
chupeta *s.f.* chupete, chupador, chupeta.
churrascaria *s.f.* restaurante que sirve carne asada; asadero.
churrasco *s.m.* carne a la brasa; parrillada; asado.
churrasqueira *s.f.* parrilla.
churrasqueiro *s.m.* persona que prepara el asado.
churro *s.m.* churro.
chusma *s.f.* plebe, gentuza, populacho, chusma.
chutar *v.t. e i.* 1 dar puntapiés, patear. 2 (desp.) tirar, lanzar. 3 (pop.) arriesgar una respuesta, adivinar, apostar en un pálpito.
chute *s.m.* 1 puntapié. 2 (desp.) tiro, lanzamiento. 3 (pop.) intento de respuesta, pálpito, adivinanza.
chuteira *s.f.* zapatilla deportiva.
chuva *s.f.* 1 lluvia, temporal, aguacero. 2 (fig.) abundancia.
chuvarada *s.f.* temporal, aguacero.
chuveiro *s.m.* ducha.
chuviscar *v.i.* lloviznar.
chuvisco *s.m.* llovizna, rocío, lluvia menuda, garúa.
ciática *s.f.* (med.) ciática (enfermedad), dolor del nervio ciático.
cibernética *s.f.* cibernética.
cicatriz *s.f.* 1 cicatriz, lacra, señal. 2 (fig.) resentimiento.
cicatrização *s.f.* cicatrización.
cicatrizar *v.t. e v.p.* 1 cicatrizar(se). 2 (fig.) desvanecer.
cicerone *s.m.* guía, cicerone.
cíclico *adj.* cíclico, relativo al ciclo.

ciclismo s.m. ciclismo.
ciclista s.m. (desp.) ciclista.
ciclo s.m. ciclo, período, secuencia.
ciclone s.m. ciclón, huracán, torbellino, remolino.
cidadania s.f. ciudadanía, cualidad de ser ciudadano.
cidadão s.m. e adj. ciudadano, habitante de la ciudad.
cidade s.f. ciudad, población grande, pueblo, nucleo urbano, centro.
cidra s.f. cidra (fruto del cidro). doce de cidra, acitrón.
ciência s.f. ciencia, saber, conocimiento, instrucción.
ciente adj. sabedor, enterado, conciente. estar ciente, estar enterado, estar conciente de algo.
científico adj. científico, relativo a la ciencia.
cientista s. científico, persona dedicada a la ciencia, sabio.
cifra s.f. 1 número, cifra. 2 clave. 3 código secreto. 4 (pl.) cálculo.
cifrão s.m. símbolo de unidad monetaria ($).
cifrado adj. escrito en clave.
cifrar v.t. 1 cifrar. 2 (fig.) reducir, resumir.
cigano s.m. gitano.
cigarra s.f. cigarra, chicharra.
cigarreira s.f. 1 cigarrera, petaca, pitillera. 2 obrera da fábrica de tabacos.
cigarro s.m. 1 cigarrillo, pitillo, tabaco, cigarrillo de papel. 2 pucho. toco de cigarro, colilla. maço de cigarros, cajetilla de cigarrillos. cigarro com filtro, emboquillado.
cilada s.f. 1 emboscada, trampa, celada, ardid, trapaza. 2 traición, deslealtad.
cilíndrico adj. cilíndrico (en forma de cilindro).
cilindro s.m. 1 (geom.) cilindro, aparato cuya pieza central tiene la forma de rollo. 2 émbolo de máquina de vapor o motores de explosión. 3 rollo, rulo, tambor.

cílio s.m. pestaña.
cima adv. encima, arriba.
cima s.f. cima, cumbre, alto.
cimeira s.f. cumbre, reunión de alto nivel.
címbalo s.m. (mús.) címbalo, antiguo instrumento musical.
cimentar v.t. 1 cementar, mezclar y cubrir con cemento. 2 (fig.) consolidar.
cimento s.m. 1 cemento. cemento armado, hormigón. 2 (fig.) fundamento, base.
cinco s.m. e num. cinco.
cineasta s. cineasta.
cineclube s.m. cineclub.
cinema s.m. cine.
cinemateca s.f. filmoteca, lugar donde se guarda la colección de filmes.
cinematografia s.f. cinematografía.
cinematográfico adj. cinematográfico.
cinestesia s.f. cinética.
cínico adj. caradura, desvergonzado, cínico.
cinismo s.m. 1 descaro, desverguenza. 2 sistema filosófico de los cínicos.
cinquenta num. cincuenta.
cinquentão s.m. cincuentón, el que tiene o aparenta tener cincuenta años.
cinquentenário s.m. cincuentenario, quincuagésimo aniversario.
cinta s.f. faja, liga, tira de papel, cintura.
cintilante adj. centelleante, vivo, fulgurante, chispeante.
cintilar v.i. cintilar, brillar, destellar, relucir, chispear.
cinto s.m. cinturón, faja. cinto de segurança, cinturón de seguridad.
cintura s.f. cintura, talle.
cinza s.f. 1 gris (color). 2 ceniza. 3 (fig.) dolor, mortificación, luto. 4 (pl.) cenizas, restos mortales.
cinzeiro s.m. 1 montón de cenizas. 2 cenicero.
cinzento adj. gris. tempo cinzento, tiempo nuboso.

cio *s.m.* celo, calentura, período de fertilidad.
cipreste *s.m.* 1 ciprés.
ciranda *s.f.* 1 zaranda, criba, cedazo. 2 canción y danza popular.
circo *s.m.* circo, anfiteatro.
circuito *s.m.* 1 trayecto, circuito. 2 (eletr) circuito. 3 perímetro, contorno.
circulação *s.f.* 1 circulación, marcha. 2 tránsito.
circular *adj.* circular.
circular *s.m.* autobús que vuelve al inicio del recorrido
circular *s.f.* carta circular, comunicado, ofício o carta abierta.
circular *v.t. e i.* circular, propagar-se, transitar.
circulatório *adj.* circulatório.
círculo *s.m.* 1 (geom.) círculo. 2 (fig.) gremio, asamblea.
circuncidado *adj.* circunciso.
circuncidar *v.t.* circuncidar.
circuncisão *s.f.* circuncisión.
circundar *v.t.* rodear, ceñir, cercar, circundar.
circunferência *s.f.* (geom.) circunferencia.
circunflexo *adj.* 1 circunflejo (acento gráfico). 2 curvo, en arco.
circunlóquio *s.m.* circunloquio, perífrasis.
circunspecção *s.f.* circunspección, penderación, seriedad, aplomo.
circunspecto *adj.* circunspecto, respetable, prudente.
circunstância *s.f.* condición, motivo, requisito, particularidad, circunstancia.
cirrose *s.f.* (med.) cirrosis (esclerosis del hígado).
cirurgia *s.f.* (med.) cirugía. *sala de cirurgia*, quirófano.
cirurgião *s.m.* (med.) cirujano.
cirúrgico *adj.* (med.) quirúrgico, relacionado a la cirugía.
cisão *s.f.* cisión, separación, escición.

ciscar *v.t.* 1 sacar cisco o leña menuda. 2 revolver la basura. 3 *v.t.* picoteo de las gallinas buscando alimento.
cisco *s.m.* basurita.
cismar *v.t. e i.* 1 abismarse, ensimismarse, rumiar. 2 desconfiar, sospechar, preocuparse excesivamente. 3 insistir en hacer algo.
cisne *s.m.* cisne.
cisterna *s.f.* 1 cisterna, pozo. 2 depósito, estanque.
cistite *s.f.* (med.) cistitis (inflamación de la vejiga).
cisto *s.m.* (med.) quiste, especie de tumor.
citação *s.f.* 1 cita, citación, alusión, alegación, transcripción. 2 (for.) notificación, intimación judicial. 3 emplazamiento, requerimiento, convocatoria.
citar *v.t.* 1 mencionar, citar, aludir, alegar. 2 transcribir. 3 interpelar. 4 (for.) emplazar, notificar, convocar.
citologia *s.f.* citología.
citoplasma *s.m.* (biol.) citoplasma.
cítrico *adj.* (bot.) cítrico (ácido extraído del limón, cidra, grosella y otros frutos ácidos).
citricultura *s.f.* citricultura.
ciumada *s.f.* 1 tener muchos celos. 2 escena de celos.
ciúme *s.m.* celos, envidia, rivalidad.
ciumento *adj.* celoso, envidioso.
cível *adj.* 1 (for.) civil, del derecho civil. 2 jurisdicción de los tribunales que juzgan causas civiles.
cívico *adj.* 1 cívico. 2 patriótico.
civil *adj.* civil, relativo al ciudadano civilizado, urbano. *casar no civil*, casarse por lo civil.
civil *s.m.* civil, no militar.
civilização *s.f.* 1 civilización, progreso. 2 conjunto de conocimientos y cultura de un pueblo.
civilizar *v.t.* instruir, pulir, adelantar, urbanizar, civilizar.

civismo *s.m.* civismo, celo por los intereses de la patria.

cizânia *s.f.* cizaña, discordia, enemistad.

cl *abrev.* 1 de centilitro. 2 (quím.) símbolo del cloro.

clã *s.m.* 1 clán, tribu formada por famílias. 2 partido.

clamar *v.t.* 1 clamar, reclamar, exigir, implorar. 2 *v.i.* protestar, gritar, vociferar.

clamor *s.m.* 1 alarma, clamor, acción de clamar. 2 voz pública.

clandestino *adj.* furtivo, pirata, clandestino, oculto, escondido.

clara *s.f.* 1 clara (del huevo). 2 esclerótica.

clara *loc. adv. às claras,* sin ocultación, delante de todos, a la luz del día.

claraboia *s.f.* 1 claraboya, tragaluz. 2 (arq) linterna.

clarear *v.t.* 1 clarear, aclarar, clarificar, alumbrar, blanquear. 2 *v.p.* aclararse.

clareira *s.f.* 1 claro (en un bosque). 2 claro, espacio vacío.

clareza *s.f.* evidencia, lucidez, nitidez, transparencia.

claridade *s.f.* claridad, lumbre.

clarificar *v.t.* purificar, limpiar, iluminar, aclarar, clarificar.

clarim *s.m.* 1 (mús.) clarín (instrumento). 2 clarín (registro del órgano).

clarinete *s.m.* (mús.) clarinete (instrumento).

clarividente *s.* clarividente, sagaz, intuitivo, perspicaz.

claro *adj.* 1 claro. 2 claro, que alumbra, luminoso. 3 iluminado. 4 obvio, visible, cierto. 5 transparente, puro.

claro *s.m.* espacio en blanco.

claro *adv.* desde luego, claro, por supuesto, sin duda.

claro (fig.) penetrante. *passar a noite em claro,* desvelarse.

classe *s.f.* 1 clase. 2 categoria, orden. 3 grupo de personas que se diferencian por sus costumbres u ocupaciones. 4 aula. 5 personas que estudian juntas.

classicismo *s.m.* 1 clasicismo. 2 empleo de las formas clásicas. 3 estilo clásico.

clássico *adj.* 1 clásico. 2 ejemplar, impecable. 3 relativo a las literaturas griega y latina.

clássico *s.m.* autor clásico.

classificação *s.f.* 1 classificación, graduación, sistema. 2 distribución por clases. 3 calificación.

classificado *adj.* 1 clasificado, seleccionado. 2 anuncio clasificado.

classificar *v.t.* 1 clasificar, graduar, encasillar, calificar. 2 ser aprobado en un concurso o torneo.

claudicante *adj.* que claudica, indeciso, dudoso, vacilante.

claudicar *v.i.* 1 dudar. 2 cometer un error.

claustro *s.m.* 1 claustro (patio interior de un convento). 2 claustro, estado monástico. 3 convento.

claustrofobia *s.f.* (med.) claustrofobia (horror al encierro en lugar reducido).

cláusula *s.f.* cláusula, artículo.

clausura *s.f.* 1 recinto cerrado. 2 reclusión, encierro, clausura (estado monástico).

clave *s.f.* (mús.) clave musical.

clavícula *s.f.* (anat.) clavícula (hueso).

clemência *s.f.* clemencia, indulgencia, benignidad, disposición para perdonar.

clemente *adj.* bondadoso, indulgente, clemente.

cleptomania *s.f.* cleptomanía (manía de robar sin necesidad).

cleptomaníaco ou cleptômano *s.m.* cleptómano, el que sufre de cleptomanía, ladrón compulsivo.

clerical *adj.* clerical, referente al clero o al sacerdocio.

clericalismo

clericalismo *s.m.* clericalismo.
clérigo *s.m.* clérigo, sacerdote.
clero *s.m.* clerecía, clero, sacerdocio.
clicar *v.t.* hacer click, en la computadora dar un toque con el ratón para abrir nuevas ventanas o enlaces.
clichê *s.m.* cliché, matriz, hoja estereotipada, prueba negativa para impresión.
cliente *s.* parroquiano, cliente, usuario.
clientela *s.f.* clientela, público.
clima *s.m.* 1 clima, conjunto de condiciones atmosféricas de una región o país. 2 (fig.) ambiente, circunstancias. *não tem clima*, no hay condiciones.
climatizar *v.t.* adaptar al clima, aclimatar.
clímax *s.m.* 1 climax, orgasmo. 2 gradación, apogeo, punto culminante.
clínica *s.f.* 1 práctica de la medicina. 2 clientela. 3 consultorio médico. 4 hospital particular.
clinicar *v.t.* medicar, ejercer la profesión.
clínico *s.m.* clínico, médico.
clínico *adj.* clínico, relativo a la clínica.
clique *s.m.* (inform.) click, toque para modificar la pantalla.
clipe *s.m.* clip, sujetapapeles, ganchito.
clitóris *s.m.* (anat.) clítoris.
cloaca *s.f.* alcantarilla, letrina, cloaca, desague de aguas sernidas.
clonar *v.t.* 1 clonar. 2 copiar o imitar algo.
clone *s.m.* 1 clon, conjunto de células. 2 individuo que tiene las mismas características. 3 (inform.) producto que tiene las mismas características, copia ilegal de un producto.
cloro *s.f.* (quím.) cloro.
clorofila *s.f.* (bot.) clorofila.
clorofórmio *s.m.* (quím.) cloroformo.
clube *s.m.* club, junta, asamblea, círculo, sociedad de recreo, casino.
cm *abrev.* de centímetro.
coabitar *v.i.* cohabitar, vivir en común.

coação *s.f.* coacción, violencia, imposición, presión.
coadjutor *adj.* coadjutor.
coadjuvante *adj. e s.* coadyuvante.
coadjuvar *v.i.* coadyuvar, ayudar, cooperar, colaborar.
coador *s.m.* colador, escurridor.
coagir *v.t.* coaccionar, amenazar, forzar, coartar, obligar.
coagulação *s.f.* coagulación. *coagulação de sangue*, embolia.
coagulante *adj.* coagulante, que coagula, que produce coagulación.
coagular *v.t.* 1 coagular. 2 solidificar, cuajar. 3 (fig.) entupir, obstruir.
coágulo *s.m.* coágulo, cuajo, grumo, coagulación. *coágulo de sangue*, émbolo.
coalhada *s.f.* cuajada.
coalhado *adj.* cuajado, coagulado, solificado.
coalhar *v.t.* 1 cuajar, coagular. 2 (fig.) obstruir, entupir. 3 *v.p.* cuajarse.
coalho *s.m.* cuágulo.
coalizão *s.f.* 1 coalición, acuerdo (entre partidos políticos y naciones). 2 liga.
coar *v.t.* filtrar, colar.
cobaia *s.f.* 1 conejillo de indias. 2 (fig.) animal para experiencias de laboratorio.
cobalto *s.m.* (quím.) cobalto (metal).
coberto *adj.* 1 abrigado, cubierto, tapado. 2 lleno. 3 resguardado. *coberto de razão*, con la verdad a su favor.
coberto *loc. adv. a coberto*, a salvo.
cobertor *s.m.* manta, frazada, cobija.
cobertura *s.f.* 1 cubierta, cobertura, tejado, techo. 2 tapa, capa, embalaje. 3 ático. 4 revestimiento. 5 garantia. 6 (jorn) trabajo de recoleccion de informaciones en el mismo lugar de los hechos. *cobertura externa*, marquesina, cobertizo. *cobertura de chocolate*, cubierta de chocolate.
cobiça *s.f.* codicia, avaricia.

658
seiscientos cincuenta y ocho

cobiçar *v.t.* codiciar, desear con vehemencia, ambicionar.

cobiçoso *adj.* ávido, codicioso, ambicioso.

cobra *s.f.* 1 cobra, culebra, víbora. 2 persona de mala índole o que tiene mal genio. 3 (pop.) especialista en un arte, experto.

cobrador *s.m.* 1 cobrador (en transportes colectivos). 2 recaudador.

cobrança *s.f.* 1 cobranza. 2 recaudo, recolección.

cobrar *v.t.* 1 cobrar, recolectar, recibir. 2 hacer que algo sea pagado. 3 exigir cumplimiento de algo. 4 *v.p.* recobrarse, recomponerse. *cobrar impostos*, recaudar. No confundir con 'exigir' (solicitar enérgicamente). *ligação a cobrar*, llamada con cobro revertido.

cobre *s.m.* 1 (min.) cobre (mineral maleable). 2 (fam.) (pl.) dinero, plata, pasta, guita.

cobrir *v.t.* 1 recubrir, cubrir, tapar. 2 ocultar. 3 techar, cobijar. 4 *v.p.* abrigarse, defenderse, resguardarse. 5 ser suficiente. 6 recorrer. 7 recolectar informaciones en el mismo lugar de los hechos. *cobrir* (animal), copular.

coca *s.f.* 1 coca (arbusto). 2 cocaína.

cocada *s.f.* dulce de coco, cocada.

cocaína *s.f.* cocaína (alcaloide que se extrae de las hojas de la coca); abrev. coca.

coçar *v.i.* 1 picar (la piel). 2 *v.p.* rascarse. *procurar sarna para se coçar*, buscarse problemas, complicarse la vida.

cocção *s.f.* cocción, acción y efecto de cocer.

cócegas *s.f.* (pl.) cosquillas.

coceira *s.f.* picazón, picor, hormigueo.

coche *s.m.* carruaje antiguo y suntuoso.

cocheira *s.f.* 1 lugar donde se guardan los carruajes. 2 cuadra, caballeriza.

cochichar *v.t. e i.* susurrar, cuchichear, decir secretos, musitar.

cochicho *s.m.* susurro, rumor, murmullo, cuchicheo, runrún.

cochilar *v.i.* 1 (Bras.) sestear, dormitar, cabecear (durmiendo), parpadear. 2 *v.p.* adormilarse. 3 (fig.) descuidar-se, distraerse, bajar la guardia por descuido.

coco *s.m.* (bot.) 1 coco; fruto del cocotero. 2 (pop.) cabeza.

cocô *s.m.* (pop.) caca, mierda, excremento.

cócoras *s.f.* (pl.) *de cócoras*, agachado, acurrucado, en cuclillas.

cocuruto *s.m.* 1 coronilla (la parte más alta de la cabeza). 2 (fig.) pináculo, cumbre.

codificação *s.f.* codificación.

codificar *v.t.* codificar (hacer o formar un cuerpo de leyes).

código *s.m.* 1 código, compilación de leyes. 2 norma. 3 cifra. 4 sistema de signos.

codorna *s.f.* codorniz (ave gallinácea).

coeficiente *s.m.* (mat.) coeficiente.

coelho *s.m.* (zool.) conejo (mamífero roedor). *neste mato tem coelho*, aquí hay gato encerrado.

coerência *s.f.* coherencia, consistencia, nexo, conformidad.

coerente *adj.* coherente, conexo, conforme, consecuente.

coesão *s.f.* 1 cohesión. 2 correspondencia, unión. 3 (fig.) armonía.

coeso *adj.* conexo, coherente.

coetâneo *adj.* coetáneo, contemporáneo.

coexistência *s.f.* coexistencia, existencia simultánea, convivencia.

coexistir *v.i.* coexistir, existir juntamente con otro o al mismo tiempo.

cofre *s.m.* 1 arca, cofre, caja de caudales, baúl. 2 (fig.) tesoro. *cofrinho*, alcancía, ahorros.

cogitação *s.f.* pensamiento profundo, reflexión. *sem cogitação*, ni pensando, sin posibilidad.

cogitar *v.t.* reflexionar acerca de algo, imaginar, pensar profundamente.

cognição *s.f.* congnición, facultad de conocer.

cognitivo *adj.* cognitivo, cognoscitivo.
cognome *s.m.* apodo, sobrenombre, alias.
cogumelo *s.m.* champiñon, hongo.
coibir *v.t.* 1 cohibir, coartar, reprimir. 2 impedir, prohibir. 3 *v.p.* contenerse.
coincidência *s.f.* coincidencia, simultaneidad.
coincidir *v.t.* ocurrir al mismo tiempo, coincidir, concordar.
coiote *s.m.* coyote.
coisa *s.f.* 1 cosa, objeto, asunto, negocio. 2 acontecimiento, suceso. 3 trasto, cachivache. 4 (pl.) interés, valores, pertenencias. *coisa pública*, patrimonio del estado. *é coisa dele/dela*, allá él/ella. *não dizer coisa com coisa*, hablar sin nexo. *não ser uma coisa nem outra*, no ser chicha ni limonada.
coitado *adj.* desdichado, pobre, infeliz, infortunado, apocado, desgraciado, miserable.
coito *s.m.* cópula, coito.
cola *s.f.* 1 cola, engrudo, pegamento, pasta para pegar. 2 copia clandestina en exámenes, machete para copiar. *fazer cola*, copiar en los exámenes. *na cola de*, en la huella de.
colaboração *s.f.* 1 colaboración, ayuda, cooperación, apoyo. 2 participação.
colaborador *s.m. e adj.* colaborador, el que colabora.
colaborar *v.t.* apoyar, cooperar, auxiliar, participar, colaborar.
colação *s.f.* 1 graduación. 2 comparación.
colagem *s.f.* 1 acción de "colar". 2 coladura, pegadura, pega.
colapso *s.m.* 1 (pat.) colapso. 2 (fig.) caída repentina. *entrar em colapso*, colapsar, derrumbarse.
colar *s.m.* collar.
colar *v.t.* 1 pegar, unir, engomar. 2 *v.i.* copiar (en examen). 3 *v.p.* pegar-se. *colar grau*, recibir la investidura de grado. *colação de grau*, colación.

colarinho *s.m.* cuello (de camisa), colarín. *colarinho-branco*, profesional que se presenta siempre con traje completo.
colateral *adj.* 1 colateral, que está al lado. 2 pariente no por línea directa.
colcha *s.f.* colcha, cubrecama, sobrecama.
colchão *s.m.* colchón. *colchão de ar*, colchón de viento. *colchão de penas*, plumazo. *colchão de molas*, colchón de resortes.
colcheia *s.f.* (mús.) corchea.
colchete *s.m.* 1 corchete. 2 broche de metal usado en la ropa. 3 gancho doble (en que se cuelga la carne).
coleção *s.f.* colección.
colecionador *s.m.* coleccionista, coleccionador, compilador.
colega *s.* colega, compañero, camarada, amigo.
colegial *adj. e s.* 1 relativo a colegio. 2 colegial (alumno de colegio). *colegio eleitoral*, colegio electoral. 3 curso secundario, bachillerato.
colégio *s.m.* 1 escuela secundária, colegio. 2 gremio, asociación. 3 conjunto de electores.
coleguismo *s.m.* compañerismo, camaradería.
coleira *s.f.* collar (para perros).
cólera *s.f.* 1 ira, enojo, enfado, la cólera, rabia.
cólera *s.m.* (pat.) enfermedad epidémica, el cólera.
colérico *adj.* 1 violento, irascible, encolerizado, colérico. 2 enfermo de cólera.
colesterol *s.m.* colesterol.
coleta *s.f.* colecta, contribución, recolección, recopilación, recaudación, aporte. *coleta de dados*, recopilación de datos. *fazer coleta*, recaudar, recolectar. *coleta de lixo*, recolección de basuras.
coletânea *s.f.* compilación; antología, colección.
colete *s.m.* chaleco (prenda de vestir).

coletividade *s.f.* 1 colectividad, sociedad. 2 calidad de colectivo.
coletivismo *s.m.* colectivismo (sistema económico social).
coletivo *adj.* colectivo 1 (gram.) colectivo (nombre). 2 entrenamiento con todos los jugadores del equipo antes de un partido.
coletivo *s.m.* 1 autobús, ómnibus; micro. 2 camión, camioneta.
coletor *adj. e s.m.* 1 colector. 2 recaudador. 3 coleccionador.
colheita *s.f.* cosecha, granjeo, recolección. *colheita de cana-de-açúcar*, safra de cana. *colheita de uva*, vendimia.
colher *s.f.* 1 cuchara. 2 cucharada. *colher de chá*, cucharadita. *colher de sopa*, cucharada. *dar uma colher de chá*, dar una oportunidad, facilitarle algo a alquien, dar ventaja, hacer la vista gruesa.
colher *v.t.* 1 coger, recolectar, asir, tomar, apañar, agarrar. 2 recoger, cosechar.
colherada *s.f.* cucharada.
colibri *s.m.* colibrí (pájaro mosca), picaflor.
cólica *s.f.* (med.) cólico.
colidir *v.t.* chocar, chocarse.
coligar *v.t.* 1 asociar, coligar, confederar. 2 *v.p.* unirse, ligarse.
coligação *s.f.* coalición, liga, confederación.
colina *s.f.* colina, elevación de terreno.
colírio *s.m.* colirio (medicamento).
colisão *s.f.* 1 choque, colisión. 2 lucha. 3 oposición.
coliseu *s.m.* 1 coliseo (anfiteatro romano). 2 circo, teatro.
colite *s.f.* (med.) colitis (inflamación del colon).
colmeia *s.f.* 1 colmena. 2 enjambre. 3 (fig.) casa muy llena.
colmilho *s.m.* colmillo (diente agudo, entre los incisivos y las muelas).

colo *s.m.* (anat.) 1 cuello. 2 seno, regazo. *pedir colo*, querer upa el nene, que se le lleve en brazos. 3 (anat.) colon.
colocação *s.f.* 1 colocación. 2 empleo, puesto, posición.
colocar *v.t.* 1 situar, poner, colocar. 2 dar empleo, emplear. 3 vender. 4 instalarse. 5 *v.p.* colocarse, lograr un empleo.
colônia *s.f.* 1 colonia (región bajo el dominio de una nación extranjera). 2 grupo de extranjeros en un país. 3 lugar donde se establecen los extranjeros. 4 perfume. *colônia de férias*, colonia de vacaciones.
colonial *adj.* colonial.
colonização *s.f.* colonización.
colonizar *v.t.* 1 establecer colonia en un país. 2 promover la civilización. 3 habitar como colono.
colono *s.m.* 1 colono, poblador. 2 el que habita una colonia.
colóquio *s.m.* conversación, diálogo, coloquio.
coloração *s.f.* 1 coloración, acción de dar color. 2 efecto que los colores producen; pigmentación; tonalidad.
colorido *adj.* 1 coloreado, de varios colores, colorido. 2 coloración.
colorir *v.t.* colorear, matizar, pigmentar, pintar.
colossal *adj.* 1 colosal, de desmedida grandeza. 2 (fig.) desmedido, enorme. 3 (pop.) formidable, estupendo.
colosso *s.m.* 1 coloso, estatua de grandeza extraordinaria. 2 cosa grande. 3 (fig.) individuo agigantado.
colostro *s.m.* calostro (leche que la hembra segrega después del parto).
coluna *s.f.* 1 columna, pilar. 2 (tip.) división vertical de una página. 3 (mil.) tropa. 4 (med.) espinazo, columna vertebral. 5 (fig.) apoyo, sostén, protección. *coluna de concreto*, pilote.

com *prep.* 1 con, expresa la idea de compañía. 2 significa el medio, modo o instrumento que sirve para hacer alguna cosa.

coma *s.f.* 1 (med.) coma. 2 cabellera, crines. 3 las ramas más altas de los árboles. 4 (mús.) coma.

comadre *s.f.* 1 comadre. 2 matrona. 3 bacín, orinal que usan los enfermos en la cama.

comandante *s.m.* comandante.

comandar *v.t.* 1 dirigir, comandar. 2 gobernar, mandar.

comando *s.m.* (mil.) 1 comando, acto de comandar, tropa. 2 autoridad de quien comanda. 3 control, mando. 4 (inform.) comando. *painel de comandos*, tablero de mandos.

comarca *s.f.* comarca, distrito judicial, confines.

combate *s.f.* batalla, lucha, combate, pelea.

combatente *adj. e s.* (mil.) combatiente.

combater *v.t.* 1 combatir, luchar, pelear. 2 (fig.) oponerse, contender, batallar.

combinação *s.f.* 1 composición, arreglo. 2 plan, proyecto. 3 contrato, acuerdo. 4 combinación (prenda de vestir).

combinado *adj.* ajustado, combinado.

combinar *v.t.* 1 componer. 2 estipular, convenir, conciliar, ajustar. 3 ponerse de acuerdo.

comboio *s.m.* convoy.

combustão *s.f.* combustión, ignición.

combustível *s.m.* combustible.

começar *v.t.* comenzar, empezar, iniciar, principiar.

começo *s.m.* 1 comienzo, inicio, estreno, principio. 2 (fig.) las primeras experiencias. *do começo*, desde el inicio. *pra começo de conversa*, para empezar.

comédia *s.f.* 1 comedia, obra. 2 hecho ridículo. 3 (fig.) disimulación, hipocresía.

comediante *s.* actor, comediante.

comedido *adj.* moderado, paciente, metódico, sobrio, prudente.

comediógrafo *s.m.* comediógrafo, el que escribe comedias.

comedir *v.t.* 1 moderar, contener. 2 *v.p.* moderarse, contenerse.

comemoração *s.f.* fiesta, conmemoración.

comemorar *v.t.* conmemorar, festejar, celebrar, solemnizar.

comenda *s.f.* condecoración.

comensal *s.* comensal, persona que come en la misma mesa, o que come habitualmente en casa ajena.

comentar *v.t.* criticar, analizar, comentar.

comentário *s.m.* 1 análisis, anotación, comentario, crítica. 2 apreciación.

comer *v.t. e i.* 1 comer, tomar alimento. 2 consumir, corroer. 3 robar.

comercial *adj.* comercial, mercantil.

comercialização *s.f.* comercialización.

comercializar *v.t.* comercializar, poner a la venta.

comerciante *s.* negociante, mercader, tendero, comerciante, vendedor.

comerciar *v.t.* negociar, comerciar, vender, comercializar.

comércio *s.m.* 1 comercio, negocio, mercado. 2 la clase de los comerciantes. *comércio no atacado*, comercio al por mayor. *comércio no varejo*, comercio al por menor.

comes e bebes *s.m.* comidas y bebidas.

comestível *adj.* comestible.

cometa *s.m.* cometa (cuerpo celeste).

cometer *v.t.* 1 perpetrar, cometer, realizar. 2 confiar. 3 incurrir en error. 4 *v.p.* arriesgarse, aventurarse.

comichão *s.f.* 1 picazón, hormigueo. 2 (fig.) ansiedad.

comicidade *s.f.* comicidad, cualidad de lo que es cómico.

comício *s.m.* mitin, comicio, reunión de ciudadanos.
cômico *adj.* cómico, ridículo, divertido.
cômico *s.m. e f.* comediante.
comida *s.f.* comida, alimento, sustento.
comigo *pron.pes.* 1ª pes. sing. conmigo, en mi compañia, de mí para ti.
comilança *s.f.* comilona.
comilão *adj.* comilón, glotón, tragón.
cominho *s.m.* (bot.) comino (planta y grano).
comissão *s.f.* 1 comisión, orden, encargo, encomienda. 2 junta, comité. 3 gratificación, porcentaje. 4 cometido.
comissária *s.f.* comisionada o delegada. *comissária de bordo*, azafata.
comissário *s.m.* 1 comisario. 2 jefe de policía. 3 azafata.
comitê *s.m.* comité.
comitiva *s.f.* acompañamiento, séquito, comitiva.
comível *adj.* comestible.
como *conj.* 1 como, así como, lo mismo que. 2 porque.
como *adv.* 1 de qué modo, de qué manera. 2 aproximadamente.
comoção *s.f.* conmoción, perturbación, emoción.
cômoda *s.f.* cómoda (mueble).
comodidade *s.f.* bienestar, comodidad, oportunidad, conveniencia.
cômodo *adj.* cómodo, favorable, fácil, a gusto.
cômodo *s.m.* habitación, pieza, dependencia de la casa.
comovente *adj.* emocionante, emotivo, conmovedor, enternecedor.
comover *v.t.* 1 emocionar, conmover, tocar, impresionar. 2 *v.p.* enternecerse, conmoverse.
compacto *adj.* conciso, denso, macizo, comprimido, compacto.

compactar *v.t.* compactar.
compadecer 1 *v.t.* compadecer, conmover. 2 *v.i.* consentir, sufrir, tener compasión de. 3 *v.p.* apiadarse, compadecerse.
compadre *s.m.* 1 compadre. 2 amigo íntimo.
compaixão *s.f.* 1 compasión, piedad, pena, lástima. 2 conmiseración.
companheirismo *s.m.* camaradería, compañerismo.
companheiro *s.* compañero, camarada.
companhia *s.f.* 1 compañía, comitiva. 2 acompañante. 3 sociedad, organización. 4 (mil.) sección de un regimiento.
comparar *v.t.* 1 confrontar, comparar, aproximar, tantear. 2 *v.p.* rivalizar, igualarse.
comparativo *s.m.* comparativo.
comparecer *v.i.* presentarse, ir, aparecer, acudir, comparecer, asistir, apersonarse.
compartilhar *v.t.* compartir, repartir, distribuir.
compartimento *s.m.* apartamiento compartimiento, piza, cuarto.
compartir *v.t.* repartir, compartir.
compassivo *adj.* compasivo, bondadoso, compasible.
compasso *s.m.* 1 compás, ritmo. 2 compás (de dibujo).
compatibilidade *s.f.* compatibilidad.
compatível *adj.* conciliable, compatible.
compatriota *s.* paisano, compatriota.
compelir *v.t.* compeler, empujar, forzar, obligar.
compendiar *v.t.* compendiar, abreviar, resumir, reducir a compendio.
compêndio *s.m.* compendio, resumen, síntesis, manual.
compenetração *s.f.* 1 compenetración, convicción. 2 gravedad, seriedad.
compenetrar *v.t.* 1 persuadir, convencer. 2 *v.p.* convencerse, persuadirse, compenetrarse.
compensação *s.f.* 1 recompensa, compensación. 2 enmienda, contrapartida,

indenización. *em compensação*, en pago, en cambio, por otra parte.
compensar *v.t.* 1 compensar, indemnizar. 2 remunerar. 3 recompensar.
competência *s.f.* 1 capacidad, competencia, aptitud. 2 poder, jurisdicción.
competente *adj.* 1 apto, suficiente, competente. 2 legal, idóneo.
competição *s.f.* 1 competición, torneo. 2 rivalidad.
competidor *s.m.* rival, adversario, competidor, antagonista, contrincante.
competir *v.i.* 1 competir, participar. 2 rivalizar, emular. 3 incumbir, corresponder.
competitivo *adj.* competitivo.
compilador *s.m.* recolector, recopilador, investigador.
complacência *s.f.* tolerancia, benevolencia, complacencia.
complacente *adj.* complaciente, benévolo, tolerante.
complementar *adj.* complementar.
complementar *v.t.* completar. *aposentadoria complementar*, jubilación adicional.
complemento *s.m.* 1 complemento. 2 acabado.
completar *v.t.* concluir, completar, acabar, consumar.
completo *adj.* 1 íntegro, rematado, cumplido, completo. 2 perfecto, acabado.
complexo *adj.* 1 complejo, complicado. 2 compuesto de varias partes.
complexo *s.m.* 1 complejo (industrial). 2 sentimiento de inferioridad o superioridad.
complicação *s.f.* 1 complicación. 2 dificultad.
complicado *adj.* complicado, intrincado, complejo.
complicar *v.t.* 1 dificultar, complicar. 2 *v.p.* enredarse. 3 *v.i.* ser incompatible.
complô *s.m.* conspiración, complot.

componente *s.m.* ingrediente, principio, componente.
compor *v.t.* 1 componer, crear. 2 aderezar, hacer parte. 3 reconciliar, armonizar. 4 (edit) producir (texto). 5 escribir música. 6 ordenar la propia apariencia.
comportamento *s.m.* conducta, comportamiento, procedimiento, manera de comportarse.
comportar *v.t.* 1 permitir, admitir, soportar, contener en sí. 2 *v.p.* portarse, conducirse.
composição *s.f.* 1 composición, melodía. 2 formación. 3 acuerdo, ajuste, arreglo. 4 producción literaria o artística. 5 (liter.) texto compuesto.
compositor *s.m.* autor, compositor (mús.).
composto *adj.* 1 constituido, compuesto, arreglado, ordenado. 2 mixto.
composto *s.m.* (quím.) combinación de elementos heterogéneos.
compostura *s.f.* compostura, comedimiento.
compota *s.f.* compota.
compra *s.f.* adquisición, compra.
comprar *v.t.* 1 adquirir, comprar, alcanzar. 2 sacar cartas de la baraja. 3 (fig.) sobornar. *comprar briga*, meterse en líos.
comprazer *v.t.* 1 complacer, condescender. 2 *v.p.* tener gusto.
compreender *v.t.* 1 entender, comprender. 2 abarcar, contener, encerrar. 3 percibir, oír. 4 *v.p.* estar contenido o incluido.
compreensão *s.f.* comprensión, percepción.
compreensível *adj.* comprensible.
compreensivo *adj.* comprensivo, que comprende.
compressa *s.f.* lienzo, compresa, fomento.
compressor *s.m.* compresor (instrumento para comprimir).
compressor *adj.* que comprime.
comprido *adj.* 1 largo, extenso. 2 alto, crecido. 3 que dura mucho.

comprimento s.m. extensión, tamaño, largor.
comprimido adj. apretado, compreso, comprimido.
comprimido s.m. pastilla, píldora.
comprimir v.t. 1 prensar, comprimir, apelmazar, oprimir. 2 (fig.) afligir. 3 v.p. encogerse, apretarse.
comprometedor adj. comprometedor, que compromete.
comprometer v.t. 1 implicar, comprometer. 2 exponer al peligro. 3 poner a alguien en situación de sospecha.
comprometimento s.m. compromiso.
compromisso s.m. 1 compromiso, obligación. 2 acuerdo, ajuste. 3 deuda.
comprovação s.f. confirmación, comprobación, corroboración.
comprovante s.m. comprobante, resguardo, recibo.
comprovar v.t. probar, confirmar, comprobar, acreditar, testificar, constatar.
compulsório adj. obligatorio, que obliga.
computação s.f. 1 (inform.) computación. 2 acción de computar.
computador s.m. (inform.) ordenador; computadora, computador.
computadorizado adj. computarizado.
computadorizar v.t. (inform.) computarizar, procesar información.
computar v.t. 1 contar, calcular, computar. 2 procesar en la computadora. *computar dados*, tabular.
computável adj. computable, calculable.
cômputo s.m. 1 cómputo, cuenta. 2 cálculo.
comum adj. común, frecuente, ordinario, regular, corriente, banal. *de comum acordo*, de común acuerdo.
comungar v.t. e i. 1 comulgar, administrar la comunión. 2 (fig.) *formar parte*, estar de acuerdo. 3 comunicarse.

comunhão s.f. 1 comunión, convivencia. 2 acción de comulgar. 3 eucaristía. 4 acto de compartir las mismas ideas o valores. *comunhão de bens*, régimen de bienes gananciales, comunidad de bienes en el matrimonio.
comunicabilidade s.f. comunicabilidad, propiedad de comunicarse.
comunicação s.f. 1 comunicación, acción y efecto de comunicar(se). 2 transmisión. 3 mensaje, aviso. 4 capacidad de intercambiar o transmitir ideas y dialogar.
comunicado s.m. aviso, comunicado, información.
comunicador adj. comunicante, que comunica.
comunicador s.m. comunicador, profesional de la comunicación.
comunicar v.t. 1 comunicar, transmitir. 2 establecer relación. 3 transmitir. 4 establecer comunicación, entendimiento. 5 v.p. propagarse, transmitirse, entenderse.
comunicativo adj. expansivo, comunicativo.
comunicável adj. comunicable, franco.
comunidade s.f. comunidad, sociedad, agremiación, corporación.
comunismo s.m. comunismo.
comunista adj. comunista, relativo al comunismo.
comunista s.m. persona partidaria del comunismo.
comunitário adj. comunitario.
comutação s.f. conmutación, alteración de pena.
comutador s.m. conmutador.
comutar v.t. permutar, conmutar, cambiar, substituir, atenuar.
concavidade s.f. concavidad, calidad de cóncavo, gruta, caverna, vacío.
côncavo adj. excavado, cóncavo.
concavidade s.m. concavidad.

conceber *v.t.* 1 concebir (fecundación). 2 concebir una idea, imaginar. 3 comprender, entender.
conceder *v.t.* 1 otorgar, dar, conceder. 2 asentir, ceder, admitir.
conceito *s.m.* 1 concepto. 2 pensamiento, opinión, juicio, idea. 3 apreciación, reputación.
conceituado *adj.* afamado, conceptuado.
conceituar *v.t.* conceptuar, valorar, formar opinión; analizar.
concentração *s.f.* 1 concentración, concentramiento. 2 (fig.) recogimento, meditación.
concentrar *v.t.* 1 centralizar, reunir en un centro, concentrar. 2 hacer que algo sea más denso, más activo. 3 *v.p.* concentrarse, reunirse, agruparse
concêntrico *adj.* concéntrico (que tiene un mismo centro).
concepção *s.f.* concepción, percepción, idea, imaginación.
concernente *adj.* concerniente, referente, relativo a, pertinente.
concertar *v.t.* 1 concordar, combinar. 2 armonizar, conciliar. 3 *v.p.* poner-se de acuerdo.
concertista *s.* solista, ejecutante de un concierto, concertista.
concerto *s.m.* (mús.) concierto, recital. arreglo.
concessão *s.f.* 1 otorgamiento, gracia, concesión. 2 autorización, permiso.
concessionária *s.f.* concesionario (tienda de venta de automóviles).
concessionário *adj.* concesionario, el que obtiene concesión y privilegio.
concha *s.f.* 1 concha, caparazón (moluscos), coraza. 2 cucharón.
concidadão *s.m.* conciudadano, compatriota, paisano.

conciliação *s.f.* 1 conciliación. 2 armonización.
conciliar *v.t.* 1 poner de acuerdo, conciliar, convenir, reconciliar, armonizar. 2 *v.p.* congraciarse.
conciliar *adj.* conciliar, relativo a concilio.
conciliável *adj.* compatible.
concílio *s.m.* concilio, asamblea de obispos.
concisão *s.f.* 1 concisión. 2 precisión, exactitud.
conciso *adj.* lacónico, sucinto, preciso, conciso, breve.
conclamar *v.t.* 1 gritar. 2 aclamar, proclamar.
conclave *s.m.* conclave / cónclave.
concluir *v.t.* 1 terminar, finalizar, acabar, completar. 2 deducir, inferir. 3 rematar, poner fin a, ajustar. 4 *v.p.* decidirse.
conclusão *s.f.* 1 conclusión, remate, término, fin, epílogo. 2 deducción. *em conclusão*, en suma, finalmente.
concluso *adj.* 1 (for.) dícese del proceso preparado para sentencia. 2 terminado, concluso.
concomitância *s.f.* coincidencia de una cosa con otra; concomitancia.
concordância *s.f.* 1 concordancia, conformidad. 2 (gram.) identidad de género y número entre ciertas palabras y de número y personas entre otras.
concordar *v.i.* 1 concordar, coincidir. 2 ponerse de acuerdo. 3 (gram.) que conserva la identidad de género y número. 4 *v.t.* ajustar, concertar.
concordata *s.f.* 1 concordato (acuerdo entre la iglesia y el estado). 2 (com.) acuerdo entre el comerciante quebrado y sus acreedores. 3 suspensión de pagos.
concórdia *s.f.* concordia, paz, buena armonía, acuerdo.
concorrência *s.f.* 1 concurrencia, licitación, competición. 2 afluencia (de personas). 3 (com.) competencia (entre productores o vendedores). *concorrência pública*, licitación, compulsa pública.

concorrer *v.t.* 1 competir. 2 afluir, concurrir. 3 presentarse como candidato. 4 *v.i.* presentarse.
concretizar 1 *v.t.* efectuar, concretar, formalizar. 2 *v.p.* realizarse, materializarse.
concreto *adj.* 1 consistente, concreto, material.
concreto *s.m.* hormigón.
concubina *s.f.* concubina, amante.
concursado *adj. e s.m.* opositor, aquel que participa en un concurso público.
concurso *s.m.* (desp.) 1 certamen, concurso. 2 concurrencia, afluencia (de personas). 3 cooperación, ayuda. 4 oposiciones. *prestar concurso,* opositar.
conde *s.m.* conde (título).
condecoração *s.f.* condecoración, insignia honorífica, placa, orden.
condecorar *v.t.* condecorar, realzar, decorar, distinguir con una condecoración.
condenação *s.f.* 1 (for.) sentencia, condena. 2 reprobación, condenación. 3 censura.
condenar *v.t.* (for.) 1 pronunciar sentencia condenatoria. 2 condenar, castigar. 3 penar, censurar, reprobar. 4 deshauciar algo/alguien, que no tiene curación. 5 *v.p.* culparse.
condenável *adj.* abominable, condenable, imperdonable.
condensador *s.m.* condensador.
condensar *v.t.* 1 condensar, resumir, compendiar. 2 hacer más denso. 3 *v.p.* condensarse. *o leite condensado,* la leche condensada.
condescendência *s.f.* condescendencia, tolerancia.
condescendente *adj.* condescendiente, tolerante, transigente.
condescender *v.i.* condescender, acomodarse al gusto de otro; dignarse.
condição *s.f.* 1 modo, condición, requisito. 2 clase social. 3 carácter. 4 cláusula, obligación.

condicional *adj.* 1 condicional, que incluye una condición. 2 (gram.) modo de verbo. *liberdade condicional,* libre bajo condición de buen comportamiento.
condicionar *v.t.* 1 acondicionar, arreglar, limitar, condicionar. 2 imponer condición. 3 *v.p.* acondicionarse, adaptarse.
condimentar *v.t.* aderezar, adobar, condimentar, sazonar.
condimento *s.m.* aderezo, aliño, condimento, sazón.
condiscípulo *s.m.* condiscípulo, compañero de estudios.
condolência *s.f.* compasión, condolencia; pésames.
condomínio *s.m.* 1 condominio, dominio de cosa común a dos o más propietarios. 2 (Bras.) gastos de administración en edificios, expensas comunes. *condomínio fechado,* grupo de viviendas protegidas.
condômino *s.m.* 1 copropietario. 2 quien reside en un edificio o urbanización cerrada.
condor *s.m.* (zool.) cóndor.
condução *s.f.* 1 conducción. 2 (pop.) vehículo, medio de transporte.
conduta *s.f.* 1 conducta, acción de conducir. 2 manera, procedimiento, comportamiento.
conduto *s.m.* canal, conducto, vía, medio.
condutor *s.m.* 1 conductor, aquél que conduce; chófer o chófer. 2 (fís.) cuerpo dotado de conductibilidad.
condutor *adj.* conductor. 1 dirigente, líder. 2 chófer o chofer de un vehículo.
conduzir *v.t.* 1 conducir, llevar, guiar, transportar, dirigir, transmitir. 2 *v.p.* portarse, comportarse, proceder bien o mal.
cone *s.m.* (geom.) cono. *cone sul,* cono sur.
conectado *adj.* enchufado, conectado.
conectar *v.t.* enchufar, conectar.
conexão *adj.* conexión, vínculo.

conexo *adj.* ligado, dependiente, que tiene conexión.
confabulação *s.f.* confabulación, conversación, charla.
confabular *v.t. e i.* 1 confabular, conversar, charlar. 2 conversar de asunto misterioso o secreto.
confecção *s.f.* 1 confección, obra hecha, conclusión. 2 taller de modistería.
confeccionar *v.t.* 1 ejecutar, hacer confección, confeccionar, organizar. 2 preparar, manipular.
confederação *s.f.* confederación, coligación, liga, alianza.
confeitar *v.t.* 1 confitar, cubrir con azúcar. 2 (fig.) endulzar, disimular.
confeitaria *s.f.* confitería, dulcería, bombonería, bollería; reposteria.
conferência *s.f.* 1 acto de conferir, verificar. 2 cotejo. 3 charla sobre negocios entre dos personas. 4 congreso, reunión internacional.
conferencista *s.* conferenciante, el que da conferencias.
conferir *v.t.* 1 confrontar, verificar. 2 dar, conceder, otorgar. 3 *v.i.* estar en conformidad, coincidir.
confessar *v.t.* 1 confesar, reconocer. 2 declarar en confesión. 3 oír la confesión de. 4 *v.p.* reconocerse, confesarse.
confessor *s.m.* confesor, sacerdote que confiesa.
confiança *s.f.* 1 confianza, crédito, fe, seguridad. 2 buena fama. 3 familiaridad. 4 (fam.) atrevimiento.
confiante *adj.* optimista, confiante, que confía.
confiar *adj.* 1 confiar, revelar, comunicar, fiar. 2 *v.i.* tener confianza, creer. 3 *v.p.* remitirse.
confiável *adj.* confiable, fidedigno.
confidência *s.f.* confidencia, secreto. *fazer confidências,* abrir (el propio corazón) a alguien.

confidencial *adj.* confidencial, con carácter de secreto o confidencia, sigiloso.
confidenciar *v.t.* decir en secreto o confidencia, secretear.
confidente *s. e adj.* confidente.
configuração *s.f.* configuración, aspecto.
confim *adj.* confín, confinante.
confim *s.m.* 1 confines, límites, fronteras. 2 sitios muy lejanos, rincones.
confinante *adj.* fronterizo.
confinar *v.t.* desterrar.
confirmação *s.f.* confirmación, convalidación, notificación, reiteración.
confirmar *v.t.* corroborar, confirmar, reconocer, ratificar.
confiscar *v.t.* incautar, decomisar, confiscar.
confisco *s.m.* confiscación, privar de suas bienes a un reo.
confissão *s.f.* 1 confesión, reconocimiento, acción de confesar. 2 secta religiosa. 3 profesión de fe.
conflito *s.m.* embate, lucha, conflicto, antagonismo, oposición.
confluência *s.f.* 1 confluencia. 2 concurrencia de dos ríos o caminos.
confluir *v.i.* 1 unirse en un mismo punto. 2 afluir, converger.
conformação *s.f.* 1 conformación, configuración. 2 resignación.
conformado *adj.* resignado.
conformar *v.t.* 1 configurar, conformar. 2 (fig.) moldear. 3 *v.p.* acomodarse, conformarse, resignarse.
conforme *adj.* 1 conforme, idéntico, de acuerdo, semejante. 2 resignado, según. *conforme foi prescrito,* según ha sido prescrito o recetado.
conforme *adv.* de acuerdo con.
conforme *conj.* según, como, conforme.
conformidade *s.f.* conformidad, proporción. *em conformidade* (com.), de acuerdo con.

conformismo *s.m.* resignación, actitud acomodadiza, apatía, conformismo.
confortar *v.t.* 1 confortar, fortalecer, robustecer. 2 animar, consolar.
confortável *adj.* cómodo, que conforta, confortable.
conforto *s.m.* conf**ort**, comodidad, adecuación.
confrade *s.* 1 cohermano. 2 compañero, colega. 3 cófrade.
confraternização *s.f.* 1 confraternidad. 2 confraternización (reunión de amigos).
confraternizar *v.t.* fraternizar, confraternizar.
confrontação *s.f.* 1 confrontación. 2 cotejo; careo. 3 (pl.) límites de una propiedad.
confrontar *v.t.* 1 confrontar, cotejar, comparar. 2 afrontar.
confronto *s.m.* cotejo, comparación, confrontación, careo.
confundir *v.t.* 1 confundir, mezclar, barajar, complicar, embarullar. 2 embrollar, desordenar. 3 *v.i.* equivocar.
confusão *s.f.* lío, confusión, desorden, embrollo, tumulto, enredo.
confuso *adj.* 1 confuso, desordenado. 2 confundido. 3 perplejo. 4 (fig.) obscuro.
congelado *adj.* 1 congelado. 2 frío como el hielo. 3 dícese de los créditos que no se pueden transferir. 4 alimento congelado.
congelador *s.m.* congelador, frigorífico.
congelador *adj.* que congela.
congelamento *s.m.* 1 congelación, congelamiento. 2 fijación (de precios, tarifas etc.).
congelar *v.t. e i.* 1 helar, congelar, solidificar. 2 embargar la transferencia de capitales. *congelar preços*, no permitir alza de precios.
congênere *adj.* congénere, idéntico, del mismo género.
congênito *adj.* innato, congénito, natural, de nascimiento.

congestão *s.f.* 1 congestión. 2 (fig.) aglomeración.
congestionamento *s.m.* 1 (med.) congestión. 2 embotellamiento, atasco.
congestionar *v.t.* 1 congestionar, causar y sufrir congestión. 2 causar embotellamiento o atasco.
conglomeração *s.f.* conglomeración.
conglomerado *s.m.* conglomerado, fusión, unión.
conglomerado *adj.* 1 que se conglomeró. 2 (pl.) (miner.) masa de fragmentos redondeados de diversas rocas.
conglomerar *v.i.* aglomerar, conglomerar, unirse, juntarse.
congratulação *s.f.* felicitación.
congratular *v.t.* 1 felicitar. 2 *v.p.* congratularse. *congratulações*, felicitaciones, ¡enhorabuena!
congregação *s.f.* 1 congregación, unión, combinación. 2 cofradía, asamblea.
congregar *v.t.* 1 juntar, congregar, reunir, unir. 2 convocar. 3 *v.p.* reunirse.
congresista *s.* congresista.
congresso *s.m.* asamblea, congreso, convención, junta.
congruência *s.f.* congruencia, armonía, coherencia, propiedad.
congruente *adj.* en que hay congruencia, conveniente, coherente, armónico, apropiado.
conhaque *s.m.* coñac (aguardiente obtenido por destilación del vino).
conhecedor *adj. e s.m.* conocedor, experto, expecialista, perito.
conhecer *v.t.* 1 conocer. 2 evaluar, distinguir, apreciar. 3 *v.i.* tomar conocimiento. 4 haber estado en cierto lugar. 5 tener relaciones sexuales con alguien.
conhecido *adj.* conocido, notorio, manifesto.
conhecido *s.m.* conocido, camarada.

conhecimento s.m. 1 saber, conocimiento. 2 noción adquirida por la experiencia. 3 conciencia de sí mismo. 4 (pl.) instrucción, especialización, pericia. *com conhecimento de causa*, sabiendo de qué se habla o de qué se trata.
conjetura s.f. suposición, conjetura, previsión.
conjugação s.f. 1 conjugación, ligación. 2 (gram.) conjugación.
conjugal adj. conyugal, relativo a los conyuges, o al matromonio.
conjugar v.t. 1 conjugar, unir, ligar. 2 (gram.) conjugar, flexionar.
cônjuge s. cónyuge, consorte, marido y/o esposa.
conjunção s.f. 1 unión, conjunción. 2 oportunidad, conyuntura. 3 (gram.) conjunción.
conjuntivite s.f. conjuntivitis (inflamación de la conjuntiva).
conjunto s.m. conjunto, grupo de elementos, reunión. *conjunto vazio* (mat.), conjunto nulo, sin componentes.
conjuntura s.f. coyuntura, pasaje, oportunidad.
conosco pron.pes. 1ª pes. do (pl.) con nosotros.
conotação s.f. 1 connotación, relación notable entre dos o más cosas. 2 sentido traducible o sobreentendido, sutil.
conotar v.t. connotar.
conquista s.f. 1 conquista, acto de conquistar. 2 (fam.) noviazgo.
conquistador adj. 1 conquistador. 2 galanteador.
conquistador s.m. conquistador, Don Juan.
conquistar v.t. 1 conquistar, dominar, ganar. 2 (fam.) conseguir noviazgo. 3 granjear la simpatía o admiración.
consagração s.f. 1. consagración, dedicación. 2 obtención de éxito o fama.

consagrador adj. apoteótico, consagrador.
consagrar v.t. 1 dedicar, consagrar, inmortalizar. 2 v.p. sacrificarse, dedicarse. 3 tener éxito, fama.
consanguíneo adj. e s.m. 1 consanguíneo, de la misma sangre. 2 pariente por consanguinidad, pariente directo.
consanguinidade s.f. consanguinidad, relación entre parientes directos.
consciência s.f. 1. conciencia; integridad, escrúpulo, honradez. 2 juicio, facultad de decisión, conocimiento justo. 3 (med.) percepción clara por medio de los sentidos, y de la propia actividad psíquica.
consciente adj. conciente.
conscientizar v.t. 1 tomar conciencia. 2 concienciar.
consecução s.f. consecución.
consecutivo adj. consecutivo, sucesivo, consecuente.
conseguinte adj. *por conseguinte*, por eso, por ello.
conseguir v.t. 1 adquirir, conseguir, alcanzar, atinar, llegar, obtener. 2 tener un resultado, lograr.
conselheiro s.m. consejero.
conselho s.m. 1 consejo, amonestación, advertencia. 2 junta. 3 nombre de cuerpos consultivos.
consenso s.m. consenso, concordancia, acuerdo.
consentimento s.m. permiso, consentimiento, autorización, tolerancia.
consentir v.t. autorizar, consentir, admitir, acceder, tolerar.
consequência s.f. resultado, secuela, consecuencia.
consequente adj. coherente, fiel, consecuente.
consertar v.t. 1 arreglar, reparar, concertar, componer, corregir, enmendar. 2 ordenar, disponer. 3 remediar, corregir.

conserto s.m. 1 concierto. 2 reparación, arreglo, compostura, reparo.
conserva s.f. conserva, alimento conservado para consumo posterior.
conservação s.f. mantenimiento, subsistencia, conservación.
conservador adj. e s.m. 1 conservador. 2 el que se opone a reformas políticas. 3 enemigo de lo moderno, tradicionalista, reaccionario.
conservar v.t. 1 almacenar, conservar, preservar, cuidar. 2 mantener en su poder. 3 v.p. durar, permanecer. 4 no envejecer.
conservatório s.m. (mús.) conservatorio.
consideração s.f. 1 aprecio, consideración, estima, atención, afecto, crédito. 2 respeto, importancia deferencia, o afecto dedicados a alguien o algo.
considerar v.t. 1 considerar, sopesar. 2 examinar, apreciar. 3 contemplar, observar. 4 pensar, reflexionar. 5 tener en cuenta. 6 juzgar, suponer. 7 respetar.
considerável adj. considerable, respetable, notable.
consignar v.t. 1 consignar, ingresar (dinero). 2 (com.) dejar en consignación o en depósito, para pago posterior a la venta. 3 señalar, registrar, dejar declarado.
consigo pron. pes. 3ª pes. consigo, en su compañía, de sí para sí.
consistência s.f. consistencia, solidez, compatibilidad.
consistente adj. 1 fuerte, espeso, consistente. 2 sólido, duro, resistente, con substancia.
consistir v.i. 1 consistir, tener por objeto. 2 basarse. 3 resumirse, constar.
consoante s.f. (gram.) consonante (letra).
consonante adj. que suena conjuntamente. *em consonância*, de acuerdo, em armonía, según.
consonante prep. según, conforme.
consolação s.f. consolación.

construir

consolar v.t. 1 confortar, consolar, aliviar. 2 v.pron. consolarse, conformarse.
consolidar v.t. 1 asegurar, hacer firme, consolidar. 2 v.p. afirmarse.
consolo s.m. consuelo.
consórcio s.m. 1 asociación, unión. 2 matrimonio. 3 cooperativa de consumo, grupo de ahorro administrado para comprar coches, TV etc.
consorte s. cónyuge, compañero.
conspiração s.f. conspiración, conjuración, complot.
conspirar v.t. e i. maquinar, conspirar, tramar, confabular.
constância s.f. 1 empeño, paciencia, constancia, persistencia, firmeza. 2. documentación, escritura, certificado, registrado.
constante adj. 1 constante, que consta, que está escrito, registrado. 2 inmutable, firme, perseverante.
constante s.f. (mat.) constante, cantidad de valor fijo.
constar v.i. constar, figurar, estar escrito.
constatar v.t. comprobar, reconocer, constatar, certificarse de.
constelação s.f. constelación.
consternação s.f. consternación, abatimiento, tristeza.
consternar v.i. desalentar, entristecer, consternar, afligir.
constipação s.f. 1 estreñimiento. 2 (pop.) resfriado.
constitucional adj. 1 constitucional (de acuerdo con la constitución). 2 propio de la constitución de un individuo.
constituição s.f. 1 constitución, ley fundamental de un país. 2 composición. 3 complexión física.
constituir v.t. 1 constituir, instituir, fundar, señalar, componer. 2 (for.) nombrar, elegir, designar. 3 v.p. componerse.

constranger 1. *v.t.* violentar, forzar, constreñir, coartar, apremiar. 2 faltar al respeto, invadir la intimidad o el pudor avergonzar, obligar.

constrangido *adj.* forzado, coactado, constreñido.

constrangimento *s.m.* coacción, constreñimiento, embarazo.

constrangir *v.t.* 1 ceñir. 2 *v.p.* encogerse, contraerse.

constrição *s.f.* constricción, aprieto.

construção *s.f.* construcción, edificación, edificio, fábrica. *construção civil*, albañilería.

construir *v.t.* construir, edificar, formar, obrar.

construtivo *adj.* constructivo.

construtor *s.m.* constructor.

cônsul *s.m.* cónsul (fem.) consulesa.

consulado *s.m.* consulado.

consulta *s.f.* 1 consulta. 2 consejo, parecer. 3 visita al médico.

consultar *v.t.* 1 pedir consejo, solicitar un parecer, consultar. 2 informarse, investigar. 3 dar atención (el médico).

consultório *s.m.* (med.) consultorio, gabinete, clínica.

consumação *s.f.* 1 consumición, consumo mínimo y obligatorio en casas de diversión (bares, discotecas etc.). 2 consumación, realización.

consumar *v.t.* e *v.p.* consumarse, efectuarse, acabar, terminar, perfeccionarse.

consumidor *adj.* consumidor.

consumir *v.t.* 1 consumir. 2 destruir. 3 gastar, corroer. 4 absorber (alimento o bebida). 5 disminuirse, debilitarse. 6 disgustar, mortificar. 7 adquirir bienes de consumo o de producción. 8 *v.p.* desvivirse. 9 (fig.) minar.

consumismo *s.m.* consumismo, impulso incontrolable de consumo, de gasto, de comprar y poseer.

consumo *s.m.* gasto, uso, empleo, consumo, venta.

conta *s.f.* 1 cuenta, suma de gastos, cálculo. 2 competencia. *conta-corrente*, cuenta corriente. *conta poupança*, cuenta de ahorros. *conta-gotas*, cuentagotas, gotero. *acerto de contas*, ajuste de cuentas. *dar conta do recado*, realizar algo bien, poder hacerlo bien hecho. *estar/ficar por conta*, estar/ponerse furioso. *fazer de conta*, simular, imaginar, figurarse, hacer de cuenta. *levar em conta*, tener en cuenta. *não dar conta*, no dar abasto. *pedir a conta*, renunciar a un cargo; pedir la cuenta. *prestar contas*, rendir cuentas. *tomar conta*, hacerse cargo, cuidar.

contábil *adj.* contable.

contabilidade *s.f.* (com.) contabilidad; teneduría de libros; cálculo.

contabilista *s.* persona versada en contabilidad.

contabilizar *v.t.* contabilizar.

contador *s.m.* 1 contador, tenedor de libros. 2 narrador. 3 contable. 4 medidor (luz, agua).

contagem *s.f.* cómputo, escrutinio, enumeración, recuento.

contagiante *adj.* 1 contagiante, que contagia. 2 epidémico.

contagiar *v.t.* 1 inocular, lacrar, corromper. 2 transmitirse. 3 *v.p.* contagiarse.

contágio *s.m.* contagio, infección, epidemia.

contagioso *adj.* contagioso, infeccioso, epidémico.

conta-gotas *s.m.* cuentagotas, gotero.

contaminação *s.f.* contaminación, impureza.

contaminador *adj.* impuro, infecto, contaminado.

contaminar *v.t.* 1 contaminar, infectar. 2 *v.p.* contaminarse.

contanto que *loc. conj.* una vez que, con la condición que, con tal que, siempre y cuando, en la medida que.

contar *v.t.* 1 contar, calcular, enumerar. 2 referir, narrar, hablar, relatar. 3 disponer de.

4 esperar, confiar, considerar, tener interés. 5 tener importancia. 6 v.p. incluirse. *contar vantagem*, fanfarronear.

contato *s.m.* 1 contacto, toque, roce. 2 relación, comunicación entre personas. 3 promotor de publicidad. *entrar em contato*, ponerse en contacto.

contêiner *s.m.* contenedor.

contemplação *s.f.* 1 contemplación. 2 (fís.) consideración, benevolencia.

contemplar *v.t.* 1 admirar, mirar, contemplar. 2 agraciar, otorgar. 3 tener en cuenta, en consideración.

contemplativo *adj.* contemplativo, observador.

contemporâneo *adj.* 1 contemporáneo, que es del mismo tiempo. 2 contemporáneo, de nuestros días.

contemporâneo *s.m.* contemporáneo.

contenda *s.f.* contienda, altercación, riña, debate, pelea, disputa.

contender *v.i.* pleitear, contender, altercar, debatir, luchar, oponerse.

contentamento *s.m.* contentamiento, satisfacción, placer, alegría.

contentar *v.t.* 1 contentar, llenar de satisfacción. 2 *v.i.* complacer, agradar.

contente *adj.* contento/a, alegre, satisfecho, gozoso.

conter *v.t.* 1 contener, incluir. 2 frenar, detener, reprimir. 3 sujetar. 4 *v.p.* moderarse, contenerse, medirse.

conterrâneo *adj.* compatriota, coterráneo (de la misma tierra), comprovinciano (de la misma provincia).

contestação *s.f.* cuestionamiento.

contestar *v.t.* 1 contradecir, negar. 2 refutar, objetar, impugnar. No confundir con 'responder'.

conteúdo *s.m.* 1 contenido. 2 (fig.) asunto.

contexto *s.m.* contexto.

contigo *pron. pess.* 2a. pes. sing. contigo, en tu compañía.

contíguo *adj.* contiguo, cercano, vecino, próximo.

continência *s.f.* 1 continencia, moderación, abstención, abstinencia. 2 (mil.) saludo militar.

continente *s.m.* 1 continente, aquello que contiene alguna cosa. 2 (geogr) continente.

continente *adj.* 1 que se contiene. 2 casto, moderado.

contingência *s.f.* eventualidad, riesgo, contingencia.

contingente *adj.* contingente, eventual, dudoso, que puede suceder o no, indeterminado, indefinido.

continuação *s.f.* secuencia, continuación, continuidad, sucesión.

continuar *v.t.* 1 seguir, continuar. 2 *v.i.* durar, proseguir.

contínuo *adj.* incesante, continuo, sucesivo, perenne.

contínuo *s.m.* mensajero, ayudante de oficina.

conto *s.m.* fábula, cuento, narración, mentira.

contornar *v.t.* 1 modelar, contornar, rodear, circundar. 2 (fig.) eludir (problema).

contorno *s.m.* 1 contorno, perfil. 2 derredor, periferia, circuito.

contra *prep.* contra.

contra *s.m.* contra, obstáculo, objeción, contrariedad. *contra-senso*, contrasentido disparate. *ser do contra*, llevar la contraria, ser de la contra.

contrabaixo *s.m.* (mús.) contrabajo, violón.

contrabandear *v.t.* contrabandear, pasar contrabando, dedicarse al contrabando.

contrabandista *s.* contra-bandista, el que hace contrabando.

contrabando *s.m.* contrabando, matute, comercio prohibido.

contração *s.f.* 1 contracción, efecto de contraerse ó encogerse. 2 (econ.) recesión, contracción de la economía.
contracapa *s.f.* cuarta tapa, o contratapa, última cubierta de un libro o revista.
contradição *s.f.* contradicción, discordancia, contrariedad.
contradizer *v.t.* contradecir, desmentir, refutar, contrarrestar.
contragosto *s.m.* oposición al gusto y a la voluntad.
contragosto *loc. adv.* a disgusto, de mala gana, con mala voluntad.
contrair *v.t.* 1 contraer(se), encoger(se). 2 adquirir (enfermedad). 3 (fig.) asumir (compromiso).
contramão *s.f.* contra la vía.
contrapartida *s.f.* compensación, equivalencia, contrapartida.
contraposição *s.f.* contraposición, resistencia, contraste.
contrariar *v.t.* refutar, contradecir, disgustar, contrariar.
contrariedade *s.f.* 1 contrariedad, aburrimiento. 2 pesadumbre, dificultad.
contrário *adj.* opuesto, contrario, dañoso, nocivo.
contrário *s.m.* adversário, enemigo.
contrastar 1 *v.t.* contrastar. 2 *v.i.* hacer contraste. 3 *v.p.* oponerse.
contraste *s.m.* contraste.
contratar *v.t.* contratar, ajustar, negociar, comerciar.
contratempo *s.m.* contratiempo, chasco, percance, adversidad.
contrato *s.m.* contrato, acuerdo, pacto, negociación, convenio, compromiso.
contravenção *s.f.* falta, infracción, desobediencia.
contribuição *s.f.* contribución, auxilio, aportación, subsidio.

contribuinte *adj.* contribuyente, contribuidor, tributario.
contribuinte *s.* contribuyente, contribuidor.
contribuir *v.t.* contribuir, subscribir, aportar, auxiliar, prestar, colaborar, cooperar, tributar.
contrito *adj.* triste, afligido, contrito, arrepentido.
controlar *v.t.* controlar, fiscalizar, verificar.
controle *s.m.* control, examen, fiscalización, vigilancia. *controle remoto*, mando a distancia, control remoto.
controvérsia *s.f.* controversia, debate, discusión, polémica, disputa.
controvertido *adj.* dudoso, polémico, controvertido.
contudo *conj.* sin embargo, no obstante.
contundente *adj.* contundente, concluyente, terminante, categórico, definitivo.
conturbação *s.f.* conturbación, inquietud, turbación, agitación.
conturbar *v.t.* turbar, perturbar, conturbar, agitar, amotinar.
contusão *s.f.* contusión, lesión, golpe.
convalescença *s.f.* (med.) convalecencia.
convalescer *v.t.* 1 convalecer, recuperar la salud. 2 *v.p.* recuperarse, recobrarse, restablecerse.
convalidação *s.f.* convalidación, validez, revalidación, legalización.
convalidar *v.t.* convalidar, revalidar.
convenção *s.f.* 1 pacto, ajuste, norma. 2 convención, reunión, congreso.
convencer *v.t.* 1 persuadir, convencer, demostrar. 2 *v.p.* convencerse.
convencido *adj.* 1 persuadido, convencido. 2 creído, presumido, vanidoso, presuntuoso, engreído.
convencido *s.* creído, presumido, vanidoso, engreído.
convencimento *s.m.* convencimiento, presunción, convicción.

convencional *adj.* 1 convencional, relativo a convención habitual, tradicional. 2 pactado.
convencional *s.m.* persona de una convención.
convencionar 1 *v.t.* ajustar, convenir, combinar, pactar, contratar. 2 *v.p.* convenirse, acordar.
conveniência *s.f.* conveniencia, conformidad, proporción, utilidad, provecho.
conveniente *adj.* conveniente, adecuado, cómodo, oportuno, decente.
convênio *s.m.* pacto, convenio, trato, ajuste, acuerdo.
convento *s.m.* monasterio, convento.
convergência *s.f.* coincidencia, confluencia, concurrencia.
convergente *adj.* que va hacia el mismo punto, coincidente, confluyente, concurrente.
convergir *v.i.* 1 confluir, convergir, dirigirse al mismo punto. 2 tender hacia el mismo objetivo.
conversa *s.f.* conversación, plática, charla, diálogo.
conversação *s.f.* conversación, charla, coloquio, cháchara.
conversão *s.f.* conversión, mudanza, transformación, metamorfosis, mutación.
conversar *v.i.* conversar, charlar, dialogar, platicar, comunicar.
conversível *adj.* convertible, descapotable, transformable.
converter *v.t.* 1 convertir, cambiar, transformar. 2 *v.p.* convertirse.
convidar *v.t.* 1 invitar, llamar, convocar. 2 solicitar. 3 *v.p.* ofrecerse.
convidativo *adj.* atrayente, que llama la atención.
convincente *adj.* 1 convincente, persuasivo, elocuente. 2 concluyente, contundente, terminante.
convir *v.t.* 1 convenir, ser conveniente. 2 aceptar, admitir.
convite *s.m.* invitación.
convivência *s.f.* convivencia, familiaridad.
conviver *v.t. e i.* 1 convivir, tener intimidad. 2 coexistir.
convívio *s.m.* 1 convivencia. 2 tolerancia, armonía.
convocação *s.f.* convocación, invitación, convocatoria, citación, llamada.
convocar *v.t.* convocar, pedir, llamar, citar, congregar.
convocatória *s.f.* convocatoria (carta o despacho con que se convoca).
convosco *pron. pes.* 2ª pes. (pl.) con vosotros, con vuestra compañía.
convulsão *s.f.* 1 convulsión, espasmo, temblor, estremecimiento. 2 transtorno, tumulto, disturbio, motín. 3 (fig.) revolución.
convulsionar *v.t.* convulsionar, revolucionar, agitar, conmover, trastornar.
cooperação *s.f.* cooperación, colaboración, solidaridad.
cooperar *v.t.* colaborar, cooperar, trabajar junto.
cooperativa *s.f.* cooperativa (sociedad que busca ventajas económicas a los que la constituyen), mutual.
coordenação *s.f.* coordinación, arreglo, composición, armonización.
coordenador *s.m.* coordinador, que coordina.
coordenar *v.t.* coordinar, organizar, componer, arreglar.
copa *s.f.* 1 (desp.) trofeo, copa. 2 parte más alta del árbol. 3 despensa, aparador. 4 (pl.) uno de los naipes de las cartas de jugar.
copeiro *s.* camarero, mesero, mozo.
cópia *s.f.* 1 copia, ejemplar, imitación. 2 transcripción. 3 duplicado. 4 (fig.) *cópia autenticada*, legalizada, copia compulsada.
copiar *v.t.* imitar, copiar, duplicar, reproducir.
copiloto *s.m.* copiloto.

copioso *adj.* abundante, copioso, cuantioso, exuberante, nutrido.

copista *s.* persona que hace copia, plagiario, copista.

copo *s.m.* vaso (para beber). *copo-de-leite*, lirio.

cópula *s.f.* copulación, unión carnal, cópula, coito.

copular *v.t.* 1 copular, mantener cópula. 2 unir, ligar, cruzar.

coqueiro *s.m.* (bot.) cocotero, palmera, coco.

coquetel *s.m.* cóctel.

coqueteleira *s.f.* coctelera.

cor *s.f.* color, coloración, apariencia. *pessoa de cor*, negro, mulato. *de cor*, (loc.) de memoria. *saber de cor e salteado*, saber al dedillo.

coração *s.m.* 1 (anat.) corazón. 2 (fig.) ánimo, valor, amor, benevolencia.

corado *adj.* 1 colorado, rojizo. 2 blanqueado al sol (ropas). 3 (fig.) avergonzado.

coragem *s.f.* coraje, ánimo, brío, bravura, decisión, valor.

corajoso *adj.* animoso, valiente, resuelto, corajudo.

coral *adj.* (mús.) relativo a coro, coral.

coral *s.m.* 1 coral (serpiente). 2 concha del mar que acumulada produce recifes.

corante *s.m.* colorante.

corar *v.t.* 1 colorear. 2 *v.i.* enrojecer, ruborizar, sonrojar, ponerse colorado.

corcunda *adj.* jorobado.

corcunda *s.f.* joroba, chepa, giba, corcova.

corda *s.f.* 1 cuerda, cordón, tirante. 2 pieza de los relojes. 3 cuerda de los instrumentos musicales. *estar com a corda no pescoço*, estar con el agua al cuello. *estar com a corda toda*, estar muy entusiasmado, eléctrico, cordas vocais, cuerdas vocales.

cordato *adj.* cuerdo, sensato, razonable, lúcido.

cordão *s.m.* cordón, cordel.

cordeiro *s.m.* 1 cordero. 2 (fig.) persona dócil, hombre manso.

cor-de-rosa *adj.* rosado, rosa.

cordial *adj.* afectuoso, cordial, amistoso, sincero.

cordial *s.m.* cordial (bebida).

cordialidade *s.f.* sinceridad, cordialidad, afectuosidad, ternura.

cordilheira *s.f.* cordillera, sierra, cadena de montañas altas.

coreografia *s.f.* coreografía (arte de la danza).

coreógrafo *s.m.* coreógrafo (compositor de bailes).

corista *s.* 1 persona que forma parte del coro en las iglesias o teatros. 2 bailarina de teatro de variedades.

coriza *s.f.* rinitis.

córnea *s.f.* (anat.) córnea.

cornear *v.t.* 1 herir con los cuernos. 2 (pop.) poner los cuernos a alguien. 3 ser la mujer infiel al marido.

corneta *s.f.* (mús.) corneta, trompeta, trompa.

corno *s.m.* 1 cuerno (prolongación ósea en la región frontal en ciertos animales). 2 (pop.) marido a quien la mujer le fue infiel, cornudo.

coro *s.f.* (mús.) (teat) coro (canto de muchas voces).

coroa *s.f.* 1 corona (adorno real). 2 corona dentaria. 3 guirnalda de flores. 4 (fig.) reino. 5 (pop.) viejo.

coroação *s.f.* coronación.

coroar *v.t.* 1 coronar, ceñir con corona la cabeza. 2 rematar. 3 premiar.

coroinha *s.m.* monaguillo.

corola *s.f.* envoltura floral, corola.

coronel *s.m.* 1 coronel. 2 (fig.) caudillo, jefe político.

corpo *s.m.* 1 cuerpo (estructura física animal). 2 materia. 3 cadáver. 4 densidad. 5 corporación. 6 tamaño de letra. 7 (mil.) batallón. *fazer corpo*

mole, escamotear el trabajo. *tirar o corpo fora*, salirse por la tangente. *corpo a corpo*, cuerpo a cuerpo.
corporação *s.f.* 1 corporación que tiene un fin común. 2 colegio, asociación de personas de una misma profesión o actividad.
corporal *adj.* corporal, material.
corpulento *adj.* gordo, obeso, corpulento, grueso.
correção *s.f.* 1 correción, enmienda, ratificación. 2 cualidad de quien es correcto.
corre-corre *s.m.* correría, desbandada.
corredor *s.m.* 1 pasillo, galería, corredor. 2 corredor (atleta).
corredor *adj.* que corre mucho.
córrego *s.m.* arroyo.
correia *s.f.* 1 correa. 2 (mec.) polea, correa.
correição *s.f.* 1 corrección. 2 corregimiento. 3 visita de corregidor.
correio *s.m.* 1 correo, correspondencia. 2 persona que se ocupa de llevar y traer noticias. 3 cartero. 4 dependencia pública. *caixa de correio*, buzón.
correlação *s.f.* correlación, analogía.
correlato *adj.* correlato, análogo.
corrente *adj.* común, usual, habitual, frecuente, corriente, vulgar, ordinario.
corrente *s.f.* cadena.
correnteza *s.f.* corriente, torrente de agua.
correntista *s.m.* (com.) correntista.
correr *v.i.* 1 correr. 2 caminar rápido. 3 fluir (líquido). 4 recorrer, visitar. 5 estar sujeto (a peligro). 6 hacerse cargo. *Correr bem*, salir bien, resultar bien.
correria *s.f.* ajetreo, trajín, carrera, disparada, correría.
correspondência *s.f.* 1 correspondencia (cartas). 2 reciprocidad. 3 equivalencia.
correspondente *adj.* 1 correspondiente, respectivo, pertinente, adecuado, equivalente, relativo. 2 persona con la que nos correspondemos a través de cartas. 3 comisionado, delegado, corresponsal, representante.
corresponder *v.i.* 1 corresponder. 2 pertenecer, adecuar, incumbir. 3 proporcionar, responder, equivaler, relacionar. 4 retribuir, devolver. 5 comunicarse a través de cartas.
corretamente *adv.* correctamente, bien.
correto *adj.* correcto, justo, exacto, puntual, digno, limpio.
corretor *s.m.* (com.) corredor, agente.
corretora *s.f.* agencia de valores.
corrida *s.f.* carrera. *de corrida*, a prisa, por alto.
corrigir *v.t.* 1 corregir, amonestar, enmendar, rehacer, reprender, templar. 2 (fig.) enderezar.
corrimão *s.m.* baranda, barandilla, pasamanos.
corrimento *s.m.* acumulación morbosa de humores, secreción.
corriqueiro *adj.* corriente, común.
corroer *v.t.* 1 consumir, corroer, desgastar, destruir, roer, carcomer. 2 *v.p.* consumirse, viciarse.
corromper *v.t.* 1 corromper, adulterar, depravar, viciar, alterar. 2 sobornar, seducir.
corrosão *s.f.* corrosión, desgaste, escoriación.
corrupção *s.f.* 1 corrupción, depravación. 2 soborno, concusión.
corrupto *adj.* corrupto, viciado, corrompido, perverso.
corruptor *adj.* corruptor, el que corrompe, soborna. 2 corromper, sobornador.
corruptor *s.m.* corruptor, corrompedor.
cortado *adj.* 1 cortado, que se cortó. 2 interrumpido. 3 interceptado.
cortante *adj.* incisivo, agudo, cortante.
corta-papel *s.m.* cortapapel.
cortar *v.t.* 1 cortar. 2 interrumpir. 3 corte. 4 anular. 5 adelantarse un vehículo a otro.

corte (ô) *s.f.* 1 residencia de soberano. 2 séquito. 3 corte (tribunal).
corte *s.m.* 1 corte, tajo. 2 hacer incisión a, grieta, fisura, hendidura.
cortejar *v.t.* cortejar, galantear, hacer la corte, pretender.
cortês *adj.* amable, cortés, afable, atencioso, atento, obsequioso.
cortesia *s.f.* cortesía, delicadeza, atención, regalo, amabilidad.
cortiço *s.m.* conventillo, palomar, hacinamiento.
cortina *s.f.* cortina. *cortina de ferro*, cortina de hierro.
coruja *s.f.* lechuza, búho (ave nocturna). *pai coruja*, que chochea por sus hijos.
coser *v.t. e i.* coser; zurcir, unir con puntadas; remendar.
cosmético *s.m.* cosmético, maquillaje, afeite.
cósmico *adj.* cósmico, perteneciente al universo.
cosmo *s.m.* cosmos, universo.
cosmonave *s.f.* cosmonave (aparato para viaje espacial).
cosmopolita *adj.* cosmopolita, de todas las naciones.
cosmopolita *s.m.* persona que anda por todos los países, mundano.
costa *s.f.* 1 costa (litoral). 2 (pl.) espaldas, lomo, dorso, costillas, reverso. *falar pelas costas*, hablar por las espaldas. *ter costas largas*, soportar males. *ter costas quentes*, tener cubiertas las espaldas, tener palanca, estar acomodado, tener padrinos.
costado *s.m.* bordo, flanco, lado, costado.
costear *v.t.* rodear, navegar cerca de la costa, circunnavegar, circunvalar.
costeiro *adj.* costero, costeño; relativo a la costa.
costela *s.f.* 1 costilla, chuleta, bistec. 2 (fam.) esposa, mujer.

costumar *v.t.* soler, acostumbrar, frecuentar.
costume *s.m.* 1 costumbre, hábito, uso, práctica, estilo, tradición. 2 (pl.) tradiciones. 3 traje.
costumeiro *adj.* usual, habitual, frecuente.
costura *s.f.* 1 costura. 2 conjunto de puntadas.
costurar *v.t. e i.* coser.
costureira *s.f.* modista, mujer que tiene el oficio de coser.
cota *s.f.* 1 cota, nivel. 2 aporte. 3 diferencia.
cotidiano *adj.* diario, cotidiano, acostumbrado, periódico, corriente.
cotidiano *s.m.* cotidiano, el día a día.
cotonete *s.m.* hisopo, bastoncito.
cotovelada *s.f.* codazo (golpe dado con el codo).
cotovelo *s.m.* 1 codo. 2 ángulo. *dor de cotovelo*, tener celos. *falar pelos cotovelos*, hablar demasiado.
couraça *s.f.* blindaje, coraza, revestimiento, armadura.
couro *s.m.* cuero, pellejo; piel. *precisar de couro*, necesitar una paliza.
couve *s.f.* (bot.) col, berza (planta hortense). *couve-flor*, coliflor.
cova *s.f.* cueva, caverna, bache, fosa. *estar com um pé na cova*, tener un pie en la sepultura/ en el hoyo.
covarde *adj.* 1 miedoso, cobarde, flojo, medroso, miedoso. 2 (fam.) gallina.
covardia *s.f.* cobardía, miedo, pusilanimidad, acovardamiento, irresolución, vacilación.
coveiro *s.m.* sepulturero.
coxa *s.f.* muslo, parte de la pierna entre la rodilla y el tronco. *fazer (algo) nas coxas*, hacer algo mal hecho.
coxo *adj. e s.* cojo, rengo.
cozido *adj.* cocido, hervido, que coció.
cozido *s.m.* comida hecha de carne, arroz, patatas y legumbres, puchero.

cozimento *s.m.* 1 cocimiento, cocción. 2 arte de cocinar, cocer o guisar.
cozinha *s.f.* cocina.
cozinhar *v.t. e i.* cocer, cocinar, preparar los alimentos, guisar.
cozinheiro *s.m.* cocinero, aquél que cocina o guisa.
crachá *s.m.* tarjeta de identificación, de asistencia; credencial.
crânio *s.m.* 1 (med.) cráneo. 2 (fig.) perito, génio, conocedor.
crápula *s.m.* 1 indivíduo de malas costumbres, canalla. 2 vicioso, crápula.
crápula *s.f.* depravación, libertinaje.
craque *s.* as, estrella; del inglés crack = craque (de fútbol).
cratera *s.f.* 1 cráter, abertura en el suelo. 2 boca de los volcanes.
cravar *v.t.* clavar, enclavar, hincar, fijar, engastar (piedras).
cravo *s.m.* 1 (bot.) clavel. 2 (mús.) clavicordio. 3 espinilla (en el rostro). 4 clavo, puntilla. **cravo da Índia**, clavo de olor.
creche *s.f.* guardería infantil.
credencial *adj. e s.f.* 1 carta credencial. 2 credencial.
crediário *s.m.* (com.) sistema de ventas a plazo; crédito. *comprar no crediário*, comprar a plazos.
credibilidade *s.f.* credibilidad, calidad de creíble.
creditar *v.t.* 1 (com.) abonar, acreditar. 2 *v.p.* constituirse acreedor.
crédito *s.m.* 1 crédito, credibilidad. 2 creencia, confianza. 3 prestigio, buena reputación. 3 (com.) haber. 4 asignatura universitaria. *comprar a crédito*, comprar a plazos.
credo *s.m.* 1 credo. 2 creencia, convicción.
credo *interj.* expresa espanto y aversión.
credor *s.m. e adj.* acreedor, merecedor, el que cobra.

credulidade *s.f.* credulidad, simplicidad, ingenuidad, candor.
crédulo *adj.* sencillo, crédulo, ingenuo, candoroso.
crematório *s.m.* crematorio (horno donde se efectúa la cremación).
creme *s.m.* 1 crema, nata de la leche. 2 pomada. 3 color beige claro. 4 dulce. 5 (fig.) la nata de la sociedad.
cremoso *adj.* cremoso.
crença *s.f.* 1 creencia, religión. 2 confianza, convicción. 3 opinión, creencia, pensamiento. 4 fe, credulidad,
crendice *s.f.* creencia popular.
crente *s. y adj.* creyente, religioso, sectario de una religión; el que cree.
crepe *s.m.* 1 crespón, gasa. 2 gasa negra que se usa en señal de luto. 3 crepe, tortilla de harina.
crepitar *v.i.* crepitar, chasquear, chisporrotear, estallar.
crepúsculo *s.m.* 1 crepúsculo, anochecer, ocaso. 2 (fig.) decadencia, caída.
crer *v.t. e i.* 1 creer, tener fe, confiar. 2 estimar, figurarse, juzgar, suponer, opinar, pensar.
crescente *adj.* creciente, que crece.
crescente *s.m.* creciente (fase de la luna). *quarto crescente*, cuarto creciente.
crescer *v.i.* crecer, aumentar, subir, estirar.
crescido *adj.* 1 desarrollado, crecido. 2 importante, maduro.
crespo *adj.* 1 encrespado, rizado (cabello), ondulado, ensortijado, enrulado. 2 picado (mar).
crespo *s.m.* rizo (de pelo).
cretino *adj.* imbécil, idiota, cretino, tonto.
criação *s.f.* 1 cría, criadero. 2 creación. 3 crianza (de animales). 4 educación (personas). 5 invento. *de criação*, de crianza (hermano, hijo). *criação de gado*, ganadería.

criada

criada s.f. criada, sirviente, moza, doméstica, sierva.
criadagem s.f. servidumbre, conjunto de criados.
criado adj. 1 criado. 2 inventado.
criado s.m. criado, sirviente, siervo. *criado-mudo*, mesilla de noche, mesa de luz.
criador s.m. 1 creador. 2 productor. 3 Dios. *criador de gado*, ganadero.
criança s.f. 1 chiquillo, niño, nene, niña, crío, pibe, chico. 2 (fig.) persona ingenua.
criançada s.f. conjunto de niños.
criar v.t. 1 crear, elaborar, inventar. 2 educar, alimentar. 3 criar, sostener. 4 generar, producir. 5 fundar. 6 desarrollar. 7 v.p. educarse, sustentarse.
criancice s.f. acción o dicho propios de los niños, infantilidad, típico de críos.
criatividade s.f. creatividad, inventiva.
criativo adj. ingenioso, ocurrente, creativo.
criatura s.f. individuo, criatura.
crime s.m. 1 crimen, transgresión de la ley. 2 delito previsto y castigado por ley penal.
criminal adj. criminal.
criminalidade s.f. criminalidad, culpabilidad.
criminalista s. criminalista, persona que se ocupa de asuntos criminales, jurista especializado en derecho penal.
criminalista adj. criminalista.
criminoso adj. malhechor, delincuente, criminal.
criminoso s. malhechor, delincuente, criminal.
crioulo s.m. 1 negro nacido em América, criollo. 2 lengua mestiza, producto del contacto entre varios idiomas, europeos y nativos. Ej. papiamento.
cripta s.f. capilla subterránea para sepulturas.
crise s.f. 1 (med.) crisis. 2 momento peligroso, difícil, de transición. 3 carencia, falta, escasez.

crisma s.m. aceite perfumado que se usa en la administración de algunos sacramentos.
crisma s.f. sacramento de la confirmación (en la fe católica).
crismar v.t. 1 administrar el sacramento de la confirmación. 2 apadrinar en el mismo sacramento. 3 recibir el sacramento de la confirmación.
crista s.f. 1 cresta, copete (de ave). 2 cima de una montaña, de una ola.
cristal s.m. cristal, vidrio muy transparente. *cristal de rocha*, variedad de cuarzo, cristal de roca.
cristaleira s.f. cristalera, armario.
cristalino adj. transparente, límpido, claro, cristalino.
cristalino s.m. cristalino, cuerpo lenticular entre el humor acuoso y el cristalino.
cristalização s.f. cristalización.
cristalizar v.t. 1 cristalizar, convertir en cristal. 2 (fig.) estacionar, no progresar.
cristandade s.f. cristiandad.
cristão s.m. e adj. cristiano.
criterioso adj. sensato, que tiene buen criterio, atinado, con buen discernimiento.
crítica s.f. 1 arte de juzgar, apreciación, crítica, comentário. 2 censura.
criticar v.t. 1 comentar, criticar. 2 maldecir, vituperar, censurar, juzgar negativamente.
crítico adj. 1 crucial, grave, crítico. 2 relativo a la crítica o a la crisis.
crítico s.m. crítico (de literatura, de arte etc.).
crível adj. creíble, que se puede creer, confiable.
crochê s.m. hacer gancho. *agulha de crochê*, gancho, ganchillo.
crocodilo s.m. cocodrilo (reptil). *lágrimas de crocodilo*, lágrimas fingidas, lágrimas de cocodrilo.
cromossomo s.m. cromosoma.

crônica *s.f.* 1 (lit.) crónica (género literário), artículo. 2 historia de la vida de un rey.
crônico *adj.* crónico, agudo, permanente.
cronista *s.m.* cronista, el que escribe crónicas; historiador.
cronologia *s.f.* cronología (modo de computar el tiempo).
cronometrar *v.i.* cronometrar (medir la duración de acto o el tiempo empleado en una prueba, carrera, con un cronómetro).
cronômetro *s.m.* cronómetro (reloj de precisión).
croqui *s.m.* croquis (dibujo para estudio), esbozo, boceto.
crosta *s.f.* costra, corteza, cáscara.
cru *adj.* 1 crudo, no cocido, no preparado, no maduro. 2 (fig.) duro, áspero, rudo; al natural.
crucial *adj.* 1 crucial, en forma de cruz. 2 decisivo, importante.
crucificação *s.f.* crucifixión.
crucificar *v.t.* 1 crucificar, clavar en una cruz. 2 (fig.) martirizar, torturar.
crucifixo *s.m.* crucifijo.
cruel *adj.* atroz, desalmado, sádico, feroz, cruel.
crueldade *s.f.* crueldad, barbaridad, maldad, sadismo, ferocidad.
cruento *adj.* sangriento, amargo, cruento.
crustáceo *s.m.* crustáceo (langosta, cangrejo etc.).
cruz *s.f.* 1 cruz, símbolo del cristianismo. 2 (fig.) suplicio. *estar entre a cruz e a caldeirinha/ espada*, sin salida.
cruzada *s.f.* 1 cruzada (expedición militar). 2 campaña, empresa.
cruzamento *s.m.* 1 cruce, bocacalle, encrucijada. 2 mestizaje de razas.
cruzar *v.t.* 1 atravesar, cruzar. 2 acoplar (animales). 3 (com.) cruzar (cheques). 4 entrecruzar, tejer, terciar. 5 *v.p.* trabarse.

cruzeiro *s.m.* 1 cruz grande. 2 parte de un templo. 3 (mar) paseo en barco.
cu *s.m.* (vulg.) culo.
cuba *s.f.* tina, cuba, vasija grande.
cubano *s.m. e adj.* cubano, habitante de Cuba.
cubículo *s.m.* cuarto pequeño, celda, cubículo.
cubo *s.m.* 1 (geom.) (mat.) cubo (figura geométrica). 2 dado. 3 medida para sólidos.
cuca *s.f.* cabeza. *fundir a cuca*, romperse la cabeza. *mestre-cuca*, chef de cocina.
cueca *s.f.* calzoncillos, calzones, interiores.
cuidado *s.m.* 1 cautela, cuidado, desvelo, precaución, solicitud, tino, vigilancia. 2 atención, esmero. *aos cuidados de*, a la atención de. *tomar cuidado*, cuidarse, tener cuidado.
cuidadoso *adj.* escrupuloso, esmerado, diligente, vigilante, cuidadoso.
cuidar *v.t.* 1 cuidar. 2 preservar, vigilar, desvelar, asistir. 3 hacer los preparativos de algo. 4 prevenirse. 5 cuidarse a sí mismo.
cujo *pron. rel.* cuyo, de quien, del cual, de que. *dito cujo*, susodicho.
culinária *s.f.* culinaria.
culinário *adj.* culinario, de la cocina o a ella relativo.
culminante *adj.* 1 culminante, lo más elevado. 2 (fig.) principal, superior.
culminar *v.i.* culminar, alcanzar el punto más elevado.
culpa *s.f.* culpa, falta, pecado, delito. *ter culpa no cartório*, estar involucrado en algo.
culpado *adj.* culpable, que cometió culpa.
culpar *v.t.* 1 incriminar, culpar, acusar. 2 *v.p.* sentirse culpable, acusarse.
cultivar *v.t.* 1 plantar, sembrar, cultivar. 2 educar, perfeccionar. 3 *v.p.* instruirse.
cultivo *s.m.* cultivo, cultura, plantación.
culto *s.m.* culto, religión, veneración.

culto *adj.* inteligente, culto.
cultura *s.f.* 1 cultura, cultivo. 2 esmero, elegancia. 3 cría de animales. 4 cultura, conjunto de conocimientos.
cultural *adj.* cultural, relativo a la cultura.
cume *s.m.* 1 cumbre, cima. 2 auge, apogeo.
cumeeira *s.f.* cumbrera, parte más alta del tejado.
cúmplice *adj.* cómplice, auxiliar.
cúmplice *s.* cómplice.
cumplicidade *s.f.* complicidad, implicación.
cumprimentar *v.t.* 1 saludar. 2 felicitar.
cumprimento *s.m.* 1 cumplimiento. 2 respeto, felicitación, saludo. *meus cumprimentos*, mis felicitaciones.
cumprir *v.t.* 1 ejecutar, cumplir. 2 obedecer, respetar, acatar. 3 caber, corresponder, convenir. 4 agotar (plazo). 5 *v.p.* cumplirse.
cumular *v.t.* colmar.
cumulativo *adj.* adicional.
cúmulo *s.m.* colmo.
cunhado *s.* cuñado.
cupim *s.m.* 1 comején. 2 carne de la giba del cebú.
cupom *s.m.* cupón, billete.
cúpula *s.f.* 1 (arq) bóveda, cúpula. 2 (fig.) cumbre. *cúpula de presidentes*, cumbre de presidentes.
cura *s.f.* 1 curación, acción y efecto de curar. 2 tratamiento.
cura *s.m.* cura, abad, párroco.
curado *adj.* curado, sano, restablecido de enfermedad.
curandeiro *s.m.* 1 curandero. 2 (fig.) charlatán. 3 (fam.) matasanos.
curar *v.t.* 1 curar, aplicar remedios. 2 *v.i.* ejercer la profesión de cura. 3 *v.p.* sanar, recobrar la salud.
curativo *adj.* (med.) curativo, medicinal.
curativo *s.m.* curación, aplicación de medicamentos y vendaje.

cúria *s.f.* curia.
curiosidade *s.f.* curiosidad.
curioso *adj.* 1 indiscreto, curioso. 2 aficionado; profesional sin título. 3 sorprendente.
curioso *s.m.* curioso.
curral *s.m.* 1 corral, hato, pocilga. 2 trampa (para animales).
currículo *s.m.* 1 curriculum vitae. 2 asignaturas que componen un curso.
cursar *v.t.* 1 recorrer, andar. 2 estudiar, cursar (una universidad).
curso *s.m.* 1 curso, carrera de estudios. 2 lecho de río. 3 recorrido. 4 marcha. 5 flujo. 6 rumbo. 7 establecimiento especializado de enseñanza. 8 (econ.) circulación y aceptación (de moneda).
curtametragem *s.f.* cortometraje (el).
curtir *v.t.* 1 curtir, curar (piel, cuero, carne). 2 (pop.) disfrutar, gozar.
curto *adj.* corto, breve, pequeño, sucinto. *curto-circuito*, cortocircuito.
curtume *s.m.* curtimbre (de cueros, pieles).
curva *s.f.* 1 curva. 2 tramo de carretera.
curvar *v.i.* 1 arquear, encorvar, curvar, flexionar. 2 *v. p.* curvarse, rendirse.
curvatura *s.m.* flexión, curvatura.
cuspe *s.m.* esputo, saliva.
cuspir *v.t.* escupir, salivar.
custas *s.f.* (pl.) costas, costos, costes.
custear *v.t.* patrocinar, costear.
custo *s.m.* 1 costo, coste, importe, precio. 2 (fig.) dificultad, esfuerzo. *custo de vida*, costo de vida.
custódia *s.f.* 1 custodia, guarda, protección. 2 escolta. 3 custodia (donde se expone la hostia).
custodiar *v.t.* custodiar, guardar; poner en custodia.
custoso *adj.* costoso, penoso, difícil.
cutâneo *adj.* epidérmico, cutáneo.
cutícula *s.f.* cutícula.

cútis *s.f.* cutis, epidermis.
cutucar *v.t.* 1 pinchar, provocar. 2 (Bras.) tocar levemente con el codo para llamar la atención.
czar *s.m.* zar, antiguo emperador de Rusia.

D d

d, D *s.m.* cuarta letra del alfabeto portugués. *o d*, *la de*. 2 *num*. cuarto, en una serie. 3 quinientos (en mayúscula, en el sistema romano de numeración).
da *contr.* de la, preposición *de* con el artículo *a* (de la).
da *contr.* de la, preposición *de* con el pronombre demostrativo *a*.
dáblio *s.m.* nombre de la letra *w*.
dactilografar/datilografar *v.t.* escribir a máquina o en la computadora, tipear.
dactilografia/datilografia *s.f.* mecanografía, dactilografía, tipeo.
dádiva *s.f.* donación, regalo.
dadivoso *adj.* generoso, a quien le gusta regalar.
dado *adj.* 1 ofrecido, dado, regalado. 2 adicto, inclinado, aficionado. 3 comunicativo, amigable. 4 a raíz de, debido a.
dado *s.m.* 1 dado (para jugar). 2 dato. 3 información. 4 (inform.) información que se puede almacenar, procesar o transmitir. *coleta de dados*, recopilación de datos.
daí *contr.* de la preposición *de* con el adverbio *aí*. de ahí, de ello. *e daí? ¿*Y con eso qué?
dalém *contr.* de la preposión *de* con el adv. *além*.
dali *contr.* de la preposición *de* con el adv. *ali*. de allí.
daltônico *adj.* daltónico.
daltonismo *s.m.* daltonismo.
dama *s.f.* 1 dama, mujer noble. 2 pareja de baile. 3 reina (en juegos). 4 (pl.) juego de damas.
damasceno *adj.* natural de Damasco.

damasco *s.m.* 1 (bot.) albaricoque, damasco. 2 tela de seda.
damasqueiro *s.m.* (bot.) albaricoque, damasco (árbol).
danação *s.f.* 1 acto o efecto de dañarse. 2 ira, cólera. 3 maldición, castigo.
danado *adj.* 1 dañado, damnificado. 2 furioso, rabioso. 3 malo, cruel. 4 hidrófobo. 5 (fam.) travieso, pícaro.
danar *v.t.* 1 damnificar, estropear, dañar. 2 transmitir hidrofobia. 3 montar en cólera, enfurecerse. 4 *v.p.* estropearse, dañarse. *que se dane!* ¡que se joda!
dança *s.f.* baile, danza. *entrar na dança*, involucrarse, participar en algo.
dançante *adj.* bailable.
dançar *v.t.* 1 bailar, danzar. 2 quedar algo flojo o ancho. 3 (Bras.) (gír.) fregarse, joderse. *dançou!* ¡se fregó! ¡se jodió!
dançarino *s.m.* bailarín.
danceteria *s.f.* discoteca.
danificar *v.t.* damnificar, dañar, malograr; echar a perder.
daninho *adj.* dañino, dañoso, nocivo. *erva daninha*, mala hierba.
dano *s.m.* 1 daño, perjuicio. 2 (fig.) ofensa.
danoso *adj.* dañino, nocivo, dañoso.
daquele *contr.* de la preposición *de* con el pronombre *aquele*. De aquél.
daqui *contr.* de la preposición *de* con el adv. *aqui*. 1 desde aquí, desde acá. 2 de/desde ahora. *daqui para frente*, de ahora en adelante. *daqui a pouco*, dentro de poco. *daqui/de hoje em diante*, de ahora/de hoy en adelante.

daquilo *contr.* de la preposición *de* con el pronombre demostrativo *aquilo*; de aquello.
dar *v.t. e i.* 1 regalar, donar, dar. 2 conceder, otorgar. 3 producir. 4 emitir, soltar. 5 dar, dictar (clases). 6 sugerir, proponer. 7 demostrar, revelar. 8 causar, determinar. 9 registrar, consignar. 10 dedicar, consagrar. 11 aplicar, administrar (remedio). 12 confiar. 13 lograr, ser posible. 14 (vulg.) entregarse sexualmente. 15 llevarse bien con alguien. 16 realizarse, suceder, llevarse a cabo. *dar certo*, resultar, lograr lo que se quería. *dar com*, encontrar. *dar em cima de*, cortejar, galantear, pretender. *dar em nada*, no resultar, malograrse. *dar entrada* (documentos), cursar (documentos). *dar licença*, dar permiso. *dar o fora*, largarse. *dar pé (na água)*, tocar fondo (en el agua). *dar um fora*, meter la pata. *dar no pé*, escaparse.
dardo *s.m.* dardo, lanza, aguijón.
darwinismo *s.m.* darwinismo.
data *s.f.* fecha.
data-base *s.f.* fecha en la que anualmente entran en vigor alteraciones en las condiciones de trabajo, de una categoría profesional, negociadas entre el sindicato y los empleados.
datar *v.t.* 1 fechar, datar. 2 durar, existir (desde hace cierto tiempo).
de *prep.* 1 de. 2 en *viajar de trem*, viajar en tren. 3 desde. *estudou de domingo até sábado*, estudió desde el domingo hasta el sábado.
dê *s.m.* nombre de la letra *d*.
deambular *v.i.* vagar, deambular.
debaixo *adv.* debajo, abajo.
debandada *s.f.* desbandada, huida.
debandar *v.t.* 1 desbandar, dispersar. 2 *v.p.* desbandarse, dispersarse, desparramarse.
debate *s.m.* debate, discusión.
debater *v.t.* 1 debatir, discutir. 2 cuestionar. 3 *v.p.* debatirse, agitarse.

débil *adj.* 1 débil, flojo. 2 frágil, poco resistente. 3 (gír) tonto, idiota, menso. *débil mental*, idiota, deficiente mental.
debilidade *s.f.* debilidad.
debilitado *adj.* debilitado, que no tiene fuerzas.
debilitar *v.t.* 1 debilitar, perder fuerzas. 2 *v.p.* debilitarse.
debitar *v.t.* (com.) cargar, adeudar.
débito *s.m.* carga, deuda, débito.
debochado *adj.* burlón, persona a la que le gusta tomar el pelo, burlarse.
debochar *v.t.* burlarse, tomar el pelo.
deboche *s.m.* burla.
debruçar *v.t.* inclinarse, arrimarse.
debulhar *v.t.* 1 desgranar. 2 deshacerse. *debulhar em lágrimas*, deshacerse en lágrimas.
debutante *s.f.* quinceañera, chica que se estrena en sociedad.
debutar *v.i.* 1 iniciarse. 2 estrenar en sociedad.
década *s.f.* década, período de diez años.
decadência *s.f.* ruina, decadencia.
decágono *s.m.* decágono.
decagrama *s.m.* decagramo.
decair *v.i.* 1 decaer, abatirse. 2 declinar, disminuir. 3 perder.
decalcar *v.t.* copiar, calcar.
decálogo *s.m.* decálogo, conjunto de diez mandamientos.
decalque *s.m.* copia, calco.
decantado *adj.* famoso, notable.
decantar *v.t.* 1 decantar. 2 celebrar o exaltar con cantos o versos.
decapitar *v.t.* decapitar, degollar.
decassílabo *adj.* palabra o verso que tiene diez sílabas.
decência *s.f.* decoro, dignidad, honestidad, decencia.

decente

decente *adj.* 1 honrado, honesto, decente. 2 digno, adecuado.
decepar *v.t.* cortar, desgarrar, amputar.
decepção *s.f.* decepción, desengaño, desilusión.
decepcionar *v.t.* 1 defraudar, desilusionar. 2 *v.p.* desilusionarse, desengañarse.
decerto *adv.* con seguridad, ciertamente.
decibel *s.m.* 1 decibel, decibelio. 2 unidad de medida para expresar la intensidad de los sonidos.
decidido *adj.* 1 resuelto, decidido. 2 enérgico. *(pessoa) decidida*, de armas tomar.
decidir *v.t.* 1 resolver, disponer, determinar, decidir. 2 solucionar. 3 deliberar. 4 preferir. 5 *v.p.* decidirse.
decifrar *v.t.* 1 descifrar, leer, interpretar. 2 revelar.
decimal *s.m.* decimal.
decímetro *s.m.* decímetro.
décimo *s.m.* 1 décimo, número ordinal. 2 fraccionario.
decisão *s.f.* 1 decisión. 2 sentencia, fallo.
decisivo *adj.* 1 terminante, decisivo, definitivo. 2 grave, crítico.
declamar *v.t. e i.* recitar, declamar.
declamatório *adj.* declamatorio, enfático.
declaração *s.f.* 1 declaración, afirmación. 2 (for.) testimonio. 3 confesión de amor. 4 relación detallada. 5 constancia, comprobante. *declaração de renda*, declaración de renta.
declarante *s.m.* declarante.
declarar *v.t.* 1 exponer, declarar. 2 proclamar públicamente. 3 anunciar solemnemente. 4 revelar. 5 juzgar, considerar. 6 nombrar. 7 *v.p.* manifestarse, reconocerse. *declarar-se*, expresar amor.
declarativo *adj.* en donde hay declaración.
declinação *s.f.* 1 (gram.) declinación, flexión. 2 decadencia, decaimiento.

declinar *v.t.* 1 declinar. 2 bajar, decaer. 3 desviarse. 4 negarse a. 5 flexionar (pronombres, sustantivos etc.).
declinável *adj.* (gram.) declinable.
declínio *s.m.* caída, declinación, bajada.
declive *s.m.* declive, pendiente.
decolagem *s.f.* despegue.
decolar *v.i.* alzar vuelo, despegar.
decompor *v.t.* 1 desintegrar, descomponer. 2 *v.p.* dañarse, estropearse, pudrirse, deteriorarse.
decomposição *s.f.* 1 desintegración. 2 descomposición, putrefacción, deterioro.
decoração *s.f.* decoración.
decorador *s.m.* decorador.
decorar *v.t.* 1 adornar, decorar. 2 aprender de memoria.
decorativo *adj.* decorativo.
decoro *s.m.* decencia, decoro.
decoroso *adj.* decente, decoroso.
decorrência *s.f.* 1 transcurso. 2 consecuencia. *em decorrência de*, a raíz de, en consecuencia de.
decorrer *s.m.* transcurso, decurso.
decorrer *v.i.* 1 transcurrir, pasar (el tiempo). 2 resultar, provenir, derivarse.
decotado *adj.* escotado, descotado.
decote *s.m.* escote, descote.
decrépito *adj.* viejo, chocho, decrépito.
decrepitude *s.f.* decrepitud, vejez.
decrescente *adj.* decreciente.
decrescer *v.i.* disminuir, menguar.
decréscimo *s.m.* decrecimiento, disminución.
decretar *v.t.* 1 ordenar. 2 determinar, establecer.
decreto *s.m.* decreto. *nem por decreto*, ni que lo paguen.
decúbito *s.m.* decúbito.
decurso *s.m.* transcurso, decurso, sucesión del tiempo. *passou por decurso de prazo*, caducó por vencimiento del plazo.

deformidade

dedal *s.m.* dedal.
dedão *s.m.* pulgar, dedo gordo.
dedetização *s.f.* fumigación, dedetización.
dedicação *s.f.* 1 dedicación. 2 abnegación, devoción, consagración.
dedicado *adj.* 1 dedicado. 2 sacrificado, abnegado, consagrado.
dedicar *v.t.* 1 dedicar. 2 *v.p.* dedicarse, ofrecerse, consagrarse, sacrificarse. 3 ponerse al servicio de.
dedicatória *s.f.* dedicatoria.
dedilhar *v.t.* puntear.
dedo *s.m.* dedo. *dedo-duro*, soplón, espía, delator. *dedo polegar, indicador, médio, anular, mínimo*, dedo pulgar, índice, corazón, anular y meñique.
dedução *s.f.* 1 deducción, inducción, conclusión. 2 descuento, rebaja.
dedutivo *adj.* deductivo.
deduzir *v.t.* 1 concluir, deducir, inducir. 2 reducir, descontar. 3 *v.p.* deducirse, inducirse, reducirse, rebajarse.
defasagem *s.f.* diferencia, descompás, retraso, defasaje.
defasar *v.t.* 1 establecer diferencia. 2 provocar defasaje.
defecar *v.t.* defecar, expeler los excrementos sólidos.
defeito *s.m.* 1 defecto, imperfección, falla. 2 imperfección moral, vicio. 3 avería, desperfecto.
defeituoso *adj.* imperfecto, defectuoso.
defender *v.t.* 1 defender. 2 resistir. 3 interceder por. 4 arguir, argumentar, impugnar. 5 (desp.) defender. 6 repeler ataque. 7 *v.p.* protegerse, justificarse, defenderse.
defensiva *s.f.* 1 conjunto de medios de defensa. 2 posición de quien se defiende.
defensivo *adj.* defensivo. *ficar na defensiva*, ponerse a la defensiva.
defensor *s.m.* 1 defensor, paladín. 2 (jur.) abogado.
deferência *s.f.* consideración, deferencia, respeto, condescendencia.
deferente *adj.* considerado, respetuoso, condescendiente, cortés.
deferimento *s.m.* (for.) consentimiento, conformidad, aprobación.
deferir *v.t.* consentir, aprobar, atender.
defesa *s.f.* 1 defensa. 2 protección. 3 fortificación. 4 argumento, justificación. 5 (for.) defensa realizada por un abogado. 6 (desp.) defensa, defensiva.
deficiência *s.f.* 1 falta, deficiencia. 2 insuficiencia, discapacidad, incapacidad.
deficiente *adj.* deficiente, fallo, insuficiente.
deficiente *s.* deficiente, minusválido, discapacitado. *deficiente físico/mental*, descapacitado físico/psíquico.
déficit *s.m.* déficit.
definhado *adj.* 1 adelgazado. 2 debilitado.
definhar *v.t.* 1 adelgazar, rápidamente o exageradamente. 2 *v.p.* consumirse poco a poco.
definição *s.f.* 1 definición. 2 explicación.
definido *adj.* exacto, preciso, definido.
definir *v.t.* 1 determinar, definir. 2 explicar. 3 fijar, establecer. 4 delimitar. 5 *v.p.* decidirse, definirse.
definitivo *adj.* definitivo, decisivo, categórico.
deflação *s.f.* (com.) 1 deflación, reducción general de precios. 2 política para evitar la inflación.
deformar *v.t.* 1 deformar, alterar. 2 modificar, tergiversar, falsear. 3 *v.p.* deformarse, desfigurarse.
deforme *adj.* 1 deforme, desfigurado. 2 horrible, disforme.
deformidade *s.f.* deformidad, imperfección, anormalidad.

defrontar *v.t.* 1 enfrentar. 2 *v.p.* depararse, enfrentarse.
defronte *adv.* enfrente, al frente, delante.
defumar *v.t.* 1 ahumar. 2 sahumar.
defunto *s.m.* difunto, muerto.
degeneração *s.f.* 1 degeneración, degradación, deterioro. 2 (fig.) perversión, depravación.
degenerar *v.t.* 1 degenerar, deteriorar, degradar. 2 *v.p.* degenerarse, pervertirse, depravarse, deteriorarse.
degenerativo *adj.* degenerante, deformante, deteriorante.
degolar *v.t.* decapitar, degollar.
degradação *s.f.* destitución, humillación, envilecimiento, degradación.
degradar *v.t.* 1 degradar, destituir, despojar. 2 humillar, envilecer. 3 rebajar, despojar. 4 *v.p.* degradarse, rebajarse.
degrau *s.m.* escalón, peldaño, grada.
degustar *v.t.* probar, catar, saborear, degustar (vinos, quesos, salsas etc.).
deidade *s.f.* 1 deidad, divinidad. 2 persona que se admira o se venera.
deitar *v.t.* 1 acostar, recostar. 2 *v.p.* acostarse, recostarse, echarse a la cama. *cria fama e deita na cama*, crea fama y échate a dormir.
deixar *v.t.* 1 dejar. 2 alejarse, apartarse. 3 renunciar a algo. 4 permitir. 5 largar, abandonar. 6 ausentarse o morir. 7 legar. 8 provocar. 9 aplazar. 10 cesar. 11 huir de algo. 12 *v.p.* separarse. *deixar a desejar*, dejar que desear. *deixar de fora*, excluir. *deixar de lado*, dejar aparte. *deixar entrar*, admitir. *deixar para lá*, no hacerle caso a algo.
dela *contr.* de la, preposición *de* con el pronombre personal *ela*. 1 de ella. 2 su, suyo(a).
delatar *v.t.* denunciar, revelar, delatar.
delator *s.m.* denunciante, delator.
dele *contr.* de la, preposición *de* con el pronombre personal *ele*. 1 de él. 2 su, suyo(a).

delegação *s.f.* 1 delegación. 2 comisión representativa.
delegacia *s.f.* comisaría (de policía).
delegado *s.m.* 1 representante, delegado. 2 comisario (de policía).
delegar *v.t.* 1 transmitir, delegar. 2 enviar a alguien con poderes de decidir o resolver.
deleitar *v.t.* 1 deleitar, sentir placer. 2 *v.p.* deleitarse.
deleite *s.m.* deleite, placer.
deletar *v.t.* (inform.) borrar, eliminar, excluir (archivos, carpetas etc.).
deliberação *s.f.* 1 decisión, deliberación. 2 disposición, resolución.
deliberar *v.t.* 1 decidir, deliberar, ponderar. 2 discutir, examinar, resolver, disponer.
delicadeza *s.f.* 1 amabilidad, delicadeza, discreción, finura. 2 debilidad, fragilidad.
delicado *adj.* 1 fino, delicado. 2 suave. 3 tierno. 4 sensible. 5 cortés, educado. 6 enfermo, achacoso. 7 embarazoso.
delícia *s.f.* 1 deleite, placer, delicia. 2 cosa que causa placer.
delicioso *adj.* 1 delicioso, sabroso. 2 excelente.
delimitar *v.t.* demarcar, delimitar, limitar.
delinear *v.t.* 1 dibujar, trazar, delinear. 2 planear.
delinquência *s.f.* delincuencia.
delinquente *adj.* delincuente, criminal.
delinquente *s.* malhechor, delincuente, criminal.
delinquir *v.i.* delinquir, cometer un delito, un crimen.
delirar *v.t.* desvariar, desatinar, delirar.
delírio *s.m.* 1 devaneo, divagación. 2 delirio.
delito *s.m.* delito, falta, infracción.
delituoso *adj.* delictivo, delictuoso.
delonga *s.f.* tardanza, demora.
delongar *v.t.* 1 tardar, demorar. 2 aplazar. 3 *v.p.* tardarse, demorarse.
demagogia *s.f.* demagogia.
demagogo *s.m.* demagogo.

demais *adv.* 1 demasiado, excesivo. 2 además.
demais *pron. indef.* (pl.) los otros, los demás.
demanda *s.f.* 1 petición, ruego. 2 (jur.) demanda, litigio. 3 pedido de mercancias. 4 búsqueda.
demandar *v.t.* 1 demandar, buscar. 2 necesitar. 3 solicitar, pedir. 4 (jur.) formular una demanda.
demão *s.f.* 1 mano de pintura. 2 ayuda, auxilio.
demarcar *v.t.* 1 delimitar. 2 fijar, determinar.
demasia *s.f.* exceso. *em demasia*, demasiado.
demência *s.f.* demencia, locura.
demente *adj.* demente, loco.
demissão *s.f.* 1 dimisión, renuncia. 2 destitución, despido (del empleo). *pedir demissão*, renunciar. *Pedro dimitió; prefirió renunciar antes que su jefe lo despidiera*.
demitir *v.t.* 1 echar, destituir, despedir. 2 *v.p.* renunciar, dimitir. *demitir (alguém) do serviço*, echar a alguien del trabajo.
demo *s.m.* 1 demonio. 2 cinta de demostración.
democracia *s.f.* 1 democracia. 2 doctrina o régimen.
democrata *s.* demócrata, democrático.
democratizar *v.t.* democratizar.
demografia *s.f.* demografía.
demográfico *adj.* demográfico.
demolição *s.f.* demolición, derrumbe.
demolidor *s.* demoledor.
demolidor *adj.* demoledor.
demolir *v.t.* 1 demoler, derrumbar. 2 destruir.
demônio *s.m.* 1 demonio, diablo. 2 (fig.) persona mala, perversa.
demonstração *s.f.* 1 demostración. 2 prueba, explicación. 3 señal.
demonstrar *v.t.* 1 demostrar, mostrar. 2 probar, comprobar. 3 revelar.
demonstrativo *adj.* demostrativo.
demora *s.f.* tardanza, demora, atraso.

demorar *v.t.* 1 tardar, atrasar, demorar. 2 permanecer. 3 *v.p.* retrasarse, demorarse.
denegrir *v.t.* denigrar, desacreditar.
dengoso *adj.* 1 melindroso, afectado. 2 mimoso, cariñoso.
dengue *s.f.* (med.) dengue.
dengue *s.m.* 1 requiebro. 2 melindre, afectación, dengue.
denominação *s.f.* denominación, nombramiento.
denominador *s.m.* 1 denominador. 2 (mat.) denominador.
denominar *v.t.* 1 denominar, nombrar. 2 *v.p.* denominarse, nombrarse.
denotação *s.f.* denotación.
denotar *v.t.* 1 denotar, expresar, simbolizar. 2 señalar, indicar.
densidade *s.f.* densidad.
denso *adj.* 1 denso. 2 espeso. 3 compacto.
dentada *s.f.* mordedura, tarascada.
dentado *adj.* dentado.
dentadura *s.f.* dentadura. 1 conjunto de dientes. 2 dientes artificiales, postizos.
dental *adj.* dental.
dente *s.m.* diente, muela. *dente do siso*, muela cordal, muela del juicio. *palito de dente*, palillo, mondadientes. *estar com dor de dente*, tener dolor de muelas.
dentição *s.f.* dentición.
dentista *s.* dentista, odontólogo.
dentre *prep.* entre.
dentro *adv.* dentro.
dentuça *adj.* (fam.) dentón, dentudo.
denunciante *adj.* denunciante.
denunciar *v.t.* 1 delatar, publicar, denunciar. 2 revelar.
deparar *v.t.* 1 deparar. 2 *v.p.* encontrarse.
departamento *s.m.* 1 departamento. 2 sección o división.
depenar *v.t.* 1 desplumar, pelar. 2 (fig.) despojar, desvalijar, usurpar. 3 (pop.) extorsionar. 4 (pop.) desvalijar (un coche robado).

dependência

dependência s.f. 1 dependencia, subordinación, sujeción. 2 dependencias (de una casa). 3 (med.) uso de una droga.
dependente adj. dependiente.
dependente s. 1 persona mantenida por otra. 2 viciado, adicto.
depender v.t. depender, estar subordinado.
dependurar v.t. 1 colgar. 2 colgarse.
depilação s.f. depilación.
depilar v.t. 1 depilar. 2 v.p. depilarse.
deplorar v.t. 1 deplorar, llorar. 2 lamentar, sentir.
deplorável adj. deplorable, lamentable.
depoimento s.m. declaración, testimonio.
depois adv. 1 enseguida, luego, después, más tarde, más adelante. 2 además, encima. *imediatamente depois*, acto seguido.
depor v.t. 1 destituir, deponer, apartar. 2 (for.) declarar, atestiguar, alegar, afirmar. 3 colocar, depositar. 4 probar.
deportação s.f. deportación, destierro.
deportar v.p. deportar, desterrar, confinar, exiliar.
deposição s.f. 1 deposición, destitución. 2 declaración, testimonio. 3 depósito.
depositar v.t. 1 depositar, guardar. 2 poner, colocar. 3 fiar, confiar. 4 v.p. asentarse.
depositário s. depositario.
depósito s.m. 1 depósito. 2 sedimento, poso, residuo. 3 galpón, silo. 4 almacén, tienda. 5 estanque, tanque. 6 (econ.) ingreso.
depravação s.f. 1 depravación, corrupción. 2 degeneración.
depravar v.t. 1 dañarse, corromperse, pudrirse. 2 v.p. pervertirse, degenerarse, echarse a perder.
depreciação s.f. 1 abaratamiento. 2 depreciación. 3 (fig.) desprecio, desdén.
depreciar v.t. depreciar, rebajar, desvalorar, desvalorizar.

depredar v.t. 1 arrasar, debastar, destruir. 2 depredar, pillar, robar.
depressa adv. deprisa, a prisa, rápidamente.
depressão s.f. 1 languidez, abatimiento, depresión. 2 hundimiento, bache (en un terreno). 3 bache (en la atmósfera). 4 (econ.) crisis, recesión, depresión.
deprimir v.t. 1 deprimir. 2 debilitar. 3 hundir. 4 v.p. desanimarse, deprimirse.
depurar v.t. 1 purificar, depurar. 2 limpiar, expurgar. 3 refinar.
deputado s.m. diputado.
derivar v.t. 1 provenir, derivar, resultar. 2 desviar. 3 fluir. 4 v.p. originarse, derivarse, desviarse.
dermatologia s.f. dermatología.
dermatologista s. (med.) dermatólogo.
derradeiro adj. último, postrero.
derramamento s.m. derramamiento.
derramar v.t. 1 desparramar, esparcir. 2 verter, derramar, desaguar (líquidos). 3 emitir. 4 v.p. extenderse, difundirse, desparramarse, esparcirse.
derrame s.m. 1 derramamiento. 2 (med.) derrame (pleural, cerebral).
derrapar v.t. resbalar, patinar.
derredor adv. alrededor.
derreter v.t. 1 derretir. 2 v.p. derretirse.
derrotar v.t. 1 aplastar, destrozar, derrotar. 2 vencer, triunfar. 3 v.p. (mar) derrotarse, desviarse.
derrotismo s.m. derrotismo, pesimismo, desánimo.
derrubada s.f. 1 derrocamiento. 2 derribo (de árboles).
derrubar v.t. 1 demoler, derribar. 2 derrumbar, derrocar.
desabafar v.t. 1 desahogar. 2 v.p. desahogarse, aliviarse.
desabafo s.m. desahogo.
desabamento s.m. derrumbe, caída.

desabar v.i. desplomarse, derrumbarse, despeñarse.
desabotoar v.t. 1 desabrochar, desabotonar. 2 v.i. desabrocharse, desabotonarse.
desabrigado adj. desnudo, descubierto.
desabrigado s.m. (fig.) desamparado, desposeído, abandonado.
desabrigar v.t. 1 desnudar, descubrir. 2 desamparar, abandonar.
desabrochar v.i. 1 abrirse, florecer. 2 (fig.) despuntar.
desacatar v.t. irrespetar, desacatar, desobedecer, irreverenciar, desobedecer.
desacato s.m. irrespeto, irrespetuosidad, desobediencia, irreverencia, desacato.
desacordado adj. desmayado, desfallecido.
desacordo s.m. 1 discordancia, desacuerdo. 2 contradicción.
desacostumar v.t. deshabituar (se), desacostumbrar(se).
desacreditar v.t. desacreditar, desprestigiar.
desafiar v.t. 1 desafiar. 2 instigar, retar. 3 enfrentar, carear.
desafinar v.t. y v.p. desafinar, desentonar.
desafio 1 desafío, reto. 2 provocación. 3 (Bras.) payada.
desaforo s.m. atrevimiento, descaro, insolencia.
deságio devaluación, deflación de precios.
desagradar v.t. 1 desagradar. 2 v.p. disgustarse.
desagradável adj. desagradable.
desagravo s.m. desagravio.
desajeitado adj. desastrado, torpe, calamitoso.
desamarrar v.t. y p. desatar(se), desamarrar(se), soltar(se).
desamassar v.t. desarrugar, alisar, planchar, estirar.
desandar v.t. 1 retroceder, desandar, volver. 2 v.p. descomponerse, alterarse.

desanimar v.t. 1 desalentar, desanimar. 2 v.p. desanimarse, desalentarse, desinteresarse.
desânimo s.m. desánimo, desaliento.
desaparecer v.i. esfumarse, desaparecer, desvanecerse, evaporarse.
desparecimento s.m. desaparecimiento, desaparición.
desapegado adj. 1 desprendido, despegado. 2 desinteresado.
desapegar v.t. 1 despegar. 2 v.p. desinteresarse.
desapego s.m. desapego, desinterés, distanciamiento, indiferencia.
desapertar v.t. aflojar, soltar.
desapontamento s.m. decepción, desengaño, frustración.
desapontar v.t. defraudar, decepcionar.
desaprender v.t. olvidar algo que se había aprendido.
desapropriar v.t. expropiar, despojar.
desapropriação s.f. expropiación, embargo, incauto.
desaprovação s.f. reproche, desaprobación.
desaprovar v.t. reprochar, desaprobar.
desarmar v.t. 1 desarmar. 2 desarmar, desunir, desarticular. 3 desactivar.
desarranjar v.t. desarreglar, descomponer, indisponer.
desarranjo s.m. 1 desorden, confusión. 2 obstáculo, contratiempo. 3 (fig.) diarrea.
desarrumar v.t. e v.p. desarreglar(se), desordenar(se).
desarticulação s.f. desarticulación.
desarticular v.t. desarticular, desajustar, desencajar.
desastrado adj. calamitoso, desastrado, descuidado.
desastre s.m. 1 desastre, calamidad, desgracia. 2 accidente, siniestro. 3 (fig.) fracaso, desastre.

desastroso *adj.* desafortunado, desgraciado, calamitoso.
desatar *v.t.* 1 desamarrar, soltar, desatar. 2 deshacer. 3 solucionar. 4 desatar, desencadenarse.
desatino *s.m.* disparate, desatino, desacierto, equivocación.
desativar *v.t.* desactivar.
desavença *s.f.* pendencia, desavenencia.
desavergonhado *adj.* sin verguenza, desvergonzado, descarado.
desavergonhado *s.m.* sin verguenza, desvergonzado, descarado.
desavisado *adj.* inadvertido, desprevenido, desapercibido.
desbaratar *v.t. y v.p.* desbaratar(se), deshacer(se), impedir(se).
desbocado *adj.* malhablado, desbocado.
desbotar *v.t.* desteñir.
desbravar *v.t.* 1 explorar. 2 domar, desbravar.
descabelar *v.t.* 1 descabellar. 2 despeinar, desgreñar. 3 (fig.) enojarse, enfadarse.
descabido *adj.* impropio, inadecuado, incongruente.
descalçar *v.t.* descalzarse.
descalço *adj.* descalço.
descambar *v.i.* 1 despeñar(se). 2 decaer, desmoralizarse, degradarse.
descampado *adj.* cielo abierto, descampado, campo abierto.
descansar *v.t.* 1 descansar, reposar. 2 apoyar. 3 dormir. 4 (Bras.) morir.
descanso *s.m.* 1 descanso, reposo. 2 ocio. 3 alivio, consuelo. 4 muerte.
descaracterizar *v.t.* despersonalizar, deformar.
descarga *s.f.* 1 descarga, descargo, descargue. 2 descarga, disparo. *dar a descarga no banheiro*, apretar el botón, tirar la cadena (del inodoro).

descarregar *v.t.* 1 descargar. 2 disparar. 3 aliviar. 4 asestar, propinar, pegar. 5 *v.i.* descargarse.
descartar *v.t.* 1 desechar, descartar, arrinconar. 2 descartar (de la baraja). 3 *v.p.* deshacerse, descartarse.
descartável *adj.* desechable, descartable.
descascar *v.t.* pelar(se), descascarar(se). *descascar o abacaxi*, resolver un problema.
descaso *s.m.* 1 abandono, olvido. 2 desprecio, menoscabo.
descendência *s.f.* descendencia.
descendente *adj.* descendente, que baja.
descendente *s.* descendiente, pariente.
descender *v.t.* descender, proceder, originarse.
descer *v.t.* 1 bajar, descender. 2 bajarse, apearse. 3 (fig.) descender, caer. 4 disminuir, reducirse. 5 (fig.) degradar, devaluar. 6 (fig.) humillarse. *descer o pau*, criticar.
descida *s.f.* 1 bajada, descenso. 2 (fig.) caída, declive. 3 disminución.
desclassificar *v.t.* 1 descalificar, desacreditar. 2 eliminar, reprobar. 3 *v.p.* descalificarse.
descoberta *s.f.* 1 descubrimiento. 2 invento. 3 hallazgo.
descobrir *v.t.* 1 descubrir, destapar. 2 inventar. 3 encontrar, hallar. 4 revelar. 5 delatar. 6 percibir. 7 reconocer. 8 quitarse el sombrero.
descolar *v.t.* despegar(se).
descolorir *v.t.* 1 descolorar. 2 desteñir.
descompor *v.t.* 1 descomponer, desordenar. 2 deshacer. 3 regañar, reprender.
desconfiança *s.f.* desconfianza, sospecha, recelo.
desconfiar *v.t.* 1 desconfiar, sospechar. 2 dudar.
desconforto *s.m.* incomodidad, falta de confort.
descongelamento *s.m.* descongelación.

descongelar v.t. 1 descongelar. 2 (econ.) descongelar, liberar los precios y sueldos.
descongestionar v.t. 1 descongestionar, aliviar. 2 (med.) desinflamar. 3 destapar, desatascar.
desconhecer v.t. 1 desconocer, ignorar. 2 no admitir, no reconocer. 3 v.p. desconocerse, no reconocerse.
desconhecido adj. desconocido, ignorado.
desconhecido s. desconocido.
desconhecimento s.m. desconocimiento, ignorancia.
desconsideração s.f. desconsideración.
desconsiderar v.t. 1 ofender, maltratar, desconsiderar. 2 ignorar, no tener en cuenta.
desconsolo s.m. desconsuelo, tristeza, desolación.
descontar v.t. 1 descontar, deducir, rebajar. 2 (com.) pagar documento contable. 3 (fig.) prescindir, no tener en cuenta. 4 desquitar(se), resarcirse. *descontar um cheque*, cobrar un cheque, cambiar un cheque.
descontente adj. insatisfecho, descontento, fastidiado, contrariado.
descontínuo adj. discontinuo, infrecuente, intermitente, alternado, irregular.
desconto s.m. descuento, rebaja. *dar um desconto*, 1 descontar, hacer rebaja. 2 hacer la vista gorda, tolerar.
descontraído adj. informal, alegre.
descontrair v.t. 1 descontraer, relajar, aflojar. 2 v.p. aflojarse.
descontrolar v.t. descontrolar.
descontrole s.m. descontrol.
desconversar v.t. (Bras.) cambiar de tema, hacerse el loco, hacerse el tonto, hacerse el desentendido.
descosturar v.t. y p. descoser(se).
descrédito s.m. descrédito.
descrença s.f. incredulidad.
descrente adj. incrédulo, ateo.

descrever v.t. 1 describir, narrar. 2 exponer.
descrição s.f. descripción.
descuidar v.t. no cuidar, ser negligente, omitir, descuidar.
descuido s.m. 1 negligencia, omisión, descuido. 2 error, desliz.
desculpa s.f. 1 disculpa, excusa. 2 (fig.) pretexto. *apresentar desculpas*, presentar excusas. *pedir desculpas*, disculparse.
desculpar v.t. 1 perdonar, disculpar, excusar. 2 v.p. excusarse, disculparse.
descumprir v.t. incumplir.
desde prep. desde. *desde então*, a partir de ahí. *desde que*, siempre y cuando, desde que.
desdém s.m. desprecio, menoscabo, desdén.
desdenhar v.t. despreciar, menoscabar, desdeñar.
desdobramento s.m. 1 despliegue. 2 secuencia, prolongación. 3 consecuencia.
desdobrar v.t. 1 desplegar, desdoblar. 2 v.p. desarrollar(se), crecer. 3 fraccionar. 4 desplegarse, empeñarse. 5 prolongarse.
desapercebido adj. desapercibido, desprovisto, desabastecido.
desejar v.t. 1 querer, anhelar, desear, ansiar, aspirar. 2 codiciar. 3 v.i. antojarse.
desejo s.m. 1 deseo. 2 aspiración. 3 codicia, ambición. 4 apetito. 5 deseo sexual. 6 (pop.) antojo, ganas.
desejoso adj. ávido, ansioso, deseoso.
deselegância s.f. rudeza, grosería, ordinariez.
desemaranhar v.t. 1 desenredar. 2 aclarar, decifrar (un caso, una situación), desenmarañar.
desembaraçado adj. activo, desinhibido.
desembaraçar v.t. 1 desobstruir, desembarazar. 2 desenredar (el pelo). 3 librarse, deshacerse.
desembaraço s.m. 1 desenvoltura, desinhibición. 2 agilidad, desembarazo.

desembarcar

desembarcar v.t. 1 desembarco (de medios de transporte). 2 desembarque (de mercancias).
desembocar v.i. desembocar, desaguar, terminar.
desembolsar v.t. desembolsar, pagar.
desembrulhar v.t. desempacar, desembalar, desenvolver.
desembuchar v.t. confesar, desembuchar, cantar.
desemoldurar v.t. sacar del molde.
desempenhar v.t. 1 desempeñar, rescatar. 2 cumplir una obligación. 3 ejecutar. 4 representar, interpretar. 5 v.p. desempeñarse, actuar.
desempenho s.m. 1 desempeño. 2 actuación, comportamiento. 3 interpretación, representación.
desempregado adj. desempleado, parado, desocupado, en el paro.
desemprego s.m. desempleo, el paro, desocupación.
desencadear v.t. 1 soltar, desatar. 2 desencadenar, originar. 3 irrumpir, acometer.
desencalhar v.t. 1 desatascar, desobstruir, desencallar. 2 (Bras.) (pop.) ser vendido. 3 v.i. (inf.) casarse.
desencanto s.m. decepción, desengaño, desencanto.
desencontrar v.t. 1 diferir, ser incompatible. 2 v.p. perderse, extraviarse.
desencontro s.m. extravío, pérdida, confusión.
desencorajar v.t. desanimar, desestimular.
desencostar v.t. 1 apartar, quitar, alejar. 2 v.p. apartarse, quitarse, alejarse.
desenferrujar v.t. 1 desoxidar. 2 ejercitar, practicar (algo).
desenganar v.t. desengañar, desilucionar, decepcionar.

desengano s.m. desengaño, desilución, decepción.
desengarrafar v.t. desembotellar.
desengasgar v.t. desatascar, desobstruir, destapar.
desengonçado adj. confuso, desorganizado, desastrado, torpe.
desenhar v.t. 1 dibujar, pintar. 2 delinear, esbozar. 3 crear, proyectar, concebir.
desenhista s. 1 dibujante. 2 diseñador.
desenho s.m. 1 dibujo. 2 diseño. 3 proyecto, esbozo.
desenlace s.m. conclusión, término, desenlace.
desenrolar v.t. 1 desenrollar, desenredar(se). 2 explicar. 3 desdoblar. 4 suceder, ocurrir, desarrollar(se).
desentender v.t. 1 fingir que no entiende. 2 desentenderse, pelearse, enemistarse. *fazer-se de desentendido*, hacerse el desentendido/ el bobo, disimular.
desentendimento s.m. desavenencia, divergencia, desentendimiento.
desentortar v.t. enderezar.
desentupir v.t. destapar, desatascar, desobstruir.
desenvolver v.t. 1 fomentar, desarrollar. 2 aumentar, crecer. 3 explicar. 4 v.p. desarrollarse, progresar. 5 ocurrir.
desenvolvimento s.m. desarrollo, progreso, fomento. *países desenvolvidos*, países desarrollados.
desequilibrado adj. 1 desequilibrado. 2 loco, demente.
desequilibrar v.t. e p. desequilibrar(se).
desequilíbrio s.m. 1 desequilibrio. 2 (psico) locura, demencia, trastorno.
deserção s.f. abandono, evasión, deserción.
deserdar v.t. desheredar.
desertar v.t. abandonar, escabullirse, desertar.

deserto *adj.* despoblado, vacío, solitario, deshabitado.
deserto *s.m.* desierto.
desertor *s.* fugitivo, traidor, desertor.
desesperar *v.t.* 1 desesperar, desanimar. 2 desesperarse.
desespero *s.f.* desesperación, desespero, desesperanza.
desfalque *s.m.* (econ.) desfalco.
desfavorável *adj.* 1 desfavorable, adverso, contraproducente. 2 en contra de.
desfazer *v.t.* 1 destruir, deshacer, destrozar. 2 desdeñar, menoscabar. 3 terminar, acabar. 4 *v.p.* deshacerse, librarse. 5 arruinarse, destrozarse.
desfecho *s.m.* desenlace, conclusión, cierre, remate.
desfeita *s.f.* afrenta, ofensa, ultraje, insulto.
desfeito *adj.* desfigurado, destruido, deshecho.
desferir *v.t.* 1 ensartar (un golpe), dar, lanzar. 2 (mús.) puntear.
desfiar *v.t.* 1 deshilachar, deshilar, desflecar. 2 exponer, relatar.
desfigurar *v.t.* modificar, tergiversar, desfigurar.
desfiladeiro *s.m.* cañón, garganta, desfiladero.
desfilar *v.i.* marchar, desfilar.
desfile *s.m.* 1 (mil.) desfile. 2 exhibición.
desforra *s.f.* venganza, desquite, revancha, represalia.
desfrutar *v.t.* gozar, disfrutar.
desgastar *v.t.* 1 gastar(se), desgastar(se). 2 (fig.) consumir(se), cansar(se), extenuarse, agotarse.
desgosto *s.m.* disgusto, enfado, enojo.
desgraça *s.f.* desgracia.
desgraçado *adj.* 1 desgraciado, desdichado, pobre, desafortunado. 2 vil, despreciable.
desgrudar *v.t.* e *p.* despegar(se), soltar(se).

desidratação *s.f.* deshidratación.
designação *s.f.* 1 designación, llamamiento. 2 nombramiento, denominación.
designar *v.t.* 1 designar, llamar. 2 nombrar, denominar, nominar. 3 fijar, marcar.
desígnio *s.m.* plan, proyecto, designio.
desigual *adj.* 1 desigual, desparejo, dispar. 2 irregular.
desigualdade *s.f.* desigualdad.
desiludir *v.t.* 1 desilusionar, desengañar. 2 *v.p.* desilusionar(se), decepcionar(se).
desilusão *s.f.* desilusión, decepción.
desinchar *v.t.* deshinchar, desinflamar.
desinfetante *adj.* desinfectante.
desinfetante *s.m.* desinfectante.
desinibido *adj.* desenvuelto, listo, desinhibido.
desintegrar *v.t.* e *v.p.* desintegrar(se).
desinteresse *s.m.* desinterés, desgano, desprendimiento.
desistir *v.t.* renunciar, abdicar, desistir.
desjejum *s.m.* desayuno.
deslanchar *v.t.* 1 (Bras.) (pop.) partir, arrancar. 2 avanzar, progresar. 3 *v.p.* desarrollar(se).
deslealdade *s.f.* deslealtad, infidelidad, traición.
desleixado *adj.* abandonado, descuidado.
desleixar *v.t.* abandonar(se), descuidar(se).
desleixo *s.m.* descuido, abandono.
desligado *adj.* 1 desconectado, cortado. 2 desenchufado. 3 alejado. 4 (fam.) desatento, despistado.
desligamento *s.m.* rescisión, cesantía, despido.
desligar *v.t.* 1 separar, desvincular. 2 desconectar, apagar (aparatos). 3 desenchufar. 4 despedir, dimitir, echar (del empleo). 5 *v.p.* soltarse, separarse. 6 alejarse, apartarse. 7 (fig.) desconectarse, abstraerse.
deslizar *v.i.* deslizar, resbalar, patinar.
deslize *s.m.* desliz.

deslocar v.t. y v.p. 1 desplazar(se), trasladar(se). 2 (med.) dislocar(se), descoyuntar(se), descomponer (se), torcer(se).
deslumbrar v.t. deslumbrar(se).
desmaiar. v.t. y i. desmayar(se), privar(se), perder el conocimiento.
desmaio s.m. desmayo, mareo, desvanecimiento.
desmanchar v.t. 1 deshacer, desbaratar. 2 anular, romper (un compromiso). 3 v.p. derretirse. *desmanchaprazeres*, aguafiestas.
desmando s.m. desmán.
desmascarar v.t. desenmascarar.
desmatamento s.m. desmonte, tala.
desmatar v.t. talar, desmontar.
desmiolado adj. destornillado, chiflado, atolondrado, disparatado, cabeza hueca.
desmontar v.t. 1 desarmar. 2 desvalijar. 3 v.p. apearse, bajarse.
desmoralizar v.t. 1 humillar, desacreditar. 2 desmoralizar, corromper, pervertir.
desmoronamento s.m. derrumbe, desmoronamiento.
desmoronar v.t. derrumbar, caer, desmoronar.
desmunhecado adj. amanerado, afeminado.
desmunhecar v.t. 1 cortar o romperse la mano. 2 (Bras.) (gír) exhibir (el hombre) modales o gestos propios de la mujer.
desnaturado adj. cruel, despiadado, inhumano.
desnecessário adj. innecesario.
desnível s.m. desnivel.
desnorteado adj. aturdido, desorientado, despistado, sin norte.
desnudar v.t. 1 desnudar(se), desvestir(se). 2 mostrar, revelar.
desnudo adj. desnudo.
desnutrição s.f. desnutrición.
desobedecer v.t. e i. desobedecer.
desobediência s.f. desobediencia.

desocupar v.t. 1 desocupar, deshabitar. 2 vaciar.
desodorante s.m. desodorante.
desonesto adj. deshonesto.
desonra s.f. deshonra, deshonor, afrenta, ignominia.
desordem s.f. 1 desorden, revoltijo, relajo, desbarajuste. 2 lío, alboroto.
desorganização s.f. desorganización, desorden.
despachante s. 1 gestor, agente, apoderado. 2 despachante.
despachar v.t. 1 despachar, enviar. 2 despedir. 3 tramitar, diligenciar. 4 v.i. expedir notas oficiales.
despacho s.m. 1 despacho, envío. 2 decreto, resolución, requerimiento. 3 (Bras.) (rel) ofrenda religiosa afrobrasileña.
desparafusar v.t. e v.p. destornillar(se), desatornillar(se).
despedaçar v.t. e p. despedazar(se), destrozar(se), descuartizar.
despedir v.t. 1 despachar, despedir. 2 echar, dimitir. 3 v.p. despedirse, decir adiós.
despeito s.m. despecho. *a despeito*, a pesar de, no obstante.
despejar v.t. 1 verter, vaciar, derramar. 2 desalojar, desahuciar, echar (de un lugar).
despejo s.m. (for.) desalojo, desahucio, despido.
despencar v.t. 1 separar del racimo (de frutas). 2 v.i. desplomarse, caerse, despeñarse, precipitarse.
despenhadeiro s.m. despeñadero, precipicio.
despensa s.f. despensa.
despentear v.t. e v.p. 1 despeinar(se). 2 desarreglarse.
despercibido adj. desapercibido, inadvertido, desprevenido.
desperdiçar v.t. 1 derrochar, echar a perder. 2 despilfarrar, derrochar, malgastar, desperdiciar.

desperdício s.m. derroche, despilfarro, desperdicio.
despertador s.m. despertador.
despertar v.t. 1 despertar(se). 2 (fig.) suscitar, provocar, producir. 3 (fig.) despuntar, surgir.
despesa s.f. gasto; costo (Amér.), coste (Esp.), expensas, cuenta.
despido adj. desnudo, desvestido.
despir v.t. y v.p. desnudar(se), desvestir(se).
despojar v.t. y v.p. despojar(se), privar(se), desposeer(se).
despoluir v.t. descontaminar, purificar.
déspota s. tirano, opresor, déspota, dictador.
desporte s.m. deporte.
despovoado adj. despoblado, deshabitado, desierto.
despregar v.t. 1 desenclavar. 2 soltar, separar, apartar. 3 desdoblar, desplegar. 4 desprender (se), soltar(se).
desprender v.t. y v.p. 1 soltar(se), desprender(se). 2 despojarse, privarse, desprenderse.
despreparado adj. sin preparación.
desprevenido adj. 1 desprevenido, incauto, desapercibido. 2 (pop.) sin dinero.
desprezar v.t. 1 despreciar, menospreciar, desdeñar. 2 desechar, prescindir.
desprezível adj. despreciable, desdeñable.
desprezo s.m. desprecio, desaire, desdén.
desproporção s.f. desproporción.
desprovido adj. desprovisto, desproveído.
desqualificar v.t. 1 descalificar. 2 excluir. 3 declarar inapto. 4 desacreditar. 5 desautorizar.
desquitar-se v.p. separarse, divorciarse.
desrespeitar v.t. irrespetar, desacatar, desobedecer.
desrespeito s.m. irrespeto, irrespetuosidad.
desrespeitoso adj. irrespetuoso.
desse contr. de la preposición *de* con el pronombre demostrativo *esse*. De ese.

dessecar v.t. disecar, embalsamar.
destacar v.t. 1 (mil.) destacar, enviar un grupo a una misión. 2 separar, cortar, desprender. 3 (fig.) subrayar, resaltar. 4 v.p. sobresalir, destacarse, distinguirse. 5 despegarse, soltarse.
destampar v.t. 1 destapar. 2 descubrir algo aculto.
destaque s.m. relieve, realce, destaque.
deste contr. de la preposición *de* con el pronombre demostrativo *este*. De este.
destemido adj. intrépido, corajudo, valiente, osado.
destemperar v.t. destemplar, perder el temple (metales), la armonía (instr) (mus) o el humor (una persona).
desterrar v.t. deportar, confinar, desterrar, expatriar, exiliar.
desterro s.m. destierro, confinamiento, deportación.
destilação s.f. destilación.
destilar v.t. destilar.
destilaria s.f. destilería.
destinação s.f. destino, rumbo.
destinar v.t. 1 destinar, designar. 2 enviar. 3 v.p. dedicarse, consagrarse. 4 dirigirse, encaminarse.
destino s.m. 1 destino, suerte. 2 rumbo. 3 finalidad.
destituir v.t. 1 destituir, dimitir, deponer, derrocar. 2 privar.
destoar v.t. 1 disonar, discordar, desentonar. 2 (mús.) desafinar.
destratar v.t. (Bras.) maltratar, insultar, vilipendiar, ultrajar, ofender.
destravar v.t. destrabar, desbloquear, desprender, soltar.
destreza s.f. habilidad, aptitud, destreza.
destrinchar v.t. desmenuzar, desmembrar.
destroçar v.t. destrozar.
destroço s.m. destrozo.

destruir v.t. destruir.
destrutivo adj. destructivo, destructor.
desumano adj. inhumano.
desunião s.f. desunión.
desvalido adj. desvalido.
desvalorizar v.t. devaluar, depreciar, desvalorizar, rebajar, desvalorar.
desvanecer v.t. y v.p. 1 desvanecer(se). 2 enorgullecerse, envanecerse.
desvantagem s.f. desventaja.
desvão s.m. desván, buhardilla, altillo.
desvario s.m. desvarío, delirio.
desvendar v.t. 1 desvendar, destapar, sacar las vendas. 2 revelar.
desviar v.t. 1 desviar, cambiar de dirección. 2 esquivar, eludir. 3 apropiarse (de dinero ajeno). 4 extraviar. 5 v.p. desviarse. *desviar do assunto*, andar por las ramas.
desvincular v.t. 1 desprender, desvincular. 2 v.p. desvincularse, desconectarse.
desvio s.m. 1 desvío, desviación. 2 bifurcación. 3 malversación, estafa, fraude.
detalhar v.t. detallar, pormenorizar, puntualizar.
detalhe s.m. pormenor, detalle, particularidad.
detectar v.t. detectar.
detenção s.f. 1 detención, arresto, captura. 2 aprehensión.
detento s. detenido, arrestado, prisionero, recluso.
deter v.t. 1 detener, parar. 2 arrestar. 3 retener. 4 v.p. detenerse, pararse.
detergente s.m. detergente.
deterioração s.m. deterioro.
deteriorar v.t. dañar(se), estropear(se), deteriorar(se).
determinação s.f. 1 determinación. 2 resolución, decisión. 3 arrojo, intrepidez.
determinado adj. 1 resuelto, decidido. 2 arrojado, intrépido, esforzado.

determinar v.t. determinar(se), establecer, fijar, decidir, resolver.
detestar v.t. aborrecer, abominar, odiar, detestar.
detetive s. detective.
detonar v.t. 1 explotar, estallar. 2 disparar. 3 acabar, destruir. 4 (Bras.) (pop.) ultrajar, desprestigiar, denigrar (a una persona).
detrás adv. 1 detrás, atrás. 2 después.
detrimento s.m. daño, perjuicio, detrimento.
detrito s.m. residuo, desperdicio, sobra, desecho.
deturpar v.t. tergiversar, distorcionar, falsear, desfigurar.
deus s.m. Dios. *Deus me livre!* ¡Dios me libre! *Deus nos acuda!* ¡Dios nos ayude! *ao Deus dará*. a la buena de Dios. *com a ajuda de Deus*. Dios mediante. *meu Deus!* ¡Dios mío! *pelo amor de Deus!* ¡por Dios!, *se Deus quiser*, si Dios quiere.
deusa s.f. diosa.
devagar adv. despacio.
devassa s.f. (for.) inspección, allanamiento.
devassidão s.f. libertinaje, desenfreno.
devasso adj. libertino, disoluto.
devastação s.f. devastación, ruina, destrucción.
devedor adj. deudor.
devedor/dora s. deudor, que debe.
dever s.m. 1 obligación. 2 tarea, quehacer. *os deveres*, los quehaceres. *dever de casa*, tarea (escolar).
dever v.t. 1 deber, adeudar. 2 tener obligación.
devoção s.f. 1 devoción. 2 dedicación, consagración.
devolução s.f. devolución.
devolver v.t. devolver, restituir, reembolsar.
devorar v.t. 1 devorar, tragar. 2 destruir, arrasar. 3 leer rápidamente. 4 consumir, abrasar en llamas.

devotar *v.t. y v.p.* dedicar(se), consagrar(se).
dez *num.* diez.
dezembro *s.m.* diciembre.
dezena *s.f.* decena, diez unidades.
dezenove *num.* diecinueve.
dezesseis *num.* dieciseis.
dezessete *num.* diecisiete.
dezoito *num.* dieciocho.
dia *s.m.* día, período de 24 horas. *dia e noite*, noche y día. *dia útil*, día laborable, día hábil. *bom dia!* ¡buenos días! *estar em dia*, estar al día. *hoje em dia*, hoy (en) día. *um dia de cão*, un día terrible. *um dia sim, um dia não*, un día por medio. *do dia-a-dia*, del cotidiano.
diabetes *s.f.* diabetes.
diabo *s.m.* 1 diablo, demonio. 2 travieso.
diabrura *s.f.* diablura, travesura, chiquillada.
diafragma *s.m.* diafragma.
diagnosticar *v.t.* diagnosticar.
diagnóstico *s.m.* diagnóstico.
diagonal *adj.* diagonal.
diagonal *s.f.* diagonal (línea).
diagramar *v.t.* (edit) diagramar.
dialeto *s.m.* dialecto, habla.
dialogar *v.t.* charlar, dialogar, platicar.
diálogo *s.m.* plática, charla, diálogo.
diamante *s.m.* diamante.
diâmetro *s.m.* (geom.) diámetro.
diante de *loc.* delante de, ante, frente a.
dianteira *s.f.* delantera. *tomar a dianteira*, ponerse al frente.
dianteiro *adj.* delantero, que está o va adelante.
dianteiro *s.m.* (desp.) delantero.
diária *s.f.* 1 viáticos, subvención. 2 jornal, sueldo (diario). 3 pensión, noche (en un hotel). 4 tasa de internación en un hospital.
diário *adj.* diario, cotidiano.
diário *s.m.* diario, cuaderno para registrar los acontecimientos y pensamientos de cada día.
diarista *s.* jornalero.

diarreia *s.f.* (med.) diarrea.
dica *s.f.* 1 información, dato. 2 pista, señal, indicio.
dicionário *s.m.* diccionario.
didático *adj.* didáctico, relativo a los métodos y técnicas de enseñanza.
didática *s.f.* didáctica. *livro didático*, texto escolar.
diesel *s.m.* diesel, gasoil.
dieta *s.f.* dieta.
difamar *v.t.* denigrar, difamar, desprestigiar.
diferença *s.f.* 1 diferencia, divergencia. 2 desavenencia. 3 (fig.) distinción, discriminación. 4 (mat.) diferencia. 5 desigualdad.
diferençar *v.t.* diferenciar, distinguir.
diferencial *s.m.* 1 diferencial, lo que hace la diferencia. 2 (mat.) diferencial, derivada.
diferente *adj.* 1 diferente, distinto. 2 especial, incomún, original.
diferir *v.t.* 1 aplazar, retrasar. 2 discrepar. 3 distinguirse, diferenciarse.
difícil *adj.* 1 difícil, complicado, complejo. 2 improbable. 3 delicada. 4 exigente.
dificuldade *s.f.* 1 dificultad. 2 obstáculo. 3 crisis, situación crítica.
dificultar *v.t.* dificultar, obstaculizar.
difundir *v.t. y v.p.* difundir(se), divulgar(se), propagar(se).
difusão *s.f.* difusión.
digerir *v.t.* 1 digerir. 2 entender, asimilar.
digestão *s.f.* digestión.
digitar *v.t.* (inform.) 1 teclear, mecanografiar. 2 digitalizar.
dignar-se *v.p.* tener la bondad, dignarse.
dignidade *s.f.* 1 dignidad. 2 título, cargo.
digno *adj.* honrado, decente, digno.
dilacerar *v.t. y v.p.* 1 dilacerar(se), desgarrar(se). 2 afligir, torturar.
dilatar *v.t.* 1 dilatar, ampliar, ensanchar. 2 prolongar, postergar, diferir. 3 *v.p.* crecer, dilatar(se), aumentar.

dilema s.m. dilema.
diligência s.f. 1 diligencia, esmero, cuidado. 2 averiguación, trámite. 3 carruaje.
diluir v.t. y p. diluir(se), disolver(se).
dilúvio s.m. diluvio.
dimensão s.f. dimensión, tamaño, magnitud, volumen.
diminuição s.f. 1 disminución, reducción. 2 (mat.) resta.
diminuir v.t. 1 disminuir, reducir. 2 apocar, empequeñecer. 3 acortar. 4 (mat.) restar. 5 v.p. disminuir(se), achicar(se), encoger(se).
diminutivo adj. diminutivo.
dinamarquês adj. danés.
dinâmico adj. dinámico.
dinamismo s.m. dinamismo.
dinamite s.f. dinamita.
dinheiro s.m. plata, dinero. *dinheiro trocado*, dinero suelto, sencillo, cambio. *em dinheiro*, en efectivo.
dinossauro s.m. dinosaurio.
diocese s.f. diócesis.
diploma s.m. título, diploma.
diplomacia s.f. 1 diplomacia. 2 disimulo, tacto.
diplomata s. diplomático.
direção s.f. 1 dirección, rumbo, orientación. 2 administración, jefatura, directorio. 3 volante. 4 norma, regla.
direcionar v.t. orientar, dirigir.
direita s.f. derecha.
direito adj. 1 derecho, diestro. 2 recto. 3 honrado, honesto, íntegro. 4 leal, sincero.
direito adv. correctamente, adecuadamente.
direito s.m. 1 derecho, prerrogativa. 2 (for.) abogacía. 3 lado principal. *direitinho*, correctamente. *direitos autorais*, derechos de autor. *à direita*, a la derecha. *a torto e a direito*, a diestra y a siniestra. *andar direito*, portarse bien. (for.) *ter o direito de*, asistirle el derecho a.

diretiva s.f. instrucción, orientación, directriz.
direto adj. 1 recto, directo. 2 inmediato. 3 sin rodeos, claro, franco.
direto adv. directamente.
diretor s. 1 director, dirigente. 2 director de teatro.
diretoria s.f. 1 dirección. 2 directorio, directiva.
dirigente adj. 1 directivo, ejecutivo. 2 caudillo, cabecilla, líder, dirigente.
dirigir v.t. 1 dirigir, comandar, gobernar. 2 decir. 3 dirigir, enviar. 4 orientar. 5 v.i. manejar, conducir de teléfono. 6 v.p. dirigirse, ir; hablar.
discar v.i. marcar, discar un número o un vehículo.
discente s. estudiante, alumno.
discernimento s.m. discernimiento.
discernir v.t. diferenciar, distinguir, discernir.
disciplina s.f. 1 disciplina, orden. 2 asignatura (historia, geografía, etc.). 3 obediencia.
discípulo s.m. discípulo.
disco s.m. 1 disco. 2 (anat.) espacio entre dos vértebras. 3 (desp.) tejo. 4 (mec.) plato. *disco voador*, platillo volador/volante. *disco rígido*, disco duro.
discordância s.f. desacuerdo, discrepancia, discordancia.
discordar v.t. discrepar, no estar de acuerdo, diferir, discordar.
discórdia s.f. 1 discordia, desacuerdo. 2 desavenencia, ruptura.
discorrer v.i. 1 discursar. 2 reflexionar, discurrir.
discoteca s.f. 1 discoteca, lugar donde se baila. 2 mueble en el que se guardan discos. 3 colección de discos.
discrepância s.f. discordancia, desacuerdo, discrepancia.
discreto adj. discreto, sobrio.
discrição s.f. discreción, sobriedad.

discriminação *s.f.* 1 discriminación, segregación. 2 distinción, diferenciación. 3 especificación, pormenorización.
discriminar *v.t.* 1 segregar, discriminar. 2 diferenciar, distinguir. 3 detallar, pormenorizar, especificar.
discursar *v.t.* discurrir, hablar.
discurso *s.m.* alocución, discurso.
discussão *s.f.* 1 discusión, polémica. 2 altercado, pelea, disputa. 3 debate.
discutir *v.t.* 1 discutir, refutar. 2 pelearse, enfadarse. 3 debatir.
discutível *adj.* dudoso, cuestionable, discutible.
disfarçar *v.t.* 1 disimular, fingir, enmascarar, solapar. 2 *v.p.* disfrazarse, camuflarse.
disfarce *s.m.* 1 disfraz. 2 máscara. 3 (fig.) fingimiento, disimulo, pantalla.
disforme *adj.* 1 irregular, desproporcionado, deforme. 2 monstruoso, horrible.
disfunção *s.f.* anomalía, anormalidad, irregularidad, transtorno, disfunción.
disjuntor *s.m.* (elet.) disyuntor, llave.
disparar *v.t.* 1 disparar, detonar. 2 arrojar, lanzar, despedir. 3 *v.i.* dispararse, salir corriendo.
disparate *s.m.* desatino, desvarío, disparate.
disparidade *s.f.* desigualdad, diferencia, disparidad.
disparo *s.m.* disparo, balazo, tiro.
dispendioso *adj.* oneroso, costoso, dispendioso.
dispensa *s.f.* permiso, dispensa.
dispensar *v.t.* 1 dispensar, eximir, librar. 2 despedir, echar (del trabajo). 3 prescindir, rechazar, no necesitar.
dispersão *s.f.* diseminación, dispersión.
dispersar *v.t. y v.p.* dispersar(se), diseminar(se), desparramar(se).
disponibilizar *v.t.* poner a disposición.
disponível *adj.* disponible.

dispor *v.t.* 1 disponer, acomodar, colocar, arreglar. 2 poseer, tener. 3 establecer, prescribir, decidir. 4 *v.p.* disponerse, prepararse, decidirse.
disposição *s.f.* 1 disposición, colocación, arreglo. 2 tendencia, aptitud, habilidad. 3 precepto, ley. 4 estado de ánimo o de salud.
dispositivo *s.m.* 1 precepto, regla. 2 mecanismo, instrumento.
disposto *adj.* 1 dispuesto. 2 preparado. 3 propenso. 4 listo para lo que venga. *estar disposto*, estar dispuesto o tener ganas.
disputa *s.f.* 1 disputa, pelea, contienda, altercado, pelotera. 2 competición, certamen, torneo.
disputar *v.t.* 1 disputar, pelear, altercar, luchar. 2 competir, rivalizar, concursar.
disquete *s.m.* (inf.) disquete, disco flexible.
disseminação *s.f.* diseminación, propagación, dispersión.
dissertação *s.f.* disertación, tesis.
dissídio *s.m.* (for.) dicidencia, divergencia. *dissídio coletivo*, acuerdo salarial colectivo.
dissimular *v.t.* 1 disimular, disfrazar, camuflar. 2 *v.i.* fingir.
dissipar 1 *v.t.* disipar, dispersar. 2 *v.p.* dispersarse, evaporarse.
disso *contr.* de la preposición *de* con el pronombre *isso*. de eso.
dissociar *v.t.* 1 disociar, separar, disgregar. 2 descomponer. 3 *v.p.* separarse.
dissolvente *s.m.* (quím.) solvente.
dissolver *v.t. e v.p.* 1 disolver(se), disipar(se). 2 diluir(se), derretir(se).
distância *s.f.* distancia, lejanía.
distanciar *v.t.* 1 distanciar, apartar, alejar, separar. 2 *v.p.* alejarse, retirarse, aislarse.
distante *adj.* 1 distante, lejano, apartado. 2 (fig.) frío, reservado.
distante *adv.* lejos, remoto.

distensão

distensão s.f. distensión, aflojamiento, relajamiento.
distinção s.f. 1 distinción, diferencia. 2 elegancia, educación, garbo. 3 honor.
distinguir v.t. 1 distinguir, diferenciar. 2 percibir, divisar. 3 honrar. 4 v.p. distinguirse, descatarse, sobresalir.
distintivo s.m. insignia, emblema.
distinto adj. 1 distinto, diferente, diverso. 2 aislado. 3 ilustre, notable. 4 elegante, educado, distinguido.
disto contr. de la preposición de con el pronombre isto. de esto.
distorção s.f. distorsión, deformación, alteración.
distorcer v.t. distorsionar, tergiversar, falsear.
distração s.f. 1 distracción, olvido, lapsus, descuido. 2 recreación, diversión.
distraído adj. distraído, descuidado, olvidadizo, despistado.
distrair v.t. e v.p. 1 distraer(se), desviar la atención. 2 distraer(se), entretener(se).
distribuição s.f. distribución, reparto.
distribuir v.t. distribuir, repartir.
ditado s.m. 1 dictado. 2 dicho, proverbio.
ditadura s.f. dictadura.
ditar v.t. 1 dictar. 2 imponer.
dito adj. dicho, mencionado. *dito-cujo*, individuo, fulano.
dito s.m. refrán, frase, proverbio. *ficar o dito pelo não dito*, negar lo que se ha dicho. *e tenho dito*, he dicho y sanseacabó.
ditongo s.m. diptongo.
diurno adj. diurno.
diva s.f. 1 diosa. 2 mujer notable.
divagar v.t. 1 divagar, vagar, errar. 2 enredarse, dispersarse. 3 devanear, desatinar, desviarse del asunto o tema que se habla o escribe.
divergência s.f. divergencia, discordancia.
diversão s.f. diversión, entretenimiento, distracción.

diversificar v.t. diversificar, variar.
diverso adj. diverso, distinto, diferente.
diversos pron.indef. (pl.) varios, algunos, muchos.
divertido adj. 1 divertido, entretenido. 2 chistoso, gracioso.
divertir v.t. 1 divertir, recrear, entrener, distraer. 2 v.p. recrearse, distraerse, entrenerse.
dívida s.f. deuda.
dividir v.t. 1 dividir, partir. 2 ratear. 3 compartir, repartir. 4 (mat.) dividir, fraccionar. 5 v.p. dividirse, separarse.
divindade s.f. 1 divinidad, naturaleza divina. 2 dios o diosa.
divino adj. 1 divino. 2 maravilloso, precioso, encantador.
divisão s.f. 1 división. 2 compartimiento de una casa. 3 jurisdicción. 4 (mat.) división.
divorciar v.t. divorciar(se), separar(se).
divórcio s.m. divorcio.
divulgar v.t. y v.p. divulgar(se), propagar(se), publicar(se).
dizer s.m. 1 dicho, expresión popular. 2 lenguaje popular.
dizer v.t. 1 decir, expresar. 2 recitar, declamar. 3 afirmar. 4 proferir. 5 contar, narrar, relatar. 6 celebrar la misa. 7 aconsejar. *dizer respeito*, atañer, incumbir. *até dizer chega*, hasta no poder más. *não dizer uma palavra*, no chistar, no decir ni pío. *por assim dizer*, como quien dice.
dizimar v.t. destruir, exterminar.
dízimo s.m. diezmo.
diz que diz que s.m. rumor, murmuración, runrún, chisme.
do contr. de la preposición *de* con el artículo definido *o*. del.
dó s.m. 1 compasión, lástima. 2 tristeza, pena.
dó s.m. (mus) do, nota musical.
doação s.f. donación, donativo.

doar *v.t.* 1 donar. 2 dedicar.
dobra *s.f.* doblez, pliegue, dobladillo.
dobradiça *s.f.* bisagra, gozne, charnela.
dobradinha *s.f.* callos, mondongo, panza.
dobrado *adj.* 1 en doble, duplicado. 2 enrollado, doblado.
dobrar *v.t.* 1 doblar, duplicar. 2 enrollar. 3 aumentar. 4 plegar. 5 doblegar, domar. 6 (fig.) agobiar, encorvar. 7 *v.i.* doblar, tocar las campanas. 8 *v.p.* doblarse, curvarse. 9 rendirse, entregarse.
dobro *s.m.* doble.
doce *adj.* 1 dulce. 2 (fig.) agradable, amable, suave. 3 caramelo, golosina. *fazer doce*, hacerse de rogar. *um doce*, un amor.
docência *s.f.* docencia, enseñanza.
docente *s.* docente, profesor, maestro.
doceria *s.f.* confitería, bombonería.
dócil *adj.* dócil, maleable.
documentação *s.f.* papeles, documentación.
documentar *v.t.* 1 documentar, acreditar. 2 probar. 3 informar.
documentário *s.m.* documental.
documento *s.m.* 1 documento, certificado. 2 escrito.
doçura *s.f.* 1 dulzura. 2 cariño.
dodoi *adj.* enfermo. *estar dodoi*, estar enfermo.
dodoi *s.m.* (inf.) enfermedad o dolor.
doença *s.f.* 1 (med.) enfermedad, dolencia. 2 vicio o defecto.
doente *adj.* 1 enfermo, doliente. 2 (fig.) apasionado, fanático.
doente *s.m. e f.* enfermo, doliente.
doentio *adj.* enfermizo, insano.
doer *v.i.* 1 doler, sentir dolor. 2 lastimar, sentir dolor o disgusto. 3 *v.p.* dolerse, compadecerse, apiadarse.
dogma *s.m.* dogma.
doideira *s.f.* locura, disparate.
doido *adj.* loco, demente, chiflado.
doido *s.m.* loco, chiflado, demente. *doido varrido*, loco de remate.
dois *num.* dos.
dólar *s.m.* dólar, moneda estado-unidense.
dolorido *adj.* dolorido.
doloroso *adj.* doloroso.
dom *s.m.* 1 don, regalo, dádiva. 2 aptitud. 3 poder. 4 señor.
domar *v.t.* domar, amaestrar, domesticar.
doméstico *adj.* 1 doméstico, casero. 2 interno, nacional. 3 criado en casa. 4 empleado.
domicílio *s.m.* domicilio, residencia, morada fija. *domicílio eleitoral*, colegio/distrito electoral.
dominador *adj.* dominante.
dominar *v.t.* 1 dominar, someter, rendir. 2 dominar, reprimir, aplacar. 3 dominar, predominar. 4 dominar, saber, conocer. 5 *v.p.* dominarse, contenerse.
domingo *s.m.* domingo.
domínio *s.m.* 1 dominio, control, dominación. 2 dominio, propiedad. 3 dominio, territorio, jurisdicción. 4 dominio, campo de acción.
dona *s.f.* 1 dueña, propietaria. 2 doña, señora.
dona de casa *s.f.* ama de casa.
donativo *s.m.* donación.
dono *s.m.* dueño, propietario. *o dono da bola*, el que corta el bacalao.
donzela *s.f.* doncella, chica, muchacha.
dopar *v.t.* dopar(se), drogar(se).
dor *s.f.* 1 (med.) dolor. 2 dolor, pena. *dor de cotovelo*, envidia, celos.
dormente *adj.* adormecido.
dorminhoco *adj.* dormilón, lirón.
dormir *v.i.* dormir(se). *dormir no ponto*, descuidarse.
dormitório *s.m.* dormitorio, habitación, cuarto, pieza, alcoba.
dosar *v.t.* dosificar.
dose *s.f.* (med.) dosis. *overdose*, sobredosis. *ser dose*, ser inaguantable, insoportable. *ser dose para leão*, ser pesado.

dotação

dotação s.f. dotación, asignación, equipo.
dotar v.t. 1 dotar, destinar, asignar dote. 2 dotar, equipar.
dourado adj. dorado.
dourar v.t. 1 dorar. 2 dorar, freír, sofreír.
doutor s. 1 doctor, médico. 2 doctor, persona que hizo doctorado.
doutorado s.m. doctorado.
doutrina s.f. doctrina.
dragão s.m. dragón.
drágea s.f. gragea.
drama s.m. drama.
dramalhão s.m. melodrama, tragicomedia.
dramatizar v.t. dramatizar.
drástico adj. drástico, enérgico.
drenagem s.f. drenaje.
drenar v.t. drenar.
driblar v.t. (desp.) esquivar, rehuir.
drinque s.m. trago, copa.
droga interj. *droga!* ¡qué porquería!, ¡qué mierda!
droga s.f. 1 droga. 2 porquería, cosa mala.
drogar v.t. drogar(se), dopar(se).
drogaria s.f. droguería, farmacia.
drope s.m. caramelo.
duas num. dos (para el femenino).
dúbio adj. dudoso, incierto.
dublagem s.f. doblaje.
dublar v.t. doblar.
ducha s.f. ducha. *uma ducha de água fria*, un jarro de agua fría.
duelo s.m. duelo.
dupla s.f. 1 (mús.) dúo, dueto. 2 pareja, par.
duplicar v.t. duplicar, copiar, reproducir.
duplicata s.f. 1 copia, duplicado. 2 (com.) factura.
duplo num. doble.
duque s.m. duque.
duração s.f. duración.
duradouro adj. duradero.
durante prep. durante.
durar v.i. durar.
durável adj. durable.
durex s.m. cinta adhesiva, cinta pegante.
dureza s.f. dureza, rigidez, solidez.
durão adj. (pop.) 1 inflexible. 2 insensible.
duro adj. 1 duro, rígido, sólido. 2 duro, desagradable. 3 (fig.) duro, rudo, riguroso. 4 duro, difícil. *dar duro*, afanarse, esforzarse. *estar/ficar duro*, no tener ni un centavo, estar sin blanca, estar seco.
dúvida s.f. duda. *ficar na dúvida*, titubear, dudar, vacilar.
duvidar v.t. 1 dudar, vacilar, titubear. 2 v.i. dudar, no creer.
duvidoso adj. dudoso, incierto.
duzentos num. doscientos.
dúzia s.f. docena, doce unidades. *meia dúzia*, media docena.

E e

e, E *s.m.* quinta letra y segunda vocal del alfabeto portugués; su nombre es e o é.
e *abrev.* (geo.) abreviatura de Este, Oriente.
e *adj.* que tiene el quinto lugar de una serie.
e *conj.* y.
ébrio *adj.* 1 ebrio, borracho. 2 (fig.) sediento, apasionado.
ebulição *s.f.* 1 ebullición, hervor, acto de hervir. 2 (fig.) agitación, efervescencia.
eclesiástico *adj.* 1 eclesiástico, relativo a la iglesia o al clero.
eclesiástico *s.m.* clérigo, sacerdote.
eclético *adj.* 1 ecléctico, compuesto de elementos, opiniones, estilos etc., de carácter diverso.
ecletismo *s.m.* eclecticismo.
eclipsar *v.t.* 1 (ast.) eclipsar. 2 (fig.) oscurecer, deslucir, desacreditar.
eclipse *s.m.* (ast.) eclipse, oscurecimiento, ocultación.
eclosão *s.f.* eclosión, explosión.
eco *s.m.* 1 eco, repercusión, reflexión acústica, resonancia. 2 (fig.) rumor, runrún, fama.
ecoar *v.i.* 1 (fig.) resonar, retumbar. 2 *v.t.* repercutir, reflejarse.
ecografia *s.f.* ecografía.
ecologia *s.f.* ecología.
ecológico *adj.* ecológico.
ecólogo *s.m.* ecólogo, profesional que estudia o practica la ecología.
economia *s.f.* 1 economía. 2 economía, ahorro.
economias *s.f.* (pl.) ahorros.
econômico *adj.* económico, sóbrio, barato.
economista *s.* economista.
economizar *v.t. y v.i.* ahorrar, guardar, economizar.
ecossistema *s.m.* ecosistema.
ecumênico *adj.* ecuménico.
eczema *s.m.* (med.) eczema, sarpullido.
edema *s.m.* (med.) edema.
éden *s.m.* 1 edén, paraíso terrenal. 2 (fig.) lugar de delicias.
edição *s.f.* edición, publicación de un libro.
edificação *s.f.* 1 edificación, obra, construcción. 2 edificio. 3 (fig.) perfeccionamiento moral.
edificante *adj.* edificante, moralizador, instructivo, que edifica.
edificar *v.t.* 1 edificar, construir edificio, alzar, levantar. 2 (fig.) edificar, dar buen ejemplo.
edifício *s.m.* edificio, casa, construcción, estructura.
edital *s.m.* 1 licitación. 2 proclamas matrimoniales. 3 edicto, aviso, oficio. *publicar os editais de casamento*, hacer las proclamas matrimoniales.
editar *v.t.* editar, publicar, imprimir.
édito *s.m.* edicto, ley, decreto, orden judicial.
edito *s.m.* edicto, mandato, decreto.
editor *s.m.* 1 editor, aquél que publica obra de un autor. 2 que edita sonidos o imágenes.
editora *s.f.* casa editorial, editorial.
editoração *s.f.* edición.
editorar *v.t.* editar, imprimir, publicar.
editorial *s.f.* casa editorial, editorial.
editorial *s.m.* editorial, artículo principal de un periódico.
edredom *s.m.* edredón, manta acolchada.

educação *s.f.* 1 educación, instrucción. 2 educación, cortesía, buenos modales, cultura. 3 crianza, urbanidad.
educacional *adj.* educativo.
educado *adj.* educado, cortés, urbano, criado.
educador *s.m.* educador, profesor, maestro, pedagogo.
educandário *s.m.* escuela, colegio, institución donde se educa.
educando *s.m.* educando, alumno, discípulo, aquél que está siendo educado.
educar *v.t.* 1 educar, enseñar, adoctrinar, ilustrar. 2 *v.p.* educar(se), refinar(se), instruir(se).
educativo *adj.* educativo, edificante, intructivo, ilustrativo.
efe *s.m.* nombre de la letra *f. com todos os efes e erres,* con pelos y señales.
efeito *s.m.* 1 efecto, realización, daño, perjuicio. 2 efecto, aplicación. 3 efecto, ejecución. 4 producto. *com efeito,* realmente, efectivamente. *levar a efeito,* realizar, ejecutar, llevar a cabo. *sem efeito,* nulo, sin valor.
efêmero *adj.* efímero, pasajero, transitorio.
efeminado *adj.* afeminado, maricón, del otro equipo.
efervescência *s.f.* 1 efervescencia, combustión. 2 ebullición, hervor. 3 (fig.) agitación, acaloramiento.
efervescente *adj.* efervescente, que hierve, que se altera.
efervescer *v.i.* ebullir, hervir, agitarse, acalorarse.
efetivação *s.f.* efectividad; acción de efectivar.
efetivamente *adv.* con efecto, efectivamente.
efetivar *v.t. y v.p.* 1 efectuar, realizar. 2 efectuarse, tornarse permanente o fijo (en el trabajo).
efetivo *adj.* 1 efectivo, real, actual, que existe, verdadero. 2 (mil.) totalidad de militares en servicio. 3 fijo, permanente (en el trabajo). 4 (econ.) efetivo, capital activo.

efetuar *v.t.* efectuar, realizar, llevar a cabo, ejecutar.
eficácia *s.f.* eficiencia, eficacia.
eficaz *s.f.* eficiente, válido, útil, eficaz, poderoso.
eficiência *s.f.* eficiencia, eficacia.
eficiente *adj.* eficiente.
efusão *s.f.* 1 efusión, derramamiento, expansión. 2 (fig.) hervor.
efusivamente *adv.* efusivamente, expansivamente; con efusión.
efusivo *adj.* efusivo, comunicativo, expansivo, cariñoso, afable, jovial.
egípcio *adj.* egipcio.
ego *s.m.* ego, yo.
egocêntrico *adj.* egocéntrico, individualista.
egoísmo *s.m.* 1 egoísmo. 2 individualismo, excesivo amor a sí mismo.
egoísta *adj.* egoísta, individualista, egocéntrico.
egresso *adj.* egresado, que salió.
egresso *s.m.* egreso, salida.
égua *s.f.* yegua (hembra del caballo).
eh! *interj.* ¡eh! designativa de sorpresa, admiración o llamamiento.
eis *adv.* aquí está, he aquí.
eixo *s.m.* (mec.) 1 eje, línea imaginaria. 3 (geom.) eje, diámetro de curva. 4 (fig.) punto de apoyo, sustentáculo, esencia. *pôr as coisas no eixo,* poner en orden. *andar fora dos eixos,* comportarse mal.
ejacular *v.t.* eyacular, expeler con fuerza.
ejemplar *s.m.* 1 modelo, original, copia; unidad de la misma edición de una obra. 2 ejemplar, individuo de la misma especie.
ejetor *s.m.* eyector.
ela *pron. pes.* 3ª *pers. f.* ella. *elas por elas,* quedar en paz, empatados. *agora é que são elas,* ahí está el problema.
elaboração *s.f.* elaboración.

elaborar v.t. elaborar, formar, concebir, fabricar, trabajar.
elasticidade s.f. 1 elasticidad. 2 (fig.) flexibilidad.
elástico adj. elástico, flexible, maleable.
elástico s.m. cinta, liga, goma elástica.
ele pron. pess. él. *que só ele*, como sólo él lo sabe hacer.
ele s.m. nombre de la letra *l*.
elefante s.m. elefante.
elefantíase s.f. elefantiasis.
elegância s.f. 1 elegancia, distinción. 2 esbeltez, garbo, gallardía.
elegante adj. elegante, esbelto, gallardo, fino.
eleger v.t. elegir, seleccionar, votar, nombrar por votación; escoger.
elegível adj. elegible, que se puede elegir.
eleição s.f. elección, preferencia, votación, selección.
eleito adj. e s.m. escogido, electo, elegido.
eleitor adj. e s.m. elector, el que elige o tiene el derecho de elegir.
eleitorado s.m. electorado, cuerpo electoral, colegio electoral.
elementar adj. elemental, sencillo, fácil.
elemento s.m. 1 elemento, ingrediente, medio natural, ambiente, materia prima, dato, información. 2 (quím.) elemento, cuerpo simple. 3 (pl.) nociones, rudimentos, datos.
elenco s.m. 1 (tea.) reparto, elenco. 2 colección, índice, lista.
eletricidade s.f. electricidad.
eletricista adj. e s.m. electricista.
elétrico adj. 1 eléctrico, que tiene o comunica electricidad. 2 (fig.) eléctrico, rápido, hiperactivo.
eletrificação s.f. electrificación.
eletrificar v.t. electrificar, aplicar electricidad.
eletrizado adj. electrizado, que tiene propiedades eléctricas.

eletrizante adj. 1 electrizante, que electriza. 2 (fig.) electrizante, que exalta, que inflama los ánimos.
eletrizar v.t. electrizar.
eletrocutar v.t. electrocutar, matar por electrocución.
eletrodo s.m. (fís.) electrodo (inductor).
eletrodoméstico s.m. aparato, electrodoméstico, eléctrico para la casa.
elétron s.m. (fís.) electrón (partícula que entra en la constitución del átomo).
eletrônica s.f. (fís.) electrónica.
elevado adj. elevado, alto, eminente, sublime, noble.
elevador s.m. ascensor. *elevador de cargas*, montacargas.
elevar v.t. elevar, alzar, subir, promover, engrandecer, ennoblecer.
eliminação s.f. 1 eliminación, supresión, exclusión. 2 excremento, heces.
eliminar v.t. 1 eliminar, suprimir. 2 eliminar, exterminar, matar.
eliminatória s.f. eliminatoria.
eliminatório adj. eliminatorio, que elimina, que selecciona.
elite s.f. élite.
elo s.m. eslabón. *o elo perdido*, el eslabón perdido.
elogiar v.t y i. elogiar, alabar, aplaudir.
elogio s.m. elogio, apología, alabanza.
eloquência s.f. elocuencia.
eloquente adj. elocuente, expresivo, convincente.
elucidação s.f. elucidación, esclarecimiento, aclaración, explicación.
elucidar v.t. elucidar, delucidar, explicar, aclarar.
eludir v.t. y v.i. eludir, esquivar, rehuir.
em prep. en (indica lugar, tiempo y otras relaciones). *em prol de*, en pro de, en favor de. *em todo caso*, a pesar de eso. *em torno de*, alrededor de.

ema

ema *s.m.* (zool.) ñandú.
emagrecer *v.t. y v.i.* adelgazar.
emagrecimento *s.m.* adelgazamiento.
emanar *v.i.* emanar, exhalar, brotar, derivar.
emancipação *s.f.* emancipación, independencia.
emancipado *adj.* libre, independente, emancipado.
emancipar *v.t. y v.p.* emancipar(se), liberar(se), hacerse señor de sí, hacer(se) libre.
embaçar *v.t. y v.i.* 1 empañar, deslustrar. 2 confundirse.
embaixada *s.f.* 1 embajada, empleo o cargo de un embajador. 2 misión ante un gobierno.
embaixador *s.m.* 1 embajador. 2 emisario, mensajero.
embaixatriz *s.f.* mujer del embajador.
embaixo *adv.* debajo, abajo.
embalagem *s.f.* embalaje, envoltorio, envase.
embalar *v.t. y v.p.* 1 embalar, empacar, envolver. 2 embalar, tomar impulso. 3 mecer(se).
embalo *s.m.* impulso, acción de embalar. *ir no embalo*, hacer algo con el mismo ritmo y de la misma manera que otra persona.
embalsamar *v.t.* embalsamar, momificar, sahumar.
embaraçar *v.t. y v.p.* 1 obstruir, impedir, estorbar, embarazar. 2 avergonzarse.
embaralhar *v.t.* barajar, mezclar, confundir, poner en desorden.
embarcação *s.f.* 1 embarcación, buque, navío, barco. 2 embarco (personas). 3 embarque (mercancias).
embarcar *v.t. y v.i.* embarcar, dar entrada a personas o mercancías en una embarcación, embarcarse.
embargar *v.t.* (for.) embargar, impedir, dificultar, poner embargo.
embargo *s.m.* 1 objeción, embargo. 2 (for.) secuestro, aprehensión.

embarque *s.m.* 1 embarque (mercancías). 2 embarco (personas). 3 embarcadero.
embate *s.m.* 1 embate, conflicto, choque, encuentro, acometida violenta. 2 (pl.) adversidades.
embaucar *v.t.* engañar, embaucar.
embebedar *v.t. y v.p.* 1 embriagar, emborrachar. 2 alumbrarse, mamarse.
embeber *v.t. y v.p.* 1 absorber, embeber, impregnar, remojar. 2 empaparse.
embebido *adj.* empapado, mojado, impregnado.
embelezar *v.t.* embellecer(se), adornar.
embevecido *adj.* embebecido, cautivado, absorto.
emblema *s.m.* emblema, escudo, insignia.
embolar *v.i.* enmohecer.
êmbolo *s.m.* émbolo, pistón, cilindro móbil.
embolsar *v.i.* recibir, cobrar, embolsar, meter en la bolsa.
embonecar *v.t. y v.p.* 1 adornar a una persona como si fuera una muñeca. 2 arreglarse.
embora *conj.* aunque. *ir embora*, irse, largarse, marcharse.
emboscado *adj.* emboscado, oculto en el bosque, escondido.
emboscar *v.t. y v.p.* 1 esconder, emboscar. 2 armar una celada.
embranquecer *v.t.* blanquear, emblanquecer.
embreagem *s.f.* embrague.
embriagado *adj.* embriagado, borracho, ebrio.
embriagar *v.t. y v.p.* 1 emborrachar, embriagar. 2 *v.p.* embriagarse, beber. 3 (fig.) extasiar.
embrionário *adj.* embrionario, que está en formación.
embromar *v.t.* 1 embromar, engañar, embaucar. 2 dificultar con embustes la resolución de un negocio.
embrulhar *v.t. y v.p.* 1 embalar, envolver, empaquetar. 2 embarazarse.

embrulho *s.m.* paquete, envoltorio.
embrutecer *v.t.* embrutecer, corromper, pervertir.
embrutecimento *s.m.* embrutecimiento.
emburrado *adj.* enojado, enfadado.
emburrar *v.i.* enfadarse, obstinarse.
embuste *s.m.* embuste, mentira, trampa.
embusteiro *adj.* hipócrita, impostor, embustero.
eme *s.m.* nombre de la letra *m*.
emenda *s.f.* 1 enmienda, corrección. 2 enmienda, conexión, junción, parche.
emendar *v.t.* y *v.p.* 1 enmendar, rectificar, corregir. 2 juntar, unir. 3 regenerarse, corregirse. *emendar um feriado*, hacer un puente.
emergência *s.f.* 1 emergencia. 2 incidente, acontecimiento fortuito.
emergir *v.i.* emerger, surgir, elevarse, sobresalir.
emigração *s.f.* emigración, grupo de ciudadanos de un país que se traslada a otro.
emigrante *adj.* emigrante, que deja su país.
emigrante *s.* emigrante, persona que emigra.
emigrar *v.t.* y. *i.* emigrar, expatriarse, salir de la patria.
eminência *s.f.* 1 eminencia, excelencia, prominencia. 2 altura, elevación.
eminente *adj.* eminente, alto, sublime, excelente, superior.
emissão *s.f.* emisión, acción de emitir.
emissor *adj.* emisor; que emite.
emissor *s.m.* emisor; que emite.
emissora *s.f.* 1 emisora, empresa de radio. 2 emisora, puesto emisor, estación.
emitir *v.t.* 1 emitir, lanzar, irradiar luz, calor. 2 expedir, emitir papel moneda. 3 manifestar juicios y opiniones.
emoção *s.f.* emoción.
emocional *s.f.* emocional.
emocionante *adj.* emocionante.

emocionar *v.t.* y *v.p.* 1 emocionar, conmover, inquietar. 2 emocionarse, conmoverse.
emotividade *s.f.* emotividad, afectividad.
emotivo *adj.* emotivo, sensible.
empacar *v.i.* empacarse, emperrarse.
empacotador *s.m.* empaquetador, que empaqueta, que envuelve.
empacotar *v.t.* embalar, empaquetar, empacar, envolver.
empada *s.f.* empanada.
empalidecer *v.i.* empalidecer, palidecer, ponerse pálido.
empanar *v.t.* 1 deslucir, empañar. 2 (fig.) ofuscar. 3 rebozar, envolver con harina y huevo.
empanturrado *adj.* empanturrado, empachado, atiborrado, harto, embuchado.
empapado *adj.* embebido, empapado, ensopado.
empapar *v.t.* y *v.p.* 1 embeber, encharcar, remojar, mojar, ensopar. 2 empaparse.
empapelar *v.t.* 1 empapelar, envolver. 2 forrar con papel la pared.
emparelhar *v.t.* emparejar, igualar, comparar.
empastar *v.t.* 1 convertir en pasta. 2 cubrir con pasta.
empatado *adj.* 1 empatado, igualado. 2 suspenso, parado, obstruido. 3 que no rinde (dinero).
empatar *v.t.* 1 empatar, igualar. 2 obstruir, estobar. 3 invertir, poner dinero sin lucro.
empate *s.m.* empate, igualdad de votos o de puntos.
empecilho *s.m.* obstáculo, impedimento, estorbo.
empedrar *v.t.* pavimentar, empedrar.
empenho *s.m.* empeño, ahinco, afán, esfuerzo.
emperiquitado *adj.* cursi, arreglado o adornado de manera excesiva.
emperrar 1 *v.i.* trabarse, causar dificultad en el movimiento. 2 *v. p.* obstinarse, emperrarse.

empestar v.i. 1 apestar, contaminar, infestar. 2 (fig.) corromper.
empetecado adj. lleno de adornos, arreglado de forma excesiva, cursi.
empetecar-se v.p. (fam.) almidonarse, llenarse de adornos.
empilhar v.t. empilar, amontonar, apilar, apiñar, acumular.
empinado adj. erguido, levantado, alto, empinado.
empinar v.t. 1 levantar, empinar. 2 alzar, inclinar. 3 v.p. elevar. *empinar papagaios/pipa*, soltar/elevar cometas o barriletes.
empírico adj. empírico, que se basa en la experiencia.
empobrecer v.i. y v.p. empobrecer(se), decaer, agotar, arruinar(se).
empobrecimento s.m. empobrecimiento, decadencia.
empoeirado adj. empolvado, polvoriento, lleno de polvo.
empoeirar v.t. y v.p. empolvar(se), llenar(se) de polvo.
empolgado adj. 1 agarrado. 2 (fig.) entusiasmado, emocionado, fascinado.
empolgante adj. que entusiasma, emocionante, fascinante.
empolgar v.t. 1 agarrar, apresar. 2 fascinar, encantar, emocionar. 3 (fig.) entusiasmarse, fascinarse.
empório s.m. emporio, tienda, almacén.
empreendedor adj. emprendedor, que emprende, osado, activo, arrojado, decidido.
empreender v.t. emprender, empezar, osar, trabajar, iniciar.
empreendimento s.m. emprendimiento, intento, empresa.
empregada s.f. empleada, sirvienta, mucama.
empregado adj. utilizado, empleado, aplicado.

empregado s.m. empleado, criado, dependiente.
empregador s.m. empresario.
empregar v.t. y v.p. 1 emplear, utilizar, usar. 2 ejercer empleo, dedicarse, ocuparse.
emprego s.m. 1 empleo, trabajo, colocación, ocupación, oficio, profesión, puesto. 2 uso, utilización.
empreiteira s.f. contratista (empresa).
empreiteiro s.m. contratista de obras.
empresa s.f. empresa, compañía, negocio, sociedad.
empresariado s.m. empresariado.
empresarial adj. empresarial.
empresário s.m. empresario, industrial, gerente.
emprestado adj. prestado.
emprestar v.t. prestar, conceder.
empréstimo s.m. préstamo, cosa prestada, empréstimo.
empunhar v.t. empuñar, asir por el puño.
empurrão s.m. empujón, empellón.
empurrar v.t. y i. empujar, impulsar, impeler con violencia.
emudecer v.t. y v.i. 1 enmudecer, quedarse mudo, perder el habla. 2 hacer callar a alguien.
emulsão s.f. emulsión, suspensión.
enaltecedor adj. enaltecedor, aquél que enaltece, que exalta.
enaltecer v.t. enaltecer, ensalzar, encumbrar, glorificar.
enaltecimento s.m. ennoblecimiento, enaltecimiento.
enamorado adj. e s.m. enamorado, apasionado, encantado, novio.
enamorar v.t. y v.p. 1 apasionar, hechizar. 2 amar.
encabeçar v.t. encabezar, estar a la cabeza.
encabulado adj. avergonzado, compungido, abochornado.

enchente

encadeado *adj.* encadenado, preso con cadena.
encadear *v.t.* 1 encadenar, sujetar con cadena. 2 concatenar, conectar (ideas). 3 *v. p.* ligarse.
encadernação *s.f.* 1 encuadernación. 2 tapa de los libros.
encadernar *v.t.* encuadernar.
encaixar *v.t. y v.p.* 1 encajar, ajustar, ensamblar. 2 encajarse, ajustarse.
encaixe *s.m.* encaje, junción.
encaixotar *v.t.* encajonar, empaquetar, envolver.
encalhado *adj.* 1 atollado, atascado, estancado. 2 que no ha sido vendido. 3 que se ha quedado solterón, "para vestir santos".
encalhar *v.i.* 1 atollarse, estancarse, atollarse. 2 quedarse sin salida (una mercancía). 3 quedarse solterón, quedarse para vestir santos.
encaminhamento *s.f.* orientación, derivación.
encaminhar *v.t. y v.p.* 1 encaminar, guiar, conducir, enviar, guiar, aplicar, encaminar. 2 dirigirse, guiarse.
encanador *s.m.* plomero, fontanero.
encanamento *s.m.* cañería, tubería, fontanería.
encantado *adj.* 1 encantado, seducido, deslumbrado, satisfecho. 2 encantado, mágico.
encantador *adj.* 1 encantador, seductor, adorable. 2 hechicero, encantador.
encantar *v.t. y v.p.* 1 encantar, seducir, fascinar, atraer. 2 maravillarse, fascinarse.
encanto *s.m.* encanto, hechizo encantamiento, sortilegio.
encapar *v.t.* encapar, cubrir con capa, revestir, envolver.
encaracolado *adj.* ensortijado, encaracolado, rizado.
encarar *v.t.* encarar, encarar, afrontar.
encarcerar *v.t.* encarcelar, poner preso.

encardido *adj.* sucio, manchado.
encardir *v.t. y v.i.* 1 enmugrecer, ensuciar, manchar. 2 impregnarse de suciedad.
encarecer *v.t. y v.p.* 1 encarecer, aumentar el precio de. 2 recomendar con empeño. 3 hacerse rogar.
encarecimento *s.m.* 1 encarecimiento, carestía. 2 empeño, ahínco.
encarregado *adj.* encargado, responsable, delegado.
encarregado *s.m.* encargado, responsable, delegado.
encarregar *v.t. y v.p.* 1 encargar, comisionar, facultar, apoderar, incumbir. 2 ocuparse, hacerse cargo.
encasquetar *v.t. y v.p.* 1 encasquetar, persuadir, meter en la cabeza. 2 obstinarse en creer en algo.
encefálico *adj.* encefálico.
encéfalo *s.m.* encéfalo, parte del sistema nervioso.
enceguecer *v.i.* cegar, deslumbrar.
encenação *s.f.* 1 (tea.) representación, escenificación. 2 (fig.) simulacro, escena.
enceradeira *s.f.* enceradora.
encerado *adj.* encerado, cubierto de cera, lustrado.
encerado *s.m.* capa, lienzo, hule.
encerar *v.t.* encerar, cubrir con cera.
encerramento *s.m* 1 cierre, remate, conclusión. 2 clausura (de un acontecimiento organizado).
encerrar *v.t. y v.p.* 1 encerrar, contener. 2 encerrar, enjaular. 3 concluir, terminar. 4 clausurarse, encerrarse.
encestar *v.t.* (desp.) encestar, meter en cesto, marcar punto (baloncesto).
encharcar *v.t. y v.p.* 1 encharcar, ensopar, empapar, impregnar. 2 mojarse mucho.
enchente *s.f.* 1 inundación, llena. 2 (fig.) gran flujo de gente.

encher *v.t. y v.p.* 1 llenar(se), abarrotar(se), saciar(se). 2 *v. p.* saciarse. 3 llenar(se), completar(se). 4 molestar, fastidiar, jorobar.
encher o saco/a paciência, molestar, jorobar, fastidiar, hinchar las pelotas.
enchimento *s.m.* relleno.
enciclopédia *s.f.* enciclopedia.
encilhar *v.t.* ensillar, aparejar el caballo.
enciumar *v.t.* ponerse celoso.
enclausurar *v.t.* enclaustrar, meter en clausura.
encoberto *adj.* encubierto, oculto, disimulado, disfrazado, incógnito.
encobrir *v.t. y v.p.* 1 cubrir, encubrir, disimular, disfrazar, revestir, velar. 2 nublarse (el cielo).
encolerizado *adj.* rabioso, encolerizado.
encolerizar *v.t. y v.p.* 1 encolerizar, exasperar, irritar. 2 exasperarse, irritarse.
encolher *v.t.* encoger, menguar, decrecer, reducir.
encolhido *adj.* encogido, acortado, tímido, apocado.
encolhimento *s.m.* encogimiento, acortamiento, achicamiento.
encomenda *s.f.* 1 encomienda, pedido, encargo, incumbencia. 2 (pl.) compras.
encomendar *v.t. y v.p.* 1 encargar, ordenar, encomendar. 2 (rel) encomendar, rezar por el alma de alguien. 3 encomendarse.
encontrado *adj.* 1 encontrado. 2 opuesto, contrário, combatido.
encontrar *v.t. y v.p.* 1 encontrar, hallar, topar, descubrir. 2 hallar, hallarse, encontrarse.
encontro *s.m.* 1 encuentro. 2 choque, disputa.
encosta *s.f.* pendiente, cuesta, loma, vertiente, ladera.
encostar *v.t. y v.p.* 1 arrimar, apoyar. 2 acercar. 3 rozar, tocar. 4 cerrar (la puerta, la ventana). 5 inutilizar. 6 apoyarse, sostenerse. 7 huir del trabajo, ser haragán.

encosto *s.m.* 1 (resp.) vado, anclado. 2 empotrado, embutido. 3 que creció hacia adentro (piel, uña).
encravar *v.t.* incrustar, asegurar, fijar.
encrenca *s.f.* 1 desorden, lío, intriga, enredo. 2 (pop.) embrollo, embarazo.
encrencar *v.t. y v.p.* 1 dificultar, estorbar, obstaculizar, enredar. 2 complicarse, descomponerse.
encrespar *v.t. y v.p.* 1 erizar, ondular, ensortijar, rizar. 2 erizarse, agitarse.
encruzilhada *s.f.* 1 encrucijada, cruce. 2 (fig.) dilema.
encurralar *v.t. y v.p.* 1 meter el ganado en corral. 2 encorralar, arrinconar. 3 encerrarse.
encurtamento *s.m.* acortamiento, reducción, encogimiento.
encurtar *v.t.* acortar, disminuir, reducir, limitar, abreviar, achicar.
encurvar *v.i.* 1 encorvar, torcer, doblar, arquear. 2 (fig.) doblegar, humillar.
endereçar *v.i.* encaminar, enviar, poner la dirección.
endereço *s.m.* dirección.
endinheirado *adj.* adinerado, pudiente, rico.
endireitar *v.t. y v.i.* 1 enderezar, poner derecho, acertar. 2 andar derecho. 3 *v.p.* corregirse, enmendarse.
endividar *v.t.* 1 adeudar, empeñar, cargar de deudas. 2 *v.p.* contraer deudas.
endócrino *adj.* endocrino, especialista en glándulas.
endocrinologia *s.f.* endocrinología.
endocrinologista *s.m.* endocrinólogo.
endoidar *v.t. y v.i.* 1 enloquecer, volver(se) loco. 2 (fig.) desorientar.
endoidecedor *adj.* enloquecedor, inoportuno, que hace enloquecer.
endoidecer *v.t. y v.i.* 1 volver loco, enloquecer. 2 perder el juicio. 3 (fig.) desorientar.

endurecer v.t. y v.i. 1 endurecer, solidificar, fortalecer, osificar, robustecer. 2 endurecerse.
endurecimento s.m. endurecimiento, solidificación.
ene s.m. nombre de la letra n.
energia s.f. 1 energía, fuerza, vigor, vitalidad, coraje, esfuerzo. 2 electricidad, actividad. 3 (fig.) ánimo.
enérgico adj. enérgico, firme, fuerte, vigoroso, duro, intenso, potente, activo.
energizar v.t. energizar.
energúmeno adj. desorientado, energúmeno.
enervar v.t. y v.i. 1 enervar, irritar, quitar las fuerzas, debilitar. 2 v.p. enervarse.
enésimo adj. enésimo.
enfado s.m. tedio, aburrimiento.
enfadonho adj. fastidioso, molesto.
enfaixar v.t. fajar, vendar.
enfarte s.m. infarto, obstrucción.
ênfase s.f. énfasis, entusiasmo en la expresión.
enfatizar v.t. enfatizar, realzar, destacar, hacer hincapié.
enfear v.t. afear, tornar feo.
enfeitado adj. adornado, ataviado, engalanado, apuesto.
enfeitar v.t. y v.p. 1 adornar, aderezar, decorar, engalanar, ataviar. 2 adornarse.
enfeite s.m. adorno, aderezo, atavío, ornamento.
enfermagem s.f. enfermería.
enfermaria s.f. habitación destinada a los enfermos.
enfermeira s.f. enfermera.
enfermeiro s.m. enfermero.
enfermidade s.f. 1 afección, molestia, enfermedad. 2 (fig.) vicio.
enfermo adj. 1 enfermo, achacoso. 2 anómalo.
enfermo s.m. enfermo, doliente.
enferrujado adj. oxidado, herrumbrado.
enferrujar v.t. y v.i. oxidar(se), herrumbrar.

enfezado adj. 1 pequeño, raquítico. 2 enojado, enfadado, irritado.
enfezar v.i. e v.p. irritar, irritarse.
enfiada s.f. 1 hilera, fila, serie.
enfiar v.t. 1 ensartar, enfilar, poner en serie. 2 meter, introducir. 3 vestir, calzar. 4 enhebrar. *enfiar a linha na agulha*, enhebrar.
enfileirar v.t. y i. 1 poner en fila, alinear. 2 entrar en la fila.
enfim adj. 1 en fin, finalmente. 2 por último, en conclusión.
enfim adv. al fin, en fin, por fin.
enfocar v.t. enfocar, destacar, focar.
enfoque s.m. 1 foco, enfoque. 2 planteamiento de un asunto.
enforcado adj. 1 ahorcado, ajusticiado en la horca. 2 endividado.
enforcamento s.m. ahorcamiento.
enforcar v.t. y v.p. 1 ahorcar, estrangular. 2 (fig.) sacrificarse. 3 ahorcarse.
enfraquecer v.t. y v.p. 1 debilitar, aflojar, marchitar. 2 perder las fuerzas, debilitarse.
enfraquecimento s.m. debilidad, debilitamiento.
enfrentar v.t. enfrentar, encarar, confrontar, hacer frente.
enfurecer v.t. y v.p. 1 enfurecer, encolerizar, irritar, poner furioso. 2 enfurecerse, encresparse.
enfurecimento s.m. irritación enfurecimiento, ira, cólera.
engaiolado adj. 1 enjaulado. 2 (fig.) preso, encarcelado.
engaiolar v.t. 1 enjaular. 2 (fig.) encarcelar.
engajado adj. 1 militante. 2 contratado. 2 (fig.) comprometido, dedicado.
engajamento s.m. 1 militancia. 2 contratación. 3 compromiso, dedicación.
engajar v.t. 1 contratar trabajadores. 2 comprometerse, dedicarse.

engalanar *v.t.* engalanar, ornamentar, ataviar, adornar.
enganador *adj.* embustero, estafador, tramposo, embaucador; aquél que engaña.
enganar *v.t. y v.p.* 1 engañar, ilusionar, mentir. 2 engañar, defraudar, traicionar. 3 trampear, confundir. 4 equivocarse, cometer un error.
enganchado *adj.* enganchado.
enganchar *v.t. y v.p.* 1 enganchar. 2 enlazarse.
engano *s.m.* 1 equivocación, error, engaño. 2 traición, fraude.
enganoso *adj.* engañoso, ilusorio, falso.
engarrafado *adj.* 1 embotellado, envasado. 2 (fig.) atascado, embotellado (el tránsito o tráfico de vehículos).
engarrafamento *s.m.* 1 embotellamiento, envasado de líquidos. 2 atasco, embotellamiento (tránsito).
engarrafar *v.t.* 1 embotellar, envasar, enfrascar. 2 (fig.) atascar, embotellar (el tránsito).
engasgar *v.t. y v.p.* 1 atragantar, ahogar, sofocar, atorar. 2 (fig.) turbarse. 3 atragantarse, atorarse.
engasgo *s.m.* ahogo, sofoco, asfixia.
engatar *v.t.* 1 embragar, meter el cambio (de un vehículo). 2 acoplar, enganchar.
engate *s.m.* enganche, acoplamiento.
engatilhar *v.t.* 1 engatillar (arma de fuego). 2 (fig.) prepararse con una sonrisa o respuesta para un fin, teniendo en mente un objetivo.
engatinhar *v.i.* 1 gatear. 2 (fig.) principiar, empezar.
engavetamento *s.m.* choque de varios coches, en el cual uno queda encajado en el otro.
engavetar *v.t.* 1 encajonar. 2 causar un choque de varios vehículos.
engendrar *v.t.* 1 engendrar, generar. 2 idear, producir.
engenharia *s.f.* ingeniería.
engenheiro *s.m.* ingeniero.

engenho *s.m.* 1 ingenio, perspicacia, habilidad. 2 industria, molino. 3 máquina, artefacto. 4 molienda de caña de azúcar.
engessar *v.t.* enyesar, cubrir con yeso.
englobar *v.t.* aglomerar, reunir, juntar, dar forma de globo.
engolir *v.t.* 1 tragar, pasarse el alimento. 2 devorar. 3 tragarse (algo), creer. 4 (fig.) soportar, aguantar. *engolir sapo*, aceptar algo sin protestar.
engomar *v.t.* 1 almidonar. 2 planchar con almidón.
engorda *s.f.* engorde.
engordar *v.t. y v.i.* engordar, cebar, nutrir.
engordurar *v.t.* engrasarse, ensuciarse, mancharse con grasa.
engraçado *adj.* gracioso, jocoso, chistoso.
engraçar *v.t. y v.i.* 1 dar gracia, realizar. 2 simpatizarse, hacerse agradable.
engradar *v.t.* enrejar, cercar con rejas.
engrandecer *v.t. y v.p.* 1 engrandecer, aumentar, realzar. 2 elevarse, engrandecerse.
engrandecimento *s.m.* crecimiento, elevación, engrandecimiento, amplificación.
engravatar-se *v.p.* ponerse corbata.
engravidar *v.t. y v.i.* 1 preñar, embarazar. 2 quedar encinta, preñada, embarazada, (vulg.) preñada.
engraxar *v.t.* 1 embetunar, bolear, abrillantar el calzado. 2 engrasar, lubricar. 3 (fig.) adular. 4 (vulg.) sobornar.
engraxate *s.m.* limpiabotas, lustrabotas.
engrenagem *s.f.* engranaje.
engrenar *v.t.* engranar, embragar.
engrossar *v.t. y v.i.* 1 espesar, engrosar, abultar, engordar, enriquecer. 2 irritarse, ponerse violento.
engrupir *v.t.* engañar, embaucar, hacer trampa.
enguia *s.f.* (zool.) anguila (pez de agua dulce).
enigma *s.m.* enigma, misterio, acertijo, adivinanza.

enjaular v.t. enjaular, meter en jaula.
enjoado adj. 1 mareado, que siente náuseas. 2 (fig.) cansado de algo, harto. 3 antipático, melindroso, aburrido.
enjoar v.t. y v.i. 1 marear(se), dar náuseas. 2 cansarse, hartarse. 3 (fig.) aburrirse.
enjoativo adj. 1 nauseabundo, repugnante. 2 que marea, que da náuseas. 3 agotador, que harta, aburrido.
enjoo s.m. 1 mareo. 2 náusea. 3 asco. 4 tedio, aburrimiento.
enlaçar v.t. 1 enlazar, atar, ceñir. 2 conciliar. 3 unirse.
enlace s.m. 1 enlace, conexión, encadenamiento, conexión. 2 matrimonio.
enlatar v.t. enlatar, envasar enlatas.
enlouquecer v.t. y v.i. enloquecer, perder la razón; volverse loco.
enlutar v.t. 1 enlutar, vestirse de luto. 2 afligir, entristecer.
enobrecedor adj. ennoblecedor, que ennoblece.
enobrecer v.t. 1 ennoblecer, hacer noble. 2 honrar, ilustrar, dignificar.
enobrecimento s.m. ennoblecimiento.
enojado adj. mareado.
enojar v.t. y v.i. sentir náuseas, marearse. Não confundir com "enojarse", ficar bravo.
enorme adj. enorme, descomunal, colosal, desmedido, excesivo.
enormidade s.f. enormidad, exceso, atrocidad, exceso.
enquadrado adj. encasillado, encuadrado.
enquadrar v.t. 1 enmarcar, poner marco. 2 encasillar, circunscribir. 3 incriminar (judicialmente).
enquanto conj. mientras, al paso que. *enquanto isso*, mientras tanto. *enquanto que*, al paso que. *por enquanto*, por ahora, por lo pronto.
enquete s.f. encuesta.

enraizar v.t. y v. i. 1 arraigar, echar raíces. 2 enraizar, fijar.
enrascada s.f. lío, maraña, enredo.
enredado adj. enmarañado, embrollado, mezclado.
enredar v.t. 1 enmarañar, enzarzar, enredar. 2 v.p. enredarse.
enredo s.m. 1 enredo, lío. 2 (lit) guión, trama, argumento.
enriquecer v.t. y v.i. 1 enriquecer, hacer rico. 2 volverse rico. 3 (fig.) mejorar, desarrollarse.
enriquecimento s.m. enriquecimiento.
enrolado adj. 1 enrollado, en forma de rollo. 2 confuso, ininteligible.
enrolar v.t. y v.p. 1 arrollar, enrollar, roscar, envolver, empaquetar. 2 rebobinar (una cinta, una película). 3 rizar (el pelo). 4 enredarse, enmarañarse. 5 (fam.) intrigar, mentir, engañar.
enroscar v.t. 1 enroscar. 2 atascar. 3 v.p. engancharse, enredarse.
enrouquecer v.t. y v.i. enronquecer, quedarse afónico.
enrubescer v.t. sonrojar, enrojecer.
enrubescimento s.m. rubor, enrojecimiento, sonrojo.
enrugado adj. arrugado.
enrugar v.t. y v.p. 1 arrugar. 2 arrugarse.
enrustido adj. 1 introvertido, tímido. 2 (Bras.) (pop.) individuo que no se asume publicamente.
ensaboar v.t. y v.p. 1 enjabonar(se), jabonar(se), lavar(se) con jabón.
ensaiar v.t. ensayar, entrenar.
ensaio s.m. 1 ensayo, entrenamiento. 2 ensayo, experimento. 3 ensayo, intento.
ensaísta s. ensayista.
ensandecer v.t y i. ensandecer, enloquecer.
ensanguentar v.t. y v.p. 1 ensangrentar, manchar con sangre. 2 mancharse de sangre.

enseada

enseada *s.f.* ensenada, bahía, puerto pequeño.
ensebar *v.t.* 1 ensebar, untar con sebo. 2 ensuciar algo de tanto usarlo.
ensinamento *s.m.* 1 enseñanza, doctrina. 2 ejemplo. 3 precepto, lección.
ensinar *v.t. y v.i.* 1 enseñar, instruir, adoctrinar. 2 enseñar, impartir clases. 3 entrenar, adiestrar. 4 (fig.) castigar, dar una lección.
ensino *s.m.* enseñanza, instrucción.
ensolarado *adj.* soleado.
ensopado *adj.* mojado, empapado.
ensopado *s.m.* estofado, guisado con sopas.
ensopar *v.t.* 1 embeber, empapar, remojar. 2 guisar, ensopar, preparar.
ensurdecedor *adj.* ensordecedor, atronador.
ensurdecer *v.t. y v.i.* 1 ensordecer, causar sordera. 2 volverse sordo.
entabuar *v.t.* 1 entablar, cubrir con tablas. 2 entarimar, forrar. 3 entablar un diálogo.
entabular *v.t. y v.p.* entablar, empezar, comenzar.
entalar *v.t. y v.p.* 1 atollarse, atascarse. 2 (fig.) embarazar, meter en dificultad.
entanto *adv.* en tanto, mientras. *no entanto*, mientras tanto; sin embargo, no obstante.
então *adv.* 1 entonces, en ese/aquel tiempo. 2 entonces, en tal caso, en vista de eso. 3 o sea, quiere decir que. *até então*, hasta entonces. *e então?* ¿y bien?
então *interj.* sirve para llamar la atención o para animar.
entardecer *v.i.* 1 atardecer. 2 hacerse tarde.
ente *s.m.* 1 ser, ente. 2 persona. 3 entidad.
enteado *s.m.* hijastro.
entediado *adj.* aburrido.
entediar *v.t.* aburrir(se), causar tedio.
entender *v.t.* entender, comprender, juzgar, conocer, interpretar, deducir.
entendido *adj. e s.m.* 1 entendido, experto, letrado, versado. 2 (col.) homosexual.

entendimento *s.m.* 1 entendimiento, comprensión. 2 entendimiento, acuerdo, convenio. 3 conocimiento.
enternecer *v.t. y v.i.* 1 enternecer, sensibilizar, conmover. 2 *v.p.* compadecerse.
enterrar *v.t. y v.p.* 1 enterrar, sepultar, poner bajo tierra. 2 olvidar. 3 clavar, hincar. 4 atollar. 5 (fig.) arruinarse, hundirse. 6 aislarse.
enterro *s.m.* entierro, sepultamiento, exequias, inhumación.
entidade *s.f.* (fil) 1 entidad, ser, esencia. 2 entidad, empresa, asociación.
entoar *v.t.* entonar, cantar.
entornar *v.t. y v.i.* 1 volcar, derramar(se). 2 (pop.) emborracharse. 3 *v.p.* volcarse.
entorno *s.m.* alrededores.
entorpecente *adj.* narcótico.
entorpecente *s.m.* estupefaciente, droga, narcótico.
entorpecer *v.t. y v.i.* 1 narcotizar, adormecer, entorpecer. 2 desvigorar, debilitar. 3 (fig.) embrutecer, retardar.
entortar *v.t. y v.i.* 1 torcer. 2 torcerse, desviarse. 3 (fig.) perderse, descarriarse.
entrada *s.f.* 1 entrada, local de acceso. 2 entrada, billete para cine, teatro, show. 3 admisión. 4 platos de entrada, entremeses. 5 (com.) haber. 6 cuota inicial de un pago, adelanto. 7 entrada, calvicie frontal. 8 tipo de expedición colonizadora.
entra e sai *s.m.* ir y venir.
entranha *s.f.* entraña, víscera.
entranhas *s.f.* (pl.) 1 las vísceras, el vientre. 2 (fig.) lo más hondo.
entrar *v.i. y v.p.* 1 entrar, pasar adelante, desembocar. 2 adentrarse, introducirse, penetrar. 3 entrar, ingresar. *entrar em acordo*, ponerse de acuerdo. *entre!* ¡Pase adelante!
entravar *v.t.* impedir, obstaculizar, estorbar.
entrave *s.m.* impedimento, obstáculo, estorbo.

enunciação

entre *prep.* entre.
entreaberto *adj.* entreabierto.
entreabrir *v.t y i.* entreabrir, abrir un poco.
entreato *s.m.* entreacto, intermedio, entremés; tiempo durante el cual queda interrumpido un espectáculo.
entrecortado *adj.* entrecortado, dividido.
entrecortar *v.t.* 1 entrecortar. 2 (fig.) interrumpir(se).
entrecruzar *v.t. y v.p.* 1 entrecruzar, entrelazar. 2 entrecruzarse.
entrega *s.f.* 1 entrega. 2 (fig.) rendición. 3 (fig.) delación, traición.
entregador *s.m.* repartidor, distribuidor, mensajero, aquél que entrega mercancías a domicilio.
entregar *v.t. y v.p.* 1 entregar, dar, suministrar, dar. 2 entregar, conceder. 3 traicionar, delatar, soplar. 4 entregar, confiar. 5 rendirse. 6 entregarse, dedicarse. 7 (fam.) aflojar.
entregue *adj.* 1 entregado. 2 dedicado.
entrelaçado *adj.* entrelazado, enmarañado, enredado.
entrelaçamento *s.m.* entrelazamiento, enlace.
entrelaçar *v.t. y v.i.* entrelazar, enmaañar, enredar.
entrelinha *s.f.* interlineado, espacio entre dos renglones. *ler nas entrelinhas*, leer entre líneas.
entrelinhar *v.t.* interlinear, espaciar, entrerrenglonar.
entremear *v.t.* intercalar, alternar, insertar, entremediar.
entressafra *s.f.* período entre dos cosechas.
entretanto *conj.* 1 sin embargo, no obstante, pero. 2 mientras, mientras tanto.
entretecer *v.t.* entretejer, tejer, urdir.
entretenimento *s.m.* pasatiempo, entretenimiento, diversión.
entreter *v.t. y v.p.* 1 entretener(se), distraer(se). 2 retener, retardar, demorarse. 3 (fig.) divertir(se), recrear(se).
entrever *v.t.* entrever, divisar, vislumbrar, ver confusamente.
entrevero *s.m.* entrevero, mezcla de tropas que pelean.
entrevista *s.f.* 1 entrevista, (el) reportaje. 2 cita.
entrevistador *adj.* entrevistador.
entrevistar *v.t.* entrevistar, tener audiencia, reunión o cita con.
entrincheirar *v.t. e v.p.* 1 atrincherarse, parapetarse. 2 fortificar con trincheras.
entristecer *v.p. y v.t.* 1 entristecer, afligir, acongojar, angustiar. 2 marchitarse, enlutarse. 3 (fig.) ensombrecer.
entrosamento *s.m.* adaptación, integración.
entrosar *v.t. y v.i.* 1 encajar, engranar. 2 *v.p.* integrarse, adaptarse con armonía.
entulho *s.m.* escombro, desecho, derribo, ripio.
entupido *adj.* 1 obstruído, tapado, atascado. 2 atiborrado.
entupir *v.t. y v.p.* 1 tapar, obstruir, atascar (las cañerías). 2 atiborrarse, hartarse.
entusiasmado *adj.* entusiasmado, animado, vehemente.
entusiasmar *v.t. y v.p.* 1 entusiasmar(se), animar(se), encantar(se), apasionar(se). 2 *v.p.* avivarse.
entusiasmo *s.m.* entusiasmo, animación, pasión, admiración.
entusiasta *adj.* entusiasta, apasionado, admirador, fanático.
enumeração *s.f.* enumeración.
enumerar *v.t.* 1 enumerar, numerar. 2 mencionar, enunciar, especificar.
enunciação *s.f.* enunciación, tesis, proposición, aserción.

enunciado

enunciado *s.m.* 1 enunciado, tesis o proposición a demostrar. 2 mención, exposición. 3 (gram.) oración.
enunciar *v.t. y v.p.* 1 enunciar, exponer, decir, definir. 2 manifestarse.
envaidecer *v.t.* 1 volverse vanidoso, presuntuoso, engreído. 2 dárselas de lo que no es.
envasilhar *v.t.* envasar.
envelhecer *v.i.* envejecer, avejentar.
envelhecido *adj.* envejecido, viejo.
envelhecimento envejecimiento, vejez.
envelopar *v.t.* colocar dentro de un sobre (una carta, un documento).
envelope *s.m.* sobre (de carta). *envelope lacrado*, plica.
envenenamento *s.m.* envenenamiento, intoxicación.
envenenar *v.t. y v.p.* 1 envenenar, intoxicar, empozoñar. 2 tomar veneno. 3 (fig.) pervertir.
enverdecer *v.t. y v.i.* 1 volverse o ponerse verde. 2 rejuvenecer.
enveredar *v.t.* encaminar(se), tomar un rumbo.
envergadura *s.f.* 1 envergadura, distancia entre las puntas de las alas de un ave. 2 envergadura, aptitud, capacidad. 3 envergadura, importancia, peso.
envergar *v.t.* arquear, curvarse, encorvar.
envergonhado *adj.* avergonzado, humillado, abochornado.
envergonhar *v.t. y v.p.* 1 avergonzar, humillar, confundir, abochornar. 2 avergonzarse. 3 (fig.) afrentarse.
envernizar *v.t.* barnizar, lacar, laquear.
enviado *adj.* enviado, mandado, expedido.
enviado *s.m.* enviado, mensajero.
enviar *v.t.* enviar, expedir, remitir, lanzar.
envidraçar *v.t. y v.p.* 1 vidriar, vitrificar, ponerse vidrioso. 2 ofuscarse.
enviesado *adj.* torcido, sesgado, oblicuo.

envio *s.m.* envío, remesa, expedición.
enviuvar *v.t. y v.i.* enviudar.
envolto *adj.* envuelto, empaquetado, empacado.
envoltório *s.m.* envoltorio, paquete, envoltura, involucro.
envolvente *adj.* 1 seductor, encantador, cautivador. 2 que envuelve, que ciñe.
envolver *v.t. e v.p.* 1 envolver, involucrar, arrollar, enredar, fajar, contener, intrigar, implicar. 2 entrometerse.
envolvimento *s.m.* involucración, implicación, connivencia, complicidad.
enxada *s.f.* azadón, azada.
enxadrista *s.m.* ajedrecista.
enxaguar *v.t.* enjuagar, aclarar, lavar en segunda agua.
enxague *s.m.* enjuague.
enxame *s.m.* enjambre.
enxaqueca *s.f.* (med.) jaqueca, cefalalgia, migraña, cefalea.
enxergar *v.t.* ver, divisar.
enxerido *adj. e s.m.* entrometido, metido, metiche.
enxertar *v.t.* 1 injertar, hacer injertos en. 2 (fig.) injerir.
enxerto *s.m.* injerto.
enxofrar *v.t.* 1 azufrar, sulfatar. 2 (fig.) enojarse, enfadarse.
enxofre *s.m.* (quím.) azufre.
enxotar *v.t.* ahuyentar, espantar, expulsar, echar con empujones.
enxoval *s.m.* ajuar, equipo, enseres.
enxugar *v.t. y v.p.* 1 secar, enjugar. 2 limpiar, eliminar. 3 cortar, achicar, reducir (los gastos). 4 (fig.) acortar (un texto). 5 secarse.
enxurrada *s.f.* crecida, gran cantidad de agua.
enxuto *adj.* 1 enjuto, seco. 2 ni gordo ni delgado, que está en la línea.
enzima *s.f.* (quím.) enzima, fermento.

eólico *adj.* eólico, relativo al viento.
epa *inter.* ¡epa!
epicentro *s.m.* (geo.) epicentro (punto de la tierra alcanzado por la máxima intensidad de un sismo).
épico *adj.* épico, heroico, legendario.
epidemia *s.f.* epidemia.
epiderme *s.f.* epidermis.
epifania *s.f.* epifanía.
epiglote *s.f.* epiglotis.
epígrafe *s.f.* epígrafe, leyenda, inscripción, título.
epilepsia *s.f.* epilepsia.
epilético *adj.* epiléptico.
epílogo *s.m.* epílogo, resumen, compendio, síntesis.
episcopal *adj.* episcopal, relativo o perteneciente al obispo.
episódio *s.m.* episódio, incidente, evento.
epitáfio *s.m.* epitafio, dedicatoria.
época *s.f.* época, período, era, tiempo, temporada.
epopeia *s.f.* epopeya (poema narrativo).
equação *s.f.* (mat.) ecuación, expresión de igualdad entre dos cantidades.
Equador *s.m.* Ecuador.
equânime *adj.* ecuánime, equitativo.
equanimidade *s.f.* ecuanimidad, equidad.
equatorial *adj.* ecuatorial.
equestre *adj.* ecuestre, relativo al caballo o a la equitación.
equidade *s.f.* equidad, igualdad.
equidistância *s.f.* equidistancia.
equilátero *s.m.* equilátero.
equilibrado *adj.* equilibrado, ecuánime, ponderado.
equilibrar *v.t. y v.p.* equilibrar(se), igualar.
equilíbrio *s.m.* 1 equilibrio, igualdad. 2 (fig.) ponderación.
equilibrista *s.m. e f.* equilibrista, malabarista, trapecista.

equipamento *s.m.* equipo, equipamiento, material.
equipar *v.t.* equipar, armar, suministrar, proveer.
equiparação *s.f.* equiparación, acción y efecto de equiparar.
equiparar *v.t. e v.p.* equiparar(se).
equipe *s.f.* 1 equipo, personal, grupo, conjunto. 2 indumentaria, instrumental.
equitação *s.f.* (desp.) equitación.
equivalência *s.f.* equivalencia, igualdad de valor.
equivalente *adj.* equivalente, correspondiente, semejante.
equivaler *v.t.* equivaler, dar el mismo valor, corresponder.
equivocado *adj.* equivocado, engañado, erróneo.
equivocar *v.t. y v.p.* 1 equivocar, errar, confundir. 2 engañarse, equivocarse.
equívoco *s.m.* error, equívoco.
era *s.f.* era, época, período.
ereção *s.f.* erección, rigidez, edificación.
eremita *s.m.* ermitaño, eremita.
erétil *adj.* eréctil.
ereto *adj.* erecto, derecho, levantado, rígido.
ergometria *s.f.* ergometría.
erguer *v.t. y v.p.* 1 erguir, erigir, edificar, construir. 2 alzar, levantar. 3 levantarse, ponerse de pie.
ermitão *s.m.* ermitaño, eremita.
ermo *adj.* inhabitado, incultivado, desierto.
ermo *s.m.* yermo.
erodir *v.t.* erosionar, desgastar, corroer.
erosão *s.f.* erosión, desgaste, corrosión.
erótico *adj.* erótico, lascivo, sensual, libidinoso.
errado *adj.* equivocado, inadecuado, incorrecto.
errante *adj.* errante, vagabundo.
errar *v.t. y v.i.* 1 equivocarse, cometer error. 2 fallar. 3 vagabundear, deambular.

erradicar v.t. erradicar, arrancar de raíz, desarraigar.
errata s.f. fe de erratas.
erre s.m. nombre de la letra r.
erro s.m. error, engaño, equivocación, desvío.
errôneo adj. erróneo, falso.
erudição s.f. erudición, sabiduría, instrucción.
erudito adj. erudito, sabio, instruido, culto.
erupção s.f. erupción.
erva s.f. (bot.) yerba, hierba. *erva daninha*, mala hierba. *erva-cidreira*, toronjil.
erva-doce s.f. hinojo.
erva-mate s.f. mate, yerba.
ervilha s.f. arveja, guisante.
esbaforido adj. jadeante, sofocado, exhausto.
esbaforir v.t. jadear, resollar, sofocarse.
esbanjar v.t. y v.i. malgastar, despilfarrar, desperdiciar, derrochar.
esbarrão s.m. encontronazo, empujón.
esbarrar v.t. 1 tropezar, codearse, chocarse. 2 encontrarse por casualidad.
esbarro s.m. tropiezo, choque, tropezón.
esbelto adj. elegante, esbelto.
esboçar v.t. esbozar, trazar, bosquejar.
esboço s.m. esbozo, bosquejo, croquis, boceto, borrador.
esbofetear v.t. cachetear, abofetear.
esbórnia s.f. orgía, bacanal, jolgorio.
esborrachar v.t. y v.p. 1 estrellar, aplastar. 2 reventarse, estrellarse.
esbranquiçado adj. blanquecino, albino, blancuzco.
esbravejar v.i. embravecerse, irritarse, vociferar, rugir, bramar.
esbugalhar v.t. abrir mucho los ojos.
esburacar v.t. y v.i. 1 agujerear, llenar de agujeros. 2 v.p. romperse.
escabroso adj. 1 escabroso. 2 (fig.) indecoroso, indecente, inmoral.

escada s.f. escalera. *escada rolante*, escalera eléctrica/mecánica.
escadaria s.f. escalinata, escalera grande.
escafeder-se v.p. escabullirse, esfumarse.
escala s.f. 1 escala, graduación. 2 escala, parada. 3 (fig.) escala, categoría, escalafón. 4 (mús.) escala.
escalada s.f. escalada, subida.
escalão s.m. 1 escalón, peldaño, grada. 2 nivel jerárquico.
escalar v.t. escalar, subir, trepar.
escaldado adj. escaldado, bañado en agua caliente.
escaldar v.t. 1 escaldar, bañar en agua caliente. 2 v.p. quemarse, escaldarse.
escalonar v.t. 1 escalonar, disponer en escalones. 2 distribuir, agrupar. 3 escalar.
escalpelar v.t. arrancar el cuero cabelludo.
escama s.f. escama.
escancarado adj. 1 abierto de par en par. 2 claro, patente.
escancarar v.t. abrir de par en par.
escandalizar v.t. y v.p. escandalizar(se), indignarse.
escândalo s.m. escándalo, indignación, dasacato, alboroto, asombro.
escandaloso adj. escandaloso, indecoroso, vergonzoso, inmoral.
escandinavo adj. escandinavo.
escanear v.t. (inf.) escanear.
escaninho s.m. casillero.
escanteio s.m. (desp.) saque de esquina, córner.
escapada s.f. 1 fuga, huida, escapada, salida. 2 breve ausencia.
escapamento s.m. (mec.) escape, caño de escape.
escapar v.t. y v.i. 1 escapar, huir. 2 escapar, librarse, esquivar. 3 v.p. escabullirse, fugarse. 4 no estar al alcance.
escapatória s.f. escapatoria, disculpa, excusa.

escape *s.m.* escape, evasión, fuga.
escapulir *v.t.* e *v.p.* huir, escaparse, escabullirse.
escaramuça *s.f.* (mil.) 1 escaramuza, pelea, combate ligero. 2 (fig.) conflicto.
escarmentar *v.t. y v.p.* 1 escarmentar, castigar, corregir, reprender. 2 enmendarse.
escárnio *s.m.* escarnio, humillación, afrenta.
escarola *s.f.* (bot.) achicoria, escarola.
escarrar *v.i.* expectorar, escupir, esputar.
escassear *v.t.* escasear, enrarecer, faltar, disminuir.
escassez *s.f.* escasez, falta, insuficiencia.
escasso *adj.* escaso, raro, poco, insuficiente.
escatologia *s.f.* escatología.
escavação *s.f.* excavación.
escavar *v.t.* ahuecar, excavar.
esclarecer *v.t.* aclarar, explicar, dilucidar, esclarecer.
esclarecido *adj.* aclarado, explicado, informado, esclarecido.
esclarecimento *s.m.* aclaración, explicación, esclarecimiento.
esclerosar *v.t.* anquilosar, inmovilizar, atrofiar.
esclerose *s.f.* (med.) esclerosis.
escoamento *s.m.* 1 escurrimiento. 2 flujo, salida.
escoar *v.t. y v.p.* 1 escurrir(se). 2 transcurrir. 3 filtrarse, derramarse.
escocês *adj. e s.* escocés.
escola *s.f.* 1 escuela, liceo, colegio, facultad. 2 (filos) doctrina. 2 (liter) estilo, sistema.
escolar *adj.* escolar.
escolar *s.* estudiante.
escolaridade *s.f.* escolaridad.
escolástica *s.f.* escolástica, doctrina filosófica.
escolha *s.f.* 1 lección, selección, opción, preferencia. 2 alternativa.
escolher *v.t.* escoger, seleccionar, elegir, optar, preferir.

escolhido *adj.* escogido, elegido, selecto.
escolta *s.f.* 1 escolta. 2 comitiva, séquito.
escoltar *v.t.* escoltar, acompañar, vigilar, custodiar, conducir.
escombros *s.m.* (pl.) destrozos, escombros.
esconde-esconde *s.m.* escondidillas, escondite (juego infantil).
esconder *v.t.* encubrir, esconder, callar, ocultar, disimular, disfrazar.
esconderijo *s.m.* escondrijo, escondite, refugio.
escondido *adj.* oculto, escondido.
escopeta *s.f.* escopeta (arma de fuego).
escória *s.f.* 1 escoria, residuo metálico. 2 escoria, ralea, calaña.
escorpião *s.m.* 1 escorpión, alacrán. 2 escorpión (signo del zodiaco).
escorraçar *v.t.* expulsar, ahuyentar.
escorredor *s.m.* escurridor, colador. *escorredor de pratos*, escurreplatos.
escorregadela *s.f.* 1 resbalón, caída. 2 desliz, error.
escorregadio *adj.* resbaladizo, resbalozo.
escorregador *s.m.* tobogán, deslizadero.
escorregão *s.m.* resbalón, desliz, patinazo.
escorregar *v.i.* 1 deslizar, resbalarse. 2 (fig.) cometer un desliz.
escorrer *v.t. y v.i.* 1 escurrir. 2 gotear, verter. 3 secar, enjugar. 4 chorrear, gotear.
escoteiro *s.m.* explorador, boy scout.
escova *s.f.* cepillo. *escova de dentes*, cepillo de dientes. *escova de cabelo*, cepillo de pelo. *escova de esfregar*, cepillo de ropa.
escovado *adj.* cepillado.
escovar *v.t. y v.p.* 1 cepillar. 2 limpiarse de polvo.
escravatura *s.f.* esclavitud.
escravidão *s.f.* esclavitud, cautiverio.
escravizar *v.t.* esclavizar.
escravo *s.m.* esclavo.
escrevente *s.* escribiente, copista.

escrever *v.t. y v.p.* 1 escribir, redactar. 2 escribir, enviar carta a. 3 escribir, componer obra literaria. 4 *v.i.* ser escritor. 5 cartearse, escribirse.
escriba *s.* escriba.
escrita *s.f.* escritura, grafía (forma de escribir).
escrito *adj.* escrito, grabado.
escrito *s.m.* carta, documento, misiva, manifiesto.
escritor *s.m.* escritor, autor de libros.
escritório *s.m.* oficina, gabinete, despacho.
escritura *s.f.* 1 escritura, documento, registro. 2 (pl.) libros sagrados.
escrivaninha *s.f.* escritorio (en la oficina), bufete, pupitre (en la escuela).
escrivão *s.m.* 1 escribano, copista, escribiente, amanuense. 2 notario.
escroto *s.m.* (anat.) escroto.
escrúpulo *s.m.* escrúpulo, recelo, temor, meticulosidad, cuidado minucioso.
escrupuloso *adj.* escrupuloso, melindroso, cuidadoso.
escrutar *v.t.* escudriñar, investigar.
escrutínio *s.m.* votación, escrutinio.
escudo *s.m.* 1 escudo (arma y moneda). 2 (fig.) defensa, amparo.
esculachado *adj.* 1 mal vestido, desarreglado, mal hecho, descuidado. 2 desmoralizado.
esculachar *v.t.* desmoralizar, humillar diciendo algo sin diplomacia, regañar, echar una bronca.
esculhambar *v.t.* echar una bronca, regañar, humillar, desmoralizar.
esculpir *v.t.* esculpir, tallar, grabar, cincelar.
escultor *s.m.* escultor.
escultura *s.f.* 1 escultura, arte de esculpir. 2 escultura, obra hecha por un escultor.
escultural *adj.* escultural, modelado, bello, proporcionado.
escumadeira *s.f.* espumadera, rasera.

escuras *s.f.* (pl.) *às escuras*, a oscuras.
escurecer *v.t. y v.i.* 1 oscurecer, obscurecer. 2 ofuscar. 3 anochecer.
escurecimento *s.m.* oscurecimiento.
escuridão *s.f.* oscuridad, opacidad.
escuro *adj.* 1 obscuro, tenebroso, sombrío. 2 (fig.) difícil, obscuro.
escusa *s.f.* excusa, disculpa, dispensa.
escuta *s.f.* escucha, audición. *escuta telefônica*, espionaje telefónico.
escutar *v.t. y v.i.* 1 escuchar. 2 seguir los consejos de alguien. 3 poner atención.
esdrúxulo *adj.* 1 (gram.) esdrújula. 2 extraño, raro.
esfaquear *v.t.* apuñalar, acuchillar.
esfarelar *v.t.* 1 desmenuzar, desmigajar. 2 (fig.) despedazar.
esfarrapado *adj.* androjoso, harapiento, zarrapastroso.
esfarrapar *v.t.* reducir algo a jirones, harapos o andrajos.
esfera *s.f.* esfera, globo.
esférico *adj.* esférico, redondo.
esferográfica *s.f.* bolígrafo, birome.
esfinge *s.f.* esfinge.
esfomeado *adj.* hambriento, muerto de hambre, famélico.
esforçado *adj.* esforzado, animoso, valiente.
esforçar *v.t. y v.p.* 1 dar fuerzas, alentar, animar. 2 empeñarse. 3 (fig.) pugnar.
esforço *s.m.* esfuerzo, aliento, valor, vigor, brío.
esfregão *s.m.* fregador, estropajo, bayeta.
esfregar *v.t. y v.p.* 1 estregar, fregar, restregar. 2 estregarse.
esfriamento *s.m.* enfriamiento.
esfriar *v.t. y v.p.* 1 enfriar. 2 (fig.) desanimarse, enfriarse, perder el interés.
esfumaçar *v.t.* 1 humear. 2 ahumar.
esfumar *v.t. y v.p.* 1 esfumar. 2 desaparecer, esfumarse.

esganação *s.f.* estrangulamiento, sofoco.
esganado *adj.* estrangulado, sofocado, ahorcado.
esganar *v.t.* estrangular, ahorcar, sofocar.
esgarçar *v.t. y v.i.* 1 deshilachar, deshilar, deshacer. 2 deshilarse, abrirse (tejidos).
esgoelar *v.t.* gritar, desgañitarse, chillar.
esgotado *adj.* 1 agotado, exhausto, extenuado. 2 agotado, acabado, consumido.
esgotamento *s.m.* extenuación, agotamiento.
esgotar *v.t. y v.p.* 1 agotar, extenuar. 2 agotar, cansar. 3 agotar, secar. 4 vaciarse, fatigarse.
esgoto *s.m.* cloaca, alcantarilla, desague. *rede de esgoto*, alcantarillado.
esgrima *s.f.* (desp.) esgrima.
esguelha (de) *loc.* de reojo.
esguichar *v.t.* chorrear, salir a borbotones.
esguicho *s.m.* chorro, manguera.
esmagamento *s.m.* aplastamiento, trituración, presión fuerte.
esmagar *v.t.* 1 aplastar, machacar. 2 (fig.) subyugar, oprimir.
esmaltar *v.t.* esmaltar.
esmalte *s.m.* esmalte.
esmeralda *s.f.* esmeralda.
esmerar *v.t. y v.p.* esmerar(se).
esmeril *s.m.* amoladera.
esmero *s.m.* primor, esmero.
esmigalhar *v.t.* desmigajar, desmenuzar, fragmentar, triturar.
esmiuçar *v.t.* 1 desmenuzar, detallar, pormenorizar. 2 examinar, analizar.
esmo *s.m.* cálculo aproximado, estimación.
esmola *s.f.* limosna, óbolo, caridad.
esmorecer *v.t. y v.i.* 1 desalentar, entibiar, desanimar(se). 2 extinguirse, apagarse.
esmurrar *v.t.* abofetear, apalear, dar puñetazos, pegar, golpear.
esnobar *v.i.* pavonearse, exibirse, ostentarse, dárselas de.

esnobe *adj.* snob, encopetado, pedante, presumido.
esnobismo *s.m.* esnobismo, afectación.
esôfago *s.m.* esófago.
esotérico *adj.* esotérico.
esoterismo *s.m.* esoterismo, relativo a las doctrinas esotéricas.
espaçar *v.t.* espaciar, ensanchar, ampliar.
espacejar *v.t.* (edit) espaciar, separar con espacios o regletas.
espacial *adj.* espacial, relativo al espacio.
espaço *s.m.* 1 espacio, área. 2 espacio, intervalo de tiempo. 3 espacio, universo. 4 espacio, distancia entre dos líneas de texto. *barra de espaço*, espaciador. *ir para o espaço*, 1 fracasar. 2 esfumarse.
espaçonave *s.f.* nave espacial.
espaçoso *adj.* amplio, holgado, espacioso.
espada *s.f.* 1 espada (arma blanca). 2 (pl.) naipe de la baraja. 3 (zool.) pez espada. *espada de Dâmocles*, peligro inminente.
espadachim *s.m.* espadachín, esgrimador.
espadas *s.f.* (pl.) espadas (naipes).
espaguete *s.m.* espagueti.
espairecer *v.t. y v.i.* recrearse, divertirse, esparcir, distraer, entrener.
espalhado *adj.* 1 disperso, desparramado, difuso. 2 divulgado.
espalhafato *s.m.* griterío, alharaca, escándalo, alboroto, algazara.
espalhafatoso *adj.* escandaloso, bullanguero.
espalhar *v.t. y v.p.* 1 diseminar, dispersar, esparcir, propagar, difundir, expandir, tender, desparramar. 2 difundirse, esparcirse, esparramarse.
espanador *s.m.* plumero.
espanar *v.t.* desempolvar con el plumero, sacudir el polvo.
espancamento *s.m.* apaleamiento, paliza, apaleo.

espancar v.t. golpear, apalear, pegar, tundir, zurrar.
espanhol adj. español; relativo o natural de España.
espanhol s.m. español (idioma o persona natural de España).
espantadiço adj. asustadizo, espantadizo.
espantado adj. asombrado, pasmado, espantado, estupefacto, maravillado.
espantalho s.m. 1 espantapájaros, espantajo, esperpento, mamarracho. 2 (fig.) persona muy fea.
espantar v.t. e v.p. 1 asustar, ahuyentar, aterrar, atemorizar, pasmar. 2 admirarse.
espanto s.m. susto, espanto, admiración, asombro, extrañeza, sorpresa, perplejidad.
espantoso adj. sorprendente, formidable, despampanante, espantoso.
esparadrapo s.m. esparadrapo.
esparramar v.t. desparramar.
esparso adj. suelto, disperso, diseminado, esparcido.
espartilho s.m. corpiño.
esparzir v.t. derramar, asperjar, asperger.
espasmo s.m. (med.) convulsión, espasmo.
espasmódico adj. espasmódico, relativo al espasmo.
espatifar v.t. e v.p. 1 deshacer, despedazar, hacer añicos, destrozar, romperse. 2 estrellarse.
espátula s.f. espátula.
especial adj. 1 especial, singular, particular, peculiar. 2 (fig.) selecto.
especialidade s.f. especialidad, peculiaridad, particularidad.
especialista s. especialista, experto, perito.
especializar v.t. e v.p. especializar(se).
especialmente adv. especialmente, en especial.
especiaria s.f. especia, aderezo, condimento.
espécie s.f. 1 especie. 2 especie, naturaleza, calaña. uma espécie de, un tipo de, algo como.

especificar v.t. especificar, determinar, particularizar.
específico adj. específico, determinado.
espécime s.m. espécimen, ejemplar, modelo, muestra.
espectador s.m. espectador, observador, testigo.
espectro s.m. espectro, visión, sombra, fantasma.
especulação s.f. 1 especulación, suposición. 2 reflexión. 3 agio, agiotaje.
especulador s.m. especulador, usurero, estafador.
especular v.t. e v.i. 1 especular, escudriñar, investigar. 2 reflexionar, meditar. 3 negociar con especulación, explotar valores.
especulativo adj. especulativo.
espelhar v.t e i. 1 reflejar como un espejo, reflectar. 2 v.p. reflejarse.
espelho s.m. 1 espejo. 2 ejemplo, modelo. 3 tapa o cubierta de enchufe.
espelunca s.f. pocilga, antro, casa inmunda.
espera s.f. 1 espera, expectativa, demora, acecho. 2 emboscada, celada.
esperança s.f. esperanza, confianza.
esperançado adj. esperanzado, confiado, ilusionado.
esperançar v.t. esperanzar(se), animar(se), ilusionar(se).
esperançoso adj. esperanzador, tranquilizador.
esperanto s.m. esperanto.
esperar v.t. 1 esperar, aguardar. 2 esperar, confiar. 3 esperar, suponer. 4 esperar, desear.
esperma s.m. esperma, semen, líquido seminal.
espermatozoide s.m. espermatozoide.
espernear v.i. 1 patalear, agitar las piernas. 2 (fig.) protestar, alegar.
espertalhão adj. e s. astuto, ingenioso, vivo, pícaro, avispado, socarrón.

esperteza *s.f.* viveza, destreza, vivacidad, tino, astucia, sagacidad.
esperto *adj.* 1 despierto, pícaro, astucioso, vivo, perspicaz, listo. 2 (fam.) avispado.
espessar *v.t. y v.p.* 1 espesar, engordar, hacer denso. 2 condensar líquido. 3 hacerse espeso.
espesso *adj.* espeso, compacto, denso, pastoso, viscoso.
espessura *s.f.* espesor, espesura, grosor, densidad.
espetacular *adj.* espectacular, grandioso.
espetáculo *s.m.* espectáculo, diversión, "show".
espetar *v.t. y v.p.* 1 ensartar, atravesar, pinchar. 2 clavarse, pincharse.
espeto *s.m.* asador, espetón, brocheta. *espetinho de aperitivo*, pinchito.
espião *s.m.* espía, agente secreto, soplón.
espiar *v.t.* espionar, observar, espiar, acechar.
espichar *v.t.* estirar, extender.
espiga *s.f.* espiga. *espiga de milho*, mazorca.
espigar *v.t.* crecer, sobresalir, espigar.
espinafre *s.m.* espinaca (planta herbácea).
espingarda *s.f.* espingarda, escopeta (arma de fuego, portátil).
espinha *s.f.* 1 (med.) espina, columna vertebral, espinazo. 2 acné, espinilla, barro.
espinhento *adj.* espinoso.
espinho *s.m.* aguijón, espina, pincho.
espinhoso *adj.* 1 espinoso, que tiene espinas. 2 (fig.) arduo, difícil.
espionagem *s.f.* espionaje; ofício de espías.
espionar *v.t. y v.i.* acechar, espiar, vigilar secretamente; espionar.
espiral *adj. e s.f.* 1 espiral, que tiene forma de caracol. 2 (geo.) línea curva.
espirita *adj.* espiritista, relativo al espiritismo.
espirita *s.* espiritista, que profesa el espiritismo.
espiritismo *s.m.* espiritismo, doctrina de la comunicación con los espíritus de los muertos.
espírito *s.m.* 1 espíritu, alma, fantasma. 2 ánimo, mente, inteligencia. *ter espírito de porco*, ser pícaro, travieso.
espiritual *adj.* espiritual, relativo al espíritu, místico.
espiritualidade *s.f.* espiritualidad.
espiritualizar *v.t.* espiritualizar, sublimar.
espirituoso *adj.* animado.
espirrar *v.t. e v.i.* 1 estornudar. 2 salpicar, chorrear.
espirro *s.m.* 1 estornudo. 2 chorro (líquidos).
esplanada *s.f.* explanada.
esplêndido *adj.* 1 espléndido. 2 espléndido, grandioso, magnífico. 3 (fam.) excelente.
esplendor *s.m.* esplendor, resplandor, fulgor, brillo.
espoleta *s.f.* espoleta.
espólio *s.m.* herencia.
esponja *s.f.* esponja.
esponjoso *adj.* esponjoso, poroso, blando.
espontaneidade *s.f.* espontaneidad, naturalidad, ingenuidad.
espontâneo *adj.* espontáneo, natural, voluntario, abierto.
espora *s.f.* espuela.
esporádico *adj.* esporádico.
esporear *v.t.* aguijonear, espolear, punzar.
esporte *s.m.* deporte.
esportista *adj. e s.* deportista.
esportivo *adj.* deportivo.
esposa *s.f.* esposa, mujer casada, cónyuge.
esposar *v.t.* 1 desposar, unir en matrimonio. 2 *v.p.* casarse. 3 (fig.) defender con interés.
esposo *s.m.* esposo, marido, cónyuge.
espraiar *v.t. y v.p.* 1 esplayar, derramar, extender(se), echar a la playa. 2 divagar sobre un asunto.

espreguiçadeira s.f. tumbona, reposera, hamaca.
espreguiçar v.p. y v.i. estirarse, desperezarse, desentumecerse.
espreita s.f. acecho, vigilancia. *à espreita*, al acecho.
espreitar v.t. acechar, vigilar, espiar.
espremedor s.m. exprimidor.
espremer v.t. e v.p. 1 exprimir, estrujar, extraer el jugo. 2 comprimirse. 3 (fig.) forzar, indagar.
espuma s.f. espuma.
espumadeira s.f. rasera, espumadera.
espumar v.i. 1 espumar, echar o formar espuma. 2 (fig.) enfadarse, enojarse.
espumoso adj. 1 espumoso. 2 tipo de vino.
espúrio adj. ilegítimo, bastardo, ilegal, falso.
esquadra s.f. (mil.) 1 escuadra. 2 armada.
esquadrão s.m. (mil.) 1 escuadrón. 2 bando, multitud.
esquadrilha s.f. (mil.) escuadrilla.
esquadro s.m. 1 escuadra, cartabón. 2 instrumento para trazar ángulos rectos.
esquálido adj. escuálido, sucio, macilento, asqueroso.
esquartejar v.t. descuartizar, dividir en pedazos, despedazar.
esquecer v.t. y v.i. 1 olvidar, no recordar. 2 olvidar, descuidar, despreciar. 3 olvidarse.
esquecido adj. olvidadizo, desmemoriado, despistado.
esquecido s.m. olvidado, abandonado, arrinconado.
esquecimento s.m. 1 olvido. 2 descuido, desprecio. 3 omisión.
esquelético adj. esquelético.
esqueleto s.m. 1 (anat.) esqueleto. 2 estructura, armazón (de un edificio). 3 (pop.) persona muy delgada.
esquema s.f. esquema, plan.
esquemático adj. esquemático, planeado.

esquematizar v.t. y v.i. esquematizar, esbozar, hacer esquema de.
esquentado adj. 1 calentado. 2 (fig.) acalorado. 3 (fig.) preocupado.
esquentar v.t. e v.i. 1 calentar(se). 2 acalorar(se). 3 v.p. calentarse. 4 (fig.) preocuparse.
esquerda s.f. 1 izquierda, siniestra. 2 izquierda, oposición política. *à esquerda*, a la izquierda.
esquerdista adj. izquierdista.
esquerdo adj. 1 izquierdo, siniestro, zurdo, lado izquierdo. 2 (fig.) atravesado.
esqui s.m. esquí.
esquiar v.i. esquiar.
esquilo s.m. ardilla.
esquimó adj. esquimal.
esquimó s.m. esquimal.
esquina s.f. esquina.
esquisitice s.f. excentricidad, rareza, melindre.
esquisito adj. extraño, raro, excéntrico.
esquivar v.t. e v.p. 1 esquivar, eludir, sortear. 2 esquivarse, fugarse.
esquivo adj. 1 esquivo. 2 esquivo, insociable, intratable.
esquizofrenia s.f. (med.) esquizofrenia, demencia precoz, locura.
esquizofrênico adj. esquizofrénico.
esquizofrênico s.m. esquizofrénico.
essa pron.dem. esa.
esse pron.dem. ese.
esse s.m. nombre de la letra *s*.
essência s.f. 1 esencia, naturaleza, ser. 2 esencia, idea principal. 3 esencia, perfume, extracto.
essencial adj. esencial, básico, substancial, fundamental, vital, principal.
esta pron.dem. esta.
estabanado adj. atolondrado, disparatado, alocado.
estabelecer v.t. e v.p. 1 establecer, determinar, fundar, instituir, implantar, instalar, constituir, otorgar. 2 radicarse, instalarse.

estático

estabelecimento *s.m.* 1 establecimiento, industria, instalación. 2 instauración.
estabilidade *s.f.* estabilidad, firmeza, permanencia.
estabilização *s.f.* estabilización.
estabilizar *v.t. y v.p.* 1 estabilizar, fijar. 2 permanecer.
estábulo *s.m.* establo, pesebre, cuadra, caballeriza.
estaca *s.f.* estaca, palo, poste. *voltar à estaca zero*, volver al punto de partida.
estação *s.f.* 1 estación, época, período del año. 2 estación, parada (metro, tren). 3 emisora. *estação rodoviária*, terminal de transportes. *meia-estação*, entretiempo.
estacar *v.i.* estacar, fijar.
estacionamento *s.m.* aparcamiento, estacionamiento, garaje, parqueo.
estacionar *v.t e i.* 1 aparcar, estacionar, parquear. 2 inmobilizar, no progresar.
estadia *s.f.* estancia, permanecia.
estádio *s.m.* (desp.) estadio.
estadista *s.* estadista, hombre o mujer de estado.
estado *s.m.* 1 estado, modo, situación, condición. 2 estado, provincia, división administrativa. 3 estado, gobierno, poder público.
estadual *adj.* provincial, estatal, relativo al estado.
estafa *s.f.* agotamiento, fatiga, cansancio.
estafante *adj.* fatigante, agotador.
estafar *v.t. y v.p.* 1 agotar, cansar, fatigar. 2 extenuarse.
estagiário *s.m.* pasante, practicante, aprendiz.
estágio *s.m.* 1 pasantía, práctica laboral. 2 estadio, período, etapa.
estagnação *s.f.* estancamiento, paralización, anquilosamiento.
estagnar *v.i.* estancar, anquilosar, paralizar, inmovilizar.

estalar *v.t. y v.i.* 1 crujir (los dedos, los dientes), restallar. 2 crepitar (madera). 3 (fig.) estallar, reventar.
estaleiro *s.m.* (mar) astillero.
estalo *s.m.* crujido, crepitación, chasquido, estallido, estampido.
estampa *s.f.* estampa, lámina, viñeta, grabado, figura.
estampado *adj.* estampado, publicado, impreso.
estampar *v.t.* estampar, grabar, imprimir, marcar.
estampido *s.m.* estampido, estallido, detonación.
estancar *v.t y i.* 1 estancar, detener el flujo. 2 pararse, detenerse.
estância *s.f.* 1 estancia, hacienda de ganado. 2 estación de aguas.
estande *s.m.* estand (del inglés "stand").
estanho *s.m.* estaño.
estante *s.f.* repisa, estante. *conjunto de estantes*, estantería.
estapafúrdio *adj.* extravagante, extraño, raro.
estar *v.i.* 1 estar, encontrarse, hallarse. 2 estar, permanecer, quedarse. 3 estar, sentirse (bien, mal). 4 estar, apoyar, estar a favor. 5 estar, hacer. *estar a par*, estar al tanto. *estar de jejum*, estar en ayunas. *estar de prontidão*, estar de sobre aviso. *estar duro*, no tener ni un centavo. *aqui está*, he aquí. *não estar nem aí*, no dar importancia.
estardalhaço *s.m.* escándalo, alboroto, vocerío.
estarrecer *v.t. e v.i.* aterrar, horripilar, horrorizar.
estatal *adj.* estatal, relativo al estado.
estatelado *adj.* derribado, tendido en el suelo.
estática *s.f.* estática.
estático *adj.* estático, inmóvil, parado.

estatística

estatística s.f. estadística.
estatístico adj. estadístico.
estatização s.f. estatalización, nacionalización.
estátua s.f. estatua.
estatura s.f. estatura, talla, altura.
estatuto s.m. estatuto, reglamento, disposición, norma.
estável adj. estable, firme, permanente, consistente.
este 1 pron. dem. este. 2 pron. éste.
este s.m. este, levante, oriente, naciente.
esteira s.f. estera.
estelar adj. estelar, celeste.
estelionatário s.m. estafador, carterista, tramposo.
estelionato s.m. estafa, estelionato, fraude.
estender v.t. y v.p. 1 extender, dilatar, alargar, ampliar, estirar, explayar, prolongar, tender, desdoblar. 2 extenderse, expandirse, ensancharse, dilatarse. 3 acostarse. 4 abarcar.
estenógrafo s.m. taquígrafo.
estepe s.f. (bot.) estepa.
estepe s.m. rueda de repuesto, de recambio.
esterco s.m. estiércol, boñiga, excremento.
estéreo adj. estéreo.
estereotipado adj. estereotipado, repetido, calcado.
estereotipar v.t. estereotipar, fijar.
estéril adj. 1 estéril, improductivo, impotente, infecundo, árido, inútil. 2 estéril, libre de microbios.
esterilidade s.f. esterilidad, infecundidad.
esterilização s.f. 1 esterilización, destrucción, extirpación, inutilización. 2 asepsia, desinfección.
esterilizador adj. esterilizador.
esterilizar v.t. esterilizar, hacer estéril.
estética s.f. estética, ciencia de la belleza y de la teoría fundamental del arte.
esteticista s.f. esteticista.
estético adj. estético, relativo a la estética.

estetoscópio s.m. estetoscopio.
estiagem s.f. sequía, tiempo seco.
esticada s.f. estirón, tirón.
esticar v.t. 1 tirar, tender, extender, alargar. 2 (pop.) morir. *esticar as canelas*, estirar la pata.
estigma s.m. 1 estigma, signo, señal, marca. 2 (fig.) afrenta, señal infamante.
estilete s.m. estilete, pequeño puñal.
estilhaçar v.t. 1 destrozar, astillar, despedazar. 2 v.p. romperse, despedazarse.
estilhaço s.m. astillazo, astilla, lasca, fragmento.
estilingue s.m. tiragomas, tirachinas, tirador.
estilista s. 1 estilista, escritor. 2 estilista, creador de estilos.
estilizar v.t. estilizar, dar forma y estilo a.
estilo s.m. estilo, manera propia de expresarse.
estima s.f. estima, aprecio, afecto, consideración, apreciación.
estimação s.f. estimación, amor, cariño, estima. *animal de estimação*, animal de compañía, mascota.
estimado adj. estimado, apreciado, querido, valioso.
estimar v.t. y v.p. 1 estimar, amar, apreciar, considerar, valorar. 2 evaluar, opinar, calcular. 3 apreciarse, estimarse, tenerse cariño.
estimativa s.f. estimativa, evaluación, apreciación, cálculo.
estimativo adj. estimativo, aproximado.
estimável adj. estimable, adorable.
estimulante adj. excitante, estimulante, que estimula.
estimular v.t. 1 estimular, excitar, acuciar, incitar, aguzar, influir. 2 (fig.) encender, apremiar.
estímulo s.m. estímulo, incentivo, aliciente, acicate, fomento.
estio s.m. verano.
estipulado adj. estipulado, concertado, convenido, ajustado.

estipular *v.t.* estipular, establecer, concertar, convernir.
estirão *s.m.* caminata larga.
estirpe *s.f.* estirpe, linaje, ascendencia, alcurnia.
estivador *s.m.* estibador.
estocada *s.f.* estocada, golpe con el estoque o herida resultante.
estocar *v.t.* almacenar, hacer acopio (stock), aprovisionar.
estofado *adj.* acolchado, tapizado.
estofado *s.m.* sofá o sillón acolchado.
estofador *s.m.* tapicero.
estofamento *s.m.* 1 tapicería de muebles. 2 acolchado, forro.
estofar *v.t.* acolchar, tapizar, guarnecer, recubrir.
estojo *s.m.* estuche, funda.
estola *s.f.* 1 estola, ornamento litúrgico. 2 banda larga de piel para el cuello.
estômago *s.m.* (med.) estómago.
estontear *v.t.* aturdir, atolondrar, entontecer.
estopa *s.f.* estopa, tejido grosero.
estopim *s.m.* pebete, estopín.
estoque *s.m.* 1 acopio, mercancías almacenadas, existencias (stock). 2 almacén, depósito de mercancias.
estornar *v.t.* hacer la rectificación de, pasar de una cuenta a otra.
estorno *s.m.* rectificación de una cuenta.
estorvar *v.t.* estorbar, embarazar.
estorvo *s.m.* estorbo, embarazo, traba, impedimento, obstáculo.
estourar *v.t y i.* 1 reventar una cosa con estruendo. 2 reventar, estallar, explotar. 3 hartarse. 4 (pop.) hacerse daño.
estouro *s.m.* 1 estruendo, explosión, detonación. 2 suceso imprevisto. 3 discusión violenta. 4 regaño, reprimenda, reprensión. *estouro de vendas*, gran éxito de ventas. *um estouro!* ¡fenomenal! ¡Estupendo!

estrábico *adj.* estrábico, que sufre de estrabismo; bizco.
estraçalhar *v.t.* despedazar, destrozar.
estrada *s.f.* carretera, vía, autopista, camino. *estrada de ferro*, ferrocarril. *autoestrada*, autopista.
estrado *s.m.* estrado, tablado, palco. *estrado de madeira*, tarima.
estragado *adj.* 1 estropeado, dañado, descompuesto, averiado. 2 podrido, deteriorado. 3 cariado, picado (un diente). 4 viciado. 5 degenerado.
estragar *v.t. y v.p.* 1 dañar, arruinar, estropear, malear, estropear, averiar. 2 deteriorar, echar a perder. 3 frustrar, fracasar. 4 deteriorarse, estropearse, dañarse.
estrago *s.m.* ruina, deterioro, daño, avería, pérdida.
estrangeiro *adj.* extranjero, forastero, foráneo, extraño.
estrangeiro *s.m.* 1 extranjero, forastero, foráneo, extraño. 2 exterior, fuera del país.
estrangulamento *s.m.* estrangulamiento, estrangulación.
estrangular *v.t.* estrangular, ahorcar.
estranhar *v.i. y v.p.* 1 extrañar, desconocer, admirarse. 2 pelearse, discutir.
estranheza *s.f.* extrañeza, sorpresa, singularidad, novedad.
estranho *adj.* extraño, raro, desusado, desconocido, ajeno, intruso, forastero.
estranho *s.m.* 1 extraño, raro, anormal. 2 extraño, desconocido. 3 extraño, ajeno. 4 extraño, extranjero. *achar (algo) estranho*, parecer raro.
estratagema *s.f.* estratagema.
estratégia *s.f.* estrategia, táctica.
estratégico *adj.* estratégico, importante, decisivo.
estrategista *s.* estratega, perito.

estrato *s.m.* 1 estrato, capa. 2 estrato, clase social.
estratosfera *s.f.* estratosfera.
estrear *v.t.* estrenar, debutar, iniciar, inaugurar.
estreia *s.f.* estreno, inicio, inauguración.
estreitar *v.t y i.* estrechar(se).
estreito *adj.* estrecho, angosto, apretado.
estreito *s.m.* estrecho, canal.
estrela *s.f.* 1 estrella, astro. 2 estrella, actriz principal, protagonista. 3 (fig.) suerte, destino. *estrela cadente*, estrella fugaz.
estrelado *adj.* 1 estrellado, lleno de estrellas o con forma de estrella. 2 huevo frito.
estrelar *v.t.* 1 estrellar, llenar de estrellas. 2 fritar huevos sin revolverlos. 3 trabajar en una película, protagonizar.
estremecer *v.t y i.* estremecer(se), temblar, sacudir, vibrar.
estremecimento *s.m.* estremecimiento, temblor, grima.
estrepar-se *v.p.* (pop.) fregarse, joderse.
estrépito *s.m.* estrépito, estruendo, ruido, alboroto.
estrepitoso *adj.* ruidoso, estruendoso.
estressar *v.t.* estresar(se).
estresse *s.m.* (med.) estrés.
estria *s.f.* estría, surco, hendidura.
estribeira *s.f.* estribo. *perder as estribeiras*, irarse; salir/sacar de las casillas.
estribilho *s.m.* estribillo.
estridente *adj.* estridente, sibilante.
estripar *v.t.* destripar, reventar, estrujar.
estrito *adj.* 1 estricto, riguroso, severo. 2 estricto, limitado.
estrofe *s.f.* estrofa, copla.
estrondo *s.m.* 1 estruendo, fragor, ruido, estrépito, alboroto. 2 (fig.) pompa, alarde.
estrondoso *adj.* 1 estruendoso, ruidoso. 2 (fig.) magnífico, pomposo.
estropiar *v.t.* estropear, lastimar, desfigurar, hacerse daño.

estrume *s.m.* estiércol, excremento, boñiga.
estrutura *s.f.* 1 estructura, armazón. 2 organización, organismo. 3 construcción. 4 estructura, parte fundamental o esencial.
estruturado *adj.* estructurado, organizado.
estruturalismo *s.m.* estructuralismo.
estruturar *v.t.* estructurar, organizar, construir.
estudante *adj.* estudiante, alumno.
estudante *s.* estudiante, alumno.
estudar *v.t.* estudiar, observar, analizar.
estúdio *s.m.* estudio, taller, despacho.
estudioso *adj.* 1 estudioso, aplicado, aprovechado. 2 estudioso, especialista, investigador.
estudo *s.m.* 1 estudio, aprendizaje, instrucción. 2 estudio, análisis. 3 estudio, ensayo. *estudo de viabilidade*, estudio de factibilidad.
estufa *s.f.* 1 calientaplatos, estufa. 2 invernadero.
estufar *v.t. y v.i.* calentar, estufar.
estupefação *s.f.* estupefacción, espanto, asombro.
estupefato *adj.* estupefacto, pasmado, asombrado.
estupidez *s.f.* estupidez, sandez, idiotez, tontería.
estúpido *adj.* estúpido, grosero.
estupor *s.m.* 1 estupor, parálisis, letargo. 2 (fig.) persona muy fea.
estuprar *v.t.* violar, deshonrar, forzar, abusar, violentar.
estupro *s.m.* violación, estupro.
estuque *s.m.* estuco.
esvair-se *v.t.* 1 desaparecer, esfumarse. 2 desmayarse. *esvair-se em lágrimas*, deshacerse en lágrimas. *esvair-se em sangue*, desangrarse.
esvaziamento *s.m.* evacuación.
esvaziar *v.t.* vaciar, descargar, evacuar, desocupar.

esverdeado *adj.* verdoso.
esverdear *v.t. y v.i.* verdear.
esvoaçar *v.i.* aletear, revolotear.
etapa *s.f.* etapa, fase, período.
etário *adj.* relativo a la edad.
etcetera *s.m.* etcétera (etc.).
éter *s.m.* (quím.) éter.
eternidade *s.f.* eternidad, inmortalidad.
eternizar *v.t.* 1 eternizar, perpetuar, inmortalizar. 2 (pop.) eternizarse, prolongarse.
eterno *adj.* eterno, perenne, inmortal, perpetuo.
ética *s.f.* ética.
ético *adj.* ético, relativo a la moral o a la ética.
etílico *adj.* (quím.) etílico, relativo al etilo.
etimologia *s.f.* (gram.) etimología, origen de las palabras.
etíope *adj.* etíope, relativo o habitante de la Etiopía.
etiqueta *s.f.* 1 etiqueta, rótulo. 2 formalismo, ceremonial.
etiquetar *v.t.* rotular, etiquetar, poner etiquetas en.
etnia *s.f.* etnia, raza.
étnico *adj.* étnico, relativo a la etnia.
eu *pron. pes.* 1ª pes. sing. yo.
eu *s.m.* yo, individuo, ser pensante, conciencia.
eucalipto *s.m.* eucalipto.
eucaristia *s.f.* eucaristía.
eufemismo *s.m.* eufemismo.
euforia *s.f.* 1 euforia. 2 (fig.) entusiasmo, exaltación.
eufórico *adj.* eufórico, feliz, que tiene euforia.
eunuco *s.m.* eunuco, hombre castrado.
europeizar *v.t.* europeizar, imponer costumbres europeas en una región.
europeu *adj.* europeo, natural o relativo a Europa.
europeu *s.m.* europeo, natural o relativo a Europa.
eutanásia *s.f.* (med.) eutanasia (muerte por compasión).

evacuação *s.f.* 1 evacuación, retirada. 2 expulsión de materias fecales.
evacuar *v.t. y v.p.* 1 evacuar, vaciar. 2 evacuar, defecar, obrar. 3 quedar vacío.
evadir *v.t. y v.p.* 1 evadir, esquivar, escapar. 2 fugarse, zafarse, huir.
evangelho *s.m.* 1 evangelio. 2 parte leída en la misa.
evangélico *adj.* evangélico.
evangelizar *v.t.* evangelizar, cristianizar.
evaporação *s.f.* evaporación.
evaporar *v.t., v.i. y v.p.* evaporar (se).
evasão *s.f.* evasión, subterfugio.
evasiva *s.f.* evasiva, disculpa, rodeo.
evasivo *adj.* evasivo, esquivo, que sirve para eludir.
evento *s.m.* evento, suceso, acontecimiento.
eventual *adj.* eventual, accidental, ocasional.
eventualidade *s.f.* eventualidad, contingencia, posibilidad, probabilidad.
evidência *s.f.* evidencia, comprobación, certeza.
evidenciar *v.t.* evidenciar, patentizar, demostrar, comprobar, aclarar.
evidente *adj.* evidente, explícito, inequívoco, indudable.
evitar *v.t.* evitar, esquivar, eludir.
evocação *s.f.* evocación, recuerdo.
evocar *v.t.* evocar, invocar, sugerir.
evolução *s.f.* evolución, progreso, marcha, adelanto, transformación.
evoluir *v.i.* evolucionar, transformar, progresar.
evolutivo *adj.* evolutivo, que produce evolución.
exacerbar *v.t.* exacerbar, irritar, enfadar, enojar.
exagerado *adj.* exagerado, excesivo, extremado.
exagerar *v.t. y v.i.* 1 exagerar, agrandar. 2 extralimitarse, pasarse.
exagero *s.m.* exageración, exceso.
exalação *s.f.* exhalación, vaho, olor, vapor.
exalar *v.t.* exhalar.

exaltação s.f. exaltación, glorificación.
exaltado adj. 1 exaltado, fanático, entusiasta 2 (fig.) rabioso.
exaltar v.t. y v.p. 1 exaltar, enaltecer, ensalzar, promover. 2 alterarse, exaltarse.
exame s.m. examen. *prestar exame*, rendir examen, examinarse.
examinador s.m. examinador.
examinar v.t. examinar, estudiar, chequear, verificar.
exasperação s.f. exasperación, furor, ira.
exasperar v.t. exasperar, irritar, enfurecer, enfadar, enojar.
exatamente adv. exactamente.
exatidão s.f. exactitud.
exato adj. 1 exacto, recto, preciso. 2 verdadero, puntual.
exaustivo adj. exhaustivo, agotador, fatigante.
exausto adj. exhausto, agotado, aniquilado.
exaustor s.m. extractor de aire.
exceção s.f. excepción, privilegio. *com exceção de*, excepto, salvo.
exceder v.t. y v.p. 1 exceder, sobrar, superar. 2 pasar(se) de la raya, excederse. 3 (fig.) desenfrenarse.
excelência s.f. excelencia, perfección, primacía, superioridad.
excelente adj. excelente, sobresaliente, eximio.
excelentíssimo adj. excelentísimo.
excendente adj. e s.m. excedente.
excêntrico adj. 1 (geo.) excéntrico, que se desvía del centro. 2 extravagante, raro, lunático.
excepcional adj. excepcional, excelente, raro, único, fuera de serie.
excepcional s. discapacitado, minusválido.
excessivamente adv. excesivamente, sobremanera, muchísimo.
excessivo adj. excesivo, exagerado, exorbitante, demasiado.

excesso s.m. exceso, excedencia, excedente, exageración, abuso, desmán.
exceto adv. excepto, salvo, a excepción de.
excetuar v.t. exceptuar, descontar, excluir.
excitação s.f. excitación, agitación, nerviosismo, exaltación.
excitado adj. excitado, nervioso, inquieto, exaltado, estimulado.
excitante adj. excitante, estimulante.
excitante s.m. excitante, estimulante.
excitar v.t. y v.p. excitar(se).
exclamação s.f. exclamación, interjección. *punto de exclamação*, signo de exclamación.
exclamar v.t. exclamar, clamar.
exclamativo adj. exclamativo.
excluído adj. 1 excluido, marginado, puesto de lado. 2 exento.
excluir v.t. y v.p. 1 excluir, desechar, descartar omitir. 2 exentarse.
exclusão s.f. exclusión.
exclusivamente adv. exclusivamente, únicamente.
exclusividade s.f. exclusividad, monopolio, privilegio, exclusivismo.
exclusivo adj. exclusivo, propio, personal, privado, único.
excomungar v.t. excomulgar, maldecir, condenar.
excremento s.m. excremento, heces, materia facal.
excretar v.t. excretar, expeler, evacuar.
excursão s.f. excursión, gira, paseo.
excursionista s. excursionista.
execução s.f. 1 ejecución, realización, operación. 2 (for.) cumplimiento de pena o sentencia judicial. 3 venta de bienes para pago de deudas. 4 suplicio.
executar v.t. 1 ejecutar, cumplir, desempeñar. 2 fusilar, ajusticiar.
executivo adj. e s. ejecutivo.

explanação

exemplar *adj.* ejemplar, que sirve de ejemplo.
exemplificar *v.t.* ejemplificar, ilustrar con ejemplos.
exemplo *s.m.* ejemplo.
exéquias *s.f.* (pl.) exequias, honras fúnebres.
exercer *v.t.* ejercer, practicar.
exercício *s.m.* ejercicio, práctica.
exercitar *v.t. e v.p.* ejercitar(se), adiestrar(se).
exército *s.m.* 1 ejército, conjunto de tropas. 2 (fig.) multitud, muchedumbre.
exibição *s.f.* 1 exhibición, presentación, exposición, muestra. 2 exhibición, ostentación, alarde, presunción, vanagloria.
exibir *v.t. y v.p.* 1 exhibir, presentar, exponer, mostrar. 2 exhibir, ostentar. 3 aparecer, exhibirse, pavonearse.
exigência *s.f.* 1 exigencia, obligación, requisito. 2 exigencia, reclamo, reivindicación.
exigente *adj.* exigente.
exigir *v.t.* exigir, reclamar, reivindicar.
exilado *adj.* exiliado, refugiado, desterrado, expatriado.
exilado *s.m.* exiliado, refugiado, desterrado, expatriado.
exilar *v.t. y v.p.* 1 exiliar, deportar, desterrar. 2 expatriarse, exiliarse.
exílio *s.m.* 1 exilio, destierro, deportación. 2 (fig.) soledad, retiro.
exímio *adj.* eximio, excelente, superior, sobresaliente.
eximir *v.t. y v.p.* eximir(se), exentar(se).
existência *s.f.* existencia.
existente *adj.* existente.
existir *v.i.* 1 existir, vivir, subsistir. 2 existir, estar, ser, ser real. 3 existir, haber.
êxito *s.m.* éxito, triunfo.
êxodo *s.m.* éxodo, salida, tránsito.
exoneração *s.f.* exoneración, exención.
exonerar *v.t.* exonerar, destituir.
exorbitante *adj.* exorbitante, excesivo, que sale fuera de sus límites.

exorcismo *s.m.* exorcismo.
exorcista *s.* exorcista.
exortar *v.t.* exhortar, sermonear, rogar, amonestar, predicar.
exótico *adj.* exótico, raro, extravagante.
expandir *v.t. y v.p.* 1 extender, dilatar, difundir, expandir. 2 expansionarse, propagarse.
expansão *s.f.* expansión.
expansivo *adj.* expansivo, comunicativo, afable.
expatriar *v.t. y v.p.* 1 expatriar, expulsar, exiliar. 2 exiliarse, salir de la patria.
expectativa *s.f.* expectativa.
expectoração *s.f.* 1 expectoración. 2 esputo, lo que se expectora.
expectorar *v.t.* expectorar, esputar, gargajear.
expedição *s.f.* 1 envío, remesa, expedición, facturación, despacho. 2 expedición, excursión.
expediente *s.m.* 1 trámite, despacho. 2 medio, recurso. 3 horario de atención al cliente.
expedir *v.t.* expedir, despachar, remitir, enviar.
expelir *v.t.* expeler, evacuar, lanzar, exhalar.
expensas *s.f.* (pl.) gastos, costos, expensas. *às expensas de*, por cuenta de, a expensas de.
experiência *s.f.* experiencia.
experiente *adj.* que tiene experiencia.
experimentar *v.t.* 1 experimentar, ensayar, intentar. 2 probar (comidas, ropa). 3 experimentar, padecer.
experimento *s.m.* experimento, ensayo, experimentación.
expert *s.* experto, perito, especialista, estudioso.
expiação *s.f.* expiación, castigo, pena.
expiatório *adj.* expiatorio.
expiração *s.f.* 1 espiración (función respiratoria). 2 expiración, término de un plazo.
expirar *v.t. y v.i.* 1 espirar (el aire), expeler. 2 morir, acabar, expirar. 3 (fig.) expirar, terminar un plazo.
explanação *s.f.* explicación, explanación.

explicação

explicação *s.f.* 1 explicación, aclaración, esclarecimiento. 2 explicación, disculpa.
explicar *v.t. y v.p.* explicar(se).
explícito *adj.* explícito, claro.
explodir *v.i.* explotar, reventar, estallar, detonar.
exploração *s.f.* 1 exploración, investigación, averiguación. 2 exploración, extracción (de un mineral). 3 explotación, abuso.
explorador *s.m.* 1 explorador, sanguijuela, aprovechador. 2 persona que trabaja en la extracción (mineral). 3 (fig.) desollador.
explorar *v.t.* 1 explorar, investigar, estudiar. 2 explorar, extraer. 3 explotar, abusar, despellejar.
explosão *s.f.* explosión.
explosivo *adj.* explosivo; que produce explosión.
expoente *s.m.* 1 (mat.) exponente. 2 lumbrera, personalidad.
expor *v.t. y v.p.* 1 exponer, relatar. 2 exponer, arriesgar. 3 exponer, dejar expuesto. 4 exponer, exhibir. 5 exponerse, mostrarse. 6 arriesgarse.
exportação *s.f.* exportación.
exportar *v.t.* exportar.
exposição *s.f.* 1 exposición, muestra, exhibición. 2 exposición, explicación. 3 exposición, riesgo.
expositor *adj.* exponente, intérprete.
expositor *s.m.* exponente, intérprete.
exposto *adj.* expuesto.
expressão *s.f.* expresión.
expressar *v.t. y v.p.* expresar(se), manifestar(se).
expressivo *adj.* expresivo, significativo.
expresso *adj.* expresso.
expresso *s.m.* expreso (vehículo).
exprimir *v.t. y v.p.* expresar(se), manifestar(se).
expropriação *s.f.* expropiación, privación legal de la propiedad.
expropriar *v.t.* expropiar, confiscar.

expulsão *s.f.* 1 expulsión, exclusión. 2 evacuación.
expulsar *v.t.* 1 expulsar, expeler. 2 expulsar, rechazar, despedir.
expulso *adj.* 1 expelido. 2 expulso, proscrito, exilado.
êxtase *s.m.* éxtasis.
extasiar *v.i. y v.p.* extasiar(se).
extático *adj.* extático, absorto, maravillado, pasmado.
extensão *s.f.* 1 extensión, ampliación, dimensión. 2 línea telefónica interna.
extenso *adj.* extenso, amplio.
extenuar *v.t.* extenuar, agotar, debilitar.
exterior *s.m.* 1 exterior, aspecto, apariencia. 2 extranjero.
exteriorização *s.f.* exteriorización.
exteriorizar *v.t.* exteriorizar, manifestar.
exterminar *v.t.* exterminar, diezmar.
extermínio *s.m.* exterminio, aniquilación.
externato *s.m.* externado.
externo *adj.* exterior, externo, que es de fuera.
extinção *s.f.* extinción, destrucción, disolución, aniquilamiento.
extinguir *v.t. y v.p.* extinguir(se), destruir, aniquilar.
extinto *adj.* extinto, muerto, finado, apagado.
extintor *s.m.* extintor.
extirpação *s.f.* extirpación, ablación.
extirpar *v.t.* extirpar, arrancar de cujo o de raíz.
extorquir *v.t.* extorsionar, robar, usurpar, arrebatar.
extorsão *s.f.* extorsión, usurpación, robo.
extra *adj.* 1 extra, adicional, suplementario. 2 extra, de calidad superior. 3 extraordinario, fuera de lo común.
extração *s.f.* 1 extracción. 2 (mat.) operación para hallar la raíz de un número.
extraconjugal *adj.* extra conyugal.

extradição *s.f.* extradición.
extraditar *v.t.* extraditar, expatriar.
extrair *v.t.* extraer, sacar, extirpar.
extrajudicial *adj.* extrajudicial, sin intervención de la justicia.
extraoficial *adj.* extraoficial, no oficial, particular.
extraordinário *adj.* extraordinario, excepcional, estupendo, extra, fantástico, insólito, impresionante, único, notable, singular, maravilloso.
extrapolar *v.t. y v.i.* extralimitarse, excederse.
extraterrestre *adj.* extraterrestre, fuera de la tierra.
extraterrestre *s.m.* extraterrestre, alienígena.
extrativismo *s.m.* extracción, exploración de recursos naturales renovables en áreas protegidas por el estado.
extrativista *adj.* aquel que extrae recursos naturales renovables en áreas protegidas por el estado.
extrato *s.m.* 1 extracto, resumen, copia. 2 extracto, fragmento. 3 extracto, esencia aromática. 4 extrato (de cuenta corriente).
extravagância *s.f.* extravagancia, excentricidad.
extravagante *adj.* extravagante, excéntrico.
extravasar *v.t. y v.i.* 1 extravasarse, derramarse, desbordar. 2 (fig.) desbordar, rebosar (sentimientos).
extraviado *adj.* extraviado, perdido.
extraviar *v.t. y v.p.* 1 extraviarse, perderse, descarriarse. 2 (fig.) pervertirse.
extravio *s.m.* extravío.
extremidade *s.f.* extremidad, punta, término, límite, fin, parte extrema.
extremismo *s.m.* extremismo, radicalismo.
extremista *adj.* extremista, relativo al extremismo, el que adopta teorías extremas.

extremista *s.* extremista, relativo al extremismo, el que adopta teorías extremas.
extremo *adj.* extremo, lejano, remoto, final, exceso.
extremo *s.m.* 1 extremidad. 2 (pl.) último recurso. *extremaunção*, extremaunción.
extrínseco *adj.* extrínseco, exterior, externo.
extroversão *s.f.* extroversión.
extrovertido *adj.* extrovertido, expansivo, comunicativo.
exu *s.m.* divinidad perteneciente a religiones afrobrasileñas.
exuberância *s.f.* exuberancia, profusión, riqueza, intensidad, vigor.
exuberante *adj.* exuberante, excesivo, deslumbrante.
exultar *v.t.* exultar, regocijarse, desbordarse de alegría.
exumar *v.t.* exhumar, desenterrar.

F f

f, F *s.m.* 1 sexta letra y cuarta consonante del abecedario portugués. La *efe*. 2 (quím.) símbolo del flúor. 3 *abrev.* mayúscula, seguida de punto, indica "*fulano*".
f *adj.* signo de orden, significa el sexto objetivo de una serie.
fá *s.m.* cuarta nota de la escala musical y su signo.
fã *s.f. y m.* admirador, fan, fanático.
fábrica *s.f.* manufactura, fábrica.
fabricação *s.f.* fabricación.
fabricante *s.* fabricante.
fabricar *v.t.* manufacturar, fabricar.
fabril *adj.* perteneciente a la fábrica o a suas empleados; fabril.
fábula *s.f.* 1 fábula, ficción, alegoría, falsedad. 2 (pop.) precio muy elevado.
fabuloso *adj.* fantástico, fabuloso, mítico, exagerado, estupendo, extraordinario.
faca *s.f.* cuchillo, cortapapeles. *entrar na faca*, operarse. *enfiar a faca*, cobrar caro. *estar com a faca e o queijo na mão*, tener la sartén por el mango.
facada *s.f.* 1 cuchillada, golpe de cuchillo. 2 herida. 3 (pop.) pedido de dinero.
façanha *s.f.* hazaña, proeza.
face *s.f.* 1 rostro, cara, faz. 2 faceta, anverso, faz. *face a face*, cara a cara, frente a frente. *em face de*, frente a. *fazer face a*, afrontar, soportar, resistir.
faceta *s.f.* 1 cara, carilla, lado. 2 prisma, faz, aspecto.
fachada *s.f.* 1 frente, fachada. 2 facha, delantera, lienzo, portada.

facial *adj.* facial, perteneciente al rostro.
fácil *adj.* fácil. *fácil de memorizar*, pegadizo.
facilidade *s.f.* facilidad.
facilitar *v.t.* facilitar, favorecer, simplificar.
facilitar *v.i.* (pop.) descuidarse, parpadear, dar ventaja por falta de atención.
fac-símile *s.m.* 1 facsímil, facsímile, copia exacta. 2 fax.
factível *adj.* realizable, posible, practicable.
faculdade *s.f.* 1 facultad, virtud, autorización, poder, capacidad, propiedad. 2 facultad, escuela superior.
facultar *v.t.* conceder, ofrecer, permitir, facultar, facilitar.
fada *s.f.* 1 hada, fada, maga. 2 (fig.) mujer muy hermosa.
fadiga *s.f.* 1 cansancio, fatiga. 2 tarea, faena, trabajo.
fagulha *s.f.* chispa.
faísca *s.f.* chispa, morcella, centella, rayo.
faixa *s.f.* 1 faja, tira, cinta, correa, banda, atadura. 2 parte, sector, porción, nivel, categoría, rango. 3 letrero, pancarta. *faixa de pedestre*, paso de peatones, paso de cebra. *faixa de rua*, pasacalle. *faixa do disco*, pista del disco.
fajuto *adj.* (pop.) adulterado, falso, falluto.
fala *s.f.* 1 habla, acción de hablar. 2 elocución. 3 lenguaje. 4 lengua.
falado *adj.* 1 notable, famoso, hablado. 2 combinado, ajustado, acordado, mal falado, con mala fama.
falador *adj.* hablador, parlanchín.

falador *s.m.* locuaz, hablador, parlanchín, charlatán.
falange *s.f.* 1 (mil.) cuerpo de tropa militar; legión, tropa, batallón. 2 (anat.) huesos de los dedos; artejos. 3 (fig.) falange, legión, partido, bando.
falante *adj.* 1 hablante, que habla. 2 expresivo.
falar *v.t.* hablar, narrar, decir, conversar. *falar grosso*, hacerse el valiente. *falar pelos cotovelos*, hablar por los codos. *falar no deserto*, no ser oído, predicar en el desierto. *falar entre dentes*, muscullar. *falou!*, (¡bueno! ¡vale!.) *e por falar em*, y hablando de. *falar difícil*, hablar con pompa.
falatório *s.m.* habladuría, parloteo, murmullo.
falcatrua *s.f.* artimaña, fraude, embuste, estafa.
falecer *v.i.* fallecer, morir, perecer.
falecido *adj.* muerto, difunto, fallecido.
falecimento *s.m.* óbito, muerte, fallecimiento.
falência *s.f.* (com.) insolvencia, bancarrota, quiebra.
falha *s.f.* imperfección, falla, defecto, fallo, interrupción.
falhar *v.t.* rajar.
falhar *v.i.* 1 no funcionar, errar, fallar, malograrse, fracasar, no resultar; no acertar, errar, tener defectos, cometer faltas. 2 sentenciar, decidir, decretar, dictaminar.
falho *adj.* faltoso, fallo, falto, que tiene faltas, falible.
falho *s.m.* 1 falha, defeito, omisión, laguna, ato falho, acto fallido. 2 decisión, veredicto, sentencia, laudo.
falido *adj.* quebrado, fallido, insolente.
falsidade *s.f.* falsedad, perfidia, hipocresía.
falsificação *s.f.* falsificación.
falsificador *s.m.* falsificador.
falsificar *v.t.* falsificar, falsear, adulterar, mentir, imitar, realizar un fraude, forjar, pervertir.
falso *adj.* falso.

falta *s.f.* escasez, deficiencia, falta, negación, defecto, yerro. *falta de comunicação*, incomunicación. *falta de vontade*, desgano, mala voluntad.
faltar *v.t. y i.* faltar. *faltar com respeito*, faltar el respeto.
falto *adj.* 1 desprovisto, carente, falto. 2 defectuoso.
fama *s.f.* renombre, fama, notoriedad.
famigerado *adj.* afamado, de mala fama.
família *s.f.* familia, parentela, clan; *ser de família*, ser de buena familia y buenas costumbres.
familiar *adj.* íntimo, informal, familiar.
familiaridade *s.f.* intimidad, sensillez, familiaridad.
familiarizar *v.t. y v.p.* familiarizarse.
faminto *adj.* 1 hambriento. 2 (fig.) deseoso, ávido.
famoso *adj.* célebre, afamado, famoso, renombrado, conocido.
fanático *adj.* apasionado, entusiasta, admirador, fanático.
fanatismo *s.m.* radicalización, pasión excesiva, fanatismo.
fanfarra *s.m.* (mús.) fanfarria, charanga; banda.
fanfarrão *adj.* fanfarrón, bravucón, impostor.
fanfarrice *s.f.* fanfarronería, bravata, fanfarronada, bravuconería.
fanfarronear *v.t.* hablar con arrogancia, fanfarronear, pavonearse.
fanhoso *adj.* fañoso, gangoso.
faniquito *s.m.* berrinche, ataque histérico, desmayo, rabieta, patatús.
fantasia *s.f.* 1 fantasía, quimera, ilusión, ficción, imaginación, máscara. 2 disfraz. *rasgar a fantasia*, divertirse mucho.
fantasiar *v.t.* 1 fantasear, imaginar, soñar, idear. 2 disfrazar, fingir, ilusionar.
fantasiar *v.p.* enmascararse, disfrazarse.
fantasioso *adj.* soñador, fantasioso.

fantasma s.m. fantasma.
fantástico adj. fantasioso, fantástico, extraordinario.
fantoche s.m. 1 marioneta, títere, fantoche, muñeco. 2 (fig.) persona sin voluntad, dominada por otra.
faqueiro s.m. 1 juego de cubiertos. 2 cubertería. 3 fabricante de cuchillos.
faraônico adj. 1 faraónico, relativo a los faraones. 2 (fig.) suntuoso, pomposo, majestuoso.
fardo s.m. 1 carga, fardo, bulto. 2 lío, paca, peso, gravamen.
farejar v.t. olfatear, oler.
farejar v.i. 1 husmear. 2 (fig.) presentir, adivinar.
farelo s.m. salvado, afrecho.
farinha s.f. harina. *farinha de rosca*, pan rallado. *ser farinha do mesmo saco*, cortado por la misma tijera, estar cortado por el mismo patrón.
fariseu s.m. 1 fariseo. 2 (fig.) hipócrita, fariseo.
farmácia s.f. farmacia, botica.
farofa s.f. guarnición, acompañamiento o aderezo para carnes hecha con harina de yuca o de maíz y condimentos para sazonar las carnes.
farol s.m. 1 farol. 2 linterna (de automóviles), luz, semáforo.
farpa s.f. farpa, púa, astilla, banderilla de los toreros.
farra s.f. jarana, juerga, parranda, jolgorio, pachanga, farra. *cair na farra*, salir de juerga, parranda.
farrapo s.m. harapo, trapo. *em farrapos*, con la ropa hecha harapos.
farrear v.i. jaranear, andar de juerga, de jarana, farrear.
farroupilha s.m. e f. harapiento, rotoso.
farsa s.f. farsa, fingimiento, engaño.

farsante adj. tramposo, embustero, farsante.
fartar v.t. 1 saciar la sed o el hambre. 2 satisfacerse. 3 hactar, cansar, aburrir.
farto adj. 1 lleno, harto, satisfecho. 2 (fig.) aburrido, cansado.
fartura s.f. abundancia, copia, gran cantidad.
fascículo s.m. (edit) librillo, fascículo, cuaderno o grupo de cuadernos para hacer entrega de una obra para ser vendida por partes.
fascinação s.f. 1 seducción, atracción, fascinación. 2 (fig.) alucinación, engaño.
fascinante adj. seductor, fascinante, fascinador.
fascinar v.t. seducir, fascinar.
fascínio s.m. fascinación, aojo, seducción, antojo.
fascismo s.m. ideología totalitaria de derecha, fascismo.
fascista adj. e s. derechista ultra conservador.
fase s.f. etapa, época, estado, fase.
fastidiar v.t. molestar, incomodar, fastidiar, enojar.
fastidioso adj. enfadoso, importuno, fastidioso, molesto.
fastio s.m. hastío, tedio, falta de ganas.
fastuoso adj. pomposo, ostentoso, amigo del fausto, ornato y lujo excesivo
fatal adj. fatal, invitable, funesto.
fatalidade s.f. destino, desgracia, desastre, fatalidad.
fatia s.f. 1 tajada, lonja, loncha. 2 raja (fruta). 3 rebanada, rodaja de pan, embutidos, etc.
fatiar v.t. 1 cortar en tajadas o lonchas delgadas. 2 hacer rebanadas de pan, queso, jamón, etc.
fatigante adj. extenuante, fatigoso, fatigante, que causa fatiga, cansador.
fatigar v.t. fatigar, cansar, agotar, v.p. afanarse, fatigarse.
fato s.m. suceso, hecho, acontecimiento, evento. *de fato*, de hecho.

fator *s.m.* causa, elemento, factor.
fátuo *adj.* presumido, fatuo, efímero, pretencioso.
fatura *s.f.* (com.) factura, boleta o boleto de venta.
faturamento *s.m.* facturación, suma de las ventas.
faturar *v.t.* facturar, expedir.
fava *s.f.* (bot.) haba (planta leguminosa). *favas contadas*, cosa exacta. *mandar às favas*, mandar a paseo, al diablo.
favela *s.f.* villa miseria, cantegril, ciudad perdida, barrio de chabolas, población.
favo *s.m.* panal de abejas.
favor *s.m.* favor.
favorável *adj.* propicio, benigno, favorable.
favorecer *v.t. y v.p.* beneficiarse, favorecerse, proteger, beneficiar, propiciar.
favoritismo *s.m.* favoritismo, preferencia o protección parcial o escandalosa.
favorito *s.m.* predilecto, favorito.
favorito *adj.* predilecto, preferido, favorito.
faxina *s.f.* limpieza, fajina. *fazer a faxina*, limpiar a fondo, hacer una fajina.
faxineira *s.f.* limpiadora.
fazenda *s.f.* 1 hacienda, estancia, finca. 2 tesoro público. 3 paño o tejido; lienzo.
fazendeiro *s.m.* (Bras.) estanciero, hacendado.
fazer *v.t.* hacer. *fazer de conta*, hacer de cuenta, simular, imaginar, suponer. *fazer anotação*, anotar, apuntar.
fazer *v.p.* hacerse, tornarse, volverse.
faz-tudo *s.m.* factótum, hombre o mujer orquesta.
fé *s.f.* fe, confianza. *boa-fé*, sinceridad, con toda confianza, de buena fe.
fealdade *s.f.* 1 deformidad, torpeza, fealdad. 2 (fig.) deshonestidad.
febre *s.f.* 1 (med.) fiebre. 2 (fig.) exaltación, frenesí, deseo.

fecundação *s.f.* fecundación, fertilización, inseminación.
fecundar *s.f.* fertilizar, fecundizar, fecundar, cubrir, preñar, inseminar.
fecundo *adj.* 1 fértil, copioso, fecundo. 2 ingenioso, inventivo.
fechado *adj.* 1 cerrado, encerrado, clausurado, hermético. 2 (fig.) reservado, retraído, introvertido.
fechadura *s.m.* cerradura, cierre, cerrojo.
fechamento *s.m.* cierre, clausura.
fechar *v.p.* encerrarse. *fechar com chave de ouro*, acabar bien.
fechar *v.i.* cerrarse, nublarse, *fechar o tempo*, ponerse fea la cosa, empeorar la situación.
fechar *v.t.* cerrar, concluir, obstruir, tapar.
fecho *s.m.* cierre, broche. *fecho ecler/éclair*, cremallera, cierre relámpago, zíper.
fedelho *adj.* mocoso, sietemesino, pendejo.
fedentina *s.f.* mal olor, hediondez, hedentina.
feder *v.t.* heder, apestar. *nem cheirar nem feder*, ser insignificante, ni fu ni fa.
federação *s.f.* unificación, asociación, federación.
fedido *adj.* apestoso, maloliente, hediondo.
fedor *s.m.* hedor, pestilencia, hedentina, hediondez, fetidez, peste.
fedorento *adj.* fétido, pestilente, hediondo.
feição *s.f.* 1 facción, aspecto, apariencia, fisionomía. 2 (pl.) rasgos, facciones. 3 (fig.) trazo.
feijão *s.m.* (bot.) judía, habichuela, frijol, frejol, poroto.
feijoada *s.f.* (Bras.) plato típico brasileño.
feio *adj.* 1 feo. 2 (fig.) vergonzoso. *fazer feio*, meter la pata. *ser feio que doi*, ser más feo que Picio.
feioso *adj.* feíllo, feíto.
feira *s.f.* mercado, exposición, feria.
feirante *s.* feriante.

feitiçaria s.f. brujería, hechicería, hechizo, sortilegio.
feiticeira s.f. bruja, hechicera
feiticeiro adj. gracioso, encantador, hechicero.
feiticeiro s.m. hechicero, mago, brujo.
feitiço s.m. maleficio, brujería, hechizo, encantamiento.
feitio s.m. forma, formato, talle, hechura.
feito conj. tal como, como, igual que. *feito onza*, feroz como una onça. *feito bobo*, como un tonto.
feito s.m. acto, ejecutado, realizado, hecho.
feitor s.m. hacedor.
feitoria s.f. factoría. *benfeitorias*, mejoras, mejorías, mejoramientos.
feiúra s.f. horror, fealdad.
feixe s.m. haz, fajo, brazado, atado, manojo. *feixe de nervos*, peonza.
fel s.m. hiel, bilis.
felicidade s.f. dicha, ventura, felicidad.
felicitar v.t. congratular, felicitar.
feliz adj. dichoso, afortunado, feliz.
felizardo s.m. (pop.) afortunado, individuo dichoso, muy feliz.
felpa s.f. pelo (de los tejidos), pelusa, felpa.
felpudo adj. aterciopelado, afelpado.
feltro s.m. fieltro.
fêmea s.f. hembra.
feminilidade s.f. femineidad, feminidad.
feminino s.m. (gram.) femenino.
feminino adj. femenino, femenil,
feminismo s.m. feminismo.
feminista adj. feminista.
feminista s. feminista.
fêmur s.m. (anat.) fémur.
fenda s.f. hendidura, grieta, fisura, rajadura.
fenecer v.i. morir, fallecer, acabar, fenecer.
fenecimento s.m. muerte, extinción, fenecimiento, fallecimiento, defunción.
feno s.m. heno.

fenomenal adj. 1 relativo al fenómeno. 2 espantoso, sorprendente, fantástico.
fenômeno s.m. fenómeno, cosa extraordinaria, suceso, hecho, maravilla, portento, prodigio.
fera s.f. 1 fiera. 2 (fig.) bruto, cruel. 3 campeón, crack. 4 muy inteligente.
féretro s.m. ataúd, tumba, túmulo, féretro.
féria s.f. 1 feria, sueldo, jornal. 2 renta del día, caja. 3 vacaciones. 4 (fig.) descanso.
feriado s.m. festivo, de fiesta, feriado.
ferida s.f. 1 lesión, llaga, herida. 2 (fig.) daño moral.
ferido adj. 1 herido. 2 (fig.) ultrajado, ofendido.
ferimento s.m. lesión, herida, magullamiento, lastimadura.
ferir v.p. herirse, lastimarse.
ferir v.t. herir, agraviar, agredir, lesionar.
fermentação s.f. fermentación, agitación.
fermentar v.t. y v.i. hervir, fermentar.
fermentar v.t. y v.i. fermentar.
fermento s.m. levadura, fermento.
ferocidade s.f. braveza, ferocidad.
feroz adj. cruel, perverso, feroz.
ferradura s.f. herradura.
ferragem s.f. hierro, herraje. *loja de ferragens*, ferretería.
ferramenta s.f. aparejo, herramienta.
ferrão s.m. aguijón, punzón o espigón de los insectos ponsoñozos.
ferrar v.t. 1 colocar hierros, herradura. 2 v.p. (fig.) perjudicar(se), hacer(se), daño. 3 (vulg.) joder(se), jorobar(se).
ferrar v.p. perjudicar, hacer daño.
ferrar v.t. poner hierro en, poner herraduras, marcar con hierro al rojo.
ferraria s.f. herrería.
ferreiro s.m. metalúrgico, ferretero, herrero.
férreo adj. 1 de hierro, férreo, que contiene hierro. 2 (fig.) inflexible, duro.
ferro s.m. hierro, fierro. *ferro de passar*, plancha. *a ferro e fogo*, destrucción violenta. *malhar*

em ferro frio, insistir inútilmente. *ferro-velho*, chatarra, hierro viejo.
ferrolho *s.m.* pasador, cerrojo.
ferrovia *s.f.* ferrocarril, vía férrea, ferrovía.
ferroviário *adj.* ferroviario.
ferrugem *s.f.* óxido, herrumbre.
fértil *adj.* fecundo, productivo, fértil.
fertilidade *s.f.* fecundidad, fertilidad.
fertilização *s.f.* fecundación, fertilización.
fertilizante *adj.* fertilizante.
fertilizante *s.m.* fertilizante, abono.
fertilizar *v.t.* fertilizar, fecundizar, fecundar.
ferver *v.t. y v.i.* 1 bullir, hervir. 2 (fig.) excitarse, exaltarse.
fervilhar *v.i.* hervir, hormiguear, pulular.
fervor *s.m.* 1 devoción, fervor. 2 ardor, hervor, calor.
fervoroso *adj.* ferviente, fervoroso.
fervura *s.f.* hervor, ebullición.
festa *s.f.* fiesta, festividad, recepción. *festa de arromba*, fiesta de tirar la casa por la ventana. *fazer a festa*, aprovecharse. *no melhor da festa*, en el mejor momento. *festa de debutante*, puesta de largo, de presentación en sociedad.
festeiro *s.m.* 1 fiestero, milonguero. 2 parrandero, amigo de fiesta, festejador, farrista.
festeiro *adj.* zumbón, fiestero, farrista.
festejar *v.t.* celebrar, festejar, conmemorar.
festim *s.m.* 1 festín, banquete, fiesta. 2 cartucho sin bala, bala de fogueo.
festival *adj.* festivo.
festival *s.m.* festival, fiesta pública, espectáculo.
festividade *s.f.* festejo, celebración, festividad, agasajo.
festivo *adj.* alegre, divertido, festivo, de fiesta.
fetal *adj.* fetal, relativo a feto.
fetichista *s.* 1 fetichista, que adora fetiches. 2 *adj.* relativo al fetichismo.
fetidez *s.f.* fetidez, hediondez.
fétido *s.m.* hediondo, fétido.
feto *s.m.* feto.
fevereiro *s.m.* febrero.
fezes *s.f.* (pl.) heces, excrementos.
fiação *s.f.* hilatura, hilandería, hilado; fábrica de hilado. *fiação elétrica*, cableado, tendido de cables.
fiado *adj.* confiado, crédulo.
fiado *adv.* en cuotas, a crédito, al fiado.
fiador *adj. y s.m.* garante, fiador, avalista.
fiambre *s.m.* friambre, embutidos.
fiança *s.f.* caución, fianza, afianzamiento, garantía, seguridad.
fiapo *s.m.* brizna, hilacha, jirón, hebra.
fiar *v.t.* hilar, tejer.
fiar *v.i.* vender/comprar fiado.
fiar *v.p.* confiar.
fiasco *s.m.* chasco, fracaso, fiasco, mal éxito, decepción.
fibra *s.f.* 1 hilo, hebra, brisma, fibra. 2 (fig.) energía, fibra, vigor.
fibroso *adj.* fibroso.
ficar *v.i.* 1 permanecer, quedarse, estar. *ficar de fora*, ser excluído. *ficar de mal*, reñir, disgustarse. *ficar duro/liso*, quedarse sin dinero. *ficar por fora*, no entender. 2 salir con jóvenes del otro sexo y enamorar sin compromisos, flirtear.
ficar *v.t.* ser elegido, quedar, estar en un puesto. *ficar atrás de*, perseguir, ser inferior a. *ficar a ver navios*, no conseguir, decepcionarse. *ficar de fogo*, emborracharse. *ficar para titia*, quedarse para vestir santos. *ficar por isso mesmo*, quedar tal cual/sin castigo. *ficar louco/puto*, enfurecerse, enojarse, fastidiarse.
ficção *s.f.* ficción, narración, fábula.
ficha *s.f.* ficha, tarjeta, papeleta. *ficha criminal*, historial delictivo, ficha policial.

fichar *v.i.* catalogar, fichar.
fichário *s.m.* fichero, casillero.
fictício *adj.* quimérico, ficticio, falso, simulado, imaginario, fabuloso.
fidedigno *adj.* digno de fe y crédito, creíble, fidedigno.
fidelidade *s.f.* lealtad, sinceridad, fidelidad.
fieira *s.f.* hilera, fila, sarta.
fiel *adj.* leal, fiel.
fiel *s.m.* creyente, feligrés, fiel.
figa *s.f.* higa, amuleto en forma de mano cerrada, figa. *duma figa*, maldito. *fazer figa*, hacer un conjuro, hechar una maldición.
fígado *s.m.* (anat.) hígado; *desopilar o fígado*, desahogarse, desopilarse riendo.
figo *s.m.* (bot.) higo.
figueira *s.f.* chumbera, higuera.
figura *s.f.* figura, forma, tipo. *fazer boa/má figura*, tener/no tener éxito. *mudar de figura*, cambiar. *triste figura*, verguenza, pena.
figurão *s.m.* (pop.) persona importante, magnata, figurón.
figuração *s.f.* comparsa.
figurante *s.m.* comparsa.
figurantes *s.* (pl.) acompañamiento, actores "extras".
figurar *v.t.* trazar, figurar, formar la figura de una cosa, simbolizar.
figurar *v.i.* formar parte de algo, aparecer, figurar.
figurar *v.p.* parecer, imaginarse, hacer de cuenta.
figurinha *s.f.* cromo, figurita.
figurino *s.m.* figurín, vestuario.
fila *s.f.* fila, cola. *furar fila*, colarse. *fila indiana*, fila india.
filamento *s.m.* fibra, hebra, hilo, filamento, hebrilla.
filão *s.m.* 1 (miner.) filón, vena de metal en minas. 2 manantial, veta.
filar *v.t.* manguear, ganar, pegar la gorra.

filé *s.m.* filete, bife, lonja de carne o pescado. *filé mignon*, solomillo.
filé *adj.* guapo.
fileira *s.f.* 1 hilera, fila. 2 (pl.) alas.
filho *s.m.* hijo, descendiente. *filho homem*, hijo varón. *filho da mãe/de uma égua*, hijo de perra. *filho da puta*, hijo de puta, hijoputa. *filho único de mãe viúva/solteira*, caso único, ejemplar único, pieza única.
filhote *s.m.* cria, cachorro.
filiação *s.f.* procedencia, filiación, ascendencia, descendencia. *filiação partidária*, color político.
filiar *v.t.* afiliar, inscribir.
filmadora *s.f.* cámara.
filmagem *s.f.* filmación, rodaje, toma.
filmar *v.t.* filmar, rodar una película.
filmar *v.i.* ser fotogénico.
filme *s.m.* película, filme, cinta cinematográfica; rollo. *já vi esse filme*, ya lo tengo visto. *filme de bangue-bangue*, película de tiros, de cowboys. *filme de curta metragem*, un cortometraje. *filme de longa metragem*, un largometraje. *filme em preto e branco*, película en blanco y negro. *filme enlatado*, película de mala calidad.
filosofia *s.f.* 1 filosofía, sabiduría, 2 (fig.) serenidad.
filtragem *s.f.* vaciado, filtración.
filtrar *v.t.* purificar, destilar, filtrar, colar.
filtro *s.m.* filtro, coladero, colado, boquilla.
fim *s.m.* término, fin, conclusión, final; finalidad, meta. *o fim da picada*, el colmo. *fim de papo*, conversación acabada, sin más palabras. *estar a fim*, tener ganas de. *ficar a fim de*, ir detrás de. *ser o fim*, ser el colmo. *que fim levou*, qué pasó con.
fimose *s.f.* (med.) fimosis.
fina *adj.* sutil. *fina flor*, flor de la canela, la flor y nata, la crema, lo mejor.
finado *adj.* difunto, fallecido, muerto.
finado *s.m.* muerto, fallecido, difunto, finado.

final *s.f. y m.* término, final.
final *adj.* último, final.
finalidade *s.f.* 1 finalidad, objetivo, objeto, papel. 2 (fig.) meta, mira.
finalista *s.f. e m.* finalista.
finalista *adj.* (dep) finalista.
finalizar *v.t. y v.i.* 1 terminar, acabar, concluir, finalizar. 2 *v.p.* acabarse.
finalmente *adv.* finalmente, por fin.
finanças *s.f.* (pl.) finanzas.
financeiro *adj.* financiero, relativo a las finanzas.
financiamento *s.m.* financiación, financiamiento.
financiar *v.t.* financiar.
fincar *v.t.* hincar, clavar, pinchar.
fincar *v.p.* establecerse, afincarse, aferrarse. *fincar o pé*, insistir, hacer hincapié.
fineza *s.f.* 1 fineza, finura. 2 (fig.) obsequio, favor, amabilidad. 3 (pl.) favores.
fingido *adj.* doble, fingido, falso.
fingimento *s.m.* 1 hipocresía, simulación, fingimiento. 2 (fig.) disfraz.
fingir *v.t.* simular, fingir, suponer, aparentar.
fingir *v.p.* fingirse. *fingir-se de morto*, hacerse el muerto, hacerse el tonto.
fino *adj.* delgado, fino, delicado, elegante.
finura *s.f.* cortesía, delicadeza, astucia, finura.
fio *s.m.* 1 hilo, hebra, filo, pelo. 2 (eletr.) cable, alambre; corte. *a fio*, corrido. *estar por um fio*, faltar poco, casi terminándose, por poco, por un pelo. *bater um fio*, telefonear, dar um telefonazo. *fio da meada*, hilo, hilación de una idea o un pensamiento, conexión. *fio corrido*, carrera.
firma *s.f.* 1 firma, empresa, razón social. 2 signatura, rúbrica, suscripción, certificación, firma.
firmar *v.t.* 1 fijar, poner estable, afirmar. 2 firmar, refrendar.

firmar *v.p.* estabilizarse, basarse, apoyarse, radicarse.
firme *adj.* constante, estable, fijo, firme, inmutable, inflexible.
firmeza *s.f.* persistencia, afianzamiento, fijeza, pulso, firmeza.
fiscalização *s.f.* inspección, verificación, fiscalización.
fiscalizar *v.t.* inspeccionar, controlar, fiscalizar.
fisco *s.m.* hacienda, fisco, ministerio de Hacienda o de Finanzas.
fisgar *v.t.* 1 agarrar, prender, fisgar. 2 (fig.) husmear.
física *s.f.* física, materia, asignatura o disciplina de estudio.
físico *adj.* físico.
físico *s.m.* 1 relativo a la física. 2 corpóreo, material. 3 el que profesa la física. 4 complexión.
fisionomia *s.f.* expresión, rostro, gesto, fisonomía, semblante, apariencia.
fisioterapia *s.f.* fisioterapia.
fissura *s.f.* 1 grieta, rajadura, fisura, incisión. 2 (pop.) idea fija. *estar na fissura*, tener muchas ganas.
fístula *s.f.* (med.) fístula (llaga).
fita *s.f.* 1 banda, cinta, tira. 2 película (cine). *fazer fita*, simular, hacerse el artista, fingir, actuar. *fita métrica*, metro. *fita adesiva*, celo, cinta adhesiva. *fita isolante*, cinta aislante.
fivela *s.f.* hebilla, pasador.
fixação *s.f.* 1 obsesión, fijación. 2 acción de fijar, ajuste, colocación.
fixado *adj.* fijado.
fixador *s.m.* fijador.
fixar *v.t.* hincar, clavar, fijar, implantar, marcar, asegurar, establecer, memorizar.
fixar *v.p.* fijarse, afirmarse, radicarse.
fixo *adj.* fijo, estable, inmutable, hincado, fijado.

fixo s.m. sueldo fijo, parte no variable de las ganancias.
flã s.f. flan, pudín, budín.
flacidez s.f. languidez, flacidez o flaccidez.
flácido adj. flaco, blando, flácido o fláccido, lánguido, relajado.
flagelação s.f. 1 flagelación. 2 (fig.) aflicción, tormento.
flagelo s.m. 1 azote, flagelo. 2 (fig.) castigo, calamidad, epidemia.
flagrante adj. evidente, flagrante, manifiesto. (loc.adv) em flagrante, in fraganti; (pop.) con la mano en la masa.
flagrar v.t. pillar, soprender en flagrante, in flaganti.
flambar v.t. flambear, flamear.
flamejante adj. 1 llameante. 2 ostentoso, vistoso.
flâmula s.f. banderín.
flanco s.m. lado, costado, flanco.
flanela s.f. gamuza, franela.
flat s.m. apartamento, apart-hotel.
flato s.m. 1 flato, ventosidad, gas. 2 (vulg.) pedo.
flatulência s.f. flatulencia, flatuosidad, ventosidad.
flauta s.f. gaita, flauta.
flecha s.f. flecha, dardo, saeta.
flechada s.f. flechazo.
flertar v.t. flirtear, ligar, tontear, enamorar.
flerte s.m. flirteo, tonteo, ligue.
flexão s.f. 1 flexión. 2 (gram.) diferentes formas de las palabras variables.
flexibilidade s.f. 1 elasticidad, flexibilidad. 2 (fig.) docilidad, doblarse.
flexionar v.t. y i. flexionarse.
flexível adj. flexible, maleable, dócil, blando.
floco s.m. 1 copo (de lana, algodón, de nieve). 2 vello, grumo, tufo, mechón de pelo o lana.
flor s.f. (bot.) flor. *flor de laranjeira*, azahar. *flor-de-lis*, alhelí. *a fina flor*, la flor y nata. *não ser flor que se cheire*, no merecer confianza. *flor da idade*, flor de la vida.
florear v.i. 1 florecer. 2 adornar mucho un asunto.
floreio s.m. ribete, cháchara, adorno.
florescer v.i. 1 florecer. 2 (fig.) brillar, prosperar.
florescimento s.m. 1 florecimiento. 2 (fig.) progreso, prejanza.
floresta s.f. 1 bosque, floresta, selva. 2 (fig.) laberinto, enmarañado.
florestal adj. forestal.
floricultura s.f. floricultura, floristería, florería.
florido adj. floreciente, en flor, florido.
florir v.i. echar flores, florescer.
florir v.t. adornar, florear.
florista s.f. e m. florero, florista.
fluência s.f. fluidez.
fluente adj. fluyente, fluente, corriente, fluido, que brota o mana en abundancia.
fluidez s.f. 1 fluidez. 2 (fig.) espontaneidad.
fluido s.m. fluido.
fluir v.i. correr, brotar, transcurrir, fluir, manar en abundancia.
fluorescer adj. fluorescer.
flutuação s.f. flote, flotación.
flutuante adj. flotante.
flutuar v.i. 1 levitar, flotar. 2 (econ.) fluctar, variar, subir y bajar. 3 vacilar, dudar.
fluvial adj. fluvial, referente a los ríos.
fluxo s.m. 1 flujo, movimiento de líquidos o cuerpos fluidos. *fluxo da maré*, subida de la marea. 2 (fig.) torrente, abundancia, plenitud.
fobia s.f. temor, aversión, horror, fobia.
focalizar v.t. 1 centrar la imagen o la luz. 2 enfocar, destacar, hacer nítida la imagem.
focinheira s.f. bozal.
focinho s.m. hocico, nariz de perros, gatos etc.
foco s.m. punto principal, lugar de convergencia o de irradiación, foco.

foda *s.f.* jodienda, polvo, palo, cogida.
foda *adj.* jodido, embromado.
foder *v.i.* 1 (pop.) follar, putear, joder. 2 chingar, coger.
fofo *adj.* 1 esponjoso, blando, hinchado, gordo, fofo. 2 tierno dulce.
fofoca *s.f.* parloteo, chisme, habladuría, rumor.
fofocar *v.i.* parlotear, cotillear, chismear.
fofoqueiro *adj.* alcahuete, chismoso, soplón, cotillero, chusma, chismorrero.
fofoqueiro *s.m.* chismoso, cotillo.
fogão *s.m.* 1 cocina, fogón. 2 fuego, fogata, hoguera.
fogareiro *s.m.* hornillo, brasero, cocinilla, hornalla.
fogo *s.m.* 1 fuego. 2 (fig.) ardor, pasión. *estar de fogo*, estar borracho. *ser fogo*, ser muy difícil. *cozinhar em fogo brando*, cocinar o cocer al fuego bajo, marear la perdiz. *cuspir fogo*, echar chispas. *fogo de palha*, flor de un día. *pôr fogo na canjica*, entusiasmarse. *negar fogo*, fallar, fracasar.
fogoso *adj.* ardoroso, incandescente, fogoso, impetuoso.
fogueira *s.f.* hoguera, fogata, pira.
foguete *s.m.* cohete.
foice *s.f.* guadaña, hoz.
folclore *s.m.* folklore, creencias, tradiciones, leyendas, bailes, músicas, comidas y costumbres de un pueblo.
fole *s.m.* fuelle.
fôlego *s.m.* aliento, aguante, resistencia. *tomar fôlego*, cobrar aliento. *sem fôlego*, jadeante. *prender o fôlego*, aguantar el aliento, sujetar la respiración.
folga *s.f.* 1 descanso, pereza, reposo, ocio. 2 abuso o atrevimiento. 3 holgura, amplitud, ancho.
folgado *adj.* ancho, flojo, holgado, suelto, desahogado, amplio.

folgado *s.m.* 1 perezoso, holgazán, atrevido. 2 (fig.) caradura.
folgar *v.t.* ensanchar, holgar, librar.
folgazão *adj.* holgazán, ocioso.
folha *s.f.* (bot.) hoja. *folha de papel*, pliego. *folha de flandres*, hojalata. *folha de pagamento*, nómina, planilla o plantilla de pagos. *novo em folha*, nuevito. *folha corrida*, certificado de antecedentes penales. *folha de rosto*, página de créditos en un libro, pág. con derechos/contraportada.
folhado *s.m.* hojaldre.
folhagem *s.f.* hojarasca, follaje.
folhar *v.i.* hojaldrar.
folhear *v.t. y i.* 1 hojear, echar un vistazo. 2 bañar. *folheado a ouro*, bañado de oro.
folhetim *s.m.* suplemento literario, folletín, revista pequeña.
folheto *s.m.* panfleto, folleto.
folhinha *s.f.* calendario, almanaque.
folia *s.f.* farra, juerga, jarana, parranda.
folião *s.m.* parrandero, juerguista, farrista.
fome *s.f.* apetito, hambre. *fome extrema*, hambruna.
fomentar *v.t.* 1 estimular, incentivar, fomentar. 2 (fig.) excitar, desarrollar.
fomento *s.m.* estímulo, apoyo, protección, fomento.
fone *s.m.* teléfono, auricular. *colocar o fone no gancho*, colgar el teléfono. *deixar o fone fora do gancho*, dejar el teléfono descolgado. *tirar o fone do gancho*, descolgar el teléfono.
fonética *s.f.* (gram.) fonética.
fonologia *s.f.* fonología.
fonte *s.f.* 1 origen, fuente. 2 (anat.) temporales, sien. 3 (fig.) raíz. 4 fuente o tipo de letra.
fora *s.m.* error grave. *dar o fora*, largarse. *dar um fora*, meter la pata. *pôr para fora*, echar, desahogarse. *fora da lei*, sedicioso, maleante, bandido.

fora *adv.* fuera, afuera. *por fora*, ajeno, desinformado, no estar al tanto de.
fora *interj.* ¡fuera! ¡largo!
fora *prep.* salvo, aparte, excepto, menos.
foragido *adj.* huído, escondido.
foragido *s.m.* fugitivo, forajido.
foráneo *s.m.* foráneo.
forasteiro *adj.* forastero, extranjero.
forca *s.f.* cadalso, horca, patíbulo.
força *s.f.* fuerza, voltaje. *à força*, a la fuerza. *dar uma força*, dar, echar una mano. *a toda força*, a toda máquina. *força terrestre*, ejército de tierra.
forçado *adj.* forzado, obligado.
forçar *v.p.* violentarse.
forçar *v.t.* 1 constreñir, obligar. 2 estirar, romper, forzar.
forçoso *adj.* inexorable, violento, forzoso, necesario.
forense *adj.* judicial, pertenciente al foro judicial.
forjar *v.t.* 1 forjar, fabricar. 2 (fig.) imaginar, crear, inventar, falsear.
fôrma (ô) *s.f.* horma, molde. *fôrma de pudim*, flanera. *fora de forma*, en baja forma, fuera de forma.
forma *loc. conj. de forma*, de forma que.
forma *loc.adv. de forma alguma*, de ninguna manera.
forma *s.f.* manera, forma, apariencia.
formação *s.f.* composición, formación. *formação de perito*, peritaje.
formal *adj.* serio, evidente, formal, convencional.
formalidade *s.f.* etiqueta, formalidad, ceremonia.
formalizar *v.p.* 1 dar forma, actuar según un protocolo, código o ceremonia. 2 escandalizarse.
formalizar *v.t.* formalizar.
formando *s.m.* recién licenciado.
formão *s.m.* escoplo, formón.
formar *v.p.* formarse, diplomarse, recibirse.
formar *v.t.* trabajar, dar forma, formar.
formatar *v.t.* elaborar, dar forma, diseñar, formatear.
formativo *s.m.* configuración, forma, formato, dimensión.
formato *s.m.* forma, formato, modelo.
formatura *s.f.* colación, graduación, licenciatura, recibimiento; formación.
formidável *adj.* tremendo, extraordinario, formidable.
formiga *s.f.* hormiga. *como formiga*, en gran cantidad, mucho.
formigamento *s.m.* hormigueo, comezón, prurito, picazón.
formigar *v.i.* hormiguear, pulular, sentir hormigueo.
formigueiro *s.m.* 1 hormiguero. 2 (fig.) muchedumbre.
formoso *adj.* hermoso, bonito, bello, lindo.
formosura *s.f.* hermosura, beldad, belleza.
fórmula *s.f.* receta, fórmula, estilo.
formular *v.t.* recetar, exponer con claridad, formular.
formulário *s.m.* 1 recetario, formulario. 2 impreso, planilla. 3 colección de recetas.
fornada *s.f.* hornada.
fornalha *s.f.* horno, hornillo, fogón, hornalla.
fornecedor *adj.* suministrador, proveedor.
fornecedor *s.m.* abastecedor, suministrador, proveedor.
fornecer *v.t.* proveer, suplir, suministrar, abastecer, surtir, proporcionar.
fornecimento *s.m.* provisión, suministro.
fornicação *s.f.* coito, fornicación.
fornido *adj.* robusto, fornido, fuerte.
forno *s.m.* 1 hornalla, horno. 2 (fig.) lugar muy caliente.
foro *s.m.* foro, tribunales judiciales; jurisdicción; fueros.

forração s.f. cielorraso, forro, revestimiento.
forragem s.f. forraje.
forrar v.t. forrar. *forrar o estômago*, matar el hambre.
fortalecer v.t. y v.p. consolidarse, fortalecerse.
fortalecimento s.m. fortalecimiento, fortificación.
fortaleza s.f. 1 vigor, energía, fortaleza. 2 (mil.) fortificación, alcázar, fortaleza.
forte adj. robusto, fuerte, intenso.
forte adv. 1 con fuerza. 2 (fig.) capaz, hábil, fuertemente.
forte s.m. fortín, fuerte.
fortificante adj. reconstituyente.
fortificante s.m. tónico, reconstituyente.
fortificar v.t. y v.p. fortalecer, fortificarse.
fortuito adj. aleatorio, fortuito, accidental.
fortuna s.f. 1 dicha, fortuna, prosperidad, ventura, suerte, destino. 2 dinero, riqueza.
fórum s.m. 1 foro, juzgados, tribunales. 2 fuero, jurisdicción, privilegio. 3 conferencia, reunión.
fosco adj. opaco, mate.
fosfato s.m. (quím.) fosfato.
fosforescência s.f. fosforescencia.
fosforescente adj. fosforescente.
fosforescer v.t. emitir brillo fosforescente, fosforescer.
fósforo s.m. cerilla, fósforo.
fossa s.f. 1 zanja, pozo negro, fosa. 2 (pop.) depresión, abatimiento.
fóssil s.m. fósil.
fosso s.m. fosa.
fosso s.m. foso, hoyo, cavidad, excavación.
foto s.f. fotografía, foto.
fotocópia s.f. reproducción fotográfica, fotocopia.
fotogênico adj. fotogénico.
fotografar v.t. 1 retratar, fotografíar. 2 (fig.) describir.
fotografia s.f. retrato, foto, fotografía.
foz s.f. estuario, desembocadura.
fração s.f. parte, fracción.
fracassar v.i. fracasar, abortar.
fracasso s.m. 1 fracaso, fiasco. 2 (fig.) ruina.
fracionar v.t. seccionar, fraccionar.
fraco adj. frágil, débil, endeble, esmirriado, anémico.
fraco s.m. débil, cobarde.
frade s.m. fraile, monje.
frágil adj. débil, frágil. *sexo frágil*, la mujer, el sexo débil.
fragilidade s.f. delicadeza, fragilidad.
fragmentação s.f. fragmentación, división.
fragmentar v.t. y v.p. segmentar, fraccionar, fragmentarse.
fragmento s.m. trozo, fracción, retazo, fragmento.
fragrância s.f. aroma, fragancia, perfume.
fralda s.f. fajo, pañal.
framboesa s.f. (bot.) frambuesa.
franco adj. sincero, franco, campechano, libre.
franco s.m. antigua unidad monetaria de Francia y de Suiza.
francoatirador s.m. francotirador, guerrillero.
frango s.m pollo. *engolir um frango*, tragársela, tragar un sapo.
frangote s.m. palomino.
franja s.f. 1 flequillo (cabello). 2 fleco, franja (tejido).
franquear v.t. librar, eximir, franquear.
franqueza s.f. 1 lealtad, sinceridad, franqueza, generosidad. 2 (fig.) lisura.
franquia s.f. franqueo, franquicia, licencia de uso de una marca o producto.
franzino adj. raquítico, endeble, exíguo.
franzir v.t. arrugar, fruncir, contraer, crispar, plisar.
fraque s.m. frac, esmoquin, chaqué.
fraquejar v.i. flaquear, aflojar, ceder.

fraqueza *s.f.* debilidad, flojera, flaqueza.
frasco *s.m.* pomo, frasco.
frase *s.f.* frase, expresión.
fraternal *adj.* 1 fraternal. 2 (fig.) benévolo, afectuoso.
fraternidade *s.f.* hermandad, armonía, fraternidad.
fraterno *adj.* fraternal, fraterno.
fratura *s.f.* rompimiento, fractura, rotura.
fraturar *v.p.* fracturarse.
fraturar *v.t.* romper, fracturar, quebrar.
fraudar *v.t.* engañar, falsificar, simular, estafar.
fraude *s.f.* falsificación, fraude, estafa. Obs. el fraude (*s.m.*)
fraudulento *adj.* fraudulento.
freada *s.f.* frenazo.
frear *v.i.* detenerse, parar, frenar.
frear *v.t.* reprimir, contener, refrenar.
freguês *s.m.* cliente, comprador, parroquiano.
freguesia *s.f.* parroquia, clientela.
frei *s.m.* fray.
freio *s.m.* 1 rienda, freno. 2 (med.) frenillo. *não ter freio na língua*, no tener pelos en la lengua.
freira *s.f.* religiosa, monja.
frenesi *s.m.* entusiasmo, frenesí.
frenético *adj.* exaltado, nervioso, frenético.
frente *s.f.* 1 fachada, frente, cara. 2 masa de aire. 3 vanguardia. 4 liga, coalición. *à frente*, al frente. *em frente*, adelante. *frente a frente*, cara a cara. *na frente de*, antes de/adelante de.
frentista *s.* gasolinero, vendedor de estación de servicios.
frequência *s.f.* 1 repetición, frecuencia. 2 trato, frecuentación. 3 presencia, asiduidad.
frequentar *v.t.* 1 cursar, asistir a clases, estudiar. 2 ir con frecuencia, frecuentar.
frequente *adj.* habitual, asiduo, frecuente.

fresca *s.f.* frescura del ambiente, fresca, frescor.
fresco *adj.* 1 lozano, reciente, fresco, fresquito, frío. 2 novedoso. 3 (col.) afeminado.
frescor *s.m.* lozanía, frescor.
frescura *s.f.* 1 frescura, lozanía. 2 melindre, capricho. 3 (fam.) pamplina, tontería.
fresta *s.f.* grieta, rendija, hendidura.
fretar *v.t.* fletar, alquilar, embarcar mercaderías o persona para transporte.
frete *s.m.* flete.
fria *s.f.* apuro, lío, dificultad. *entrar numa fria*, meterse en un lío.
friagem *s.f.* frialdad, enfriamiento.
fricção *s.f.* frote, roce, fricción.
friccionar *v.t.* resfregar, frotar, friccionar, fregar.
fricote *s.m.* capricho, manía, malcriadez.
frieira *s.f.* 1 (med.) micosis en los pies. 2 sabañón.
frieza *s.f.* 1 indiferencia, frialdad. 2 (fig.) hielo.
frigideira *s.f.* sartén, freidora.
frigidez *s.f.* 1 frialdad, frigidez. 2 (fig.) indiferencia.
frígido *s.m.* frío, duro, insensible.
frigobar *s.m.* minibar.
frigorífico *s.m.* congelador, nevera, frigorífico, heladera.
frio *adj.* frío.
frio *s.m.* 1 frío. 2 (fig.) tieso. 3 *s.m.* (pl.) embutido, fiambre.
friorento *adj.* friolero, friolento.
frisar *v.t.* 1 subrayar, poner énfasis, hacer hincapié. 2 fresar, rizar, ondular.
fritar *v.t.* freír.
frito *adj.* frito. *estar frito*, estar fregado, ¡estoy frito! *fritas*, patatas o papas fritas.
fronha *s.f.* funda de almohada.
frontal *adj.* delantero, frontal.
fronteira *s.f.* frontera, división o límite.
fronteiriço *adj.* fronterizo, limítrofe, colindante.

frota s.f. 1 flota (militar y marítima). 2 conjunto de veículos de una empresa.
frouxo adj. 1 flaco, flojo, tibio. 2 (fam.) miedoso.
frustação s.f. fracaso, frustación.
frustar v.t. y v.p. decepcionar(se), frustar(se).
fruta s.f. (bot.) fruta. *fruta seca*, pasa (pasa de uva, pasa de higo etc.). *fruta-do-conde*, chirimoya. *frutas cítricas*, agrios, cítricos.
fruteira s.f. frutero.
frutífero adj. 1 fructífero. 2 (fig.) provechoso, útil.
frutificar v.i. dar frutos, fructificar.
fruto s.m. 1 (bot.) fruto. 2 (fig.) resultado, rendimiento. *colher os frutos*, recoger los frutos. *frutos do mar*, marisco.
fubá s.m. harina de maíz.
fuçar v.t. curiosear, revolver, fisgonear, husmear, registrar.
fuças s.f (pl.) hocico.
fuga s.f. evasión, huida, fuga, escape.
fugaz adj. momentáneo, temporal, fugaz.
fugir v.i. 1 huir, alzarse, fugarse, escapar. 2 dar un esquinazo.
fugitivo adj. fugitivo, hidizo.
fugitivo s.m. 1 fugitivo, forajido. 2 efímero, de carta duración, fugaz.
fulano s.m. perengano, fulano.
fuleiro adj. 1 de mal gusto, cursi, fulero. 2 chapucero, embustero, charlatán.
fulgor s.m. brillo, esplendor, fulgor.
fuligem s.f. hollín.
fulminar v.t. fulminar, aniquilar.
fumaça s.f. humareda, humo, fumarada. *e lá vai fumaça*, y tantos/y pico. *soltar fumaça pelas ventas*, echar humo, por las narices.
fumante adj. fumador.
fumante s.m. fumador.
fumar v.t. y v.i. fumar.
fumegar v.t. y v.i. 1 humear, echar humo. 2 fumigar, desparramar humo o pesticidas agrícolas con máquinas o desde una avioneta.

fumo s.m. humo, tabaco. *fumo de cachimbo*, tabaco de pipa.
função s.f. práctica, ejercicio, oficio, papel, función.
funcionalismo s.m. colectivo de los empleados públicos.
funcionamento s.m. actuación, trabajo, funcionamiento.
funcionar v.i. actuar, marchar, trabajar, funcionar.
funcionário s.m. empleado oficial. *funcionário público*, oficinista, funcionario, empleado del gobierno.
fundação s.f. 1 fundación, institución. 2 (arquit) cimientos, fundamentos.
fundamental adj. fundamental.
fundamentar v.p. 1 fundarse, basarse. 2 v.i. argumentar, fundamentar.
fundamentar v.t. y v.i. cimentar, fundamentar.
fundamento s.m. cimiento, basamento, fundamento.
fundar v.t. y v.p. establecer, instituir, erigir, crear, fundar(se).
fundição s.f. fusión, fundición.
fundir v.t. y v.p. fusionar, fundirse, derretirse. *fundir a cuca*, romperse la cabeza, quemarse los sesos.
fundo adj. hondo, profundo
fundo s.m. 1 fondo. 2 (pl.) fondos, recursos.
fúnebre adj. macabro, triste, fúnebre, luctuoso, funesto.
funeral adj. funerario, fúnebre.
funeral s.m. funeral, exequias, entierro, sepelio.
funesto adj. siniestro, trágico, triste, funesto, nefasto.
fungar v.i. sorber la nariz, estar con coriza.
fungo s.m. hongo, moho.
funicular adj. teleférico, funicular, cablecarril.
funil s.m. embudo.

funilaria *s.f.* chapistería, chapista, hojalatería.
funileiro *s.m.* chapista, hojalatero.
furacão *s.m.* huracán, tornado, tifón.
furadeira *s.f.* taladro, agujereadora, perforadora.
furador *adj.* agujereado, picado, perforador.
furar 1 *v.p.* malograrse, frustrarse, 2 *v.i.* fallar.
furar *v.t.* 1 agujerear, perforar, horadar. 2 (pop.) introducirse, penetrar. *fura-greve*, rompehuelga. *furar pneu*, pinchar un neumático, una goma. *furar fila*, colarse.
furgão *s.m.* furgón.
fúria *s.f.* furia, rabia, ira.
furioso *adj.* rabioso, furioso.
furo *s.m.* 1 agujero, orificio. 2 (jorn) noticia en primera mano. *dar um furo*, fallar, incumplir.
furor *s.m.* furor, saña.
furta-cor *adj.* con un color cambiante, tornasolado, con reflejo variados.
furtar *v.p.* esquivarse, eludir, evitar.
furtar *v.t. e v.i.* hurtar *furtar con destreza*, sonsacar.
furto *s.m.* robo, hurto.
fusão *s.f.* mezcla, reunión, alianza, fusión.
fusível *s.m.* cortacircuitos, fusible.
fuso *s.m.* huso, husillo. *fuso horário*, huso horario.
futebol *s.m.* fútbol, balompié. *futebol de botão*, futbolín. *futebol de salão*, fútbol sala.
fútil *adj.* frívolo, fútil.
futilidade *s.f.* futilidad, frivolidad.
futuro *adj.* futuro.
futuro *s.m.* porvenir, futuro.
fuxico *s.m.* (pop.) intriga, chisme, rumor, cotilleo.
fuzil *s.m.* fusil.
fuzilamento *s.m.* fusilamiento.
fuzuê *s.m.* 1 (pop.) lío jolgario, follón, juerga, espectáculo. 2 (vulg.) quilombo.

G g

g, G *s.m.* séptima letra del alfabeto portugués; se pronuncia como velar sonora antes de *a, o, u* como en *galo*. Se pronuncia como fricativa palatoalveolar sonora antes de *e, i*, como en *gema*.
gabar *v.t.* alabar, lisonjear, adular.
gabar *v.p.* vangloriarse, jactarse, dárselas de.
gabarito *s.m.* 1 clave de respuesta. 2 categoría, clase.
gabinete *s.m.* 1 oficina, despacho, gabinete. 2 gabinete, armario.
gadanha *s.f.* guadaña.
gado *s.m.* ganado. *gado grosso*, ganado mayor. *gado miúdo*, ganado menor. *gado suíno*, ganado porcino. 3 ganadería.
gafanhoto *s.m.* saltamontes, langosta.
gafe *s.f.* error, metedura de pata.
gagá *adj.* chocho, gagá.
gago *s.m.* tartamudo, tartaja, gago.
gaguejar *v.t.* tartamudear.
gaguejar *v.i.* tartamudear, dudar.
gaiola *s.f.* jaula.
gaita *s.f.* armónica. *gaita de fole*, gaita gallega.
gaivota *s.f.* gaviota.
gaivota *s.m.* tonto, estúpido.
gala *s.f.* gala. *fazer galas*, jactarse, hacer gala.
galã *s.m.* galán.
galanteio *s.m.* galantería, piropo, galanteo.
galão *s.m.* galón.
galático *adj.* galáctico.
galera *s.f.* grupo, panda, gente, hinchada.
galeria *s.f.* pasillo, nave, galería.
galheteiro *s.m.* vinagreras, aceitera.
galho *s.m* rama. *dar um galho*, traer dificuldades. *quebrar um galho*, ayudar, echar una mano.
galinha *s.f.* 1 gallina. 2 mujeriego. *galinha d'angola*, pintada. *galinha-morta*, cobarde, miedoso. *dormir com as galinhas*, dormir como las gallinas. *quando as galinhas tiverem dentes*, nunca, jamás, cuando las ranas tengan pelo.
galo *s.m.* gallo. *galo garnisé*, bronquista. *cantar de galo*, querer mandar. *cozinhar o galo*, marear la perdiz. *ouvir cantar o galo e não saber onde*, oír campanas.
galopar *v.i.* galopar, cabalgar.
galpão *s.m.* almacén, galpón.
gamar *v.i.* enamorarse, quedar fascinado.
gambá *s.m.* zorrillo, zorrino, mofeta. *bêbado como um gambá*, borracho como una cuba. *feder como um gambá*, oler a tigre.
gameta *s.f.* gameto.
ganância *s.f.* ambición, codicia.
gancho *s.m.* garfio, enganche, gancho.
gandaia *s.f.* juerga, parranda. *cair na gandaia*, echar una cana al aire, salir de farra.
gandula *s.* recogepelotas.
gangorra *s.f.* balancín. *viver na gangorra*, vivir con altibajos.
gangue *s.f.* banda, pandilla.
ganhar *v.t.* 1 ganar, triunfar, vencer. 2 ganar, devengar, percibir. 3 recibir un regalo. *ganhar a vida*, ganarse la vida. *ganhar por sorteio*, tocar.
ganho *adj.* ganado (participio del verbo ganar). 2 ganancia. *ganho de causa*, ganar una causa.

ganso *s.m.* ganso. *ganso selvagem*, ánsar. *afogar o ganso*, follar, tener relaciones sexuales.
garagem *s.f.* cochera, garaje.
garanhão *adj.* mujeriego.
garanhão *s.m.* garañón, semental, caballo.
garantia *s.f.* garantía.
garantir *v.t.* afirmar, asegurar, garantizar.
garantir *v.p.* librarse, defenderse.
garçom *s.m.* camarero, mesero, mozo.
garfo *s.m.* tenedor. *não acertar a boca com o garfo*, no dar pie con bola. *ser um bom garfo*, tener buen diente.
gargalhada *s.f.* carcajada.
gargalo *s.m.* cuello (de la botella), pitón.
garganta *s.f.* garganta. *não passar pela garganta*, ser intolerante, no tragar. *molhar a garganta*, beber alcohol. *limpar a garganta*, carraspear, aclarar la voz.
gargarejo *s.m.* 1 gárgara. 2 primera fila.
gari *s.m.* barrendero.
garimpeiro *s.m.* buscador de oro, piedras y metales preciosos.
garoa *s.f.* llovizna, garúa.
garota *s.f.* chica, niña.
garotada *s.f.* muchachada.
garoto *s.m.* chico, niño.
garra *s.f.* zarpa, garra.
garrafa *s.f.* botella. *garrafa térmica*, termo. *garrafinha para bebida*, petaca.
garrafão *s.m.* bombona, garrafón.
garrancho *s.m.* garabato, pintarrajo.
garrote *s.m.* becerro, cruz.
garupa *s.f.* grupa, asiento trasero.
gás *s.m.* gas. *gás encanado*, gas ciudad. *gás engarrafado*, bombona o garrafa de gas.
gasolina *s.f.* nafta, gasolina.
gasoso *adj.* gaseoso.
gastar *v.t.* 1 gastar. 2 usar, emplear, deteriorar.
gasto *adj.* 1 gastado. 2 desgastado, envejecido.

gasto *s.m.* gasto.
gastrite *s.f.* gastritis.
gatilho *s.m.* gatillo. *gatilho salarial*, reajuste salarial de acuerdo con la inflación.
gato *s.m.* gato. *fazer de gato e sapato*, tener dominado, tener debajo de la pata.
gatuno *adj.* caco, chorizo, ratero.
gaveta *s.f.* cajón, cajonera.
gavião *s.m.* ave rapaz, gavilán.
gaze *s.f.* gasa.
geada *s.f.* escarcha, hielo, helada.
gear *v.i.* escarchar, helar.
geladeira *s.f.* nevera, refrigerador, frigorífico, heladera.
gelar *v.t.* enfriar.
geleia *s.f.* 1 mermelada. 2 jalea.
geleira *s.f.* glaciar, helero, ventisquero.
gélido *adj.* 1 gélido, helado, frio. 2 petrificado.
gelo *s.m.* hielo. *dar um gelo em/ pôr no gelo*, ser frio, ignorar.
gema *s.f.* yema. *da gema*, auténtico.
gêmeo *adj.* mellizo, gemelo.
gemer *v.i.* 1 gemir. 2 lamentarse
gemido *s.m.* gemido, quejido.
gene *s.m.* gen, gene.
general *s.m.* caudillo, general.
generalizar *v.t.* extender, difundir, generalizar.
gênero *s.m.* estilo, género. *fazer gênero*, fingir, aparentar. *não fazer gênero*, no agradar. *gêneros de primeira necessidade*, artículos de primera necesidad.
generosa *adj.* complaciente.
generoso *adj.* espléndido, generoso.
genético *adj.* genético, hereditario.
gengibre *s.m.* jengibre.
gengiva *s.f.* encía.
genial *adj.* genial.
gênio *s.m.* genio. *gênio das trevas/gênio do mal*, diablo.
genro *s.m.* yerno, hijo político.
gentalha *s.f.* gentuza, chusma, populacho.

gente *s.f.* gente, grupo, persona. *a gente*, nosotros, uno. *entender-se por gente*, tener uso de razón. *gente boa*, buena gente. *minha gente*, amigos (míos).
gentil *adj.* amable, generoso, gentil.
gentileza *s.f.* cortesía, cumplido, gentileza.
genuíno *adj.* puro, genuino.
geografia *s.f.* geografía.
geometria *s.f.* geometría.
geração *s.f.* 1 generación, fecundación, concepción. 2 generación, prole.
geral *adj.* general.
geral *s.m.* general, lo común. *dar uma geral*, limpieza general. *levar uma geral*, registro.
gerânio *s.m.* geranio.
gerar *v.t.* 1 crear, engendrar, generar. 2 generar, producir. 3 *v.p.* nacer, formarse, engendrarse.
gerente *s.* gerente, gobernanta.
gergelim *s.m.* sésamo, ajonjolí.
geringonça *s.f.* jerga, jeringonza.
germe *s.m.* microbio, germen.
germinar *v.i.* nacer, germinar.
germinar *v.t.* producir, generar, originar.
gesso *s.m.* escayola, yeso. *gesso fino*, yeso blanco. *gesso grosso*, yeso negro.
gestação *s.f.* gestación.
gestante *adj.* gestante.
gestante *s.f.* embarazada, gestante.
gestão *s.f.* gestión.
gesto *s.m.* gesto, además.
gibi *s.m.* cómic, tebeo, tira, historieta. *não estar no gibi*, ser increíble.
gigante *s.* coloso, gigante.
gigante *adj.* enorme, gigantesco, gigante.
gigolô *s.m.* chulo, amante, gigoló.
gilete *s.f.* cuchilla (de afeitar).
gilete *adj.* bisexual.
gim *s.m.* ginebra, gin.
ginásio *s.m.* gimnasio (deportivo), polideportivo. *ginásio de esportes*, palacio de deportes, pabellón deportivo.
ginástica *s.f.* ejercicios, gimnasia.

ginecologista *s.* ginecólogo.
ginga *s.f.* meneo, ritmo, balanceo.
girafa *s.f.* jirafa.
girar *v.i.* dar vueltas, girar.
girassol *s.m.* girasol.
gíria *s.f.* dialecto, habla, jerga.
girino *s.m.* renacuajo.
giro *adj.* alocado, loco, chiflado.
giz *s.m.* tiza. *giz de cera*, lápiz de cera.
glândula *s.f.* glándula.
glicose *s.f.* azúcar, glucosa.
global *adj.* integral, total, global. *artista global*, artista de la cadena Globo de televisión.
globo *s.m.* globo.
glóbulo *s.m.* globo pequeño, globito, glóbulo.
glória *s.f.* fama, honor, gloria.
glossário *s.m.* vocabulario, glosario.
glutão *adj.* comilón, glotón.
glutão *s.m.* comilón, glotón.
goela *s.f.* garganta, gaznate. *molhar a goela*, tomar un trago.
gogó *s.m.* nuez, manzana/bocado de Adán.
goiaba *s.f.* guayaba.
goiaba *s.* persona desagradable, aburrida.
gol *s.m.* 1 portería, meta, arco. 2 gol. *fechar o gol*, no hacer/recibir ningún gol. *gol contra*, gol en meta. *gol de placa*, golazo.
gola *s.f.* cuello (de camisa), escote. *gola olímpica*, cuello alto. *gola rulê*, cuello doble.
gole *s.m.* trago, sorbo, buche.
goleiro *s.m.* portero, guardameta, arquero.
golfe *s.m.* golf.
golfinho *s.m.* delfín.
golfo *s.m.* golfo.
golpe *s.m.* golpe, estafa. *golpe do baú*, braguetazo, casarse por dinero. *dar o golpe*, estafar.
golpear *v.t.* dar golpes, golpear.
goma *s.f.* resina, goma.
gomo *s.m.* casco, gajo.
gôndola *s.f.* góndola, estantería.

gonorreia *s.f.* gonorrea.
gorar *v.t.* frustrar, malograr, fracasar.
gordo *adj.* 1 con grasa, grasiento. 2 gordo, obeso.
gordo *s.m.* gordo.
gorducha *adj.* pepona.
gorducho *adj.* gordinflón.
gordura *s.f.* grasa.
gorduroso *adj.* grasiento.
gorjeta *s.f.* gratificación, propina.
gororoba *s.f.* comistrajo, potingue.
gorro *s.m.* gorro.
gostar *v.t.* gustar, querer, sentir atracción.
gosto *s.m.* paladar, sabor, gusto. *gosto estragado*, mal gusto.
gostoso *adj.* 1 rico, sabroso, exquisito. 2 lindo, atractivo.
gota *s.f.* gota. *ser a gota d'água*, ser la gota que colma el vaso.
goteira *s.f.* gotera.
governador *s.m.* gobernador.
governanta *s.f.* ama de llaves.
governar *v.t.* dirigir, dominar, gobernar.
governista *adj.* gubernamental.
governo *s.m.* dominio, control, gobierno. *para o seu governo*, para que lo sepas.
gozação *s.f.* burla, mofa, broma.
gozador *adj.* bromista, burlón.
gozar *v.t.* disfrutar, burlarse, bromear, gozar.
gozar *v.i.* correrse, eyacular, tener orgasmo.
graça *s.f.* gracia. *de graça*, gratis, muy barato. *ficar sem graça*, perder la gracia. *ser/estar/ ficar uma graça*, lindo, precioso.
gracioso *adj.* armonioso, gracioso, divertido.
grade *s.f.* reja. *grade de programação*, programación. *grade curricular*, plan curricular. *grade horária*, horario. *atrás das grades*, entre rejas.
graduação *s.f.* 1 graduación. 2 categoría.
graduar *v.t.* graduar.
graduar *v.p.* licenciarse, graduarse, recibirse.

gráfica *s.f.* imprenta, tipografía.
gráfico *s.m.* 1 gráfica, gráfico. 2 técnico, operario de imprenta.
grã-fino *adj.* rico, elegante, fino.
grafite *s.m.* mina, grafito, carboncillo.
grafite *adj.* negro (color).
gralha *s.f.* grajo, graja.
grama *s.f.* hierba, césped, pasto. *comer grama*, pasarlo mal.
grama *s.m.* gramo.
gramado *s.m.* césped.
gramática *s.f.* gramática.
grampeador *s.m.* grapadora, grampeadora.
grampear *v.t.* grapar, grampear.
grampo *s.m.* 1 horquilla, invisible, gancho. 2 mecanismo de pinchar teléfonos.
grana *s.f.* dinero, plata, guita.
granada *s.f.* granada.
grandalhão *s.m.* grandullón.
grande *adj.* gran, grande, importante. La posición puede hacer cambiar el significado, como en *homem grande* = hombre grande en tamaño y *grande homem* = hombre ilustre.
granizo *s.m.* piedra, granizo, pedrisco.
granja *s.f.* finca, granja.
grão *s.m.* simiente, grano.
grão-de-bico *s.m.* garbanzo.
gratidão *s.f.* gratitud.
gratificação *s.f.* propina, gratificación. *gratificação de Natal*, paga/extraordinaria de Navidad, aguinaldo.
gratificar *v.t.* pagar, remunerar, gratificar.
grátis *adv.* gratuitamente, gratis.
grato *adj.* agradecido, grato.
gratuito *adj.* gratis, gratuito.
grau *s.m.* nivel, grado.
gravação *s.f.* grabación, grabado.
gravador *s.m.* grabadora.
gravar *v.t.* 1 grabar, memorizar. 2 esculpir.
gravar *v.* inscribir, fijar, grabar.
gravata *s.f.* 1 corbata. 2 llave.

grave *adj.* profundo, grave.
graveto *s.m.* rama, ramita.
grávida *adj.* embarazada, encinta.
gravidade *s.f.* intensidad, gravedad.
gravidez *s.f.* gestación, embarazo, gravidez.
gravura *s.f.* grabado.
graxa *s.f.* 1 betún. 2 grasa, lubrificante.
grego *adj.* griego.
grelha *s.f.* grill, parrilla.
grêmio *s.m.* club, asociación, gremio.
greve *s.f.* huelga, paro. *greve de braços cruzados*, huelga de brazos caídos.
grevista *s.* huelguista.
grifar *v.t.* destacar, resaltar, subrayar.
grife *s.f.* marca comercial. *de grife*, de marca.
grifo *s.m.* subrayado.
grilo *s.m.* grillo. *dar grilo*, ser problemático. *sem grilo*, sin problema/complicación.
grinalda *s.f.* corona, tocado, guirnalda.
gringo *s.m.* extranjero, gringo.
gripe *s.f.* catarro, gripe.
grisalho *adj.* canoso, entrecano.
gritar *v.i.* gritar, protestar.
gritaria *s.f.* ruido, griterío.
grito *s.m.* grito, clamor. *aos gritos*, a gritos, dando gritos. *no grito*, a/por la fuerza.
grogue *adj.* grogui.
grosa *s.f.* escarpelo, escofina.
grosseirão *s.m.* cateto, patán.
grosseria *s.f.* indelicadeza, grosería.
grosso *adj.* 1 ancho, grueso, grosero. 2 basto. *falar grosso*, hablar fuerte, imponerse.
grossura *s.f.* espesor, grosor.
grudar *v.t.* unir, pegar, adherir.
grude *s.m.* 1 cola, pegamento. 2 acción de estar muy junto/pegado, pegote.
grumo *s.m.* moco, grumo.
grupo *s.m.* conjunto, lote, grupo. *grupo de alistados*, alistamiento. *grupo parlamentar*, grupo parlamentario.
guaraná *s.m.* guaraná (árbol/ bebida)

guarda *s.f.* 1 tutela. 2 guardia. *guarda metropolitana*, policía municipal/urbana.
guarda *s.m.* guardia, guarda. *guarda-florestal*, guardabosque. *guarda-fogo*, cortafuego.
guarda-chuva *s.m.* paraguas.
guarda-costas *s.m.* patrullera, guardaespaldas, escolta.
guardanapo *s.m.* servilleta.
guardar *v.t.* mantener, guardar.
guarda-roupa *s.m.* armario, ropero, guardarropa.
guarda-sol *s.m.* sombrilla, quitasol.
guarida *s.f.* albergue.
guarita *s.f.* garita, vigía.
guarnecer *v.t.* abastecer, adornar.
guarnição *s.f.* adorno, orla.
gude *adj.* bola.
guerra *s.f.* conflicto bélico, guerra. *velho de guerra*, viejo.
guerrilha *s.f.* guerrilla.
guia *s.* guía, cicerone. *guia de cegos*, lazarillo. *guia de ruas*, callejero. *guia rebaixada*, vado.
guia *s.f.* formulario, recibo, impreso.
guiar *v.t.* orientar, guiar, conducir, manejar.
guichê *s.m.* ventanilla, taquilla.
guidão *s.m.* guía.
guidom *s.m.* manillar.
guilhotina *s.f.* guillotina.
guinada *s.f.* bandazo, giro, volantazo.
guincho *s.m.* 1 grúa. 2 gruñido, chillido.
guindaste *s.m.* grúa.
guitarra *s.f.* guitarra eléctrica.
guizo *s.m.* cascabel.
gula *s.f.* gula.
guloseima *s.f.* golosina.
guloso *adj.* glotón, comilón.
guri *s.m.* niño, gurí.
guru *s.m.* guru, mentor, guía.

H h

h, H *s.m.* octava letra del alfabeto portugués; su nombre es *agá*. Como en español, es una letra muda, que no se pronuncia al principio de la sílaba. Se usa gráficamente en los dígrafos *ch*, *lh* y *nh*. Se usa también como símbolo de *hora*.
hábil *adj.* diestro, hábil. *tempo hábil*, plazo.
habilidade *s.f.* maña, presteza.
habilitação *s.f.* habilitación.
habilitar *v.t.* facultar, recibir la titulación, habilitar.
habilitar *v.p.* estar dispuesto, ofrecerse.
habitação *s.f.* vivienda, casa.
habitante *s.m.* habitante.
habitar *v.t.* vivir, habitar, poblar.
hábito *s.m.* 1 hábito, costumbre. 2 hábito monjil.
hálito *s.m.* aliento, hálito.
hambúrguer *s.m.* hamburguesa.
handebol *s.m.* balonmano.
harém *s.m.* harén.
harmonia *s.f.* armonía.
harmonioso *adj.* armonioso.
harpa *s.f.* arpa.
haste *s.f.* mástil, palo, astil, tallo.
havana *s.m.* habano, puro.
haver *v. imper.* existir, haber. *haja o que houver*, pase lo que pase. *haver por bem*, tener por bien. *não há de quê!*, no hay de qué, de nada.
haver *v. aux.* junto con el participio pasado forma los tiempos compuestos del pretérito: *Ele havia chegado de viagem*, Él había llegado de viaje; junto con el infinitivo antecedido por la preposición *de* forma los tiempos compuestos del futuro: *O senhor há de perceber que seu filho está com a razão*, Ud. se dará cuenta que su hijo tiene razón.
hebreu *adj.* hebreo.
hectare *s.m.* hectárea.
hediondo *adj.* repugnante, horroroso.
hélice *s.f.* hélice.
helicóptero *s.m.* helicóptero.
heliporto *s.m.* helipuerto.
hem *interj.* 1 ¡eh!, expresa interrogación, espanto, indignación. 2 ¡ejem!, expresa deseo de que se repita lo dicho. 3 ¿de acuerdo? Expresa solicitud de confirmación.
hematoma *s.m.* cardenal, hematoma.
hemisfério *s.m.* hemisferio.
hemofilia *s.f.* hemofilia.
hemorragia *s.f.* hemorragia.
hemorroidas *s.f.* almorranas, hemorroides.
hepatite *s.f.* hepatitis.
hera *s.f.* hiedra, yedra.
herança *s.f.* sucesión, herencia.
herdar *v.t.* heredar.
herdeiro *s.m.* heredero.
herege *adj.* hereje, heterodoxo.
heresia *s.f.* locura, absurdo, herejía.
hermafrodita ou **hermafrodito** *adj.* bisexual, hermafrodita.
hermético *adj.* difícil, cerrado, hermético.
hérnia *s.f.* hernia.
heroi *s.m.* héroe.
heroína *s.f.* heroína.
herpes *s.f.* herpes.
hertz *s.m.* hercio, hertz.

hesitação *s.f.* duda, indecisión.
hesitar *v.t.* dudar.
heterogêneo *adj.* heterogéneo.
heterossexual *adj.* heterosexual.
hiato *s.m.* hiato.
hibernação *s.m.* hibernación, letargo.
hidratar *v.t.* hidratar.
hidráulica *s.f.* fontanería.
hidráulico *adj.* hidráulico.
hidrelétrico *adj.* hidroelétrico.
hidroavião *s.m.* hidroavión.
hidrofobia *s.f.* hidrofobia.
hidrogênio *s.m.* hidrógeno.
hidromassagem *s.f.* hidromasaje.
hidrômetro *s.m.* zapatero.
hidrovia *s.f.* vía navegable, río, hidrovia.
hiena *s.f.* hiena.
hierarquia *s.f.* jerarquía.
hífen *s.m.* guión.
higiênico *adj.* higiénico.
hilariante *adj.* muy cómico, gracioso, hilariante.
hino *s.m.* himno.
hipérbole *s.f.* exageración, hipérbole.
hipertensão *s.f.* hipertensión.
hipertrofia *s.f.* hipertrofia.
hípico *adj.* hípico.
hipismo *s.m.* hípica.
hipnose *s.f.* hipnosis.
hipocondria *s.f.* aprensión, hipocondría.
hipocondríaco *adj.* aprensivo, hipocondriaco.
hipocrisia *s.f.* hipocresía.
hipócrita *adj.* hipócrita.
hipopótamo *s.m.* hipopótamo.
hipoteca *s.f.* hipoteca.
hipótese *s.f.* hipótesis.
hispano-americano *adj.* hispanoamericano.
hispanoparlante *s.m.* hispanohablante.
histeria *s.f.* escándalo, histeria.
história *s.f.* historia. *história em quadrinhos,* historieta. *não ficar ninguém para contar a história,* no quedar nadie para contarlo. *história do arco-da-velha,* historia increíble. *história para boi dormir,* mentira, engaño.
historiador *s.m.* historiador.
histórico *adj.* histórico.
hobby *s.m.* pasatiempo, afición, hobby.
hoje *adv.* hoy. *hoje em dia,* hoy en día, hoy día.
holofote *s.m.* foco, proyector. *estar sob os holofotes,* estar ante los focos.
hombridade *s.f.* hombría.
homem *s.m.* ser humano, humanidad, hombre, *homem-feito,* hombre hecho y derecho, *homem das cavernas,* cavernícola.
homenagem *s.f.* homenaje.
homenzarrão *s.m.* hombretón.
homeopata *adj.* homeópata.
homeopatia *s.f.* homeopatía.
homicídio *s.m.* homicidio.
homogêneo *adj.* homogéneo.
homologação *s.f.* aprobación, confirmación, ratificación.
homônimo *adj.* homónimo.
homossexual *adj.* homosexual.
honestidade *s.f.* honradez, honestidad.
honesto *adj.* honrado, honesto.
honorário *adj.* emolumento, honorario.
honra *s.f.* honor, gloria, honra.
honrado *adj.* honesto, honrado.
honrar *v.t.* honrar.
honrar *v.p.* honrar, ennoblecer.
hora *s.f.* hora. *hora aula,* hora de clase. *hora de verão,* horario de verano. *em cima da hora,* con la hora encima. *fazer hora,* hacer tiempo. *fora de hora,* fuera de plazo. *hora H,* hora de la verdad. *perder a hora,* retrasarse. *hora marcada,* cita.
horário *adj.* por hora, horario. *fuso horário,* huso horario.
horário *s.m.* horario. *horário de pico,* horario de punta.

horizonte *s.m.* horizonte.
hormônio *s.m.* hormona.
horóscopo *s.m.* horóscopo.
horrendo *adj.* horrendo.
horrível *adj.* feo, espantoso, horrible.
horror *s.m.* espanto, horror.
horrorizar *v.t.* horrorizar.
horta *s.f.* huerta, huerto. *chover na horta de alguém*, tener suerte.
hortaliça *s.f.* hortaliza.
hortelã *s.f.* hierbabuena, menta.
hortênsia *s.f.* hortensia.
horticultor *s.m.* hortelano, horticultor.
hospedagem *s.f.* aposento, hospedaje.
hospedaria *s.f.* pensión, albergue, hostería.
hóspede *s.m.* e *f.* huésped.
hospício *s.m.* manicómio, psiquiátrico.
hospital *s.m.* sanatorio, hospital.
hospitalar *adj.* hospitalario.
hospitaleiro *adj.* hospitalario.
hóstia *s.f.* hostia.
hostilidade *s.f.* hostilidad.
hotel *s.m.* hotel.
hotelaria *s.f.* hostelería.
humanidade *s.f.* humanidad.
humano *adj.* bondadoso, humano.
humildade *s.f.* humildad.
humilde *adj.* sencillo, pobre, humilde.
humilhação *s.f.* humillación.
humilhar *v.t.* humillar.
humo *s.m.* húmus, humus.
humor *s.m.* ánimo, humor.
húmus *s.m.* mantillo, humus.

I i

i, I *s.m.* novena letra del alfabeto portugués; su nombre es *i*. Representa la vocal alta, anterior y cerrada, como en *igreja* y *disco*, que se nasaliza cuando va seguida de *m* o *n*, como en *imposto* e *incidente*.
iate *s.m* yate.
ibero-americano *adj.* iberoamericano.
ibope *s.m.* 1 índice de audiencia. 2 prestigio. 3 éxito.
içar *v.t.* levantar, izar.
ícone *s.m.* 1 icono, símbolo. 2 icono, imagen.
ida *s.f.* 1 salida, partida. 2 viaje de ida. 2 billete, pasaje de ida.
idade *s.f.* 1 edad, cantidad de años. 2 edad, era, época.
ideal *adj.* 1 ideal, imaginario. 2 ideal, perfecto.
idealizar *v.t.* 1 idealizar, fantasiar, imaginar. 2 sublimar.
ideia *s.f.* idea, quimera, sueño. *trocar uma ideia*, intercambiar ideas.
idêntico *adj.* idéntico, igual.
identidade *s.f.* 1 identidad, igualdad. 2 identidad, conjunto de rasgos de una persona. 3 cédula de identidad.
identificação *s.f.* identificación, compenetración.
identificar *v.p.* identificarse, compenetrarse.
identificar *v.t.* identificar.
ideologia *s.f.* ideología.
idioma *s.m.* lenguaje, idioma.
idiossincrasia *s.f.* idiosincrasia, temperamento, carácter.
idiota *adj.* idiota, tonto, torpe.
idiotice *s.f.* idiotez.

idiotismo *s.m.* idiotismo, rasgo o construcción peculiar a una determinada lengua.
ídolo *s.m.* 1 estatua, ídolo. 2 (fig.) ídolo, objeto de pasión o veneración.
idôneo *adj.* idóneo, apto, capaz.
idoso *adj.* viejo, anciano, mayor de edad.
ignição *s.f.* ignición, combustión.
ignorância *s.f.* ignorancia.
ignorante *adj.* 1 ignorante, iletrado. 2 rudo, tosco, ordinario.
ignorar *v.t.* ignorar.
igreja *s.f.* 1 iglesia, templo. 2 iglesia, comunidad. *casar na igreja*, casarse por la iglesia.
igual *adj.* igual, semejante, idéntico.
igual *conj.* igual que, como.
igual *s.m.* semejante.
igualdade *s.f.* igualdad.
iguaria *s.f.* bocado, exquisitez, plato, comida.
ilegal *adj.* ilegal, ilegítimo.
ilegítimo *adj.* ilegítimo, falso.
ilegível *adj.* ilegible.
ileso *adj.* ileso.
ilha *s.f.* (geog) isla. *ilha de edição*, equipo de edición.
ilhar *v.t.* y *v.p.* aislar(se).
ilhós *s.m.* ojete.
ilícito *adj.* ilícito, ilegal.
ilícito *s.m.* acción ilícita.
ilógico *adj.* ilógico, absurdo.
iludido *adj.* ilusionado.
iludir *v.t.* 1 engañar. 2 *v.p.* ilusionar(se).
iluminação *s.f.* 1 iluminación, irradiación. 2 iluminación, conjunto de lámparas. 3 iluminación, inspiración.

iluminar

iluminar *v.t.* 1 iluminar, alumbrar. 2 (fig.) dar brillo, reflejar. 3 *v.p.* iluminarse, alumbrarse.
ilusão *s.f.* 1 ilusión, engaño. 2 ilusión, sueño, quimera.
ilustração *s.f.* 1 ilustración, imagen. 2 ilustración, saber, erudición.
ilustrar *v.t.* 1 ilustrar, glorificar. 2 ilustrar, aclarar. 3 ilustrar, iluminar, alumbrar. 4 instruir. 5 ilustrar, decorar con imágenes. 6 *v.p.* instruir(se).
ilustre *adj.* ilustre.
ímã *s.m.* 1 imán. 2 (fig.) objeto que atrae.
imagem *s.f.* imagen.
imaginação *s.f.* 1 imaginación. 2 imaginación, invención. 3 imaginación, creencia, superstición.
imaginar *v.t.* imaginar, inventar.
imaturidade *s.f.* inmadurez.
imaturo *adj.* 1 inmaduro. 2 prematuro, precoz.
imbecil *adj.* 1 imbécil, idiota, tonto. 2 imbécil, retrasado.
imediação *s.f.* inmediación.
imediato *adj.* inmediato, próximo.
imenso *adj.* inmenso, enorme, muy grande.
imerso *adj.* inmerso.
imigração *s.f.* inmigración.
imigrante *adj.* inmigrante.
imitação *s.f.* imitación.
imitar *v.t.* 1 imitar, copiar, reproducir, falsificar. 2 remedar. 3 *v.p.* asemejarse a.
imobiliária *s.f.* inmobiliaria.
imobilizar *v.t.* inmovilizar.
imoral *adj.* inmoral.
imortal *adj.* inmortal.
imortal *s.* académico, miembro de la Academia Brasileña de Letras.
imóvel *adj.* inmóvil.
imóvel *s.m.* inmueble.
impaciência *s.f.* impaciencia.
impacto *s.m.* 1 impacto, choque, colisión. 2 impacto, impresión fuerte.
ímpar *adj.* 1 impar. 2 sin par, sin igual, único.

imparcial *adj.* imparcial.
impasse *s.m.* problema, crisis, callejón sin salida.
impedimento *s.m.* 1 impedimento, obstáculo, prohibición. 2 fuera de juego.
impedir *v.t.* impedir, dificultar, interrumpir.
impelir *v.t.* impulsar, hacer mover.
impenetrável *adj.* inamovible, inpenetrable.
imperador *s.m.* emperador.
imperativo *adj.* imperativo.
imperativo *s.m.* imperativo, imposición.
imperdoável *adj.* imperdonable.
imperfeição *s.f.* imperfección.
imperfeito *adj.* imperfecto.
imperialismo *s.m.* imperialismo.
império *s.m.* imperio.
impermeável *adj.* 1 impermeable. 2 gabardina.
impertinência *s.f.* impertinencia.
impessoal *adj.* impersonal.
ímpeto *s.m.* ímpetu, ataque, fuerza.
impiedoso *adj.* despiadado.
impingir *v.t.* infligir, aplicar, imponer.
implacável *adj.* implacable.
implantar *v.t.* 1 implantar, poner en marcha, establecer. 2 implantar, hacer un implante.
implante *s.m.* implante.
implementar *v.t.* implementar.
implicância *s.f.* 1 mala voluntad, mala idea, antipatía. 2 implicación, consecuencia.
implicar *v.t.* 1 enfadar, provocar, mostrar antipatía. 2 dar a entender, presuponer. 3 acarretar. 4 *v.p.* implicarse, involucrarse.
implícito *adj.* implícito, sobrentendido.
implodir *v.t.* detonar, volar, explotar.
implorar *v.t.* implorar.
impor *v.t.* 1 imponer, establecer, fijar. 2 *v.p.* imponer(se).
importação *s.f.* importación.
importância *s.f.* 1 importancia. 2 cantidad, suma.

importar v.t. 1 importar, hacer caso, interesar. 2 (com.) importar, introducir, traer.
importunar v.t. incomodar, importunar.
imposição s.f. imposición.
impossível adj. imposible, insoportable.
imposto adj. impuesto.
imposto s.m. impuesto, tributo. *imposto de renda*, impuesto sobre la renta.
impostor s.m. impostor.
imprecisão s.f. imprecisión.
impregnar v.t. impregnar.
imprensa s.f. 1 periodismo, prensa. 2 (graf.) imprenta. *imprensa marrom*, prensa sensacionalista. *imprensa televisionada*, periodismo de televisión.
imprescindível adj. imprescindible.
impressão s.f. 1 impresión, huella. 2 impresión, sensación 3 impresión, opinión. *impressão digital*, huella dactilar.
impressionar v.t. impresionar.
impresso adj. impreso.
impresso s.m. impreso, folleto.
imprestável adj. inservible, inútil.
imprevisto adj. imprevisto.
imprimir v.t. imprimir, grabar.
impróprio adj. inapropiado, impropio.
improvisar v.t. 1 improvisar. 2 falsear, hacerse pasar.
imprudência s.f. imprudencia.
impulsionar v.t. impulsar, incitar, animar.
impulso s.m. impulso, estímulo.
impunidade s.f. impunidad.
impureza s.f. impureza.
imputar v.t. responsabilizar, imputar, echar la culpa.
imundície s.f. imundicia, suciedad.
imunidade s.f. inmunidad.
imutável adj. inmutable.
inabalável adj. inamovible, firme, impasible.
inábil adj. torpe, poco hábil.
inacessível adj. inaccesible, inasequible.
inacreditável adj. increíble.
inadequado adj. inadecuado.
inadiável adj. inaplazable.
inadmissível adj. inadmisible.
inalação s.f. inhalación.
inalar v.t. inhalar.
inanição s.f. inanición.
inapto adj. inepto, incapaz, incompetente.
inato adj. innato.
inauguração s.f. inauguración.
incalculável adj. incalculable.
incansável adj. incansable.
incapacitado adj. impedido, imposibilitado.
incapaz adj. incapaz, nulo.
incendiar v.t. 1 incendiar, quemar. 2 v.p. incendiarse, quemarse. 3 calentarse, exaltarse.
incêndio s.m. incendio, quema.
incenso s.m. incienso.
incentivo s.m. incentivo, estímulo.
incerteza s.f. incertidumbre, duda, inseguridad.
inchaço s.m. inflamación, hinchazón.
inchar v.i. 1 hinchar(se). 2 v.p. (fig.) enorgullecerse, ensancharse, envanecerse.
incidente s.m. incidente.
incidir v.t. incidir, caer.
incineração s.f. incineración.
incinerador s.m. quemadero.
incipiente adj. incipiente.
incisão s.f. incisión, corte.
incisivo adj. 1 incisivo, cortante, profundo, penetrante. 2 directo, hiriente.
incisivo s.m. incisivo (diente).
incitar v.t. incitar, excitar.
inclinação s.f. 1 inclinación. 2 inclinación, tendencia, predisposición.
inclinar v.t. y v.p. inclinar(se), predisponer(se), tender.
incluir v.t. incluir.
inclusive adv. incluso, inclusive.
incoerente adj. incoherente.

incógnito *adj.* desconocido, de incógnito, ignorado.
incolor *adj.* incoloro, desvaído, descolorido.
incomodada *adj.* menstruada.
incomodar *v.p.* enojarse, enfadarse, molestarse.
incomodar *v.t.* incomodar, molestar, irritar.
incômodo *adj.* incómodo.
incômodo *s.m.* 1 trastorno, problema, dificultad. 2 menstruación.
incompetente *adj.* incompetente.
incompleto *adj.* incompleto.
incompreensível *adj.* incomprensible.
inconcebível *adj.* inconcebible.
inconformado *adj.* inconformista, disconforme.
inconsciente *adj.* 1 inconsciente. 2 irresponsable.
inconsciente *s.m.* 1 (psic) inconsciente. 2 inconsciente.
inconsequente *adj.* inconsecuente, ilógico, incoherente, imprudente, desconsiderado.
inconsolável *adj.* inconsolable.
inconstante *adj.* inconstante.
inconstitucional *adj.* inconstitucional.
incontrolável *adj.* incontrolable.
inconveniente *adj.* inconveniente, inapropiado.
inconveniente *s.m.* inconveniente, trastorno, problema.
incorporar *v.t. y i.* 1 incorporar, reunir, congregar. 2 *v.p.* incorporarse.
incorreto *adj.* 1 incorrecto. 2 indigno.
incorrigível *adj.* incorregible.
incrédulo *adj.* incrédulo.
incrementar *v.t.* incrementar, desarrollar, mejorar, fomentar.
incriminar *v.t.* incriminar.
incrível *adj.* increíble.
incubadora *s.f.* incubadora.
inculto *adj.* 1 terreno no cultivado. 2 inculto, rudo.

incumbência *s.f.* cometido, competencia, incumbencia.
incutir *v.t.* inspirar, infundir.
indagação *s.f.* pregunta, indagación.
indagar *v.t.* preguntar, indagar.
indeciso *adj.* dudoso, indeciso.
indefeso *adj.* indefenso.
indefinido *adj.* neutro, indefinido.
indenização *s.f.* recompensa, indemnización.
indenizar *v.t.* indemnizar.
independência *s.f.* independencia.
independente *adj.* 1 independiente, libre, autónomo. 2 soberano.
indesejável *adj.* indeseable, no deseado.
indestrutível *adj.* indestructible.
indicação *s.f.* 1 designación, elección. 2 nominación. 3 señal.
indicador *adj.* indicativo.
indicador *s.m.* 1 piloto, aparato indicador. 2 dedo índice. 3 indicador, sección de anuncios en los periódicos.
indicar *v.t.* 1 indicar, mostrar. 2 exponer, mencionar. 3 proponer, designar, nominar. 4 recomendar (para un cargo).
índice *s.m.* 1 índice. 2 señal. 3 dedo índice.
indiciar *v.t.* 1 indiciar. 2 denunciar, acusar.
indício *s.m.* señal, indicio.
indiferente *adj.* indiferente, indistinto.
indígena *adj.* indígena, indio.
indigestão *s.f.* indigestión, empacho.
indignação *s.f.* indignación.
indignar *v.t.* indignar.
índio *adj.* indio.
índio *s.m.* indio.
indireto *adj.* indirecto.
indisciplina *s.f.* indisciplina.
indiscrição *s.f.* indiscreción.
indiscutível *adj.* indiscutible, incuestionable.
indispensável *adj.* indispensable, esencial, necesario.
indispor *v.t.* indisponer, enemistar.

indisposição *s.f.* 1 indisposición, malestar, molestia, incomodidad. 2 enemistad, disgusto, pelea.
indisposto *adj.* 1 indispuesto, enfermo. 2 peleado, disgustado.
individual *adj.* individual.
indivíduo *s.m.* 1 individuo, persona. 2 tipo, sujeto.
índole *s.f.* carácter, temperamento.
indolência *s.f.* indolencia, apatía.
indolor *adj.* indoloro.
indomável *adj.* indomable.
indubitável *adj.* indudable, incuestionable.
indulgência *s.f.* indulgencia, clemencia.
indumentária *s.f.* 1 indumentaria, traje, ropa. 2 historia del vestido.
indústria *s.f.* industria, ramo. *indústria e comércio de brinquedos*, juguetería.
industrialização *s.f.* industrialización.
induzir *v.t.* 1 inducir, llevar, obligar. 2 inferir, deducir, concluir.
inédito *adj.* inédito.
ineficiência *s.f.* ineficiencia, ineficacia.
inegável *adj.* innegable.
inépcia *s.f.* ineptitud, incapacidad.
inércia *s.f.* inercia, inactividad, pereza.
inerente *adj.* inherente.
inerte *adj.* inerte, paralizado.
inescrupuloso *adj.* desaprensivo, descarado, desatinado.
inesgotável *adj.* inagotable, abundante.
inesperado *adj.* inesperado, imprevisto.
inesquecível *adj.* inolvidable.
inevitável *adj.* inevitable.
inexistente *adj.* inexistente.
inexperiência *s.f.* inexperiencia.
inexplicável *adj.* inexplicable.
infalível *adj.* infalible, seguro, cierto.
infame *adj.* infame.
infâmia *s.f.* infamia.
infância *s.f.* niñez, infancia.

infantaria *s.f.* infantería.
infarte *s.m.* infarto.
infarto *s.m.* infarto.
infecção *s.f.* infección.
infeccionar *v.t.* infectar.
infelicidade *s.f.* infelicidad, desgracia, desastre, fatalidad.
infeliz *adj.* infeliz, desgraciado.
inferior *adj.* inferior, más bajo.
inferir *v.t.* deducir, inferir.
infernizar *v.t.* molestar, irritar, atormentar.
inferno *s.m.* infierno, tormento, martirio.
infestar *v.t.* infestar, invadir.
infiel *adj.* infiel, desleal.
infiltração *s.f.* infiltración.
infiltrar *v.t.* 1 infiltrar. 2 *v.p.* introducirse, insinuarse.
ínfimo *adj.* ínfimo, mínimo.
infinitivo *s.m.* (gram.) infinitivo.
infinito *adj.* infinito.
infinito *s.m.* infinito, inmenso, incalculable.
inflação *s.f.* inflación.
inflamação *s.f.* inflamación.
inflamar *v.t.* inflamar, excitar, estimular.
inflexão *s.f.* inflexión.
inflexível *adj.* inflexible.
influência *s.f.* 1 influencia, influjo. 2 prestigio, poder.
influenciar *v.t.* 1 influir. 2 *v.p.* dejarse influir.
influente *adj.* influyente.
informação *s.f.* 1 información, noticia, informe. 2 dato, conocimiento.
informal *adj.* informal.
informar *v.t.* 1 informar, presentar un informe. 2 instruir, enseñar. 3 *v.p.* enterarse, informarse.
informática *s.f.* informática.
informe *adj.* deforme, informe.
informe *s.m.* información, informe.
infração *s.f.* infracción, falta, transgresión, quebrantamiento.
infra-estrutura *s.f.* infraestructura.

infravermelho adj. infrarrojo.
infundado adj. infundado.
infusão s.f. infusión.
ingênuo adj. ingenuo, sincero, candoroso, sin malicia ni doblez.
ingerir v.t. 1 ingerir. 2 intervenir, injerir.
ingratidão s.f. ingratitud.
ingrato adj. ingrato.
ingrediente s.m. ingrediente.
ingressar v.t. ingresar, entrar.
ingresso s.m. 1 entrada, ingreso, admisión. 2 entrada (de cine, teatro, etc.).
inibir v.t. inhibir, dificultar, impedir.
iniciação s.f. iniciación, introducción.
iniciar v.t. 1 iniciar, empezar, comenzar. 2 introducir. 3 v.p. introducirse.
iniciativa s.f. iniciativa, idea, propuesta.
início s.m. comienzo, inicio.
inimigo adj. enemigo.
inimizade s.f. enemistad.
inimizar v.i. enemistar.
ininterrupto adj. ininterrumpido, continuado.
injeção s.f. inyección.
injetar v.t. 1 inyectar. 2 v.p. inyectarse. 3 pincharse, drogarse.
injustiça s.f. injusticia.
injusto adj. injusto.
inocente adj. inocente, ingenuo.
inodoro adj. inodoro.
inoportuno adj. inoportuno.
inovação s.f. innovación, novedad.
inoxidável adj. inoxidable.
inqualificável adj. incalificable.
inquérito s.m. investigación, expediente, proceso.
inquietação s.f. inquietud.
inquietar v.t. inquietar.
inquilino s.m. inquilino.
inquisição s.f. inquisición, Santo Oficio.
insano adj. 1 insensato. 2 excesivo, enorme, de locos. 3 demente, loco.

insano s.m. loco, demente, chiflado.
insatisfeito adj. insatisfecho.
inscrever v.t. 1 inscribir. 2 escribir, grabar. 3 inmortalizar. 4 v.p. matricularse, inscribirse.
inscrição s.f. 1 inscripción, matrícula. 2 inscripción, grabado.
insegurança s.f. inseguridad.
inseguro adj. inseguro.
inseminação s.f. inseminación. *inseminação in vitro*, fecundación *in vitro*.
insensível adj. 1 insensible, indiferente. 2 insensible, sin sensibilidad.
inseparável adj. inseparable.
inserir v.t. insertar, meter, incluir, introducir.
inseticida adj. insecticida.
inseto s.m. insecto, sabandija, hexápodo.
insignificante adj. insignificante, ridículo.
insinuação s.f. insinuación.
insinuar v.t. insinuar, hacer insinuaciones, sugerir.
insípido adj. 1 insípido, soso. 2 (fig.) soso, aburrido, monótono.
insistência s.f. insistencia.
insistir v.t. 1 persistir, insistir. 2 empeñarse, obstinarse, porfiar.
insolação s.f. insolación.
insólito s.f. insólito, desacostumbrado, inusual.
insolúvel adj. 1 insoluble, indisoluble. 2 irresoluble.
insônia s.f. insomnio.
insosso adj. 1 soso, insípido. 2 (fig.) insípido, desagradable.
inspeção s.f. 1 inspección, revista, examen. 2 inspección, fiscalización.
inspecionar v.t. 1 inspeccionar, examinar. 2 inspeccionar, fiscalizar.
inspetor s.m. inspector.
inspiração s.f. 1 inspiración, acto de inspirar el aire. 2 inspiración, musa. 3 inspiración, persona o cosa que inspira.

inspirar v.t. 1 inspirar, infundir. 2 inspirar, influir. 3 v.p. inspirarse.
instabilidade s.f. inestabilidad, destemplanza, desmesura.
instalação s.f. 1 instalación, montaje. 2 instalación, establecimiento.
instalar v.t. 1 instalar, montar, armar. 2 instalar, establecer, instituir. 3 v.p. instalarse, establecerse, alojarse.
instância s.f. 1 instancia, acción de instar. 2 instancia, jerarquía jurisdiccional.
instantâneo adj. 1 instantáneo, momentáneo. 2 soluble.
instaurar v.t. 1 instaurar, empezar, establecer. 2 instaurar, fundar, inaugurar. *instaurar processo*, proceder.
instável adj. inestable.
instigar v.t. incitar, estimular, azuzar.
instinto s.m. instinto, impulso.
instituição s.f. 1 institución, fundación, creación, implantación. 2 institución, organización, entidad. 3 (pl.) leyes, principios, reglas.
instituir v.t. 1 instituir, implantar, fundar, crear. 2 instituir, nombrar, declarar.
instituto s.m. 1 instituto, entidad, organización. 2 entidad gubernamental que administra la previsión social.
instrução s.f. 1 instrucción, conocimiento, educación. 2 instrucción, explicación, información. 3 instrucción, orden. 4 (jur.) informaciones de una causa que será juzgada.
instruir v.t. 1 instruir, enseñar, formar. 2 instruir, informar, aclarar. 3 instruir, adiestrar, domesticar. 4 documentar. 5 v.p. informarse, ponerse al tanto.
instrumental adj. instrumental.
instrumental s.m. instrumental, conjunto de instrumentos.
instrumento s.m. 1 herramienta, instrumento. *instrumento de sopro*, instrumento de viento. 2 instrumento, medio. 3 (jur.) instrumento, documento. *instrumento particular*, documento privado.
instrutor adj. instructor.
insubmissão s.f. insumisión.
insubstituível adj. insustituible.
insultar v.t. insultar, afrontar, ofender, injuriar.
insulto s.m. insulto, injuria, ofensa, afronta.
insuportável adj. insoportable.
insustentável adj. insostenible.
intacto adj. intacto.
integração s.f. 1 integración. 2 incorporación, unión.
íntegro adj. 1 íntegro, entero, completo, perfecto. 2 honrado, honesto, recto.
inteiro adj. 1 entero, completo. 2 enterizo, de cuerpo entero. 3 (mat.) entero, número.
intelectual adj. intelectual.
inteligência s.f. 1 inteligencia. 2 comprensión, interpretación.
intenção s.f. intención, propósito.
intensidade s.f. intensidad, vehemencia.
interação s.f. interacción.
intercalar v.t. intercalar, interponer, insertar.
intercâmbio s.m. intercambio, trueque.
interceder v.t. interceder, rogar, mediar.
interceptar v.t. interceptar, detener, interrumpir, obstruir.
intercessão s.f. intercesión, mediación, ruego.
interdição s.f. 1 cierre, clausura. 2 interdicción, privación de um derecho, inhabilitación.
interdisciplinar adj. interdisciplinario.
interditar v.t. 1 clausurar, cerrar. 2 (jur.) prohibir, suspender.
interessar v.t. 1 interesar, tener interés/importancia. 2 interesar, importar. 3 interesar, preocupar. 4 v.p. empeñarse, interesarse.
interesse s.m. 1 interés, valor. 2 interés, atracción. 3 provecho. 4 interés, cuidado, empeño. 5 interés, importancia.

interesseiro adj. 1 interesado, egoísta. 2 algo hecho por interés.
interferência s.f. 1 intervención, intromisión. 2 interferencia.
interferir v.t. interferir, entrometerse.
interfone s.m. portero automático, interfono, telefonillo.
ínterim s.m. ínterin, intervalo, intermedio. *neste ínterim*, en el ínterin, entretanto.
interior adj. interior, interno.
interior s.m. 1 interior, centro, campo. 2 interior, temperamento, carácter.
interjeição s.f. interjección.
interlocutor s.m. interlocutor.
intermediário adj. intermedio.
intermediário s.m. intermediario, intercesor, mediador.
internacional adj. internacional.
internar v.t. 1 internar, ingresar. 2 v.p. internarse, meterse.
internato s.m. internado.
interno adj. interno, interior.
interno s.m. 1 interno. 2 residente.
interpor v.t. interponer, interpolar.
interpretar v.t. 1 interpretar, explicar, aclarar, traducir. 2 interpretar, juzgar, estimar. 3 interpretar, actuar, representar.
intérprete s.m. 1 intérprete, traductor. 2 intérprete, cantante, actor.
interrogação s.f. 1 interrogación, interrogante, pregunta. 2 signo de interrogación.
interrogar v.t. interrogar, preguntar.
interrogatório s.m. 1 interrogatorio. 2 (jur.) interrogatorio, conjunto de preguntas.
interromper v.t. 1 interrumpir, cortar, pararse. 2 interrumpir, estorbar, impedir, obstaculizar.
interruptor s.m. interruptor.
interurbano adj. interurbano.
interurbano s.m. conferencia, llamada interurbana.

intervalo s.m. 1 intervalo, descanso, recreo. 2 intervalo, distancia.
intervenção s.f. 1 intervención, interferencia, mediación. 2 intervención, operación. 3 intervención, injerencia.
intervir v.t. 1 intervenir, interferir, entrometerse. 2 intervenir, injerir. 3 intervenir, mediar, interceder. 4 v.i. sobrevenir.
intestino s.m intestino.
intimação s.f. 1 intimación, notificación, citación. 2 (pop.) ostentación, arrogancia.
intimar v.t. intimar, obligar, citar, notificar.
intimidade s.f. 1 intimidad. 2 camaradería, compañerismo, amistad, familiaridad. *ser da intimidade de*, ser de confianza de. *ter intimidade com*, estar familiarizado.
intimidades s.f. (pl.) intimidades, relaciones íntimas.
intimidar v.t. intimidar, infunfir miedo.
íntimo adj. íntimo, personal, interior.
intitular v.t. intitular, poner título, titular, nombrar, denominar.
intolerância s.f. intolerancia.
intoxicar v.t. intoxicar, envenenar.
intragável adj. 1 intragable, incomestible. 2 intolerable, insoportable.
intransitável adj. intransitable.
intransitivo adj. intransitivo.
intratável adj. intratable, insociable.
intrépido adj. intrépido, valiente, bravo.
intriga s.f. 1 intriga, enredo, embrollo. 2 trama, artificio, confabulación.
intrincado adj. enmarañado, enredado, espeso.
intrínseco adj. intrínseco, íntimo, esencial.
introdução s.f. 1 introducción, penetración. 2 introducción, prefacio, prólogo, preámbulo, exordio. 3 introducción, entrada, comienzo.
introduzir v.t. 1 introducir, penetrar, meter. 2 introducir, iniciar, empezar. 3 introducir, incluir, incorporar. 4 introducir, presentar,

encabezar. 5 introducir, admitir. 6 introducir, adoptar.
intrometer *v.t.* entrometerse, entremeterse.
intrometido *adj.* entrometido, metomentodo.
intromissão *s.f.* intromisión, mangoneo.
introvertido *adj.* introvertido.
intruso *s.m.* intruso, advenedizo, extranjero, forastero.
intuição *s.f.* intuición.
intuito *s.m.* fin, objetivo, intención, idea.
inumerável *adj.* innumerable, incontable.
inúmeros *adj.* innumerables.
inundação *s.f.* inundación.
inundar *v.t.* 1 inundar, mojar. 2 (fig.) inundar(se), invadir, llenarse de gente.
inusitado *adj.* inusitado, raro, inusual.
inútil *adj.* inútil, ineficaz.
inútil *s.* vago, inútil, ineficaz.
invadir *v.t.* 1 invadir, entrar, ocupar. 2 inundar.
invalidar *v.t.* 1 invalidar, anular. 2 quedarse inválido.
invalidez *s.m.* invalidez, incapacidad laboral.
inválido *adj.* inválido, nulo.
inválido *s.m.* inválido, incapacitado.
invariável *adj.* invariable, constante.
invasão *s.f.* 1 invasión. 2 zona de chabolas.
inveja *s.f.* envidia. *matar de inveja*, dar envidia. *morrer de inveja*, sentir mucha envidia, morirse de envidia.
invejar *v.i.* envidiar.
invejoso *adj.* envidioso.
invenção *s.f.* invención, invento.
inventar *v.t.* 1 inventar, crear. 2 inventar, imaginar. 3 inventar, tramar.
inventário *s.m.* inventario, recuento.
invento *s.m.* descubrimiento, invento.
inverno *s.m.* invierno.
inverossímil *adj.* inverosímil.
inversão *s.f.* inversión, cambio.
inverso *adj.* 1 inverso, invertido, alterado. 2 contrario.
inverter *v.t.* invertir, cambiar.
invés *s.m. ao invés*, en vez de, al contrario, al revés, en cambio.
investidor *s.m.* inversionista, inversor.
investigação *s.f.* investigación, pesquisa, inquisición.
investigador *s.m.* investigador, sabueso, detective.
investigar *v.t.* investigar, averiguar, indagar, inquirir.
investimento *s.m.* inversión.
investir *v.t.* 1 invertir, alterar, trastornar. 2 embestir, arremeter, atacar, acometer. 3 investir, gastar. 4 revestir, armarse.
inviável *adj.* inviable, que no se puede llevar a cabo.
invicto *adj.* invicto, victorioso, no vencido.
invisível *adj.* invisible.
invocar *v.t.* invocar, llamar.
invólucro *s.m.* envoltorio, empaque, paquete.
involuntário *adj.* involuntario.
iodo *s.m.* yodo.
ioga *s.f.* yoga.
iogurte *s.m.* yogur.
ioiô *s.m.* yoyó.
ir *v.aux.* ir a. *ir atrás*, emprender. *ir chegando*, irse. *ir indo*, ir tirando. *ir levando*, ir tirando. *ir longe*, llegar lejos. *não ir con a cara*, no simpatizar, no caer bien. *ou vai ou racha*, ir a por todas. *vá lá*, valga.
ir *v.i.* 1 ir, irse. 2 avanzar. *ir embora*, irse.
ir *v.p.* 1 irse. 2 desvanecerse, morir.
ir *v.t.* ir, tratar, ocuparse.
ira *s.f.* ira, furia.
íris *s.f.* iris.
irmão *adj.* hermano, igual, idéntico.
irmão *s.m.* 1 hermano. 2 hermano, miembro de congregación o cofraría. *irmão de criação*, hermano adoptivo. 3 compañero, camarada.
ironia *s.f.* ironía.
irracional *adj.* irracional.

irradiar

irradiar *v.t.* irradiar, difundir.
irreal *adj.* irreal.
irreconhecível *adj.* irreconocible.
irregular *adj.* 1 irregular, inconstante. 2 ilegal.
irrelevante *adj.* irrelevante.
irrepreensível *adj.* irreprochable.
irrequieto *adj.* inquieto.
irresponsável *adj.* irresponsable.
irrigação *s.f.* riego, irrigación.
irritar *v.t.* enfadar, irritar.
irromper *v.t.* irrumpir, reventar.
isca *s.f.* carnada, cebo, carnaza. *morder a isca*, morder el anzuelo.
isenção *s.f.* 1 exención. 2 imparcialidad, neutralidad.
isento *adj.* 1 exento, libre. 2 neutro, imparcial.
isolamento *s.m.* aislamiento.
isolante *adj.* aislante.
isolar *v.t.* aislar, apartar, marginar.
isopor *s.m.* poliestireno, espumaplás.
isqueiro *s.m.* encendedor, mechero.
isso *interj.* eso es, bien, correcto. *é isso aí!*, ¡bien! *não por isso*, de nada.
isso *pron.* eso, ello, tal.
isto *pron.* esto. *isto é*, es decir.
item *s.m.* ítem, punto, artículo.
itinerário *s.m.* itinerario, ruta, trayecto.

J j

j, J *s.m.* décima letra del alfabeto portugués; su nombre es *jota*.
já *adv.* 1 ya, en este momento, ahora mismo. 2 ya, en ese tiempo. *já que*, ya que, puesto que. *já era*, cosa del pasado.
jacarandá *s.m.* (bot.) jacarandá.
jacaré *s.m.* caimán, yacaré, cocodrilo.
jactar-se *v.p.* jactarse, vanagloriarse, engreirse, ufanarse, alardear.
jade *s.m.* (geo.) jade.
jaguar *s.m.* jaguar, onza, tigre americano.
jagunço *s.m.* guardaespaldas, matón.
jamais *adv.* jamás, nunca.
jamanta *s.f.* 1 camión plumas. 2 individuo grande, desordenado.
janeiro *s.m.* enero.
janela *s.f.* ventana.
jangada *s.f.* balsa, jangada de troncos.
janta *s.f.* (pop.) cena.
jantar *s.m.* cena.
jantar *v.i.* cenar. *jantar fora*, salir a cenar. *sala de jantar*, comedor.
japona *s.f.* chaqueta vaquera, cazadora, campera.
japonês *adj.* japonés.
jaqueta *s.f.* chaqueta.
jararaca *s.f.* 1 culebra muy venenosa, de Brasil. 2 (fig.) víbora.
jardim *s.m.* jardín.
jardinagem *s.f.* jardinería.
jardineira *s.f.* 1 macetero. 2 vestido con tiras, enterito. 3 jardinera, autobús abierto con asientos a los lados.
jardineiro *s.m.* jardinero.

jargão *s.m.* jerga, argot.
jarra *s.f.* 1 jarrón, florero. 2 jarra, jarro.
jarro *s.m.* vasija, jarra.
jasmim *s.m.* jazmín.
jato *s.m.* chorro. *motor a jato*, propulsión a chorro. *impressora jato de tinta*, impresora de chorro de tinta.
jaula *s.f.* jaula.
javali *s.m.* jabalí.
jazer *v.i.* yacer.
jazida *s.f.* yacimiento.
jazigo *s.m.* tumba, sepultura, sepulcro.
jeca *adj.* campesino.
jegue *s.m.* asno, jumento, burro.
jeito *s.m.* 1 modo, manera. 2 destreza, habilidad. 3 apariencia, facción, porte. 4 organización. *com jeito*, con cuidado con modos. *dar um jeito*, arreglárselas. *de jeito nenhum*, de ninguna manera. *levar jeito para*, tener aptitud o habilidad para. *não ter jeito*, no tener arreglo o salida. *o jeitinho brasileiro*, la manera ingeniosa o maliciosa que un brasileño tiene de arreglárselas ante muchas situaciones.
jeitoso *adj.* 1 hábil, mañoso, habilidoso. 2 gracioso, elegante.
jejuar *v.i.* ayunar.
jejum *s.m.* ayuno.
jérsei *s.m.* tela de poliéster.
jiboia *s.f.* boa.
jipe *s.m.* vehículo todoterreno.
joalheiro *s.m.* joyero.
joalheria *s.f.* joyería.
joanete *s.m.* (med.) juanete.

joaninha s.f. mariquita (insecto).
joão-ninguém s.m. don nadie, pobre diablo, juan pueblo.
joça s.f. 1 cosa complicada o mala. 2 cosa vieja, trasto.
joelheira s.f. rodillera.
joelho s.m. rodilla.
jogada s.f. 1 jugada, lance. 2 mano, partida. 3 (fig.) jugada, trama, negocio, negociación.
jogado adj. 1 jugado. 2 tirado, abandonado, largado.
jogador adj. jugador.
jogador s.m. jugador.
jogar v.t. 1 jugar, participar en un juego. 2 arrojar, tirar, lanzar. 3 arriesgar, jugarse algo. 4 v.p. lanzarse, tirarse, arrojarse. *jogar fora*, deshacerse de algo, tirarlo. *jogar na cara*, echar en cara.
jogo s.m. 1 juego, diversión. 2 juego, partido. 3 juego, conjunto de cosas. *jogo de cintura*, capacidad para salirse bien en situaciones complejas. *jogo do bicho*, lotería popular en la cual cada número está representado por un animal. *jogo-da-velha*, tres en raya. *abrir o jogo*, hablar claro. *esconder o jogo*, ocultar las verdaderas intenciones. *estar em jogo*, estar en juego.
joguete s.m. persona que es objeto de burla.
joia! exclam. ¡estupendo!
joia s.f. 1 joya, alhaja. 2 (fig.) persona o cosa de valor. 3 tasa de admisión en un club o asociación.
jóquei s.m. hípico, jinete de caballo de carrera.
jornada s.f. 1 jornada, período. 2 jornada, recorrido, viaje. *jornada de trabalho*, jornada laboral.
jornal s.m. periódico, diario.
jornaleiro s.m. vendedor de periódicos.
jornalismo s.m. periodismo.
jornalista s. periodista.

jorrar v.t. y v.i. brotar, manar, derramar en abundancia.
jovem adj. joven.
jovem s. joven, muchacho.
jovial adj. jovial.
juba s.f. melena, cabellera.
jubileu s.m. jubileo.
judeu adj. judío, judaico.
judeu s.m. judío.
judiação s.f. pena, dolor.
judiar v.t. maltratar, injuriar, ofender.
judicial adj. judicial.
judiciário adj. judicial. *o judiciário*, el poder judicial.
judô s.m. yudo.
jugo s.m. yugo, carga, peso.
jugular s.f. yugular.
juiz s.m. 1 juez. 2 árbitro.
juizado s.m. juzgado.
juízo s.m. 1 juicio, sensatez. 2 juicio, opinión.
julgamento s.m. 1 juicio, audiencia. 2 sentencia.
julgar v.t. 1 juzgar. 2 v.p. juzgarse.
julho s.m. julio.
jumento s.m. jumento, borrico, pollino, asno.
junção s.f. 1 unión. 2 empalme, acople, encaje.
junho s.m. junio.
junta s.f. 1 junta, reunión, asamblea. 2 articulación, coyuntura. 3 órgano. *junta comercial*, cámara de comercio.
juntar v.t. 1 juntar, unir, pegar. 2 v.p. juntarse, asociarse. 3 ahorrar, economizar.
junto adv. junto.
jura exclam. ¿verdad? ¿de veras?
juramento s.m. juramento.
jurar v.t. jurar, afirmar o negar vehementemente.
júri s.m. jurado.
jurídico adj. jurídico.
jurisdição s.f. jurisdicción.

juro *s.m.*(pl.) interés. *taxa de juros*, tasa de intereses. *juros fixos/variáveis*, intereses fijos/variables.
jururu *adj.* (pop.) triste, afligido, pesaroso, tristoño.
justamente *adv.* justamente, exactamente, precisamente.
justapor *v.t.* 1 yuxtaponer. 2 *v.p.* yuxtaponerse.
justaposto *adj.* yuxtapuesto.
justiça *s.f.* justicia.
justiceiro *s.m.* justiciero.
justificação *s.f.* justificación.
justificar *v.t.* 1 justificar. 2 *v.p.* justificarse, explicarse.
justificativa *s.f.* justificación, argumento, defensa.
justo *adj.* 1 justo, recto. 2 justo, exacto.
juvenil *adj.* juvenil.
juventude *s.f.* juventud.

K k

k, K *s.m.* décima primeira letra del alfabeto portugués; utilizada en abreviaturas, símbolos y extranjerismos.
karaokê *s.m.* karaoke.
kardecismo *s.m.* doctrina religiosa del francés Allan Kardec.
kart *s.m.* (ingl) kart, coche de canera de pequeña dimensión.
ketchup *s.m.* salsa de tomate; catchup, catsup.
kg *s.m.* kilogramo (símbolo).
kit *s.m.* kit, juego, conjunto.
kitchenette *s.f.* (ingl) estudio (apartamento compuesto por una habitación, una cocina y un baño).
kitsch *adj.* kitsch, cursi, onte baseado en elementos inusuales, comumente considerados de mal gusto o cursis.
kiwi *s.m.* kiwi.
km *s.m.* kilómetro (símbolo).
know-how *s.m.* (ingl) know-how, conocimiento técnico o tecnológico.
kV *s.m.* (elet.) kilovoltio (símbolo).
kW *s.m.* (fís.) kilovatio (símbolo).

L l

l, L *s.m.* 1 décima segunda letra del alfabeto portugués; su nombre es *ele*. 2 símbolo de litro. La ele.
lá *adv.* 1 allá, allí. *até lá!*, hasta entonces. *não ser lá essas coisas*, no ser nada del otro mundo. *para lá de*, interesante, muy interesante. *sei lá!*, ¡yo qué sé! ¡qué se yo! 2 *s.m.* (mús.) la (nota musical).
lã *s.f.* lana.
labareda *s.f.* llama, llamarada, fogarada.
lábia *s.f.* labia, verborrea, verbosidad, elocuencia.
labial *adj.* labial.
lábio *s.m.* (anat.) labio.
labirinto *s.m.* laberinto.
laboratorial *adj.* de laboratorio. *exames laboratoriais*, análisis de laboratorio.
laboratório *s.m.* laboratorio. *aula de laboratório*, taller.
labuta *s.f.* 1 labor, trabajo, faena. 2 (Arg.) (vulg.) laburo.
laço *s.m.* 1 cinta, moño. 2 lazo, vínculo. *laços de família*, lazos familiares. 3 lazo, nudo.
lacrar *v.t.* lacrar, sellar, cerrar.
lacrimejar *v.t.* lagrimear.
lacrimogêneo *adj.* lacrimógeno.
lactância *s.f.* lactancia.
lactante *adj.* lactante.
lactante *s.* lactante.
lácteo *adj.* lácteo, láctico, lechoso.
lacticínio (ou laticínio) *s.m.* feito con leite.
lactose *s.f.* lactosa.
lacuna *s.f.* 1 laguna, vacío, falla, omisión. 2 (fís.) agujero.

ladainha *s.f.* 1 letanía, oración repetitiva. 2 (fig.) letanía, retahíla.
ladeira *s.f.* ladera, cuesta, bajada, pendiente.
lado *s.m.* 1 lado, costado. 2 lado, cara. *ao lado*, al lado. *do lado do avesso*, por el revés. *do lado de fora*, por fuera. *estar do lado de*, ser partidario o defensor de.
ladra *s.f.* ladrona, ratera, atracadora, estafadora.
ladrão *s.m.* ladrón, atracador, ratero, estafador, caco.
ladrilho *s.m.* baldosa, baldosín.
lagarta *s.f.* gusano, oruga, larva.
lagartixa *s.f.* lagartija, lagartezna.
lagarto *s.m.* 1 lagarto, iguana. 2 lagarto, uno de los cortes de la carne de res.
lago *s.m.* lago.
lagoa *s.f.* laguna.
lagosta *s.f.* langosta.
lágrima *s.f.* lágrima.
laguna *s.f.* 1 laguna, formada por aguas saladas. 2 embalse.
laia *s.f.* calaña, ralea, índole, clase.
laico *adj.* laico, seglar, lego.
laje *s.f.* 1 losa, laja. 2 azotea, pavimento (de concreto).
lajota *s.f.* baldosa, baldosín, losa.
lama *s.f.* barro, lodo, fango.
lamaçal *s.m.* lodazal, barrizal, fangal.
lamacento *adj.* barroso, lodoso, fangoso.
lamber *v.t.* 1 lamer. 2 (fig.) halagar, adular, lisonjear, lamer as botas.
lambiscar *v.t.* probar, picar.
lambuja *s.f.* 1 ventaja. 2 golosina.

lambuzar *v.t. y v.p.* embadurnar(se), untar(se), ensuciar(se).

lamentação *s.f.* lamentación, lamento, quejido.

lamentar *v.t. y v.p.* lamentar(se), quejar(se).

lâmina *s.f.* 1 lámina, planca, plancha. 2 hoja, cuchilla.

lâmpada *s.f.* 1 lámpara. 2 bombilla.

lamparina *s.f.* lamparilla.

lampejo *s.m.* 1 destello, chispazo. 2 (fig.) idea súbita.

lampião *s.m.* farol, linterna.

lamúria *s.f.* lloriqueo, quejido, lamento.

lança *s.f.* lanza. *lança-chamas*, lanzallamas. *lança-foguetes*, lanzacohetes.

lançamento *s.m.* 1 (desp.) lanzamiento, tiro. 2 lanzamiento, divulgación de un producto. 3 lanzamiento, producto que se presenta al público. 4 registro contable, asiento. 5 lanzamiento, envío de una nave al espacio. *lançamento de dardos*, lanzamiento de javalinas.

lançar *v.t.* 1 lanzar, tirar, arrojar. 2 asentar, anotar, registrar (en un libro de contabilidad). 3 lanzar, divulgar, publicar. 4 *v.p.* lanzarse, tirarse, arrojarse.

lance *s.m.* 1 (desp.) lance, tiro, jugada. 2 lance, hecho, acontecimiento. 3 oferta, puja (en una subasta). 4 apuesta en un juego. 5 tramo (de escalera).

lancha *s.f.* lancha, barca, chalupa.

lanchar *v.t. y i.* merendar.

lanche *s.m.* merienda, piscolabis, refrigerio.

lanchonete *s.f.* cafetería, bar.

lantejoula *s.f.* lentejuela.

lanterna *s.f.* 1 linterna. 2 faro, luz delantera de un coche.

lanterninha *s.m.* 1 acomodador (en un cine o teatro). 2 quien llega por último en una competición.

lanugem *s.f.* 1 vello (del cuerpo). 2 pelusa (de telas y frutas).

lapela *s.f.* solapa.

lápide *s.f.* lápida.

lápis *s.m.* lápiz. *lápis de cera*, crayón.

lapiseira *s.f.* portaminas.

lapso *s.m.* 1 lapsus, plazo. 2 lapsus, olvido, desliz.

laptop *s.m.* (ingl) computadora portátil.

laquê *s.m.* fijador, laca, brillantina.

laquear *v.t.* barnizar, lacar, esmaltar.

lar *s.m.* hogar, casa de la familia.

laranja *s.f.* (bot.) naranja, fruta. *suco de laranja*, jugo/zumo de naranja.

laranja *s.m.* 1 naranja, color. 2 (Bras.) testaferro, prestanombre.

laranjada *s.f.* naranjada, jugo de naranja con agua.

laranjal *s.m.* naranjal.

laranjeira *s.f.* (bot.) naranjo. *flor de laranjeira*, azahar.

lareira *s.f.* chimenea, hogar para calentar con leñas.

largada *s.f.* (desp.) largada, partida, arrancada, salida.

largado *adj.* abandonado, desaseado, desastrado.

largar *v.t.* 1 (desp.) largar, partir, salir, arrancar. 2 dejar, abandonar. 3 soltar. 4 irse, partir. 5 *v.p.* dejarse, abandonarse. *largue de bobagem*, déjese de tonterías. *largue de ser bobo*, deje de hacerse el tonto.

largo *adj.* 1 ancho, amplio. 2 ancho, holgado, flojo. 3 (fig.) abundante, considerable. 4 generoso.

largo *s.m.* plazoleta, plaza, glorieta.

largura *s.f.* ancho, holgura, anchura.

laringe *s.f.* (med.) laringe.

laringite *s.f.* (med.) laringitis.

larva *s.f.* larva.

lasanha *s.f.* lasaña.

lasca *s.f.* astilla, añico, esquirla, lasca, trozo.

lascar *v.t. y v.p.* astillar(se), rajar(se), volverse añicos. *é de lascar*, ¡es muy desagradable!, es un plomo. *que se lasque!*, ¡que se joda!
lascivo *adj.* lascivo, libidinoso.
laser *s.m.* (ingl) lá́ser. *raios laser*, rayos láser.
lástima *s.f.* 1 desastre. *ser uma lástima*, ser un desastre. 2 lástima, pena, compasión.
lastimar *v.t. y v.p.* lamentar(se), sentir pena.
lata *s.f.* 1 lata, hojalata. 2 lata, envase. *lata de lixo*, cubo de basura, basurero. *na lata*, directamente.
latão *s.m.* latón.
lataria *s.f.* 1 chapa, carrocería. 2 conjunto de latas.
latejar *v.t.* palpitar, pulsar, latir.
latente *adj.* latente, oculto, encubierto, velado.
lateral *adj.* lateral, costado, adyacente.
lateral *s.f.* lateral, ala.
lateral *s.m.* (desp.) jugador de fútbol que juega en la lateral.
latido *s.m.* ladrido del perro.
latifundiário *adj.* latifundista.
latifundiário *s.m.* latifundista.
latifúndio *s.m.* latifundio.
latino-americano *adj.* latinoamericano.
latino-americano *s.m.* latinoamericano.
latir *v.i.* ladrar.
latitude *s.f.* latitud.
latoeiro *s.m.* latonero, hojalatero.
latrina *s.f.* letrina, retrete, excusado.
latrocínio *s.m.* latrocinio, robo seguido de asesinato.
lauda *s.f.* página cuyo número de líneas y espacios se ha predeterminado.
laudo *s.m.* (for.) informe, parecer, diagnóstico.
lava *s.f.* lava de un volcán.
lavabo *s.m.* 1 lavamanos, aguamanil. 2 lavabo, cuarto de aseo, sin inodoro.
lavadeira *s.f.* lavandera.
lavadora *s.f.* lavadora, lavarropas.

lavagem *s.f.* 1 lavado. 2 comida para cerdos. *lavagem a seco*, lavado en seco. *lavagem cerebral*, lavado de cerebro. *lavagem de dinheiro*, blanqueado, lavado de dinero. *lavagem intestinal*, lavado intestinal.
lavanderia *s.f.* lavandería.
lavar *v.t. y v.p.* lavar(se). *lava-louça*, lavaplatos, lavavajillas (eléctrico). *máquina de lavar*, lavadora.
lavoura *s.f.* 1 labranza, agricultura. 2 campo, sembradío.
lavrador *s.m.* agricultor, labrador.
lavrar *v.t.* cultivar, labrar, arar.
laxante *s.m.* purgante, laxante.
lazer *s.m.* ocio, recreación, descanso, entretenimiento, esparcimiento.
leal *adj.* leal, honrado, fiel.
lealdade *s.f.* lealtad.
leão *s.m.* 1 león. 2 (ast.) leo (signo del zodíaco). *o leão*, el fisco, Hacienda, Rentas.
lebre *s.f.* liebre.
lecionar *v.t. y v.i.* enseñar, instruir, alfabetizar, impartir clases.
legado *s.m.* 1 legado, herencia, cesión. 2 legado, enviado, comisionado.
legal *adj.* 1 (for.) legal, de acuerdo con la ley. 2 estupendo, maravilloso, sensacional. 3 oficial. *que legal!*, ¡sensacional! ¡bárbaro!
legalização *s.f.* 1 legalización. 2 autenticación.
legalizar *v.t.* 1 legalizar. 2 autenticar, compulsar.
legenda *s.f.* 1 leyenda, cuento. 2 letrero, inscripción. 3 nota de pie de foto. 4 subtítulos (en una película). 5 sigla partidaria.
legendar *v.t. y v.i.* 1 poner notas de pie de foto. 2 colocar subtítulos en una película.
legião *s.f.* legión, ejército, horda.
legislação *s.f.* legislación, estatuto, reglamento.
legislador *s.m.* legislador.
legislar *v.t.* legislar, decretar.

legislativo *adj.* legislativo.
legislativo *s.m.* legislativo.
legitimar *v.t.* legitimar, legalizar.
legítimo *adj.* legítimo.
legível *adj.* legible.
légua *s.f.* legua.
legume *s.m.* (bot.) legumbre.
lei *s.f.* ley. *lei da oferta e da procura,* lei de la oferta y la demanda.
leigo *adj.* laico.
leilão *s.m.* subasta, remate, almoneda.
leiloar *v.t.* subastar, rematar, vender.
leiloeiro *s.m.* rematador, subastador.
leitão *s.m.* lechón, cochinillo.
leite *s.m.* 1 leche. 2 savia. *leite condensado,* la leche condensada. *leite desnatado,* leche descremada. *leite integral,* a leche entera.
leiteira *s.f.* 1 lechera (persona). 2 lechera (vasija).
leiteiro *adj.* lechero, que produce leche.
leiteiro *s.m.* lechero, vendedor de leche.
leito *s.m.* 1 lecho, cama. 2 lecho, cauce de un río. 3 lecho (de una carretera).
leitor *adj.* lector.
leitor *s.m.* lector.
leitura *s.f.* lectura.
lema *s.m.* 1 lema, emblema, símbolo. 2 lema, enunciado, consigna.
lembrança *s.f.* 1 recuerdo, recordación, reminiscencia. 2 recuerdo, regalo. *lembranças,* recuerdos, saludos.
lembrar *v.t.* 1 recordar, acordarse, evocar. 2 advertir. 3 *v.p.* recordar, acordarse, hacer memoria. 4 parecerse a.
lembrete *s.m.* nota, mensaje, recordatorio.
leme *s.m.* 1 timón. 2 (fig.) gobierno, dirección, conducción.
lenço *s.m.* pañuelo.
lençol *s.m.* 1 sábana (de cama). 2 (geol) capa, yacimiento. *estar em maus lençóis,* estar con el agua al cuello. *lençois freáticos,* aguas freáticas, napas.

lenda *s.f.* leyenda, mito.
lengalenga *s.f.* 1 charla, narración o discurso aburridos. 2 retahíla, letanía.
lenha *s.f.* leña, madera. *meter a lenha em alguém,* pegarle a alguien, hablar mal de alguien. *botar lenha na fogueira,* echar leña al fuego, atizar una discusión.
lenhador *s.m.* leñador.
lenho *s.m.* leño, tronco, palo. **lente** *s.f.* lente. *lentes de contato,* lentes de contacto.
lentidão *s.f.* lentitud, pachorra.
lentilha *s.f.* lenteja.
lento *adj.* lento, moroso, lerdo.
leopardo *s.m.* leopardo.
lepra *s.f.* lepra.
leprosário *s.m.* leprosería.
leproso *adj.* (med.) leproso.
leque *s.m.* 1 abanico, abano, aventador. 2 (fig.) abanico, gama, variedad.
ler *v.t. e i.* leer.
lerdo *adj.* 1 lento, moroso. 2 estúpido, tonto.
lesado *adj.* 1 lesionado, herido. 2 tonto, idiota.
lesão *s.f.* 1 (med.) lesión, herida. 2 (fig.) lesión, daño, perjuicio, violación (de un derecho).
lesar *v.t.* 1 lesionar, herir. 2 perjudicar, burlar, defraudar. 3 (der) violar un derecho o la reputación de alguien.
lésbica *s.f.* lesbiana.
lesma *s.f.* 1 babosa (animal). 2 lento, flojo, haragán.
leso *adj.* 1 lesionado, herido. 2 (fig.) ofendido, ultrajado.
leste *s.m.* este, oriente.
letargia *s.f.* 1 letargo, hibernación. 2 (fig.) modorra, sopor, inercia.
letivo *adj.* lectivo.
letra *s.f.* 1 letra, símbolo. 2 letra, escritura. 3 letra, texto de una canción. 4 (com.) letra, título de crédito, carta bancária. *ao pé da letra,* al pie de la letra, literalmente. *letra de câmbio,*

letra de cambio. *letra de mão,* letra manuscrita. *letra de médico,* letra ininteligible, garabato.
letras, filología, humanidades, disciplinas no exactas.
letreiro *s.m.* 1 letrero. 2 inscripción.
léu *loc. adv.* sin rumbo fijo, ao léu, a la buena de Dios.
leucemia *s.f.* (med.) leucemia.
levado *adj.* travieso, pícaro, pillo.
leva e traz *adj.* chismoso, curioso, que causa intrigas.
levantamento *s.m.* 1 levantamiento, sublevación, alzamiento. 2 relevamiento, inventario, relación, balance, informe.
levantar *v.t.* 1 levantar, alzar, erguir. 2 levantar, subir, elevar. 3 recolectar, reunir. 4 inventariar, catalogar, relacionar. 5 plantear, proponer. 6 recaudar. 7 *v.p.* levantarse, pararse. 8 animar, avivar. 9 levantarse (de la cama). *levantar dinheiro,* obtener un préstamo, recaudar fondos. *levantar suspeitas,* suscitar sospechas. *levantar voo,* despegar, alzar vuelo.
levante *s.m.* 1 levante, oriente, este, naciente. 2 levantamiento, rebelión, motín, sublevación.
levar *v.t.* 1 llevar, transportar, cargar. 2 llevar, conducir, guiar. 3 llevar, quitar, retirar. 4 tratarse, llevarse bien. 5 llevar, tardar. 6 sufrir, recibir. 7 llevarse, ganar. *levar a sério,* tomar en serio. *levar na brincadeira,* tomar en broma. *levar em consideração,* tener en cuenta. *levar na conversa,* engañar, estafar, embaucar.
leve *adj.* 1 liviano. 2 suave. 3 ligero. 4 leve, sin importancia. *de leve,* suavemente, superficialmente.
levedura *s.f.* levadura.
leviano *adj.* 1 veleidoso, inconstante, irresponsable. 2 inconciente, casquivano, irreflexivo.
léxico *s.m.* léxico, vocabulário, glossário.
lhama *s.f.* (zool.) llama (animal).
lhe *pron. pess. 3ª pess. sing.* **le.** 1 a él, a ella, a usted. 2 de él, de ella, de usted.
lhes *pron. pess. 3ª pess.* (pl.) **les.** 1 a ellos, a ellas, a ustedes. 2 de ellos, de ellas, de ustedes.
liberação *s.f.* 1 liberación, emancipación. 2 permiso, dispensa. 3 liberalización.
liberal *adj.* liberal.
liberalismo *s.m.* liberalismo.
liberar *v.t.* 1 dispensar, exonerar, conceder un permiso. 2 liberar, dejar en libertad. 3 (com.) liberalizar, volver más libre. 4 legalizar. 5 despedir, soltar. 6 *v.p.* librarse, liberarse.
liberdade *s.f.* libertad.
libertação *s.f.* liberación.
libertar *v.t.* 1 libertar, liberar. 2 *v.p.* librarse, liberarse.
libertinagem *s.f.* libertinaje.
libertino *adj.* libertino, licencioso, disoluto.
libido *s.f.* libido, instinto o deseo sexual.
libra *s.f.* 1 libra, medida de peso. 2 libra, moneda inglesa. 3 (astr) libra, signo del zodíaco.
lição *s.f.* 1 lección, aleccionamiento. 2 (fig.) lección, amonestación, represión. 3 ejemplo. *lição de casa,* tarea, deber escolar.
licença *s.f.* 1 autorización. 2 carné, documento (de conducir). 3 permiso, dispensa. *estar de licença,* estar de baja. *licença-maternidade,* baja por maternidad. *com licença,* con permiso, ¿me permite?
licenciado *adj.* 1 licenciado, que tiene licenciatura. 2 que está de baja (en el trabajo).
licenciatura *s.f.* licenciatura.
liceu *s.m.* liceo.
licitação *s.f.* 1 licitación, concurso. 2 oferta, puja, almoneda.
licitar *v.t.* 1 licitar, ofrecer una puja (en una subasta). 2 subastar. 3 seleccionar (la administración pública) la mejor propuesta para el suministro de un servicio.
lícito *adj.* lícito, legal, permitido.

licor *s.m.* licor.
lidar *v.t.* 1 lidiar, trabajar, dedicarse a. 2 tratar con. 3 *v.i.* lidiar, luchar.
líder *s.* 1 líder, jefe, dirigente. 2 líder, cabecilla, adalid, caudillo.
liderar *v.t.* 1 liderar, dirigir, capitanear. 2 liderar, acaudillar.
liga *s.f.* 1 liga, asociación, alianza. 2 liga, aleación (de metales), mezcla. 3 liga, elástico.
ligação *s.f.* 1 (elet.) conexión. 2 relación, vínculo. 3 unión, enlace. 4 llamada telefónica. *cair a ligação*, cortarse la llamada. *fazer uma ligação*, hacer una llamada telefónica.
ligado *adj.* 1 encendido, prendido. 2 conectado. 3 relacionado, vinculado. 4 unido. 5 concentrado. *dar uma ligada*, hacer una llamada.
ligamento *s.m.* 1 (anat.) ligamento. 2 ligadura. *ligamento de trompas*, ligadura de trompas.
ligar *v.t.* 1 encender, prender (máquinas o aparatos). 2 enchufar. 3 amarrar, atar, unir. 4 pegar, adherir. 5 poner en comunicación o en contacto. 6 relacionar, establecer el nexo. 7 relacionarse. 8 hacer la ligadura. 9 llamar por teléfono. 10 atender, prestar atención. 11 alear, mezclar. 12 importar, hacer caso. *não ligo a mínima*, no me importa un comino/ bledo. 13 *v.p.* unirse.
ligeiro *adj.* 1 ligero, rápido, ágil. 2 ligero, suave, delicado.
lilás *s.m.* 1 (bot.) lila. 2 lila, morado, violáceo.
lima *s.f.* 1 (bot.) lima, fruta. 2 (mec.) lima.
limão *s.m.* (bot.) limón.
limar *v.t.* limar.
limbo *s.m.* limbo.
limiar *s.m.* umbral.
limitação *s.f.* 1 limitación, delimitación. 2 limitación, impedimento, defecto. 3 limitación, restricción.
limitar *v.t.* 1 limitar, colindar, lindar. 2 limitar, acortar, reducir. 3 (jur.) fijar, determinar. 4 *v.p.* limitarse, atenerse.
limite *s.m.* límite, confín, extremo. *passar dos límites*, pasarse de la raya.
limo *s.m.* 1 (bot.) musgo (que crece sobre las piedras). 2 limo, lodo, barro, fango, cieno.
limoeiro *s.m.* limonero.
limonada *s.f.* limonada.
limpador *s.m.* limpiador (substancia). *limpador de para-brisas*, limpiaparabrisas.
limpar *v.t.* 1 limpiar, purificar. 2 *v.i.* despejarse (el cielo). 3 vaciar. 4 robar. 5 *v.p.* limpiarse, asearse, lavarse.
limpeza *s.f.* limpieza, aseo.
limpo *adj.* 1 limpio, aseado. 2 honrado. 3 despejado. 4 pelado, sin un centavo. *ficar limpo/duro*, quedarse sin plata. *passar a limpo*, repasar, revisar, pasar en limpio. *tirar a limpo*, averiguar, descubrir.
linchar *v.t.* linchar, ejecutar, ajusticiar.
lindo *adj.* 1 lindo, bonito, hermoso. 2 guapo.
linear *adj.* lineal.
lingerie *s.f.* lencería, ropa interior.
língua *s.f.* 1 (anat.) lengua, órgano. 2 lengua, idioma. *não ter papas na língua*, no tener pelos en la lengua. *soltar a língua*, escapársele algo, hablar más de lo debido.
linguado *s.m.* lenguado (pescado).
linguagem *s.f.* 1 lenguaje. 2 (inform.) lenguaje.
linguarudo *adj.* chismoso, lenguilargo, deslenguado.
linguiça *s.f.* longaniza. *encher linguiça*, hablar paja, hablar por hablar, guitarrear.
linguística *s.f.* linguística.
linguístico *adj.* linguístico.
linha *s.f.* 1 línea, raya. 2 hilo (para coser o pescar). 3 línea eléctrica, cable. 4 tono (teléfono). 5 línea, serie, cadena (de producción). 6 línea, vía férrea, ferrocarril. 7 línea, cola. 8 línea, orientación. 9 línea, silueta. *linha de frente*, vanguardia. *andar na linha*, portarse bien. *de linha*, servicio regular (transporte). *linha de montagem*, cadena de producción. *manter a linha*, guardar a linha,

locução

mantener compostura.
linhagem *s.f.* linaje, estirpe, ascendencia, alcurnia.
linho *s.m.* lino.
link *s.m.* (ingl) (inform.) enlace.
lipoaspiração *s.f.* liposucción.
liquefazer *v.t.* licuar.
liquidação *s.f.* 1 (com.) liquidación, rebaja, ganga. 2 liquidación, ajuste de cuentas, cancelación de una denda.
liquidar *v.t.* 1 (com.) liquidar, rebajar, saldar. 2 liquidar, aniquilar, destruir.
liquidificador *s.m.* licuadora.
líquido *s.m.* líquido. *peso líquido*, peso neto.
liso *adj.* 1 liso (superficie). 2 liso, lacio (el pelo). 3 sin blanca, sin un centavo, pelado, seco, sin plata.
lisonjear *v.t.* lisonjear, adular, halagar.
lisonjeiro *adj.* lisonjero, adulador, halagador.
lista *s.f.* 1 lista, relación, índice. 2 raya, banda. *lista de chamada*, lista. *lista de nomes*, nómina, planilla, plantilla. *lista telefônica*, directorio telefónico, guía telefónica. *lista de discussão*, lista de discusión. *constar na lista*, figurar en la lista, aparecer en la guía o el directorio telefónico.
listagem *s.f.* listado, relación.
listra *s.f.* lista, raya.
listrado *adj.* rayado, a rayas.
literal *adj.* literal, al pie de la letra.
literário *adj.* literario.
literatura *s.f.* literatura.
litígio *s.m.* litigio, contienda, pleito, querella.
litogravura *s.f.* litrograbado.
litoral *s.m.* litoral, costa.
litorâneo *adj.* litoral, costeño, ribereño.
litro *s.m.* litro.
liturgia *s.f.* liturgia, protocolo, ceremonial.

livrar *v.t. y v.p.* librar(se). *livrar-se de alguém*, quitarse a alguien de encima, sarcárselo de arriba.
livraria *s.f.* librería.
livre *adj.* 1 libre, suelto. 2 libre, vacío. 3 libre, independiente. 4 permitido, autorizado. 5 libre, disponible. 6 soltero. *de livre e espontânea vontade*, por voluntad propia. *livre-arbítrio*, libre albedrío.
livro *s.m.* libro. *livro de bolso*, libro de bolsillo. *livro didático*, libro de texto. *livro-caixa*, deber y haber.
lixa *s.f.* lija. *lixa de unhas*, lima de uñas.
lixão *s.m.* basurero, lugar donde se amontona la basura.
lixar *v.t.* 1 lijar (madera). 2 limar (las uñas). 3 *v.p.* no importarse. *estou me linxando*, no me importa un bledo.
lixeira *s.f.* basurero, cubo de basura.
lixeiro *s.m.* basurero, profesional que recoge la basura.
lixo *s.m.* basura. *lixo atômico*, basura radiactiva.
lobo *s.m.* lobo.
locação *s.f.* 1 alquiler, arrendamiento. 2 ubicación, emplazamiento.
locador *s.m.* locador, alquilador, arrendador.
locadora *s.f.* agencia de alquiler, videoclub.
local *adj.* local, regional.
local *s.m.* local, sitio, lugar.
localidade *s.f.* localidad, poblado, villa.
localização *s.f.* localización, emplazamiento, ubicación, lugar.
localizar *v.t. y v.p.* 1 localizar(se), situar(se), ubicar(se). 2 estar, quedar.
loção *s.f.* loción. *loção pós-barba*, loción para después de afeitarse.
locatário *s.* inquilino, arrendatario, el que alquila y paga uma renta o alquiler.
locomover-se *v.p.* desplazarse, trasladarse.
locução *s.f.* locución.

locutor *s.m.* locutor.
lodaçal *s.m.* lodazal, barrizal, fangal.
lodo *s.m.* lodo, barro, fango, cieno.
lógica *s.f.* lógica.
lógico *adj.* lógico.
logo *adv.* 1 enseguida, inmediatamente. 2 pronto, dentro de un rato, en breve. 3 luego, más tarde, después. 4 justo, encima. *até logo!* hasta luego, hasta pronto. *logo ali*, aquí cerca, allí nomás, ahí mismo. *logo antes/depois*, justo antes/después. *logo de cara*, de sopetón, de súbito, de repente. *logo, logo*, ya, ahora mismo. *logo mais*, más tarde, luego, pronto. *logo que*, tan pronto, apenas.
logomarca *s.f.* logotipo, marca.
logradouro *s.m.* dirección, *lugar público*, calle, avenida, plaza, parque, etc.
lograr *v.t.* 1 engañar, burlar. 2 resultar, tener efecto.
logro *s.m.* fraude, engaño, estafa.
loiro *adj.* rubio.
loja *s.f.* tienda, establecimiento comercial, comercio, local, almacén. *loja de brinquedos*, juguetería. *loja de departamentos*, grandes almacenes. *loja maçônica*, logia de la masonería.
lojista *s.m. e f.* propietario de la tienda.
lombada *s.f.* 1 giba, joroba (del toro). 2 (graf.) lomo (de un libro). 3 (fig.) lomo de burro, policía acostado, lomada de tránsito.
lombar *adj.* lumbar.
lombinho *s.m.* solomillo.
lombo *s.m.* 1 lomo, espalda. 2 lomo, solomillo.
lombriga *s.f.* lombriz, fenia saginata.
lona *s.f.* 1 lona. 2 toldo. *na lona*, en la miseria.
longa-metragem *s.m.* largometraje.
longe *adj.* alejado, retirado, apartado.
longe *adv.* lejos. *ir longe demais*, ir demasiado lejos. *ver longe*, ver más allá. *ao longe*, a lo lejos. *de longe*, de lejos. *longe de*, lejos de.
longínquo *adj.* lejano, apartado, alejado, remoto.
longitude *s.f.* longitud.
longo *adj.* 1 largo, extenso. 2 largo, duradero. *ao longo de*, a lo largo de. *de longa data*, desde hace mucho tiempo.
lontra *s.f.* nutria.
loquaz *adj.* 1 locuaz, hablador, parlanchín. 2 elocuente, expresivo.
lorde *s.m.* lord.
losango *s.m.* (geom.) rombo.
lotação *s.f.* 1 capacidad, cupo, numero de vacantes (en cines, teatros, autobuses etc.). 2 plantilla, nómina de personal. 3 microbús, buseta.
lotado *adj.* 1 lleno, completo, colmado, abarrotado. 2 asignado, designado a un lugar.
lotar *v.t.* 1 lotear (un terreno). 2 llenar, abarrotar, colmar. 3 asignar, designar, colocar a un empleado en determinado sector.
lote *s.m.* 1 lote, parcela. 2 lote, conjunto de cosas de la misma especie (cosméticos, medicamentos, etc.).
loteria *s.f.* lotería. *loteria esportiva*, quiniela.
louça *s.f.* 1 loza, vajilla. 2 loza (material). *lavar a louça*, lavar/fregar los platos. *máquina de lavar louça*, lavavajillas.
louco *adj.* 1 loco, demente, chiflado. 2 loco, apasionado. 3 loco, imprudente, desquiciado. 4 (fig.) loco, extraño, raro. *dar a louca em alguém*, darle la locura a alguien. *deixar louco*, volver loco. *louco varrido/de pedra*, loco de remate, loco de atar.
louco *s.m.* loco, demente, chiflado, imprudente.
loucura *s.f.* locura, demencia, trastorno, insanidad.
louro *adj.* rubio.
louro *s.m.* 1 laurel. 2 loro, papagayo.
lousa *s.f.* 1 losa, piedra. 2 pizarra, pizarrón, tablero, encerado.

louvação s.f. alabanza, loor, loas.
louvar v.t. 1 alabar, loar, glorificar. 2 ensalzar, halagar.
louvor s.m. 1 loor, alabanza, loa. 2 elogio, enaltecimiento, ensalzamiento.
lua s.f. luna. *estar no mundo da lua*, estar en la luna. *lua cheia*, luna llena. *lua nova*, luna nueva. *lua de mel*, luna de miel. *ser de lua*, tener humor inestable, esta con la luna.
luar s.m. claro de luna.
lubrificante s.m. lubricante, lubrificante.
lubrificar v.t. lubricar, lubrificar, engrasar, aceitar.
lúcido adj. lúcido, brillante, perspicaz.
lucrar v.t. lucrar, ganar, sacar provecho, tener ganancia.
lucrativo adj. lucrativo, rentable, productivo. *sem fins lucrativos*, sin ánimo de lucro.
lucro s.m. lucro, ganancia, provecho, utilidad, beneficio.
lufada s.f. ráfaga (de viento), ventolera.
lugar s.m. 1 lugar, sitio. 2 lugar, localidad, asiento. 3 lugar, posición. *em nenhum lugar*, en ningún sitio. *em qualquer lugar*, dondequiera.
lugarejo s.m. aldea, caserío, pueblito.
lula s.f. calamar.
lume s.m. lumbre. *vaga-lume*, luciérnaga.
luminária s.f. luminaria, lámpara.
luminoso adj. luminoso.
luminoso s.m. valla luminosa.
luneta s.f. telescopio.
lupa s.f. lupa.
lustrar v.t. lustrar, pulir.
lustre s.m. 1 lustre, pulimento, brillo. 2 lámpara, araña.
luta s.f. lucha. *ir à luta*, arremangarse, disponerse a hacer algo. *estar na luta*, enfrentar los desafíos de la vida diaria.
lutador adj. luchador, batallador, emprendedor.

lutar v.t. 1 luchar, batallar, emprender, empeñarse, lidiar. 2 luchar, enfrentar, pelear. 3 luchar, combatir.
luto s.m. luto.
luva s.f. guante. *cair como uma luva*, caer como anillo al dedo.
luvas s.f. (pl.) pago que se realiza a la hora de alquilar un apartamento o casa, como garantía, prima.
luxo s.m. 1 lujo, pompa, suntuosidad. 2 (fig.) capricho, antojo.
luxuoso adj. lujoso, suntuoso, pomposo, fastuoso.
luxúria s.f. lujuria.
luz s.f. luz.
luzir v.t. resplandecer, brillar, relucir.
lycra s.f. licra.

M m

m, M *s.m.* décima tercera letra del alfabeto portugués.
má *adj.* mala.
maçã *s.f.* manzana. *maçã do amor*, manzana dulce/de caramelo, *maçã do rosto*, pómulo.
maçã *s.f.* manzana, fruto del manzano.
macabro *adj.* macabro, fúnebre.
macacada *s.f.* 1 monería. 2 cantidad de macacos. 3 ademanes grotescos.
macacão *s.m.* overol, mono.
macaco *s.m.* 1 mono, macaco. 2 gato para levantar pesos. *cada macaco no seu galho*, cada mochuelo a su olivo. *ir pentear macacos*, mandar a freír espárragos. *macaca de auditório*, fan, fanática. *macaco velho*, perro viejo.
macadame *s.m.* macadam (pavimento).
macadamizar *v.t.* macadamizar, pavimentar.
maçaneta *s.f.* pomo, tirador, picaporte.
maçanilha *s.f.* manzanilla.
maçante *adj.* aburrido, cargante, pesado.
mação *s.m.* mazo grande masón, francmasón.
maçapão *s.m.* mazapán.
maçar *v.t.* macear, machacar importunar, aburrir.
maçarico *s.m.* soplete.
macarrão *s.m.* macarrones, fideos, pastas.
macarronada *s.f.* macarrones, fideos.
maceração *s.f.* maceración, mortificación de la carne.
macerar *v.t.* macerar, ablandar.
macete *s.m.* truco, triquiñuela, trampa.
machado *s.m.* hacha.
machão *s.m.* macho, machote.
machete *s.m.* machete, cuchillo de monte.
macho *adj.* 1 macho. 2 valiente.
machucador *adj. e s.* machucador.
machucar *v.t.* 1 machuçar, golpear. 2 machacar. 3 maltratar.
maciar *v.t.* suavizar, ablandar.
maciço *adj.* macizo.
maciço *s.m.* sistema montañoso.
macieira *s.f.* (bot.) manzano.
maciez *s.f.* blandura, suavidad.
macio *adj.* suave, blando.
maço *s.m.* 1 mazo, ramo, montón. 2 paquete, cajetilla.
maçonaria *s.f.* masonería.
maconha *s.f.* marihuana.
maconheiro *s.m.* porrero, drogata.
mácula *s.f.* 1 mácula, mancha. 2 infamia.
macular *v.t.* macular, desacreditar.
madeira *s.f.* madera.
madeireiro *s.m.* maderero.
madeiro *s.m.* madero, viga.
madeixa *s.f.* madeja, mechón.
madraçaria *s.f.* ociosidad.
madracear *v.i.* haraganear.
madraço *adj.* holgazán.
madrasta *s.f.* madrastra.
madrasta *adj.* ingrato, duro.
madre *s.f.* madre, religiosa.
madrepérola *s.f.* nácar, madreperla.
madrinha *s.f.* madrina.
madrugada *s.f.* madrugada.
madrugar *v.i.* madrugar.
maduração *s.f.* maduración.

madurar *v.t.* madurar.
maduro *adj.* 1 maduro. 2 hecho, formado.
mãe *s.f.* 1 madre, mamá. 2 protectora.
maestro *s.m.* maestro, director.
máfia *s.f.* mafia, banda.
magia *s.f.* 1 magia. 2 encanto.
mágica *s.f.* 1 magia. 2 ilusionismo.
mágico *adj.* mágico, sobrenatural, fantástico.
mágico *s.m.* mago, ilusionista.
magistério *s.m.* magisterio.
magistrado *s.m.* magistrado, juez.
magistral *s.m.* 1 magistral. 2 perfecto, ejemplar.
magistratura *s.f.* magistratura.
magnânimo *adj.* magnánimo.
magnético *adj.* magnético.
magnetismo *s.m.* magnetismo.
magnificar *v.t.* magnificar.
magnificência *s.f.* magnificencia.
magnífico *adj.* magnífico.
magnitude *s.f.* magnitud, importancia, calibre.
mago *s.m.* 1 mago. 2 astrólogo.
mágoa *s.f.* disgusto, pesar, amargura.
magoar *v.t.* ofender, afligir, disgustar.
magreza *s.f.* magreza, delgadez.
magricela *s.m y f.* flacucho.
magro *adj.* 1 magro, flaco. 2 escaso.
maio *s.m.* mayo.
maiô *s.m.* traje de baño, bañador.
maiólica *s.f.* mayólica.
maionese *s.f.* mahonesa, mayonesa. *viajar na maionese*, divagar, decir disparates.
maior *adj.* mayor, más grande. *ser o mayor*, ser el más importante.
maioral *s.m.* mayoral, capataz, jefe.
maioria *s.f.* mayoría, mayor parte.
maioridade *s.f.* mayoría de edad.
maiorquino *adj.* mallorquín.
mais *adv.* 1 más. *mais-que-perfeito*, pluscuamperfecto. 2 además, también.
mais *prep.* más. *até mais*, hasta luego. *de mais*, anormal, raro. *de mais a mais*, además. *e digo mais*, es más. *mais pra lá do que para cá*, con un pie en el otro mundo.
mais *s.m.* mayoría, mayor parte, por lo demás.
maiúscula *s.f.* mayúscula.
majestade *s.f.* 1 majestad. 2 grandeza, superioridad.
majestoso *adj.* majestuoso.
major *s.m.* comandante, mayor.
mal *s.m.* 1 mal, daño. 2 enfermedad. *cortar o mal pela raíz*, cortar de raíz. *há males que vêm para o bem*, no hay mal que por bien no venga. *não fazer mal*, no importar.
mal *adv.* mal. *mal-educado*, malcriado, mal-educado. *mal-encarado*, ceñudo, enfurruñado. *mal-entendido*, mal interpretado, equívoco. *mal-estar*, malestar
mala *s.f.* maleta, baúl. *mala-direta*, propaganda. *de mala e cuia*, con todas sus pertenencias. *ser uma mala sem alça*, ser desagradable.
malabar *adj.* malabar.
malabarismo *s.m.* 1 malabarismo. 2 equilibrio.
malabarista *s.* malabarista.
malandragem *s.f.* pillería.
malandrar *v.i.* holgazanear.
malandrice *s.f.* holgazanería, granujería.
malandro *adj.* malandrín, bellaco, haragán.
malária *s.f.* (pat.) malaria.
malbaratar *v.t.* malgastar, derrochar.
malcheiroso *adj.* maloliente.
maldade *s.f.* maldad.
maldição *s.f.* maldición.
maldiçoar *v.t.* maldecir.
maleável *adj.* maleable.
malefício *s.m.* maleficio, hechizo.
maleiro *s.m.* maletero.
maleta *s.f.* maletín, bolso de mano.
malevolência *s.f.* malevolencia.
malevolente *adj.* malévolo, male-volente.
malévolo *adj.* malévolo.
malfadar *v.t.* desgraciar, vaticinar mala suerte.
malfazejo *adj.* maligno, nocivo.

malfazer v.i. perjudicar, hacer daño.
malfeitor s.m. malhechor, delincuente.
malgastar v.t. malgastar.
malha s.f. malla, punto. *cair na malha fina*, caer en las redes. *passar por uma malha fina*, examinar, investigar.
malhadeiro s.m. majadero.
malhado adj. pintado, manchado.
malhar v.t. 1 martillar. 2 criticar, castigar.
malícia s.f. malicia, picardía.
malicioso adj. malicioso, mordaz.
maligno adj. maligno, perverso.
malograr v.t. malograr, frustrar.
malogro s.m. malogro, fracaso.
maloqueiro adj. maleducado, patán.
malta s.f. bando, pandilla, canalla.
malte s.m. malta (cebada).
maltratar v.t. maltratar, insultar, golpear.
maluco adj. loco, maníaco, enloquecido. *ficar maluco por*, enloquecerle.
maluquice s.f. disparate, barbaridad, desacierto.
malvado adj. malvado, perverso.
malvisto adj. malconsiderado.
mama s.f. mamá, madre.
mamadeira s.f. mamadera, biberón.
mamãe s.f. mamá.
mamão s.m. papaya, mamón.
mamar v.i. mamar, chupar.
mamífero adj. (zool.) mamífero.
mamilo s.m. pezón.
mana s.f. hermana.
maná s.m. maná, alimento.
manada s.f. manada.
manancial s.m. manantial, origen.
manar v.t. verter, producir, manar, brotar.
mancada s.f. metedura de pata, fallo.
manceba s.f. manceba, concubina.
mancebo s.m. 1 mancebo. 2 soltero.
mancha s.f. mancha, mácula, tacha, defecto.
manchar v.t. manchar, ensuciar, deshonrar.

manchete s.f. titular.
mancipação s.f. emancipación.
mancipar v.t. emancipar.
manco adj. manco, defectuoso.
mancomunar v.t. mancomunar.
mandachuva s.m. cabecilla, líder.
mandadeiro adj. recadero.
mandado adj. mandado.
mandado s.m. orden, aviso.
mandamento s.m. mandamiento, precepto.
mandante s. ordenante, el que ordena.
mandão adj. mandón.
mandar v.t. 1 mandar, ordenar. 2 determinar. 3 enviar. 4 lanzar.
mandar v.p. irse, largarse, huir. *mandar brasa*, esmerarse, apurarse. *mandar e desmandar*, hacer y deshacer. *mandar embora*, despedir, echar.
mandarim s.m. mandarín.
mandatárlo s.m. mandatario.
mandato s.m. mandato, orden.
mandíbula s.f. mandíbula.
mandil s.f. mandil, delantal.
mandioca s.f. yuca, mandioca.
mando s.m. mando, orden.
mandranice s.f. holgazanería.
mandrião adj. perezoso.
mandriar v.i. holgazanear.
maneira s.f. 1 manera, modo. 2 costumbre, hábito. *maneiras*, modales, maneras. *boas maneiras*, modales.
manejar v.t. manejar, manipular.
manejável adj. manejable
manequim s.m. 1 maniquí. 2 modelo.
maneta adj. manco.
manga s.f. manga. *botar as mangas de fora*, soltarse la melena.
manganês s.m. (quím.) manganeso.
mangar v.i. burlarse de alguien.
mangueira s.f. manguera (bot.) mango.
manguito s.m. manguito.

manha *s.f.* 1 maña, habilidad, astúcia. 2 truco, artimaña.
manhã *s.f.* mañana.
manhoso *adj.* mañoso, ingenioso.
mania *s.f.* mania, terquedad.
maníaco *adj.* maniaco, loco.
manicômio *s.m.* manicomlo.
manicura *s.f.* manicura.
manifestação *s.f.* manifestación.
manifestar *v.t.* manifestar, declarar.
manifesto *adj.* manifiesto, notorio, declaración.
manilha *s.f.* manilla, caño de barro, aro.
manipulação *s.f.* manipulación.
manipular *v.t.* manipular, dirigir.
manivela *s.f.* manivela.
manjar *s.m.* manjar, festín.
manjar *v.t.* entender, saber.
manjedoira *s.f.* pesebre.
manjericão *s.m.* albahaca.
mano *s.m.* hermano, cuñado.
manobra *s.f.* 1 maniobra. 2 ardid.
manobrar *v.t.* 1 maniobrar, funcionar. 2 dirigir, manejar.
manojo *s.m.* manojo.
mansão *s.f.* mansión, hogar, dormitorio.
mansarda *s.f.* buhardilla.
mansidão *s.f.* mansedumbre, suavidad.
manso *adj.* manso, suave. *de mansinho*, despacio, poco a poco.
manta *s.f.* manta.
manteiga *s.f.* manteca, mantequilla.
manter *v.t.* mantener, conservar.
mantilha *s.f.* mantilla.
mantimento *s.m.* mantenimiento. víveres.
manto *s.m.* manto, capa.
manual *adj.* manual, portátil
manual *s.m.* sumario, instrucciones.
manufator *s.m.* manufacturero.
manufatura *s.f.* manufactura, trabajo, manual.

manufaturar *v.t.* manufacturar, fabricar.
manutenção *s.f.* manutención, conservación.
mão *s.f.* 1 mano. 2 influencia. 3 jugada. 4 sentido, dirección. *mão dupla*, doble sentido *mão única*, sentido único. *com a mão no coração*, con la mano en la consciencia. *dar a mão à palmatória*, dar el brazo a torcer. *dar uma mão*, echar una mano. *de mão beijada*, por la cara, sin esfuerzos. *de mãos abanando*, con las manos vacías. *estender a mão*, echar una mano. *ficar na mão*, ser engañado. *deixar de mão*, desistir. *mão-boba*, mano tonta. *mão-francesa*, escuadra. *mão-leve*, ladrón. *mãos de fada*, manos de angel. *molhar a mão de*, sobornar. *pôr a mão na consciência*, reflexionar. *ser uma mão na roda*, ser mano de santo. *ter mão leve*, tener la mano muy larga. *ter na mão*, dominar.
maometanismo *s.m.* mahometanismo.
maometano *adj.* mahometano.
mapa *s.m.* mapa. *sair do mapa*, desaparecer.
maquete *s.f.* maqueta, modelo.
maquiar *v.t.* maquillar, caracterizar.
maquiavélico *adj.* maquiavélico, pérfido, traidor.
máquina *s.f.* máquina, locomotora. *máquina de lavar pratos*, lava-vajillas. *bater à máquina*, pasar a máquina.
maquinação *s.f.* 1 maquinación. 2 intriga.
maquinar *v.t.* maquinar, intrigar.
maquinaria *s.f.* maquinaría.
mar *s.m.* mar. *mar territorial*, águas jurisdiccionales. *nem tanto ao mar nem tanto à terra*, ni tan tan ni mucho mucho.
marasmo *s.m.* marasmo, indolencia.
maratona *s.f.* maratón, sesión.
marau *adj.* pillo, tunante.
maravilha *s.f.* 1 maravilla. 2 encanto.
maravilhar *v.t.* maravillar.
maravilhar *v.p.* asombrarse, maravillarse.
marca *s.f.* marca, señal.

marcação

marcação *s.f.* marca, marcaje. *estar de marcação*, perseguir.
marcador *adj. e s.* marcador.
marcante *adj.* impactante.
marca-passo *s.m.* marcapasos.
marcar *v.t.* 1 marcar, etiquetar. 2 señalar. 3 quedar, concertar. 4 impactar, impresionar. *marcar uma consulta*, pedir hora.
marcenaria *s.f.* ebanistería, carpintería.
marceneiro *s.m.* ebanista, carpintero.
marcha *s.f.* marcha, cortejo. *marcha a ré*, marcha atrás.
marchar *v.i.* marchar, andar.
marcial *adj.* marcial, belicoso.
marco *s.m.* marco, linde.
março *s.m.* marzo.
maré *s.f.* 1 marea. 2 oportunidad. *remar contra a maré*, ir contra la corriente.
marear *v.t.* marear, deslustrar.
marechal *s.m.* (mil.) mariscal.
maremoto *s.m.* maremoto.
maresia *s.f.* viento del mar, brisa del mar.
marfar *v.t.* ofender, disgustar, irritar.
marfim *s.m.* marfil.
margarida *s.f.* (bot.) margarita.
margarina *s.f.* (quím.) margarina.
margear *v.t.* marginar.
margem *s.f.* 1 margen. 2 orilla. 3 facilidad. *dar margem a*, dar pie. *margem de lucro*, margen de beneficios.
marginal *adj.* 1 marginal. 2 delincuente.
marginalizar *v.t.* marginar, discriminar.
marginar *v.t.* 1 marginar. 2 apostillar.
maricão *s.m.* maricón, invertido, homosexual.
maricas *s.m.* maricón, invertido, homosexual.
marido *s.m.* marido.
marimbondo *s.m.* avispa, avispón. *mexer em casa de marimbondo*, meterse en un avispero.
mariola *s.m.* granuja, sinverguenza.
mariolão *adj. e s.* granuja, pillastrón.

marioneta *s.f.* marioneta títere.
marisqueiro *adj. e s.* marisquero.
marisco *s.m.* (zool.) marisco.
marítimo *adj.* marítimo, marinero.
marinha *s.f.* marina.
marinheiro *adj.* marinero.
marinho *adj.* marino, marítimo.
marmanjão *s.f.* bellaco, tunante, truhán.
marmanjo *s.f.* canalla, pícaro.
marmelada *s.f.* mermelada, dulce de membrillo.
marmelo *s.m.* membrillo.
marmita *s.f.* marmita, fiambrera.
mármore *s.m.* mármol.
marmoreira *s.f.* cantera de mármol.
marmota *s.f.* (zoo.) marmota.
maroto *adj.* malicioso, tunante, bribón.
marqués *s.m.* marqués.
marquise *s.f.* marquesina, cobertizo.
martelada *s.f.* martillazo.
martelar *s.f.* 1 clavar, martillear. 2 machacar, importunar.
martelo *s.m.* martillo.
mártir *s.m.* mártir.
martírio *s.m.* martirio.
martirizar *v.t.* martirizar.
maruja *s.f.* tripulación de un navío.
marujada *s.f.* marinaje, marinería.
marujo *s.m.* marinero, marino.
marxismo *s.m.* marxismo.
marxista *adj.* marxista.
mas *conj.* pero, todavía. *nem mais nem meio mas*, no hay pero que valga.
mascar *v.t.* mascar, masticar.
máscara *s.f.* máscara, careta, disfraz.
mascarar *v.t.* enmascarar, disimular.
mascarilha *s.f.* mascarilla.
mascavo *adj.* moreno (azúcar).
mascote *s.f.* mascota, talismán.
masculinizar *v.t.* masculinizar.
masculino *adj.* 1 masculino. 2 varonil.
masmorra *s.f.* mazmorra, prisión.

massa *s.f.* 1 masa, pasta. 2 totalidad. *massa cinzenta*, masa gris.
massacrar *v.i.* masacrar.
massacre *s.m.* masacre, derrota.
massagem *s.f.* masaje.
massagista *s.* masajista.
mastigação *s.f.* masticación.
mastigar *v.t.* masticar, mascar.
mastim *s.m.* mastín.
mastodonte *s.m.* mastodonte, fósil.
mastro *s.m.* mástil, palo.
mata *s.f.* mata, bosque. *mata virgem*, selva virgen.
matador *adj.* matador, asesino.
matadouro *s.m.* matadero.
matagal *s.m.* matorral.
matança *s.f.* matanza, mortandad.
matar *v.t.* matar, apagar, destruir. *matar o tempo*, matar el rato.
matar *v.p.* matarse, suicidarse.
mate *s.m.* 1 mate (en el ajedrez). 2 (bot.) mate.
matemática *s.f.* matemática, matemáticas.
matéria *s.f.* 1 matéria, causa 2 reportaje, columna.
material *adj.* material.
material *s.m.* material, materiales. *matéria-prima*, primera materia, materia prima.
materializar *v.t.* materializar, embrutecer.
maternal *adj.* maternal, cariñoso.
maternidade *s.f.* maternidad.
materno *adj.* materno.
matilha *s.f.* jauría, caterva.
matinal *adj.* matinal, matutino, madrugador.
matinar *v.t.* madrugar, despertar.
matiné *s.f.* matinal, matiné.
matiz *s.m.* matiz, tono.
matização *s.f.* matización.
matizar *v.t.* matizar, graduar.
mato *s.m.* bosque, arboleda, monte. *no mato sem cachorro*, sin nada, pelado.
matrícula *s.f.* matrícula, inscripción.
matricular *v.t.* matricular, inscribir.
matrimonial *adj.* matrimonial.
matrimônio *s.m.* matrimonio, nupcias.
matriz *s.f.* matriz, fuente, molde.
matrona *s.f.* matrona.
maturação *s.f.* maduración.
maturar *v.t.* madurar.
maturo *adj.* maduro, perfecto.
matutino *adj.* matutino, madrugador.
mau *adj.* malo, mal, malvado. *mau-olhado*, mal de ojo.
mausoléu *s.m.* mausoleo.
maxilar *adj.* maxilar.
máxime *adv.* máxime, principalmente.
máximo *adj.* máximo, sumo, superior. *no máximo*, como mucho.
maxixe *s.m.* música y danza originaria del Brasil.
mazela *s.f.* llaga, herida, defecto.
mazelar *v.t.* llagar, inflamar.
mazurca *s.f.* (mús.) mazurca.
me *pron. pers.* me, a mí, para mí.
meada *s.f.* ovillo. *não encontrar o fio da meada*, no encontrar una salida.
meado *s.m.* mediados.
mealha *s.f.* miaja, migaja.
meandro *s.m.* meandro, sinuosidad.
mecânica *s.f.* mecánica.
mecânico *adj.* mecánico, automático.
mecanismo *s.m.* mecanismo.
mecanizar *v.t.* mecanizar.
mecanografía *s.f.* mecanografía.
meças *s.f.*(pl.) comparación, medición.
mecha *s.f.* puñado, manojo, mecha.
medalha *s.f.* medalla, condecoración.
medalhão *s.m.* medallón.
medalhar *v.t.* condecorar, honrar con una medalla.
medalhística *s.f.* numismática.

média s.f. media, promédio. *em média*, de media. *fazer média*, compadrear, hacer la pelota.
mediação s.f. mediación, intermediación.
mediador adj. medianero.
mediano adj. mediano regular.
mediante prep. mediando, de por medio.
mediar v.t. mediar, separar, dividir.
medicação s.f. medicación.
medicamento s.m. medicamento, remedio, medicina.
medição s.f. medición, evaluación.
medicar v.t. medicar, recetar.
medicina s.f. medicina, remedio.
médico adj. médico, medicinal.
médico s.m. médico. *médico-legista*, médico forense.
medida s.f. 1 medida, decisión. 2 orden. *à medida de*, según, conforme. *encher as medidas*, hartar, pasarse, colmar el vaso.
medieval adj. medieval.
médio adj. médio, mediano, promedio.
mediocre adj. mediocre, insignificante.
medir v.t. 1 medir, calcular. 2 considerar. 3 rivalizar.
meditação s.f. meditación, reflexión.
meditar v.t. meditar, reflexionar.
mediterrâneo adj. Mediterráneo.
medo s.m. miedo, pavor, susto.
medonho adj. terrorífico, de dar miedo, espantoso.
medra s.f. medra, medro, desarrollo, progreso.
medrar v.t. medrar, aumentar, mejorar.
medula s.f. (anat.) médula.
medular adj. medular.
medusa s.f. (zool.) medusa.
megafone s.m. megáfono, altavoz, bocina.
megalítico adj. megalítico.
megalomania s.f. magalomanía.
megera s.f. malvada, bruja.

meia s.f. media, calcetín. *meia-calça*, medias, panty, cancán. *meia-noite*, medianoche. *de meia-tijela*, de medio palo.
meigo adj. cariñoso, suave.
meiguice s.f. ternura, cariño.
meio adj. medio, casi. *embolar o meio de campo*, aguar la fiesta. *meio a meio*, por la mitad. *meio-dia*, mediodía.
meio s.m. 1 medio, mita. 2 camino, forma.
meirinho s.m. merino, alguacil.
mel s.m. 1 miel. 2 suavidad. *lua de mel*, luna de miel.
melancia s.f. (bot.) sandía.
melancolia s.f. melancolia, disgusto.
melancólico adj. melancólico.
melão s.m. (bot.) melón.
melar v.t. 1 endulzar demasiado. 2 ensuciar.
melar v.i. estropearse, no salir.
melaso s.m. melaza, jarabe.
meleca s.f. moco, porquería, marranada.
melena s.f. melena.
melhor adj. mejor. *levar a melhor*, llevarse la mejor parte. *no melhor da festa*, en lo mejor.
melhorar v.t. mejorar, perfeccionar, reformar.
melhoria s.f. mejoría, progreso.
meliante s.m. maleante, vagabundo.
melindrar v.t. ofender, molestar.
melindre s.m. melindre, afectación, pudor.
melodia s.f. (mús.) melodía.
melódico adj. melódico, armonioso.
melodrama s.m. melodrama, ópera.
melodramático adj. melodramático.
melómano s.m. melómano.
meloso adj. meloso, dulce, suave.
melquetrefe s.m. mequetrefe.
melro s.m. (zool.) mirlo.
membrado adj. membrudo.
membrana s.f. membrana, piel.
membranáceo adj. membranáceo.
membro s.m. miembro, extremidad.
memorável adj. memorable, célebre.

memória *s.f.* memória, recuerdo. *memórias*, memorias.
memorial *s.m.* memorial, apuntamiento.
memorizar *v.t.* aprenderse, memorizar.
menção *s.f.* mención, registro.
mencionar *v.t.* mencionar, referir.
mendicância *s.f.* mendicación.
mendigar *v.t.* mendigar rogar.
mendigo *s.m.* mendigo, indigente.
menestrel *s.m.* trovador, juglar.
menina *s.f.* niña, doncella, señorita. *menina-do-olho*, pupila, niña del ojo.
meninge *s.f.* (anat.) meninges.
meningite *s.f.* (med.) meningitis.
meninice *s.f.* niñez, infancia.
menino *s.m.* niño, chico, varón.
menino *adj.* joven.
menisco *s.m.* (anat.) menisco.
menopausa *s.f.* menopausia.
menor *adj.* 1 menor, inferior. 2 más pequeño, menor, mínimo.
menorragia *s.f.* (med.) menorragia.
menorreia *s.f.* menorrea, catamenia.
menos *pron.indef.* menos.
menos *prep.* menos, excepto. *pelo menos*, por lo menos.
menoscabar *v.t.* menoscabar, despreciar, disminuir.
menospreço *s.m.* menosprecio.
menosprezar *v.t.* menospreciar.
menosprezível *adj.* menospreciable.
mensageiro *adj.* mensajero, portador.
mensagem *s.f.* mensaje. *mensagem eletrônica*, correo electrónico.
mensal *adj.* mensual.
mensalidade *s.f.* mensualidad.
menstruação *s.f.* menstruación, menstruo.
mensura *s.f.* medida.
mensurar *v.t.* medir.
mental *adj.* mental, intelectual.
mentalidade *s.f.* mentalidad.

mente *s.f.* mente, inteligencia, pensamiento.
mentecapto *s.m.* mentecato, alienado.
mentir *v.i.* mentir, disfrazar.
mentira *s.f.* mentira, embuste. *mentira deslavada*, mentira podrida.
mentiroso *adj.* mentiroso, falso.
mento *s.m.* (anat.) mentón, barbilla.
mentol *s.m.* (quím.) mentol.
mentor *s.m.* mentor.
menu *s.m.* menú.
mercadejar *v.i.* mercadear, negociar.
mercado *s.m.* mercado, feria. *mercado paralelo*, mercado negro.
mercador *s.m.* mercader, comerciante.
mercadoria *s.f.* mercancía.
mercancia *s.f.* mercancía, negocio.
mercar *v.t.* comerciar, vender, negociar.
mercê *s.f.* merced, favor, perdón galardón.
mercearia *s.f.* tienda, almacén.
merceeiro *s.m.* tendero.
mercenário *adj.* mercenario.
mercúrio *s.m.* (quím.) mercurio.
merecer *v.t.* merecer.
merecimento *s.m.* merecimiento.
merenda *s.f.* merienda.
merendar *v.i.* merendar.
merengue *s.m.* merengue (dulce).
mergulhador *s.m* buceador, zambullidor.
mergulhar *v.i.* bucear, zambullir, desaparecer.
meridiano *s.m.* meridiano.
meridional *adj.* meridional, austral.
mérito *s.m.* mérito, aptitud.
merlo *s.m.* (zoo.) milro.
mero *adj.* mero, puro, simple.
mês *s.m.* mes, *de mês em mês*, cada mes.
mesa *s.f.* 1 mesa. 2 tribunal de examen. *à mesa*, en la mesa. *tirar a mesa*, quitar la mesa/levantar la mesa. *virar a mesa*, dar um giro.
meseta *s.f.* meseta.
mesmice *s.f.* lo mismo, la misma cosa.
mesmo *adj.* mismo.

mesmo *adv.* igualmente, realmente. *a mesma coisa,* lo mismo. *mesmo que,* aunque. *nem mesmo,* ni siquiera.
mesquinhar *v.t.* tacañear, regatear.
mesquinho *adj.* mezquino, avaro, pobre.
mesquita *s.f.* mezquita.
mestiçagem *s.f.* mestizaje.
mestiçar *v.t.* mestizar.
mestiço *adj.* mestizo, mulato.
mestra *s.f.* maestra, profesora.
mestrado *s.m.* maestría, máster, magíster.
mestre *s.m.* maestro, profesor. *mestre-cuca,* jefe de cocina, chef.
meta *s.f.* meta, fin.
metabolismo *s.m.* metabolismo.
metade *s.f.* mitad, medio. *cara-metade,* media naranja.
metafísica *s.f.* metafísica, abstracción.
metafonia *s.f.* (gram.) metafonía.
metáfora *s.f.* metáfora.
metal *s.m.* metal.
metalurgia *s.f.* metalurgia.
metamorfose *s.f.* metamorfosis, modificación.
metano *s.m.* (quím.) metano (gas).
metaplasmo *s.m.* (gram.) metaplasmo.
metatarso *s.m.* metatarso.
meteórico *adj.* 1 meteórico. 2 fugaz.
meteoro *s.m.* meteoro.
meteorologia *s.f.* meteorología.
meter *v.t.* 1 meter, dar, poner. 2 follar, chingar.
meter *v.p.* 1 meterse. 2 entrometerse.
meticuloso *adj.* meticuloso, timorato.
metido *adj.* entrometido, presumido.
metileno *s.m.* (quím.) metileno.
metódico *adj.* metódico, ponderado.
método *s.m.* método, orden.
metragem *s.f.* metraje.
metralha *s.f.* 1 metralla. 2 enjambre.
metralhadora *s.f.* ametralladora.
metralhar *v.t.* ametrallar, disparar.
métrica *s.f.* métrica.
métrico *adj.* métrico.
metro *s.m.* metro.
metrô *s.m.* metro, subterráneo, subte.
metrópole *s.f.* metrópoli.
metropolitano *adj.* metropolitano.
meu *adj. e pron. pos.* mío, mi.
mexer *v.t.* 1 mover, revolver, mezclar, agitar. 2 tocar. 3 dedicarse, trabajar. 4 piropear, meterse.
mexerica *s.f.* mandarina.
mexerico *s.m.* chisme, cuento, enredo.
mexido *adj.* movido, revuelto, mezclado, agitado, listo.
mexilhão *s.m.* (zool.) mejillón.
mi *s.m.* (mús.) mi.
miar *v.i.* maullar.
miçanga *s.f.* cuenta, abalorio.
micção *s.f.* micción, acto de orinar.
mico *s.m.* 1 mono. 2 juego infantil de cartas. *destripar o mico.* vomitar. *pagar um mico,* hacer un papelón.
micose *s.f.* micosis.
micra *s.f.* migaja, insignificancia.
microbiano *adj.* microbiano.
micróbio *s.m.* microbio.
microcéfalo *adj.* microcéfalo, idiota.
microcomputador *s.m.* computadora, microcomputadora, ordenador personal.
microfilme *s.m.* microfilme.
microfone *s.m.* micrófono.
microfonógrafo *s.m.* microfonógrafo.
microfotografia *s.f.* microfotografía.
microscopia *s.f.* microscopia.
microscópio *s.m.* microscopio.
mictório *s.m.* urinario.
miga *s.f.* 1 miga, migaja, migas. 2 sopas de pan.
migalha *s.f.* migaja, resto.
migração *s.f.* migración.
migrar *v.i.* migrar.
mijadeiro *s.m.* meadero, urinario.

mijar *v.t.* mear, orinar. *mijar para trás,* echarse para atrás.
mijo *s.m.* orina, pis.
mil *s.m. e num.* 1 mil. 2 mucho.
milagre *s.m.* milagro.
milagroso *adj.* milagroso, maravilloso.
milha *s.f.* milla.
milhão *s.m. e num.* millón.
milhar *s.m. e num.* millar.
milho *s.m.* (bot.) maíz. *catar milho,* pasar a máquina.
milícia *s.f.* milicia, ejército.
miliciano *adj.* miliciano.
miligrama *s.m.* miligramo.
mililitro *s.m.* mililitro.
milímetro *s.m.* milímetro.
milionário *adj.* millonario, ricachón.
milionésima *s.f.* millonésima.
militança *s.f.* milicia, los militares.
militar *adj.* militar.
mim *pron. pess.* mí, me.
mimar *v.t.* mimar, acariciar.
mímica *s.f.* mímica, gesticulación.
mimo *s.m.* mimo, cariño, regalo.
mimosa *s.f.* (bot.) mimosa.
mimosear *v.t.* mimosear, agasajar.
mimoso *adj.* mimoso, delicado.
mina *s.f.* mina, fuente.
minar *v.t.* minar, excavar, atormentar.
minarete *s.m.* (arq) minarete, alminar,
mineiro *adj.* minero.
mindinho *s.m.* meñique.
mineral *adj.* mineral.
mineralogia *s.f.* mineralogía.
minério *s.m.* mineral.
minguante *adj.* menguante.
minguar *v.i.* menguar, disminuir.
minha *adj. y pron. pos.* mia, mi.
minhoca *s.f.* lombriz, gusano.
miniatura *s.f.* miniatura.
mínima *s.f.* mínima.
mínimo *adj.* 1 mínimo. *não dar a mínima,* no importar. *no mínimo,* por lo menos. 2 dedo meñique.
ministerial *adj.* ministerial.
ministério *s.m.* ministerio, profesión.
ministro *s.m.* ministro, sacerdote.
minorar *v.t.* minorar, aliviar.
minoria *s.f.* minoría.
minúcia *s.f.* minucia, particularidad.
minudência *s.f.* minudencia.
minudenciar *v.t.* detallar.
minúscula *s.f.* minúscula.
minuto *s.m.* minuto, instante.
miocárdio *s. m.* (anat.) míocardio.
miolo *s.m.* (anat.) 1 seso, cerebro. *miolo mole,* gagá, tornillo flojo. 2 miga del pan.
míope *adj.* miope, corto de vista.
miopia *s.f.* miopía.
mira *s.f.* (mil.) 1 mira, puntería. 2 atención.
miraculoso *adj.* milagroso.
mirada *s.f.* mirada, ojeada.
miragem *s.f.* miraje, ilusión.
mirar *v.t.* 1 mirar. 2 apuntar.
mirra *s.f.* (bot.) mirra, desmirriada, persona delgada, avaro.
mirrar *v.t.* enflaquecer, desecar, consumir.
mirtáceas *s.f.* (pl.) (bol.) mirtáceas.
misantropia *s.f.* misantropía, melancolía.
miscelânea *s.f.* miscelánea, mezcla, confusión.
miseração *s.f.* miseración, compasión.
miserável *adj.* miserable, avariento, infeliz.
miséria *s.f.* miseria, pobreza, ridiculez. *chorar miséria,* quejarse. *em petição de miséria,* en un estado lamentable. *fazer miséria,* hacer de todo.
misericórdia *s.f.* misericordia, piedad, caridad.
mísero *adj.* mísero, miserable.
missa *s.f.* (relig.) misa.
missal *s.m.* misal.
missão *s.f.* 1 misión, comisión. 2 destino.

míssil s.m. misil (proyectil o cohete), arrojadizo.
missionar v.t. y i. evangelizar.
missionário s.m. misionero.
missiva s.f. misiva, nota.
mistério s.m. misterio, enigma.
misterioso adj. misterioso, obscuro.
místico adj. místico, espiritual.
mistificar v.t. misfificar.
misto adj. mixto, mezclado.
mistura s.f. mixtura, mezcla.
misturar v.t. mixturar, mezclar.
mitigação s.f. mitigación, alivio.
mitigar v.t. mitigar, acalmar.
mito s.m. mito, fábula, leyenda, símbolo.
mitra s.f. mitra, dignidad episcopal.
mitral adj. mitral.
miudagem s.f. menuderías, insignificancias, ralea.
miúdo adj. menudo, muy pequeño, niño.
miúdos s.m. (pl.) menudillo, menudo. *trocar em miúdos*, explicar, hablar claro.
moageiro s.m. molinero.
moagem s.f. molienda.
móbil adj. móvil.
mobília s.f. mobiliário.
mobiliar v.t. amueblar.
mobilidade s.f. movilidad.
mobilização s.f. movilización.
mobilizar v.t. movilizar.
moca s.f. 1 cachiporra, porra. 2 (Bras.) mentira, chanza.
mocambo s.m. (Bras.) choza, abrigo para el ganado.
moção s.f. moción, conmoción.
mochila s.f. mochila.
mocho s.m. (zool.) buho.
mocho adj. desmochado, mutilado.
mocidade s.f. mocedad, juventud.
moço adj. 1 mozo. 2 inexperto.
moçoila s.f. 1 mozuela. 2 moza.

moda s.f. moda, costumbre, gusto. *sair de moda*, pasar de moda. *entrar na moda*, estar de moda. *inventar moda*, complicarse la vida. *virar moda*, ponerse de moda.
modelação s.f. modelación.
modelar v.t. modelar, moldear. *massinha de modelar*, plastilina.
modelo s.m. 1 modelo, patrón. 2 norma, sistema.
moderação s.f. moderación.
moderar v.t. moderar.
modernice s.f. modernismo.
modernismo s.m. modernismo.
modernizar v.t. modernizar.
moderno adj. moderno.
modestamente adv. modestamente.
modéstia s.f. modestia, simplicidad.
modesto adj. modesto.
módico adj. módico.
modificação s.f. modificación.
modificar v.t. modificar.
modismo s.m. modismo.
modo s.m. modo. *de modo algum*, de ningún modo. *modos*, modales.
modorra s.f. modorra.
modulação s.f. modulación.
modular v.t. modular.
módulo s.m. módulo.
moeda s.f. moneda.
moer v.t. moler, macerar, triturar.
mofa s.f. mofa, escarnio.
mofar v.i. 1 mofar, enmohecer. 2 pudrirse.
mofo s.m. moho, verdete, orín.
mogno s.m. caoba (árbol y madera).
moído adj. molido, picado
moina s.f. pequeña suscripción, vida airada
moina s.m. gandul, vago, holgazanear.
moinar v.i. holgazanear, gandulear.
moinho s.m. molino, aceña.
moiro s.f. moro, musulmano, salmuero.
moirejar v.t. trabajar mucho, sudar.

monumental

moiro *adj.* moro, morisco, infiel.
moita *s.f.* matorral espeso. *ficar na moita*, quedarse callado.
mola *s.f.* 1 muelle, ballesta. 2 resorte.
moldador *adj.* moldeador.
moldar *v.t.* moldear, adaptar.
molde *s.m.* molde, modelo, patrón.
moldura *s.f.* moldura, marco de cuadro.
mole *adj.* 1 blando, tierno, flojo. *dar mole*, dar cancha/bola. *é mole?*, ¿qué te parece? 2 cansino, pesado.
mole *adv.* fácil, fácilmente. *no mole*, fácilmente. *ser mole*, ser fácil.
molecada *s.f.* chiquillería.
molécula *s.f.* (quím.) molécula.
moleiro *s.m.* molinero.
molenga *adj.* 1 blando. 2 lento, perezoso. 3 cobarde.
molestar *v.t.* molestar, ofender, irritar.
moléstia *s.f.* molestia, enfado.
moleza *s.f.* 1 debilidad, flojera 2 fácil.
molhadela *s.f.* mojadura, remojón.
molhar *v.t.* mojar, humedecer.
molhe *s.m.* (mar) muelle, malecón.
molho *s.m.* salsa, mojo. *de molho*, en remojo, en reposo.
moluscos *s.m.* (pl.) (zool.) moluscos.
momentâneo *adj.* momentáneo.
momento *s.m.* momento, instante. *no momento*, en este momento.
mona *s.f.* 1 (zool.) mona, hembra del mono. 2 (fig.) muñeca de trapo, borrachera.
monada *s.f.* monada.
monarca *s.m.* monarca, soberano.
monarquia *s.f.* monarquía.
monástico *adj.* monástico.
monção *s.f.* monzón (viento), oportunidad.
monda *s.f.* (Arg.) monda, desmochadura.
mondar *v.t.* mondar, escamondar.
monetário *adj.* monetario, relativo a la moneda.

monge *s.m.* monje.
monitor *s.m.* monitor, avisador, amonestador, navío blindado de guerra, prefecto.
mono *s.m.* (zool.) mono, mico.
mono *adj.* 1 necio, estúpido, triste, feo. 2 payaso.
monóculo *s.m.* monóculo.
monografia *s.f.* memória, tesis, monografia.
monologar *v.i.* monologar.
monólogo *s.m.* monólogo.
monômetro *s.m.* monómetro.
monopólio *s.m.* monopolio.
monopolização *s.f.* monopolización.
monopolizar *v.t.* monopolizar, acaparar.
monossílabo *s.m.* monosílabo.
monoteísta *adj.* monoteísta.
monotonia *s.f.* monotonía.
monótono *adj.* monótono.
monsenhor *s.m.* monseñor.
monstro *s.m.* monstruo. *monstro sagrado*, vaca sagrada.
monstro *adj.* monstruoso, descomunal, muy grande.
monstruosidade *s.f.* monstruosidad.
monta *s.f.* monta, importe, precio.
montagem *s.f.* montaje.
montanha *s.f.* 1 montaña. 2 gran volumen.
montanheira *s.f.* montañera.
montanhoso *adj.* montañoso, accidentado.
montão *s.m.* montón, acervo.
montar *v.t.* 1 montar, cabalgar. 2 organizar.
montaría *s.f.* montería.
monte *s.m.* 1 monte, cerro. 2 mucho, montón.
monteiro *s.m.* guardabosques, montero, montés.
montepio *s.m.* montepío, sociedad de socorros mutuos.
montículo *s.m.* montículo, otero.
montra *s.f.* escaparate, vitrina.
monumental *adj.* monumental, grandioso, magnífico.

monumento *s.m.* 1 monumento. 2 gran obra.
moqueta *s.f.* moqueta.
mora *s.f.* mora, demora.
morada *s.f.* morada, domicilio.
moradia *s.f.* vivienda.
morado *adj.* morado, violáceo.
morador *s.m.* morador, habitante.
moral *s.f.* moral. *moral da história*, moraleja.
moral *s.m.* ánimo, moral.
moral *adj.* moral, ético.
moralidade *s.f.* moralidad.
morangal *s.m.* fresal.
morango *s.m.* fresa, frutilla.
morar *v.i.* 1 vivir, habitar. 2 pasarse la vida.
moratória *s.f.* moratória, aplazamiento.
mórbido *adj.* mórbido, lánguido, enfermo, suave.
morbo *s.m.* morbo, enfermedad.
morboso *adj.* morboso, enfermo.
morcego *s.m.* (zool.) murciélago.
morcela *s.f.* morcilla.
mordaça *s.f.* mordaza.
mordaz *adj.* mordaz, satírico.
morder *v.t.* morder, mordisquear.
morder *v.p.* enfadarse, enojarse.
mordida *s.f.* mordida, bocado.
mordiscar *v.t.* mordiscar.
mordomia *s.f.* prebenda, privilegio.
mordomo *s.m.* mayordomo.
moreia *s.f.* (zoo.) morera.
moreno *adj.* moreno, trigueño, oscuro, morocho.
morfeia *s.f.* (pat.) morfea, lepra.
morfina *s.f.* morfina.
morfologia *s.f.* morfología.
morgue *s.f.* morgue.
moribundo *adj.* 1 moribundo. 2 exhausto.
mormaço *s.m.* bochorno.
morno *adj.* templado, tíbio.
morosidade *s.f.* morosidad, lentitud.
moroso *adj.* lento, calmado, moroso.

morra *interj.* ¡muera!
morrão *s.m.* mecha para pegar fuego.
morrer *v.i.* morir, expirar, olvidar.
morrer *v.t.* morirse, estar loco por. *morrer na praia*, quedarse en el camino. *lindo de morrer*, muy lindo.
morrinhar *v.i.* lloviznar.
morro *s.m.* morro, cerro, loma.
morsa *s.f.* (zool.) morsa.
morsegão *s.m.* dentada, mordisco.
morsegar *v.t.* mordisquear, pellizcar.
mortadela *s.f.* mortaleda.
mortal *adj.* mortal.
mortal *s.m.* hombre, ser humano.
mortalha *s.f.* mortaja.
mortalidade *s.f.* mortalidad.
morte *s.f.* muerte, término. *chorar a morte da bezerra*, lamentarse. *ser de morte*, ser tremendo.
morteiro *s.m.* (mil.) mortero, almirez.
morticínio *s.m.* mortandad.
mortificação *s.f.* mortificación, molestia, tormento.
mortificar *v.t.* mortificar, torturar.
morto *adj.* muerto, exhausto.
morto *s.m.* cadáver.
mosaico *s.m.* mosaico, miscelánea.
mosca *s.f.* (zool.) mosca. *acertar na mosca*, acertar en el clavo. *às moscas*, vacío. *comer mosca*, no entender.
moscada *s.f.* (bot.) moscada, nuez moscada.
moscão *s.f.* moscón, moscardón.
moscardo *s.m.* (zoo.) moscardón, tábano.
moscatel *adj.* moscatel (vino y uva).
mosquear *v.t.* mosquear, salpicar.
mosquetaço *s.m.* mosquetazo.
mosquete *s.m.* mosquete.
mosqueteiro *s.m.* mosquetero.
mosquiteiro *s.m.* mosquitero.
mosquito *s.m.* (zool.) mosquito.
mossa *s.f.* muesca, mella que deja un golpe.

mossar *v.t.* aplastar, abollar.
mossegão *s.m.* pellizco, bocado, dentellada.
mossegar *v.t.* mordisquear, pellizcar.
mostarda *s.f.* mostaza.
mosteiro *s.m.* monasterio.
mostra *s.f.* muestra, demostración. *à mostra,* a la vista.
mostrador *s.m.* indicador, pantalla.
mostrar *v.t.* enseñar, mostrar, demostrar.
mostrar *v.p.* llamar la atención, presumir.
mostruário *s.m.* muestrario.
mote *s.m.* mote, epígrafe.
motel *s.m.* motel, casa de citas.
motim *s.m.* motín.
motinar *v.t.* amotinar.
motivador *adj.* motivador.
motivar *v.t.* motivar, causar, provocar.
motivo *s.m.* motivo, causa, razón.
moto *s.m.* moto, motocicleta.
motocicleta *s.f.* motocicleta.
motoqueiro *s.m.* motorista, motociclista.
motor *adj.* motor, motriz.
motorista *s.* conductor, chofer.
motorizar *v.t.* motorizar.
mouco *adj.* sordo.
mouquice *s.f.* sordera, sordez.
moura *s.f.* mora, salmuera.
mouraria *s.f.* morería.
mouro *adj.* moro.
mouse *s.m.* ratón.
movediço *adj.* movedizo.
móvel *adj.* 1 móvil. 2 voluble.
móvel *s.m.* mueble.
mover *v.t.* mover.
movimentar *v.t.* 1 mover, levantar 2 animar.
muamba *s.f.* contrabando.
muçulmano *adj.* musulmán.
muda *s.f.* 1 muda, planta. 2 juego de ropa interior.
mudança *s.f.* mudanza, modificación.
mudar *v.t.* mudar, sustituir, cambiar.

mudar *v.p.* mudarse.
mudez *s.f.* mudez, silencio.
mudo *adj.* mudo.
mufla *s.f.* mufla.
mugido *s.m.* mugido.
mugir *v.i.* mugir.
muito *adj. y pron.* mucho.
muito *adv.* mucho, muy.
mulato *adj.* mulato.
muleta *s.f.* muleta.
muleteiro *s.m.* muletero, arriero.
mulher *s.f.* mujer, esposa. *mulher da vida,* mujerzuela, mujer de mala vida. *mulher-macho,* marimacho.
mulherengo *s.m.* mujeriego.
multa *s.f.* multa.
multar *v.t.* multar.
multicolor *adj.* multicolor.
multidão *s.f.* multitud, muchedumbre.
multiplicação *s.f.* multiplicación.
multiplicar *v.t.* multiplicar.
multíplice *adj.* múltiple.
múltiplo *adj.* múltiple.
múmia *s.f.* 1 momia. 2 muerto, cadáver.
mundano *adj.* mundano.
mundial *adj.* mundial.
mundo *s.m.* 1 mundo, universo. 2 humanidad. 3 montón. *abraçar o mundo com as mãos,* abarcarlo todo. *cair no mundo,* salir al mundo. *mundos e fundos,* un mundo. *o mundo inteiro,* todo el mundo. *vir o mundo abaixo,* venirse todo abajo.
mungir *v.t.* ordeñar (leche), exprimir.
munheca *s.f.* muñeca, pulso.
munição *s.f.* munición, proyectiles.
municipal *adj. e s.* municipal.
municipalidade *s.f.* municipalidad, ayuntamiento.
município *s.m.* municipio, ayuntamiento.
munir *v.t.* proveer, defender.
muque *s.m.* músculo. *a muque,* a la fuerza.

muquirana adj. tacaño, agarrado.
mural adj. mural, parietal.
muralha s.f. muralla.
muralhar v.t. amurallar, murar.
murar v.t. murar, amurallar, cercar.
murchar v.t. 1 marchitar. 2 entristecer.
murcho adj. 1 marchito. 2 abatido.
murmulho s.m. murmullo.
murmurar v.t. murmurar, susurrar.
muro s.m. muro, tapia, muralla.
murro s.m. puñetazo. *dar murro em ponta de faca*, darse contra el muro.
musa s.f. musa.
musaranho s.m. (zool.) musaraña.
muscular adj. muscular.
músculo s.m. (anat.) 1 músculo. 2 fuerza.
museografia s.f. museografía.
museu s.m. museo.
musgo s.m. (bot.) musgo.
música s.f. música, armonía, orquesta. *dançar conforme a música*, bailar al son que tocan.
musical adj. musical, armonioso.
mutabilidade s.f. mutabilidad, volubilidad.
mutação s.f. mutación, mudanza.
mutilação s.f. mutilación, amputación.
mutilado adj. mutilado.
mutilar v.t. mutilar, cortar, desfigurar.
mutismo s.m. mutismo, silencio.
mutirão s.m. movilización, trabajo comunitario.
mutreta s.f. trampa, truco.
mutuação s.f. mutualidad, reciprocidad.
mutualidade s.f. mutualidad.
mutuar v.t. permutar, prestar.
mútuo adj. mutuo, recíproco, préstamo.
muxoxar v.t. (Bras.) besar, acariciar.
muxoxo s.m. beso.

N n

n, N s.m. décima cuarta letra del alfabeto portugués. Se usa para abreviar *norte*.
na contr. en la (contracción de *prep. en* y *art. f. a*)
na pron. la.
nabada s.f. guisado con nabos.
nabo s.m. nabo.
nação s.f. 1 nación, patria, pueblo. 2 territorio.
nácar s.m. nácar.
nacarar v.t. nacarar.
nacional adj. nacional.
nacionalidade s.f. nacionalidad.
nacionalismo s.m. nacionalismo.
nacionalizar v.t. nacionalizar, aclimatar.
naco s.m. pedazo, trozo, tajada.
nada pron. indef. nada. *antes de mais nada*, antes que nada. *nada de mais*, no es nada. *no meio do nada*, surgir de la nada.
nada adv. nada, en absoluto.
nada s.m. nada, inutilidad.
nadador/a adj. e s. nadador.
nadar v.i. nadar, boyar.
nadar v.t. nadar, tener mucho.
nádega s.f. nalga, posaderas.
nafta s.f. (quím.) nafta.
nagalho s.m. cordel.
náilon s.m náilon, nylon.
naipe s.m. naipe.
namorado s.m. pareja, novio, enamorado.
namorado/a adj. apasionado.
namorar v.t. enamorar, ennoviarse.
namorar v.i. galantear, estar juntos.
nana s.f. nana.
não adv. no, negativa.

não s.m. no, excusa. *pois não*, ¡cómo no!
naquele contr. de la prep. *em* y el adj. *aquele*, en aquél.
naquilo contr. de la prep. *em* y el pron. *aquilo*, en aquello.
narciso s.m. (bot.) narciso.
narcose s.f. narcosis, anestesia, somnolencia.
narcótico s.m. narcótico.
narcotização s.f. narcotización, anestesia.
narcotizar v.t. narcotizar, anestesiar.
nardo s.m. (bot.) nardo.
narigão s.m. narigón, narigudo.
nariz s.m. nariz, hocico. *dar com o nariz na porta*, dar plantón. *ficar de nariz torcido*, estar con la nariz arrugada. *saber onde tem o nariz*, saber con quién se anda.
narração s.f. narración, historia.
narrar v.t. narrar, describir.
nasal adj. nasal.
nasal s.f. vocal/fonema nasal.
nascença s.f. nacimiento, origen.
nascente adj. primero, incipiente.
nascente s.f. 1 naciente. 2 manantial.
nascer v.i. nacer, crearse, surgir.
nascer s.m. nacimiento, salida. *nascer feito*, nacer así.
nascimento s.m. nacimiento, salida. *certidão de nascimento*, partida de nacimiento.
nata s.f. 1 nata. 2 (fig.) la élite.
natação s.f. natación.
natal s.m. natividad, Navidad.
natalício/a adj. e s. natalicio.
nativo/a adj. nativo.
nativo s.m. vernáculo, indígena.

nato/a *adj.* nato, natural.
natura *s.f.* natura, nacimiento.
natural *adj.* 1 natural, lógico, probable. 2 originario, nativo.
natural *s.m.* normal, natural.
naturalização *s.f.* naturalización.
naturalizar *v.t.* naturalizar, aclimatar.
natureza *s.f.* 1 naturaleza. 2 temperamento. 3 especie.
nau *s.f.* (mar) nave, área.
naufragar *v.i.* naufragar, perderse.
naufrágio *s.m.* naufragio, ruina.
náusea *s.f.* náuseas, ansias, mareo.
nauta *s.m.* nauta, navegante.
náutico/a *adj.* náutico.
nava *s.f.* planicie.
navalha *s.f.* 1 navaja, cuchillo. 2 salvaje, loco, animal.
navalhada *s.f.* navajada.
nave *s.f.* nave.
navegação *s.f.* navegación.
navegar *v.t.* navegar, buscar en internet.
navegabilidade *s.f.* navegabilidad.
navio *s.m.* navío, buque, barco. *ficar a ver navios*, quedarse a dos velas.
neblina *s.f.* neblina, niebla.
nebulosidade *s.f.* nebulosidad, niebla, sombra.
necedade *s.f.* necedad.
necessário/a *adj.* 1 necesario. 2 inevitable. 3 preciso.
necessidade *s.f.* necesidad, pobreza.
necessitar *v.t.* necesitar.
necrologia *s.f.* necrología.
necromancia *s.f.* necromancia.
necrópole *s.f.* necrópolis.
necrópsia *s.f.* autopsia, necropsia.
necrotério *s.m.* morgue.
néctar *s.m.* néctar.
nectarizar *v.t.* endulzar.
nédio/a *adj.* 1 luciente, brillante. 2 gordo.

nefasto/a *adj.* nefasto, funesto.
negação *s.f.* 1 negación. 2 abandono. *ser uma negação*, ser un negado.
negar *v.t.* 1 negar. 2 recusar, rechazar.
negativa *s.f.* negativa.
negativo/a *adj.* 1 negativo. 2 malo. 3 cliché.
negável *adj.* negativo, nulo.
negligência *s.f.* negligencia, desatención.
negligenciar *v.t.* omitir, descuidar.
negligente *adj.* negligente.
negociação *s.f.* negociación.
negociar *v.t.* 1 negociar. 2 acordar, ajustar. 3 comprar, vender, liquidar.
negociata *s.f.* negocio, trapicheo, cambalache.
negócio *s.m.* 1 negocio. 2 acuerdo 3 caso, asunto, tema. *negócio da China*, bicoca, chollo. *negócio de ocasião*, oferta. *um negócio fenomenal*, fantástico.
negra *s.f.* desempate.
negreiro/a *adj.* negrero.
negrito *s.m.* negrilla, negrita.
negro/a *adj.* 1 negro. 2 obscuro. 3 maldito, siniestro. 4 esclavo.
negrume *s.m.* oscuridad, tinieblas.
nele *contr.* en él.
nem *conj.* ni, ni siquiera. *não estar nem aí para*, importar un cuerno. *nem que*, *conj.* aunque.
nenê *s.m.* (fam.) niño recién nacido.
nenhum *pron. indef.* 1 ningún. 2 cualquiera.
neoclassicismo *s.m.* neoclasicismo.
neófito *s.m.* neófito.
neologismo *s.m.* neologismo.
nervo *s.m.* 1 nervio. 2 energía.
nervoso/a *adj.* 1 nervioso. 2 irritado.
nervoso *s.m.* nerviosismo.
nêspera *s.f.* (bot.) níspero.
nesse *contr.* de la *prep.* em con el *pron.* esse, en ése.
neste *contr.* de la *prep.* em con el *pron.* este, en éste.
neto *s.m.* nieto.

neuralgia *s.f.* (patol.) neuralgia.
neurologista *s.m.* neurólogo.
neurose *s.f.* neurosis.
neutral *adj.* neutral.
neutralizar *v.t.* neutralizar.
neutro *adj.* neutro.
nevada *s.f.* nevada.
nevar *v.t.* nevar.
neve *s.f.* nieve. *em neve*, a punto de nieve.
neveira *s.f.* nevera.
névoa *s.f.* niebla.
nevralgia *s.f.* neuralgia.
nexo *s.m.* nexo, nudo, lazo.
nhoque *s.m.* ñoqui, ñoque.
nicotina *s.f.* nicotina.
niilismo *s.m.* nihilismo.
nicho *s.m.* 1 nicho. 2 (fig.) casa pequeña.
nímio/a *adj.* nimio.
ninar *v.t.* arrullar. *canção de ninar*, canción de cuna.
ninfa *s.f.* 1 ninfa. 2 belleza.
ninguém *pron. indef.* nadie.
ninho *s.m.* nido. *ninho de cobras*, nido de víboras.
níquel *s.m.* (quím.) níquel.
niquelar *v.t.* niquelar.
nisto *contr.* de la *prep. em* con el *pron. esto*, en esto.
nítido/a *adj.* nítido, claro.
nitrato *s.m.* (quím.) nitrato.
nitrificar *v.t.* nitrificar.
nível *s.m.* 1 nivel. 2 altura. 3 grado. 4 calidad.
nivelar *v.t.* 1 nivelar. 2 igualar, comparar.
no *contrac.* de la *prep. em* con el *pron. o*, en él; en lo.
nó *s.m.* nudo. *nó cego*, nudo duro. *dar um nó na cabeça de alguém*, confundir.
nobre *adj.* 1 noble, hidalgo. 2 lujoso. 3 célebre.
nobreza *s.f.* 1 nobleza. 2 calidad.
noção *s.f.* noción.
nocaute *adv.* fuera de combate.

nocautear *v.t.* noquear, dejar fuera de combate.
nocivo/a *adj.* nocivo.
noctambular *v.i.* noctambular.
noctâmbulo/a *adj.* noctámbulo.
noctívago/a *adj.* nocturno, noctámbulo.
nódoa *s.f.* mancha.
nogal *s.m.* nogal.
noitada *s.f.* trasnochada.
noite *s.f.* noche. *alta noite*, noche bien entrada. *à noite*, por la noche. *ontem à noite*, anoche.
noitinha *s.f.* el anochecer.
noiva *s.f.* novia, (for.) prometida.
noivar *v.i.* cortejar, enamorar.
nojeira *s.f.* 1 asco. 2 suciedad.
nojento/a *adj.* 1 asqueroso, nauseabundo. 2 melindroso, quisquilloso.
nojo *s.m.* 1 repugnancia. 2 ganas de vomitar/devolver.
nome *s.m.* nombre, fama. *nome de batismo*, nombre de pila. *nome de família*, apellido. *nome feio*, obscenidad, palabrota, improperio.
nomeação *s.f.* 1 nombramiento. 2 designación, denominación.
nomear *v.t.* nombrar.
nomenclatura *s.f.* nomenclatura.
nômina *s.f.* nómina.
nominação *s.f.* nombramiento.
nominal *adj.* nominal.
nora *s.f.* nuera.
nordeste *s.m.* noreste.
nórdico/a *adj.* nórdico.
norma *s.f.* norma, regla. *norma-padrão*, norma estándar/general.
normal *adj.* normal.
normalização *s.f.* normalización.
normalizar *v.t.* 1 normalizar. 2 regular, organizar, ordenar.
normatizar *v.t.* regular, regir.
noroeste *s.m.* (geo.) noroeste.
nortada *s.f.* nortada.

norte *adj.* norte.
norte-americano *adj.* norteamericano, estadounidense.
nortear *v.t.* portear, orientar.
nos *pron. pess.* nos.
nós *pron. pess.* nosotros.
nossa *interj.* caramba, hombre, caracoles.
nossa *pron. poss.* nuestro.
nostalgia *s.f.* nostalgia, añoranza.
nota *s.f.* 1 nota. 2 marca. 3 referencia. 4 billete de banco. 5 recado. *nota fiscal*, factura, boleta. *dar a nota*, destacar. *uma nota preta*, una fortuna, mucho dinero.
notabilidade *s.f.* notabilidad.
notabilizar *v.t.* notabilizar.
notar *v.t.* 1 notar, anotar. 2 acusar, advertir.
notariado *s.m.* notariado.
notário *s.m.* notario, escribano.
notável *adj.* notable.
notícia *s.f.* 1 noticia, información. 2 novedad. 3 anuncio.
noticiário *s.m.* noticiero, noticiario.
notificação *s.f.* notificación, citación.
notificar *v.t.* notificar, anunciar.
notoriedade *s.f.* notoriedad.
notório/a *adj.* notorio, manifiesto.
noturno/a *adj.* nocturno.
noutro *contr.* de la *prep. em* y *pron. o adj. outro*, en otro.
nova *s.f.* noticia, novedad.
novato/a *adj.* novato, nuevo.
nove *s.m. e num.* nueve. *cheio de nove-horas*, complicado, rebuscado.
novecentos *s.m. y num.* novecientos.
novela *s.f.* novela, enredo, ficción.
noveleiro/a *adj.* novelero.
novelista *s.* novelista, guionista.
novelo *s.m.* 1 ovillo. 2 (fig.) embrollo, enredo.
novembro *s.m.* noviembre.
noviça *s.f.* novicia.
noviço *adj.* novato.

noviciar *v.i.* practicar el noviciado, iniciarse.
novidade *s.f.* novedad.
novilheiro *s.m.* novillero, torero de novillos.
novilho *s.m.* novillo, becerro.
novo/a *adj.* 1 nuevo, reciente. 2 joven. 3 original.
noz *s.f.* (bot.) nuez, fruto del nogal.
nu *s.m.* 1 desnudo. 2 desabrigado. 3 deshojado. *nu e cru*, puro y duro. *pôr a nu*, poner al descubierto.
nuança *s.f.* matiz.
núbil *adj.* núbil.
nubilidade *s.f.* nubilidad, pubertad.
nublar *v.t.* 1 nublar, nublarse. 2 entristecer.
nuca *s.f.* (anat.) nuca.
nução *s.f.* asentimiento.
nuclear *adj.* nuclear.
núcleo *s.m.* núcleo, centro, esencia.
nucleolo *s.m.* núcleo, centro, esencia.
nudação *s.f.* desnudez.
nudez *s.f.* desnudez.
nudismo *s.m.* nudismo.
nudista *adj.* nudista.
nuga *s.f.* bagatela, niñería.
nulidade *s.f.* nulidad, ineptitud, incapacidad.
nulo/a *adj.* 1 nulo. 2 incapaz. 3 inútil.
num *contr.* de la *prep. em* y el *art. um*, en un.
numeração *s.f.* numeración.
numeral *adj.* numeral.
numeral *s.m.* número, numeral.
numerar *v.t.* numerar, incluir.
número *s.m.* 1 número. 2 unidad. 3 porción. *fazer número*, hacer bulto. *ser um número*, ser un espectáculo.
numeroso/a *adj.* grande, numeroso.
numismal *adj.* numismal.
numismática *s.f.* numismática.
nunca *adv.* nunca, jamás.
nunciatura *s.f.* nunciatura.
nupcial *adj.* nupcial.
núpcias *s.f.* (pl.) nupcias, casamiento.
nutrição *s.f.* nutrición, alimentación.

nutrice s.f. nutriz, nodriza.
nutricional adj. nutricional.
nutricionista s. dietista, nutricionista.
nutrido/a adj. 1 nutrido. 2 gordo. 3 abundante.
nutrir v.t. 1 nutrir, alimentar. 2 engordar. 3 favorecer.
nutritivo/a adj. nutritivo.
nuvem s.f. 1 nube, nublado. 2 mancha. *cair das nuvens*, quedarse chafado. *em brancas nuvens*, en la intimidad.

O o

o, O *s.m.* décima quinta letra del alfabeto portugués. Se usa también como símbolo de *oeste.*
o *art.* el.
o *pron. dem. isto, isso, aquilo* y *aquele.*
ó! *interj.* ¡oh, ah!.
oásis *s.m.* 1 oasis. 2 reposo, tregua.
obcecar *v.t.* obcecar, ofuscar.
obedecer *v.i.* obedecer, cumplir.
obediência *s.f.* obediencia, vasallaje.
obesidade *s.f.* obesidad, gordura.
obeso/a *adj.* obeso, gordo, panzudo.
óbice *s.m.* óbice, impedimento.
óbito *s.m.* óbito, defunción.
objeção *s.f.* objeción, contestación, dificultad.
objetar *v.t.* objetar, refutar.
objetiva *s.f.* (fís.) objetivo, lente fotográfica.
objetivo/a *adj.* objetivo, blanco, propósito.
objeto *s.m.* objeto, asunto, propósito.
oblação *s.f.* oblación.
oblíquo *adj.* oblicuo.
obra *s.f.* obra. *obra-prima,* obra prima.
obrador/do.ra *adj.* obrador, obrero.
obrar *v.t.* 1 obrar. 2 (pop.) defecar.
obreiro/a *adj. e s.m.* obrero.
obrigação *s.f.* obligación, título, favor.
obrigado/a *adj.* 1 obligado, forzado. 2 grato, agradecido.
obrigado *interj.* gracias.
obrigar *v.t.* obligar.
obrigatório/a *adj.* obligatorio.
obsceno/a *adj.* obsceno.
obscurecer *v.t.* obscurecer.
obscuro *adj.* obscuro.
obsequiador/a *adj.* obsequiador.
obsequiar *v.t.* obsequiar.
obséquio *s.m.* obsequio.
observação *s.f.* observación.
observador/a *adj.* observador.
observar *v.t.* observar.
observatório *s.m.* observatorio.
obsessão *s.f.* obsesión.
obstante *adj.* obstante. *não obstante,* sin embargo, no obstante.
obstáculo *s.m.* obstáculo.
obstar *v.i.* obstar, impedir.
obstetrícia *s.f.* obstetricia.
obstinação *s.f.* obstinación.
obstinar *v.t.* obstinar.
obstrução *s.f.* obstrucción.
obstruir *v.t.* obstruir.
obtenção *s.f.* obtención.
obter *v.t.* obtener.
obturação *s.f.* obturación.
obturador/a *adj.* obturador.
óbvio/a *adj.* obvio.
oca *s.f.* (zool.) oca.
ocasião *s.f.* ocasión.
ocasionar *v.t.* ocasionar.
ocaso *s.m.* ocaso.
oceano *s.m.* océano.
oceanografia *s.f.* oceanografía.
ocidental *adj.* occidental.
ocidente *s.m.* occidente.
ócio *s.m.* ocio.
oclusão *s.f.* oclusión.
ocluso/a *adj.* ocluso.
oco/a *adj. e s.m.* hueco.

ocorrência *s.f.* ocurrencia.
ocorrer *v.i.* ocurrir.
ocre *s.m.* ocre.
octogenário/a *adj. e s.* octogenario.
octógono *s.m.* octógono.
octossílabo/a *adj.* octosílabo.
ocular *adj. e s.* ocular.
oculista *s.* oculista.
óculos *s.m.* (pl.) anteojos, lentes, gafas.
ocultação *s.f.* ocultación.
ocultar *v.t. y i.* ocultar.
oculto/a *adj.* oculto.
ocupação *s.f.* ocupación.
ocupado/a *adj. e s.* ocupado.
ocupar *v.t.* ocupar.
ode *s.f.* oda.
odiar *v.t.* odiar, detestar.
odisseia *s.f.* odisea.
odontologia *s.f.* odontología.
oeste *s.m.* oeste.
ofegante *adj.* jadeante, ansioso.
ofegar *v.i.* jadear.
ofender *v.t.* ofender.
ofensa *s.f.* ofensa.
ofensiva *s.f.* ofensiva.
ofensor/ra *adj.* ofensor.
oferecer *v.t.* ofrecer.
oferenda *s.f.* ofrenda.
oferta *s.f.* oferta, regalo.
office-boy *s.m.* botones.
oficial *adj. e s.* oficial.
oficialidade *s.f.* (mil.) oficialidad.
oficiante *adj. e s.* oficiante.
oficiar *v.i.* oficiar.
oficina *s.f.* taller.
ofício *s.m.* oficio.
ofídio *s.m.* (zool.) ofidio.
oftalmologia *s.f.* (anat.) oftalmología.
oftalmologista *s.* oftalmologista.
ofuscado *adj.* ofuscado.
ofuscar *v.t.* ofuscar.
ogiva *s.f.* ojiva.
oh! *interj.* ¡oh!
oi *interj.* hola.
oitavo *s.m. e num.* octavo.
oito *s.m. num.* ocho.
oitocentos *s.m. num.* ochocientos.
ojeriza *s.f.* manía, antipatía.
olá! *interj.* ¡hola!
olaria *s.f.* alfarería.
olé! *interj.* ¡ole!
óleo *s.m.* 1 aceite de mesa, de oliva. 2 aceite de cocina.
olfato *s.m.* olfato.
olhadela *s.f.* ojeada.
olhadura *s.f.* ojeada.
olhar *v.t.* mirar, ojear, examinar.
olheiras *s.f.* (pl.) ojeras.
olho *s.m.* ojo.
olimpíada *s.f.* olimpiada.
olímpico *adj.* olímpico.
oliva *s.f.* (bot.) aceituna.
oliveira *s.f.* olivera.
olor *s.m.* olor, odor.
olvidar *v.t.* olvidar.
ombreira *s.f.* hombrera, umbral, dintel.
ombro *s.m.* hombro.
omelete *s.f.* tortilla.
omissão *s.f.* omisión.
omisso *adj.* omiso.
omitir *v.t.* omitir.
omnipotente *adj. e s.* omnipotente.
omnívoro *adj.* omnívoro.
omoplata *s.m.* (anat.) omoplato.
onça *s.f.* (zool.) onza.
onda *s.f.* 1 onda magnética. 2 ola de agua o de viento.
onde *adv.* donde.
ondear *v.t. y i.* ondear.
ondulação *s.f.* ondulación.
ondular *v.t. y i.* ondular.
onerar *v.t.* oprimir.

oneroso *adj.* oneroso, vejatorio.
ônibus *s.m.* bus, autobús, ómnibus.
ónix *s.m.* ónix, ónice.
onomástica *s.f.* onomástica.
onomatopeia *s.f.* onomatopeya.
ontologista *s.* ontólogo, ontologista.
ontem *adv.* ayer.
ônus *s.f.* 1 peso, carga. 2 gravamen. 3 impuesto.
onze *s.m. e num.* once.
opacidade *s.f.* opacidad, obscuridad.
opaco/a *adj.* opaco, oscuro.
opado/a *adj.* hinchado.
opala *s.f.* (min.) ópalo.
opalescer *v.t.* opalizar.
opalino/a *adj.* opalino.
opção *s.f.* opción, preferencia.
ópera *s.f.* ópera.
operação *s.f.* operación.
operador/a *adj. e s.* operador.
operar *v.t. y i.* operar, realizar.
operário *s.m.* obrero, operario.
opilação *s.f.* opilación, obstrucción.
opilar *v.t. y i.* opilar, obstruir.
opinar *v.t. y i.* opinar, juzgar.
opinião *s.f.* opinión, parecer.
ópio *s.m.* opio.
oponente *adj. e s.* oponente, competidor, contrincante.
opor *v.t.* oponer, enfrentar, contradecir.
oportunidade *s.f.* oportunidad.
oportuno/a *adj.* oportuno, conveniente.
oposição *s.f.* 1 oposición, desacuerdo. 2 partido contra el Gobierno.
opositor *s.m.* opositor.
oposto/a *adj.* opuesto, adversario.
opressão *s.f.* opresión, tiranía.
opressor/a *adj. e s.* opresor, tirano.
oprimir *v.t.* oprimir.
óptica *s.f.* óptica, perspectiva.
óptico/a *adj. e s.m.* óptico.

optimismo *s.m.* optimismo.
opugnar *v.t.* opugnar, contradecir, rechazar.
opulência *s.f.* opulencia, lujo, abundancia.
opulento/a *adj.* opulento, abundante.
opúsculo *s.m.* opúsculo, folleto.
ora *conj.* ora, ahora.
ora *adv.* ahora, en el tiempo actual. *por ora*, por ahora.
oração *s.f.* oración, plegaría, súplica, discurso alocución.
oracular *adj.* oracular
oráculo *s.m.* oráculo, profecía.
orador *s.m.* orador.
oral *adj.* oral.
orangotango *s.m.* orangután.
orar *v.i.* orar, rezar.
oratória *s.f.* oratoria.
orbe *s.m.* orbe, mundo.
orbícola *adj. e s.* orbícola, cosmopolita.
órbita *s.f.* órbita, área.
orçamental *adj* presupuestario.
orçamento *s.m.* presupuesto.
orçar *v.t. y i.* presupuestar, calcular.
orchata *s.f.* horchata (refresco).
ordeiro/a *adj.* 1 ordenado. 2 pacífico.
ordem *s.f.* 1 orden, método. 2 comunidad, mandato.
ordenação *s.f.* ordenación.
ordenado/a *adj.* ordenado.
ordenado *s.m.* salario, paga, sueldo.
ordenar *v.t. y i.* ordenar, mandar.
ordenhar *v.t.* ordeñar.
ordinal *adj.* ordinal.
ordinário *adj. e s.* ordinario.
orégão *s.m.* (bot.) orégano.
orelha *s.f.* oreja.
orelheira *s.f.* orejas de cerdo.
orelhudo/a *adj.* 1 orejudo. 2 (fig.). cabezón.
órfão/ã *adj. e s.m.* huérfano.
orfeão *s.m.* (mús.) orfeón.
organdi *s.m.* organdí.

orgânico/a *adj.* orgánico.
organismo *s.m.* organismo.
organização *s.f.* organización.
organizar *v.t.* organizar.
órgão *s.m.* órgano.
orgia *s.f.* orgía.
orgulhar *v.r.* ufanar, ensoberbecer.
orgulho *s.m.* orgullo.
orientação *s.f.* orientación.
orientador/a *adj. e s.* orientador.
oriental *adj.* oriental.
orientalismo *s.m.* orientalismo.
orientar *v.t.* orientar, guiar.
oriente *s.m.* 1 oriente. 2 (fig.) principio.
orifício *s.m* orificio.
origem *s.f.* origen, pretexto.
original *adj.* original.
originar *v.t.* originar.
originário/a *adj.* originario.
orilha *s.f.* orilla.
oriundo *adj.* oriundo.
orla *s.f.* orla, margen, orilla, borde, barra, tira.
orlar *v.t.* orlar.
ornador/a *adj. e s.* adornador.
ornamental *adj.* ornamental.
ornamento *s.m.* ornamento, adorno.
ornar *v.t.* ornar, adornar.
orneio *s.m.* rebuzno.
ornato *s.m.* ornato.
ornitologia *s.f.* ornitología.
orquestra *s.f.* orquesta.
orquestrar *v.t.* orquestar.
orquídea *s.f.* (bot.) orquídea.
ortodoxia *s.f.* ortodoxia.
ortodoxo/a *adj. e s.* ortodoxo.
ortografia *s.f.* ortografía.
orvalhar *v.t. y i.* rociar, lloviznar.
orvalho *s.m.* rocío, escarcha, lluvia menuda.
oscilação *s.f.* oscilación.
oscilar *v.i.* oscilar.
oscular *v.t.* besar, oscular.

ossada *s.f.* esqueleto.
osmose *s.f.* ósmosis.
ossatura *s.f.* esqueleto, osamenta.
ósseo *adj.* óseo.
ossificação *s.f.* osificación.
ossificar *v.t.* osificar.
osso *s.m.* hueso. *largar o osso,* largar, dejar. *moer os ossos,* machacar. *no osso,* agotándose.
ossudo *adj.* huesudo.
ostensão *s.f.* ostentación.
ostentação *s.f.* ostentación, lujo.
ostentar *v.t.* ostentar.
ostra *s.f.* (zool.) ostra.
otário *s.m.* tonto, ingenuo.
otite *s.f.* (med.) otitis.
otorrinolaringologia *s.f.* (med.) otorrinolaringología.
ou *conj.* o, u.
ourela *s.f.* orilla, orla, borde.
ouriço *s.m.* erizo.
ourives *s.m.* orfebre, platero.
ourivesaria *s.f.* platería, joyería.
ouro *s.m.* 1 (min.) oro. 2 (fig.) riqueza.
ousadia *s.f.* osadía.
ousar *v.i.* osar, emprender.
outeiro *s.m.* otero, colina.
outono *s.m.* 1 otoño. 2 decadencia.
outorga *s.f.* otorgamiento, donación, concesión.
outorgar *v.t.* otorgar, donar, aprobar.
outrem *pron. indef.* otro, otra persona, otros.
outro *adj.* otro, diverso, distinto, semejante.
outrora *adv.* otrora, en otro tiempo, antaño.
outrossim *adv.* también, por otro lado, por otra parte.
outubro *s.m* octubre.
ouvido *s.m.* oído, oreja.
ouvinte *s.* oyente.
ouvir *v.t.* oír, escuchar.
ova *s.f.* hueva, ovario.
ovação *s.f.* 1 hueva, ovario de los peces. 2 ovación, aplauso.

ovacionar

ovacionar *v.t.* ovacionar, aclamar.
oval *adj.* oval.
ovar *v.i.* huevar, aovar.
ovário *s.m.* (anat.) ovario.
ovelha *s.f.* oveja.
ovelhada *s.f.* rebaño de ovejas.
ovino/a *adj.* ovino.
ovíparo/a *adj.* ovíparo.
ovo *s.m.* huevo.
ovulação *s.f.* ovulación.
óvulo *s.f.* óvulo.
oxalá *interj.* ¡ojalá!
oxidação *s.f.* (quím.) oxidación.
oxidar *v.t.* oxidar.
óxido *s.m.* (quím.) óxido.
oxigenação *s.f.* oxigenación.
oxigênio *s.m.* oxígeno.
ozônio *s.m.* (quím.) ozono.
ozonização *s.f.* ozonización.

P p

p, P *s.m.* decima sexta letra y decima segunda consonante del alfabeto portugués, su nombre es *pe*; la *pe*.
pá *interj.* paf.
pá *s.f.* recogedor, pala. *da pá virada*, inquieto, impetuoso, de genio variable.
PABX *s.m.* centralita, conmutadora telefónica.
pacato *adj.* pacífico, tranquilo, sereno.
pachorra *s.f.* pachorra, calma.
paciência *s.f.* 1 paciencia. 2 solitario (juego de cartas).
paciente *adj.* paciente, enfermo.
pacificar *v.t.* apaciguar, tranquilizar, pacificar.
pacífico *adj.* 1 sereno, pacífico. 2 aceptado, acordado.
pacifismo *s.m.* pacifismo, antibelicismo.
pacote *s.m.* paquete, conjunto de medidas.
pacto *s.m.* capitulación, acuerdo, pacto.
padaria *s.f.* panadería, panificadora.
padecer *v.t. y i.* 1 estar enfermo. 2 soportar, padecer, sufrir.
padeiro *s.m.* panadero.
padrão *s.m.* modelo, ejemplo, estándar, patrón.
padrasto *s.m.* padrastro.
padre *s.m.* sacerdote, cura, padre. *casar no padre*, casarse por la iglesia.
padrinho *s.m.* padrino.
padroeiro *s.m.* patrón, patrono.
padronizar *v.t.* uniformizar, estandarizar.
pagador *s.m.* habilitado, pagador.
pagamento *s.m.* abono, cobro, pago. *receber o pagamento*, cobrar.
pagão *adj.* 1 pagano, sin bautizar. 2 *s.m.* pagano.
pagar *v.p.* compensar, resarcirse.
pagar *v.t.* abonar, pagar. *pagar com juros*, pagar con intereses. *pagar sem chiar*, pagar sin rechistar. *pagar para ver*, apostar y arriesgar una opción.
página *s.f.* página. *página de rosto*, portada, primera página. *página virada*, agua pasada. *virar a página*, pasar la página, cambiar de tema.
pago *adj.* pagado, remunerado.
pago *s.m.* recompensa, retribución, pago.
pagode *s.m.* pagoda, pagode.
pai *s.m.* padre. *pai dos burros*, diccionario, mataburros. *pai espiritual*, guia espiritual. *ir tirar o pai da forca*, ir a apagar un fuego, estar con prisa, apurado. *pai de todos*, dedo corazón. *ser o pai da criança*, ser el padre de la criatura, ser el responsable.
painel *s.m.* cuadro, panel. *painel de controle*, cuadro de mandos.
pai-nosso *s.m.* padrenuestro.
paiol *s.m.* polvorín.
pairar *v.i.* quedar, restar.
pairar *v.t.* volar, sobrevolar, flotar, planear.
pais *s.m.* (pl.) padres, padre y madre, papás.
país *s.m.* país. *país sede*, sede.
paisagem *s.f.* panorama, paisaje.
paisagista *s.* paisajista.
paisana *s.* paisano. *à paisana*, de paisano, em ropas de civil.
paixão *s.f.* pasión, apasionamiento.
paizão *s.m.* padrazo, buen padre.

palácio *s.m.* palacio.
paladar *s.m.* gusto, paladar.
paladino *s.m.* paladín.
palanque *s.m.* tribuna, tarima, palco, escenario, tablado.
palato *s.m.* paladar.
palavra 1 *interj.* promesa, palabra. 2 *s.f.* palabra. *palavra-chave*, palabra clave. *palavras cruzadas*, crucigrama. *cortar a palavra a*, quitar la palabra. *em poucas palavras*, en cuatro palabras. *não dar uma palavra*, no decir palabra. *a última palavra*, ser el último grito de la moda.
palavrão *s.m.* palabrota, mala palabra, grosería.
palavreado *s.m.* palabreja, palabrería.
palco *s.m.* escenario, tablado.
palerma *s.m.* gilipollas, mastuerzo, tonto.
palestra *s.f.* charla, conferencia.
paletó *s.m.* chaqueta, saco. *abotoar o paletó*, estirar la pata, morirse.
palha *s.f.* paja. *palha de milho*, paja de maíz. *não mexer uma palha*, no hacer nada. *puxar uma palha*, echar una siesta.
palhaçada *s.f.* payasada.
palhaço *s.m.* hazmerreír, monigote, payaso. *fazer alguém de palhaço*, burlarse de alguien.
palheiro *s.m.* pajar.
palheta *s.f.* lengueta, púa.
palhinha *s.f.* rejilla.
palhoça *s.f.* barraca, casucha.
pálido *adj.* amarillo, paliducho, pálido.
palitar *v.p.* escarbarse los dientes.
paliteiro *s.m.* palillero.
palito *s.m.* palo, palillo, palito. *palito de dentes*, mondadientes, palillo.
palma *s.f.* palma. *bater palmas*, aplaudir.
palmada *s.f.* tortazo, palmada.
palmatória *s.f.* palmeta.
palmeira *s.f.* palma, palmera.
palmeiral *s.m.* palmeral.
palmilha *s.f.* plantilla.
palmito *s.m.* palmito.
palmo *s.m.* cuarta, palmo.
palpável *adj.* palpable, tangible.
pálpebra *s.f.* párpado.
palpitação *s.f.* palpitación, latidos del corazón.
pança *s.f.* barriga, panza.
pancada *adj.* loco, alocado, tonto, chiflado.
pancada *s.f.* choque, golpe, trastazo. *encher de pancada*, dar una paliza.
pancadaria *s.f.* lema, pelea.
pâncreas *s.m.* páncreas.
pândega *s.f.* desmadre, desorden, lío.
pandeiro *s.m.* pandero, tambor.
pane *s.f.* parada, avería, desperfecto técnico.
panela *s.f.* cacerola, olla. *panela de barro*, cazuela. *panela de pressão*, olla a presión. *panela para paella*, paellera.
panelinha *s.f.* pandilla, pina, grupo.
panfleto *s.m.* panfleto.
pânico *s.m.* pánico, susto.
pano *s.m.* paño, trapo. *pano cru*, tela de saco, arpillera. *pano de fundo*, telón de fondo. *dar pano para a manga*, dar que hablar. *por baixo do pano*, bajo cuerda, disimuladamente.
panorama *s.m.* perspectiva, panorama.
panqueca *s.f.* panqueque, panqueca, crepe.
pantanal *s.m.* pantano, pantanal.
pântano *s.m.* pantano.
pantera *s.f.* pantera.
pão *s.m.* pan. *pão de forma*, pan de molde, pan lactal. *pão de ló*, bizcochuelo. *comer o pão que o diabo amassou*, sufrir mucho. *pão do espírito*, alimento espiritual. *pão-duro*, mezquino, tacaño. *pão, pão, queijo, queijo*, al pan, pan y al vino, vino, decir las cosas claramente.
papa *s.f.* papilla, papa. *não ter papas na língua*, no tener pelos en la lengua. *papa-fina*, canela fina.

papa *s.m.* Papa, Sumo Pontífice de la Iglesia.
papagaio *interj.* ¡caramba!, ¡caray!
papagaio *s.m.* cotorra, papagayo, loro.
papai *s.m.* papá.
papaia *s.f.* papaya, mamón.
paparicar *v.t.* mimar, consentir, malcriar.
paparicos *s.m.* (pl.) carantoña, mimos, cuidados.
papear *v.i.* hablar, charlar, platicar, parlotear.
papel *s.m.* papel. *papel crepom*, papel rizado/ crepe. *papel carbono*, papel carbónico, calco/ carbón. *papel de embrulho*, papel de envolver. *papel de parede*, papel de empapelar. *confiar ao papel*, poner por escrito. *de papel passado*, por lo legal/ con papeles. *ficar no papel*, ser letra muerta. *pôr no papel*, poner por escrito.
papelada *s.f.* papeleo, cartapacio, burocracia.
papelão *s.m.* cartón.
papo *s.m.* buche. *papo furado*, puro cuento. *papo virtual*, chat. *bater papo*, platicar, charlar. *de papo para o ar*, tumbado a la bartola. *estar no papo*, ser fácil. *falar de papo cheio*, hablar por hablar, hablar de puro lleno o satisfecho. *ser um bom papo*, ser un buen conversador.
papoula *s.f* adormidera, amapola.
paquerar *v.i.* coquetear, ligar, coparse.
par *adj.* par.
par *s.m.* pareja, par. *a par*, a la par. *de par em par*, en par. *ficar a par*, estar informado, enterado.
para *prep.* a, hacia, para. *para caramba/chuchu*, mucho; *para já*, inmediatamente. *para o que der e vier*, para lo que sea, venga lo que venga.
parabenizar *v.t.* felicitar, dar la enhorabuena.
parabéns *s.m.* felicidades, enhorabuena, felicitaciones.
parábola *s.f.* parábola.
para-brisa *s.m.* parabrisas, luna delantera.
para-choque *s.m.* parachoques, paragolpes.

parada *s.f.* parada. *parada de sucessos*, lista de éxitos. *parada dura*, situación difícil. *aguantar a parada*, aguantar el chaparrón. *topar a parada*, aceptar el desafío.
paradeiro *s.m.* paradero.
paradoxo *s.m.* paradoja.
parafernália *s.f.* parafernália, pandemonio.
parafina *s.f.* parafina.
paráfrase *s.f.* paráfrasis.
parafusar *v.t.* atornillar.
parafuso *s.m.* tornillo, riso. *entrar em parafuso*, quedar desconcertado, enloquecerse. *ter um parafuso de menos*, faltar un tornillo, ser médio loco, irresponsable.
paragem *s.f.* paraje, lugar.
parágrafo *s.m.* párrafo.
para-lama *s.m.* guardabarros, guardafango.
paralela *s.f.* paralela
paralelepípedo *s.m.* 1 paralelepípedo (geom.). 2 adoquín (piedra).
paralelo *adj.* paralelo.
paralisar *v.i.* parar, detener.
paralisar *v.t.* parar, paralizar, entorpecer.
paralisia *s.f.* parálisis.
paralítico *s.* paralítico.
paramentar *v.t.* revestir.
parâmetro *s.m.* medida, límite, parámetro.
paranoia *s.m.* paranoia.
paranormal *adj.* paranormal.
parapeito *s.m.* alféizar, marco, pretil, balaustrada.
paraplegia *s.f.* paraplejia, paraplejía.
paraquedas *s.m.* paracaídas.
paraquedismo *s.m.* paracaidismo.
parar *v.t. y i.* 1 parar, cesar, detener. 2 permanecer, mantener. *não parar*, no dar continuidad. *parar o carro*, parar los pies.
pararraios *s.m.* pararrayos.
parasita *adj. e s.m.* 1 vago, parásito. 2 parásito, mantenido
parassol *s.m.* visera, parasol.

parassíntese

parassíntese *s.f.* parasíntesis.
parceiro *adj. e s.* 1 igual, semejante, pareja. 2 compañero, sócio, colaborador.
parcela *s.f.* parte, fracción, fragmento, plazo, cuota.
parcelar *v.t.* dividir, pagar a plazos.
parceria *s.f.* sociedad, compañía, colaboración. *parceria civil*, sociedad civil.
parcial *adj.* parcial, casero.
pardacento *adj.* pardusco.
pardal *s.m.* gorrión, pardillo, pardal.
parecer *s.m.* parecer, juicio, opinión.
parecer *v.lig.* parecer, tener aspecto.
parecer *v.p.* parecerse a.
paredão *s.m.* muro, pared, frontón, muralla.
parede *s.f.* pared. *parede-meia*, medianería. *encostar na parede*, poner contra la pared. *entre quatro paredes*, a puerta cerrada, sin testigos.
parente *adj. e s.* 1 familiar, semejante, parecido. 2 pariente.
parentesco *s.m.* parentesco.
parênteses *s.m.* paréntesis.
páreo *s.m.* carrera. *páreo duro*, lucha dura, gran dificultad. *não ser páreo para*, no tener rival.
parir *v.t.* dar a luz, parir.
parlamentar *adj.* parlamentario, parlamentar, congresal.
parlamentarismo *s.m.* parlamentarismo.
parlamento *s.m.* congreso, parlamento.
pároco *s.m.* párroco.
paróquia *s.f.* parroquia.
paroxítona *s.f.* grave, llana, paroxítona.
parque *s.m.* parque. *parque de diversões*, parque de atracciones, parque de diversiones.
parreira *s.f.* parra.
parrudo/a *adj.* macizo, fuerte.
parte *s.f.* división, parte. *à parte*, aparte, además de. *de parte a parte*, recíprocamente. *fazer parte de*, formar parte de. *pôr de parte*, dejar a un lado. *ter parte com*, tener trato con.

parteira *s.f.* comadrona, partera.
partes *s.f.* (pl.) órganos genitales, entrepiernas.
participação *s.f.* complicación, participación. *participação de falecimento*, esquela.
participante *adj.* partícipe, participante.
participar *v.t.* 1 comunicar, participar. 2 participar, formar parte.
partícula *s.f.* partícula.
particular *adj.* privado, particular.
particular *s.m.* caso, aspecto, particular.
particularidade *s.f.* característica, particularidad.
particularizar *v.p.* caracterizarse, distinguirse, destacar.
particularizar *v.t.* especificar, individualizar, particularizar.
partida *s.f.* salida, partida. *perder a partida*, ser imposible, ser denotado.
partidário *adj. e s.* 1 de partido, partidario. 2 miembro de un partido, afiliado, partidario.
partido *adj.* dividido, partido.
partido *s.m.* partido, facción política.
partilha *s.f.* partición, división.
parto *s.m.* parto. *parto induzido*, parto provocado. *ser um parto*, ser un parto, ser difícil, lento.
páscoa *s.f.* páscua.
pasmaceira *s.f.* apatía, indolencia.
pasmar *v.i.* pasmarse, quedarse pasmado, sorpendido.
pasmar *v.t.* asustar, atontar, pasmar.
pasmo *adj.* pasmado, asustado, atontado.
pasmo *s.m.* asombro, pasmo, admiración.
paspalho *s.m.* tonto, bobo.
passa *s.f.* pasa. *uva passa*, pasa de uva.
passada *s.f.* zancada, pasada. *passada larga*, tranco largo.
passadeira *s.f.* pasador.
passado *adj.* acabado, pasado.
passado *s.m.* pasado, pretérito.
passador *s.m.* trabilla.

passageiro *adj.* pasajero, ligero, insignificante.
passageiro *s.* pasajero, viajero.
passagem *s.f.* paso, billete, boleto. *passagem de nível*, paso a nível. *passagem de pedestres*, paso de peatones. *passagem do ano*, Nochevieja.
passaporte *s.m.* pasaporte.
passar *v.p.* cambiar, mudarse, ponerse, transcurrir. *não passar de*, no ser más que. *passar batido*, no darse cuenta. *passar a noite em claro*, trasnochar. *passar das medidas*, pasarse de la raya. *passar a perna*, engañar, traicionar, embancar, estafar. *passar de raspão*, aprobar por los pelos, pasar por un pelo. *passar uma bronca*, echar la bronca. *passar por cima*, pisar, saltarse.
passar *v.t.* atravesar, cruzar, trasladar, pasar. *passar roupa*, planchar.
passarela *s.f.* puente, pasarela.
passarinho *s.m.* pájaro, pajarito. *ver passarinho verde*, estar feliz sin razón aparente.
pássaro *s.m.* pájaro.
passatempo *s.m.* distracción, pasatiempo.
passe *s.m.* abono, billete, pase. *como num passe de mágica*, como por arte de magia.
passeata *s.f.* manifestación, marcha.
passeio *s.m.* paseo. *a passeio*, de vacaciones. *passeio público*, paseo, via, vereda, rambla.
passível *adj.* que puede ser objeto, que puede sufrir, pasible.
passivo *adj.* pasivo, indiferente.
passo *s.m.* paso, huella. *a passos largos*, a pasos agigantados. *ao passo que*, mientras que. *dar um mau passo*, equivocarse, *marcar passo*, continuar. *passo de estrada*, a paso lento.
pasta *s.f.* carpeta, archivador. *pasta suspensa*, carpeta de colgar.
pastagem *s.f.* pastizal.
pastar *v.i.* pacer, comer pasto, pastar.

pastar *v.t.* pastorear, campear.
pastel *adj.* de color pastel.
pastel *s.m.* empanada, pastel.
pastelão *s.m.* 1 pastel, empanada. 2 (fam.) película de comedia exagerada.
pasteurizar *v.t.* pasteurizar.
pastilha *s.f.* pastilla, caramelo.
pasto *s.m.* hierba, pasto, pastizal.
pastor *adj. e s.* 1 ganadero, pastor. 2 vaquero, pastor. 3 ministro. 4 (rel.) o sacerdote evangelista.
pastoral *s.f.* pastoral, pastoril.
pastoreio *s.m.* pastoreo.
pastoso *adj.* viscoso, pastoso, pegajoso.
pata *s.f.* pata.
patada *s.f.* patada. *dar patada*, ser grosero. *levar patada*, llevarse un chasco, ser traicionado.
patamar *s.m.* descansillo, rellano, meseta.
patê *s.m.* paté.
patente *adj.* claro, evidente, patente.
patente *s.f.* patente, registro.
patentear *v.p.* hacer patente, hacer notar, poner de manifiesto.
patentear *v.t.* patentar.
paternal *adj.* paterno, paternal.
paternidade *s.f.* paternidade.
paterno *adj.* paternal, paterno, patrio.
pateta *adj.* tonto, loco.
patético *adj.* trágico, patético.
patíbulo *s.m.* patíbulo.
patife *adj.* liante, pícaro, sinverguenza.
patim *s.m.* patín, patineta.
patinar *v.i.* patinar, derrapar, deslizarse.
patinar *v.t.* barnizar, dar una pátina, con pintura especial.
pátio *s.m.* patio.
pato *s.m.* 1 pato. 2 tonto. *cair como um pato*, creerse, caer como un inocente. *pagar o pato*, pagar el pato, pagar culpas ajenas.
patota *s.f.* pandilla, grupo, patota.
patrão *s.m.* patrón, jefe.

pátria *s.f.* cuna, patria.
patriarca *s.m.* patriarca.
patricinha *s.f.* 1 cheta (Urug.). 2 fresa (Méx.).
patrício *s.m.* compatriota, paisano.
patrimônio *s.m.* patrimonio, propiedades, bienes.
pátrio *adj.* pátrio. *pátrio poder*, patria potestad.
patriota *adj.* patriota.
patroa *s.f.* 1 esposa, mujer. 2 jefa.
patrocinar *v.t.* 1 defender. 2 patrocinar, financiar.
patrocínio *s.m.* patronato, patrocínio, apoyo financiero.
patrono *s.m.* patrón, protector.
patrulha *s.f.* 1 patrulla. 2 (fig.) censura.
patrulhar *v.t.* patrullar, censurar, rondar.
patrulheiro *s.m.* patrullero.
pau *s.m.* rama, palo. *pau de sebo*, cucaña, palo enjabonado. *a dar com o pau*, a punta pala, criticar duramente. *cara de pau*, cara dura. *com quantos paus se faz uma canoa*, lo que vale un peine, cuánto cuesta una cosa o una acción. *dar pau*, romper, estropear. *meter o pau*, acelerar, criticar. *pôr no pau*, denunciar, procesar. *ser pau para toda obra*, servir para todo. *tomar um pau*, llevar una paliza. *pau para toda obra*, obrero de servicios generales, comodín. *pau-mandado*, faldero, obediente, pinche.
paulada *s.f.* palo, trancazo.
paus *s.m.* (pl.) basto, tréboles.
pausa *s.f.* pausa, descanso, intervalo.
pauta *s.f.* 1 norma, guía. 2 orden del día, agenda.
pavão *s.m.* pavo real, pavón.
pavilhão *s.m.* pabellón, anexo, ala de un edificio.
pavimentação *s.f.* pavimentación.
pavimentar *v.t.* pavimentar.
pavimento *s.m.* pavimentación, pavimento, piso.

pavio *s.m.* mecha. *ter o pavio curto*, ser impulsivo.
pavor *s.m.* pavor, terror.
paz *s.f.* paz. *firmar tratado de paz*, firmar la paz. *ser de boa paz*, ser gente de paz.
pazada *s.f.* palada (de tierre, de arena, de basura).
pé *s.m.* pie. *pé chato*, pie plano. *ao pé do ouvido*, al oído, susurrando. *apertar o pé*, darse prisa. *bater o pé*, hacer incapié, insistir, encapricharse. *botar o pé na estrada*, coger carretera. *com um pé atrás*, con dudas, con prevenciones. *com um pé nas costas*, con facilidad, con los ojos cerrados. *dar no pé*, escaparse, echar a correr. *encher o pé*, chutar con fuerza. *estar com o pé na cova*, tener un pie en la tumba. *ficar no pé*, importunar. *negar de pés juntos*, negar rotundamente. *não chegar aos pés de*, no llegar a la altura del zapato. *não parar em pé*, no tenerse en pie. *pé de chinelo*, pobre diablo. *pé de valsa*, bailarín. *pé de vento*, ráfaga. *pé-direito*, altura del techo. *pé-rapado*, muerto de hambre. *pé-quente*, suertudo. *tirar o pé da lama*, mejorar de vida, salir del fango. *um pé no saco*, un rollo, pesado, aburridor.
peão *s.m.* peón, labrador, trabajador sin oficio.
pebolim *s.m.* futbolín.
peça *s.f.* pieza, prenda. *peça rara*, bicho raro. *peça de reposição*, repuesto. *peça teatral*, obra de teatro.
pecado *s.m.* 1 pecado. 2 pena, lástima.
pecar *v.i.* pecar, atentar.
pecar *v.t.* pecar.
pechincha *s.f.* ganga, chollo, pichincha.
pechinchar *v.t.* regatear, pichinchear.
pecuária *s.f.* ganadería.
peculiar *adj.* peculiar, original, especial.
pedaço *s.m.* fragmento, pedazo. *aos pedaços*, hecho pedazos/ en añicos. *passar por um mau*

pedaço, pasar un mal trago. *pedaço de mau caminho*, un monumento (de mujer hermosa, de hombre buen mozo).
pedágio *s.m.* peaje.
pedagogia *s.f.* pedagogía.
pedal *s.m.* pedal.
pedalar *v.i.* montar en bicicleta.
pedalar *v.t.* pedalear, hacer bicicleta, pedalear, andar em bicicleta.
pedalinho *s.m.* patín.
pedantismo *s.m.* pedantería.
pederasta *s.m.* pederasta.
pedestal *s.m.* pedestal, lugar destacado.
pedestre *s.m.* peatón.
pediatra *s.m.* pediatra.
pedicure *s.m.* pedicuro.
pedido *s.m.* petición, pedido, encargo. *a pedido*, por una petición, a pedido. *pedido de casamento*, petición de mano, pedido de casamiento.
pedir *v.i.* rezar, pedir, rogar.
pedir *v.t.* solicitar, pedir, exigir.
pedra *s.f.* piedra. *pôr uma pedra em cima*, echar tierra, enterrar, olvidar, una pendência. *com quatro pedras na mão*, con la escopeta cargada, com agresividad preventiva.
pedrada *s.f.* pedrada. *e lá vai pedrada*, y mucho, y pico.
pedraria *s.f.* pedrería.
pedregulho *s.m.* guija, guijarro.
pedreira *s.f.* cantera, pedrera.
pedreiro *s.m.* albañil.
pegada *s.f.* huella, pisada, rastro.
pegajoso *adj.* viscoso, pegajoso.
pega-pega *s.m.* pilla pilla, juego infantil, la mancha.
pegar *v.i.* 1 agarrar. 2 ponerse de moda. 3 encender. 4 tomar en serio. *pegar com a boca na botija*, coger con las manos en la masa, agarrar en flagrante.

pegar *v.p.* 1 sorprenderse, pegarse. 2 pelearse, luchar, agarrarse. *pega pra capar*, pelea ruidosa, tumulto, alboroto. *pegar bem*, verse bien, ser bien recibido. *pegar leve*, ir con calma, no exagerar. *pegar mal*, verse mal, ser mal recibido/visto. *pegar no batente*, empezar a trabajar. *pegar no pé*, implicar. *pegar pesado*, exagerar, írsele la mano.
pegar *v.t.* 1 agarrar, coger, tomar. 2 entender. 3 alcanzar, llegar.
peitar *v.t.* enfrentarse, encararse, retar.
peito *s.m.* pecho, pechuga. *peito do pé*, empeine. *abrir o peito*, abrir el corazón, exponerse. *de peito aberto*, a pecho descubierto. *matar no peito*, parar con el pecho (fútebol). *ter peito*, tener coraje.
peitoral *s.m.* pechera, pectoral.
peixe *s.m.* pez, pescado. *como um peixe fora d'água*, fuera de ambiente, como un pulpo en un garaje. *nadar como um peixe*, nadar muy bien. *não ter nada com o peixe*, no tener nada con el asunto. *vender o seu peixe*, venderse, vender la moto.
pejorativo *adj.* peyorativo, despectivo, depreciativo.
pelada *adj.* desnudo, en cueros, a pelo.
pelada *s.f.* pachanga, juego de futebol de baldío.
pelagem *s.f.* pelo, pelambre, pelaje.
pelanca *s.f.* piel flácida, pellejo.
pele *s.f.* piel. *cair na pele*, reírse, burlarse, tomar el pelo. *pele arrepiada*, piel de gallina. *estar na pele de*, estar en el pellejo. *pele e osso*, muy delgado, en los huesos. *tirar a pele*, explotar, desplumar.
película *s.f.* película, membrana.
pelo *s.m.* pelo, vello. *em pelo*, anda a caballo sin montura, a pelo. *procurar pelo no ovo*, querer sacar de donde no hay, buscarle cinco patas al gato.
pelotão *s.m.* pelotón.

pelourinho s.m. picota, tronco de torturas.
pelúcia s.f. felpa, peluche.
peludo adj. velloso, peludo.
pena s.f. pluma, dolor, lástima, pena.
penacho s.m. copete, penacho, jopo.
pendurar v.t. colgar.
peneira s.f. cedazo, criba, colador, tamiz.
peneirar v.t. cernir, tamizar, colar.
penhasco s.m. acantilado, barranco, peñasco.
penhora s.f. embargo, empeno de bienes, fianza.
penhorar v.t. empeñar, pignorar, embargar, hipotecar, tomar em prenda un bien.
penico s.m. orinal, bacinilla, chata, pelela.
pênis s.m. pene.
penitência s.f. castigo, penitencia, pena.
penoso adj. afanoso, penoso.
pensador adj. pensador.
pensamento s.m. pensamiento.
pensão s.f. 1 pensión, casa de huéspedes, redidencia, retiro. 2 jubilación, retiro, subvención, pensión. *pensão de viúva*, viudedad.
pensar v.i. pensar, reflexionar. *pensar alto*, pensar a lo grande.
pensativo adj. pensativo.
pensionato s.m. pensionado, internado.
pente s.m. peine. *passar o pente-fino*, analizar, investigar, allanar vários domicilios.
penteadeira s.f. peinador, tocador.
pentear v.t. peinar. *ir pentear macaco*, dejar de molestar.
pentelhar v.t. molestar, dar la lata.
penugem s.f. pelo, pelusa.
pequeno adj. chico, pequeño. *pequeno corte*, piquete.
peralta adj. travieso, gamberro, inquieto.
perante prep. delante de, ante.
perceber v.t. notar, percatarse, percibir, darse cuenta.

percevejo s.m. chinche (como en portugués. el insecto y el alfiler metálico).
percorrer v.t. caminar, recorrer.
percurso s.m. recorrido, itinerario.
perda s.f. perdida. *perdas e danos*, daños y perjuicios.
perdão s.m. disculpa, perdón.
perder v.i. perder, ser derrotado.
perder v.t. perder. *perder a classe*, perder la paciência. *perder o bonde*, perder el tren. *perder o rebolado*, caerse la cara de vergüenza. *perder a validade*, caducar. *perder o sono*, desvelarse.
perder v.p. perderse, extraviarse.
perdição s.f. desastre, perdición, desgracia.
perdoar v.t. perdonar, disculpar.
perdulário adj. despilfarrador, derrochón, que malgasta el dinero.
perecível adj. caduco, perecedero.
perfazer v.t. acabar, concluir, terminar, completar o totalizar un valor.
perfeição s.f. perfección.
perfeito adj. perfecto.
perfil s.m. perfil, característica.
perfuração s.f. cala, perforación.
perfurar v.t. atravesar, perforar, agujerear.
pergunta s.f. cuestión, pregunta.
perguntar v.p. imaginar, preguntarse, cuestionarse.
perguntar v.t. preguntar, cuestionar.
perícia s.f. amabilidad, destreza, pericia, habilidad, capacidad.
periculosidade s.f. peligrosidad, peligro.
periferia s.f. periferia, alrededores, contorno.
perigoso adj. peligroso.
periódico adj. periódico.
período s.m. período, fase, etapa, ciclo, estádio.
perito s.m. experto, perito, especialista, idôneo.
permanecer v.lig. continuar, permanecer, quedar.

permanecer v.t. quedarse, permanecer, seguir.
permanência s.f. estancia, permanencia.
permear v.t. atravesar, penetrar.
permeável adj. transpirable, permeable.
permissão s.f. permiso, autorización.
permitir v.p. permitirse.
permitir v.t. consentir, permitir, autorizar, dejar.
permuta s.f. intercambio, permuta, canje.
perna s.f. pierna. *abrir as pernas*, bajarse los pantalones, aceptar sin condiciones. *bater pernas*, pasear, estirar las piernas. *não ir lá bem das pernas*, no ir muy bien, pasar por un mal momento. *passar a perna*, engañar, estafar. *perna de pau*, maula, malo, zanco. *traçando as pernas*, tambaleando.
perneta adj. cojo, mutilado, rengo.
pernicioso adj. malsano, maligno, pernicioso.
pernil s.m. pata, pierna de cerdo, jamón, pernil.
pernilongo s.m. mosquito.
pernoitar v.i. pernoctar, pasar la noche.
pérola s.f. perla. *dar pérolas aos porcos*, echar margaritas a los cerdos.
perolado adj. nacarado, de color perla.
perpétua adj. continuo, perpétua.
perplexidade s.f. perplejidad.
perplexo adj. perplejo, admirado, sorprendido.
perseguição s.f. persecución.
perseguir v.t. 1 perseguir, seguir. 2 hostigar, acosar, acorralar.
perseverança s.f. tesón, perseverancia, porfía, obstinación.
perseverar v. lig. mantenerse, persistir, insistir, porfiar.
perseverar v.t. perseverar.
personagem s.f. personaje, papel.

perspicácia s.f. sagacidad, perspicacia, agudeza, astucia.
persuadir v.t. persuadir, convencer, seducir.
persuasão s.f. persuasión, convencimiento, segustión.
pertencer v.t. pertenecer.
pertences s.m. (pl.) pertenencias.
perto adv. cerca. *de perto*, de cerca/intimamente. *perto de*, cerca de/ a punto de.
perturbar v.p. conmocionar, conmover.
perturbar v.t. molestar, alterar, perturbar.
peru s.m. pavo, guajolote (Méx.), guanajo (Cuba). *peru de festa*, festero, juerguista.
perua s.f. 1 cacatua, pava. 2 mujer exagerada, demasiado arreglada, cursi.
peruca s.f. peluca.
perueiro s. transportista, chofer, conductor de furgonetas.
pesadelo s.m. pesadilla.
pesado adj. pesado, denso, grosero. *da pesada*, demasiado, muy fuerte. *pegar no pesado*, trabajar duro. *pegar pesado*, exagerar, pasar de la raya, pasarse de la medida.
pesagem s.f. pesaje, pesado.
pêsames s.m. (pl.) pésame.
pesar s.m. sentimiento, disgusto, pesar.
pesar v.i. sopesar, considerar, calcular.
pesar v.t. pesar, recaer, doler.
pescada s.f. pescadilla, merluza.
pescaria s.f. pesca.
pescoço s.m. cuello, pescuezo.
peso s.m. peso. *em peso*, al completo, com todo. *peso de consciência*, cargo de conciencia. *ter dois pesos e duas medidas*, tener dos varas de medir, dos critérios de evaluación. *peso leve*, peso ligero. *peso para papéis*, pisapapeles.
pesquisa s.f. investigación, encuesta, estudio, pesquisa. *pesquisa de mercado*, estudio de mercado. *pesquisa de opinião*, estudio de opinión, encuesta, investigación de mercado.

pesquisar v.t. investigar, indagar, encuestar.
pêssego s.m. melocotón, durazno.
pessimamente adv. fatal, muy mal, pésimamente.
pessimismo s.m. pesimismo, derrotismo.
pessimista adj. pesimista, derrotista.
péssimo adj. muy malo, pésimo. *péssimo humor*, humor de perros.
pessoa s.f. persona.
pessoal adj. individual, particular, personal.
pestana s.f. pestaña. *queimar as pestanas*, quemarse las pestañas estudiando.
peste s.f. peste. *da peste*, enorme, muy grande, muy malo.
pétala s.f. pétalo.
peteca s.f. bádminton. *não deixar a peteca cair*, no fallar, no desistir, no abandonarse.
petiscar v.i. picar, picotear antes de la comida.
petisco s.m. aperitivo, tapa, picada.
petróleo s.m. petróleo. *petróleo bruto*, petroleo crudo.
petulância s.f. atrevimiento, osadía, petulância, jactancia.
pia s.f. lavabo, pila, fregadero. *pia de água benta*, pileta o pila con água bendita.
piada s.f. chiste, broma.
piano s.m. piano. *piano de cauda*, piano de cola.
pião s.m. peón, trompo.
piar v.i. piar.
pica s.f. 1 chorra, pijo. 2 (vulg.) pene, miembro viril.
picada s.f. picadura, mordedura de um insecto o serpiente.
picadeiro s.m. pista, picadero.
picante adj. picante.
pica-pau s.m. pájaro carpintero.
picar v.p. pinchar, picarse, pincharse.
picar v.t. morder, picar.

picareta s. 1 pico, herramienta de hierro o acerto para cortar piedras. 2 (fam.) embustero, estafador, embustero.
picaretagem s.f. picardia, mentira, embuste.
pichação s.f. pintada en los muros.
pichar v.t. pintar muros.
pico s.m. cumbre, cima, pico. *tomar um pico*, picarse, drogarse.
picolé s.m. helado de palito.
picotar v.t. taladrar, perforar. *picotar o cabelo*, trasquilar, picotear el pelo.
pidão adj. que pide inorportunadamente, pedigueño.
piedade s.f. compasión, piedad.
piedoso adj. piadoso, pío, compasivo.
piegas adj. sentimental, sensiblero.
píer s.m. muelle.
pifar v.i. 1 romperse, descomponerse un artefacto. 2 errar.
pigarro s.m. gargajo, pollo, lapo, carraspeo.
pigmentação s.f. pigmentación.
pigmento s.m. pigmento.
pijama s.m. pijama, piyama.
pilantra adj. sinverguenza, caradura.
pilão s.m. mortero, almirez.
pilastra s.f. pilastra, columna.
pileque s.m. borrachera, curda.
pilha s.f. pila, montón. *ser uma pilha de nervos*, ser un manojo de nervios, un atado de nervios.
pilhar v.t. robar, birlar, sorprender.
pílula s.f. píldora, pastilla, gragea.
pimenta s.f. pimienta. *pimenta-do-reino*, pimienta en grano. *pimenta-malagueta*, guindilla.
pimentão s.m. pimiento, morrón.
pinça s.f. pinza, tenaza.
pincel s.m. pincel. *pincel atômico*, rotulador.
pinga s.f. aguardiente. *na pinga*, borracho.
pingado s.m. cortado.
pingar v.t. chorrear, tener gotera, gotear.

pingente *s.m.* colgante, pendiente.
pingo *s.m.* gota.
pinguço *adj.* borrachuzo, borracho.
pinguim *s.m.* pinguino.
pinhão *s.m.* piñón.
pinheiro *s.m.* pino.
pinho *s.m.* pino.
pinicar *v.t.* picar.
pino *s.m.* vástago. *bater pino*, encontrarse mal.
pinta *s.f.* 1 mancha, pinta. 2 pinta, facha. *boa-pinta*, tio bueno, guapo, buen mozo. *pinta-brava*, sinverguenza, caradura.
pintar *v.p.* pintarse, maquillarse.
pintar *v.i.* aparecer, comparecer, asomarse. *pintar e bordar*, hacer lo que se quiere. *pintar o sete*, hacer travesuras/maltratar.
pintar *v.t.* pintar, teñir.
pinto *s.m.* 1 pollo, pollito. 2 (vulg.) pene.
pintura *s.f.* pintura, cuadro.
piolho *s.m.* piojo, ladilla.
pioneiro *adj.* original, primero, pionero.
pior *adj.* peor.
pior *adv.* peor. *levar a pior*, salir derrotado. *na pior*, deprimido, muy mal, hundido.
piora *s.m.* desmejoramiento.
piorar *v.t.* empeorar, agravar, desmejorar.
pipa *s.f.* cometa, barrilete, volantín, papalote.
pipi *s.m.* pito, pilila.
pipoca *s.f.* palomita, pororó, ancuas.
pique *s.m.* (fam.) ganas. *estar no pique*, tener ganas. *vir a pique*, hundirse.
piquenique *s.m.* picnic.
piquete *s.m.* piquete.
pirado *adj.* loco, chiflado.
pirâmide *s.f.* pirámide.
piranha *s.f.* 1 piraña. 2 mujer ligera de cascos.
pirão *s.m.* puré hecho de harina de yuca y la cabeza del pescado.
pirar *v.i.* enloquecer, volverse loco.

pirar *v.p.* irse, escaparse, huir.
pirata *adj.* falsificado, pirata.
pirata *s.m.* pirata.
pirataria *s.f.* piratería, robó.
piratear *v.t.* piratear, robar.
pires *s.m.* plato, platillo.
pirraça *s.f.* meterse adrede con alguien, de propósito para contrariar.
pirralho *s.* chiquitín, renacuajo, niño, pendijo.
pirueta *s.f.* voltereta, pirueta.
pirulito *s.m.* piruleta, chupetín.
pisada *s.f.* pisotón, taconeo, pisada.
pisar *v.t.* pisar, insistir, machacar.
piscadela *s.f.* guiño, pestañeo.
pisca-pisca *s.m.* intermitente, direccional.
piscar *v.t.* parpadear, guiñar. *num piscar de olhos*, en un abrir y cerrar de ojos.
piscina *s.f.* pileta, piscina.
piso *s.m.* suelo, pavimento, piso. *piso salarial*, salario base, salário mínimo.
pisotear *v.t.* pisar, pisotear.
pista *s.f.* rastro, huella, pista.
pistão *s.m.* pistón.
pistola *s.f.* pistola.
pistoleiro *s.m.* pistolero, asesino.
pitada *s.f.* pizca, punta.
pito *s.m.* pipa, cachimba. *sossegar o pito*, calmarse, tranquilizarse.
pivete *s.m.* ladronzuelo, pillo.
pivô *s.m.* 1 espiga, tornillo. 2 pivot (de basquete).
pixaim *adj.* pelo rizado, pasa, mota.
pizza *s.f.* pizza.
pizzaria *s.f.* pizzería.
placa *s.f.* 1 lámina, placa, chapa. 2 señal de tráfico. *placa-mãe*, placa madre.
placar *s.m.* marcador, resultado.
placenta *s.f.* placenta.
plácido *adj.* plácido, tranquilo.
plagiar *v.t.* copiar, imitar, plagiar.

plágio s.m. plagio, piratería, copia sin autorización.
planador s.m. planeador.
planalto s.m. altiplano, altiplanicie, meseta.
planar v.i. planear.
planejamento s.m. planificación.
planejar v.t. proyectar, planear, planificar.
planeta s.m. planeta. *planeta Vênus*, lucero del alba.
planetário adj. planetario.
planície s.f. llanura, planicie.
planilha s.f. impreso, hoja, planilla.
plano adj. llano, liso, plano. *plano de aposentadoria*, plan de pensiones.
plano s.m. llano, llanura, plano, *plano de saúde*, seguro médico.
planta s.f. planta, vegetal.
plantação s.f. siembra, plantación.
plantão s.m. guardia, retén. *de plantão*, esperando, a la espera, de guardia.
plantar v.t. 1 sembrar, plantar. 2 poner de guardiã.
plantio s.m. plantación, plantío.
plaqueta s.f. plaqueta.
plástica s.f. operación de cirugía plástica, cirugía estética.
plasticidade s.f. plasticidad, maleabilidad.
plástico adj. maleable, plástico.
plástico s.m plástico.
plastificar v.t. plastificar.
plataforma s.f. andén, plataforma.
plateia s.f. grada, patio, platea.
platina adj. platino, platina.
plausível adj. plausible, posíble, probable.
plebe s.f. pueblo, plebe.
plebeu adj. plebeyo.
plebicito s.m. referéndum, plebiscito, sufrágio, consulta popular.
pleitear v.t. disputar, concursar, reclamar, denunciar.
pleito s.m. caso, pleito, consulta electoral.

plenário adj. completo, pleno, plenário, íntegro.
plenitude s.f. plenitud, totalidad, abundancia, hartura.
pleno adj. lleno, repleto, pleno, atestado.
plugar v.t. enchufar, conectar.
plugue s.m. enchufe, clavija.
pluma s.f. pluma, penacho.
plumagem s.f. plumaje.
plúmbeo s.m. plomizo.
plumoso adj. plumífero, emplumado.
plural adj. plural, diverso, variado, múltiple.
plural s.m. plural.
pluralidade s.f. pluralidad, diversidad, variedad.
pluvial adj. pluvial.
pneu s.m. neumático, cubierta, goma.
pneumonia s.f. neumonía, pulmonía.
pó s.m. polvo. *pó de arroz*, polvos.
pobre adj. pobre, simple.
pobre s. pobre, pobrecito.
pobreza s.f. pobreza.
poça s.f. charco, poza.
poção s.f. poción.
pocilga s.f. corral, chiquero, pocilga, porqueriza.
poço s.m. pozo, perforación. *estar no fundo do poço*, estar en el peor momento.
podar v.t. podar, cortar, frenar.
poder s.m. poder, autoridad, mando, control. *poder de fogo*, capacidad de fuego.
poder v.t. poder, ser capaz, tener la posibilidad, tener motivos.
poderoso adj. potente, fuerte, poderoso.
pódio s.m. podium, podio.
podre adj. podrido, corrompido, echado a perder, pútrido, putrefacto, descompuesto.
podridão s.f. podredumbre, putrefación.
poeira s.f. polvo, polvareda. *levantar poeira*, divertirse, armarla, farrear.
poema s.m. poesia, poema, poesía.

poente s.m. poniente, ocaso, occidente, oeste.
poesia s.f. poesía.
poeta s. poeta.
poética adj. poético.
pois conj. porque, dado que, pues. *pois é*, pues sí. *pois não*, dígame. *pois sim*, ¡sí, hombre!
polar adj. polar.
polarizar v.t. concentrar, polarizar, atraer, centralizar.
polegada s.f. pulgada.
polegar s.m. pulgar, dedo gordo.
poleiro s.m. palo (del gallinero).
polêmica s.f. controversia, polémica.
polêmico adj. polémico.
polemizar v.t. discutir, polemizar.
pólen s.m. polen.
polenta s.f. polenta.
polícia s.f. policía. *polícia rodoviária*, policía de carretera, polícia caminera.
policial adj. policial.
policial s.m. policía.
policiar v.p. cuidar, reprimir, contener, moderar.
policiar v.t. vigilar, prevenir, escoltar.
polidez s.f. educación, delicadeza, cortesía.
polido adj. pulido, brillante.
poliéster s.m. poliester.
poligamia s.f. poligamia.
poliglota adj. políglota, poligloto, plurilingue.
polir v.p. pulir, educar.
polir v.t. pulir, abrillantar, barnizar.
política s.f. política.
politicagem s.f. politiqueo, cabildeo.
político adj. político.
polo s.m. pólo. *polo aquático*, waterpolo.
polpa s.f. pulpa, carne.
polpudo adj. carnoso, sustancioso.
poltrona s.f. sillón, butaca, poltrona.
poluente adj. contaminante.
poluição s.f. contaminación. *poluição sonora*, contaminación acústica.

poluir v.t. contaminar, polucionar.
polvilhar v.t. pulverizar, espolvorear, cubrir de polvo.
polvo s.m. pulpo.
pólvora s.f. pólvora.
pomada s.f. pomada.
pomar s.m. plantación de frutas, quinta, huerto, huerta.
pomba s.f. paloma. *pombo-correio*, paloma mensajera.
pombal s.m. palomar.
pombas interj. ¡Demonios!
pomo de adão s.m. nuez, bocado de Adán, manzana de Adán.
pompa s.f. gala, pompa, fausto, lijo.
pompom s.m. borla, pompón.
pomposo adj. fastuoso, pomposo, lujoso.
poncho s.m. capote, poncho.
ponderar v.t. ponderar, exponer, alegar, reflexionar, pesar, considerar.
ponta s.f. punta. *ponta-direita*, extremo derecho. *segurar as pontas*, arreglárselas. *de ponta-cabeça*, cabeza abajo. *nas pontas dos pés*, de puntillas. *ponta de estoque*, restos de almacén, sobra de stock.
pontada s.f. punzada, pinchazo, puntada.
pontapé s.m. patada, puntapié. *pontapé inicial*, saque de honor.
pontaria s.f. puntería.
ponte s.f. puente. *ponte pênsil*, puente colgante. *ponte de safena*, baipás (ing. *by pass*).
ponteiro s.m. puntero, aguja. *acertar os ponteiros*, ponerse de acuerdo, concordar.
pontiagudo adj. puntiagudo.
pontilhado adj. punteado.
ponto s.m. punto, lugar. *ponto cardeal*, punto cardinal. *ponto cego*, ángulo muerto, punto ciego. *ponto de exclamação*, signo de exclamación. *ponto, parágrafo/ na outra linha*, punto y aparte. *ponto de honra*, cuestión de honor. *ponto fraco*, punto débil. *ponto pacífico*,

punto de acuerdo. *ao ponto*, en su punto. *bater o ponto*, marcar tarjeta, fichar. *em ponto de bala*, a punto de caramelo, a punto. *entregar os pontos*, entregarse, arrojar la toalla. *não dar ponto sem nó*, no dar puntada sin hilo. *ponto facultativo*, día festivo optativo.
pontuação *s.f.* puntuación.
pontual *adj.* puntual, concreto, preciso.
pontualidade *s.f.* puntualidad.
pontudo *adj.* puntiagudo, de pico, puntudo, punzante.
população *s.f.* población.
popular *adj.* común, popular.
popular *s.m.* ciudadano. *os populares avançaram pelas ruas*, los ciudadanos avanzaron por la calle.
popularidade *s.f.* popularidad.
por *prep.* indica lugar, por, cerca de, durante.
por *v.p.* ponerse, caer, desaparecer, meterse.
por *v.t.* poner (huevos), imputar, atribuir, colocar. *por-do-sol*, puesta de sol.
porão *s.m.* sótano.
porca *s.f.* 1 tuerca. 2 cerda, chancha, puerca.
porção *s.f.* ración, dosis. *uma porção*, mucho, un montón.
porcaria *adj.* porquería, birria, ordinario.
porcaria *s.f.* porquería, guarrería.
porcelana *s.f.* porcelana.
porcentagem *s.f.* el porcentaje, proporción.
porco *adj.* cerdo, sucio, cochino.
porco *s.m.* cerdo, puerco, chancho, cochino. *aí é que a porca torce o rabo*, ahí está la madre del cordero, ese es el quid de la cuestión.
porém *conj.* pero, sin embargo, mas.
pormenor *s.m.* detalle, pormenor.
pornográfico *adj.* pornográfico.
poro *s.m.* poro.
poroso *adj.* poroso.
porque *conj.* porque. Se escribe *por que* cuando es una pregunta. Por que você chegou tarde? = ¿Por qué llegaste tarde? Se escribe *por quê* cuando aparece al final de una frase interrogativa o ante una pausa acentuada. Não sei explicar o por quê da sua raiva. = No sé explicar el porqué de su rabia.
porrada *s.f.* golpe, porrazo, mamporro.
porre *s.m.* borrachera.
porrete *s.m.* porra, palo, cachiporra.
porta *s.f.* puerta. *porta sanfonada*, puerta plegable.
portador *s.m.* portador.
portão *s.m.* portada, portón.
portar *v.p.* portarse, comportarse.
portar *v.t.* llevar, portar. *porta-bandeira*, abanderado. *porta-joias*, joyero. *porta-malas*, maletero, baúl, portaequipaje. *porta-níqueis*, monedero.
portaria *s.f.* portería.
portátil *adj.* portátil.
porte *s.m.* aspecto, volumen, porte.
porteira *s.f.* portada, portón, tranquera.
porteiro *s.m.* portero. *porteiro eletrônico*, portero automático.
porto *s.m.* puerto.
português *adj. e s.* 1 portugués, nacido en Portugal. 2 lengua portuguesa, portugués. *falar em bom português*, hablar muy claro, decir em buen latín.
portunhol *s.m.* portuñol (mezcla de portugués y español).
porventura *adv.* acaso, por acaso, por ventura, por casualidad, azar.
porvir *s.m.* futuro, porvenir.
pós *prep.* posterior, post, pos. *pós-graduação*, posgrado/posgraduación.
posar *v.t.* posar, dar la impresión, parecer.
pose *s.f.* pose, postura.
posição *s.f.* situación, posición.
posicionar *v.p.* posicionarse.
posicionar *v.t.* colocar, poner.

positivo *adj.* afirmativo, positivo, optimista, confiado.
possante *adj.* potente, fuerte.
posse *s.f.* posesión, propiedad. *de posses*, adinerado, rico.
posseiro *s.m.* ocupante, invasor.
possessão *s.f.* posesión, colônia.
possessivo *adj.* acaparador, posesivo.
possesso *adj.* furioso, poseso.
possibilidade *s.f.* posibilidad.
possibilitar *v.t.* posibilitar.
possível *adj.* posible.
possuir *v.p.* poseer, dominar, tener.
possuir *v.t.* poseer, tener.
posta *s.f.* tajada, rodaja.
postal *adj.* postal, tarjeta de correos.
postar *v.p.* plantarse, ponerse.
postar *v.t.* apostar, echar, mandar.
poste *s.m.* poste, columna.
pôster *s.m.* poster, cartel, afiche.
postergar *v.t.* relegar, aplazar, postergar.
posteridade *s.f.* posteridad.
posterior *adj.* siguiente, posterior.
postiço *adj.* postizo, falso.
posto *adj.* colocado, oculto, puesto.
posto *s.m.* puesto. *posto-chave*, puesto clave. *posto de gasolina*, gasolinera, estación de servicio. *a postos*, en sus puestos.
póstumo *adj.* póstumo.
postura *s.f.* posición, postura.
potável *adj.* potable.
pote *s.m.* frasco, bote, pote.
potência *s.f.* potencia, capacidad.
potencial *adj.* potencial.
potencial *s.m.* capacidad, potencial.
potencializar *v.t.* potenciar, aumentar.
potente *adj.* fuerte, potente.
pouco *adj.* poco.
pouco *pron. indef.* poco. *aos poucos*, de a poco, poco a poco. *daqui a pouco*, dentro de un rato.
poupança *s.f.* ahorro, economías. *caderneta de poupança*, caja de ahorros.
poupar *v.p.* respetar, preservar.
poupar *v.t.* ahorrar.
pousada *s.f.* alojamiento, hospedaje, hostería, hostal.
pousar *v.t.* 1 aterrizar. 2 posarse, alojarse.
pouso *s.m.* aterrizaje.
povão *s.m.* populacho, chusma.
povo *s.m.* gente, pueblo.
povoado *s.m.* pueblo, villa, poblado.
povoar *v.p.* llenar, embriagar, inundar.
povoar *v.t.* poblar.
praça *s.f.* plazoleta, parque, plaza. *praça de alimentação*, patio de comidas. *assentar praça*, alistarse. *boa-praça*, buena gente.
praga *s.f.* maldición, plaga.
praia *s.f.* playa. *não ser a praia de alguém*, no ser el ambiente de alguien, no ser área de conocimiento.
prancha *s.f.* tabla, plancha.
pranchada *s.f.* espaldarazo.
pranto *s.m.* llanto, lloro. *debulhar-se em pranto*, deshacerse en lágrimas.
prata *s.f.* plata.
prateleira *s.f.* estante, repisa.
prática *s.f.* ejercicio, práctica.
praticar *v.t.* ejercer, practicar, hacer, cometer.
prato *s.m.* plato, comida. *cuspir no prato em que comeu*, morder la mano que le da de comer. *por em pratos limpos*, poner en limpio.
praxe *s.f.* regla, norma, costumbre, praxis.
prazer *s.m.* placer. *muito prazer*, mucho gusto, encantado.
prazo *s.m.* fecha, plazo, *a prazo*, a plazo, pago en cuotas.
precaução *s.f.* precaución.
precaver *v.t.* prevenir, tener cuidado, precaver.
precaver-se *v.p.* cautelarse, precaucionarse.
prece *s.f.* oración, prez.

precedente *adj.* anterior, precedente.
preceito *s.m.* norma, doctrina, precepto.
precioso/a *adj.* rico, valioso, precioso.
precipício *s.m.* precipicio.
precipitação *s.f.* precipitación, lluvia.
precipitar *v.t.* anticipar, precipitar.
precipitar-se *v. p.* apresurarse, precipitarse.
precisão *s.f.* precisión, perfección.
precisar *v.t.* necesitar, hacer falta, precisar.
preciso/a *adj.* 1 exacto. 2 preciso, necesario, indispensable, fogoso, esencial.
preço *s.m.* precio. *a preço de banana*, muy barato.
precoce *adj.* precoz.
preconceito *s.m.* prejuicio, prevención, escrúpulo.
precursor/a *adj.* adelantado, precursor, avanzado, pionero.
precursor *s.m.* precursor, pionero.
predador/a *adj.* depredador.
predador/a *s.* depredador de rapiña.
predestinado/a *adj.* predestinado.
predestinado/a *s.* predestinado, consagrado.
predicado *s.m.* atributo, virtud.
predicativo *s.m.* atributo, predicativo.
predileto *adj.* predilecto, preferido.
prédio *s.m.* edificio.
predominar *v.i.* prevalecer, predominar, sobresalir.
predomínio *s.m.* predominio.
preencher *v.t.* llenar, ocupar, rellenar.
prefácio *s.m.* prefacio, prólogo, preámbulo.
prefeito *s.m.* alcalde, intendente.
prefeitura *s.f.* ayuntamiento, alcaldía, intendencia, municipalidad.
preferência *s.f.* predilección, preferência. *de preferência*, preferentemente.
preferir *v.t.* preferir.
preferível *adj.* preferible.
prefixo *s.m.* prefijo.
prega *s.f.* pliegue, tabla.

pregador *s.m.* predicador.
pregar *v.t.* clavar, fijar, colgar, coser. *estar pregado*, estar agotado. *não pregar o olho*, no pegar ojo, no dormir. *pregar uma mentira*, soltar una mentira. *pregar uma peça*, jugar una mala pasada. *pregar um susto*, asustar, dar un susto.
prego *s.m.* clavo. *por no prego*, empeñar.
preguiça *s.f.* pereza, haraganería, holgazanería.
preguiçoso *adj.* perezoso, haragán, holgazán.
prejudicar *v.i.* perjudicar, damnificar.
prejudicial *adj.* perjudicial.
prejuízo *s.m.* perjuicio, daño.
prejulgar *v.i.* prejuzgar, discriminar.
preliminar *adj.* preliminar.
prematuro/a *adj.* precipitado, prematuro, anticipado.
premeditar *v.t.* planear, premeditar, reflexionar antes de actuar.
premer *v.t.* acuciar.
premiar *v.t.* recompensar, premiar.
prêmio *s.m.* premio.
premonição *s.f.* premonición, presentimiento.
prenda *s.f.* habilidad, virtud, prenda.
prendado/a *adj.* virtuoso, hábil, hacendoso, prendado.
prendedor *s.m.* pinza, palito, broche, prendedor.
prender *v.t.* recoger, sujetar, prender.
prensa *s.f.* prensa. *dar uma prensa*, presionar, coaccionar.
prensar *v.t.* apretar, oprimir, empujar, presionar.
preocupação *s.f.* preocupación, inquietación, alarma.
preparar *v.p.* prepararse, arreglarse, disponerse.
preparar *v.t.* preparar, planear.

preparativos *s.m.* preparativos, planes, proyectos, arreglos.
preparatório/a *adj.* preliminar, preparatorio.
preparo *s.m.* preparación, prevención, disposición.
preponderância *s.f.* predomínio, hegemonía, preponderância.
preposição *s.f.* preposición.
prepotência *s.f.* prepotencia.
prepotente *adj.* arrogante, prepotente.
pré-requisito *s.m.* prerrequisito.
prerrogativa *s.f.* prerrogativa.
presa *s.f.* víctima, presa.
presbiterianismo
prescindir *v.t.* prescindir, exelir, eliminar.
prescrever *v.i.* prescribir, caducar.
prescrever *v.t.* ordenar, dictar, determinar, dictaminar, .
prescrição *s.f.* prescripción.
presença *s.f.* aparición, asistencia, presencia. *em presença de*, en vista de, ante. *na presença de*, en presencia de.
presenciar *v.t.* presenciar, asistir, atestiguar, testimoniar.
presente *adj.* presente, actual.
presente *s.m.* presente, regalo. *presente de grego*, caballo de Troya, problema, inconveniente encubierto bajo el aspecto de un regalo.
presentear *v.t.* regalar, obsequiar.
presépio *s.m.* pesebre, belén, nacimiento.
preservar *v.t.* proteger, librar, preservar.
preservativo *s.m.* preservativo, protección. *camisinha*, condón.
presidência *s.f.* presidencia.
presidente *s.m.* presidente.
presidiário/a *adj.* presidiário, prisionero.
presídio *s.m.* cárcel, presídio, reclusión.
presidir *v.t.* presidir, dirigir.
presilha *s.f.* hebilla, prendedor.
preso/a *adj.* preso, atado, anclado.

pressa *s.f.* prisa, apuro. *às pressas*, deprisa, apurado.
pressagiar *v.i.* pronosticar, presentir, presagiar, vaticinar.
presságio *s.m.* presentimiento, presagio, auguro, pronóstico, vaticinio.
pressão *s.f.* presión, fuerza.
pressentimento *s.m.* presentimiento.
pressentir *v.t.* presentir, prever, intuir, pronosticar.
pressionar *v.t.* apretar, presionar.
pressupor *v.t.* presuponer, suponer, presumir.
pressuposição *s.f.* presuposición, presunción.
prestação *s.f.* 1 prestación, acto de prestar. 2 cuota, pago a plazos. *prestação de contas*, rendición de cuentas.
prestar *v.i.* servir, ser bueno, estar en buenes condiciones.
prestar *v.t.* dar, ofrecer, dispensar, prestar. *prestar depoimento*, prestar declaración. *prestar homenagem*, rendir homenaje.
prestativo *adj.* predispuesto, dispuesto.
presteza *s.f.* agilidad, ligereza, presteza, rapidez, viveza, prontitud.
prestigiar *v.t.* hacer prestigio prestigiar, acreditar, honrar, dar influencia a.
prestígio *s.m.* prestigio, crédito, reputación, ascendiente.
presto 1 *adj.* pronto, ligero, presto, ágil, dispuesto, listo. 2 *adv.* prontamente.
presumido *v.t.* suponer, conjeturar, sospechar, presumir.
presumir *v.p.* creerse, considerarse.
presumir *v.t.* suponer, presumir.
presunção *s.f.* sospecha, presunción.
presunçoso *adj.* vanidoso, presuntuoso.
presunto *s.m.* 1 jamón. 2 (pop.) cadáver. *sanduíche de presunto*, empanado.
pretendente *s.* candidato, pretendiente.
pretender *v.p.* creerse, considerarse.

pretender v.t. y i. 1 ambicionar, aspirar, intentar, pretender, desear, demandar, reivindicar. 2 tenerse de, pretendente.
pretensão s.f. 1 pretensión aspiración, presunción, jactancia, arrogancia, vanidad.
pretensioso adj. 1 vanidoso, presuntuoso, pretencioso. 2 presumido, orgulhoso, pretenso. 3 supuesto, pretendido.
preterir v.t. rechazar, olvidar, postegar.
pretérito adj. pasado, pretérito, anterior, antiguo.
pretérito s.m. (gram.) pretérito, tiempo verbal.
pretextar v.t. 1 escusar, pretexto. 2 s.m. escusa, pretexto.
pretexto s.m. pretexto, excusa, disculpa.
preto/a adj. negro, oscuro, sucio. *pôr o preto no branco*, explicar, aclarar, poner en claro.
preto/a s. persona de la raza negra.
prevalecer v.i. y v.p. 1 predominar, prevalecer, preponderar, privar. 2 aprovecharse.
prevalecer v.t. prevalecer, sobresalir, dominar.
prevenção s.f. prevención, prejuicio, precaución, aviso, suspicacia.
prevenir v.t. y v.p. prevenirse, prevenção.
prevenir s.f. precaución, prevención, prevenido.
prevenir adj. precavido, avisado, prevenido.
prevenir v.t. prevenir, avisar.
preventivo/a adj. profiláctico, preventivo.
prever v.t. pronosticar, prever, antever, ver.
prever s.f. precaución, pronóstico, prevención, previsión. *previdência social*, seguridad social, previdente.
prever adj. prudente, precavido, previsão.
prever v.t. ver, prever.
prévia s.f. sondeo.
previdência s.f. previsión. *previdência social*, seguridad social, previdente.
prévio/a adj. anterior, preliminar, prévio, precursos.

previsão s.f. previsión.
previsível adj. previsible, presumible, predecible.
previsto adj. previsto.
prezado/a adj. querido, estimado.
prezar v.t. y v.p. estimarse, apreciar, prezado.
prezar adj. querido, estimado, preciado.
prima s.f. 1 prima, hora canónica, cuerda de guitarra, prima dona. 2 prima donna.
primário/a adj. primario, de primaria, elemental, fundamental, principal.
primavera s.f. 1 (bot.) primavera, estación del año. 2 (fig.) juventud.
primeiro adv. primeramente, primero, en primer lugar. *primeiro que tudo*, antes que nada.
primeiro num. 1 primer, primero. 2 adj. e s.m. el que ocupa el primer lugar. *primeira divisão*, división de honor.
primitivo/a adj. e s. 1 primario, primitivo, rústico, simple, ingenuo. 2 primógeno, primordial, inicial. 3 viejo.
primo s.m. 1 primo, hijo del tío. 2 (mat.) primo (número).
primogênito/a adj. primogénito.
primor adj. maravilla, primor.
primordial adj. fundamental, principal, necesario, primordial.
primoroso/a adj. perfecto, primoroso.
princesa adj. princesa.
principal adj. 1 principal, capital (de una deuda), principalmente. 2 adv. sobre todo, principalmente.
príncipe s.m. príncipe.
principiante adj. novel, principiante, novato, iniciante, primerizo.
principiar s.m. inicio, principio, comienzo, fundamento, base, regla.
principiar 1 v.t. empezar, comenzar, principiante 2 adj. e s. aprendiz, principiante, princípio.
princípio s.m. comienzo, principio. *a princípio*, al principio.

prioridade *s.f.* preferencia, privilegio, prioridad, primacía.
prioridade *adj.* prioritario.
prisão *s.f.* cárcel, prisión, penitenciaría, penal, presídio, apresamiento, prendimiento, reclusión.
prisioneiro/a *s.* prisionero, preso, presidiario.
prisma *s.m.* 1 (geom.) prisma. 2 (fig.) manera de ver las cosas.
privação *s.f.* carencia, falta, privación
privação *adj.* privativo, exclusivo, particular, privado, íntimo, particular.
privação *s.f.* privación.
privacidade *s.f.* intimidad.
privada *s.f.* letrina, retrete, excusado, váter, inodoro.
privado/a *adj.* privado, despojado, desposeído.
privar *v.t.* 1 despojar, quitar, privar. 2 *v.p.* privarse, abstenerse.
privativo/a *adj.* personal, singular, propio, exclusivo, privativo.
privatizar *v.t.* privatizar, desnacionalizar, tornar privado.
privilegiado/a *adj.* favorecido, privilegiado.
privilegiar *v.t.* favorecer, beneficiar, primar.
privilégio *s.m.* privilegio, exclusividade, prerrogativa, concesión.
pró *adv.* a favor, pro.
proa *s.f.* proa.
probabilidade *s.f.* probabilidad, posibilidad.
problema *s.f.* problema, dificultad, pega.
problema *s.m.* problema, papeleta.
problemático/a *adj.* cuestionable, incierto, dudoso, problemático.
procedência *s.f.* origen, procedência, filiación, raíz.
procedente *adj.* oriundo, procedente; conforme a.
proceder *v.t. y v.i.* 1 proceder, deberse, provenir, proseguir. 2 emanar, originarse, nacer; ejecutar, obrar. 3 (fig.) formar proceso; portarse, comportarse.

proceder *s.m.* conducta, procedimiento.
procedimento *s.m.* procedimiento, trámite, compartimiento, curso.
processamento *s.m.* procesamiento.
processar *v.t.* 1 denunciar, procesar, demander, enjuiciar, encauzar, accionar. 2 (inform.) tratar la información, procesar.
processar *s.m.* (inf.) procesador.
processo *s.m.* 1 (for.) causa, acción, juicio, proceso. 2 método, técnica, procedimiento. *iniciar um processo*, abrir demanda, accionar.
processo *s.m.* proceso, procedimiento, causa judicial, juicio.
processual *adj.* procesal, judicial.
procissão *s.f.* procesión, cortejo.
proclamação *s.f.* anuncio, declaración, proclamación, promulgación, declaración.
proclamar *v.t. y v.p.* 1 proclamar, publicar. 2 intitularse.
proclamas *s.m.* (pl.) publicación de matrimónio, pregón; correr las amonestaciones.
próclise *s.f.* (gram.) proclisis.
procriar *v.t.* procrear, reproducirse.
procura *s.f.* 1 busca, búsqueda, pretención. 2 (com.) salida, venta.
procuração *s.f.* poder, carta de representación, delegación.
procurador/a *adj. e s.m.* abogado, procurador; apoderado, delegado.
procurador/a *s.m.* apoderado, representante, delegado.
procurar *v.t.* buscar, preguntar, intentar, tratar de.
prodígio *s.m.* milagro, prodígio, portento.
prodigioso/a *adj.* prodigioso, portentoso.
produção *s.f.* fabricación, elaboración, producción, producto.
produtividade *s.f.* productividad.
produtivo/a *adj.* provechoso, productivo.
produto *s.m.* manufactura, producto, resultado, fruto. *produto confiscado*, comiso.

produtor/a *adj. e s.* productor. *produtor de farinha,* harinero.
produtora *s.f.* productora.
produzir *v.p.* arreglarse, acicalarse.
produzir *v.t.* fabricar, producir, crear, causar.
proeminência *s.f.* eminencia, elevación, prominencia, relieve.
proeminente *adj.* prominente, elevado, superior, notable.
proeza *s.f.* hazaña, proeza.
profanar *v.t.* 1 deshonrar, profanar. 2 (fig.) ofender, injuriar, macular.
profano/a *adj.* profano, mundano, secular.
profecia *s.f.* augurio, profecía, premonición.
proferir *v.t.* pronunciar, articular, expresar, proferir, decir, decretar, publicar.
professar *v.t.* adoptar, seguir, profesar.
professar *v.t.* profesar.
professor/a *s.* 1 profesor universitário. 2 maestro, mestre.
professora *s.f.* señorita, maestra.
profeta *s.m.* adivino, profeta.
profetisa *s.f.* profetisa.
profetizar *v.t.* profetizar.
proficiência *s.f.* aptitud, habilidad, competência, suficiencia.
profilático/a *adj.* preventivo, profiláctico.
profilaxia *s.f.* (med.) prevención, profilaxis.
profissão *s.f.* profesión, ocupación, actividad, oficio.
profissional *adj.* profesional, experto, perito.
prófugo/a *adj.* fugitivo, prófugo.
profundidade *s.f.* profundidad, hondura, intensidad, agudeza.
profundo/a *adj.* hondo, profundo.
progenitor/a *s.m.* padre, progenitor.
prognosticar *v.t.* predecir, pronosticar.
prognóstico *s.m.* previsión, pronóstico, profecía.
programa *s.m.* plan, proyecto, temário, programa. *fazer um programa,* planear, planificar, programar.

programação *s.f.* conjunto de los programas, programación.
programador/a *s.* programador.
programar *v.p.* organizarse, programarse.
programar *v.t.* planear, programar, planificar, proyectar, escalonar, programar.
progredir *v.i.* adelantar, progresar, prosperar, mejorar.
progressão *s.f.* mejora, progresión, adelanto.
progressista *s. e adj.* progresista.
progressivo/a *adj.* gradual, progresivo.
progresso *s.m.* avance, progreso, prosperidad, mejora, adelanto, mejoramiento.
proibição *s.f.* prohibición, veda, privación, veto.
proibido/a *adj.* prohibido, vedado, impedido, negado.
proibir *v.t.* prohibir, privar, vedar, impedir, vedar, negar.
projeção *s.f.* 1 proyección, presencia. 2 disparo, lanzamiento, impulso.
projetar *v.t.* 1 proyectar, dar presencia. 2 idear, bosquejar, esboçar, planear. 3 exhibir (una película o filme), rodar, filmar.
projetar *v.p.* extenderse, proyectarse, irradiarse.
projétil *s.m.* proyectil, bala, cohete.
projetista *s.m.* proyectista, ideador.
projeto *s.m.* plan, proyecto, diseño.
projetor *s.m.* proyector.
proletário *adj. e s.m.* trabajador, proletario, obrero.
proliferação *s.f.* multiplicación, proliferación.
proliferar *v.t y v.i.* aumentar, proliferar, multiplicarse, reproducir.
prolífero/a *adj.* fértil, reproductor, fecundo.
prolixo/a *adj.* largo, pesado, prolijo.
prólogo *s.m.* prefacio, introducción, preámbulo, prólogo.
prolongamento *s.m.* continuación, alargamiento, prolongación.

prolongar v.t. y v.p. 1 alargar, prolongar, estirar. 2 alargar(se), prolongarse.
promessa s.f. esperanza, promesa, oferta, compromisso, convite, invitación.
prometer v.t. comprometerse, prometer.
prometido/a adj. 1 prometido. 2 s.m. novio. 3 s.f. novia, prometida.
promiscuidade s.f. promiscuidad, mezcolanza.
promíscuo/a adj. 1 mezclado, promiscuo.
promissor/a adj. 1 prometedor. 2 halaguero.
promissoria s.f. (com.) promisión, letra bancaria, pagaré.
promoção s.f. ascenso, promoción, oferta.
promotor/a adj. promotor, impulsor, iniciador.
promotor/a s.m. fiscal, promotor.
promover v.t. dar impulso, comercializar, promover, fomentar, elevar a un cargo, promocionar.
promulgação s.f. promulgación.
promulgar v.t. anunciar, promulgar, decretar, publicar (ley, decreto).
pronome s.m. (gram.) pronombre.
pronominal adj. (gram.) pronominal.
prontamente adv. rápido, prontamente.
prontidão s.f. rapidez, prontitud, inmediatez. *estar de prontidão*, poner sobre aviso, estar alerta.
pronto/a adj. listo, terminado, acabado, pronto.
pronto adv. pronto, temprano, rápido.
pronúncia s.f. 1 articulación, indicación, pronunciación. 2 acento, dejo.
pronunciação s.f. pronunciación.
pronunciamento s.m. 1 declaración, comunicado. 2 sublevación, pronunciamiento, sentecia. 3 golpe militar, rebelión.
pronunciar v.p. manifestarse, pronunciarse.
pronunciar v.t. 1 articular, pronunciar. 2 v.p. manifestarse.
propagação s.f. difusión, propagación.

propaganda s.f. publicidad, propaganda, anuncio, difusión, divulgación.
propagandista s.m. propagandista, divulgador, publicista.
propagar v.p. expandirse, propagarse.
propagar v.t. divulgar, difundir, propagar.
propagar v.p. expandirse, propagarse, desarrollarse.
proparoxítona adj. esdrújula, proparoxítona.
propensão s.f. inclinación, tendencia, propensión.
propenso/a adj. propenso, inclinado, aficionado.
propiciar v.t. favorecer, proporcionar, propiciar, facilitar, oferecer.
propício/a adj. propicio, favorable.
propina s.f. 1 (pop.) soborno, coima, pagamento. 2 gratificación, propina.
propor v.t. y v.p. proponer(se), ofrecer.
propor v.t. plantear, proponer, sugerir.
proporção s.f. parte, proporción. *à proporção que*, a medida que.
proporcional adj. igual, simétrico, proporcional.
proporcionar v.t. 1 dar, prestar, proporcionar, ofrecer, suministrar, dar. 2 v.p. ofrecerse, adaptarse.
proposital adj. intencionado, a propósito, provocado.
propósito s.m. 1 intención, finalidad, propósito. *de propósito*, adrede. *fora de propósito*, inoportuno. 2 (pl.) modos, intenciones. *a propósito*, oportunamente. *de propósito*, con intención. *fora de propósito*, inoportunamente.
proposta s.f. oferta, propuesta.
propriedade s.f. 1 propiedad, patrimonio, bien, adecuación, inmueble. 2 calidad, virtud.
proprietário/a s.m. 1 dueño. 2 adj. propietario.
próprio/a adj. propio, verdadero, auténtico, natural.

prorrogação *s.f.* prórroga, ampliación, aplazamiento.
prorrogar *v.t.* ampliar, aplazar, posponer, prorrogar, prolongar.
prorrogável *adj.* prorrogable, aplazable.
prosa *adj.* pedante, soberbio, chulo.
prosa *s.f.* 1 prosa, charla, ufano, conversación. 2 astucia, labia. 3 (lit) forma natural del verso o poesía. *dedo de prosa*, charla rápida.
prosaico/a *adj.* vulgar, prosaico.
proscrever *v.t.* desterrar, proscribir, expatriar, prohibir, exiliar.
prospecto *s.m.* programa, anuncio, prospecto, plano, trazado, folleto.
prosperar *v.i.* progresar, prosperar.
prosperidade *s.f.* prosperidad, progreso, mejora.
próspero/a *adj.* venturoso, feliz, rico, próspero.
prosseguimento *s.m.* proseguimiento, prosecución, continuación.
prosseguir *v.i.* continuar, seguir, proseguir.
próstata *s.f.* (anat.) próstata.
prostíbulo *s.m.* burdel, prostíbulo, casa de citas, lupanar.
prostituição *s.f.* prostitución, putería.
prostituir *v.t. y v.p.* 1 prostituir, corromperse, prevaricar. 2 prostituir(se), corromper(se), desacreditar(se).
prostituta *s.f.* prostituta, puta.
prostrar *v.t.* tumbar, tirar, arrojar, despedir, prostrar, abatir, derribar.
protagonista *s.* 1 protagonista, personaje principal, intérprete, actor, actriz. 2 figura, estrella, protagonista.
protagonizar *v.t. y v.i.* protagonizar, representar (tea.), interpretar, figurar, actuar.
proteção *s.f.* protección, amparo, defensa.
proteger *v.p.* abrigarse, resguardarse, protegerse, amparar.
proteger *v.t.* defender, favorecer, proteger.
protegido/a *adj.* favorito, protegido, ahijado, seguro.
proteína *s.f.* (bioquím.) proteína.
protelar *v.t.* aplazar, postergar, retrasar.
prótese *s.f.* (med.) prótesis.
protestante *adj.* protestante.
protestar *v.t. y i.* 1 exigir, reclamar, protestar. 2 rebelarse, insurreccionarse.
protesto *s.m.* 1 protesto, reclamación, denuncia. 2 (com.) protesto de una letra o cheque. 3 (for.) protesta.
protetor/a *adj. e s.* protector, defensor. *protetor de calcinha*, salvaslip.
protocolo *s.m.* 1 protocolo, documento, registro, etiqueta. 2 acta de deliberaciones entre congresistas internacionales. 3 contraseña, comprobante, resguardo, prueba. 4 ceremonia, ceremonial, etiqueta, ritual.
protótipo *s.m.* modelo, protótipo, espécimen.
protuberância *s.f.* protuberancia.
prova *s.f.* 1 evidencia, testimonio, señal; prueba, indicio. 2 concurso, examen. 3 ensayo. *tirar a prova dos nove*, cerciorarse, estar seguro, comprobar. 4 (fig.) trance.
provação *s.f.* 1 sufrimiento, trance, dificultad, desgracia. 2 experiencia, prueba.
provado/a *adj.* 1 experimentado, probado. 2 conocido, saboreado.
provador *s.m.* probador.
provar *v.t.* 1 demostrar, probar, testimoniar, demostrar, evidenciar. 2 ensayar.
provável *adj.* posible, creíble, verosímil, probable.
provedor *s.m.* abastecedor, proveedor, suministrador.
proveito *s.m.* ganancia, fruto, beneficio, provecho, ventaja.
proveitoso/a *adj.* ventajoso, provechoso, lucrativo.
proveniência *s.f.* procedencia, origen, fuente.

proveniente adj. originario, oriundo, procedente, proveniente, derivado.
prover v.t. 1 aprovisionar, abastecer, proveer, equipar, dotar. 2 remediar, tomar providencias. 3 v.i. abastecerse, prevenirse.
proverbial adj. sabido, notorio, proverbial, usual, tradicional.
provérbio s.m. sentencia, proverbio, refrán.
proveta s.f. (quím.) proveta.
providência s.f. precaución, previsión, providencia, paso, predestinación.
providencial adj. muy oportuno, feliz, providencial.
providenciar v.i. disponer, providenciar, aviar, ordenar, tomar providencias, diligenciar, proveer.
providenciar v.t. tomar medidas, hacer lo necesario, decidir.
providente adj. que toma providencia, cauto, prudente, providente.
provimento s.m. abastecimiento.
provimento s.m. 1 provisión, suministro, abastecimiento, cautela. 2 nombramiento para un cargo.
província s.f. provincia.
provinciano/a adj. paletó, chuncan, provinciano.
provindo/a adj. originario, derivado, oriundo.
provir v.i. proceder, resultar, derivar, provenir.
provisão s.f. 1 suministro, surtido, provisión; abundancia. 2 diploma de nombramiento de empleo o dignidad; decreto disposición.
provisório/a adj. pasajero, provisional, provisorio, transitorio.
provocação s.f. desafío, reto, provocación, insulto, incitamiento.
provocador adj. e s. provocativo, instigador, agresor, provocador.
provocante adj. estimulante, provocante, provocador, tentador, desafiante.

provocar v.t. causar, provocar, instigar, inducir, estimular. *provocar comoção*, conmocionar.
provocativo/a adj. incitante, hostigador, provocativo.
proximidade s.f. inmediación, vecindad, inminencia. (pl.) cercanías, alrededores.
próximo/a adj. 1 cercano, vecino, próximo. 2 afín, contiguo, mediato, futuro. 3 adv. proximadamente, estar a punto de.
próximo s.m. prójimo, el otro, hermano, semejante.
prudência s.f. moderación, templanza, discreción, prudencia, cautela, precaución.
prudente adj. moderado, sensato, discreto, cauteloso, prudente.
prumo s.m. plomada, plomo. *perder o prumo*, perder la cabeza.
prurido s.m. picazón, comezón, prurito.
pseudo pref. y adj. supuesto, falso, pseudo, pretendido.
pseudônimo s.m. seudónimo, sobrenombre.
psicanálise s.f. sicoanálisis, psicoanálisis.
psicanalista adj. e s. sicoanalista, psicoanalista.
psicologia s.f. sicología, psicología.
psicólogo/a s.m. sicólogo, psicólogo.
psicopata adj. psicópata.
psicose s.f. psicosis, obsesión.
psicoterapia s.f. psicoterapia.
psiquiatra s. (med.) siquiatra, psiquiatra.
psiquiatria s.f. (med.) siquiatría, psiquiatría.
psiquiatria s.f. psiquiatría.
psíquico/a adj. psíquico.
psiu interj. chif, chist (para llamar); chitón, chito (para imponer silencio).
pua s.f. barrena, broca, berbiquí.
puberdade s.f. pubertad.
púbere adj. adolescente, púber.
publicação s.f. publicación, anuncio, revelación; periódico.

publicar

publicar *v.t.* 1 editar, anunciar, publicar, imprimir, divulgar, promulgar. 2 *v.p.* salir a la luz.
publicar *v.t.* editar, publicar.
publicidade *s.f.* propaganda, publicidad; notoriedad.
publicista *s.* publicista, periodista, cronista.
publicitário/a *s.* publicitario.
público *s.m.* público, auditorio, oyentes, expectadores.
público/a *adj.* patente, notorio, común, público.
pudicícia *s.f.* recato, decoro, decencia, pudor, castidad.
pudico/a *adj. e s.* casto, vergonzoso, púdico, recatado, honesto.
pudim *s.m.* pudín, budín. *pudim de caramelo*, flan.
pudor *s.m.* verguenza, pena, pudor. *atentado ao pudor*, escándalo público.
pueril *adj.* infantil, ingenuo, inocente, fútil, pueril.
puerilidade *s.f.* niñería, candor, inocencia, trivialidad, bagatela, puerilidad.
pugnador/a *adj.* contrario, opuesto, enemigo, adversario; que pugna, pugnante.
pugnar *v.i.* luchar, pelear, pugnar, batallar, combatir.
pugnaz *adj.* belicoso, combativo, luchador.
puído/a *adj.* desgastado, gastado, raído.
pular *v.t. y v.i.* saltar, dar saltos, brincar, tirarse, saltarse, no hacer. *pular a cerca*, poner los cuernos. *dar um pulo até*, darse una escapada.
pulga *s.f.* pulga. *com a pulga atrás da orelha*, con la mosca detrás de la oreja, desconfiado, preocupado.
pulgão *s.m.* (zoo.) pulgão.
pulmão *s.m.* (anat.) pulmón.
pulmonar *adj.* relativo al pulmón, pulmonar
pulo *s.m.* salto, brinco. *dar um pulinho até*, dar una escapada. *pulo do gato*, momento decisivo.

pulo no escuro, salto al vacío, riesgo.
pulôver *s.m.* jersey, pulover.
pulsação *s.f.* palpitación, latido, pulsación.
pulsar *v.i.* palpitar, latir, pulsar, ansiar, anhelar.
pulseira *s.f.* brazalete, pulsera.
pulso *s.m.* 1 latido, pulso; mano. 2 fuerza, vigor; prudencia, tacto; muñeca. *de pulso*, de carácter.
pulverizar *v.t.* deshacer, hacerse añicos, pulverizar, espolvorear.
pum *s.m.* pedo, pun.
puma *s.m.* (zoo.) puma.
punção *s.f.* 1 punzada, punción. 2 estilete, bisturí, punzón.
punçar *v.t.* pinchar, punzar, pungir, abrir con el bisturí.
punguear *v.t.* (Bras.) robar carteras.
punguista *adj. e s.m.* que roba carteras, joyas.
punhado *s.m.* 1 lo que se puede llevar en la mano cerrada; montón, puñado. 2 poca cantidad.
punhal *s.m.* cuchillo, puñal, daga.
punhalada *s.f.* 1 cuchillada, puñalada, navajazo. 2 (fig.) golpe repentino.
punho *s.m.* 1 puño, manija. 2 parte de la camisa. 3 empuñadura, mango.
punição *s.f.* pena, punición, castigo, escarmiento.
punir *v.t.* castigar, aplicar pena o castigo, punir, escarmentar.
punitivo/a *adj.* que impone punición, punitivo, castigador.
pupila *s.f.* (anat.) pupila, niña.
pupilo/a *s.m.* 1 tutelado, pupilo, protegido. 2 alumno.
purê *s.m.* puré.
pureza *s.f.* inocencia, virginidad, castidad, pureza, perfección, nitidez.
purgatório *s.m.* purgatorio.

purificação *s.f.* acción de purificar o limpiar; purificación.
purificador *adj.* 1 purificatorio, purificador, depurador. 2 *s.m.* paño con que se enjuga el cáliz.
purificativo/a *adj.* purificador, purificante.
puritanismo *s.m.* austeridad y severidad, puritanismo.
puro/a *adj.* 1 genuino, castizo, puro, limpio, claro. 2 casto, virginal. 3 exclusivo. 4 verdadero, sincero, sin mala fe.
purpurina *s.f.* purpurina.
pus *s.m.* (med.) pus, porulencia, supuración.
pusilânime *adj. e s.m.* cobarde, miedoso, pusilánime.
pusilanimidade *s.f.* cobardía, apocamiento, pusilanimidad.
puta *s.f.* prostituta, puta.
puto *adj.* 1 cabrón, hijo de puta. 2 enfadado, furioso.
putrefazer *v.t.* 1 corromper, pudrir, podir, descomponer. 2 *v.i.* pudrirse, podirse.
puxa *interj.* vaya, caramba, coño.
puxada *s.f.* tirón, gran distancia a recorrer; tirada.
puxado/a *adj.* 1 caro, costoso, agotador. 2 árduo, difícil.
puxado *s.m.* prolongación de una casa.
puxador *s.m.* tirador para abrir puertas, cajones, etc.
puxão *s.m.* empellón, empujón, tirón, con violencia.
puxar *v.t. y v.i.* 1 halar, tirar; provocar, estirar, estimular; pujar. 2 tender, inclinarse a; sacar algo, chupar. *puxar a brasa para a sua sardinha*, llevar el ascua a su sardina. *puxar conversa*, pegar la hebra. *puxar fumo*, fumar marihuana. *puxar um asunto*, sacar el tema. *puxar o saco*, adular, halagar.
puxa-saco *s. y adj.* halagador, adulador, chupa medias.
puzzle *s.m.* rompecabezas (juego).

Q q

q, Q *s.m.* decima séptima letra y decima tercera consonante del alfabeto portugués, la *cu*; siempre seguida de la letra 'u'. que carece de sonido cuando precede a la 'e' o 'i'.

quadra *s.f.* 1 (Esp.) cuadra, cancha. 2 (mús.) y (lit.) copla, cuarteto.

quadrado *s.m.* 1 cuadrado. 2 (Bras.) *adj.* grosero, estúpido. 3 (mat.) cuadrado.

quadragésimo/a *adj.* espacio de cuarenta días; cuadragésimo.

quadrangular *adj.* cuadrángulo, cuadrangular.

quadrante *s.m.* 1 (geom.) cuarto de círculo. 2 cuadrante (de un reloj).

quadrar *v.t.* 1 formar en cuadro, cuadrar. 2 elevar al cuadrado. 3 ser adecuado, convenir. 4 *v.i.* adaptarse, agradar, quedar bien.

quadricentenário *s.m.* conmemoración de los 400 años de un hecho histórico.

quadricular *v.t.* 1 dividir en cuadrículas, cuadricular. 2 *adj.* cuadriculado.

quadrienal *adj.* cuadrienal, de cuatro a cuatro años.

quadriênio *s.m.* cuatrienio, cuadrienio, período de cuatro años.

quadril *s.m.* anca, cadera, cuadril.

quadrilátero/a *adj.* 1 cuadrilátero. 2 *s.m.* (geom.) cuadrilátero.

quadrilha *s.f.* cuadrilla. 1 (Bras.) bando de ladrones, pandilla. 2 baile de salón.

quadrilheiro *s.m.* 1 perteneciente a una cuadrilla. 2 salteador, ladrón.

quadrimestre *adj.* cuatrimestre.

quadrinhos *s.m.* (pl.) historieta cómica, tebeo; comics (del inglés).

quadro *s.m.* 1 cuadro, pintura, marco, lista de nombres. 2 subdivisión de acto de pieza teatral; escenario, panorama.

quadro-negro *s.m.* pizarra, encerado, pizarrón. *quadro de anúncios*, tablón de anuncios. *quadro de pessoal*, plantilla, planilla.

quadrúpede *adj. e s.* 1 (zoo.) cuadrúpedo. 2 (fig.) ignorante, estúpido.

quadruplicar *v.t.* 1 cuadruplicar, multiplicar por cuatro. 2 *v.p.* cuadruplicarse.

quadruplicação *s.f.* cuadruplicación.

quadruplicado/a *adj.* cuadruplicado; en cuatro copias.

quádruplo *adj. e s.m.* cuádruple.

quaitiano *adj. e s.m.* natural o perteneciente al Kuvaití.

qual *pron. rel.* cual, que, quien, alguno, este, aquel, uno.

qual *conj.* de qué manera, cómo.

qual *adj.* semejante a.

qual *interj.* ¡cuál! indica duda o negación. *tal e qual*, así mismo. *com o qual*, con lo cual, con quién. *pelo qual*, por este motivo, por lo cual. *cada qual*, cada cual, todo mundo. *qual mais, qual menos*, poco más o menos, aproximadamente.

qualidade *s.f.* 1 calidad (características positivas y conjunto de cualidades), cualidad (virtud o mérito, característica), carácter, virtud, casta. 2 condición, aptitud, nobleza, índole, atributo, estado.

qualificação *s.f.* crédito, reputación, cualificación.

qualificado/a *adj.* reputado, distinguido, autorizado, calificado, noble.
qualificativo/a *adj.* que califica, cualificativo.
qualificar *v.t.* clasificar, calificar, apreciar, distinguir.
qualitativo/a *adj.* 1 cualitativo, cualificativo.
qualquer *pron. indef.* cualquier, cualquiera, algún, alguno. 2 (pl.) cualesquiera. *qualquer um que*, quienquiera que. *em qualquer lugar*, donde sea, dondequiera. *por qualquer modo*, comoquiera.
quando *adj. y conj.* cuando; cuándo (en frases interrogativas); en qué ocasión; aún que; al mismo tiempo que. *quando menos*, al menos. *quando muito*, si mucho. *desde quando?*, ¿desde cuándo?.
quantia *s.f.* cuantía, suma, cantidad, importe, monto.
quantidade *s.f.* cantidad, importe, porción.
quantificar *v.t.* 1 cuantificar, cifrar, determinar una cantidad. 2 tasar, valorar.
quantificação *s.f.* cuantificación.
quantitativo *adj.* cuantitativo.
quanto *adj.* cuanto, lo que tiene cantidad.
quanto *adv.* cuán, cuánto, cómo, qué de, hasta qué punto, de qué manera, según, conforme.
quanto *pron.* 1 cuánto (intensidad). 2 *pron. rel.* cuanto.
quarenta *adj. num.* cuarenta.
quarentão *adj. e s.m.* (pop.) hombre que anda por los cuarenta años; cuarentón.
quarentena *s.f.* espacio de cuarenta días, cuarentena.
quaresma *s.f.* (rel) cuaresma.
quarta *s.f.* 1 cuarta parte de alguna cosa, cuarta. 2 (mús.) intervalo de cuatro tonos. *quarta-feira*, miércoles. *quarta-feira de cinzas*, miércoles de ceniza.
quarteirão *s.m.* cuarterón, cuadra, manzana de casas.
quartel *s.m.* (mil.) cuartel. *quartel-general*, cuartel general.
quartelada *s.f.* (Bras.) insurrección en los cuarteles.
quarteto *s.m.* (mús.) cuarteto.
quarto *s.m.* 1 la cuarta parte de la unidad. 2 cuarto, aposento, pieza, habitación. 3 fase de la luna.
quarto *adj. num.* cuarto. *quarto crescente/minguante*, cuarto creciente, menguante.
quase *adv.* casi, por poco, cerca, a poca distancia, poco más o menos.
quatro *num.* 1 cuatro. 2 *s.m.* cuatro. *o diabo a quatro*, confusión, desorden. *comer por quatro*, comer mucho. *quatro-olhos*, (Bras.) persona que usa gafas, anteojos.
quatrocentos (num) 1 cuatrocientos. 2 *s.m.* cuatrocientos, siglo XV.
que *pron. rel. y adj.* 1 que, el cual, cual, la cual, los cuales, él, ella, ellos, ellas; éste, ésta, éstos, éstas; ése, ésa, ésos, ésas; aquél, aquélla, aquéllos, aquéllas. 2 *pron. inter.* qué, cuál, lo qué. 3 *conj.* que. 4 *interj.* ¡Qué! 5 *adv.* excepto. 6 *s.m.* cualquier cosa, alguna cosa. 7 nombre de la letra "q".
quebrar *v.t.* romper, fracturar, quebrar. *quebrar o pescoço*, desnucarse.
quebra *s.f.* quebranto, vencimiento. *quebra-cabeça*, rompecabezas. *quebra-mar*, rompeolas. *quebra-nozes*, cascanueces.
queda *s.f.* decadencia, ruina, caída. *queda-d'água*, cascada. *queda de braço*, pulseada.
quefazer *s.m.* que hacer, ocupación, tarea, faena, empleo, actividad.
queijadeira *s.f.* quesera, aparato para hacer quesos.
queijaria *s.f.* quesería, fabricación de quesos.
queijo *s.m.* queso.
queimar *v.t.* 1 arder, quemar, abrasar, incinerar, chamuscar, tostar. 2 (fig.) marchitar,

queixa

destruir. 3 (Bras.) herir a balazos. 4 *v.i.* tener calor excesivo, arder. 5 *v.p.* enfurecerse, apasionarse.

queixa *s.f.* lamentación, queja, disgusto.

queixar-se *v.p.* lastimarse, quejarse, lamentarse, resentirse.

queixo *s.m.* (anat.) mentón, maxilar, mandíbula. *de queixo caído*, sorprendido. *bater o queixo*, tener frío.

queixume *s.m.* quejido, lamento.

quem *pron. rel.* 1 quien, el que, al que, aquél, aquello. 2 *pron. interr.* quién, quienes, cual, de que calidad. *quem sabe?*, tal vez.

quenga *s.f.* (Bras.) prostituta de última clase.

quentão *s.m.* (Bras.) bebida echa con aguardiente de caña y otros materiales, servida caliente.

quente *adj.* 1 caliente, cálido, caluroso. 2 sensual. 3 (fig.) de buena calidad; auténtico, original. *cachorro-quente*, perro caliente. *misto-quente*, emparedado de queso tostado y jamón.

quentura *s.f.* calentura, fiebre.

querer *v.t. y i.* querer, amar, estimar, tener cariño.

quermesse *s.f.* kermese, festival en beneficio de obras sociales, verbena.

querosene *s.m.* querosén, kerosén.

questão *s.f.* 1 problema, pregunta, cuestión, tema, tesis. 2 controversia; contienda, discusión.

questionado *adj.* disputado, controvetido, cuestionado.

questionar *v.t.* 1 preguntar, cuestionar, hacer cuestión de, discutir, contestar. 2 *v.i.* disputar. 3 hacer cuestión de, objetar.

questionário *s.m.* formulario, cuestionario.

questionável *adj.* dudoso, cuestionable.

questiúncula *s.f.* cuestión fútil, cuestioncilla, nadería.

quiçá *adv.* tal vez, por ventura, quizás, acaso.

quieto *adj.* quieto, parado, calmo, despacio, inmóvil.

quilate *s.m.* quilate (relativo al oro y su peso).

quilo *s.m.* kilo, kilogramo; símbolo kg.

quilolitro *s.m.* quilolitro, kilolitro.

quilombo *s.m.* campamento de negros fugitivos; quilombo.

quilombola *s.m.* (Bras.) esclavo negro refugiado en quilombo.

quilometragem *s.f.* kilometraje.

quilometrar *v.t.* kilometrar, medir en kilómetros, marcar por kilómetros.

quilômetro *s.m.* kilómetro, símbolo km.

quilométrico/a *adj.* kilométrico.

quilovate *s.m.* kilovatio, símbolo kw.

quimera *s.f.* ilusión, fantasía, utopía, quimera, ensueño.

quimérico *adj.* irreal, imaginario, imposible, utópico.

química *s.f.* química.

químico/a *adj. e s.* químico.

quindim *s.m.* (Bras.) 1 dulce de yema de huevo y coco, requiebro, donaire, gracia.

quinhentos *num.* quinientos.

quinquagenário *adj. e s.m.* quincuagenario.

quinquagésimo *num.* quincuagésimo.

quinquênio *s.m.* lustro, período de cinco años, quinquenio.

quinquídio *s.m.* espacio de cinco días.

quinta *s.f.* 1 quinta, casa de campo. 2 una quinta parte.

quinta-feira *s.f.* jueves.

quintal *s.m.* terreno cercado de una casa; patio trasero.

quinteto *s.m.* (mús.) quinteto.

quinto *adj.* 1 quinto. 2 *s.m.* una quinta parte, quinto. 3 (pl.) (pop.) el infierno. *vá para os quintos*, ¡váyase al infierno! ¡vete al inferno!

quintuplicado/a *adj.* quintuplicado.

quintuplicar 1 *v.t.* multiplicar por cinco; quintuplar. 2 *v.p.* quintuplicarse.
quintuplicação *s.f.* quintuplicación.
quíntuplo/a *adj. e s.m.* quíntuplo.
quinze *adj. e num.* quince, decimoquinto.
quinzena *s.f.* 1 espacio de quince días; quincena. 2 retribución correspondeniente a quince dias.
quinzenal *adj.* quincenal.
quiosque *s.m.* quiosco, kiosco.
quirografar *v.t.* autografar, reproducir por medio de autógrafo.
quisto *s.m.* (med.) quiste.
quitação *s.f.* 1 liquidación de una deuda, cancelación de una declaración de pago. 2 recibo.
quitanda *s.f.* (Bras.) lugar donde se venden frutas, verduras y legumbres; frutería; verdulería.
quitandeiro *s.m.* vendedor de frutas y hortalizas.
quitar *v.t.* 1 (com.) liquidar cuenta, finiquitar, desobligar, cancelar el pago. 2 *v.i.* estar exento de alguna cosa u obligación.
quite *adj.* 1 pagado, exento, libre, desobligado. 2 (vulg.) mano a mano, cero a cero, empatado.
quitinete *s.f.* habitación de un solo ambiente; estudio.
quixotada *s.f.* quijotada, acción romántica o soñadora.
quociente *s.m.* (mat.) cuociente, razón, cociente.
quórum *s.m.* (lat.) quórum.
quota *s.f.* 1 parte, porción, quota, cupo. 2 contribución de sócio.

R r

r, R *s.m.* 1 décima oitava letra del alfabeto portugués y su decima cuarta consonante, erre. 2 *adj.* décimo octavo lugar de una serie. *com todos os efes e erres*, con toda la perfección, con puntos y comas.
rã *s.f.* rana.
rabada *s.f.* 1 rabadilla, rabada. 2 cola de pescado. 3 especie de comida brasileña.
rabanada *s.f.* rebanada, pan mojado en leche y huevos, torreja.
rabanete *s.m.* (bot.) rábano, rabanito.
rabear *v.i.* 1 menear el rabo, rabear, colear. 2 estar inquieto, enfurecerse.
rabino *s.m.* rabí, rabino.
rabiscador/a *adj. e s.* que escribe mal, que garabatea.
rabiscar *v.t.* escribir de modo ininteligible, borronear, pintarrajear, hacer garabatos.
rabisco *s.m.* garabato, texto mal hecho, monigote.
rabo *s.m.* 1 cola, rabo, rabillo, extremidad, punta. 2 (vulg.) nalgas, culo. 3 (pop.) suerte.
raça *s.f.* 1 estirpe, linaje, casta, raza, etnia. 2 nación. 3 familia. 4 variedad, especie. *cruzamento de raças*, mestizaje. 5 (pop.) categoría, índole.
ração *s.f.* porción, ración.
racha *s.f.* 1 grieta, fisura, hendidura. 2 (Esp.) juego de fútbol sin compromiso. 3 (Bras.) carrera o desafío automobilístico ilegal.
rachado *adj.* agrietado, rajado, hendido.
rachadura *s.f.* rasgón, rasgadura, hendidura de gran tamaño, cuarteo.
rachar *v.t. y v.i.* 1 rajar, abrir a golpes, partir, resquebrajar, astillar. 2 agrietarse, rajarse, cuartearse.
racial *adj.* concerniente a la raza, racial.
racimo *s.m.* (bot.) racimo, porción de uvas unidas.
raciocinar *v.t. y v.i.* razonar, pensar, ponderar, reflexionar, cavilar, calcular, juzgar.
raciocínio *s.m.* reflexión, razón, raciocinio, juicio, lógica, argumento, razonamiento.
racional *adj.* lógico, racional, razonable, plausible.
racionalizar *v.t.* volver racional, hacer meditar, racionalizar.
racionamento *s.m.* limitación en la distribución de mercancías, racionamiento.
racionar *v.t.* limitar la cantidad, hacer racionamiento, racionar, distribuir géneros por medio de raciones.
racismo *s.m.* racismo; prejuicio en ralación a etnias o razas.
racista *adj. e s.* racista, que tiene prejuicios de raza.
raconto *s.m.* cuento, narración, descripción.
radar *s.m.* (fís.) radar.
radical *adj.* 1 fundamental, radical, inflexible, completo. 2 *s.m.* radical.
radicalização *s.f.* radicalización, endurecimiento de posiciones.
radicalizar *v.t. y i.* radicalizar, hacer radical.
radicar *v.t.* enraizar, radicar, arraigar.
rádio *s.m.* 1 (anat.) radio, hueso. 2 (quím.) radio, metal radiactivo. 3 radio, aparato y emisora.

radioamador s.m. radioaficionado, que tiene el "hobby" de la radio.
radioatividade s.f. radioactividad, radiactividad.
radioativo/a adj. radiactivo, radioactivo.
radiodifusão s.f. radiodifusión, trasmisión radiofónica.
radioemissora s.f. estación o emisora de radio.
radiofônico/a adj. radiofónico.
radiografar v.t. hacer radiografía de, radiografiar.
radiogravador s.m. radiocasete, radiograbadora.
radiologia s.f. radiología.
radiopatrulha s.f. servicio de vigilancia de la policía.
radiotáxi s.m. radiotaxi.
radiotelefonia s.f. radiotelefonía.
radiotelegrafia s.f. radiotelegrafía.
radioterapia s.f. (med.) radioterapia.
radiouvinte adj. e s.m. radioyente, radioescucha.
raia s.f. 1 límite, frontera, raya, línea, término, linde. 2 señal, estría, línea de la palma de la mano.
raiado v.i. mezclado, estriado, listado, rayado.
raiar v.i. amanecer el día, clarear, rayar, surgir, despuntar el sol.
rainha s.f. 1 reina, esposa del rey. 2 reina, pieza del juego de ajedrez. 3 abeja maestra/reina.
raio s.m. 1 rayo, centella, 2 (geom.) radio. *raio X*, rayo-x. 3 (fig.) rápido. *ir como um raio*, ir a toda prisa. *raios te partam*, mal rayo te parta.
raiva s.f. 1 ira, rabia, cólera, furor. 2 (patol.) hidrofobia.
raivar v.i. ponerse rabioso, enfurecerse, arder en deseos de, rabiar, sentir despecho u odio.
raivoso/a adj. furioso, rabioso, irritable, violento, colérico, intratable, feroz, ansioso.

raiz s.f. 1 raíz, origen, causa, fuente, comienzo, germen, nacimiento, motivo, fundamento. 2 (bot.) raíz. 3 (gram.) radical. 4 (mat.) raíz.
rajada s.f. 1 golpe de viento, ráfaga, racha. 2 (fig.) ímpetu.
ralar v.t. 1 rallar, raspar, limar, moler, triturar. 2 v.p. despellejarse, rasparse, arañarse.
ralé s.f. 1 plebe, gentuza, ralea, populacho. 2 canalla, escoria de la sociedad.
ralhar v.t. corregir, reprender, regañar, amonestar, sermonear, censurar, amenazar, retar.
ralli s.m. (Esp.) carrera (automóviles y motos) de un punto a otro, fijados con antecedencia.
ralo s.m. 1 desaguadero, rejilla, sumidero. 2 criba, colador.
ralo adj. diluido, escaso, raso, claro, ralo, poco espeso.
rama s.f. 1 rama. 2 seda en bruto.
ramal s.m. 1 ramificación. 2 ramal de tren. 3 extensión telefónica, interno, anexo.
ramalhete s.m. ramillete, ramo, buqué, "bouquet" (del francés).
rameira s.f. meretriz, ramera, puta, prostituta, zorra.
ramificação s.f. bifurcación, ramificación, división, propagación de una cosa.
ramificar v.t. 1 subdividir, ramificar, esparcir, propagar. 2 v.p. bifurcarse, ramificarse.
ramo s.m. 1 rama, ramal, ramo, gajo, tronco, familia. 2 división, sector. 3 esfera de actividad, especialidad.
rampa s.f. declive, cuesta, pendiente, rampa, ladera, inclinación, pasarela de acceso.
rancho s.m. (Bras.) choza, casucha, rancho, cabaña, quincho.
rancor s.m. odio, resentimiento, rencor.
rancoroso/a adj. rencoroso, vengativo, resentido, cruel, odioso.
ranço s.m. rancio.
ranhento/a adj. mocoso.

ranho *s.m.* moco.
ranhura *s.f.* surco, raja, estría, hendidura, ranura, raya.
rapadura *s.f.* (Bras.) azúcar mascabado.
rapar *v.t.* 1 rapar, desgastar, afeitar, rasurar, pelar. 2 (pop.) robar, hurtar.
rapaz *s.m.* joven, muchacho, mozo, rapaz.
rapaziada *s.f.* muchachada.
rapé *s.m.* tabaco en polvo, rapé.
rapidamente *adv.* rápidamente.
rapidez *s.f.* ligereza, prontitud, agilidad, rapidez, prisa, presteza, velocidad, vivacidad.
rápido/a *adj.* veloz, ágil, ligero, expreso, listo, presuroso.
rapina *s.f.* saqueo, pillaje, rapiña, hurto, robo.
rapinar *v.t.* robar, hurtar, rapiñar, saquear.
raptar *v.t.* raptar, rapiñar, secuestrar, quitar, hurtar, robar.
rapto *s.m.* arrebato, rapto, secuestro.
raptor *s.m.* secuestrador, raptor.
raquete *s.f.* (desp.) raqueta.
raquítico/a *adj.* raquítico, mezquino, débil.
raquitismo *s.m.* (patol.) debilidad, pequeñez, escualidez.
raridade *s.f.* rareza, cosa rara, raridad.
raro/a *adj.* 1 escaso, contado, raro. 2 singular, notorio, insigne, infrecuente.
raro *adv.* raramente.
rascunhar *v.t.* escribir con borrones, esbozar, hacer rasguños.
rascunho *s.m.* borrón, rasguño, esbozo, proyecto, minuta.
raspar *v.t.* lijar, restregar, arañar, borrar, afeitar.
rastear *v.i.* 1 seguir el rastro de alguien o de algo, rastear. 2 inquirir, indagar, conjeturar, investigar, realizar una pesquisa policial.
rasteira *s.f.* zancadilla. *passar uma rasteira*, engañar, proceder traidoramente, traicionar.
rastejar *v.t.* 1 seguir el rastro, rastrear, inquirir, averiguar. 2 *v.i.* arrastrarse, ratear, rebajarse, mostrarse servil.

rastejador/a *adj. e s.* 1 que sigue el rastro, rastreador. 2 inquiridor, perro sabueso.
rastejante *adj.* rastrero, rastreado.
rastelo *s.m.* rastrillo.
rasto *s.m.* huella, rastro, señal, vestigio, pista, signo, marca, pisadas.
rastreamento *s.m.* rastreo.
rasura *s.f.* mancha, tachón, borrón, tachadura.
rasurar *v.t.* tachar, raspar, borrar.
rata *s.f.* rata, ratona, (Bras.) fiasco.
ratazana *s.f.* rata, ratón.
ratear *v.t. y i.* ratear, repartir proporcionalmente, ratear, prorratear.
rateio *s.m.* rateo, repartición prorrata, proporcional.
ratificar *v.t.* aprobar, revalidar, confirmar, ratificar, validar, comprobar.
ratificação *s.f.* confirmación, aprobación, ratificación.
ratificavél *adj.* ratificable, que puede ser confirmado.
rato/a *s.* (zool.) ratón, rata.
raviólí *s.m.* (Ital.) ravioles.
razão *s.f.* 1 raciocinio, razón, facultad de pensar y discutir, argumento, derecho, respeto, causa, explicación, cuenta. 2 *s.m.* libro comercial de cuentas corrientes, razão social, identidad comercial denominación de la empresa, nombre oficial, registrado en el fisco.
razoar *v.i.* argumentar, discurrir, exponer, aducir, razonar.
ré *s.f.* 1 (for.) acusada, rea. 2 *s.m.* (mús.) re, la segunda nota de la escala musical. 3 *s.f.* (mar.) popa de una embarcación. *marcha a ré*, marcha atrás.
reabastecer *v.t.* abastecer de nuevo, reabastecer.
reabastecimento *s.m.* nuevo abastecimiento, reabastecimiento.
reabertura *s.f.* reapertura.

reabilitar *v.t.* restaurar, regenerar, rehabilitar, restituir, reponer, sincerar.
reabrir *v.t.* abrir de nuevo, reabrir.
reabsorver *v.t.* reabsorver.
reação *s.f.* 1 reacción, oposición, resistencia. 2 (polit.) absolutismo, derechismo, conservadorismo.
reacender *v.t.* avivar, excitar, dar nuevo ardor, volver a encender, reavivar.
readaptar *v.t.* reeducar, readaptar, adaptar a nuevas condiciones.
readaptação *s.f.* aclimatación, readaptación.
readquirir *v.t.* recuperar, recobrar, reconquistar, volver a adquirir.
reafirmar *v.t.* confirmar, volver a afirmar, reafirmar.
reafirmação *s.f.* confirmación, reafirmación.
reagir *v.i.* 1 reaccionar, ejercer reacción. 2 luchar contra, oponerse, resistir.
reagente *adj. e s.m.* (quím.) reactor, reactivo.
reajustar *v.t.* ajustar de nuevo, actualizar, reajustar. *reajuste salarial*, reajuste de sueldos.
real *adj.* 1 real, verídico, auténtico, positivo, efectivo. 2 regio, noble.
real *s.m.* real, moneda brasileña actual. *cair na real*, (Bras.) encarar la realidad sin ilusiones. *não ter real*, estar a dos velas.
realmente *adv.* efectivamente, realmente.
realçar *v.t.* 1 acentuar, enaltacer, realzar, destacar, elevar, ensalzar. 2 *v.i.* sobresalirse.
realce *s.m.* brillo, realce, fama, popularidad, realce.
realejo *s.m.* organillo.
realidade *s.f.* realidad, naturalidad, verdad, veracidad, certeza.
realismo *s.m.* 1 (liter) naturalismo, realismo. 2 monarquismo.
realizar *v.t.* 1 ejecutar, efectuar, hacer, realizar, crear, producir, proceder, obrar, llevar a cabo, dar efecto. 2 *v.p.* operarse, complicarse, suceder.

realização *s.f.* ejecución, realización, acto, producción.
realizador *adj. e s.m.* productor, realizador, autor, factor.
realizavél *adj.* posible, factible, practicable, convertible en dinero, realizable.
reaninar *v.t.* 1 reavivar, confortar, reanimar, fortalecer, fortificar, consolar. 2 hacer recuperar el uso de los sentidos. 3 *v.p.* reanimarse.
reanimação *s.f.* recuperación del sentido, vivificación, reanimación.
reaparecer *v.i.* volver a aparecer, resurgir, resuscitar.
reaparecimento *s.m.* reaparición, retorno, resurgimiento.
reaparição *s.f.* reaparición, resurgimiento.
reaprender *v.t.* volver a aprender, aprender de nuevo.
reaproveitar *v.i.* tornar a aprovechar, reciclar, recuperar.
reaproveitamento *s.m.* reaprovechamiento, reciclaje.
reaquecer *v.t.* recalentar.
reaquecimento *s.m.* recalentamiento.
reavaliar *v.t.* revisar, recalcular.
reativar *v.t.* activar de nuevo, reactivar.
reator *s.m.* (fís.) reactor.
rebaixar *v.t.* 1 rebajar, disminuir, humillar, desacreditar. 2 *v.p.* humillarse, envilecerse, rebajarse.
rebanho *s.m.* 1 manada, rebaño, majada, hato. 2 grey, gremio. *rebanho pequeno*, hatajo.
rebarba *s.m.* reborde, rebarba, arista.
rebater *v.t. y i.* 1 refutar, contestar, rebatir, rebotar, controvertir. 2 atajar la pelota. 3 (fig.) sofocar, refrenar, contener, reprimir.
rebel *adj.* (poes.) rebelde.
rebelar *v.t.* sublevar, amotinar, insubordinar, rebelar.
rebelião *s.f.* rebelión, pronunciamiento, revolución, levantamiento.

rebentar v.i. estallar, reventar, romperse en pedazos.
rebobinar v.t. rebobinar.
rebocar v.t. arrastrar, remolcar, revocar, llevar a remolque, cubrir con rebocar.
rebocado s.m. (mar) remolcador.
reboque s.m. remolque, acoplado. *andar a reboque*, estar subordinado a alguien.
rebrilhar v.i. refulgir, relucir, resplandecer, rebrillar.
rebrilhante adj. resplandeciente, reluciente, fulgente, fulgurante.
rebuscar v.t. 1 volver a buscar, rebuscar. 2 hablar, arreglarse, vestirse o gesticular con esmero exagerado.
rebuscado/a adj. rebuscado, excesivamente sofisticado.
recado s.m. aviso, mensaje verbal o escrito, recado. *dar conta do recado*, salirse bien.
recair v.i. volver a caer, recaer, reincidir, reiterar, repetir.
recaída s.f. reincidencia, repetición, reiteración.
recalcar v.t. 1 acentuar, racalcar. 2 refrenar, bloquear, sofocar, reprimir.
recalcular v.t. calcular de nuevo, hacer nuevos cálculos.
recambiar v.t. volver a mandar, recambiar, reenviar, devolver.
recanto s.m. 1 retiro, rincón, oculto, escondrijo. 2 (fig.) intimidad.
recapeamento s.m. pavimentación, revestimiento.
recapitular v.t. recordar, resumir, revisar, recapitular, compendiar.
recapturar v.t. volver a capturar, echar manos a un fugitivo.
recarga s.f. nueva carga, recarga, aumento de la carga.
recarregar v.t. recargar, volver a cargar.

recauchutar v.t. recauchutar, revestir con goma o caucho.
recauchutado adj. recauchutado.
receber v.t. 1 cobrar. 2 admitir, recibir, hospedar. 3 entrar en posesión, adquirir por trasmisión.
receitar v.t. y i. 1 prescribir, recetar, medicar, formular, hacer una receta. 2 (fig.) aconsejar, indicar, recomendar.
receita s.f. receta, fórmula.
rancoroso/a adj. rencoroso, vengativo, cruel.
recém adv. recién, reciente, moderno, nuevo, actual, flamante.
recepcionar v.t. y i. agasajar, acoger, recepcionar.
receptáculo s.m. 1 recipiente, cavidad, receptáculo, receptor. 2 (fig.) abrigo, amparo.
receptivo adj. sensible, impresionable, receptivo.
receptor/a adj. e s.m. receptor.
recessão s.f. 1 recesión, retirada, intervalo. 2 recesión, depresión.
recesso s.m. 1 receso, vacación, suspensión, cesación. 2 alejamiento, licencia.
rechaçar v.t. repeler, hacer retroceder, rebatir, rechazar, repudiar.
rechear v.t. llenar, embutir, rellenar, involucrar.
reciclar v.t. reciclar, reaprovechar.
reciclagem s.f. reciclaje, reciclado.
reciclável adj. rescatable, reciclable.
recinto s.m. recinto, lugar, espacio.
recipiente s.m. recipiente, vasija.
recipiente adj. que recibe.
recíproco/a adj. mutuo, correspondiente, recíproco.
reciprocidade s.f. mutualidad, reciprocidad, correspondencia.
recital s.m. concierto de un solo artista, recital de literatura o música.
recitar v.t. 1 declamar, recitar, leer en voz alta. 2 contar, referir.

reclamar *v.t. y i.* pedir, exigir, requerir, reclamar, protestar, oponerse, quejarse, objetar.
reclinar *v.t.* 1 recostar, reclinar, inclinar, doblar. 2 *v.p.* recostarse, reclinarse, descansar.
reclusão *s.f.* encierro, reclusión, clausura, encarcelamiento, prisión.
recluso *adj.* preso, encarcelado, recluso, prisionero.
recobrar *v.t.* 1 rescatar, recuperar, reconquistar, recobrar. 2 *v.p.* reponerse, restablecerse.
recobrir *v.t.* volver a cubrir, recubrir, cubrir bien.
recobrimento *s.m.* recubrimiento.
recolher *v.t.* 1 recoger, colectar, recolectar, cosechar. 2 reunir, amontonar, guardar.
recomeçar *v.t.* reanudar, recomenzar, volver a comenzar.
recomeço *s.m.* recomienzo, nuevo comienzo.
recomendar *v.t.* recomendar, interceder, mediar, aconsejar, advertir, encargar, hablar en favor de alguien.
recomendação *s.f.* consejo, advertencia, recomendación, encargo.
recomendável *adj.* apreciable, estimable, recomendable.
recompensar *v.t. y i.* gratificar, retribuir, recompensar.
recompilar *v.t.* compendiar, recopilar.
recompor *v.t.* recomponer, reparar, arreglar, restablecer.
recomposição *s.f.* recomposición, reconciliación, reconstitución.
reconciliar *v.t.* 1 congraciar, ajustar, reconciliar, restablecer la amistad. 2 *v.p.* hacer las paces.
recôndito/a *adj.* oculto, escondido, secreto, apartado, retirado, reservado, recóndito.
reconfortar *v.t.* animar, fortalecer, reconfortar, dar nuevo aliento, devolver las fuerzas.
reconhecer *v.t.* 1 reconocer, recordar, comprobar. 2 confesar. 3 explorar, acatar. 4 agradecer.
reconquistar *v.t.* recuperar, retomar, recobrar, reconquistar, obtener de vuelta alguna cosa.
reconquista *s.f.* recuperación, reconquista.
reconsiderar *v.t.* 1 considerar de nuevo, ponderar, reconsiderar. 2 *v.i.* arrepentirse.
reconstituir *v.t. y v.p.* 1 restablecer, reintegrar, reconstituir, reorganizar, restaurar, recomponer. 2 recobrarse, recuperarse.
reconstruir *v.t.* reedificar, rehacer, reconstruir, restablecer, recomponer, reformar, reorganizar.
recontar *v.t.* volver a contar, recontar, narrar, referir, relatar.
recordar *v.t.* 1 rememorar, memorar, evocar, recordar, acordar. 2 *v.p.* acordarse.
recordação *s.f.* recuerdo, evocación, recordación, reminiscencia, memoria.
recorrer *v.t. y i.* 1 recurrir, recorrer, repasar, andar, transitar. 2 pedir protección, hacer uso de.
recortar *v.t.* hacer recorte, recortar.
recostar *v.t.* 1 acostar, recostar, inclinar, descansar. 2 *v.p.* reclinarse,
recosto *s.m.* respaldo, almohada, inclinación.
recrear *v.t.* 1 divertir, entretener, alegrar, deleitar, distraer. 2 *v.p.* divertise, recrearse.
recreção *s.f.* entretenimiento, diversión, recreo, distracción, pasatiempo, deleite.
recreativo/a *adj.* entretenido, divertido, recreativo, distraído, ameno.
recreio *s.m.* recreación, recreo, diversión.
recriminar *v.t.* acusar, culpar, recriminar, increpar, incriminar, reprochar, amonestar, regañar, echar en cara.
recriminação *s.f.* acusación, represión, reprimenda, sermón.
recrudescer *v.i.* empeorar, agravarse, recrudecer, exacerbarse.

recrutar v.t. alistar para el servicio militar, reclutar, regimentar.
recuar v.i. 1 retroceder, recular. 2 transigir, desistir, ceder. 3 caminar hacia atrás, .
recuperar v.t. 1 rescatar, recobrar, restablecer, rehabilitar, recurrir, reconquista, recuperar. 2 v.p. recuperarse, mejorarse.
recurso s.m. 1 recurso, acción de recurrir, apelación, ayuda, auxilio. 2 medio, expediente. 3 (pl.) bienes, medios, elementos, dotes, facultades.
recusar v.t. no admitir, rehusar, negar, recusar.
redação s.f. 1 redacción, manera de escribir. 2 local donde se redacta.
redator/a s. periodista, redactor.
rede s.f. 1 malla, red, hamaca, redecilla. 2 (fig.) ardid, lazo, trampa, engaño.
rédeas s.f. riendas.
redimir v.t. 1 liberar, rescata, redimir, rescatar, salvar, perdonar. 2 v.p. rehabilitarse.
rédito s.m. lucro, interés, renta, rédito, ganancia.
redizer v.t. redecir, volver a decir, repetir lo que se dijo, narrar.
redoma s.f. fanal, pipa o recipiente de vidrio para protección de objetos delicados.
redondo/a adj. 1 esférico, redondo, circular, cilíndrico. 2 claro, absoluto. 3 (fig.) gordo.
redor s.m. 1 rededor, contorno, cercanía. 2 ao redor, alrededor, ala vuelta.
redução s.f. disminución, mengua, restricción, reducción, limitación, resumen. *redução de impostos*, desgravación.
redundância s.f. redundancia, reiteración, repetición, sobra, exceso.
redundante adj. prolijo, excesivo, reiterativo, repetitivo, redundante.
redundar v.i. resultar, acaecer, recaer, redundar. *redundar em*, dar origem a.
reduto s.m. refugio, reducto, abrigo.

redutor s.m. reductor.
reduzir v.t. acortar, achicar, reducir, comprimir, disminuir, encoger, reduzir preços, rebajar los precios.
reedificar v.t. reconstituir, restaurar, reedificar, reformar.
reedificação s.f. reconstrucción, reedificación.
reeditar v.t. produzir una nueva edición, reproducir, reimprimir.
reedição s.f. reedición, reimpresión, nueva edición.
reembolsar v.t. restituir (dinero), reembolsar, cobrarse.
reencontro s.m. reencuentro.
refazer v.t. 1 corregir, rehacer, reparar, enmendar. 2 restaurar, reconstituir, reforma. 3 v.p. rehacerse, reponerse.
refeito/a adj. restablecido, restaurado, rehecho.
refeição s.f. comida, refección, almuerzo.
refeitório s.m. comedor.
refém s. rehén, persona tomada como prisionero en un asalto.
referência s.f. 1 mención, referencia, informe, relato, noticia, relación, correspondencia, alusión. 2 (pl.) recomendaciones, referencias.
referendo s.m. referendum, sometimento de actos y leyes al voto popular.
referir v.t. y v.i. 1 narrar, relatar, reseñar, referir. 2 mencionar, citar, aludir, atribuir, imputar. 3 v.p. referirse, remitirse.
refinar v.t. 1 purificar, esmerar, refinar, perfeccionar. 2 v.i. intensificarse, fortalecerse. 3 v.p. purificarse.
refletir v.t. 1 reflejar la luz. 2 ponderar, pensar, reflexionar.
reflexão s.m. reflexión, consideración, especulación, meditación, cavilación.
reflexo s.m. 1 reflejo. 2 salpicadura, viso.
reflorestar v.t. repoblar de árboles, plantar árboles.

reflorir *v.i.* reflorecer.
refluir *v.i.* retroceder, refluir (un líquido).
refluxo *s.m.* reflujo, influjo, retroceso, movimiento contrario a otro.
refogar *v.t.* guisar, rehogar.
reforçar *v.t.* fortalecer, robustecer, reforzar, aumentar.
reformar *v.t.* restaurar, renovar, reformar, dar otra forma.
refrão *s.m.* dicho, refrán, axioma.
refrear *v.t.* 1 sofrenar, refrenar, frenar, reprimir, moderar, contener. 2 *v.p.* abstenerse, reprimirse.
refrega *s.f.* pelea, batalla, refriega, combate, riña, contienda.
refrescar *v.t.* 1 refrigerar, refrescar, atemperar, aliviar, suavizar. 2 *v.i.* contribuir, servir para algo. 3 *v.p.* refrescarse.
refresco *s.m.* alivio, refresco, lo que sirve para refrescar.
refrigerar *v.t.* 1 refrescar, refrigerar, atemperar, templar el calor. 2 (fig.) consolar, suavizar.
refugiar-se *v.p.* asilarse, esconderse, refugiarse.
refugiado *adj.* asilado, expatriado, emigrado, exiliado, cobijado, amparado, refugiado.
refúgio *s.m.* asilo, albergue, abrigo, refugio, protección.
refugo *s.m.* desecho, desperdicio.
refutar *v.t.* contradecir, objetar, contestar, rebatir, reprobar, desmentir, replicar.
regaço *s.m.* seno, regazo.
regalado *adj.* 1 harto. 2 apacible, agradable.
regalar *v.t.* 1 deleitar, halagar, complacer, mimar, obsequiar. 2 *v.p.* deleitar.
regalia *s.f.* regalía, privilegio, inmunidad, excención, prerrogativa, concesión, franquicia, ventaja.
regalo *s.m.* 1 placer, comodidad, regalo. 2 dádiva, obsequio, presente.
regar *v.t.* irrigar, rociar, regar, bañar.

regata *s.f.* (Esp.) competición en el mar, regata.
regatear *v.t.* 1 porfiar sobre el precio, regatear. 2 escatimar, disminuir, deprimir.
regelar *v.t.* transformar en hielo, congelar.
regência *s.f.* régimen, complemento de régimen, regencia.
regenerar *v.t.* rehabilitar, mejorar, regenerar.
regente *s.m.* regidor, director de orquesta, maestro.
reger *v.t.* dirigir, conducir una orquesta.
região *s.f.* región, espacio, zona, división de un país, campo de acción. *região metropolitana*, área metropolitana.
regime *s.f.* 1 modo de gobernar, reglamento, norma, disciplina, régimen. 2 dieta alimentaria, régimen. 3 estatutos. *regime absoluto*, gobierno absoluto.
regimento *s.m.* 1 (mil.) regimiento. 2 estatuto, guía, norma, recurso.
regional *adj.* local, regional.
regionalismo *s.m.* regionalismo, provincialismo.
registrar *v.t.* 1 inscribir, matricular, registrar en los libros, copiar, patentar. 2 certificar (una carta), controlar. *registro de direitos autorais*, registro de la propiedad intelectual.
rego *s.m.* chorrera, reguero.
regozijar *v.t.* 1 alegrar, contentar, regocijar, animar, alborozar. 2 *v.p.* divertirse, recrearse, regocijarse.
regozijo *s.m.* júbilo, alegría, contentamiento, regocijo, alborozo.
regra *s.f.* 1 regla, norma. 2 menstruación.
regredir *v.i.* retroceder, recuar.
regressar *v.i.* retornar, volver, retroceder, regresar, venir.
régua *s.f.* regla, pauta.
regulagem *s.f.* puesta a punto.
regulamentar *v.t.* 1 regular, reglamentar. 2 normar, establecer un reglamento.

regular *v.t.* reglar, regir, regular.
regularizar *v.t.* ordenar, regularizar, reglamentar.
regurgitação *s.f.* vómito, regurgitación.
regurgitar *v.i.* 1 rebosar, regurgitar, extravasar, estar lleno. 2 *v.t.* hacer devolver o vomitar.
rei *s.m.* 1 soberano, monarca, rey, pieza del ajedrez. 2 carta de la baraja. 3 (fig.) persona que sobresale en su actividad, que se distingue entre las de la misma.
reimplantar *v.t.* 1 plantar de nuevo, reimplantar. 2 (med.) hacer reimplante, reimplantar, reaplicar.
reinar *v.t. y v.i.* 1 gobernar, regir, reinar, imperar. 2 preponderar, dominar, sobresalir.
reincidir *v.i.* recaer, reiterar, repetir un acto, reincidir.
reincorporar *v.t.* volver a incorporar, reincorporar.
reiniciar *v.t.* comenzar de nuevo, reanudar, recomenzar, volver al comienzo.
reino *s.m.* 1 reino, estado monárquico. 2 (fig.) dominio, imperio.
reinstalar *v.t. y v.p.* reinstalar, recolocar, restablecer, restaurar.
reintegração *s.f.* reintegro, restablecimiento.
reintegrar *v.t.* restituir, reintegrar, restablecer en el cargo.
reiterar *v.t.* repetir, confirmar, reiterar, renovar.
reitor/a *s.* regente, rector, de universidad, decano.
reivindicar *v.t.* reclamar, demandar, reivindicar, exigir.
rejeitar *v.t.* desdeñar, despreciar, echar arrojar, repeler, rechazar, rehusar.
rejuntar *v.t.* 1 ligar. 2 tapar las juntas. 3 rejuntar.
rejuvenescer *v.t. y i.* remozar, rejuvenecer, renovar.
relacionar *v.t.* 1 relatar, referir, narrar. 2 relacionar, poner en una lista. 3 comparar.

relampejar *v.i.* relampaguear.
relampejo *s.m.* relampagueo.
relançar *v.i.* lanzar de nuevo, relanzar.
relatar *v.t.* referir, reseñar, narrar, describir, relatar, mencionar, contar.
relativo *adj.* 1 referente, tocante, relativo, perteneciente. 2 accidental, contingente. 3 (gram.) condicional.
relator *s.m.* que relata, narrador, relator, ponente.
relatório *s.m.* exposición, informe, relación, descripción, parecer.
relax *s.m.* relax, relajamiento, relajación.
relaxar *v.i.* aflojar, ablandar, relajar, suavizar, descansar.
relegar *v.t.* apartar, posponer, relegar, proscribir.
relembrança *s.f.* recordación, recuerdo.
relembrar *v.t.* rememorar, recordar, traer a la memoria, acordarse de nuevo.
reler *v.t.* releer, leer muchas veces, volver a leer.
relevância *s.f.* importancia, distinción, excelencia, ventaja, relevancia.
relevar *v.t.* 1 perdonar, absolver, aliviar. 2 relevar, eximir, liberar.
religião *s.f.* culto religioso, religión, fe, creencia.
relógio *s.m.* reloj, cronómetro. *relógio de pulso*, reloj, pulsera.
relutar *v.i.* 1 resistir, oponerse, luchar contra. 2 obstinarse en contra, rehusar.
reluzir *v.i.* relumbrar, resplandecer, relucir, centellear, brillar.
relva *s.f.* 1 yerba, hierba, pasto. 2 césped.
remanejar *v.t.* reordenar, redistribuir, reorganizar.
remanescente *adj.* restante, sobrante, remanente.
remanescente *s.m.* resto, sobra, reminiscencia, saldo.

remanescer *v.i.* restar, quedar, sobrar.
remanso *s.m.* calma, quietud, remanso, descanso, sosiego, retiro, estancamiento de las aguas.
remar *v.t. e v. i.* 1 accionar el barco con el remo. 2 remar, bogar.
remarcar *v.t.* marcar de nuevo, poner nuevo precio, remarcar.
rematar *v.t.* terminar, concluir, acabar, rematar.
remediar *v.t.* enmendar, corregir, subsanar, remediar, reparar un mal.
rememoração *s.f.* recordación, evocación, recuerdo, rememoración.
rememorar *v.t.* evocar, recordar, rememorar.
remendar *v.t. y v.i.* 1 reparar, corregir. 2 recoser, remendar.
remeter *v.t.* mandar, enviar, remitir.
remexer *v.t.* agitar, revolver, remover.
reminiscência *s.f.* recuerdo, memoria, reminiscencia, recordación.
remitir *v.t.* 1 enviar. 2 hacer referencia.
remoção *s.f.* 1 transferencia, remoción. 2 translado, mudanza.
remodelação *s.f.* reforma, modificación, transformación, remodelación, reparación.
remodelar *v.t.* modificar, mejorar, remodelar.
remoer *v.t.* remoder, pesar.
remontar *v.t.* elevar, remontar, subir.
remorso *s.m.* arrepentimiento, remordimiento, pesar.
remoto *adj.* distante, retirado, remoto, lejos, apartado, lejano.
remover *v.t.* desviar, remover, transferir, mudar, trasladar.
remunerar *v.t.* pagar, retribuir, remunerar, asalariar, recompensar.
rena *s.f.* reno.
renal *adj* renal, relativo al riñón.
renascença *s.f.* renacimiento, nueva vida.

renascer *v.i.* renacer, resurgir, volver a nacer, resucitar.
renda *s.f.* 1 renta, pensión. 2 ingresos, renta. 3 encaje, puntilla.
render *v.t.* 1 sujetar, rendir, vencer, someter. 2 rendir, producir, resultar.
renhir *v.t. y v.i.* luchar, disputar, contender, reñir, pelear.
renomado/a *adj.* célebre, renombrado, conocido, famoso.
renovar *v.t.* innovar, reformar, remozar, renovar.
rentabilidade *s.f.* rentabilidad, rendimiento.
rentável *adj.* rentable, productivo.
renunciar *v.t. y v.i.* abnegar, abdicar, resignar, renunciar.
reorganizar *v.t.* restablecer, reorganizar, reconstituir, reestructurar.
reparar *v.t.* 1 reparar, corregir, enmendar, remediar, rehacer. 2 notar, prestar atención.
repartir *v.t.* fraccionar, repartir, compartir, parcelar, dividir, distribuir.
repassar *v.t.* volver a pasar, repasar, revisar, repetir.
repatriar *v.t.* 1 repatriar, hacer volver a la patria. 2 *v.p.* regresar a la patria.
repensar *v.t.* recapacitar, replantear, repensar.
repente *s.m.* ímpetu, repente, impulso, ocurrencia. *de repente*, de pronto, sin más ni menos, de repente.
repentino/a *adj.* impensado, imprevisto, inesperado, repentino.
repercurtir *v.t. y v.i.* 1 producir eco, repercurtir. 2 generar comentarios o reflejos.
repetir *v.t.* reiterar, bisar, repetir, reincidir.
replanejar *v.t.* replantear, replanear, replanificar.
repleto/a *adj.* lleno, abarrotado, harto, relleno, repleto, rebosante.
repolho *s.m.* (bot.) repollo.

repor *v.t.* 1 restituir, reemplazar, reponer, suplir, devolver, reembolsar, rehacer. 2 *v.p.* recuperarse, restablecerse, reponerse.
reportagem *s.f.* reportaje, informe.
repórter *s.* reportero, periodista.
reportar *v.t.* relatar, referir, narrar, reportar, informar.
reposição *s.f.* restitución, reintegración, reposición.
repousar *v.i.* descansar, reposar.
repovoar *v.t.* volver a poblar, repoblar.
repreender *v.t.* censurar, reprender, recriminar, regañar, retar.
representação *s.f.* imagen, símbolo, idea, representación.
representar *v.t.* 1 hacer presente, representar, delegar. 2 *v.t.* actuar.
reprimir *v.t.* refrenar, contener, reprimir.
reprochar *v.t.* reprochar, culpar.
reproduzir *v.t.* volver a producir, reproducir, reprobar, repetir.
reprovar *v.t.* desaprobar, excluir, condenar, suspender.
república *s.f.* república.
repugnar *v.t.* asquear, repugnar.
repuxar *v.t.* empujar hacia atrás, estirar, repujar.
requeijão *s.m.* requesón.
requentar *v.t.* calentar de nuevo, recalentar.
requerer *v.t.* 1 solicitar, demandar. 2 requerir, peticionar.
rês *s.f.* cabeza de ganado, res.
rescindir *v.t.* romper, anular, rescindir un trato o un contrato.
resenhar *v.t.* describir, contar, enumerar, reseñar, relatar.
reservar *v.t.* guardar, mantener, reservar.
resfriar *v.t.* y *v.i.* 1 enfriar, refrigerar, congelar. 2 *v.p.* resfriarse, constiparse, acarratarse.
resgatar *v.t.* rescatar.

resguardar *v.t.* preservar, resguardar, amparar, proteger.
residir *v.i.* habitar, residir, vivir.
resíduo *s.m.* 1 residuo, remanente, sobra. 2 basura, desperdicio.
resignação *s.f.* paciencia, conformismo, tolerancia, resignación.
resignado/a *adj.* conformado, paciente, resignado.
resistir *v.t.* y *v.i.* aguantar, soportar, resistir, tolerar.
resmungar *v.t.* y *v.i.* rezongar, refunfuñar, mascullar, protestar en voz baja.
resolver *v.t.* decidir, resolver.
respeitabilidade *s.f.* honra, honor.
respeitar *v.t.* 1 tolerar, respetar, obedecer. 2 admitir, soportar.
respeito *s.m.* acatamiento, consideración, respeto.
respirar *v.i.* inhalar, exhalar, respirar.
resplandecer *v.t.* resplandecer, lucir, brillar.
responder *v.t.* contestar, replicar, responder.
responsabilidade *s.f.* responsabilidad, compromiso, deber, obligación.
responsabilizar *v.t.* hacer responsable, responsabilizar, comprometer.
resposta *s.f.* contestación, respuesta.
ressaltar *v.t.* hacer sobresalir, resaltar.
ressalvar *v.t.* 1 preservar, proteger, amparar, resguardar. 2 *v.p.* ponerse a salvo.
ressarcir *v.t.* indemnizar, compensar, resarcir.
ressecado/a *adj.* muy seco, resecado, reseco.
ressecar *v.i.* secar mucho, evaporar, resecar.
ressentir *v.t.* 1 volver a sentir. 2 *v.p.* ofenderse, resentirse.
ressonar *v.t.* y *v.i.* retumbar, repercurtir, resonar.
ressurir *v.i.* reaparecer, resucitar, resurgir, revivir.

ressurreição *s.f.* resurrección, reaparición, renovación.
ressuscitar *v.i.* y *v.t.* resucitar, reaparecer, resurgir, revivir, resucitar.
restabelecer *v.t.* 1 restaurar, rehabilitar, reponer, restablecer, renovar, reintegrar. 2 *v.p.* recobrarse, recuperar la salud, restabelecerse, recobrarse, reanimarse, curarse.
restabelecimento *s.m.* 1 recuperación, convalecencia. 2 restauración, restablecimiento, rehabilitación.
restar *v.t.* sobrar, restar, quedar.
restauração *s.f.* reconstrución, reparo, restauración.
restaurante *s.m.* restaurante, comedor. *restaurante típico*, mesón, taberna, fonda.
restaurar *v.t.* recuperar, restaurar, restablecer, reconstruir.
restituir *v.t.* devolver, reponer, restituir, reintegrar.
resultar *v.i.* originar, resultar, redundar, derivar.
resumir *v.t.* resumir, reseñar, sintetizar, condensar, compendiar.
resumo *s.m.* compendio, recopilación, resumen, reseña, síntesis.
resurgir *v.i.* reaparecer, resucitar, resurgir, revivir.
reta *s.f.* (geom.) línea recta, recta. *tirar da reta*, eludir, huir de un compromiso.
retangular *adj.* rectangular.
retângulo *s.m.* (geom.) rectángulo.
retardar *v.t.* y *v.i.* retrasar, demorar, retardar.
reter *v.t.* retener, detener, demorar.
reticências *s.f.* 1 puntos suspensivos. 2 *s.f.* resguardos, ambiguedades, evasivas, rodeos, vueltas.
retificar *v.t.* corregir, rectificar, enmendar.
retificável *adj.* rectificable, perfectible, mejorable.
retidão *s.f.* rectitud, corrección.

retina *s.f.* (anat.) retina.
retirar *v.t.* 1 apartar, desviar, sacar, retirar, remover, recoger. 2 *v.p.* retirarse.
reto *s.m.* porción, final del intestino grueso.
reto/a *adj.* 1 recto directo, en línea recta. 2 justo, correcto, íntegro.
retomar *v.t.* recobrar, tomar de nuevo, retomar, reanudar, recuperar.
retorcer *v.t.* retorcer.
retornar *v.i.* volver, tornar, reaparecer, regresar, venir.
retrair *v.t.* encoger, reducir, retraer, contraer.
retrasar *v.t.* y *v.p.* retrasarse, retrasar, atrasar.
retribuir *v.t.* recompensar, premiar, retribuir, agradecer, pagar.
retroceder *v.i.* retroceder, desandar, volver, recular.
retumbar *v.i.* retumbar, repercutir.
réu *s.m.* reo, acusado, encausado, inculpado.
reumatismo *s.m.* reumatismo, reuma.
reunião *s.m.* reunión, entrevista. *reunião de comissão*, junta. *reunião de cúpula*, cumbre.
reunir *v.t.* 1 congregar, agrupar, reunir, allegar. 2 recopilar, juntar.
revalorizar *v.t.* revalorizar, revalidar, ratificar.
revanche *s.f.* revancha, desquite.
revelar *v.t.* revelar, destapar, desvelar.
revender *v.t.* revender, mediar, intermediar, distribuir.
revestir *v.t.* volver a vestir, cubrir, revestir, recubrir.
revezar *v.t.* y *v.i.* 1 cambiar, relevar, sustituir, rotar. 2 *v.p.* turnarse, alternarse.
revirar *v.t.* cambiar, revirar, poner al revés.
reviravolta *s.f.* giro, revuelta.
revisão *s.f.* repaso, revisión, pasada.
revisar *v.t.* repasar, revisar.
reviver *v.i.* revivir.
revogação *s.f.* derogación.
revoltar 1 *v.t.* revolucionar, sublevar, agitar. 2 *v.p.* resentirse, indignarse, sublevarse.

revolta *s.f.* resentimiento, revuelta.
revólver *s.m.* revólver, arma.
resolver *v.t.* decidir, resolver.
rezar *v.t. y v.i.* orar, suplicar, rezar.
rico/a *adj.* 1 opulento, rico, adinerado, acaudalado. 2 variado. 3 substancioso.
rifa *s.f.* tómbola, sorteo, rifa.
rifar *v.t.* sortear, rifar.
rifle *s.m.* fusil, rifle, escopeta.
rigidez *s.f.* severidad, austeridad, rigor, rigidez.
rim *s.m.* riñón.
rincão *s.m.* rincón, lugar retirado, escondrijo.
rinchar *v.i.* relinchar, emitir relincho.
rinha *s.f.* (Bras.) 1 riña. 2 pelea de gallos.
rinite *s.f.* (pato) rinitis.
rinoceronte *s.m.* (zoo.) rinoceronte.
rio *s.m.* río.
riqueza *s.f.* opulencia, lujo, riqueza.
rir *v.i.* reír, sonreír. *rir até as lágrimas*, descojonarse, desternillarse.
risada *s.f.* risa.
riscar *v.t.* trazar, rayar.
risco *s.f.* 1 raya. 2 riesgo, peligro, contingencia.
ritmo *s.m.* ritmo, cadencia.
rito *s.m.* (relig.) ceremonial, culto, rito.
rivalizar *v.i.* competir, rivalizar, tener celos, contender.
robô *s.* 1 autómata, robot. 2 (fig.) maniquí.
robustecer *v.t.* vigorizar, fortalecer, robustecer, ratificar.
roçar *v.t. y v.i.* rozar, rasar.
rocambole *s.m.* bizcocho arrollado.
rocha *s.f.* peña, roca, peñasco, piedra.
rochedo *s.m.* morro, peñasco, peñón, cerro.
roda *s.f.* llanta, torno, rueda. *roda-gigante*, noria, vuelta al mundo.
rodapé *s.m.* friso, zócalo.
rodar *v.t.* girar, voltear, rodar.
rodear *v.t.* andar alrededor, rondar, rodear.

rodeio *s.m.* 1 rodeo. 2 medias palavras, indirectas.
rodela *s.f.* rodaja, rodela, disco.
rodovia *s.f.* carretera, autopista, autovia, ruta.
rodoviária *s.f.* terminal de autobuses, estación de ómnibus.
roer *v.t. y v.i.* carcomer, roer, morder.
rogar *v.t.* implorar, pedir, demandar, rogar, solicitar, peticionar.
rol *s.m.* 1 lista, catálogo, nómina. 2 *s.m.* papel, función, cargo.
rolar *v.t. y v.i.* hacer girar, rodar. *não vai rolar*, nova a ocurrir, no va a resultar, no tiene futuro.
roldana *s.f.* roldana, polea.
roleta *s.f.* ruleta (juego de azar).
rolha *s.f.* corcho.
rolo *s.m.* 1 rollo, fardo, cilindro, rodillo. *rolo compressor*, apisonadora. 2 (fig.) problema, asunto, rollo. 3 "flirt", ligue, romance.
romã *s.f.* (bot.) granada.
romance *s.m.* 1 (lit) novela, romance, cuento, fábula. 2 lengua románica, neolatina. 3 (fig.) fantasía, invención. *romance água-com-açúcar*, novela rosa. *romance de cavalaria*, libro de caballerías. *romance negro*, novela negra/policíaca.
românia *s.f.* conjunto de países que hablan lenguas románicas
românico/a *adj.* relativo a las lenguas románicas, románico, romance.
romanista *s.* filólogo especialista en lenguas románicas, especialista en asuntos romanos.
romanística *s.f.* filología o linguística románica.
romano/a *adj. e s.* romano, natural de Roma, dialecto de Roma.
romaria *s.f.* romería, procesión religiosa.

romeno *s.m.* lengua de Rumanía, rumano.
romeno/a *adj.* rumano, perteneciente o relativo a Rumanía.
rompante *s.m.* impulso, arrebate, ímpetu.
romper *v.i. y v.t.* 1 desgarrar, gastar, romper. 2 rescindir un contrato.
roncar *v.i.* resoplar, roncar.
ronco *s.m.* ronquido.
rondar *v.i.* patrullar, vigilar, merodear, rondar, andar alrededor de alguien.
rosa *s.f.* (bot.) rosa.
rosa *adj.* rosado.
rosário *s.m.* (relig.) rosario.
rosbife *s.m.* trozo de carne asada, rosbif.
roseira *s.f.* (bot.) rosal.
rosnado *s.m.* gruñido.
rosto *s.m.* cara, faz, rostro.
rota *s.f.* vía, rumbo, ruta, dirección, trayecto.
rotação *s.f.* rotación, movimiento circular, giro.
rotativo *adj.* rotativo.
roteiro *s.m.* 1 guión, plan, pauta, argumento (tea y cine). *roteiro de espetáculos*, cartelera. 2 itinerario, trayecto (viaje).
rotina *s.f.* hábito, costumbre, rutina, práctica.
rotisserie *s.f.* rotisería, fiambrería.
rotular *v.t.* 1 etiquetar, rotular. 2 discriminar, ver con prejuicio.
roubar *v.t.* pillar, robar, rapiñar, hurtar, sustraer, saquear.
rouco/a *s.* ronco, bronco, sin voz, afónico.
roupa *s.f.* traje, vestimenta, vestido, vestidura, ropa, prenda, indumentária. *roupa de baixo/de cama e mesa*, ropa interior, lencería.
roupão *s.m.* albornoz, salida de baño.
rouquidão *s.f.* ronquera, carraspera, afonía.
roxo *s.m. y adj.* violeta, morado, lívido, púrpura.
rua *s.f.* calle.
rubi *s.m.* rubí.

ruborizar *v.t.* 1 sonrojar, avergonzar, ruborizar. 2 *v.p.* ruborizarse, ponerse colorado, quedar rojo.
rubrica *s.f.* señal, rúbrica, firma o abreviatura de firma.
rubricar *v.t.* poner rúbrica, firmar, rubricar.
rude *adj.* grosero, brusco, rudo, tosco, bravío.
rudimentar *adj.* rudimentario, simple, sencillo, primario.
rueiro *adj.* callejero.
ruela *s.f.* calle pequeña, callejuela.
ruga *s.f.* arruga, pliegue.
ruido *s.m.* 1 sonido, ruido. 2 dificultad de comunicación.
ruim *adj.* malo, despreciable, perverso, nocivo, feo.
ruína *s.f.* 1 devastación, destrucción, ruina. 2 restos de un edificio, destrozo, deterioro.
ruivo/a *s. y adj.* pelirrojo.
rumo *s.m.* rumbo, ruta, sesgo, dirección.
ruptura *s.f.* quiebra, ruptura, rotura.
rural *adj.* agrícola, rural, campestre, rústico.
rurícola *adj.* que vive en, o cultiva los campos.
russo/a *adj. e s.* ruso, natural de Rusia y su idioma.
rústico/a *adj.* pueblerino, rústico.

S s

s, S *s.m.* décima novena letra del alfabeto portugués y décima quinta de sus consonantes, su nombre es *esse*.
sã *adj.* 1 saludable, sana, de buena intención. 2 (fem.) de são, sano.
sabão *s.m.* 1 jabón. 2 (fig.) reprimenda, represión severa. *bolha de sabão*, pompa de jabón. *levar um sabão*, recibir una bronca, llevarse un reto.
sabedoria *s.f.* sabiduría, sapiencia, conocimiento.
saber *v.t.* 1 conocer, ser doctor, saber. 2 tener noticia. *sabe-tudo*, sabelotodo. *saber de cor*, saber de memoria.
sabiá *s.m.* (ornit.) ave cantora del Brasil.
sabonete *s.m.* jaboncillo, jabón de olor, jabón de tocador.
saboneteira *s.f.* jabonera.
sabor *s.m.* sabor, deleite, gusto.
saborear *v.t.* 1 degustar, saborear. 2 *v.p.* deleitarse, regocijarse.
saboroso *adj.* sabroso, suculento, rico.
sabotagem *s.m.* sabotaje.
sabotar *v.t.* sabotear.
sabugo *s.m.* (bot.) panoja, mazorca de maíz sin granos, choclo.
saca *s.f.* 1 saco grande. 2 saca, bolsa, costal.
sacada *s.f.* acción de sacar.
sacada *s.f.* 1 balcón. 2 (Esp.) jugada. 3 (fig.) ocurrencia, salida.
sacado/a *adj. e s.* 1 extraído, sacado. 2 (com.) librado de una letra de cambio.
sacador/a *adj.* sacador, girante de una letra de cambio, cobrador de un cheque o de un pagaré.
sacana *adj. e s.m.* (pop.) pícaro, bellaco, bribón.
sacanagem *s.f.* canallada, maldad.
sacar *v.t.* 1 arrancar, quitar, extraer algo, sacar un arma, hacer salir, vaciar. 2 (com.) girar, librar letra o cheque. 3 *v.i.* arrancar con violencia. 4 (fig.) deducir, inferir. 5 (desp.) sacar (pelota).
sacarina *s.f.* sacarina, edulcorante.
saca-rolhas *s.m.* sacacorchos, tirabuzón.
sacerdócio *s.m.* sacerdocio.
sacerdotal *adj.* sacerdotal.
sacerdote *s.m.* cura, padre, sacerdote.
sacerdotisa *s.f.* sacerdotisa.
saci *s.m.* (Bras.) ser imaginario bajo la forma de un negrito con gorro rojo, con una sola pierna y una pipa.
saciar *v.t. y v.i.* hartar(se), satisfacer(se), saciar(se).
saco *s.m.* 1 bolsa, costal, saco. 2 (vulg.) pelotas, huevos. 3 saco, vestido talar de penitencia. *encher o saco*, jorobar, dar lata, joder. *estar de saco cheio*, estar harto. *puxar o saco*, adular, halagar. *que saco!*, ¡qué lata! ¡qué aburrido!
sacola *s.f.* bolsa.
sacrificar *v.t. y v.i.* sacrificar(se).
sacrilégio *s.m.* profanación, sacrilegio.
sacrílego/a *adj.* profanador, impío, sacrílego.
sacristão *s.m.* sacristán.
sacudida *s.f.* sacudida, sacudón.
sacudir *v.t.* 1 agitar, sacudir, apalear. 2 *v.p.* bambolearse, sacudirse.
sádico *adj. e s.m.* sádico.
sadio *adj.* saludable, sano.

safado *adj. e s.m.* tunante, truhán, sinvergüenza, atorrante, desfachatado.
safar *v.t. y v.p.* escapar(se), librar(se), zafar(se).
safra *s.f.* 1 cosecha. 2 (fig.) novedad, temporada, ganancia.
sagacidade *s.f.* perspicacia, sagacidad.
sagaz *adj.* perspicaz, sagaz.
saia *s.f.* falda, pollera. *saia-calça*, falda pantalón.
saída *s.f.* 1 salida, partida, escapatoria, sitio por donde se sale. 2 venta, comercialización. 3 excusa, evasiva, escapatoria.
sair *v.t. y i.* irse, partir, retirarse, salir, alejarse.
sal *s.m.* (quím.) sal.
sala *s.f.* 1 sala, living. 2 salón. *fazer sala*, entretener a las visitas. *sala de aula*, aula. *sala de cirurgia*, quirófano. *sala de espera*, antecámara. *sala de jantar*, comedor.
salada *s.f.* ensalada.
salão *s.m.* salón, sala grande. *salão de cabeleireiro*, peluquería, salón de belleza. *salão de chá*, salón de té. *salão nobre*, salón de actos, paraninfo, aula magna.
salário *s.m.* salario, jornal, sueldo, paga.
saldar *v.t.* 1 saldar, liquidar una cuenta. 2 saldar, pagar, finiquitar, cancelar un pago.
saldo *s.m.* 1 (com.) saldo, resto de mercancías. *saldo bancário*, haber. 2 (fam.) resultado, rédito, beneficio.
salgadinho *s.m.* bocadillo de aperitivo, tapa, boquita, picada.
salgado *adj.* 1 salado. 2 (fig.) caro, de precio abusivo.
saliência *s.f.* relieve, protuberancia.
salientar *v.t.* resaltar, destacar, subrayar (resaltar).
saliente *adj.* saliente, atrevido.
saliva *s.f.* saliva.
salivar *v.i.* salivar, escupir.
salpicar *v.t.* rociar, esparcir, salpicar.

salsicha *s.f.* longaniza, salchicha, chorizo.
salsinha *s.f.* (bot.) perejil.
saltar *v.i.* saltar, apearse, desprenderse, sobresalir, ir por los aires. *saltar aos olhos*, ser evidente.
salto *s.m.* 1 bote, salto, cascada, cabriola, pirueta, omisión, ascenso. 2 tacón del calzado. *de salto*, de repente. *salto à distancia*, salto de longitud. *salto com vara*, salto con pértiga. *salto em altura*, salto de altura.
salubre *adj.* saludable, sano, salubre.
salutar *adj.* 1 sano, salubre, saludable. 2 (fig.) útil, provechoso.
salvação *s.f.* salvación, redención.
salva-vidas *s.m.* salvavidas.
salvaguardar *v.t.* proteger, salvaguardar.
salvar *v.t. y v.p.* 1 librar(se). 2 *v.i.* hacer salvas de artillería. 3 (inform.) grabar.
salvo *adj.* 1 ileso, salvo. 2 *adv.* excepto, salvo, menos, exceptuado. *salvo se*, a menos que. 3 *s.m. salvo-conduto*, pase, salvoconducto.
samambaia *s.f.* (bot.) helecho.
samba *s.m.* (Bras.) ritmo brasileño de origen africano.
sambar *v.i.* bailar la samba.
sambista *s.m.* (Bras.) compositor, músico o bailarín de samba.
sanar *v.t. y i.* curar, sanar.
sanatório *s.m.* clínica, hospital, sanatorio.
sanção *s.f.* 1 aprobación, autorización, sanción. 2 castigo, pena.
sancionar *v.t.* homologar, sancionar, aprobar.
sandália *s.f.* sandalia.
sanduíche *s.m.* bocadillo, emparedado.
saneamento *s.m.* 1 saneamiento. 2 (fig.) reparación, reconciliación.
sanear *v.t.* sanear.
sanfona *s.f.* (mús.) acordeón, fuelle.
sangrento *adj.* sangriento, sanguinolento, cruel.

sangria

sangria *s.f.* 1 sangradura, sangría. 2 bebida hecha con limón, agua, azúcar y vino tinto. *fazer uma sangria*, desangrar.

sangue *s.m.* 1 sangre. *sangue frio*, serenidad. *a sangue frio*, sin piedad, a sangre fría. *sangue azul*, nobleza. *suar sangue*, fatigarse mucho. *ter sangue nas veias*, tener carácter. *subir o sangue à cabeça*, enfurecerse. *ter sangue de barata*, ser miedoso, blandengue.

sanguento/a *adj.* sanguinolento, sangriento.

sanguinolência *s.f.* crueldad, sanguinolencia, ferocidad.

sanidade *s.f.* sanidad, salud, higiene.

sanitário *s.m.* 1 sanitario, baño, servicio, wáter. 2 *adj.* sanitario, higiénico.

sansei *s.* ciudadano brasileño nieto de japonés.

santa *s.f. y adj.* 1 santa, mujer canonizada. 2 Virgen María. 3 (fig.) piadosa, honesta.

santeiro/a *adj.* 1 devoto, beato. 2 escultor o vendedor de imágenes de santos.

santidade *s.f.* santidad, pureza, virtud.

santificar *v.t.* santificar.

santo/a *adj. e s.* santo. *santo ofício*, misa. *santo e senha*, (mil.) contraseña. *santo de casa não faz milagre*, nadie es profeta en su tierra. *ter santo forte*, estar libre de brujerías.

são *adj.* 1 sano, saludable. 2 apócope de *santo*, san, cuando su nombre comienza por consonante. 3 indemne, ileso, incólume.

sapataria *s.f.* zapatería.

sapatilha *s.f.* zapatilla.

sapato *s.m.* zapato, calzado.

sapatão *s.m.* (vulg.) lesbiana.

sapé *s.m.* (bot.) sapé, planta brasileña para cubrir chozas.

sapo *s.m.* (zoo.) sapo, escuerzo. *engolir sapos*, soportar ofensas.

saque *s.m.* 1 saqueo, pillaje, robo. 2 (Esp.) saque. 3 (com.) giro, orden de pago.

saquear *v.t.* saquear, robar, asaltar.

sarampo *s.m.* (med.) sarampión.

sarar *v.t.* 1 sanar, curar. 2 *v.i.* curarse, restablecerse.

sarcástico/a *adj.* sarcástico.

sarda *s.f.* peca.

sardento *adj. e s.m.* pecoso.

sardinha *s.f.* sardina.

sargento *s.m.* (mil.) sargento.

sarna *s.f.* (med.) sarna, roña. *procurar sarna para se coçar*, meterse en líos.

sarrafo *s.m.* listón, tabla, viga de madeira.

sarro *s.m.* 1 sedimento, residuo, borra. 2 (pop.) broma, burla. *tirar um sarro*, tomar el pelo.

satélite *s.m.* (astron) satélite.

sátira *s.f.* sátira, ironía, sarcasmo.

satirizar *v.t.* satirizar, ironizar.

satisfatório *adj.* satisfactorio.

satisfazer *v.t.* 1 satisfacer, saciar, cumplir. 2 *v.i.* astar, alcanzar. 3 *v.p.* saciarse.

satisfação *s.f.* 1 satisfacción, placer, felicidad. 2 explicación, desagravio. *ter a satisfação de*, tener el gusto de. *tirar satisfação*, pedir explicaciones, poner en limpio.

satisfeito *adj.* satisfecho, saciado.

saturado *adj.* saturado, harto, lleno, saciado, cansado.

saudação *s.f.* 1 saludo, salutación, brindis. 2 (pl.) recuerdos, saludos.

saudade *s.f.* nostalgia, añoranza. *ter ou estar com saudades*, echar de menos, extrañar.

saudar *v.t.* saludar, felicitar, elogiar.

saudável *adj.* saludable, sano.

saúde *s.f.* 1 salud, sanidad. 2 vigor, fuerza. *à sua saúde*, a su salud.

saudoso/a *adj.* nostálgico.

sauna *s.f.* sauna.

sazonar *v.t.* 1 sazonar, madurar. 2 condimentar, adobar. 3 hacer sabroso.

se *pron. pes. 3.ª pess. forma reflex. apas.* se. *conj.* si, en el caso de. *se bem que*, si bien, aunque.

sebo *s.m.* 1 grasa, sebo. 2 (com.) tienda de viejo. *pôr sebo nas canelas*, huir, escabullirse.
seca *s.f.* sequía, estiaje.
secador/a *adj.* secador.
seção *s.f.* sección, parte, división, sector, grupo.
secar *v.t., v.i y v.p.* 1 secar(se). 2 (Bras.) dar mala suerte. 2 (fam.) mirar con curiosidad.
seccionar *v.t.* seccionar, dividir, fraccionar.
seco/a *adj.* 1 seco, marchito. 2 rudo, descortés.
secretaria *s.f.* secretaría.
secretária *s.f.* secretaria. *secretária eletrônica*, contestador automático.
secreto/a *adj.* secreto, sigiloso.
século *s.m.* siglo.
secundário *adj.* 1 secundario, accesorio. 2 secundaria, enseñanza media.
seda *s.f.* seda (tejido), pelo elaborado por el gusano de seda.
sedativo/a *adj. e s.* (med.) calmante, sedante, sedativo.
sede (é) *s.f.* sede, oficina central.
sede (ê) *s.f.* 1 sed. 2 (fig.) avidez, deseo sediento.
sedentário *adj.* sedentario, inactivo.
sedento/a *adj.* sediento.
sedimentar *v.i.* sedimentar, formar sedimentos.
sedimento *s.m.* sedimento.
sedução *s.f.* 1 seducción, encanto. 2 (fig.) engaño.
sedutor/a *adj. e s.* seductor.
seduzir *v.t.* seducir, atrapar, coquetear, cautivar.
segredo *s.m.* secreto.
segregação *s.f.* segregación, separación, apartamiento.
seguido/a *adj.* consecutivo, sucesivo, seguido, incesante.
seguidor/a *adj. e s.* partidario, seguidor, continuador.

seguinte *adj.* inmediato, siguiente.
seguir *v.t. y i.* 1 seguir, continuar, proseguir, ir después, perseguir. 2 seguir, escoltar, acompañar. 3 seguir, copiar, imitar. 4 seguir, profesar. 5 seguir, ser partidario de. 6 *v.p.* inferirse, resultar. *loc. adv. em seguida*, luego, enseguida, en seguida.
segunda *s.f.* 1 segunda, clase. 2 segunda, marcha de automóvil. *segunda-feira* lunes. *de segunda*, de categoría inferior. *com segundas intenções*, mal intencionado.
segundo/a *adj.* 1 segundo, secundario. 2 (num) después del primero.
segundo *s.m.* 1 segundo, el que ocupa el segundo lugar. 2 segundo, unidad de medida (ángulo, tiempo).
segundo *prep. y conj.* según, conforme.
segurador *s.m. y adj.* asegurador, que asegura.
segurança *s.f.* 1 seguridad, certeza, certidumbre. 2 seguridad, escolta, policía, guardia.
segurar *v.t.* 1 prender, asir, agarrar, sujetar, tener en las manos. 2 (com.) asegurar, poner en seguro, garantizar. 3 *v.p.* sostenerse, aferrarse. 4 (fig.) aguantarse. *segurar as pontas*, aguantar la mecha, aguantar firme.
seguro/a *adj.* 1 seguro, firme, ileso, libre de peligro, cierto, infalible, fijo, sereno. 2 (pop.) económico, tacaño. 3 *s.m.* seguro, compañía de seguros, aseguradora. *seguro morreu de velho*, hay que tomar precauciones. *pôr no seguro*, garantizar contra riesgos. *seguro-desemprego*, seguro de paro.
seio *s.m.* 1 seno, pecho. 2 (fig.) seno, vientre materno.
seita *s.f.* secta, facción, doctrina.
seiva *s.f.* 1 savia, jugo. 2 (fig.) fuerza, vigor.
selar *v.t.* 1 estampillar, sellar, timbrar. 2 ensillar caballos. 3 cerrar, lacrar. 4 (fig.) concluir, rematar.

seleção

seleção *s.f.* 1 selección, elección. 2 (Esp.) selección, equipo de un país en competición internacional, seleccionado nacional.
selecionar *v.t.* seleccionar, elegir, escoger, seleccionar.
seleto *adj.* selecto, elegido, escogido.
selo *s.m* 1 sello (de correos), estampilla. 2 (fig.) marca, distintivo, señal, cuño. 3 tipo de tasa o derecho.
selva *s.f.* selva, bosque.
selvagem *adj.* salvaje.
selvageria *s.f.* salvajería, salvajismo, salvajada.
sem *prep.* 1 sin. *sem dúvida*, sin duda. *sem-cerimônia*, descortesía, informalidad. *sem fio*, (teléfono) inalámbrico. *sem-fim*, sinfín. *sem-modos*, descortés, mal educado. *sem-número*, sinnúmero. *sem quê nem pra que*, sin motivo. *sem-pudor*. 2 *s.m.* desfachatez, desverguenza. *sem-razão*. 3 *s.f.* sinrazón, injusticia, afrenta. *sem-vergonha*. 4 *adj.* e *s.* falta de verguenza, sinverguenza. *sem-vergonhice* *s.f.* desverguenza, descaro.
semáforo *s.m.* semáforo.
semana *s.f.* semana.
semanal *adj.* semanal.
semântica *s.f.* semántica.
semblante *s.m.* faz, cara, semblante.
semeadura *s.f.* siembra.
semear *v.t.* y *i.* 1 sembrar, diseminar. 2 divulgar, fomentar, esparcir, predicar.
semelhança *s.f.* semejanza, similitud, analogía. *à semelhança de*, a semejanza de.
semelhante *adj.* semejante, parecido.
semelhar *v.t.* y *v.p.* parecer(se), tener semejanza, parecer algo, parecerse a alguien.
sêmen *s.m.* 1 semen, esperma. 2 (fig.) simiente.

semente *s.f.* 1 semilla, simiente. 2 (fig.) origen, germen. *ficar para semente*, vivir mucho.
semestre *s.m.* semestre.
sem-fim *loc. adv.* 1 sin fin, sin término, mucho, sinnúmero. 2 indeterminado. 3 *s.m.* gran cantidad de, un sin fin de.
semifinal *adj.* e *s.f.* (Esp.) semifinal.
semimorto *adj.* 1 moribundo, medio muerto. 2 (fig.) apagado, amortecido.
seminário *s.m.* 1 seminario, actividad. 2 (fig.) seminario, plantel.
seminarista *s.m.* seminarista.
semivogal *adj.* e *s.f.* (gram.) semivocal.
sempre *adv.* siempre. *para sempre*, perpetuamente, para siempre. *quase sempre*, casi siempre, en la mayoría de los casos.
sempre-viva *s.f.* (bot.) siempreviva.
sena *s.f.* 1 juego con diez números que se sortean. 2 sena, seis doble en el dominó.
senado *s.m.* senado, parte del Congreso Nacional en las repúblicas.
senador/a *s.* senador.
senão *conj.* 1 sino, menos, pero. 2 *prep.* excepto, menos. 3 *s.m.* defecto, falta ligera.
senha *s.f.* contraseña, marca, seña, clave, señal, indicio. (mil.) *santo e senha*, contraseña.
senhor/a *s.m.* 1 señor, dueño, patrón, amo, propietario. 2 Señor, Dios. 3 (fig.) importante, grande.
senhora *s.f.* señora, ama, dueña, esposa. *ser/estar senhor de si*, dominarse, tener confianza. *ser senhor do seu nariz*, no admitir consejos, ser independiente. *senhor de engenho*, propietario de molienda de caña de azúcar.
senhoria *s.f.* 1 señoría (tratamiento). 2 dominio de una propiedad, propietario de casa de alquiler.
senhorita *s.f.* señorita.
senilidade *s.f.* senilidad, decrepitud, vejez.
sensação *s.f.* sensación, impresión. *fazer sensação*, producir una gran impresión.

sensacional *adj.* importante, notable, sensacional.
sensatez *s.f.* discreción, prudencia, cautela, sensatez, buen sentido, buen criterio.
sensato *adj.* ajuiciado, discreto, sensato, con juicio.
sensibilizar *v.t.* 1 conmover, sensibilizar, impresionar. 2 *v.p.* apiadarse, sensibilizarse, conmoverse, compadecerse.
sensitivo/a *adj. e s.* 1 sensible, sensitivo, conmovedor. 2 (Bras.) persona que tiene medianidad o capacidades extrasensoriales.
sensível *adj.* sensible.
senso *s.m.* sentido, criterio, discernimiento, dirección, finalidad, juicio. *bom senso*, buen sentido. *senso comum*, sentido común. *senso de humor*, sentido del humor.
sensório/a *adj.* 1 sensorial, sensorio. 2 *s.m.* (med.) sensorio (centro de la sensibilidad en el cerebro).
sensual *adj.* sensitivo, sensual, erótico.
sensualidade *s.f.* erotismo, sensualidad.
sentar *v.t. e i., v.p.* sentar(se).
sentença *s.f.* 1 sentencia, juicio, veredicto. 2 parecer. 3 oración, proverbio, refrán.
sentido *s.m.* 1 sentido, facultad de sentir. 2 sentido, acepción, nexo, significado. 3 sentido, rumbo, dirección. 4 sentido, órgano que recibe sensaciones. 5 *adj.* sentido, disgustoso, molesto. 6 (pl.) conocimiento, facultades. 7 (mil.) ¡Sentido! ¡firme! *perder os sentidos*, perder el sentido, desmayarse. *sem sentido*, sin sentido.
sentimentalismo *s.m.* sentimentalismo.
sentimento *s.m.* 1 sentimiento. 2 (pl.) pésame, condolencias.
sentimental *adj.* sentimental.
sentinela *s.f.* (mil.) centinela, vigía, guardia.
sentir *v.t. y v.i., v.p.* 1 sentir(se). 2 *s.m.* sentir, sentimiento, opinión.

separação *s.f.* 1 separación, alejamiento. 2 (for.) separación conyugal.
separado *adj.* aislado, separado. *em separado*, aparte, por separado.
separar *v.t. y v.p.* separar(se).
sepultar *v.t.* 1 sepultar, enterrar. 2 *v.p.* sepultar(se).
sequela *s.f.* secuela, consecuencia, resultado.
sequência *s.f.* secuencia, continuación.
sequer *adv.* siquiera, por lo menos, al menos. *nem sequer*, ni siquiera.
sequestrador *adj.* secuestrador.
sequestrar *v.t.* secuestrar.
sequestro *s.m.* 1 secuestro. 2 embargo, retención, arresto.
ser *s.m.* 1 ser, ente, persona. 2 modo de existir, conducta. 3 (pl.) todo lo creado, seres vivos. *ser amado*, ser querido.
ser *v.i. y v.t.* 1 ser, existir, pertenecer, estar, vivir. 2 ser, valer. 3 acontecer, pasar. 4 corresponder, tocar. 5 tener las propiedades que los nombres significan o indican. 6 consistir, causar, ser formado, convenir. 7 componerse de. 8 usado como auxiliar.
serenar *v.t.* 1 serenar, pacificar, calmar. 2 *v.p.* tranquilizarse, calmarse.
serenata *s.f.* 1 serenata. 2 (mús.) nocturno.
serenidade *s.f.* 1 serenidad, sosiego, calma, paz, reposo. 2 presencia de ánimo, sangre fría.
sereno/a *adj.* 1 sereno, calmo, tranquilo, sosegado. 2 *s.m.* sereno, humedad de la noche.
série *s.f.* 1 serie, serial, sarta, sucesión. 2 año de estudio. 3 serial (TV o teatro). *fora de série*, excepcional, raro, fuera de serie.
serigrafia *s.f.* serigrafía.
seringa *s.f.* jeringa.
seringueira *s.f.* (bot.) caucho, gomero, árbol de la goma.

sério/a *adj.* serio, grave, severo, formal. *tomar a sério*, dar importancia, tomar en serio.
seriedade *s.f.* seriedad, gravedad, austeridad, rectitud.
sermão *s.m.* sermón.
serra *s.f.* (mec.) 1 sierra, instrumento y su hoja. 2 (geog) sierra, cordillera, serie de montañas.
serragem *s.f.* aserrín.
serralheiro/a *s.* herrero, cerrajero.
serrar *v.t.* cortar con la sierra, serrar, aserrar.
serrote *s.m.* serrucho, sierra.
servente *adj. e s.* servidor, sirviente, criado, ayudante, empleado doméstico.
serviço *s.m.* 1 empleo, función, trabajo, tarea. 2 servicio. *serviço militar*, servicio militar, (pop.) la mili (Esp.), la colimba (Arg.).
servidão *s.f.* 1 servidumbre, esclavitud, cautiverio. 2 servidumbre impuesta a una propiedad.
servil *adj.* servil, rastrero, bajo, abyecto, adulador.
servir *v.t. y v.p.* servir(se).
sessão *s.f.* 1 sesión, reunión, junta, acto público. 2 sesión, función (cinema, teatro).
sessenta *adj. e num.* sesenta.
sesta *s.f.* siesta, descanso, sueño por la tarde.
sete 1 *num.* siete. 2 *s.m.* naipe de juego o ficha siete.
setembro *s.m.* septiembre.
setenta *adj.* 1 *num.* setenta. 2 (pl.) versión griega del Viejo Testamento.
sétimo *adj. e s.* 1 *num.* séptimo. 2 la séptima parte.
setor *s.m.* sector, ramo, sección, esfera de actividad.
seu *pron. y adj. poss.* 1 su, suyo (en tercera persona), de él, de ello, de ella. 2 *s.m.* lo que pertenece a la persona con quien se habla.
severo/a *adj.* severo, austero, serio.

sexagenário *adj. e s.m.* sexagenario.
sexagésimo/a *adj.* sexagésimo.
sexo *s.m.* 1 sexo, condición orgánica. 2 sexo, órgano sexual.
sexologia *s.f.* sexología.
sexta-feira *s.f.* viernes.
sexto *adj.* 1 *num.* sexto. 2 *s.m.* la sexta parte de un todo.
sexual *adj.* sexual.
sexualidade *s.f.* sexualidad.
shopping (center) *s.m.* (ingl) centro comercial, galería.
show *s.m.* (ingl) espectáculo, concierto, recital. *dar um show*, armar un escándalo.
si *pron. pes.* 3.ª *pers.* sí, sí mismo. *por si*, sin ayuda. *voltar a si*, volver en sí. *fora de si*, fuera de sí, trastornado. *ser senhor de si*, ser dueño de sí, controlarse.
si *s.m.* (mús.) si, séptima nota de la escala musical.
siderurgia *s.f.* siderurgia, metalurgia.
sigilo *s.m.* 1 sigilo, secreto, reserva. 2 silencio, discreción.
sigla *s.f.* sigla, monograma, iniciales.
significação *s.f.* significación, acepción, sentido.
significante *adj.* significante, de gran sentido, significativo.
significar *v.t.* significar.
significativo *adj.* significativo, significante, indicativo, expresivo.
signo *s.m.* 1 signo, horóscopo. 2 señal, símbolo.
sílaba *s.f.* sílaba.
silenciador *s.m.* silenciador (aparato de arma de fuego).
silêncio *s.m.* 1 silencio, quietud. 2 *interj.* ¡silencio! ¡chitín! ¡chito! ¡sh!
silencioso/a *adj.* silencioso, callado, mudo.
silhueta *s.f.* silueta, contorno, perfil.
silicone *s.m.* (quím.) silicona.

silvestre *adj.* silvestre, selvático.
sim 1 *adv.* sí, expresa consentimiento o afirmación. 2 *s.m.* sí, aprobación, premisa, anuencia, consentimiento. *pelo sim, pelo não*, por las dudas, por si acaso, por si las moscas. *pois sim*, ¡no faltaba más!
simbólico/a *adj.* alegórico, simbólico, metafórico.
símbolo *s.m.* símbolo.
simétrico/a *adj.* simétrico, armónico, proporcional.
similar *adj. e s.m.* similar, parecido, análogo, semejante.
similaridade *s.f.* analogía, similitud.
simpatia *s.f.* simpatía, atractivo, empatía.
simpático *adj.* simpático, atrayente.
simpatizante *adj. e s.* simpatizante, adherente o partidario de una causa.
simples *adj.* 1 simple, fácil, sencillo. 2 simple, único, no doblado. 3 natural, evidente, elemental. 4 bueno, modesto, llano, puro. *Obs.* simple (sing.), simples (pl.).
simplicidade *s.f.* simplicidad, sencillez.
simplificar *v.t.* facilitar, simplificar.
simplório *adj. e s.m.* simplón, humilde.
simpósio *s.m.* simposium, simposio.
simulação *s.f.* simulación, engaño, disfraz.
simulacro *s.m.* simulacro.
simulador *adj. e s.m.* falso, disimulador. *simulador de voo*, aparato para preparación/ entrenamiento de aviador.
simular *v.t.* simular, fingir, aparentar.
simultâneo/a *adj.* simultáneo, concomitante, sincrónico, coetáneo.
sina *s.f.* sino, hado, suerte, fatalidad, destino.
sinal *s.m.* 1 señal, advertencia. 2 marca. 3 mancha. 4 huella, indicio, asomo, vestigio. 5 señal, ademán, estigma, síntoma. *sinal de trânsito*, semáforo. *sinal de pagamento*, seña de pago, anticipo. *por sinal*, a propósito. *Obs. s.f.* la señal.

sinalizar *v.t.* señalizar (tránsito), indicar, señalar.
sinceridade *s.f.* sinceridad, franqueza, veracidad.
sincero *adj.* sincero, verdadero, veraz.
sincrônico/a *adj.* sincrónico, coetáneo, simultáneo.
sincronismo *s.m.* simultaneidad, sincronismo.
sincronizar *v.t.* sincronizar, hacer coincidir, ajustar los relojes, el paso.
sindicalizar *v.t. y v.p.* sindicalizar(se).
síndico/a *s.* administrador de un edificio, síndico.
síndrome *s.f.* (med.) síndrome. *Obs. s.m.* el síndrome.
sinfonia *s.f.* (mús.) sinfonía.
singelo/a *adj.* natural, simple, modesto, sencillo.
singular *adj.* 1 singular, único, raro, extraordinario. 2 *s.m.* (gram.) singular.
singularizar *v.t. y v.p.* distinguir(se), singularizar(se).
sinistro *adj. e s.m.* 1 siniestro, funesto, malo, amenazador. 2 desastre, daño, desgracia, catástrofe.
sino *s.m.* campana, campanilla, timbre o llamador.
sinônimo *s.m.* sinónimo.
sinopse *s.f.* sinopsis, resumen.
sinótico/a *adj.* sinóptico, resumido.
sintaxe *s.f.* (gram.) sintaxis.
síntese *s.f.* síntesis, resumen.
sintético *adj.* abreviado, sintético.
sintetizar *v.t.* resumir, sintetizar.
sintoma *s.m.* (med.) síntoma.
sintonizar *v.t.* sintonizar, establecer sintonía.
sirene *s.f.* sirena.
sismo *s.m.* seísmo, sismo, temblor de tierra, terremoto.

sistema *s.m.* sistema, procedimiento, norma, plan, método. *sistema de esgoto*, alcantarillado, red de cloacas y desagues.

sistematizar *v.t.* sistematizar, normalizar, reglar, reglamentar.

sitiar *v.t.* sitiar, asediar, bloquear, poner sitio, cercar una plaza.

sítio *s.m.* granja, finca, cigarral, chacra.

sito *adj.* sito, situado, colocado, ubicado.

situação *s.f.* 1 situación, posición, colocación, disposición, ubicación. 2 situação, estado social de una persona.

situar *v.t.* 1 emplazar, localizar, poner, colocar. 2 establecer. 3 *v.p.* colocarse, situarse, ponerse, ubicarse.

só *adj.* 1 solo, aislado, sin compañía, solitario. 2 *adv.* únicamente, sólo, apenas, solamente. *a sós*, a solas.

soar *v.i.* sonar, emitir sonido, producir eco, divulgarse, hacerse oír. *que soa mal*, malsonante.

sob *prep.* bajo, debajo. *sob pena de*, bajo pena de.

soberano *adj. e s.m.* rey, monarca, soberano, emperador.

soberba *s.f.* soberbia, presunción, altivez, orgullo, arrogancia.

sobrancelha *s.f.* ceja.

sobrar *v.i.* sobrar, restar, quedar, exceder.

sobre *prep.* 1 sobre, encima, en la parte superior. 2 sobre, con respecto a, acerca de, en relación a.

sobreloja *s.f.* entrepiso, entresuelo.

sobremaneira *adj.* sobremanera, demasiado.

sobremesa *s.f.* postre.

sobrenatural *adj.* sobrenatural, extraordinario, milagroso, excesivo.

sobrepor *v.t.* sobreponer, añadir, doblar, acrecentar, agregar, aumentar.

sobreposição *s.f.* sobreposición, añadidura, superposición, aumento.

sobressair *v.i.* sobresalir, resaltar, exceder, señalar(se), despuntar.

sobressaltar *v.t.* 1 sorprender, turbar, sobresaltar, asustar. 2 *v.p.* inquietarse, perturbarse, sobresaltarse.

sobretudo *s.m.* 1 abrigo, sobretodo, gabán, gabardina. 2 *adv.* sobre todo, principalmente, especialmente.

sobreviver *v.t. y i.* sobrevivir, supervivir.

sobrevoar *v.t.* sobrevolar, volar por encima de.

sobrinho/a *s.* sobrino.

social *adj.* social, sociable, concerniente a los socios.

socializar *v.t.* socializar.

sociologia *s.f.* sociología.

socorrer *v.t.* 1 socorrer, auxiliar, ayudar, amparar, remediar, acoger, prestar auxilio, defender. 2 *v.p.* valerse de la protección de.

sofá *s.m.* sofá, diván, canapé.

sofrer *v.t. y i.* sufrir, soportar, aguantar.

sofrimento *s.m.* sufrimiento, padecimiento, quebranto.

sogro/a *s.* suegro, *s.f.* suegra.

soja *s.f.* (bot.) soja, (Amér.) soya.

sol *s.m.* 1 sol, astro. 2 (mús.) clave de sol. 3 (fig.) resplandor, genio, talento.

sola *s.f.* 1 suela del zapato, tira de cuero. 2 (fig.) planta del pie.

soldado *s.m.* 1 soldado, militar. 2 *adj.* soldado, unido por soldadura.

soldar *v.t.* soldar metales.

soldo *s.m.* sueldo, salario.

soletrar *v.t.* deletrear.

solicitar *v.t.* solicitar, pedir, diligenciar, llamar, gestionar, postular, peticionar.

solicitação *s.f.* solicitación, rogativa, petición.

solidão *s.f.* soledad, aislamiento, retiro, apartamiento.

soliedariedade *s.f.* solidaridad, responsabilidad mutua.

solidário *adj.* responsable, solidario.
solidarizar *v.t.* 1 solidarizar, mancomunar, tener responsabilidad mutua. 2 *v.p.* solidarizarse.
solidez *s.f.* solidez, dureza, firmeza, resistencia, cohesión.
solidificar *v.t.* 1 solidificar, consolidar, coagular. 2 *v.p.* solidificarse.
solo *s.m.* 1 suelo, piso, pavimento, terreno. 2 (mús.) solo.
soltar *v.t.* 1 soltar, desatar, desasir, liberar, desligar. 2 arrojar, lanzar, largar.
solteiro/a *adj.* soltero.
solucionar *v.t.* 1 solucionar, resolver, arreglar. 2 concluir, dar solución a.
som *s.m.* sonido, ruido, son.
somar *v.t.* sumar, adicionar, juntar, agregar, aumentar, añadir.
sombrinha *s.f.* sombrilla.
sombrio/a *adj.* sombrío, oscuro, umbroso.
somente *adv.* solamente, sólo, apenas, únicamente, exclusivamente.
sonâmbulo *adj. e s.m.* sonámbulo.
sondar *v.t.* 1 sondar, sondear, usar sonda. 2 investigar, pesquisar.
sonegar *v.t.* 1 encubrir, substraer, ocultar. 2 cercenar (información).
sonhar *v.t. y i.* 1 soñar, imaginar. 2 sospechar, adivinar, ver en sueños, prever.
sonho *s.m.* sueño.
sono *s.m.* sueño, adormecimiento, voluntad o ganas de dormir, somnolencia. *cair de sono*, caerse de sueño.
sonso/a *adj. e s.* zonzo, simple, tonto, bobo.
sopa *s.f.* sopa, potaje, caldo.
sopapo *s.m.* (fam.) bofetada, cachetada.
soprano/a *s.* soprano.
soprar *v.t. e i.* 1 soplar, apagar, inflar. 2 apuntar, sugerir. 2 cuchichear.
soro *s.m.* (med.) suero.

sorrir *v.i.* sonreír, alegrarse, regocijarse, agradar, prometer.
sorte *s.f.* suerte, dicha, fortuna.
sortear *v.t.* 1 sortear, repartir por medio de sorteo, rifar. 2 resolver, pasar un problema u obstáculo.
sorteio *s.m.* sorteo, tómbola.
sortir *v.t. e i.* surtir, proveer, abastecer, aprovisionar.
sorvete *s.m.* helado.
sorveteria *s.f.* heladería.
sósia *s.m.* doble, persona muy parecida.
sossegar *v.t. e i.* serenar, calmar, aquietar(se), sosegar(se), reposar, quedarse tranquilo.
sotaina *s.f.* sotana, traje talar de los sacerdotes o religiosos, hábito.
sótão *s.m.* buhardilla, desván, altillo.
sotaque *s.m.* acento.
soterrar *v.t.* enterrar, sepultar.
sozinho/a *adj.* solo, desamparado. solito, solitario.
suar *v.i.* 1 sudar, transpirar. 2 *v.t.* sudar, destilar sudor.
suave *adj.* suave, agradable, ameno, delicado, blando.
suavizar *v.t.* ablandar, aliviar, suavizar, mitigar, calmar, atenuar.
subconsciência *s.f.* subconsciencia, subconciencia.
subconsciente *adj. e s.m.* subconsciente, subconciente.
subdesenvolvido *adj. e s.m.* subdesarrollado.
subdiretor *v.t.* subdirector.
subdividir *v.t.* dividir, repartir, subdividir, hacer la subdivisión.
subentender *v.t.* sobrentender, subentender, leer entre líneas, suponer, presuponer.
subir *v.t. y v.i.* ascender, subir, emerger. *subir na vida*, medrar, progresar, crecer.
súbito *adj.* 1 instantáneo, improviso, súbito. 2 impensado, precipitado.

subjetivo

subjetivo *adj.* personal, subjetivo.
subjuntivo *s.m.* 1 (gram.) subjuntivo. 2 *adj.* subordinado, dependiente.
sublevar *v.t.* amotinar, agitar, rebelar, alborotar, alzar, soliviantar, sublevar.
sublinhar *v.t.* 1 subrayar. 2 (fig.) retocar.
submarino/a *adj.* submarino.
submergir *v.t. e i.* 1 hundir, sumir, sumergir, abismar, inmergir, naufragar. 2 (fig.) arruinar por completo.
submeter *v.t.* someter, sojuzgar, dominar, sujetar.
subministrar *v.t.* suministrar, proveer, abastecer, administrar.
submissão *s.f.* sujeción, sometimiento, sumisión, obediencia.
subnutrição *s.f.* malnutrición, nutrición deficiente.
subordinar *v.t.* sujetar, subordinar, someter, dominar.
subscrever *v.t. y i.* 1 firmar, suscribir, acceder, convenir. 2 consentir, confirmar.
subsequente *adj.* subsiguiente, inmediato, siguiente.
subsidiar *v.t.* ayudar, socorrer, subvencionar, subsidiar, auxiliar, auspiciar.
subsistência *s.f.* manutención, sustento, subsistencia, estabilidad.
subsistir *v.i.* 1 subsistir, permanecer, existir. 2 *v.p.* mantenerse, perdurar, quedar.
subsolo *s.m.* subsuelo.
substância *s.f.* sustancia, substancia, esencia, materia.
substantivo *s.m.* (gram.) sustantivo, nombre.
substituir *v.t.* reemplazar, sustituir, suceder.
subterrâneo *s.m.* cueva, caverna.
subtrair *v.t.* 1 substraer, suprimir, extraer, disminuir, sacar, deducir, hurtar, robar. 2 (mat.) restar.
suburbano/a *adj.* 1 suburbano. 2 *s.m.* habitante de los suburbios.

subúrbio *s.m.* cercanías, afueras, suburbio, arrabal.
subvencionar *v.t.* favorecer, subvencionar, auxiliar, subsidiar, socorrer, ayudar, auspiciar, patrocinar.
sucata *s.f.* 1 hierro viejo, chatarra. 2 (fig.) trasto, cosa inútil.
sucateiro/a *s.* chatarrero, cartonero.
sucção *s.f.* absorción, succión.
suceder *v.t. e i.* acaecer, acontecer, sobrevenir, suceder, ocurrir.
sucesso *s.m.* éxito, conquista.
sucinto *adj.* resumido, sucinto, conciso, breve, sintético.
suco *s.m.* jugo, zumo de una fruta. *secreção do organismo*, jugo gástrico.
suculento *adj.* jugoso, nutritivo, substancioso, suculento, substancial.
sucumbir *v.i.* morir, ceder, rendirse, someterse, entregarse.
sudeste *s.m.* sureste, sudeste.
súdito *s.m.* vasallo, súbdito.
sudoeste *s.m.* suroeste, sudoeste.
suficiência *s.f.* competencia, aptitud, habilidad, capacidad, inteligencia, cantidad suficiente. *autossuficiência*, presunción, petulancia, pedantería.
suficiente *adj.* bueno, capaz, apto, bastante, suficiente, conveniente.
sufixo *s.m.* (gram.) sufijo.
sufocar *v.t.* 1 ahogar, sofocar, estrangular, reprimir, asfixiar, impedir. 2 *v.p.* asfixiarse.
sufrágio *s.m.* voto, sufragio.
sugar *v.t.* succionar, sorber, chupar, chupetear.
sugerir *v.t.* insinuar, sugerir, indicar, aconsejar.
suicidar-se *v.p.* matarse, suicidarse, dar fin a la propia vida, darse muerte.
sujar *v.t.* ensuciar, manchar, macular.
sujeitar *v.t.* sujetar, prender, dominar.

sul *s.m.* 1 sud, sur. *sul-americano*. 2 *adj. e s.m.* sudamericano, de América del Sur.
sulino/a *adj. e s.* sureño.
suma *s.f.* resumen, suma, recopilación. *em suma*, en una palabra, en síntesis.
sumir *v.i.* 1 desaparecer, esfumarse, apagar, sumir. 2 (pop.) borrarse.
sunga *s.f.* (Bras.) traje de baño, bañador masculino.
suntuoso/a *adj.* lujoso, espléndido, pomposo, suntuoso, magnífico.
suor *s.m.* 1 transpiración, sudor. 2 (fig.) fatiga, trabajo, faena.
superaquecer *v.t.* recalentar.
superar *v.t.* sobrepasar, exceder, vencer, superar.
superdotado/a *adj. e s.* superdotado, muy inteligente, de físico superior.
superficial *adj.* somero, superficial, aparente, elemental.
superior/a *adj.* más elevado, de mejor calidad, superior.
superpopulação *s.f.* superpoblación.
superposição *s.f.* superposición.
superprodução *s.f.* superproducción.
superstição *s.f.* creencia, fanatismo, superstición.
supervisionar *v.t.* administrar, supervisar.
suplicar *v.t.* implorar, suplicar.
suplício *s.m.* 1 tortura, pena capital, suplicio. 2 tormento, martirio, castigo.
supor *v.t.* presumir, suponer, conjeturar.
suportar *v.t.* sufrir, aguantar, soportar.
suporte *s.m.* soporte. suporte para vasos *s.m.* macetero.
supremo/a *adj.* supremo, superior.
suprimir *v.t.* anular, abolir, suprimir.
suprir *v.t.* 1 proveer, abastecer, suplir. 2 reemplazar, substituir, suplantar.
supurar *v.i.* transformarse en pus, supurar.
surdez *s.f.* sordera.
surdo/a *adj.* sordo.
surpreender *v.t.* sorprender, asombrar, aparecer súbitamente.
surpresa *s.f.* sorpresa, fascinación.
surtir *v.t.* dar origen a, originar, provocar, surtir efecto, producir, causar.
suscitar *v.t.* promover, ocasionar, provocar, causar, motivar, suscitar.
suspeitar *v.t.* desconfiar, sospechar, presumir, dudar, tener sospecha de.
suspender *v.t.* interrumpir, suspender, cesar, prohibir durante cierto tiempo.
suspicácia *s.f.* recelo, sospecha, suspicacia.
suspirar *v.t.* suspirar, tener nostalgia de.
sussurrar *v.t. y i.* murmurar, susurrar, secretear, hablar en voz baja, bisbisear.
sustenido *s.m.* (mús.) sostenido.
sustentar *v.t.* sostener, sustentar, mantener, alimentar, soportar, apoyar.
susto *s.m.* sobresalto, susto, miedo, espanto, alarma.
sutiã *s.m.* sostén, sujetador, corpiño.
sutil *adj.* 1 agudo, tenue, delicado, leve, sutil. 2 (fig.) perspicaz.
sutura *s.f.* costura, sutura.
suturar *v.t.* (med.) hacer suturas, suturar, coser.
suvenir *s.m.* recuerdo, souvenir (del francés).

T t

t, T *s.m.* vigésima letra y décima sexta consonante del alfabeto portugués, abreviatura de tonelada, T.
tá *interj.* ¡basta!, está bien.
tabacaria *s.f.* estanco, quiosko, kiosko de tabaco, fósforos y cigarrillos.
tabefe *s.m.* (fam.) bofetada, bofetón, sopapo, cachetada.
tabela *s.f.* tabla, tablilla, tableta, catálogo, índice, lista de personas o cosas. *tabela de preços*, lista o tarifas de precios. *tabela periódica*, sistema periódico.
tabelar *v.t.* fijar el precio, someter al precio oficial.
tabelião *s.m.* notario, escribano.
tablado *s.m.* tablado, tarima, estrado, tabla, palenque.
tabu *s.m.* tabú, prohibición.
tábua *s.f.* 1 pieza delgada de madera, tabla, tablilla. 2 índice, tablero, cuadro.
tabuada *s.f.* tabla, usada en el apendizaje de las cuatro operaciones matemáticas.
tabuleiro *s.m.* tablero.
taça *s.f.* 1 copa, vaso con pie. 2 copa de fútbol.
tacanho *adj.* 1 miserable, mezquino, tacaño, limitado. 2 avaro, cicatero.
tacha *s.f.* defecto, mancha, tacha, mácula.
tachar *v.t.* culpar, censurar, tachar, reprochar, poner defecto, tildar.
tachinha *s.f.* tachuela.
tacho *s.m.* tacho, cazuela, cazo, vasija para guisar.

tácito *adj.* 1 implícito, sobrentendido, tácito. 2 silencioso, reservado, sigiloso.
taciturno/a *adj.* triste, taciturno.
tagarelar *v.t.* parlotear, cotorrear, charlar, hablar demasiado.
tagarela *adj.* 1 charlatán, parlanchín, hablador. 2 (vulg.) jetón.
taipa *s.f.* tabique, pared de tierra y barro apretado, adobe.
tal *adj. indef. y pron.* tal, semejante, análogo, aquél, alguno, cierto. *tal e qual*, tal cual. *não há tal*, no es cierto, no es verdad.
talão *s.m.* (com.) talón, bloc, taco, talonario de cheques, hoja de cheque.
talar *v.t.* 1 talar, podar, cortar. 2 devastar, asolar, saquear.
talento *s.m.* ingenio, aptitud, vocación, capacidad, talento.
talentoso *adj.* inteligente, ingenioso, hábil, talentoso.
talhar *v.t.* 1 tallar, cortar, cercenar, tajar. 2 esculpir, grabar.
talharim *s.m.* tallarín, tipo de fideo.
talhe *s.m.* 1 estatura, talle, tamaño. 2 corte de un traje, talla (Esp.).
talher *s.m.* cubierto, (pl.) juego de cuchara, tenedor y cuchillo.
talismã *s.m.* 1 amuleto, talismán. 2 (fig.) encanto.
talo *s.m.* (bot.) tallo.
talvez *adv.* tal vez, quizás.
tamanco *s.m.* chanclo, zueco, choclo, chancleta.

tamanduá *s.m.* (zool.) oso hormiguero. *tamanduá bandeira*, oso bandera.
tamanho *adj. e s.m.* tamaño, tan grande, tan alto, tan notable.
tamanho *s.m.* proporción, tamaño, grandeza, dimesión, volumen.
também *adv.* asimismo, también, del mismo modo. *também não*, tampoco.
tambor *s.m.* (mús.) timbal, tambor, bombo.
tamborim *s.m.*(mús.) tamboril, tamborino, tamborín.
tampa *s.f.* cubierta, tapa, capa.
tampão *s.m.* tapón.
tampar *v.t.* taponar, obstruir, tapar (poner tapaderas o tapones).
tampouco *adv.* tampoco (negación).
tanga *s.f.* taparrabos, tanga.
tangente *s.f.* (geom.) tangente.
tangerina *s.f.* mandarina.
tango *s.m.* tango.
tanguista *s.* persona que baila tangos.
tanque *s.m.* pila, pileta, piscina.
tanto *adv. e pron.* tanto, tal.
tão *adv.* tán, en tal grado, tanto.
tapa *s.f.* bofetada, bofetón, cachetazo, manotazo. *tapa nas costas*, espaldarazo.
tapar *v.t.* cubrir, obstruir, tapar, cerrar, velar, vendar, callar, ocultar. *tapar buracos de rua*, bachear.
tapa-sexo *s.m.* taparrabo.
tapeação *s.f.* (pop.) engaño, trampa.
tapear *v.t.* eludir, engatusar, engañar, timar, hacer trampa.
tapeçaria *s.f.* tapicería, alcatifa, tapiz, alfombra.
tapeceiro *s.m.* tapicero.
tapete *s.m.* alfombra, alfombrilla, felpudo.
taquara *s.f.* (Bras.) especie de bambú, caña.
taquicardia *s.f.* taquicardia.
taquigrafia *s.f.* taquigrafía.
tarado *adj.* sátiro, violador.

tardar *v.t. e i.* 1 demorar, retrasar, atrasar, tardar, dilatar. 2 *v.p.* deternerse, retrasarse, atrasarse.
tarefa *s.f.* tarea, quehacer, faena. *tarefa doméstica*, tarea del hogar.
tarraxar *v.t.* atornillar, aterrajar.
tartamudear *v.i.* balbucir, balbucear, tartamudear.
tartamudo/a *adj. e s.* gago, tartamudo, farfalloso, tartajoso.
tartaruga *s.f.* (zool.) tortuga, galápago, carey.
tasca *s.f.* taberna, tasca, casa de comidas de baja estofa.
tataravô *s.m.* tatarabuelo.
tatear *v.t.* palpar, reconocer, tentar, manosear, tantear, tocar.
tato *s.m.* 1 tacto (sentido). 2 trato sensible, delicadeza.
tatu *s.m.* (zool.) armadillo, tatú mulita, tatú carreta, quirquicho (Amér.). *tatu-bola*, cochinilla.
tatuagem *s.f.* tatuaje.
tatuar *v.t.* hacer tatuajes, tatuar.
taxa *s.f.* impuesto, tasa, tributo, tasación, arancel.
taxar *v.t.* tarifar, tasar, cotizar, valuar, tributar.
táxi *s.m.* automóvil de alquiler, taxi. *táxi aéreo*, aerotaxi.
taxímetro *s.m.* contador de kilómetros, taxímetro.
taxista *s.* taxista.
tchau *interj.* hasta luego, adiós, chau, nos vemos.
te *pron. pes.* 2ª pes. a ti, para ti.
tear *s.m.* aparato para tejer, telar.
teatro *s.m.* teatro, *teatro de fantoche*, guiñol, teatro de títeres.
tecer *v.t.* hilar, tejer.
tecido *s.m.* tejido, tela, lienzo.
tecla *s.f.* 1 tecla. 2 (fig.) asunto muy discutido. bater na mesma tecla. volver al mismo asunto, ser insistente.

teclado s.m. teclado.
técnica s.f. técnica, pericia, práctica de un conocimiento.
técnico/a adj. técnico, experto, perito, experimentado.
tecnologia s.f. tecnología.
teco-teco s.m. avioneta.
tédio s.m. enfado, fastidio, aburrimiento, hastío, tedio, desgana.
teima s.f. obstinación, testarudez.
teimar v.t. y i. porfiar, insistir, obstinarse, entercarse, empecinarse.
teimoso/a adj. testarudo, cabeza dura, tozudo, obstinado, terco.
tela s.f. 1 cuadro, lienzo, tela. 2 pantalla (cinema, tv, computadora). 3 malla de alambre. 4 (fig.) objeto de discusión. *o assunto em tela*, asunto en discusión.
telecomunicação s.f. telecomunicación, comunicación a distancia.
telefonar v.t. y i. telefonear, hablar por telefono, llamar.
telefone s.m. teléfono. *telefone sem fio*, teléfono inalámbrico.
telefonema s.m. telefonazo, llamada telefónica.
telegrama s.m. telegrama.
telejornal s.m. telediario, telenoticiero.
telenovela s.f. serial, teleteatro, culebrón, novela televisiva.
telepatia s.f. transmisión del pensamiento, telepatía.
telescópio s.m. telescopio, catalejo, largavista.
telespectador s.m. televidente, telespectador.
televisão s.f. televisión, televisor.
telha s.f. 1 teja. 2 (pop.) tema, manía.
telhado s.m. techo, tejado, cubierta.
tema s.m. 1 asunto, tema, materia, cuestión, idea. 2 (mús.) tema, letra.
temer v.t. y i. tener miedo.
temeroso adj. cobarde, miedoso.
temperamental adj. temperamental, de humor o genio variable.
temperamento s.m. temple, temperamento, índole, naturaleza.
temperar v.t. 1 templar (un metal). 2 condimentar, aderezar, adobar. 3 amenizar, conciliar, armonizar, arreglar. 4 v.p. moderarse.
temperatura s.f. clima, temperatura.
tempestade s.f. borrasca, intemperie, temporal, tempestad.
tempestuosidade s.f. calidad de tempestuoso o intempestivo, tempestuosidad.
templo s.m. iglesia, templo.
tempo s.m. 1 tiempo, medida de la duración de las cosas. 2 edad, período, época, era. 3 sazón, vacación, ocasión.
têmpora s.f. sien.
temporada s.f. estación, temporada.
temporal adj. pasajero, temporal, transitorio, interino, secular.
temporário adv. 1 eventual, temporal. 2 transeúnte.
tenda s.f. pabellón o barraca militar de campaña, pabellón (de campamento), carpa, tienda de campaña o campamento.
tendão s.m. (anat.) tendón, nervio.
tender v.i. propender, inclinarse, presentar tendencia, tender.
tenente s.m. (mil.) teniente.
tênis s.m. 1 (Esp.) tenis. 2 calzado deportivo, zapatilla.
tenista s. tenista, *tênis de mesa*, ping-pong, tenis de mesa.
tensão s.f. tensión.
tentáculo s.m. tentáculo, cuerno.
tentar v.t. probar, ensayar, experimentar, intentar, estimular.
tentativa s.f. intento, prueba.
tênue adj. tenue, sutil, delicado.
teor alcoólico s.m. graduación.

ter *v.t.* 1 poseer, tener, sentir. 2 haber, existir. 3 disfrutar, juzgar.

terça *s.f.* la tercera parte, tercio. *terça-feira*, martes.

terceiro *adj. y num.* 1 tercero, tercer. 2 intercesor, medianero, intermediario.

terço *s.m.* 1 rosario. 2 la tercera parte, tercio.

terçol *s.m.* (med.) orzuelo.

termas *s.f.* (pl.) baños públicos, termas, aguas calientes y/o sulforosas.

térmico/a *adj.* térmico, relativo al calor o a las termas.

terminar *v.t.* acabar, finalizar, concluir, terminar, ultimar, rematar.

terminação *s.f.* conclusión, acabamiento, acabado.

termo *s.m.* término, límite, conclusión, fin. *termo técnico*, tecnicismo.

termômetro *s.m.* 1 termómetro. 2 (fig.) medida, síntoma.

terno/a *adj.* 1 afectuoso, cariñoso, amable, tierno.

terno *s.m.* 1 (Bras.) traje completo. 2 conjunto de tres, terno (saco o chaqueta, chaleco) trío, trinidad.

ternura *s.f.* cariño, afecto, ternura.

terra *s.f.* 1 globo terráqueo, planeta, tierra. 2 suelo, terreno, piso. 3 patria, nación, país, localidad.

terraço *s.m.* azotea, terraza.

terráqueo/a *adj.* terráqueo.

terremoto *s.m.* sismo, temblor de tierra, terremoto.

terreno *adj.* terrenal, terrestre.

terreno *s.m.* 1 parcela, lote, terreno, suelo. 2 (fig.) esfera de acción, campo de trabajo.

térreo/a *adj. e s.* 1 casa al nivel del suelo, de un solo piso. 2 planta baja. 3 (fig.) mundano.

terrestre *adj.* terráqueo, terrestre, terreno, terrenal, ser de la tierra.

terrícola *adj.* habitante de la tierra, terráqueo.

território *s.m.* territorio, paraje, región, país, nación, circunscripción.

terrível *adj.* terrible.

terror *s.m.* pánico, terror, pavor, miedo, espanto, susto.

tese *s.f.* tema, asunto, tesis, proposición, disertación.

tesoura *s.f.* tijera, tijereta.

tesourar *v.t.* 1 cortar con las tijeras, tijeretear. 2 (fig.) hablar mal de alguien, murmurar.

testa *s.f.* frente, parte frontal de la cabeza. *à testa de*, al frente, a la cabeza. *testa de ferro*, testaferro.

testar *v.t. y i.* 1 hacer testamento. 2 someter a ensayo o prueba.

teste *s.m.* examen, prueba, test.

testemunha *s.* testigo, espectador, prueba. *testemunha ocular*, testigo de vista, ocular. *testemunha de acusação*, testigo de cargo. *testemunha de defesa*, testigo de descargo.

testemunhar *v.t.* atestiguar, testimoniar, testificar.

testículo *s.m.* (anat.) testículo.

teta *s.f.* 1 (anat.) mama, teta, ubre. 2 (fig.) sustento.

tétano *s.m.* (med.) tétano, tétanos.

teto *s.m.* 1 techo, cielo raso. 2 abrigo.

teu *adj. y pron. pers.* tu, tuyo.

texto *s.m.* tema, texto, asunto. *livro de texto*, libro de texto, manual de estudios.

textual *adj.* literal, textual.

textura *s.f.* 1 tejido, textura. 2 (fig.) composición, estructura.

tez *s.f.* tez, piel, cutis.

ti *pron. pers.* 2ª *pers.* ti.

tia *s.f.* tía.

tico-tico *s.m.* 1 (Bras.) ave pequeña semejante al pardillo, especie de gorrión. 2 (pop.) pareja que convive sin casarse.

tigre *s.m.* (zool.) tigre.

tijolo *s.m.* adobe, ladrillo, baldosa.
til *s.m.* (gram.) tilde (señal gráfica), acento, sirve en portugués para marcar el sonido nasal de la vocal sobre la cual se coloca.
timão *s.m.* 1 (mar.) timón. 2 (fig.) gobierno, dirección.
time *s.m.* (Esp.) cuadro, equipo.
timidez *s.f.* verguenza, timidez.
tímido *adj.* tímido, apocado.
tímpano *s.m.* (anat.) y (mús.) tímpano, alabal, timbal.
tina *s.f.* cuba, tina, palangana, tinaja, bañera, lavabo, lavatorio.
tingir *v.t.* 1 teñir, colorear, pintar. 2 *v.p.* cambiar de color.
tinta *s.f.* pintura, tinta.
tinturaria *s.f.* tinte, tintorería.
tintureiro *s.m.* 1 tintorero. 2 especie de tiburón.
típico *adj.* original, típico, carcaterístico, modelo.
tipografia *s.f.* tipografía, imprenta, arte de imprimir.
tipógrafo/a *s.* impresor, tipógrafo.
tipoia *s.f.* cabestrillo.
tiragem *s.f.* tiraje, tirada.
tiranizar *v.t.* oprimir, esclavizar, tiranizar, avasallar, sojuzgar.
tirar *v.t.* arrancar, extraer, quitar, desplazar, desenvainar, sacar, tirar, tomar, retirar. *tirar as asas*, desalar. *tirar o corpo*, escamotear, rajarse, escabuyirse, escaparse. *tirar proveito*, aprovecharse.
tiritar *v.i.* temblar de frío, tiritar.
tiro *s.m.* disparo, descarga, tiro, estampido, detonación. *tiro ao alvo*, tiro al blanco. *tiro de escopeta*, escopetazo. *tiro de misericórdia*, tiro de gracia.
tiroteio *s.m.* tiroteo.
títere *s.m.* fantoche, títere, bufón.

titica de galinha *s.f.* caca, suciedad, inmundicia de gallina.
titubear *v.t.* vacilar, oscilar, dudar, titubear.
titular *adj. e s.* ocupante efectivo de un cargo, titular, que tiene título, poseedor de un documento.
toalete *s.m.* 1 tocador, cuarto de baño. 2 traje femenino de gala.
toalha *s.f.* 1 toallón (de baño), toalla, *toalha de papel*. toalla de papel. *toalha de mesa*, mantel.
tobogã *s.m.* tobogán.
toca *s.f.* madriguera. *toca de coelho*, conejera.
tocar *v.t.* tantear, palpar, tocar.
todavia *conj.* aún, pero, sin embargo.
todo *adj. y pron. indef.* 1 entero, completo. 2 cualquier/a. 3 cada, todo. 4 *adv.* por completo, todo. 5 *s.m.* conjunto, total, generalidad.
toicinho *s.m.* tocino, panceta.
toldo *s.m.* cobertizo, toldo, marquesin, pabellón, carpa.
tolerar *v.t.* aguantar, soportar, consentir, tolerar, padecer.
tolice *s.f.* majadería, tontería.
tolo/a *adj. e s.* necio, tonto, bobo.
tom *s.m.* 1 tono, entonación, ton, dejo. 2 (mús.) intervalo entre dos notas. 3 tonalidad, acento, moda.
tomada *s.f.* enchufe, clavija.
tomar *v.t.* 1 conquistar, agarrar, tomar, coger, ocupar. 2 beber, consumir. 3 llevar (tiempo, horas). 4 contratar. 5 robar. 6 aceptar. *tomar nota*, anotar, apuntar.
tomara *interj.* ¡Ojalá!
tomatal *s.m.* plantación de tomates.
tomate *s.m.* (bot.) tomate.
tomateiro *s.m.* tomatera (planta).
tombar *v.i.* 1 derribar, tumbar, derrumbar, sucumbir, abatir. 2 *v.t. y i.* volcar, inclinar. 3 *v.p.* volverse. 4 poner bajo la custodia del Estado, proteger y conservar bienes muebles o inmuebles como patrimonio cultural.

tombamento *s.m.* 1 caída, acción de derribar. 2 protección de bienes por parte del Estado, inventario o cadastro.

tombo *s.m.* 1 tropiezo, caída, tropezón. 2 inventario de bienes inmuebles. *levar um tombo*, caerse.

tômbola *s.f.* tómbola, lotería.

tomo *s.m.* tomo, volumen, fascículo, división en partes de una obra.

tonalidade *s.f.* 1 coloración, matiz, tonalidad, tinte. 2 (mús.) tono, tonalidad.

tonelada *s.f.* tonelada, símbolo T, peso de mil kilos.

tonificar *v.t.* fortalecer, tonificar, fortificar.

topar *v.t. y i.* 1 deparar, encontrar, tropezar, hallar a una persona o cosa inesperadamente. 2 *v.i.* aceptar una invitación o propuesta, acordar.

topete *s.m.* copete, tupé, jopo.

topo *s.m.* punta, cumbre, tope, cimo, cima, punto más alto.

toque *s.m.* 1 contacto, toque. 2 sonido, ruido. 3 apretón de manos. *toque de recolher*, queda, toque de queda.

tórax *s.m.* pecho, tórax, tronco.

torcedor/a *s.* hincha, de un deporte o de um equipo o club deportivo.

torcer *v.t.* 1 girar, dar vueltas, encorvar, torcer, falsear, desviar. 2 *v.t. y i.* (desp.) desear la victoria de su equipo, ser hincha de. 3 desear suerte. 4 *v.p.* doblegarse, torcerse, contorsionarse. *dar o braço a torcer*, confesar un error, dar el brazo a torcer, reconocer una falla.

torcicolo *s.m.* tortícolis, dolor en los músculos del cuello.

tornado *s.m.* huracán, tornado.

tornar *v.t.* 1 regresar, volver, retornar. 2 *v.p.* volverse, convertirse.

torneio *s.m.* certamen, combate, torneo.

torneira *s.f.* espita, canilla, surtidor, llave de paso, grifo.

tornozelo *s.m.* tobillo.

toró *s.m.* (Bras.) chaparrón, aguacero, tempestad, lluvia con viento.

torpe *adj.* torpe, deshonesto, infame, sórdido, impúdico, repulsivo, obsceno, asqueroso, lascivo.

torrão *s.m.* 1 terrón, suelo. 2 turrón (dulce). 3 (fig.) patria, terruño, territorio, pago.

torrar *v.t.* tostar, torrar (secar por el calor).

torre *s.f.* 1 fortaleza, torre, campanario. 2 pieza de ajedrez.

torreado *adj.* cercado de torres, en forma de torres.

torrencial *adj.* impetuoso, caudaloso, torrencial.

torrente *s.f.* 1 arroyo, torrente, fuerza impetuosa del agua. 2 (fig.) abundancia.

torresmo *s.m.* chicharrón, torrezno.

torso *s.m.* tronco de persona o estatua, dorso, busto sin cabeza ni brazos.

torta *s.f.* tortada, torta, pastel, tarta (dulce).

torto/a *adj.* 1 avieso, torcido. 2 (fig.) equivocado, de malas inclinaciones.

torturar *v.t.* 1 atormentar, martirizar, torturar, angustiar. 2 *v.p.* torturarse, afligirse, preocuparse en exceso.

torvelinho *s.m.* 1 torbellino, remolino. 2 agitación, rebelión.

tosse *s.f.* tos. *tosse comprida*, tos convulsa.

tossir *v.i.* toser.

tostar *v.t. y v.p.* 1 dorar, tostar, quemar levemente, tiznar, soflamar. 2 tostarse, broncearse al sol, tomar sol.

tostado *adj.* 1 tostado, quemado. 2 bronceado al sol, moreno, trigueño, de color obscuro.

total *adj.* completo, global, integral, total.

total *s.m.* montante, monta, total.

totalizar *v.t.* totalizar, sacar el total, realizar enteramente.

tourada *s.f.* corrida de toros, toreada, lidia.
tourear *v.t.* lidiar toros, torear.
tóxico *adj.* 1 venenoso, tóxico. 2 *s.m.* tóxico, veneno, ponzoña.
trabalhador /*a s.* obrero, operario, trabajador.
trabalhador/a *adj.* laborioso, activo, diligente.
trabalhar *v.t. y i.* 1 labrar, poner en orden, trabajar, laborar, laborear, poner en obra, manipular. 2 esforzarse, afanarse, ocuparse, funcionar.
trabalhismo *s.m.* laborismo.
traça *s.f.* (zool.) polilla, que come ropa.
tração *s.f.* (mec.) tracción, remolque, arrastre.
traçar *v.t.* 1 delinear, dibujar. 2 plantear, proyectar, trazar, esbozar.
tradição *s.f.* 1 tradición, usos, costumbres. 2 (for.) transferencia o transmición de bienes o derechos.
tradicional *adj.* tradicional, baseado o relativo a tradición.
tradução *s.f.* versión, traducción, interpretación.
tradutor/a *s.* intérprete, traductor, que pasa de una lengua, idioma o código para otro.
traduzir *v.t. y v.p.* 1 trasladar, traducir, interpretar. 2 manifestarse.
trafegar *v.i.* trafegar, traficar, transitar, transportar.
tráfego *s.m.* transporte, tráfico, tránsito.
traficante *adj. e s.* 1 traficante. 2 (pop.) narcotraficante.
traficar *v.t.* 1 mercadear, comerciar, traficar, vender, especular. 2 tránsito. 3 (pop.) hacer negocios fraudulentos.
tráfico *s.m.* 1 comercio, negocio, cambio de mercaderias. 2 (pop.) negocio ilícito. *tráfico de drogas*, narcotráfico.
tragar *v.t.* 1 engullir, ingerir, tragar, sorber, deglutir. 2 devorar, aspirar.
tragédia *s.f.* 1 tragedia, fatalidad, catástrofe. 2 el género trágico.

trago *s.m.* calada, copa, pelotazo, trago, deglución, engullimiento, bocado, bebida, sorbo, ingestión.
traidor/a *s.* traicionero, felón, traidor.
trailer *s.m.* 1 (ingl) colilla de una película, cortos, avance (film). 2 remolque, casa rodante (del inglés).
trair *v.t. y v.p.* 1 traicionar, ser infiel, engañar, desertar, denunciar. 2 comprometerse, denunciarse, entregarse.
trajeto *s.m.* recorrido, trayecto, tránsito, viaje.
trajetória *s.f.* vía, órbita, trayectoria.
trambicar *v.t.* (vulg.) perjudicar, dañar, engañar, trampear, estafar.
trambique *s.m.* (pop.) embuste, engaño, estafa, trampa.
trambiqueiro *s.m.* buhonero, engañador, embustero, estafador.
tramoia *s.f.* embuste, engaño, artificio, maquinación, estafa.
tranca *s.f.* travesaño, viga, tranca (de puerta).
trança *s.f.* 1 trenza. 2 (Bras.) intriga.
trançado *adj. e s.m.* 1 entrelazado, trenzado. 2 peinado en trenza.
trançar *v.t.* entrenzar, trenzar.
trancar *v.t. y v.p.* 1 trancar, poner bajo llave, cerrar con tranca, meter preso. 2 encerrarse. *trancar matrícula*, abandonar temporalmente un curso universitario.
tranquilizar *v.t. y v.p.* 1 sosegar, aplacar, acalmar, aquietar, tranquilizar, apaciguar, serenar. 2 serenarse.
tranquilo *adj.* sosegado, calmo, quieto, tranquilo, sereno.
transa *s.f.* (pop.) relación amorosa sin compromiso, acto sexual fuera del matrimonio.
transar *v.t. y v.i.* 1 (pop.) fornicar. 2 (vulg.) coger, follar. 3 practicar el acto sexual.
transbordar *v.i.* extravasar, desbordar, derramar, transbordar.

transcendência *s.f.* trascendencia, transcendencia.
transcender *v.t. y i.* 1 trascender, transcender, ser superior, ultrapasar. 2 distinguirse.
transcrever *v.t.* transcribir, trasladar, copiar, trasuntar.
transcrição *s.f.* copia, traslado transcripción.
transeunte *adj. e s.m.* 1 transeúnte, caminante. 2 temporal, paseante.
transferência *s.f.* transpaso, transferencia, transmisión, mudanza, permuta, cambio.
transferir *v.t. y v.p.* 1 mudar, desplazar, transferir, transmitir, transponer. 2 mudarse, trasladarse.
transformar *v.t. y v.p.* 1 alterar, convertir, mudar, transformar, modificar, cambiar, desfigurar. 2 convertirse en, disfrazarse.
transfusão *s.f.* transfusión (de sangre).
transição *s.f.* transición, pasaje, mudanza, cambio, paso.
transitar *v.i.* pasar, andar, transitar, circular, recorrer.
transitável *adv.* practicable, transitable.
transitivo/a *adj.* (gram.) transitivo, verbo que pasa la acción del sujeto al objeto.
transitório/a *adj.* pasajero, momentáneo, breve, fugaz, efímero, transitorio.
transitoriedade *s.f.* transitoriedad, fugacidad, temporalidad.
trânsito *s.m.* 1 movimiento, circulación de gente, animales o vehículos. 2 tráfico.
translação *s.f.* transferencia, traslado, transporte, movimiento de los astros.
transladar *v.t. y v.p.* 1 trasladar, transferir, copiar, transcribir. 2 mudar, transportar. 3 transladarse, mudarse.
transmitir *v.t.* 1 propagar, pasar, transmitir, transferir, endosar, enviar, exhalar. 2 (med.) contagiar. 3 dar noticia, participar.
transparecer *v.p.* translucir, traslucir, transparentear, insinuar, dejar entrever.

transparecer *v.i.* translucirse, transparentarse, manifestarse.
transparência *s.f.* 1 diafaneidad, limpidez, claridad, transparencia. 2 (fig.) cristal.
transparente *adj.* 1 claro, límpido, transparente. 2 evidente, manifiesto, diáfano.
transpirar *v.i.* sudar, transpirar, traspirar.
transplantar *v.t.* 1 transplantar (plantas), transferir, trasladar. 2 (med.) hacer transplante de órganos vitales.
transplante *s.m.* (med.) trasplante.
transtornar *v.t.* desarreglar, perturbar, transtornar, turbar, disgustar, molestar.
transtorno *s.m.* 1 contrariedad, dificuldad, desorden, trastorno, pesar. 2 alteración mental.
transversal *adj.* 1 oblícuo, colateral, transverso. 2 *s.f.* (geom.) transversal.
trapacear *v.t.* 1 estafar, engañar, mentir, usar de trapacerías. 2 hacer trampas en el juego.
trapézio *s.m.* 1 trapecio, instrumento de gimnasia. 2 (geom.) trapecio. 3 (anat.) nombre de hueso y músculo.
trapezista *s.* equilibrista del trapecio, trapecista.
trapo *s.m.* colgajo, piltrafa, trapo.
trás *prep.* detrás, en pós de.
trás *adv.* atrás, trás.
traseira *s.f.* retaguardia, parte posterior, trasera.
traseiro/a *s.* 1 trasero, nalgas, fundillos. 2 (vulg.) cola, culo.
traste *s.m.* 1 armatoste, cacharro, cachivache, chatarra, trasto, chirimbolo, cascajo. 2 persona inútil, mequetrefe.
tratamento *s.m.* 1 tratamiento, medicación, régimen, cura, receta. 2 trato, respeto, título, denominación.
tratar *v.t.* 1 medicar, curar, tratar, ajustar. 2 intentar, empeñarse. 3 denominar, nombrar, llamar.

tratar *v.p.* cuidarse, tratarse, llamarse. *tratar mal*, maltratar.
trator *s.m.* tractor.
tratorista *s.* persona que conduce un tractor.
trauma *s.m.* lesión, trauma, contusión, traumatismo, conmoción.
traumatizar *v.i.* traumatizar, causar un trauma.
trava *s.f.* mordaza, trabazón, bloqueo.
travado/a *adj.* 1 ligado, unido, trabado. 2 embarazado, enredado. 3 inmovilizado (vehículo).
travar *v.t.* 1 bloquear, trabar, agarrar. 2 entablar, conocer.
travessa *s.f.* 1 traviesa, madero, travesaño. 2 camino transversal, travesía. 3 fuente, bandeja, bocacalle.
travessão *s.m.* 1 guión, raya. 2 para separar frases en un texto, brazos de la balanza, travesaño o viga.
travesseiro *s.m.* almohada.
travessia *s.f.* viaje, travesía.
travessa *s.f.* 1 transversal. *rua travessa*, calle que corta, callejuela, calle transversal. 2 plato, fuente o bandeja para servir comidas.
travesso/a *adj.* travieso.
travessura *s.f.* diablura, travesura.
travesti *s.m.* travestido, travesti, transexual.
trazer *v.t.* 1 traer, transportar. 2 acarrear, causar. 3 ser portador de.
trecho *s.m.* 1 tramo (estrada). 2 extrato, fragmento, trecho, pedazo o porción.
trêfego *adj.* 1 sagaz, disimulado, astuto. 2 bullicioso, travieso, inquieto.
trégua *s.f.* tregua, armistício, alto el fuego, cese de hostilidades.
treinado/a *adj.* adiestrado, preparado.
treinador *s.m.* entrenador, amaestrador.
treinamento *s.m.* entrenamiento, adiestramiento, amaestramiento.

treinar *v.t. y v.p.* entrenar (se), ejercitar(se), preparar(se), amaestrar.
treino *s.m.* preparación, adiestramiento, amaestramiento.
trejeito *s.m.* ademán, gesticulación, afectación.
treliça *s.f.* espaldera, armazón de madera, divisoria.
trem *s.m.* 1 ferrocarril, tren. 2 cosa.
trema *s.m.* (gram.) diérisis, diéresis crema, trema, puntación gramatical, puntuación.
tremedeira *s.f.* temblor.
tremendo/a *adj.* enorme, horroroso, tremendo.
tremer *v.t. y i.* 1 temblar. 2 tiritar.
tremoço *s.m.* (bot.) altramuz (planta y su fruto), lupino.
tremor *s.m.* temblor, tembladera.
trêmulo *adj.* tembloroso, trémulo.
trenó *s.m.* trineo.
trepada *s.f.* 1 ladera, subida, cuesta arriba. 2 coito, acto sexual.
trepadeira *s.f.* (bot.) enredadera, planta trepadora.
trepar *v.i.* 1 trepar, escalar, subir. 2 fornicar. 3 (vulg.) follar, coger.
trepidação *s.f.* temblor.
trepidar *v.i.* temblar, trepidar.
tresnoitar *v.i.* trasnochar, pernoctar en un hotel o posada.
trespassar *v.t.* ensartar, traspasar.
treta *s.f.* embuste, engaño, maña, ardid, treta, artimaña, artificio, (pl.) cuentos, embustes.
trevas *s.f.* 1 (pl.) tinieblas. 2 (fig.) ignorancia.
trevo *s.m.* 1 (bot.) trifolio, trébol. 2 (arquit) rotonda, plaza circular.
treze *s.m. e num.* trece.
trezentos *s.m. y num.* trescientos.
triagem *s.f.* selección, tría.
triangular *adj.* triangular.
triângulo *s.m.* (geom.) triángulo.

tribo *s.f.* tribu, clan, grupo.
tribulação *s.f.* aflicción, tribulación.
tribuna *s.f.* púlpito, tribuna.
tribunal *s.m.* tribunal, juzgado. *tribunal de justiça*, audiencia. *tribunal do júri*, jurado. *tribunal estadual*, Tribunal Constitucional. *tribunal regional*, audiencia.
tributar *v.t.* 1 tributar (impuestos), gravar. 2 rendir homenaje.
tributo *s.m.* 1 tasación, arancel, impuesto. 2 homenaje, agasajo.
tricô *s.m.* hacer punto, tricot, tejido.
tricotar *v.i.* tricotar, hacer tricot, tejer.
trifásico *adj.* (fís.) trifásico.
trigal *s.m.* campo sembrado de trigo, trigal.
trigêmeo/a *adj. e s.* trillizo.
trigo *s.m.* 1 trigo. 2 (fig.) pan.
trigonometria *s.f.* (mat.) trigonometría.
trilha *s.f. sendero*, rastro, huella, vereda. *trilha sonora*, banda sonora, pista de um CD.
trilhar *v.t.* 1 surcar, trillar, recorrer, tomar. 2 seguir (camino).
trilho *s.m.* vía del tren, *sair do trilho*, descarrilarse.
trinca *s.f.* 1 grieta. 2 terno (juego).
trincar *v.t. y i.* 1 partir, rajarse, trinchar. 2 *v.p.* agrietarse, rajarse.
trinchar *v.t.* tronchar, partir en trozos, trinchar.
trincheira *s.f.* barricada, trinchera.
trinco *s.m.* pestillo, picaporte, trinquete.
trio *s.m.* terna, trío, terceto.
tripa *s.f.* tripa, revoltijo. *fazer das tripas coração*, hacer de tripas corazón, resignarse y seguir luchando.
tripé *s.m.* trípode.
triplicar *v.t. y v.p.* triplicar.
triplo *adj. s.m. y num.* triple.
tripulação *s.f.* tripulación.
tripulante *s.* tripulante.
tripular *v.t.* tripular, dirigir.

triste *adj.* alicaído, desconsolado, pesaroso, triste.
tristonho *adj.* melancólico, tristón.
triteza *s.f.* aflicción, tristeza.
triturar *v.t.* triturar, destrozar.
triunfante *adj.* vencedor, triunfante.
triunfar *v.i.* vencer, superar, triunfar.
triunfo *s.m.* victoria, triunfo.
trivial *adj.* trivial, vulgar.
trivialidade *s.f.* trivialidad, frivolidad, vulgaridad.
triz *s.m.* tris, instante, momento, *loc. adv. por um triz*, por un pelo, por poco, en un tris.
troar *v.i.* tronar, retumbar.
troca *s.f.* canje, trueca, cambio, trueque, intercambio.
trocadilho *s.m.* juego de palabras.
trocado *adj. e s.m.* 1 calderilla, chatarra, suelto. 2 vuelto, cambio en dinero chico.
trocar *v.t.* 1 cambiar, permutar, trocar, substituir, canjear. 2 confundir, alternar, convertir. 3 *v.p.* vestirse. *trocar ideias*, intercambiar ideas. *trocar as bolas*, confundirse. *trocar em miúdos*, detallar.
troco *s.m.* cambio, dinero suelto, sencillo. *dar o troco*, vengarse.
troço *s.m.* 1 parte, pedazo, trozo, cosa. 2 trasto, chatarra, inutilidad.
troféu *s.m.* trofeo, copa, triunfo.
troglodita *adj. s. m. y f.* troglodita.
trólebus *s.m.* trolebús, trolei.
trolha *s.f.* paleta de albañil, llana.
tromba *s.f.* 1 trompa, morro, hocico. 2 (pop.) nariz, cara, semblante. 3 (vulg.) jeta, morro. *estar de tromba*, estar de mal humor, hacer trompa.
trombada *s.f.* encontronazo, colisión, golpe, trompazo, choque.
trombadinha *s.m.* (pop.) ladronzuelo, ladrón que asalta en la calle.
trombeta *s.f.* trompeta.

trombone *s.m.* (mús.) trombón, sacabuche. *pôr a boca no trombone*, denunciar, reclamar de viva voz.
trompa *s.f.* 1 trompeta, trompa, clarín. 2 (med.) ducto, trompa.
trompete *s.* (mús.) trompeta, trompetista.
tronco *s.m.* 1 leño, madero. 2 tronco, torso. 3 (fig.) origen común de una familia.
tropeção *s.m.* tropiezo, tropezón.
tropeçar *v.i.* 1 tropezar. 2 (fig.) caer, encontrar una dificuldad.
tropeço *s.m.* 1 tropezón, tropiezo. 2 (fig.) estorbo, embarazo, obstáculo.
tropical *adj.* tropical, de los trópicos.
trópico *s.m.* trópico.
trotador *s.m.* trotón, caballo de trote.
trotar *v.i.* 1 correr, cabalgar al trote, trotar. 2 (fig.) andar muy de prisa.
trote *s.m.* 1 trote (andar acelerado del caballo), trote. 2 cargada, broma de mal gusto, novatada, recepción a los novatos en la universidad.
trouxa *adj. e s.* 1 (pop.) tonto, papanatas, otario, baboso, bruto. 2 fardo, lío, paquete de ropa, muda de ropa para cambiarse.
trovão *s.m.* trueno, estruendo.
trovejar *v.i.* tronar, retumbar.
trovoada *s.f.* tempestad con muchos truenos, tormenta.
truncar *v.t.* 1 cortar, omitir, truncar (texto). 2 mutilar, partir, tronchar.
truque *s.m.* ardid, truco. *cheio de truques*, ardiloso.
truta *s.f.* trucha.
tigela *s.f.* cuenco, vasija, tazón, fuente, escudilla. *de meia tigela*, de poco valor, de mentiritas, falso.
tu *pron. pess. 2ª pess. sing.* tú.
tua *adj. y pron. pess. 2ª pess.* tuya.
tubarão *s.m.* 1 tiburón. 2 (fig.) magnata.
tubérculo *s.m.* (bot.) tubérculo.
tuberculoso/a *adj.* tísico, tuberculoso.

tubo *s.m.* 1 conducto, tubo, caño. 2 (med.) canal, ducto.
tubulação *s.f.* tubería, cañería.
tubular *adj.* en forma de tubos.
tudo *pron. indef.* la totalidad, todo. *eis tudo*, no hay más que decir. *mais que tudo*, principalmente. *ser tudo um*, ser la misma cosa.
tufão *s.m.* huracán, vendaval, tifón.
tule *s.m.* tul (tejido transparente).
tulipa *s.f.* (bot.) tulipán, tulipa.
tumba *s.f.* 1 sepultura, sepulcro, tumba. 2 (fig.) persona reservada.
tumor *s.m.* (med.) tumor.
tumultuar *v.t. y i.* alborotar, desordenar, trastornar, tumultuar.
tumulto *s.m.* tisturbio, alboroto, turbulencia, confusión. *em tumulto*, desordenadamente.
tunda *s.f.* paliza, zurra, tunda, biaba.
túnel *s.m.* camino subterráneo, túnel.
túnica *s.f.* túnica.
turbilhão *s.m.* remolino, maremagno.
turbina *s.f.* (técn) turbina.
turboélice *s.m.* (mec.) turbohélice, turbopropulsor.
turborreator *s.m.* (mec.) turborreactor.
turbulência *s.f.* agitación, alboroto, confusión, perturbación, turbulencia.
turbulento *adj.* inquieto, perturbado.
turismo *s.m.* 1 turismo. 2 viaje de recreo.
turista *s.* turista.
turístico/a *adj.* turístico.
turma *s.f.* 1 pandilla, grupo de amigos, multitud, bando, turba. 2 alumnos de una clase, turno, tanda. 3 escuadrón o clase del servicio militar, o de un grupo de doctorados en un mismo año, etc.
turnê *s.f.* gira, tour (del francés).
turno *s.m.* 1 período, orden. 2 división de la jornada, mano, vez, tanda.
turquesa *s.f.* (geo.) turquesa.
turquesa *s.m.* azul verdoso.

turrão *adj. e s.m.* obstinado, terço, cabezadura, testarudo.
turvar *v.i.* enturbiar, nublar.
tutear *v.t. y v.p.* tratar de tú, tutear. 2 tratarse de tú, tutearse.
tutela *s.f.* tutela, amparo.
tutelar *v.t.* (for.) proteger, amparar, tutelar.
tutor *s.m.* (for.) tutor, protector, defensor, representante legal de menor de edad.
tutoria *s.f.* 1 tutela, tutoría. 2 (fig.) protección.
tutu *s.m.* 1 (pop.) plata, dinero, (pop.) pasta (Esp.), lana (Méx.), guita (Arg.), ogro. 2 (Bras.) plato de frijoles con yuca, harina de mandioca. 3 fidellín usado por las bailarinas de danza clásica.

U u

u, U *s.m.* 1 vigésima primera letra del alfabeto portugués y su quinta vocal; su nombre es *u*. 2 símbolo del uranio.
u *adj.* indica el 21º lugar de una serie.
ué *interj.* (Bras.) expresa espanto, admiración.
ufa *interj.* ¡uf! ¡Ah! ¡Oh! expresa admiración o placer.
ufo *s.m.* OVNI. objeto volador no identificado, plato volador, platillo, disco volador.
uivar *v.i.* 1 aullar. 2 (fig.) gritar.
uivo *s.m.* aullido.
úlcera *s.f.* úlcera, llaga.
ulterior *adj.* posterior, ulterior, futuro.
ultimamente *adv.* últimamente.
ultimar *v.t.* concluir, ultimar, terminar, cumplir.
ultimato *s.m.* ultimátum, ultimato, resolución irrevocable.
último/a *adj.* 1 final, último, reciente, postrero, final; actual, moderno. 2 (fig.) el menor, despreciable, vil.
ultra *adj.* ultra.
ultrajante *adj.* ultrajoso, vejatorio, ultrajante.
ultrajar *v.t.* difamar, ultrajar.
ultraje *s.m.* insulto, agravio, ultraje.
ultramar *adj.* ultramar.
ultrapassado/a *adj.* superado, obsoleto, anticuado.
ultrapassagem *s.f.* acción de sobrepasar, exceder, aventajar, de pasar más allá.
ultrapassar *v.t.* sobrepasar, transponer, sobrepujar, exceder, superar.
ultrassonografia *s.f.* ecografía.
ultravioleta *adj. e s.m.* (fís.) ultra-violeta.

um *num. adj. e s.m.* un, uno; alguno, cierto, uno; número uno; (pl.) aproximadamente, alrededor de.
uma *num. adj. y art. indef.* una, femenino de un.
umbanda *s.f.* culto afrobrasileño.
umbigo *s.m.* (anat.) ombligo, pupo.
umbral *s.m.* umbral; (arquit) dintel.
úmero *s.m.* (anat.) húmero.
umidade *s.f.* humedad.
úmido *adj.* húmedo.
umedecer *v.t. y v.p.* mojar(se), humedecer(se).
unanimidade *s.f.* unanimidad.
unção *s.f.* 1 ungimiento, unción. *estrema unção*, extremaunción.
ungir *v.t.* consagrar, sacramentar.
unguento *s.m.* (med.) emplasto, unguento.
unha *s.f.* 1 uña, pezuña, garra, gancho. 2 mano, garra. *unhas de fome*, tacaño. *com unhas e dentes*, con todas las fuerzas. *ter na unha*, en la palma de la mano. tener en su poder. *unha encravada*, uña enclavada.
unhada *s.f.* arañazo, uñada, rascuño, rasguño.
união *s.f.* 1 matrimonio, enlace, unión. 2 unidad.
unicamente *adv.* solamente, únicamente, apenas.
único *adj.* solo, uno, único, sin par, singular, absoluto.
unidade *s.f.* 1 uno, unidad, unión, singularidad; cantidad, uno. 2 (mil.) formación, cuadro, sector. 3 (fig.) uniformidad. *unidade de terapia intensiva*, unidad de cuidados intensivos.
unido *adj.* ligado, junto, unido.
unificação *s.f.* unificación, fusión, unión.

unificar *v.t. y v.p.* unificarse, unirse, aunarse.
uniforme *adj.* uniforme, monótono, regular, parejo.
uniforme *s.m.* uniforme (el traje).
uniformizar *v.t.* uniformar, unificar, emparejar.
unir *v.t. e v.p.* unir(se), juntar (se).
unissex *adj.* unisex, unisexo.
uníssono *adj.* unísono. *em uníssono*, unánimemente, al unísono, en coro.
unitário *adj.* unitario.
universal *adj.* universal, mundial.
universidade *s.f.* universidad.
universitário *adj. e s.m.* universitario.
universo *s.m.* universo, mundo.
untar *v.t.* 1 engrasar, untar. 2 (fig.) corromper, sobornar.
upa! *interj.* (Bras.) ¡aúpa!
urbanidade *s.f.* urbanidad.
urbanismo *s.m.* urbanización, urbanismo.
urbanista *adj. e s.m.* urbanista.
urbanização *s.f.* urbanización.
urbanizar *v.t.* urbanizar, civilizar.
urbano *adj.* urbano, ciudadano, metropolitano.
urdir *v.t.* entretejer, tramar, maquinar.
ureia *s.f.* (med.) urea.
uretra *s.f.* (med.) uretra.
urgência *s.f.* apremio, prisa, urgencia; apuro.
urgente *adj.* urgente.
urgir *v.i.* apremiar, precisar, instar, acuciar, ser inminente, necesitar.
urinar *v.i.* orinar, mear.
urina *s.f.* 1 orín, orina. 2 (pop.) pis.
urinário *adj.* urinario, relativo a la orina.
urinol *s.m.* orinol, bacín; urinario.
urna *s.f.* 1 caja, urna, arca. 2 caja mortuaria.
urologia *s.f.* (med.) urología.
urologista *adj. e s.* urólogo.
urrar *v.i.* 1 bramar, rugir. 2 (fig.) gritar, vocear.
urro *s.m.* bramido, rugido, aullido.
ursinho *s.m.* 1 osezno. 2 (fam.) osito.
urso *s.m.* oso.

urtiga *s.f.* (bot.) ortiga.
urubu *s.m.* (zool.) buitre, carancho, gallinazo; zope, zopilote.
usar *v.t.* 1 usar, utilizar, tener por costumbre, soler, gastar. 2 *v.i.* hacer uso de; llevar, vestir.
usado *adj.* gastado, usado.
usina *s.f.* (Bras.) ingenio azucarero. *usina de álcool*, alcoholera.
usineiro *adj. e s.m.* 1 que trabaja en un ingenio o en usina; fabricante de azúcar. 2 usina eléctrica.
uso *s.m.* 1 costumbre, práctica, hábito, uso. 2 (for.) usufructo, goce. *fora de uso*, en desuso.
usual *adj.* usual, frecuente, cotidiano, de rutina, habitual.
usucapião *s.m.* (for.) derecho de dominio por el uso; usucapión.
usufruir *v.t.* gozar de, poseer, usufructar, tener el usufructo de alguna cosa, disfrutar, lucrar.
usufruto *s.m.* goce, usufructo, rendimiento, provecho.
usurário *adj. e s.m.* usurero.
usurpar *v.t.* apoderarse, adueñarse, usurpar.
usurpador *adj. e s.m.* usurpador, impostor.
utensílio *s.m.* herramienta, artefacto, utensilio, pertrecho, (pl.) enseres, útiles, aparejos.
útero *s.m.* (med.) útero, matriz.
útil *adj.* provechoso, útil. *dias úteis*, días de trabajo, días hábiles.
utilidade *s.f.* provecho, utilidad, uso.
utilitário *adj.* 1 utilitario. 2 (Bras.) camioneta que sirve para el transporte y reparto.
utilizar *v.t.* 1 usar, aprovechar, utilizar. 2 *v.i.* tener utilidad. 3 *v.p.* echar mano de, servirse.
utopia *s.f.* fantasía, utopía, quimera.
utópico *adj.* utópico, irreal, fantástico, irrealizable.
uva *s.f.* 1 uva. *cacho de uvas*, racimo de uvas. *uva passa*, pasa de uva. 2 (Bras.) mujer muy sensual.

V v

v, V *s.m.* 1 vigésima segunda letra del alfabeto portugués y décima quinta se sus consonantes. 2 cinco (V) en mayúscula, en la numeración romana.

vã *adj.* vana, vacía, frívola, hueca.

vaca *s.f.* (zool.) vaca. *mão de vaca*, avariento, tacaño. *os tempos das vacas gordas*, el tiempo de abundancia. *nem que a vaca tussa*, ni pensar, jamás.

vacância *s.f.* 1 vacancia, cargo, empleo vacío, que está por proveer. 2 empleo, dignidad a ser provisto. 3 no ocupado.

vacante *adj.* libre, desocupado, vacante; vacilación, vacío.

vacilante *adj.* inseguro.

vacilar *v.i.* oscilar, titubear, vacilar.

vacina *s.f.* (med.) vacuna.

vacinação *s.f.* vacunación.

vacinar *v.t. y v.p.* vacunar(se).

vácuo *adj. e s.m.* vacío. *a vácuo*, al vacío.

vadiagem *s.f.* holgazanería, ociosidad, haraganería.

vadio *adj. e s.m.* vago, holgazán, ocioso, haragan, perezoso.

vadiar *v.i.* vagabundear. ¡Ojo! "vadear", en español. vencer una dificultad.

vaga *s.f.* 1 oportunidad de empleo vacante. 2 lugar vazio.

vagabundear *v.i.* vagabundear.

vagabundo *adj. e s.m.* 1 errante, vago, vagabundo, ocioso. 2 *adj.* cosa de segunda clase, ordinaria.

vaga-lume *s.m.* 1 (zool.) bicho de luz, luciérnaga. 2 acomodador de cine o teatro.

vagão *s.m.* vagón, coche. *vagão dormitório*, coche cama.

vagaroso *adj.* lento, moroso. ¡Ojo! "vagaroso" en español. poético, que vaga y se mueve con facilidad.

vagar *v.i.* 1 vaguear, vagar. 2 quedar libre, vacío (en espacio).

vagem *s.f.* 1 (bot.) vaina. 2 chaucha. 3 judía verde.

vagina *s.f.* (anat.) vagina.

vago/a *adj.* 1 ambiguo, vago. 2 impreciso. 3 vacío, libre, vacante.

vaguear *v.i.* vagar, vaguear.

vaia *s.f.* abucheo, gritería, burla.

vaiar *v.t. y i.* abuchear, chiflar.

vaidade *s.f.* vanidad.

vaidoso/a *adj.* vanidoso.

vaivém *s.m.* 1 vaivén. 2 (fig.) vicisitud, altibajo.

vala *s.f.* sepultura común, cueva, vala; hoyo, fosa.

vale *s.m.* 1 desfiladero, cuenca, valle (río), cañón. 2 (com.) recibo, vale, comprobante, pagaré.

valente *adj.* valiente, bravo.

valentão *adj. e s.m.* valentón, bravucón, guapo (en el Rio de la Plata, antiguo).

valentia *s.f.* valor, valentía, coraje.

valer *v.t.* 1 costar, valer, ser digno, tener provecho, convenir. 2 *v.i.* estar en vigor. 3 *v.p.* valerse. *pra valer*, en serio. 4 (pop.) *interj. valeu*, ¡Vale!

valeta *s.f.* cuneta, zanja, vado.

validade s.f. validez.
válido adj. capaz, válido, valedero.
valioso/a adj. valioso, importante, poderoso.
valise s.f. valija, maletín, maleta o valija pequeña.
valor s.m. 1 precio, importe. 2 valor, coraje, valentía. 3 (pl.) valores.
valorização s.f. estimación, valorización, valoración.
valorizar v.t. 1 valorar, valorizar. 2 v.p. darse valor.
valoroso/a adj. fuerte, valiente, corajudo, valeroso.
valsa s.f. (mús.) vals (danza y música).
válvula s.f. vávula. *válvula de segurança*, válvula de seguridad.
vandalismo s.m. barbarie, vandalismo.
vândalo/a adj. e s. bárbaro, salvaje, vándalo.
vangloriar-se v.p. ufanarse, alabarse, jactarse, vanagloriarse.
vanguarda s.f. vanguardia, delantera.
vanguardista adj. 1 que va en la primera línea, al frente de. 2 vanguardista.
vantagem s.f. ventaja, provecho. *contar vantagem*, fanfarronear. *dar vantagem*, dar cancha. *tirar vantagem*, sacar ventaja.
vantajoso adj. provechoso, útil, ventajoso.
vão s.m. 1 abertura, hueco, vano. 2 vacío, frívolo, fútil, pasajero. 3 *loc. adv. em vão*, en vano.
vapor s.m. vapor. *a todo vapor*, a toda máquina.
vaporização s.f. vaporización.
vaporizador s.m. pulverizador.
vaporoso adj. leve, sutil, vaporoso.
vara s.f. 1 ramo delgado de árbol. *vara de pescar*, caña de pescar. 2 (for.) jurisdicción. *camisa de onze varas*, gran dificultad. *tremer como varas verdes*, tener mucho miedo. *varinha de condão*, varita mágica.

varal s.m. 1 tendedero, colgador. 2 (Bras.) cuerda de tender la ropa.
varanda s.f. balcón, terraza.
varão s.m. varón.
varar v.t. 1 atravesar. 2 *varar a noite*, desvelarse, trasnochar.
varejista adj. e s. tendero, comerciante minorista.
varejo s.m. comercio minorista; venta al por menor. *a varejo*, al por menor.
variação s.f. alteración, variación.
variado/a adj. variado, distinto.
variante adj. variable, movible.
variante s.f. gradación, diversidad, modificación.
variar v.t. y i. alterar, transformar, variar, cambiar, alternar.
variável adj. variable.
variedade s.f. 1 diversidad, variedad. 2 (pl.) (tea.) variedades.
varíola s.f. (med.) viruela.
varonil adj. varonil, masculino.
varrer v.t. 1 barrer, pasar la escoba. 2 (fig.) expulsar; hacer olvidar. 3 v.i. desvanecerse, olvidar.
varredor adj. e s.m. barrendero, barredor.
vasculhar v.t. catear, escudriñar, examinar, pesquisar, investigar.
vaselina s.f. vaselina.
vasilha s.f. vasija, bidón, bacía, envase.
vasilhame s.m. envase, vasija, casco.
vaso s.m. 1 jarro, florero; maceta, tiesto (xaxim). 2 (med.) ducto, arteria, capilares sanguíneos, vaso. 3 (mar) buque. *vaso sanitário*, inodoro, excusado.
vassoura s.f. escoba para barrer el piso. ¡Ojo! "escova" (cepillo en español). ¡Ojo! "basura" (lixo en español) .
vatapá s.m. (Bras.) plato típico brasileño (Bahia).

vazado *adj.* 1 vaciado, derramado, vertido. 2 fundido.

vazamento *s.m.* 1 fuga, escape, pérdida de un líquido, infiltración. 2 moldeado.

vazão *s.f.* desague, escurrimiento, salida, evacuación, derrame, flujo.

vazar *v.t.* 1 verter, derramar, perder, vaciar, filtrar, excavar, perforar, abrir hueco. 2 *v.i.* agotarse, salirse. 3 fundir. 4 dejar escapar una noticia o información no autorizado.

vazio *adj.* desocupado, vacío; hueco.

vê *s.m.* nombre de la letra v.

veado *s.m.* 1 (zoo.) venado, ciervo, gamo. 2 (Bras.) maricón, pederasta; puto (usos vulgares para homosexual masculino).

vedação *s.f.* cierre hermético, sellado, prohibición, veda, vedación.

vedado *adj.* impedido, prohibido, vedado.

vedar *v.t.* estancar, impedir, privar, cerrar, prohibir.

veemência *s.f.* vehemencia.

veemente *adj.* vehemente.

vegetação *s.f.* vegetación.

vegetal *adj.* vegetal.

vegetal *s.m.* planta, vegetal.

vegetar *v.i.* 1 (bot.) vegetar. 2 (fig.) vivir una vida inerte.

vegetariano *adj.* vegetariano.

veia *s.f.* (anat.) vena, vaso sanguíneo.

veículo *s.m.* 1 vehículo (medio de transporte), carro, coche. 2 *s.m.* vehículo (media, medio de comunicación).

vela *s.f.* 1 cirio, vela. 2 (mar) paño, vela. 3 vigilia, velatorio.

velar *v.t.* 1 vigilar, velar; ocultar, cubrir. 2 cuidar, vigilar, velar por.

velar *v.i.* trasnochar, velar; desvelar.

velha *s.f.* anciana, vieja.

velhacaria *s.f.* canallada.

velhaco *adj.* bellaco, canalla.

velharia *s.f.* trasto, cachivache.

velhice *s.f.* vejez, madurez.

velho *adj. e s. m.* 1 anciano, viejo, anticuado. 2 (Bras.) modo con que los hijos llaman a su padre. *Velho mundo*, Mundo Antiguo, Europa.

velocidade *s.f.* ligereza, velocidad.

velório *s.m.* funeral, velorio.

veludo *s.m.* 1 terciopelo. 2 corderoy.

vencedor *adj. e s.m.* victorioso, triunfador, vencedor, triunfante.

vencer *v.t. y i.* 1 ganar, vencer, derrotar. 2 prescribir, vencer, perder la validez. 3 dar abasto.

vencer *v.p.* dominarse.

vencido *adj.* derrotado, vencido.

vencimento *s.m.* vencimiento.

venda *s.f.* 1 tienda, venta. 2 venda, lienzo, vendaje. 3 (fig.) ceguera. *ter uma venda nos olhos*, no saber qué pasa, no enterarse.

vendar *v.t.* 1 tapar los ojos. 2 vendar, hacer un curativo.

vendaval *s.m.* borrasca, vendaval, tormenta; viento fuerte.

vendedor *adj. e s.m.* dependiente, vendedor.

vender *v.t.* vender. vender-se prostituirse, dejarse sobornar.

veneno *s.m.* ponzoña, veneno.

venenoso *adj.* ponzoñoso, venenoso.

veneração *s.f.* veneración, idolatración.

venerar *v.t.* idolatrar, venerar.

veneta *s.f.* capricho, ventolera. *dar na veneta*, dar le a uno la gana. *estar de veneta*, estar de mal humor, de genio variable.

veneziana *s.f.* rejilla, postigo, contra-ventana.

ventania *s.f.* viento fuerte y prolongado, ventolera.

ventar *v.i.* soplar, ventear, ventar, haber aire.

ventilação *s.f.* ventilación.

ventilador *s.m.* ventilador.

ventilar *v.t.* airear, ventilar.

vento *s.m.* viento. *de vento em popa*, yendo muy bien, viento a favor, viento en popa. *soltar palavras ao vento*, hablar a tontas y locas.
ventre *s.m.* panza, buche, vientre.
ventura *s.f.* suerte, ventura, azar.
ver *v.t.* observar, descubrir. *a meu ver*, según mi parecer. *ficar a ver navios*, no obtener lo deseado. *fazer ver*, demostrar. *até mais ver*, ¡Habráse...!, hasta la vista. *já se vê*, es evidente. *onde já se viu!*, ¡Habráse visto!
verão *s.m.* verano.
verba *s.f.* recursos, presupuesto.
verdade *s.f.* verdad.
veracidade *s.f.* veracidad.
verbete *s.m.* artículo, entrada, lema de um diccionario.
verdadeiro *adj.* verdadero, sincero.
verde *adj.* inmaduro, verde.
verde *s.m.* color verde. *jogar verde para colher maduro*, hacer hablar mediante el juego de mentira –verdad–. *os verdes anos*, la niñez, la juventud.
verdejar *v.i.* verdecer, verdear.
verdura *s.f.* hortaliza, verdura.
vereador *s.m.* edil, concejal.
vereda *s.f.* 1 sendero. 2 dirección.
veredito *s.m.* veredicto, sentencia.
vergonha *s.f.* verguenza.
vergonhoso *adj.* vergonzoso. 1 que tiene verguenza. 2 que causa verguenza.
verídico *adj.* verdadero, verídico.
verificação *s.f.* comprobación, verificación.
verificar *v.t.* 1 examinar, constatar. 2 *v.p.* certificarse, asegurarse.
verme *s.m.* 1 gusano. 2 parásito.
vermelho *adj.* rojo, púrpura, bermejo, colorado. *ficar vermelho*, sonrojarse, ponerse colorado.
verniz *s.m.* 1 pintura al barniz, charol (couro). 2 (fig.) capa superficial, apariencia.

verossímil *adj.* verosímil, que parece verdadero.
verossimilhança *s.f.* verosimilitud.
verruga *s.f.* verruga.
versar *v.i.* enfocar, versar, tratar de.
versão *s.f.* interpretación, versión.
versátil *adj.* versátil; variable.
verso *s.m.* 1 (lit.) verso, texto rimado, diferente a la prosa. 2 *s.m.* dorso, revés, vuelto, verso.
vértebra *s.f.* vértebra.
vertebrado *adj. e s.m.* vertebrado.
vertebral *adj.* vertebral.
vertente *s.f.* 1 declive, pendiente, cuesta. 2 manantial, vertiente. 3 facción, corriente, ala política.
verter *v.t. e i.* 1 vaciar, derramar, vertir. 2 traducir de un idioma a otro. 3 brotar, fluir, verter.
vertical *adj.* vertical.
vertigem *s.f.* vértigo, mareo.
vertiginoso *adj.* rápido, vertiginoso.
vesgo *adj.* bizco.
vespa *s.f.* avispa.
véspera *s.f.* víspera.
vestibular *adj. e s.m.* examen de ingreso a la universidad.
vestíbulo *s.m.* antesala, zaguán, vestíbulo.
vestígio *s.m.* señal, huella, rastro, vestigio.
vestir *v.t. e v.i. e v.p.* vestir(se).
vestido *s.m.* 1 traje, vestimenta, vestido, ropa. 2 *adj.* revestido.
vetar *v.t.* prohibir, impedir, vetar.
veto *s.m.* 1 recusa, negativa. 2 (polit.) negar la sanción de una ley.
veterano *adj. e s.m.* antiguo, experimentado, veterano.
veterinário/a *s.* veterinario.
véu *s.m.* velo, cortina, telón.
vexame *s.m.* vejamen, humillación.
vez *s.f.* 1 vez. 2 turno. *às vezes*, a veces. *de vez*, definitivamente. *fazer as vezes*, reemplazar. *uma vez que*, ya que.

via *s.f.* camino, arteria, vía, trayectoria. *primeira via*, primera copia, u original de un documento o letra. *via de transporte*, línea.
viabilidade *s.f.* factibilidad, viabilidad.
viaduto *s.m.* viaducto.
viagem *s.f.* viaje, excursión.
viajante *s.m.* pasajero, viajante.
viajar *v.t. y i.* 1 viajar. 2 (fig.) divagar, andarse por las ramas.
viário/a *adj.* viario, vial.
viável *adj.* viable, probable.
víbora *s.f.* 1 serpiente, víbora. 2 (fig.) persona mala, chismosa.
vibração *s.f.* 1 vibración. 2 entusiasmo.
vibrar *v.t.* 1 agitar, vibrar. 2 entusiasmarse.
vice *pref.* vice. *vice-rei*, virrey.
vice-versa viceversa.
viciado/a *adj. e s.* vicioso, adicto. *viciado em drogas*, drogadicto.
viciar *v.p.* enviciarse.
viciar *v.i.* viciar, pervertir(se).
vício *s.m.* hábito, vicio.
vida *s.f.* vida. *louco da vida*, rabioso. *mulher da vida*, prostituta. *puxa vida*, ¡caramba! ¡pucha!
videira *s.f.* (bot.) vid, viña, parra o cepa de uvas.
vidente *adj.* 1 vidente. 2 *s.m y f.* clarividente, que vê el futuro, profeta.
vídeo *s.m.* vídeo (Esp.), video (Amér.), pantalla (TV), imagen. *videoclipe*, vídeo musical, videoclip. *videotape*, videocinta, vídeo o video. *videogame*, videojuego *videolocadora*, videoclub.
vidraçaria *s.f.* vidriería, cristalería.
vidro *s.m.* cristal, vidrio, luna.
viela *s.f.* callejón, callejuela, calleja.
viga *s.f.* tirante, madero.
vigamento *s.m.* (arquit) armazón, viguería, estructura horizontal apoyada en columnas.
vigarice *s.f.* engaño, fraude, embuste.

vigario *s.m.* párroco, vicario. *conto do vigário*, embuste, cuento del tío.
vigência *s.f.* vigencia.
vigente *adj.* en vigor, vigente.
vigia *s.m.* celador, vigía. *vigia noturno*, sereno.
vigiar *v.t.* vigilar, estar atento.
vigilância *s.f.* vigilancia, atención.
vigilante *adj.* 1 celoso, diligente, atento. 2 *s.m.* guardián, vigía.
vigor *s.m.* vigor, fuerza.
vigorar *v.t.* fortificar, vigorar. *estar em vigor*, estar vigente.
vil *adj.* indigno, abyecto, infame, torpe, desleal, bajo, despreciable.
vila *s.f.* aldea, pueblo, villa; barrio; colonia; quinta, casa de campo.
vilão *adj. e s.m.* 1 malhechor, villano, infame. 2 (fig.) persona vil.
vime *s.m.* mimbre.
vinagre *s.m.* vinagre.
vincular *v.t. y v.p.* vincularse, conectarse, ligarse.
vínculo *s.m.* unión, vínculo.
vinda *s.f.* llegada, venida.
vindouro/a *adj.* venidero, futuro, por venir.
vingança *s.f.* venganza, revancha.
vingar *v.t. y v. p.* vengarse,
vinheta *s.f.* viñeta, dibujo o escena de adorno.
vinho *s.m.* vino. *vinho do Porto*, oporto.
violação *s.f.* estupro, violación.
violar *v.t.* 1 violar, estuprar. 2 infringir, dejar de cumplir una ley.
violência *s.f.* violencia.
violentar *v.t.* forzar, violar, violentar, estuprar.
violeta *s.f.* (bot.) violeta.
violinista *s.* violinista.
violino *s.m.* (mús.) violín.
vir *v.t. y i.* llegar, venir. *vir a calhar*, venir al pelo, venir como anillo al dedo. *vir à luz*, publicarse,

nacer. *vir a talho de foice*, venir a propósito. *vir a saber*, enterarse.
virada *s.f.* giro, volteo, revuelta.
virado *s.m.* (Bras.) plato típico.
virar *v. p.* voltearse, volver hacia atrás, cambiar de dirección. *vira-casaca*, persona que muda de opinión. *vira-lata*, *s.f.* (Bras.) perro de la calle, chucho.
virar *v.t.* dar vuelta, volver, voltear, girar.
virgem *adj.* casto, inmaculado, virgen, sin uso.
virgem *s.f.* virgen, doncella.
virgindade *s.f.* castidad, virginidad.
vírgula *s.f.* coma.
virose *s.f.* (med.) virosis.
virtude *s.f.* virtud.
visão *s.f.* vista, aparición, visión, panorama; alucinación.
visar *v.t.* 1 visar, proponerse, tener por objeto. 2 poner visa en un pasaporte.
viscoso *adj.* pastoso, pegajoso, pegadizo, viscoso.
visibilidade *s.f.* visibilidad.
visita *s.f.* visita, visitante.
visitar *v.t. y i.* visitar.
visível *adj.* visible,
vislumbrar *v.t.* vislumbrar, divisar.
vislumbre *s.m.* vislumbre.
visom *s.m.* visón, nutria.
visor *s.m.* visor, monitor, pantalla.
vista *s.f.* vista, panorama; escenario teatral, parecer, punto de mira. *pagamento à vista*, pago al contado. *dar na vista*, llamar la atención. *ter em vista*, tener en cuenta, en mente, proponerse.
visto *s.m.* visado, visa. *visto que*, puesto que.
vistoria *s.f.* inspección, revista, vistoría.
vistoriar *v.t.* inspeccionar, revistar, registrar, revisar.
vistoso/a *adj.* llamativo, vistoso.
visualizar *v.t.* ver, visualizar.

vitalício/a *adj.* perpetuo, vitalício, eterno.
vitamina *s.f.* 1 vitamina, licuado. 2 licuado de frutas com leche.
vitela *s.f.* ternero.
vítima *s.f.* damnificado, víctima.
vitória *s.f.* triunfo, victória, éxito.
vitral *s.m.* vidriera.
viuvez *s.f.* viudedad, viudez.
viveiro *s.m.* criadero, vivero.
viver *v.t.* vivir. *viver mal*, malvivir.
vizinhança *s.f.* vecindad, vecindario.
vizinho *s.m.* lindero, vecino.
voador *adj.* volante, volador.
vocal *s.f.* vocal (a, e, i, o, u).
vôlei *s.m.* balonvolea, voleibol.
volt *s.m.* volt, voltio.
voltagem *s.f.* voltaje.
voltar *v.p.* 1 volver, dar la vuelta. 2 enfrentarse, rebelarse.
voltar *v.t e i.* volver, regresar, retornar, devolver. *voltar ao jogo*, reengancharse. *voltar o gosto à boca*, repetir, eructar.
volume *s.m.* bulto, volumen.
volumoso/a *adj.* voluminoso.
volúvel *adj.* frívolo, inestable, voluble, variable, cambiante.
vômito *s.m.* devuelto, vómito. *ânsia de vômito*, ganas de vomitar.
vontade *s.f.* capricho, voluntad. *contra vontade*, contra su voluntad. *à vontade*, a gusto. *de livre e espontânea vontade*, por propia voluntad, libre albedrío.
voo *s.m.* vuelo. *voo planado*, vuelo sin motor.
vós *pron. pess.* vosotros/as (Esp.), ustedes (Am. Lat.).
votação *s.f.* votación, escrutinio.
voto *s.m.* voto. *voto de Minerva*, voto de calidad, voto decisivo.
vovó *s.f.* abuela, nana.
vovô *s.m.* abuelo.
voz *s.f.* voz. *voz de comando*, voz de mando.

voz de taquara rachada, voz de pescadero, voz de pito, voz de flauta. *dar voz de prisão*, echar el alto. *ter voz ativa*, tener voz y voto. *vozeirão*, vozarrón.

vulcão *s.m.* volcán.

vulgar *adj.* chabacano, populachero, rastrero, vulgar.

vulto *s.m.* 1 sombra, imagen, bulto. 2 personaje, figura relevante.

W w

w, W *s.m.* vigésima tercera letra del alfabeto portugués y décima sexta de sus consonantes. Empleada sólo en extranjerismos; su nombre es *dáblio*.

w.c. *s.m.* cuarto de baño; en inglés, "water closet", servicios.

wagneriano *adj. e s.m.* wagneriano, partidario de Wagner.

water-polo *s.m.* (desp.) waterpolo, polo acuático.

watt *s.m.* (fís.) watio, vatio; símbolo . W.

western *s.m.* western, película de cowboys o del Oeste Norteamericano.

whisky *s.m.* whisky.

windsurf *s.m. esp.* windsurf, plancha a vela.

X x

x, X s.m. 1 vigésima cuarta letra del alfabeto portugués; su nombre es *xis*. 2 diez en la numeración romana. 3 (mat.) incógnita (en álgebra). 4 (fig.) *o xis da questão*, el quid de la cuestión.
xá s.m. sha, título de los antiguos soberanos de Persia, actual Irán.
xadrez s.m. 1 ajedrez; tablero de ajedrez. 2 (Bras.) cárcel, calabozo, prisión.
xale s.m. chal, mantón.
xampu s.m. champú.
xará s. (fam.) (Bras.) homónimo, tocayo.
xarope s.m. 1 (fam.) jarabe. 2 (Bras.) (pop.) persona o cosa empalagosa, tonto, bobo.
xaxim s.m. tiesto de raíces de helechos, vegetal esponjoso.
xelim s.m. chelín, moneda británica.
xenófilo s.m. xenófilo.
xenofobia s.f. xenofobia.
xenófono adj. xenófobo.
xeque s.m. 1 jaque (en el juego de ajedrez). 2 jaque, jefe de tribu árabe. 3 (fig.) peligro. *xeque-mate*, jaque mate. *pôr em xeque*, exponer a peligro, peligro mortal.
xereta adj. e s. curioso, metiche, meterete, chusma.
xeretar v.t. (pop.) chismear, curiosear, husmear, fisgonear.
xerez s.m. jerez.
xerga s.f. jerga.
xerife s.m. sheriff (del inglés).
xerocopiar ou **xerocar** v.t. fotocopiar, xerocopiar.
xerografia s.f. xerografía.
xerox s.m. fotocopia.
xi interj. (Bras.) expresa espanto, sorpresa, admiración, alegría.
xícara s.f. pocillo, taza.
xingar v.t. e i. insultar, desbocarse, mentar; putear.
xixi s.m. (pop.) pis, pipí; acción de orinar.
xodó s.m. (pop.) (Bras.) pasión, cariño, afecto o ternura especial, preferencia.
xucro adj. 1 animal de ensillar no domesticado. 2 salvaje, arisco. 3 (fig.) persona sin instrucción, ignorante, grosera, tosca, chúcaro.

Y y

y, Y *s.m.* 1 vigésima quinta letra del alfabeto portugués, empleada sólo en palabras derivadas de lenguas extranjeras, términos técnicos de uso internacional y abreviaturas y símbolos; su nombre es *ípsilon*. 2 (mat.) incógnita.
yacht *s.m.* (mar) yate.
yuppie *s.m.* ejecutivo joven (del inglés).

Z z

z, Z *s.m.* vigésima sexta letra del alfabeto portugués; su nombre es zê.
zabumba *s.f.* bombo, zambomba.
zaga *s.f.* (desp.) defensa, dúo de zagueros en el fútbol.
zagueiro/a *s.* (desp.) mediocampista.
zangado *adj.* irado, enfadado, enojado.
zangão *s.m.* 1 zángano. 2 *adj.* irritable, enojadizo.
zangar *v.i.* y *v.p.* enfadarse, irritarse, enojarse, enfurruñarse, cabrear.
zanzar *v.i.* vaguear, merodear, vagabundear.
zarabatana *s.f.* cerbatana, dardo.
zarolho/a *adj.* e *s.* tuerto.
zarpar *v.t.* y *i.* 1 levar anclas, zarpar. 2 (fig.) escabullirse, huir, escapar.
zê *s.m.* nombre de la letra "z", la zeta.
zebra *s.f.* cebra. *dar zebra*, resultar algo muy inesperado, desenlace sorpresivo.
zebu *s.m.* (zoo.) cebú.
zelador *s.m.* celador, portero, conserje.
zelar *v.t.* celar, velar, cuidar.
zé-ninguém *s.m.* Don nadie, hombre insignificante.
zé-povinho *s.m.* (pop.) plebeyo, populacho, gentuza, hombre del pueblo.
zero *s.m.* cero, nada. *ficar a zero*, quedarse sin dinero, sin gasolina. *ser um zero à esquerda*, ser un inútil, inoperante, cero relámpago.
ziguezague *s.m.* zigzag.
zinco *s.m.* (min.) cinc, zinc.
zíper *s.m.* cremallera; zíper, cierre relámpago.
zodíaco *s.m.* zodíaco.
zombar *v.t.* 1 mofar, chancear. 2 juguetear, burlarse.
zombaria *s.f.* broma, burla, chacota.
zona *s.f.* 1 área, región, zona. 2 (pop.) barrio de prostitución, lupanar. *zona de expansão*, zona de ensanche. *zona franca*, zona de libre comercio. *zona irrigada*, huerta.
zonzo *adj.* atolondrado, mareado, tonto.
zoo *s.m.* zoológico.
zoologia *s.f.* zoología.
zoológico *s.m.* zoológico, zoo.
zorra *s.f.* zafarrancho, lío, gresca.
zorrilho *s.m.* mofeta.
zorro *s.m.* zorro.
zumbi *s.m.* 1 jefe negro. 2 fantasma, muerto-vivo.
zumbido *s.m.* zumbido.
zumbir *v.i.* zumbar.
zum-zum *s.m.* (pop.) habladuría, rumor, murmuración, chisme.
zunido *s.m.* ruido agudo, silbido del viento, zumbido.
zureta *adj.* mareado, loco.
zurzir *v.t.* maltratar, rezongar.

Hidalgo

José Martí

Bolívar

MÉJICO
BELIZE
GUATEMALA
HONDURAS
EL SALVADOR
NICARAGUA
COSTA RICA
PANAMÁ
REPÚBLICA DOMINICANA
PUERTO RICO
VENEZUELA
COLOMBIA
ECUADOR
PERÚ
BRASIL
PARAGUAY
CHILE
URUGUAY
ARGENTINA
ISLAS MALVINAS

OCÉANO PACÍFICO
OCÉANO ATLÁNTICO
TRÓPICO DE CÁNCER
ECUADOR
TRÓPICO DE CAPRICORNIO
50°

ESCALA
0   772   1.544 km
1 cm = 772 km

Fonte: Ibep-Nacional/Casa del Libro.

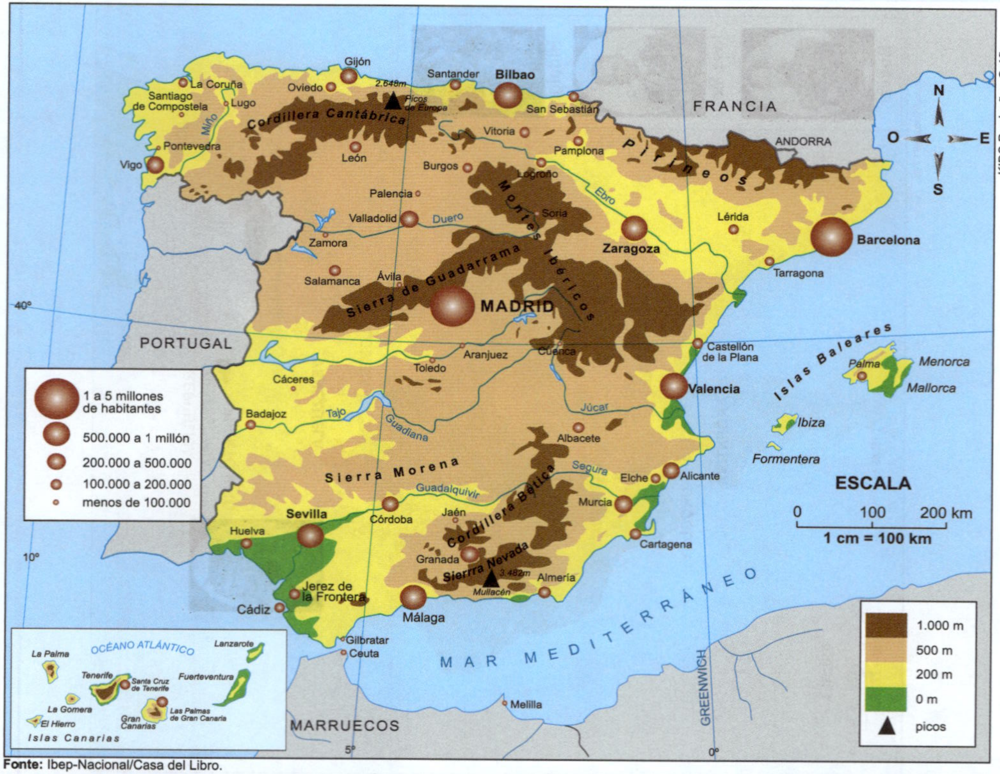

Fonte: Ibep-Nacional/Casa del Libro.

VOCABULARIO ILUSTRADO

Frutas

- ananá(s) / piña
- manzana
- banana / plátano
- mango
- higo
- uva
- naranja
- durazno / melocotón
- sandía
- frutilla / fresa
- melón

Adverbios de lugar

alrededor

arriba

abajo

adelante

atrás

adentro

afuera

Preposiciones

en el puente

bajo el puente

Ropas/Vestimenta

zapatos de taco alto / tacones

tenis / zapatillas

falda / pollera

pantalones

vestido

campera / chamarra / cazadora

short / pantalón corto

Legumbres

tomate

patatas / papas

berenjena

ajo

zanahoria

cebolla

calabaza / zapallo

pimiento / morrón

En la oficina

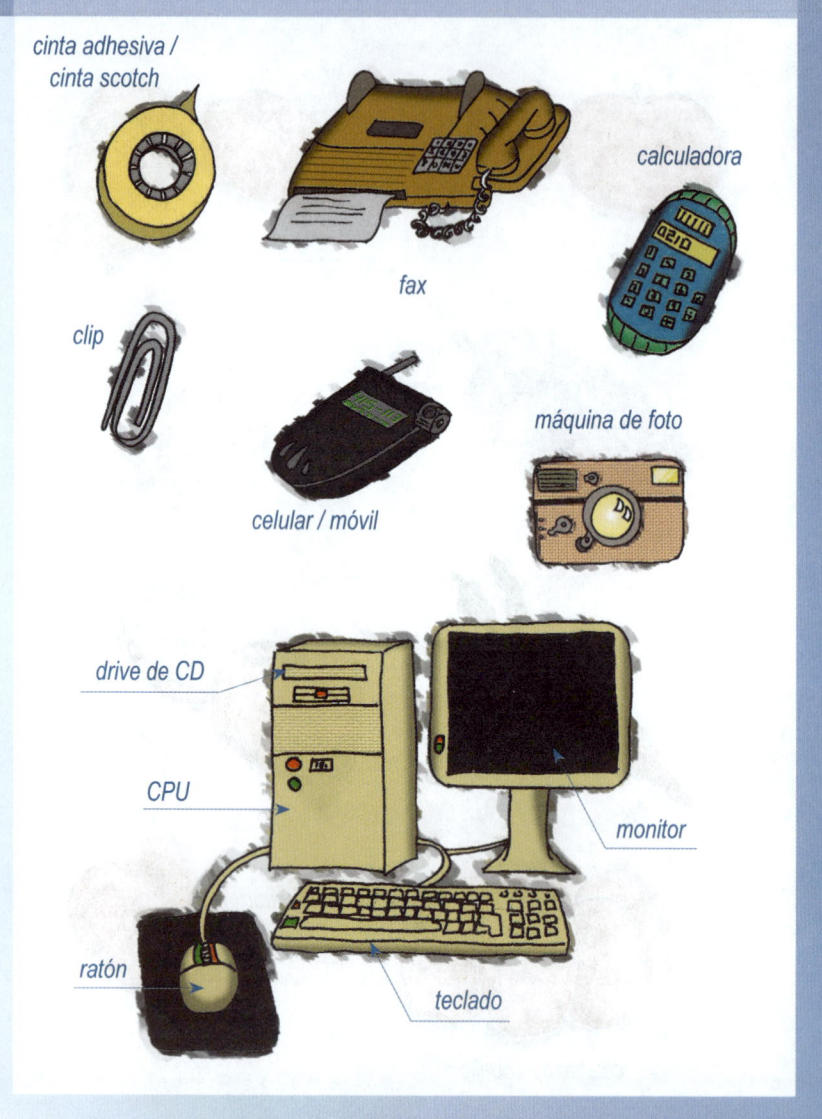

- cinta adhesiva / cinta scotch
- fax
- calculadora
- clip
- celular / móvil
- máquina de foto
- drive de CD
- CPU
- monitor
- ratón
- teclado

En la clase

pizarra / pizarrón

bolígrafo / lapicera / birome

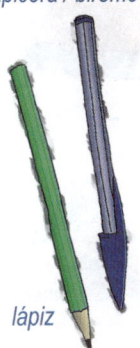

lápiz

maestra / señorita

regla

alumno

cuaderno

mesa

silla / butaca

Comidas y bebidas

torta

pizza

queso

manteca

galletas / biscochos

carne

pescado

helado

leche

pasta / fideos

papas fritas / patatas fritas

una copa de vino

una taza de café

hamburguesa / emparedado

pan